Martin Luther

Martin Luther's Werke: kritische Gesamtausgabe

19. Band

Martin Luther

Martin Luther's Werke: kritische Gesamtausgabe
19. Band

ISBN/EAN: 9783743336322

Hergestellt in Europa, USA, Kanada, Australien, Japan

Cover: Foto ©ninafisch / pixelio.de

Martin Luther

Martin Luther's Werke: kritische Gesamtausgabe

D. MARTIN LUTHERS
WERKE

KRITISCHE GESAMTAUSGABE
(WEIMARER AUSGABE)

19. BAND

HERMANN BÖHLAUS NACHFOLGER - WEIMAR
AKADEMISCHE DRUCK- u. VERLAGSANSTALT - GRAZ

D. Martin Luthers Werke.

Kritische Gesammtausgabe.

19. Band.

Mit Nachbildungen von 66 Holzschnitten
und zweier Seiten einer Lutherhandschrift.

Weimar
Hermann Böhlaus Nachfolger
1897.

Vorwort.

Schon Prof. Steiff in Stuttgart, welcher ursprünglich mit der Bearbeitung der Schriften Luthers vom Jahre 1526 betraut war und dessen Vorarbeiten der unterzeichnete Herausgeber benutzen durfte, hatte eine Anfrage bei sämmtlichen Bibliotheken geplant, um alle noch vorhandenen Schriften und Ausgaben aufzufinden. Wenn es auch geradezu unmöglich sein dürfte, eine derartige Nachforschung hinsichtlich aller Schriften Luthers anzustellen, weil nicht wenige Bibliotheken gar nicht im Stande sein würden, eine so umfangreiche Anfrage zu beantworten, so wurde doch von dem Herausgeber hinsichtlich der Schriften von 1526 und 1527 dieser Versuch gewagt, schon damit einmal an einem Punkte konstatirt werde, ob noch unbekannte Schriften vorhanden seien, oder Ausgaben, welche nur in einem einzigen Exemplar sich erhalten haben, und ob schon der Bestand der größeren Bibliotheken zur Auffindung der unica hinreiche. So wurden alle diejenigen Bibliotheken bemüht, von welchen nach früheren Erfahrungen eine Antwort zu erwarten war. Durch diese Anfrage bei über 300 öffentlichen Bibliotheken und einer Anzahl von Privatbibliotheken — deren Verwaltungen für ihre liebenswürdige Hülfe nochmals aufrichtigst gedankt sei! — wurde es möglich, von den 17 in vorliegendem Bande behandelten Schriften Luthers 7 Handschriften und 108 Drucke zu ermitteln, während die Erlanger Ausgabe nur 49 Drucke erwähnt hat. Dazu kommen noch (ganz abgesehen von 11 Gesangbüchern, in welchen etwas aus der „Deutschen Messe" abgedruckt ist) 8 Sonderdrucke, welche in der Erlanger Ausgabe sich nicht finden. Unter diesen Ausgaben sind 19, von welchen wir nur ein einziges Exemplar ermitteln konnten. Und zwar finden sich solche unica nicht nur in Berlin, Dresden, München, Nürnberg G.M., Stuttgart, Wernigerode, Wolfenbüttel, sondern auch in der Knaakeschen Sammlung, in der Altenburger Gymnasialbibliothek, Helmstedt, der Wittenberger Lutherhalle, in der Bibliothek des Probstes D. Hermann Freiherrn v. d. Goltz in Berlin und in derjenigen des

Herausgebers. Nicht unerheblich erleichtert wurde die Bearbeitung der vorliegenden Schriften dadurch, daß von den im Ganzen durch ihn verwertheten 127 Drucken nicht weniger als 40 in der Knaakeschen Sammlung sich befanden und ihm zur Verfügung standen. Aus dem Gesagten ergibt sich zugleich, was damit gesagt sein soll, wenn wir bei einer Ausgabe notirt haben, daß sie „wohl nur" auf der einen Bibliothek vorhanden sei.

Schwierig war die Frage, wieweit in den betreffenden Einleitungen der Abendmahlsstreit darzustellen sei. Die ursprüngliche Absicht, durch Namhaftmachung und Charakterisirung aller in diesem Kampfe erschienenen Schriften Luthers Art des Vorgehens erklärlicher zu machen, wurde wieder umgestoßen durch die Erkenntniß, daß hier noch unerwartet viel unbekannter Stoff vorliege. So ist nur dasjenige erwähnt, was in unmittelbarer Beziehung zu dem von Luther Geschriebenen steht. Sollte dabei die Grenze zu enge oder zu weit gezogen sein, so wolle man das mit der Schwierigkeit einer derartigen Auswahl entschuldigen.

Daß die Einleitung zur „Deutschen Messe" nicht kürzer gehalten ist, dürfte derjenige verzeihen, welcher selbst versucht hat, sich über die Eigenthümlichkeiten derselben, besonders in musikalischer Beziehung klar zu werden.

Die rein sprachlichen Varianten aus den Nichtwittenberger Nachdrucken und die zusammenhängenden sprachlichen Darlegungen am Schluß der Einleitungen sind natürlich Herrn Prof. Dr. Pietsch zu danken. Den Wünschen desselben folgte der Herausgeber hinsichtlich der äußeren Gestaltung seiner Arbeit auch dann, wenn er die Nothwendigkeit nicht gerade einsehen konnte, ließ z. B. nicht „Erl. 14^2, . . ." drucken, sondern „Erl.^{2} 14, . . .". Auf seine Anregung ist auch bei den Bibelcitaten am Rande ein „[so]" hinzugefügt, wenn im Texte unrichtig citirt war. Bei dem Psalter mußte dann diese Monitur sowohl dann unterbleiben, wenn der Text nach der Vulgata, als auch dann, wenn er nach der deutschen Bibel citirt haben konnte. Daß der in Handschriften Luthers und in Drucken vorkommende sozusagen halbe Absatz, die Freilassung von Raum inmitten einer Zeile, in diesem Bande wiedergegeben ist (vgl. z. B. 122, 9, 14 ff.; 208, 4, 15, 18), wird wohl keinem Leser störend sein.

Da die letzten Korrekturen durch die Hand des geschäftsführenden Sekretärs der Kommission gegangen sind, kann der Herausgeber nicht für alles Einzelne die Verantwortung übernehmen.

Rostock i. M., November 1897.

Wilh. Walther,
Doktor und Professor der Theologie.

Vorwort.

Der vorliegende neunzehnte Band der Lutherausgabe greift zeitlich etwas weiter hinaus, indem er die Schriften des Jahres 1526 bringt. Ungewöhnlich viel technische Schwierigkeiten brachte die Herstellung der Noten und der Satz der „deutschen Messe", zu deren Überwindung die Sachkenntnis des Herrn Herausgebers, die opferwillige Mühwaltung der Herren Verleger und die mustergiltige Ausführung des Notenstiches durch Breitkopf und Härtel in Leipzig zusammengewirkt haben. Daß von dem „Papstthum mit seinen Gliedern" nicht nur Luthers Vor- und Nachwort, sondern die Schrift selbst sammt den Bildern mitgetheilt wurde, wird sicher auf Beifall rechnen dürfen, ebenso daß der handschriftliche Entwurf Luthers zur „deutschen Messe" in einer Nachbildung beigegeben wurde; es sind das nebenbei bemerkt wohl die einzigen Musiknoten, die sich von Luthers Hand erhalten haben. Die Stöcke sowohl zu jenen Bildern als auch zu diesem Handschriftfacsimile sind wie in früheren Fällen von der chalkographischen Abtheilung der Reichsdruckerei in Berlin mit bekannter Sorgfalt hergestellt. Sachliche Schwierigkeiten waren von dem Herausgeber namentlich bei der „deutschen Messe" zu überwinden, sowie bei der Schrift „Wider den Rathschlag der Mainzischen Pfafferei", die hier zum ersten Male in einer Gesammtausgabe von Luthers Werken und zum ersten Male nicht als bloßer Abdruck aus der Handschrift erscheint. Über Vermuthungen und Möglichkeiten hinsichtlich der Entstehung und Vorlage der beiden Handschriften wird nicht weit hinauszukommen sein, wenn nicht vielleicht doch noch einmal ein günstiger Zufall den (oder doch wohl vielmehr die) gedruckten Bogen der Schrift ans Tageslicht bringt. Aus diesen Gründen muß sich auch die kritische Textbehandlung in engen Grenzen halten und darf über eine das Verständnis erleichternde Zeichensetzung und Verbesserung ganz offenkundiger

Fehler des von Luther herrührenden Textes nicht hinausgehen. Der Verwaltung des Kgl. Hauptstaatsarchivs zu Dresden ist an dieser Stelle geziemender Dank zu sagen dafür, daß sie die Benützung der beiden Handschriften auf der Kgl. Bibliothek zu Berlin gestattete.

Seit dem 1. April d. J. ist durch das Wohlwollen des Herrn Ministers der geistlichen, Unterrichts- und Medizinalangelegenheiten D. Dr. Bosse, Excellenz, dem Leiter der Lutherausgabe ein Hilfsarbeiter beigegeben in der Person des Privatdozenten an der Universität Bonn, Herrn Dr. Arnold E. Berger. Dieser hat an dem vorliegenden Bande mitgewirkt: von ihm rühren zum größeren Theile die sprachlichen Vorbemerkungen zu den einzelnen Schriften sowie die Zusammenstellungen der sprachlichen Lesarten aus den Nachdrucken her. Diese halten sich im Allgemeinen in dem Rahmen, den ich in früheren Bänden dafür aufgestellt habe, aber es sind zuweilen beide etwas reichlicher ausgefallen, weil viele Einzelheiten in die ersteren aufgenommen, manches Durchgehende in den letzteren belassen wurde. Doch läßt sich, wie ich schon früher (Bd. 12, S. X) bemerkte, eine feste Scheidewand nicht aufrichten und lassen bindende Regeln sich nicht geben. Es wird sich aber empfehlen, den praktischen Zweck der Vorbemerkungen für unsre Ausgabe, der in Entlastung der Lesartenverzeichnisse besteht, künftig wieder schärfer ins Auge zu fassen.

Kann ich also die mir zukommende Verantwortung für diesen Theil der Aufgabe wie früher übernehmen, so bin ich dagegen völlig außer Stande, bei diesem vorliegenden Bande die sonst naturgemäß mir zugefallene Verantwortung für Auswahl, Inhalt und Form der Anmerkungen germanistischen, besonders sprachlichen Inhalts in ihrer Gesammtheit zu tragen, sondern kann nur für das Wenige einstehen, das von mir gezeichnet ist.

Es ist einmal (schon vor einigen Jahren) über eine spürbare Zurücksetzung der sachlichen Erläuterungen hinter die germanistischen Interessen geklagt worden, ohne daß diese Klage irgendwie durch eine Vergleichung der vor 1890 erschienenen Bände mit den nach diesem Zeitpunkt herausgekommenen begründet worden wäre. Eine solche Vergleichung würde gelehrt haben, daß vorher und nachher die verschiedenen Herausgeber sich hinsichtlich der sachlichen Erläuterungen verschieden verhalten haben, je nachdem sie mehr oder minder lebhaft vor Augen behielten, daß unsre Ausgabe vor allem eine kritische sein wolle, die Einzelerläuterung der Texte durch Anmerkungen also zwar nicht ausgeschlossen, aber doch auch nicht in größerem Umfange gefordert sei. Meinerseits habe ich sachliche Erläuterungen niemals zu beschränken gesucht, vielmehr habe ich des öfteren dazu aufgefordert und angeregt, auch früher schon ausgesprochen (Bd. 14, S. VII), daß wohl etwas weniger Sparsamkeit sich empfohlen hätte. Ich selbst habe dagegen mit germanistischen, im besonderen mit sprachlichen Anmerkungen, die nicht lediglich den Zweck haben, das kritische Verhalten zu begründen, immer Haus gehalten und als Ziel angestrebt, daß im allgemeinen nur das wirklich auch für die wissenschaftliche Sprachbetrachtung Erklärungsbedürftige herausgehoben werde, jedenfalls Erläuterungen da unterlassen werden, wo der Leser die Erklärung ohne Weiteres den Wörterbüchern entnehmen kann. Es kann unmöglich unsre Aufgabe sein, den Lesern die Kenntnis der älteren Sprache und den Gebrauch der Wörterbücher zu ersparen. Das würde unsre Ausgabe von ihrer wissenschaftlichen Stufe herabdrücken und mit einiger Folgerichtigkeit durchgeführt recht erheblichen Raum einnehmen. Und doch könnte dies Verfahren nur bei wirklich konsequenter Durchführung Nutzen stiften; die Halb- oder Viertelheit verfehlt hier ebenso wie sonst ihren Zweck ganz.

Als eine gewisse Ausnahme von dem ausgesprochenen Grundsatze möchte es angesehen werden, wenn schon hie und da in früheren Bänden, in größerer Ausdehnung durch Prediger E. Thiele in dem gleichzeitig erscheinenden Band 7, und durch Professor Dr. Walther im vorliegenden Bande die von Luther gebrauchten Sprichwörter durch Anmerkungen hervorgehoben worden sind. Indes, wenigstens solange wir noch eines festen Mittelpunktes für die nähere Erforschung von Luthers so reichem Sprichwortgebrauch entbehren — einen solchen Mittelpunkt wird voraussichtlich die endliche Veröffentlichung von Luthers eigenhändiger Sprichwörtersammlung durch Prediger E. Thiele gewähren, die für 1898 bestimmt zu erwarten ist, — wird es dankbar aufgenommen werden müssen, wenn sich die Herausgeber Lutherscher Schriften der Mühe unterziehen, die vollständige Sammlung des Materials durch Kenntlichmachung der vorkommenden Sprichwörter zu erleichtern und vorzubereiten.

Auch bei den in diesem Bande wiedergegebenen Handschriften sind zur Beschreibung des Befundes (a. Rande, durchgestrichen, korrigirt usw.) die Abkürzungen und Zeichen gebraucht, über die Bd. 14, S. 496 (vgl. 7, S. 809) das Nähere gesagt ist. — Die Angabe der Fundorte der Drucke ist in diesem Bande meist in ähnlich abgekürzter Weise erfolgt wie in Band 7; das Nähere siehe im Vorwort zu Band 7: München HSt. ist = München, Hof- und Staatsbibliothek; Berlin (ohne Beifügung) = Berlin Kgl. Bibliothek, ferner U. = Universitätsbibliothek, St. = Stadtbibliothek. — Weiter sei noch bemerkt, daß es unsrer konservativen Textbehandlung am meisten entspricht, falsche Bibelcitate im Texte zu belassen und nur durch den vom Herausgeber am Rande beigefügten Nachweis zu berichtigen. Um nun in diesen Fällen die Berichtigung deutlich als solche kenntlich zu machen, scheint mir die Beifügung eines [so] recht zweckmäßig. Soweit bei den Psalmen und in einigen anderen Fällen eine solche Differenz der Kapitelzahl dadurch hervorgerufen wird, daß Luthers Übersetzung, nach der unsre Citate gegeben werden, eine andre Zählung oder Abgrenzung der Kapitel hat als die Vulgata, wäre ein solches [so] natürlich nicht am Platze.

In dem Vorwort zu Bd. 7, der zugleich mit diesem hinausgeht, ist dargelegt, weshalb jener nicht schon im Jahre 1896 erscheinen konnte. Vorwärtsschauend wollen wir hier noch kurz andeuten, was für die nächste Zukunft zu erwarten ist. Im Drucke bereits ziemlich weit gefördert sind die Bände 11 und 20, deren Erscheinen um Ostern nächsten Jahres erwartet werden darf. Außerdem sollen 1898 noch 2 weitere Bände in Angriff genommen werden, von denen wenigstens den einen (Bd. 15) gegen Weihnachten 1898 herauszubringen sicher möglich sein wird. Die Vorbereitungen sind so getroffen, daß von nun ab jährlich 2 oder auch in 2 Jahren 5 Bände ausgegeben werden können. Von den genannten Bänden rechnen wir Bd. 7 aufs Jahr 1896; Bd. 19 und 11 auf 1897; Bd. 20 und 15 auf 1898. Ob es gelingt den beiden letztgenannten noch einen dritten zu gesellen, bleibt besser dahingestellt. Am meisten werden zunächst die Stücke Berücksichtigung heischen, welche zwischen Bd. 9 und 11 ihren Platz finden müssen in einem Bd. 10, der mit dem durchschnittlichen Umfang unsrer Bände gedacht freilich nicht entfernt alles hergehörige (Kirchenpostille 1522; Schriften und Predigten 1522) wird aufnehmen können, sondern in Abtheilungen wird zerlegt werden müssen. Damit wäre dann endlich eine ununterbrochene längere Reihe von Bänden hergestellt.

Das ist ohne Zweifel wünschenswerth, ebenso daß die Bände in Zukunft möglichst in ihrer natürlichen Reihenfolge ans Licht treten, aber ein Abweichen von dieser läßt sich auch beim besten Willen nicht immer vermeiden. Das bedarf wohl keines Beweises. Sehr viel wichtiger ist ein regelmäßiges, stetiges, nicht zu langsames Fortschreiten der Ausgabe, das den Abschluß in absehbare Nähe rückt. Was dafür von uns geschehen kann, ist geschehen und wird ferner geschehen — nun walte des Gott!

Berlin, am Martinstage 1897.

Dr. Paul Pietsch,
Professor an der Universität Greifswald.

Inhalt.

Das Papstthum mit seinen Gliedern.

1526.

Der Ausgang des Bauernkrieges hatte eine eigenthümliche Stimmung der Gemüther erzeugt. So gewiß waren die Anhänger Roms, die scharfe Predigt Luthers und seiner Anhänger hätte diesen Aufstand hervorgerufen, ja so völlig identificirten sie die Sache des „Evangeliums“ mit derjenigen der „Aufrührer“, daß sie mit diesen auch jenes besiegt zu haben meinten und nicht daran zweifelten, die Evangelischen würden jetzt kleinlaut geworden wenigstens vor jedem aggressiven Vorgehen sich hüten. Auch die Evangelischen, welche nicht ohne Sympathie für die Beschwerden der „Bauern“ gewesen waren und durch deren Berufung auf das „Evangelium“ in der Gefahr gestanden hatten, die eigentlichen Motive und Ziele dieser Bewegung nicht zu erkennen, konnten nun auf den Gedanken kommen, ob es nicht doch gerathen sei, mit „der Verspottung des Papstthums und geistlichen Standes aufzuhören“, um nicht die Gemüther in gefährlicher Weise aufzuregen. Luther endlich hatte so oft und so klar gegen das römische Wesen gekämpft, daß er es für unnöthig hielt, an die Abfassung neuer ähnlicher Schriften seine Zeit zu wenden, zumal diese durch das Auftreten der „Schwärmer“ und durch den nothwendigen Ausbau der evangelischen Kirche in Anspruch genommen war. Dieses sein Schweigen konnte aber so gedeutet werden, als wenn auch bei ihm ein Wechsel in der Beurtheilung des Werthes der antirömischen Polemik eingetreten sei. Da war es ihm nur erwünscht, als ihm ein „Büchlein“ zugesandt wurde, welches „die Heuschrecken, Raupen, Käfer und der schädlichen bösen Würmer mehr“ beschrieb, „die alle Lande gefressen und verderbt haben“. Er lieferte zu dieser Schrift ein Vorwort und ein Nachwort, um darzuthun, daß man durchaus keinen Grund habe, des Papstthums zu schonen.

Wir erfahren nicht, wer ihm das Buch zugeschickt hatte. Aber auf eine Vermuthung führt uns eine doppelte Beobachtung. Im folgenden Jahre gab Osiander in Nürnberg zwei Schriften heraus, mit welchen er die in der vorliegenden Schrift von Luther gegebene Mahnung befolgt: „Darum laßt uns aufs neue wieder anfangen, schreiben, dichten, reimen, singen, malen und zeigen das edle Götzengeschlecht, wie sie verdienet und werth sind". Diese beiden, unserer Schrift verwandten Bücher führen den Titel:

1 „Eyn wunderliche Weyssa- | gung, von dem Babstumb, wie es yhm biß | an das endt der welt gehen sol, in figuren | oder, gemål begriffen, gefunden zu Nürmberg, | ym Cartheuser Closter, vnd ist seher alt. | Eyn vorred, Andreas Osianders. | Mit gütter verstendtlicher außlegung, durch | gelerte leut, verklert. Welche, Hans Sachs | yn teutsche reymen gefast, vnd darzu | gesetzt hat. ym. M. D. xxvij. Jar." Am Ende: „Gedrückt durch Hans Güldenmundt." 18 Blätter in Quart.[1]

Vorhanden z. B. in London, British Museum; Maihingen; Nürnberg St.

2 „Sant Hildegardten weissagung, | vber die Papisten, vnd genanten | geistlichen, wilcher erfullung | zu vnsern zeiten hat an- | gefangen, vnd vol- | zogen sol wer- | den. | Ein Vorrede durch Andream | Osiander. Im M. D. xxvij. iar." 8 Blätter in Quart, letzte drei Seiten leer.

Vorhanden z. B. in München HSt.

Sodann erschien Luthers Buch noch in demselben Jahre in „gebesserter und gemehrter" Ausgabe (jedenfalls auch, vielleicht nur) in Nürnberg, und die hier neu hinzugefügten Bilder und Reime sind den früheren so durchaus gleichartig, daß ein und dieselbe Quelle angenommen werden muß. Darnach wird die Muthmaßung gestattet sein, daß von Nürnberg aus, etwa eben durch Osiander, jene Schrift an Luther gesandt wurde, wohl mit der Anfrage, ob er unter den jetzigen besonderen Verhältnissen die Veröffentlichung für zeitgemäß halte. Da nun die Reime, welche sich in der einen der von Osiander herausgegebenen erwähnten Schriften finden, Hans Sachs geliefert hat, so liegt die Frage nahe, ob vielleicht auch die Verse in unserer Schrift von demselben Dichter herrühren.

Diese Schrift gibt ursprünglich das Jahr ihrer Entstehung nicht an. Die Ausgabe von 1557 ist die erste, welche am Schluß die Jahreszahl 1526 hat. Aber ohne Zweifel ist sie in den ersten Tagen dieses Jahres erschienen. Denn wenn Luther darin sagt, er schenke sie „zum neuen Jahre", so kann damit kein späteres als das Jahr 1526 gemeint sein, weil mehrere der schon erwähnten „gebesserten" Auflagen eben diese Jahreszahl tragen; andererseits auch kein früheres, weil nach Luthers Schlußwort der Bauernaufstand schon überwunden war.

Über den Meister, welcher die 65 Illustrationen unseres Buches lieferte, mußte solange Verwirrung herrschen, als man noch die von Luther selbst veranstaltete Ausgabe nicht streng unterschied von der „gebesserten und gemehrten" Ausgabe. Die in Frage stehenden Bilder sind nach Schuchardt „vollkommen Kranachisch", nach Nagler wenigstens „von einem Meister der Kranachschen Schule" angefertigt. Die Bilder der „gebesserten und gemehrten" Ausgabe dagegen rühren von Sebastian Beham her.[2]

---

[1]) Enders 6, 43 u. 52 (De Wette 3, 169 u. 178). [2]) Schuchardt, Luc. Kranach des Ält. Leben u. Werke, Theil 3 (1871) S. 235—238. Nagler, Allg. Künstlerlexikon, 2. Aufl., Bd. 3 (1885), S. 332. Passavant, Le Peintre-Graveur, T. IV (1863), p. 79. Rosenberg, Sebald u. Barthel Beham (1875), S. 11 u. 138.

Während nämlich das eigentliche Buch Bilder mit erläuternden Versen bot, verfaßte Luther sein Vor- und Nachwort in Prosa. Diese Ungleichmäßigkeit empfand man — vermuthlich war es Hans Wandereisen in Nürnberg — als etwas Störendes. Daher brachte man auch das Vor- und Nachwort in Reime, und zwar so, daß man dazu Luthers Gedanken verwandte, doch nicht ohne neue Gedanken hinzuzufügen. Zur Charakterisirung der Ähnlichkeit seien ein paar Zeilen mitgetheilt.

Christlicher leser, merck und sie,
Wie dir sind furgemalet hie
Der verderblichen Secten schar. (Vgl. unten S. 7, Z. 2 f.)
... Und durch ire werc, Sect und stant
Haben gesucht der Seelen heyl,
Auch uns verfürt den maisten Teil
Auf menschen lehr, gesetz und gepot,
Dar durch wir hand gelestert Gott. (Vgl. S. 7, Z. 7 f., 15 f.)
... Wie in Egypto die Hewschrecken
Allenthalb abfretzten das feld,
Also diß Secten unerzelb. (Vgl. S. 7, Z. 31 f.)
... O Christen mensch, danck Gott der gnad,
Die er reichlich erzeyget hat,
Vergiß seiner güthеyt nit schnell,
Das dir nit geschech wie Jsrael,
Die wider in gefencknus kamen,
Do sy vergassen Gotes namen. (Vgl. S. 42, Z. 34 ff.)

Außerdem wurde in dieser neuen Ausgabe noch folgendes geändert. Die Anordnung der Bilder ist hier eine andere, ohne daß wir einen rationellen Grund dafür finden könnten. Bei einer Anzahl von Orden ist das Jahr ihrer Stiftung oder der Name des bestätigenden Papstes hinzugefügt. Einige Überschriften sind geändert, z. B. heißt hier „Unser frawen brůder orden", was Luther „Der Carmeliter orden" genannt hatte. Endlich sind acht neue Bilder mit Versen eingefügt. Dieselben tragen die Überschriften: 1. Weich Bischoffstandt, 2. Curtisan standt, 3. Humiliatorum Orden, unterm babst Alexander 3. jm 1166, 4. Hieronimer Orden unterm Babst Inocenti 7. im 1405, 5. Injesuatorum orden unterm Babst Urbano 5. im 1365, 6. Creütztrager Sect, 7. Indier Orden, 8. Ander Ambrosianer Orden. Diese Verbesserungen und der Umstand, daß der „künstlerische Werth" dieser neuen Bilder „bedeutend höher ist als der ihrer Vorbilder" (Rosenberg), mußte bewirken, daß die Nachfrage nach diesen „gebesserten und gemehrten" Ausgaben bald größer wurde als die nach dem ursprünglichen Werke. Von dem „gebesserten und gemehrten Babstum" verzeichnen wir folgende Drucke, welche wir einsehen konnten. Der unter 1 aufgeführten Ausgabe dürfte noch eine vorangegangen sein.

1 „Das Babstum mit sein- | en gelydern gemalet vn bbe- [so!] | schziben, gebessert vnnd gemert." Darunter ein Holzschnitt. 22 Blätter in Quart, letzte Seite leer. Am Ende: „¶ Gedrückt zu Nürenberg durch | Hanns Wandereisen."

Der Holzschnitt stellt einen stehenden segnenden Papst dar. Vorhanden z. B. in Wernigerode.

2 „Das Babstum mit | seynen gliedern gemalet | vnd beschryben | gebessert vnd gemehrt. | 1526." Darunter derselbe Holzschnitt wie in 1. 22 Blätter in Quart, letzte Seite leer.

Vorhanden z. B. in München HSt.

3 Wie 2, nur Punkt hinter „beschryben". Doch durchaus neuer Satz, auch des Titels.

Vorhanden z. B. in München HSt.

4 „Das Pabstumb mit seinen | glydern gemalet vnd beschriben | gebessert vnnd gemert." Holzschnitte, Umfang usw. wie 1. Am Ende: „g Gedrückt durch Hans Wandereysen. | Im Jar 1.5.8.7."

Vorhanden z. B. in Stuttgart.

Daß das Erscheinen einer solchen Schrift zu solcher Zeit auf die sichersten und thörichtesten Hoffnungen vollen Anhänger des Pastthums einen wahrhaft verblüffenden Eindruck machen mußte, ist selbstverständlich.[1] Wie sie diesen bewies, daß Luthers Muth noch „ungebrochen" sei, so konnte sie die Evangelischen der deprimirenden Wirkung der unglücklichen Zeitverhältnisse entheben. Und das erwähnte Vorgehen Osianders zeigt, daß sie nicht ohne Erfolg war.

Vgl. Köstlin ³II, S. 150. Seckendorf, Comment. Lib. II, Sect. 9, § XIX.

Ausgaben des ursprünglichen „Papsttums".

A „Das Bap- | stum mit seynen | gliedern ge- | malet vnd | beschri- | ben. | ·.· | Wittemberg." Mit Titeleinfassung, 40 Blätter in Oktav, letzte Seite leer. 65 Holzschnitte. Endet: „AMEN. | Martinus Luther."

Druck von Josef Klug in Wittenberg. Vorhanden z. B. in Aschaffenburg, Kgl. Hofbibl.; Berlin; München HSt.

B „Das Bap- | stum mit seynen || gliedern ge- | malet vnd | beschrie | ben. | ·.· | Wittemberg." Titeleinfassung usw. wie bei *A*, aber einige Bilder mit ihrem Text an anderer Stelle als in *A*. Es folgen sich in *B*: Nr. [1]—[8]. [25]. [26]. [11]—[24]. [27]—[43]. [9]. [44]—[46]. [10]. [47]—[66]. (Vgl. unten S. 8 ff.) Endet: „Amen. | Martinus Luther."

Druck von Josef Klug in Wittenberg. Vorhanden z. B. in Helmstedt, ehem. Universitätsbibl.; Jena; Maihingen, Fürstl. Bibl., letzteres Exemplar hat im ersten Verse (unten S. 8, Z. 2) „klagend" statt des richtigen „klagen".

Erst nach dem Augsburger Religionsfrieden scheint das Buch wieder in Wittenberg gedruckt zu sein. Wir verzeichnen auch diese Ausgaben. In denselben zählt man 67 Illustrationen, indem das Bild des Papstes auch schon auf dem Titel sich findet und ein neuer Holzschnitt die päpstlichen Schlüssel darstellt.

C „Das Bapstum | mit seinen Gliedern, | gemalet vnd beschrie- | ben." Darunter segnender Papst, kniend. Darunter: „Witteberg. | 1557." 40 Blätter in Oktav, letzte Seite leer. Endet: „nen, Amen. Anno | 1526. | Martinus Luther." Zu Grunde liegt *A*, nicht *B*.

Vorhanden z. B. in Hamburg; München HSt.

D Wie *C*, nur auf dem Titel „1561" statt „1557".

Vorhanden wohl nur in Nürnberg GM.

---

[1]) Janssen, Gesch. des deutschen Volkes 1 (7. Aufl.), S. 569 ff.

E „Das Bapstum | mit seinen Gliedern, ge- | malet vnd beschrieben." Darunter Holzschnitt wie bei *C* und *D*. Darunter: „Witteberg. | 1563." Umfang usw. wie bei *C* und *D*. Endet: „erkennen, Amen. Anno | 1526. | Martinus Luther."

Scheint auf keiner öffentlichen Bibliothek vorhanden zu sein, ist aber in der Knaakeschen Slg.

In den Gesammtausgaben findet sich diese Schrift zuerst und zwar mit den Illustrationen in Eisleben Bd. 1 Bl. 243—261. Als Vorlage dürfte eine der späteren Ausgaben *C*—*E* gedient haben. Doch ist hier den beiden Schlüsseln (s. oben) das farnesische Wappen beigefügt. Da nun zur Zeit des ersten Druckes (1526) der Mediceer Clemens VII., zur Zeit des Druckes dieses Eislebener Bandes (1564) Pius IV., ebenfalls nicht aus dem Hause Farnese, auf dem päpstlichen Stuhl saß, so muß bei der Wahl dieses Wappens entweder ein Irrthum vorgefallen sein, oder es muß eine zwischen 1534 und 1549 gedruckte Ausgabe als Vorlage gedient haben, da der in dieser Zeit regierende Papst Paul III. aus dem Hause Farnese war. Drucke einer solchen Ausgabe aber scheinen nicht mehr zu existiren. Auch die „gebesserte und gemehrte" Ausgabe vom Jahre 1537 enthält kein päpstliches Wappen. Aus der Eislebener Ausgabe wurde unsere Schrift mit den Abbildungen abgedruckt in Altenburg, Bd. III S. 380—417; weiter ohne Abbildungen in Leipzig Bd. XIX S. 534—545, Walch Bd. XIX Sp. 788—802, Erlangen Bd. 29 S. 359—378. Neu herausgegeben wurde unsere Schrift nach der Eislebener oder Altenburger Ausgabe unter dem Titel: „Dr. Martin Luthers abgemahltes Papstthum. Nach seinen Ständen, Orden, Brüderschaften kürzlich beschrieben, nebst Vorwort und Nachwort. Wittenberg. Neujahrsgeschenk des Jahres Christi 1526. [Acht und sechzig Holzschnitte.] Mit Erläuterungen und Anhang, von Christian Gottfried Moritz Janj. Leipzig. 1848."

Von den beiden zu Luthers Lebzeiten erschienenen Ausgaben muß *A* der erste Druck sein, weil für die theilweise andere Anordnung der Bilder in *B* kein anderer Grund zu finden ist, als daß der Drucker von *B* infolge des Mangels von Seitenkustoden in *A* nicht immer in richtiger Reihenfolge abdruckte und dann später ein übersehenes Bild nachholte. Auch scheint *B* die Reime verbessern zu wollen. Wir legen also *A* zu Grunde und geben die Abweichungen des Druckes *B* unter dem Texte, abgesehen von der häufigen Ersetzung von auslautendem d durch dt: landt, sündt, kleydt, findt, ordt (= orden), einigemal auch umgekehrt dt durch d (und t): kleyd, eyd Nr. 54, Z. 8/9; sand = misit; gekleyd; bescheyt. In den Anmerkungen zu dem über die Orden Gesagten haben wir versucht, einige unrichtige oder ungenaue Angaben zurechtzustellen und über diejenigen Orden, welche in den bekannteren Hülfsbüchern nicht erwähnt werden, soweit möglich eine Notiz zu geben. Dabei aber können wir die Vermuthung nicht unterdrücken, daß einzelne der vorgeführten „Orden" nur als hier oder dort zeitweilig bestandene „Bruderschaften" aufzufassen sind. Wenn diese „Orden" auch in einigen späteren katholischen Werken erwähnt werden, so legt der Umstand, daß auch diese nicht mehr über dieselben wissen als Luthers „Papstum mit seinen Gliedern", die Annahme nahe, daß eben diese Schrift von jenen katholischen Schriftstellern verwerthet ist.

Das Bap=
stum mit seynen
gliedern ge=
malet vnd
beschri=
ben.

Wittenberg.

Vorrhede.

DJe sind hyr, meyn Christlicher leser, fur die augen gebildet und erzelet des mehrer teyls rotten, orden, stende und secten, die furnemesten und berumbtsten stemme, on was noch sind der zweyge und este und nester, auff eynem iglichen stamme mit yhren unzelichen unterscheydten, auch alleyn die mans orden, on was der weyber orden sind. Welche sind alle sampt, die die eynfeltige Christenheyt, so ynn eynerley synn und glauben Gott dienet und gefellt, ynn solch manche stuck und teyle zurtrennet und zuscheitert haben. Und haben alle sich der keuscheyt gerhůmet widder den ehlichen stand; Das, wenn du sie recht ansihest, deyn hertz dafur zubrechen möcht, so du denckest, wie viel grewlicher grewel darunter bis her geschehen sind und noch geschehen. Syntemal keuscheyt so ein seltzam ubernatürliche gottes krafft und gabe ist, Und dieser so unzelich viel, die sie alle fur wenden.

Jch will schweygen, was fur laster und schande sie mit yhren messen und andern Gottes diensten treyben, so der Satan durch sie zur Gottes lesterung und der seelen verfůrunge hat auff gericht. Diese sinds, die der Bapst hat auff gemutzt und gepreyset, das sie der Christenheyt grunde, felsen, seulen, heyl unnd trost sind mit yhrem leben und lere, Und dafur der gantzen wellt gůtter verschlungen. Das man wol möcht meynen, sie seyen das grosse volck Gog und Magog, davon Ezechiel und Apocalypsis von schreyben, das sie Hesek. 38 Offb. 20, 7 ff.
die heyligen stad Gottes umbgeben haben, Aber zu letzt auff seynen bergen erschlagen und den vogeln zu fressen geben worden, wie denn itzt das Evangelion hat schon angehaben.

Jch bitte dich doch umb Gottes willen, sihe sie recht an! Da findestu keynen, der sich des glaubens und der liebe rhůme; solche zween orden und stende achten sie nicht. Sondern der tregt eyne platten, dieser eyne kappen, der eynen mantel, diser eynen rock, der weys, dieser schwartz, der graw, dieser blaw, der eynen spiegel, dieser eyne scheren, und so fort an mit andern gauckel werck umbgehen, das man greyffliche finsternis da sehen mus, da mit Gott die wellt geplagt hat. Das sind die hauschrecken, rauppen, keffer unnd der Joel 1, 4 ff.
schedlichen bösen wůrmen mehr, die alle land gefressen und verderbet haben. Und sihe zu, das du Gott danckest und solche gnade nicht vergessest, der dyr solchs zuerkennen geben und dich von yhnen erlöset hat. Darumb sie auch hie mit bilden gemalet sind, das man der guten gesellen gedencke und Gottis wunder drynnen lobe. Amen.

---

6 alleyne   10 gerůmet   13 diser   14 unzehlich   17 Dise   22 berger *A*
31 *Nach* wellt *nochmals* Gott *AB*   35 Gottes

[1]

Des Bapsts stand.

Ach Gott, wem sollen wyrs klagen,
Wie erbermlich ist zu sagen,
Das lange zeyt und manches jar
Verfurt ist worden grosse schar
Aus allem land und nation,
Der man nicht wol eyn zal mag han,
Durch diesen Bapst und Antichrist.
Betrogen uns mit grosser list,
Uns furgewant gantz fromen scheyn,
Vergeben auch all schuld und peyn,
Unsere sünd und missethat.
Doch solchs auch nicht aus Gottes gnad;
Auff eygne werck alleyn gefürt.
Menschlich vernunfft solch hat bedört.
Die werck sie sahn fur besser an,
Denn das fur uns Gott gnug hat gethan.
Darumb keyn werck yhr waren zuvil,
(Des hat der Bös gewunnen spiel).
Eyn yder wolt der heyligst seyn,
Erdachten jamer und gros peyn,
Viel sect und mancherley orden,
Die Pfaffen, Münch, Nunnen worden.
Das richt uns als der teuffel zu.
Bey yhm nicht war keyn rast noch rhu,
So lang und ehr durch dieser geschrey
Uns ynn seyn netz verfüret mitey.
Seyn anschlag yhm da noher ging,
Weyl das Gott uber yhn verhing.
Doch Gott wolt nit mehr sehn noch hörn,
Solchen grewel wolt er zerstörn,
Als ers denn hat gefangen an;
Verhoff, es soll wol noher gahn.
Seyn heyliges wort vorhanden ist,
Zu schanden wird der Antichrist
Und alle, die yhm hangen an.
Gott wöll alleyn bey seynen stan!

---

2 klagend *in einigen Exemplaren von B* 10 frummen 13 nit Gotts genadt 16 vesser 17 than 19 spil 20 yeder 23 Dy Nunnen, Münch, Pfaffen 25 ru 29 yhn] uns 33 gan 34 heylges

[2]

Der Cardinal stand.

Damit des Bapsts reych würd geacht,
Must ers angreyffen gar mit macht,
Viel herrn und knecht must er machen,
Die nütz waren zu seynen sachen,
Als Cardinel und andere mehr,
Der gleychen folgt eyn grosses her.
Diese seckt gantz rot gekleydet war,
An der haût was nicht gut eyn har.

9 haut

[3]

Der Patriarchen[1] stand.

Damit der Bapst möcht kriegen gellt,
Teylt er seyn gelieder ynn die wellt.
Durch gut gestalt und fromen scheyn,
Wilchs seyn fisch hame muste seyn.
Gekleydt war der orden gantz weys,
Auch petten sehr mit allem vleys.
From Patriarchen woltens seyn,
Der sach sie gaben nûr eyn scheyn.

5 Welchs 7 seher

[1]) *Vermuthlich ist hier Patriarch in weiterem Sinne gemeint, wie z. B. du Cange erklärt:* Patriarchae dicti etiam Primates.

[4]

Der Bischoffs stand.

Das solten unsere 'Bischoff' seyn.
Ja, wie der wolff uber eyn schweyn.
Von 'alten'[1] han sis genomen.
Das ist bisher yhn wol bekomen.
Eyn weys kleyd mit eym meßgewandt,
Eyn Bischoffs stab auch ynn der handt,
Drugen eyn zweyspitzig hut,
Darunder geschach wenig gut.

[5]

Der Chumherrn stand.

Canonici, der Bischoff knecht,
Auch aus des Lucifers geschlecht,
Eyn weyssen korock trugens an,
Auch peltz kappen sie musten han.
Yhr horas petten sie allzeyt,
Das hertz yhn war darvon gar weyt.
Nůr schlemmen, leben ynn dem saus.
Ich hoff, es sey nu mit yhn aus!

5 beltz

[1] *Wohl Übersetzung von* Presbyter: *Den Presbytern hat man das Aufseheramt in der Gemeinde genommen und den Bischöfen allain reservirt.*

[6]

Der Pfaffen stand.

Dis Banwerffer[1] des Antichrist,
Der bessers nie nichts worden ist,
Besessen, regirt leut und landt,
Das es doch ist fur Gott eyn schandt,
Und uns zu teuffel all verfürt,
Das han wyr leyder erst gespürt.
Hoff, Gott soll es aber umb keren
Undts teuffels hatzhundt[2] zerstören.

6 zum   9 teuffels hetzhundt zerstörn

[7]

Der Diaken stand.

Der Bischoff kundts nicht unter lan,
Eyn Diaconum must er han,
Damit yhr mess ynn grosser acht
Gehalten würd nür mit eym bracht.[3]
Yhr kleydt müst seyn also gefyrt[4],
Als denn die figur ist formyrt.
Ynn der farb war keyn unterscheyd,
Nür keyn fromer nicht steckt ym kleyd.

2 underlan   4 grosser A   6 must
8 underscheydt   9 frumer   steck

[1]) *Wohl: 'Wegbereiter'.* [2]) *Die Pfaffen treiben die Christen dem Papste, dem Antichrist, zu wie die Hetzhunde das Wild ihrem Herrn.* [3]) *Nach dem* Pontificale romanum *ist der Diakon* comminister et cooperator corporis et sanguinis Domini. [4]) *Nicht rund, sondern viereckig, die* tunica dalmatica *mit den langen und weiten Ärmeln.*

[8]

Der Benedicterorden.

Der orden zu Cassyn[1] anfieng,
Darnoch ynn die gantze wellt gieng.
Gros schwartz kutten tragen sie an[2],
Auch eyn Bischoffs stab můssens han.
Ynn gros reychtumb stetz gesessen,
Darbey sie Gotts han vergessen.
Das die schrifft sie nicht verfůre,
Dorfft yhr keyner nicht studire.[3]

9 nit

[9]

Der Karthe user orden.

Het menschen werck selig gemacht,
So hets Kartheuser ord volnpracht
Durch petten, fasten, kasteyen
Und der viel, der ich wil schweygen.[4]
Der orde anfieng aus teuffels spiel[5],
Davon zu sagen wer gar viel.
Spitz weys kappen mustens tragen,
Keyner zum andern nicht sagen.

[9] *folgt in B erst zwischen Nr.* [43] *u.* [44] 9 nichts

[1]) *Monte Casino, wo Benedikt von Nursia — nach herkömmlicher Annahme i. J. 529 — das Kloster gründete, dem er seine berühmte Regel hinterliess.* [2]) *Daher auch* Orden der schwarzen Mönche *genannt, doch war die Farbe ursprünglich nicht vorgeschrieben.* [3]) *Richtiger würde zu sagen sein, dass die Regel Benedikts noch nichts von einem ordnungsmässigen Betriebe des Studiums zu sagen weiss.* [4]) *Auch in der späteren Zeit hat dieser Orden sich durch strenge Lebensweise ausgezeichnet. Luther redet oft davon, z. B. Erl. op. exeg. 3, 198 f. Ausführliche Erklärung des Briefes an die Galater zu Cap. 5, 20. Erl.*[2] *7, 44 ff.,* [2] *11, 310 f.,* [2] *14, 154 f.* [5]) *Vielleicht ist das lange ungestraft gebliebene arge Treiben des Reimser Erzbischofs Manasse I. gemeint, durch welches Bruno bewogen wurde, die Einsamkeit aufzusuchen und i. J. 1084 in der Wildniss der Chartreuse den Grund zum Karthäuserorden zu legen.*

[10]

Der Bernharder orden.

Sanct Bernhardus der heylig man
Diesen orden erstlich fieng an.[1]
Viel seyn regel han gehalten,
Das der teuffel noch mus walten;
Denn sie viel schalckheyt han erdacht,
Das arm volck gar zu narrn gemacht.[2]
Schwartz kappen sie stets dragen an[3],
Yhr frömbkeyt lendt eyn yder man.

[11]

Der Prediger orden.[4]

Folgent vier Betler ōrden,
Wilch nůr kunden seelen mōrden.
Yhr tugent zeigten sie zu Bern[5],
Das gerůcht yhn ewig wirt weren.
Keyser Heynrich endt seyn leben
Durch diese, die yhm han vergeben.[6]
Weys, darůber schwartz, ist yhr kleydt,
Und zu betlen bringt sie yhr eydt.

---

[10] *folgt in B erst zwischen Nr.* [46] u. [47] 9 yeder

3 Welch kunten 4 zu *A* 5 ynn

[1]) *Die von Robert i. J. 1098 in Citeaux gestiftete Abzweigung des Benediktinerordens, der Cistercienserorden, erhielt durch den i. J. 1113 eintretenden Bernhard von Clairvaux ein besonderes Gepräge. Darum wird dieser Orden auch vielfach der Bernhardinerorden genannt. Übrigens wird in unserer Schrift der Cistercienserorden unten noch als ein besonderer namhaft gemacht.* [2]) *Das Volk sah voll Bewunderung zu diesen Mönchen auf.* [3]) *Ihre Kleidung ist ein durch schwarzen Gürtel zusammengehaltenes weisses Kleid mit schwarzer Kapuze.* [4]) *Nach Dominicus, der 1215 den Orden stiftete, Dominikaner genannt.* [5]) *Das* scelus bernense *v. J. 1509, welches der Prior und drei Mönche mit dem Feuertode büssen mussten. Luther erwähnt dasselbe Erl. 30, 374.* [6]) *Auch Luther bezweifelte nicht, dass Heinrich VII. (24. August 1313) von einem Dominikaner im Abendmahlswein Gift erhielt, Erl. 30, 374.*

[12]

Der Barfusser[1] orden.

Graw gelleydet, mit bloffen füssen,
Wolten sie yhr sünde büssen;
Auch görtent umb eyn seyl mit knöpff.
Darzu sind yhn geschoren die köpff,
Fasten und petten sie auch sehr,
Doch was yhr kuche nymer lehr,
Machten eyn münch[2] mit fünff wunden,
Damit sie alle wellt schunden.

2 Gro 4 gortent 5 geschorn

[13]

Der Carmeliter orden.

Der Bapst 'Marie brüder' nent[3],
Ich weys, sie hat yhr nie erkent.
Am berck Helie wart yhn geben,
Noch Helie weys zu leben.
Yhr rock ist schwartz, der mantel weys,
Nür auf petlen stet all yhr vleys[4],
Yhr fromer scheyn hat uns geblent.
Ich hoff, es hab mit yhn eyn endt.

6 swartz 7 stat

1) *Mit diesem Namen bezeichnete man die Franziskaner vielfach in Deutschland, wohin sie seit 1221 gekommen sein sollen. In Freiburg in der Schweiz werden sie noch heute so genannt. Doch haben nicht alle Franziskaner jede Fussbekleidung verschmäht und auch in anderen Orden gab es „Barfüsser".* 2) *Über die Stigmatisation des Stifters des Franziskanerordens, Franz v. Assisi, äussert Luther sich skeptisch in seiner ausführlichen Erklärung des Galaterbriefes zu Cap. 6, 18.* 3) Ordo beatae Mariae virginis de monte Carmelo, *von dem Kreuzfahrer Berthold aus Calabrien 1156 bei der „Höhle des Elias" auf dem Karmel gegründet. Nach Benedikt XIV. ist „von allen als wahr anzunehmen", dass Maria persönlich dem Orden sein Scapulier „als ein Zeichen der Bruderschaft mit ihr" geschenkt habe.* 4) *Als der Orden im Morgenlande bedrängt wurde, wanderte er um 1240 aus. Innocenz IV. gab ihm 1245 den Charakter eines Bettelordens.*

[14]

Der Augustiner orden.

Augustiner gantz schwartz gekleydt,
Yhr ord helt nicht viel unterscheydt.
Als man tausent fünffhundert jar
Darzu neuntzehen[1] zelt fur war,
Aldo aus yhrer sect erstandt
Martin Lutther ynn Saxer land.
Gotts wort er uns widder lert,
Des Bapsts reych hat er gar verhert.

3 Yhr orde vnderscheydt 4 dausent
6 sect

[15]

Der Premonstrater orden.

Premonstratenses man diss nent,
Yhr leben eyn yeder wol kent.
Von fuss auff sind sie weys gekleydt[2],
Das bedeut yhr reyne keuscheydt;
Ya, wenn sie schlaffen, glaub ichs wol.
Schlemmen, brassen, sind alzeyt vol —[3]
Ist das schwerst ynn yhrem orden.
Sünst ist nichts guts von yhn worden.

2 dies 9 gutz

[1]) *In manchen Kreisen wurde Luther erst durch seine Leipziger Disputation mit Eck (1519) als derjenige bekannt, von dem eine „Verheerung" des „päpstlichen Reiches" zu erwarten sei.* [2]) *Die Praemonstratenser, 1121 durch Norbert gegründet, nahmen von den Cisterciensern das weisse Gewand an, welches jedoch ihr Stifter direct von Maria erhalten haben wollte.* [3]) *Im Mittelalter wurde es zur sprichwörtlichen Rede: „Laster nach Praemonstratenser Art" (vgl. Janj u. a. O., S. 58).*

[16]

Deutsch herrn orden.

In deutsch landt warn nicht secten gnug.
Sie wurden auch eyns ordens klug[1],
Das musten 'deutsch herrn' seyn genandt.
Ander sprach war yhn unbekandt[2],
Und musten núr Edel leut seyn,
Drugen lange berdt zu frommem scheyn.
Weys mentel yhr bracht und schwartz creutz,
Kunten núr wolleben und deutsch.

1 Der Deutscher herrn orden

[17]

Die Rhodiser herrn.

'Johanniter' warn diss genandt.
Gros gellt sie namen aus all landt,
Núr dem Türcken zu widderstan,
Der unsern glauben fechtet an,
Erstlich zu Rhodis erstanden[3],
Gem Türcken manch schlacht gewanen.
Schwartz, dar auff weys creutz ist yhr bracht.
Yhrs kriegs habens eyn end gemacht.

1 herren 2 diess

[1]) *Dass dieser Orden nicht in Deutschland, sondern in Jerusalem entstand, scheint dem Verfasser nicht bekannt gewesen zu sein.* [2]) *Damit ist wohl nur die Bestimmung gemeint, dass allein Deutsche als Ritter aufgenommen wurden.* [3]) *Gestiftet wurde der Orden schon früher. Schon 1121 gab der Meister Raimund de Puis demselben seine Regel, welche Innocens IV. i. J. 1130 bestätigte. Erst 1310 wurde die Stadt Rhodus von den Johannitern erobert, und erst seit dieser Zeit nannten sie sich Rhodiser-Ritter. 1522 vertrieb Soliman II. sie von dort. Über „die Anfänge des Johanniterordens" vgl. Uhlhorn in Zeitschr. f. Kirchengesch. 1883, 46 ff.*

[18]

Der Josaphats tal orden.[1]

Wie wol der Bapst verpotten hat,
Das keyn orden soll dragen rot
Denn nur alleyn seyn heylickeyt,
Doch gellt macht losung und bricht eydt.
Derhalben sie thun was sie wöln,
Auff das sie yhr gnůgen fülen.
Gantz rot gekleydet ist diese sect,
Darzů auch soller bosheyt steckt.

[19]

Der Johanniter orden.

Noch sanct Johanniter ordeu!
Nicht fast lang, das sie sind worden.[2]
Yhr sect ist ynn all stedt und landt,
Welchs doch zu leyden ist gros schandt.
Der Rhodiser orden sie füren,
So lang und yhn das mag gepüren.
Schwartz mit eym creutz sind sie gekleydt,
Brassen, saultag hellt ynn yhr eydt.[3]

---

4 nür heyligkeyt 9 Darzu

[1]) *Am Ölberge wurde bei der Gethsemane-Kirche ein Kloster regulirter Chorherren gegründet. Der Orden ist infolge der Eroberung Jerusalems durch die Saracenen eingegangen.* [2]) *Entweder unterscheidet der Verfasser die oben (Nr. [17]) erwähnten Rhodiser von den Johannitern so, dass er jenen Namen dem Orden nur bis zu seiner Vertreibung aus Rhodus beilegt, also die „Johanniter" erst von 1522 an rechnet, oder er bemerkt nicht, dass er — nach verschiedenen Büchern — denselben Orden unter verschiedenen Namen zweimal behandelt.* [3]) *Insofern sie nicht zu mönchischer Kasteiung und Thätigkeit verpflichtet waren.*

[20]

Der Johans brůder orden.

Noch ſind der Johans brůder mehe
De Civitate, als ich ſehe.[1]
Eyn eygen regel halten die
Zuvergleychen iſt keyn weys hie,
Yhr kappen und kleyd iſt gantz rot,
Darynn ſie leyden groſſe not.
Das man ſie kendt, hat ſie geluſt,
Zu fůrn ein lilch forn auff der bruſt.

9 leich

[21]

Der Antoniter orden.

'Antoni herrn' man dieſe nent.
Ynn alle landt man ſie wol kent.
Das macht yhr ſtets terminiren.
Das volck ſie ſchentlich verfůren
Mit trauung ſanct Antoni peyn;
Betlen ſeer, auch lerns yhre ſchweyn.[2]
Schwartz, darauff blaw creutz iſt yhr kleydt,
Sind all buben, ſchwer ich eyn eydt.

6 ſant Anthoni

[1]) *Selbst das Werk* Histoire du clergé séculier et régulier, Amsterdam chez Pierre Brunel, M.DCC.XVI, *welches doch eine Menge von ähnlichen Arbeiten verwerthet, gesteht (Bd. 3, S. 258)* über diese Frères de Saint Jean de la Cité *nichts zu wissen.* [2]) *Seitdem gegen das Ende des 11. Jahrhunderts das Benediktinerkloster St. Petri montis maioris zu Mota bei Vienne in den Besitz der Reliquien des heiligen Antonius gelangt war, dieses Patrons gegen allerlei Krankheit an Menschen und Vieh, suchten dort grosse Schaaren vor allem gegen die i. J. 1095 ausbrechende Epidemie des Rothlaufs, „Antoniusfeuer" genannt, Hülfe. Dadurch kamen die Hospitalbrüder des Ordens in solchen Ruf, dass sie in allen Ländern Geld sammeln konnten. Ihre Mahnungen, man möge durch reichliches Geben sich vor der gefürchteten Krankheit sichern, konnten als ein Drohen mit St. Antonii Pein (v. 6) aufgefasst werden. Die Hospitalbrüder rissen sich von ihrem Orden los und wurden als „Hospitaliten vom heiligen Antonius" vom Papst bestätigt.*

[22]

Sanct Brigitten orden.

Sancta Brigitta hat gemacht,
Das dieser orden ward erdacht.[1]
Mit yhr gros wunderthat
Dem teuffel ist wol geraten.
Gantz graw mus nůr yhr kleydt seyn,
Eyn rinck und eyn creutz mitten dreyn,
Schwartz von farb, mitten auff der brust,
Bedeut 'alleyn zu Gott yhrn lust'.

[23]

Die willig armen brůder.

Keyn reychtumb wolten diss nicht han,
Willig armut sie namen an,
Keym menschen auch nicht redten zu,
Mit wandern, petten war keyn rhu.
Gantz graw gekleydt an underlos,
Drugen eyn creutz und giengen blos
Für yhre sůndt und missethat
Das sie erwůrben Gotts genadt.[2]

---

1 Sant ordenr 7 dryen *A* dragen *B* 2 diess 5 ru 6 gro

[1]) *In den Orden „vom Weltheiland", den die schwedische Fürstenwittwe Birgitta i. J. 1363 bei ihrem Aufenthalt in Rom stiftete, trat sie selbst nicht ein.* [2]) *Um das Jahr 1370 wird dieser Orden gegründet sein. Vgl. J. Buschius in* De reformatione monaster., Leibnitz, Script. Brunsw., *Tom. II, pag.* 857. Helyot, Histoire des Ordres, *Tom. IV, cap. 7.*

[24]

Der Geysselherrn orden.

Kleyn vertraw hetten die zu Gott,
Das er yhn hulff aus yhrer not.
Derhalben sie fur yhre schuldt
Gros peyn litten und ungedult,
Mit peyngen, geyssein, martern seer
Zu erlangen fur Gott eyn eher.
Gantz weys gekleydt sie stetz giengen[1],
Ynn Welsch landt erstlich anfiengen.[2]

[25]

Der Eynsidel stand.

Gar heylig leut man diese macht,
Drumb sie viel litten tag und nacht;
Wurtzeln und kraut yhr narrung war,
Ym walde yhr leben püsten gar.
Gantz graw gekleydt yhr weyse ist,
Keyn schwerer buss sie han gewist.
Yhr gmüt war recht on all zweyffel,
Jedoch betrog sie der teuffel.

[25] *folgt in B schon auf Nr.* [8]
4 yh *A* 5 büsten 9 beuffel

[1]) *Daher wurden sie auch* Bianchi, Albi, Fratres in albis *genannt.* [2]) *Schon des heiligen Antonius v. Padua († 1231) Predigten erregten Geisslerzüge. Weit verbreitete sich diese ansteckende Schwärmerei i. J. 1260 von Perugia aus über ganz Italien und bis jenseits der Alpen, und erneuerte sich in der Mitte des 14. Jahrhunderts. Ein Urtheil Luthers über die Selbstgeisselung s. Erl. op. exeg. 9, 284 f.*

[26]

Der Basilier orden.

Eyn reycher man zu Basel war,
Fast geschickt und von hoger lahr.
Die geystlich weys yhn gut sag an,
Eyn newen orden er fieng an.
Seyn gut und gellt gab er darzu.
Er meynet, er het fürn sünden rhu.
Da hub sich erst das rechte leydt.
Von weysser farb war nůr yhr kleyd.[1]

[27]

Der Sepulchriten orden.

Das das heylig grab würd recht verwart,
Erstund do selbs eyn newe art,
Welch man Sepulchri brüder nent,
Der orde da anfieng, auch endt.[2]
Dragen creutz, die kleydung ist gro.
Gros gut huben sie auff aldo
Durch opffer, so dahyn gefelt
Nůr van der unsern Deutschen gelt.

[26] *steht in B schon nach* Der Eynsidel stand *hinter Nr.* [8], *vgl. Bem. zu Nr.* [25]
7 meynt vn

2 heylg

[1]) *Da wir über einen derartigen Orden nichts zu finden vermögen, die Basilianer aber in vorliegender Schrift nicht erwähnt werden, darf man für möglich halten, dass hier diese gemeint sind und über ihre Entstehung eine durch den Namen hervorgerufene irrige Anschauung vorgetragen wird.* [2]) *Im Jahre 1114 wurden die Kleriker der Patriarchalkirche zu Jerusalem zur „vita communis" vereinigt. So entstand die* congregatio Hierosolymitana canonicorum regularium sancti sepulchri. *Nachdem Palestina wieder in die Hände der Saracenen gefallen war, verbreiteten die Sepulchritenbrüder sich nach Europa. Im Jahre 1489 wurden sie mit den Johannitern vereinigt, verschwanden daher als selbständiger Orden aus den meisten Ländern.*

[28]

Von der Scher orden.[1]

Die diesen orden han erdacht,
Han unzweyffel schneyder gemacht,
Denn sie forn das zeychen tragen.
Keyn hart leben sie nicht klagen.
Die kap, der rock, ist alles weys,
Betten, fasten wenig mit vleys,
Auff das, so eyner gestorben ist,
Vergebung seyner sünde wüst.

[29]

Der Schwertter orden.

Dis mus yhe eyn frome sect seyn.
Betreugt mich anders nicht yhr scheyn.
Gantz durchaus weys yhr kleydung ist,
Deut yhr reyn hertz zu Jhesu Christ;
Darauff zwey rotte schwert gemacht,
Bedeut zu streytten tag und nacht[2]
Widder den bösen feyndt und geyst;
Betten und fasten, das sie weren feyst.

6 Darauff *A* 7 dag 8 böse
9 wern

[1]) *Die S. 18 erwähnte „Histoire" schreibt über diesen Orden (Bd. 3, S. 266):* On ne trouve point d'auteurs, qui en parlent, quoiqu'on trouve la figure *und vermuthet, es handle sich um eine* Confrairie de métiers. [2]) *Der Orden der* Gladiferi, fratres militiae Christi, Schwertbrüder, *gegründet i. J. 1202 zur Unterstützung der Missionsthätigkeit in Livland mit dem Schwerte. Gregor IX. vereinigte ihn mit dem Deutschen Orden.*

[30]

Der Stern münch orden.[1]

Folgen zwo secten nür hernoch,
Welchen fromb zu seyn gantz war joch.
Ynn dem kleyd ist keyn unterscheydt,
Alleyn, das der eyn eyn kappen dreyt.
Darzu yhr regel ist fast gleych.
Gewesen sind sie allzeyt reych.
Stern münich möcht man sie wol nennen,
Denn do bey soll man sie kennen.

1 Munch 4 vnderscheydt 6 gleych
8 Münch

[1]) *Über denselben vgl. Helyot III, cap. XLVI.*

[31]

Der Stern brüder orden.[2]

Die ander sect keyn kappe drecht
Sünder gekleydt erbar und schlecht.
Der kleydung farb ist ungefer,
Fasten, betten und wachen sehr.
Stets reyn sol seyn yhrs hertzen lust,
Das bedeut das zeychen auff der brust.
Schwartz odder rot leydt nicht viel dran,
Nür zum scheyn, das hertz gets nichts an.

1 ordern

[2]) *Über denselben vgl. Helyot VIII, cap. XXXVI.*

[32]

Der New bruder orden.[1]

Gros ist die mutter gewesen,
Die der son all hat genesen
Und so viel bruder zu samen bracht,
Das ich glaub, der Böss habs erdacht;
Denn New bruder verhanden sendt,
Es will mit yhn nicht haben endt.
Schwartz von farb ist gemacht yhr kleidt,
Halten auch den Prediger eydt.

[33]

Der Creutzstern bruder orden.[2]

Schwartz kleydt sich dieser orden,
Darynn wenig from sind worden.
Gesterntcreutz tragens auff der brust,
Betten, fasten, darnoch sie lust.
Yhrn orden sie halten gantz streng,
Die weyl noch sind yhr zinse geng.
So yhn die selbe weren gehn ab,
Wirt es mit yhnen seyn schab ab.

4 dragens 8 ynn wern

[1]) *Eine Abzweigung des Franziskanerordens, um 1463 in Italien entstanden.* Neutrales *nannten sich diese Mönche, welche zwischen den Observanten und Konventualen in der Mitte stehen wollten. In Deutschland verstand man vielfach den Namen als „die Neuen". Vgl. Helyot VII, cap. XIII.*

[2]) *Vgl. Helyot II, cap. XXXV.*

[34]

Der Constantinopolitaner orden.

Zu Constantinopolitan
Erst dieß sect hat gefangen an.[1]
Darnoch sind sie weytter komen,
Zeln sich auch unter den fromen.
Rot, darunter grün, dragens an,
Darauff zwey gel creutz müssens han,
Halten eyn streng und hartes leben,
Wilchs widdern teuffel thut streben.

5 vnder   6 darunder   9 Welchs

[35]

Sanct Sophia brüder.[2]

Diß sanct Sophie brüder sendt,
Glaub, haben eynander wol kendt.
Eyn regel sie yhn hat geben,
Darnoch sie stets sollen leben.
Eyn grosse kappe ist yhr bracht,
Darauff ist eyn rot creutz gemacht,
Das yhr hertz fur frömbkeyt bewardt;
Denn sie sonst sind von guter art.

1 Sophie   8 frombkeyt   9 sünst

[1]) *Es werden die Mönche des Klosters Studium in Konstantinopel gemeint sein, da diese auch rothe Mäntel mit gelben Kreuzen getragen haben. Obwohl der Orden mit der Zeit verfiel, war doch noch um 1450 ein Kloster der Konstantinopolitanerinnen in der Stadt.* [2]) *„Histoire", Bd. 3, S. 256:* L'institution et l'origine des Frères de Sainte Sophie nous est inconnue et nous ne pouvons en faire aucune conjecture solide.

[36]

Der Grandimontenser orden.

Steffanus, gantz eyn fromer man,
Fur zeytten fieng den orden an.[1]
Von der wellt er sich gantz abzog,
Mit viel volcks ynn eyn wůste flog,
Seyn leyb er hart lasteyen thet
Mit wachen, petten, frů und spet.
Pantzer und mentel sie dragen,
Darmit sie yhr sůnde klagen.

8 fůr 9 beklagen

[37]

Der Rollert brůder orden.[2]

'Rollert brůder' sich diese nen.
Yhr ord schier ist an alle endt,
Mit den kranden sie stets umb gon,
Darvon sie empfangen guten lon.
Dem sterbent thuns die augen zu
Und dragen sie fort zu der rhu.
Rauch, graw sie gantz gekleydet gan,
Darunder eyn schwartzen schepler han.

7 zu

[1]) *Die durch Stephan von Tigerno i. J. 1076 zu Muret bei Limoges vereinigten Asketen zogen nach seinem Tode (1124), einer himmlischen Stimme folgend, nach dem nicht fernen Grandmont.*
[2]) *Vgl. z. B. „Histoire" Bd. 3, S. 228 f. Dieser Orden wurde in verschiedenen Gegenden verschieden genannt, in Lüttich* Rollarden, *in Gent und anderswo* Celliten, *in Deutschland* Rollertbrůder.

[38]

Der Ungerer herrn orden.

Ynn ungaria war dieſer anfangk,
Des man noch yhn gar hat keyn danck.
Rot, daunter weys, iſt yhr gewandt,
Forn eyn creutz zu der rechten handt
Auff dem mantel von grünem duch;
Auch dragen ſtetz bey yhn eyn buch.
Yhrn orden doch man nicht wol kendt[1],
Alleyn das ſie reych herrn ſendt.

2 anfang 3 yn dang

[39]

Schlavoni.[2]

Ynn Schlavonia iſt eyn ſect,
Voller frömbkeyt die ſelbige ſteckt.
Aus ander landt ſie komen dar,
Das volck zu leren Chriſti lahr.[3]
Wie ſie aber geleret han,
Kan eyn yeder itzt wol verſtan.
Wie die Auguſtiner kleydet gan,
Alſo[4] han ſie rot kappen an.

1 Schlauoni orden 3 ſelbig
5 lar 7 itz

[1]) *„Histoire“ (Bd. 1, S. 426) beschreibt die Tracht dieses Ordens nach* Schoonebeck, Hist. Ord. Relig. *ebenso wie oben angegeben ist, weiss aber sonst nichts über denselben zu berichten.* [2]) *Über diese Mönche in Böhmen, Polen usw., welche ihren Namen davon hatten, dass sie den Gottesdienst in slavonischer Sprache hielten, vgl. Helyot I, cap. XXVII.* [3]) *Die slavischen Länder sieht der Verfasser noch als Missionsgebiet an.* [4]) *Da der Verfasser selbst richtig angibt, dass die Slavonier roth, die Augustiner dagegen (vgl. Nr.* [14]) *„ganz schwarz“ gekleidet waren, so ist der Sinn obiger Worte: Die Kleidung der Schlavonier ist nach Bestandtheilen und Zuschnitt derjenigen der Augustiner gleich, weicht nur hinsichtlich der Farbe der Kutte von dieser ab. Man würde also konstruiren können: Wie die Augustiner gekleidet gehen, also (ebenso, nämlich gekleidet gehend) haben sie rothe Kappen an. [Möglich auch, dass* alſo *Druckfehler ist für* als = allez, alles, *'stets' (z. B. bei Hans Sachs). Dafür könnte sprechen, dass auch sonst, z. B.* [23], 5; [24], 8; [38], 7; [43], 9, *das stete Tragen des Ordenskleides betont wird. P. P.]*

[40]

Der spigel herrn orden.[1]

Speculariorum orden
Ist lang das er erst ist worden.
Fast ynn Welsch landt er sich helt.
Ihr synn und mut steht nür noch gellt.
Eyn weyssen mantel tragens an,
Drauff eyn schwartz creutz auch mus stan.
Eyn schwartzer circkel drunder ist,
Bedeut gantz gemůt zu Jhesu Christ.

6 dragens

[41]

Heremiter Augustiner orden.

Nicht weys ich, wo diese sind worden[2],
Die auch[3] fürn Augustiner orden.
Die kleydung schier der gleychen ist.
Fromb zu wern han sie noch lang frist,
Wie wols fromb herrn wöln seyn genandt.
Eym yeder man sie sind bekandt.
Sind sie nicht reych, das ist yhn leyd,
Doch stets zu nemen sinds bereyd.

6 from

[1]) *„Histoire" Bd. 3, S. 268:* Les frères du Miroir sont du nombre de ceux qui sont inconnus, et dont on ne sait que le nom et le lieu où ils ont été institués qui est l'Italie. [2]) *Im Jahre 1256 wurden durch Alexander IV. eine Anzahl von italienischen und französischen Eremiten-Kongregationen zu einem Orden vereinigt unter dem Namen* Orden der Eremiten des heiligen Augustinus. *Diesen Namen behielt der Orden, obgleich die* vita eremitica *aufgegeben wurde.* [3]) *Wenn der Orden, in den Luther eintrat (vgl. oben Nr.* [14]*), nicht als identisch mit dem hier behandelten angesehen ist, so dürfte eine Verwechselung mit dem Orden der Augustinerchorherren vorliegen. Oder sollte der Verfasser die Kongregation der Observanten, wozu das Erfurter und das Wittenberger Kloster gehörten, als einen besonderen Orden gezählt haben?*

[42]

Der Wilhelmer orden.

Wilhelm, Hertzog zu Aquitan,
Erstlich fieng diesen orden an.[1]
Die weyl er on manß erben war,
Gab er seyn gut zum kloster gar.
Eyn regel sie darzu funden,
Mit der sie bsünd uberwunden.
Yhr kleydung ist gantz schwartz gemacht,
Wie auff der Wilhelmer bracht.[2]

2 Aquilan *A*

[43]

Der Wenceslaer orden.

Wenceslaus eyn Bischoff war,
Seyns volcks verfurt eyn grosse schar,
Die weyl eyn orden er erdacht,
Auch eygen regel darzu macht.[3]
Eyn grosse kirch er stifften theth,
Darynn man lobt Gott frü und spet.
Ob er sie hört, zweyffel ich gar.
Weys stetz gekleydt geht diese schar.

3 volcks verfürt *B*

[1]) *Um das Jahr 1156 soll Wilhelm von Aquitanien die Eremiten-Kongregation der Wilhelmiter gestiftet haben. Im Jahre 1264 wurde ihnen die Benedictinerregel gegeben und sie blieben bei dieser, auch nachdem Papst Alexander IV. 1256 alle derartigen Eremiten zu dem Orden der Eremiten des heiligen Augustinus zusammenzufassen suchte.* [2]) *Da diese Worte keinen Sinn ergeben, ist vielleicht anstatt „Wilhelmer" zu lesen „Benedicter". Denn Innocens IV. vereinigte i. J. 1248 alle Wilhelmer nach der Regel Benedicts. Vgl. Nr.* [8], *Zeile 4. Wenn das* auff *in unserer letzten Textzeile nicht ein Druckfehler (anstatt* auch) *ist, so dürfte es sich daraus erklären, dass dem Schreiber ein kolorirtes Trachtenbuch vorlag: Auch auf der Benedicter Tracht war die Farbe schwarz.* [3]) *Schon die Insassen des Klosters, welches i. J. 1039 zu Ehren des Heiligen und Märtyrers Wenzeslaw gegründet wurde, hiessen „Wenzeslaer". Aber erst ein späterer Bischof Wenzeslaw sammelte eine Kongregation derselben zu einem Orden, welchem er im Unterschiede von jenen anstatt der schwarzen Benedictinertracht ein weisses Ordenskleid vorschrieb.*

[44]

Die Minores brüder.

Aus der graw Parfusser orden[1]
Sind, wie folgt, mehr secten worden,
Als: 'Minores'[2] und 'Minimi'[3],
'Observantes'[4] und 'Clarini'[5],
Etlich 'de Euangelio'[6],
Mehr die sind 'de Caputio'[7],
Und also viel der gleychen mehr,
Die halten sanct Francisci leer.

1 *Vor Nr.* [44] *wird Nr.* [9], Der Kartheuser orden, *nachgetragen in B* 2 gro Barfusser 6 Eylich

[45]

Der Cistercienser orden.

Eyn seltzam regel diese fürn,
Sie möcht wol eynen schier bedörn.[8]
Grosser keuschheyt sie sich rhümen,
Jhr schalckheyt damits verplümen.
Das hembt ubern rock dragens an,
Darunder schwartz röck sie han.
Eyn Bischoffs stab und rotte schw,
Sind sie fromb, so stos mich eyn kw.

4 rhömen

[1]) *Vgl. oben Nr.* [12]. [2]) *Dies eigentlich der ursprüngliche Name der Franziskaner.* [3]) *Der durch Franz v. Paula gestiftete, 1474 vom Papste bestätigte Zweig des Ordens.* [4]) *Im J. 1517 vollzog Leo X. die endgültige Trennung der Observanten von den Conventualen.* [5]) *Die Anhänger des Angelo de Clarino, eines Führers der italienischen Spiritualen.* [6]) *Die Freunde der Schriften, in welchen Abt Joachim den Eintritt des* evangelium aeternum *verkündigte.* [7]) *Da die vorliegenden Verse spätestens i. J. 1525 geschrieben sind, aber doch schon von dem Streite über die Kapuze unter den Franziskanern wissen, so kann derselbe nicht erst dadurch ins Leben gerufen sein, dass Matthäus von Bassi i. J. 1526 mit der neuen Kapuze vor Clemens VII. erschien.* [8]) *Vgl. oben Nr.* [10].

[46]

S. Jacobs brůder.[1]

Der teuffel het doch nicht ehe rhu,
Bis er seyn schalckheyt richtet zu.
Zu sanct Jacob ynn Engelland,
Aldo der ord erstlich erstand.
Gros gut und gellt dar komen ist
Durch des Lucifers tůck und list.
Zu bilgergraw farb han sie lust,
Eyn Jacobs muschel auff der brust.

8 bilgergro

[47]

Vom Fegfewer.[2]

Gros zweyffel ich bey diesen drag,
Aus was ursach doch solchs geschach,
Das dieser ord erstanden ist.
Ungezweyffelt solchs aus grosser list,
Yhr fegfewr hattens auff der wellt,
Doch solchs geschach nůr umb das gellt,
Die weyl gros gut man darzu bracht.
Graw, als ich vorstehe, ist yhr bracht.

1 *Vor Nr.* [47] *wird Nr.* [10], Der Bernhardetorden, *nachgetragen in B* 8 dazu

[1]) *Auch die „Histoire" erwähnt unter den von ihr (Bd. 1, S. 346ff.) besprochenen englischen Orden und speciell bei den* Chanoines Hospitaliers de Saint Jacques *den oben behandelten Orden nicht. Ebensowenig scheint Janj (S. 162f.) etwas über denselben gefunden zu haben, da er nur das oben Gesagte wiederholt.* [2]) *In* du Cange-Henschel, 5, 523 *wird unter* purgatorium *auch bemerkt:* pia societas instituta anno 1418 in ecclesia B. M. Deauratae Tolesanae. *Nach „Histoire", Bd. 3, S. 232 soll in verschiedenen Ländern eine derartige Bruderschaft bestehen, welche für die Seelen im Fegfeuer betet.*

[48]

Der Celestiner orden.

Celestinus eyn Bapst war,
Erst eyn Münch aus der Prediger schar.
Das Bapstumb er widder lies stan [1],
Diesen orden darnoch fieng an,
Welcher noch viel verhanden send.
Das volck zu betriegen finds behend.
Schwartz von farb ist gemacht yhr kleydt,
Für yhr frömbkeyt schwer ich keyn eydt. [2]

[49]

Der Camaldulenser orden.

Camaldulensium orden,
Welch noch Benedicto sind worden [3],
Musten auch yhm seyn underthan.
Gantz weys kappen dragen sie an.
Yhrn orden sie also halten,
Es möchts Gott wol schier walten.
Verhoff, yhr heyligkeyt und bracht
Hab bald mit yhn eyn end gemacht.

---

7 btrigen

[1]) *Schon nach fünfmonatlicher Regierung dankte Coelestin ab.* [2]) *Nicht jene von Papst Coelestin V. beschützten und daher „Coelestiner Eremiten" genannten Spiritualen unter den Franciskanern sind gemeint, sondern der von diesem Papste vor seiner Erhebung gesammelte Orden, dessen Glieder sich zuerst „Einsiedler des heiligen Damian" oder „von Morone", erst nach ihres Stifters Erwählung zum Papste „Coelestiner" nannten.* [3]) *Der auf Romuald zurückgehende Camaldulenser-Orden ist eine Abzweigung des Benedictiner-Ordens und wollte die zu einer höheren Stufe der „Heiligkeit" Emporgestiegenen zusammenschliessen.*

[50]

Ambrose vallis orden.

Bey Florentz ynn Welsch landt
War eyn heylig, Galwertus genandt,
Der diesen orden hat auffspracht[1],
Eygen regel darzu erdacht.
Die halten sie noch streng und fest,
Schlemmen, brassen auffs aller best.
Graw von farb ist gemacht yhr kleydt.[2]
Weytters weys ich nicht von yhrm eydt.

[51]

Gerundiner orden.

Johan, Bischoff von Gerundin,
Dem kam eyns nachts fur ynn seyn syn,
Wie er eyn kloster bawen sollt,
Darzu auch geben all seyn golt.[3]
Also diese sect ist erstanden,
Der noch viel sind ynn all landen.
Yhr kleydung ist gemacht gantz weys,
Pelten, fasten noch allem vleys.

1 Die Gerundiner 2 Jerundin

[1]) *Ein wenig später als der Camaldulenser-Orden entstand der Orden von Vallombrosa, 1038 durch Johannes Gualbert, Herrn von Pistoja, gestiftet.* [2]) *Daher wurden diese Ordensbrüder in den ersten Jahrhunderten in der Regel „Graubrüder" genannt.* [3]) *Um das Jahr 590 soll der spätere Bischof Johann von Gerundinum in Catalonien das Kloster von Val clara gegründet haben.*

[52]

S. Helene brüder.[1]

Die weyl Helena heylig war,
War sie ursach eyner grossen schar,
Die durch sie Gotts gnad wollten han,
Für yhr brüder sich namen an.
Zu letst eyn gantzer orden wart,
Yhr regel war gantz streng und hart.
Gelleydt warn sie gantz durchauß weyß
Und dienten yhr mit allem vleyß.

[53]

Josaphats orden.[2]

Gar weyslich thet der orden dran,
Das sie sanct Joseph petten an,
Verhofften zu geniessen das,
Das Joseph Christi vater was.
Darumb erstanden ist diese sect
Und ynn die wellt ausgestreckt.
Yhr tracht: weys kappe, eschfarb röck;
Zu yhrer frumbkeyt dürffens glück.

[1]) *Auch die „Histoire" erklärt (III, 234) über* les Frères de Sainte Hélène, qui se disaient avoir été fondés par Sainte Hélène, mère de l'empereur Constantin, *nicht mehr zu wissen, als dass dieselben sich weiss kleideten.* [2]) *Während auch noch die Ausgabe E ebenso liest, hat die Eislebener Ausgabe, welcher die späteren folgen, dafür „Josephs Orden", wie es ja nach der weiteren Beschreibung heissen muss. Näheres über diesen Orden wissen auch die betreffenden katholischen Werke nicht anzugeben, vgl. z. B. Histoire III, 252.*

[54]

Gregorianer orden.

Gregorius, Bapst, erstlich hat
Geben gros ablas und genadt
Zu diesem ord, von yhm gestifft,
Welcher glaubt nůr seyner schrifft.
Darauff sie sich liessen brennen,
Ehe sie seyne lehr thetten schennen.
Von kupffer farb eyn weyles kleydt
Tragen sie, als denn hellt yhr eydt.[1]

[55]

Ambrosianer herrn.[2]

Fromb mocht wol Ambrosius seyn,
Mit den aber hats nůr eyn scheyn.
Dem heyligen thetten sie gern gleych,
Damits erlangten Gottes reych.
Viel anderst můssen sie sich stelln,
Sůnst farns fur hymel ynn die helln.
Yhr kleydung ist gemacht gantz gro,
Zu Gott yhr hertz yhn ist gantz rho.[3]

---

5 Welche *AB*

[1]) *Histoire III, 238:* Soit que cet ordre ait été le même que celui de Saint Benoît, ou qu'il ait été différent, il a été dans la suite confondu avec l'ordre de Saint Benoît. *Vgl. oben Nr.* [8]. [2]) *Im Jahre 1441 fasste Eugen IV. die von Mailand aus gegründeten, von der Regel Augustins beherrschten Klöster Oberitaliens zusammen zur* congregatio fratrum S. Ambrosii ad nemus Mediolanensis. [3]) *d. h. 'ihr Herzensverhältnis zu Gott ist ganz unentwickelt' vgl. Grimm, Wtbch. 8, 1116.* *P. P.*

[56]

Tempel herrn.

Bapst Niclas[1] zwo bullen sandt
Fürsten und herrn ynn alle landt.
Eyn bull gepot bey selickeyt,
Der andern nicht zu wissen bscheydt,
Eher denn auff eyn bestimpten tag;
Do erschlug mans all, war gros klag.
Noch heut betag mehr keyner ist.
Schwartz röck yhr kleydung gewesen ist.[2]

[57]

Canonici Regulares.

An alle örter ist diese sect.
Wenig frömbkeyt ynn yhnen steckt.
Halb Münich, halb Pfaffen wöln sie seyn.[3]
Yhrn orden sie halten gar feyn
Mit schlossen, essen, trincken wol,
Als denn eyn fromer ord thun soll.
Schwartz und eyn schepler[4] sie dragen,
Undern arm den selbigen schlagen.

9 selben

[1]) *Richtiger: Clemens V.* [2]) *Über die Aufhebung des Tempelherrnordens vgl. auch J. Gmelin, Schuld oder Unschuld des Templerordens (1893), und dazu Deutsche Zeitschrift für Geschichtswissenschaft XI (1894), S. 242—275; Zeitschrift für Kirchengeschichte XV, S. 448 usw.*

[3]) Canonici regulares *sind diejenigen Kanoniker, welche die drei Ordensgelübde ablegen und so das klerikale und das klösterliche Leben miteinander verbinden.* [4]) *Scapulier.*

[58]

Marie knecht.

Dis sind sanct Marie knecht,
(Wie die andern) eyn fromb𝑠 geschlecht,
Unser frawen sinds underthan,
Des sie verhoffen grossen lohn.
Ja, kuntz lochs branckgelt ist helsch fewr![1]
Warn sürm jar gleych so fromb als hewr.
Der rock ist schwartz, der mantel weys,
Halten der frawen brůder weys.[2]

[59]

Schlüssel herrn.[3]

Schlüssel herrn sind gantz frome leut,
Ja, buben meyn ich ynn der haut.
Zween schlüssel fürens zur hymel thür,
Auff das sie nicht bleyben darfur.
Selber wöln sie komen hynney
Odder yns nechst dörfflеyn darbey.
Schwartz von farb ist gemacht yhr kleyd,
Sonst halten sie sanct Peters eyd.

---

3 sancte 6 kurtz

[1]) *kuntz loch vereinigt zwei Bezeichnungen des Teufels.* Kunz *(Grimm, Wtbch. 5, 2752) und* Koch in der Hölle *(ebenda 1559). P. P.* [2]) *Der Orden der Serviten,* Servi beatae Mariae virginis, *1233 zu Florenz gegründet, auch wohl nach ihrer Kleidung „die Weissmäntel" genannt, ist nicht zu verwechseln mit den „Frauen-Brüdern", den Hospitalitern der christlichen Liebe unserer lieben Frauen, welche gegen Ende des 13. Jahrhunderts gegründet sind. Doch ist die Regel bei beiden Orden dieselbe.* [3]) *Histoire III, 264:* Cet ordre est tont-à-fait inconnu... Ils rapportaient leur institution à Saint Pierre, et c'est pour cela qu'ils portaient deux clefs sur leur manteau.

[60]

Lazarite oder Magdalene brüder.

Schwartz, drüber weys kappen sie han,
Sanct Lazarum sie petten an
Und Magdalenam auch zu gleych[1],
Welch besassen das hymel reych,
Auff das sie zween fürmund hetten,
Wenn sie Gott an wolten betten.
Diss wern odder erhört viel ehr,[2]
Die alln heylgen beweysen ehr.

6 zwen 7 petten 9 bewisen

[61]

Creutz brüder.[3]

Creutz brüder sich diese nen,
Yhr wolleben hat schier eyn end.
Eyn creutz sie stets an yhn tragen,
Stets von frömbkeyt thun sie sagen,
Jedoch das hertz ist weyt darvon,
Des werens empfangen yhren lohn.
Schwartz von farb ist gemacht yhr kleyd,
Sind sie fromb, so ist es myr leyd.

5 frümbkeyt 7 werns lon

[1]) *Die ersten Spuren des „Ordens des heiligen Lazarus" pflegt man in dem von dem heiligen Basilius zu Caesarea erbauten Hospital zu sehen, welches Gregor von Nazianz wie eine kleine Stadt beschreibt. Mit dem mittelalterlichen Lazarusorden wurde der um 1272 in Marseille entstandene „Orden der Brüder und Schwestern von der Magdalenenbusse" am Ausgang des Mittelalters vereinigt.* [2]) *Sinn wohl: Die werden aber viel eher erhört, welche . . .* [3]) *Zu unterscheiden von den Böhmischen Kreuzsternbrüdern (oben Nr.* [33]*), wie von dem französischen, 1211 gestifteten, Kreuzträgermönchsorden. Sie wollten von Cletus i. J. 78 gestiftet sein. Alexander III. gab dem Orden 1168 eine neue Regel. Papst Innocenz IV. verordnete 1245, sie sollten stets ein Kreuz in der Hand tragen.*

[62]

Brůder auß Scotia.

Ynn Scotia ist auch eyn sect[1],
Grůne kappe die selbig tregt
Der selbig orden ist gestifft
(Als sie wehn) aus der heyligen schrifft.
Gantz unrecht wern sie seyn daran.
Wenn sie nůr liessen gar darvan!
Yhr regel haltens streng und fest,
Essen, trincken das aller best.

[63]

Jacobß brůder mit dem schwert.

Dis Jacobs brůder mit dem schwert,
Eyn Bapst yhrn orden hat bewert,[2]
Derhalben sie fast gleuben dran,
Das sie eyn gôtlichs leben han.
Es mag wol seyn, wers gleuben wil;
Eyn eyd zu schwern, wer wol zu viel.
Yhr rock ist schwartz, der mantel weys,
Fůr andern schelck han sie den preys.

5 heylgen

[1]) *Nach Deutschland kamen „Schottische Mönche" durch den Abt Richard von Fulda, welcher um 1039 sein Kloster durch sie reformiren liess. Seitdem waren sie den Deutschen als „Schottenbrüder" bekannt.*

[2]) *Der 1161 durch den Ritter Don Pedro Fernandes gegründete und 1170 durch die Canonici von St. Eligius verstärkte Orden der „Ritter von San Jago de Compostela", auch „St. Jacob vom Schwert" genannt, wurde von Alexander III. bestätigt.*

[64]

Jeruſalem brůder.

Fünffhundert dreyſſig und etlich jar,
Da Jeruſalem zerſtört war[1],
Viel leut da zu ſamen kamen,
Eyn newe ſect ſie annamen.
Noch der ſtab ſie ſich all nente,
Domit das man ſie ya kente.
Graw, darauff eyn creutz war yhr tracht.
Yhrs ordens fůrn eyn groſſen bracht.

9 pracht

[65]

Spital herrn.

Der ord nicht gar zu ſchmehen iſt.
Eyn almuſen thet er Jheſu Chriſt:
Beyn armen er doch vleys anwand.
Das hat man ſtets bey yhn erkand.
Ob ſchon nicht viel, doch etwas war
Zu gut gethan der armen ſchar.
Des han ſie lob, ſag ich ſonſt recht.
Sie ſind gekleydt ſchwartz durchaus ſchlecht.

Ende diſs bůchleyns.

8 ſünſt

[1]) *Im Jahre 615 eroberte der Perserkönig Chosroes II. Jerusalem und zerstörte die christlichen Heiligthümer. Die darnach wieder in Jerusalem sich festsetzenden Christen, vor allem die Mönche, nannte man im Abendland „Jerusalemer", „Hierosolymiten". Doch werden später auch die Johanniter häufig „Hierosolymitaner-Orden" genannt.*

Beschluß.

Hie mag woll sehn eyn yeder zwar
Von Münch und sect die grosse schar,
Die lange zeyt nu han regirt.
Nu denck, wie sie uns han verfurt.
Noch sind sie nicht vorhanden gar,
Es mangelt noch eyn grosse schar,
Die allenthalb ynn landen send,
Der mehrer teyl man doch nicht kend.
Diss sind alleyn gezeyget an,
Wilche eyn yeder kennen kan.
Wiewol sie auch nicht noch der rey
Gefunden werden, wer yeder sey,
Ynn alten büchern teyls erzelt;
Darumb, ob etwan wer gefelt,
Der soll yhnen zurechen solchs.[1]
Und ob weytter wer was unbillichs,
Der mags wol endern auff das best.
Domit seys beschlossen auff das lest.
Gott gebe uns seyn gnad dazu,
Das wyr fur diesen haben rhu!

Nu sihestu, meyn ich ja, wilch die rechte glose sey uber S. Paulus und was er lere, da er spricht zu den Collossern am andern Capitel: 'Last niemand euch urteylen odder gewissen machen uber speyse odder uber tranck odder uber eyns teyls tagen, nemlich uber feyertagen odder new monden, odder sabbather; wilchs ist der schatten von dem das zukünfftig war. Aber der cörper selbst ist ynn Christo. Last euch niemand das ziel verrucken, Coloss. 2, 16—18.

5 verfürt 10 Dies 13 werden] wern 16 ynnen 17 unbillchs 19 auffs lest 20 geb genad 21 rw

[1]) *Welche „alten Bücher" der Verfasser benutzt hat, konnten wir nicht ermitteln. Des Augustinus Ticinensis Werk:* Elucidarium christianarum religionum (Brixie per Angelum Britannicum anno domini M. cccccxi) *erwähnt (fol. xxvij sqq.) nur 32 Orden. Lambert v. Avignon nennt in seiner zuerst 1524, dann wieder 1525 unter dem Titel* In regulam Minoritarum et contra universas perditionis sectas, Francisci Lamberti Auenionen. Commentarij uere Euangelici, denuo per ipsum recogniti & locupletati. Sectarum Regni filij perditi catalogum in prologo habens *erschienenen Schrift 94 Orden und fügt ähnlich wie der Verfasser unserer Schrift hinzu:* Si cuipiam visum fuerit, in vestimentorum distinctione fuisse erratum, sciat me in libris antiquissimis ea reperisse. *Ebenso können wir die auffallende Thatsache, dass die Bilder unserer Schrift nicht immer genau den dazu gehörenden Versen entsprechen (vgl. Nr. 8, 16, 19, 22), nicht erklären.*

der nach eygener wal eynher geht ynn demut und geystlicheyt der engel, des er nie keyn gesehen hat, und ist on ursach auffgeblasen ynn seynem fleyschlichen synn.'

Coloss. 2, 20–23. Und abermal: 'So yhr mit Christo gestorben seyt von den welltlichen satzungen, Was last yhr euch denn fangen mit satzungen, als weret yhr lebendig? die da sagen: Du sollt das nicht anrůren, du sollt das nicht essen noch trincken, du sollt das nicht anlegen, wilchs sich doch alles unterhanden verzeret und ist noch leren und gebotten der menschen; Wilche haben wol eynen scheyn der weysheyt durch selbs erwelete geystlickeyt und demut und durch das sie des leybs nicht verschonen und an das fleysch keyne kost wenden zu seyner notdurfft'.

Haben diese nicht uns 'das ziel schendtlich verruckt'? das wyr haben můssen eytel vergebliche und feyl lauffte thun mit so viel singen, betten, fasten, wachen und erbeyten, wilchen wercken sie keyn ander ziel furgesteckt haben, denn das man da mit gnade und leben erlange, und haben uns damit Christum aus den augen gethan, wilcher alleyne das rechte ziel war und ist, an wilchem wyr durch rechten glauben solche gnade und leben erlauffen und erlangen und obgenante werck zur casteyunge des fleyschs brauchen sollten, damit wyr unserm nehisten zu dienen geschickt worden. On wilchen glauben solche werck nichts anders thun, denn das sie 'auffgeblasene hertzen' machen, wie hie S. Paulus spricht. Denn sie sich fur allen andern heylig duncken unnd achten, als seyen die andern eyttel zolner und sůnder gegen yhn.

Es meynen wol ettliche, man solle nu auffhören, das Bapstum und geystlichen stand zu spotten. Es sey gnug am tage, weyl er durch so viel schrifft, bůcher, zeddel so zu schollten, zu schrieben, zu sungen, zu tichtet, zu malet und auff alle weyse geschendet sey, das man yhn wol kenne und nymer mehr uberwinden kan. Mit denen hallt ichs nicht, sondern wie Apocalipsis Offb. 17, 1 ff. sagt: Man mus 'der rotten huren, mit wilcher die könige und fůrsten auff erden gebulet haben' und noch bulen, vol und wol eynschencken, und so viel sie lust und gewalt gehabt, so viel leydes und schmertzens anlegen, bis sie werde zutretten wie kot auff der gassen, und nichts verechtlichers sey auff erden denn diese blutgyrige Jesabel, und also die schrifft erfullet werde, wilche 2. Kön. 9, 37. solchs von yhr verkůndet hat.

Auch darumb, das wyr solcher grossen gnade nicht vergessen unnd Coloss. 1, 13 f. undanckbar seyen, das uns Christus aus solcher finsternis und teufflischem wesen ynn seyn wundersam liecht gefurt hat, auff das wyr nicht thun wie die kinder Israel, wilche gar balde vergassen der grossen gnade, da sie aus Egypten gefurt worden. Ja, es ist bereyt allzu viel vergessen bey uns und leben so dahyn on alle danckbarkeyt, als weren wyr nie unter des Bapsts tyranney gewest odder hetten nie gefulet den untreglichen jamer unsers hertzens

2 keyns 28 fursten 40 gefůlet

und gewissen, darynnen er uns mit unzelichen stricken seyner tollen gebot verknüpfft und mit untreglichen bürden der unnützen werck gemartert und mit falscher furcht des tods und der hellen gejagt, geplagt und vom leben und hymel abgescheucht und dem teuffel gantz gewaltiglich zu getrieben und zugestossen. Solchs denckt man nicht mehr und ist geringe worden ynn unsern augen, als were es eyn kleyn güte und barmhertzickeyt.

Allermeyst aber darumb, weyl sie nu, sint die auffrürischen baurn geschlagen sind, sich widder auffblasen und brüsten, als wolten sie gantz widder eyn sitzen und zu grösserer ehre komen; Sonderlich weyl etliche gotlose Fürsten unnd herrn yhnen beystehen, auff die sie sich verlassen und trösten und meynen, sie seyen genesen und widder gantz new geporen. So sie denn sich nicht keren an die schlappen, die yhn begegnet ist, und widder anfahen und noch mehr schlappen ringen und lust haben zu hören, wie yhr teufflisch wesen zu preysen sey, wöllen und sollen wyr yhn getrost helffen und den dreck, der so gerne stincken wollt, weydlich rüren, bis sie das maul und nasen vol kriegen.

Drumb, lieben freunde, last uns auch auffs new widder anfahen, schreiben, tichten, reymen, singen, malen und zeygen das edle götzen geschlecht, wie sie verdinet und werd sind. Unselig sey, der hie faul ist, weyl er weys, das er Gott eynen dienst dran thut, der ym synn hat und angefangen, den grewel auff dem erdbodem zu malmen und zu asschen zu machen. Last unser zungen, feddern und stymme dem selbigen gerüstet frische gezawe seyen und yhm dienen, doch on frevele hand, und alleyne mit worten.

Und zum anheben schenck ich, als der erst, zu diesem newen jar dis büchleyn, wie myrs ist durch fromme leute zu geschickt. Es ist nicht eyn schmachbuch, noch lesterschrifft, sondern eyne öffentliche straffe des öffentlichen, unverschampten grewels und teuffels spiel, wilchen Gott will gestrafft haben. Dazu steht unser namen dran und bieten uns zu recht. Trotz, die uns lassen zuvorhör komen. Denn die fledder meuse schewen beyde liecht und recht und wöllen nür mit gewalt faren. Gott gebe, das sie sich erkennen.

AMEN.

Martinus Luther.

---

6 kleyne barmhertzigkeyt 8 brusten 11 geporn 20 erdboden 28 zuverhörkomen

Nachträglich sei zum Papstthum mit seinen Gliedern *noch bemerkt, dass diejenigen „Orden", über welche wir keine näheren Angaben zu liefern vermochten, auch in dem soeben vollendeten Werke* Die Orden und Kongregationen der katholischen Kirche. Von Dr. Max Heimbucher (Paderborn 1896 und 1897) *nicht erwähnt werden.*

Deutsche Messe und Ordnung Gottesdiensts.

1526.

Als Luther zu Ende des Jahres 1523 in der formula missae et communionis die überlieferte Meßform reinigte und ins Auge faßte, ut vernacula missa habeatur, quod Christus faveat (Bd. XII, S. 210 u. 218), hatte man schon an mehreren Orten den Muth zu dieser Neuerung gefunden. Im Jahre 1522 hatten Wolfgang Wissenburger in Basel und Johann Schwebel von Pforzheim mit deutschen Messen begonnen.[1] In demselben Jahre hatte Kaspar Kantz in Nördlingen denselben Schritt gethan, auch seine neue Gottesdienstordnung durch den Druck veröffentlicht. Zu Ostern 1523 führte Thomas Münzer in Allstedt deutsche Messe ein und ließ im folgenden Jahre seine deutschen Ordnungen sowohl für die Metten und Vespern, wie auch für die Messe in splendider Ausstattung, durchgehends mit Noten versehen, im Druck erscheinen. In der Charwoche des Jahres 1524 begann in Nürnberg Wolfgang Volprecht mit deutscher Messe, seinem Beispiel folgte Andreas Döber, während die Pröbste daselbst, Böhmer und Besler, zunächst noch mit deutschen Lektionen sich begnügten. Im Sommer dieses Jahres wagte Matthäus Alber in Reutlingen, die Messe deutsch zu feiern.[2] Unter dem 27. August dieses Jahres berichtete Franz Kolb aus Wertheim in einem Briefe an Luther auch über die radikale Neuerung, welche er mit dem Gottesdienste vorgenommen hatte.[3] In Königsberg wurde am 25. September dieses Jahres „angefangen, die deutsche Messe zu singen". Unter dem 23. November geben die Straßburger Prediger in ihrem vor allem die Abendmahlslehre betreffenden Schreiben an Luther auch eine Darstellung der bei ihnen eingeführten deutschen Messe, nachdem schon am 16. Februar als der erste von ihnen Diebolt Schwartz „zu deutsch Messe gelesen" und schon am „24. Tag Brachmonds" die erste Darstellung dieser neuen Ordnung im Druck vollendet war. Nach einigen weiteren Ausgaben derselben erschien noch in demselben Jahre eine solche auch mit Noten. Bei Darstellung der neuen Gottesdienst-

[1]) Über diese und die weiteren Angaben hinsichtlich der deutschen Gottesdienste vor Luthers „Deutscher Messe" vgl. Julius Smend, Die evangelischen deutschen Messen bis zu Luthers Deutscher Messe, Göttingen 1896, dazu Wilh. Walther, „Die ersten deutschen Messen" im Theolog. Literaturblatt 1896, Sp. 553 ff. und v. Schubert, „Die älteste evangelische Gottesdienstordnung in Nürnberg" in der Monatsschrift für Gottesdienst und kirchliche Kunst 1896, S. 276 ff., 1897, S. 316 ff. Auch hinsichtlich der Literatur können wir in der Regel auf Smend verweisen.
[2]) J. Hartmann, Matth. Alber, S. 49 ff.; Enders, Luthers Briefwechsel 5, 301 (De Wette 3, 78).
[3]) Enders 4, 379.

form, welche sie unter einander vereinbart hätten, klagen die Straßburger Prediger auch: Coenam dominicam aliter vos, aliter Nurmbergenses, aliter nos, aliter Norlingenses vicini nostri celebrant. Quod nimirum inconstantiae ac incertitudinis argumentum haud pauci existimant. Sie theilen mit, nachdem zuerst in den verschiedenen Kirchen der Stadt verschiedener Ritus befolgt und dadurch vielfach Anstoß erregt sei, hätten sie nunmehr die gleiche Ordnung eingeführt, sperantes fore ut vel cum vicinis ecclesiis et cum Tigurina et quae illam imitantur, paulo post in ritum aliquem omnino purum et plane ad Scripturae regulam exactum conspiraremus ut etiam contra Satanam stare possemus. Eine Gleichheit hinsichtlich der Ceremonien würde non tam decorum aut iucundum quam utile et salutare futurum.[1] Die Antwort Luthers auf diese Gedanken kennen wir nicht. Aber dieselbe Klage und derselbe Wunsch nach Gleichförmigkeit war kurz vorher dem Reformator gegenüber von Nicolaus Hausmann in Zwickau ausgesprochen. Er hatte Luther gebeten, den Evangelischen eine deutsche Messe zu schenken und hatte zur Herstellung der Uniformität hinsichtlich der Ceremonien ein evangelisches Concil vorgeschlagen. Luther antwortete: Missam vernaculam opto magis quam promitto, quod impar sim huic operi, quod musicam simul et spiritum desiderat, interim permitto quoslibet sensu suo abundare, donec alia Christus dederit. Mihi non satis tutum videtur, concilium ex nostris cogi pro unitate ceremoniarum statuenda; est enim res mali exempli, quantumvis bono zelo tentata, ut probant omnia ecclesiae concilia ab initio. — — — Si una ecclesia alteram sponte non vult imitari in externis istis, quid opus est conciliorum decretis cogi, quae mox in leges et animarum laqueos vertuntur? Imitetur ergo altera alteram libere, aut suis moribus sinatur frui, modo unitas spiritus salva sit in fide et verbo, quantumvis sit diversitas et varietas in carne et elementis mundi.[2]

Etwa derselben Zeit, dem Herbst 1524, wird eine andere Äußerung Luthers angehören, die für sein Zögern hinsichtlich der Neuordnung des Gottesdienstes sowohl die Schwierigkeit der Sache, als auch die Wahrung der evangelischen Freiheit hervorhebt, welche durch Karlstadt's Forderung, es dürften die Einsetzungsworte nicht anders als deutsch gesprochen werden, angetastet worden war. Vielleicht hatte auch die Art, wie die Straßburger Prediger im Gegensatz zu dem von ihm noch nicht völlig deutsch gestalteteten Gottesdienst ihre Einrichtungen schilderten, ihm den nicht angenehmen Eindruck gemacht, als wenn auch sie ein falsches Gewicht auf die totale Entfernung der lateinischen Sprache aus dem Gottesdienst legten, da sie geschrieben hatten: Nos pridem omnia lingua nostra, ut nempe prophetia nostra aedificet, et ad precem tota respondeat ecclesia 'Amen', in ecclesia et docemus et oramus, dicto vale linguae latinae, qua Romani in servitute nos primum corporum, deinde et animarum nimis diu retinuerunt. . . . Quid enim commune Christianis cum Papistis. So erklärte Luther in dem zu Ende 1524 gedruckten ersten Theile der Schrift „Wider die himmlischen Propheten“[3]: „Daß nun die Messe deutsch gehalten werde bei den Deutschen, gefällt mir wohl; aber daß er [Karlstadt] da auch will eine Not machen, als müsse es so sein, das ist abermal zuviel. Der Geist kann nicht anders denn immer, immer Gesetze, Not, Gewissen und Sünde machen. . . Ich wollt heute gern eine deutsche Messe haben, ich gehe auch

[1]) Enders 5, 63 ff. [2]) Enders 5, 52 f. (De Wette 2, 563). [3]) Erl. 29, 134.

damit um, aber ich wollt ja gerne, daß sie eine rechte deutsche Art hätte. Denn daß man den lateinischen Text verdollmetscht und lateinischen Ton und Noten behält, lasse ich geschehen; aber es lautet nicht artig noch rechtschaffen. Es muß beide Text und Noten, Accent, Weise und Geberde aus rechter Muttersprach und Stimme kommen; sonst ist es alles ein Nachahmen wie die Affen thun. Nun aber der Schwärmergeist darauf bringet, es müsse sein, und will aber die Gewissen mit Gesetz, Werk und Sünde beladen, will ich mir die Weile nehmen und weniger dazu eilen denn vorhin, nur zu Trotze den Sündenmeistern und Seelmördern, die uns zu Werken nötigen, als von Gott geboten, die er nicht gebeut".[1] Nach dem Wortlaut des hier über die nothwendige Zusammenstimmung von Worten und Noten Gesagten hat Luther eine oder mehrere im Gebrauch befindliche Messen im Auge, welche er um des gerügten Mangels willen „gehen lassen" will, aber für nicht nachahmenswerth erklärt. Da ihm das, wohl erst gegen Ende des Jahres erschienene, mit Noten versehene Straßburger „Teütsch Kirchen ampt" schwerlich bekannt geworden sein wird, so dürfte er die Müntzersche „deutsch euangelisch Messze" gemeint haben, auf welche freilich jene Ausstellung Luthers im vollsten Maße paßt. Aber es ist auch möglich, daß er dabei an andre ähnliche Versuche gedacht hat. Denn im Jahre 1524 wurde deutsche Messe auch schon gehalten in Altenburg, Leisnig, Borna, Hirtzberg, Schweinitz.[2]

Das Verlangen, mit welchem man einer aus Wittenberg kommenden deutschen Gottesdienstordnung entgegensah, muß sehr groß gewesen sein. Denn im Jahre 1524 konnte ein Anonymus sich erlauben, aus der deutschen Messe des Nördlinger Kantz und der von Bugenhagen inne gehaltenen Ordnung, welche der formula missae Luthers folgte, eine neue Ordnung zusammenzuarbeiten und diese unter einem solchen Titel drucken zu lassen, daß sie als aus Wittenberg kommend und als in Wittenberg von Bugenhagen gebraucht erschien. Dieser protestirte gegen diese Irreleitung der öffentlichen Meinung am Schluß seiner Schrift Contra novum errorem de Sacramento corporis et sanguinis Domini nostri Iesu Christi. Aber trotzdem diese Schrift auch in deutscher Sprache erschien, also ein weiterer Absatz jenes gewagten Büchleins unmöglich wurde, ist doch eine größere Anzahl von Ausgaben desselben noch heute vorhanden; so sehr eilte man, eine aus Wittenberg kommende deutsche Messe nachzudrucken.

Im Jahre 1525 veröffentlichte Andreas Döber in Nürnberg die von ihm gewünschte deutsche Messe mit Noten durch den Druck und ließ dieselbe noch in demselben Jahre mit einigen Änderungen neu drucken, welche eine Zurücknahme allzu auffallender Neuerungen darstellen. Am 18. April wurde in Zürich deutsches Abendmahl eingeführt, für welches Zwingli vorher die Ordnung in den Druck gab. Sein Freund Oekolampad in Basel wagte erst am 1. November denselben Schritt zu thun. In Preußen wurde eine neue Gottesdienstordnung durch das herzogliche Mandat vom 6. Juli eingeführt. In Schwäbisch Hall hielt Brenz zu Weihnachten

[1]) Noch unter dem 14. März 1528 schrieb Luther: Nullos magis odi, quam eos, qui ceremonias liberas et innoxias exturbant et necessitatem ex libertate faciunt. Proinde me excusare potes, si meos libros legis, non placere istos pacis perturbatores, qui sine causa destruunt, quae sine culpa manere possunt. Ego innocens sum ab ipsorum furore et tumultu. De Wette 3, 294. Enders 6, 226. [2]) Mencken, Script. rer. Germ. II, 634.

eine deutsche Abendmahlsfeier. Zu Anfang desselben Jahres sandte Hans von Minkwitz die durch ihn und seine Brüder in Sonnenwalde eingeführte neue Gottesdienstordnung zur Begutachtung an Luther. Vermuthlich wurde dieser dabei auch um sein Urtheil über die deutsche Sprache im Gottesdienst gefragt. Denn in seiner Antwort spricht er nicht nur seine Zustimmung und einige Vervollkommnungsvorschläge zu der übersandten Ordnung aus, sondern schreibt auch: „Messe zu deutsch lasse ich gehen, ich wehre auch nicht, lateinische Messe zu halten. Ich hoffe aber, zu Wittenberg eine deutsche mit der Zeit anzurichten, die rechte Art habe".[1] Im März dieses Jahres schickte Hausmann einige Messen an Luther. Wir werden vermuthen dürfen, daß er die bisher gedruckten deutschen Messen von Nördlingen, Allstedt, Straßburg und Nürnberg oder einige derselben sich zu verschaffen gewußt hat, um sie unter einander zu vergleichen und nun Luthers Urtheil darüber wünschte, ob er eine derselben acceptiren solle. Dieser erwidert[2]: Missas remitto, quas patior ita cantari; sed mihi prorsus non placet, notas Latinas super verba germanica servari. Dixi bibliopolae huic, quis sit modus germanice canendi, hunc velim hic induci. Sodann spricht er noch einen Gedanken aus, den er in seiner deutschen Messe realisirt hat, nämlich die nach herkömmlicher Weise in Wechselgesang bestehende Präfation auf das Abendmahl zur Einleitung der Feier in der Form einer Ermahnung an die Kommunikanten zu geben. Er schreibt auf einer Beilage: Praefatio, quam Latine ibi inceptam puto 'Dominus vobiscum, Sursum corda' etc. unde et 'praefatio' dicitur, sic germanice dici potest: „Allerliebsten Freunde in Christo, ihr wisset, daß unser Herr Jhesus Christus aus unaussprechlicher Liebe dieß sein Abendmahl zur Letze hat eingesetzt zum Gedächtniß und Verkundigung seines Todes fur unser Sunde erlitten, zu welchem Gedächtniß gehoret ein fester Glaube, der eins iglichen Gewissen und Herz, der sein brauchen und genießen will, sicher und gewisser mache, daß also der Tod für alle seine Sunde von Christo erlitten sei. Wo aber jemand daran zweifelt, und solchen Glauben nicht etlicher Maße bey ihm fuhlet, der soll wissen, daß ihm das Abendmahl kein nutze, sondern schädlich sei, und soll davon bleiben. Wilchen Glauben, weil wir ihn nicht sehen, und alleine Gott bewußt ist, wollen wir einem iglichen, so erzu geht, auf sein Gewissen gestellet haben und auf sein Bitten und Begehren zulassen. Welche aber noch in offentlichen Sunden stecken, als Geiz, Haß, Zorn, Neid, Wucher, Unkeuschheit und dergleichen, und nicht abzulassen gedenken, den sei hiemit abgesagt, und warnen sie treulich, daß sie nicht erzu gehen, daß sie nicht ein Gericht und Schaden uber ihre Seele holen, wie S. Paulus sagt. Wiewohl so Jemand gefallen aus Gebrechlichkeit, und sich zu bessern ernstlich beweiset mit der That, solle ihm solche Gnade und Gemeinschaft des Leibs und Bluts Christi nicht versagt sein. Darnach sich habe und wisse ein iglicher zu richten und sehe fur sich; denn Gott läßt sein nicht spotten, so will er auch nicht das Heiligthum den Hunden geben, noch die Perlen fur die Säu werfen lassen".

Eine weitere Äußerung Luthers über die Neuordnung des Gottesdienstes veranlaßte Melchior Hoffmann, welcher im Juni 1525 aus Dorpat nach Wittenberg kam und über den gefährdeten Zustand der Reformation in Livland berichtete. Luther verfaßte ein Schreiben an die dortigen Evangelischen, welches zugleich mit

[1]) De Wette 2, 620. Enders 5, 113. [2]) Enders 5, 144. De Wette 2, 635.

einem Briefe Bugenhagens und Hoffmanns gedruckt wurde.[1] Indem er seine Leser zur Eintracht ermahnen will, bespricht er auch die Frage, wieweit Übereinstimmung in Hinsicht der „äußerlichen Ordnungen in Gottesdiensten“ zu erstreben sei. Er stellt die Sätze auf: „Die äußerlichen Weisen und Ordnungen sind frei und mögen dem Glauben nach zu rechnen mit gutem Gewissen an allen Orten, zu aller Stunde, durch alle Personen geändert werden; aber der Liebe nach zu rechnen sind wir nicht frei, solche Freiheit zu vollziehen, sondern schuldig, acht darauf zu haben, wie es dem armen Volk leiblich und besserlich sei“. Daher giebt er hinsichtlich des praktischen Verfahrens den doppelten Rath, es möge bei ihnen hinsichtlich der Gottesdienstordnung „in einem Strich gleich und einerlei“ sein, sie möchten aber auch „das Volk“ unterrichten, solche einträchtige Weise nicht anzunehmen für ein nöthiges Gebot, „als wolle es Gott nicht anders haben“. So wendet er die beiden Centralsätze seiner Schrift „Von der Freiheit eines Christenmenschen“, daß ein Christ frei und zugleich jedermann dienstbar sei, auch auf diese Frage an. Die Sorge seines freien Glaubens vor römischer Aufrichtung von gewissensverbindlichen Gesetzen läßt ihm eine allgemeine Gleichheit der Ceremonien unter den Evangelischen als nicht wünschenswerth erscheinen; der Wunsch seiner Liebe, durch den Gottesdienst nur zu fördern, läßt ihn „in einer jeglichen Herrschaft“, d. h. soweit die Bevölkerung eine fluktuirende ist, „einerlei Weise“ zu erzielen suchen. Damit stand ihm nun auch fest, daß es „fein wäre“, wenn auch die Herrschaft, welcher Wittenberg angehörte, einerlei Weise des Gottesdienstes hätte. Da nun in diesem Gebiete schon an verschiedenen Orten deutsche Messen gehalten wurden — zu Ostern 1525 war damit auch in Lochau im Beisein des churfürstlichen Hofes der Anfang gemacht — und Luther von so vielen Seiten um Anfertigung einer deutschen Gottesdienstordnung gedrängt wurde, so fühlte er sich genöthigt („coactus“ De Wette 3, 294 = Enders 6, 226), jetzt an diese Arbeit sich zu begeben. Als Hausmann ihn wieder einmal zur Vornahme von Kultusreformen zu bewegen suchte, antwortete er unter dem 27. September: Scio reformatione parochiarum opus esse et institutis uniformibus ceremoniis, iamque hoc saxum volvo, et Pricipem sollicitabo.[2] Mit dieser Antwort Luthers scheint sich ein neuer, zum Vorgehen drängender Brief Hausmanns gekreuzt zu haben. Denn Ende September oder Anfang Oktober schreibt ihm Luther: Spero literas meas ad te venisse, mi Nicolaë. Nunc breviter dico: interim quod in Erasmo sum, aliud nihil possum; quo finito studebo in illis, quae tu scribis.[3] Unterdes muß Luther in dieser Angelegenheit sich auch an den Landesherrn gewendet haben. Denn am 11. Oktober kann er Hausmann melden: Proceres Principis hic sunt, agitur de ceremoniis constituendis nobiscum. Postea agetur aliquando de parochiis. Interim sustinetote, Deus benedicet.[4]

Der Entwurf zu der deutschen Messe wurde dem Kurfürsten übersandt. Dieser ertheilte den Befehl, denselben auszuarbeiten und schickte, einer Bitte Luthers Folge leistend, zur Bearbeitung des musikalischen Theils der Messe die kurfürstlichen Sangmeister Konrad Rupff und Johann Walther[5] nach Wittenberg. Mit dem letzteren

[1]) De Wette 3, 3 ff. (Enders 5, 198). [2]) Enders 5, 245 (De Wette 3, 30). [3]) Enders 5, 249 (De Wette 3, 32). [4]) Enders 5, 253 (De Wette 3, 34). [5]) Über diese vgl. Enders 5, 363. 395. Hugo Holstein, „Der Lieder- und Tondichter Johann Walther“ im Archiv für Litteraturgeschichte, XII, 1889, S. 185—218.

scheint Luther schon vorher über die Musik zu dem projektirten Werke verhandelt zu haben. Denn durch diese Annahme dürfte am einfachsten die Entstehung jenes Blattes von Luthers Hand sich erklären lassen, welches nunmehr zusammen mit einem Briefe Luthers an Walther vom 21. Dezember 1527 im Besitz des Herrn Kammerherrn Otto v. Schönberg auf Nieder-Reinsberg und Morkwitz (bei Nossen) sich befindet und hier unten (S. 70f.) wiedergegeben wird.

Da jetzt jener Brief Luthers vom 21. Dezember 1527 und dieses Blatt zusammen aufbewahrt werden, faßte Seidemann (De Wette 6, 713ff.) und nach ihm Enders (6, 152ff.) dieses als Beilage von jenem auf. Aber dasselbe kann nicht von Luther dem Briefe beigelegt worden sein. Denn mit keiner Silbe deutet der Brief eine derartige Beilage an. Er handelt von einer Angelegenheit, in der Walther Luthers „Hülfe und Rath" sich erbeten hatte, und Luther legte diesem Schreiben „Briefe" bei, welche die Erfüllung jener Bitte bildeten. Auch kann unter diesen „Briefen" unser Blatt nicht mit gemeint sein. Denn dieses kann nicht erst nach Vollendung der zu Ende 1525 gedruckten „Deutschen Messe" geschrieben sein. Vergleicht man es nämlich mit dieser, so stellt es unzweifelhaft einen ersten, mehr nur die allgemeinen Grundsätze aufstellenden, noch nicht aber die Einzelausführung berücksichtigenden Entwurf dar. Die als einer musikalischen Bearbeitung bedürftig erwähnten Stücke des Gottesdienstes sind in beiden dieselben. Hier aber übersetzt Luther zu Anfang die Worte des 34. Psalms noch frei aus dem Gedächtnis, während er in der gedruckten Messe die in seinem deutschen Psalter gelieferte Übersetzung verwendet. Auch hier schon schreibt er für die Epistel die achte, für das Evangelium die fünfte Kirchentonart vor und giebt bei beiden an, sie müßten in eine tiefere Lage transponirt werden; in der Messe dagegen bestimmt er die tiefere Stufe schon genauer. Die Frage, wie die Finalnoten zu gestalten sind, ist hier nur prinzipiell und allgemein beantwortet, „sie müßten eine sonderliche Art haben". Ob dies Walther schon wisse, ist ihm noch nicht ganz gewiß. Ebenso schwebt ihm der Gedanke, bei dem Gesange der Perikopen größere Modulation eintreten zu lassen, als bisher üblich gewesen, nur erst unklar vor: Er setzt den Gesang bei den Worten Christi tiefer als das Übrige und giebt für eine Frage eine besondere Form an. In der Messe dagegen schreibt er eine ganze Anzahl verschiedener musikalischer Phrasen für den Perikopengesang vor. Beachtet man dann die letzten Worte dieses Blattes, so darf man vermuthen, daß Walther auf eine Aufforderung Luthers, ihm die Noten zu einer deutschen Messe zu liefern, eine solche Arbeit für allzu umfassend und schwierig erklärt hatte. Um ihn doch zur Übernahme derselben willig zu machen, schreibt ihm Luther, auf welche Stücke es ankomme und wie er sich die Ausführung denke, eine Menge von Sätzen, wie sie in der römischen Messe gesungen wurden, ausscheidend und den beruhigenden Zusatz machend, das von ihm Erwähnte genüge zu einer vollständigen Messe.

Über die in Wittenberg mit den beiden Sangmeistern weiter vorgenommenen Arbeiten hat Walther in einem nicht gedruckten musikalischen Werke einige Angaben gemacht. Aus diesem, welches dem Michael Prätorius noch vorlag, theilt dieser folgendes mit: „Da er [Luther] vor 40 Jahren die deutsche Messe zu Wittenberg anrichten wollte, hat er durch seine Schrift an den Kurfürsten zu Sachsen und Herzog Johannsen hochlöblicher Gedächtnis seiner kurf. Gn. die Zeit alten Sangmeister Ehrn Konrad Rupff und mich gen Wittenberg erfordern lassen, dazu malen von den

Choralnoten und Art der acht Töne Unterredung mit uns gehalten und beschließlich hat er von ihm selbst die Choralnoten octavi toni der Epistel zugeeignet und sextum tonum dem Evangelium geordnet und sprach also: Christus ist ein freundlicher Herr und seine Rede sind lieblich, darum wollen wir sextum tonum zum Evangelium nehmen, und weil S. Paulus ihm ein ernster Apostel ist, wollen wir octavum tonum zur Epistel verordnen. Hat auch die Noten über die Episteln, Evangelien und über die Worte der Einsetzung des wahren Leibes und Blutes Christi selbst gemacht, mir vorgesungen und mein Bedenken darüber hören wollen. Er hat mich die Zeit drei Wochen lang zu Wittenberg aufgehalten, die Choralnoten über etliche Evangelien und Episteln ordentlich zu schreiben, bis die erste deutsche Messe in der Pfarrkirche gesungen ward. Da mußte ich zuhören und solcher ersten deutschen Messe Abschrift mit mir gen Torgau nehmen und Churf. Gn. aus Befehl des Herrn Doctoris selbst überantworten . . . und sieht, hört und greift man augenscheinlich, wie der heilige Geist sowohl in den autoribus, welche die lateinischen, als auch im Herrn Luther, welcher jetzo die deutschen Choralgesänge meistenteils gedichtet und zur Melodie bracht, selbst mitgewirkt. Wie denn unter andern aus dem deutschen Sanctus (Jesaia dem Propheten das geschah u. s. w.) zu ersehen, wie er alle Noten auf dem Text nach dem rechten accent und concent so meisterlich und wohl gerichtet hat, und ich auch die Zeit seiner Ehrwürden zu fragen verursacht ward, woraus oder woher sie doch diese Stücke oder Unterricht hätten. Darauf der teure Mann meiner Einfalt lachte und sprach: „Der Poet Virgilius hat mir solches gelehrt, der also seine Carmina und Wort auf die Geschichte, die er beschreibt, so künstlich applicieren kann; also soll auch die Musika alle ihre Noten und Gesänge auf den Text richten".“[1]

Am 20. nach Trinitatis, den 29. Oktober, wurde der erste Versuch mit der neuen Messe in der Pfarrkirche gemacht. Am Tage vorher theilt Luther dies den Erfurter Predigern mit, welche ihm eine von Johann Lang entworfene Gottesdienstordnung zugesandt und um seine Beurtheilung gebeten hatten. Er schreibt dazu: Vehementer nobis placet sollicitudo vestra pro formandis ceremoniis, neque forma a vobis descripta ingrata est, si vel Erfordia sola in eam consentiat. Nec referre puto, si caeterae ecclesiae nolint in eam concedere: quis coget invitas?[2]

Nach Beendigung seiner Predigt an jenem Sonntage wies Luther die Gemeinde auf die Veränderung der Gottesdienstordnung hin: „Wir haben angefangen zu versuchen, ein deutsche Meß anzurichten. Ihr wißt, daß die Messe ist das fürnehmlichst äußerlich Ampt, das da verordnet ist zu Trost den rechten Christen. Darumb bitt ich euch Christen, ihr wöllt Gott bitten und anrufen, daß er ihm das laß wohlgefallen. Ihr habt oft gehört, daß man nicht lehren solle, man wiß dann, daß es Gottes Wort sei. Also soll man nichts ordnen und anheben, man wiß dann, daß es Gott gefalle. Man soll auch nicht mit der Vernunft darein fallen; dann so es nicht selber anfahet, so wird nichts daraus. Darumb hab ich mich auch so lang gewehrt mit der deutschen Messe, daß ich nicht Ursach gäb den Rottengeistern, die hineinplumpen unbesunnen, achten nicht, ob es Gott haben wölle. Nun aber so mich so viel bitten aus allen Landen mit Geschrift und Briefen, und mich der weltlich Gewalt darzu bringet, könnten wir uns nicht wohl entschuldigen und aus-

[1] M. Praetorius, Syntagmatis Musici Tomus Primus, Wittenb. 1615, S. 451 ff.
[2] Enders 5, 257 (De Wette 3, 36).

reden, sonder müssen darfür achten und halten, es sei der Will Gottes. Wa nun da etwas gehet, das unser ist, das soll untergehen und stinken, wenn es gleich ein schön und groß Ansehen hat. Ist es aber aus Gott, so muß es fortgehen, ob es sich gleich närrisch laßt ansehen. Also alle Ding, die Gott thut, wanns gleich niemand gefällt, muß es fort. Darumb bitt ich euch, daß ihr den Herren bittet, wann es ein rechtschaffen Meß sei, daß sie ihm zu Lob und Ehren fortgehe".

Nachdem der Versuch nach Wunsch ausgefallen war, wurde mit dem Druck der Messe begonnen. Hausmann in Zwickau erwartete voller Freude ein Exemplar derselben, um am Weihnachtsfeste darnach auch in seiner Kirche den Gottesdienst neu zu gestalten. Als er am 11. Dezember noch kein Exemplar in Händen hatte, schickte er einen eigenen Boten, welcher das Buch „herausquetschen" sollte.[2] Vermuthlich ist sein Wunsch noch in Erfüllung gegangen. Die ersten Exemplare werden noch vor Weihnachten die Presse verlassen haben, wenn auch der weitere Abdruck sich bis in die ersten Tage des Jahres 1526 hineingezogen haben wird. Denn am 2. Februar spricht Luther Justus Menius in Erfurt gegenüber seine Verwunderung darüber aus, daß noch kein Exemplar der deutschen Messe nach Erfurt gekommen sei, da doch schon „über einen ganzen Monat" seit der Fertigstellung der ersten Exemplare vergangen sei; und am 4. Januar 1526 hatte er an Matthäus Alber nach Reutlingen so geschrieben, daß damals offenbar die Herausgabe noch nicht vollendet war.[3] In diesem Briefe ist charakteristisch für Luthers Stellung auch die Warnung, Alber möge seine Gottesdienstordnung nicht wieder ändern nach dem Beispiele der Wittenberger. Am Weihnachtstage 1525 wurde die neue Ordnung definitiv in Wittenberg eingeführt.

Wie groß das Verlangen nach einer von Luther aufgestellten deutschen Gottesdienstordnung zu jener Zeit war, erkennt man auch daraus, daß noch in demselben Jahre 1526 neben den drei Wittenberger Ausgaben noch (wenigstens) sieben auswärtige Nachdrucke erschienen, und daraus, daß alle diese Nachdrucke auf der noch recht mangelhaften ersten Ausgabe beruhen, also schon sehr bald veranstaltet wurden.

Im Februar 1526 erließ der Churfürst Johann ein gedrucktes Mandat, welches gebot, per ditionem suam servari missam Germanicam a Mart. Luthero paulo ante editam cum novo accentu. Dies berichtet Spalatin.[4] Seckendorf theilt mit, den 24. Juni hätten die Schriftsassen den Befehl erhalten, die deutsche Messe und Ordnung des Gottesdienstes, von gelehrten und der Schrift erfahrenen Männern gestellt, ihren Pfarrern vorzuhalten, und in acht zu nehmen, was in derselben Vorrede erinnert worden, daß man nämlich nicht gemeint sei, ein unveränderliches Gebot hiermit zu stellen oder christlicher Freiheit zu schaden, sondern solches geschehe allein darum, weil nicht alle tüchtig seien, taugliche und erbauliche Weise anzurichten, theils auch aus Unverstand oder Fürwitz hierin nicht gehörig verfahren, und damit also eine Gleichförmigkeit in den benachbarten Orten möchte erzielt werden; wobei doch von niemand, der bereits gute Ordnung gemacht habe, begehrt werde, daß er dieser [neuen] folge und jene fahren lasse. Sind diese Angaben richtig, so darf man vermuthen, daß zwischen den beiden Mandaten eine Äußerung Luthers gelegen

---

[1]) Erl. [2] 14, 278. [2]) Hausmanns Brief an St. Roth, handschriftlich vorhanden in Zwickau, unter Nr. 71. [3]) Enders 5, 302 u. 318 (De Wette 3, 78 u. 88). [4]) Mencken, Scriptores rer. Germanic. II, Sp. 654.

hat, welche das erste Mandat als nicht nach seinem Sinne erlassen bezeichnete, und welcher in dem zweiten Mandate Rechnung getragen wurde. In dem Unterricht der Visitatoren von 1528 kommt Luthers Anschauung wieder zur Geltung, indem es heißt: „Auch soll die mancherlei Weise der Messen, bis mans, soviel möglich, in Gleichheit bringen mag, nicht groß bewegen und ärgern".[1]

Einzelne Abschnitte aus der „Deutschen Messe" sind bald besonders gedruckt oder in anderen Büchern wieder abgedruckt worden.

Solcher Sonderabdrucke haben wir die folgenden:

1. „Unterrichtung D. M. Luther's, wie man die Kinder möge führen zu Gottes Wort und Dienst, welches die Eltern u. Verweser zu thun schuldig sind."

Unter diesem Titel erschien jener Abschnitt der deutschen Messe, welcher über die Nothwendigkeit und die Weise eines katechetischen Unterrichts sich verbreitet (s. unten S. 76—78). Ob von dieser kleinen Schrift auch ein Wittenberger Druck existirt hat, ist nicht mehr festzustellen. Denn daß jetzt kein solcher vorhanden zu sein scheint, ist nicht entscheidend, weil ein so winziges Büchlein allzu leicht verloren gehen konnte.

2. „Vermahnung und kurze Deutung des Vaterunsers."

Unter diesem Titel wurde dasjenige Stück der deutschen Messe besonders gedruckt, das als Vorbereitung für die eigentliche Abendmahlsfeier an die Stelle der Präfation getreten war (unten 95, 19—96, 28). Und zwar a) als erstes zusammen mit einer Reihe anderer Stücke in einer Schrift, die den Titel führt: „Was dem gemeinen Volke nach der Predigt vorzulesen". Das Nähere über den nicht in allen Ausgaben ganz gleichen Inhalt siehe unten S. 61f. unter e—h. b) in dem Wittenberger „Enchiridion" 1526 und in einer Reihe niederdeutscher Gesangbücher. Vermuthlich bald nach Fertigstellung der Messe, jedenfalls noch im Jahre 1526, wurde in Wittenberg als Ergänzung dazu auch ein für den Gebrauch von seiten der Gemeinde bestimmtes Gesangbuch gedruckt. Soweit bis jetzt bekannt ist, war dies das erste am Heerde der Reformation erschienene Gemeindegesangbuch, während in Erfurt, Nürnberg, Breslau und Zwickau schon ähnliche Arbeiten gedruckt worden waren. Denn wenn der Titel des Wittenberger Gesangbuches besagt, es enthalte „viel andere Gesänge denn zuvor", so kann sich dieses auf das für den Chorgesang bestimmte „geistliche Gesangbüchlein" beziehen, welches Luther in Gemeinschaft mit Johann Walther im Jahre 1524 herausgegeben hatte. In diesem Wittenberger Enchiridion von 1526 fand auch dasselbe Stück aus der deutschen Messe Aufnahme, welches unter dem Titel: „Was dem gemeinen Volk nach der Predigt vorzulesen" für sich erschienen war, erhielt aber hier die Überschrift: „Vermahnung und kurze Deutung des Vaterunsers". Ob dieser Abschnitt auch in den Wittenberger Gesangbüchern von 1528 und 1529 sich befunden, ist unsicher, da beide verloren gegangen sind und die von dem zweiten im „Journal von und für Deutschland", 1788, S. 328f. gegebene Beschreibung nicht ausführlich genug ist, um darnach unsre Frage bestimmt beantworten zu können. In den Wittenberger Gesangbüchern von 1533, 1535 und 1543 (resp. 1544) findet sich jener Abschnitt nicht mehr, wird daher auch wohl nicht in dem verlorengegangenen Wittenberger

[1]) Richter, Die evangelischen Kirchenordnungen I, 98.

von 1538 gestanden haben. Dagegen hat derselbe Aufnahme gefunden in den niederdeutschen Gesangbüchern, die erschienen sind in Rostock 1531, in Magdeburg 1534, 1541 und 1543, in Lübeck 1545. Vermuthlich hat er auch in den verloren gegangenen niederdeutschen Magdeburger Gesangbüchern von 1538 und 1540 gestanden, sowie in dem verloren gegangenen niederdeutschen Rostocker Gesangbuch von 1543. c) in einigen Ausgaben der „Kirchenpostille" Luthers. Die bibliographische Behandlung dieser Ausgaben der Bearbeitung der Kirchenpostille überlassend verweisen wir hier nur auf die drei Ausgaben vom Jahre 1527, welche in Erl. ^{2}7, S. XXXI unter Nr. 2—4 angeführt sind.[1]

3. „Die Ordnung der deutschen Messe."

In gekürzter, für die Laien berechneter Gestalt begegnen wir unter dieser Überschrift der deutschen Messe in Gesangbüchern seit dem Jahre 1527. Es ist dies ein in der Regel wörtlicher Auszug aus demjenigen Abschnitte, welcher in der deutschen Messe überschrieben ist: „Des Sonntags für die Laien". Fortgelassen dabei aber ist alles auf die Musik Bezügliche, also auch die mit Noten versehenen Abschnitte; nur das Kyrie, die Einsetzungsworte und das Sanctus sind (ohne Noten) gegeben; sodann einige Absätze, welche weniger für die Gemeinde als für die Geistlichen bestimmt gewesen waren, nämlich der erste, von „Messegewand" usw. redende, der von der Postille handelnde, die beiden zu der „Paraphrasis und Vermahnung hinzugefügten Abschnittte, endlich das über die Trennung der Geschlechter bei der Abendmahlsfeier und das über das „Aufheben" Bemerkte. Hinzugefügt dagegen ist das „Gloria in excelsis deo" nach dem Kyrie und der Text des „Agnus Dei". Das Sanctus ist an anderer Stelle, nämlich sogleich nach den Einsetzungsworten, gedruckt. Hierher gehören das Erfurter Gesangbuch von 1527, das Zwickauer von 1528, die Leipziger von 1539 und 1542 und das (hochdeutsche) Magdeburger von 1540.

Vgl. Köstlin ^{2}II, S. 14—22. Kolde II, S. 213—218. Seckendorff, lib. II, § XXX. Kliefoth, Liturgische Abhandlungen VII. H. Jacoby, Die Liturgik der Reformatoren. H. A. Köstlin, Geschichte des christlichen Gottesdienstes. J. Gottschick, Luthers Anschauungen vom christlichen Gottesdienst und seine thatsächliche Reform desselben. J. Hauck, Der protestantische Kultus. Dazu die Systeme der Praktischen Theologie. Ferner z. B. Studien und Kritiken 1888, S. 409ff.; 1896, S. 356ff. Mittheilungen und Nachrichten für die evangelische Kirche in Rußland 1895, S. 193ff. G. Rietschel, „Luthers Lehre vom Gottesdienst" in „Halte, was du hast" Bd. 18, S. 1ff. Von Liliencron, Liturgisch-musikalische Geschichte der evangelischen Gottesdienste von 1523—1700.

Erläuterungen zur „Deutschen Messe".

Um nicht zu oft den Abdruck der Messe durch Anmerkungen unterbrechen zu müssen, und dadurch auch die ohnehin schon bedeutenden technischen Schwierigkeiten der Drucklegung zu erhöhen, schicken wir an dieser Stelle einige allgemeine Erläuterungen voraus, insbesondere über die bislang noch nicht näher behandelte Musik derselben. Beim Texte werden wir auf diese Erläuterungen, wo es nöthig ist, verweisen.

---

[1]) Über Aufnahme der „Vermahnung" und der Paraphrase des Vaterunsers in Kirchenordnungen vgl. unten S. 58, Anm. 2.

Als Quellen für die Kenntnis der zu Luthers Zeiten üblichen kirchlichen Musik führen wir an:

„Musicae Actiue ‖ Micrologꝰ Andree Orni- ‖ toparchi Ostrofranci Meyningensis, Artiū ‖ Mag. Libris Quattuor digestꝰ. Õibꝰ Mu- ‖ sicae studiosis nō tā vtilis q̃ necessarius. ‖“ .... [8 Zeilen] ... ‖ Darunter ein Holzschnitt. Mit Titeleinfassung. Titelrückseite bedruckt. 48 Blätter in Quart. Am Ende: „... Lipsie in edibus Ualentini Schumanni ... Mense Nouēbri: Anni virginei partus decimi septimi supra sesquimillesimū. ‖“

Vorhanden z. B. auf der Stadtbibliothek in Hamburg.

[roth] „ENCHI- ‖ RIDION ‖ [schwarz] VTRIVSQVE ‖ [roth] MVSICAE ‖ Practicæ, ‖ [schwarz] A Georgio Rhauo, ‖ ex varijs musicorum ‖ libris con- ‖ gestum. ‖ [roth] VVITEBER. ‖“ Mit Titeleinfassung. Titelrückseite bedruckt. 40 Blätter in Oktav, letzte Seite leer. Am Ende: „Vvittebergæ. Anno XXX. ‖“

Druck von Georg Rhaw in Wittenberg. Vorhanden z. B. in Zwickau.

„ENCHI- ‖ RIDION ‖ MVSICAE ‖ MENSV- ‖ RALIS. ‖ ANNO. XXX. ‖“ Mit Titeleinfassung. Titelrückseite Holzschnitt, Pythagoras darstellend. 28 Blätter in Oktav, letzte Seite leer. Am Ende: „ANNO, XXX. ‖“

Vorhanden z. B. in Zwickau.

Aus neuerer Zeit ist zu nennen: Fr. Xav. Haberl, Magister choralis. 11. Auflage. 256 S. Oktav. 1896, Regensburg, Friedrich Pustet.

1. Introitus. Da seit 1523 schon eine Anzahl neuer geistlicher Lieder vorlag, konnte Luther seinem damals ausgesprochenen Wunsche (Unsere Ausg. Bd. XII, S. 218, 15), der Gemeinde größere aktive Betheiligung an dem Gottesdienste zu ermöglichen, willfahren und den Introitus zu Anfang ersetzen lassen durch ein geistliches Lied. Wenn er hinzufügt: „oder einen deutschen Psalm“, so hat er damit ausgeführt, was er schon damals aussprach, daß er anstatt des herkömmlichen Introitus lieber den ganzen Psalm, aus dem derselbe genommen sei, gesungen sähe, wie es früher Gebrauch gewesen sei.

Dieser Psalm soll nach dem ersten regulären Psalmton gesungen werden. Dieser Psalmton ruht auf der ersten Kirchentonart, deren Kennzeichen folgende sind: Der im Satze vorherrschende Ton, „Hauptton“ oder „Dominante“ genannt, ist a, die Schlußnote, die „Finale“, ist D. Das zweite Merkmal ist bei dem von Luther als Beispiel gegebenen Psalm: „Ich will den Herrn loben allezeit“ nicht zur Geltung gekommen, weil die in der katholischen Kirche vor dem eigentlichen Psalm hergehende und demselben nachfolgende Antiphone, welche in D schließen würde, nicht aufgenommen ist und weil für den Schluß der einzelnen Psalmverse unter den verschiedenen im Gebrauch befindlichen Finale ein solches gewählt ist, welches nicht in D ausgeht. Für beides dürfte Luther sich deshalb entschieden haben, um dem Geistlichen das Treffen der Einsätze möglichst zu erleichtern. Darum wählt er ein Finale, welches derartig in G schließt, daß wie von selbst der Wiederanfang mit F erfolgen mußte. Ebenso hat er als „Mediation“ am Schluß der ersten Hälfte jedes Psalmverses eine möglichst einfache gewählt, diejenige, welche in der katholischen Kirche für den ferialen Gesang der Psalmen vorgeschrieben ist. Auch läßt er niemals auf einer Silbe mehr als einen einzigen Ton singen. Vermuthlich zur Vermeidung von Eintönigkeit schloß er sich nicht an die Regel an, das Initium (hier: F G a) nur bei dem ersten Verse eines Psalmes singen, die folgenden Verse aber sogleich mit der Dominante beginnen zu lassen. Um die Melodie an die Betonung der deutschen Worte anzuschließen, folgt er nicht immer der Regel, daß bei dem ersten Psalmton auf die Mediation die letzten fünf und auf das Finale die letzten vier Silben zu singen sind. Eine andre für den Choralgesang jener Zeit geltende Regel setzt Luther als bekannt voraus: Wenn ein Gesang von F aus nach h hinaufschreitet oder von h nach F hinabsteigt, so ist b anstatt h zu singen; denn sonst würde die unerträgliche übermäßige, aus drei ganzen Tönen gebildete Quarte F bis h, der verfehmte „Tritonus“ eintreten. Obwohl diese Regel jedes hier vorkommende h trifft, also nach heutigem Gebrauch ein b vorzuzeichnen sein würde, hat Luther dieses unterlassen, weil er es für überflüssig hielt. Wenn in dem Urdruck der Messe ein einziges Mal (S. 84, 3) ein b vorgezeichnet ist, so mag dies geschehen sein, weil hier ausnahmsweise die Melodie das dazwischenliegende a übersprungen hat, daher ein wenig musikalischer Sänger zweifelhaft sein konnte, ob auch hier jene Regel anzuwenden sei. Freilich hätte dann dieselbe Vorsicht auch an drei andren Stellen statt haben sollen.

2. Kyrie. Das Kyrie vereinfacht Luther dadurch, daß es nicht neunmal, wie in der katholischen Messe vorgeschrieben ist, sondern nur dreimal gesungen werden soll. Die Noten dazu dürfte er selbst zusammengestellt haben; und zwar entnimmt er die Melodie wieder dem ersten Psalmton, aus dem zweigliedrigen Satze einen dreigliedrigen herausarbeitend.

In der katholischen Messe wird das Gloria fortgelassen während der Advents- und der Fastenzeit. Früher hatte Luther vorgeschrieben, es müsse im Willen des Geistlichen stehen, wie oft er dasselbe ausgelassen haben wolle (Unsere Ausg. Bd. XII S. 209, 13). Jetzt läßt er selbst es ganz fort, vermuthlich weil er der Einfachheit wegen eine möglichst gleichförmige Weise des Gottesdienstes für alle kirchlichen Zeiten wünschte. In der Braunschweiger Kirchenordnung von 1528 hat Bugenhagen das Gloria wieder aufgenommen, doch hinzugefügt: „well me ock to tiden mach nalaten“. Die Wittenberger Kirchenordnung von 1533 schreibt vor, das Gloria nicht auf das gewöhnliche Kyrie zu singen, „sondern auf andere, und sonderlich auf die Feste“.[1] Darnach dürfte Luther das Eintreten des Gloria nach einem ganz kurzen Kyrie auch als einen zu plötzlichen Wechsel empfunden haben.

3. Kollekte. Für den Gesang der Kollekte unterscheidet die katholische Liturgie drei Orationstöne. Luther wählt den allereinfachsten, den tonus simplex ferialis, welcher in unisono, d. h. auf einem einzigen Ton, ohne jede Modulation, vorgetragen wird. Zur Erleichterung für den Sänger soll an dieser Stelle der Messe dieser Ton derselbe sein, wie der Anfangston des Psalms und des Kyrie. Diesen Ton nennt Luther hier „F fa ut“.[2] Denn Guido von Arezzo hatte die Töne C bis a mit den Anfangssilben eines Hymnus bezeichnet als ut, re, mi, fa, sol, la. Das Besondere in der Reihenfolge dieser sechs Töne ist aber, daß zwischen dem dritten und dem vierten Ton die Entfernung nur halb so groß ist als wie zwischen

[1] Richter I, 115ᵃ, 223ᵃ. [2] Walch hat daraus „f faut“ gemacht, und die Erl. Ausgabe folgt ihm darin, obwohl auch die von ihr benutzte alte Ausgabe das Richtige bietet.

den anderen Tönen. Dasselbe aber traf auch zu bei den sechs Tönen von Γ bis E und denen von F bis d; also nannte man auch diese mit jenen Silben. So entstand das Schema:

ut	re	mi	fa	sol	la									
Γ	A	H	C	D	E									
			ut	re	mi	fa	sol	la						
			C	D	E	F	G	a						
						ut	re	mi	fa	sol	la			
						F	G	a	b	c	d			

Darnach hießen zwei Töne „fa ut“, nämlich C und F. Wollte man also letzteren ganz sicher bezeichnen, so nannte man ihn „F fa ut“.

4. Epistel. Die Epistel wird in der katholischen Messe auf einem einzigen Ton gesungen; nur am Schluß einer Frage tritt ein Sinken um einen halben Ton ein. Auch der Gesang des Evangeliums bietet nur sehr wenig Modulation. Hiervon weicht Luther auf das stärkste ab. Vermuthlich wollte er diese Verkündigung des göttlichen Wortes möglichst lebendig gestalten. Daher stellt er allgemeine Regeln auf, wonach man verschiedene musikalische Phrasen anwenden soll für den Anfang, das Ende, eine Frage, eine Periode, eine Satzhälfte, die Unterabtheilung einer solchen, und zwar für letztere, als häufiger vorkommend, zwei verschiedene, einander korrespondirende Formen zur Auswahl bietend. Für die Epistel wählt er die achte Kirchentonart, bei welcher die Dominante c, die Finale G ist. Auffallenderweise aber befolgt er nur die erste, nicht aber die zweite Regel, indem er vielmehr mit c schließt. Von dieser Regel sich zu dispensiren, konnte er deshalb für erlaubt halten, weil unter den, bei dem achten Psalmton üblichen Finale auch eines in c ausgeht. Und vielleicht zog er dieses deshalb vor, weil sonst der Schluß für eine hohe Stimme etwas reichlich tief gelegen hätte. Denn um den Gesang der Epistel bequem anzuschließen an den Gesang der vorhergegangenen Kollekte, hat er vorgeschrieben, die Epistel solle so tief gesungen werden, daß sie „im unisono“, d. h. daß ihre Dominante „im Ton der Kollekte gleich hoch bleibe“. Da nun die Kollekte in F gesungen werden sollte, so mußte die Dominante der Epistel ebenfalls F, nicht aber c sein. Man soll also die für den Epistelgesang vorgeschriebenen Noten um eine Quinte tiefer gesetzt sich vorstellen. Dann aber würde das Finale, wenn es nach strenger Regel eine Quarte unterhalb der Dominante schloß, bis zu C hinabgegangen sein und dadurch für eine höhere Stimme an Kraft eingebüßt haben. So zieht er vor, das Finale mit der Dominante zu schließen. Die verschiedenen musikalischen Figuren aber, welche er für den Epistelgesang vorgeschrieben hat, dürften von ihm selbst herrühren, wenn sie gleich theilweise sich als Reminiscenzen aus Psalmtönen verrathen.

Merkwürdigerweise aber folgt das nach Darstellung der eigentlichen Messe noch zur „Exercitatio oder Übung der Melodien“ gegebene Beispiel für den Epistelgesang nicht genau den an unsrer Stelle von Luther gegebenen Vorschriften. Wohl bewegt sich auch diese später notirte Weise in dem achten Kirchenton. Aber von den vorher von Luther aufgestellten Anweisungen wird nur die doppelte Form für das Komma und die eine für die Frage beibehalten. Im Übrigen ist der Anschluß an den achten Psalmton ein viel engerer. So wird bei dem initium nicht direkt von G zu c hinaufgestiegen, sondern, wie es das initium des achten Psalmtons vorschreibt, dazwischen ein a eingefügt. Auch schließt das Finale exakter mit G. Ebenso wird das Finale, als handelte es sich um einen Psalm, immer wieder auch in der Mitte der Epistel verwandt. Dadurch tritt der Charakter der achten Kirchentonart schärfer hervor als an der früheren Stelle der Messe; aber es ist auch schwer vorstellbar, daß derselbe Mann beide Partien geschrieben hat. Man darf daher annehmen, daß Luther jemand anders den Auftrag gab, zur weiteren „Einübung" noch eine Epistel in octavo tono zu bearbeiten, und dies wird nach dem oben (S. 50) Mitgeteilten eben Johann Walther gewesen sein.

5. Während Luther früher das vom Chor gesungene Graduale gekürzt und die Sequenzen lieber abgethan haben wollte (Unsere Ausg. Bd. XII S. 210f.), läßt er jetzt anstatt dessen ein deutsches Lied singen. Das beispielsweise vorgeschlagene „Nun bitten wir den heilgen Geist", dessen erste Strophe aus dem Mittelalter stammt, war in seiner durch Luther vervollständigten Gestalt im Jahre 1524 erschienen. Solches Lied aber soll „vom ganzen Chor" gesungen werden im Gegensatz zu der komplizirten Weise der römischen Messe, wonach bei dem Graduale und Hallelujah der Gesang zwischen zwei Sängern und dem Chor abwechselt.

6. Das Evangelium wird in der katholischen Messe mit sehr geringer Modulation so gesungen, daß c der vorherrschende Ton ist und außer diesem nur noch a und h verwandt werden. Luther will es im fünften Kirchenton gesungen haben, weil das Evangelium eine Freudenbotschaft ist. Walther hat die Motivirung Luthers, daß „Christus ein freundlicher Herr" sei, so sehr bewundert, weil dieser Ton einerseits Freundlichkeit ausdrückt, weshalb man ihn modus laetus, delectabilis oder gar iubilans zu nennen pflegte, andrerseits aber sich für die Rede des Herrn schickte, insofern er zugleich etwas Majestätisches, Eindringliches an sich hat, weshalb man ihn auch wohl modus asper nannte. Dieser eigenthümliche Charakter wird besonders dadurch erreicht, daß nicht b, sondern h zu singen ist, trotzdem die Finale F ist und die Dominante c, wonach wir Modernen in der Gefahr stehen, diese Tonart wie F dur zu singen. Um aber den erzählenden Ton zu unterscheiden von der vox personarum und um gegen diese beiden wieder die von Christo gesprochenen Worte hervorzuheben, schaltet Luther etwas frei mit dieser Tonart. Nur bei der vox personarum wählt er zur Dominante c, und nur bei der vox Christi schließt er das Finale in F. Wenn auch einzelne seiner weiteren Vorschriften leise Reminiscenzen an den Evangelienton der katholischen Kirche enthalten (vgl. periodus und quaestio der vox personarum), so dürfte doch dieses Ganze wesentlich als seine Schöpfung zu bezeichnen sein.

Vermuthlich, weil in dem hier gegebenen Beispiel eines Evangeliums (Joh. 1, 19ff.) keine Worte Christi vorkommen, giebt das am Schluß zur „Einübung" nachgefügte Beispiel gerade Worte Christi. Aber den vorher von Luther für diesen Fall gegebenen Vorschriften wird hier (S. 106, 15ff.) nur darin gefolgt, daß als Dominante F verwandt (und die Weise für das colon beibehalten) ist. Indem nun hierdurch F das dominirende Element der melodischen Bewegung wurde, mußte auch, wenn ein h vorkam, dasselbe als b gesungen werden, damit der Tritonus vermieden würde. Und da in der That häufig bis zu h hinaufgegangen wird, während Luther die vox Christi nach der vorher gegebenen Anweisung nicht über a hatte hinaufsteigen lassen wollen, so war für h ausnahmslos b zu wählen. Dadurch aber wurde eben das, was das Charakteristische des fünften Kirchentons ist, ausgemerzt. Die ganze Weise trägt einen völlig andern Charakter: Wir haben gar nicht mehr die fünfte Kirchentonart, den modus lydicus, sondern entweder die Transposition der elften Tonart, des modus ionicus, von c nach F (unter Vorzeichnung eines b), oder die sechste Tonart, den modus hypolydicus. Und zwar wird das Letztere zu statuiren sein, da die Melodie sich um den Grundton F wie nach oben, so nach unten hin herumbewegt, also ein modus plagalis gemeint ist. Bei solcher Differenz dieses Evangelientones von dem früher gegebenen ist nicht anzunehmen, daß Luther selbst dieses zweite Beispiel angefertigt hat. Wir werden wieder Johann Walther als den Urheber anzusehen haben. Dann begreift sich auch, warum dieser später schreiben konnte, Luther habe den tonum sextum für das Evangelium verordnet, während doch sowohl in Luthers Entwurf für die Messe als in dieser selbst der tonus quintus genannt ist. Vierzig Jahre nachher hatte Walther nur noch die doppelte Thatsache im Gedächtniß, daß Luther bestimmte Tonarten für den Perikopengesang vorgeschrieben, und daß er, Walther, das Evangelium nach dem sechsten Ton bearbeitet hatte. Ebenso wird dann verständlich, wie Walther (vgl. oben S. 50) schreiben konnte, Luther selbst habe die Noten über die Episteln, Evangelien und Einsetzungsworte gemacht, und doch auch, er, Walther, habe die Choralnoten über etliche Evangelien und Episteln schreiben müssen.

So konnte der Leser der deutschen Messe zwischen zwei verschiedenen Gesangweisen sowohl für die Epistel, wie auch für das Evangelium wählen. Und schon am 2. Februar erklärte Luther in einem Briefe an seinen Freund Justus Jonas: „Ultima melodia Epistolarum et Evangelii mihi magis placet, licet nostri non utantur, te tamen et alios vellem uti (De Wette 3, 88. Enders 5, 318).

7. Anstatt des früher vom Geistlichen gesungenen Symbolum Nicaenum (vgl. Unsere Ausg. Bd. XII S. 211, 5) soll nun das im Jahre 1524 von Luther gedichtete Gemeindelied „Wir glauben all an Einen Gott" gesungen werden.[1]

8. Bei dem Abendmahl läßt Luther die herkömmliche Präfation ganz fort. Vermuthlich wünschte er den Gottesdienst so zu vereinfachen, daß derselbe auch beim Fehlen eines Chors ausführbar sei, und meinte, die Präfation deshalb entbehren zu können, weil die nunmehr vorgeschriebene Paraphrase des Vaterunsers und Abendmahlsvermahnung als Vorbereitung auf die heilige Feier zu dienen im Stande sei. Wir schließen dies aus dem, was er, wie oben (S. 47) angegeben, Hausmann gegenüber hinsichtlich der Präfation geäußert, womit auch das stimmt, was Bugenhagen zwei Jahre darauf in der Braunschweiger Kirchenordnung geäußert hat. Hier fügt er zur Erwähnung der Präfation hinzu: „Sus mach wol totiden sulke Prefatie vnde Sanctus nabliuen, wente de Exhortatie vann sacramente is de rechte Prefatie, dat is eyne vohr rdde. Wor neyne scholere synt, dar mach sulke prefatie vnde Sanctus wol stedes nabliuen, me wolde denne sus se gerne singen".[2] Doch ist diese

[1]) Über Text und Melodie desselben vgl. Allgem. Evang.-Luth. Kirchenzeitung, 1894, S. 104 ff. [2]) Die Paraphrase des Vaterunsers findet sich noch in einigen Kirchenordnungen, so in der Frankfurter von 1530, der Northeimer von 1539, der Herzog Heinrichs von Sachsen von demselben Jahre, der Preußischen von 1544 (Richter, Kirchenordnungen I, 141^b, 288^a, 313^a u. ^{b}; II, 67^b; vgl. auch daselbst 155^a, Z. 13 v. u.; 164^a, Z. 3 ff.; 229^b, Z. 4 ff.). — Zu Luthers Anschauung über diesen Theil des Gottesdienstes vgl. noch Uns. Ausg. VI, 238, 26 ff. und Rietschel, „Die offene Schuld im Gottesdienste und ihre Stellung nach der Predigt" in Monatschrift für Gottesdienst und kirchliche Kunst 1, 396 ff. Wenn Rietschel hier (S. 398)

Weise Luthers, das Vaterunser in paraphrasirter Form zu geben und von den Einsetzungsworten durch die Vermahnung zu trennen, auch schon in der Wittenberger Kirchenordnung von 1533 wieder aufgegeben (vgl. Richter, Kirchenordnungen 1, 223). Diese hat ebenfalls das, was Luther schon 1523 als Wunsch aussprach (Unsere Ausg. Bd. XII S. 214, 4 ff.) und hier in der Messe wiederholt, die getrennte Konsekration und Distribution von Brot und Wein wieder fallen lassen (Richter 1, 215 und 224), während Bugenhagen in der Braunschweiger Kirchenordnung von 1528, in der Hamburger von 1529, in der Lübecker von 1531, in der Pommerschen von 1535 jenem Wunsche Luthers Folge geleistet hat.

Mit dieser, in unsrer Messe vorgenommenen Neuerung, hängen die weiteren Änderungen gegen früher zusammen, daß das früher nach den Einsetzungsworten und dem Vaterunser vorgeschriebene Sanctus und Benedictus (Unsere Ausg. Bd. XII S. 212, 27) nunmehr während der Austheilung des Brotes gesungen wird (und zwar beides in deutscher Liedform, ersteres von Luther neu gedichtet und hier zum erstenmal gedruckt, für letzteres das von Luther umgedichtete „Gott sei gelobet und gebenedeit“), und daß das pax Domini vobiscum (Unsere Ausg. Bd. XII S. 213, 8) ausgelassen wird, wie auch aus diesem Grunde das Vaterunser von hier nach jener andern Stelle versetzt ist (Unsere Ausg. Bd. XII S. 214, 12).

9. Für die Einsetzungsworte mußte Luther sowohl den Text als auch die Melodie schaffen. Er konnte auch nicht die in der katholischen Messe gebräuchlichen Worte ins Deutsche übertragen, weil sie hier in ein Gebet an Gott gekleidet und durch viele nichtbiblische Zuthaten erweitert sind. Auch war für diese Partie der Messe keine Melodie vorhanden, an welche etwa er sich hätte anschließen können, da sie nach katholischer Ordnung nicht gesungen, sondern leise gesprochen wird. Früher hatte Luther den Wunsch ausgesprochen, die Einsetzungsworte würden nach der Melodie des Vaterunsers gesungen (Unsere Ausg. Bd. XII S. 212, 24). Jetzt, nachdem er den Gesang des Vaterunsers durch die zu verlesende Paraphrase desselben beseitigt hat, bearbeitet er die Melodie für die Einsetzungsworte genau nach den vorher für den Evangelienton gegebenen Vorschriften. Und da hier Worte des Evangelisten mit Worten Christi abwechseln, gewährt dieses Gesangstück einen vollständigen Eindruck von dem, was Luther durch seinen Evangelienton ausdrücken wollte. Während natürlich durchgehends nicht b sondern h zu singen ist, kann dies fraglich sein bei demjenigen h, welches (in der Mitte der zweiten Notenzeile) bei den Worten „nahm er das Brot“ über dem „er“ steht. Der Umstand, daß eben vorher von F zu a hinaufgestiegen ist, hat auch Schoeberlein und Kawerau bewogen, zur Vermeidung des Tritonus hier b zu setzen. Aber da dazwischen eine Fermate die musikalische Phrase abgeschlossen hat, und da nachher nicht wieder nach F hinabgegangen wird, vielmehr die musikalische Tendenz direkt nach a zielt, so dürfte die Beibehaltung des h zum Mindesten ebenso berechtigt sein. Verleiht sie doch auch diesem Passus einen besonders eindringlichen, „Freundlichkeit“ und „Herrlichkeit“ verbindenden Charakter, wenngleich dem modernen Ohre ein b näher liegen würde.

---

meint, Luthers „Ansicht, daß die offene Schuld an Stelle der Vermahnung zum Sakrament getreten (vgl unten 96, 31 ff.), sei geschichtlich nicht richtig“, so können wir dem nicht zustimmen. Denn Luther hat nicht sowohl mittelalterliche Einrichtungen im Sinn als vielmehr jene „Vermahnung“ in dem altkirchlichen Gottesdienst, von der uns die Apostolischen Konstitutionen VIII, 12 (zu Anfang) berichten.

10. Das Gemeindelied „Jesaia dem Propheten das geschah“ ist nach Text wie Melodie eine Schöpfung Luthers und zum erstenmal in der Messe gedruckt worden. Bei Beantwortung der Frage, an welchen Stellen das h als b zu singen ist, weichen sowohl die älteren, wie die neueren Musiker von einander ab. Wir notiren unter dem Texte in Anmerkungen die Auffassung dreier älterer Meister, des H. L. Haßler (1608), Melch. Vulpius (1609) und Johann Jeep (1629), welchen die neueren zu folgen pflegen, fügen aber die von Kawerau gewählte Weise hinzu, weil diese das b nur da vorzieht, wo es „dringend nöthig“ erschien, und auch wir diese Form für die richtigere halten. Wir möchten sogar vorschlagen, auch in dem letzten Takte das zweimalige h beizubehalten.

11. Zu den am Schlusse der Messe zur exercitatio gegebenen Beispielen des Perikopengesanges vgl. das in Absatz 4 und 6 Gesagte.

Ausgaben.

A „Deudsche ‖ Messe vnd ord- ‖ nung Gottis ‖ diensts. ‖ Wittemberg. ‖“ Mit Titeleinfassung. Titelrückseite bedruckt. 24 Blätter in Quart, letzte Seite leer. Am Ende: „Martinus Luther. ‖ Gedruckt zu Wittemberg. ‖ M. D. XXVj. ‖ Correctur. ‖ C. ij. bald nach dem deudschen sanctus ist auf- ‖ gelassen bis stuck. Darnach folget die Collecten ‖ mit dem segen. ‖“

Druck von Michael Lotther in Wittenberg. Vorhanden z. B. in Altenburg Gymnasialbibl. (mit alter handschriftlicher Notiz „Constat 9 ₰“), Aschaffenburg Hofbibl., Berlin, Dresden, Eisenach, Weimar, Wolfenbüttel.

B „Deudsche ‖ Messe vnd ord- ‖ nung Gottis ‖ diensts. ‖ Martinus Luther. ‖ Wittemberg. ‖“ Titeleinfassung und Einrichtung des Drucks wie bei *A*. Am Ende: „Martinus Luther. ‖ Gedruckt zu Wittemberg. ‖ M. D. XXVj. ‖“

Druck von Michael Lotther in Wittenberg. Vorhanden z. B. in Berlin, Breslau U., Kopenhagen Kgl. Bibliothek, Wolfenbüttel.

C „Deudsche ‖ Messe vnd ord- ‖ nung Gottis ‖ dienst. ‖ Martinus Luther. ‖ Wittemberg. ‖ M. D. XXVI. ‖“ Titeleinfassung und Einrichtung des Drucks wie bei *A* und *B*. Am Ende: „Gedruckt zu Wittemberg. ‖ M. D. XXVi. ‖“

Druck von Michael Lotther in Wittenberg. Vorhanden z. B. in Erfurt Martinstift, Stuttgart.

D „Deudsche ‖ Messe vnd ord ‖ nung Gottis ‖ diensts. ‖ Wittemberg. ‖“ Mit Titeleinfassung. Titelrückseite bedruckt. 20 Blätter in Quart, letzte Seite leer. Am Ende: „Martinus ‖ Luther. ‖ M. D. XXVI. ‖“

Druck von G. Kantz in Zwickau. Vorhanden z. B. in der Knaakeschen Slg. und in Helmstedt.

E „Deud- ‖ sche Messe vnd ‖ ordnunge Got ‖ tis diensts. ‖ Wittemberg. ‖“ Mit Titeleinfassung. Typen und Einrichtung des Druckes wie bei *D*. Am Ende: „Martinus ‖ Luther: ‖“

Druck von G. Kantz in Zwickau. Vorhanden z. B. in Berlin, Helmstedt, Kopenhagen Kgl. Bibliothek, Wernigerode, Zwickau.

F „DEudsche Messe ‖ vnd Ordnunge ‖ Gottes diensts. ‖ Wittemberg. ‖“ Darunter, an den vier Seiten eines das Abendmahl darstellenden Holzschnittes: „Nemet hyn, Esset, Das ‖ ist mein Leib, der fur euch ‖ gegeben wird, Solchs ‖ thut zu meinem gedechnis. ‖ Nemet hin vnd trincket ‖ alle daraus, das ist der kelch ‖ des Newen Testament ‖ inn meinem blut ꝛc. ‖" 20 Blätter in Quart, letzte Seite leer. Am Ende: „Martinus ‖ Luther. ‖ Gedruckt ynn der Chur- ‖ fürstlichen Stadt ‖ Zwickaw, durch ‖ Wolffgang ‖ Meyer- ‖ peck. ‖ ‖"

Vorhanden z. B. in der Knaakeschen Slg., Berlin, Dresden, Wien.

G „Deudsche ‖ Messe vnd ord- ‖ nung Gottes diensts, ‖ zu Wittemberg, ‖ fürgenomen. ‖ M.D.XXVI. ‖" In Titeleinfassung. Titelrückseite bedruckt. 26 Blätter in Quart, letztes Blatt leer.

Druck von Friedrich Peypus in Nürnberg. Vorhanden z. B. in der Knaakeschen Slg., Berlin, Breslau St., Weimar, Wolfenbüttel.

H „Deutsche ‖ Messe vnd Ordnūg ‖ Gotes diensts, zů Wit- ‖ temberg, fürge- ‖ nomen. ‖ M.D.XXVI. ‖" In Titeleinfassung. Titelrückseite bedruckt. 26 Blätter in Quart, letztes Blatt leer.

Augsburger Druck. Vorhanden z. B. in Berlin, München HSt., Stuttgart, Wolfenbüttel.

I „Deůtsche ‖ Messe vñ ord- ‖ nung Gottis ‖ diensts. ‖ Wittemberg. ‖" Mit Titeleinfassung. Titelrückseite bedruckt. 28 Blätter in Oktav, letzte Seite leer. Am Ende: „Martinus Luther. ‖"

Druck von Wolfgang Stürmer in Erfurt. Vorhanden z. B. in Wolfenbüttel.

K „Deutsche ‖ Messe vnnd ord- ‖ nung Gottis ‖ diensts. ‖ ‖ Wittemberg. ‖" Mit Titeleinfassung. Titelrückseite bedruckt. 24 Blätter in Oktav, letzte Seite leer. Am Ende: „Martinus Luther. ‖ Gedruckt zu Erffurdt durch Melchior ‖ Sachssen. M.D.xxvj. ‖"

Vorhanden z. B. in Berlin, Wittenberg Lutherhalle.

Sonderabdrucke einzelner Abschnitte der deutschen Messe.

1. Unterrichtung, wie man die Kinder möge führen zu Gottes Wort und Dienst. (Vgl. oben S. 52.)

a „Vnterrichtūg ‖ D. Martini Luthers ‖ wie man die kinder müge ‖ füren zu Gottes wort vñ ‖ dienste, welches die ‖ eltern vnd ver- ‖ weser zu thün ‖ schuldig ‖ seyn. ‖ M.D.XXvij. ‖" Mit Titeleinfassung. Titelrückseite bedruckt. 4 Blätter in Oktav, letzte Seite leer. Am Ende: „¶ Gedruckt zu Nürmberg durch ‖ Friderichen Peypus. ‖"

Vorhanden z. B. in Berlin, Dresden.

b „Vnterrichtun ‖ ge D. Marti- ‖ ni Luthers, wie mann ‖ die kinder müge furen ‖ zu Gottes wortte vnd ‖ dienste, wilchs die elltern vnd vorweser zu- ‖ thun schuldig seyn. ‖ 1527. ‖" Dieses in Einfassung. Unter dieser: „Die funff fragen von dem Sacrament, ‖ eym yeden Christen nutzlich zuwissen. ‖ Eyne Christliche weyse zu beychten. ‖" Titelrückseite bedruckt. 8 Blätter in Oktav, letztes Blatt leer. Die erste Schrift schließt Bl. A 4ᵇ. Am Ende: „Gedruckt durch Heynrich öttinger. ‖"

Vorhanden wohl nur in Helmstedt.

c „Vnderrichtūg ‖ Doctor Martini Luthers, wie ‖ man die kinder müge füren zů ‖ Gottes wort vnd dienste, ‖ welchs die Eltern vñ ‖ verweser zuthůn ‖ schuldig ‖ sein ‖“ Titelrückseite bedruckt. 4 Blätter in Oktav, letzte Seite leer. Am Ende: „a Getruckt zů Augspurg, durch ‖ Philipp Vlhart. ‖“

Vorhanden z. B. in München HSt.

d „Vnterrich ‖ tung D. Martini ‖ Luthers, wie man die kinder ‖ müge füren zu Gottes wort ‖ vnd dienste, welches die el- ‖ tern vñ verweser zu thun ‖ schuldig sein. ‖ 1527 ‖“ Mit Titeleinfassung. Titelrückseite bedruckt. 4 Blätter in Oktav, letzte Seite leer.

Vorhanden wohl nur im Besitz von Professor Probst D. Hermann Freiherrn von der Goltz in Berlin. Vgl. Eduard Frhr. von der Goltz „Bibliographische Studien zur Geschichte der ältesten Ausgaben von D. Mart. Luthers kleinem Katechismus“ in Zeitschrift für Kirchengeschichte XVII (1897), S. 508ff. Für die dort geäußerte Vermuthung, daß dies ein Druck von Jobst Gutknecht in Nürnberg sei, spricht jedenfalls nicht der Dialekt des Textes.

2a. Was dem gemeinen Volke nach der Predigt vorzulesen.

(Vgl. oben S. 52.)

e „Was dem ge- ‖ meynem volcke ‖ nach der predig ‖ fur zu lesen. ‖ Wittemberg. 1526. ‖“ Mit Titeleinfassung. Titelrückseite bedruckt. 8 Blätter in Oktav, letzte Seite leer.

Vermuthlich Druck von G. Rhaw in Wittenberg. Vorhanden z. B. in Zwickau, Wolfenbüttel. Die „Vermanung vnd kurtze deutung des vater vnsers“ steht Bl. A 1^{b} bis A iij^{a}.[1] Weiterer Inhalt: 2. „Das Vater vnser, fur die kinder“, 3. „Der Christliche glaube“, 4. „Die Zehen gepot“, 5. „Ein kurtzer beschlus aller ‖ gepot Gottes. Matthei. 7“, 6. „Die einsetzung des Sacra- ‖ ments der Tauff, Marc. 16“, 7. „Einsetzung des Sacraments des ‖ leybs vnd bluts Christi“, 8. „Der Christen eynigés gepot. ‖ Johannis .13“, 9. „Ein Christliche vorbe- ‖ trachtung vnd bekentnis yhm Gott, ‖ so man wil beten das heilige ‖ Vater vnser“.

f „Was dem gemey- ‖ nen volck nach ‖ der predig fur ‖ zu lesen. ‖ ❧ ‖ Breslaw- ‖“ Mit Titeleinfassung. 12 Blätter in Oktav, letztes Blatt leer.

Vermuthlich Druck von Adam Dyon in Breslau. Vorhanden z. B. in Nürnberg German. Museum. — Die „Vermanung vnnd kurtze deuttung des Vatter vnsers“ steht Bl. a ij^{a} bis a 3^{a}. Weiterer Inhalt wie in *e*, Nr. 2—9. Sodann: 10. „Eyn gemeine furbit“, 11. „Ein Christlich gebet zu der kin- ‖ der Tauff“, 12. „Der hunderst vnd ander psalm“.

g „Was dem ge ‖ meynen vol ‖ cke nach der ‖ Predig für ‖ zůlesen ‖ Wittemberg ‖ 1526. ‖“ Mit Titeleinfassung. Titelrückseite ein Holzschnitt. 8 Blätter in Oktav, letzte Seite leer.

Wohl Augsburger Druck. Vorhanden z. B. in München HSt. — Die „Vermanung vnd kurtze deütung des Vater vnsers“ steht Bl. A ij^{a} bis A iij^{b}. Weiterer Inhalt wie bei *e*, Nr. 2—8. Sodann: „Das man alle sorge vnsers ‖ lebens Got sollen [so] haym stelle ‖ Aus dem Euangelio ‖ Mathei cap. 6.“ [2]

---

[1]) Nr. 2—7 in derselben Textgestalt auch in „Eyn Buchlyn ‖ fur die kinder ‖ gebessert vnd ‖ gemehret. ‖ Der Leyen ‖ Biblia. ‖ Wittemberg. 1525.“ Am Ende: „Gedrückt zu Wittemberg, durch ‖ Jorg Rhaw. 1526.“ — Zu Nr. 9 vgl. Unsere Ausg. Bd. IX, S. 220fg. [2]) Steht auch in der Anm. 1 genannten Schrift, wo ebenfalls „man ... sollen“

h „Was dem ge- ‖ meynen volck nach der ‖ predig für zu lesen. ‖ Eynsetzung ‖ des Sacraments des ‖ leibs vnd bluts Christi. ‖ Auch wie man es den krancken ynn den ‖ heusern vberreichen soll. ‖ Ein schön vn- ‖ terricht. auff Frage vnd ‖ Antwort gestellet, vom Sacra- ‖ ment des Altars. ‖ Marpurg. ‖ 1527. ‖" Titelrückseite bedruckt. 8 Blätter in Oktav, letzte Seite leer. Am Ende: „Gedruckt zu Marpurg ‖ yn Hessen. M. D. XXvij. ‖"

Druck von Johann Loersfeldt in Marburg. Dem einzigen uns bekannten Ex. dieses Druckes (vorhanden in Wernigerode) geht vorauf die Loersfeldt'sche Ausgabe von Luthers „Taufbüchlein aufs neue zugericht" mit dem Titel „Christli- ‖ che ordenung ‖ wie es zu Marpurg yn ‖ Hessen, mit Teuffen, ‖ Sacramet reichen, ‖ vn mit Bete nach ‖ der predigt ge- ‖ halten wird. ‖ 1527. ‖" In Titeleinfassung. Titelrückseite bedruckt. 8 Blätter in Oktav, letzte Seite leer. Am Ende: „Gedruckt ynn der ne- ‖ wen löblichen Uni- ‖ versitet Marpurg ‖ ym M. D. xxvij ‖ iar. am .xxij. tag ‖ Junij. ‖" Es ist klar, daß der Titel mit den Worten „Sacrament reichen vn mit Bete nach der predigt" auch den Inhalt unsrer Schrift mit befaßt. Da aber jede der beiden Schriften selbständig signirt ist, und da das „Taufbüchlein" auch selbständig, mit dem ihm eigenen Titel „Das ‖ Tauffbüch ‖ lin verdeudtscht, ‖ auffs new zu ge- ‖ richt durch ‖ Marti. Luther. ‖ Wittemberg. ‖" existirt, so ist anzunehmen, daß unsere Schrift auch selbständig existirt hat. — Die „Vermanunge vnd kurtze deutung des Vater vnsers" steht Bl. a 1^b bis a iij^a. — Weiterer Inhalt wie bei *e*, Nr. 2—8. Sodann: 9. „Vö dem Sacra ‖ ment des Altars Fra ‖ ge vnd antwort zu geben."[1]

2b. Enchiridion 1526 und niederdeutsche Gesangbücher.

(Vgl. oben S. 52.)

i „Enchyridion ‖ geistlicher ge- ‖ senge vnd psal ‖ men fur die leyen, mit viel ‖ andern, denn zuuor, ‖ gebessert. ‖ Wittemberg. ‖ M. D. XXVI. ‖" In Titeleinfassung. Titelrückseite bedruckt. 48 Blätter in Oktav.

Druck von Melchior Lotther in Wittenberg. Vorhanden z. B. in Berlin. — Die „Vermanung vnd kurtze deutung des Vater vnsers" steht Bl. F 6^b bis F 7^a.

k (roth) „Geystly ‖ ke leder vppt ‖ nye gebetert tho ‖ Witteberch, dor ‖ ch D. Martin. ‖ Luther. ‖ ❧ By Ludwich Dyetz ‖ gedruckt. ‖" In Titeleinfassung. Der zweite, auf Bl. H 6 beginnende Theil führt den ebenfalls in Titeleinfassung stehenden Separattitel:

„❧ (roth) Gheystly- ‖ ker gesenge vnde le- ‖ der, wo ytzuundes, ‖ Gade tho laue, nicht alle- ‖ ne yn düssen laueliken Seeste ‖ den, sünder ock yn hochdüdeschen ‖ vnnde anderen landen, gesunghen ‖ werden, ein wol geordent Bökelin ‖ myt allem vlyte corrigeret, vnde ‖ myt vêlen anderen ghesen- ‖ gen den thovören vor ‖ meret vnde ge- ‖ beterth. ‖ (schwarz) M. D. XXXj. ‖" 144 Blätter in Oktav. Am Ende: „❧ Ghedrucket jn der lauelyken ‖ Stadt Rostock, by Ludowich Dietz, ‖ am. 20. Martij, im yare na Chri- ‖ sti vnses erlösers geborth, ‖ 1531. ‖"

Vorhanden z. B. in Lüneburg.[2] — „Eyne korte vthleggінghe des Vader vnses, vnde vormaninge an dat volck vnde sonderliken an de, de thom Sacramente ghan willen" steht Bl. R 4^a bis R 5^a.

---

[1] Vgl. oben Ausgabe *b*. Dazu Brieger, Die angebliche Marburger Kirchenordnung, 1881, besonders S. 25ff. u. 45ff. [2] Neu herausgegeben von C. M. Wiechmann Kadow unter dem Titel: Joachim Slüters ältestes rostocker Gesangbuch (Schwerin 1858).

l [roth] „Geystlike le- || [schwarz] der, vppet nye ge- || betert tho Wittem || berch, dorch D. || [roth] Martin. Luther. || [schwarz] Dyth synt twen gesanck Bö || kelin, Vnde mit velen ande- || ren gesengen den thoudren || vormeret vnde gebetert. || Gedrücket tho Magdeborch, || by Hans Walther. || [roth] M. D. XXXIIII. ||“ In Titeleinfassung. Der zweite, auf Bl. J v^{b} beginnende Theil führt den in Titeleinfassung stehenden Separattitel:

„Geistliker Gesen- || ge vnde leder (wo ytzundes || Gade tho laue, nicht allene || .... [7 Zeilen] .... || denn thoudrn vor- || meret, vn̄ gebetert. ||“ 168 Blätter in Oktav, letzte Seite leer.

Vorhanden z. B. in Wolfenbüttel. „Eine korte Vthlegginge des Vader vnses“ usw. steht Bl. Viij^{a} bis Bl. Viiij^{b}.

m [roth] „Geystli- || ke leder vn̄ Psal- || men, vppet nye || gebetert. || Martinus Luther. || [schwarz] M. D. XLI. ||“ In theilweise roth überdruckter Titeleinfassung. Der zweite, auf dem als „Dat LXXXVII Bladt“ zu zählenden Blatte beginnende Theil führt unter einer Zierleiste den Separattitel:

„Geistli- || ker Gesenge vnde le- || der (wo ytzundes Gade tho || .... [7 Zeilen] .... || denn thoudren || vormeret, vn̄ || gebetert. || M. D. XLI. ||“ 219 gezählte Blätter und 5 ungezählte (Register) in Oktav, letzte Seite leer. Am Ende: „Gedrücket to Magdeborch, || dorch Hans Walther. ||“

Vorhanden z. B. in Helmstedt. „Eine Korthe vthlegginge des Vater vnses,“ usw. steht Bl. CXCI^{b} bis Bl. CXCIII^{a}.[1]

n [roth] „Geystlike || leder vn̄ Psalmen, || vppet nye gebetert. || [schwarz] Mart. Luther. || [roth] Dyth sint twee ge- || [schwarz] sanck Bökelin, Vn̄ mit velen || andern gesengen, den thoud- || ren vormeret vnde gebetert. || Gedrücket tho [roth] Magdeborch, || [schwarz] dorch [roth] Hans Walther. ||“ In Titeleinfassung. Der zweite auf dem nach Blatt LXIX folgenden ungezählten Blatte beginnende Theil führt in Titeleinfassung den Sondertitel:

„Geistliker || Gesenge vnde Leder || (wo ytzundes Gade tho la- || ue, nicht allene yn dessen || .... [6 Zeilen] .... || thoudren vormeret, vnde || gebetert. || Gedrücket tho Magdeborch, || dorch Hans Walther. ||“ 184 Blätter in Oktav, letztes Blatt leer. Am Ende: „Gedrücket tho Magde- || borch, dorch Hans || Walther. || Anno D. M. XLIII. ||“

Vorhanden z. B. in Berlin. „Eine korte vthlegginge des Vader vnses,“ usw. steht Bl. CXLIII^{b} bis Bl. CXLIX^{b}.

o „ENCHIRIDION || [roth] Geistlike || Lede vnd Psal- || men, vppet nye || gebetert. || [schwarz] Mar. Luther. || [roth] Mit einem nien || Calender, schön || togerichtet. || [schwarz] ☙ [roth] In der Keyserli- || ken Stadt Lübeck, by Johan || Balhorn gedrücket, ym yar || [schwarz] M. D. XLV. ||“

---

[1]) Da Bachmann, Gesch. des ev. Kirchengesanges in Mecklenburg, 1881, S. 48 mittheilt, daß dieses Buch gegenwärtig in Helmstedt nicht mehr aufzufinden sei, so sei bemerkt, daß es dem Herausgeber vorliegt, nachdem Herr Oberlehrer Grobleben daselbst es wiedergefunden hat. Die genauere Signatur ist: A 12mo 90.

In Titeleinfassung. Der zweite auf Bl. LXV^b beginnende Theil führt unter einer Zierleiste den (den Text der vorhergehenden Seite fortsetzenden) Separattitel:

„Geistliker ‖ Gesenge vnd Leder, ‖ So nicht yn dem ‖ Wittemberge- ‖ schen Sanck- ‖ boke stan. ‖ ✠ ‖ Gecorrigeret Dörch ‖ Magistrum Hermannum ‖ Bonnum, Superatten- ‖ dentem tho Lübeck. ‖ ✠ ‖" 180 Blätter in Duodez, wovon 164 gezählt sind, letzte Seite leer. Am Ende: „✠ In der Keyserlyken Stadt Lübeck, ‖ dörch Johan Balhorn mit flite gedrückt. ‖"

Vorhanden z. B. in Greifswald. — „Ein korte vthlegginge des Vader vnses" usw. steht Bl. CXXXIII^b bis CXXXIIII^b.

3. Ordnung der deutschen Messe.

p Erfurter Gesangbuch von 1527. Dem einzigen noch bekannten Exemplar fehlt das erste Blatt. 48 Bl. (47 gezählte und 1 ungezähltes) in Oktav, letzte Seite leer. Am Ende: „Gedruckt zu Erffurdt zum ‖ Schwartzen Horn. ‖ M.D.xxvij. ‖"

Druck von Melchior Sachsse. Vorhanden z. B. in Stuttgart. — „Folgt die ordnung der deutschē Meſs." Bl. xlv^a bis xlvij^a.

q „Enchiri- ‖ ridion [so] geistlicher gese- ‖ nge vñ Psalmen, fur ‖ die leyen, mit viel an- ‖ dern, denn zuuor, ‖ gebessert. ‖ Sampt der Vesper, ‖ durch die gancze wochē ‖ auff einen iczlichen tag ‖ Metten Complet vnd ‖ Messe. 1528. ‖" Mit Titeleinfassung. Titelrückseite bedruckt. 88 gezählte Blätter in Oktav, letzte Seite leer. Am Ende: „Gedruckt zu zwickaw durch Hans Sch ‖ önsperger den alten. Im 1 5 28. ‖"

Vorhanden z. B. in Dresden. — „Die Ordenung der Deudschen Meſs." steht Bl. lxxxiij^b bis lxxvi^b.

r „Geistliche ‖ lieder, auffs ‖ new gebessert vnd ge ‖ mehrt, zu Wittēberg. ‖ D. Marti. Luther. ‖ Viel Geistliche ‖ gesenge, vō andern fro ‖ men Christen gemacht. ‖ Itē Die ordnūg der deutschē Meſs. ‖" In Titeleinfassung. 120 (4 ungez., 112 gez. und wieder 4 ungez.) Blätter in Oktav. Auf der Vorderseite des letzten Blattes ein Holzschnitt; Rückseite leer. Auf der Rückseite des vorletzten Blattes: „Gedruckt zu Leyptzick ‖ durch Valten Schu- ‖ mañ. ‖ M.D.XXXIX. ‖ ✠ ‖"

Vorhanden z. B. in Wernigerode. — „Die ordnung der Deudschen Meſs." steht Bl. 108^a bis 112^b.

s [roth] „Geistli- ‖ che lieder vnd ‖ Psalmen, durch ‖ D. Mart. Luth. ‖ [schwarz] Vnd vieler fro- ‖ men Christen zu ‖ samen gelesen. ‖ [roth] Ordnung der ‖ deudschen Meſs ‖" In Titeleinfassung. 119 meist gezählte Blätter in Oktav (vermuthlich war ursprünglich noch ein leeres Blatt am Ende vorhanden). Am Ende: „Gedruckt zu Magdeburg, ‖ durch Michel Lotther. ‖ M.D.XL. ‖"

Vorhanden z. B. in Göttingen. — „Die ordnung der Deudschen Meſs." steht Bl. 002 (Druckf. f. 110)^a bis 113^a. Hier ist der Text des Sanctus nicht abgedruckt, sondern bemerkt: „Das Sanctus suche am xxv. bladt", woselbst es mit Noten gegeben war.

t „Geistliche Lieder, aufs neue gebessert vnd gemehret zu Wittemberg. D. Martin Luther. Item viel geistliche Gesenge, welche von frommen Christen gemacht sind. Die Ordnung der teutschen Meß. Gedruckt zu Leipzig durch Valten Schumann. 1542. ||" 4 Blätter Titel und Vorreden, dann 112 gezählte Blätter und 8 Blätter Register. Näheres über diese verloren gegangene Ausgabe bei Wackernagel, Bibliographie zur Gesch. des deutschen Kirchenliedes, Nr. CDXXXIX.

In den Gesammtausgaben findet sich die deutsche Messe ohne Noten Wittenberg Bd. VII (1561 Th. Klug, 1572 J. Schwertel, 1602 Z. Lehmann) Bl. 369—375 (in anderen Wittenberger Auflagen Bl. 399—403, resp. Bl. 429—435); Jena Bd. III (1565 Th. Rebart, 1611 Th. Steinmann) Bl. 276—284; Altenburg Bd. III S. 467—478; Leipzig Bd. XXII S. 241—247; Walch Bd. X Sp. 268—287 (bei dem dritten Gebot); Erlangen Bd. 22 S. 226—244 (hier sind die Noten in einem Anhange gegeben, leider ist nur die sehr fehlerhafte Ausgabe *G* benutzt). Neuerdings ist die Messe mit Noten abgedruckt in „Luthers Werke für das christliche Haus herausg. von Buchwald" usw., Braunschweig 1891ff., Bd. 7 S. 159—202 (benutzt wurde von den Bearbeitern G. und H. Kawerau nur die noch sehr mangelhafte Ausgabe *A*). Außerdem ist die „deutsche Messe" ohne Noten abgedruckt in F. W. Lomler, Dr. Martin Luthers Deutsche Schriften, 2. Bd. (Gotha 1816) S. 126—146; H. A. Daniel, Codex Liturgicus II (Lipsiae 1848), pag. 97—112; A. L. Richter, Die evangelischen Kirchenordnungen I (Leipzig 1871), S. 35—40.

Der unter dem Titel „Unterrichtung, wie man die Kinder möge führen zu Gottes Wort und Dienst" separat erschienene Abschnitt aus der deutschen Messe (vgl. oben S. 52 und 61f.) findet sich als besonders abgedruckt in den Gesammtausgaben zuerst in der Eislebener Ausgabe, Bd. II Bl. 18f. unter der Überschrift: „Vorrede D. Martin Luthers, auff das Buchlin, Enchiridion Christlicher vnterweisungen, nützlich vnd gut für die jugent vnd einfeltige Leien, Ja auch für alle Christen, wie man sie zu Gottes Wort vnd Dienste füren möge, Anno 1529." Darunter lesen wir die Anmerkung: „Diese Vorrede ist nicht in Wittenbergischen vnd Ihenischen Tomis, vnd mir nach vollendung des Ersten Eislebischen Tomi von M. Joachim Pfarherrn zu Helber, in der Graffschafft Mansfelt zu geschickt worden." Unter Luthers „Enchiridion" ist wohl die erste Ausgabe des als tabulae im Jahre 1529 ausgegangenen Katechismus zu verstehen, worauf auch die zwei Varianten dieses Abdrucks in der Eislebener Ausgabe hinweisen: „wie sie denn nu auff den zeddeln gedruckt ist" und „Solche fragen mag man nemen aus den Zeddeln, darauff der Catechismus kurtz vnd schlecht gedruckt ist, oder selbs anders machen". Es mag also ein Buchdrucker, nachdem Luthers Katechismus auf „Zeddeln" erschienen war, jenen Sonderabdruck aus der Messe mit dem oben angegebenen neuen Titel versehen und unter Einfügung dieser beiden Varianten abgedruckt haben. Nach der Eislebener Ausgabe druckte jenen Abschnitt ab Altenburg, Bd. IV Sp. 465; Leipzig, Bd. XXII S. 44, und zwar diese beiden Ausgaben zwischen der gewöhnlichen Vorrede und dem Texte des Katechismus.[1]

---

[1]) Vgl. Walch, Bd. X, Vorrede S. 11f. und Eduard v. d. Goltz, Bibliographische Studien zur Geschichte der ältesten Ausgaben von D. Martin Luthers kleinem Katechismus, in Zeitschr. f. K. G., XVII. Band (1897), S. 508ff.

Daß *A* der Urdruck, macht neben Anderem die Korrektur am Schlusse wahrscheinlich. *B* ist eine verbesserte Auflage von *A*, und ebenso *C* von *B*. *D* druckt von *A* ab. *E* ist eine zweite Auflage von *D*, den Notensatz von *D* wieder benutzend. *F* druckt von *E* ab, verwendet auch von Bogen D an den in *D* und *E* sich findenden Notensatz fast unverändert, hat aber zur Verbesserung von Ungenauigkeiten in *E* auch ein Exemplar von *A* eingesehen. *G* benutzt als Vorlage den Urdruck *A*, verwendet aber den Notensatz von *F*, soweit derselbe selbständiges Eigenthum dieses Verlegers, und vermuthlich, soweit derselbe noch nicht zerstört war (nämlich die ersten 29 Notenzeilen, dann die des „Kyrie" und weiter bis zu den Worten „nicht mehr von den Haushaltern, denn daß sie treu", endlich die Seite C 1ᵇ [in *E*: D 1ᵇ]. *H* druckt von *G* ab, doch unter Mitbenutzung von *A*. Die beiden Erfurter Oktavausgaben *IK* sind eine jede Nachdruck von *A* (99, 12; 100, 2), stimmen aber auch, besonders hinsichtlich der Noten, zu häufig mit einander überein, als daß sie unabhängig von einander sein könnten. Wenn sie in den Noten des Öfteren zu *BC* gegen *A* stimmen, so zeigen die daneben herlaufenden vielfachen Abweichungen, daß diese Gleichheit nicht auf Abhängigkeit von *B* oder *C*, sondern darauf beruht, daß sowohl *BC* als auch *IK* von der gleichen Tendenz, die mangelhaften Noten von *A* zu verbessern, geleitet wurden. Es muß aber *K* später gedruckt sein als *I*, vor Allem deshalb, weil *K* hinsichtlich der Noten viele Besonderheiten aufweist, welche sich in *I* nicht finden, und zwar sowohl wirkliche Verbesserungen (z. B. 85, 3. 13; 86, 11; 101, 1), als auch nur vermeintliche (z. B. 86, 5; 109, 3) und direkte Fehler (z. B. 102, 3; 103, 2). So ist anzunehmen, daß *K*, von *A* abdruckend, zur Korrektur der Noten *I* zu Rathe gezogen hat und dann auch ausnahmsweise einmal dem Texte von *I* gefolgt ist (99, 22).

Auch der Sonderdruck *a* wird nicht aus der bei demselben Verleger erschienenen „Deutschen Messe" *G* abgedruckt sein, sondern auf *A* zurückgehen, doch nicht ohne irgendein, nicht mehr näher zu bestimmendes Mittelglied. Sowohl *b* wie *c* und *d* dürften auf *a* oder dessen unbekannter Vorlage ruhen.

Von den Ausgaben des anderen Sonderabdrucks, *e—h*, wird *e* eine Wittenberger Ausgabe der Messe, vielleicht *C*, zur Vorlage gehabt haben. Jede der drei anderen Ausgaben *f—h* wird auf *e* ruhen. Auf welchem der drei Wittenberger Drucke der Messe der Sonderdruck *i* ruht, ist nicht sicher festzustellen; doch spricht die Orthographie noch am ehesten für *C*.

Wir geben an erster Stelle den kurzen handschriftlichen Entwurf Luthers für den musikalischen Theil der deutschen Messe (vgl. oben S. 49) behandelt nach den Grundsätzen unserer Ausgabe, da das am Schlusse dieses Bandes befindliche Facsimile der beiden Seiten die diplomatisch treue Wiedergabe hier entbehrlich macht. — Darauf lassen wir die deutsche Messe selbst folgen. Wir geben den Text nach *A* mit Verbesserung zweifelloser Fehler und verzeichnen die Lesarten der beiden anderen Luftischen Drucke *BC* vollständig, ferner die Abweichungen der Nachdrucke, soweit nicht die weiter unten gegebene Übersicht zusammenfassend davon Rechenschaft gibt. Die Sonderdrucke sind nur mit ihren wichtigeren Abweichungen in den Lesarten berücksichtigt. — In der Wiedergabe der Noten schließen wir uns möglichst eng an den Urdruck *A* an. Damals war das System von nur vier Notenlinien noch fast allgemein üblich. Um aber auf so beschränktem Raume auch die tieferen und höheren Noten unterbringen zu können, setzte man in ein und demselben Gesangstücke den Schlüssel höher oder tiefer. Um so angenehmer war es dann, daß man ans Ende jeder Zeile eine als „Notenkustos“ zu bezeichnende absonderlich geformte Note setzte, welche die Höhe der ersten Note der folgenden Zeile angab. Wie in diesen Beziehungen, so folgen wir auch hinsichtlich der Form der Noten und der Schlüssel dem Original, obwohl in diesem jene die gothische, diese aber die lateinische Form zeigen. Das Original also unterscheidet sich von unserer Wiedergabe nur durch geringere Sauberkeit und Sorgsamkeit. — Da alle Ausgaben von *A* bis *H* die Notenzeilen gleichmäßig abbrechen[1], können alle bei *B—H* sich zeigenden musikalischen Abweichungen von dem Urdruck *A* durch Varianten kenntlich gemacht werden. Dagegen brechen die Oktavausgaben *I* und *K* naturgemäß die Notenzeilen anders ab. Daher sind bei diesen nur die sachlichen, nicht aber die wenigen rein formalen Varianten notirt, nicht also gleichmäßige Versetzung des Schlüssels und der Noten, versehentliches Fehlen eines Taktstriches am Ende einer Zeile, die Stellung des Notenkustos. Sehr schwierig aber ist die Frage, wieweit wir Inkorrektheiten des Urdrucks verbessern, also nur unter dem Text anmerken sollen. Wohl kommt uns hierbei der Umstand rathend zu Hülfe, daß die Ausgabe *B* eine verbesserte Auflage von *A*, die Ausgabe *C* eine verbesserte Auflage von *B* ist. Dadurch ist im Allgemeinen zu erkennen, was man damals für verbesserungsbedürftig gehalten hat. Aber wie wir die Inkonsequenzen eines Urdrucks hinsichtlich der Orthographie doch beibehalten, auch wenn eine zweite aus derselben Druckerei hervorgegangene Ausgabe dieselben vielfach korrigirt hat, so werden wir auch hinsichtlich der Noten zwischen direkten Fehlern und bloßen Inkonsequenzen zu unterscheiden haben. Unter letzteren dürften vor Allem fehlende oder unnöthig gesetzte Taktstriche und Fermaten zu verstehen sein. In dieser Beziehung also haben wir die schwankende Haltung des Urdrucks beibehalten zu sollen geglaubt, obwohl die Ausgaben *B* und *C* durch ihre desfallsigen Korrekturen unzweifelhaft bezeugen, daß als Prinzip vorschwebte, überall da einen Taktstrich zu setzen, wo eine musikalische Phrase (wie sie z. B. unten auf S. 90 f. aufgezählt sind) zu Ende geführt war.

Die Nachdrucke sind meist mitteldeutscher Herkunft, daher ist weniger Gelegenheit zu zusammenfassenden Bemerkungen über die sprachlichen Abweichungen als sonst. Auch für den Umlaut sei diesmal im Wesentlichen auf die Lesarten verwiesen und hier nur bemerkt, daß in *A(BC)* vorhandene Umlautbezeichnungen nur selten in den andern Drucken beseitigt sind, dagegen Vermehrung der Umlautzeichen in *DEIK* einzeln, häufiger in *FG* und besonders in *H* sich findet. Über die Bezeichnungsweise der Umlaute ist zusammenfassend nur zu erwähnen, daß ů als Zeichen des Umlauts von altem u und uo wie in *ABC* so auch in *DEFGIK* herrscht, während *H* zwischen beiden Umlauten durch ü und ů (einige fůr abgerechnet) genau scheidet. Nicht in den Lesarten vermerkt sind fur> fůr (einzeln für) *G*, für (einzeln fůr) *H* (fur> vor in keinem der Drucke); vber> über *G*, über *H* (vgl. vbel> übel *G*, übel *H*; voben> üben *GH*); vmb, darumb> ůmb, darůmb *G* meist. — gleuben, teuffen> glauben, tauffen *GH* meist.

---

[1]) Nur *B* und *C* ändern einigemal den Zeilenabsatz um eine Silbe, um die Noten besser vertheilen zu können, doch so, daß dadurch keine musikalischen Abweichungen von *A* entstehen.

ů hat *H* durchgeführt, ausgenommen in zum usw., auch sonst zuweilen kleine Schwankungen wie thun neben thůn.

Der alte Diphthong ist nur in *H* durch ai gegeben, aber nicht durchweg. So z. B. ain neben ein, ferner vnderscheid, bereit, gemein, geheiliget usw.

Das orthographische ie in dieser haben nur *GH* völlig beseitigt, sonst ist es meist beibehalten. Auch in den andern Fällen hat nur *H* mit diesem ie reinen Tisch gemacht. — Über i = altem ie siehe die Lesarten.

Dehnungs-h. Für yhm yhr usw. hat *H* fast ohne Ausnahme jm jr usw., *GH* sehr oft. mehr > mer (meer) *H*. — gehen, stehen, geht usw. > geen, steen, geet usw. *H* meist.

i der Endsilben haben *GH* meist in e verwandelt. — -nis > -nus *H* durchweg.

Einzelne Formen: wilch (welch) > wilch *BC* > welch *DEFGH*. — furcht(en) > forcht(en) *GH*. — iglich > yeglich *H* meist; iylich *F* nicht durchweg. — sie > sy *H* sehr oft, einzelne by siehe Lesarten. — sind > seind *GH*. — deutsch > teütsch *H*. — nehister > nechster *GH*. — vnter > vnder *H*. — odder > oder *GH*. — predigt > predig(e) *H*. — sondern > sonder *GH*.

Luthers handschriftlicher Entwurf für den musikalischen Theil der Deutschen Messe.

Zum Introit soll eyn psalm gehen, auffs aller engest gefasst, ut sic

Ich will loben den Herren allezeyt, Seyn lob soll ymer ynn

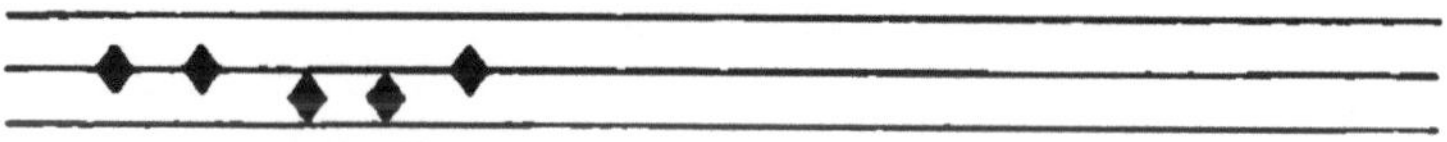

meynem munde seyn

Auch weyl deuzsch sprach fast monosyllabisch ist, mussen die final notten eyn sondere art haben, wie yhr wol wisset.

Der Epistel notten

must yrgent in octavo tono[1] gehen, doch fast hunden[2]:

Nu wyr gerechtfertigt sint, haben wyr fride mit got durch rc.

Deß Euangeli notten

Quinti toni[3], auch hunden:

In der nacht da Jhesus verraten ward, nam er das brod, danckt

zwischen 3 und 4 steht (meynem munde seyn) 10 die zum *Notenschlüssel gehörigen beiden Punkte fehlen das Auflösungszeichen* ♮ *setzte Luther erst hinter den beiden ersten Noten* 11 *über* Nu wyr *steht* (Der Herr Jhesus) 14 *hinter der Note über* ward *ein Strich, der vielleicht ein zu lang gerathener Taktstrich ist* 15 *über* In der Nacht *usw. steht* (Jhesus sprach zu seynen Jungern) brod, (brach) *darüber* danckt

[1]) *Vgl. oben S. 56 Abs. 4.* [2]) hunden *(ebenso Z. 13)* = 'unten', *d. h. in tiefer Tonlage.* [3]) *Vgl. oben S. 57 Abs. 6.*

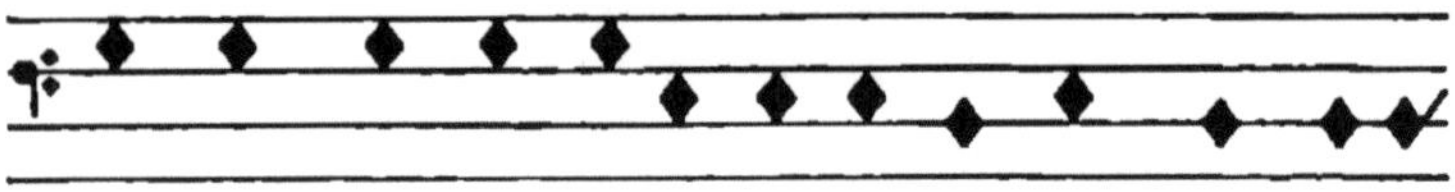

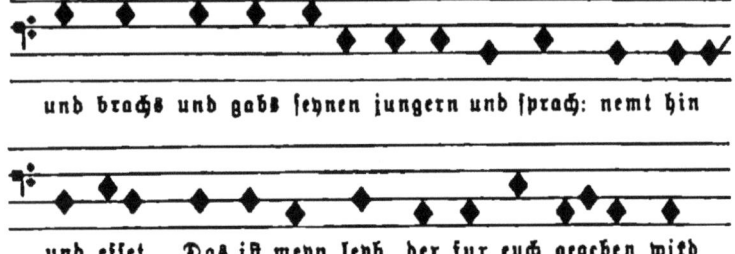

und brachs und gabs seynen jungern und sprach: nemt hin

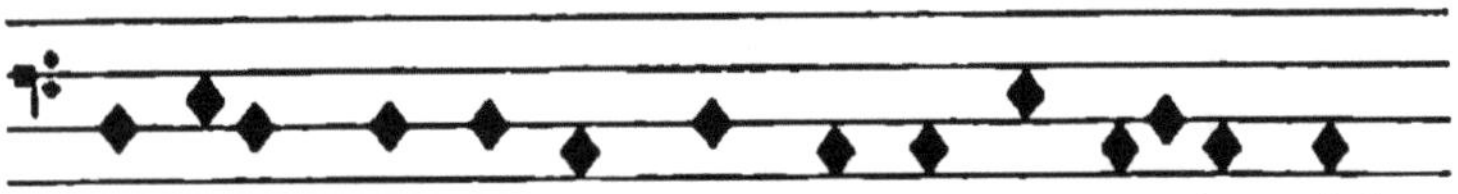

und esset. Das ist meyn leyb, der fur euch gegeben wird

Quaesitum

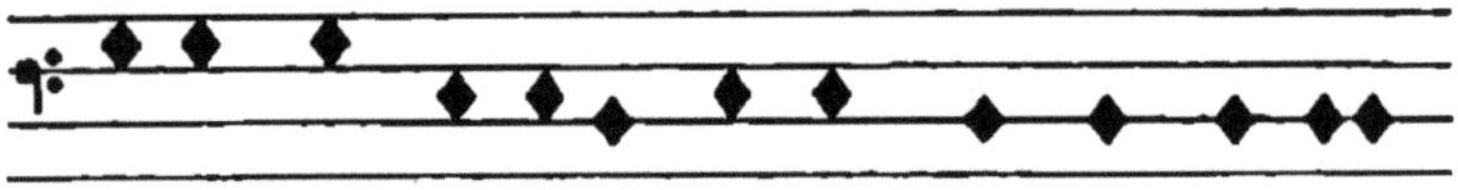

Jhesus sprach zu seynen Jungern: Wyst yhr, das ubir

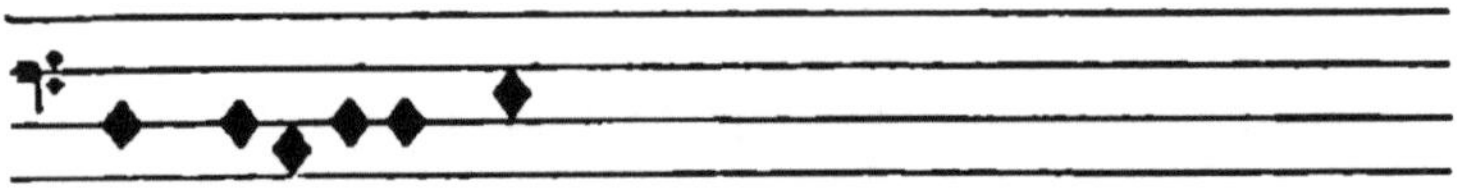

zween tage ostern ist?

Darnach ist noch
das Sanctus
Und Agnus dei,
So ist die messe gantz.

---

1 *die zum Notenschlüssel gehörigen beiden Punkte fehlen* 8 *zu der zu* ge- *gehörigen Note hat Luther etwas zu früh angesetzt, er liess diese unvollendet, um sie an richtiger Stelle zu schreiben* 8 *die zum Notenschlüssel gehörigen beiden Punkte fehlen* *die zu* -ge *gehörige Note schrieb Luther zuerst um einen Ton höher* (d), *strich sie aus und setzte dafür* c

Deudsche Messe und ordnung Gottis diensts.

Vorrhede Martini Luther.

Or allen dingen wil ich gar freundlich gebeten haben, auch umb Gottis willen, alle die ienigen, so diese unser ordnunge ym Gottis dienst sehen odder nach folgen wollen, das sie ja keyn nöttig gesetz draus machen noch yemands gewissen damit verstricken odder fahen, sondern der Christlichen freyheyt nach yhres gefallens brauchen, wie, wo, wenn und wie lange es die sachen schicken und foddern. Denn wyr auch solchs nicht der meynunge lassen ausgehen, das wyr yemand darynnen meystern oder mit gesetzen regiern wolten, sondern die weyl allenthalben gedrungen wird auff deutsche Messen und Gottis dienst und gros klagen und ergernis gehet uber die mancherley weyse der newen Messen, das eyn iglicher eyn eygens macht, etliche aus guter meynunge, ettliche auch aus furwitz, das sie auch was newes auffbringen und unter andern auch scheynen und nicht schlechte meyster seyen; wie denn der Christlichen freyheyt alle wegen geschicht, das wenig der selbigen anders gebrauchen denn zu eygener lust odder nutz und nicht zu Gottis ehre und des nehisten besserung. Wie wol aber eym iglichen das auff seyn gewissen gestellet ist, wie er solcher freyheyt brauche, auch niemands die selbigen zu weren odder zuverbieten ist, so ist doch darauff zu sehen, das die freyheyt der liebe und des nehisten diener ist und seyn sol. Wo es denn also geschicht, das sich die menschen ergern odder yrre werden uber solchem mancherley brauch, sind wyr warlich schuldig die freyheyt eynzuzihen und, so viel es müglich ist, schaffen und lassen, auff das die leute sich an uns bessern und nicht ergern. Weyl denn an diser eusserlichen ordnung nichts gelegen ist unsers gewissens halben fur Gott und doch den nehisten nutzlich
1. Cor. 1, 10 seyn kan, sollen wyr der liebe nach, wie S. Paulus leret, darnach trachten, das wyr eynerley gesynnet seyn und, auffs beste es seyn kan, gleycher weyse und geberden seyn, gleych wie alle Christen eynerley tauffe, eynerley sacrament haben und keynem eyn sonderlichs von Gott geben ist.

---

1 *Überschrift nach dem Titel von A* 2 Vorrede *FHI* Vorrhede *K* 5 kan *F* 6 wöllen *DEFGHI* 7 noch] nach *EF* yemans *I* 9 wo *BCFGH* lang *F* 11 meynung *BC* 12 darynnen *I* regiren *F* 14 deudsche *DEF* Meße *BC* 16 gütter *H* meynung *F* auch *fehlt F* fürwitz *F* 17 etwas *H* vnder *H* 19 eygner *FG* 20 erre *H* 25 solchen *F* einzuziehen *F* 26 müglich *E* müglich *H* leut *DEF* 28 für *GH* dem *C* nützlich *IK* 29 sanct *GH* Paul. *DEF*

Doch wil ich hiemit nicht begeren, das die ienigen, so bereyt yhre gute ordnunge haben oder durch Gottis gnaden besser machen konnen, die selbigen faren lassen und uns weychen. Denn es nicht meyne meynunge ist, das gantze deutsche land so eben müste unser Wittembergische ordnung an nemen. Ists doch auch bis her nie geschehen, das die stiffte, klöster und pfarhen ynn allen stucken gleych weren gewesen. Sondern feyn were es, wo ynn eyner iglichen hirschafft der Gottsdienst auff eynerley weyse gienge und die umbligende stedlin und dörffer mit eyner stad gleych barbeten; ob die ynn andern hirschafften die selbigen auch hielten odder was besonders dazu thetten, sol frey und ungestrafft seyn. Denn summa, wyr stellen solche ordnunge gar nicht umb der willen, die bereyt Christen sind; denn die bedurffen der dinge keyns, umb wilcher willen man auch nicht lebt, sondern sie leben umb unser willen, die noch nicht Christen sind, das sie uns zu Christen machen; sie haben yhren Gottis dienst ym geyst. Aber umb der willen mus man solche ordnunge haben, die noch Christen sollen werden odder stercker werden. Gleych wie eyn Christen der tauffe, des worts und sacraments nicht darff als eyn Christen, denn er hats schon alles, sondern als eyn sunder. Aller meyst aber geschichts umb der eynfeltigen und des jungen volcks willen, wilchs sol und mus teglich ynn der schrifft und Gottis wort geubt und erzogen werden, das sie der schrifft gewonet, geschickt, leufftig und kündig drynnen werden, yhren glauben zuvertretten und andere mit der zeyt zu leren und das reych Christi helffen mehren; umb solcher willen mus man lesen, singen, predigen, schreyben und tichten, und wo es hulfflich und fodderlich dazu were, wolt ich lassen mit allen glocken dazu leutten und mit allen orgeln pfeyffen und alles klingen lassen, was klingen kunde. Denn darumb sind die Bebstlichen Gottis dienste so verdamlich, das sie gesetze, werck und verdienst draus gemacht und damit den glauben verdruckt haben und die selbigen nicht gericht auff die jugent und eynfeltigen, die selbigen damit ynn der schrifft und Gottis wort zu uben, sondern sind selbst dran beklieben und halten sie als yhn selbst nutz und nöttig zur selickeyt; das ist der teuffel. Auff wilche weyse die alten sie nicht geordnet haben noch gesetzt.

Es ist aber dreyerley unterscheyd Gottis diensts und der Messe. Erstlich eyne latinsche, wilche wyr zuvor haben lassen ausgehen, und heyst Formula

---

2 können *EFGHIK* diselbigen *F* 3 fahren *F* meynung *FHI* 4 deudsche *BCEF* Ist *F* 6 stücken *FG* wer *FI* 7 herschafft *FGH* Gottes dienst *GHI* umliegende *E* umbliegende *F* 8 Stedtlin *F* stetlein *H* dörfflin *C* barteten *DEF* bärbeten *H* 8/9 herschafften *FGH* 9 bsonders *F* darzů *DE* 10 Ordnung *FH* 11 bedürffen *FGHK* kaines *H* 12 welcher *DEFGH* 14 söliche *I* 17 ehr *I* sünder *FGH* 18 des *fehlt F* jüngen *G* welliches *H* 19 geübt *DFGH* geuebt *E* 20 gewohnet *F* 21 zulehren *F* 22 meren *HI* 23 dichten *C* hülfflich *DFGHIK* darzu *FH* lasse *E* 24 allen *fehlt I* darzů *H* 25 künde *FHIK* darúmb *G* 28 und] ynd *C* schrifft *E* üben *GH* 31 gsetzt *H* 32 dreyerley *G* underscheid *F* dienst *H* 33 ain *H* latinische *DEFI* lateinische *GH* ausgehen *A*

Misse.[1] Dise wil ich hie mit nicht auffgehaben odder verendert haben, sondern wie wyr sie bis her bey uns gehalten haben, so sol sie noch frey seyn, der selbigen zu gebrauchen, wo und wenn es uns gefellet odder ursachen bewegt. Denn ich ynn keynen weg wil die latinische sprache aus dem Gottis dienst lassen gar weg komen[2], denn es ist myr alles umb die jugent zu thun. Und wenn ichs vermöcht und die Kriechsche und Ebreische sprach were uns so gemeyn als die latinische und hette so viel feyner musica und gesangs, als die latinische hat, so solte man eynen sontag umb den andern yn allen vieren sprachen, Deutsch, Latinisch, Kriechisch, Ebreisch messe halten, singen und lesen. Ich halte es gar nichts mit denen, die nur auff eyne sprache sich so gar geben und alle andere verachten. Denn ich wolte gerne solche jugent und leute auffzihen, die auch ynn frembden landen kunden Christo nütze seyn und mit den leuten reden, das nicht uns gienge wie den Waldenser ynn Behemen, die yhren glauben ynn yhre eygene sprach so gefangen haben, das sie mit niemand konnen verstendlich und deutlich reden, er lerne denn zuvor yhre sprache.[3] So thet aber der heylige geyst nicht ym anfange. Er harret nicht, bis alle welt gen Jerusalem keme und lernet Ebreisch, sondern gab allerley zungen zum predig ampt, das die Apostel reden kunden, wo sie hyn kamen. Disem exempel wil ich lieber folgen; und ist auch billich, das man die jugent ynn vielen sprachen ube, wer weys, wie Gott yhr mit der zeyt brauchen wird? dazu sind auch die schulen gestiffet.

Zum andern ist die deudsche Messe und Gottis dienst, da von wyr itzt handeln, wilche umb der eynfeltigen leyen willen geordent werden sollen. Aber dise zwo weyse mussen wyr also gehen und geschehen lassen, das sie offentlich ynn den kirchen fur allem volck gehalten werden, darunter viel sind, die noch nicht gleuben odder Christen sind, sondern das mehrer teyl da steht und gaffet, das sie auch etwas newes sehen, gerade als wenn wyr mitten unter den turcken odder heyden auff eym freyen platz odder felde Gottis dienst hielten; denn hie ist noch keyne geordente und gewisse versamlunge, darynnen man

6 Kriechische *BCGH* 9 Deudsch *F* Latinisch und *E* 11 gern *H* 13 auffziehen *FH* kunden *F* nutze *BCEF* nütze *D* nütz *G* nutz *H* 14 iren *F* sprache *E* 15 können *DEFGHK* deudlich *C* 17 kome *F* lernen *F* 20 viel *F* übe *GH* weißt *H* 21 gestiftet *AIK* gestifft *BC* gestifftet *DEFGH* 22 Deusche *F* deutsche *G* teütsche *H* yetzt *EH* 23 geordnet *C* 24 zwu *H* müssen *DEFGHIK* 25 der kirchen *F* für *GH* darunter *A* 26 glauben *F* stehet *F* 28 türcken *BCDEFGHK* dinst *F* 29 geordnete *H* und *fehlt F* versamlung *H* darynne *I*

[1]) *Unsere Ausg., Bd. XII, S. 197ff.* [2]) *Dasselbe Urtheil fällt Luther noch im März 1528, Enders 6, 226 (De Wette 3, 294). Zu diesem Urtheil Luthers vgl. auch H. v. Schubert in Monatschrift für Gottesdienst und kirchliche Kunst 1, 403 u. 349ff.* [3]) *Denselben Vorwurf, dass die Waldenser das Studium der Bibel nach einer Übersetzung in die Landessprache für genügend erachteten, hat Luther schon früher ausgesprochen, Erl. 28, 419f. Vielleicht denkt er hier auch an die im Jahre 1524 beschlossene* Behemische Ordnung, *welche hinsichtlich des Gottesdienstes vorschreibt, es solle* alles am meinsten, wo es sein kann, in der zungen, das mans wol mug versteen, geleßen und gesungen werden *(Richter II, S. 486b).*

kunde nach dem Euangelio die Christen regiern. Sondern ist eyne offentliche reytzung zum glauben und zum Christenthum.

Aber die dritte weyse, die rechte art der Euangelischen ordnunge haben solte, muste nicht so offentlich auff dem platz geschehen unter allerley volck; sondern die ienigen, so mit ernst Christen wollen seyn und das Euangelion mit hand und munde bekennen, musten mit namen sich eyn zeychen und etwo yn eym hause alleyne sich versamlen zum gebet, zu lesen, zu teuffen, das sacrament zu empfahen und andere Christliche werck zu uben. Inn dieser ordnunge kund man die, so sich nicht Christlich hielten, kennen, straffen,
bessern, ausstossen odder ynn den bann thun nach der regel Christi Matth. xviij. Matth. 18, 15–17
Hie kund man auch eyn gemeyne almosen den Christen aufflegen, die man williglich gebe und aus teylet unter die armen nach dem exempel S. Pauli.
ij. Cor. ix. Hie durffts nicht viel und gros gesenges. Hie kund man auch eyn 2. Cor. 9, 1
kurtze feyne weyse mit der tauffe und sacrament halten und alles auffs wort und gebet und die liebe richten. Hie muste man eynen guten kurtzen Catechismum haben uber den glauben, zehen gebot und vater unser. Kurtzlich, wenn man die leute und personen hette, die mit ernst Christen zu seyn begerten, die ordnunge und weysen weren balde gemacht. Aber ich kan und mag noch nicht eyne solche gemeyne odder versamlunge orden odder anrichten. Denn ich habe noch nicht leute und personen dazu; so sehe ich auch nicht viel, die dazu bringen. Kompts aber, das ichs thun mus und dazu gedrungen werde, das ichs aus gutem gewissen nicht lassen kan, so wil ich das meyne gerne dazu thun und das beste, so ich vermag, helffen. Inn des wil ichs bey den gesagten zwo weysen lassen bleyben und offentlich unter dem volck solchen Gottis dienst, die jugent zu uben und die andern zum glauben zu ruffen und zu reytzen, neben der predigt helffen foddern, bis das die Christen, so mit ernst das wort meynen, sich selbst finden und anhalten, auff das nicht eyne rotterey draus werde, so ichs aus meynem kopff treyben wolte. Denn wyr deutschen sind eyn wild, rho, tobend volck, mit dem nicht leychtlich ist ettwas an zufahen, es treybe denn die höhiste not.[1]

1 künde *EFI* regirn *F* ain *H* 2 reytzunge *K* 3 ordnung *H* 4 offentliche *EF* offenlich *H* 5 sonder *EF* yhenigen *DEFH* wöllen *GHIK* 6 müsten *HI* 7 allain *H* 8 Cristliche *H* üben *GHI* 9 ordnung *FH* künd *F* kunde *K* nit *H* 10 Cristi *H* Matth. am xviij. *I* 11 künd *FK* almusen *G* almûsen *H* 12 göbe *F* 13 dürffts *FG* nit *H* künd *FK* 14 kürtze *F* tauff *H* 15 müste *FHIK* guten *fehlt F* 16 Kürtzlich *K* 17 und *fehlt F* 18 ordnung *H* bald *C* 19 ein *FGH* gemain *H* versamlung *H* ordnen *FH* 20 auch *H* 21 darzû *H* Kömpts *K* 22 nit *H* 23 gern *H* darzû *H* 24 zwû *H* 25 üben *GH* zûrûffen *H* 26 fodern *H* 27 fünden *H* 28 darauß *H* 29 Deudschen *F* mit den *DEF* 30 hohiste *EF*

[1]) *Zu dem über die* dritte Weise *des Gottesdienstes Gesagten vgl. Unsere Ausgabe Bd. XII, 485f. (Erl.² 11, 205) und De Wette 3, 166f. Dazu z. B. Kliefoth, Lit. Abh. VII, 93ff. H. A. Köstlin, Gesch. des christl. Gottesdienstes S. 154ff. Achelis, Prakt. Theo-*

Wolan ynn Gottis namen! Ist auffs erste ym deudschen Gottis dienst eyn grober, schlechter, eynfeltiger guter Catechismus von nöten. Catechismus aber heyst eyne unterricht, damit man die heyden, so Christen werden wollen, leret und weyset, was sie gleuben, thun, lassen und wissen sollen ym Christenthum: da her man Catechumenos genennet hat die leer jungen, die zu solcher unterricht angenommen waren und den glauben lernten, ehe denn man sie teuffet. Dise unterricht odder unterweysunge weys ich nicht schlechter noch besser zu stellen, denn sie bereyt ist gestellet von anfang der Christenheyt und bis her blieben, nemlich die drey stuck, die zehen gebot, der glaube und das vater unser. Inn disen dreyen stucken steht es schlecht und kurtz fast alles, was eym Christen zu wissen not ist. Dise unterricht mus nu also geschehen, weyl man noch keyne sonderliche gemeyne hat, das sie auff der Cantzel zu ettlichen zeytten odder teglich, wie das die not foddert, fur geprediget werde und da heymen ynn heusern des abents und morgens den kindern und gesinde, so man sie wil Christen machen, fur gesagt odder gelesen werde. Nicht alleyne also, das sie die wort auswendig lernen noch reden, wie bis her geschehen ist, sondern von stuck zu stuck frage und sie antworten lasse, was eyn iglichs bedeute und wie sie es verstehen. Kan man auff eyn mal nicht alles fragen, so neme man eyn stuck fur, des andern tages eyn anders. Denn wo die eltern oder verweser der jugent diese muhe durch sich selbs odder andere nicht wollen mit yhn haben, so wird nymer mehr keyn Cathechismus angericht werden. Es keme denn da zu, das man eyne sonderliche gemeyne anrichtet, wie gesagt ist.

Nemlich also sol man sie fragen: 'Was bettestu?' Antwort: 'das vater unser'. 'Was ists denn, das du sprichst: Vater unser ym hymel?' Antwort: 'Das Gott nicht eyn yrdenischer, sondern ein hymlischer vater ist, der uns ym hymel wil reych und selig machen'. 'Was heyst denn: deyn name werde geheyliget?' Antwort: 'das wyr seynen namen sollen ehren und schonen, auff das er nicht geschendet werde'. 'Wie wird er denn geschendet und entheyliget?' Antwort: 'Wenn wyr, die seyne kinder sollen seyn, ubel leben, unrecht leren

---

1 name *I* *hier beginnen abcd mit den Worten* Auffs erste ist im ... deutschen *G* 3 ain *Hacd* darmit *acd* wöllen *GHI* 4 glauben *DEF* in *F* yhm *I* 5 Cathechumenen *I* ler *H* 6 ee *H* 7 unterweyssung *DEF* 8 gestalt *H* 9 bliben *H* bleibt *I* stück *(so auch stets im Folgenden) F* 10 dysem *K* 11 nun *GK* 12 kain *H* gemeyn *GH* 13 fodert *H* 14 abens *H* 17 fragt *H* lasset *DEF* 18 bedeutet *DEF* man es auff *F* nichs *F* nit *H* 19 stück *EF* tags *H* 20 öltern *H* mühe *FGK* selbst *F* oder *BC* 21 niemer *F* meher *E* Catechismus *EFGHI* 22 köme *F* darzů *H* ein *F* 23 gesagt ist] im büchlein von der deutsche Messe geschriben ist *abcd* 25 ist *EF* 26 yrdischer *DEF* hymelischer *DEF* 28 geheiligt *H* eheren *E* eeren *H* und *fehlt d* 29 geschendt *H* werde? *AB* ehr *E* geschendt *H* 30 übel *GH* leeren *D*

logie I, 35 f.; II, 225 f. Kolde, Zeitschr. f. Kirchengesch. XIII (1892), S. 552 ff. Gottschick, Luthers Anschauungen vom christl. Gottesdienst usw. S. 12 ff. J. Hans, Der protest. Kultus, S. 24 ff.

und gleuben'. Und so fort an, was Gottis reych heysse, wie es kompt, was Gottis wille, was teglich brod etc. heysse. Also auch ym glauben: 'Wie gleubestu?' Antwort: 'Ich gleube an Gott vater', durchaus. Darnach von stuck zu stuck, darnachs die zeyt gibt, eynes odder zwey auff eyn mal. Also: 'was heyst an Gott den vater almechtigen gleuben?' Antwort: 'Es heyst, wenn das hertze yhm gantz vertrawet und sich aller gnaden, gunst, hulffe und trost zu yhm gewislich versihet zeytlich und ewiglich'. 'Was heyst an Jesum Christ seynen son gleuben?' Antwort: 'Es heyst, wenn das hertze gleubt, das wyr alle verlorn weren ewiglich, wo Christus nicht fur uns gestorben were' etce. Also auch ynn den zehen gebotten mus man fragen, Was das erst, das ander, das dritte und andere gebot deutten. Solche fragen mag man nemen aus dem unsern betbuchlin[1], da die drey stuck kurtz ausgelegt sind, odder selbs anders machen, bis das man die gantze summa des Christlichen verstands ynn zwey stucke als ynn zwey secklin fasse ym hertzen, wilchs sind glaube und liebe. Des glauben secklin habe zwey beutlin; ynn dem eynem beutlin stecke das stuck, das wyr gleuben, wie wyr durch Adams sunde alzumal verderbt, sunder und verdampt sind, Ro. v. Psal. l. [Röm. 5, 12 Ps. 51, 7] Im andern stecke das stucklin, das wyr alle durch Jesum Christ von solchem verderbten, sundlichem, verdampten wesen erlöset sind, Ro. v. Joh. iij. [Röm. 5, 18 f. Joh. 3, 16 ff.] Der liebe secklin habe auch zwey beutlin. Jnn dem eynen stecke dis stucke, das wyr yderman sollen dienen und wolthun, wie uns Christus than hat. Ro. xiij. [Röm. 13, 8–10] Im andern stecke das stucklin, das wyr allerley böses gerne leyden und dulden sollen.

Wenn nu eyn kind begynnet solchs zu begreyffen, das mans gewene, aus den predigeten sprüche der schrifft mit sich zu bringen und den eltern auffzusagen, wenn man essen will ubertissche, gleych wie man vorzeytten das latin auff zusagen pfleget, und darnach die sprüche yn die secklin und beutlin stecken, wie man die pfennige und grossen odder gulden ynn die tasschen steckt. Als des glaubens secklin sey das gulden secklin; ynn das erste beutlin gehe diser spruch. Ro. v. 'An eynes eynigen sunde sind sie alle sunder und verdampt warden'; [Röm. 5, 12. 18] Und der Psal. l. 'Sihe ynn sunden byn ich empfangen, und ynn unrecht trug mich meyne mutter'. [Ps. 51, 7] Das sind zween reynische gulden ynn

1 geleuben *DE* 2 yhm *DE* glaube *EF* gleub *H* 3 Der noch *G* 4 eins *H* 6 hertz *EF* hülffe *FGK* 7 Jhesum *BCFI* 8 sün *G* sun *H* hertz *EF* 9 verloren *H* 12 bettbüchlein *G* (-lin) *K* 15 glaub *F* gelaube *I* haben *GH* dem eynem *fehlt I* eynen *F* 16 gleuben *G* durchs *GH* sünde *FGH* 17 sünder *FGH* Psal. l *fehlt F* lj = 51 *bed* 18 stücklin *FGH* Jhesum *FK* 18/19 sündlichen *F* 19 iij] 4 c 20 yederman *CDEFHI* 22 stücklin *BF* boses *F* gern *H* 23 nun *GHK* begynde *DEF* man es *H* 24 den] dem *DEF* predigeten *H* der schrifft *fehlt F* öltern *H* 25 über *G* 26 in den *H* 27 pfenninge *H* groschen *DEFGHK* gülden (*ebenso i. Folg.*) *F* 29 dieser *G* eynes *A* sünde *FGH* sünder *FGH* 30 lj = 51 *bed* sünden *FG* entpfangen *DEF* 31 mein *FH* zwen *E* zwehn *F* guldin *H*

[1] *Unsere Ausg. Bd. X.*

das beutlin. Jnn das ander beutlin gehen die ungerischen gulden, als diser
Röm. 4 [so]. 25 spruch. Ro. v. 'Christus ist fur unser sund gestorben und fur unser gerechtickeyt
Joh. 1 [so]. 29 aufferstanden'; Jtem Johan. iij. 'Sihe das ist Gottis lamb, das der welt
sunde tregt'. Das weren zween gute ungerische gulden ynn das beutlin. Der
liebe secklin sey das sylberne secklin. Jnn das erste beutlin gehen die spruche
Gal. 5 [so]. 13 Matth. 25, 40 vom wolthun, als Gal. iiij. 'Dienet unternander ynn der liebe'. Matth. xxv.
'Was yhr eynem aus meynen gerinsten thut, das habt yhr myr selbs gethan'.
Das weren zween sylbern grosschen ynn das beutlin. Jnn das ander beutlin
Matth. 5, 11 gehe dieser spruch Matt. v. 'Selig seyt yhr, so yhr verfolget werdet umb
Hebr. 12, 6 meynen willen'. Ebre. xij. 'Wen der herr liebet, den züchtiget er. Er steupt
aber eynen iglichen son, den er auff nympt'. Das sind zween schreckenberger[1] ynn das beutlin. Und las sich hie niemand zu klug duncken und verachte solch kinderspiel. Christus, da er menschen zihen wolte, muste er mensch werden. Sollen wyr kinder ziehen, so mussen wyr auch kinder mit yhn werden. Wolt Got, das solch kinderspiel wol getrieben wurde; man solt ynn kurtzer zeyt grossen schatz von Christlichen leuten sehen, und das reyche seelen ynn der schrifft und erkentnis Gottis wurden, bis das sie selbs diser beutlin als locos communes mehr machten und die gantze schrifft dreyn fasseten; sonst gehets teglich zur predigt, und gehet widder davon, wie es hynzu gangen ist. Denn man meynet, es gelte nichts mehr denn die zeyt zu hören, gedenckt niemant etwas davon zu lernen odder behalten. Also höret manchs mensch drey, vier jar predigen und lernt doch nicht, das auff eyn stuck des glaubens kund antwortten, wie ich teglich wol erfare. Es steht ynn buchern gnug geschrieben. Ja, es ist aber noch nicht alles ynn die hertzen getrieben.

Von dem Gottis dienst.

Weyl alles Gottis diensts das grössist und furnempst stuck ist Gottis wort predigen und leren, halten wyrs mit dem predigen und lesen also. Des heyligen tags odder Sontags lassen wyr bleyben die gewonlichen Epistel und Euangelia und haben drey predigt. Frue umb funffe odder sechse singet man ettliche psalmen als zur metten. Darnach predigt man die Epistel des tages,

2 sünd *FH*   3 iiij *I* j *a* 1 *bcd*   4 sünde *FGH*   zwen *F*   5 silber *DEF*   sprüch *H*
6 v *a* 5 *bcd*   untereinander *GH*   7 meynem *GH*] dem *F*   geringsten *BDEFGHIabcd*
selb *BC* selbst *F*   8 zwen *F*   9 diser *B*   ümb *G*   10 meinet *F*   zuchtiget *CE*
11 sün *G* sun *H*   zwen *F*   12 verachten *DEF*   13 ziehen *BC*   wolt *H*   müst *H*
müste *I*   14 zihen *GH*   müssen *DEFGHK*   15 das] die *GH*   würde *F*   17 würden *F*
selbst *F*   dieser *C*   18 mer *F*   gantz *E*   19 predige *H*   wider *G*   20 gelt *H*
gedenckt *F*   23 künd *FK*   stehet *FG*   büchern *CDEFGK*   genug *C*   24 geschriben *D*
24 nit *F*   *hier schliessen abcd*   26 grössist *EF*   furnemst *EF*   28 gewönlichen *K*
29 frühe *FH*   ümb *(und so oft im Folgenden)* *G*   fünffe *FH*   singt *H*   30 prediget *H*

[1]) *Seit 1492 wurde von dem Schreckenberge im sächsischen Erzgebirge Silber gewonnen, daher „Schreckenberger" eine Silbermünze.*

aller meyst umb des gesindes willen, das die auch versorget werden und Gottis wort hören, ob sie ja ynn andern predigeten nicht seyn kunden. Darnach ein antiphen und das Tedeum laudamus odder Benedictus umb eynander mit eynem Vater unser, Collecten[1] und Benedicamus domino.[2] Unter der messe umb acht odder neune predigt man das Euangelion, das die zeyt gibt durchs jar. Nach mittage unter der vesper fur dem Magnificat[3] predigt man das alte testament ordenlich nacheynander. Das wyr aber die Episteln und Euangelia nach der zeyt des jars geteylet, wie bis her gewonet, halten, Ist die ursach: Wir wissen nichts sonderlichs ynn solcher weyse zu tadeln. So ists mit Wittemberg so gethan zu diser zeyt, das viel da sind, die predigen lernen sollen an den orten, da solche teylung der Episteln und Euangelia noch geht und villeycht bleybt. Weyl man denn mag den selbigen damit nütze seyn und dienen on unser nachteyl, lassen wyrs so geschehen; damit wyr aber nicht die tadeln wollen, so die gantzen bucher der Euangelisten fur sich nemen. Hie mit, achten wyr, habe der leye predigt und lere gnug; wer aber mehr begerd, der findet auff andere tage gnug.

Nemlich des Montags und Dinstags frue geschihet eyne deudsche Lection von den zehen geboten, vom glauben und vater unser, von der tauffe und sacrament, das dise zween tage den Catechismen erhalten und stercken ynn seym rechten verstand. Des Mitwochens frue aber eyn deudsche lection; dazu ist der Euangelist Mattheus gantz geordenet, das der tag sol seyn eygen seyn, weyl es ja zumal eyn feyner Euangelist ist fur die gemeyne zu leren, und die gute predigt Christi auff dem berge gethan beschreybt und fast zu ubung Matth. 5—7
der liebe und guten werck helt. Aber der Euangelist Johannes, wilcher zu mal gewaltiglich den glauben leret, hat auch seinen eygen tag, den Sonnabent nach mittage unter der vesper, das wyr also zwen Euangelisten ynn teglicher ubung halten. Der dornstag, freytag frue morgens haben die teglichen wochen lection ynn den Episteln der Aposteln und was mehr ist ym newen testa-

---

1 die] sie *GH* 2 predigenn *H* kůnden *FH* 4 und *fehlt F* 6 für *FG* prediget *H* 7 ordentlich *I* Epistel *F* 9 sollicher *H* 10 dieser *CK* 11 dem *I* gehet *EF* 12 vielleicht *F* nutze *F* seyen *I* 13 aber wir *F* 14 wöllen *HI* bücher *DEFGK* bůcher *H* für *G* nehmen *EF* 15 habe *HI* Leihe *E* leyen *GH* genug *F* 17 Dienstags *H* frůe *E* 19 dirse *C* 20 Mitwochs *EF* frů *C* frůe *F* 23 übung *G* üben *H* 24 den Euangelisten *ADEFGHIK* welcher *DEFGH* 26 mittag *H* zween *BCEFI* 27 übung *G* übung *H* frůe *H*

[1]) *Das Wittenberger* Enchiridion geistlicher gesenge *(s. oben S. 52 u. 63) bietet unter der Überschrift* Die deudsche Metten *die Psalmen 1—3, das* Te deum laudamus verdeudscht *[mit Noten], darnach* folget der lobgesang Zacharie, wie Luce am ersten Capitel *[der erste Vers mit Noten], endlich zwei Kollekten.* [2]) *Eine der Entlassungsformeln der katholischen Messe.* [3]) *Das in Anm. 1 erwähnte* Enchiridion *bietet unter der Überschrift* Die deutsche Vesper *die Psalmen 110—114,* Das Magnificat. Der Lobgesang Marie Luce j *und eine Kollekte. Ausserdem ist noch* Die deudsche Complet *gegeben: Psalm 4, 25 und 91,* Das Nunc Dimittis. Der gesang Simeonis Luce: ij *und eine Kollekte.*

ment. Hie mit sind lection und predigt gnug bestellet, das Gottis wort ym schwang zu halten, on was noch sind lection ynn der hohen schulen fur die gelerten.

Fur die knaben und schuler ynn der Biblia zu uben gehets also zu. Die wochen uber teglich fur der lection[1] singen sie ettliche psalmen latinisch, wie bis her zur metten gewonet, denn, wie gesagt ist, wyr wollen die jugent bey der latinschen sprachen ynn der Biblia behalten und uben. Nach den psalmen lesen die knaben eyner umb den andern zween odder drey eyn Capitel latinsch aus dem newen testament, darnachs lang ist. Darauff liset eyn ander knabe dasselbige Capitel zu deudsch, sie zu uben und ob yemands von leyen da were und zu horet. Darnach gehen sie mit eyner antiphen zur deudschen lection, davon droben gesagt ist.[1] Nach der lection singet der gantze hauffe eyn deudsch lied, darauff spricht man heymlich eyn vater unser. Darnach der pfarherr odder Capplan eyne Collecten und beschliessen mit dem benedicamus domino, wie gewonet ist.

Desselbigen gleychen zur vesper singen sie etliche der vesper psalmen, wie sie bis her gesungen sind, auch latinsch mit eyner antiphen, darauff eynen hymnus, so er fur handen ist. Darnach lesen sie abermal eyner umb den andern, zween odder drey, latinsch aus dem alten testament eyn gantzes odder halbes Capitel, darnachs lang ist. Darnach lieset eyn knabe dasselbige Capitel zu deudsch. Darauff das magnificat zu latein mit eyner antiphen odder lied. Darnach eyn vater unser heymlich und die Collecten mit dem Benedicamus. Das ist der Gottis dienst teglich durch die wochen ynn stedten, da man schulen hat.

Des Sontags fur die leyen.

Da lassen wyr die Messegewand, altar, liechter noch bleyben, bis sie alle werden odder uns gefellet zu endern; wer aber hie anders wil faren, lassen wyr geschehen. Aber ynn der rechten Messe unter eyttel Christen muste der altar nicht so bleyben und der priester sich ymer zum volck keren, wie on zweyffel Christus ym abendmal gethan hat. Nu, das erharre seyner zeyt.

Zum anfang aber singen wyr eyn geystlich lied odder eynen deudschen Psalmen ynn primo tono[2] auff die weyse wie folget.

---

4 üben *GH* gehet es *F* gets *H* gehts *K* 5 über *GH* 6 wöllen *HI*] sollen *F* 7 latinischen *DEF* lateinischen *GH* üben *GH* 8 zwen *F* 9 latinisch *DEF* lateinisch *GH* lieset *CF* 10 üben *GH* 11 höret *BCEFGHIK* 12 gsagt *H* 14 ain *HI* 15 gewont *H* 16 der *fehlt I* 17 latinisch *F* lateinisch *GH* 18 verhanden *FH* 19 zwen *F* latinisch *DEFGH* 20 halbs *H* liset *H* knab *GH* 26 Messegwan *I* 27 faren] varen *BC* 28 müste *FK* 29 sich *fehlt F* yemer *F* volcke *F* 30 Num *G* erharr *K* 31 geystlichs *BC*

[1]) *Diese hat der vorhergehende Absatz behandelt.* [2]) *Vgl. oben S. 64, unter 1.*

Jch wil den herrn loben alle zeyt, Seyn lob ſol
ymerdar ynn meynem munde ſeyn. Meyne ſeele
ſol ſich rhůmen des herrn, Das die elenden hő-
ren und ſich frewen. Preyſet mit myr den herrn
Und laſt uns miteynander ſeynen nhamen erhő-
hen. Da ich den herren ſucht, antwort er myr
vnd errettet mich aus aller meyner furcht.

Pſ. 34

1 und 5 in *I ist zu Anfang zwischen den beiden obersten Notenlinien b vorgezeichnet, ebenso unten 82, 1; 83, 1; 85, 1* 4 ſele *F* 5 *vor dem Kustos irrthümlich Taktstrich H der Kustos irrthümlich einen halben Ton höher AD—H* 6 rhůmẽ *H* 9 *der Kustos irrthümlich einen Ton tiefer H* 10 nahmen *DEFK* namen *GHI* 11 *kein Taktstrich hinter* ſucht *BC Taktstrich hinter* myr *BCI* 12 ſůcht *H* ehr *I* 13 *irrthümlich fehlt Kustos am Ende AD—H*

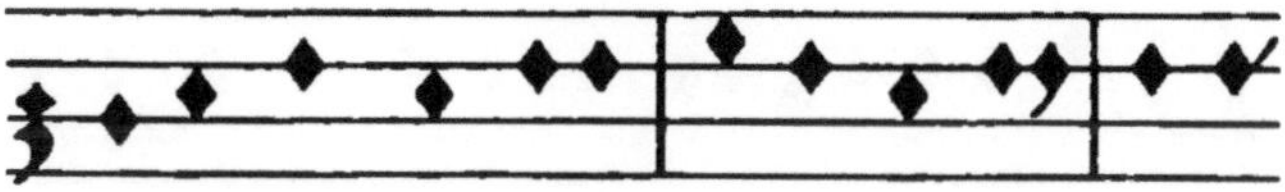

Welche auff yhn sehen, werden erleucht, Und

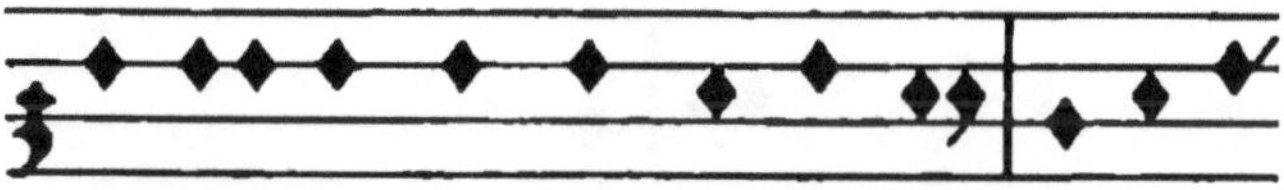

yhr angesicht wird nicht zu schanden. Da die-

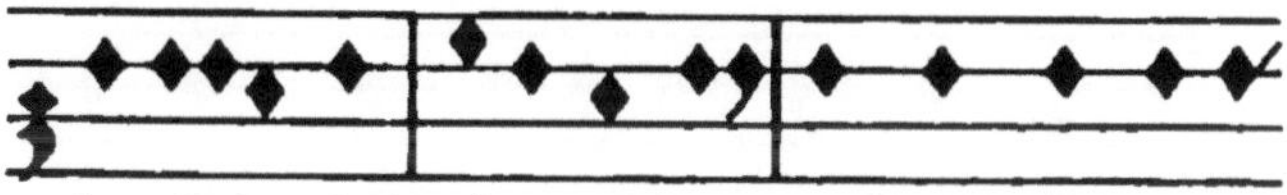

ser elende riefft, höret der herr, Und halff yhm aus

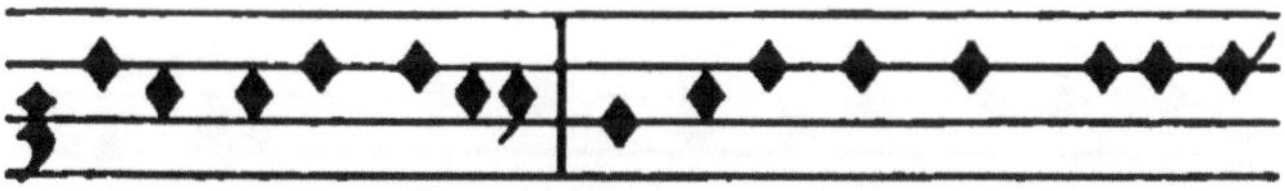

allen seynen nöten. Der engel des herrn lagert

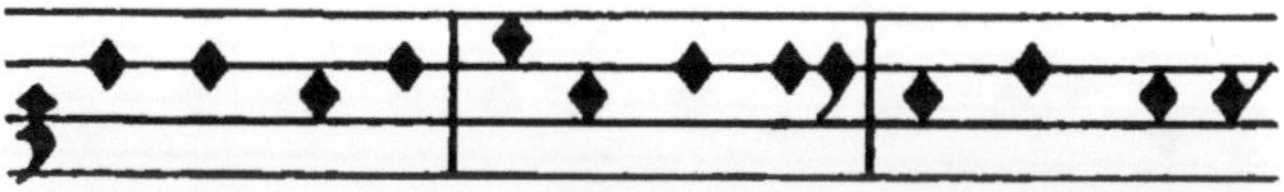

sich umb die her, so yhn furchten, Und hilfft yhn

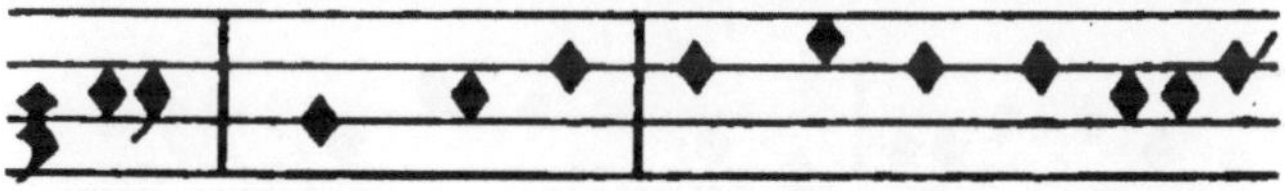

aus. Schmeckt und seht, wie freuntlich der herre

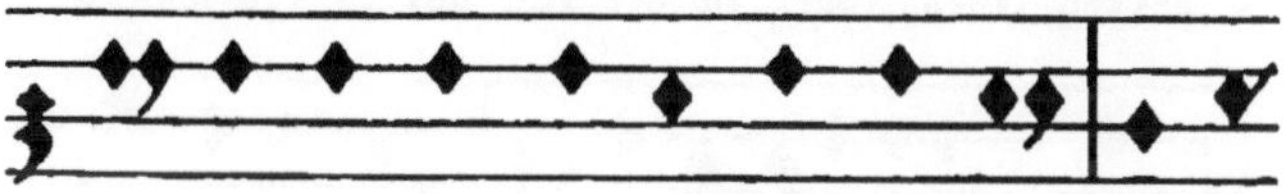

ist, wol dem man, der auff yhn thrawet. Furch-

---

1 *hinter* sehen *kein Taktstrich BC* 2 Wlche *BC* 3 *der Schlüssel irrthümlich einen halben Ton tiefer FG* 4 nit *I* zů *H* 5 *hinter* riefft *kein Taktstrich BCK* 6 ym *E* 8 herre *und deshalb eine Note mehr H* lägert *H* 9 *hinter* her *kein Taktstrich BC* 10 herr *H* fürchten *F* 11 *hinter* seht *kein Taktstrich BC* *hinter* freunt *irrthümlich Taktstrich FG (in A scheint an dieser Stelle der Taktstrich der folgenden Seite durch)* 12 secht *GH* 13 *hinter* ist *Taktstrich BCIK*

tet yhn seyne heyligen. Denn die yhn furchten, ha-

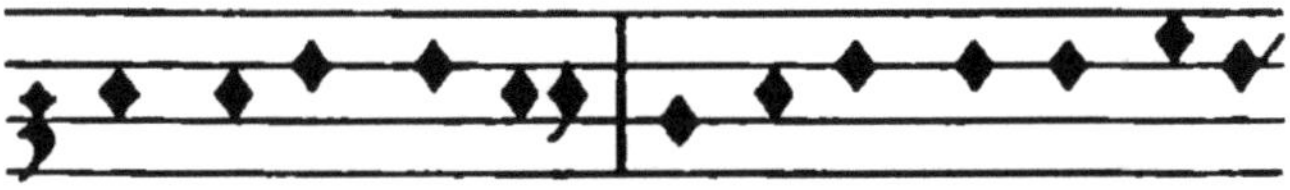

ben keynen mangel. Die reychen mussen dar-

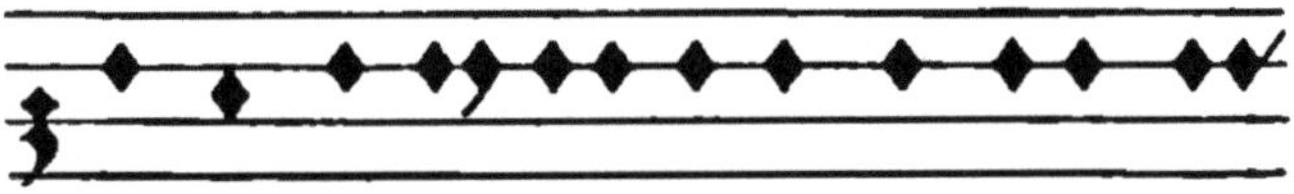

ben und hungern. Aber die den herrn suchen, ha-

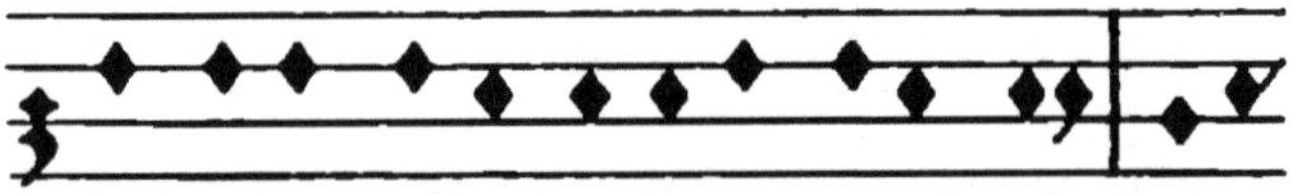

ben keynen mangel an yrgend eynem gut. Her

zu, kinder, hort myr zu. Ich wil euch die furcht des

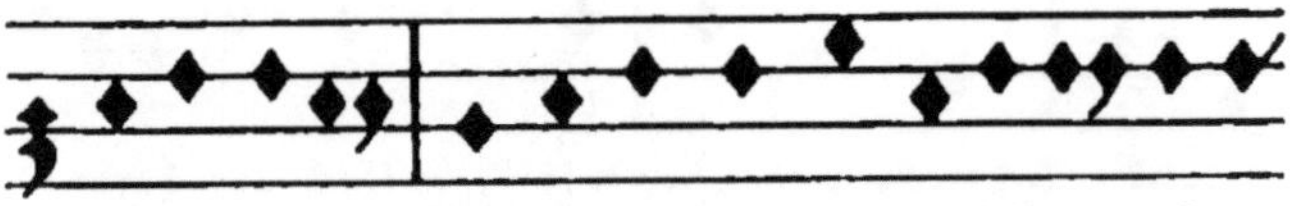

herren leren. Wer ist der lust hat zu leben und

wundscht gute tage zu sehen? Behüt deyne zun-

---

1 *hinter* heyligen *Taktstrich BCIK* 3 fürchten *F* 4 müssen *FHK* 5 *hinter* hungern *Taktstrich BCIK* 6 denn *C* 9 *hinter* myr zu *Fermate und Taktstrich BCI Fermate GH Taktstrich K* 10 hört *BCDEFIK* 11 *hinter* leben *Taktstrich BCK* 12 herrn, *so dass eine Silbe zu wenig entsteht GH* 14 wunschet *D* wündscht *I*

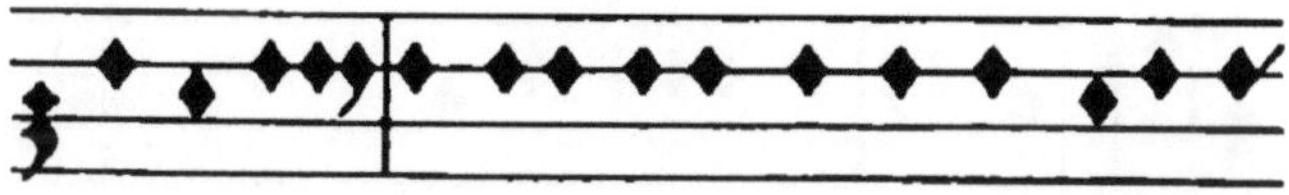

ge fur ubel und deyne lippen, das sie nicht betrug

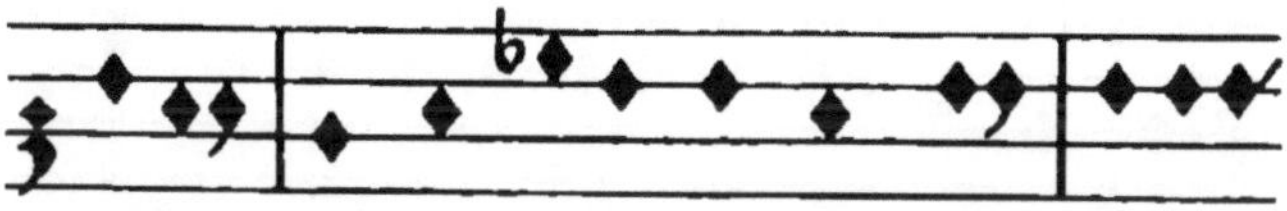

reden. Las vom bösen und thu guts. Suche

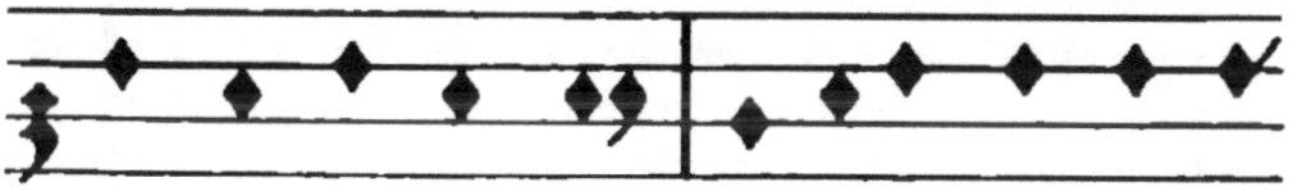

frid und jag yhm nach. Die augen des herrn

sehen auff die gerechten, und seyne oren auff yhr

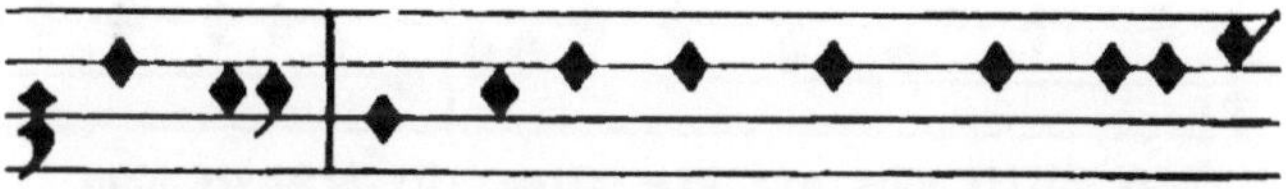

schreyen. Das andlitz des herrn steht uber

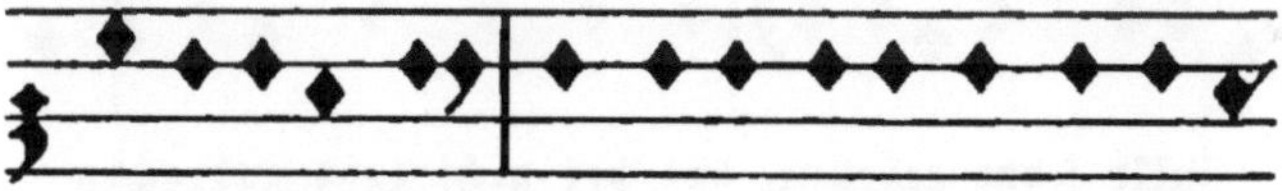

die so böses thun, das er yhr gedechtnis ausrot-

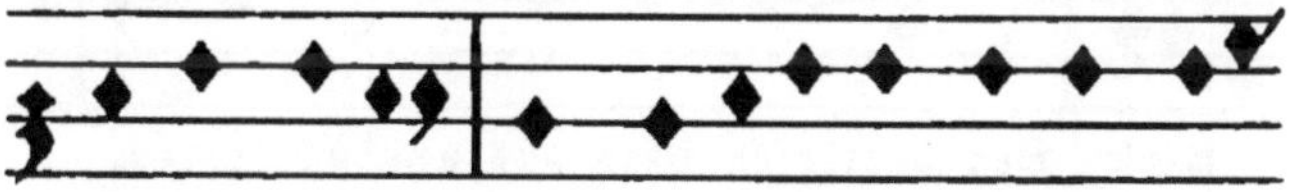

te vom lande. Wenn die gerechten schreyen, so

---

2 übel *GH* nit *H* 7 *die Note über* yhr *einen Ton zu tief, also g anstatt a DE* 10 herren *und demgemäss eine Note mehr H* 13 *hinter* schreyen *irrthümlich Taktstrich IK der Kustos irrthümlich einen Ton zu tief, also a anstatt b AD—H*

höret der herr und errettet sie aus all yhrer not.
Der herr ist nahe bey denen die zu brochens hertz-
en sind, und hilfft denen die zurschlagen gemuet
haben. Der gerechte mus viel leyden, aber der
herr hilfft yhm aus dem allen. Er bewaret yhm
alle seyne gebeyne, das der nicht eyns zubrochen
wird. Den gottlosen wird das unglück töbten,

2 aller, *so dass eine Silbe zuviel entsteht GH* 3 über nahe *fehlt eine Note A—I anstatt des Kustos am Ende ist irrthümlich eine Fermate gesetzt AD—H* 5 *hinter* denen *irrthümlich Taktstrich H* 6 gemût *HK* 11 *diese ganze Notenzeile über Kopf gesetzt, so dass also der Schlüssel am Ende steht G* 13 *über* töbten *irrthümlich nur eine Note ADEFGHI* 14 tobten *C*

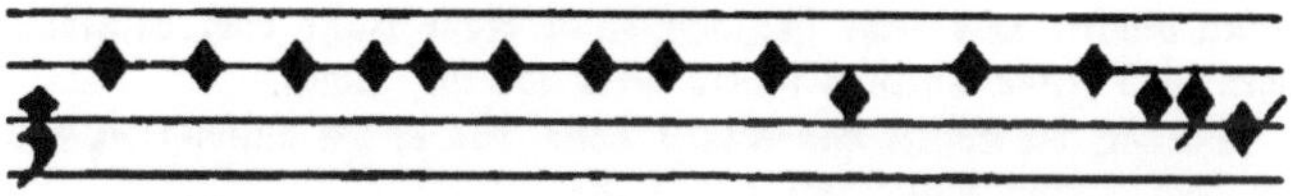

und die den gerechten hassen, werden schuld haben.

Der herr erlöset die seele seyner knechte, und alle

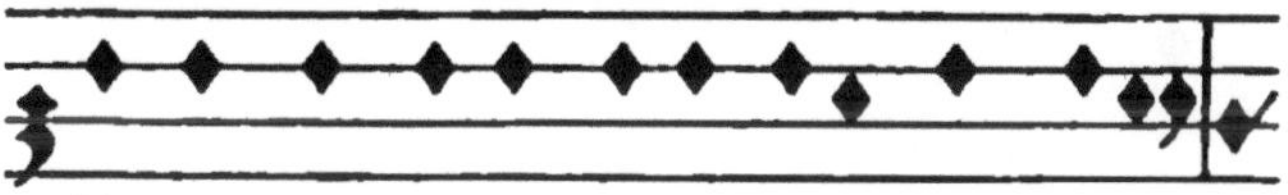

die auff yhn trawen, werden keyne schuld haben.

Darauff Kyrie Eleyson[1], auch ym selben thon, drey mal vnd nicht neun mal, wie folget.

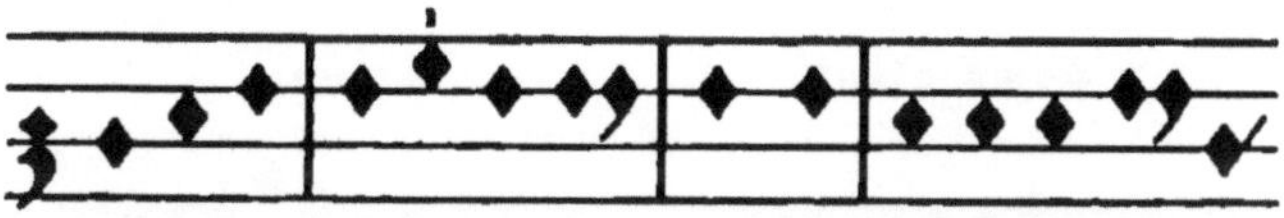

Ky ri e E le i son. Christe E le i son.

Ky ri e E le i son.

Darnach lieset der priester eyne Collecten ynn F faut ynn unisono[2], wie folget.

Almechtiger Gott, der du bist eyn beschutzer aller die auff dich hoffen, an welchs gnad niemand ichts vermag noch etwas fur dyr gild, lasse deyne barmhertzigkeyt uns reychlich widderfarn, auff das wyr durch deyn heyliges

1 *hinter* haben *Taktstrich BCIK* 5 *hinter* trawen *irrthümlich Taktstrich K* 7 Eleyson *H* selbigen *K* 9 *am Schluss nach der Fermate Taktstrich BCIK der Kustos irrthümlich eine Linie zu hoch, also a anstatt f ADEFGH* 11 *am Schluss Taktstrich BCK* 13 pristerr *D* eyn *D* 15 beschützer *CFG* beschützer *DH* 16 wilchs *BC* für *G* vor *H* 17 widder- *DEFGH* -farn *IK*

[1]) *Vgl. oben S. 55, unter 2.* [2]) *Nicht h, sondern b zu singen.* [3]) *Vgl. oben S. 55 f., unter 3.*

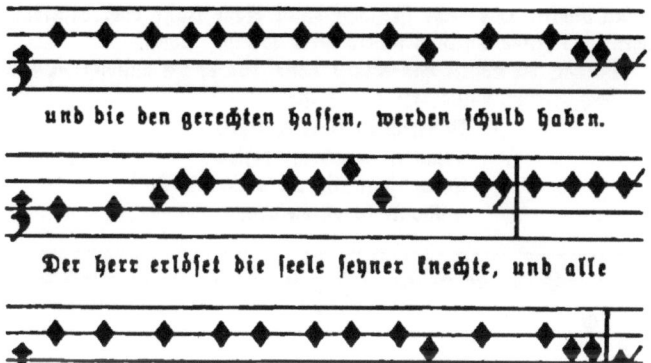

eyngeben dencken was recht ist, und durch deyne krafft auch dasselbige volbringen umb Jesus Christus unsers herrn willen. Amen.

Darnach die Epistel ynn octavo Tono, das er ym unisono der Collecten gleych hoch bleybe[1], cuius regule sunt iste.

Periodus est finis sententie.
Colon est membrum periodi.
Coma est incisio vel membrum Coli.
¶ Regule huius melodie.

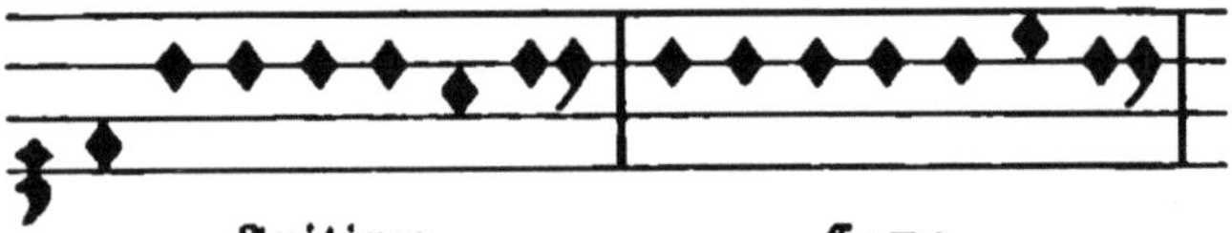

Initium Coma

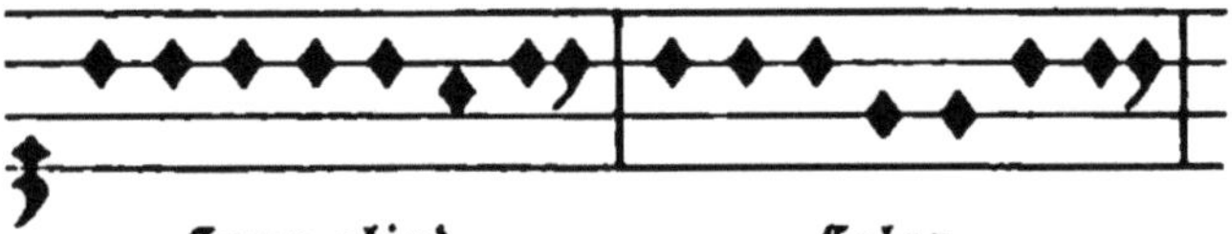

Coma aliud Colon

Periodus Questio Finale

Exemplum.

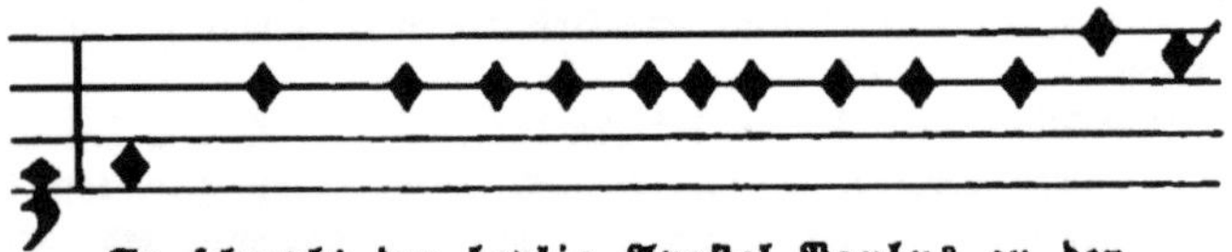

So schreybt der heylig Apostel Paulus zu den

---

2 Jhesus *BCF* herren *H* 7 menbrum *C* *Zeile 8 fehlt E* 9 *vor den nächsten 10 (9 DE) Notenzeilen ist anstatt des F-Schlüssels gesetzt der C-Schlüssel, und zwar richtig auf der zweitobersten Notenlinie, so dass die Noten dieselben bleiben BCDE* 11 *vor den Noten des* Colon *ist unnöthig ein Schlüssel gesetzt und zwar irrthümlich der F-Schlüssel auf der zweitobersten Linie, so dass alle Noten unrichtig werden ADEFGHIK* 18 *bei* Finale *fehlt die höchste Note (f) H*

[1]) *Vgl. oben S. 56, unter 4.*

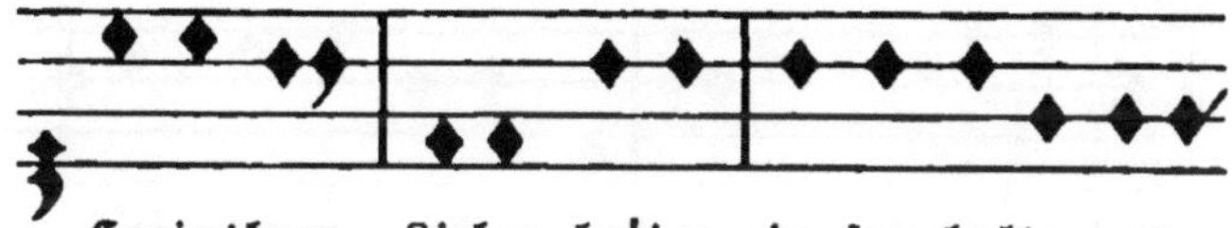

1.Cor. 4, 1—5 Corinthern. Lieben brůder, da fur halte uns

yderman, nemlich fur Christus diener und haus-

halter uber Gottis geheymnis. Nu sucht man

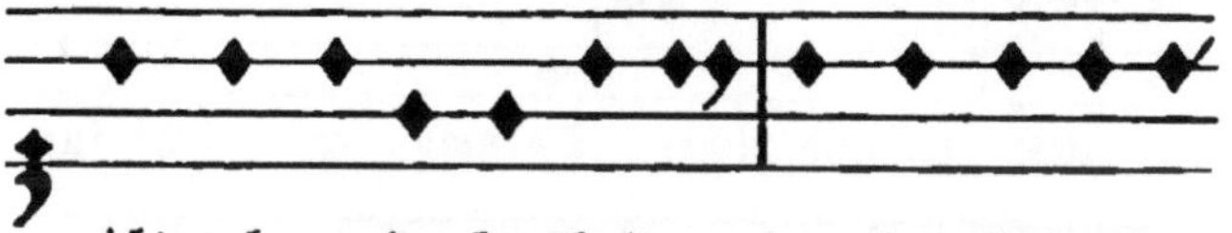

nicht mehr an den haushaltern, denn das sie trew

erfunden werden. Myr ists aber eyn gerings, das

ich von euch gerichtet werde, odder von eynem

---

3 *hinter* diener *Taktstrich IK* 4 yederman *BCH* 6 Nun *GH* 9 *C-Schlüssel anstatt F-Schlüssel F der Kustos irrthümlich um einen halben Ton zu tief gesetzt (h statt c) AGH* 10 ist *E* 11 *die Note über dem zweiten* von *ist beim Abdrucken hinab gesunken, und zwar in dem Exemplar der Knaakeschen Slg. um drei Töne, in dem von der Erl. Ausg. benutzten Exemplar um einen Ton G*

[1]) *Anstatt c hat hier keine Ausgabe d, wie Kawerau als vielleicht richtig bezeichnet.*

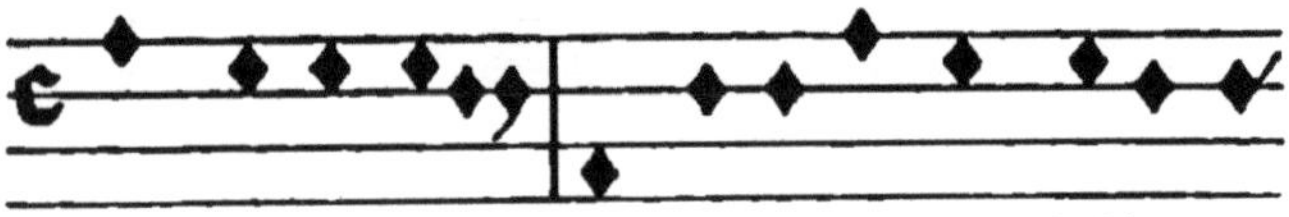

menſchlichem tage. Auch richte ich mich ſelber

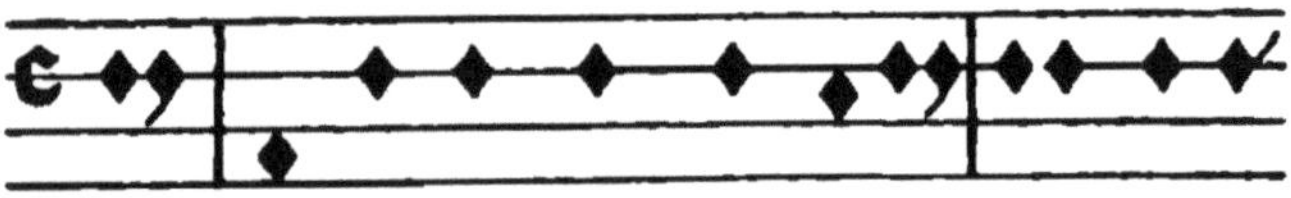

nicht. Ich bin wol nichts myr bewuſt, aber dar-

ynn byn ich nicht gerechtfertiget. Der herr aber

iſts, der mich richtet. Darumb richtet nicht fur

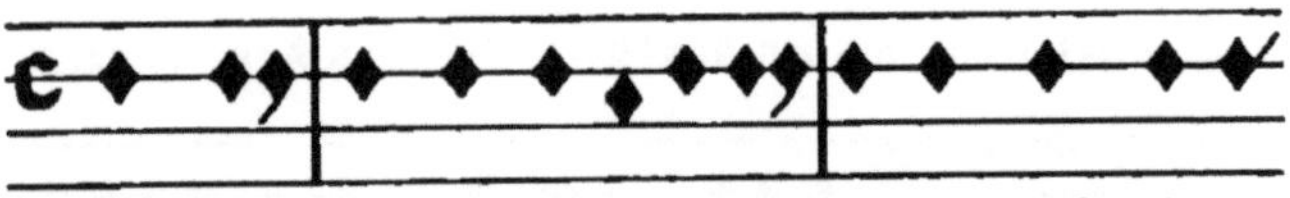

der zeyt, bis der herre kome, wilcher auch wird

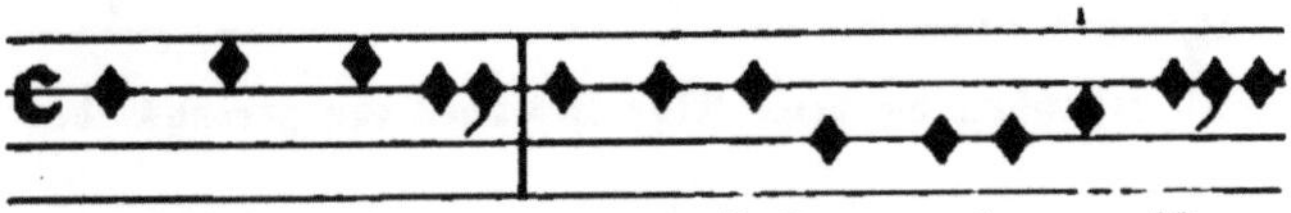

ans liecht bringen, was ym finſtern verborgen iſt

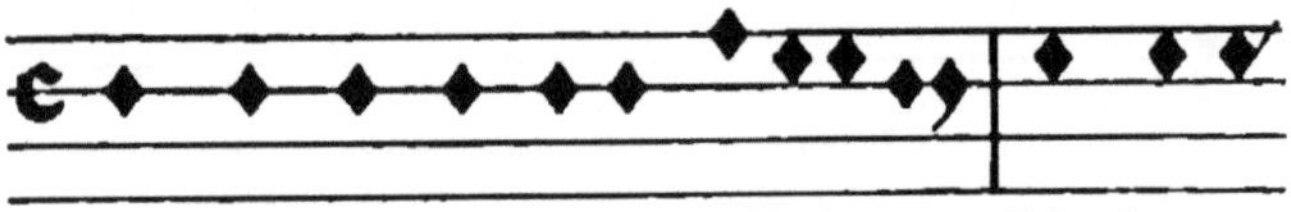

und den rad der hertzen offinbaren. Als denn

---

1 *der Schlüssel einen Ton zu hoch gesetzt G* 8 nicht] mich *G* 10 welcher *FGHI*
11 *der Schlüssel irrthümlich einen Ton zu hoch gesetzt DE* *hinter* iſt *Taktstrich K*
14 offenbaren *GH*

¹) *Alle Ausgaben haben hier h, während man a oder c erwartet.*

wird eym iglichen von Gott lob widderfaren.

Er sol aber die Epistel lesen mit dem angesicht zum volck gekert, Aber die Collecten mit dem angesicht zum altar gekeret.

Auff die Epistel singet man eyn deudsch lied: 'Nu bitten wyr den heyligen geyst', odder sonst eyns[1], und das mit dem gantzen Chor.

Darnach lieset er das Euangelion ynn quinto tono[2], auch mit dem angesicht zum volck gekeret.

Cuius melodie sunt iste regule.

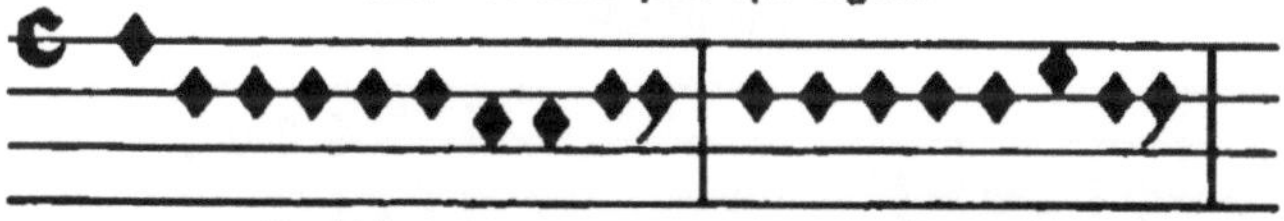

Initium Coma

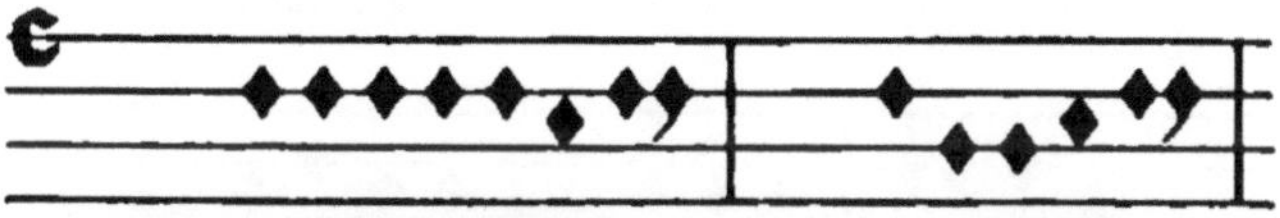

Coma aliud Colon

Periodus finale

---

1 *vermuthlich wollte der Setzer von A, damit die höchste Note dieser Zeile nicht die oberste Notenlinie überschreite, den C-Schlüssel einen Ton tiefer setzen, als bisher geschehen, verwandte aber irrthümlich den F-Schlüssel, ebenso D—G. B benutzt den C-Schlüssel wie bisher, so dass alle Noten dieser Zeile um eine halbe Linie höher stehen als in A, ebenso CHK. I setzt den C-Schlüssel eine Notenzeile tiefer, so dass die (richtigen) Noten um einen Ton tiefer stehen als bei A. Wir haben die durch B vorgenommene Berichtigung aufgenommen* 2 widderfaren *GHI* 3 gekeret *I* 4 gekert *K* 5 deutsche *G* Nun *GH* *Zeile 9 fehlt E* 14 *zu Anfang der Zeile kein Taktstrich BC* *alle Ausgaben haben hier den C-Schlüssel auf der zweitobersten Linie, so dass alle Noten dieser Zeile um zwei Töne höher zu singen wären (c c c c e d c usw.), und alle späteren Abdrücke behalten dies bei, auch Schöberlein und Kawerau. Trotzdem haben wir den Schlüssel auf die oberste Linie gesetzt, weil ein Schluss in c bei dem fünften Tonus unmöglich ist und weil in dem folgenden „Exemplum Euangelii" (S. 91 f.) wirklich nach unserer Berichtigung verfahren worden ist.*

[1]) *Vgl. oben S. 57, unter 5.* [2]) *Vgl. oben S. 57, unter 6.*

Vox personarum.

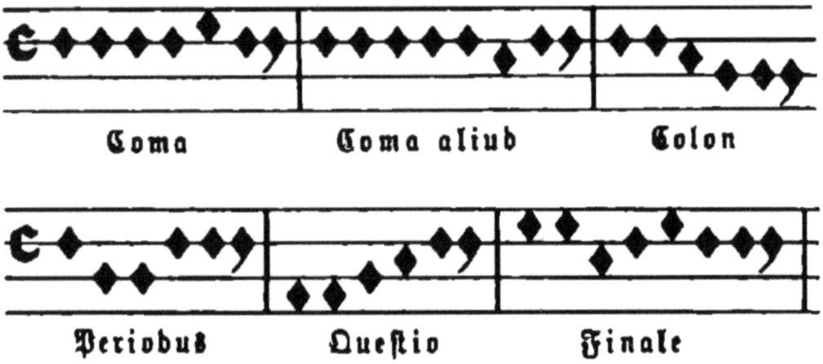

Vox Christi.

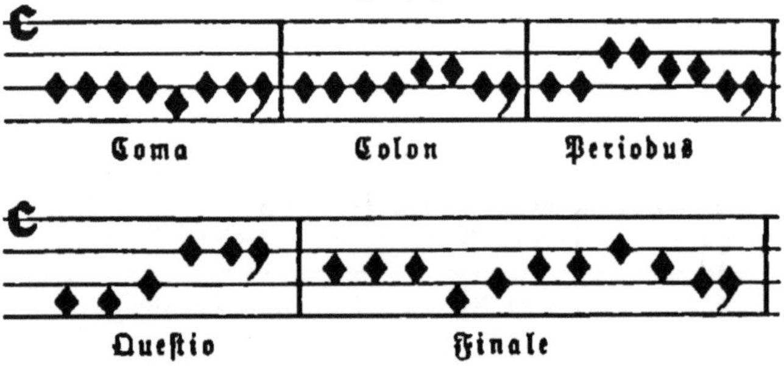

Exemplum Euangelii Dominice quarte in adventu, ut sequitur.

Joh.1,19–28

---

2 am Ende Taktstrich *BC*   8 Preriodus *A*   13 Johannes *GHK*   14 vor dem Taktstrich Fermate *BC*   hinter Johannis Taktstrich *K*

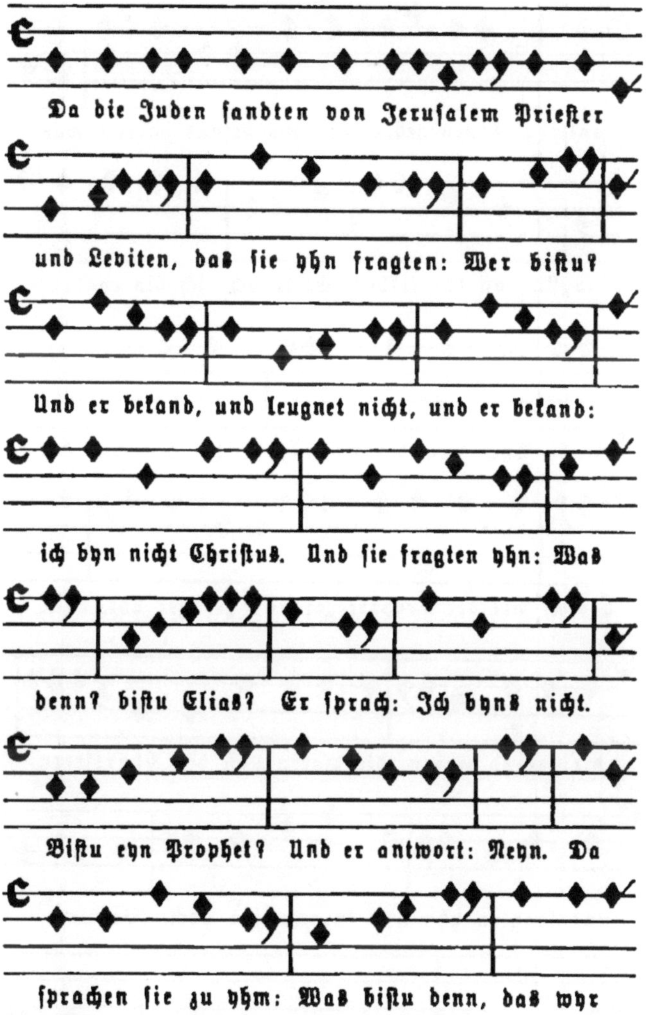
Da die Juden sandten von Jerusalem Priester
und Leviten, das sie yhn fragten: Wer bistu?
Und er bekand, und leugnet nicht, und er bekand:
ich byn nicht Christus. Und sie fragten yhn: Was
denn? bistu Elias? Er sprach: Ich byns nicht.
Bistu eyn Prophet? Und er antwort: Neyn. Da
sprachen sie zu yhm: Was bistu denn, das wyr

1 *der Schlüssel irrthümlich einen Ton zu hoch gesetzt DEF* hinter Jerusalem *Taktstrich K* *der Kustos irrthümlich auf der zweituntersten Linie AD—H* 3 *der C-Schlüssel bei allen folgenden 20 Notenzeilen auf der zweitobersten Notenlinie und daher die Noten von Notenzeile 3 bis incl. 93, 11 und 94, 5—13 um eine Linie tiefer gesetzt BC* *die Fermate* hinter bistu? *fehlt C* 6 sie *A* 9 *anstatt der Fermate über* denn *eine zweite Note AD—H, ebenso über* nicht *AD—G* *der Kustos einen Ton zu tief gesetzt AD—H*

antwort denen geben, die uns gesand haben? was

sagstu von dyr selbs? Er sprach: ich bin eyn ruf-

fende stym ynn der wüsten: richtet den weg des

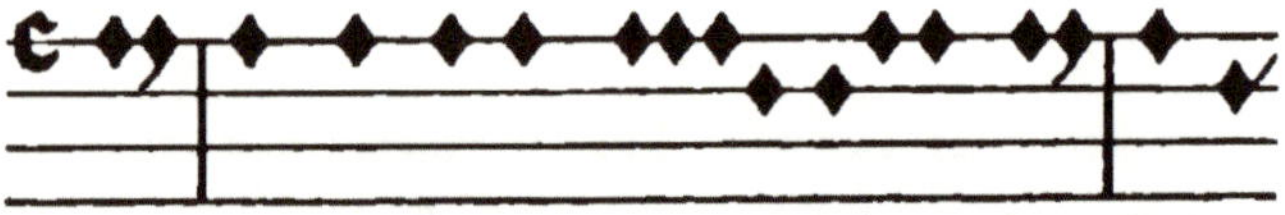

herrn, wie der Prophet Isaias gesaget hat. Und

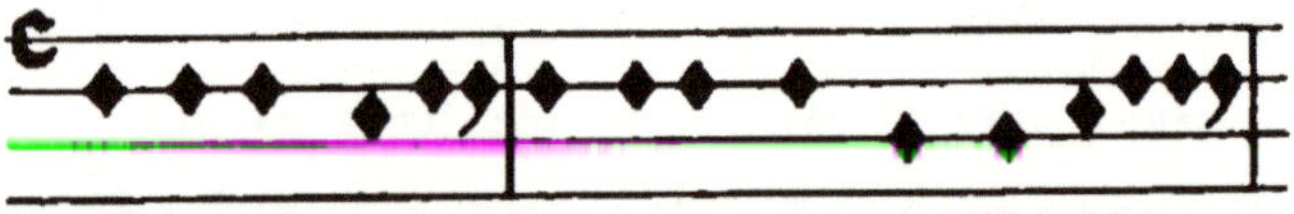

die gesand waren, die waren von den Phariseern

und fragten yhn und sprachen zu yhm: Warumb

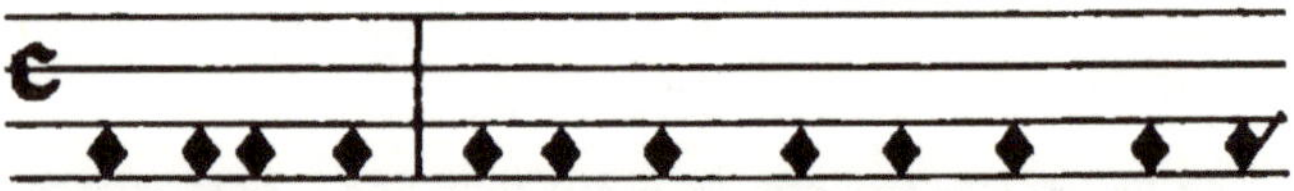

teuffestu denn, so du nicht Christus bist, noch

1 *hinter* geben *Taktstrich CIK* 3 dehnen *DEF* 4 selbst *FH* 4/5 rüffende *DEFGH* 6 wusten *B* 8 gesagt, *so dass eine Silbe zu wenig entsteht GH* 13 *hinter* bist *irrthümlich Taktstrich IK*

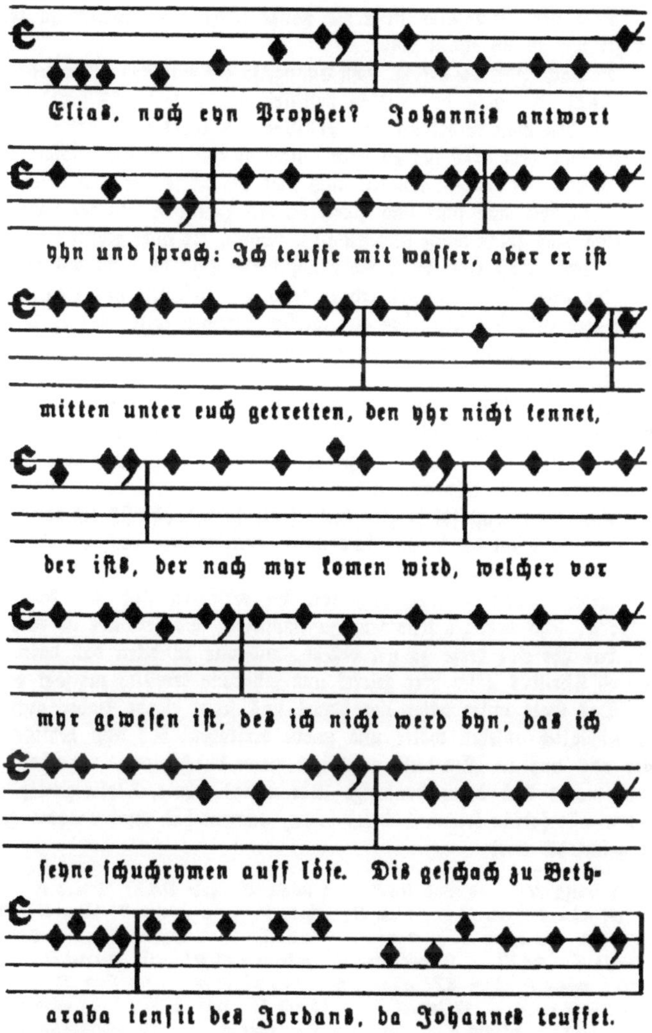
Elias, noch eyn Prophet? Johannis antwort
yhn und sprach: Ich teuffe mit wasser, aber er ist
mitten unter euch getretten, den yhr nicht kennet,
der ists, der nach myr komen wird, welcher vor
myr gewesen ist, des ich nicht werd byn, das ich
seyne schuchrymen auff löse. Dis geschach zu Beth-
araba jensit des Jordans, da Johannes teuffet.

---

1 *hinter* Elias *irrthümlich Taktstrich IK* 2 Johannes *GH* Joannes *K* 4 er *fehlt DF* er aber ist *E* 5 *über* kennet, *vor der Fermate, irrthümlich nur eine Note AD–I* 7 *Note über* der *einen Ton tiefer, also a anstatt h K* 8 wilcher *BC* 9 *hinter* byn *irrthümlich Taktstrich IK* 12 schuchrümen *D* -rümen *E* -riemen *FI* -rümen *H* 13 *hinter* Jordans *irrthümlich Taktstrich I* 13/15 Bethabara *K*

Nach dem Euangelio singt die gantze kirche den glauben zu deudsch: Wir gleuben all an eynen gott[1].

Darnach gehet die predigt vom Euangelio des Sontags odder fests. Und mich dunckt, wo man die deudsche postillen gar hette durchs jar[2], Es were das beste, das man verordente, die postillen des tages gantz odder eyn stucke aus dem buch dem volck fur zu lesen, nicht alleyne umb der prediger willen, die es nicht besser kunden, sondern auch umb der schwermer und secten willen zuverhüeten, wie man sihet und spuret an den Homilien ynn der metten, das etwa eben auch solche weyse gewesen ist[3]. Sonst, wo nicht geystlicher verstand und der geyst selbst redet durch die prediger (wilchem ich nicht wil hiemit zil setzen; der geyst leret wol das reden, denn alle postillen und Homilien), so kompts doch endlich dahyn, das eyn iglicher predigen wird was er wil, und an stat des Euangelii und seyner auslegunge widderumb von blaw endten[4] gepredigt wird.

Denn auch das der ursachen eyne ist, das wir die Episteln und Euangelia, wie sie ynn den postillen geordenet stehen, behalten, das der geystreichen prediger wenig sind, die eynen gantzen Euangelisten odder ander buch gewaltiglich und nutzlich handeln mugen.

Nach der predigt sol folgen eyne offentliche paraphrasis des vater unsers und vermanung an die so zum sacrament gehen wollen, auff die odder besser weyse, wie folget:

Lieben freunde Christi, weyl wir hie versamlet sind ynn dem namen des herrn, seyn heyliges testament zu empfahen, So vermane ich euch auffs erste, das yhr ewr hertze zu got erhebt, mit mir zu beten das vater unser, wie uns Christus unser herr geleret und erhorung trostlich zugesagt hat.

Das Gott unser vater ym hymel uns seyne elende kinder auff erden barmhertziglich ansehen wolte und gnade verleyhen, das seyn heyliger name unter uns und in aller welt geheyliget werde durch reyne, rechtschaffne lere seynes worts Und durch brunstige liebe unsers lebens, Wolte gnediglich abwenden alle falsche lere und boses leben, darynn sein werder name gelestert und geschendet wird.

---

1 teutsch *HI* 3 festes *DEF* 4 teütsch *H* gahr *DE* 5 tags *H* stücke *F* 6 für *G*] *fehlt F* nit *H* 7 nit *H* künde *F* 8 -hueten *G* -hüten *H* siehet *F* spüret *FGK* Homelien *H* 9 etwo *C* solch *H* 10 wölchem *H* 11 Homelien *H* 12 kompts *K* ehr *FI* 13 außlegung *H* widerumb *FGHI* 16 geordnet *H* 18 nützlich *BC* mügen *D* mügen *EFI* mögen *GH* 20 wöllen *H* *mit Zeile 22 beginnen die Sonderdrucke e—o* 23 dyeweyl *f* 24 erst *H* ewer *BCIh* 25 gelerret *H* erhörung *D—I* tröstlich *h* 26 sein *F* erden *A* 28 rechtschaffene *h* ler *H* 29 wortes *h* brünstige *CFH* 30 leer *H* böses *B—Ih* seyne *G*

[1]) *Vgl. oben S. 88, unter 7.* [2]) *Erst 1527 erschien die Kirchenpostille über das ganze Jahr.* [3]) *Das Horengebet der römischen Kirche schreibt auch Lektionen aus Homilien der Kirchenväter vor.* [4]) *d. i. von „all tantmär auf dieser Erd", wie Murner, Schelmenzunft 2 erklärt. Vgl. auch Wander 1, Sp. 824, Nr. 20 und 27. Erl. 31, 351 (1534).*

Das auch seyn reych zu kome und gemehret werde, alle sunder, verblendte und vom teuffel ynn sein reich gefangen zur erkentnis des rechten glaubens an Jhesum Christ, seinen son, bringen und die zal der Christen gross machen. Das wyr auch mit seym geyst gesterckt werden, seinen willen zu thun und zu leyden, beyde ym leben und sterben, ym guten und bosen, allzeyt unsern willen brechen, opffern und todten.

Wolt uns auch unser teglich brod geben, fur geitz und sorge des bauchs behueten, sondern uns alles guts gnug zu yhm versehen lassen.

Wolt auch uns unser schuld vergeben, wie wyr denn unsern schuldigern vergeben, das unser hertz ein sicher frolich gewissen fur yhm habe und fur keiner sunde uns nymmer furchten noch erschrecken.

Wolt uns nicht eyn furen ynn anfechtunge, sondern helffe uns durch seynen geyst das fleysch zwingen, die welt mit yhrem wesen verachten und den teuffel mit allen seynen tucken uberwinden.

Und zu letzt uns wolt erlosen von allem ubel, beyde leyblich und geystlich, zeytlich und ewiglich. Wilche das alles mit ernste begeren, sprechen von hertzen: 'Amen', on allen zweyffel glaubend, es sey ja und erhoret ym hymel,
Marc. 11, 24 wie uns Christus zusagt: 'Was yhr bittet, gleubt, das yhrs haben werdet, so sols geschehen'. Amen.

Zum andern vermane ich euch ynn Christo, das yhr mit rechtem glauben des testaments Christi warnehmet und allermeist die wort, darynnen uns Christus sein leyb und blut zur vergebung schenckt, ym hertzen feste fasset, das yhr gedenckt und danckt der grundlosen liebe, die er uns bewysen hat, da er uns durch sein blut von gots zorn, sund, todt und helle erloset hat, und darauff eusserlich das brod und weyn, das ist seynen leyb und blut, zur sicherung und pfand zu euch nemet. Dem nach wollen wir ynn seynem namen und aus seynem befelh durch seyne eygene wort das testament also handeln und brauchen.

Ob man aber solche paraphrasin und vermanung wolle auff der Cantzel flux auff die predigt thun odder fur dem altar, las ich frey eym iglichen seyne willore. Es sihet, als habens die alten bis her auff der Cantzel gethan, daher noch blieben ist, das man auff der Cantzel gemeyn gebet thut odder das vater unser fur spricht. Aber die vermanung zu eyner offentlichen beicht

---

1 sünder *FGH* 1/2 verblende *I* verblente *h* 3 Jesum *DEGI* sün *G* sun *H* 5 thuen *h* böser *C–Ih* 6 allezeyt *E* tödten *DEFGHh* 8 behüten *D* behüten *EFH* gutes *h* 9 denn *fehlt I* 10 frölich *B–Ih* 11 sünde *FG* sünd *H* fürchten *F* förchten *GH* 12 füren *DEFGH* helffen *g* 15 erlösen *C–Ih* übel *GH* 16 zeytlich und ewiglich *fehlt e* wölche *H* ernst *H* 17 erhöret *B–Ih* 18 zugesagt *e* glaubet *H* 21 warnemet *GHh* 22 schendet *h* 23 gedenckt *A* bewiesen *h* 24 vom *H* Gottes *h* sünd *FGH* erlöset *C–Ih* 26 nemen *K* mit nemet *schliesst dieser Abschnitt in den Sonderdrucken e—o* wöllen *DEGHI* nehmen *DEF* 27 befelch *H* seyn *GH* 29 wölle *H* 31 willköre *E*

worden ist[1]. Denn da mit bliebe das vater unser mit eyner kurtzen auslegung ym volck und wurde des herrn gedacht, wie er befolhen hat am abend essen.

Ich wil aber gebeten haben, das man die selbige paraphrasis und vermanunge conceptis seu prescriptis verbis odder auff eyn sonderliche weyse stelle umb des volcks willen, das nicht heute eyner also, der ander morgen anders stelle, und eyn iglicher seyne kunst beweyse, das volck yrre zu machen, das es nichts lernen noch behalten kan. Denn es ist ja umb das volck zu leren und zu furen zuthun, darumb ists not, das man die freyheyt hie breche und eynerley weyse fure ynn solcher paraphrasi und vermanung, sonderlich ynn einerley kirchen odder gemeyne fur sich, ob sie eyner andern nicht folgen wollen umb yhre freyheyt willen.

Darnach[2] folget das ampt[3] und dermunge[4] auff die weyse wie folget.

Exemplum.[5]

Unser herr Jhesu Christ, ynn der nacht, da er
verraten ward, Nam er das brod, danckt und
brachs und gabs seynen jungern und sprach:

---

1 blibe *DEH* bleibe *GI* 2 würde *FGH* 3/4 vermanung *H* 4 sunderliche *DEF* 7 nicht *I* 8 füren *FGH* furen thun *I* by *H* 9 füre *FGH* 11 wöllen *GH* 12 wie hernach folget *F* 15 Jesu *EG* 16 *Fermate vor dem zweiten Taktstrich C* 17 vertaten *GH* 18 *nach der Fermate über* sprach *Taktstrich BC* 19 barchs *A* Jüngern *FGIK*

[1]) *Vgl. oben S. 58, Anm. 2.* [2]) *Vgl. oben S. 58, unter 8.* [3]) *d. i. die Feier des Abendmahls.* [4]) *d. i. die Konsekration.* das sacrament dirmen *belegt Lexer (II, 1437) aus md. Quellen.* termen dermen dirmen *ist entlehnt aus lat.* terminare *in der Bedeutung 'herstellen, schaffen', also* = conficere. *Vgl. auch Studien u. Krit. 1831, S. 117ff.* [5]) *Vgl. oben S. 59, unter 9.*

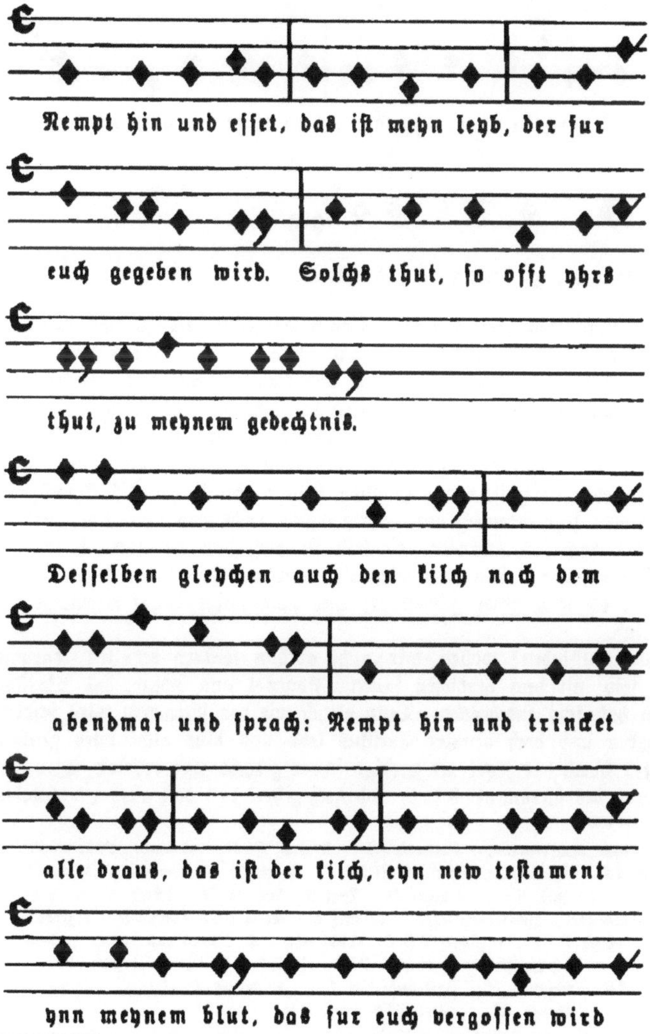
Nempt hin und esset, das ist meyn leyb, der fur
euch gegeben wird. Solchs thut, so offt yhrs
thut, zu meynem gedechtnis.
Desselben gleychen auch den kilch nach dem
abendmal und sprach: Nempt hin und trincket
alle draus, das ist der kilch, eyn new testament
ynn meynem blut, das fur euch vergossen wird

2 Rempt *A* 3 *der Schlüssel irrthümlich auf der zweitobersten Notenlinie ADEFGH* 4 Eolchs *I* 5 *die erste Note und ihre Fermate einen Ton zu hoch G* nach thut *Taktstrich IK* *am Ende Taktstrich BCIK* 8 Kelch *(ebenso i. Folg.) FGH* 12 newe, *so dass nun die Zahl der Silben und der Noten nicht übereinstimmt ADEGI* 13 *nach der Fermate Taktstrich BCIK* 14 yhn *I*

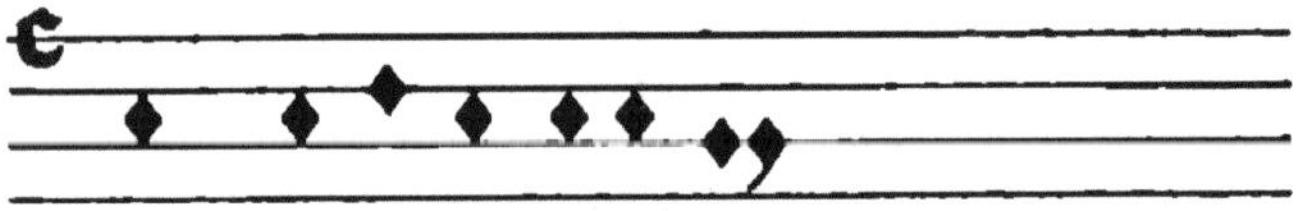

Es dunckt mich aber, das es dem abendmal gemes sey, so man flux auff die consecration des brods das sacrament reyche und gebe, ehe man den kilch segenet[1]. Denn so reden beide Lucas und Paulus: Desselben gleychen den kilch, nach dem sie gessen hatten etce. Und die weyl singe das deudsche sanctus[2] odder das lied: Gott sey globet[3] oder Johans Hussen lied: Jhesus Christus unser heyland[4]. Darnach segene man den kilch und gebe den selbigen auch und singe, was ubrig ist von obgenanten liedern oder das deudsch Agnus dei[5]. Und das man feyn ordenlich und zuchtig zugehe, nicht man und weyb, sondern die weyber nach den mennern, darumb sie auch von eynander an sondern orten stehen sollen. Wie man sich aber mit der heymlichen beycht halten solle, hab ich sonst gnug geschrieben, und man findet meyne meynunge ym betbuchlin[6].

Luc. 22, 20
1. Kor. 11, 25

Das auffheben[7] wollen wir nicht abthun sondern behalten, darumb das es fein mit dem deudschen sanctus stymmet und bedeut, das Christus befolhen hat, seyn zugedencken. Denn gleych wie das sacrament wird leyblich auffgehaben und doch drunter Christus leyb und blut nicht wird gesehen, also wird durch das wort der predigt seyner gedacht und erhaben, dazu mit empfahung des sacraments beland und hoch gehret und doch alles ym glawben

1 *hinter* thut *unnöthiger Taktstrich K* 2 sünde *FGH* 3 *hinter* trinckt *unnöthiger Taktstrich IK* *am Schluss Taktstrich BCIK* 4 trindet *(so dass eine Silbe zuviel entsteht) H* 7 segnet *H* 8 heten *H* singt *K*] sing mā *H* teütsch *H* 9 gelobet *BCFIK* gelobt *GH* Jesus *DEFGH* 11 sing *H* vberig *DEF* übrig *GH* obgenanden *B* deütsche *G* teutsch *I* 12 züchtig *FHK* und] vnnd *DE* weyb vntereinander, sondern *BC* sonder *DEF* 14 heymlihen *A* 15 solle *DEF* sunst *GH* geschriebn *A* geschrieben *B—GI* geschriben *HK* meinung *H* 16 betbüchlin *C* 17 wöllen *DEGHI* 18 teutschen *I* 21 darzū *H* 22 das *IK* geehret *CFK* geeret *GH*

[1]) *Vgl. oben S. 69, Z. 4ff.* [2]) *Die Melodie wird unten nachgetragen, vgl. S. 100ff.* [3]) *Im Jahre 1524 erschienen.* [4]) *Im Jahre 1524 wurde zuerst gedruckt Luthers Lied* „Jesus Christus, unser Heiland, der von uns den Gottes Zorn wand“, *eine Umdichtung des Liedes von Hus „Iesus Christus, nostra salus“.* [5]) „Christe, du Lamm Gottes“, *nicht:* „O Lamm Gottes unschuldig“. [6]) *Unsere Ausg. Bd. X.* [7]) *Die Elevation wurde in Wittenberg erst 1542 definitiv abgeschafft.*

begriffen und nicht gesehen wird, wie Christus seyn leyb und blut fur uns gegeben und noch teglich fur uns bey gott, uns gnade zurlangen[1], zeyget und opffert.

Das deudsch Sanctus.[2]

Jes. 6, 1–4

Jesaia dem propheten das geschach, das er ym
geyst den herren sitzen sach auff eynem hohen
thron ynn hellem glantz, seines kleides saum
den kor fullet gantz. Es stunden zween seraph bey

---

2 gott, der uns *AD—K* gott, uns *BC* 4 deutsche *G* *die Verschiedenheit unter den Ausgaben, dass von hier an die letzte Note vor einem Taktstrich oder die erste Note nach einem solchen eine Fermate erhält oder auch doppelt gesetzt oder auch beides unterlassen wird, berücksichtigen die Varianten nicht* 6 Jsaia *K* 8 herrn *(so dass eine Silbe zu wenig entsteht) GH* eyne *K* 12 fellet *DE* fület *FGK* füllet *H* zwen *C* bey- || *A*

[1]) *Da B und C die Druckfehler von A, wie vor allem in Bezug auf die Noten klar hervortritt, richtig verbessern, also wohl Luthers Manuscript verglichen, haben wir auch hier deren Korrektur des Textes von A aufgenommen. Denn dieser ergibt keinen Sinn, weil* gnade *als „gnädig sein möge" aufzufassen, durch das folgende* zurlangen *verwehrt werden dürfte. An sich wäre freilich auch möglich, dass* da uns gnade zurlangen *oder* des gnade uns zurlangen *das Ursprüngliche wäre.* [2]) *S. oben S. 59, unter 10.* [3]) *b bei Hassler.* [4]) *b bei Hassler, Vulpius, Jeep, Kawerau.* [5]) *b bei Hassler, Vulpius, Jeep.* [6]) *b bei Hassler, Vulpius, Jeep, Kawerau.* [7]) *b bei Hassler, Vulpius, Jeep.*

---

1 *hinter* han *Taktstrich K* 2 flügel *CFGHIK* yedern *E* yeden *H* 4 antz-litz *F* zween *I* 6 füsse *FGHK* fuesse *I* 8 andern *I* ruffen *F* rüffen *H* 8/10 grossen *F* 10 herr *I* 12 sebaoth *BC*

1) *b bei Vulpius.* 2) *b bei Hassler, Jeep.* 3) *b bei Hassler, Vulpius, Jeep.* 4) *b bei Vulpius, Jeep.* 5) *b bei Vulpius, Jeep.* 6) *Hasslers Melodie weicht hier ab, b bei Vulpius, Jeep.* 7) *Hassler weicht hier ab, b bei Vulpius, Jeep.*

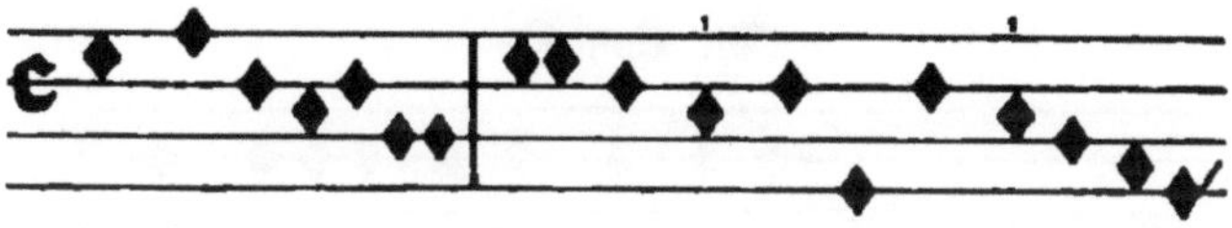

der herre zebaoth. Sein ehr die gantze welt erfullet

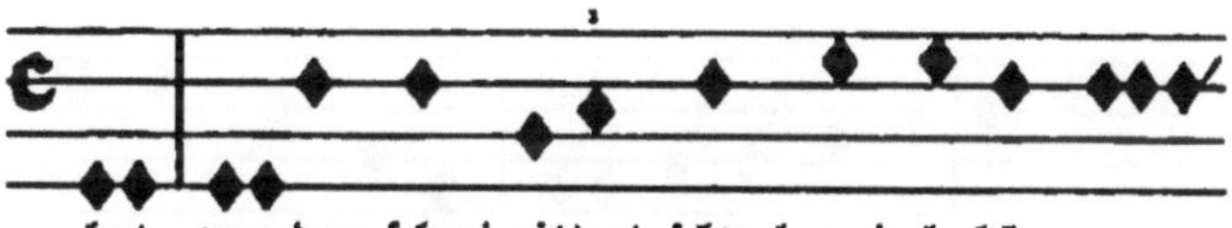

hat; von dem schrei zittert schwel und balcken gar,

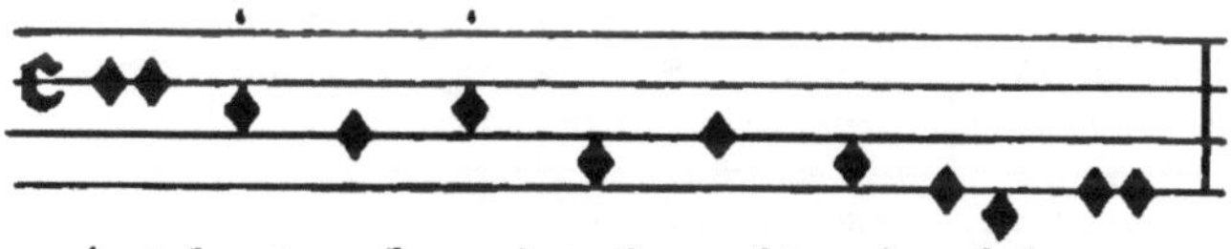

das haus auch gantz vol rauchs und nebel war.

Darnach folget die Collecten mit dem segen.

Wyr dancken dir, almechtiger herr gott, das du uns durch dise heylsame gabe hast erquicket und bitten deyne barmhertzigkeyt, das du uns solchs gedeyen lassest zu starckem glauben gegen dir und zu brinstiger liebe unter uns allen, umb Jhesus Christus unsers herrn willen. Amen.

Der herr segene dich und behutte dich.

Der herr erleuchte sein angesicht ubir dir und sey dir gnedig.

Der herr hebe seyn angesicht auff dich und gebe dyr frid.

Exercitatio odder ubunge der melodeyen.[5]

Auff das man sich wol lerne schicken ynn melodeien und wol gewone der Colon, Comaten und der gleichen pausen, setze ich hie noch eyn exempel. Eyn ander mag eyn andere nemen.

---

2 err *H* gantz *I* erfüllet *D—K* 3 *hinter* hat *irrthümlich kein Taktstrich K am Ende Taktstrich IK* 7 Darnach *bis* segen *fehlt A, ist am Schluss nach dem Impressum als Korrektur nachgetragen* folgen *DEF* segen x. *K* 8 Herre *F* diese *C* 9 erquickt *H* solchs *I* 10 brünstiger *FK* brunstiger *GH* unther *K* 11 Jesus *CDEGHIK vor Zeile 12 steht als Überschrift:* Der Segen uber das volck. *F* 12 behuete *BCI* behütte *FGHK* 13 angesich *A* 14 herre *I* 15 übunge *GH*

[1]) *b bei Vulpius.* [2]) *b bei Hassler, Vulpius, Jeep, Kawerau.* [3]) *b bei Hassler, Vulpius, Jeep.* [4]) *b bei Hassler, Vulpius, Jeep, Kawerau.* [5]) *Vgl. oben S. 60, unter 11.*

Die Epiſtel.

So ſchreybt S. Pauel, der heylig Apoſtel Jhe-
ſu Chriſti, zu den Corinthern: Dafur halt uns
yederman, nemlich fur Chriſtus diener und
haushalter ubir gottis geheymnis. Nu ſucht
man nicht mehr an den haushaltern, denn das
ſie trew erfunden werden. Mir aber iſts eyn ge-
rings, das ich von euch gerichtet werde odder

2 zu *Anfang unnöthiger Taktstrich BC* *die Note über* Jhe *irrthümlich um einen Ton höher, also d anstatt c K* 3 Sanct *K* 3/5 Jeſu *G* 5 Corintern *H* 7 yderman *GK* 9 uber *DEF* über *GH* Nun *DEFGH* 11 meer *H* 13 trewerfunden *A* trewer funden *DG* trewerten ſund *I*

von eynem menschlichem tage. Auch richte ich
mich selbest nicht. Ich bin wol nichts mir be-
wust, aber dar yn bin ich nicht gerechtfertiget.
Der herr ists aber, der mich richtet. Darumb rich-
tet nichts fur der zeit, bis der herre komme, wilch-
er auch wirt ans licht bringen was ym finstern
verborgen ist, und den radt der hertzen offinbarn;

---

8 *auf dieser und den beiden Zeilen* 5 *und* 7 *steht der Schlüssel wie die Noten etwas zu hoch in B, noch etwas höher in C* 5 *der Kustos irrthümlich zwischen der untersten und zweituntersten Linie, also g anstatt c anzeigend ADEFH* 7 *hinter* aber *kein Taktstrich BC der in A schon etwas zu tief stehende Kustos ist in FGH ganz zwischen die beiden untersten Linien gesetzt, zeigt also g anstatt a an* 9 *hinter* zeit *und hinter* komme *Taktstrich K* 10 nicht *(im Kustos) A (im Texte) H* 12 liecht *B—K* 13 *hinter* ist *Taktstrich K hinter* offinbarn *Taktstrich BCK* 14 offinbarn *(so dass eine Silbe zuviel entsteht) DF* offenbarn *E* offenbarn *GH*

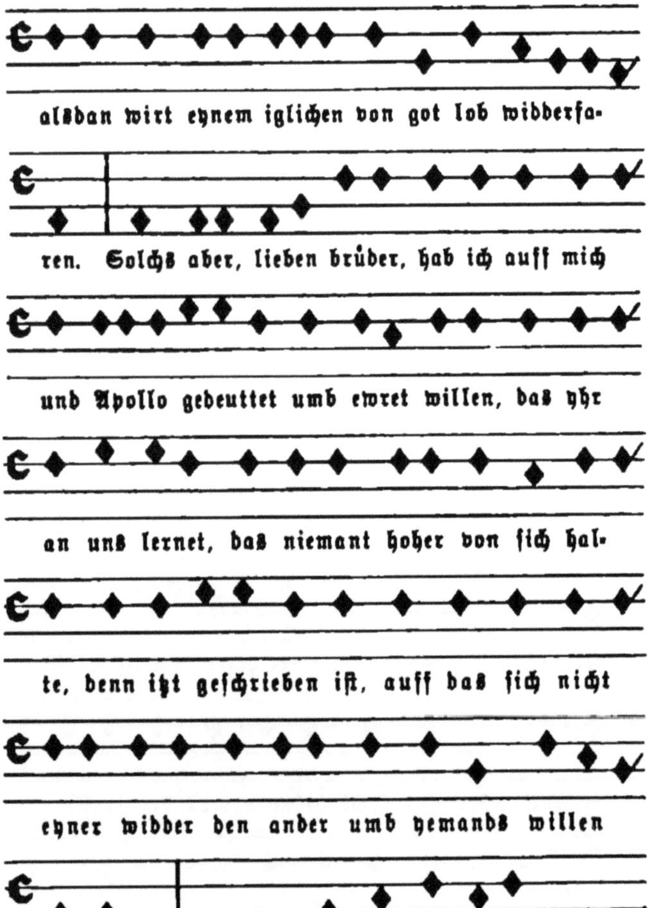

---

1 *der in A und H etwas zu hoch stehende Kustos ist in G ganz auf die zweitunterste Linie gestellt* 2 wider· *GHK* 3 *hinter* brůder *irrthümlich Taktstrich K* 6 ewert *K* 7 *hinter* lernet *Taktstrich BCK* 8 höher *CFGHIK* von] vnd *K* 9 *hinter* halte *Taktstrich I* *hinter* ist *Taktstrich BCK* 10 yetzt *DEFH* 11 *hinter* ye *irrthümlich Taktstrich G (in A scheint an dieser Stelle der Taktstrich der folgenden Seite durch)* *der Kustos einen Ton zu tief, g anstatt a anzeigend DEFGH* 12 wider *GH* andern *BCEGH* 13 *hinter* zogen *Taktstrich BCK* *hier irrthümlich die drittfolgende Notenreihe E*

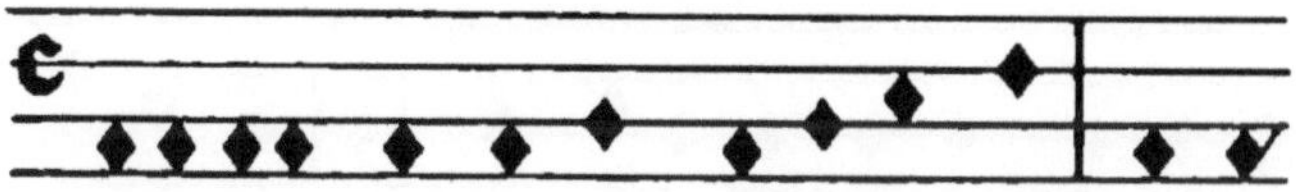

hastu aber, das du nicht empfangen hast? was

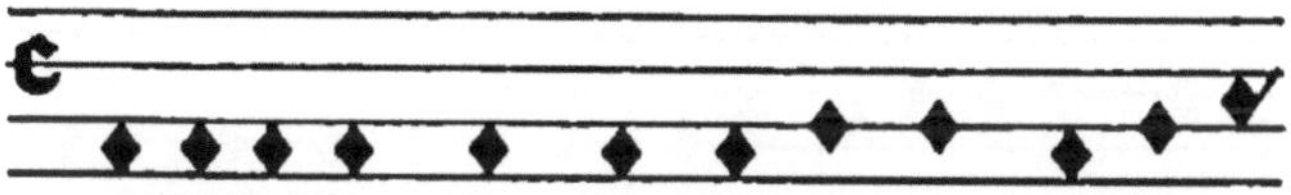

rhumestu dich denn, als der es nicht empfan-

gen hette? Ir seit schon sat worden, yr seit schon

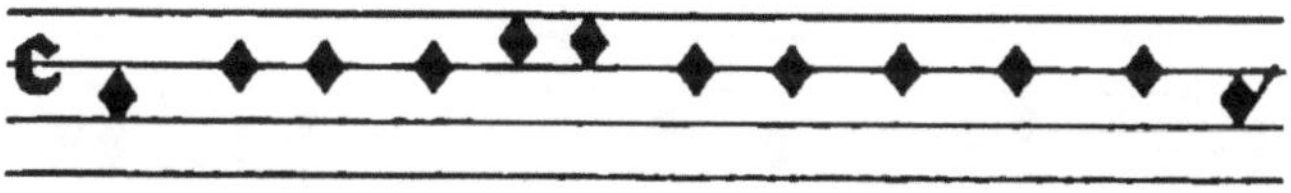

reich worden, yr hirschet on uns, und wolt gott,

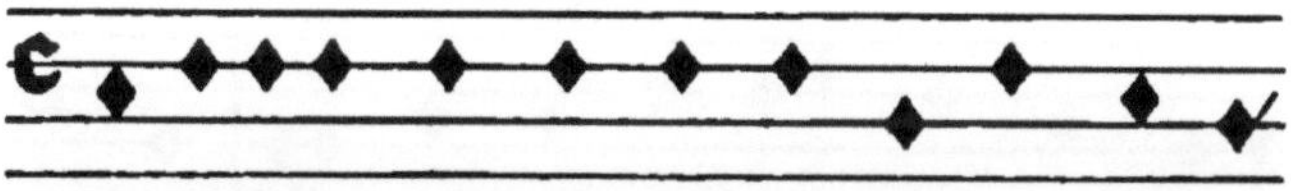

yr hirschetet, auff das auch wyr mit euch hirsch-

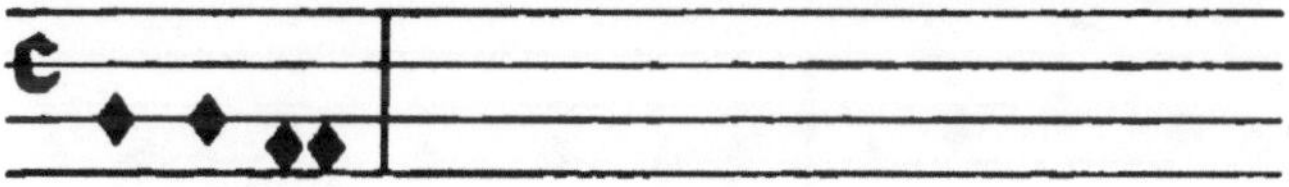

en mochten.

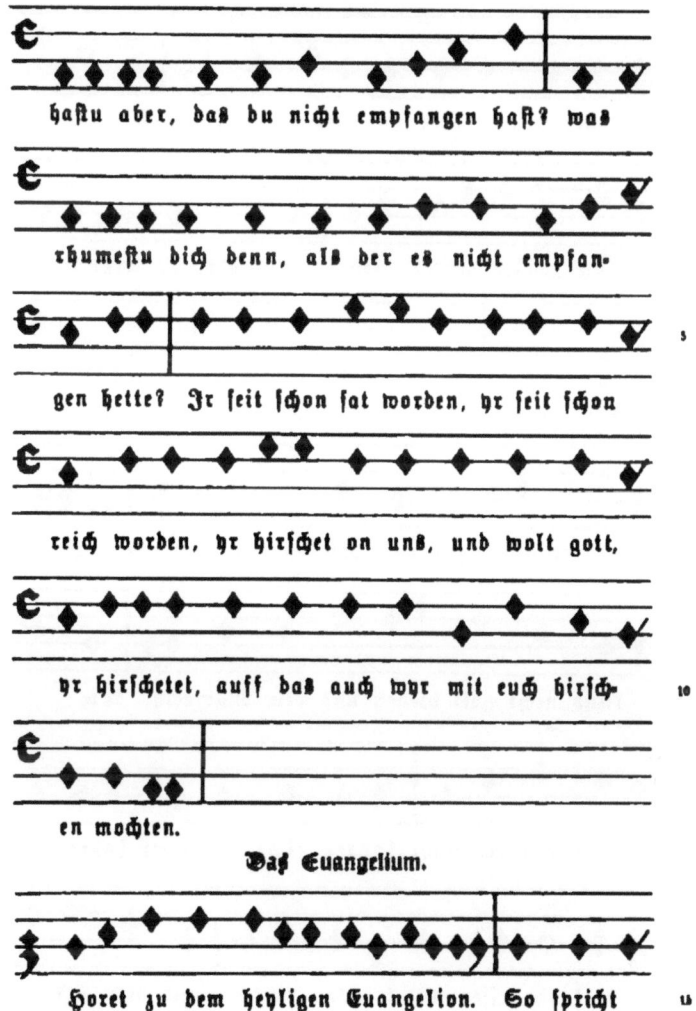

Das Euangelium.

Horet zu dem heyligen Euangelion. So spricht

---

1 *hinter* aber *irrthümlich Taktstrich K* 3 *hinter* denn *irrthümlich Taktstrich K* 4 rhůmestu *CDEFGIK* rümest du *H* 5 *hinter* worden *Taktstrich BCK hier irrthümlich die drittfrühere Notenreihe E* 6 yhr *CDEFK* 7 *hinter* worden *Taktstrich BCK hinter* uns *Taktstrich BCK* 8 yhr *CDEFK* herschet *H* 9 *hinter* hirschetet *Taktstrich K* 10 yhr *B–FK* herschetet *H* 10/12 herschen *H* 12 möchten *BCEGHIK* 14 *zu Anfang unnöthiger Taktstrich BC* 15 Höret *BCEFGHIK*

---

2 Jesus *GH* Jüngern *FGK* 3 *der Schlüssel irrthümlich eine Notenlinie höher gesetzt B* *hinter* entwedder *irrthümlich Taktstrich K* 4 entweder *GH* 7 *hinter* anhangen *Taktstrich IK* *vor der höchsten Note dieser Zeile ist ein b gesetzt I* 8 Ihr *CDEFK* 9 *vor der höchsten Note dieser Zeile ist ein b gesetzt I* 10 künd *DKF* Mommon *C* Mamman *E* 11 *hinter* leben *Taktstrich IK* 12 nit *H* eüwer *H* 14 nit *K*

ewren leyb, was yhr anziehen werdet. Iſt nicht
das leben mehr den die ſpeis und der leyb mehr
denn das kleyd? Seht die vogel unter dem hymel
an, ſie ſehen nicht, ſie erndten nicht, ſie ſamlen
nicht ynn die ſchewren, und ewer hymeliſcher vater
neret ſie doch. Seyt yr denn nicht vielmehr denn ſie?

---

1 *Schlüssel und Noten eine Notenlinie höher gesetzt C* *vor der höchsten Note ist ein b gesetzt I* *die in A etwas zu hoch stehenden drei letzten Noten sind irrthümlich ganz auf die unterste Zeile gesetzt GH* 2 yr anzihe *K* nit *K* 4 meer *H* meer *H* 6 Secht *EHI* Sehet *(so dass eine Silbe zuviel entsteht) G* vögel *GH* 8 ſeen *I* ſamblen *DEF* 9 *hinter* ſchewren *Taktstrich K* *Schlüssel und Noten eine Notenlinie höher gesetzt CK* *vor der höchsten Note ist ein b gesetzt I* 10 hymliſcher *und daher die entsprechende Note fortgelassen G* 11 *hinter* denn ſie *Taktstrich IK* 12 nehret *DEF* yhr *C*

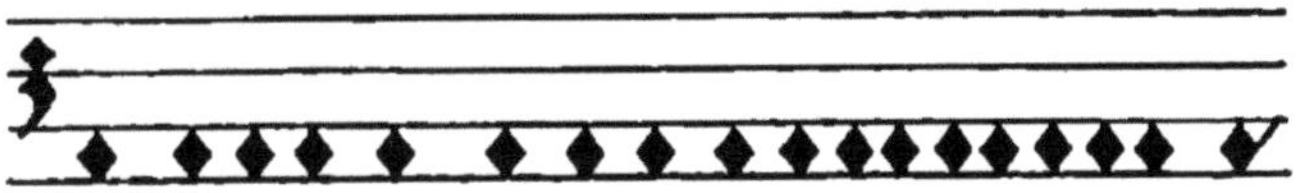

Wer ist unter euch, der seyner lenge eine elle zusetzen

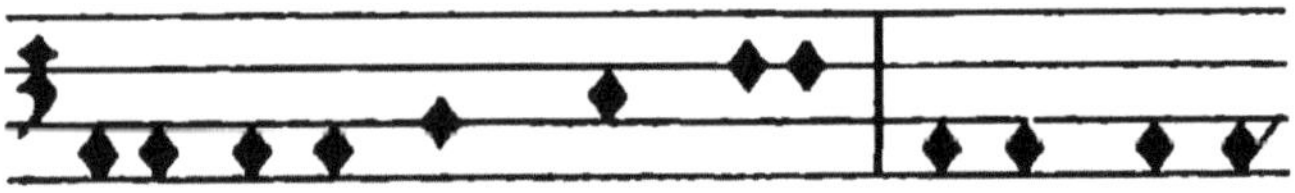

muge, ob er gleych drumb sorget? warumb sor-

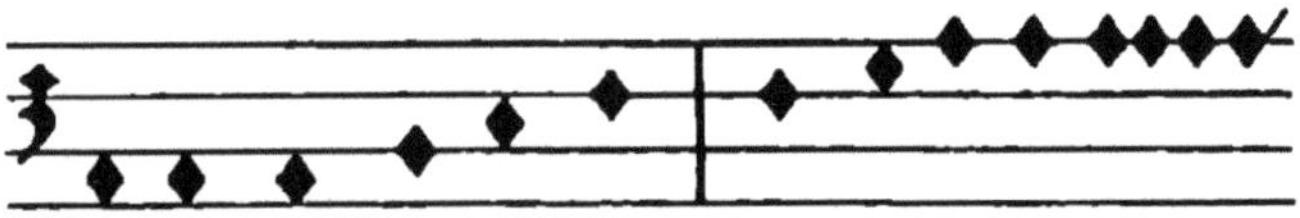

get yhr denn fur das kleid? Schawet an die lilien

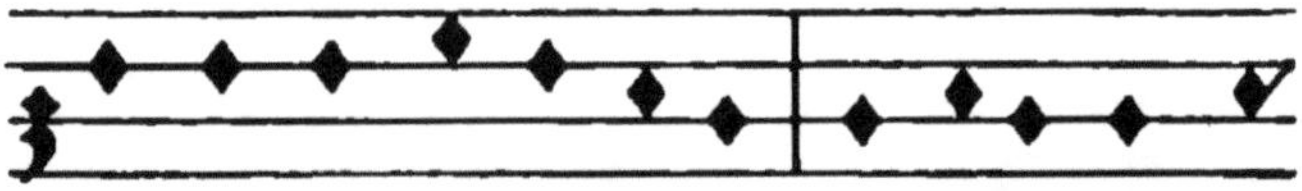

auff dem feld, wie sie wachsen: Sie erbten nicht,

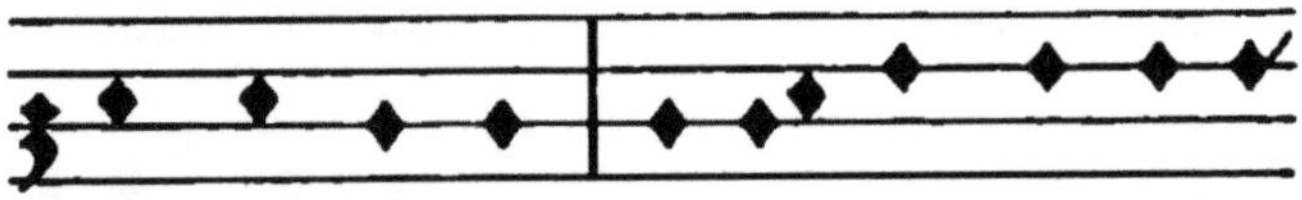

auch nehn sie nicht. Ich sage euch, das auch

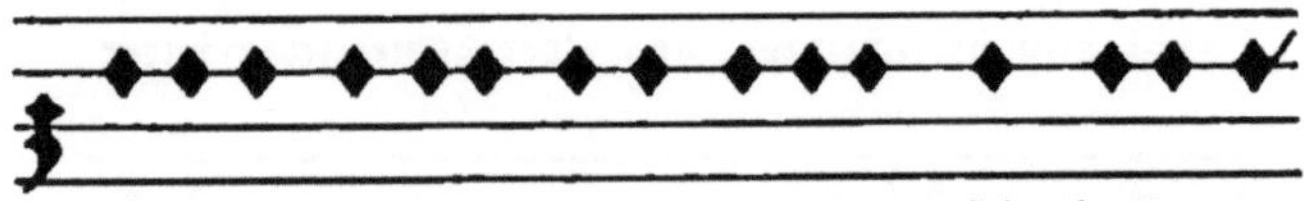

Salomon yn aller seyner herlickeyt nicht beclev-

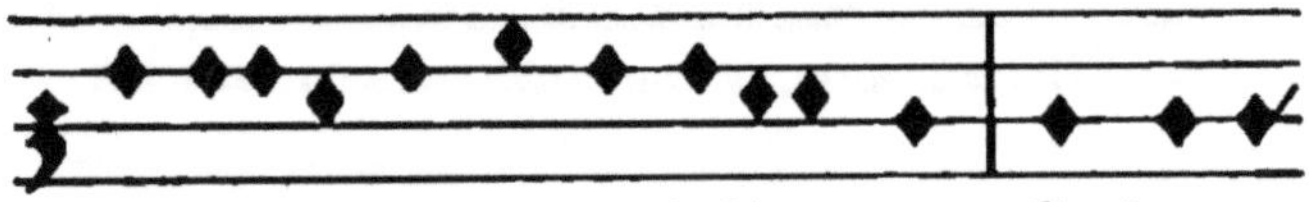

det gewesen ist als der selbigen eyns. So dann

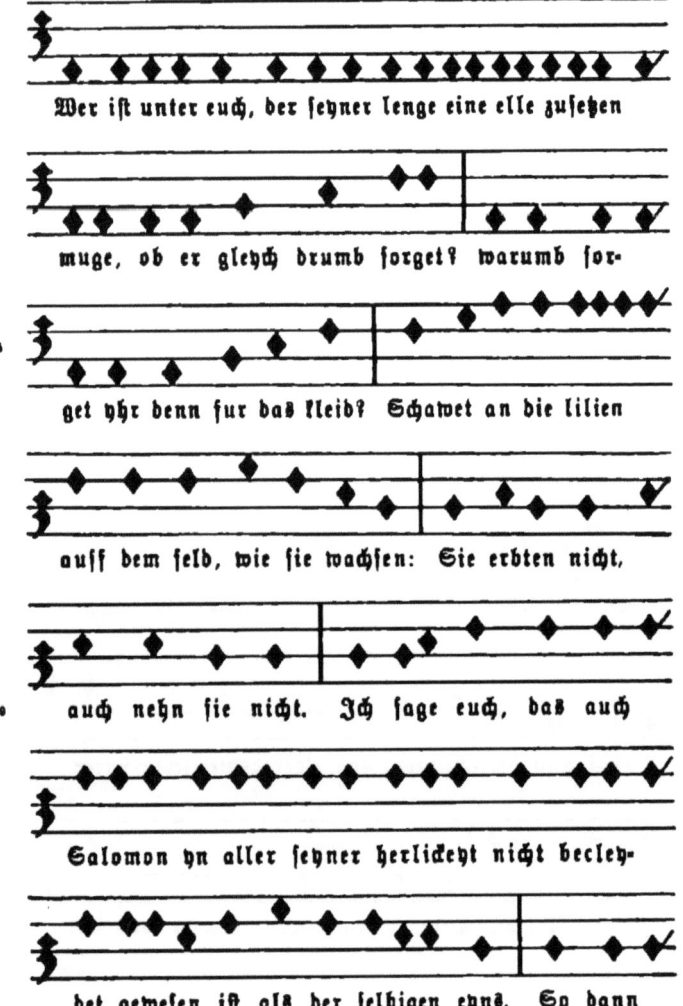

2 leng (so dass eine Silbe zuwenig entsteht) F eyner elle F 3 hinter muge irrthümlich Taktstrich K 4 müge CDEFIK möge GH drümb K 7 vor der höchsten Note ist ein b gesetzt I hinter nicht Taktstrich K 9 hinter euch irrthümlich Taktstrich K 10 nitt K 13 hinter ist irrthümlich Taktstrich K

1 *hinter* kleydet *Taktstrich K*   3 *hinter* steht *irrthümlich Taktstrich IK*   4 stehet *so dass eine Silbe zuviel entsteht G*   6 nit *H*   wer *I*   7 *hinter* thun *irrthümlich kein Taktstrich I*   8 yhr *CDEFK*   yhr *CDEFIK*   9 *Schlüssel und Noten eine Notenlinie höher gesetzt C*   *hinter* essen *kein Taktstrich I*   13 *von hier bis zu Ende die Noten und daher auch der Schlüssel um eine Notenlinie tiefer gesetzt BC*   *die Note über* trach *irrthümlich einen halben Ton tiefer (also a anstatt b) G*

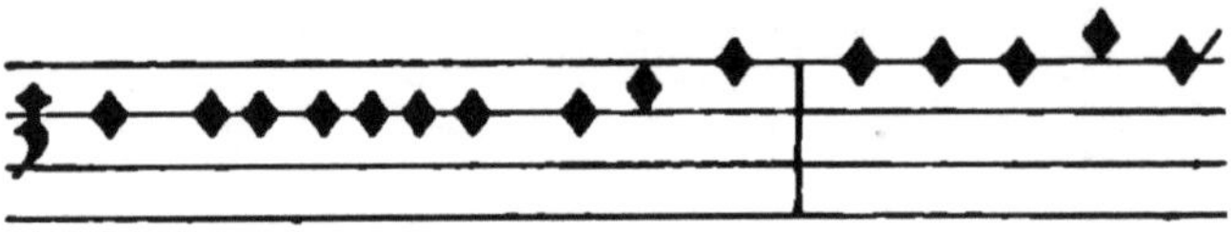

Denn ewer himelischer vatter weis, das yr des al-

les bedurffet. Tracht am ersten nach dem reich

gottes und nach seiner gerechtickeyt. So wirt

euch solchs alles zufallen. Drumb sorget nicht

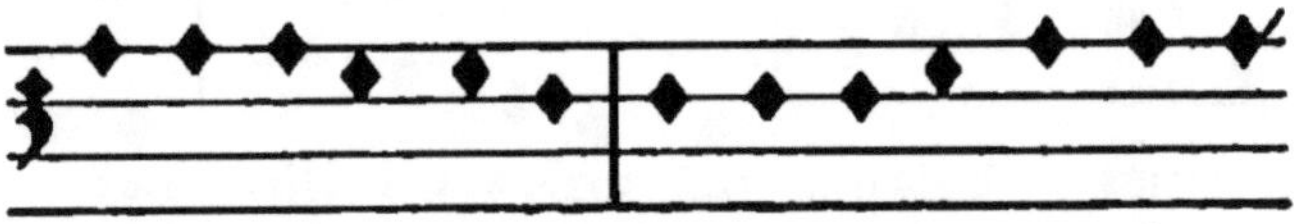

fur den andern morgen, den der morgen tag wirt

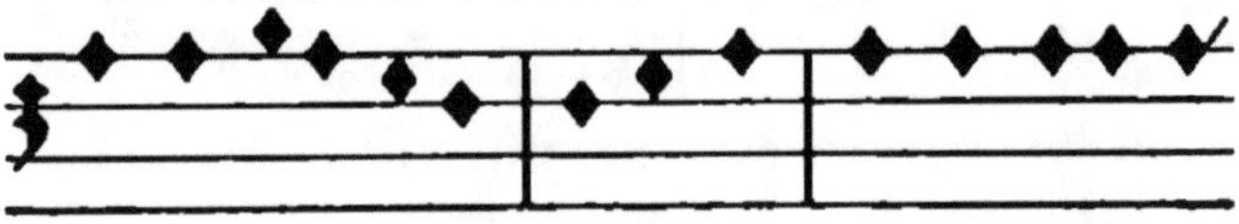

fur das seine sorgen. Es ist gnug, das eyn iglich

tag seyn eygen ubel habe.

---

2 yhr *CDEFIK* 4 bedürffet *DEFHK* 5 *Taktstrich hinter* gottes *IK* *Taktstrich hinter* gerechtickeyt *CIK* 6 Gottis *E* 8 Darúmb *(so dass eine Silbe zuviel entsteht) GH* 10 wirt] wir *H* 11 *hinter* gnug *richtig kein Taktstrich I* 12 iglich *C*

Das sey gesagt vom teglichen Gottis dienst und vom wort Gottis zu leren, allermeyst fur die jugent auff zu zyhen und fur die eynfeltigen zu reyzen. Denn die ienigen so aus furwitz und lust newer dinge gerne zu gaffen, sollen solichs alles gar balde müde und uberdrüssig werden, wie sie bisher auch ynn dem latinschen Gottis dienst gethan haben, da man ynn den kirchen teglich gesungen und gelesen hat und dennoch die kirchen wust und ledig blieben sind, und schon bereyt auch im deudschen thun. Darumb ists das beste, das solcher gotts dienst auff die jugent gestellet werde und auff die eynfeltigen, so zufals er zu komen. Es wil doch bey den andern widder gesetz noch ordnung noch vermanen noch treyben helffen, die las man faren, das sie williglich und frey lassen ym gotts dienst, was sie unwillig und ungerne thun: Gott gefallen doch gezwungene dienst nicht und sind vergeblich und verloren.

Aber mit den festen, als weynachten, ostern, pfingsten, Michaelis, purificationis und der gleychen mus es gehen wie bisher latinsch, bis man deudsch gesang gnug dazu habe. Denn dis werck ist ym anheben, darumb ists noch nit alles bereyt, was dazu gehort, alleyne das man wisse, wie es auff eynerley weyse solle und muge zugehen, das der mancherley weyse rad und mass gefunden werde.

Die fasten, palmtag und marterwochen lassen wyr bleyben, nicht das wyr yemand zu fasten zwingen, sondern das die passion und die Euangelia, so auff die selbige zeyt geordenet sind, bleyben sollen; doch nicht also, das man das hunger tuch[1], palmen schiessen[2], bilde decken[3] und was des gauckel wercks mehr ist, halten odder vier passion singen odder acht stunden am karfreytag an der passion zu predigen haben[4], sonder die marterwoche sol gleych wie ander wochen seyn, on das man die passion predige des tages eyne stunde

2 leeren *D* lehren *DE* 2/3 allermeyst fur die eynfeltigen zu reytzenn, Denn die Jugendt auff zu ziehenn vnnd die yhenigen, so *DEF* 2 und *fehlt I* 3 furwitzt *F* gern *G* geren *H* 4 söllichs *I* 5 ynn den latinschen *bis* da man *fehlt F* Latinischen *EGH* 6 dennocht *H* wüst *DFGHK* wüst *E* 7 bleyben *I* 8 gottis dienst *BC* 9 herzu *FH* ehr zu *I* wider *G* weder *H* 10 last *I* 11 willig *I* ynn *C* 12 dinst *DEF* sind nit vergeblich *I* 15 latinisch *FGHI* 15/16 deudsch *bis* werck *fehlt I* 16 darzů *H* das *BC* 17 nicht *BCK* gehört *CFGHIK* allain *H* 18 müge *DEFIK* möge *GH* 21 ymand *K* 22 geordnet *BCH* nit *H* 23 tüch *E* bild *H* 24 mer *I* 25 sondern *BC* 26 tags ain *H*

[1]) *Während des Advents und der Fastenzeit wurden in den katholischen Kirchen die Altarbilder mit einem Tuch verhüllt. Vgl. Unsere Ausg. VII, 369 Anm. u. Nachträge z. St.* [2]) *Das Werfen von Baumzweigen nach dem am Palmsonntage herumgeführten, eine Figur tragenden Esel.* [3]) *Bilder verhüllen.* [4]) *Am Mittwoch, Donnerstag und Freitag der Karwoche währt der die Passionsgeschichte behandelnde Gottesdienst am Nachmittage bis zu sechs oder acht Stunden lang. Geiler von Kaisersperg fragt, wozu es gut sei, dann sechs bis sieben Stunden zu predigen; „die Weiber seichen in die Stühle“* (Euangelia mit vßlegung, *Bl. 78). Zu Anmerkung 1–4 vgl. Erl.*[2] *24, 103 f.*

durch die woche odder wie viel tage es geluſtet, und das ſacrament neme wer do wil. Denn es ſol ja alles umb des worts und ſacramenten willen unter den Chriſten geſchehen ym gotts dienſt.

Summa, diſer und aller ordnunge iſt alſo zu gebrauchen, das wo eyn misbrauch draus wird, das man ſie flux abthu und eyne andere mache, gleych wie der künig Ezechias[1] die eherne ſchlange, die doch gott ſelbs befolhen hatte 2. Kön. 18, 4
zu machen, darumb zubrach und abthet, das die kinder Iſrael derſelbigen miſbrauchten; denn die ordnung ſollen zu fodderung des glaubens und der liebe dienen und nicht zu nachteyl des glaubens. Wenn ſie nu das nicht mehr thun, ſo ſind ſie ſchon thot und abe und gelten nichts mehr, gleych als wenn eyn gute muntze verfelſcht, umb des misbrauchs willen auffgehaben und geendert wird, oder als wenn die newen ſchuch alt werden und drucken, nicht mehr getragen, ſondern weg geworffen und ander gekaufft werden. Ordnung iſt eyn euſſerlich ding, ſie ſey wie gut ſie will, ſo kan ſie ynn misbrauch geratten. Denn aber iſts nicht mehr eyn ordnung, ſondern eyn unordnung; darumb ſtehet und gilt keyne ordnung von yhr ſelbs etwas, wie bis her die Bepſtliche ordnunge geachtet ſind geweſen, ſondern aller ordnunge leben, wirde, krafft und tugent iſt der rechte brauch, ſonſt gilt ſie und taug gar nichts. Gotts geiſt und gnade ſey mit uns allen. Amen.

Martinus Luther.

---

1 dy *I* geluſtet *F* nehme *E* 2 da *H* 3 dienſts *E* 6 könig *CEFG* ſelbſt *F* 8 ſoderung *H* 9 nun *GHK* 10 tod *C* todt *DEFGH* meer *H* mer *I* 11 müntze *DFGHK* verfelſchſt *GH* 13 meer *H* werg *H* 14 wöl *H* 15 gerotten *G* meer *H* 16 ſelb *A* 17 ordnung *(vor* geachtet*) H* 18 taugt *H* 19 gottes *H* 20 Martinus Luther *fehlt CGH (dafür steht es auf dem Titel) C*

[1]) *So in Septuaginta und Vulgata für Hiskias.*

Antwortschreiben an die Christen zu Reutlingen.

4. Januar 1526.

Nachdem das Jahr 1525 den Kampf Luthers gegen „die himmlischen Propheten“ gebracht, wird das Jahr 1526 durch die Vorspiele des Kampfes gegen die Schweizer „Schwärmer“ charakterisirt, welcher im Jahre 1527 zu heller Flamme auflodert.[1]

In welcher Weise Zwingli seiner Abendmahlslehre Eingang zu verschaffen suchte, schildert er selbst: „Ich war schon vor mehreren Jahren dieser Ansicht über das Abendmahl. Aber mein Plan war, sie nicht unvorsichtig ins Volk zu werfen, damit ich nicht Perlen vor die Säue würfe, ohne vorher häufig mit gelehrten und frommen Männern verhandelt zu haben; damit diese nach fast aller Meinung hochwichtige Sache, wenn sie einst an die Öffentlichkeit käme, viele Beschützer hätte und jenem lärmenden Neide ausbiegen könnte, welcher einzig durch unsinniges Klagegeschrei die frommen Gemüther vom Lesen, Hören, Urtheilen abschreckt. Mein Plan gelang nach Wunsch.“ Um die Abendmahlsfrage zunächst „mit vielen Gelehrten heimlich zu verhandeln“, ohne doch als unberufener Streiterreger zu erscheinen, entwickelte er seine neue Anschauung in einem fingirten Schreiben an den lutherisch gesinnten Alber. Die Abfassung motivirte er damit: „Aspersit nos rumor de certamine, quod tibi futurum est cum quodam fratre, ut aiunt, ingenue etiam Christo favente, qui ut facie mihi notus est, ita nomine ignotus ... certamen Michael noster audivit περὶ τῆς εὐχαριστίας esse indictum“; am Schluß hinzufügend, es sei der Franziskaner Konrad Hermann gemeint. Die, nicht dem Alber zugeschickte[2], Abhandlung ließ Zwingli in „mehr als fünfhundert“ Abschriften im Geheimen verbreiten. Eine zu frühzeitige Veröffentlichung suchte er dadurch zu verhindern,

---

[1]) Über den Abendmahlsstreit im Allgemeinen vgl. A. Ebrard, Das Dogma vom heiligen Abendmahl und seine Geschichte, 1845 f. K. F. A. Kahnis, Die Lehre vom Abendmahl, 1851. A. W. Dieckhoff, Die evangelische Abendmahlslehre im Reformationszeitalter geschichtlich dargestellt, 1854. H. Schmid, Der Kampf der lutherischen Kirche um Luthers Lehre vom Abendmahl im Reformationszeitalter, 1868. Plitt, Einleitung in die Augustana I, 1867. A. Baur, Zwinglis Theologie, ihr Werden und ihr System, 1885 u. 1889. Sodann die Kirchengeschichten und die Biographien. In den in Betracht kommenden Einleitungen dieses unseres Bandes vorgetragene neue Auffassungen sind weiter ausgeführt und begründet in „Wilh. Walther, Reformirte Taktik im Sakramentsstreit der Reformationszeit“, Neue Kirchliche Zeitschrift 1896, S. 794 ff. und S. 917 ff. Keim, Die Stellung der schwäbischen Kirchen zur zwinglisch-lutherischen Spaltung, Theologische Jahrbücher, 1854. 1855. Über Alber, vgl. Julius Hartmann, Matthäus Alber, 1863. Bossert, Der Reutlinger Sieg 1524, 1894.

[2]) Zw. 7, 476.

daß er hinzufügte: „Adiuro te per Christum Iesum, qui iudicaturus est vivos et mortuos, ut hanc epistolam nulli hominum communices, quam ei, quem constet sincerum esse in fide eiusdem domini nostri. Ego idem sum facturus; et si quando usus postulabit ut typis excudatur, ego eam rem curabo“.[1]

Als dieses Vorgehen keinen Widerspruch fand, vielmehr alle, mit denen Zwingli so verhandelte, auf seine Seite übergingen, wagte er offen hervorzutreten und ließ im März 1525 jenen Brief auch durch den Druck veröffentlichen:

„AD MAT ‖ THAEVM ALBERVM RVTLIN ‖ genſium Eccleſiaſten, de Cœna Domi- ‖ nica, Huldrychi Zuinglij ‖ Epiſtola.“ ‖ Holzschnitt. ‖ „Venite ad me omnes, qui laboratis & one ‖ rati estis, & ego requiem uobis ‖ præſtabo. Matt. 11. ‖“ 16 Blätter in Oktav. Die beiden letzten Blätter leer. Am Ende: „TIGVRI in ædibus Chriſtophori Fro- ‖ ſchouer. Anno M.D.XXV. ‖ Menſe Martio. ‖“

Vorhanden z. B. in München HSt.

Auch erschienen zwei deutsche Ausgaben, die eine jedenfalls noch in demselben Jahre von dem Freunde Zwinglis, dem Züricher Professor Georg Binder.[2] Gleichzeitig trugen Zwingli und Oekolampad dieselbe Lehre vom Abendmahl in anderen Schriften vor.

Naturgemäß wurden die Gemüther gerade in Reutlingen durch die an ihren Prediger gerichtete Schrift stark erregt. Da keine Erwiderung Albers vorliegen konnte, durfte man sogar ungewiß sein, wie dieser über Zwinglis Lehre urtheile. Um sich Raths zu erholen, wandte Alber sich zunächst an Melanchthon, den er schon von seiner Tübinger Studienzeit her hoch verehrte. Er erhielt die Antwort: „De eucharistia non subscribo Cinglianae sententiae: nititur ea quidem multis coniecturis, sed qua si conferas ad Paulum, parum firmas esse intelligas“.[3] Luther aber, von welchem man vor Allem eine Aufnahme des von den Schweizern hingeworfenen Fehdehandschuhes erwarten durfte, schwieg beharrlich, dies seinem Freunde Nik. Hausmann gegenüber mit den Worten erklärend: „Invadunt nos Zwinglius et Oecolampadius; sed hoc aliis relinquatur vel potius contemnatur“.[4]

Da beschlossen die Reutlinger zu Ende des Jahres 1525, eine Gesandtschaft nach Wittenberg abzuschicken, um Luther zu einer Meinungsäußerung zu bewegen. Daß dieses der Zweck der Sendung war, daß nicht „ein Gutachten über die durch Alber ins Werk gesetzten Reformen und über die schwebende Abendmahlsfrage eingeholt werden sollte“ (so Hartmann), dürfte schon aus dem sich ergeben, was Justus Jonas über die Absicht der Reutlinger Gesandten an demselben 4. Januar, an welchem Luther seine Antwort niederschrieb, an Joh. v. Dolzigk berichtet: „Die prediger und bruder zcu Reutelingen haben itzund ein bothen hir, auch in der sacraments sachen, bitten das der doctor wider Zwingeln schreiben wolle, sagen wy dy lare, wy das der leib und blut Christi nytt do sey, wunder ser eynreisse und geschwinde lauff und zunehme zw Zurch in Schweitz allenthalben. Philippus und ich haben gestern den gantzen S. Hieronymum fast alle ort außgesucht, wo er

---

[1]) Zw. 8, 330. 269. 605. [2]) Zwingli's Brief an Alber: Zw. 3, 589 ff., in deutscher Übersetzung bei Walch Bd. XVII Sp. 1880 ff. [3]) Hartmann, a. a. O., S. 22 u. 95. [4]) Enders, Luthers Briefwechsel 5, 249 (De Wette 3, 32).

dor von geschriben."[1] Zu dieser Darstellung stimmt auch das Schreiben Luthers, welches eine ausführliche Widerlegung der Schweizer für später in Aussicht stellt, und nicht zuläßt, die Lage in Reutlingen sich so vorzustellen, als hätte man daselbst über die von Alber vorgenommenen Reformen und über die Abendmahlsfrage erst eines Gutachtens von Luther bedurft. Denn über jene schreibt Luther nur in einem gleichzeitigen Privatbriefe an Alber, und hinsichtlich dieser hatten die Abgesandten den Zustand ihrer Kirche als adhuc integrum et purum ab istis nequitiis spiritualibus darstellen können. Wohl aber fürchtete man, daß bei längerem Schweigen Luthers nicht nur wenige Einzelne, wie jener Franziskaner und der Arzt Alexander Hyntz, sondern mehrere sich zu Zwingli's Auffassung bekennen könnten; wie denn Joh. Brenz später nach Reutlingen von denen schrieb, qui apud vos nonnihil in conscientia de ea re periclitabantur[2]. So konnte auch Luther in dem gleichzeitig an Alber persönlich gerichteten Schreiben seine hohe Freude über die guten Nachrichten hinsichtlich des Standes der Kirche in Reutlingen aussprechen. Und in diesem Briefe gab er auch das von Alber persönlich erbetene Urtheil über die von diesem vorgenommene Änderung der Ceremonien.[3]

Im Februar 1526 erfuhr Oekolampad von dem Sendschreiben Luthers an die Reutlinger und berichtete an Zwingli: „Lutherus quoque Rutlingenses a favore nostro dehortatus est epistola, quam nondum vidi, polliceturque adversus nos ingentia. Verum quid contra veritatem praevalebit caro".[4] Daß Luther nicht auf eigenen Antrieb sich in die Angelegenheiten der Reutlinger gemischt, sondern nur eine erbetene Antwort ertheilt hatte, war Oekolampad wohl unbekannt. Am 23. Juni erhielt Oekolampad von Zwingli den Druck des Briefes zugesandt. Denn in seinem Schreiben von diesem Tage kann unter dem libellus Lutheri nichts anderes verstanden werden, weil dafür auch epistola Lutheri gesagt wird.[5] Da nun die Schweizer zu jener Zeit mit der größten Spannung einer die Abendmahlsfrage behandelnden Schrift Luthers entgegensahen, auch besondere Vorkehrungen trafen, um eine solche sofort nach ihrem Erscheinen zugesandt zu bekommen[6], so wird Luthers Brief an die Reutlinger erst im Juni zum Druck befördert sein. Zwingli berücksichtigte denselben in seiner Schrift Amica Exegesis. Er warf Luther vor, derselbe habe die Gegner seiner Abendmahlslehre inter fanaticos et praestigatores gerechnet, idque libris editis, ut est in epistola ad Rutlingenses[7], indem er nicht beachtete, daß der einzige Druck dieses Briefes nicht in Wittenberg veranstaltet, also nicht von Luther verschuldet war.

Selbstverständlich war Luthers Sendschreiben nicht imstande, den Alber und seine Freunde in allen Punkten zu Anhängern der Lutherschen Auffassung vom Abendmahl zu machen. Wir sehen ihn daher in den zu Anfang 1527 an Brenz zur Beurtheilung gesandten „Axiomen" über dasselbe noch nicht den Empfang des Leibes und Blutes Christi auch durch Ungläubige annehmen und erst später hinsichtlich dieser Frage anders denken.[8]

---

[1]) Kolde, Analecta Lutherana, S. 78f. Kawerau, Der Briefwechsel des J. Jonas 1, 97f. [2]) Füsing, Reformation der Stadt Reutlingen, 1717, S. 121. [3]) Enders 5, 301 (De Wette 3, 78). [4]) Zw. 7, 476. [5]) Das. 7, 518f. [6]) Vgl. Oekolampad's Brief vom 20. April 1526 in Oecolampadii et Huldr. Zuinglii epistolarum libri IV, Basil. 1536, fol. 212 B. [7]) Zw. 3, 402. [8]) Füsing, a. a. O. S. 119ff. Des Alber *Μέθοδος* seu compendiaria via reconciliandi partes de coena dom. controvertentes bei Pfaff, Acta et scripta publ. Eccl. Wirtemberg., S. 31f. Ein friedlicher Brief Albers an Zwingli: Zw. 8, 360f.

1. Die Handschrift.

„Allen lieben Christen ‖ Zu Reúdlingen mey‖nen lieben Herrn freun|denn, brudern ynn Christo ‖“ So lautet die Adresse des von Luthers Hand geschriebenen Originals, welches in dem „Stamm-, Wappen- und Handschriftenbuch“ der Königl. öffentl. Bibliothek zu Stuttgart[1] aufbewahrt wird. Der Brief füllt 3½ Seiten in Folio. Das Ganze ist, nachdem es zu zwei Blättern zusammengelegt war, der Länge nach zweimal, der Höhe nach dreimal geknickt, und dann die Adresse auf die vierte Seite (also auf den 12. Theil der Seite) geschrieben. Das Papier ist etwas rauh, aber fest; als Wasserzeichen trägt es einen Ochsenkopf mit Kreuz, an dessen Stamm sich eine Schlange windet. — Bei genauerer Prüfung der Schriftzüge aber ergibt sich, daß fast alle über den Buchstaben sich findenden diakritischen Zeichen mit anderer Tinte geschrieben sind, als das Übrige. Und zwar kann diese zweite Hand nicht diejenige Luthers gewesen sein. Denn sie setzt dreimal infolge falscher Lesung falsche Zeichen (z. B. wird in „auffrichtigen“ (118, 21) das erste i, welches ohne Punkt geschrieben war, mit dem folgenden c zusammen als u gelesen und dieses mit zwei Punkten versehen. Auch entstehen durch diese Zeichen Wortformen, die Luther ungewohnt waren, wie „baürn“ (118, 32 u. 120, 5), „nü“ (120, 21 u. 122, 21) und „gäuckeln“ (120, 36).

2. Die Ausgabe.

„Allenn lieben Christen zů ‖ Reütlingen meinen lieben ‖ hern., freünden, brüe- ‖ dern in Christo. ‖ Martinus ‖ Luther. ‖ Wittemberg. ‖ Anno. M. D. xxvj. ‖“ Mit Titeleinfassung. 6 Blätter in Quart; die letzten drei Seiten leer.

Kein Wittenberger Druck. Vorhanden z. B. in der Knaakeschen Slg., Erlangen, Worms.

In den Gesammtausgaben findet sich dieser Brief Eisleben Bd. I Bl. 393f.; Altenburg Bd. III S. 332—334; Leipzig Bd. XIX S. 372—374; Walch Bd. XVII Sp. 1913—1918; Erlangen Bd. 53 S. 359—364 (vgl. dazu Enders, Luthers Briefw. 5, 302f.). Außerdem ist er abgedruckt bei Füßing, Ref. der Stadt Reutlingen S. 105; Pfaff, Acta et scripta publ. Eccles. Wirtemberg. p. 26ff. (vorher, pag. 9ff., Zwinglis Brief an Alber); De Wette 3, S. 79—82.

Wir geben, wie in den früheren ähnlichen Fällen (vgl. Bd. VII, 302fg.) links den Text der Handschrift durchaus unverändert[2], natürlich unter Fortlassung der nicht von Luther herrührenden Lesezeichen, rechts den des Druckes, behandelt nach den Grundsätzen unserer Ausgabe.

---

[1]) Näheres über dasselbe s. Unsre Ausg. Bd. IX, S. 171. [2]) Über die Abkürzungen unter dem Texte vgl. Bd. XIV, 496.

Allen lieben Christen Zu Reudlingen meynen lieben Herrn freundenn, brudern ynn Christo

Gnad vnd fride ynn Christo vnserm herrn vnd heylande, Es haben vns,
lieben freunde ynn Christo, ewre zu vns gesandten bruder hochlich er-
frewet, mit der trostlichen bottschafft, so sie vns bracht haben, wie das der
barmhertzige Gott euch gnediglich begabt hat, mit rechtschaffenen predigern vnd
seelsorgern, durch wilche er euch hat gefurt vnd noch teglich furet, aus den
1. Petr. 2, 9 vorigen finsternissen, vnd wie .S. Petrus sagt, aus vnserer vorfaren vnd elltern,
satzungen vnd weyssen, ynn seyne warheyt vnd wunderbars liecht, zu erkennen
seynen son. vnd vnsern herrn Jhesum Christum, wilcher vns nicht durch
vnser werck odder macht, wie wyr bis her gelernt vnd gegleubt, sondern durch
seyn eygen blut, hat von sunden vnd tod erloset, vnd zum leben vnd zür
selickeyt bracht, nach dem ewigen rad Gottes vnsers vaters, dem es also von
ewickeyt gefallen hat, vns zu dieser zeyt, seyne barmhertzickeyt, on vnser ver-
dienst, thun odder gedencken, laüter aus gnaden, den vnwirdigen vnd viel
anders verdieneten, so reichlich zu schencken, Dem sey lob vnd danck, ehr vnd
preys ynn ewickeyt Amen

Wyr bitten auch von hertzen den selbigen vnsern vater, das er euch
sampt vns, ynn solcher angefangener erkentnis, gnaden vnd liechts, wollte
gnediglich erhallten, stercken vnd mehren, auch widder alle listige angriffe, der
teufflichen bosheyt, ynn reynem, auffrichtigen, bestendigen synn vnd verstand
beschützen vnd beschyrmen, wie vns das hoch von notten ist, Denn euch ist
on zweyffel wol bewust, wie sich vnser feynd Der teuffel vmb vns gelegt hat,
1. Petr. 5, 8 wuetet vnd brullet, wie eyn zorniger lawe, vnd sucht, wie er vns verschlinge,
Vnd hat furwar sich ynn diesem iar, beweyset, was fur eyn mechtiger herr
er sey ynn der wellt, wo yhm Gott verhenget, vnd das ynn zwey stucken,
Erstlich mit gewallt, das er keyser, fursten, vnd herren widder vns treybt
vnd zu letzt auch den armen poffel zur aüffrür erweckt hat, vnter dem namen
des Euangelij Da sehet seyne teufflissche vnd vber menschliche schalckeyt, Weyl
er durch Bapst vnd keyser seyne gewalt nicht mocht gnugsam vben, richt
er den vnglympff an vnd thut dem Euangelio die schande auff, Das ist dem
Euangelio wird schuld gegeben, alle das vbel, so durch vnd vber den baurn

---

1/2 *Adresse des Briefes. S. oben S. 4* 13 *oder* Gottis 20 von auch *ist nur der Anfang des* a *und das Ende des* ch *vorhanden, dazwischen ist ein Loch im Papier* 21 *zwischen* ynn *und* eynem *ist ein Klecks, welcher einen Buchstaben, wahrscheinlich* r, *bedeckt, da von dem Klecks ein Verbindungsstrich zu dem* e *führt* 22 *vielleicht rühren die Punkte über dem* u *in* beschützen *von der zweiten Hand her* 24 *oder* sücht 29 Euangelio c *in* Euangelij 30 durch (keis) Bapst 31 *oder* thut

Allen lieben Cristen zů Reutlingen, meinen lieben herren, freünden, bruedern in Christo.

Gnad unnd fride in Christo unserm herrn und haylande! Es haben uns, lieben freünde in christo, ewere zů uns gesandten brüeder höchlich erfrewet mit der tröstlichen botschafft, so sy uns bracht haben, wie das der barmhertzig Got eüch gnedigclich begabt hat mit rechtschaffnenn predigern unnd seelsorgern[1], durch welche er eüch hat gefüert unnd noch teglich füeret auß den vorigen finsternüssen und, wie S. petrus sagt, uß unsern[2] vorfaren und öltern satzungen und weysen in seine warhait unnd wunderbars liecht, zůerkennen seinen Son und unsern herren Jesum christum, welcher unns nit durch unser werck oder macht, wie wir bis her gelernt und geglaubt, Sonder durch sein aigen blůt hat von sünden unnd thodt erlößt und zům leben unnd zůr seligkait bracht, nach dem ewigen rat gottes unsers vaters, dem es allso vonn ewigkait gefallen hat, uns zů diser zeyt sein barmhertzigkait on unser verdienst, thůn oder gedencken, lautter auß gnaden den unwirdigen unnd viel annders verdienten so reichlich zů schencken; dem sey lob und danck, er unnd preyß in ewigkeit, Amen.

Wir bitten auch von hertzen den selbigen unsern vatter, das er euch sampt uns in solcher angefangner erkantnus gnaden und liechts wolle gnediglich erhalten, stercken und meren, auch wider alle listige angriffe der teüffelischen boßheit in reynem, auffrichtigen, bestendigen synn und verstandt beschützen unnd beschirmen, wie uns das hoch von nötten ist; den eüch ist onzweifel wol bewüst, wie sich unser veind, der teüfel umb uns gelegt hat, wüettet unnd brüllet wie ein zorniger lewe, und sůcht, wie er uns verschlinge, und hat fürwar sich in disem jar beweyset, was für ein mechtiger herr er sey in der wellt, wo im gott verhinget, unnd das in zweyen stucken.

Erstlich mit gewalt, das er kayser, fürsten und herren wider uns treybt und zů lest auch den armen pöffel zůr auffrůr erweckt hat under dem namen des euangely. Da sehet seine teüffelische und ybermenschliche schalckheit; was er durch Bapst unnd kayser seyne gewalt nicht mocht gnůgsam yeben, richt er den unglimpff an und thůt dem Euangelio die schande auff, das itzt dem Euangelio wird schuld gegeben alle das ybel, so durch und yber den baurn

18 auch] eüch

[1]) *Neben Alber wirkte der Provisor Conrad Ellinger im reformatorischen Geiste, vgl. Fusing, a. a. O., S. 74.* [2]) *Offenbar gewährt die Hdschr. das Richtige.*

begangen ist, vnd mussen nü viel vnschuldige yhr blut druber vergiessen, Das wollte er haben, das sucht er, Also leydet nü das Euangelion beyde trübsal vnd schmach auffs aller hohest, durch solche list des teuffels zu gericht, Den lohn müs es nemen, fur alle die gnade, die es vns bracht hat, Vnd wenn mans recht bekennen vnd sagen will, so haben die herrn nicht die baurn geschlagen, wie sie sich rhumen, sondern wo sie nicht zuuor durchs Euangelion weren fur gott geschlagen gewesen fursten vnd hern hetten sie wol vngedempff
Röm. 13, 2 vnd vngeschlagen gelassen, S. Paulus spricht Ro. 13. Wer gotts ordnung widderstrebt. der wird straffe empfahen, Diser spruch schlug sie, Der thetts gar vnd alles, ehe denn keyn waffen odder wehre da war, Noch mus das Euangelion horen, Es sey geschlagen vnd habe solch vbel angericht vnd verdient, Wolan die lesterung hatt er mit der weyse zu wegen bracht, vnd yhm ist gelungen. Aber es soll vnd wird yhn doch nicht helffen, ob gott will, Es soll seyne schalckeyt widder zuschanden, vnd das Euangelion widder zu ehren werden

Das ander stuck seyner bosheyt ist, das er vns mit secten, rotten, ketzereyen vnd falsschen geystern angreyfft, sonderlich ynn den heyligen sacramenten, der tauffe vnd des altars, Damit hat er auch gewalltiglich eyngerissen, vnd thut mehr schaden durch das stuck, denn durchs erste, Das vns warlich wol zu wachen vnd auff zu sehen ist. Denn er schlefft noch ruget nicht, Nu wyr haben erlebt, das der geyst, der es zum ersten anfieng, zu stoben vnd zu flogen ist, das niemand weys wo er blieben ist. Andere folgen dem selbigen nu nach, Die sollen auch nicht lange bleyben, wie der erst psalm sagt.
Ps. 1, 4f. Die gottlosen bleyben nicht ym gericht, sondern zustieben wie staüb vom winde, Ich meyne die, so vns itzt wollen leren, Es sey ym sacrament des altars schlecht vnd eyttel brod vnd weyl, aber nicht der warhafftige leyb vnd blut Christi, Vnd hie sehe vnd greyffe doch den groben teuffel, wie vnfursichtig er handelt, durch gotts gewallt verhyndert, Dise secten hatt schon drey kopffe, Denn Daryñ komen sie vber eyns, das ym sacrament schlecht brod vnd weyn sey, Aber warumb vnd was grund das so seyn musse, sind sie gar vneyns, Der erste geyst vnd kopff gab diesen grund, Das das Tuto solle auff den sitzenden Christum, vnd nicht auffs brod deutten, wie yhr wisset das D Carlstad hielt, vnd ich auch dawidder geschrieben habe, Disen grund verwirfft der ander geyst vnd kopfft, gibt aber eynen andern, nemlich, das das wortlin Est odder ist, solle significat odder deuten heyssen, wie der zwinglius vnd oecolampadius gauckeln, vnd die schrifft vnd sprüche nerren vnd martern, das

1 druber *o* 7 gewesen *o* 10 were *c in* wehre 11 *das erste* vnd *c aus* ha 12 er (zu *[?]*) mit (yhm *oder* jhm, *wie nach Füsing de Wette gibt, kann nicht dagestanden haben)* 16 seyner (gewallt) bosheyt 26 vnd weyl *[so]* *r* 29 das (ymer *[?]*) ym 31 vnd kopff *r* *oder* sollte *[?], Schluss des Wortes verklext* 32 *Schluss der Worte* Christum *und wie durch das Falten des Briefes verletzt* 32/33 das D. Carlstad hielt *r* 35 wie (denn) der

begangen ist unnd müssen nu vil unschuldiger ir blůt drůber vergiessen, das wolte er haben, das sůcht er. Allso leydet nu das Euangelion beyde trůbsal unnd schmach auffs aller höhest durch solche list des teüffels zůgericht, den lon můß es nemen für alle die gnade, die es unns bracht hat. unnd wenn mans recht bekönnen unnd sagen will, so haben die herrn nicht die bauren geschlagen, wie sy sich rüemen, sonder wo sy nich zůvor durchs Euangelion weren für Gott geschlagenn gewesen, fürsten unnd herrn hetten sy wol ungedempfft unnd ungeschlagen gelassen. S. Paulus spricht Ro. xiij: 'wer Gottes ordnung widerstrebt, der wirdt straffe empffahenn'; diser spruch schlůg sy, der thebts gar unnd alles, ehe dann kain waffen oder were da war. Noch můß das Euangelion hören, Es sey geschlagen und habe solch ybel angericht unnd verdient. Wolan, die lesterung hat er mit der weyse zů wegen bracht unnd im ist gelungen; aber es soll unnd wirdt ym doch nicht helffen, ob gott will; es soll sein schalckheit wider zů schanden unnd das euangelion wider zů ehren werden

Das ander stuck seiner boßhait ist, das er uns mit seckten, rotten, ketzereyen und falschen geystern angreifft, Sonderlich in den hailigen sacramenten der tauffe unnd des altars; damit hatt er auch gewaltigclich eingerissen unnd thůdt mer schaden durch das stuck, den durhs erste, das uns warlich wol zůwachen und auff zůsehenn ist, den er schlefft noch rüeget nicht; nu, wir haben erlebt, das der geyst, der es zům ersten anfienng[1], zů stoben unnd zů flogen ist, das niemandt weyß, wo er bliben ist, anndere volgen dem selbigen nu noch, die sellen auch nicht lange bleyben, wie der erst psalm sagt: 'die Gotlosen bleyben nicht im gericht, Sondern zů stieben wie staub vom winde'. ich meine die so uns itzt wöllen leren, Es sey im Sacrament des altars schlecht und eytel brot unnd wein, aber nicht der warhafftige leybe und blůt Cristi; unnd hie sehe unnd greiffe doch den grobe teüffel, wie unfürsichtig er handelt durch gottes gewalt verhindert: Dise secten hat schon drey köpffe, den darin kommen sy yber eins, das im sacrament schlecht brot und wein sey, aber warumb und was grundt das so sein müesse, seind sy gar unains; der erste geyst und kopff gab disen grund, das das 'Tuto' sollte auff den sitzenden Christum und nicht auffs brot deüten, wie ir wisset, das doctor Karstat hielt und ich auch dawider geschriben habe.[2] Disen grund verwirfft der annder geyst unnd kopff, gibt aber ainen andern, nemlich das das wörtlin 'Est' oder 'ist', solle 'signifficat' oder 'deüten' hayssen, wie der Zwinglius unnd Oecolampadius gaudeln und die schrifft und Spriche nerren unnd

[1]) *Karlstadt.* [2]) Wider die himmlischen Propheten, 1525.

ſünd vnd ſchande iſt Aber dieſen grund verwirfft der dritte geyſt vnd kopff, vnd will widder Tuto noch ſignificat haben, ſondern die wort vmbkeren vnd alſo machen, Meyn leyb fur euch gegeben iſt das, vernemet, eyne geyſtliche ſpeyſe, wie ettliche vmb euch ſollen furgeben, vnd noch das wird an tag geben, Sihe, ſo windet vnd ringet ſich der auffgeblaſene fleyſchlicher ſynn, vnd ſucht, wie er vnter gotts wort nicht muſſe bleyben. Aber was mag das fur eyn geyſt ſeyn, der ynn eyner ſachen, ſo vngewis vnd vnter ſich ſelbs ſo vneyns iſt, ſo doch eyn iglicher kopff diſer dreyen ſchweret theur, Er habe recht vnd verdampt den andern, Vnd will recht haben, Solche ſtucklin heyſſe ich nicht eynen ſubtilen, ſondern groben greyfflichen teuffel, Denn auch got vns zu gut, ſie leſſt ſich vnternander ſelbſt beyſſen, freſſen vnd verzeren, auff das das vneynige reich von yhm ſelbs verſtoret werde, vnd vns nicht verfuren, Denn wyr wiſſen, das der heylige geyſt, eyn got der eynickeit iſt, vnd eynerley ſynn, grund vnd lere gibt, Der halben dieſe ſecte ſchon yhr vrteyl hat, das ſie nicht vom heyligen geyſt, ſonderm *(so!)* vom teuffel her kompt, Aber mit der zeyt ſoll vnd wird auch alle yhrer grund verlegt werden, Das ſchreyb ich alleyne darumb, das etwe liebe ynn des wollt feſt bleyben vnd ſich nicht keren, an yhr vn nutze geſchwetz vnd rhumen, wie gelert ſie ſind, vnd wie viel geyſts ſie haben, Were der Bapſt noch ynn der macht vnd furcht, da er zuuor ynnen war, Es ſollten ſolche buchſchreyber vnd geyſt rhumer ſo ſtille ſeyn als die meuſſlin, Aber nu ſie rawm vberkomen, fahen ſie kecklich an, vnd legen ſich widder vns, durch wilche ſie ſolchen rawm haben vnd wollen auch ehre eynlegen vnd die oberſten vnd beſten ſeyn, wie wol ſie ymer ym munde vnd ynn der feddern furen Gotts ehre, Gotts ehre, Gotts ehre ſuchen wyr. Aber das werck vnd die frucht weyſet es wol anders,

Darumb bitt ich meyne allerliebſten, wollet eynfeltiglich vnd ſchlecht auff den worten Chriſti bleyben, darynnen er vns ym ſacrament ſeynen leyb vnd ſeyn blut gibt vnd ſpricht, Nemet hyn vnd eſſet, Das iſt meyn leyb, der fur euch gegeben wird ꝛc Sie mugen ſchreyben vnd gloſiern, Der text ligt da, Die wort ſind klar vnd offinbar, Sie werden noch lange nicht, mit beſtendigem grunde ettwas anders draus machen, nach yhrem ſynn, Ich habe yhre bucher geſehen: Aber da ſie es nicht beſſer wollten machen, weren ſie billich daheymen blieben, So D Carlſtads des erſten geyſts grunde nicht gellten, die mehr ſcheyns hatten denn diſe, So werden dieſe viel weniger gellten, Das ſollt yhr ob gott will, auch mit der zeyt erfaren, Solchs will ich E liebe zur vermanunge vnd warnunge geſchrieben habe *(so!)*, nicht das yhrs

---

20 *das ganze Wort* buchſchreyber *verletzt, die beiden letzten Buchstaben fehlen ganz, ebenso der Anfang des folgenden* vnd   21 als *ist nicht völlig sicher, dann fehlt etwas ganz, und die letzten Buchstaben von* meuſſlin *sind wieder nicht durchaus sicher*   24 *das dritte* Gotts c *aus* Gottſ   30 *der letzte Buchstabe von* offinbar *und die darauf folgende Interpunction ist verletzt*   34 die (viel) mehr

martern, das sünd und schande ist. aber disen grund verwirfft der drit geyst und kopff[1] und will wider 'Tuto' noch 'singnificat' haben, Sondern die wort umbkeren und also machen: 'Mein leyb für eüch gegeben ist das, vernemet eyne geystliche speyse', wie etliche um eüch sellen fürgeben und noch baß wirt an tag geben. Sihe, so windet und ringet sich der auffgeblaßne fleyschlicher synn unnd sücht, wie er under Gottes wort nicht müsse bleiben. Aber was mag das für ein geyst sein, der in einer sachen soun gewiß und under sich selbs so unains ist, so doch ein yglicher kopff diser dreyen schweret thewr, Er habe recht und verdampt den andern unnd will recht haben: solche stücklin heisse ich nicht einen subtilen, sondern groben, greifligen teufel, den auch Got uns zü güt sie lest sich unternander selbst beyssen, fressen und verzeren, auff das das uneynige reich vonn im selbst zerstöret werde und uns nit verfüeren; den wir wissen, das der heilig geyst ein got der ainigkeit ist unnd eynerley synn, grundt und lere gibt, der halben dise secte schon ir urtail hat, das sy nicht vom hailigen gaist, sondern vom teüfel herkompt. Aber mit der zeyt soll und wird auch alle yrer grund verlegt werden. das schreibe ich alleine darumb, das ewer liebe in deß wollt fest bleiben unnd sich nicht keren an ir unnütze geschwetz unnd rhümen, wie gelert sy sind und wie viel geist sy haben. were der Babst noch in der macht und fürcht, da er züvor ynnen war, es sollten solche büchschreiber und gaisträemer so stille sein alls die meüßlin; aber nu sy ratwm yberkommen, fahen sye kecklich an, legen sich wider uns, durch welche sy solhen ratwm haben und wöllen auch ehre einlegen unnd die obersten unnd besten sein, wie woll sy ymmer im munde und in der feder fuere 'Gottes ehre, gottes ehre, gottes ehre süchen wir'[2], aber das werck unnd die frucht weyset es wol anders.

Darumb ich bit, mein allerliebsten, wöllet einfeltiglich unnd schlecht auff den worten Christi bleiben, darinnen er uns im Sacrament seynen leib und sein blüt gibt und spricht: Nemet hyn und esset, das ist mein leib, der für eüch gegeben wirdt ꝛc. Sie mögen schreiben und glosieren, der Text ligt da, die wort seind klar und offenbar, sie werden noch lange nicht mit bestendigem grunde etwas anders drauß machen nach yrem synn; ich habe yre büecher gesehen, aber da sy es nicht besser wolten machen, weren sy billich dahaymen bleiben. So D. Carlstads, des ersten gaists grunde nicht gelten, die mer scheins hatten den dise, So werden dise viel weniger gelten, das solt ir, ob got will, auch mit der zeit erfaren. sellichs will ich ewer liebe zür vermanunge und warnunge geschriben habe, nicht das irs sonderlich bedörffet,

---

29 sich] sye

[1]) *z. B. Krautwald und Caspar Schwenkfeld, vgl. Enders, Briefwechsel, 5, 330.*

[2]) *z. B.* Ioannis Oecolampadii de genuina verborum Domini, Hoc est corpus meum, iuxta vetustissimos authores, expositione liber, A 2a: „nisi quae doceo in gloriam dei censura sperarem"; L 5b: „cur succenserent . . . Christi gloriam non absque discriminibus quaerenti?"

sonderlich beburffet, sondern das yhr sehet, wie wyr mit euch ynn Christo gleich vnd eynes synnes sind ynn Christo, widder solche schwermergeyster vnd rotten, Denn der euch on vns hat beruffen zu seynem liecht, kan euch auch wol on vns behüeten, Doch sollen die glieder eyns fur das ander sorgen, vnd eyns sich des andern frewen odder betruben, Wollet solchs, als ynn christlicher liebe vnd trew fur gott, also zu gut an nehmen, vnd vns helffen bitten, das gott seyn heylsames wort, wollte ynn vns allen mehren, vnd verkleren ynn aller wellt, zu lob vnd ehren seyner reichen gnade vns geschenckt Amen   Gotts gnaden sey mit euch Amen   Lasst euch Er Matthes Alber vnd seyne miterbeytter, als ewre trewe hyrtten an ewren seelen, hertzlich befollen seyn   Zu Wittemberg   Dornstags nach dem newen iars tage   1526

Ewer diener
Martinus
Luther

---

4 *vielleicht rühren die Punkte über dem* u *in* behüeten *von der zweiten Hand her* 7 *oder* heylsamis 14 *eigentlich wohl* Luthe℞

sondern das yr sehet, wie wir mit eüch in Christo gleich und aines synnes seind inn Christo wider selche schwermergaister und rotten. den der eüch on uns hat berüeffen in seinem liecht, kan eüch auch wol on uns behüetten; doch sellen die glider ayns für das ander sorgen und ains sich des andern frewen oder betrüeben. wöllet selichs als in Christlicher liebe unnd trewe für Gott also zů gůt an nemen und uns helffen bitten, das Gott sein hailsams wort wölte in uns allen mehren und verkleren in aller wölt, zů lob und eren seiner reichen gnade uns geschenckt. Amen, gottes gnade sey mit eüch, Amen. last eüch er Mathes alber und seine mit arbaiter alls ewre trewe hirtten an ewer selen hertzlich bevolhen sein. zů Wittemberg dornstag nach dem newen jars tag Anno M.D.xxvj.

Ewer diener Martinus Luther.

Die Epistel des Propheten Jesaia, so man in der Christmesse lieset.

1526.

Am ersten Weihnachtstage des Jahres 1525 predigte Luther „a prandio“ über Jesaia 9, 2—7 und am folgenden Tage, „die Stephani“, nochmals über denselben Text[1]. Diese beiden Predigten sind uns in lateinischer Nachschrift, freilich nur auszugsweise, erhalten in jenem Cyklus von Nachschriften, welcher Predigten Luthers vom 1. Advent bis „tertia feria pascae“ 1525 fixirt hat[2]. Wohl läßt die fragliche Nachschrift nicht erkennen, daß es sich um zwei Predigten handelt; doch ist dieses nicht der einzige Fall, wo diese Aufzeichnungen zwei zusammengehörende Predigten zu einer einzigen verbinden. Eine zweite Nachschrift dieser beiden Predigten hat sich von Rörers Hand erhalten in einem handschriftlichen Bande der Jenaer Universitätsbibliothek, welcher „Sermones dominicales Anno 26 habiti per D. D. Mart. L.“ [nebst einigen von Bugenhagen] enthält, und zwar de die natalis Domini bis Dominica 4. aduentus, also nach heutiger Rechnung von Weihnachten 1525 bis dahin 1526. Die beiden in Frage stehenden Predigten sind hier getrennt gegeben.

Daß Luther selbst es war, welcher diese Predigten zu einer umfänglichen Schrift ausarbeitete, lehrt zum Überfluß der Umstand, daß er selbst von seinem Manuscript dieser Schrift redet. Spalatin nämlich machte ihn auf ein sinnentstellendes Versehen in dem Drucke aufmerksam, in welchem zu lesen war, daß Jesu „Mutter mußte aus sonderlicher Kraft des heiligen Geistes geboren werden“. Am 19. September [nicht 9. Mai] 1526 antwortete ihm Luther: Exemplar meum non habeo: absque dubio, ubi legitur: geboren werden, ibi aut scriptum fuit aut scribendum: schwanger werden. Id quod tota enarratio postulat, et res de qua agitur. Quis vero omnibus moderari queat, ut non falsificent aut errent?[3]

Fragt man, ob ihn eine besondere Absicht zur Herausgabe dieser Schrift bewogen habe, so ist nicht unwahrscheinlich, daß zu der allgemeinen Tendenz, die Herrlichkeit des Königs Christi zu preisen, welche auch schon die beiden Weihnachtspredigten beherrscht hatte, noch die besondere Absicht hinzukam, die Gottheit Christi

---

[1]) Buchwald, Andreas Poachs handschriftliche Sammlung ungedruckter Predigten Dr. Martin Luthers I, S. XXIV. [2]) Vgl. Buchwald in Studien und Kritiken 1890, S. 346. [3]) De Wette 3, 110. Enders 5, 392 f.

hervorzuheben. Denn mehr als einmal kommt er auf diese Lehre zu sprechen, während wir doch in jener Predigtnachschrift hiervon nichts lesen. In den ersten Tagen des Jahres 1526 war man in Wittenberg hoch erregt durch die Nachricht, „es gehe in Ungarn eine Sekte auf, daß Christus nicht Gottes Sohn oder Gott sei“.[1] Dies mochte in Luther die Erinnerung an jenes Vorkommniß aus dem Jahre 1525 wachrufen, da in Nürnberg einige angesehene Männer öffentlich geleugnet hatten, „Christum aliquid esse“. Und wie er hierin eine Frucht der Predigt Münzers und Carlstadts sah[2], so war er auch der Ansicht, daß die Anschauungen der Schweizer bei konsequenter Durchführung zur Verwerfung der Gottheit Christi führen würden[3]. Daher mag ihn zur Herausgabe dieser Schrift schon dieselbe Stimmung geleitet haben, welche ihn noch in demselben Jahre über Jerem. 23, 5—8 „von Christus Reich“ predigen und diese Predigt ebenfalls zum Druck befördern ließ (vgl. unten).

1. Die Predigtnachschriften.

R Die Handschrift der Jenaer Universitätsbibliothek Bos. o. 17 d enthält von Rörers Hand auf Bl. 2b—4a die erste, auf Bl. 4a—5b die zweite der zu Grunde liegenden Predigten. Vgl. unten S. 155, Anm. 2.

S Der handschriftliche Band der Hamburger Stadtbibliothek Cod. 74 Supellex Epist. Uffenb. et Wolf. enthält auf Bl. 284—287 unsere beiden Predigten, in eine einzige zusammengezogen.

2. Ausgaben.

A „Die Epistel ‖ des Propheten ‖ Jesaia, so man ‖ ynn der Christmesse lieset, ‖ ausgelegt vnd geprediget ‖ durch ‖ Mart. Luther ‖ Wittemberg. ‖ 1526 ‖“ Mit Titeleinfassung. 28 Blätter in Quart, letzte Seite leer. Am Ende: „Gedruckt zu Wittemberg durch Nicolaum ‖ Schirlentz, nach Christi geburt, Tau- ‖ sent funffhundert, vnd ym sechs ‖ vnd zwentzigsten Jar. ‖“

Vorhanden z. B. in der Knaakeschen Slg., in Berlin, Breslau St., Dresden, Eisenach Carl-Alexander-Bibl., Erlangen, Hamburg, Kopenhagen Königl. Bibl., Weimar, Wolfenbüttel, Zwickau.

B „Die Epistel ‖ des Prophe- ‖ ten Jesaia, so man ynn ‖ der Christmesse lieset, ‖ ausgelegt vnd ge- ‖ predigt, durch ‖ Mar. Luth. ‖ Wittemberg ‖ 1526 ‖“ Mit Titeleinfassung. 40 Blätter in Oktav, letztes Blatt leer. Am Ende: „Gedruckt zu Wittemberg durch Ni- ‖ colaum Schirlentz, nach Christi ge- ‖ purt, Tausent funff hundert, ‖ vnd ym sechs vnd zwen- ‖ tzigsten Jar. ‖ ❦ ‖“

Vorhanden z. B. in München HSt.

---

[1]) Kawerau, Der Briefwechsel des Justus Jonas 1, 98. [2]) De Wette 2, 623. Enders 5, 118. [3]) Vgl. den Anfang der Schrift Luthers „Daß diese Worte: Das ist mein Leib, noch feststehen“, Unsere Ausgabe Bd. XX.

C „Die Epistel ‖ des Propheten Jesaia, ‖ so man ynn der Christ ‖ messe lieset, Ausgelegt ‖ vnd gepredigt durch ‖ Mart. Luther. ‖ Wittemberg ‖ ❦ ‖“ Mit Titeleinfassung; Titelrückseite bedruckt. 31 (32, falls ursprünglich noch ein unbedrucktes Blatt am Ende vorhanden war) Blätter in Oktav, letzte Seite leer. Am Ende: „Gedruckt dur- ‖ ch Gabriel ‖ Kantz. ‖“ Darunter Zierleiste.

Vorhanden z. B. in der Knaakeschen Slg., Berlin, Königsberg U., München HSt.

D „Die Epistel des ‖ Propheten Jesaia, so ‖ man in der Christ- ‖ messe lieset, ausge ‖ legt vñ gepredigt ‖ durch ‖ Martin. Lut. ‖ Wittemberg. ‖ M. D. XXvi. ‖“ Mit Titeleinfassung; Titelrückseite bedruckt. 28 Blätter in Oktav, letztes Blatt Vorderseite ein Holzschnitt, Rückseite leer. Am Ende: „Gedruckt zu Erffordt durch Melchior ‖ Sachssen, nach Christi geburt, ‖ Tausent funff hundert, vnd ‖ im sechs vnnd zwentzig- ‖ sten Jar. ‖“ Darunter Holzschnitt.

Vorhanden in Arnstadt (die letzten 4 Blätter fehlen). Ein vollständiges Exemplar hat der Herausgeber auf 320 Bibliotheken nicht gefunden, zum Glück besitzt er selbst ein solches.

E „Die Epistel ‖ des Prophet? ‖ Jesaia. so man ‖ ynn der Christmesse lie- ‖ set, ausgelegt vnd ge- ‖ prediget durch ‖ Mar. Luther ‖ Wuittemberg. ‖ 1526. ‖“ Mit Titeleinfassung; Titelrückseite bedruckt. 24 Blätter in Oktav, letzte Seite leer. Am Ende: „¶ Gedrückt zu Erffurd durch Johannem Loersfelt. ‖“

Vorhanden z. B. in Dresden, Stuttgart.

F „Die Epistel ‖ des Propheten Jesaia, ‖ so man in der Christmesse ‖ lieset, außgelegt vñ ‖ gepredigt durch ‖ M. Luther ‖ 1526 ‖“ Mit Titeleinfassung; Titelrückseite bedruckt. 20 Blätter in Quart, letzte Seite leer.

Zur Bordüre vgl. v. Dommer, Lutherdrucke auf der Hamburger Stadtbibliothek S. 262f. N. 140. Druck von Jobst Gutknecht in Nürnberg. Vorhanden z. B. in der Knaakeschen Slg., Eisenach, Königsberg U.

G „Die Epistel des ‖ Propheten Je- ‖ saia, so man ynn der ‖ Christmesse lieset, ‖ ausgelegt vnd ‖ gepredigt ‖ durch ‖ Mart. Luther. ‖ Wittemberg. ‖ 1527. ‖“ Mit Titeleinfassung; Titelrückseite bedruckt. 26 Blätter in Quart, letztes Blatt leer. Am Ende: „Gedruckt zu Wittemberg. Michel Lotther. ‖“

Vorhanden wohl nur in Helmstedt, Weimar, Wolfenbüttel.

Lateinische Übersetzung.

a „DE CHRI- ‖ STO IESV PVERO NATO ‖ ex nono Iesaiæ capite uaticinium, cum Annota ‖ tionibus ‖ MARTINI LVTHERI. ‖ ARGENTORATI, ‖ ANNO, M·D·XXVII· ‖“ 35 gezählte Blätter und ein ungezähltes leeres, in Oktav. Am Ende: „ARGENTORATI APVD ‖ IOANNEM HERVA- ‖ GIVM MENSE IA- ‖ NVARIO· ANNO ‖ M· D· XXVII. ‖“

Vorhanden z. B. in Dresden, München HSt.

Der Übersetzer Johannes Lonicerus widmet das Buch (Bl. A 2ᵃ) Clarissimo Optimati, Domino Sigismundo, Comiti ab alta flamma, Collegii summae Argentoratensis sacrae aedis Decano, dem es am Herzen liege, daß auch alieni ad Christi cognitionem perduci queant. Hinc est ut quae syncera sint, quae sanam doctrinam resipiant, in varias transferendi linguas cures, ut regnum et gloria Christi undique fusius propagetur. Seine cura et iussio habe auch diese Übersetzung hervorgerufen.

Englische Übersetzung.

b „A PROPHE- ‖ ſie out of the nienth ‖ Chapter of Eſaie, of the ‖ Kingdome of Chriſte, with a ‖ frutefull and godlye expoſi- ‖ tion of D. Martin Luther: ‖ Wherein is moſte excel- ‖ lently intreated of the conqueſt ‖ of Christe and of al his members, ‖ ouer Sinne, Death, and Satan, and ‖ of ſundry other things, moſt ‖ comfortable to be red, ‖ and no leſſe neceſſary ‖ to be knovvne. ‖ (∴) ‖ Imprinted at London ‖ by H. Bynnemann, for Gregorie ‖ Seton, and are to be ſolde at the ‖ ſigne of the Hedgehog, at the ‖ vveſt ende of Paules. ‖ An. 1578. ‖“ Mit Titeleinfassung. 56 Blätter in Oktav.

Seite 3: „¶ To the worſhipful and ‖ godly gentleman, M. Laurence ‖ VVaſshington, G. S. wiſheth grace ‖ and peace through Christ ‖ Jeſus. ‖.“ Diese Widmung umfaßt 4¹/₂ Seiten. Dann 1 Seite leer, dann: „¶ A Propheſie out of the ‖ ninth Chapter of Eſay, of the childe ‖ Christ Jeſus borne vnto vs, with an ‖ expoſition of D. M. Luther. ‖ [T]He poeple that walked in darke- ‖ neſſe“ etc. Vorhanden z. B. in London British Museum.

In den Gesammtausgaben findet sich diese Schrift, welche auch in die Kirchenpostille aufgenommen ist, Wittenberg Bd. V (1556 G. Rhawen Erben, 1573 P. Seitz), Bl. 259—273; Jena Bd. III (1565 Th. Rebart, 1611 Th. Steinmann), Bl. 172—188; Altenburg Bd. III S. 304—320; Leipzig Bd. XIV S. 468—486, Hallescher Ergänzungsband III S. 658; Walch Bd. XI Sp. 2630—2689; Erlangen, Deutsche Schriften ¹Bd. 15 S. 65—111, ²Bd. 15 S. 69—116.

A ist der Urdruck. Von den gleichzeitigen Drucken ist *B* ein wahrscheinlich von mehreren Setzern herrührender Neudruck von *A*. Auch die übrigen Drucke ruhen ein jeder unmittelbar auf *A*, wobei *C* am treuesten seiner Vorlage folgt. *G* wird von Bogen E an auch *B* verglichen, etwa zur Korrektur benutzt haben.

Wir geben also den Text der Ausgabe *A* mit Verbesserung zweifelloser Versehen, darunter die Varianten der beiden anderen Wittenberger Ausgaben *B* und *G* und (soweit nicht unten zusammenfassend darüber Rechenschaft gegeben ist) die der Nachdrucke *C—F*.

Die handschriftliche Überlieferung der zu Grunde liegenden Predigten wird, da sie nur ganz geringe Berührungspunkte mit der Bearbeitung Luthers aufweist, unter den Predigten des Jahres 1525 ihre Stelle finden.

Aus den sprachlichen Abweichungen der Drucke *BCDEFG* sei folgendes hervorgehoben.

Die Abweichungen, die die beiden andern Wittenberger Drucke *B* und *G* hinsichtlich der Umlautsbezeichnung von *A* aufweisen, sind in den Lesarten verzeichnet. In diesen zahlreichen Fällen sind die übrigen Nachdrucke stets mit verglichen und auch sonst hie und da deren Abweichung angeführt. Die Abweichungen von *A* bestehen in der Regel in Vermehrung der Umlautsbezeichnungen, bemerkenswert sind darum die umgekehrten Fälle wie z. B. das öftere fulen *G* f. fůlen *A*. *E* weicht im Umlaut am wenigsten von *A* ab. — Die Bezeichnung des Umlauts von u durch ü hat nur *F*, aber neben ů: furst neben fůrst usw. Für gleuben, gleubig, heubt, leufft setzt *F* glauben, glaubig, haubt, laufft.

Der alte Diphthong ist in *D* durch ey, der neue durch ei ausgedruckt; ay für den alten hat *F* einigemal in dem Bibeltexte am Anfange: Hayden, taylet, klayd.

ABCDEG schwanken in der Anwendung des orthographischen ie, im Allgemeinen überwiegt ie in *A*, doch hat *G* z. B. friede f. fride *A*. *F* hat fast ohne Ausnahme einfaches i.

Das Dehnungs-h in den Formen des Fürwortes der 3. Person hat *F* beseitigt: jm, jn, jr usw., ebenda auch meist mer f. mehr. — gehen, geht, stehen, stehe > geen, geet, steen, stee *F* meist. widder, odder *A* meist > wider, oder *F* stets.

Das i der Endungen (nur -is) ist in *F* durch e ersetzt.

Sonst sei noch erwähnt nicht > nit *DEF* oft. Und aus *F*: komen, kompt > kumen, kumpt; furchten > fōrchten; nu > nun; sondern > sonder (sunder gegen Ende); -lin > -lein. Von orthographischen Abweichungen der Ausgabe *F* sei die einigemal, aber nur in den mit größerer Schrift gegebenen Textworten der Epistel begegnende Type ʒ (groʒ, biʒ) und die Schreibung eů (beůte, freůde) erwähnt.

Die Epistel des Propheten Jesaia, so man ynn der Christmesse lieset.

Jesaia am neunden Capitel.

DAs volck, das ym finstern wandelt, sihet ein grosses liecht, uber die da wonen ym finstern lande, scheinet es helle; damit machstu der freuden wenig, weil du der heiden so viel machst. Doch fur dir werden sie sich frewen, wie man sich frewet ynn der erndte, wie man frolich ist, wenn man beute austeylet. Denn das joch yhrer last und die rute yhrer schulder und den stecken yhres treybers hastu zubrochen, wie zur zeyt Midian. Denn aller krieg mit ungestum und blutig kleyd wird verbrand, durch feur verzeret werden. Denn uns ist ein kind geboren, der son ist uns gegeben, wilchs hirschafft ist auff seiner schulder. Und heist Wunderbar, Rad, Krafft, Helt, Ymmervater, Friedefurst. Auff das seine hirschafft gros werde und des friedes kein ende auff dem thron David und seinem konigreiche, das ers zurichte und stercke mit gericht und gerechtigkeit von nu an bis ynn ewigkeit. Solchs wird thun der Eyver des Herrn Zebaoth. Jes. 9, 2–7

DIese Epistel lieset man auff diesen tag der geburt Christi, darumb das Jesaia unter andern worten sagt: 'Eyn kind ist uns geborn', wilchs ja on zweyffel von Christo gesagt ist. Doch ist die gantze rede durch und durch von dem reych des gebornen kinds Christi, wie er sol regiren und was aus seynem regirn folgen werde, nemlich das sich an yhm ergern und stossen wurde das volck Israel, weyl er eyn solcher Herr geprediget wird, das er die gerechtickeyt des gesetzs verwirfft und die heyden on gesetz, durch den glawben an nympt. Wilchs die Juden so verdreust, verblendt und verstockt bis auff den heutigen tag, das sie schlecht nicht herzu wollen. Davon sagt das gantze capitel, wie auch Simeon sagt Luce .2. 'Sihe, dieser ist gesetzt zum fall und Luc. 2, 34
auff stehen vieler ynn Israel und zum zeychen, dem widdersprochen wird'.
Und er selbs Jesaia ynn diesem capitel spricht, das der Herr werde eyn fels Jes. 8[(9)]. 14

1/2 *nach dem Titel von A*   3 neündten *F*   8 vor *F*   9 frölich *CDEFG*   10 bewte *F*   11 rhutte *F*   schulter *F*   12 zu der *F*   12/13 ungestüm *BCDF*   13 plütig *F*   fewer *F*   14 geporn *F*   sun *F*   15 welchs *G*   schulter *F*   18 königreiche *CDFG*   20 Eyner *D*   *über Z. 21 steht als Überschrift* Vorrede. *B*   22 welchs *G*   24 regieren *BCF*   25 regiren *F*   26 würde *DFG*   Herre *F*   28 Welchs *G*   verdreust *E*   29 wöllen *FG*   30 saget *G*   ij. *B (auch weiterhin ersetzt B die Ziffern in A durch röm. Zahlen)*

des ergernis und ein steyn des anstossens seyn beyden heusern Israel. Wilchen 1. Petri 2, 7 f. Röm 9, 32 f. spruch Petrus und Paulus furen ynn yhren schrifften von den Juden. Das also die summa dieser Epistel sey: Die Juden werden sich ergern und verstocken uber dem gnadreichen wort von dem reich Christi, das es so hoch gepreyset wird und yhre werck und gesetz so gar nichts gellten sollen fur Gott, wilche sie nicht leyden mugen. Denn das mus folgen, wo Gottis gnade gepreyset wird, das da die werckheyligen zurnen und toben.

Diese meynung und summa geben die wort, die hart vorher gehen, da er von dem finsternis sagt, das die Juden wurd uberfallen, wie es nicht eyn naturlich finsternis, noch eyn leyblich tunckel, sondern ein geystlich finsternis seyn solle, die sich erhebe daruber, das die andern leute und die Heyden eyn gros liecht sehen, und spricht: Denn es wird nicht eyn solch tunckel seyn, das sie engste, wie zur ersten zeyt geschach, da es noch leicht zugieng ym lande Sebulon und ym lande Naphthali, odder da es hernach schwerer zugieng am wege des meers disseyt des Jordans ynn Gallilea der Heyden; Sondern ein solchs, das das volck so ym finsternis wandelt ein grosses liecht sihet, und das es uber die so ym finstern wonen helle scheinet, da mit du die freude nicht gros machst, weyl du der Heyden viel machst 2c. Das ist so viel gesagt: Es wird dis volck eine ander finsternis und ungluck uber gehen, denn die war, da der konig von Assyrien Teglatpelleser zum ersten das land Sebulon und Naphthali eynnam, wilchs noch eyn leicht und geringe ungluck zurechen war gegen dem, da Salmanassar hernach das gantze land am meer eynnam und das reich Israel gar wegfuret, wilchs war viel eyn schwerer und grosser ungluck und finsternis. Aber uber die ungluck alle beyde wird aller erst das recht ungluck und finsternis kommen zu Christus zeyten, da dis volck sich ergern und verstocken wird uber dem, das ein grosses liecht und heller scheyn wird auffgehen ym volck, dadurch auch viel Heyden bekeret werden und nymer gellten wird gesetz und Moses und alles wesen des Judischen volcks, sondern alleyne gnade und barmhertzickeyt ynn Christo gepredigt wird.

Denn du must hie die schrifft wol wissen, die ym .15. Capitel des 2. Kön. 15, 29 andern buchs von den konigen stehet, wie der konig Teglatpellesser von Assyrien zur zeyt Pekah des koniges Israel erauff kam und nam eyn und furet weg Gilead und Galilea, fast das dritte teyl des lands Israel zu beyden seyten 2. Kön. 17, 5 f. des Jordans. Und ym .17. capitel, wie der ander konig von Assyrien, Salmanesser, drey jar Samaria belagert und das gantze Israel weg furet. Dis

1 Welchen *G* 2 sprüch *F* 5 welchs *G* 6 mügen *DFG* Gottes *G* 7 zürnen *CDG* 8 da] das *F* 9 wurde *B* würd *DFG* 10 natürlich *CDFG* sunder *F* 11 darüber *F* vnd Heyden *EF* 14 oder *B* 15 Galilea *B* 18 etc. *B* 19 vnglück (*ebenso oft i. Folg.*) *CD* (*ebenso stets i. Folg.*) *G* vnglück (*ebenso i. Folg.*) *F* 20 könig *CDFG* 21 Nephthali *D* welchs *G* 22 Salmanasser *CDG* 23 welchs (*und so fast immer*) *G* vndgrosser *A* grösser *DG* 25 finsternus *C* da] das *G* 27 bekert *F* 28 Jüdischen *CG* volck *F* 31 königen *CDEFG* könig *CDEFG* 32 herauff *F* 33 Israhel *C* 34 könig *CDEFG*

waren zwo finsternis, das ist zwey ungluck. Denn auf Ebreisch heyst liecht gluck und finsternis ungluck, darumb das keyn Gottis gnade noch guete uber sie scheynet, sondern eytel wetter und wyrbel des Gottlichen zorns uber sie finstert. Und Jesaia heyst die eyne noch leichte, da Galilea und Gilead weg gefurt ward; denn es war nur ein stuck des lands und werct nicht lange ym lande. Aber die ander war schwerer, da der konig von Assyrien drey jar ym lande lag und streit, zu letzt auch das gantze land weg furet. Diese zwey ungluck und finsternis sind furbilde gewesen des letzten unglucks, da die Juden beydes verloren haben und sind geystlich und leyblich zerstoret und weggefurt, nemlich das sie von Gott und Gotis wort durch den teuffel sind weg gefurt auff yhre lugen, Und darnach auch von den Römern leyblich zerstrewet ynn alle welt. Von dieser zerstorung redet Jesaia an viel orten. Nu wyr wollen zur Epistel und unsern Herrn Christum lernen kennen und das kindlin helffen wygen.

Das volck, das ym finstern wandelt, sihet ein grosses liecht; 9, 2
uber die so ym finstern lande wonen, scheynet es helle.

Wie ich gesagt habe, Jesaia redet von geystlichem finsternis, wilchs ist das grossest ungluck und ungnade, und von geystlichem liecht, wilchs ist das grossest gluck und gnade. Denn was kan grewlichers seyn denn blindheyt des hertzen und unwissen ynn Gottlichen sachen? Was kan lieblichers und edlers seyn denn eyn erleucht hertz und erkendnis Gottes? Dort kan nichts denn eytel böses seyn, das auch guts nicht gut ist, obs da schon were. Hie kan nichts denn guts seyn, das auch böses nicht bose ist, obs schon da were Denn was kan dem schaden, der Gott selber kennet und hat? Was kan dem frumen, der Gotts beraubt ist und den teuffel hat? So ist nu dis grosse liecht und heller scheyn das heylige Euangelion odder das wort von der gnaden Gottis, das ist ein geystlich liecht, das zeyget was Gott ist, was er uns thut und gibt, was er will von uns haben. Item leret was sunde, tod, teuffel, welt und alle ding sey, was sie uns schaden odder frumen zur selickeyt.

Meynstu nicht, das das eyn unaussprechlich liecht sey, da wyr auch ynn das hertz Gottis und ynn die tieffe der Gottheyt sehen? Item das wyr auch die gedancken des teuffels sehen. Item was die sunde sey und wie man yhr sol los werden; was der tod sey und wie man sol daraus komen. Was mensch und welt sey und wie man sich dafur huten solle. So doch zuvor niemand gewist hat, was Gott sey, ob auch teuffel seyen, was sunde und tod sey, schweyge das man solte wissen, wie man da von solt los werden. Also

3 Göttlichen *CDFG* 4 liechte *FG* 5 stück *FG* 6 könig *CDFG* 9 zerstöret *CDEFG* 11 lügen *BCDFG* 12 zerstorunge *B* zerstörung *CDEFG* wöllen *G* 13 kindlein *CF* *Unter Z. 14 steht:* Nu folgt der text mit der außlegung von wort zu wort. *B* 16 scheynet *E* 18 grössest *DFG* 19 grössest *CDFG* 20 Göttlichen *CDFG* 21 edelers *F* 23 böse *BCDEF* schone *B* 26 heylig *C* heyligen *D* 27 Gottes *DFG* 30 vnausssprechlich *B* vnaussprechlich *FG* 31 Gottes *G* 34 hüten *CDEFG* 36 solt *F*

hat auch niemand gewust, was mensch und welt sey; denn man hat gemeynt, es sey viel redlicheyt, vernunfft und guter tugent ynn yhn; hat niemand gemeynt, das yhr hoheste weysheyt eytel torheyt, yhr edliste tugent eytel bosheyt were.

Solch unwyssenheyt und blindheyt heyst hie Jesaia das finsternis und finster land, darynnen das volck wonet, Und meynet damit das Judische volck. Da hebt sich nu der hadder und ergernis an diesem liechte. Denn wie wol dis liecht ist uber das gantze volck auff gangen, und geprebigt, so habens doch das mehrer teyl nicht wollen annemen. Denn sie wollen mit nichten blind noch finster seyn, sondern hielten yhr thun fur liecht, wie wyr auch [Jes. 60, 1ff.] ynn der Epistel an der heyligen drey konige tag gesehen haben, da Jesaia des gleichen redet vom liecht und finsternis.

Aber sihe, wo mit die leute solchs verdienet haben, das sie solch liecht sehen. Hie wird keyn werck, keyn freyer wille angezeigt, sondern viel mehr ein gefangener wille. Denn wer kan etwas thun ym finsternis? Wer weis, [Joh. 12, 35] was er thun sol, der nichts weys? Spricht nicht Christus Johan. 12. 'Wer ym finstern gehet, der weis nicht, wo er hyn gehet'? So ists nu eytel gnade, das ein liecht ynn der finsternis auffgehet und uber das volck helle scheinet. Und ist auch Jesaia nicht so zu verstehen, da er spricht: 'Das volck, das ym finstern wandelt, sihet ein gros liecht', als unterscheide er zweyerley volck: Eins das ym finstern, das ander das ym liecht wandelt; wie die Juden sich und die Heiden unterschieden, als gehen sie ym liecht und die Heiden ym finstern, Sondern also ist er zuverstehen, das er damit alles volcks jamer anzeyget als solt er sagen: Des volcks, das ynn grosser finsternis sitzt und des liechts hoch bedarff, erbarmet sich Gott und lest yhm ein gros liecht leuchten, nicht durch yhr verdienst da zu bewegt, sondern durch seine barmhertzickeit kompt er zuvor, ehe sie darumb bitten odder suchen, wie es denn S. Lucas garfein aus- [Luc. 1, 78f.] legt, da Zacharias spricht: 'Durch die grundlose barmhertzickeit, durch wilche uns besucht hat der auffgang aus der höhe, zuerleuchten die ym finstern und tods schatten sitzen' ꝛc. Mit wilchen worten als mit eim finger zeygt Lucas hie auff Jesaiam ynn dieser Epistel. Und Johan. 1. auch, da er viel vom liecht redet. Daraus man wol merckt, das er von den Juden fur nemlich redet und auch von den heiden; denn so die Juden, Gotts volck, ym finsternis sitzt, viel mehr sitzen die heiden drynne.

9, 3 **Da mit machstu der freuden wenig, weil du der Heiden so viel machst.**

Er hat nu das liecht, das Euangelion und die lere beschriben, wo her, wo hyn und worumb sie leuchte und kome. Nu zelet er die schuler und

2 redlickeit *F* 3 höheste *CDEFG* 6 Jüdische *CG* 9 wöllen *FG* annehmen *D* wöllen *F* 11 könige *CDFG* 13 solichs *F* verdient *E* 19 do *C* 20 underscheide *G* 22 unterscheyden *F* 27 gar fein *H* 30 sitzet *D* zeyget *F* 34 drynnen *F* 37 beschrieben *G* wo er *D* 38 warumb *DFG* schüler *G*

junger solchs liechts und solcher leere. Und setzt der selbigen zwo art: Eyne
die das liecht und lere nicht an nympt; Wie Joh. 1. auch sagt: 'Das liecht Joh. 1, 5
leucht ynn die finsternis, und die finsternis begreyffens nicht'. Das ists das
wyr droben gesagt haben, das sich das mehrer teyl der Juden an dem liecht
geergert und gestossen hat, wie abermal Johan. 1. spricht: 'Er kam ynn sein Joh. 1, 11
eygenthum, aber die seinen namen yhn nicht an', wenig aber und gleich die
ubrigen hefen und grundsuppe, die geringen aus den Juden, haben das liecht
angenomen. Das heyst nu: 'du machst die freude nicht gros odder der
freuden wenig'. Wilchs mag zweyerley weyse verstand haben: Einen, das der
Juden wenig sind dieses liechts fro werden[1], sondern das mehrer teyl, als
die verstockten sind, zornig, tol und thoricht druber wurden[2], das sie es ver-
folgeten bis an yhr ende on auffhoren. Den andern: Es ist grosse freude bey
den heyligen, wo das Euangelion wol gehet und viel bekeret werden. Solcher
freuden aber haben die lieben Apostel wenig gehabt an dem Judischen volck,
ja sie haben uber yhrn verstockten glauben seer geweinet, wie Paulus thut
Roma. 9. Und Jesaia auch selbst verkundigt am andern ort und spricht Röm. 9, 3
Cap. 33. 'Die engel des frides werden bitterlich weynen', das ist, die Apostel, Jes. 33, 7
die den fride und das Euangelion predigen, werden seer weinen ꝛc. So doch
die Juden solten die grossesten freude gemacht haben damit, das sie alle
gleubten, weil yhn solch liecht sonderlich fur allen volckern auff erden ver-
heissen und von Christo selbst bracht ist.

Aber der erste verstand ist der beste und reymet sich das zum text, weil er spricht, das der freuden darumb wenig sey, das so viel heiden bekert sind. Nu verdros niemand, das viel heiden zum glauben kamen, so seer als die verstockten Juden, denn die Aposteln freweten sich des hoch. Es ist aber hoflich geredt, das der freuden sey wenig gewest und nicht viel sich solcher Euangelischer frucht unter den heiden gefrewet haben, und gillt so viel: Es verdreusst aus der massen viel und macht sie unlustig, das so viel heyden an

---

1 jünger *DFG* lere *F* 2 Johan. *B* 3 begriffens *G* ist *F* 4 Jüden *G* 5 gergert *AEF* Joā *D* 6 eygenthumb *DF* 7 Jüden *G* 10 Jüden *G* sind dieses . . . werden *ACDEFG* sind die dieses . . . werden *B* liechtes *B* theyl *F* 11 thöricht *DEG* drüber *DFG* würden *F* worden *G* 12 on] an *F* 15 jren *F* 16 verkündigt *DEF* verkündt *G* orth *F* 17 friedes *B* bitterliche *F* 20 glaubten *F* sunderlich *F* völckern *CDFG* 21 selbs *F* 24 seer *G* 25 Apostel *E*

[1]) sind werden *könnte an sich* = sind werdend *stehen (Weinhold, [2] mhd. Gr., S. 397), aber Luther scheint diese d-lose Form des Prtc. Prs. nicht zu kennen.* werden in worden *zu bessern, läge am nächsten und die Vergangenheitsform in dem mit* sondern *angeschlossenen Satze liesse sich dafür geltend machen. Da aber B gleich A aus der Druckerwerkstatt des Nik. Schirlentz hervorgegangen ist, die Möglichkeit also, dass B nach Luthers Handschrift besserte, wenn auch nicht gross, so doch immerhin gegeben ist, so wurde die Lesart von B in den Text gesetzt.* [2]) *In A steht das Komma nicht hinter* sind, *sondern hinter* verstockten. *Ist dies original, so ist* wurden *als Druckfehler für* werden *aufzufassen.*

nemen den gekreutzigten Christon, und sind ein kleines heufflin der Juden,
den es wolgefellet, die andern sind unsynnig druber. Gleich als wenn man
itzt von unser zeit also sagte: Gott macht, das viel leute dem Euangelio zu-
fallen. Aber es ist dem bapstum eine schlechte freude, das ist, wenig sind, die
sichs frewen ym Bapstum, Aber fast viel und das gröste teyl, die es verdreusst,
toll und töricht druber wollen werden. Und dieser text will eben, das Mose
5. Mose 32, 21 ynn seym liede will, da er sagt: 'Ich will sie zornig machen uber dem, das
nicht mein volck ist, und uber eym unverstendigen volck wil ich sie eyvern
Röm. 10, 19 machen', wie es Paulus Ro. x. einfuret; das ist: Ich will die heiden annemen,
welche nicht mein volck sind, dazu unverstendig, als die Moses gesetz nicht
haben, noch so viel von Gott wissen, wie die Juden, die es teglich hören.
Wenn man denn sagen wird: 'Sihe, die heiden sind Gotts volck', das wird
sie toll unsynnig machen; denn sie wollen alleine Gotts volck sein und halten
mich doch nicht fur yhren Got, sondern haben ander götter. Weil sie denn mich
verlassen, so wil ich andere annemen. Bulen sie dort, so bule ich hie. Das heist
'du machst ein geringe und schlechte freude, das du der heyden so viel machst'.

Damit ist nu die art und gluck des Euangelii angezeigt, wie es
yhm ynn der welt gehe, das man wol diesen spruch mochte dem Euangelio
zum reym und titel zuschreiben, das schlechte freude davon kumpt, wenn es
viel leute annemen. Pfu, sprechen sie, wie viel leute werden durch die ketzerey
verfuret. Es wil alle welt solche lere hören und haben; gleich wie die Juden
Joh. 11(10), 48 sprechen Johan. 19. 'Lassen wir yhn also gehen, so wird die gantze welt an
Joh. 12, 19 yhn gleuben'. Und Johan. 12. 'Sehet, die gantze welt leufft yhm nach'.
Also sprechen sie itzt auch: weren wyr nicht, so wird alle welt die Luterissche
ketzerey annemen, darumb lasst uns weren, brennen, morden, jagen, verfolgen,
das wir das Euangelion dempfen, denn es macht uns abfal des volcks, ab-
gang des guts und untergang der ehre und gewalt. O ja, weret flux, lieben
gesellen, yhr faret recht an. Wenn yhr nicht so weret, mochte ewr pracht
und wesen zu lange bleiben. Auff das yhr nu ja deste ehe untergeht, so
helfft dazu, fecht widder Gott und menschen, auff das widderumb Gott und
menschen euch feind werden und yhr also zuletzt vertilget werdet, wie den
Juden und allen verfolgern des Euangelio geschehen ist. Amen.

9, 2 Aber fur dir frewet man sich, wie man sich frewet ynn der
ernbte, wie man frolich ist, wenn man beute austeilet.

---

1 gecreützigete *E* Christum *F* Jüden *G* 2 drúber *DFG* 4 bapstum *C* Bapstumb *D* ein *F* 5 yn *C* 6 drúber *DFG* drôber *E* wollen *fehlt B* 7 sy *F* 8 vnuorsten-digen *C* ich *E* eyffern *F* 9 es *fehlt D* Roman. *B* Rom. *F* Röm. *G* 13 wöllen *FG* 14 haben *fehlt C* 15 andre *C* bul *F* hest *F* 16 macht *F* 19 kompt *CG* 22 yn *C* 23 glauben *F* laufft *F* 26 volckes *E* 26/27 abgangs *ABCDF* 27 erre *F* liben *C* 28 fare *E* mocht *E* möchte *CDFG* ewer *CG* bracht *F* 29 bliebe *E* bester ee *F* vntergehet *DF* 30 helfft *E* wedderumb *E* 31 werden *F* 34 frölich *CDEFG* peute *F*

'Fur dir', spricht er, das ist ym geyst und glawben, da Christus reich ynnen stehet, und da er auch herschet. Hie ist auch das kleine heufflin, das sich frewet, wie hart droben gesagt ist, daraus man mercken kan, das es war sey, das der text 'Du machst der freuden wenig' sey so viel gesagt: du machst sie unlustig und zornig, das sie keine freude, sondern eytel betrubnis davon haben, und sey eben auff die weise geredt: Es ist warlich eine schlechte freude da, das ist grosser unlust und widder willen. Denn er folget hie und spricht drauff: 'Aber fur dir ist freude', als solt er sagen: dort ist schlechte freude, das ist keine freude; Aber hie fur dir ist grosse freude. Es ist auch darumb gesagt 'fur dir', das niemand wehnen odder warten solle auff weltliche und zeitliche freude ym reich Christi. Es mus eine freude ynn Gott unter dem creutze sein, wie Christus spricht: 'Inn der welt werdet yhr gedrenge haben, Joh 16, 33 Aber ynn mir fride'. Das hertz ist ymer frolich bey den Christen, ob sie wol an leyb, gut und ehre eusserlich leiden mussen umb Christus willen. Denn der grosse hauffe, dem es eine schlechte freude ist, und der teuffel wird wol so viel anrichten, das die Christen eusserlich sich an gut und ehre nicht mussen frewen. Also hatts Jesaias beydes troffen, wie die Christenheit stehe zu gleiche ynn leyd und lust, ynn wehe und wonne, ynn unfride und fride, weil sie fur Gott frolich ist ym geist, und doch den ungleubigen und dem teuffel ein grewel sind, den sie nicht leyden konnen.

Er setzt auch ein gleichnis von der freude ynn der erndte. Denn ym herbst ist die groste freude ym jar, da man einschneyt und einfuret allerley fruchte und genies des lands, wein, korn, ole, feigen, obs und des gleichen an zal, sonderlich wenn es wol geraten ist. Da heyst es 'der reiche herbst'. Denn da lohnet das land den leuten, die es gebawet haben, und gibt seine zinse und fruchte fur die muhe des gantzen jares. Da singet yderman und ist frolich uber dem einsamlen. Darumb heist auch die schrifft den herbst 'des jars ende' oder 'ausgang', wie sie spricht Exo. 23. 'Wenn du ym ausgange des 2. Mose 23, 16 jars alle deine fruchte hast eingesamlet', denn bald nach der erndte gehet wider an die erbeit mit pflügen und zurichtunge, das widder wachsen sol zur andern erndte. Also ist die zeit des Euangelii auch eine geistliche erndte, wie es Christus selbst deutet Johan. 4. 'Sehet an, wie ist das land so weis zur Joh. 4, 35 erndte'. Die propheten, so zuvor gewest sind, haben das land gebawet, Aber doch nicht die erndte erlebet; das ist, sie haben das gesetze gepredigt, von

---

1 für *FG* 2 klene *E* heufleyn *F* 5 vnlüstig *G* sonder *E* betrübnis *CDG* 6 freüde *F* 7 grösser *CF* 8 darauff *B* 11 freüde *F* vnder *C* 12 creütze *E* 13 ynn] mit *G* hertze *E* frölich *CDFG* Cristen *D* 14 müssen *DFG* 15 ein *G* 16 ere *F* 17 müssen *CDG* Jesaia *E* 18 ym leyb *BG* ym wehe *G* wee *F* ym *G* 19 frölich *CDFG* vngleubigen *F* 20 können *CDFG* 22 gröste *CDFG* 23 früchte *CDFG* vnd vnd *C* ole *CEG* 25 lonet *F* 26 früchte *CDG* mühe *CDFG* 27 frölich *CDEFG* 28 odder *B* sie *fehlt F* 29 ernde *F* 30 arbeit *F* 31 euangelij *F* eynn *F* geystlich *D* 32 Johan. am iiij *D* Secht *F* 33 gebauet *C* 34 gesetz *F* geprediget *E*

Christo verkundigt, vom Euangelio geweissagt, viel muhe mit dem volck und der schrifft gehabt, auff Christus zukunfft zubereiten. Aber die zeit, da es Luc. 10, 24 geschehen solt, haben sie nicht erreicht, wie Christus abermal sagt: 'Viel konige und propheten hetten gerne gesehen und gehört, das yhr sehet und höret. Aber sie habens nicht gesehen noch gehöret.'

Wir aber, das ist die Apostel und alle gleubigen, haben das Euangelion empfangen und sind ynn die erndte komen, das wir einsamlen alle fruchte des Euangelii, das ist den heiligen geist mit allen seinen gaben, daran wir so reich sind worden, das wyr haben gnade und vergebunge der sunde ewiglich, dazu erlösunge vom tod, hirschafft und gewalt uber teuffel und alles ubel, Und kurtzlich alles guts die fulle und uberflus auffs aller reichlichst, das es 2 Cor. 9, 15; Ephes. 2, 7 wol Sanct Paulus unaussprechliche gueter und uberschwengliche reichtume nennet ynn Christo. Das ist der rechte reiche herbst, der boden und fas fullet. Zu dem haben uns gedienet und geerbeitet die lieben propheten mit yhrem ampt, das sie von solcher zeit uns haben verkundigt und das volck dahyn geweiset und getrostet. An wilchen wir auch haben starck zeugnis zu unserm glawben. 1. Petri 1, 12 Wie S. Pet. spricht: 'Sie habens nicht yhn selbs, sondern uns dargethan, was sie von Christo verkundigt haben'. Und gehet nu hie recht das sprichwort: Joh. 4, 37 f. 'Einer seet, der ander erndtet', wie Christus selbst spricht Johan. 4. 'Yhr seid ynn iener erbeit komen'. Gleich wie das volck Israel auch kam ynn das land Canaan, das sie nicht gebawet hatten, sondern wie geschrieben steht Ps. 105, 44 Psal. 105. 'Sie haben der volcker erbeit eingenomen'. Und Mose ym Deuterono. 5. Mos. 6, 10 'Gott wird dir stedte geben, die du nicht gebawet hast, Ecker, die du nicht beseet hast' ꝛc. Das ist nu die rechte grosse freude, solche grosse guter erkennen und haben und Gott daruber dancken, loben, predigen und singen. Aber wie wol solchs alles der gantzen wellt wird furgetragen, weil es doch wenig erkennen und annemen, so sind auch wenig die sichs frewen leyder. Denn die guter sind zu gros und zu hoch.

Die ander gleichnis ist von dem sieg noch dem streit, wenn man die beute austeilet und auch reich wird. So viel der streit ferlicher ist und sawrer wird, yhe lieblicher und frölicher der sieg und die ausbeute ist. Da ist ein froliche heymfart, ein jauchtzen, rhumen, singen und sagen von der fahr und erbeit des streites und vom gluck und heil des siegs. Da ist spott und sprichwort von den feinden, Und ist das land freuden voll. Viel mehr gehets so

---

1 verkündigt *DEFG* 2 zukünfft *F* 3 geschen *F* könige *CDFG* 4 gern *F* 5 gesehen *F* gehort *B* gehört *D* 7 früchte *CDFG* 9 vergebung *CD* 11 kürtzlich *FG* 12 S. *B* sant *CE* vnaußsprechliche *DF* güter *DF* reichtüme *BCG* reichthume *DEF* 14 gearbeitet *F* prophpeten *B* 15 verkündigt *DFG* 16 getröstet *CDEF* 17 S. Peter *B* 18 verkündigt *DFG* 20 jhener *DG* arbeit *F* 22 Psal. *fehlt F* völcker *CFG* arbeit *F* 24 güter *CDFG* 25 darüber *G* singen *E* 28 güter *CDFG* 29 nach *CEFG* 30 sawer *D* 31 ye *F* leblicher *E* Da] Das *G* 32 fröliche *CDEFG* rhümen *CDG* rümen *F* 33 arbeit *F* sieges *B*

zu ym geistlichen sieg fur Gott, da die sunde, tod und teuffel uberwunden ist. Aber Jesaia schweigt des sieges und sagt von der ausbeute; denn bald hernach wird er vom sieg sagen und wes der selbige sey; denn er ist nicht unser, das wir yhn hetten erobert, sondern die krafft und die frucht des sieges ist uns gegeben, das ist die ausbeute, wilche ist das heilige Euangelion, das wort des lebens, das bringt uns die frucht des sieges Christi, nemlich vergebunge und erlosunge von den sunden, wie gesagt ist. Das macht rechte froliche, sichere, freydige hertzen zu Gott und unerschrockene widder den teuffel und alle seine macht und bosheit. Denn zuvor, ehe Christus kam und die propheten zu felde lagen mit Gottis wort, war noch kein sieg da. Sie stunden wol da und hielten drauff, bis das der rechte feldheubtman keme und sich mit der sunden, todt und teuffel fur uns einlegt und gewonne und behielt das feld. Sonst, on den heubtman, gieng es zu, wie es dem volck Israel gieng 1. Regum 17. [1. Sam. 17, 24 ff.] da sie zu felde lagen widder die Philister, aber wenn sie den Risen Goliath sahen, so flohen und furchten sich alle, bis der recht kempfer David kam und behielt den sieg. Eben so bestehen auch wir, wenn wir on Christo sollen widder die sunde und tod fechten.

Aber nu unser David den tod mit den sunden hat uberwunden, da fur wyr uns ymer furchten und fliehen musten, sind wir nu frölich und sicher, singen und sind guts muts, teilen die beute mit freuden aus, das ist wir verkundigen das Euangelion, loben und dancken Gott, tröſten und stercken uns unternander und sagen: Sey frolich, dir kan niemand meher schaden thun, die sunde ist weg und vergeben, der tod ist uberwunden und aller zorn und ungnade auffgehaben. Hie ist eytel gnad und fride, der teuffel ist matt, sein reich ligt darnydder, wie S. Paulus thut 1. Cor. 15. 'Tod, wo ist deine [1. Cor. 15, 55. 57] stachel? Helle, wo ist dein sieg? Aber Gott sey gedanckt, der uns den sieg gegeben hat durch Jhesum Christum, unsern herrn'. 'Mit solchen worten', [1. Thess. 4, 18] spricht er, 'trostet euch unternander'. Nu Jesaia wird selbs weiter reden von dem streit und sieg, dadurch das Euangelion zur ausbeutte unter uns geteilet wird zur ewigen freude, den las hören:

Denn das joch yhrer last und die rhute auff yhrer schulder [V. 4] und den stecken yhres treybers hastu zubrochen wie zur zeyt Midian.

Diesen ort, halt ich wol, kan niemand das auslegen denn Paulus 1. Cor. 15. wie wir itzt angezeigt haben, da er spricht: 'Tod, wo ist deine [1. Cor. 15, 55 f.]

---

1 do *E* vnd der teuffel *F* 2 Jesaie *G* 3 von *F* 5 heylig *F* 6 vergebung *C* 7 erlösung *C* erlösunge *DFG* wie auch *F* fröliche *CDFG* 8 freudige *E* vnerschrockne *F* 10 Gottes *G* stünden *F* 11 recht *E* felthaubtman *F* 13 an *F* haubtman *CF* 14 feld *G* 15 flogen *E* rechte *G* 19 müsten *FG* 21 verkündigen *CFG* 22 vnderander *E* vntereinander *F* frölich *CDFG* mehr *E* 24 vngenade *G* gnade *EG* 25 licht *B* 26 sig *C* 27 Jesum *F* 28 tröstet *CDEFG* vntereinander *F* 32 hast du *F*

stachel? hell, wo ist dein sieg? Aber die sunde ist des todes stachel. Und das gesetz ist der sunden krafft'. Da erzelet auch S. Paulus dreyerley, die Christus uberwunden und uns davon erlöset hat, als Tod, Sünd, Gesetz, gleich wie auch Jesaia dreyerley erzelet, die Gott uberwunden hat, auff das er uns frölich und sicher fur yhm machte. Nu wollen wir sehen, wie sich Jesaia mit S. Paulo reymen will. Denn er kan von keinem andern reden, denn da S. Paulus von redet. Syntemal Gotts volck keinen andern fride noch freude haben kan, on wo diese drey stucke uberwunden sind: tod, sund, gesetz. Und wenn diese drey stucke blieben, so hulffs uns nichts, obs müglich were, das uns Gott alle ding gebe und gleich ynn hymel setzt. Wer kan frolich und zu friden sein, der den tod, sund und gesetz uber sich und widder sich hat und fulet? Es muß yhe leben, gut gewissen und freyheit da sein, wo freude sein sol. Nu aber Jesaia spricht, das man sich fur Gott frewe durch der dreyer stucke uberwindunge und erlösung, zwingt des glaubens verstand gewaltiglich gnug, das er eben mit S. Paulo stimmet, wilcher die Christen auch mit sölchem sieg tröstet und trösten heyst widder den Tod und sund und gesetze.

Nu, das erste ist 'das joch yhrer last'. 'Yhrer', spricht er, das ist dere, so sich fur yhm frewen wie ynn der erndte und ausbeute, die das Euangelion erkennen und annemen, die haben yhrer freuden die erste ursachen, das Christus hat das joch yhrer last zubrochen, wilchs joch ist der tod. O ein schweres joch und untregliche last, da sich yderman fur furcht und fleucht und doch nicht entfliegen kan, sondern mus her halten und leyden. Ich rede aber von dem todte, den man fulet, als der ist, da sich das gewissen fur entsetzt und Gotts zorn und gericht drynnen fület umb seiner sunde willen, das ist nicht anders denn der tod, so noch hirschet und bey krefften ist auser Christus reich,
1 Mose 3, 8 2. Sam. 12, 7 wie yhn fülete Adam und Heva ym paradis und David, da er von Nathan gestraffet ward umb den ehebruch. Da ist nichts denn eitel ewiges sterben. Die ruchlosen aber werden solchs todts nicht gewar bis am ende; denn sie gehen dahin und fülen keine sunde; weil sie die nicht fülen, so fülen sie den
1. Cor. 15, 56 tod auch nicht. Darumb spricht Sanct Paulus, die sunde sey des todes stachel, das ist, der tod hette keine macht noch recht, keine schneyte, keine spitze und kunde nicht durch dringen, wenn unschuld und keine sunde da were. Wen wolte er tödten, wo nicht ursache und schuld da were? Ein gut gewissen kan sich auch nicht fur yhm furchten. Es weis auch von keim stachel, krafft odder

---

1 ist deine siege *G* sünde *F* dodes *E* 2 sünden *F* 3 sünde *F* sund *G* 5 für *F* wöllen *FG* 8 stuck *C* stücke *DG* sein *F* sündt *F* 9 stücke *DE* stück *F* hülffs *DEFG* 10 frölich *DEFG* 11 sünd *E* sündt *F* 12 ye *F* 13 Nhu *D* für *F* 14 stücke *DF* 15 wilcher *A* solchem *CDG* 16 sünd *F* 18 für *F* außbeut *D* 21 für förcht *F* 22 entfliehen *CG* 23 fület *DE* für *DF* 24 fület *C* füllet *F* sünde *EF* 25 herschet *F* außer *C* 26 fulete *G* paradeis *F* Nataan *E* 27 ehbruch *D* Ebrüch *F* 28 rauchlosen *G* 29 fulen *G* sünde *EF* fulen *G* fulen *DG* 30 sünde *EF* dodes *E* todtes *F* 32 konde *C* künde *D* künte *E* sünde *EF* 33 woll *F* 34 für *F* fürchte *D* förchten *F*

recht des tods. Aber wo sunde da ist, da dringet er durch und ist mechtig; denn das sundige gewissen mus yhm raum geben und ja dazu sagen, es habs verdienet; darumb furcht sich das sundige gewissen so grewlich fur dem tod, denn es fület des todes stachel, das ist die sunde ynn sich und kan yhm nicht weren.

Das ander ist 'Die rhute auff yhrer schulder'. Das ist die sunde, die den tod mechtig und scharff macht, wie gesagt ist. Denn der tod kan nicht uberwunden sein, wo die sunde nicht uberwunden wird. Und ist nicht müglich, das tod on sunde odder sunde on tod sein solte, darumb auch der tod uber Christum nicht bleiben kund, ob er wol eine zeit yhn hielt umb unser willen, denn ynn Christo war keine sunde on allein unser sunde, die er auff sich nam. Also auch kan er nicht bleyben uber den Christen, weil sie nu gerecht sind ynn Christo und keine sunde haben, ob er wol eine kurtze zeit sie auff helt. Denn das heist meisterlich den tod und sunde uberwunden. Nicht das man sie mit gewalt balde ym augenblick weg thu und nymer füle, sondern das man yhn zu erst das recht und macht nympt und verdampt sie mit urteil und recht, das sie sollen zu nichte werden. Ob sie nu ynn des noch toben und sich fülen lassen, ehe sie zu brochen werden, da ligt nicht an, das urteil ist doch uber sie gangen, das sie des kein recht noch macht haben, sollen aber und mussen bald auff hören und yhr ende haben. Gleich wie man eym mechtigen feinde thut; wenn er gefangen ist, thut man yhn nicht so balde abe, sondern lest yhn leben, bis er fur gericht verdampt und als denn durchs urteil getödtet wird. Nu sein leben, das er lebt ym gefengnis, ist auch ein leben, Aber ein arm leben, das nu widder recht, noch macht hat zu schaden, zu hirschen, zu drucken seine widdersacher, sondern ist verwaret zum todte. Und lebt nu nicht mehr, das er hirschen solle, sondern das er verdampt und abgethan werden soll.

Also gehets dem tod und der sunden auch. Christus hat sie gewonnen und gefangen, das sie nicht mehr hirschen odder siegen konnen uber uns wie
zuvor, als der .67. Psalm spricht: 'Du bist ynn die hohe gefarn und hast ge- Ps. 68, 19
fangen die so uns gefangen hatten', Und lest teglich das recht und urteil gehen und sie verdammen durchs Euangelion, als die kein recht noch macht uber uns haben, sondern auff horen und yhr ende sollen bald nemen, wie er
spricht Ro. 8, das Christus habe 'die sunde durch sunde verdampt'. Das ienige Röm. 8, 3
nu und ubrige, das sie sich noch regen und fulen lassen, ist nichts. Denn

---

1 sünde *EF* 2 sündige *EF* 3 fürcht *F* sündige *EF* für *DF* 4 fület *G* sünde *EF* 6 rute *CF* ruthe *DE* yhr *D* sünde *EF* 8 de *E* sünde *EF* uberwunden *B* 9 sünde *EF* sünde *EF* 11 sünde *EF* alleine *G* sünde *EF* 12 kein *E* 13 sünde *EF* 14 sünde *F* 15 thun *F* fule *G* 17 sy *F* nicht *C* werde *E* 18 fulen *G* 20 müssen *DFG* 21 feind *D* halde *E* 22 für *F* verdāpt *E* 26 sollen *E* 26/27 abthan *D* 28 vnd sunder *D* sünden *F* gewunnen *F* 29 können *CF* 30 der] des *ABCD* höhe *CDEF* 32 verdāmen *E* 33 hören *CDEFG* ire end *F* 34 Roma. viij *B* sünde d. sünde *F* jhenige *D* 35 und *nach* regen *fehlt F* fülen *DFG*

sie sind verdampt und haben das recht und die hirschafft verloren und konnen nicht schaden. Und ist nicht mehr da, denn das sie sollen bald yhr ende entpfahen und auffhoren. Was schadets mir nu, ob ich den tod odder sunde fule ein kleine zeit, als hirscheten sie, so ich weis, das sie nicht hirschen, sondern verdampt sind und yhr regen und fulen nichts anders ist, denn ein zappeln und zittern fur yhrem galgen, da sie sollen abgethan werden? Gleich widderumb, was hilffts die so die sunde und tod ein kurtze zeit nicht fulen, als sey der tod mit gewalt weg gethan, so doch beide sund und tod recht und macht uber sie behelt und bald uber sie komen und ewiglich hirschen wird?

Das ists, das beide Jesaia und Paulus solcher wort brauchen, die da anzeigen, wie sund und tod das recht und macht verloren haben und bald yhr ende haben sollen, ob sie wol noch ein kleine zeit sich regen, als hirscheten sie. Denn Sanct Paulus spricht nicht: 'Tod, wo bistu? Helle, wo bistu?'
1. Cor. 15, 55 sondern also: 'Tod, wo ist dein stachel? Helle, wo ist dein sieg?' als solt er sagen: Lieber tod und helle, yhr seit wol nach ein kleine zeit da, doch nicht lange. Aber das recht, macht, sieg, stachel und alle krafft habt yhr verloren; zornig seyt yhr, aber lieber beisst mich nicht, versenget uns die ruben nicht[1]. Ich fule euch wol, Aber ich furcht mich nicht fur euch; denn yhr kund nicht mehr und musset dazu auch balde an gen galgen und zu nichte werden. Gleich wie die juden Christus am creutz spotteten, als hette er alle macht und krafft verloren, muste da zu bald sterben. Also hat sichs umbgekeret, das wir der sunden und dem tod trotzen, spotten, hönen und lestern, als die wir gewis sind, das sie nichts mehr konnen, sondern mussen herhalten. Derhalben ist der tod und sunde bey den Christen so verdampt und hangen am creutze, das yhr ubriges wesen yhnen zu nichts dienet, denn das sie mussen hören, wie sie verspottet und verlestert werden: 'Tod, wo ist dein stachel? Hell, wo ist dein sieg?' So mechtig, als yhr gewesen seyt, so anmechtig seyt yhr nu; pfu und vach, yhr grossen Risen tod und sunde, wie grewlich habt yhr ynn der welt gehirschet und yderman getrotzt und geplagt. Hui nu, steig nu vom creutze. Seyt yhr Risen und grosse Herrn, Wolan, so beweisets doch mit eym finger. Da hanget yhr an dem Creutz Christi und müst bald dran sterben, und er, den yhr dran hienget, ist los davon worden mit uns allen, die wyr an ym
Spr. Sal. 11, 8 hangen. So gehts denn, das Salomo spricht: 'Der gerecht ist los worden und der gotlos ist an seine stat gehengt.'

---

1 könnnen *CDF* 2 söllen *F* 3 hörrn *CDEFG* sünde *F* füle *DF* 5 fülen *DF* 6 für *DF* 7 sünde *F* fülen *DF* 8 sunde *DF* 10 ist *D* 11 sünd *F* worloren *D* 12 eine *F* 15 noch *G* 17 rüben *F* 18 förcht *F* furchte *G* für *F* kündt *FG* 19 müsset *EFG* 21 verlorn *F* umgekert *B* umbgekert *C* 22 sünden *F* 23 könnnen *CDF* müssen *DFG* 24 sünde *F* hanget *G* 25 müssen *DFG* 28 sünd *F* 29 yederman *C* creutz *D* 32 henget *C* all *E* yhm *CDEG* 33 geheits *EF* salamo *B* Solomo *D* 34 sine *E* sein *F*

[1]) *Wander, Bd. 3, Sp. 1750, N. 70.*

Also redet auch Jesaia von der sunden und tod, nicht schlechter weise, sondern wie sie gehirscht haben, und das die selbige hirschafft, das ist yhr macht, recht und krafft zu brochen sey. Denn er spricht nicht schlecht 'yhre last', sondern 'das joch yhrer last'. Mit dem 'joch' zeigt er an, wie wir sind dem tod unter worffen gewest, seine last zu tragen, und er uber uns gehirscht hat, gleich wie ein baur uber sein thier, das er yns joch knupffet und last auff ledet als ein Herr des thieres, das ym joch gefangen und gebunden ist. Denn die last, so einer freywillig von sich selbs auff sich nympt, heist nicht ein 'joch der last', sondern schlecht eine 'last'. Aber 'joch der last' odder 'last ym joch' begreyfft mit sich ein unterworffen wesen, darynn eins gezwungen wird die last zu tragen. Also haben wir auch mussen den tod, die schwere last, tragen, gezwungen, als die dem tod und seiner gewalt und recht unter worffen sind, durch die sunde und er uber uns hirschet. Aber die hirschafft hat uns Christus zubrochen und von solcher gewalt erlöset, ob wol der tod noch eine zeit auff uns ligt, doch on alles recht, bis er auffhöre. Also laut auch das, da er nicht schlecht spricht: 'Die rhute', sondern 'die rhute auff yhrer schulder', als solt er sagen: die sunde ist nicht eine schlechte rhute, die man williglich tregt odder auff die achsel legt, sondern man treibt damit und schlegt uns auff die schulder, die last zu tragen, also das diese rhute eine hirschafft ist und wir unter than. Denn wie gesagt ist, wo die sunde nicht uber uns hirschete, so kund der tod auch nicht uber uns hirschen. Nu aber die sunde uber uns hirschet und wir yhr unterworffen und gefangen, sind wir der last des tods wol feind und wolten der gerne on sein. Aber die sunde ist hinter uns, als die rhute, und treibt und zwingt uns die last zutragen; das ist: die sund treibt uns, das wir sterben und dem tod unterworffen sein mussen.

Das dritte ist 'der stecke des treibers', das ist das gesetze, wie Paulus sagt: 'das gesetze ist der sunden krafft'. Ich rede aber vom gesetz geistlich [1. Cor. 15, 56] verstanden, wenn es die sunde offenbart, Roma. 3. und 7. 'durchs gesetz kompt [Röm. 3, 20; 7, 7] erkentnis der sunden', und nicht fleischlich, wenn es heuchler macht durch die werck, Roma. 2. Denn wilche das gesetz nicht geistlich vernemen, die fülen [Röm. 2, 17 ff.] auch nicht die 'rhute auff der schulder', das ist die sunde. Die rhute ist wol da, aber sie druckt yhre schulder nicht; das ist: sunde haben sie, aber sie fülen und achten yhr nicht: gleich wie die last, das ist der tod, ist auch da, Aber das joch der last haben sie nicht, denn sie fülen nicht, wie sie der tod unter sich hat und uber sie regirt. Also hie auch: Der stecke ist wol da, aber sie

---

1 sünden *EF* 2 selbiche *F* 3 yhr *C* 6 pawr *D* knüpffet *DEFG* 7 leget *F* thiers *C* 11 müssen *DFG* 13 sünde *F* 16 ruthe *(ebenso i. Folg.) E* rutte *(ebenso i. Folg.) F* 17 sünde *F* ein *E* 18 schlecht *BG* 20 sünde *EF* vns *A* 21 sünd *G* sünde *EF* 22 vnder worffen *F* 23 sünde *EF* 25 sunde *BFG* müssen *DG* 27 sünde *EF* 28 verstanden *B* sünde *EF* kömpt *D* kumpt *E* 29 sünden *EF* 30 fülen *G* 31 ruthe *E* rutte *F* sünde *EF* 32 drückt *DG* sünde *F* fulen *EG* 34 fulen *G* 35 regiert *CE* *nach* regirt *scheinbar Absatz B, wirklich Absatz G*

hören die stymme des treibers nicht, das also auch zweyerley sey, 'der stecke' und 'der treiber', gleich wie 'die rhute' und 'auff der schulder liegen' zweyerley ist und 'das joch' und 'die last'. Denn wir haben alzumal den tod, die sunde, das gesetz. Aber wir fülen nicht alle den stachel und den sieg, das ist die krafft und hirschafft des tods, der sunden, des gesetzs uber uns, bis das stundlin kome. So ist nu 'der stecke' das gesetze, 'der treiber' ist sein gewalt und hirschafft. Denn wo kein gesetze nicht were, so were auch keine sunde. Nu aber das gesetze da ist, wolten wir wol gerne der sunden los sein. Aber wir konnen nicht, denn das gesetze ist da und treibt, jagt, uberzeuget und uberwindet uns, das wir sunder sind und zwinget uns also mit gewalt unter die sunde; da ist die stymme des 'treibers', das ist die hirschafft und gewalt des gesetzes uber uns, die uns der sunden knecht macht; denn darumb heisst des gesetzes krafft ein 'treiber' oder auff setzer, Exactor, das es ymmer von uns foddert gehorsam, lest auch dem gewissen fur solchem foddern und treiben keine ruge. Nu wir denn solchem foddern nicht mügen gnugthun, noch gehorsam leisten, so treibt er uns so bald unter die sunde und urteilt uns fur knechte der sunde; die sunde aber gibt uns denn also balde dem tode. Da liegen wir denn als gefangene knechte unter tod, sund und gesetze, das ist unter dem 'joch der last', unter der 'rhuten auff der schulder', unter 'dem stecken des treibers'.

Da sehen wir, das Jesaia seine rede genomen hat von eim esel treiber odder sonst eym grausamen tyrannen. Denn da ist last, rhute und treiber uber das arme thier. Nu, der last weren wir gerne los. Aber wir sind ym joch gefangen, das ist: des todes krafft und hirschafft helt uns, das wir mussen seine last tragen und yhm unterthan sein. Also der rhuten weren wir auch gerne loss. Aber sie ligt uns auff dem halse; das ist der sunden macht und hirschafft, die uns mit gewalt unter sich hat. Des steckens weren wir auch gerne loss. Aber der treiber ist hinter uns; das ist die stymme und krafft des gesetzes. Also haben wir nu, was Jesaia mit diesen dreyen stücken meinet, Und das wir sie nicht zubrechen konnen, sondern mussen yhn unterthan sein und sie lassen uber uns hirschen. Hirschen sie aber, so mussen wir thun was sie wollen. Daraus denn folget, das wir kein guts zuthun vermügen, sondern eitel böses, Und das kein frey wille da sey. Christus aber ists, der alleine diese stücke uberwindet durch sich selbs fur uns alle Und die fröliche beute austeilet, das wir ledig und los loben und singen ynn allen

2 ligen *G* 3 das das ioch *E* 4 sünde *EF* fulen *G* 5 sünden *EF* 6 stunlin *B* stündlein *CF* stündlin *DE* stünlin *G* 7 kein *C* 8 sünde *EF* Nhu *D* sünden *EF* 9 können *CDFG* 10 sünder *EF* 11 die] der *D* sünde *F* da] das *D* 12 sünden *EF* 13 odder *B* 14 für *DF* 15 solchen *C* 16 sünde *EF* 17 knecht *F* der sünde *EF* die sünde *F* 18 ligen *G* sünd *F* gesetz *E* 25 müssen *DFG* rhute *C* were *F* 26 halß *F* sünden *F* 29 gesetzs *E* 30 können *FG* müssen *DFG* 31 müssen *DFG* 32 wöllen *F* 32/33 vermögen *F* 33 will *E* Christ *E* 34 stück *EG* für *F*

freuden und sicherheit. Von dem spricht er: 'du hast zubrochen' ꝛc. Wie zubricht er sie? Also, das sie mussen auffhören, wie Paulus vom tod spricht 1. Corinth. 15: 'Der letzte feind, der tod, wird zubrochen werden'. Also ist 1. Cor. 15, 26 die sunde auch zubrochen. Aber wie ist das gesetz zubrochen? Sunde und tod, wie gesagt ist, haben yhre krafft und recht verloren, das sie uns nicht mehr unter sich haben. Und mussen auch gar auffhören. Aber das gesetz ist also zu brochen, das es nicht mehr treibet, und werden frey von seinem foddern und treiben, damit das wir yhm gnugthun durch Christum unsern herrnn. Und leben nu und thun aus dem geist alles frey willig, was das gesetz uns abtreiben und abzwingen wolte. Derhalben durffen wir keins gesetzs mehr. Und weil sein treiben und foddern ab ist, so ist auch alle seine macht, recht und ursache ab. Und leben, als die kein gesetz haben, gleich wie ein gesund mensch lebt, isset und trincket on gesetz und treiben, das er keins gesetzs dazu darff. Davon magstu weiter ynn der postillen[1] und andern buchlin lesen.

Folget weiter: 9, 4

Wie zur zeit Midian.

Hie mus man wissen die schöne, treffliche geschicht, ym buch von den Richt. 7. Richtern geschrieben am 7. Capitel, wie die Midianiter, Amalecker und Morgenlender das land Jsrael verwusten und die kinder Jsrael fur yhn flohen, Und wie Gideon aus Gots befelh sie schlug on schwerd durch posaunen und lampen, das sie sich selbs erwürgeten und flohen. Denn ynn der geschicht ist furgebildet der sieg, den Christus an den dreyen feinden behalten hat, und wie noch mit yhm teglich alle seine Christen den sieg behalten auch on schwerd. Denn darumb hat Jesaias so eben wollen diese geschicht zum exempel ein füren, das er anzeiget, mit waserley krafft Christus habe diese drey stücke odder feinde zubrochen und uberwunden. Es were aber die geschicht zu lang alle zuerzelen und deuten. Wer sie wissen wil, mag sie lesen. Das ist die summa davon, das Gideon solchen sieg ynn grosser schwacheit und unkrefften erobert, denn es war yhm feind seine eigene burger und brüder, die er hatte erzurnet, das er den Altar Baal zu brach, so sie doch die furnemesten solten mit yhm gewesen sein. Darnach der andern fielen von yhm zum ersten .xxij. tausent man, darnach zehen tausent, und blieben nur dreyhundert man bey yhm. Mit den solt er der feinde heer gewynnen, wilcher war bei hundert und funff und dreyssig tausent man gerustet zu felde. Es hette sein hertz

---

2 müssen *DFG* 4 sünde *F* Sünde *FG* 6 müssen *FG* gesetze *E* 8 Christum *A* 10 dürffen *DEFG* 13 das] da *E* 15 büchlin *CDG* büchlein *F* 16 Folget weiter *fehlt BF* 18 in *F* 20 verwüsten *CG* für *F* 22 erwurgeten *B* 22/23 fürgebildet *DF* 25 wölle *F* 25/26 einfuren *CG* 26 stück *F* 30 erobert *D* bürger *D* 31 ergürnet *DFG* furnemste *C* fürnemesten *DF* 35 fünff *F* dreissig *D* gerüstet *G*

[1]) *Erl.*[2], *Bd. 7ff., z. B. Bd. 7, 276ff.*

wol mocht zu tausent mal verzweiffeln und stockhart verzagen. Was war solch
verlassen heufflin gegen solche gewalt? Nichts. Wie viel werden sein gespottet
Richt. 8, 15 ff. haben, wie die burger zu Sucoth und Pnuel theten, als were er ein unsynniger
narr, der solch unmuglich ding furneme und die leute mit sich ynn die fare
2. Cor 12, 10 gebe. Da hat sein hertz must sagen mit S. Paulus: 'Wenn ich unkrefftig bin,
so bin ich am krefftigsten, denn krafft wird ynn unkrafft volkomen'. Solcher
glaube schlug die Midianiter on schwerd.

Also ist Christus auch schwach und zu spott worden ynn seinem leyden,
das unmuglich und ungleublich anzusehen war, das er solte damit etwas aus-
richten. Aber nichts deste weniger behielt er ynn solcher unkrafft den sieg
widder tod, sund, gesetz, hell, teuffel und alles ungluck, on alle menschliche
krafft und waffen, gleich wie Gideon ynn seiner unkrafft den drey volckern
oblag. Und gleich wie Gideon der erste und das heubt war, die Midianiter
zuschlahen und die drey hundert man yhm nach: Also ist Christus auch der
erstling, der sund und tod uberwunden hat, und die andern Christen thuns
teglich yhm nach und mit yhm. Das aber die Midianiter sich mit yhrem
eigen schwerd musten todten, bedeut das, das der tod, der Christum wolt er-
wurgen, eben mit dem selben wurgen sich selbs erwurget hat; denn Christus
ist aufferstanden und hat den tod ynn seinem tod verschlungen. Also die sund
auch, die auff yhm lagen, wolten yhn zum tod verdammen und des todes
stachel sein. Aber seine unschuld war zugros und 'verdampt die sunde durch
Röm. 8, 3 sunde' Ro. 8. das die sunde sich so an yhm versundigt hat, das sie mus
sterben und tod sein. Das gesetz treib yhn auch und macht yhn zum sunder,
weil er drunder war und muste nach dem gesetz verflucht sein, wie alle er-
Gal. 3, 13 hengete, Gal. 3. Aber weil es kein recht zu yhm hatte und er nichts schuldig
war, geschach yhm unrecht und treibt er nu widder das gesetz, das es sund
und unrecht hat und mus auch sterben. Was die ander stucke diser geschicht
bedeuten, da wurde wol ein sonderlich buch aus, so reich, vol und fein ist sie.
Aber wir lassens hie bleiben bey dem furnemesten stuck der deutung, die Chri-
stum an gehet auff Jesaia meinunge.

9, 5 **Denn aller krieg, der mit ungestum zu gehet, und blutig kleid wird verbrand, durch feur verzeret werden.**

Wie Christus seinen sieg on schwerd und leybliche krafft hat behalten,
hat er itzt gesagt aus dem exempel Gideon. Hie weissagt er nu, das solchs
werde die newe weise sein zu kriegen ym konigreich Christi; darynnen wird

1 möcht *F* 2 würde *E* 3 bürger *D* Suroth *A—G* Pnuel *A—G* er *fehlt E*
9 vnglaublich *F* er] es *D* 11 sünde *F* vnglück *DFG* 14 Cristus *F* 15 sünd *F*
16 yrem *D* 17 tödten *CDEFG* 17/18 erwürgen *DFG* 18 würgen *DFG* erwürget *DFG*
19 sunde *DF* 21 sünde *F* 22 sünde *F* sünde *F* versündigt *F* 23 sünder *F*
24 drunter *F* 25 schuldich *E* 26 sünd *F* 27 stucke *G* dieser *G* 28 würde *DFG*
29 surnemstem *C* fürnemesten *F* stuck *G* 30 meynung *G* 31 vngestüm *DFG* gehet *C*
32 feuer *G* 34 itz *F* 35 die *fehlt F* konichreich *B* königreich *CDFG*

kein leyblicher krieg sein, noch einer fur den andern kriegen, noch einer dem andern bey stehen, sondern ein iglicher mus alleine fur sich selbs durch den glauben und geist wie Christus den tod, sund und gesetze uberwinden und thar sich kurtz umb auff niemand verlassen on auff Christum. Alleine mus er stehen, denn er kan nicht wissen, wer gleubig odder ungleubig sey. Drumb ists ein wunder streiten ynn der Christenheit, das ein eintzeler mensch sol stehen widder alle teuffel, widder die gantze wellt, widder tod, sund und gesetz, und dennoch den sieg behalten. Das wil nu hie Jesaia sagen, Es werde hinfurder unter den Christen solcher krieg nicht mehr sein, der mit rumor und waffen zu gehe, da es blut und blutig kleider macht, sondern Christus einiger sieg wird das selb behalten ynn alle den seinen und wird der streit so zu gehen, das man leyde, unterlige und unkrefftig sey, das ist, ein geistlich krieg sols sein. Das also diese wort eben wollen, das Jesaia am andern ort, als Cap. ij und xi, also sagt: 'Sie werden nicht mehr einer widder den an- Jes. 2, 4; 11, 6ff.
dern das schwerd auff heben, noch furder kriegen lernen, sondern werden yhre schwerdte ynn sicheln und yhre spiesse ynn pflugschar wandeln'. Denn Christus reich sol ein reich des frides sein, wie folgen wird.

Das er nu sagt: 'Aller krieg mit ungestům und blutig kleid' ꝛc., sihet er auff zweierley kriege. Einer gehet zu mit stechen und brechen, mit hawen und schreyen, mit poffen und platzen und mit blutvergiessen auff beiden seiten, das ist ein leyblicher krieg. Der ander gehet zu mit stil hallten, leyden und sich garnicht regen, auch nicht den mund auff thun, wie ein schaff auff der Jes. 53, 7
fleischbang. Denn mit dem wort 'Krieg mit ungestům' malet er ab und stellet gleich eine felt schlacht fur die augen, da sichs alles reget und weget; da geht die drummel, hie die drometen, da rufft man, hie das ros, hie klippis, da klappis, hie blickt schwerd, da glentzt spies, und gehet wust ynn ein ander, da fleust blut uber kleider und ist ein grewlich ansehen. Wer was stilles und friedlichs sehen wil, der darff keym kriege zu sehen. Aber solcher ungestůmer lerm und krieg sol man ynn der Christenheit nicht mehr haben, das feur des heiligen geists sol solchs alles verzeren und rein auffressen, auff das eitel fride unter yhn sey. Ist aber unfride, das sie den nicht anrichten, sondern von andern leyden still und gedultig und also yhrem heubt Christo nach folgen, der auch also gestritten hat geistlich, das er eusserlich still und fridsam war, gedultiglich erleyd alles, was man yhm thet, und gewan doch damit alles und behielt den sieg uber tod, teuffel, helle und alles.

---

1 fůr *F* krigen *F* 2 fůr *F* 3 sůnde *F* 4 an *F* 5 glaubig *F* unglaubig *F* 6 einzeler *G* 7 sůnd *F* 8 Jesaias *G* 9 hinfůrder *DF* solcher *DFG* rhumor *G* 10 da] das *DG* blůtig *G* 12 krefftig *F* 15 fůrder *DF* 18 ungestum *B* ungestůmb *D* 23 fleischbanck *B* ungestůmb *D* 24 ein *E* fůr *DF* 25 růfft *DG* 26 da klappis *D* da glentzt *CF* wůst *CDFG* 27 Werwas *A* 28 fridelichs *E* 30 auff ressen *B* außfressen *D* 32 gedůltig *G* 34 gedůltiglich *G*

Und man mus sich solcher rede nicht wundern, das er spricht, feur sol verbrennen und verzehren solchen leiblichen streit. Denn mit solchen worten wil ers eigentlich beschreiben, wie und durch was der eusserlich krieg unter den Christen sol auffhören. Und er folget ynn dem gleich dem psalmisten, Psalm 46 [so]. 9f. der auch also sagt von diesen sachen Psal. 47. 'Herzu und schawet, was fur wunder der herr auff erden thut. Er zubricht bogen und zuschlecht waffen und verbrent schilde mit feur'. Das feur ist ein starck element, wie man spricht: 'Es macht alles zu asschen, und was es verbrennet, das kompt nicht widder'[1], Das widder wasser, lufft noch keine creatur so thut. Und wenn man auch ettwas will rein aus, rein ab, rein durch machen, so nympt man 2. Petri 3, 10 feur dazu; Das Got auch selbs die gantze weltt, hymel und erden am Junsten tage wil mit feur fegen und reynigen. Also sol des heyligen geysts feur, welchs ist die christliche liebe, allen streit und ursachen des streitts gantz rein ab und weg thun, das nichts davon ubrig bleibe und ewiglich nicht widder kome.

Denn das man krieg und habder mit gebotten weret odder mit gewalt steuret, das ist nicht werhafftig noch ewig, weyl der kriegische mut nicht verendert wird. Man findet allwege zeit und raum, habder und krieg anzufahen, ehe denn es die gewalt weren kan; darumb kan man ynn der welt regiment krieg und habder nicht mit feur verzehren und gar auff heben, das sicher und bestendiger friede sey, wie man spricht: 'Ich kan nicht lenger friede haben, den mein nachbar will'[2]. Aber das ist das rechte meister stuck, ewiglich sicher friden zu halten, das Christus ynn seim reich braucht, Nemlich, das er die hertzen eines macht und nicht mit geboten und gewalt alleine der faust weret und die waffen nidderlegt, Sondern nympt weg den kriegs mut und das habder hertz. Wenn aber das geschicht, so ist der faust und den waffen schon gewehret allzumechtig. Denn worumb und woruber solten Christen kriegen und habdern, wenn sie also gesynnet sind, das sie allzu mal alles leyden wollen, gut, ehre, leib und leben gerne faren lassen? Das ist, sie haben keine ursach nymer mehr zu kriegen. Denn umb solcher stuck willen mus die welltliche oberkeit kriegen, gut, ehre und leib zu schutzen und fride zu hand haben. Und daruber habdert man sich auch. Aber nicht unter den Christen. Also hat Christus auch nicht gestritten, sondern geliten und ist durch leiden der oberst und theurest ritter worden; das ist recht den krieg durch feur verzeren und mit

1 solcher *G* feuer *F* 2 verzeren *DEF* 5 für *F* 8 kömpt *D* 11 Jungste *CDEFG* 12 tag *F* 16 gepoten *D* wert *B* 17 muth *D* 18 allewege *C* 19 kan *fehlt F* 20 verzeren *F* 22 stück *DG* 23 frieden *G* fride halten *E* 25 kriges *E* 26 dem *G* schön *DG* 26/27 gewerel *F* 27 warumb *DF* waruber *DF* 28 wöllen *F* 29 eere *F* ursache *G* 30 stück *DG* 31 öberkeit *G* eere *F* schützen *G* friede *G* 32 darüber *G* habert *F* 33 öberst *F*

[1]) *In dieser Form nicht bei Wander, vgl. jedoch Bd. I, Sp. 993, N. 18.* [2]) *Wander, Bd. I, Sp. 1207, N. 42.*

liebe alles leiden, nicht haddern noch kriegen umb unser selbs willen. Wie aber kriegen gut sey fur andere, hab ich gnugsam ym büchlin von weltlicher oberkeit [1] gesagt.

Denn uns ist ein kind geboren, der son ist uns gegeben. 9,6

Hie feret Jesaia eraus und malet den heubtman odder könig dieses konigreichs. Aus diesem text ist das feine lied genomen, das man zu wyhenacht singet: 'Ein kindelin so lobelich ist uns geboren heute, von einer Junckfrau seuberlich, zu trost uns armen leuten; wer uns das kindlin nicht geborn' ꝛc. Ein wunderlicher könig, der solch grosse ding sol ausrichten, davon droben [2] gesagt ist, das er sol tod, sund, gesetz uberwinden, on schwerd regieren und die wellt vol freuden machen. Denn Jesaia sagt hie klerlich, das solchs alles darumb und daher kome, das uns ein kind geboren und der son uns gegeben ist, als solt er sagen: durch das kind und den son kompt solchs alles. Er ist der mitteler, der es sol aus richten. Denn ynn diesem text ist das wörtlin 'Uns' wol zu mercken, als da die macht anligt. Alle kinder, die geboren werden, die werden yhn selbs odder yhren eltern geboren. Allein dis einige kind füret den namen, das er uns geboren sey. 'Uns', 'Uns', 'Uns heissts. Unser aller ist das kind, uns zu gut geboren. Denn fur sich selbs hette ers gar nichts gedorfft, das er geboren wurde. Derhalben alles was er ist, hat und thut von geburt odder nach der menscheit, das heist und ist unser und ist uns damit gedienet, das unser heil und seligkeit sein sol. Das wort 'Uns' foddert nu festen glauben. Denn ob er tausent und aber tausent mal geboren wurde und were doch nicht uns geboren und unser eigen worden, so were uns da mit nichts beholffen. Was hilfft uns, das so viel tausent menschen geboren sind und teglich geboren werden, von der wellt anfang?

Nu sihe auff die wort, was dieser könig fur eine person sey und wie meisterlich Jesaia seine wort setzet und wyget. Erstlich ists ein 'geboren kind', das ist ein natürlich mensch. Denn Jeled auff Ebreisch heyst Infans, ein junck geboren kind, wie es vom weibe geboren wird. Damit ist beweist, das Christus recht natürlicher mensch ist, von eym weibe geboren, fleisch, blut, bein, marck, haut und har habe, lebe, gehe, stehe und thu wie ein ander mensch, Und doch on sunde geboren sey fur allen andern. Denn gleich wie dieser text zwingt,

---

1 lieb *F* haddern *F* selbst *E* 2 für *F* genugsam *C* buchlin *B* 3 öberkeit *G* 4 sohn *D* 5 herauß *F* haubtman *F* 6 königreichs *CDEFG* 7 weyhenacht *F* löbelich *DG* 7—8/9 von einer *bis* nicht geborn *fehlt B* 8 Jungfrau *G* seuberleich *F* were *G* 9 wunderlich *EF* wünderlicher *G* konig *B* solche *BCE* 10 daruon *C* sünd *F* 11 regiren *E* rigieren *G* 12 sohn *D* 13 kömpt *D* 14 mitler *B* 16 geborn *F* Alleine *G* 17 furet *G* geborn *DF* 18 für *F* selbst *E* 19 würde *DF* 22 fodert nur *F* 23 würde *DFG* 26 für *F* 27 setzt *G* 28 naturlich *E* jung *G* 30 naturlicher *E* geborn *G* 32 sund *C* sünde *(ebenso i. Folg.) F* für *DF*

[1]) *Vgl. Erl. 22, 59 ff.* [2]) *Vgl. oben S. 130 ff. und S. 137 ff.*

das er ein rechter naturlicher mensch geboren sey, also zwinget der vorige text, das er on alle sunde geboren sey, da Jesaia sagt, das er last, rute, treiber, das ist sund, tod, gesetze zubrochen habe. Denn es reymet sich nicht, das der solt ynn sunden geboren sein, der die sunde zu bricht und unterwirfft. Sonst hette viel mehr die sunde yhn zubrochen und unterworffen, wie allen andern menschen geschicht, die geboren werden. So haben wir nu, das dis kind ein naturlicher, aber unschuldiger, heiliger mensch sey, und das selbige alles unser sey, was er ist, hat, thut und vermag. Denn das er heilig und unschuldig ist, sol unser sein, weil er uns geboren ist; drumb ist seine heilickeit und unschuld unser, als hetten wir sie selbs. Und wyr schmucken und kleiden uns drein fur Gott als ynn unsern schmuck, der uns geschanckt ist, so wir anders gleuben, das war sey. Also sind wir unschuldig und heilig ynn der unschuld und heilickeit dieses kindes.

Zum andern ist er der Son und Uns gegeben.

Hie spricht er nicht: 'der son ist uns geboren', sondern 'gegeben'. Das sind ja seine, liebliche wort. 'Son' heisst er yhn, damit er beweiset, das dieser konig nicht alleine mensch, sondern auch rechter, naturlicher Gott ist. Es mus ja ein ander son sein, denn alle ander menschen söne sind, weil er solche ding thun sol, wie gesagt ist. Wenn gleich alle söne unser eigen wurden, hulffe uns doch nicht, weil keiner ist, der nicht von sund, tod, gesetz zubrochen wird. Soll er nu tod, sund, gesetz zubrechen, mus er warlich göttliche krafft bey sich haben, sonderlich weil ers nicht fur sich, sondern fur uns thun sol und uns gegeben ist. Denn andern leuten von sunden, tod und gesetz zuhelffen, ist eitel Gotts gewalt. Ist er nu son und Gott, so hatt ers alles ynn henden und mus Gotte gleich sein. Aber solche gotheit ist uns nicht geboren, denn er hat sie nicht umb unser willen uber komen. Von ewigkeit hat er sie fur sich selbs vom vater. Aber 'gegeben' ist sie uns, das sie auch unser sol sein. Ist aber die selbige unser, was ist denn, das nicht unser sey?
Röm. 8, 32 wie Paulus Roma. 8. sagt: 'wie solt er uns nicht alles mit gegeben haben, so er den son fur uns gegeben hat?'

Da haben wir nu die person dieses koniges, das er sey rechter, warer
Gott und mensch, dazu von eyner Jungfrawen geboren. Denn alles was
Joh. 3 [!], 6 von man und weib geboren wird, das ist sundlich, wie Johan. i. sagt: 'Was
Joh. 1, 13 von fleisch geborn ist, das ist fleisch'. Und aber mal: 'Die nicht aus dem
geblüt, noch aus willen des fleisches, sondern aus Gott geboren sind' ꝛc. Solt

---

1 natürlicher *CDFG* 4 Sunst *F* 5 vil mer *D* yn *D* 7 natürlicher *CDFG* 10 schmücken *G* 11 für *F* 14 Sun *F* *nach* gegeben. *kein Absatz BG* 15 sun *F* 16 Sohn *D* 17 könig *CDEFG* natürlicher *CDFG* 19/20 würden *CFG* 20 hülff *D* hülffe *G* 21 nhu *D* sunde *E* Göttlich *G* 22 für *DF* für *DF* 24 Gottes *G* sun *F* 25 Gott *G* 27 für *DF* 28 Ists *C* 30 sun *F* für *F* 31 königes *CDEFG* 33 weibe *E* sündlich *F* Joan. *D* 34 vom *C* geboren *G* 35 geblüt] blut *E* etc. *B*

er nu sund und tod zu brechen, so muste er nicht aus fleisch noch blut geboren werden. Und solte doch recht naturlicher mensch vom weibe geborn sein, wie hie Jesaia sagt: 'Ein kind ist uns geboren'.

Hie muste das mittel funden und troffen werden, das er zugleich vom weibe und doch nicht aus fleisch geboren wurde. Das gieng also zu, das seine mutter muste nicht aus krafft und eingepflantzter natur des fleischs, sondern uber naturlich, aus sonderlicher krafft des heiligen geistes geboren[1] werden. Das ist, seine mutter muste Jungfraw und on mans zu thun schwanger werden, wie wir yhm glauben bekennen: 'Der empfangen ist vom heiligen geist' rc. Also kunds gesein, das er mensch on sunde und Herr uber sunde were und die sunde yhn noch nie unter sich haben mochte vom ersten augenblick seiner menscheyt. Denn so war es auch billich, das Gotts son geboren wurde, weil es nicht sein kund, das Gotts son unter der sunden were, sonst were Gott selbs ein sunder worden und hette eines erlösers geborfft gleich wie wir. Wer wolte denn uns geholffen haben?

Und seine hirschafft wird liegen auff seiner schulder. 9, 6

Diesen spruch malet man also, wie das kindelin Christus tregt das creutze auff seiner schulder, da er von Gott zu Maria gesand wird. Und wie wol es nicht gnugsam zeigt, so gefellet myr doch solch gemelde nicht ubel umb der einfeltigkeit willen. Denn es trifft ja etwas und feilet nicht gar. Zum ersten ists offenbar gnug, das man den welltlichen konigen yhr konigreich anders malet: Nicht auff die schuldern, sondern die krone aufs heubt, den apfel ynn die lincken hand, den zepter ynn die rechten hand. Was solchs bedeut, lassen wir itzt faren.

Christus konigreich sind seine Christen, wie .1. Pet. 2. sagt: 'Yhr seid 1. Petri 2, 9
das konigliche Priesterthum und eigenthum', Item Psal. 2. 'Ich will dir die Psalm 2, 8
heiden zum erbe geben', Und der sprüche viel mehr sein. Solch konigreich malet yhm Jesaia auff die schuldern. Zu erst darumb, das er uns und unser sunde auff sich geladen und am stam des creutzes getragen hat und noch teglich tregt ynn allen unsern gebrechen, wie 1. Petri .2. sagt: 'Er trug unser 1. Petri 2, 24
sunde an seinem leibe auff dem holtze'. Und Johan. 1. 'Sehet, das ist Gottes Joh. 1, 29

1 müste *G* 2 natürlicher *CDFG* geboren *CFG* 4 müste *D* finden *ABCDFG* 5 geborn *G* würde *FG* 6 fleyisches *E* fleisch *F* 7 natürlich *CFG* sunderlicher *D* 11 möchte *DF* 12 gottes *D* sun *F* würde *FG* 13 künde *C* sun *F* sunst *F* 14 sünder *F* 16 ligen *G* 17 kindelein *BG* 18 schuldern *D* 19 gemele *F* 20 einfeltickeit *G* trifft *D* ya *B* 21 ist *F* königen *DFG* yr *D* königreich *CDEFG* 25 Christus] Christen *G* königreich *CDEFG* sagt *fehlt D* 26 königliche *CDEFG* Priesterthumb *D* eygenthūb *D* 27 mer *E* königreich *CDFG* 28 schulder *D* 29 sünde *F* 31 sund *BG* sünde *F* Johannis *BG* Joan. *D*

[1]) *Über dieses von Luther oder vom Setzer herrührende Versehen s. oben S. 126, Anm. 2. Bei der Aufnahme dieser Predigt in der Kirchenpostille änderte man nicht, wie nach Luther richtig gewesen wäre, das* „geborn" *zu* „schwanger", *sondern liess* „geborn" *stehen und änderte den Anfang des Satzes zu:* „Das er von seiner Mutter".

Luc. 10, 34 lam, das der wellt sunde tregt'. Und Luce 10. tregt der Samarit den halb
Luc. 15, 5 todten menschen auff seym thier. Item er ist der hirte, der das verlorne schaff auff seiner schulder widder heim bringt; das ist das Creutz, so man dem kindlin Christo auff die schulder malet.

Hieraus merckstu nu, wilch ein suss, trostlich, lieblich wort das ist, da Jesaia spricht: 'Seine hirschafft ligt auff seiner schulder'. Er spricht nicht: 'Seine hirschafft ligt zu Jerusalem, ynn Syria, Asia, India odder yrgent an einem ort ynn der welt', sondern 'auff seiner schulder'. Wo er ist, da ist sie auch, allerdinge frey, an keine stet, zeit noch person gebunden, on alleine an yhn selbs. Dazu so tregt er sie mit allen yhren gebrechen, wie ein vater seine kinder, wie ein hirte die lemlin, und wirfft sie nicht weg umb der sunde willen, sondern heilet sie und hilfft yhn. Denn sein reich ist ein gnade reiche, ein hulffe reich, ein trostreich fur alle arme sunder. Und ist ihe wunderlich geredt, das er sein konigreich auff seiner schulder tregt und sol doch ynn aller wellt sein. Denn er sol an allen orten durchs Euangelion regieren und doch allenthalben dasselbige tragen auff seiner schulder. Weltliche fursten lassen sich wol heben und tragen, furen und leyten von yhrem konigreich. Aber dieser konig hebt, tregt, furet, legt, leytet die seinen. Das gehet nicht anders zu denn also: Am creutz trug er uns alle auff ein mal. Aber nu tregt er uns durchs Euangelion, das ist, es wird gepredigt, wie er uns dazu mal getragen hat und aller sunde, so wir gethan, thun oder thun werden, vergebung erworben hat. O wilch ein feiner titel ist das, wilch ein trostlicher spruch von Christo, das er sein reich auff seiner schulder tregt. Auff die weise redet
5. Mose 32, 11 auch Mose ynn seinem liede Deute. 32. Das Gott habe das volck Israel 'auff der schuldern getragen', das ist, gleich wie mit jungen kindern ist er mit yhn umbgangen, sie generet, yhre weise geduldet und geholfen ꝛc., wie uns denn Christus auch thut.

Zum andern heissts darumb eine hirschafft auff seiner schulder, an zuzeigen, das es sey ein reich ym glauben. Denn wir sehen yhn von hinden zu
2. Mose 33, 23 vom rucken, nicht forne zu von angesicht. Wie er auch sagt zu Mose Exo. 33. 'Mein angesicht kanstu nicht sehen, Aber von hinden zu soltu mich sehen,
1. Cor. 13, 12 wenn ich weg gehen werde'. Also spricht auch Paulus 1. Cor. 13. 'Wir sehen itzt durch ein tunckel wort. Aber als denn von angesicht zu angesicht'. Also tregt er uns ym glauben, das wyr yhn nicht sehen und doch gleichwol seine krafft fulen, damit er uns tregt, erloset, hilfft und bewaret.

---

1 sünde *F* halben *F* 3 sein *BG* 4 kindlein *G* 5 merckestu *DG* süß *D* tröstlich *DG* 9 allein *G* 11 sünde *F* 13 hülffe *FG* für *F* sünder *F* yhe *G* 14 geredt *G* königreich *CDFG* 15 durch *F* regiern *D* 16 desselbige *A—G* fürsten *DF* 17 füren *CF* königreich *CDFG* 18 könig *CDFG* füret *CF* leydet *G* 21 sünde *F* 22 tröstlicher *DG* 25 schulder *D* jüngen *F* 28 ein *F* 30 rücken *G* sagt von Mose *G* Exodi. am xxxiij *D* 32 auch *fehlt F* 33 angsicht *C* angesichte *E* 35 fülen *DF* erlöset *CDG*

Folget, wie er heyssen sol:

Und er heist Pele, Jogez, El, Gibbor, Abigad, Sarsalom. 9, 6

Sechs namen gibt er diesem konige, welche auff Ebreisch heissen, wie da stehet: Pele, Jogez, El, Gibbor, Abigad, Sarsalom. Auff deutsch also: Wunderbar, Rad, Krafft, Hellt, Imervater, Fridefurst. Hie mustu nicht dencken, das man yhn noch seiner person also nennen odder ruffen solte, wie man sonst yemand bey seinem namen rufft. Denn es wurde ein lang geschwetz werden, wo man allezeit solt die sechs namen daher zelen, so offt man yhm ruffen wurde. Sondern es sind namen, die man von yhm predigen, preisen und rhumen wird seiner thatten, werck und ampts halben. Denn ym Ebreischen mag dieser text auch also lauten: 'Und sein name sol geprebigt werden'. Denn 'heissen', 'ruffen', 'predigen' ist ein wort ym Ebreischen, gleich wie man David nennet: Sanfft, Demutig, Streitbar, Weise ꝛc., das ist, man preiset mit solchen namen seine tugent und werck odder eigenschafft, da mit man yhn fur ander sonderlich erkenne und absondere, wilche namen auff deutsch wir heyssen die zu namen, die man zum rechten namen thut. Als es sind viel die Peter heissen. Aber wenn man spricht: 'Peter, der Apostel Christi, der Christum mit seinem tod geehret hat', so gibt man yhm einen zu namen von seiner tugent, ampt odder eigenschafft. Item: Es sind viel die hans heissen. Wenn man aber spricht 'Hans Schreiber', da nennet man yhn seines eigen ampts halben also. Nu, ynn der Ebreischen sprache heissen die zu namen eben so wol namen als die rechten namen. Desselbigen gleichen auch die preise namen. Denn also heist Gott gut, gnedig, der armen richter, nothelffer, der waisen vater und so fort an.

Pele, Wunderbar. 9, 6

Der erst name zeigt, was dieser konig fur weise hat sein reich zu regiren und spricht, Er machs wunderlich und seltzam, das alle vernunfft, natur und klugheit ubertrifft und nicht zubegreiffen ist. Wie so? Er regirt uns, wie er selbs vom Vater regirt ward. Das gieng, wie der 117. Psalm singet: Psalm 118, 22
'Der stein, den die bawleute verworffen, ist zum eckstein worden, das geschach vom herren und ist wunderbar fur unsern augen'. War es nicht ein wunderlich ding, da er wolt yns ewige leben gehen, gieng er ynn den tod? Und da er zum Vater ynn seine ehre wolte, kam er ynn alle schande, auch ans creutz unter die morder auffs aller schendlichst gehenget. Da er solt viel volcks und unterthenig machen die gantze welt, da fiel auch sein eigen volck von yhm,

3 künige *CDFG* 4 steht *C* deudsch *G* 5 Rath *F* 6 nach *BFG* personen *F* rüffen *F* 7 rüfft *G* würde *DFG* 9 würde *DF* nahmen *D* 10 rhümen *DG* rümen *F* 12 heissen *B* 13 Demütig *CDFG* 15 für *F* 16 deudsch *G* 18 eynem *D* 24 fert *BG* 26 erste *E* künig *CDFG* 27 machts *EG* wünderlich *G* vornunfft *B* 29 regirt *E* 31 herrn *BFG* für *DF* 32 ewig *FG* gienck *B* ging *D* 33 sein *G* erer *F* 34 mörder *DF* gehengt *C* 35 da] die *C*

also das sie yhn nicht alleine verleuckten, sondern auch verrhieten, verkaufften, ubergaben, creutzigten und lesterten. Heist nu das nicht seltzam wunderlich ding, der stein, so hoch und tieff verworffen, sollt ein eckstein werden? Summa: Es ist auff erden noch nie nerrisscher, unmuglicher, verzweiffelter ding gehort noch gesehen, denn das ein sterbender mensch solte nicht alleine lebendig, sondern auch Herr und austeiler des lebens und aller todten aufferwecker sein. Das tod solt unter den komen, den er todtet und widder von yhm ewiglich getodtet werden. Item, das der solt ein konig der ehren werden, den sein eigen volck verlies, verrhiet, verfolget, mordet, lestert und schendet. Und so fort an ynn allen andern stucken, die eitel unaussprechliche wunder sind. Aber wir finds gewonet teglich zu horen, drumb wundern wir uns des nicht mehr. Denn wir bedenckens nicht, gleubens auch nicht mit ernst, sonst wurden wir uns des on unterlas wundern.

Eben also thut er mit den seinen, das ist mit seym konigreiche, auch. Ein weltlicher konig regirt also, das er sein volck an sich und zu sich halte und frembde odder feinde von sich thue. Dieser kerets umb: Sein eigen volck, die Juden, lest er faren und nympt die Heiden, seine feinde, an, zu bricht und zu storet das Judenthum zu grunde und bawet die Heidenschafft zu seinem reich, so weit die welt ist. Wie fein solt man den fursten preisen, der sein volck liese und neme seine feinde yns land, gebe dennoch fur, er wolte kostlich regieren. Unsinnig, toll und toricht wurde man yhn halten, wie es denn auch were, wo man weltlich regiment auff die weise furneme. Also wilchen er will frum machen, den macht er zu eim verzweifelten sunder. Wilchen er wil klug machen, den macht er zum narren. Wilchen er wil starck machen, den macht er schwach. Wilchen er wil lebendig machen, den steckt er dem tod ynn rachen. Wilchen er wil gen hymel furen, den senckt er ynn abgrund der hellen und so fort. Welchen er zu ehren, zur selickeit, zur hirschafft, hoch und gros bringen wil, den macht er zu allen schanden, verdampt, zum knecht,
Matth. 20, 16 nydderig und klein. Es heist und gehet hie der spruch: 'Die ersten die letzten;
Matth. 18, 4; 20, 27 die letzten die ersten'. Wer gros wil sein, der sey klein. Wer forne gehen wil, der gehe hinden. Das ist nu der wundersam und seltzamer konig, der denn am nehesten ist, wenn er am fernesten ist, Und denn am fernesten, wenn er am nehesten ist. Das nu uns solchs nicht wunderlich dunckt, das macht, wyr erfarens nicht, sind auch drynnen unversucht, sondern horen und

---

1 verrhyeten *F* 4 vnmüglicher *CDFG* 5 gehört *DF* 6 sonder *BG* 7 tödtet *CDEF* 8 getödtet *CDEFG* könig *CDFG* eeren *F* 9 verrihet *B* verrhyet *F* verrhiget *G* 10 furt *BG* stücken *DFG* vnaussprechliche *E* 11 teglig *B* hören *CDFG* darumb *BG* drümb *DF* 13 würden *DF* 14 königreiche *CDG* königreich *F* 15 könig *CDFG* regiert *D* 17 Jüden *BG* 18 Jüdenthum *G* 19 fürsten *DF* 20 für *DF* köstlich *DEG* 21 regiren *DF* töricht *CDG* würde *FG* 22 fürneme *DF* 23 machet *BG* sünder *F* 25 er (vor dem) *fehlt B* 26 ym *B* furen *BG* 27 eeren *F* 31 saltzamer *D* könig *CDFG* 34 hören *CDEFG*

blewen teglich die wort davon, bis wir der sat und uberdrussig werden und komen nymer zur that. Die aber drynnen sind und geubt werden, die sehen und fulen, wilch ein wunderlich wesen es sey und wie billich er 'Wunderbar' heisse. Und ist dis die summa: Er ist wunderbar, darumb das sein wesen, reich und regiment steht ynn leyden und tödten den alten Adam und lesst nichts gut sein alles was der selbige thut, weis und kan.

Jogez, Rad. [9, 6]

Der ander name zeigt, wie er ynn solchem leyden, todten und creutze uns beystehe, das wir drunder nicht verzweiffeln odder verderben. Und ist auch ynn dem selbigen beystehen wunderbar. Denn er stehet uns nicht so bey, wie die welt und der alt Adam bey stehet, wie er spricht Johan. 16. 'den friede [Joh. 14 [10]. 27] las ich euch, meinen friede gebe ich euch, nicht wie die welt gibt. Denn ynn [Joh. 16, 33] der welt werdet yhr gedrenge haben, aber ynn myr werdet yhr friede haben'. Die welt stehet also bey, das sie das leyden und gedrenge fleucht, odder weret sich mit gewalt, das sie es los werde. Denn sie ubet leybliche macht da widder odder leidets mit unwillen, wo sie mus. Aber Christus lest die seinen drunder bleiben und stehet yhn bey on leibliche macht, sondern mit dem wort, wie er spricht Jesaia 50. 'Der herr hat myr eine kluge zunge gegeben, das [Jes. 50, 4] ich mit dem wort stercken kan den so mude ist'. Solch wort, da mit wir ym leiden getrostet werden, ist ein guter rad. Und wer das kan, der ist ein guter Rad. Darumb heysst Christus billich Rad. Also rieb er den Aposteln Johan. 16. 'Seit getrost, ich habe die welt uber wunden'. Item: 'Ewr hertze [Joh. 16, 33] [Joh. 14, 27 f.] erschrecke nicht und furchte sich nicht' ꝛc. Und die selbige gantze abent predige und Valete, was sind es anders, denn eitel Redte und trost wort ym leiden? So spricht auch der herr Christus sampt den seinen Psal. 15. 'Der herr hat [Psalm 16, 7] mir geradten'. Item: 'Der herr gibt mir verstand' ꝛc.[1], das ist: Er lesst mich wol on leibliche krafft ym leiden. Aber er verlesst mich nicht mit rad und verstand, wie ich mich drynnen halten sol.[2]

So gehets ynn Christus reich, das wir allein durch das wort Gotts geregirt werden, wilchs hie Jesaia preiset mit der tugent, das es guten Rad und trost geben kan. Das vermag kein ander konig noch herr. Denn wo sie leiblich uberwunden odder yhr land verderbet ist, so ist der rad und trost aus. Denn yhr rad und trost ist, wenn die tassche vol ist und gewalt obenligt und die ehre gantz bleibt. Aber hie heissts denn am besten radten und

1 bleiben *F* vberdrüssig *CFG* 2 geübt *CDFG* seen *F* 3 fülen *DF* 4 wünderlich *G* 5 und *fehlt G* stehet *BG* 7 Rath *F* 8 tödten *BDEG* creutz *F* 9 darunder *BG* verzweifflen *E* 15 werd *E* 19 denn *D* müde *BCDFG* 20 getröstet *CDEFG* rath *(ebenso i. Folg.) F* 22 Ewre *D* Ewer *FG* 23 fürchte *CD* förchte *F* 24 tröst *D* 25 auch *fehlt F* 29 gehts *D* 30 es] er *BG* 31 könig *CDEFG* 32 verterbet *B* verterbt *G* 34 gans *B*

[1]) *Vermuthlich gehen beide Citate auf dieselbe Stelle zurück, das erste auf den Urtext, das zweite auf die Vulgata.* [2]) *Wie R lehrt, schloss hier die erste Predigt Luthers, und begann die zweite mit einer Recapitulation, wie der folgende Absatz unseres Textes sie bietet.*

trosten, wenn alles verdorben und verzweiffelt ist. Darumb gehort glaube dazu, denn es ist ein Rad des glaubens, weil es kompt, wenn nichts mehr da ist und alleine auff das unsichtbare zu hoffen ist. Wer kundte sonst bestehen, wenn der herr nach seinem ersten namen so wunderlich mit uns fure, das wir nichts hetten, daran wir uns hielten? Es mus ja zum wenigesten ein wort da sein, das uns radte und troste. Summa: Er heist darumb 'Rad', das er mit dem Euangelio ynn der welt trostet die seinen, so verlassen und ynn allerley trubsal sind.

9, 6 El, Krafft.

Das wort 'El' ym Ebreischen wird Gotte zu geeigent und Gott wird auch viel mal 'El' genennet. Daraus man denn will schliessen widder die Juden, das Christus Gott sei, und furen diesen spruch Jesaia. So weren sich denn die Juden und haben yhr ausflucht, wie sie konnen. Aber kurtz zu sagen: Weil das wort 'El' nicht alleine Gott wird zugeeigent yn der schrifft, auch nicht von art die Gottheit bedeut, so kan man nicht draus erzwingen, das es hie Gott heissen solle und müsse. Gleich als wenn Got 'gut' und 'gerecht' genennet wird, kan man daraus nicht nemen, das solche wort 'Gut' und 'gerecht', wo es ynn der schrifft stehet, Gott musse heissen, weil beide worter Got und viel andern werden zugelegt.

Nu aber hie Jesaia von solchen namen, die nicht die person, sondern das ampt Christi und art seines reichs anzeigen und wir wol gewisser spruche haben mussen, wie wir denn auch haben, Christus Gottheit zubeweisen, wil ich bey der naturlichen deutunge des worts bleiben, was es von art heisse. Es heist aber von art nichts denn krafft odder vermugen, wie wir haben
5. Mose 28, 32 Deutero. 28. da Moses von der Juden ungluck spricht: 'Und es wird kein El ynn deinen henden sein', da wir lesen: 'Es wird keine krafft ynn deinen henden sein, dich solchs unfals zuerweren' odder zu erretten. Also haben wir auch ynn deutschen landen den namen, das ettliche heissen Krafft oder krafftman, wilchs dem Ebreischen nach gemacht odder abgeborget ist. So sey nu Krafft odder krafftman dieses koniges dritter name. Das ich aber nicht 'Joez', sondern 'Jogez' sage, wie es ym Ebreischen lautet, thu ich darumb, das wir den buchstaben Ain nicht mugen on den buchstaben G wol geben, wie Sanct Marcus auch thut ynn dem wort 'Bnehargem', do es doch ym Ebreischen laut 'Bne Har Em'.

---

1 tröstern *CDEFG* ys *E* Darümb *E* gehört *DEFG* 2 ein *fehlt D* kömpt *D* 3 kündte *DG* 4 name *F* füre *DEF* 5 wenigesten *A* wenigisten *B* wenigsten *G* 6 tröste *DEFG* darümb *E* 7 tröstet *CDEFG* 8 trübsal *CDEFG* 12 Jüden *B* füren *CDE* füret *F* 13 komen *F* können *DEG* 14 allein *F* 16 hie *fehlt F* 18 müsse *CDEG* wörter *EG* 20 hie *fehlt F* nicht der *F* 21 sprüche *DEFG* 22 müssen *CDEFG* 23 natürlichen *CDEG* van *E* 24 van *E* vermügen *CDEFG* 25 Jüden *B* unglück *CDFG* 26 leyn *E* 28 deudschen *G* 29 wilches *E* Eberischen *B* nhu *D* 30 dises *G* königes *CDEFG* dritte *E* 31 sonder *D* sag *F* darümb *E* 32 mügen *CDEFG* 32/33 S. Marcus *BG* 34 Bnehargen *G*

'Krafft' zeigt nu an, wie der Rad krefftig sey, denn wir deutschen setzen auch beides beyenander und sagen: 'Rad und hulff'. Denn wo ein rad alleine da ist, so sind es wort, ist aber kein nachdruck da und wird zu letzt nichts draus. Aber Christus, uber das er uns mit dem wort des Euangelii redt und trost, gibt er auch krafft dazu, das wirs gleuben und dran bleiben und beharren, Zu letzt auch hindurch bringen, den sieg erlangen und das felt behalten. Denn das ist nicht die meinung Christi, wenn er uns wunderlich furet und yns leiden und creutz bringet, das wir solten ymer drynnen bleiben und alleine am rad und wort gnug haben und solt damit aus sein. Nein, nicht also. Der rad und das wort soll da sein, so lange das leiden weret, und uns erhalten, das wir nicht sincken fur schwacheit. Aber es soll auch zu letzt ein ende haben und durch unser gedult uberwunden werden und ablassen. Des nym ein exempel an S. Paulo, wie offt ist der wol ym rachen des lewen gewest, das ist ynn allerley trubsal? Aber wo mit redt und trost er sich? Mit dem rad und wort Gotts. Aber er kompt dennoch hindurch und gewinnet zu letzt, wie er das alles ynn der andern zu den Corinthern reichlich 2. Cor. 11, 23 ff.
beschreibt. Also ob wir wol mancherley trubsal haben, eins ymer nach dem andern, zuweilen miteinander, itzt sunde, itzt tod, itzt welt, itzt teuffel ꝛc. Aber das sind alles werck des 'Pele'. Unter dem allen ist der 'Jogetz' da mit seim rad und wort und trostet uns, das wirs erleiden mugen. Zu letzt furet ers auch aus und lest es widder schon wetter werden, das wir das felt behalten, wie S. Paulus spricht: 'Gelobt sey Gott, der uns ymer dar lest das 2. Cor. 2, 14
felt behalten durch Christum'. Denn er heist 'krafft' und kan nicht alleine radten und trosten, sondern auch abhelffen und das leiden unter uns werffen. Er hat den nachdruck und ist ein fels, das auch die hellischenpforten uns nicht Matth. 16, 18
mugen uberweldigen.

Gibbor, Hellt. 9, 6

Wie fein folgen die namen nach einander und hangen aneinander, allerdinge gleich wie es ym reich Christi auch gehet. Denn das erst ist tödten den alten Adam mit allerley leiden und creutz. Aber do gehoret trost und rad zu durchs wort. So ists nicht gnug Rad und trost. Es mus auch krafft da sein, das wir hindurch komen. Das ist die helfft der namen. Und wir sehen, das sie alle drey uns gelten und er umb unser willen, uns zu dienst und nutz, nicht umb seiner person willen, so heisset. Nu, mit den dreyen namen werden wir geregirt, vernewet, erhalten und verteidingt. Und er, der konig,

1 deudschen *G* 2 bey einander *BDEFG* hülff *CDEG* hilff *F* allein *BE*
5 tröst *DE* 8 füret *CDEF* 9 alleyn *E* 11 für *DEF* schwachheyt *D* 12 end *F*
14 trübsal *CDEFG* tröst *CDEG* 15 Gottes *B* er] es *G* kömpt *D* 17 trübsal *CDEFG*
18 sünd *F* 20 tröstet *CDEFG* mügen *BDEFG* mügen *C* füret *CDEF* 21 schön *CDFG*
23 allein *F* 24 trösten *CDEFG* 25 nachtdruck *B* 26 mügen *DEFG* 28/29 allerding *F* 29 Cristi *F* 30 da *D* gehöret *CDEFG* 31 radt *G* ist *E* 33 seen *F*
34 nütz *E* seiner] unser *E* 35 geregiret *D* könig *CDEFG*

hat ynn den dreyen ampten mit den seinen zuschaffen. Aber wie er nu auch die feinde angreifft und mit yhn handelt, zeigt der vierde name an. Denn das ist ein rechter herr, der zuvor sein land und leute versorget, rustet und zuricht, darnach denn die feinde angreifft und sein konichreich grosser macht. Das gehet aber auch wunderlich zu; denn es mus alles wunderlich sein, was an diesem konige ist, wie der erste name laut: Wunderlich todtet er, wunderlich redt und trostet er, wunderlich hilfft er gewinnen und siegen. Alles ynn leiden und unkrafft. Also streit und ficht er auch und bringet die leute wunderlich unter sich. Denn er ist ein hellt und kriegsman, ja ein Rise on 2. Cor. 10, 4 schwerd und harnisch, wie S. Paulus spricht: 'Unser waffen sind nicht leiblich, Psalm 110, 2 aber doch gewaltig ynn Gott' 2c. Also sagt auch der 109. Psalm: 'Du solt Psalm 45, 6 hirschen mitten unter deinen feinden'. Und Psal. 44. 'Deine pfeile sind scharff, Volcker werden sich unter dich thun, mitten unter den feinden des koniges'.

Solchs alles thut er mit dem heiligen Euangelio, das ist sein schwerd, seine pfeile und seine waffen, damit er zuschmeist und zu schmetlert alle klugheit, weisheit, vernunfft, krafft und heilickeit. Ists nu nicht wunderlich ding: Nichts denn das wort füren und damit on allen schwerdschlag, ja mit viel leiden und creutzes die welt gewinnen? Und nicht alleine gewinnen, sondern auch sich wheren und setzen wider alle ketzerey und yrthum und zu letzt darnydder schlahen und den sieg behalten, das kan auch kein konig auff erden thun. Denn sein wort ist zu geringe. Er mus mit macht und gewalt thun. Hie Matth. 12, 29 Luc. 11, 21 f. geht nu die gleichnis, die er sagt Matth. 12. wie 'ein starcker sein haus mit friden besitzt, bis ein stercker uber yhn kompt und uber windet yhn und nympt yhm alles was er hat und teilet die beute aus'. Das ist der sieghafftiger starcker hellt, davon hie Jesaia sagt, das er 'Gibbor' heissen solle. Und ist furwar ein recht meisterstucke, solch streiten und gewinnen. Er greifft zum ersten das hertz an mit dem wort, denn er lest predigen, das alle werck, witz und vernunfft nichts denn eitel sunde sey fur Gott. Damit fellt dahin alle heilickeit, weisheit, gewalt, reichtum und was die welt hat. Denn da ist vermessenheit weg und der mensch mus an yhm selber verzagen und sich ergeben und bekennen, es sey also. Wo aber das hertz verzagt und gewonnen ist: Was wil odder kan man sich do weren odder streiten? Wilche aber noch nicht verzagen, die sind noch nicht gewonnen, mit denen ficht der hellt noch ymer durchs wort, bis er sie gewinne odder dem gericht Gotts heim stelle.

3 rüstet *CEFG* 4 königreich *CDEFG* grösser *CDEFG* 6 disem *F* könige *CDEFG* Wünderlich *G* tödtet *CEFG* 7 tröstet *CDEG* erwunderlich *E* 9 wünderlich *G* 12 zc *B* scharpff *D* 13 Völcker *CDEFG* königes *CDEFG* 15 sein waffen *F* 16 wünderlich *G* 17 füren *G* 18 by *E* 19 wehren *EG* weren *F* 19/20 danider *D* 20 könig *CDEFG* 21 Es *E* gwalt *E* 22 gehet *BC* 23 frieden *G* kömpt *D* kumbt *F* 24 vnde *E* 25 sol *B* 26 fürwar *DEF* meisterstück *E* meisterstücke *G* sollich *E* 28 sund *E* sünde *F* für *E* 29 reichtumb *D* reichthum *F* 32 da *D* 33 gewunnen *F*

Also thetten die lieben Apostel. Sie schlugen getrost umb sich mit dem wort Gottes, wo der teuffel mit seym reich am dickesten und sterckesten war. Und rissen und namen yhr viel von yhm, zutrenneten und zestöreten yhm sein reich ynn allen landen, wie wir lesen ynn Actis, wie S. Paulus mit dem teuffel kempfet und ritterlich facht und allenthalben gewan. Darumb er auch solch predigen pflegt zu nennen einen kampffstreit, fechten und ritterspiel ꝛc. Also wir itzt auch und alle Christen bis an Jungsten tag thun, das wir dem teuffel viel leute abschlagen und aus seim rachen reissen. Denn wir daran nicht gnug haben, das uns geholffen ist und die krafft haben, sondern wir dienen auch dem Gibbor, dem hellt Christo, das er durch uns viel gewinne und sein reich gros werde. Darumb ist ein Christen auch so gerust, das er teglich zu felde ligt und mit den feinden kempfft. Und Gott auch darumb 'Deus Zebaoth' heisst bey den Propheten, das ist Gott der heer scharen. Denn Jes. 6, 3 usw.
er ist ein rechter kriegs furste. Seintemal sein wort nicht mussig sein kan. Es greifft den teuffel und die welt frisch an, das kan der teuffel nicht leiden, wehret sich getrost, richt rotten und ketzerey an und hetzet fursten und herrn da widder. Da hebts sich denn, da gehts Plitz platz, wer da ligt, der ligt. Wo aber das Gotts wort nicht ist, da horet der krieg auff und sitzt der teuffel widder ynn seym reich mit friden, sieben mal erger denn vorhin, Matth. 12. Matth. 12, 45

Abigad, Jmervater. 9, 6

Der funfft und sechst name zeigen fast an den lohn und das gut, so haben werden die yhm reich Christi sind. Ich hette es gerne verdeudscht 'Ewiger vater', und were auch sein gewest. Aber es laut nu ynn brauch also, das Gott der Vater, und nicht Christus, da durch verstanden wird, Und der selbige Got vater darumb 'ewiger vater' heisse, das er fur seine person und seines wesens halben ewig ist und ewiglich lebt. Aber dieser konig sol darumb 'ewiger vater' heissen, das er uns und fur uns ewig ist, wie ich gesagt habe, das diese sechs namen allzumal umb unser willen und seins ampts halben, nicht seiner person halben, yhm zugeschrieben werden. Darumb solt Christus also 'Ewiger vater' heissen ynn seim reich, das er sich ymer und ewiglich gegen uns Veterlich helt und beweiset und uns kindlich zeucht und neret. Darumb wuste ichs nicht besser zuverdeudschen, denn das ich sagt 'Jmer vater', als der ymer und ewiglich sich veterlich halte. Wie wol das von nöten ist, sol er sich ymer und ewiglich gegen uns veterlich halten, so mus er auch fur sich selbs ewiglich leben. Denn ein leiblicher vater, wie wol er sich auch veterlich

---

2 starckesten *B* 3 zerstöreten *D* zustöreten *FG* 5 Drumb *B* 6 ein *F* kampf. streit *G* 7 Jüngsten *DFG* 8 leut abschlahen *C* dran *B* 10 dyne *E* Cristo *F* 11 gerüst *DFG* 13 by *E* 14 kriegs *C* fürste *DF* fürst *E* Syntemal *BG* müssig *CDEFG* 15 nich *F* 16 werret *BF* fürsten *DEF* 17 sichs *E* gehets *BCE* do *E* 18 höret *CDEFG* 21 fünfft *F* sechst *F* lon *F* 22 ym *BDEFG* gern *E* verteutscht *F* 25 für *EF* 26 könig *CDEFG* 27 für *EF* hab *E* 28 dise *B* 29 Darümb *E* 32 zuverteutschen *F* zuverdeutschen *G* saget *G* 34 für *EF*

gegen seine kinder helt, so kan ers doch nicht lange thun. Er mus doch sterben und seine kinder hinder sich lassen und andern befelhen, darumb kan er nicht ymer vater sein noch heissen. Er mag wol 'ein augen blick vater' heissen, denn er nichts mehr denn eins augenblicks der zeit seins lebens gewis ist.

Aber dieser konig stirbt nymer mehr und lest auch seine kinder nicht hinder sich, sondern behelt sie allzumal fur sich und mussen auch ewiglich mit yhm leben. Das er nu Vater heist, zeigt an, wie er die seinen nicht alleine zeuget, sondern neeret, kleidet, leret, zuchtiget, versorget und bereit yhn ein erbe. Item so sie sundigen, strafft er sie veterlich, wirfft sie aber nicht weg; wie ein leiblicher vater sein kind zeucht, strafft, versorget, liebet und helt und nicht weg wirfft, obs unrein, grindicht odder sonst schwach ist, also thut Christus viel mehr mit den seinen, das ewiglich hie angefangen ym glauben und dort ynn der offenbarunge. Und summa, dieser name wil das, davon
Röm. 5, 3–5 S. Paulus sagt Roma. 5. 'Wir rhumen uns der trubsaln, weil wir wissen, das trubsal wirckt gedult, Gedult bringt erfarung, Erfarung bringt hoffnung, Hoffnung aber lest nicht zu schanden werden'. Denn wie die Christen durch die vorigen namen wol geubt sind mit leiden, mit trost, mit siege und streit widder die sunde, gewynnen sie aus dem allen eine gewisse hoffnung zu Gott, das sie kinder seyen und nymer verlassen sollen werden. Solche hoffnung ist nu das werck und frucht dieses namens, das sie durch so viel ubunge ein kindlich hertz zu Gott gewinnen, und Gott wird yhn so ynnerlich susse und lieblich, das keine furcht, sondern eitel rhum und trotz ynn Gott da bleibet. Weil nu solchs durch Christum ausgericht wird ynn seym reich, heisst er billich 'Imer vater'.

Von solchem veterlichen regiment ym reich Christi singet auch der
Psalm 48 (46), 15 46. Psalm und spricht also: 'Dieser Gott ist unser Got ymer und ewiglich, er furet uns wie die jugent', das ist, wie man die jugent auff zeucht ynn den heusern, da die eltern yhre kinder selbst auff zihen, da gehet es veterlich und mútterlich zu. Und das weret ymer und ewiglich, das er heisse ewiglich vater und ewiglich mutter und wir ewiglich söne, ewiglich töchtere. Und nicht mit uns umbgehe wie mit Moses volck, wilchs als ein knechtisch volck nicht ynn kindlicher liebe, sondern ynn knechtlicher furcht mit drewen, schlegen, straffen und wurgen gehalten wird unter dem tyrannen, dem gesetz, als unter dem hencker und stockmeister, die auch nichts thetten aus freywilligem geist odder gutem hertzen, sondern alles aus not und zwang, das yhrer herr wol

---

2 befehlen *B* 3 augenblich *B* 4 nichtes *E* 5 könig *CDEFG* 6 sonder *D* für *EF* müssen *DEFG* 8 allein *F* neret *F* züchtiget *CDEG* 9 sündigen *F* 14 rhümen *EG* rüme *F* trübsaln *DEG* trübsal *F* 15 trübsal *DEFG* bring hoffnung *A* 17 geübt *EFG* 18 by *E* sünde *F* gewissen hofnüge *E* 19 sy *F* seyn *BG* 21 süsse *CDE* 22 frucht *F* rum *F* 27 füret *CEF* 28 selbs *G* auffziehen *DE* 29 mutterlich *D* wheret *D* 30 söhne *D* 32 kinderlicher *F* sonder *D* knechtischer *G* frucht *F* 33 würgen *CEFG* 35 sunder *F*

mocht heissen 'Imer hencker' odder 'ymer stockmeister'. Denn da ist widder veterlich noch kindlich regiment odder wesen, sondern eitel henckrisch und schelckisch regiment, da der hencker vater ist, wie man spricht: 'Wer vater und mutter nicht hören wil, der mus den hencker hören'[1].

Und sonderlich ist dieser name trostlich ynn der letzten not, wenn wir sollen sterben, das wir nicht verzagen, sondern wissen, wo hin wir faren. Denn die herberge ist wol bestellt und faren aus diesem leben ynn die hende des vaters, ja dem vater ynn den schos. Denn wir durffen nicht sorgen, das wir dem hencker odder dem teuffel ynn seinen strick fallen; Christus ist da als ein ewiger vater und wartet auff uns, das er uns empfahe. Wer wil sich nu furchten fur seinem lieben vater, der auff uns wartet so freundlich? Es ist ein sicher gewisser sprung zu thun von diesem leben ynn ihenes. O wie selig weren wir, wenn wir solchs gleubten, wie es gewislich war ist. Darumb ist der reym und spruch bey den Christen nicht war, da man spricht: 'Ich lebe und weis nicht wie lange, ich sterbe und weiß nicht wenne, ich fare und weis nicht wo hin, mich wundert, das ich so frolich bin'. Solchs sollen sagen alle ungleubigen, bey wilchen solchs alles war ist. Aber ein Christ weis wol, wo er hin feret, nemlich ynn einen vaterschos. So weis er auch wol, wie lange er lebt und wenn er stirbt. Denn er ist schon tod und der welt abgestorben und acht das leben fur nichts. Darumb ists wunder, wo er nicht frolich ist. Und ist so gros wunder, als das der gotlose frolich kan sein Aber wie des gotlosen freude das hertz nymer recht erferet, also ist das trauren eins Christen auch nymer recht ym grunde des hertzen.

Sarsalom, Fride furst. 9, 6

Nicht wie die welt fride gibt; sonst weren die ersten namen nichts, da er 'Wunderbar, Rad und Krafft' heisst, sondern fur Gott ym gewissen. Wilcher friede zu nympt und so viel stercker ist, so viel das leiden grosser und mehr ist, Denn der fride kompt daher, das wir uns fur kinder fulen und den ewigen vater kennen, da mit wir sicher und gewis sind seiner gnaden und einen trostlichen zugang haben als zu unserm lieben vater. Und wie fein folgen die sechs namen nach einander; zu erst, wie uns Christus ym leiden regire fur uns selbs und gegen uns selbs, zeigen die drey ersten namen. Darnach, wie er uns regiere gegen andere mit stercke zu streiten, zeiget der

---

1 möcht *DFG* 2 henckerisch *BEG* 5 sunderlich *F* tröstlich *DEG* 6 sunder *F* 7 hend *F* 8 ya *B* den] dem *B* dürffen *DF* 9 teüffel *D* seynem *B* 11 fürchten *D* förchten *F* für *DEF* frundlich *B* 12 vom *F* jenes *F* 13 Darúmb *E* 15 lang *E* 16 frölich *CDEFG* Sölchs *E* 17 vnglaubigen *F* Crist *E* 19 stirbet *B* 20 für *DEF* 21 frölich *CDEFG* frölich *CDEFG* 22 des] das *B* 24 friede *(so auch i. Folg.) G* Fridefürst *DEF* 25 sunst *F* nahmen *D* 26 sunder *F* für *DEF* 27 grösser *DEFG* 28 kömpt *D* für *DEF* fülen *CDEF* 30 tröstlichen *DEFG* 32 für *DEF*

[1]) *Wander I, Sp. 812, N. 40.*

vierde name. Aber die zween letzten zeigen, wie er uns gegen sich selbs regire. Im ersten stuck ist eitel mühe, ym andern eitel erbeit. Aber ym dritten ist eitel ruge, friede und freude. Denn wer leidet, der hat muhe, Wer ficht, der hat erbeit. Wer aber ruget, der hat fride. Das ist der rechte Salomon und fridrich, der uns nicht mit zeitlichem gut odder fride, sondern mit dem geistlichen und ewigen fride auch mitten ym unfride reich machet. Denn diese sechs namen mit yhrem werck gehen zugleich miteinander ynn eym Christen und bleibt keiner vom andern.

Und heist nicht schlecht 'fridrich' wie Salomo, sondern 'fride furst', Sarsalom, das der fride ynn seiner gewalt stehet als eins fursten und herrn, der des frides ynn seinem reich so mechtig ist, das er den selbigen gibt allen den seinen, also das yhn niemand brechen noch nemen kan, sondern hellt das aller feinest, sicherst geleyt widder teuffel, tod, sunde und alle hellische pforten, das uns die sunde fur Gott nicht schrecken, sein gericht und zorn uns nicht treffen, der teuffel und tod nicht greiffen kan. Das heist ein rechter fride herr odder fride furst. Weltliche fursten halten auch geleid und fride. Aber es feylet yhn offt, denn sie konnen nicht an allen enden sein und alle stunde oder augenblick weren. Darumb mochten sie villeicht fridrich heissen. Aber fridefurst konnen sie nicht sein, auch ynn dem eusserlichen regiment fur den leuten, ich wil schweigen ym geistlichen regiment fur Gott. Denn sie sind des frides nicht so herrn und mechtig. Er wird zu weilen gebrochen und genomen, wenn gleich das regiment am aller strengesten ist. Aber unser herr ist an allen enden und wachet alle augenblick und kan den fride mechtiglich
Psalm 121, 4 erhalten, wie der 120. Psalm spricht: 'Sihe, er schlefft noch schlumert nicht, der Israhel behutet' rc. Und Summa: Christus konigreich ist eitel fride. Denn Gott thut yhn alles gut und kein leid, so thun sie unternander auch keiner dem andern leid, sondern alles gut. So konnen die feinde nicht schaden thun, denn die Christen leidens gerne. So gar rund umb und durch und durch hellt Christus, der fridefurst, diesen friden mechtiglich.

Da haben wir die sechs namen unsers koniges, die sein konigreich abmalen, wie es ein wunderlich konigreich sey und gar nichts weltlich und sichtbar, sondern geistlich und unsichtbar sein mus. Aus dem denn weiter folget,

---

1 vierte *F* zwen *F* regiere *D* 2 stück *DE* anderen *B* arbeit *F* 3 rwe *F* mühe *BCDEFG* 4 arbeil *F* ficht *F* friede *BG* 5 fride reich *B* sunder *F* 5/6 geistlichem *E* 7 nahmen *D* 9 friderych *B* sunder *F* fürst *DEF* 10 friede *B* steht *E* fürsten *DEF* herren *F* 12 sunder *E* 13 geleyt] gezelt *G* sünde *F* alle hel- ‖ lische *A*] al- ‖ lische *B* 14 sünde *EF* für *DF* 16 fürst *DF* fürsten *DEF* 17 können *DFG* 18 stund *F* weren *fehlt E* möchten *DFG* 19 fridefürst *DF* fridfürst *E* können *DEFG* ynn dem] ym *E* für *DEF* 20 für *DEF* 23 mechtichlick *E* 24 130. *F* noch] vñ *E* 25 Israel *BDFG* behütet *DEFG* königreich *CDEFG* 26 sy *E* untereinander *F* 27 können *DFG* 29 fridefürst *DEF* diesen *G* 30 königes *CDEFG* sy *E* königreich *CDEFG* 31 wünderlich *G* königreich *CDEFG*

das dise namen zu samen thun und beweisen, das dieser konig mus rechter Gott und mensch sein, dazu auch von todten aufferstehen, wie denn fast alle schrifft, die von Christus reich reden, mit einbringen, das er Got und mensch, sterben und aufferstehen sol. Denn weil er ist ein kind geborn, mus er ein recht naturlicher mensch sein ynn diesem leiblichen leben, wie alle ander menschen zeitlich und eusserlich wandeln, essen, trincken, reden, thun, leiden, sterben ꝛc. Denn es mus war sein, das er spricht: 'Ein kind ist uns geboren'. Was aber geborn wird, das ist sterblich und mus sterben. Widderumb, weil er sol so wunderlich regiren und gantz ein geistlich, unsichtbar konigreich haben, das ers auff der schulder tregt und ynn sterben, notten und allen stucken, die der vernunfft und dem fleisch widder sind, halten und furen: So kan er nicht ym zeitlichen, leiblichen leben sein, wenn er regirt, sondern mus ein geistlich, unsichtbars wesen haben. Derhalben mus er widderumb vom tod aufferstehen und dis sterblich leben, darein er geborn wird, wandeln ynn ein unsterblichs, darinn er konig sein und regirn sol. Also zwingen die zwey stuck, das er geborn wird und doch unsichtbar konig sein sol ewiglich, das er sterben und doch ewiglich leben sol.

Weiter, weil seine macht also gethan ist, das er sol ewiglich vater sein, des fride ewiger herr sein und dazu mitten ym tod, sund, helle, teuffel halten, helffen und raten, dazu die widdersacher uberwinden; so mus er gottliche krafft an sich haben. Denn niemand ist des frides herr odder mechtig on Got alleine. Niemand kan ym tod helffen denn Gott alleine. Niemand kan teuffel und alles ubel uberwinden denn Gott alleine. Und fride auch nicht sein kan, wo solchs nicht alles uberwunden ist. Weil denn solchs eitel gottliche werck und thatten sind, die diesem konige ynn diesen sprüchen und namen zu geeigent werden, so zwingt der glaube, der solche weissagung Jesaia fur warhafftig helt, das dieser konig sey warhafftig der rechte, naturliche Gott. Und mus doch warhafftiger mensch sein, weil der spruch da stehet und spricht: 'Ein kind ist uns geboren'. Das ist nu Jhesus Christus, unser herr, Gottes sohn von natur und Marien son nach dem fleisch. Selig sind alle die es gleuben, denn die schrifft leuget und treuget uns nicht. Folget:

Auff das seine hirschafft gros werde und des frides kein 9,7
ende auff dem thron David und seinem konigreiche.

---

1 diese *BG* könig *CDEFG* 2 tödten *F* denn auch fast *B* 4 solle *BG* 5 natürlicher *CDFG* leiblichem *E* 7 geborn *B* 8 geboren *G* 9 königreich *CDEFG* 10 nötten *CDEG* 11 stücken *DEG* vernunfft *B* füren *CDEF* 14 darynn *BG* geboren *G* 15 könig *CDEFG* regiren *G* bey *E* 16 stück *DEG* geboren *BG* unsichbar *B* könig *CDEFG* 18 ewiglicht *G* 19 sunde *BG* sünd *F* 20 rathen *F* bey *E* göttliche *CDEFG* 23 ubel *fehlt BG* allein *F* 24/25 göttliche *DEFG* 25 Könige *CDEFG* 26 für *EF* 27 könig *CDEFG* natürliche *BCEG* natürlich *F* 29 Jesus *CEF* 30 sun *F* son *G* sohn *BDE* sun *F* 31 schriefft *D* Folget *fehlt F* 32 hyrschafft *B* groß *F* 33 königreiche *CDEFG*

Hie deutet Jesaias selbst die namen, das sie nicht auff die person, sondern auffs ampt gehen. Denn so du fragest: Warumb sol er denn also heissen und solche namen haben? Antwortet er und spricht: Darumb, 'auff das seine hirschafft gros werde'. Spricht nicht: Darumb, auff das er hoch sitze fur sich selbst ynn der herlickeit; denn da darff er keines namens zu, davon man predige. Er hatts on namen, on predigen und on uns. Aber uns hat er nicht on solche namen und predigen. Denn er mus uns durchs wort holen und ynn sein reich bringen. Darumb mus er solche namen und werck furen ynn uns und mit uns. Es wird aber sein reich da mit gros, das die Christen teglich zu nemen und mehr werden von dem anfang des Euangelij bis ans ende der welt. Denn auch dieses reichs art und natur ist, das es stehet ymer ynn zu nemen und mehr werden. Sintemal das Euangelion nicht feyrt noch ruget, sondern leufft ynn einem laufft und breittet sich aus ynn alle welt, bis der jungst tag kome. Solcher art ist nie kein konigreich odder hirschafft auff erden komen, das ymer ym zu nemen stehe: Sie nemen alle zu letzt abe und werden zu nichte; Das billich dis einige konigreich den namen habe, das es ymer wachse und zu neme odder gros werde.

Und das geschicht dennoch wunderbarlich und auch widder alle vernunfft. Denn es legen sich widder dis reich alle konigreiche und die gantzen welt, wie
Psalm 2, 1–3 der ander Psalm singet, das sichs ansehen lesst, als solts ein vergehend und vermindert reich sein, weil sein euserlich gestalt nicht anders ist denn sterben und leiden von yderman, das die vernunfft mus sagen, Seine art stehe ym abnemen und untergehen. Es find sich aber zu letzt wol. Jerusalem war eine mechtige stad, die legt sich sampt dem gantzen Judenthum widder die Christen mit grossem ernst und gewalt. Da waren der Christen wenig und der Juden viel, das wol yhr reich ein zunemend reich hette mocht heissen. Aber wie giengs? Uber dreissig jaren lag kein stein auff dem andern zu Jerusalem und war das Judenthum nichts, die Juden zustrewet ynn alle wellt. Do blieben die Christen nicht alleine, sondern mehreten sich unter allen Heiden. Roma war das grossest reich und legt sich auch widder das arme kleine reich Christi. Aber es weret nicht lang hernach, da lag Roma mit yhrem reich ynn der asschen, und die Christen wurden ausgebreit ynn aller welt. Das heist: Sein reich sol wunderlich gemehret werden durch die wunderlichen werck der sechs namen. Darumb mus es alles ym glauben ver-

---

1 Jesaia *DF* 2 Warůmb *E* 3 Darůmb *E* 4 werd *F* für *EF* 8 yhn sein *G* füren *CEF* 9 Cristen *D* 10 anfange *E* 12 yhn *D* feyert *DG* 13 ruget *B* rwet *F* sonder *D* lauff *BDF* 14 jüngst *EFG* Sölcher *E* königreich *CDEFG* 16 königreich *CDEFG* 19 königreiche *CDEFG* gantze *G* 20 solt *F* 21 eusserlich *B* 22 yederman *CF* 24 ein *C* Judenthumb *D* Jüdenthum *G* 26 Jüden *BG* 27 jar *F* 28 Jüdenthum *G* Jüden *B* 29 Da *D* bleiben *F* allein *F* merete *E* 30 grössest *CDEG* 31 hernoch *D* 32 würden *D* 33 gemert *F* 34 Darůmb *E*

standen und erharret werden, gleich wie es alles ym geist gered und geweissagt ist.

Also sol auch des frides kein ende werden, weil das reich steht. Es steht aber ewiglich, wie gesagt ist. Solchen fride hat auch nie kein konigreich gehabt. So ists auch nicht ein leiblicher fride, sondern ein geistlicher, wie wir gehort haben. Und ob gleich das zu nemen odder mehren des reichs auffhoren wird am jungsten tage, wenn der ausserweleten zal erfullet ist, so sol doch der fride nicht auffhoren, sondern ewiglich weren on ende, das ist, es sol eitel ewige freude und wonne ynn diesem reich sein, welche hie ansehet ym glauben und weret bis dorthin. Denn aus diesem wort schleusst sichs mit gewalt, das der jungst tag und aufferstehunge der todten komen mus. Wir sehen ja, das alle heiligen Propheten gestorben sind, Jesaia selbs auch, dazu die Christen sterben alle sampt. Und ist doch von yhn allen gesagt, das dis kind sey yhn geborn, der son sey yhn gegeben, er solle yhre konig sein und sie sollen ynn seym reich sein und fride haben on ende ewiglich. Nu ist er nicht der todten konig, sondern der lebendigen. So mügen die todten auch nicht brauchen des ewigen frides; so folgets, das sie allzumal mussen leben, das ist vom tod aufferstehen, und leben yhm schon bereit, wie Christus Matth. 22. sagt: 'Gott Matth 22,32
ist nicht der todten gott, sondern der lebendigen. Denn sie leben yhm alle'. Also thun alle sprüch der schrifft, die von dem reich Christi sagen, das, wenn man sie recht ansihet, so schliessen sie, das nicht alleine Christus aufferstehen mus und dazu mensch und Gott sey, sondern das auch alle menschen aufferstehen mussen. Denn weil er ewiglich sol konig sein, mus er des todts und der sunden mechtig sein, wilchs zwingt, das er Gott sey, weil solchs alleine Gott zugehoret. Weil er aber ein geborn mensch sein sol, zwingts, das er sterben mus und doch widder aufferstehen, auff das er konig sey ynn ewigkeit. Denn ein todter kan nicht konig sein. Sollen aber die heiligen ynn seym reich sein, on ende fride haben, so mussen sie auch von todten aufferstehen, weil Christus der todten konig nicht sein kan und sie doch alle sterben. Die verdampten mussen darumb auch aufferstehen, auff das sie yhren lohn empfahen und yhm als seine feinde unter seine füsse gethan werden, auff das er also sey richter und herr uber lebendigen und todten.

---

3 stehet *BG* stehet *BG* 4 königreich *CDEFG* 5 ist *F* sonder *E* gehört *DEF* 6 auff hören *BCDEFG* 7 jüngsten *BDFG* jüngeste *E* außerwelte *F* erfüllet *DEF* 8 frid *F* auff hören *CDEFG* 9 wunne *F* wilche *B* 10 wehret *E* 11 jüngst *DEFG* aufferstehung *F* seen *F* 12 selbst *BFG* 14 Sohn *BG* sun *F* yhr *E* könig *CDEFG* 15 frid *F* end *E* toden *F* 16 könig *CDEFG* toden *F* 17 müssen *CDEFG* von dem *BG* 18 Matthei am xxij. *BG* 20 sprüche *G* 21 schlissen *D* allein *F* 23 müssen *CDEFG* könig *CDEFG* könig sol sein *E* 24 sünden *F* solch allein *F* 25 zugehöret *CDEG* zugehört *F* 26 könig *CDEFG* 27 könig *CDEFG* heyligen die yn *E* sein *fehlt BG* 28 müssen *CDEFG* von] vom *BG* 29 touig *B* könig *CDEFG* dach *D* 30 müssen *CDEFG* jy *F* lon *F* empfange *F* 31 sein *E* sein *F*

Eben solchs bestettiget auch der folgende text, der do spricht, Es solle dieser 'fride on ende sein auff dem thron David und auff seinem konigreiche'. Nu weis man ja wol, das Davids stuel und konigreich ist nicht unter den engeln, sondern auff erden uber die menschen gewest, nemlich uber das volck Jsrael und umbligende heyden. So mussen dieses koniges leute auch zu des selbigen Davids stuel gehoren. Aber David ist nicht ewiglich konig gewesen, noch ewiges konigreich haben mugen. Darumb zwinget dieser text, das eben dasselbige konigreich, wilchs David hat leiblich und zeitlich gehabt, solle unter diesem konige geistlich und ewig werden und bleiben. Nu sind sie ja gestorben und sterben noch, die zu Davids konigreich gehorten; so mussen sie gewisslich widder von den todten aufferstehen, auff das sie diesem konige ewiglich leben und seinen ewigen fride besitzen unter yhm. Sihe, so heymlich und so gewaltiglich beweiset die schrifft, das alle menschen mussen von todten aufferstehen, Und Christus zuvor als der konig fur und uber allen, das wol
2.Timoth.2,8 1.Cor.15,3f. S. Paulus spricht zu Timotheo, Er solle gedencken, das Christus sey gestorben und aufferstanden nach der schrifft, als solt er sagen: Es ist so ungleublich und wunderlich ding, das wo man sich nicht an die schrifft hellt, so kans die vernunfft nicht dulden und wurde auch kein mensch nicht gleuben.

Aber hie mocht nu yemand sagen: Wo bleiben denn wir heiden, die nicht zu Davids konigreich gehort haben? sollen wir nicht auch ynn Christus reich komen, und alleine die Juden selig werden? Antwort: Jesaia hellt mit seiner weissagung die gewonheit aller ander schrifft und verheisst den Juden alleine Christum und sein reich. Denn Christus ist alleine den Juden als Abrahams samen verheissen. Aber er ist nicht alleine den Juden worden, wie Paulus
Röm. 15,8 spricht Roma. 15. 'Jch sage, das Christus sey der beschneyttung diener gewest, umb die verheissung und Gotts warheit zu bestettigen, Aber das die heiden Gott preisen umb die barmhertzickeit'. Der verheissung nu nach ist Christus alleine der Juden, Aber des geniesses nach ist er der gantzen welt. Es muste ja ein sonderlich volck sein unter allen volckern, dem er verheissen wurde, weil er nicht kundte von allen völckern und samen geboren werden. Aber er muste nicht alleine dem selbigen volcke zu teil werden, sondern aller welt. Darumb

---

2 diser *B* enden *C* königreiche *CDEFG* 3 Nhu *D* Davidis *BG* königreich *CDEFG* königreich nicht ist unter *E* 4 Engelen *BG* 5 müssen *CDEFG* königes *CDEFG* 6 stul *F* gehören *CDEFG* könig *CDEFG* 7 königreich *CDEFG* mügen *CDEFG* zwingt *G* 8 königreich *CDEFG* 9 könige *CDEG* könig *F* ewiglich *E* 10 königreich *CDEFG* gehörten *EF* gehören *G* müssen *CDEFG* 11 toden *F* könige *CDG* könig *F* 12/13 vnd gewaltiglich *E* 13 müssen *BCDEFG* 14 könig *CDEFG* für *DF* 15 Sanctus *BG* 16 vnde *E* würde *DEF* 19 möcht *DEFG* ymand nu *D* 20 königreich *CDEFG* gehört *DEF* Sollen wyr auch nicht ynn *BG* Cristus *F* 21 allein *F* Jüden *BG* 22 Jüden *BG* 23 is *B* allein *F* Jüden *BG* Abrahms *A* 24 allein *F* Sanct Paulus *BG* 26 verheyssung *B* Gottes *E* 28 Jüden *G* geniessens *BG* müste *CD* 29 sunderlich *BFG* völckern *CDEFG* würde *EF* wörde *G* 30 kunde *F* geborn *B* 31 allein *F* teile *E*

sind nu andere sprüche, die anzeigen, wie Christus auch den Heiden zu teil werden solle, wie wol er yhn nicht verheissen ist. Davon hie Jesaia nicht redet, sondern droben gesagt hat, da er spricht: 'Du machst der freuden wenig, weil du des volcks so viel machst'. Aber hie handelt er von dem verheissen konige, ja er verheisst den konig dem volck Israel als dem stuel und konigreiche Davids.

Das ers zurichte und stercke mit gericht und gerechtickeit von 9. 7
nu an bis ynn ewigkeit.

Dieser konig sol nicht sterben und erben hindersich lassen wie David, sondern sol selbst ymer und ewiglich ein einiger konig bleiben und auch das konigreich ewiglich halten. Darynn abermal bezeigt wird die aufferstehung der todten und ein ewiges leben. Er solt aber solchs thun nicht mit waffen noch ros, wie weltliche konige thun, sondern mit gericht und gerechtickeit. Und sol von nu anheben, wenn er einsitzt, und sol ewiglich weren. Was gericht und gerechtickeit heisse, ist sonst offt gesagt, als ym Psalterlin etc.[1]

Und ist kurtz die summa: Christus sol sein reich auffs erst ordenen, zurichten und fertigen, das es stehe und gehe ynn gutem recht, das die leute drynnen sunde und alles unrecht meyden und los seyen. Das heist das gericht, wilchs verdampt und strafft alles unrecht. Zum andern, das er es halte, stercke, erquicke, wo es mat ist, das die leute drynnen frum und gerecht, heilig und unstrefflich seyen. Das ist die gerechtickeit. Dis alles mus er freylich thun mit seym heiligen geist, der newe menschen mache. Denn weil alle menschen sunder und eitel falsche lugener sind, tugen sie gar nichts ynn sein reich, ynn wilchem eitel gerechte, frumme und heiligen sein sollen. Und das meinet er auch, da er spricht, Er, der konig, solle schaffen, das sein reich eitel recht und frumickeit habe und die leute frum und heilig seyen. Auff das nicht sie selbs durch yhre werck frum und gerecht ynn seym reich werden, sondern er selbst durch sein werck und geist sie zurichte und stercke. Das geschicht, wenn sie an yhn gleuben und lassen yhn wircken mit seim wort und geist.

Solchs wird thun der Eyver des herrnn Zebaoth. 9. 7

Warumb nicht also: Solchs wird thun die gnade und barmhertzickeit Gottes? Ists doch eytel gnade und nicht Eyver? Antwort: Es ist darumb

1 nhu *D* 2 yn *E* 4/5 verhaissenn König *F* 5 Könige *CDEFG* könig *CDEFG* volcke *E* stul *F* 5/6 Königreiche *CDEFG* 8 biß *F* 9 könig *CDEFG* 10 sonder *E* sebst *A* könig *CDEFG* 11 königreich *CDEFG* auffersthehung *A* 12 sol *F* 13 Könige *CDEFG* gerechtigkeyt *E* 15 sunst *F* Psalterlein *F* 16 ordnen *F* 17 leut *E* 23 sünder *EF* lügener *DEG* lügner *F* syn *E* lügen *CDG* 25 könig *CDEFG* 26 fromickeit *B* frümickeit *DG* frümigkeit *F* 31 Sölchs *E* Herrnn *B* 33 Eyuer *A*

[1]) *Vgl. z. B. Unsere Ausgabe Bd. I, S. 212 u. 218, sodann* „Das Dritte teyl des allten Testaments. Wittemberg. M. D. xxiiij", *hinter dem Psalter.*

also geredt, Das Gott sihet die falschen lerer und falsche Propheten, die sich unterwinden das volck mit gesetzen und wercken frum zu machen, da durch denn der glaube und Gotts verheissunge mit dem gantzen Christo zu nicht werden; das verdreusst denn Gott also, das er gleich aus eym Eyver sein wort und Christus reich mus komen lassen, damit der glaube und seine verheissung erhalten und das volck nicht schendlich verfuret werden. Amen.

---

1 falsche *fehlt F* 3 glaub *F* verheyssunge *B* 5 Cristus *D* 6 verfüret *CDEF*

Der Prophet Jona ausgelegt.

1526.

Wenngleich Luther den Kampf gegen die „Schwärmer“ für seine Pflicht hielt, so erkannte er doch auch die Gefahr, welche für ihn und seine Anhänger in dem Überwiegen polemischer Thätigkeit liegen mußte. Als Gegengewicht sollte erneuete Versenkung in die Heilswahrheiten der Bibel dienen [1]. In dieser Absicht machte er sich an eine Erklärung der Propheten Jona, Habakuk und Sacharja. Daß er gerade diese Schriften auswählte, wird auch deshalb geschehen sein, weil ihm dieselben durch die von 1524 — 1526 über die „kleinen Propheten“ gehaltenen Vorlesungen [2] besonders vertraut geworden waren. Er begann mit Jona, weil dieser „sich fast wohl reime“ zu den die Evangelischen vorwiegend bewegenden Zeitverhältnissen [1]. Einerseits drohte Vielen „Verführung“ durch die Schwärmer; andererseits hatten nach Niederwerfung des Bauernaufstandes „die tollen Fürsten und Bischöfe schlechts im Sinn, Gottes wort zu vertilgen“. Dagegen konnte das „großmächtige Wunderzeichen“, von dem das Buch Jona berichtet, lehren, „Gott von Herzen zu trauen“. Sodann schien gerade zu jener Zeit, nach Beendigung des Bauernkrieges, die Predigt des Evangeliums wirkungslos zu sein, weil eben diesem von den „Herren“ die Schuld an dem furchtbaren Aufstande, von den Besiegten die Schuld an ihrer Niederlage und darauf folgenden ärgeren Bedrückung zugemessen wurde. Sah sich doch in demselben Jahre Johannes Tholtz zur Abfassung einer Schrift veranlaßt, mit welcher er denen begegnen wollte, die „nichts mehr von dem Evangelium hören wollten, weil daraus alles Unglück gekommen“ sei [3]. Der Verzagtheit, welche unter diesen Umständen die Prediger bedrohte, konnte der aller menschlichen Berechnung nach undenkbare Erfolg der Predigt Jona's in Ninive wehren [1].

Mit solcher Tendenz schreibend hielt Luther naturgemäß schärfste Ausdrücke gegen die dem Evangelium feindlichen Fürsten und Bischöfe nicht zurück. Daher ist nicht zu verwundern, daß ein Augsburger Nachdruck dieser Schrift derartige Ausdrücke möglichst zu entfernen für gerathen hielt (vgl. Varianten der Ausgabe *C*

---

[1]) Vgl. Luthers Vorrede zum Propheten Jona (unten S. 185). [2]) Bd. XIII, bes. S. XXXIII f. [3]) „Wanher vnse· ‖ re gezeyt, auffrur vn ‖ mercklich grosse vn· ‖ lust entsprungenn, ‖ gründlicher bescheid ‖ . . . ‖ durch Johan· ‖ nem Thölhen ‖ M. D. xxvj.“ 16 Bl. in Octav. Bl. A 7ᵃ: „Gedruckt zu Erffordt durch Melchior ‖ Sachssen . . .“.

185, 22; 186, 8). Noch ängstlicher war begreiflicherweise Michel Blum in Leipzig, welcher erst vor kurzem mehrere Wochen im Gefängniß gelegen, weil er eine „scharfe" Schrift Luthers abgedruckt hatte[1]. In seinem Nachdruck des Jona ließ er den größten Theil der Vorrede um ihrer Ausfälle gegen die Fürsten und Bischöfe willen ausfallen (vgl. Ausgabe *L*).

Zur Bestimmung der Zeit des Erscheinens dieser Schrift haben wir einen spätesten Termin daran, daß der die Übersetzung des Obsopoeus (s. Ausgabe *b*) einleitende Brief Luthers vom 25. April 1526 datirt ist. Nach demselben war um diese Zeit diese lateinische Übersetzung schon fertig hergestellt, und schon vorher war — nach dem Titel — wenigstens eine andere Übersetzung, die des Lonicerus, erschienen. Darnach wird die deutsche Schrift spätestens im März 1526 erschienen sein. Zu derselben Zeit leitet die Beobachtung, daß Michel Blum, trotzdem er nach dem oben Gesagten mit dem Nachdruck Lutherscher Schriften keineswegs eilte, schon am 11. April an dem Jona druckte, da er an Roth schrieb: . . . „alsbald ich denn Prophetenn Jonas außdruckt hab"[2].

Die Abfassung der Schrift durch Luther wird etwa in den Februar 1526 zu verlegen sein, da er schon in dem ersten Absatz davon redet, daß nun auch Andere gegen die Schwärmer aufgetreten seien. Damit muß er außer der noch im Jahre 1525 erschienenen Schrift Bugenhagens diejenige des Billicanus meinen, von der er am 20. Januar 1526 weiß, vielleicht auch schon das Syngramma suevicum, welches er am 18. Februar kennt[3].

Vergleicht man diese Auslegung des Propheten Jona mit derjenigen, welche er im März 1525 in seinen Vorlesungen gegeben hatte[4], so finden wir zwar manche gemeinsame Gedanken, auch ein paar ähnliche Wendungen. Andererseits aber begegnen wir hier so vielen neuen Ausführungen und vermissen manche dort sich findende Gedanken, treffen hier gleiche Darlegungen an anderer Stelle und in anderer Verbindung als dort, sehen hier Einzelnes nicht ebenso beurtheilt wie dort, daß jene gemeinsamen Gedanken als bei gemeinsamem Objekt unvermeidlich und jene ähnlichen Wendungen als nach so kurzer Zeit dem Gedächtniß des Erklärers noch nicht entschwunden zu verstehen sein werden. Es wird also Luther bei Anfertigung der vorliegenden Arbeit auch nicht seine zum Zweck der Vorlesungen angefertigten Notizen wieder eingesehen haben.

Welchen Beifall diese Schrift fand, beweisen die relativ vielen Ausgaben und der Umstand, daß vier Verleger dieses Buch zweimal zu drucken sich veranlaßt sahen. Hielt doch auch Justus Jonas dasselbe für so vortrefflich, daß er noch vier Jahre nach dem ersten Erscheinen dasselbe auswählte, als er zur Zeit der Augsburger Verhandlungen dem Bischof von Straßburg zu beweisen suchte, daß die gegen Luthers Lehre erhobenen Beschuldigungen nur aus Unwissenheit oder Bosheit zu erklären seien (s. unten Ausgabe *d*).

Zwei der lateinischen Übersetzungen bieten je einen Brief Luthers an den Übersetzer. Der an Obsopoeus gerichtete Brief ist vom 25. April 1526 datirt. Der an J. Jonas gerichtete trägt kein Datum. Da Luther in demselben seinen

---

[1]) Archiv für Geschichte des deutschen Buchhandels XV, 1892, S. 310ff. [2]) Daselbst XVI, 1893, S. 47f. [3]) Enders, Luthers Briefwechsel 5, 310 und 321. De Wette 3, 87 und 93. [4]) Bd. XIII, bes. S. 224ff., 241ff.

Freund auch über den Tod seines Sohnes tröstet und am 12. Juni erfuhr, daß der von ihm schon am 19. Mai 1530 geschriebene besondere Trostbrief[1] nicht in des Jonas Hände gelangt sei[2], so wird jener Brief nach dem 12. Juni abgefaßt sein. Und da nach diesem J. Jonas noch mit der Übersetzung beschäftigt ist, welche er am 6. Juli dem Bischof von Straßburg widmet, so mag Luther vor diesem Tage geschrieben haben. Freilich bleibt es auffällig, das in dem Briefwechsel des Jonas aus dieser Zeit keine Hindeutung auf diesen Brief vorkommt. Am ehesten würde derselbe noch zu dem Briefe Luthers an Jonas vom 9. Juli[3] stimmen, in welchem er meint, höchstens würde von den Gegnern coniugium et utraque species zugegeben werden. Der Bischof von Straßburg nämlich gehörte zu denen, welche hierzu geneigt waren (vgl. unten S. 175 Anm.).

Ausgaben.

A „Der Prophet Jona, aus- ‖ gelegt durch Mart. Luth. ‖" In einer Tafel, die eingefügt ist in ein die ganze Seite füllendes Bild, welches Scenen aus der Geschichte des Propheten darstellt. 46 Blätter in Quart, letzte Seite leer. Am Ende: „Gedruckt zu Wittemberg. ‖ Michel Lotterus. Im ‖ M. D. XXVI. iar. ‖"

Einige Exemplare haben Bl. B 1b, Z. 1 richtig „liessen" und „die leute", so zwei der in Berlin befindlichen (Luth. 4772. 9504), andere aber haben „leissen", und es fehlt „die leute", so in dem Ex. in München HSt. Einige lesen Bl. E ija als Kustos richtig „des herrn", so jene beiden Berliner Ex., andere aber „dés herrn", so das Münchener Ex. Einige haben als Signatur von Bl. K 2 richtig „K ij", so das eine Berliner (Luth. 9504) und das Münchener, andere aber „K", so das zweite Berliner (Luth. 4772). Einige lesen Bl. L 2b, Z. 5 richtig „verschlun", so das in Knaakes Slg. befindliche Ex., andere dagegen „verschun", so die erwähnten Ex. in Berlin und München.

Sonst findet sich diese Ausgabe noch z. B. in Erfurt Bibl. des Martinstiftes, Erlangen, Kopenhagen Gr. Kön. Bibl., Königsberg U., Münster, Straßburg Theol. Studienstift, Stuttgart, Weimar, Wolfenbüttel, Zwickau.

B „Der Prophet Jona, aus- ‖ gelegt durch Mart. Luth. ‖" Titelbild, Druckeinrichtung, Umfang wie bei *A*, nur fehlt die Signatur M, da die letzte Lage L aus 6 Blättern besteht. Am Ende: „Gedruckt zu Wittemberg. ‖ Michel Lotter. Im ‖ M. D. XXVI. iar. ‖"

Vorhanden z. B. in der Knaakeschen Slg., Berlin, Eichstädt Kön. Staatsbibl., Königsberg U., Wolfenbüttel.

C „Der Prophet Jona, aus- ‖ gelegt durch Mart. Luth. ‖" Titelbild dem von *A* nachgeschnitten. Titelrückseite bedruckt. 44 Blätter in Quart, letzte Seite leer. Am Ende: „M. D. XXVI. ‖"

Von demselben Augsburger Drucker wie Ausgabe *H* der „Deutschen Messe" (vgl. oben S. 61). Vorhanden z. B. in Hamburg St., München HSt., Stuttgart, Weimar, Wernigerode, Wien K. K. Hofbibl., Wolfenbüttel.

---

[1]) De Wette 4, 8f. [2]) Kawerau, J. Jonas 1, 149. [3]) De Wette 4, 85.

D „Der prophet | Jona, außgelegt durch || Martinū Luther. | 1526 |“ Mit Titeleinfassung. Titelrückseite bedruckt. 38 Blätter in Quart, letzte Seite leer.

Druck von Jobst Gutknecht in Nürnberg. Einige Exemplare lesen Bl. F 4ᵃ, letzte Zeile, am Schluß: „vn vnn ser“, so die beiden in Berlin und das in Knaakes Slg., andere aber richtig „vnd vunser“, so das in Hamburg und die beiden in Wernigerode.

E Titel usw. durchaus wie *D*, auch wohl im Innern derselbe, nur hin und wieder etwas geänderte Satz.

Z. B. liest *D* auf Bl. Aijᵃ, Zeile 2: „das sie vns damit vnd auffs“, *E* dagegen: „das sie damit vnns auffs“. Drucker wie bei *D*. Vorhanden z. B. in Stuttgart.

F „Der Prophet || Jona, außge | legt durch | Marti. | Luth. | Wittemberg. |“ Mit Titeleinfassung. Titelrückseite bedruckt. 52 Blätter in Octav, letzte zwei Blätter leer. Am Ende: „Gedruckt durch Gabriel Kantz. || 1 5 2 6 |“

Vorhanden z. B. in Berlin, Wolfenbüttel.

G „Der Prophet || Jona, außge- || legt durch M. L. ||“ In einer Tafel, die eingefügt ist in ein die ganze Seite füllendes Titelbild, Scenen aus Jonas Geschichte darstellend. Titelrückseite bedruckt. 52 Blätter in Octav, letzte 3 Seiten leer. Am Ende: „Gedruckt durch Gabriel Kantz: |“ Darunter Zierleiste.

Vorhanden wohl nur in Lübeck St., Nürnberg St.

H „Der prophet || Jona, ausge- | legt durch || Marti. Lu | ther. |“ Mit Titeleinfassung. 82 Blätter in Octav, letzte Seite leer.

Vorhanden wohl nur in Dresden.

I „Der Prophet || Jona, außgelegt | durch Mart. || Luther. | ☙ | 1526. |“ Mit Titeleinfassung. 68 Blätter in Octav, letztes Blatt leer. Am Ende: „Getruckt Zů straßburg. || M D xxvj. |“

Druck von Joh. Knoblouch in Straßburg. Vorhanden z. B. in Hamburg, Helmstedt, Straßburg Theolog. Studienstift.

K „Der Pro- | phet Jona | außgelegt durch | Mar Luth. || M. D. xxvj. [so] |“ Mit Titeleinfassung. 60 Blätter in Octav, letztes Blatt leer. Am Ende: „Getrůckt zů Nürmberg durch || Hanß Hergot. 1526. ||“

Vorhanden z. B. in Stuttgart.

L „Der Prophet | Jona außgele- || get durch M. L. ||“ Dasselbe Titelbild wie bei *G*. Titelrückseite bedruckt. 56 Blätter in Octav, letztes Blatt leer.

Der größte Theil der „Vorrede“ fehlt (s. S. 170 oben und 185, 20). Druck von Michel Blum in Leipzig. Vorhanden z. B. in Königsberg U., Stuttgart.

M „Der Prophet Jona, auß- | gelegt durch Martin. Lutth. ||“ Darunter separater Holzschnitt, Jonas Geschichte darstellend. Titelrückseite bedruckt. 52 Blätter in Octav, letzte Seite leer. Am Ende: „Gedruckt zu Erffurdt durch ‖ Melchior Sachssen. ‖ M. D. xxvi. iar. ‖“ Vorletzte Seite nochmals der Holzschnitt des Titelblattes, doch ohne den Titel.

Vorhanden in Berlin (defekt), Erlangen, Stuttgart, Wien K. K. Hofbibl.

N „Der Prophet ‖ Jona aus- ‖ gelegt ‖ durch ‖ Mar. Luther. ‖“ Mit Titeleinfassung. Titelrückseite bedruckt. 52 Blätter in Octav, letztes Blatt leer. Am Ende: „Gedruckt zu Erffurdt, durch Johan- ‖ nem Loersfelt odder Pariser, ‖ Im Jare. 1526. ‖“

Nach der „Vorrede“, Bl. A iij^b, ist der Jonas Geschichte darstellende Holzschnitt in kleinerer Nachbildung gegeben. — Vorhanden z. B. in der Knaakeschen Slg., Königsberg U., Kopenhagen Gr. Kön. Bibl., Wernigerode.

O „Der Prophet Jona aus ‖ gelegt durch ‖ Mar. Luther. ‖“ Darunter Titelbild. Titelrückseite bedruckt. 52 Blätter in Octav, letztes Blatt leer. Am Ende: „Gedruckt zu Erffurdt, durch Mel- ‖ cher Sachssen, ynn der ‖ Archen Noe. ‖ M. D. XXXj. ‖“

Vorhanden z. B. in St. Gallen St., Kopenhagen Gr. Kön. Bibl., Wolfenbüttel.

Lateinische Übersetzungen.

1. Von Joh. Lonicerus.

a „☙ IONA ‖ PROPHETA, CVM ‖ ANNOTATIO- ‖ NIBVS ‖ M. LVTHERI. ‖ ANNO M. D. XXVI. ‖“ Mit Titeleinfassung. 72 Blätter in Octav, letzte drei Seiten leer. Am Ende: „Argentorati apud Iohannem Knoblochum ‖ ANNO M. D. XXVI. ‖“

Vorhanden z. B. in der Knaakeschen Slg., Basel Univ.-Bibl., St. Gallen St., Tübingen Seminarbibl.

Bl. a ij^a — a 3^a. Widmungsschreiben des Übersetzers Joh. Lonicerus[1] an Joh. Mantel, zu der Zeit Pfarrer in Iffezheim bei Rastadt[2]. In demselben heißt es über die vorliegende Schrift Luthers: Ubi nuper incidissem in annotationes M. Lutheri super Ionam, sic piae, sic sanctae, sic divinae mihi visae sunt, ut nihil supra, ut et me continere non potuerim, quin protinus eas latinitate donarem. Fateor, non debebant alia, quam Demosthenica, vel Tulliana, vel Erasmica, vel si qua est maiore, ut alioqui eius omnia, ita haec praeclarissima quoque monumenta verti, non mea incompta dictione. Sed pius affectus ille, quo in hominem Dei rapior, in causa est, ut vel tanta me audere non pudeat, praesertim quom et regnum et gloriam Christi, vel hac parte promoveri non sit quod diffidam. Hunc qualemcunque laborem meum ideo tibi dedicavi, optime Mantel, ut sit hic Ionas veluti dux et sacra quaedam concionum tuarum anchora. Est enim in ea summa Christianismi absolutissime comprehensa, et quicquid ad vitam Christo dignam pertinet. Atqui tute ipse ubi relegeris maiora opinione in eo libello reperies, et quam se ipso praecellentior sit Lutherus agnosces. Quod si Ionae annotationes has familiares tibi feceris, facile disceptationes quascunque et vanas quaestiones defugies et in sacris literis persistes fidus ovium tibi commissarum pastor.

---

[1]) Früher Luthers Famulus, von 1521—1527 in Straßburg, vgl. Enders 4, 215.

[2]) Joh. Mantel aus Nürnberg ging 1503 nach Wittemberg, wurde 1520 Prediger in Stuttgart, mußte fast zwei Jahre lang im Gefängniß zu Nagold liegen. Vgl. Enders 5, 78.

2. Von Vinc. Obsopoeus.

b COM ‖ MENTARIVS ‖ MARTINI LVTHE ‖ ri in Ionam Prophetam, | iam nouissime post alio ‖ rum[1] tralationes latinus ‖ factus à Vincentio ‖ Obsopœo. ‖ Præfixa est & noua à Luthe ‖ ro præfatio, qua perstringuntur ‖ ij, qui passim sua ita uertunt, ut ‖ prorsus euertant & deprauent. ‖ Haganoæ, Iohan. Secer. ‖ Anno XXVI. |° Mit Titeleinfassung. Titelrückseite bedruckt. 84 Blätter in Octav. Bl. L ij[a] — L 4[a] „Index Ionae". Bl. L 4[b] Druckerzeichen des Joh. Secerius. —

Vorhanden z. B. in der Knaakeschen Slg., Berlin, Eichstätt Kön. Staatsbibl., St. Gallen Stadtbibl., Kopenhagen Gr. Kön. Bibl., Königsberg Kön. u. Univ.-Bibl., Wolfenbüttel, Zwickau.

Luthers Empfehlungsschreiben[2], Bl. A 1[b] — A ij[b], lautet:

Martinus Luther Vincentio Obsopœo[3] suo in Domino.

Gratiam et pacem in domino. Quod inter caetera mea etiam Ionam prophetam, per me vernaculo commentario tractatum, latinitate donasti, Vincenti charissime, pergratum est mihi, tantum abest ut moleste feram, quod tu aliquoties suspicatus es. Illi sane molesti sunt, qui non modo quae contempta sunt, sed etiam aliorum optima quaeque, sic vertunt, ut penitus subvertant, cum sint et linguarum imperiti et mire indiligentes, ut taceam quantum errent non raro in sensu, adeo, ut negativum reddant, quod est affirmative, et ediverso dictum. Tibi autem donatum video cum aliis paucis donum hoc non parvum, ut pure, proprie et diligenter vertas latine mea vernacula. Itaque gaudeo Ionam meum per te latine loqui. Non quod titillet me gloria invulgati operis in aliena lingua, quam frustra sperarem hoc seculo, sic Lutherum illum miserum contemnente per omnes et ubique, ut vere cantare vel plorare[4] potius
Psalm 22, 7 ausim cum Christo: „Ego vermis et non homo, opprobrium hominum et abiectio plebis." Sed quod bona conscientia laetor, nihil mali, nihil haeretici, nihil seditiosi in Iona meo, sed pia, sana et salutaria lecturos esse pios et bonos lectores. Dum interim inquieti illi et curiosi spiritus blasphemiis audacibus conturbant orbem et in sua monstra trahunt etiam pios et quietos animos. Scilicet Satanae ista nequitia est, ut impiis dogmatibus, si perdere non potest omnes, occupet tamen et vexet omnes, ne pure et liberi solis et puris doctrinis Christi studeant. Quo nomine et tibi iam secundo gratulor, qui in tantis turbis prophetarum furentium non cedis neque mea impotentia scandalizaris, simpliciter autem eligis syncera et solida, in quibus nobis, imo Christo cooperaris, ad propagandam notitiam sanctorum, hoc est fidem quae est in ipsum. Macte, frater, perge ut coepisti, et dominus te augebit et servabit. Placet autem ut Iohanni Secerio Haganoae libellum cudendum tradas, quod multo maioribus officiis vir iste dignus sit et in primis fidus et diligens typographus. Nam quod a quibusdam infamatur, quasi is Secerius sit, quem in praefatione postillari quadam accusavi furti[5], puto fieri aut ignorantia seu fallacia aequivoci nominis, aut malitia hominum, qui

---

[1]) Dieser Plural wird nicht zu der Annahme, daß eine ältere lateinische Übersetzung verloren gegangen sei, zu zwingen brauchen. [2]) Auch abgedruckt (nicht nach dem Original, sondern nach einer Abschrift) bei De Wette 6, 77ff. und darnach in Erl. opp. v. arg. 7, 504ff. Vgl. dazu Enders 5, 344. [3]) Damals an der Schule zu Nürnberg angestellt. Vgl. über ihn Enders a. a. O., Weimar 11, 437. [4]) Gedruckt irrthümlich plorarare. [5]) Vgl. Erl.[2] 7 S. 13.

hoc praetextu cupiunt homini immerito incommodare, sicut solet ubique Satan nihil facere nisi nocere. Nam in eadem praefatione satis clare testor Vnittembergae fuisse in nostra Typographia illum Secerium, quem vocant Locatorem, qui me inscio exemplar imperfectum sustulit. Itaque hoc meo testimonio hunc meum Secerium, Ionae mei Latini excusorem, excusatum facio apud omnes bonos, ne gravetur fortuna, seu infortunio potius, similis nominis. Hoc volui adiectum epistolae huic, officii causa. Tu vero Vincenti in Christo bene vale. Vnittembergae vicesima quinta Aprilis Anno M. D. XXVI.

3. Von Joh. Chelyus.

c „IONAH ‖ PROPHETA MARTINI LV- ‖ THERI Commentariolo explica- ‖ tus, cum alijs quibusdam Christia ‖ no scitu pernecessarijs, quo- ‖ rum catalogum sequens ‖ habet pagella. ‖ Argentorati, Mense Maio, Anno ‖ M. D. XXVI. ‖" Mit Titeleinfassung. Auf der Titelrückseite das Inhaltsverzeichniß. 87 gezählte Blätter und ein leeres am Ende in Octav. Am Ende: „ARGENTORATI APVD ‖ IOHANNEM HERVA- ‖ GIVM MENSE MAIO, ‖ ANNO M. D. XXVI. ‖"

Bl. 3ᵃ—81ᵇ die Übersetzung unserer Schrift Luthers. Joh. Chelyus widmet dieselbe dem Prediger Adam Hervagius, einem Bruder des bekannten Verlegers, und gesteht, daß ihn seine bekannte Lage zu solchen Arbeiten zwinge. Das Widmungsschreiben ist Quinto Calendas Iunias 1526 datirt. Das Inhaltsverzeichniß gibt außer dem Jona an: Sermo in paschae solenni festo per M. Luth. habitus. Historia resurrectionis Christi in suam seriem redacta. Vtilitas & fructus resurrectionis Christi. Sermo M. Luth. de regno Christi, quod in peccatorum remissione consistit. De probatione spirituum. De efficacia alienae fidei. De duplici potestate in terris peccata condonandi. Item alius sermo de sponso Christo, & sponsa eius Ecclesia differens. —

Vorhanden z. B. in der Knaakeschen Slg., St. Gallen Stadtbibl., Wien K. K. Hofbibl., Wolfenbüttel.

4. Von Justus Jonas.

d „ENARRA ‖ TIONES NOVAE D. MARTINI ‖ Lutheri in Ionam Prophetam, è Germa ‖ nico, Latine per Iustum Ionam red- ‖ ditæ, ac Reuerend. Argentinen ‖ si Episcopo dicatæ. ‖ ADDITA EST ET SANA LVTHERI ‖ exhortatio, qua perstringuntur hi, qui negle ‖ cta doctrina Fidei, & articulo sum- ‖ mo iustificationis &c. nouis ‖ & impijs dogmatibus ‖ tantum turbant ‖ Ecclesias. ‖ ANNO. M. D. XXX. ‖" 79 gezählte Blätter und 1 ungezähltes in Octav, letzte Seite leer. Am Ende: „Haganoæ, per Iohannem Secerium. ‖ Anno, M. D. XXX. ‖ Mense Septembri. ‖" Darunter des Joh. Secerius Druckerzeichen. —

Vorhanden z. B. in der Knaakeschen Slg., Kopenhagen Gr. Kön. Bibl., Wolfenbüttel.

Bl. 2ᵃ—10ᵃ „Epistola nuncupatoria" des Übersetzers „Reverendissimo domino, D. Guilhelmo Episcopo Argentinensi, Principi Alsatiae, Domino clementissimo"[1]. Hierin

[1]) Graf Wilhelm von Honstein war Bischof zu Straßburg von 1507—1541. Derselbe gehörte z. B. auf dem Reichstage zu Speier 1521 zu dem „Ausschuß der Acht", welche die communio sub utraque freigeben und die Priesterehe gestatten wollten. Vgl. Janssen, Gesch. d. d. Volkes 3, 43. — Des Jonas Schreiben ist zum größten Theil auch abgedruckt bei Kawerau, Briefwechsel des Justus Jonas I, S. 437 ff.

heißt es über den Zweck dieser Übersetzung und dieser Widmung: Cum etiam hoc tempore, quo prae superioris seculi inopia abundamus praeceptoribus et libris, cum in sacris, tum etiam aliis literis, tanta sit ignoratio illius summi articuli, nempe cognitionis Christi, etiam in his qui quotidie novos libros consarcinant et soli religionis magistri habere volunt: ut pro virili iuvarem eos qui sanae doctrinae ex animo afficiuntur, hunc commentarium germanicum latine verti: qui quanto de Christo et fide disserat dexterius et sanius, quam hi qui nunc sua somnia de Eucharistia verbosis libris obtrudunt orbi, facile iudicabunt vere pii et spirituales lectores. Illas autem in Ionam prophetam enarrationes, a Luthero primum germanice conscriptas, latine nunc redditas, T. P. R. inscribendas esse duxi. Cum enim prae omnibus Germanicae episcopis nomen tuum praeclaris illis tuis virtutibus feceris toto imperio celebre, et non modo apud Caes. M. et summos principes magna polleas autoritate: sed et a plerisque non ineruditis hominibus ab excellentia ingenii, singulari prudentia et non mediocri doctrina laudatus sis: libenter tibi tali principi, specimen eius doctrinae, in qua versor et quam probo, dedi: sperans fore, ut cum ipse ames literas et honesta studia, eo rectius sis inter pia et impia scripta iudicaturus. Proiiciunt quidam et contemnunt tantum etiam libros vere pios: quis autem vel sutor non consputare, non proiicere potest libros etiam optimos. At Episcoporum officium hoc est primum cognoscere, deinde pronunciare. Non versor ego in tali genere doctrinae, de quo graver omnibus publice et privatim reddere rationem: neque pudet me evangelii Christi. Novi explosum esse iam olim nomen illius doctrinae apud plerosque Episcopos, qui ferro et igni hoc persequuntur. At longe alio theatro spectabuntur hi, qui nunc ut haeretici et blasphemi damnantur, cum Christus aliquando de coelo venerit, vivos iudicaturus et mortuos. Doctrinam, quam his novissimis temporibus mundus mavult appellare Lutheranam quam Christianam, syncerissimum Dei verbum esse nihil dubium est. Quid enim aliud docet quam fidem, charitatem, tolerantiam crucis, cognitionem voluntatis Dei? Eam vere pietatis doctrinam in scholis prorsus neglectam et ignoratam fuisse nemo inficiari potest. (Es folgt eine Schilderung der traurigen vorreformatorischen Zustände und eine Zurückweisung der Gemeinschaft mit den Schwärmern.) Qualis tota sit doctrina Lutherana, quam plerique non auditam, non cognitam, tantum odio nominis damnant et consputant, vel ex hoc uno in Ionam commentario aestimare licet, qui non solum nihil docet impii, sed et ea quae afflictis conscientiis in agone summo tentationum maxime sunt necessaria, adeo tradit dextere, ut multi pii fateantur illum commentarium sibi in Psalterium, in Iobum, in omnes locos scripturae, ubi loci summorum affectuum fidei incidunt, maxime usui esse. Rogo igitur hoc saltem abs te, Reverendissime Pater, impetrari patiare, ut posthabitis tot iniquis praeiudiciis eorum, qui cane peius et angui, oderunt nomen Lutheri, legas has enarrationes, qui Ionae historiam cum magno fructu pure explicant . . . Datirt ist dieses Schreiben „VI. Mensis Iulii Anno M. D. XXX.“[1]

Bl. 10b — 13b Brief Luthers an Justus Jonas (ohne Datum). Derselbe[2] lautet:

Optimo viro D. Iusto Ionae, Theologo Wittembergensi, Marti. Luther

Gratiam et pacem in Christo. Quamvis ego nunquam speraverim, sicut nec optavi, ut libelli mei aliquid perpetui nominis vel authoritatis in mundo haberent, semper eo contentus, si me monitore vel ostensore moverentur homines ad sacras

---

[1]) Also in Augsburg während des Reichstages geschrieben, an demselben Tage, an welchem Luther von der Koburg aus an Albrecht von Mainz schrieb, „er wolle dahin arbeiten, daß jenes Teil Friede halte“ (De Wette 4, 72ff). [2]) Auch abgedruckt bei Kawerau, Briefwechsel des Justus Jonas I, 434ff.

literas legendas et intelligendas, si forte spiritu duce et magistro meliora ex ipsis plenis fontibus haurirent, quam ex meis exiguis rivulis lambere possint: Tamen cum videam in tanta copia tractantium scripturas raros et paucos foeliciter eas attingere, plurimos etiam maligniter in illis versari et pernitiose proprio spiritu eas explanare, incipio meos quoque libellos non ita odisse, neque illis adeo publicum invidere, sicut antea semper feci.

Nam etsi ego nihil sum, denique et in mea Germanica lingua stylo rudis ac barbarus, tamen illud quod est doctrinae Christianae caput totiusque scripturae summa, nempe articulum gratiae, iustificationis seu remissionis peccatorum, certe diligenter et fideliter tractavi, ut in Domino ausim gloriari cum S. Paulo 'imperitus sermone, sed 2. Cor. 11, 6 non sententia'. Tu ipse vides, optime Iona, quam frigeant, quam sint imperiti in hac re, quotquot hodie extra nostrum consortium sunt et libros scribunt scripturasque explanant, ut si illis solis contingat Ecclesiarum administratio, nihil certius sub ipsorum regno expectes, quam novum quendam Papatum, ubi Christus denuo aboleatur cum tota illa sapientia nostra, quae est notitia iustitiae fidei: fixa enim in eorum cordibus humanae opinio iustitiae seu operum sic pertinaciter est, ut eam a iustitia fidei seu gratiae nullo modo separare queant. Nec mirum sane, ego in hunc usque diem multis et magnis agonibus expertus sum in me ipso, quam sit res ardua et mere divina, in animo humano eam notitiam inolescere, Quod gratia et sine operibus iustificemur, quodque ipsa sola fides in Christum sit illa unica iustitia sanctorum Dei, iustitia inquam, ut scholae loquuntur, formalis et perfecta. Excedit hoc nimium cordis humani captum et sapiendi ac loquendi in terra modum. Quid illi facerent, qui nihil horum experti promittunt sibi omnia sola scripturarum lectione easque tam praesumptuose, ut si semel aliquem librum legerint, sibi plane persuasum habent [so] sese rem totam comprehendisse. Discunt quidem haec verba usu quodam recensere 'fides iustificat, opera non iustificant' etc. Sed ubi locos scripturae attingunt, in quibus haec res pulcherrime et fortissime traditur, ibi transeunt quasi caeci, surdi et muti, ut ne verba quidem eius rei meminerint, scilicet hoc ipso suo testimonio satis declarantes, quod verba didicerint a nobis, rem nunquam serio et vere senserint. At scripturas citra hunc articulum tractare est potius scripturas obscurare vel depravare, cum pene sit nulla syllaba, quae non hoc agat, ut Christus cognoscatur. Ista cum videam (ut dixi), patior libens meos aliquot libellos optimis nostri seculis libris tanquam cilicium ad purpuram tabernaculi adiungi et in Latinam quoque linguam spargi, inter quos hunc Ionam, quem tu vertis numero. Nam studio singulari hoc unum egi, ut vim et robur fidei christianae insigni aliquo exemplo etiam rudibus, quantum fieri potuit, crassissime ob oculos depingerem. Nihil sane facilius in omnibus prophetis antea fuit hac historia Ionae, ut quam sibi quivis unico aspectu vel auditu perfecte cognitam praesumeret. At nunc etiam summis in spiritu viris talis est, ut fateri cogantur, se in hac nec dum prima elementa perdidicisse, certo ego ipse, qui commentatus sum, paucula et vix stillas pro re tanta dixi, necdum tamen has ipsas meas stillas sorbui, cum illi interim forte totum mare, quo Ionas absorptus fuit, una cum ipso ceto absorbuerint, odio plane dignum genus hominum, cui tam cito saturo in fastidium vertuntur aeternae istae delitiae verbi Dei, quibus ipsi angeli nunquam saturantur, sed in aeternum desyderant 1. Petri 1, 12 eas spectare.

Recte ergo facis, optime Iona, quod huic labori te dederis vertendo meo commentario, maxime propter fidei (ut dixi) gloriam, quam cupio vehementer quoquo modo, quaqua occasione celebrari, sive hoc fiat meo, id est barbaro et rudi, sive tuo, id est eleganti et splendido stylo. Iuvabis certe rem sanctorum Dei non infoeliciter hoc studio et sacrificium Deo suavissimi odoris offeres. Neque dubito quia is meus commentarius tuo ingenio et eloquentia, quibus te Christus prae ceteris ornavit, reformatus non solum

melioribus verbis loquetur, sed etiam rem ipsam opulentius et vivatius lectoribus ostendet. Eritque ut liber deinceps non meus, sed me spoliato tuus dicatur. Quod spolium non me offendet sed delectabit, et rapinam hanc pro insigni misericordia acceptabo. Non adulor tibi neque meipsum palpo, dum sic loquor iactabundus. Sed
Joh. 2, 17 zelus meus est, qui urit et comedit me videntem, quam totus mundus hanc rem negligat, immo summis viribus et studiis impugnet etiam atque execratam et extinctam cupiat. Cum interim omnium linguarum eloquentia meras nugas, immo stercora celebret tanta pompa, tantis buccis, ut nostra neque audire neque videre prae illis pene ipsimet non permittamur.

Sed et tibi spero hunc laborem utilem fore et mercede praesenti versus Ionas vertentem Ionam remunerabit. Solabitur enim te et vulnus illud mortis sanabit, qua te percussum deseruit Fridriculus tuus iam quartus filiolus morte intempestiva raptus.[1] Dicet enim tibi lugenti Ionas meus per singulas syllabas: Quid luges, Iona? Hunc Ionam specta, quem profundum aquarum et ceti venter perpetuo triduo, perpetuis tenebris in mari toto circumvehit, sine fine mortis angustias sustinentem: si tamen sustinet ac non potius sine intermissione velut aeterna morte moritur et morti victrici succumbit. Luctus tuus magnus est, sed qui lachrymis concedat et lachrymis erumpentibus tandem mitigetur. Angustia mea vero non modo lachrymas non concedit, sed universum exhaurit humorem et medullas penitus exiccat. Recordare ergo, Iona vivens, huius Ionae morientis, necdum enim profundum mare et ventrem ceti expertus es, nisi tibiipsi fingas lachrymas tuas meo mari profundiores et dolorem tuum meo ceto immitiorem esse. Tum potius hoc quoque specta, quanta sit illa Dei incomprehensibilis misericordia, qui me tot mortibus toties perditum non modo vivum servavit, sed salvum et laetissimum victorem et Dominum absorbentis maris et concoquentis ceti constituit. Quanto magis tuas illas stillas, quibus parum perplutus, non absorptus es, faciliore misericordia exterget et te aliis donis luctus istius superbum contemptorem et regem faciet: quanquam si ipsa iam accepta dona eius aestimes, tot et tanta invenies, ut vere possint dici mare gratiae, qua obrutus es, et cetus misericordiae, qua comprehensus es, ut mihi collatus in meo mari et ceto pereunti et vix halitum brevem et tenuem vitae trahenti penitus diversus Ionas videaris in mari et ceto misericordiarum et bonorum vivens[2] et exultans et vix modicam stillam et lenem sibilum aquilonis sentiens. Sic, inquam, loquetur meus Ionas tecum et plurima addet meliusque perorabit, quam ego pro infantia mea significare possum. Quare vos duos Ionas committam invicem et Ionam Ionae commendo: sciens quod, ut sunt aequivoci nomine, ita erunt et aequianimes in pace et gaudio spiritus. Quod ut sit vobiscum et nobis aeternum, faxit ipse, nostra pax et gaudium, Christus Iesus laudabilis in secula. AMEN.

e „CAPVT SEX ‖ TVM DIVI PAVLI AD EPHESIOS ‖ DE CHRISTIANORVM PA ‖ NOPLIA. ‖ Prædicatum per Martinum ‖ Lutherum Vuittem ‖ bergæ[3]. ‖ Latinum factum per Vin ‖ centiũ Obſopœum. ‖ HAGANOAE, EX OFFI ‖ Petri Brubacchij Anno M. D. ‖ XXXV. Menſe Iulio. ‖“ Auf der Titelrückseite das Inhaltsverzeichnis. 120 Blätter in Octav (von A 8, dem 48. Blatte, an sind die Blätter numerirt mit 8—79), letzte Seite leer.

Voran gehen laut Inhaltsverzeichnis: Contiones Mar. Lutheri in Sextum Caput Pauli ad Ephesios. II. Eiusdem ſermo ſuper principe articulo nostro:

---

[1]) Vgl. De Wette 4, 16 u. 18. Erl. op. lat. 17, 71. [2]) viventi *d* und *e* [3]) Gepredigt 1532, deutsch gedruckt 1533; Erl.[2] 18, 220 ff.

Credo in Iesum Christum. Sodann folgt Bl. A 5ª bis zu Ende Luthers Prophet Jona in der Übersetzung des Justus Jonas (Bl. A 5ª – B 2ª des Jonas Widmungsschreiben, Bl. B 2ᵇ – B 5ª Luthers Brief an Justus Jonas). Von Bl. B 1 (als „9“ gezählt) ist der Druck identisch mit demjenigen der Ausgabe *d*, daher auch am Ende dieselbe Druckvermerkung mit Druckerzeichen wie bei *d*.

Vorhanden z. B. in der Knaakeschen Slg.

Niederländische Übersetzung.

„Een christe- ‖ like wtlegginghe ‖ op die Propheet Jo ‖ na. ‖ . ? . ‖“ Mit Titeleinfassung. 132 Blätter in Oktav. Die Übersetzung des Propheten Jona schließt auf Bl. 60ª mit der Angabe: „ɑ Eynde des propheten Jona metter ‖ wtlegginghe. ‖ ɑ Hier na volcht die Prophete Habacuc. ‖“ Folgende Seite leer. Bl. 61ª: „Een christe- ‖ like schone wtleg ‖ ginghe, op die Pro- ‖ pheet Ha- ‖ bacuc. ‖ . ? . ‖“; dieser Titel wieder in Einfassung. Bl. 130ª: „ɑ Eynde des Propheten Habacuc, ‖ metter wtlegghinghe. ‖“ Die letzten 5 Seiten leer.

Die Umrahmung des Titels zeigt am unteren Rande die Devise: „SIC VT ‖ NON PLꝰ“; auch die erste Zeile des Titels ist mit der Umrahmung in Holz geschnitten. Luthers Name ist nicht erwähnt. Vorhanden in Deutschland wohl nur in Wolfenbüttel; dieses Exemplar stammt aus der Bibliothek von J. G. Palm (vgl. dessen „Historie der deutschen Bibelübersetzung D. Martini Lutheri, von dem Jahre 1517 an bis 1534; herausgeg. von J. M. Goeze (Halle 1772), S. 351 und 353 f.).

In den Gesammtausgaben findet sich diese Schrift Wittenberg Bd. V (1556 G. Rhawen Erben, 1573 P. Seitz) Bl. 310 – 335; in der lateinischen Übersetzung des Justus Jonas Vuitembergae tom. IV (Joh. Lufft 1552) fol. 539 – 563 (in anderen Auflagen des tom. IV soll sie fol. 404 ff. stehen); ferner deutsch Jena Bd. III (1565 Th. Rebart) Bl. 214 – 245 (in anderen Auflagen des III. Bandes Bl. 195 – 223); Altenburg Bd. III S. 351 – 379; Leipzig Bd. VIII S. 316 – 348; Walch Bd. VI Sp. 2588 – 2699; Erlangen Bd. 41 S. 324 – 414.

Alle Nachdrucke ruhen auf *A*, keiner auf *B*, der zweiten Auflage des Lottherschen Druckes. Und zwar haben unmittelbar von *A* abgedruckt: *CDFHIKLM*, ein Beweis dafür, wie bald man an den verschiedensten Punkten zu gleicher Zeit sich ans Nachdrucken begab. *E* ist eine etwas verbesserte zweite Auflage der sachlich am ungebundensten druckenden Ausgabe *D*; *G* eine zweite, nicht sehr sorgfältig hergestellte Auflage von *F*. *N* ruht auf *M*. *O*, von demselben Drucker wie *M* herrührend, benutzt als Vorlage meist den weniger guten Nachdruck *N* und bogenweise die Ausgabe *C*. Wir legen also *A* zu Grunde, geben die Varianten aus dem zweiten Wittenberger Drucke *B*, bei denen Zustimmung und Abweichung der Nachdrucke jedesmal angemerkt werden, und theilen im Übrigen von den Abweichungen der Nachdrucke eine Auswahl der wichtigsten mit, die aus der hier nachfolgenden Übersicht über die sprachlichen Verhältnisse der einzelnen Drucke in gewohnter Weise ergänzt werden soll.

Im allgemeinen sind *FGHLMNO* der Vorlage in sprachlicher Beziehung sehr viel treuer gefolgt als die übrigen, was sich aus der meist nachweisbar mitteldeutschen Herkunft derselben erklärt.

Umlaut des kurzen und langen a ist meist durch e bezeichnet, häufig findet sich daneben ä in *C*, doch ohne sichere Regelung. Wir finden beständig, täglich, hätte neben bestendig usw.; ferner schenblich, mechtig; gnedig, sehet, nechst, were usw. neben närrisch, väter, gedächtniß, kämen usw. Stets äsche f. asche. (Aber auch wällen (undae) 189, 14; 226, 7.) Nur vereinzelt begegnet ä in *DEHI*. — Ferner hat *C* auch ö: mör (meist), schöpfer (meist), erwölt, ölteften, blötter. (Aber auch wölch n. welch.) Aus *I* ist schlöfest, schlöffst 188, 4; 206, 32; schöpffer (stets), aus *K* mhör (möhr) anzumerken. — Abweichungen in der Ausdehnung des Umlautes von a. *C* hat: last, sahet (n. sehet), fargelt, gesatz (öfter); *DE*: sahet, be- erkantnüß, verachter -achtlich; *I*: fahrgelt; *K*: er- bekantnůß, landfarer (-ferer *AB*). erbeyt-en > arbeit-en *CDEK*. — Selten ist Erweiterung des Umlautsgebietes: äsche (stets), stärrig 210, 25 *C*; fär (periculum) stets *H*; erbers f. erbars *O*.

Umlaut des au (bez. meist durch eu eü) findet sich in *AB* (und ebenso *FI*) in gleuben-ig, heubt, leube, teuffer, (ver)leugnen, eusserlich, grewlich usw., er fehlt dagegen in Ephaw, gezaw, brawen. Dem gegenüber hat *C* glauben (glaubig n. gleubig), haupt, laube. Ebenso *DE*, wo aber noch einerseits tauffer, verlaugnet (n. leügnet) hinzutreten und andrerseits gezew (n. gezaw) und brewen erscheinen. *H* meist glauben, haubt, laube, ferner meist ausserlich. *K* glauben -ig, aber gleublich, haubt, laube und brewen. *LMNO* haben neben gleuben, heubt, leube zuweilen auch glauben usw.; *NO* grawlich neben grewlich.

Den Umlaut des o bezeichnen (und zwar durch ö) *AB*, wie alle Wittenberger Drucke, ohne Konsequenz und *FG* schließen sich ihnen am nächsten, doch nicht durchweg an. In den übrigen Nachdrucken ist dem Umlaut zum Theil sehr viel weitere Ausdehnung gegeben, die weiteste in *DE*, denen *C* nahe kommt. Aus *DE* seien hervorgehoben: stöltzer, sölch, mörbet, sölte usw. (dört f. dort meint wohl die abgeschwächte Form dert, und gotlösen *D* ist wohl nur ein Versehen, das *E* besserte); aus *C*: trötzig, töbe (Plur.), lössen (sortiri); aus *H*: höhe (alti), götheit, rhör, tröst, göttlos, verlönen; aus *I*: förchten, öberst; aus *K*: getröst (adjektivisch), stöltzer, bischöffe; aus *LMNO*: örten (Plur.), mörden, kömpt, stöltzer, plötzlich, öffentlich. Das Fehlen der Umlautsbezeichnung an Stellen, wo *AB* sie aufweisen, ist verhältnismäßig selten, kommt aber selbst in *FG* vor, ohne daß jedoch eine bestimmte Absicht erkennbar wäre. Auch über Unterbleiben des Umlauts in den andern Nachdrucken unterlassen wir statistische Angaben. Nur offentlich *C*, plotzlich *DE*, blobers *H* seien hervorgehoben, die angesichts der sonstigen Neigung dieser Drucke zur Umlautsbezeichnung wohl nicht zufällig sind.

Der Umlaut des u und uo ist wie in *AB* so auch in *GHKMNO* gleichmäßig durch ů bezeichnet. Neben dem herrschenden ů begegnet östers ü in *F* (güte, rhümen, müssen, züchtigen usw.) und *L* (můste, mügen, stück, vnglücks, füncklyn, Fürsten usw., vereinzelt auch in *I*. — *CDEI* unterscheiden den Umlaut des u (ü) und den des uo (ů) im ganzen (vgl. aber z. B. fülen stets *DE*) genau, *C* hat auch wůeten (neben wůten) und ryeffe (Präs. Kj.).

Das Gebiet dieses Umlauts ist überall weiter ausgedehnt als in *AB*, dessen schwankendes Verhalten am getreuesten noch in *FG* wiederkehrt. Von nicht gewöhnlichen Umlauten seien erwähnt: lüfft (Dat.) 225, 17, natürlich, verdürren (n. verdorren) *C*; schnürgleich, rüffen, versüchen *DE*; warümb, widerümb, erwürgen, nütz (Subst.), bürg (Dt. Sg.), Jüden *H*; übunge, über, übel, erwürgen *K*; vnnütze, vnschüldich, jüngst, kümpt *LMNO*; vnlüstig *L*.

Der Umlaut mangelt dagegen (abgesehen von vber, vbel usw.) mehr oder weniger konsequent in jungsten, stuck, bunckel, lugener, thurstig, gulden, gelustet, in den Kj. Prt. wurde, gulte, verdurben; gerüchte, rübe (n. rübe) *C*; — gulden, durstig (= thürstig *A*), duncken, stuck, wundschen, in den Kj. Prt. wurde, wurffen, verdurben, zwunge; rübe (stets) *DE*; — fur, sunde -igen, hulffe, fluß (Plur.), gelubd, rhumen, fulen, furen *H*; — vnnutzer, iungst *I*; — vnnutzer; Kj. Prt.: kund, wurde, verdurben *K*; — fur, fulen, hullen, zurnen *LMNO*.

Über die Vokale ist sonst zu bemerken:

1. a wird gelegentlich durch o vertreten: gethon, won *C*; won *DE*; gethon, wohr *I*; gethon, etwo *K*; vnterlos *L*; noch *MN*.

2. Die neuen Diphthonge sind fast überall durchgeführt. — Statt -lin *AB* haben *CDE* -lein: stündtlein, würmelein, steublein usw., latinisch *AB* > lateinisch *CDE*, sufftzen *AB* > seufftzen *CDEIKNO*. — Nur *C* hat meist vff, vß. — *H* hat erschlieche, gliech, die neben dryen und schryen (Inf.) und thüren (= theuren) vielleicht nicht als Druckfehler anzusehen sind. — Sicherer sind die Fälle in *I*: verlihet, vertriben (Inf.), glich, vilicht, syne n. seine. Ferner gepüt, flücht (3 Sg. Prs.), fründtlich. Hier auch vff (2). — Aus *K* sei paradeis angemerkt. — *N* hat spyse, fry; auch klyne, worin kaum die Nebenform klini steckt, da diese nur alem. u. westmd. ist, *N* aber aus Erfurt stammt. Also wohl nur Druckfehler.

3. Die alten und neuen Diphthonge werden meist nicht oder doch nicht genau unterschieden. *C* hat vielfach ai (ay seltner) und scheint andrerseits ey zu bevorzugen, ein Unterschied der beiden au ist aber kaum irgendwo gemacht, doch scheint aw über seinen geschichtlich berechtigten Kreis hinaus (bawen, schawen usw.) fast nur für den neuen Diphthong gebraucht zu sein: sawer, brawchen, bawren usw. Sonst nur glawbe(n). — Ebensowenig wie in *C* ist ay (ai) in *DE* durchgeführt, doch treten bestimmte Ausnahmen wie ein als unbest. Artikel (auch eintzel, einfeltig, einander, dagegen allain) wie auch in andern Gutknechtschen Drucken (vgl. z. B. Unf. Ausg. 7, 201, über *G*) hervor. Es sei hier nur noch die Endung -ley erwähnt.

4. Altes ie ist meist wie in *AB* gewahrt (doch z. B. virtzig *FG*, schir *K*) zuweilen auch eingeführt, wo *AB* i dafür haben. So hat *C* niergent, yeglich (yeblich) n. nyrgent, ygklich (= *AB*); *L* niemer; *DE* liessen (f. lissen *AB*). — Das orthographische ie der Wittenberger Drucke ist in *CDE* nur ausnahmsweise bewahrt, in *FGHK* meist aufgegeben, während *ILMNO* schwanken, es findet sich hier einerseits diser, vil, triben usw. neben dieser usw., andererseits ist ie zuweilen gegen *AB* eingeführt: hien (f. hin) *I*; betriefft *L*; schriefft, bestrietten *M*; geschiecht *NO* usw.

5. Der Diphthong uo ist noch regelmäßig durch ů ausgedrückt in *C* (doch meist thon f. thůn und mehrfach stond f. stůnd) und *I* (doch zum, zur, zun).

Auch *K* hat ů regelmäßig an seinen Stellen (freilich auch sůn s. unten). Indessen weist *K* als ziemlich regelmäßige Ausnahme neben zum usw. auch zu in (satz)tonloser Stelle auf: zu Jona, zuuertilgen, zuuergiessen, zuuor, aber dazů, zůfůgt. Das findet sich ja auch sonst, vgl. Unsere Ausg. 12, 255. — In *DE* findet sich einzeln zů, sonst nur u, das in den andern Nachdrucken allein herrscht. Erwähnt sei noch suer (Prät.) *H*.

6. Für o ŏ in *AB* findet sich u (ů) ü: sun, sunne, trucken, künig, kunst, kumen, günnen *C*. In weiterer Ausdehnung in *DEK*, wo außer den schon genannten: gewunnen, genumen, wurden (Prtc.) *E*, summer, sunder(heit -lich). Seltner sind in *DE* künig, günnen, künnen, künde, mügen (n. kŏnig usw.), während in *K* auch künig usw. überwiegen. *K* hat außerdem stets sůn (filius). Nur vereinzelt in *H* gewunnen, wurden (Prtc.) und sůn, öfter wieder in *I*: kumpt, genumen, sunst, sunder(n); mügen, günnen, zürnen (s. zornen *A*), künig. — In *LMNO* wechseln künig, mügen, zůrnen usw. mit kŏnig usw., außerdem ist gewůnlich *L*; güttlich s. göttlich und erlůsunge *N*; stůnen s. stŏnen und můchte *O* anzumerken.

7. Für i zuweilen ü: wür(d)t, bestümpt *C*; verwürffl (vgl. auch würcken, -unge s. wircken -unge *AB*) *DE*; begünnet *E*.

8. Das i, das *AB* in hirschen, sticken, widder (s. weder) aufweisen, ist gewahrt in *FG*, meist auch in *HILMNO*; es ist dafür herschen usw. gesetzt in *CDEIK*. Vgl. auch blittern = blettern *M*; winigsten = wenigsten *N*).

9. Längenbezeichnung der Vokale. Über ie s. oben. ee findet sich wie in *AB* so auch in den Nachdr., doch nicht immer in denselben Fällen. Vgl. seelen, meer (magis), leere, heer, leernen, gebeet; neben weg, stette auch weeg, steete *C*. Auch *DE* haben meer, weere, seele u. dergl., aber in viel geringerer Ausdehnung als *ABC*. — Über die andern läßt sich zusammenfassend kaum etwas sagen, sie schwanken zwischen ere : ehre : eere usw.

Das Dehnungs-h wird in *CDE* fast durchweg beseitigt: jm, jnen; (e)ere, me(e)r usw. In *C* wechselt es zuweilen die Stelle: wanh, merh, farh s. wahn usw. *FG* bewahren es meist, vereinigen es wohl auch mit dem ee zu ehe z. B. ehere, seher, und erweitern seine Anwendung durch ehr (Pron.). Über *HILMNO* läßt sich etwas Zusammenfassendes nicht sagen.

10. i der Endsilben ist in *AB* ziemlich selten: Gottis (n. häufigerem Gotts); grössiste, höhisten, offinbaren, vbir und einige mehr. Bewahrt sind diese i in *FG*, meist wohl in *HILMNO*, nur vereinzelt in *C*, beseitigt in *DEK*.

11. Der Endsilbenvokal e wird in den Nachdrucken so schwankend gesetzt oder unterdrückt, daß Zusammenfassendes darüber sich um so weniger sagen läßt, als auch das Verhalten von *AB* keine Festigkeit aufweist. Dieses Schwanken ist offenbar zum Theile in dem wechselnden Satzaccent begründet, und in so fern natürlich, aber es spielen dabei auch andere Umstände, sowie Willkür und Zufall ihre Rolle. Vgl. Unsere Ausg. 12, 256/7. Die etwas größere Anzahl der Nachdrucke des Jona hat es gerathen erscheinen lassen, die Verzeichnung der einzelnen Fälle diesmal auch von den Lesarten auszuschließen. Antritt eines e im Auslaute zeigt *C*: sancke, sprache (Praet.); mage, seynde (= sind); kunste, schilfe (Nom. Sg.), des-

gleichen *DE*: flohe, stunde, schluge (Praet.); den geiste, die antworte, jne (Acc.), vereinzelt *H*: sone (filius) und *K*: schalcke, geyste, tode (N. Sg.).

Das h in gehen, stehen wird in *CDE* fast durchweg beseitigt.

Konsonanten. p für anlautendes b haben alle Drucke auch *AB*, aber in verschiedenem Umfange weitaus am häufigsten *CDE*.

vnter > vnter, vnder *CI*; trug > drug *H*.

deudsch > teutsch *CDEK*; gedrungen > getrungen *DEIK*.

t im Auslaute nach Kons. fällt in *C* zuweilen ab: nich, rechfertiget; predig(e) *CDEK* ist offenbar nicht auf predigt zurückzuführen. Ferner *I*: brach(t), süch(t), drück(t); *K*: druck(t); *M*: pflantz(t); *N*: fruch(t); *NO*: hilff(t).

t ist angetreten in göttlicht, dennocht u. ä. *C*; dennocht *DEKLMNO*; nichtst *D*. — Dagegen anlaufftes *A* > -lauffs *BCDEHL*.

Die Wittenberger Doppelung dd ist in *CDEI* meist, in *K* oft, in *FGLMNO* zuweilen vereinfacht.

ge- > g- weisen *AB* nur in gnug auf. *C* hat außerdem gschrifft, gschicht, gfar, glübd, gbenckt, aber nicht konsequent; *DE* hat seltener g- als *C*.

AB schwanken zwischen zu-, ze-, zur-, zer- (vgl. z. B. zubrechen 188, 10/11; zefiel 193, 2, zurstöret 193, 3, zerstörunge 193, 6). Die andern Drucke behalten meist dieses Schwanken bei, nur *DE* haben stets zer-, *C* hat züfiel, sonst zer-; *I* weicht durch zübrechen, zerstöret; *H* nur durch zufiel; *L* nur durch zörstöret; *KNO* nur durch zerfiel von *AB* ab. Bemerkenswerth ist, daß zerstörunge in allen Drucken festgehalten ist.

-nis > -nus *C*; -nüß *DEI*; -nus, -nüs *K*. — -ickeit *A* > -igkait stets *DE*; -igkeit meist *HIK*, häufig *LMNO*, zuweilen *C*. — -iglich > -igklich häufig *CDELMNO*.

Flexionsformen. weiß > waißt *C*. — sind > sein(d) *C*; sein (zuweilen) *DEH*; seind *I*. — hatte > hette, hätte *C*. — der wille, glaube; die helle, rube usw. > der willen usw. meist *DE*, zuweilen *LMNO*. — Plur. die Apostel > die Aposteln *DE*. — Plur. die dornen > die dörner *DE*.

Wortformen. da (temp.) > meist do *DE*. — wo > wa *CH*. — ohn > an *H*. — denn, wenn > dann, wann oft *C*, meist *DE*; dann, aber wenn *K*. — fur > vor *CK*. — furhanden > verh. *C*, vorh. *K*. — feylen > feelen *C*, felen oft *H*. — widder > wider und weder meist streng geschieden *CDE*. — solch > solich, folch *CDEIK*; wilch > welch *DEIK*, wöl(li)ch *C*. — lawe > löwe *CDE*, lewe *HK*. — hulffe > hülffe, hilffe *CDE*. — vberst > oberst *C*. — drengen > dryngen *CDEO*. — schwarmgeyster > schwirmgayster *C* schwerm- *K*. — ruffen > rüffen *DEK*. — plaudern > plodern *H*. natur, creaturn > natůr, creatůrn (Plur.), (also mit franz. Aussprache) *H*. — vnternander > vnter eynander *C*, vnter (gegen) eynander *DE*.

furchten; furcht; furchtsam; gottfurchtig usw. > Ztw. fürchten, Prt. forcht (188, 11), fürchte (188, 23; 205, 25), Prtc. gefürchtet (202, 13) *C*; furchten (fürchten), Prt. forchte, gefürchtet *DE*; forchten, forchte *HL*, gefurchtet *H*, geforchtet *L*; förchten, forchte, geforchtet *IK*; fürchten, furchte, gefürchtet *INO*. — Subst. forcht *CDEKL* (z. B. 210, 26; 214, 24). — forchtsam *CDEHIKLO*. — gottförchtig *CHO*, -forchtig *HIKL*.

erauß, erab usw. > herauß usw. *C*, meist auch in den andern Drucken außer *FG*. — verschlinden > verschlingen *CDE*. — vertilgen > vertilcken öfter *C*. — fobdern > forbern *CDEIK*. — schnarcken > schnarchen *CDEH*. — verbamnen > verbammen *C*, oft *DEK*. — ruge > rühe *C*, ruge, ruwe *DE*, rhu *K*. — schneytte, beschneyttung > schneyde, beschneydung *CDEHKNO*. — scheusselich > scheuchelich *C*, scheuzelich *DE*, scheusserlich *H*. — heucheley > heuchlerey *DEI*. — leucken > leügnen *C*, leucknen *H*. — schepffer > schöffer *N*. — nicht > nit meist *K*, oft *DELMNO*, nit, nich *H*. — nu > nun meist *CDE*, oft *H*, zuweilen *LMNO*. dazu, davon usw. > darzu, daruon usw. meist *CDE*, zuweilen *IKLMNO*. — beste > bester meist *CDEK*, oft *HLMNO*. — hinaben, hinuntern > hinabe, hinunder meist *DEK*. — thurm > thurn *CDEHKO*. — scharff > scharpff *CDEO*. — mond > mon *CDEMNO*. — predigt > predig *C*, predig(e) *DEH*. — selbst > selbs *CDELMNO*.

itzt > jetzt, yetzt meist *CDEK*; itz *H*. — syntemal > seitmal *C*, seintemal *DE*. — konnen > künden (Prs. und Prt.) *C*. — riebe > rybe *C*, ripe *K*. — sondern > sonder meist *CHK*, oft *LMNO*, sunder meist *DE*.

der selbe > der selbige oft *DE*. — vnleiblich > vnleibig *H*. — werd > wirdig *DE*.

schrifft > gschrifft *C*. — far > gefar *DE*. — zalen > bezalen *C*. — *DE* setzen oft an Stelle der einfachen Zeitwörter Zuss. z. B.: duncken, dencken; schweyge > geduncken, gedencken, geschweyge; zeygt > anzaygt; darff > bedarff; hüb, kennen, zittern > erhüb, erkennen, erzittern. Umgekehrt aber ebenda auch erkriegen > kriegen; verzweyffeln > zweyffeln.

fülen > entpfinden meist *C*. — gezaw > gezeüg *C*. — helffte > halbtayl *C*. — amechtig > vnmechtig *H*.

unlust fem. > masc. *H*. — 213, 15 steht das eyd, was sonst nur niederd. vorkommt, aber nur *I* hat dafür den eyd gesetzt.

Vorrede auff den Propheten Jona.

Weyl der welt furst seyn unkraut allenthalben geseet hat, das deudsch land voll rotten und geyster worden ist, durch wilche er nicht alleine viel verfuret, sondern auch den ienigen, so bestendig bleyben, viel unnutzer gescheffte zufugt, damit er sie aus der schrifft reysse und ynn seyn gezencke menge und also zu letzt mit solcher list aussen der schrifft ubunge ynn gezeng erhassche und umbbringe: Ist uns wol von nöten, das wyr seynes listigen und schalckhafftigen anlauffts warnemen und uns nicht zu weyt begeben ynn seyn zanckspiel, auff das er uns nicht aus unser wehre und burg locke und also erschleyche. 'Denn wyr wissen wol', spricht S. Paulus, 'was er ym synn hat'. So spricht S. Petrus, 2. Cor. 2, 11
Er feyre nicht, sondern 'schleyche umb uns her und suche, wilchen er verschlingen 1. Petr. 5, 8
müge'. Derhalben nu ich mich eyne zeyt her mit disen geystern und rotten wol geschlagen und versucht habe, bis das andere auch dazu komen sind, wil ich eyn mal widder ynn die schrifft und unser hertzen widderumb weyden, stercken, trösten und rusten, das wyr nicht zu müde und lass werden uber dem teglichen kempffen, so viel myr Gott gnade verleyhet, das wyr, durchs wort Gotts und trost der schrifft erquickt, deste frischer und mutiger werden, mehr zu kempffen.

Nicht alleyne aber umb der geyster und rotten willen thu ich solchs, damit uns der teuffel zur rechten seyten angreyfft, sondern auch umb der tyranney willen, damit er uns zur lincken angreyfft. Denn die tollen fursten und Bischoffe durch yhrs gotts reytzunge mit gantzem ernst wueten und toben und schlechts ym synn haben, Gott und seynen gesalbeten zuvertreyben und seyn wort zuvertilgen, Und schon viel unschuldigs bluts vergossen und zuvergiessen mit aller macht eylen; das wyr uns wol mügen rhümen, die Christenheyt stehe und gehe itzt ym rechten schwanck, weyl sie zu beyden seyten so hart wird angetastet und dazu von beyden teylen so schendlich verflucht, gelestert, geschendet und gehönet wird, als sie villeycht noch nie gelestert und geschendet ist worden; das mich dunckt, der teuffel versuche seyn hochstes, und weyl er

2 Teutschland *CDEK* 3 nit *B* 5 gschrifft *C* im *C* 6 ausser *E* 7 umbringe *B* 8 anlauffs *BCDEHL* 10 uns auch nicht *DE* bürg *CH* erschleiche *H* 11 sant *DEI* So *fehlt C* sanctus *DE* Sant *I* 12 erschleyhe *C* wölche *C* verschlinden *D* 13 muge *BL* möge *DE* 15 gschrift *C* 16 nicht müde und zu lass *DE* 17 verlihet *I* 18 gschrift *C* dester *CDE* mütiger *BO* 20 *die ganze übrige Vorrede (185, 20—187, 25) fehlt in L bis auf den letzten Satz:* vnd nemen vnsern trost vnd nutz aus disem Propheten, so vil vns Gott gönnet, Amen. 22 tollen *fehlt C* 23 Bischoffe die durch *C* erst *C* 24 und *(vor* seynen*)* an *C* gesalbten *DE* vertriben *I* 29 werd *I* 30 höhstes *C*

sich des jungsten tags versihet, wil er zur letze alles seyn vermügen beweysen an Christo und seynem wort. Gegen dem allen ist uns auch widderumb trosts von nöten, das wyr da fur nicht erschrecken, sondern unverzagt yhr drewen, trotzen und toben verlachen, als gewis, das sie damit uns auffs aller höhist fodern zum hymel und yhn selbst den hals auffs eylendest ablauffen, das sie durch gotts gericht ja balde zu asschen werden. Es ist umb eyn augenblick zuthun, so wollen wyr uns anders mit eynander ansehen, und sol der teuffel erfaren mit seynen larven, das ist mit seinen fursten und bischoffen, wer die sind die sie itzt lestern, verjagen und erwurgen.

Darumb hab ich disen heyligen propheten Jona fur mich genomen aus zulegen, als der sich zu disen sachen fast wol reymet und eyn trefflichs, sonderlichs, tröstlichs exempel des glaubens und eyn gros mechtigs wunderzeychen gottlicher guete aller welt fur tregt. Denn wer solt Gott nicht von hertzen trawen und widder alle teuffel, welt und alle rasende tyrannen hohmütiglich trotzen und stoltz seyn auff Gottis guete, wenn er dis exempel bedenckt, das Gotts gewalt und gnade so viel vermag, das sie Jonan mitten ym tieffen meer, dazu mitten ym walfisch, das ist nicht ynn eynerley, sondern vielerley tod, von allen menschen, von allen creaturn verlassen und unbekand, so leychtlich erhelt und widder bringt, als sey es yhm keyne mühe und richt solchs nur mit eym wort aus, als solt er uns sagen: 'Sihe, das thu ich mit eym wort! was meynstu, das ich kund thun mit meynem geyst und krafft', so doch menschlichem hertzen unbegreyfflich ist, das eyn grösser werck geschehen müge, denn das ist? Darumb auch Christus selbs viel von disem geschicht helt und fur allen propheten disen Jonan anzeucht als eyn beyspiel seynes todes
Matth. 12, 39 und aufferstehunge, da er sagt Math. xij. 'Dieser art wird keyn zeychen widderfaren on das zeychen Jonas des propheten' etc.

Dazu ist er auch eyn trost aller, so das wort furen sollen, das sie nicht verzweyffeln sollen an der frucht des Euangelii, wie fast es auch sich ubel anlesst und nicht scheynet, das es viel frucht und nutz bringe. Denn hie wird eyn eyntzeler man, Jona gesand zu dem aller mechtigisten könige und gröfistem reich da zumal auff erden, Das, so mans gegen ander ansihet, was Jona ist gegen dem könige, eyn lauter spot und unmüglich ding anzusehen ist, das so eyn mechtiger könig und so eyn grosses reych sich solt bewegen, bekeren und erschrecken lassen von eynes eynigen geringen, dazu frembden menschen wort und von eyner predigt, die doch der könig selbs nicht höret, sondern nůr das

---

1 zů *C* 2 ys *N* trost *C* trostes *NO* 4 sie uns damit uns *D* höhest *DE* höchest *C* höchst *H* 5 fordern *DEIK* 6 Gottis *B* 7 mit ein andern *C* 8 larffen *DE* das ist *bis* bischoffen *fehlt C* 9 sie *fehlt DE* 10 genummen *DE* 11 eyn *fehlt C* treffenlichs *DE* 14 hochmütigklich *DEHIK* 19 solichs *H* 20 nůr *DE* 22 menschlichen *H* 24 Jona *B* Jonam *H* 27 est *N* 28 verzweyffelen *O* 29 frucht und *fehlt DE* bringet *M* wurd *I* 30 mechtigsten *I* mechtigesten *N* gröstem *DE* 31 einander *DE* 35 predig *CEHKO* nur *HIN*

gerüchte davon vernam; das ich mag sagen: Es hat keyn Apostel noch prophet, noch Christus selbst mit eyner predigt so gros ding gethan und aus gericht als Jona. Und ja so gros wunder ist odder wol grösser, das Jona die stad Nineve bekeret mit eyner predigt, als das er aus des walfischs bauch erlöset ist. Denn gleych wie der walfisch durch gotts wort muste Jona ausspeyen, also hat auch Jona durchs wort Gotts die stad Nineve aus dem bauch und rachen des teuffels, das ist aus den sunden und tod gerissen. Solt nicht eyn solcher könig sich verlassen auff seyne grosse macht und den eynigen man fur eynen lügener halten, wilchem doch seyne Ebreer selbst nicht gehorchten? Und die Apostelu gleych wie Christus selbst so schendlich verachtet worden von den königen und fursten auff erden. Psalm ij. Und noch itzt fursten, bischoffe Ps. 2, 2 und herrn sind, die gegen dem könig zu Nineve rechte betler sind, dennoch auff yhren bettelsack sich so hoch verlassen, das sie nicht alleyne das wort Gotts verachten sondern auch verfolgen.

Darumb furet auch Christus Matth. xi. die Niueviten erfur widder alle Matth. 12, 41 ungleubigen und verachter seynes worts und spricht: 'Die leute zu Nineve werden am jungsten gericht aufftretten und dis geschlecht verdamnen. Denn sie busseten durch die predigte Jona. Und sihe, Hie ist mehr denn Jona'. Und das ist auch nicht unbillich. Denn es yhe eyn gros wunder ist, das sich die Nineviten so bald bekereten umb eynes frembden predigers willen durch eyn schlecht wort on alle wunderzeychen. Und dise bekeren sich nicht durch yhren eygen heyland, der so viel predigt thut und mit wunderzeychen sie gleych uberschuttet. O wilche eyne schande ist das itzt zu hören! Aber wilche eyne schande wird es seyn, wenn mans nu auch sehen wird! Aber es hilfft nicht, sie sind und bleyben verstockt. Darumb lassen wyr sie faren und nemen unsern trost und nutz aus disem propheten, so viel uns Gott gonnet. AMEN.

---

2 selbs *DE* predig *CDEKO* 4 Ninive (*und so durchweg*) *HN* predig *CDEHKO* aus Walfisch bauch *D* des] der *H* Walfisch *E* 8 solcher grosser könig *CO* 9 Hebreer *DE* selbs *DEFHN* nit *C* 10 selbs *DE* wurden *E* 12 rechte beller] nichtz *C* 13 yhren bettelsack *fehlt C* 15 Matthei. *DEI* Niniuiter *H* Niniuiten *N* 16 seines Göttlichen worts *DE* 17 das *H* geschlechte *NO* verdamen *CIMN* 18 predige *CDEH* 20 Niniuiten *HN* bekerten *NO* 21 diese *BO* 22 predige *DEI* predig *HK* 23 wilche] wie *IK* wilche] wie *IK* 24 hilff *N* 26 vnser *G* diesem *BO* AMEN] A *C*

Der prophet Jona.

Das Erst Capitel.

Es geschach das wort des HERRN zu Jona, dem son Amithai, und sprach:
Mach dich auff und gehe ynn die grosse stad Nineve und predige drynnen.
Denn yhre bosheyt ist erauff komen fur mich. Aber Jona macht sich auff
zu flihen fur dem HERRN auffs meer und zoch hynab gen Japho; und da
er eyn schiff fand, das auffs meer wolt faren, gab er fehrgelt und trat dreyn,
das er mit yhnen auffs meer fure fur dem HERRN.
V. 4 Da lies der HERR eynen grossen wind auffs meer komen und hub sich
eyn gros ungewitter auff dem meer, das man meynet, das schiff wurde zu-
brechen. Und die schiffleute furchten sich und schryen eyn iglicher zu seinem
gott. Und wurffen das geredte, das yhm schiff war, yns meer, das es leychter
wurde. Aber Jona war hynuntern ynn das schiff gestigen, lag und schlieff.
Da trat zu yhm der schiffmann und sprach zu yhm: Was schleffestu? stehe
auff, ruffe deynen gott an, ob villeycht Gott an uns gedencken wolte, das wyr
nicht verdörben.
V. 7 Und eyner sprach zum andern: kompt, wyr wollen lossen, das wyr er-
faren, umb wilchs willen es uns so ubel gehe. Und da sie losseten, traffs
Jonan. Da sprachen sie zu yhm: Sage uns, warumb geht es uns so ubel?
was ist deyn gewerbe? und wo kompstu her? aus wilchem lande bistu? und
von wilchem volck bistu? Er sprach zu yhnen: Ich byn eyn Ebreer und
furchte den HERRN Gott von hymel, wilcher gemacht hat das meer und das
trocken. Da furchten sich die leute seer und sprachen zu yhm: Warumb hastu
denn solchs gethan? Denn sie wusten, das er fur dem HERRN flohe, denn
er hatte es yhnen gesagt.
V. 11 Da sprachen sie: was sollen wyr denn mit dyr thun, das uns das meer
stille werde? Denn das meer wuetet. Er sprach: Nemet mich und werfft
mich yns meer, so wird euch das meer stille werden. Denn ich weys, das
solch gros ungewitter uber euch kompt umb meynen willen. Und die leute
trieben, das sie widder zu land kemen, aber sie kundten nicht, denn das meer
fur ungestüm widder sie. Da rieffen sie zu dem HERRN und sprachen: Ah

---

3 Jona *fehlt D* 4 Ninive *HN* 6 zog *DE* 7 fahrgelt *I* darein *DE* 9 erhub *DE* 10 würde *BIM* 10/11 zerbrechen *CDE* 11 forchten *CDEHK* schreyen *O* 13 würde *BIM* hynunder *DE* hynunter *HKL* schifft *A* gestiegen *B* 14 schlöffestu *I* 15 auff vn rüffe *D* wölte *BDE* 16 verdarben *CDK* verdürben *H* 19 gehet *KL* 20 kompst *B* 21 Hebreer *DE* 22 forchte *H* förchte *K* 23 forchten *DEHK* leütte so seer *C* 24 than *DE* 27 spracht *A* 30 kondten *DENO* 31 ungestümb *MNO* riefftt *C* rüfften *DE*

HERR, las uns nicht verderben umb dises mannes seele willen und rechne
uns nicht zu unschuldig blut. Denn du HERR thust, wie dyrs gefellet.
Und sie namen Jona und wurffen yhn yns meer. Da stund das meer v. 15
still von seynem wueten. Und die leute furchten den HERRN seer und thetten
dem HERRN opffer und gelübde. Aber der HERR verschafft eynen grossen 2, 1
fisch, Jona zu verschlingen. Und Jona war ym leybe des fisches drey tage
und drey nacht.

Das ander Capitel.

Und Jona bettet zu dem HERRN seynem Gotte ym leybe des fisches v. 2
und sprach:
Ich rieff zu dem HERRN ynn meyner angst, und er antwortet myr. v. 3
Ich schrey aus dem bauche der hellen, und du höretest meyne stym.
Du warffest mich ynn die tieffe mitten ym meer, das die flut mich v. 4
umbgaben. Alle deyne wogen und wellen giengen uber mich.
Das ich gedacht, ich were von deynen augen verstossen, Ich worde deynen v. 5
heyligen tempel nicht mehr sehen.
Wasser umbgaben mich bis an meyn leben, die tieffe umbringete mich, v. 6
Schilff bedeckte meyn heubt.
Ich sanck hynuntern zu der berge grunde. Die erde hatte mich ver- v. 7
riegelt ewiglich. Aber du hast meyn leben aus dem verderben gefurt, HERR
meyn Gott.
Da meyne seele bey myr verzagt, gedacht ich an den HERRN. Und v. 8
meyn gebet kam zu dyr ynn deynen heyligen tempel.
Aber wilche sich verlassen auff eytelkeyt vergeblich, Die lassen barm- v. 9
hertzickeyt faren.
Ich aber wil mit danck opffern, meyne gelübde wil ich bezalen dem v. 10
HERRN, das myr geholffen ist.
Und der HERR sprach zum fische, und der selb speyet Jona aus v. 11
ans land.

Das dritte Capitel.

Und es geschach das wort des HERRN zum andern mal zu Jona und sprach: Mach dich auff, gehe ynn die grosse stad Nineve und predige yhr die predigt, die ich dyr sage. Da macht sich Jona auff und gieng hyn

---

1 dieses *BO* seelen *L* reche *K* 3 Vnd do sie *D* 4 forchten *DEHO* fürchten *K* 5 verschaffet *DE* 6 verschlinden *CDK* 9 betet *FGNO* 11 rüfft *DE* 12 du *fehlt D* 13 fläß *C* fluß *H* 15 wurde *CDE* würde *HIKMNO* wörde *L* 17 umbrynngeten *I* 19 hynunder *DE* hynuntre *HL* 19/20 verrigelt *H* 24 sich] sie *L* 24/25 barmhertzigkeit *BDEFGHIKL* 33 predige *C* predig *DEHI*

gen Nineve, wie der HERR gesagt hatte. Nineve aber war eyne stad Gottis, drey tage reyse gros. Und da Jona anfieng hyneyn zugehen eyne tage reyse, prediget er und sprach: Es sind noch viertzig tage, so wird Nineve umbgekeret. Da gleubten die leute zu Nineve an gott und liessen predigen, man solte fasten. Und zogen secke an beyde gros und kleyn.

v. 6 Und da das fur den könig zu Nineve kam, stund er auff von seynem thron und legt seyne purpur ab und hullet eynen sack umb sich und satzt sich ynn die asschen. Und lies ausschreyen und sagen zu Nineve aus befelh des königes und seyner gewaltigen also: Es sol widder mensch noch thier, widder ochsen noch schaffe etwas kosten, und man sol sie nicht weyden noch wasser trincken lassen, und sollen secke umb sich hüllen beyde menschen und thier, und zu Gott ruffen hefftig. Und eyn iglicher bekere sich von seynem bösen wege und vom frevel seyner hende. Wer weys, Gott möcht sich bekeren und rewen und sich wenden von seynem grymigen zorn, das wyr nicht verderben.

v. 10 Da aber Gott sahe yhre werck, das sie sich bekereten von yhrem bösen wege, rewete yhn des ubels, das er geredt hatte yhnen zu thun, und thets nicht.

Das vierde Capitel.

DAs verdros Jona fast seer und ward zornig und bettet zum HERRN und sprach: Ach HERR, das ists das ich sagt, da ich noch ynn meynem lande war, darumb ich auch wolte zuvor komen zu fliehen auffs meer; denn ich weys, das du gnedig, barmhertzig, langmütig und von grosser guete bist und lest dich des ubels rewen. So nym doch nu, HERR, meyne seele von myr; denn ich wolt lieber tod seyn denn leben. Aber der HERR sprach: Meinstu, das du billich zornest?

v. 5 Und Jona gieng zur stad hynaus und satzt sich gegen morgenwerds der stad und macht yhm daselbs eyne hütten; da satzt er sich unter ynn den schatten, bis er sehe, was der stad widderfaren wurde.

v. 6 Der HERR aber verschaffte eyne wilde rüben, die wuchs uber Jona, das sie schatten gab uber seyn heubt und ergetzt yhn ynn seynem ubel. Und Jona frewet sich seer uber der wilde ruben. Aber der HERR verschaffte eynen wurm des morgens, da die morgenröte anbrach; der stach die wildenrube, das sie verdorrete. Als aber die sonne auffgangen war, verschaffte der HERR eynen durrenden ostwind, und die sonne stach Jona auff den kopff,

1 gehn *K* 2 tagreyse *DEFGO* tagreyse *DEFGO* 3 predigt *B* nach *N* 4 leissen *einige Exemplare von A* 8 auß schreyen *E* und sagen *fehlt D* befehl *LO* 9 thiere *E* 11 thiere *E* 24 zürnest *CDEKO* 28 wilden *C* 29 ergehet *DE* 30 seher *FG* rübe *I* 31 wilde *I* 32 Sunne *DEK* 33 die *fehlt D* sunne *DEK*

das er matt ward. Da wundscht er seyner seelen den tod und sprach: ich wolt lieber tod seyn denn leben.

Da sprach Gott zu Jona: Meynstu, das du billich zurnest umb die V. 9
wildenrube? Und er sprach: billich zorne ich bis an den tod. Und der HERR sprach: Dich jamert der wilden rube, daran du nicht geerbeytet hast, hast sie auch nicht auffgezogen, wilche ynn eyner nacht ward und ynn eyner nacht verdarb. Und mich solt nicht jamern Nineve, solcher grossen stad, ynn wilcher sind mehr denn hundert und zwentzig tausent menschen, die nicht wissen unterscheyd, was recht odder linck ist, Dazu auch viel thiere?

Disen Propheten Jona wollen ettliche halten, wie Hieron. zeygt[1], er sey der widwyn son gewesen zu Zarpath bey Zidon, die den Propheten
Elia neerete zur theuren zeyt, ym ersten buche der Könige cap. xvij. und 1. Kön. 17, 9ff.
Luce .iiij. Nemen des ursache, das er hie sich selbst nennet 'Eyn son Amithai', Luc. 4, 25 f.
das ist 'eyn son des warhafftigen', weyl seyne mutter zu Elia sprach, da er
yhn vom tod erweckt hatte: 'Nu weys ich, das die rede deynes munds war- 1 Kön. 17, 24
hafftig ist'. Das gleube wer da wil, ich gleubs nicht. Sondern seyn vater hat Amithai geheyssen, auf latinsch 'verax', auff deudsch 'warlich', Und ist
gewesen von Gath Hepher, wilche stad ligt ym stamm Sebulon, Josua .xix. Jos. 19, 13
Denn also steht geschrieben am .xiiij. capitel ym andern buche der könige: 2. Kön. 14, 25
'Der könig Jerabeam brachte widder erzu die grentze Israel von Hemath an bis ans meer ym blachen felde nach dem wort des Herrn des Gotts Israel, wilchs er geredt hatte durch seynen diener Jona, den son Amithai, den Propheten von Gath Hepher'. Auch so war die widwyn zu Zarpath eyne Heydyn,
wie Christus auch meldet. Luce iiij. Aber Jona bekennet hie cap. 1., er sey Luc. 4, 25 f. Jona 1, 9
eyn Ebreer.

Das sage ich darumb, denn wo mans haben kan, ists fast gut, das man wisse, wilche zeyt und ynn wilchem lande eyn Prophet gelebt und gewesen ist; denn es hilfft wol dazu, das man seyn buch verstehen müge, wenn man zeyt, stete, person und geschichte weys, die sich dazumal begeben haben. So haben wyr nu, das diser Jona gewesen ist zur zeyt des königes Jerabeam, wilches gros vater war der könig Jehu, zu wilcher zeyt der könig Usia ynn

1 woll *M* 3 zörnest *O* 4 räben *D* zürne *CDEHIK* 5 räben *D* gearbeitet *CDENO* 10 Glosa *H* Auslegung über den Propheten Jona. Das 1. Capitel *I* etlich *B* anzaygt *DE* 11 gewest *I* Zarphath *N* 12 Helia *D* thüren *H* König am 17. cap. *DE* ca. 16 *L* und *fehlt FG* 13 er sich hie selbs *DE* 14 Helia *D* das *H* 15 erwecket *B* 16 ich glaube es *K* 17 latinisch *B* lateinisch *CDE* teutsch *CDEIK* 19 geschrieben *M* am *fehlt C* ander *C* 23 was *E* 24 hie im 1. cap. *DE* 25 ein Ein *I* Hebreer *DE* 27 im *H* 29 sterte *C* streite *DEH* 30 dieser *BO*

[1]) *Migne S. L. XXV (Hieronymus VI), Sp. 1118.*

Juda regierte, zu wilcher zeyt auch gewesen sind ynn dem selbigen königreych Israel die Propheten Hosea, Amos, Joel an andern orten und stedten. Daraus man wol nemen kan, wie eyn trefflicher, thewrer man diser Jona ym königreich Israel gewesen ist und Gott gros ding durch yhn gethan hat; Nemlich das durch seyne predigt der könig Jerabeam so gluckselig war und gewan alles widder, was Hasael, der könig zu Syrien, hatte dem königreich Israel abgeschlagen und so grossen schaden gethan, das auch der prophet
2 Kön. 8, 11 Elisa druber weynet, zuvor ehe es geschach, cap. viij. ym andern buche der König, Und dennoch Gott solche wolthat beweysete, unangesehen das das königreich Israel noch ymer abgöttisch war und neben Gott gleychwol die gulden kelber zu Samaria anbettet. So gros gnade ists, wo Gott eynen man eym lande gibt mit seynem wort, das er umb desselbigen willen eym gantzen lande nicht alleyne vertregt die missethat und ungehorsam, sondern auch hilfft und wolthat erzeyget uberschwenglich; was solt er nicht thun und lassen, wo mehr denn eyn göttlicher mensch ist?

Ob nu dis geschichte Jona zu Nineve und ym walfische sey geschehen, ehe denn er dem könige Jerabeam so rettig und hülfflich war, odder hernach, als er widder von Nineve komen ist, kan man nicht anzeygen aus der schrifft. Gleublich ists aber, das er zuvor dem könige Jerabeam ynn seym lande gedienet und geholffen hat, bis er das königreich Israel widder auffgericht und angericht hat; darnach ist er ferner gen Nineve ausser seynem lande von Gott geschickt. Denn ynn seynem lande hat er gelernt mit erfarunge, wie Gott so gütig und gnedig war uber das abgöttisch königreich Israel. Derhalben er sich auch wol versach, er würde uber Nineve auch so gütig und gnedig seyn, das seyne predigt wurde umb sonst und vergeblich seyn, wie er denn selbst
Jona 4 [10]. 11. bekennet und drüber zurnet. cap. iij.

Summa, so ists gestanden ynn der welt zu der zeyt Jona: Das uberst reich odder Keyserthum ynn der welt war ynn Assyria zu Nineve, wie es hernach zu Babylon und darnach zu Roma gewesen ist. Daneben waren nu die andern königreiche als Syria, Israel, Juda, Edom, Moab, eyn iglichs fur sich. Und das königreich Israel stund nu wol unter dem könige Jerabeam umb Jonas willen; so stund das königreich Juda auch wol unter dem könige Usia. Aber das war die letze und der Johannes segen[1], den Gott dem königreich Israel gab. Denn nach dem tod Jerabeam, da sich das volck gar nichts

1 selben *DE* 2 Israhel *(und so durchweg) L* Johel *DEMNO* stetten *CDEK* 3 thewrer *C* 5 predige *CI* predig *DEHK* 6 het *K* 8 drüber *BMNO* darüber *D* geschach am 8. capitel *DE* 11 genade *H* ist *HO* Gotts *FG* 14 uberschwenglich *C* uberschwendlich *DEI* 17 Hierobeam *I* rhetig *O* hülfflich *L* war *fehlt O* 19 Glawblich *C* Gleubig *H* 23 abgöttisch *A* abegöttisch *B* 25 predige *C* predig *DEHIK* 26 zörnet *O* zürnet am 3. capitel *DE* 27 oberst *CDE* überst *HIKLM* 28 Kayserthumb *CDEHLMNO* ynn *fehlt C* 29 Darneben *DFG* Darnach *E* 30 königreyche *L* 31 Israel *fehlt DE* 33 letzte *L*

[1]) *Soviel als der letzte Trunk, vgl. z. B. Wander 2, Sp. 1090, N. 10.*

besserte noch von abgötterey ablies, wider durch straffe noch durch wolthat, zefiel das königreich, mordet ymer eyn könig den andern, bis der Keyser von Assyrien kam und zurstöret beyde Syriam und Israel und furet sie weg, das sie noch heutes tages nicht sind widder komen, wie das letzte capitel ym 2. Kön. 25 andern buch der könige zeuget. Weyl nu fur handen war solch gros ungluck und zerstörunge des gantzen könichreichs umb des volcks sunde willen, schickt Gott zuvor seyn wort durch seyne Propheten und lest sie warnen, auff das sie sich bekeren odder doch ja ettliche errettet und behalten werden.

Denn so pflegt Gott ymer dar zu thun, wenn seyn grosser zorn fur handen ist, das er zuvor seyn wort schickt und ettliche errettet. Also schicket er Noa fur der sindflut, Loth, ehe denn er Sodom versenckt, Abraham, Isaac, Jacob, ehe er das land Canaan verderbt, Joseph und Mosen, ehe er Egypten schlug. Also auch hie Jonan und Hosea, ehe er Israel zerstöret. Und Jonan, ehe er Ninive wolt umbkeren. Also hat er auch Christum, seynen son, selbs ynn die welt gesand, ehe denn der letzte zorn des jungsten gerichts kompt. Aber nach Christus tod ward nicht alleyne Jerusalem, sondern Rom und der gantz Römisch kreys und reych zebrochen. Wyr haben auch itzt die selbigen gnade und grosses liecht göttlichs worts. Darumb ist gewis eyn gros verderben furhanden; da wil Gott ettliche holen, ehe denn es kompt und bringe uns gar umb, wo wyr uns nicht bessern, wie wyr uns denn leyder ubel gnug anlassen, auch der straffen bereyt grosse stuck angangen sind.

Mach dich auff und gehe ynn die grosse stad Ninive und 1, 2 predige drynnen etc.

Hie sehen wyr, das Gott sich nicht alleyne der Juden annympt, sondern auch der Heyden, und wie S. Paulus sagt Ro. iij. 'Gott ist nicht alleyne Röm. 3, 29 der Juden, sondern auch der Heyden Gott'. Und stehet doch hie nicht, das die Niniviten sich beschnytten odder der Juden gesetz gehalten odder angenomen haben, sondern alleyne daran gelobt werden, das sie dem wort Gotts gleubten und sich besserten und frum wurden. Dis ist gar eyn mechtiger stos widder die Juden und stercke unsers Christlichen glaubens, und uns wol zu mercken ist. Denn hyraus mügen wyr gewaltiglich schliessen, das die beschneyttung und Moses gesetze nicht not sey dazu, das man frum sey und Gott gefalle, und nicht war ist, das die Juden meynen, alle welt müsse Juden werden und

1 abegötterey *B* 2 züfiel *CH* zerfiel *DENO* 3 zerstöret *DEI* zörstöret *L* wegk *DE* 4 heut des tages *DE* letste *C* cap. *FG* 5 bezeuget *D* zeyget *NO* verhanden *C* unglück *BCDEFGKMNO* 6 zerstörung *DEK* königreichs *BCDEFGHIKLMNO* schicket *DE* 9 pflecht *C* 9/10 verhanden *C* 10 schicket *K* schickt *BDEKL* 11 sindflutz *CHI* Sodoma *D* versencket *N* 13 verderbet *K* 14 er wolt Ninive umbkeren *NO* umkeren *H* 16 Hierusalem *DE* 17 zubrochen *FGNO* zebrocht *KM* 19 verhanden *C* 20 wie wir uns nicht bessern, wie wir uns *I* 21 stücken *L* 22 gehe hyn ynn *O* 25 sant *DE* Rom. *DEN* Roma. *LM* 28 glawben *C* gleuben *O* 30 mercken] glauben *E* 31 hieraus *CDEKL* gewaltigklich *CDE* beschneydung *CDEKNO*

Moses gesetze annemen und halten, als solten alleyne die Juden Gotts volck seyn. Denn hie stehet Jonas mit seym buch und zeyget, das die Niniviten on alles gesetz und weyse der Juden alleyne durch den glauben und gute werck gott gefallen und gnug thun, Und gott auch nicht mehr von yhn foddert. Denn wo Moses gesetze von nöten were, frum zu werden, müsten sie es auch haben angenomen. Das geschicht aber hie nicht. Widderumb finden wyr, das von den Juden gefoddert wird der glaube und gute werck und sie nicht hilfft
Jes. 1, 11 yhre beschneyttung und so mancherley Gotts dienst, wie Esaia. 1. sie mit yhrem
Röm 2, 12 ff. opffern und thun verwirfft. Und find sich hie der spruch S. Pauli Ro. ij. gar seyn, das die Heyden on gesetz das gesetz halten und die Juden durchs gesetz das gesetz ubertretten, das man wol greyffen mus, wie Moses gesetz nur alleyne dem Judischen volck eyne zeytlang ist auffgelegt, sie da mit zu zwingen
Gal 3 [ro], 24 und demütigen als mit eym kercker und 'stockmeyster', wie Paulus Gal. iiij. sagt, und gar nicht, das sie dadurch solten odder möchten frum, sondern gyrig nach Christo und Gotts gnaden werden. Also bestettigt nu Jona mit seyner
Röm 3, 20. 28 weyssagung den spruch S. Pauli Ro. iij., das durch die werck des gesetzs niemand müge fur gott frum werden, sondern der mensch mus on alle werck des gesetzs durch den glauben frum werden, wilcher denn gute werck thut, wie wyr hie sehen an diesen Niniviten. Sind nu die Niniviten nicht pflichtig gewest, Moses gesetz zu halten odder Juden zu werden dazu mal, da Christus noch nicht war komen und das gesetze noch stund und galt bey den Juden, wie viel weniger sind wyr nu dazu verpflicht, syntemal Christus komen ist und das gesetze auch bey den Juden auff gehaben hat. Darumb ists uns nu wie den Niniviten nichts mehr not denn eyn rechter glaube, der gute werck thu und die menschen frum mache etc.

Das sage ich nicht alleyne umb der Juden willen, sie damit zu bestreytten, sondern auch umb unser willen, die wyr nicht eynerley teuffel widder diese gottliche lere haben. Erstlich den Bapst mit den seynen, die es heyssen eyne newe lere und legen uns viel grosser und mehr gesetz auff, denn Moses gesetz war, und wollen uns damit frum machen fur Gott. Ich meyne aber, sie sey ja alt gnug, weyl sie zu der zeyt Jona fur Christus geburt so lange gewest ist, dazu auch gnugsam, weyl sie die Niniviten hat frum gemacht on Moses gesetz, auch ehe denn yemands vom Bapstum het mügen treumen. Auffs ander haben wyr die rotten und schwarmgeyster, die uns mit Moses gesetz wollen beladen und meystern, wissen nichts, widder was Moses odder Christus ist,

4 forbert *DEIO* 5 auch *fehlt DE* 6 geschicht hie aber nicht *E* 7 gefordert *DEO* 8 beschneydung *CDEHIKNO* Jsaia *B* Jsa. 1 *N* 9 sich] sie *MN* Rom. *DE* 10 durch *H* 13 Gala. *CO* Galath. *DEL* 14 dardurch *DEN* möchten *O* 16 Rom. *DEL* gesetzes *CO* gesetz *DEH* 16/17 niemands *DE* 18 gesetzes *MNO* 20 gesetze *O* 22 wenoger *N* seitmal *C* seintemal *DE* sintemal *K* 23 ist *H* 26 bestrietten *M* 28 gotlich *C* eyne] ein *D* 29 grösser *BCLMN* gesatz *C* 30 waren *FG* 33 gesatz *C* Bapstumb *CDEO* hat *C* trömen *DE* 34 schwirmgeyster *C* schwermgeyster *K* gesatz *C*

odder wie ferne Moses gilt odder wo zu er dienet, wie die bilden sturmer bis her gewesen sind und die das weltliche schwerd ynn Moses gesetze fassen wolten und schryen getrost: 'Hie ist Gotts wort, Gotts wort, Gotts wort'. Gerade als were es gnug, das Gotts wort da sey, Und nicht auch mit unterscheyd drauff zu sehen sey, wilche die sind, denen es befolhen ist. Denn es war auch Gotts wort, das Noe die archen solt bawen und Abraham seynen son opffern und Salomon den tempel bawen. Aber es ist drumb nicht auch myr des gleychen zuthun. Denn es ist myr solch Gotts wort nicht gesagt. Myr aber ist und allen dis gemeyne wort gesagt: 'Besfert euch und gleubt', Marc. 1, 15
wie hie den Nineviten gesagt wird. Darumb müssen wyr nicht darnach fragen, obs Gotts wort sey, sondern ob uns dasselbige sey gesagt odder nicht, und als denn desselbigen uns annemen odder nicht etce.

Aber sihe, wilch eyn gros ampt Gott auff den Jona legt, das er dem eynigen menschen die prediget befihlet widder das mechtige keyserthum zu Assyrien, widder den könig und seyne fursten. Habens doch die grossen herrn so trefflich ungerne, so man sie schilt und strafft, und wollen schlechts ungestrafft seyn. Nu befilht hie Gott dem Jona, er solle yhn yhre bosheyt sagen. Da gehört warlich eyn mut zu. Da wil das maul ausgethan seyn. Er hat yhe müssen zu yhnen sagen: Ihr seyt böse und verdampt, ewr gutts wesen ist eyn lauter scheyn und verfuret euch. Denn es ist nicht müglich, das ynn solchem mechtigen königreiche nicht solten seyne leute gewesen seyn, die fur der welt eyn erbars, unstreffliches leben gefurt haben. Diese nu allzumal straffen und mit Gotts zorn schrecken, ist eyn gros ding und ist ubel zu leyden, sonderlich bei den grossen hansen. Summa, wir sehen die geschicht geringe an, weyl wyr sie von aussen ansehen und sie uns nicht betrifft; solte uns aber der gleychen begegenen odder weren dazumal da bey gewest, so wurde uns duncken, wyr hetten noch nie nerrischer und unmüglicher ding gesehen noch gehört, denn das eyn eyntzeler mensch solt eyn solch keyserthum angreyffen. Wie solt sichs ansehen, wenn du odder ich zum Türckischen Keyser wurde gesand, yhn zu straffen mit seynen fursten und reich? Wie offt ists so lecherlich gewest, das etwa eyner widder den Bapst gered hat? Nu, Gotts werck pflegen sich am ersten so nerrisch und unmüglich anzulassen, das vernunfft dran mus verzweyffeln und des spotten. Aber es geschicht uns zu gut, das wyr gleuben. Denn Gott furets aus, was er redt und ansehet, und were es noch so nerrisch und unmüglich an zusehen. 'Gottis narrheyt ist weyser denn die menschen' .1. Cor. 1. Das beweyset hie Jona wol und seyn. 1. Cor. 1, 25

1 ferren *DE* wa *C* warzu *DE* bilde stürmer *E* bildstürmer *K* 2 gesatze *C* gesetz *MN* 3 schreyen *MN* 4 genung *DEGO* da *fehlt O* 5 sey *fehlt CO* 7 darumb *DE* 8 des] der *EH* geleichen *K* 13 wie ein *H* er] es *M* 14 predige *CDEIO* predig *HK* befilhet *BCDEHLO* befilcht *K* Keyserthumb *DEHLMN* 16 treffenlich *DE* 17 befilhet *DE* 19 ewer *BCDELO* 21 solchen *L* 22 erbers unstrefflich *O* Die *E* 25 betriefft *L* 26 begegen *E* were *E* 28 eintzler *DE* Keyserthümb *DEHIL* 32 onmüglich *I* das die vernunfft *DE* 33 verzweyflen *I* 34 ansahet *DE* es] er *D* 36 Corin *H*

1, 3 Jona aber macht sich auff zu fliehen fur dem HERRN auffs
meer und zoch hynab gen Japho.

Der latinische text helt hie sampt dem Kriechischen 'gen Tharsis', da ich
verdeudscht habe 'auffs meer'. Das mich nu daruber die kluglinge nicht zu
seer verdamnen, mus ich des ursachen anzeygen. Sie sagen, Jona sey gefaren
Apg. 9, 11 gen Tarsus, ynn die stad Cilicie, da S. Paulus her war. Act. ix. Aber das
hat keynen grund nicht ynn der schrifft. Denn der text spricht hie nicht 'gen
Tarsus', sondern 'yns Tharsis' odder 'auffs Tharsis'. Die Ebreische zunge
hat zwey worter, die das meer heyssen, als 'Jam' und 'Tharsis'. 'Jam'
heyst nicht alleyne das grosse meer, sondern auch die grossen see, als Lucas
das meer eynen see nennet, da Christus auff schiffet mit seynen jungern bey
Joh. 6, 17 Tyberias und Capernaum und Bethsaida, wilchs Johan. vi. und die ander
1. Mos. 1, 10 Euangelisten das Gallileische meer nennen. Also auch Mose Gen. 1. spricht:
'Gott nennet die versamleten wasser Jam', das ist seen odder meer. Aber
'Tarsis' heyst eygentlich das grosse meer, das nicht eyn see ist, als das, da
Rodis, Cypern und viel ander ynsulen ynne liegen, da S. Paulus auff schiffte,
Apg. 27 f. Act. xxviij., Das ist der Turcke, Venediger, Franckreich und Hispanien ynne
haben; denn es reicht von Cilicia an bis an das ende ynn Hispanien. Also
auch das Rote meer und die andere grosse hohe meer heyssen auch 'Tharsis'.

Ps. 72, 10 Also spricht der .lxxij. Psalm: 'Die könige Tharsis und die Insulen wer-
den geschencke bringen', Das ist die könige am grossen meer und die Insulen drynn-
nen. Denn die stad Tarsus ist keyn königreich, hat auch nie keynen könig ge-
1. Kön. 9, 26 ff. habt, schweyge denn viel könige. Also lies Salomo seyne schiff ynn Tharsis
faren, das ist auffs meer gegen morgenwerds durchs rote meer, goll zu holen
ynn Indien land. Da kunden ja die schiff nicht gen Tarsus zu der stad faren,
man hette denn auff dem lande schiffen wollen. Denn zwischen Tarsus und
dem roten meer eytel land ligt, wie die landferer wissen. Also spricht auch
Ps. 48 (lat.), 8 Psal. xlv. 'Du zu brichst die schiffe Tarsis mit starckem winde', Das ist die
Jes. 23, 1 schiffe ym meer; Und Esaia. xxiij: 'Heulet yhr schiffe Tharsis', das ist yhr
schiffe des meers; Und der sprüche viel mehr, das auch S. Hieronymus selbst
hie bekennet [1], es müge besser 'meer' denn Tarsus, die stad, heyssen. Denn es

---

1 machet *DE* 3 Lateinische *DE* Tharsus *I* 4 verteutscht *DEK* 5 ver-
damme *CDEHIMO* 6 gehn *K* Tharsis *M* Tarsis *NO* Sanct *H* sant *DEI* Paul. *FG*
Actuū. *DE* Actu. *L* Actu. *MO* 7 gehn *K* 8 Tarsis *O* Tarsis *O* Hebreysche *DE*
9 Tarsis *FGO* 10 grossen] grosse *E* 12 Betsaida *B* welch *C* Johānes *DE* andern *BCDEM*
13 Moses *DE* Genesis *DE* 15 Tharsis *DE* 16 und *fehlt C* sant *I* sanctus *DE*
17 Actorū. *DE* Actu. *L* 18 Cicilia *I* 19 andern *DE* Tarsis *MNO* 20 Tarsis *N*
21/22 darinnen *DE* 22 ist *fehlt K* 23 geschweyge *DE* Salomon *DE* yns *L* 25 son-
dern *DE* 27 landfarer *K* 27/28 auch der 45. Psalm *DE* 55. *L* 28 zerbrichst *DE*
Tharsis *DEKL* 29 meher *I* Esaia am 23. *DE* 30 meeres *B* mehers *I* sant *DEI*
Jeronimus *B*

[1]) *Migne S. L. XXV (Hieronymus VI) Sp. 1122.*

war Jona nicht zu thun umb eyne gewisse stad, da er hyn flohe, denn er hatte nyrgent nichts zuthun; Sondern er gedachte nur zu fliehen auffs meer, er keme wo hyn er wolte. Die flucht sucht er und fragt nicht, wo er hyn keme; wie denn hie der text auch sagt, er 'habe sich auffgemacht zu fliehen fur dem herrn'. Und da er nyrgent hyn wuste, dachte er, sich auffs meer zugeben, er keme wo hyn der wind hyn webte.

Japho ist die stad Joppe, da man itzt anferet, wenn man zu Jerusalem feret, und lautet auf deudsch 'die schöne' odder 'hübsche', denn da ist der anfurt an das Jüdische land. So ist nu Jona von Jerusalem und vom Judischen lande gefaren auffs meer gegen abentwerds. Das weyset auch das wort, da er sagt, 'fur dem herrn sey er geflohen'. Wer kan fur dem herrn fliehen? ist er nicht an allen enden? wie der .cxxxviij. Psalm sagt: 'Wo wil ich fur Ps. 139, 7
deynem geyst hyn? und wo sol ich fur deynem angesicht hyn fliehen?' Denn Jona war nicht so toll, das er nicht solt wissen, wie Gott an allen enden ist, so er selbst hernach bekennet, er 'diene dem Gott, der hymel und erden, meer und das trocken gemacht hat'. So hatte er auch gehöret, das Gott zu Ninive war, weyl er yhre bosheyt zu straffen furhatte und Jona dahyn senden wolte. Aber also ists zuverstehen: Gott hat zweyerley wesen odder gegenwertickeyt. Eyne ist natürlich, die ander geystlich. Natürlich ist er an allen enden, wie Esaias sagt .lxvi 'Der hymel ist meyn stul und der erdboden Jes. 66, 1
meyn fusschemel'. Also ist er auch mitten ynn der helle, tod und sunden, wie der obgenante psalm sagt: 'Fare ich ynn die helle, so bistu auch da' etc. Ps. 139, 8
Also kan yhm niemand entfliehen. Aber geystlich ist er alleyne, da man yhn also kennet, das ist, wo seyn wort, glaube, geyst und Gotts dienst ist; da sind die seynen, wilche alleyne fulen, wie Gott eyn solcher herr ist, der allmechtig und an allen enden ist. Die gottlosen aber fulen das nicht, gleubens und wissens auch nicht, das Gott an allen enden sey, ob sie es gleych hören sagen und wol nach sagen konnen. Also kan man wol fur Gott fliehen, wenn man an den ort fleucht, da keyn wort, glaub, geyst noch erkentnis Gottis ist. Also ist Jona geflogen fur dem herrn, das ist aus dem Judischen volck und lande, darynnen Gotts wort, geyst, glaube und erkentnis war, auffs meer unter die Heyden, da keyn glaube, wort noch geyst Gotts war.

Hie hebt sich nu die frage, ob Jona auch gesundiget habe, das er fur dem herrn floch. Die alten heyligen veter sind zu mal geneygt gewesen, die Propheten, Aposteln und grosse heyligen zu endschüldigen; mit wilcher nerrischen

1 da er hien *I* 2 nür *DE* 4 ze *C* 6 wehete *CI* weete *DE* 7 Hierusalem *D* 8 teütsch *DEK* 9 Jüdischen *FG* Hierusalem *CD* 9/10 von Judischem *E* 12 der *fehlt O* 138. *O* Wa *C* 13 wa *C* vngesicht *B* 15 ehr diene *L* 17 fürhette *C* für hat *DE* 18/19 gegenwertigkait *CDEHIKL* 20 Esa: *FG* 21 füßschemel *CDE* fuschemel *FG* 22 entflihen *F* 24 wa *C* 25 entpfinde *C* 26 entpfinden *C* nit *C* 27 wyssen *C* 28 künden *C* künnt *K* 29 erkantnüß *DEK* 30 geflohen *CDEFGKL* 31 Gottis *B* Gottes *DE* erkantnüß *DEK* 34 floh *C* flohe *DE* 35 grosse heyligen veter *DE* entschuldigen *BCDEG* endschuldigen *FH* entschüldigen *MNO* wölchen *C* nerrischer *E*

demut sie so ferne komen sind, das sie gleych der heyligen schrifft und Gotts wort ehe haben gewalt gethan, sie gezwungen und gedrungen, ehe sie die heyligen haben wollen lassen sunder seyn. Wie wol nu solch yhre demut zu dulden ist, wilche aus hass der sunden und ehre der gerechtickeyt kompt, so ists doch ferlich, die schrifft also zu lencken und yhrer auslegunge zu folgen. Matth. 5, 18 Christus spricht viel anders. Matt. v.. das hymel und erden muste vergehen, ehe denn der geringste buchstabe odder tuttel von der schrifft solte vergehen. Es ist besser, man gebe den heyligen zu wenig denn zu viel, und besser, man breche yhn ab denn Gott selbst ynn seym worte. Denn on die heyligen konnen wyr selig werden, on Gotts wort mugen wyr nicht selig werden.

So bleyben wyr stracks und steyff auff den worten gotts und lassen Jonan hie eyne grosse, schwere sunde gethan haben, dadurch er ewiglich verdampt were, wo er nicht ynn der auserweleten zal ym buch des lebens geschrieben were gewest. Denn das kan ja niemand leucken, das Gott Jona eynen befelh thut und gepeut, er solle gehen hyn und predigen zu Nineve. So ists auch gewis, das Gott keyn schertz, sondern grosser ernst ist, so gros, als er war, da er Adam ym paradis gebot. Denn er spricht, 'Die bosheyt der stad Nineve sey fur yhn komen'. Das ist, er wolte das gantze konigreich straffen. Kurtz, grosser zorn ist da furhanden. So ist das auch offenbar, das Jona solchem ernsten gebot Gotts ungehorsam wird, weyl er fleucht und wils nicht thun. Und ja so schwerlich sundigt, als Adam ym paradis gesundigt hat. Denn er solte nicht alleyne solchen gottlichen willen angenomen, sondern auch mit allen freuden ausgerichtet haben und ehe hundert todte leyden, ehe er Gotts wort ungehorsam wurde. Denn was kan grosser, greulicher ding seyn, denn Gotts willen ungehorsam seyn? Sihe, wie es Adam, Saul und dem volck Jsrael druber gangen ist. Ja sihe, wie es hie Jona selbst druber gehet. Jch meyne ja, seyn ungehorsam werde grewlich und schrecklich gnug gestrafft, das die straffe wol anzeygt, wie es nicht eyne kleyne sunde gewest ist. Wie seyn entfleucht er Gotts gehorsam auff dem meer, das er hette mugen wundschen, drey mal dafur ym lande zusterben. Er wil nicht gen Nineve, so mus er mitten yns meer dem Walfisch ynn den rachen faren.

Das ist alles uns zur warnunge geschrieben. Auffs erst, das wyr lernen das stuck: Wer nicht wil mit gute Gott gehorsam seyn, der mus yhm doch zu letzt mit ungute gehorsam seyn, und gehet doch seyn wille fort. Und sehen

1 serren *DE* gschrufft *C* 2 getrungen *IK* 3 jr *D* 4 ehere *FU* 5 ist es *E* ist *H* gferlich *C* gschrifft *C* 6 viel anders *fehlt D* Math. *C* Matthei. *D* Matthei am 5. *E* müste *C* müsten *H* 7 tittel *CI* tüttel *DEFGKLNO* gschrifft *C* 10 sünden *C* können *DEFGLMNO* künnen *K* 11 steyff *fehlt DE* 13 Jona *DE* 13 wa *C* außerwelten *DEFGK* 14 leügnen *CDE* leucknen *H* 15 gepüt *I* solle hyn gern *DE* 16 ist *DE* das es Got *DE* 17 paradeis *K* 19 verhanden *C* 20 flücht *I* 21 swerlich *FU* sündiget *K* paradeis *K* 23 tödte *BLMNO* töde *CK* 26 Jsrahel *CL* 28 anzeigte *I* 29/30 wündschen *BCIKLMNO* 32 ist uns alles zur *NO* Auff *E* 33 stück *BKMNO* 34 ungüte *BDEFGKLNO* ungütte *C*

hie, wer sich wegert umb Gotts willen eyns geringen, der mus so viel deste grössers dafur leyden; Das nichts bessers uns ist, denn nůr bald gehorsam seyn und sprechen: 'Deyn wille geschehe ym hymel und auff erden'. Doch ist Matth. 6, 10
das eyn gros zeychen der gnaden, das Gott Jonan so bald nach seyner sunde sucht und strafft und lest sie yhm nicht zu gute komen noch lange drynnen verharren; Das er auch wol mag mit David singen: 'Der herr hat mich Ps. 118, 18
gesteupt, aber nicht dem todte uberantwortet'. Auffs ander, das wyr Gotts gnade recht lernen kennen und an unserm verdienst nicht hangen, widder an gutem noch bösem, sondern wissen, das uns wider sunde verdampt, noch gute werck selig machen, Alleyne aber Gotts gnade uns erhalte und uns beyde sunde und gute werck verdamnen, so wyr ynn sunden zweyffeln und auff gute werck uns verlassen. Denn hie sihestu ja, das Jona nicht verdienet mit eynichem guten werck, das er ym fischbauche erhalten und widder eraus ans land bracht wird, sondern aus lauter Gotts gnaden, wie er das gar feyn ynn seynem lobesang meldet, wie wyr hören werden. Widderumb sihestu ja, das grosse sunde gnug da ist, und wird doch nicht verdampt noch verlassen; das macht, er verzagt und verzweyffelt nicht ynn der sunden, bleybt fest an Gotts gnaden hangen und ergibt sich williglich ynn die straffe. Denn wo er verzweyffelt hette, were er nymer mehr widder erfur komen. Seyn grosser glaube mitten ynn der sunden macht, das Gott seyn nicht kan vergessen, sondern mus yhn widder eraus reyssen. Davon hernach weyter zu sagen seyn wird.

So ist das nu auch uns eyn grosser trost, das wyr sehen, wie auch die aller grössisten, trefflichsten heyligen so gröblich sundigen widder Gott, und nicht wyr alleyne arme, elende sunder sind, sondern sie auch menschen gewest, fleisch und blut gehabt wie wyr, Auff das auch wyr nicht verzagen, ob wyr sundigen und fallen; so ferne, das wyr nůr nicht aus dem reych der gnaden fallen durch falsche lere und aberglauben. Denn gleich wie ym reich der gnaden keyne sunde so gros ist, die nicht vergeben werde: Also ist ausser der gnaden keyn werck so gut, keyn leben so heylig, das nicht verdamlich sey. Das heysse ich aber ym reich der gnaden bleyben, das man nicht auch widder die gnade sundige. Widder die gnaden sundigen geschicht auff zwo weyse. Die erste, wenn ich gesundigt habe widder Gotts gepot und ich zu der selbigen sunde disen teufflischen zusatz thu und verzweyffel odder verzage, das ich gleube und eyn gewissen myr mache, als wolt myr Gott die sunden nicht vergeben und sey keyne gnade mehr da. Denn da ist denn auch keyne gnade

---

1 willed *N* bester *CDEHIK* 2 nur *BCILMO* 4 gnade *H* 5 sůchet *C* sich *L* 8 erkennen *DE* 9 verdampt *I* 11 verdamnen *CK* 12 sichstu *DK* 14 brach *I* 15 lobgesang *DI* lobgesange *E* lobsang *FUK* wir auch hören *DE* sichstu *DK* 17 zweyffelt *H* der *fehlt DE* den *H* 23 grösten *CDEK* treffenlichsten *DE* 25 wol *B* 26 nur *BIKLMN* 29 nich *H* 30 man *fehlt DE* 32 wann *C* gesindigt *C* 33 teuffelischen *DEL* 34 sunde *HK*

mehr da, sondern gott mit aller gnade ist verleucket und zu nichte worden. Dis ist denn nicht mehr eyne menschliche, sondern eyne teuffliſche sunde und eyne sunde ynn den heyligen geyst, die nicht kan vergeben werden, so lange sie also bleybet; denn sie ist stracks widder die gnade, da durch die sunde solt vergeben werden.

Das heyst aber ynn der gnaden reich bleyben, wenn ich nicht verzweyffel an Gotts gnaden und an der vergebunge der sunden, Es sey die sunde wie gros sie wolle, sondern fest bleybe ym synn und gewissen, es sey noch gnade und vergebunge da, wenn gleich Gotts und aller creatur zorn mich fressen wolte und meyn eygen gewissen dazu selbst saget, die gnade were aus und Gott wolte nicht vergeben. Das heysst denn Gotts gnade uber alle ding erheben, loben und ehren und uber der selbigen trotzen widder allen zorn und
Jac. 2, 13 gericht; Wie Jacobus sagt ynn seyner Epistel: 'Die barmhertzickeyt trotzt widder das gerichte', Das ist, gnade gilt und mag mehr denn aller zorn, alles urteyl, alles gericht Gottis. Und wer das gleubt, der kan auch damit trotzen widder allen zorn und urteyl Gottes. Wer das nicht kan, bey dem trotzt das gericht widder die gnade und mus die gnade zu nicht werden und das gericht alleyne hirschen zum tod und verdamnis. Gleich wie widderumb, wo die gnade trotzt, da mus das gerichte zu nicht werden und die gnade alleyne hirschen zum leben und der selickeyt ewiglich, wie hie diesem Jona geschicht. Das ist nu nicht mehr eyne menschliche gerechtickeyt, die auff unsern wercken und krefften bestehe, sondern es ist eyn englische, ja gottliche gerechtickeyt, die auff dem glauben und geyst on alle werck bestehet; denn sie hanget blos an der gnaden, wilchs vermag keyn werck zu thun. Denn es gehet alles ym hertzen und gewissen zu, da keyn werck ynnen ist noch dahyn kompt.

Die ander weyse, wenn ich gute werck thu und ich zu den selbigen diesen teufflischen zusatz thu und verlasse odder tröste mich darauff und mache myr eyn gewissen darnach, das ich da durch müge fur Gott bestehen, als sey nicht sunde da. Denn damit mache ich myr die gnade zu nichte, als sey sie nicht not noch nütze, weyl solchs die werck mügen ausrichten. Da ist abermal Gott mit alle seyner gnaden verleuckt. Und da ist nicht mehr gottliche, sondern teuffliſche gerechtickeyt, die nicht mag vergeben werden, so lange sie so bleybt und nicht erkand wird. Das heyst denn ausser der gnaden reich bleyben und widder die gnaden sundigen, wenn man so frum wird ynn etlichem werck odder wesen,

---

1 verleucknet *CH* verlaugnet *DE* 2 Das *B* denn *fehlt DE* teüffelische *DEKL* 3 kan *fehlt D* 5 werde *C* 8 wölle *BCDEKL* sunder nür fest *DE* 11 wöllt *E* Das] Da *NO* 12 erhaben *D* und nach ehren *fehlt DE* und *fehlt H* 13 Jacob. *N* Jacob *O* 15 Gottes *BCDEH* 16 und *fehlt D* Gottis *BNO* 17 gerichte *DE* 18 herschen *CDEHK* wa *C* 19 gericht *L* herschen *CDEHK* 22 götliche *BCDEFGLMNO* 23 hie *NO* 24 thun *A* 26 andern *C* 27 teüffelichen *D* teüffelischen *ELMNO* 30 aller *DEH* 31 verleügnet *CDE* meher *L* teüffelische *DELNO* 32 so nach sie *fehlt I* nicht *fehlt DE* 33 der *fehlt G*

das man nicht vergebung noch gnade dazu bedarff, sondern on gnade und vergebung das werck selbs fur gut gnug und reyn gnug helt. Da ist denn der spruch Jacobi umbgekeret und heyst nicht mehr: 'Barmhertzickeyt trotzt widder das gericht', Sondern also: Werck trotzt widder das gericht; Ja, werck trotzt widder barmhertzickeyt; das ist denn sunde ynn den heyligen geyst, die nicht kan vergeben werden, das ist, sie hat nicht gnade, da durch sie möcht vergeben werden, wie alle ander sunde haben, die on solchen zusatz geschehen. Denn alle ander sunde behalten das stück und lassen den trotz bleyben, das gnade und vergebung noch da sey, mehr und grosser denn die sunde. Dise sunde aber und gute werck thun die gnade aus den augen und lassen den trotz nicht bleyben, sondern die sunde spricht, Gnade sey nicht da und wolle nicht vergeben. Gut werck spricht: Gnade ist nichts und ich darff yhr nicht. Also sind sie beydes aus der gnaden reich gefallen und sundigen widder die gnaden.

Hieraus verstehet man nu wol, was Christus meynet, das die sunde ynn den heyligen geyst nicht vergeben werde, widder hie noch dort, Matth. xij. Matth. 12, 31
und Mar. iij. und Johannes, da er sagt, man solle nicht bitten fur die tod- Marc. 3, 29 1. Joh. 5, 16
sunde. Denn todsunde heyst er die sunde ynn den heyligen geyst. Und ist alles so viel gesagt: Wer ynn sunden verzweyffelt odder auff gute werck trotzt, der sundigt ynn den heyligen geyst und widder die gnade. Hie sol ich nu wol bitten fur sie, das sie von solcher sunden los und bekeret werden. Aber das Gott solte yhn gnedig seyn ynn solchen sunden und lassen seyne gnade mehr gelten yn yhrem hertzen denn solche sunde, wie es gehet yn den andern sunden, das ist eyn unmüglich ding. Denn da bettet ich zu gleich, das Gottes gnade solle weniger gelten und doch mehr gelten denn solche sunde. Da wird nichts aus. Sondern ich sol widder solche sunde bitten, gleich wie Mose thut
Nu. xvi. da er widder Core bettet und spricht: 'Du wollest yhr opffer ja nicht 4. Mos. 16, 15
ansehen'. Denn Core wolt auch durch werck fur Gott etwas gelten und sundiget damit widder die gnade. Das war nicht zu leyden. Sonst sind alle sunde zu leyden, wo sie die gnade lassen trotzen und herr seyn. Das sey davon itzt gnug.

Was hat aber Jona bewegt zu solchem ungehorsam, das er nicht gerne gen Nineve wolt? Es werden hie wol mancherley ursachen angezeygt. Erstlich, das er sich solchs grossen, newen, ungehorten ampts gewegert hat, weyl er fur allen andern Propheten alleyne ausgesand wird zu solchem grossen könige in eyn frembd land. Denn man nicht lieset, das Got yhe mals habe eynen Propheten aus dem land Israel so ferne und zu solchem grossen könig-

---

1 darzu *DE* 3 umbkeret *CDE* umgekeret *H* 8 andere *DE* stuck *B* 9 grösser *BCDEIKLNO* gösser *M* Diese *BO* 11 wölle *B* wöl *K* 12 bedarff *DE* 13 beyde *H* 15 geyste *DE* Matthei *DE* 16 Marci *DE* Johānis *D* Joh. *H* 17 den *fehlt C* 20 sunde *BDE* 21 solcher *K* 24 genade *FG* 25 Moses *DE* 26 Numeri *DE* wöllest *DE* 29 sie] sey *H* 32 gehn *K* 35 frembdes *CD* 36 lande *B*

reiche gesand. Weyl denn das so gar eyn newer selhamer befelh ist, der keyn
exempel fur sich hat, das des gleychen mehr geschehen were, ists dem Propheten
Jona auch wilde und wunderlich, das Gott so eben yhm eyn solchs fur allen
andern befilhet. Wie denn natürlich fleysch und blut gesynnet ist, das wyr
schwerlich hynan wollen, wo Gott etwas sonderlichs mit uns fur andern fur-
Joh. 21, 19ff. nympt. Gleich wie Petrus Johan. ult. auch sich umb sach nach Johannes,
da Christus zu yhm sagt: 'folge du myr', und fraget, was denn Johannes
thun solte. Und sehen nicht, das wyr doch zu letzt müssen alleyne hynan,
gleich wie hie Jona geschicht, der nicht gerne aus dem lande wil von den
seynen, so mus er zu letzt alleyne mitten yns meer und dem walfisch ynn den
rachen, da er doch nicht anders muste dencken, denn er were alleyne mit Gott
ynn hymel und erden. O das ist eyn schweer ding.

Item, man möcht auch sagen, Er habe sich gefurchtet fur dem grossen
könige. Auch meynen etliche, er habes darumb gethan, das er besorget, seyne
weyssagung gienge zurücke und geschehe nicht was er sagen würde, wie es denn
auch ergieng. Darumb hatte er sorge, man möchte yhn fur eynen lügener
und fur einen falschen propheten halten, des wort nicht wahr noch von Gott
were. Aber diese ursache ist nichts. Denn Jona wuste nicht, was geschehen
Jona 4, 5 würde, weyl das vierde capitel sagt, das er fur der stad sas und wartet, was
der selbigen widderfaren würde. Daraus man wol merckt, er habe gewartet,
bis sie untergienge wie Sodom und Gomorra, Und drüber zürnet, das nicht
geschach, wie er hofftet. Daher man nemen kan, Das die ursache seynes un-
gehorsams gewesen ist, das er der stad Nineve feynd gewest ist und noch eyne
Judische fleyschliche meynunge von Gott gehabt, als sey Gott alleyne der
Juden Gott und nicht der Heyden. Darumb ist seyn hertz gestanden also,
das er gedacht hat, die Niniviter weren Gotts wort und gnaden nicht werd,
weyl sie nicht Gotts volck, das ist Juden odder unter dem Israelischem volck
weren. Gleich wie die Aposteln auch zu erst fleyschlich meineten, Christus
königreich solte leyblich sein, Und hernach, da sie es geystlich erkanten, dennoch
meyneten, Es solte alleyne der Juden seyn, und predigeten alleyne den Juden
Apg. 8, 25 das Euangelion .Act. viij. bis sie Gott durch eyn gesicht zu Petro vom
Apg. 10, 10ff. Apg. 13, 2 hymel, Act. x. und durch eyn offentlich beruff Pauli und Barnaba, Act. xiij.
Apg. 15, 1ff. und durch wunder und zeychen, zu letzt durch eyn gemeyn Concilium, Act. xv.
beschloss, das Gott auch den heyden gnade gebe und auch der heyden gott were.

---

2 ists *B* 3 wünderlich *B* 6 Johānis vlti. *DE* vltimo *C* am letzten *I* noch *M*
10 den *fehlt C* 12 ym *BG* schwere *G* dinck *N* 14 habs es *D* habs *K* 17 wohr *I*
18 vrsach *B* 19 4. *DE* 21 vntergieng *K* Sodoma *H* Sodom *L* 22 hoffet *CDEH*
hoffte *NO* neben *D* 23 Niniue *H* 24 fleyschlige *D* gehat *I* 26 wirdig *DK*
27 Israelischen *INO* 28 fleissiglich *I* 29 hernach, da] darnach *O* erkenten *NO*
31 Actorum. *FG* Acto. *MNO* viiij *M* 9 *NO* 32 Acto: am 10. *FG* und *fehlt L* offenb-
lich *L* Actu. *L* 33 Actu. *L* 34 werde *NO*

Denn es den Juden gar schweer war zu gleuben, das ausser Jsrael auch mehr leute Gotts volck weren, weyl da die sprüche der schrifft stehen und von Jsrael und Abrahams samen sagen und alleyne bey yhnen Gotts wort, Gotts dienst, gesetze und heylige propheten waren; Das auch S. Paulus umb der sache willen am meysten die Epistel zun Römern geschrieben hat, darynnen er auff das aller scherffest und mechtigst eben diesen artickel handelt mit gewaltigen schrifften, das 'Gott nicht alleyne der Juden, sondern auch der Heyden Röm. 3, 29 Gott' sey. Denn solchs noch heutigs tages die Juden hyndert, das sie nicht wollen gleuben, das die Heyden so wol Gotts volck sind als die Juden. Darumb ist Jona auch ynn solchem synn und kompt drüber ynn solchen kampff, das ers mus mit solchem grossen puff lernen, dazu mit eyner gleichnis der wilden ruben und mit eynem starcken Gotts zeugnis vom hymel, das Gott auch die Nineve fur seine stad und die Niniviten fur seyn volck halte. Wie nu Christus seynen jungern zu gut hielt yhr fleyschliche gedancken von dem reich Gotts, Also helt er auch hie Jona zu gut seyne fleyschliche gedancken. Denn sihe zu, wie schweer ists bisher gewest zu gleuben, das yrgent Christen weren, die nicht unter dem Bapst weren, da doch eytel falscher scheyn und verkerte auslegung der schrifft bey steht. Was solt geschehen, wo durre, helle sprüche das Bapstum stifften, wie das jüdenthum gestifft war? Wie solten wyr uns fur Türcken, Juden, Heyden schewen und alleyne uns zum Bapstum halten! Also ist Jona auch geschehen ynn dem Jüdenthum und Jsraelischem königreich.

Das ists, da er cap. iiij. sagt, Er sey darumb geflohen, das er wisse, Jona 4, 2 wie Gott so gütig sey etc. Damit er anzeygt, das yhm gleich leyd sey, das Gott so gütig ist und den Niniviten gnade thut, und wolte derhalben lieber nicht predigen, ja viel lieber tod seyn, denn das die gnade Gotts, die des volcks Jsrael eygen seyn solte, auch den Heyden mit geteylet wird, die widder Gotts wort, noch gesetze Mosi, noch Gotts dienst, noch Propheten, noch nichts haben, sondern wol widder Gott und seyn wort und seyn volck streben. Das aber dis sey Jonas meynung, zeygt klerlich, das Gott seynen unwillen und zorn mit diesen worten strafft: 'Solte ich Nineve nicht schonen' etc. Da giebt Jona 4, 11 er ja zuverstehen, das Jona nicht gerne gesehen hat, das Gott der stad schonet, und zurnet drüber, das er sie nicht umbkeret, wie er geprediget hatte und gerne gesehen hette. Also ist uns dis geschichte eyn tröstlich exempel gottlicher gnade. Erstlich, das wyr wissen, wie fur Gott keyn ansehen der person gilt und wyr

1 ausserhalb *DE* 2 da *fehlt MN* 4 sanctus *DE* Paul. *FG* 5 Rö. *FG* 6 scherpffest *CDE* 10 solchen *GK* 11 leernen *C* gleichnus *CK* gleichnüß *DEI* 12 zeugknüß *DE* vom *DE* 13 die (1) *fehlt L* 14 fleyschē *D* fleyschliche *H* 18 verkerete *BM* schrieffl *M* stehet *BO* dürre *BMNO* 19 Judenthum *BC* Judenthumb *DE* Jüdenthumb *HLM* 20 scheuhen *DE* 21 Judenthum *BC* Judenthumb *DE* Jüdenthumb *HLM* Jsraelischen *G* 22 könikreyche *N* 23 er am 4. cap. *DE* cap. *N* geflogen *M* 26 nichts *D* 28 gesetz *GHNO* nichsit *D* 31 straffe *O* 33 zürnet *BCDEHKMNO* zörnet *L* umbekeret *FG* 34 die *L* göttlicher *BCDEFGIKLMNO*

niemand richten noch an keynem menschen verzweyffeln sollen. Denn Jona stickt hie ym ansehen der person tieff, das er die Niniviten gegen Israel bey Gott fur nichts helt, richtet sie frisch hyn und urteylt zum tod als die verdampten, verzweyffelt auch an yhnen, das sie solten gnade erlangen, sondern hofft und wartet auff yhr verderben und denckt schlecht: was solten die sunder werd seyn, die keyn gesetz, keyn Gotts dienst haben? Solten sie aber Gotts gnaden haben, Was machet denn Israel mit so viel Gotts gesetzen und Gotts dienst, so sie nichts besonders noch vorteyls haben solten fur den Heyden, und die Heyden on solch gesetz und Gotts dienst zu gnaden komen? so were yhe [Matth. 20, 12] der Juden gesetz und Gotts dienst eyn unnütze, unnötige mühe, die sie 'den gantzen tag tragen mit last und mit hitze', und diese sollen on solche mühe gleychen pfennig kriegen. Solt das nicht scheel augen machen und zu murren widder den hausvater bewegen? Ja, solts nicht unmüglich und unbillich fur Gott anzusehen seyn?

Aber er feylet auch gar weydlich und leufft getrost an. Denn da er meynet, es sey unmuglich, das gotts gnade da solte sein und eytel ungnade sich da versihet, da ist sie am ersten. Und da er meynet, man werde gotts wort nicht horen noch an nemen, da nemen sie es am aller ersten und auffs aller demutigst an, das er mit eygener erfarung mus lernen, Er solle niemand urteylen, auch an niemand verzweyffeln und gotts gnaden nicht stet noch ziel, noch zeyt, noch mas, noch person, noch verdienst setzen, wie die fleyschliche gedancken der Juden thetten. Auffs ander, das wir stracks sollen gotts befelh folgen und auff nichts anders sehen, noch erst fragen, wie sichs mit andern sachen reymet, sondern gerne und willig umb gotts willen narren werden und yhm die ehre geben, das er weyse und gerecht sey ynn allen seynen worten [1. Mos. 22, 2ff.] und wercken. Gleych wie Abraham thet, da er seynen son Isaac opfferte und nicht zu erst fragte, wie sich das reymen wurde mit dem spruch, da Gott zu- [1. Mos. 21, 12] vor gesagt hatte: 'Inn Isaac sol deyn same genennet werden'. Denn wo er hette lange damit umbgehen und fragen wollen, were er yrre worden und zu letzt auch yn ungehorsam fallen; gleych wie Jona hie geschicht: da er gegenander helt Israel und Nineve und sihet sich noch lang umb, felt er ynn ungehorsam. Hette er aber eynfeltiglich hyn gedacht also: Was fragestu darnach, das Gott Israel mit gesetzen und gots dienst versehen hat und die Niniviten nicht? kan er doch gleych wol auff beyden seytten seine gnade geben und Israel nichts lassen geniessen yhrs gotts diensts und Nineve nichts lassen entgelten, das sie on solchen gotts dienst sind. Was ligt dyr dran, das er

1 folle *D* 2 stickt *CDEHK* 3 vrtayl *D* vrtayls *E* 6 wirdig *DE* gesetz, die keyn *NO* 8 vrteills *FG* 9 yhe *fehlt DE* 10 mue *DE* 11 mue *DE* 12 pfenning *DE* 16 unmüglich *BCDEFGHIKLMNO* 17 ehr *L* 18 hören *BCDEFGHKLMNO* das *DE* 19 aller *fehlt DE* demütigst *BCDEFGIKLMNO* 21 fleyschlichen *DENO* 22 befehl *O* 24 narre *DE* 25 ehere *NO* 30 gefallen *DEIKNO* 30/31 gegen einander *DE* 31 Jsra bel *L* er] jr *H* 32/33 darnach *N* 35 diensts *N* 35/36 engelten *H* 36 dienst *N*

Israel solch ding befilhet und andern nicht befilhet? Es warte eyn iglicher des seynen, die gnade gehet gleychwol fur sich, beyde ubir die da wircken und ubir die da nichts wircken, wie Paulus leret Ro. iiij. Sihe, so were er wol Röm. 4, 4 f.
blieben ym gehorsam mit Abraham.

Aber Gott lies eynen grossen wind auffs meer komen, 1, 4
das eyn gros ungewitter ward ym meer etce.

Hie mussen umb eynes sunde willen die andern alle leyden. Denn umb Jonas willen kompt solch ungewitter. Ist denn das auch recht, das eyner mus bey Gott des andern entgelten? Aber Gott kan nicht unrecht seyn noch thun, er thu was er wolle; denn wyr haben yhm kein gesetze zustellen noch gebot zu setzen. Wo aber keyn gesetze seyn kan, da kan auch keyne sunde noch unrecht seyn. Doch wie wol dis ungewitter umb Jonas willen kompt, wie er selbst sagt und das werck auch an yhm selbst beweyset, So waren doch die leute ym schiff nicht on schuld odder sunde, damit sie fur Gott verdienet hatten alle stunde den tod und allerley straffe; denn wer ist fur Gott on sunde odder unstrefflich? Darumb trifft er sie hie zu gleych mit Jona, wie wol Jona die ursach ist mit seyner sunden. Es mus auch eyn sonderlich, unversehen wetter gewest seyn, das plotzlich daher komen ist, weyl der text sagt, Gott habe eynen grossen wind auffs meer geworffen. Denn also lautts ym Ebreyschen, das Gott den wind gleych habe so lassen komen, als wurffe odder stiesse er yhn auffs meer mit eym sturm, das die leute balde gemerckt haben, es muste nicht naturlich noch gewonlich zugehen; drumb schliessen sie auch on zweyffel, Es musse umb yrgent eynes sunde willen also gehen; so merckt auch Jona selbst, Es gulde yhm alleyne.

Und die leute furchten sich und schryen eyn iglicher zu 1, 5
seynem Gotte.

Hie sihestu, das war ist das S. Paulus Ro. 1. spricht, wie Gott be- Röm. 1, 19
kand sey bey allen heyden, das ist: alle welt weys von der gotheyt zusagen und naturliche vernunfft kennet, das die gottheyt etwas grosses sey fur allen andern dingen. Das beweyset sich daraus, das die hie Gott anruffen die doch heyden waren. Denn wo sie nichts von Gott odder der gottheyt gewust hetten, wie wolten sie denn haben angeruffen und zu yhm geschriehen? Wie wol sie nu nicht recht gleuben an Gott, so haben sie doch solchen synn und meynung, Gott sey eyn solch wesen, der da helffen konne ym meer und ynn allen notten. Solch liecht und verstand ist ynn aller menschen hertzen und lest sich nicht

---

1 andere *N* 2 würcken *DE* 3 Paul: *FG* zun Römern am 4. *DE* 4 Abra-ham *H* 7 müssen *BCDEFGIKMNO* 10 was ehr *L* 11 gesetz *H* sünde *BCDEO* 14 verdinet *B* 15 hätten *C* hetten *MNO* 16/17 zu gleych *bis* die ur- *fehlt I* 20 Hebreischen *DENO* 22 müste *BCDEKMNO* müsse *FG* natürlich *BCDEHIKMNO* 23 müsse *BCFGKMNO* muste *DE* merckt *DE* 26 fürchten *C* furchten *DEHKL* 26 Gott *BC* 27 kant *DE* Paul. *FG* Rom. *DEN* Rho. *M* 28 sey] sie *H* bey *fehlt L* 29 kenne *I* 32 geschryen *DEHK* geschrihe *FGL* geschriegen *M* 34 künde *C* künne *DEILMN* künne *K*

dempffen noch leschen. Es sind wol etliche gewest als die Epicuri, Plinius und der gleychen, die es mit dem munde leucken. Aber sie thuns mit gewalt und wollen das liecht ynn yhrem hertzen dempffen, thun wie die so mit gewalt die oren zu stopffen odder die augen zuhalten, das sie nicht sehen noch hören. Aber es hilfft sie nicht, yhr gewissen sagt yhn anders. Denn Paulus
Röm. 1, 19 leuget nicht, das 'Gott habs yhn offinbart', das sie von Gott etwas wissen.

So last uns hie auch aus der natur und vernunfft lernen, was von Gott zuhalten sey. Denn so halten diese leute von Gott, das er sey eyn solcher der von allem bosen helffen muge. Daraus folget weytter, das naturliche vernunfft bekennen mus, das alles guts von Gott kome. Denn wer aus allem bosen und unglück helffen kan, der kan auch alles gut und glück geben. So weyt reicht das naturlich liecht der vernunfft, das sie Gott fur eynen gütigen, gnedigen, barmhertzigen, milden achtet; das ist eyn gros liecht. Aber es feylet noch an zwey grossen stucken. Das erst, sie gleubt wol, das Gott solchs vermuge und wisse zuthun, zu helffen und zugeben. Aber das er wolle oder willig sey, solchs an yhr auch zu thun, das kan sie nicht; darumb bleybt sie nicht feste auff yhrem synn. Denn die macht gleubt sie und kennet sie, aber am willen zweyffelt sie, weyl sie das widder spiel fulet ym unfal. Das sihestu hie wol; denn die leute ruffen wol zu Gott, da mit sie bekennen, das er helffen müge, wenn er wolt, Gleuben auch, das er andern helffen wolle; da lassen sie es bleyben, höher konnen sie nicht komen. Denn sie versuchen ja alle yhr macht, thun yhr bestes und hohestes. Hie kan der frey wille nicht mehr. Aber sie gleuben nicht, das er helffen wolle; denn wo sie das gleubten, so thetten sie so nicht, sie wurden nicht das geredte und die wahre aus dem schiff werffen, Wurden auch nicht zu Jona lauffen und heyssen seynen Gott anruffen, sondern stille seyn und Gotts hulffe harren. Item, so were auch das meer still worden umb yhres glaubens willen. Nu ist aber von nöten solcher glaube, der nicht zweyffel, Gott wolle nicht andern alleyne, sondern auch myr gnedig seyn Das ist eyn rechter, lebendiger glaube und eyne grosse, reiche, seltzame gabe des heyligen geysts, wie wyr ynn Jona sehen werden.

Das ander: Das die vernunfft nicht kan die gotheyt recht aus teylen noch recht zu eygen, dem sie alleyne gebürt. Sie weys, das Gott ist. Aber wer odder wilcher es sey, der da recht Gott heyst, das weys sie nicht. Und geschicht yhr eben, als den Juden geschach, da Christus auff erden gieng und von dem teuffer Johannes bezeuget war, das er furhanden were. Da

---

2 laugnen *DE* leucknen *HI* 4 augen] au- || *A* an *C* 5 Paul. *FG* 6 yhm *NO* offenbart *CDEHIKLMO* offerbart *N* 9 bösen *BCDEGHIKLMNO* 11 bösen *BCDEFG IKLMNO* 12 licht *B* 13 licht *B* 14 zweyn *B* stücken *BIL* gelubt *G* 15 vermüge *BCIKLMNO* vermöge *DE* 16 bleybet *C* beleibt *I* 18 empfindt *C* Da *H* 21 künden *C* können *DEILMNO* künnen *K* 22 höhestes *BCDEHKLMN* höchstes *I* 24 gerethe *NO* ware *CDEH* 26 stelle *N* hülffe *CIMNO* hilffe *DEKL* 32 gebürt *BDKIMNO* gepürt *K* 35 Tauffer *DE* das] da *E* verhanden *C*

stund yhr hertz also, das sie wusten, Christus were unter yhn und gienge unter den leuten. Aber wilcher die person were, das wusten sie nicht; denn das Jhesus von Nazareth were Christus, kundte niemand gedencken. Also spielt auch die vernunfft der blinden kue mit Gott und thut eytel feyl griffe und schlecht ymer neben hin, das sie das Gott heysst das nicht Gott ist, und widderumb nicht Gott heysst das Gott ist, wilchs sie keynes thet, wo sie nicht wuste, das Gott were, odder wuste eben, wilches odder was Gott were. Darumb plumbt sie so hereyn und gibt den namen und gottliche ehre und heysset Got, was sie dunckt das Got sey und trifft also nymer mehr den rechten Gott sondern allewege den teuffel odder yhr eygen danckel, den der teuffel regirt. Darumb ists gar eyn gros unterscheyd, wissen, das eyn Gott ist, und wissen, was odder wer Gott ist. Das erste weys die natur und ist ynn allen hertzen geschrieben. Das ander leret alleine der heylige geyst.

Des wollen wyr exempel geben. Die papisten und geystlichen las zu erst uns fur nemen, Wilche haben solchen wahn von Gott, das sie meynen, Gott sey eyn solcher, der sich lasse mit guten wercken bewegen odder benügen. Darumb sie auch so viel stende, secten und mancherley weyse haben zu leben, damit sie alle meynen Gott zu dienen und gefallen. Nu sage myr: Wenn nu keyn Gott were, der also gesynnet odder des willens were, was ehren solche leute fur Gott? Ists nicht wahr, sie ehren yhren eygen falschen wahn und danckel fur Gott? Denn es ist ynn der warheyt keyn Gott, der also gesynnet sey, und feylen mit solchem danckel des rechten Gots, und bleybt nichts da denn yhr falscher danckel, der ist yhr Gott, dem geben sie den namen und ehre Gottes. Nu kan unter dem falschen danckel niemand seyn denn der teuffel, der yhn eingibt und regirt. So ist nu yhr falscher danckel yhr abegot und bilde des teuffels ynn yhrem hertzen. Denn der rechte, eynige, warhafftiger Gott ist der, dem man nicht mit wercken sondern mit rechtem glauben von reynem hertzen dienet, der seyne gnade und güter lauter umbsonst on werck und verdienst gibt und schenckt; das gleuben sie nicht. Darumb kennen sie yhn auch nicht und mussen feylen und neben hin schlahen.

Da sihestu, Wo her alle abegotterey kompt und warumb es billich abegott und abeglaube und abegotterey heysse: on zweyffel darumb, das solcher danckel uns abfuret von Gott und abwendet von rechtem Gotts dienst. O freylich eyn Abegott und abeglauben, der uns zum teuffel hynab von Gott ynn die helle weyset. Denn weyl eyn iglicher furnympt ettwas das yhn dunckt,

2 wüste *D* 3 gedencken *A* 4 spielet *B* 5 sie Gott *L* das Got nicht ist *DE* 9 dunck *K* duncket *C* 10 allwege *BDEIKNO* 14 last *DE* 15 won *CDE* 18 zu *fehlt O* 19 ehern *C* eren *DE* 20 wahn *C* won *DE* 22 bleybet *I* 25/26 abgot *CDEHKL* 26 und jr bilde *C* 26/27 warhafftige *DEIMN* 28 dient *C* 29 schencht *H* 30 müssen *BCDEIKLMNO* 31 abgötterey *CDEFGHKLMNO* 31/32 abgot *DEHK* 32 und *fehlt I* abglaube *H* aberglaube *DE* abeglauben *K* abgötterey *CDEFGHKL* 33 rechten *KL* 34 Abgot *DEFGHKN* abeglauben *BK* aberglauben *CDE* abglauben *H*

und gleubt, es gefalle Gott, und meynet, Gott sey also gesynnet, der doch nicht so gesynnet ist, und gefellet yhm nicht: Darumb mussen so viel abegotterey seyn, so mancherley dunckel sind, die furgenomen werden, das Gott also gefalle, ausser dem eynigen dunckel des glaubens, den der heylige geyst gibt. Also kam bey dem konige Ahab auff der abegott Baal. Denn der konig, weyl er wuste, das eyn Gott war, liesz er sich duncken, das were Gott, der yhm liesse gefallen die weyse, die er furnam ym Gotts dienst; Und hies also Gott Baal und Hos. 2, 16 widderumb Baal hies er Gott, wie das aus Hosea. ij. wol scheynet.

Item der konig Jerabeam meynete, Das were Gott, der yhm liesse den Gotts dienst fur den gulden kelbern gefallen. Und musten also die kelber 1. Kön. 12, 28 Gott Israel heyssen und widderumb Gott eyn kalb heyssen. Gleych als wenn man itzt Christum unsern herrn eynen Kappenhold odder Plattenhold hiesse darumb, das man meynet, er sey eyn Gott, der den kappen und platten hold ist und gefalle yhm solcher dienst wol, wie denn die monche und pfaffen yhn gewislich ym hertzen so halten und nennen. Aber es ist eyn abegott und abeglauben und abedunckel, der weyt feylet und eyn ertz rechte abegotterey. Also ist der abegotterey keyn zal, so viel der dunckel sind, die etwas anders furnemen und selbs erwelen, das Gott gefalle, on den glauben ynn Christo. Nu denn solcher Gott nyrgent ist, dem solchs gefalle, so dienen sie alle dem teuffel damit und nicht Gott.

Also sihestu hie auch, Das dise leute ym schiffe alle von Gott wissen, sie haben aber keynen gewissen Gott. Denn 'ein iglicher', spricht er, 'rieff seynen Gott an', das ist seynen dunckel odder das das er fur Gott hielt ynn seynem synn. Darumb feylen sie alle des eynigen rechten Gotts und haben eytel abegotter unter Gottis namen und ehre. Derhalben auch yhr glaube nicht recht sondern eyn abeglaube und abegotterey war, der sie auch nichts halff. Denn yhr Gott lest sie fincken ynn der not und umb sonst ruffen, das sie so gar verzweyffeln und nicht wissen, wo sie eynen Gott finden sollen, der yhn helffe, und lauffen hinaben zu Jona, den wecken sie auff und heyssen yhn seynen Gott anruffen, ob yrgent ein ander Gott were denn yhr Gott, der helffen wolle. Da sihestu, wie falscher glawbe nicht bestehet ynn der not sondern finckt und verloren wird, beyde Gott und glauben, abegott und abeglauben, das eytel verzweyffeln da bleybt. Derhalben alleyne der eynige leben- Ps. 9 [10], 10 Ps. 46, 2 dige Gott den namen und den reym furet, das er sey eyn nothelffer, psal. x. Ps. 68, 21 und xlv. und allenthalben; denn er kan aus dem todte helffen psal. lxvij.

---

2 müssen *BCDEIKLN* abgötterey *CDEHKMN* 5 könige *BCDFGHILMNO* abgot *DEH* könig *BCDEFGHILMNO* 6 wer *B* 7 ym] mit *NO* 9 könig *BDEFGMNO* künig *C* 10 keller *N* 12 heisse *O* 14 münche *CDEFGKMNO* und *fehlt D* 15 abgot *DEH* 16 aberglauben *DEI* abglaube *H* abdünckel *H* abgötterey *DEHIK* 17 abgötterey *DEHIK* 21 diese *BG* 22 räfft *DE* 25 abgötter *DEHKO* 26 aberglaube *DEI* abglaube *H* abgötterey *DEHIK* 29 hinab *BFGKL* hynabe *DEH* 31 helffe *D* 33 verloren *N* und der glauben *DE* abgot *DEHK* 32/33 aberglauben *DE* abglaube *H* 34 den (*nach* und) *fehlt DE*

Darumb sihestu auch, wie demutig dise leute waren, das sie ynn der not zu Jona lauffen, welchen sie doch, da es stille war, nicht achteten. Und wo sie zuvor gewist hetten, das er ein Jude were, so hetten sie yhn noch mehr verachtet, wie denn die heyden den Juden feynd waren. Aber itzt, so die not her gehet und yhr abegott sie lest sincken, ach wie fro wird yhr stoltze verachtunge, das sie den armen Jona anruffen und mehr guts bey yhm suchen denn bey all yhren abegotten und alle yhrem vermugen. So thut der falsche geferbete glaube allezeyt. So lange es yhm wolgehet und steht, so ist er stoltz auch uber Gott und alles was Gott ist, und ist so verstockt und hart, das nie keyn anbos so hart ward. Aber wenn er beginnet zu sincken und zuverzagen, so ist auch nichts blöders noch verzagters ynn hymel und erden, das er denn wol ynn eyn meuse loch kroche und yhm die weyte welt zu enge wird und denn beyde bey feynden und freunden, beyde bey verachten und hochgelobten hulffe und rad sucht und gerne an neme.

Jona schlefft aber dieweyl unden ym schiff und fulet solch ungewitter nicht. Das mag wol ein todschlaff heyssen, den er zur letze gethan hat und balde drauff ynn den tod faren muste. Aber so geht es allwege mit den sundern zu, und Gott handelt also mit yhn gleych wie hie mit Jona. Denn Jona hatte sich hoch versundigt an Gott. Weyl aber Gott schweygt und still helt mit der straffe und weret der sunden nicht odder schlegt nicht so balde dreyn, so ists der sunden natur und art, das sie den menschen verblendt und verstockt, damit er sicher wird und sich nicht furcht, sondern legt sich dahyn und schlefft und sihet nicht, wilch eyn gros wetter und ungluck uber yhn furhanden ist, das yhn gar grewlich wird auffwecken. So stellet sich die weyl Gott auch, als hette er der sunden vergessen, weyl er so verzeucht, Und versucht also, was doch menschen kinder thun wollen, ob sie sich auch wollen bekeren, wie der zehende Psalm sagt: 'Die augen lieber des herrn versuchen Ps. 11, 4 die menschen kinder'. Aber da wird nicht aus. Da ist keyn bekeren noch bedencken. Der Jona schlieffe wol seyn lebenlang ymer hyn. Und wo Gott wolt seyner sunde vergessen, er wurde freylich nymer dran gedencken. Das wird hie bedeut ynn Jona, das er mitten ym ungewitter so tieff und hart schlefft, dazu unden tieff ym schiff. Als solt er sagen: Er ist gar verblend, verstockt, versuncken, ja gestorben und ligt ynn grund des unbussfertigen hertzens,

---

1 demütig *BCDEIKLNO* demüttig *M* diese *BFGM* 6 abgot *DEHK* 7 abegötten *CKMNO* abgöttern *DEH* abgötten *L* vermügen *BCHIKLNO* vermögen *DE* 8 geferbte *DEIKL* glauben *M* allzeyt *B* 10 amboß *DE* 12 meuß loch *DE* kruche *K* jme *DE* 14 Hülffe *CEK* hülffe *DIMNO* such *I* nehme *FG* 15 empfindt *C* 16 zu letze *L* zu letzt *MNO* 17 allwegen *DE* 18 sunden *L* 20 schlecht *DEHN* 21 verblendet *DE* 23 wie *I* vnglück *BCDEKLMNO* 24 verhanden *CH* grawlich *NO* 26 versucht] verzeucht *C* 26 Aber *F* ab *O* 27 10. *DE* x. *H* saget *C* sagte *FG* herren (*Kustos* Herrn *B*) *BDE* 28/29 gedencken *H* 30 würde *BCILMN* 32 schlöfft *I*

bliebe auch ewiglich so liegen und verdorbe. Denn die sunde lisses nicht zu, das sich eynerley krafft ym menschen reget zum guten, Es sey der frey wille da oder vernunfft. Da ligt er und schnarckt ynn seynen sunden, höret und sihet nicht, fulet auch nicht, was gotts zorn uber yhm handelt und furnympt.

Aber da yhn der schiffman auffweckt und heyst yhn seynen Gott anruffen, Da hebt sich eyn anders, Da wird er gewar, wie Gott hynder yhm ist mit der straffe und seyner sunden nicht so vergessen hat, Da gehet das gewissen an, da kompt die sunde widder und wird lebendig, Da ist 'die sunde des tods stachel' und zeygt den zorn Gotts, Da wird yhm nicht alleyne das schiff sondern die welt zu enge. Ja wol, das er hie solte Gott anruffen. Er furcht sich mehr denn keyner ym schiffe. Denn er fulet und merckts, seyn gewissen sagts yhm auch, das yhm das ungewitter gillt und Gotts zorn uber yhn komen sey. O wie demütig ist er da! Er absolvirt alle, die ym schiffe sind und helt sie nicht fur sunder, keyne sunde sihet er on die seyne. Denn also thut der Newel, wenn der kompt und beyst und schreckt das gewissen. So ist alle welt denn frum, on er alleyne ist eyn sunder. Aller welt ist Gott gnedig on yhm alleyne. Da trifft Gotts zorn niemand denn yhn alleyne, meynet auch, es sey sonst kein zorn denn der, den er fulet und findet sich also den aller elendesten menschen. Eben so thet er mit Adam und Heva auch, da sie gesundigt hatten; were Gott nicht komen, da der tag küle war worden, sie hetten nymer mehr die sunde geachtet. Aber da er kam, verkrochen sie sich. Also Petrus auch, da er Christum verleuckét hatte, da war er dahyn, er fulet keyne sunde nicht, Er schliff auch unden ym schiff und war tod, bis yhn Christus ansahe, da fulet er sich widder und weynet bitterlich. Also haben wyr hie, wie die sunde den menschen starrig, unempfindlich, schlecht gantz tod macht, das er widder sich selbs noch Gott fület und sicher on furcht dahyn gehet, bis Gott kome und wecke yhn auff, Damit der rhum des freyen willens gar darnyder ligt.

1. Cor. 15, 56

Da nu Jona nicht anrufft seynen Gott, sondern sitzt und zittert fur Gotts zorn und beysset sich mit dem tod, der yhn alle augenblick fressen wil, und die leute auch umbsonst yhre götter anruffen und alles thun das sie kunden, Und Jona doch wol sihet und fulet, das umb seynen willen solchs geschicht: ist er nicht so frum, das er doch eraus fure und seyne sunde bekennete, sondern lest die armen leute umb seynen willen solch schrecken und fahr und jamer leyden, bis yhm Gott die sunde aus dringet, das er sie, durchs

1 verdürbe *CDEHK* verdörbe *ILMNO* liesses *I* ließ *K* lies es *LNO* 2 sichs *C* zů *C* 3 da *fehlt DE* schnarchet *C* schnarcht *DEH* 6 sicht *A* sichs *H* 11 empfindet *C* merckts *N* merckt *O* 15 wann *C* beyst *NO* 16 frumb *C* 20 wurden *H* 22 verlaugnet *DE* verleucknet *H* empfund *C* 24 empfindt *C* 25 stårrig *C* 26 fulet *B* entpfindet *C* forcht *CDEHIKL* 27 kame *C* weckte *C* 30 und *fehlt DE* beisset *O* 32 künden *CK* können *DE* entpfindet *C* 33 frumb *I* 34 feinet *E* willen *fehlt D* 35 farh *C* gefar *DE* får *H*

loſs verrathen, mus bekennen. Das iſt auch der ſunden zarte tugent eyne, das ſie die leute zu ſtummen macht und wil ſich verbergen, ſchemet ſich und wolt ja gerne ſchöne bleyben, gleych wie Adam und Heva ſich mit den ſchurtzen deckten und wolten gar nicht zur beycht komen. O es thut weh, das eyner ſol ſeyne eygen ſchande auffdecken und ſeynen ſchmuck zu unehren machen. Aber nu mus es ſeyn odder iſt keyn ruge noch fride da, wie der .xxxij. Pſalm Pſ. 32, 3 ſagt: 'Da ichs verſchweygen wolte, veralteten meyne gebeyne fur meynem teglichen heulen'. Alſo hies Gott die kinder Iſrael auch yhren ſchmuck ablegen fur dem berge Sinai .Exo. xxxiiij. Das heyſt denn recht den ſack an- 2. Moſ. 33, 5 zihen und ynn der aſſchen ſitzen, ſich ſelbs zu nichte machen fur Gott, auch, wo es Gott haben wil, fur den menſchen. Denn weyl hie Jona die leute mit ſeyner ſunden ynn ſchaden und fahr bracht hat, mus er widderumb ſchaden leyden, ſeyne ehre verlieren und ſich ſelbs ſchenden, die leute zu ehren und unſchuldig machen, dazu ſelbſt eyn urteyl uber ſeynen hals fellen, das ſie yhn erſeuffen müſſen. Alſo bezalet er und büſſt mit leyb und leben, ehr und gut und mit allem das er iſt und hat, ſeyne nehiſten, die er ſo hoch beleydigt hat. Er bracht ſie on yhren willen ynn fahr des lebens, ſo bringen ſie yhn durch ſeyn eygen urteyl und willen on yhren willen widder umbs leben. Das heyſſt, meyn ich, ſtrenge und recht gericht.

Da ſprach eyner zum andern: Kompt, laſt uns loſſen etce. 1, 7

Weyl hie niemand iſt der bekennen wil, und ſie es doch da fur hielten, das yemands ſunde müſte ſolch unnatürlich wetter verſchuldet haben und hie menſchlich urteyl nicht zu finden iſt und offentlich gericht nicht kan gehalten werden, lauffen ſie zu Gotts gericht und urteyl und ſuchen das urteyl durchs los. O wie ſol da Jona geſeſſen ſeyn und das los geſchewet haben, wie denn eyn böſe gewiſſen thut, das ſich auch fur eym rauſchenden blat furcht. So mancherley todte mus der arme Jona leyden und doch nicht entleufft, ſondern hernach recht dreyn kompt. Sihe, ſo viel unfals und hertzenleyds richt die ſunde an, wenn man ſie bergen wil und nicht bekennen, und mus doch darnach mit zwyfeltigem ſchaden bekand werden. Aber die ſunde leſt uns nicht anders thun, ſie wil und kan ſich ſelbs nicht auffdecken, das iſt verloren. Es wil eyn iglicher fur dem menſchen ſchon und reyn ſeyn und wil doch heymlich die ſunden nicht laſſen; ſo mus er ſie doch zu letzt laſſen andere auffdecken und alſo ſchaden und ſchande zu lohn haben. Denn man kan die wunden nicht heylen, die man nicht wil auffdecken, ſo kan die ſunde nicht vergeben werden, ſie werde denn gebeychtet, das iſt: bekand.

---

1 verratten *CDE* 2 ſie *L* 3 wölt *B* gern *D* garn *E* 4 ſchürtzen *BCK* 6 oder es iſt *DE* ruhe *C* rue *DE* thů *K* 9 34 *F* 9/10 anziehen *BCDE* 10 ſelb *C* 12 ferh *C* gefar *DE* 14 vrtel *FG* 15 büſſet *DEK* 16 nechſten *CDEK* 17 brachte *E* an *O* gfar *C* gefar *DE* 22 yemandes *O* die *DE* 24 und (*vor* urteyl) *fehlt D* 25 geſchewhet *DE* 29 verbergen *DE* 29/30 hernach *DE* 32 den *DE* 33 ſunde *MN*

Hie fragt man, ob die leute auch gesundigt haben, das sie losseten, weil das lossen soll verbotten sein, als darynnen man Gott versucht. Es hat aber Jona auch mit mussen lossen. Darumb ist auch Jona mit ynn der sunde, so es sunde ist. Hie antworte ich zum ersten: Es sind ettliche werck der art, das sie mugen geschehen wol und ubel, als das schweren verbeut Christus Matth. 5, 34 ff. Matt. v. und kan doch wol eyn göttlich eyd geschehen. Also zurnen und todten ist auch verboten, Und ist doch gottlich, die ubeltheter durch offentlich gericht todten und straffen. Drumb ist ynn solchen wercken zu sehen auff die meynung des hertzen, Das, wer sie aus eygener lust thut, der sundigt. Wer sie aber aus befelh und gehorsam Gottes odder aus not und pflicht des nehisten thut, der thut wol. Wilche nu on befelh gottes odder on pflicht des nehisten aus eygener lust odder mutwillen solchs thut, den lassen wyr faren. Denn eyn solcher thut nicht wol, wenn er gleych alle tage auff den knyen lege und bettet und fastet tage und nacht, Ja, wenn er gleych wunder zeychen thette. Darumb sey das eym iglichen auff seyn gewissen gestellet, wyr mugen seyn hertz nicht richten. Ist nu das lossen auch eyn solch werck, so ligt nichts dran, ob diese leute sampt dem Jona gesundigt haben; denn sie sind ungleubig gewesen und haben sonst yhre werck alle Gott nichts gefallen bis hernach, da sie bekeret wurden, wie folget.

Zum andern sage ich, das myr noch nicht bewust ist, das lossen eyn verbotten werck sey. Es ist wol verbotten, man solle Gott nicht versuchen. Aber lossen und Gott versuchen ist weyt von eynander. Denn auch die Apg. 1, 26 Aposteln Act. 1. losseten uber S. Matthes. So spricht Salomo: 'Das los Spr. 16, 33 wird wol ynn schos geworffen, aber vom herrn wird es gemeystert'. Da verwirfft er ja das lossen nicht, sondern bestettigets viel mehr. Wie wol ettliche veter sagen, man solle solchen exempel nicht folgen. Aber sie haben des keynen grund. Mich dunckt, lossen sey an yhm selbs ein recht glaubens werck und muge wol durch furwitz und eygen lust misbraucht werden wie des schwerds und eydes. Aber das ist nicht des wercks sondern der person schuld, wie gesagt ist. So beweysen sie auch nicht, das lossen sey Gott versuchen. Denn das heyst Gott versuchen, wenn ich fur mich und meynen furwitz on alle nott Got eyn gewiss ziel, stund, stet, mas, person, weyse und werck setze, das er thun und sich also greyfflich mercken lasse solle, als da die Juden ynn der wüsten 2. Mos. 16, 3 essen und trincken auff gewisse zeyt fodderten und nicht yhm traweten noch

---

1 fraget *C* 2 los *L* 3 müssen *BCDEFGKLMNO* 5 mögen *BDE* mügen *CFGHIKLMNO* 6 Matthei *DE* zörnen *L* 7 verbotten *BCDEHIL* offenlich *FGK* öffendlich *L* 8 Darumb *BCDEHIK* 9 meynunge *I* 10 befehl *O* nechsten *CDEH* 11 Welcher *EO* Wilcher *MN* befehl *O* nechsten *CDE* 13 eyn *fehlt DE* ehr *L* 14 tag *CDEK* 15 mügen *BCHIKLMNO* mögen *DE* 17 dem] den *L* 18 gewest *I* nicht *HNO* 23 Actorū. *DE* Actu. *L* Acto. *O* sant *DEI* Mattheus *I* 25 bestettiget es *DE* 26 sol *CDK* exempeln *DEINO* 27 gedunckt *DE* 28 müge (*Kustos*) muge (*Text*) *A* müge *BCHIKLMNO* möge *DE* 33 greifflich *C* 34 forderteun *CDEI* zu trawen *C*

heymstelleten, wie auch die Juden Matt. xv. eyn gewiss zeychen vom hymel Matth. 16[,1]. fodderten, was sie gut daucht. Aber ym lossen geschicht solchs nicht. Sondern da werden zween, drey odder wie viel yhr sind, eynes und machen eynen bund uber eyner sachen so odder so zuentrichten, wie des losses denn mancherley weyse ist, und stymmen keyne gewisse personen, sondern befelhen solchs Gott, wilchen das los treffen werde; Und sind zuvor der sachen eyns, das wilchen es trifft, der sols seyn, als von Gott geordenet.

Möcht man doch solchs lossen wol thun on Gott frey dahyn wie die Heyden, die nicht gleuben, das Gott das los meystere, sondern glück gebe es alles; Wie denn auff würffeln und andern glück spielen geschicht. Aber Christen menschen zymet sichs, das sie nicht so frey hyn lossen, sondern sollen gleuben, das Gott das los und glück meystere, und nicht zweyffeln, das von Gott gegeben und genomen wird alles was durchs los und spiel gegeben odder genomen wird. Mus man doch die eyde auch also thun und nemen, das man gleube, Gott sey da, der das eyd anneme und darnach eynen iglichen richte. Aber weyl man nicht stympt, wie er richten soll, sondern stellets yhm heym und ist drüber zu friden, ists keyne versuchunge. Also auch weyl man ym los nicht stymmet, wilchem ers geben sol, sondern stellets frey dahyn auff Gotts beradt und ists zu friden, so ists auch nicht Gott versuchen, sondern eyn gut werck an yhm selbst, und wo es ym glauben geschicht, eyn gottlich werck, das yhm zu ehren geschicht. Denn wem etwas durchs los wird, das ist ja seyn, und wer es yhm neme, der thet widder Gott. Und was ist lossen doch anders denn eyn verbündnis, des wyr unternander eins werden uber eyner sachen, die wyr ynn die fahr setzen, wem sie werde durchs los. Hie ist nichts arges, sondern eyn fridliche vereynigunge und verwilligung, des dings zu emperen odder zu haben, nach dem das messer mal odder umbmal treat[1], nach dem es gerade odder ungerade ist und so fort an. On das Christen den zusatz dazu thun, das sie gleuben, wie Gott alle ding thut und schickt, so thu und schick er das auch, wilchs die Heyden nicht gleuben odder doch nicht achten.

Ja wie, wenn es aber eyn solch los ist, da eyner zum tod drüber kompt und seyn heymliche sunde gesucht wird, wie hie mit Jona geschicht, und wie Saul mit seym son Jonathan und Josua mit Achan thet. Jos. vij.? 1. Samuel. 14, 42 ff. Jos. 7, 18 Hie antworte ich: Die ungleubigen mügen lossen zum todte odder zum leben, durch furwitz odder ernst, Was gehts uns an, was die thun die nichts rechts thun? Aber das los an yhm selber bringt nicht mit, das man yemand

1 Matthei *DE* 2 forderten *CDEIL* 7 geordnet *CDEIK* 8 dahin *L* 15 das] den *I* 17 ists] ist es *C* 19 berab *B* berat *C* 21 eheren *C* werck *M* wenn *N* ja *fehlt L* 23 untereynander *CDEHIK* 24 gefar *DE* nicht *CO* 25 vereynunge *H* 26 entperen *N* zu *L* odder unmal *I* 29 thut *HIKM* schickt *ACFGHIKL* schicke *NO* nichts *E* 30 solchs *I* das *E* 31 heymleche *N* 32 Josue *N* 6 *L* 33 zum *nach* odder *fehlt MNO* 34 furbitz *L* gert *C* 34/35 die *bis* thun *fehlt MNO*

[1]) umbmal = unmål. *Vgl. Unsere Ausg. 5, 637, 24 und Anm. dazu.*

tödten solle. Die Christen und frumen lossen auch nicht darumb. Denn hie sihestu auch, das diese leute ym schiff nicht gedachten Jona zu tödten, sondern alleyne die ursach suchten solchs unglücks, das sie die selbigen abethetten; denn sie wolten Jona nicht tödten, ob er sie es gleich hies, sondern wolten mit yhm zu lande; da sie aber nicht kundten, sahen sie, das es Gott haben wolte, wie Jona gesagt hatte, und mustens thun, wie wol gar ungerne, und betten gar fleyssig etc. So thet Saul auch unrecht, das er seynen son tödten wolt; denn so ferne solt er das los nicht gehen lassen. Mit Josua war es eyn anders; dem ward es also befolhen von Gott, wie er thun solt. Warumb solten diese leute nicht eynen bund machen, das der die schuld haben solte, den das los treffe? sonderlich weyl sie die not dahyn dringet, die andern zu erretten, Und Gott so frum und recht ist, das er das los nicht lest yrren. Gleych wie die on schuld sind, das sie den fur unschuldig halten, der den eyd thut, so er doch wol mag falsch schweren und schuldig seyn. Aber das sey auff dis mal davon gnug.

1, 9 **Ich byn eyn Ebreer und furchte Gott von hymel, der das meer und trocken gemacht hat.**

Hie kompt die beychte und bringt die sunde an den tag. Da gehet auch der rechte kampff an mit Jona und dem tod. Aber doch ist das grössiste geschehen. Denn wie wol der tod und zorn gottes daher dringen und mechtiglich Jonan angreyffen, So ist doch die schwere last der sunden zum teyl vom hertzen und das gewissen etwas leychter worden durch bekentnis der sunden; Und der glaube ansehet zu brennen, wie wol gar schwach. Denn er bekennet ja den rechten Gott, schepffer hymels und der erden, wilchs nicht eyn geringer anfang ist des glaubens und der selickeyt. Denn eyn gantz verzweyffelt und verzagt gewissen thut den mund so weyt nicht auff, sondern verstummet odder lestert Gott und kan nicht von Gott dencken, halten oder reden anders denn als von eym grewlichen tyrannen odder als vom teuffel und wolte nur gerne fur yhm fliehen und ferne weg seyn; Ja, wolte lieber, das er nicht Gott were, auff das es nicht müste solchs von yhm leyden, vergisset auch der beicht und bekennet die sunde nicht; so gar ists ynn der angst versuncken und verstockt, das es nicht mehr sihet noch fulet denn die angst und nür denckt, wie es der selbigen los werde, und kan doch nicht los werden, weyl es die sunden auff yhm behelt. So bleybts denn ewiglich beyde ynn der sunde und ym tod sticken.

---

1 und die frummen *DE* 3 ursache *B* abthetten *DEFGHK* 10 er *H* 12 last *C* 16 Hebreer *DE* fürchte *BCDEI* forchte *HL* fürchten *O* 18 den *fehlt E* geht *B* gert *CDE* 19 den *NO* ist das] ists *I* gröste *DE* gröst *I* grössest *K* 21 angreiffen *N* 22 bekantnüß *DEK* 23 anfahet *CDE* brinnen *DE* gar] aber *DE* 24 schöffer *N* 28 eynem *B* nür *BDE* 30 vergyssest *C* 32 entpfindet *C* nur *BCGILMNO* 33 werden] werde *N* 35 stecken *CDEHK*

Daraus last uns lernen, wilche die rechte kunst und der rechte griff ist, aus aller not und angst zu komen, nemlich das man fur allen dingen der sunden acht neme, flux eraus damit und frey bekand. So hats denn nymmer so grosse far odder not. Denn es mus fur allen dingen dem hertzen am ersten geholffen seyn, das es leichter werde und lufft kriege; darnach ist dem gantzen leybe deste bas zu raten. Also mus am ersten das gewissen von seyner last rettunge und lufft kriegen, so wird aller not wol rad funden. Denn ynn solchem fall, wenn Gotts zorn kompt, sind die zwey stücke da furhanden: Die sunde und die angst. Wo nu die unverstendige hertzen sind, die schicken sich verkeret und unrecht ynn die sachen, lassen die sunden die weyl stehen und sehen alleyne die angst an, wie sie der selbigen möchten los werden. Das hilfft denn nicht und müssen also verzweyffeln. Und auff diese weyse thut alle vernunfft, wo nicht gnade und geyst da bey ist. Aber wo verstendige hertzen sind, die schicken sich so, das sie die synne von der angst keren und am meisten die sunde ansehen, das sie die bekennen und der los werden, ob sie gleich ewiglich ynn der angst bleyben solten, und geben sich dreyn, wie hie Jona thut. Das ist aber aller gottlosen art und weyse, das sie die straffe furchten und achten; Aber der sunde achten sie nicht, wolten gerne on straffe ymer sundigen. Das thuts denn nicht, sondern straffe hangt ymer an der sunden. Widderumb der gottfurchtigen art ist, das sie die sunde furchten und achten; der straffe achten sie nicht so fast, wolten lieber ynn der straffe on sunde denn ynn der sunden on straffe bleyben.

Das Jona hie aber sagt: 'Ich furchte Gott von hymel', ist auff Ebreisch geredt. Denn Gotts dienst heyssen sie Gotts furcht, wie das aus Esaia .xxviij. Jes. 29, 13
wol ist zu merken, da er spricht: 'Sie furchten mich mit menschen gebot', das ist: sie meynen, das sie mich ehren und myr dienen mit menschen gebot. Denn Jona hengt die beyde aneynander: 'Ich byn eyn Ebreer und furchte Gott von hymel', so er doch bis auff die stunde Gott verachtet und ungehorsam war gewesen. Aber er wil also sagen: Ich ehre und diene nicht frembden gottern wie yhr und andere Heyden, sondern dem eynigen und rechten Gotte. Und des war Jona sunde und schande deste grösser, das er, der des rechten Gotts diener und aus dem heyligsten lande und volck war, solte fur allen andern abegöttischen Heyden der ergeste und grössiste sunder erfunden werden, das auch umb seynet willen die abegöttisschen Heyden musten fahr und not

---

3 achte *O* fluchs *DE* nimmer *L* 4 ffar *C* gefar *DE* 5 er *D* gantzem *I* 8 verhanden *C* 9 unuerstendigen *H* 13 wa *C* wa *C* 16 glich *I* 18 an *H* 19 thůt *C* 19/20 den sünden *H* 20 Gotsförchtigen *C* gotzfürchtigen *DE* gotforchtigen *HKL* 23 Das hie Jona aber *E* Da *I* Hebreisch *DE* 24 forcht *CDEHKL* Esa. *IL* Isaia *NO* 27 Hebreer *DE* 28 ehr *L* Gotte *ACDEFGHMN* 29 deine *H* vor *CK* 33 abtgötischen *C* abgöttischen *DEFGHKLNO* gössiste *A* grossiste *BI* gröste *K* 34 abtgöttischen *C* abgötterischen *DE* abgöttischen *HKLNO* müsten *B* ffar *C* gefar *DE* und not *fehlt DE*

leyden; So doch sonst gemeyniglich durch die diener Gotts andern sundern geholffen wird, wie dem könige Ahab und seynen nachkomen durch Elia und Elisa geholffen ward. Hie ists gantz und gar umbgekeret. Dort geniessen die bösen der frumen. Hie müssen die bösen des frumen endgelten. Und wird also der frumest der ergest, der erste der letzte. Das ists auch, das er sich seyner sunden also geschemet hat, fur den leuten zu bekennen. Denn er nicht gerne erger wolt seyn denn die Heyden, und muste doch seyn.

1, 12 Werfft mich yns meer, so wird euch das meer stille werden. Denn ich weis, das umb meynet willen solch wetter uber euch kompt.

Hie las uns sehen ynn dem Jona, was der glaube von reynem hertzen vermag und was er ausrichten kan. Da steht das trefflich exempel des glaubens, davon wyr droben[1] gesagt haben, wie er gleich allmechtig ist und sieget ynn allen stucken, die widder yhn sind. Zum ersten nympt er die sunde auff sich von den andern und bekennet, das umb seynet willen solch wetter kome, entbindet damit und spricht los alle andere und bleybt alleyne eyn sunder, das die andern mussen alle frum seyn. Hie mit thut er der liebe gnug und büsset, was er an den leuten gethan hat, da er sie ynn solche fahr bracht, und lest es alles uber yhm aus gehen. Und da findet widderumb die liebe eyne seyne danckbare stat. Denn die guten leutlin begeren solche hoche busse nicht und wolten yhm die sunde gerne schencken, lassen yhn benügen an der offentlichen beicht und bekentnis, mühen sich widderumb mit allen krefften, yhm widder zu lande zu helffen, und also liebe mit liebe vergelten. Aber es wil nicht seyn.

Zum andern nympt und tregt er fur Gott solch gewissen von der sunden auff sich, das er auch fur Gott zu sunden und zu schanden wird, als dem seyn hertz gar gewaltiglich zeuget und bekennet, das er sich greulich beyde an Gott und menschen verwirckt hat. Diese schande ist nu taussentmal grösser, das eyner fur Gott mus schamrod werden. Denn da ist denn zu gleich keyn winckel noch loch ynn allen creaturn, auch ynn der hellen nicht, da eyner möcht hyn kriechen, Sondern mus sich alle creaturn lassen ansehen und fur yhn stehen mit allen schanden, wie das wol fulen die bösen gewissen, wo sie recht troffen werden. Denn du must Jona hie nicht ansehen, als er wird hernach erlöset und widder zu ehren, sondern wie er ynn der schanden stickt und nicht sihet, wo er solle ymmer mehr eraus komen. Denn so eyn hertz

1 gemainklich *CK* gemainigklich *DE* gemeynlich *H* 3 war *H* 4 der] her *H* des] der *DE* entgelten *BCDEHKNO* 5 frümest *BK* ist *EL* 6 vor (*ebenso 25. 26. 31*) *CK* 7 wolt wolt *A* 11 laßt *DE* 12 treffenlich *DE* 13 glauben *DE* 14 siehet *F* sihet *GH* stücken *BKLMNO* 17 müssen *BO* 18 gfar *C* gefar *DE* 19 yhm] in *C* 20 leut *DE* 21 yhn] inen *DE* 22 offenlichen *K* öffendlichen *L* 28 verwürckt *DE* 29 mus *fehlt NO* 32 inen *DE* entpfinden *C* 33 wird *fehlt DE* 34 steckt *CDEK* 35 wa *C*

[1]) *Vgl. oben S. 190, 10ff.*

solchs wüste odder sehe, thet yhm die schande und das gewissen nicht so wehe. Aber Gott thut alle ehre und trost aus den augen und lest eytel schande da seyn, das ist der jamer.

Zum dritten folget nu natürlich der tod nach der sunden als die straffe, wie S. Paulus sagt .i. Cor. xv. 'Das gesetze ist der sunden krafft. Aber die 1. Cor. 15, 56
sunde ist des todes stachel' odder schneytte. Also sihet hie Jona wol, das nichts mehr furhanden ist denn der bitter todt, gibt sich dreyn und spricht selbst eyn urteyl uber seyn eygen leben: 'Werfft mich yns meer', als solt er sagen: Ich mus sterben: Es wird sonst nicht stille. Denn du must abermal Jona hie nicht ansehen, als uns die geschicht ansihet. Denn weyl wyr fur uns haben die gantze geschicht, wie er ist erlöset worden, dunckt es uns geringe und bewegt uns wenig. Aber du must sehen, wie Jona zu mut ist ynn diesem stos: der sihet nicht eyn füncklin mehr vom leben noch von der erlösunge, sondern eytel tod, tod, tod ist da, das er mus am leben verzagen und sich dem tod ergeben. Denn wo Gott also mit uns handelte, das er uns das leben sehen liesse ym todte odder zeygte unser seelen stet und rawm, weg und weyse, wo sie auff tretten und fussen solte, wo sie auch hyn faren und bleyben solte, so were der tod nicht bitter, sondern were als ein sprunck uber eynen flachen strom, da man auff beyden seytten eyn gewissen grund und ufer sihet und fulet. Aber nu zeygt er uns des keyns und müssen von dem gewissen ufer dieses lebens hynuber springen ynn den abgrund, da keyn fulen noch sehen noch fussen noch stönen[1] ist, sondern frey auff gotts gerad und enthalt, gleych wie hie Jona aus dem schiff geworffen wird, das er fulet, yns meer, da er keinen grund fulet und von allen creaturn verlassen alleyn auff Gotts enthalt dahin feret.

Zum vierden tregt er ym tod auch Gotts zorn. Denn er ja fulet, wie der tod nicht aus gnaden sondern aus zorn, durch seyne sunde verdienet uber yhn kompt. Nu were der tod auch noch zu leyden und nicht so gantz durch bitter, wenn er on gottes zorn keme, wie er denn kompt, wenn yemand umb gottes willen unrecht verurteylet wird, als die heyligen merterer, die da wissen, das die menschen fur Gott yhn unrecht thun. Drumb weyl sie eyne gute sache fur Gott haben, sind sie gewis, das Gott gnedig und nicht zornig ist. Derhalben auch denn der tod nicht aus gotts zorn, sondern gnaden und wolgefallen daher komen erkand wird. Aber wo der tod verschuldet und durch sunde verdienet ist, da gehet der zorn gottes mit und macht den tod untreglich, das nichts denn tod da zufinden und zu fulen ist.

1 weste *K* 5 saut *DEI* 1. Corinth. am 15. *DE* gesatze *C* gesetz *N* 6 schnetyde *CH* 7 nichtz *C* verhanden *C* 15 wa *C* 16 sehet *D* 17 wa *C* 19 beide *C* sicht *K* 20 fulet] empfindet *(u. ebenso i. Folg.) C* des] der *B* 22 stünen *O*] steen *DE* 27 nichts *H* 29 pittert *DE* bitte *N* Gotts *B* 30 Gotts *B* verurteylt *BIK* 32 sie *fehlt B* 34 wa *C* 35 vedienet *B* 36 nicht *CENO* da *fehlt C* fulen] empfinden *O*

[1]) d. i. 'stützen'.

Nu sihe du, eyn iglichs dieser vier stücke fur sich selbs alleyne ist schwerlich zu tragen auch den heyligen und untreglich den gottlosen. Denn wer ist so starck, der da möcht eyn frölich gemüt odder des hertzen friden haben, so er gotts zorn uber sich fulet, ob er gleich nicht stirbt? Hats doch viel gottlose leute toll und unsynnig gemacht. Also auch wer ist, der den tod nicht schewet und dafur zittert, ob er gleych den zorn gotts nicht fulet noch weys wie die Heyden odder eynen gnedigen Gott fulet wie die heyligen? Also ist auch auff erden keyn grösser last denn die sunde und gewissen. Denn wer kans leyden, das er fur Gott und der welt zu schanden werde? Wer wolt nicht lieber tod seyn denn also leben? Aber auff diesen armen Jona fallen diese stück allzumal und drengen und engsten yhn zu verzweyffeln an gotts gnaden und vom glauben zu fallen. Wilch eyn kampff ist da ynn seym hertzen gewest? Da hette er wol auch mocht blut schwitzen fur angst. Da mus er widder seyne sunde, widder seyn eygen gewissen und fulen seyns hertzens, widder den tod und widder gotts zorn zu gleich auff eyn mal fechten. Da wird seyne seele an eym seiden faden uber der hellen und ewigem verdamnis gehangen haben. O es ist gros ding ynn dem hertzen begangen durch gotts krafft, das er ist blieben und erhalten. Denn das er ym glauben sey blieben, beweyset seyne erlösunge wol — Gott hilfft keynem gottlosen aus solchem tod und jamer —, so bekennet er selbst, er sey Gotts diener und gibt sich ynn die straffe, wilcher keyns zuthun vermöchten alle gottlosen, sondern verzweyffelten alle ynn sunden.

Uber das hat er zum funfften noch mehr unglucks: Das meer wird seyn todbette, das er mus eynßelen sterben und niemand umb yhn ist, der yhn tröstet, sondern die leute mit dem schiff weg faren und lassen yhn da mitten ym meer als gewislich ersoffen und verloren. Und zum sechsten hat es noch ym meer keyn ende und ist an eynem tobte nicht gnug, mus noch dazu dem walfisch ynn den rachen faren. Damit sich Gott gar grewlich hat lassen ansehen, als sey er so zornig, das er am todte und an der straffe, der sich Jona willig ergibt, nicht wolle gnuge haben, sondern konne sich nicht grewlich gnug an yhm rechen. Denn es kan freylich des Walfisches rachen nicht anders denn eyn schrecklich bilde gewesen seyn dem armen verlornen und sterbenden Jona, da sich das maul des fischs so weyt hat auffgethan und die scharffen zene umbher gestanden wie spitzige seulen odder balcken und so eyn weytter kellershals ynn den bauch hynein. Heyst das trösten ym tod? Ist

---

4 fulet] entpfindet *C* empfindet *O*   5 nicht *fehlt DE*   6 erzittert *DE*   fulet] entpfindet *CO*   7 fulet] entpfindet *C* empfindet *O*   9 kan *O*   11 bryngen *CDEO*   verzweyflen *O*   12 Wie *K*   14 fulen] entpfinden *CO*   16 der] die *CO*   ewigen *CO*   19 erlösunge *N*   22 verzweifleten *O*   24 eynßig *K* enßelenn *MN*   25 wegk *DE*   28/29 Got hat gar grewlich lassen *E*   29 tode *B*   der] da er *C*   30 gnüge *BIKNO*   künde *CO* könne *DEKMN* künne *L*   32 verloren *EH*   33 fisches *B*   34 scharpffen *CDE*   umbher sein gestanden *DE*   35 kellerhalß *E*   dem *CO*

das der freundliche blick ym sterben, das sterben und tod nicht gnug seyn sol? Das heyst, meyn ich, eyn glaube, ja eyn kampff und streyt des glaubens. Da ist eyn sieg und triumph unter der grossten schwacheyt verborgen. Wie zeygt uns hie Gott, was seyn wort und glaube vermag, das alle creaturn yhm nichts mügen abbrechen, noch gotts zorn selber, wenn gleich alles auffs höhest und grewlichst tobet. Aber Jona hat aller welt hie mit müssen zeygen, wie seyn hertz gestanden sey und wie eyns iglichen gleubigen hertz ynn gleicher anfechtunge stehe, wie wyr hernach hören werden. Denn gleich wie das meer mit aller ungestümickeyt Jona erseuffen wil, dazu der walfisch yhn verschlingt und verzeren wil, also fület das gewissen eytel ungestüm von gotts zorn und tod und wil die helle und ewiges verdamnis schlecht die seele fressen etc.

Und Jona war drey tage und drey nacht ym bauch des fissches. 2, 1

Das sind freylich die lengsten tage und nacht gewesen, die unter der sonnen yhe komen sind, so man auff Jona gedancken sihet. Denn es hat yhn müssen aus der massen lang düncken, das er aldo ym finstern ist gesessen. Ja ich halt, er habe zu weylen gelegen und gestanden. Er hat ja widder sonn noch mond gesehen und gar keyne stunde zelen mügen. Er hat auch nicht gewust, wo er ym meer umbher gefaren ist mit dem fisch. Wie offt mügen yhn die lunge und lebern geschlagen haben! Wie wundersam ist seyne wonunge da gewesen unter dem eingeweide und grossen rieben. Aber er ist so gar ym tod gefangen gewest, das er sich nicht viel bekümert hat umb den fisch und ymer gedacht: wenn, wenn, wenn wils doch ein ende werden? Hilff Gott, wilch ein wunderlich werck ist doch das! Wer kan es gnugsam bedencken, das ein mensch sol drey tage und nacht so einsam, on liecht, on speyse mitten ym meer ym fische leben und widder komen? Das mag wol eine seltzame schiffart heyssen. Wer wolts auch gleuben und nicht fur eine lügen und meerlin halten, wo es nicht ynn der schrifft stünde?

Gott hat uns damit beweyset, wie gewaltiglich er den tod und alle ding ynn seiner hand hat und wie gar leicht es yhm sey, uns zu helffen auch ynn unaussprechlichen und verzweyffelten notten, das wyr doch so gar schwerlich konnen gleuben. Er ist allenthalben gegen wertig ym tod, ynn der hellen, mitten unter den feinden, ja auch ynn yhrem hertzen. Denn er hatts alles gemacht und regiert es auch alles, das es mus thun was er wil. Es ist aber umb unser willen geschrieben und wird auch umb unser willen so wunderbarlich seyne allmechtickeit beweyset, das wyr yhm trawen und gleuben sollen,

---

1 vñ der todt *DE* 2 Das *N* 3 grösten *BCDEFGIKLMNO* 4 glauben *DE* 5 höchest *O* 9 verschlindt *DEH* 10 fulet] entpfindet *CO* 11 etc. *fehlt CMN* 14 sunnen *DEK* Sonne *G* sicht *K* 15 allda *CO* da *DE* 17 Sonnen *CO* Sunn *DE* Mon *CDEMNO* 18 gewyst wo *C* 19 lungen *MN* 20 ryben *CDEO* ripen *K* 21 viel *fehlt DE* 23 wie *IK* gedencken *H* 27 gschrifft *C* 30 nötten *BCDEIKLMNO* 31 künde *CO* künnen *DEMN* künnen *K* gegenwertig *BCDEHIKLMNO* 32 hats *BCDEKLMNO* 33 regierts *DE*

wyr seyen ym tod odder ynn der feinden hende. Denn umb seynen willen durffit ers widder thun noch schreiben lassen. So darffs Jona auch nicht fur sich, das es geschrieben werde. Und wie wol alle welt weis von göttlicher allmechtickeyt zu sagen und dunckt yederman leicht zu gleuben, wenn ers höret sagen: Aber ynn der erfarunge leret sichs wol, wie viel es mit rechtem hertzen gleuben, da eyner sol leyb und leben auff solch wort von der allmechtickeyt gotts wagen und selbst durch tod und sund erfaren, das war sey, wie das wort davon lautet. Diese erfarunge wird auch den grössisten heyligen schweer zu erleyden. Doch ists tröstlich zu wissen und solch exempel kennen,
Ps. 119, 52 wie der Prophet ym Psalter rhümet: 'Herr ich dacht an deyn thun, das tröstet mich' etc.

So nu Jona dahin ist und der welt und yhm selbst gestorben ist, das keyne hoffnunge mehr da ist seynes leben, (Denn diese leute ym schiff wissen nicht anders, Er müsse ersauffen und sterben, weil sie Gott bitten, er wolle sie nicht lassen umbkomen umb Jona seele willen noch yhn unschuldig blut zu rechnen: Damit sie ja bekennen, das sie Jona nyrgent sehen denn ym todte und müssen yhn, göttlichem willen zu gehorchen, helffen tödten, wie wol gar ungerne.) Da gehet an aller erst das leben und die frucht des tods Jona. Denn er wird ym tod gewaltiglich bey dem leben erhalten; so werden die leute auch vom tod, dazu auch vom unglauben und sunden erlöset und zum erkenbnis gotts gebracht, das sie frum und rechte gotts diener werden, so gar demütig und furchtsam, das sie auch da sich fur sunden furchten, da eytel gehorsam gotts ist. Denn sie Jona ja gerne bey dem leben erhielten und furchten sich fur dem mord, das sie yhnen erseuffen solten, Und sehen doch, das es Gott so haben wil. Wie reine gottfurchtige und Christliche gewissen haben sie da; die zuvor nach keynem mord noch gotts gehorsam gefragt hetten, faren zu und opffern und geloben Gotte gelübde; vergessen sind alle die mancherley götter, die sie vorhyn anrieffen. Und solchs geschicht alles durch ursachen des Jonas und seynes sterbens. So gar nützlich mus eyn diener gotts seyn, das nichts an yhm sey, damit nicht andern nutz und frumen geschehe. Was Gotts furcht heysse, ist droben[1] gesagt, nemlich Gotts dienst. Denn rechter gotts dienst ist Gott furchten und eheren; also haben diese leute auch Gott gefurcht, das ist, sie sind gotts diener und gottfurchtige leute worden.

2 dorfft *CO* dörfft *DEK* dürfft *IN* er *L* widder] werden *D* 3 werden *D* 4 es *L* 8 grösten *DEK* 9 ist *H* können *DE* 10 dach *F* 15 unschüldich *N* 18 frücht *DEK* 21 erkeintnis *BHIKLMNO* erkentnus *C* erkantnüß *DE* werden *B* 22 forchtsam *CDEHIKLO* förchten *I* 23 Damit sie Jona gerne *E* ja] gar *MN* 24 jne *D* jn *E* 25 also *DE* gotförchtige *CHO* gotzfürchtige *DE* 26 gefraget *C* 28 anrüffen *DE* 30 fromen *LO* 31 furchte *B* forcht *CDEHIKO* gesaget *C* 32 förchten *I* ehren *BHIKLNO* eeren *C* eren *DE* 33 geforcht *IK* gottfurtige *A* gotzfürchtige *DE* gottforchtige *HI* gotforchte *K*

[1]) *Vgl. oben S. 216, 23ff.*

Das ander Capitel.

Und Jona bettet zum HERRN seynem Gott ynn dem leybe 2, 2
des fisches und sprach.

Nicht das er so eben diese wort mit dem munde geredt und so ordenlich
gestellet habe — Denn so wol ist yhm nicht gewesen ynn solchem grewlichen
tod, das er hette mügen ein solch fein liedlin tichten —, Sondern er zeygt
damit an, wie yhm zu mut gewesen ist und was seyn hertz fur gedancken
gehabt habe, da er mit dem tod ynn solchem kampff gestanden ist. Denn
wie ich gesagt habe[1], wyr müssen Jona ynn das hertz sehen, ehe er aus der
not kompt, da er noch stickt ym todte, und yhn schlecht fur eynen todten men-
schen halten. Denn er wuste nicht von seiner erlösunge, sondern dachte nicht
anders, denn es müste gestorben sein, und hat also den tod geschmackt und
gefulet und ist on unterlas gestorben. Darnach aber, als er ist genesen und
widder lebendig worden, hat er hyndersich gedacht und solch gebet ynn schrifft
verfasset Gott zu lobe und den menschen zu nutze. Hie kome nu her, wer so
furwitzig ist und gerne wissen wollte, wie es umb die todten stehe. Denn
viel sind die gerne Lasarum hetten gefragt, was er doch gemacht, gedacht,
gefulet und gesehen hette, da er vier tage ym grabe lag Johan. xi., also auch Joh. 11, 44
andere todten, die Christus und die Propheten und Apostel vom tod auff-
erweckt haben. Es faren aber etliche leichtfertige schwetzer herein und schreiben,
wie sie sollen solch grewlich ding gesehen haben, das sie hernach yhr lebenlang
nie sind frölich worden. Die andern lassens bleyben bey dem spruch Sapien. ij.
'Es ist nie keyner von todten komen', der uns sage, wie es dort zu gehe. Weish. 2, 1
Ich aber wil hie lassen Lasarum und ander todten faren und bey der schrifft
bleyben, die do sagt, sie schlaffen.[2] Denn mich dünckt, das solcher schlaff habe
sie so gar ynnen, das sie nichts fülen noch sehen, viel weniger denn man ym
natürlichen schlaffe fulet; Und wenn sie aufferweckt werden, geschehe yhn, das
sie nicht wissen, wo sie gewest sind. Diese wollen wyr fur uns nemen, die
nicht so schlaffen und doch tod sind und ym tod den tod und die hellen fulen,
wilche wyr noch fur lebendig halten. Aber nach yhrem fulen zu rechnen
(darnachs denn auch zu rechen ist und nicht nach unserm ansehen) sind sie

---

1 Das II. *I* 2 Jonas *DE* 6 lieblein *CDEO* zeugt *FG* 10 steckt *CDEIKO* schlechts *DE* 12 er *H* 13 unterlos *L* 17 Lazarum *HN* ehr *L* 18 Johannis am 11. *E* Johann. am xi. *M* 19 Aposteln *DE* 22 Sapien. *CFGL* Sapientie *DEI* 23 von den t. *DE* 24 Lazarū *HN* 25 da saget *CO* dunckt *BCDEKLMNO* 26 fülen] empfinden *CO* 29 fulen] empfinden *CO* 30 noch *N* jrē zu rechnē fule *H* rechten *E* 31 rechnen *DE* nichts *DE*

[1]) *Vgl. oben S. 217, 9ff.* [2]) *In mehreren Exemplaren der vorliegenden Schrift Luthers ist das den folgenden Passus enthaltende Blatt herausgerissen. Vgl. weiter zu dieser Ansicht Luthers De Wette 2, 122f. Erl. exeg. op. lat. 6, 118 sqq., 10, 208 sqq.*

tod und ist keyn leben mehr da. Die sollen uns die rechte warheit sagen und den furwitz bůssen, wie es gehe nach diesem leben, sonderlich den bösen.

2, 3 Ich rieff den HERRN an ynn meynem trůbsal und er antwortet myr. Ich schrey zu meynem Gott ynn dem bauch der hellen und du erhöretest meyne stymme.

Zum ersten hebt er an Gotts gnade und hulffe zu preysen und zu dancken, das er yhm aus der not geholffen hat, helt uns damit am ersten fur gotts guete, darnach seyne not, daraus yhm geholffen ist. Und leret uns dieser erste vers zwo grosse und nötige lere. Die erste, das man ja fur allen dingen balde zu Gott lauffe und schreye ynn der not zu yhm und klages yhm. Denn das kan Gott nicht lassen, er mus helffen dem der do schreyet und rufft. Seyne göttliche guete mag sich nicht endhalten, sie mus hören. Es ligt nůr daran, das man ruffe und schreye zu yhm und schweyge ja nicht. Den kopff nůr auffgericht und die hende auffgehaben und flux geruffen: Hilff, Gott meyn herr! etc. So wirstu als bald fulen, das es besser wird. Kanstu ruffen und schreyen, so hats freylich keyne not mehr. Denn auch die helle nicht helle were noch helle bliebe, wo man drynnen rieffe und schrye zu Gott. Denn das du viel heulen und weynen wilt und dich lange mit dem trůbsal wilt beyssen und fressen odder dich umbsehen, wer dyr helffe, das ist verloren; damit kumpstu nicht eraus, sondern tieffer dreyn. Höre wie Jona thut: er hat sich auch lange mit der angst gefressen, ehe er geruffen hat, Wie er selbst hernach wird sagen, er were sonst wol ehr erlöset. Er heyst auch und leret dich, solchs nicht zu thun und yhm folgen, sondern flux forn an setzt er, wie er geruffen habe und also erlöset sey.

Aber es gleubt keyn mensch, wie schwer es wird, solch anruffen und schreyen zu thun. Heulen und klagen, zittern und zweyffeln und uns auff das aller scheusselichst stellen, konnen wyr wol. Aber ruffen das wil nicht eraus. Denn da druckt uns unter und ligt auff dem halsse das böse gewissen und die sunde, da schlecht denn zu, das man Gott zornig fulet; das sind solche laste, das die gantze welt nicht so schweer ist. Kurtz umb, der natur alleyne odder eynem gottlosen ists unmüglich widder solche last sich auffrichten und gleich den Gott selber anruffen, der da zornet und strafft, und zu keynem
Jes. 9, 13 andern lauffen. Wie Isaias viel mal schreybt, das 'das volck sich nicht habe gekeret zu Gott, der es schlug'. Die natur ist viel mehr geschickt, das sie

---

2 geht *L* 3 rufft *DE* 5 erhörtest *CDEO* 6 hilffe *K* 8 gůete *BDEFGHIKMNO* gůtte *CL* 9 zwů *CO* 11 da *CK* 12 gůete *BDEFGHIKLMNO* gůtte *C* enthalten *BCDEHINO* nur *CIKLNO* 13 schrye *E* 14 nur *KNO* fluchs *DE* 16 schryen *H* helle *fehlt D* 17 rüffte *DE* rüffe *L* schrey *O* 19 wilt *fehlt DE* 22 ehr] ee *CDE* ehe *IKO fehlt L* erloset *B* 23 fluchs *DE* 27 scheuchellichst *CO* scheutzelichst *DE* scheusslerlichst *H* künden *CO* können *DEL* künen *KMN* nichts *D* 28 bose *B* 29 da sind *G* 30 laster *DE* 31 eynen *L* 32 zürnet *CDEHIKO* 33 Esaias *DE* viel] offt *L* schreybet *N*

fliehe fur Gott, wenn er zurnet odder strafft, schweyge denn, das sie sich solte zu yhm wenden und yhn anruffen, und sucht ymer anders wo hulffe und wil dieses gotts nicht und kan yhn nicht leyden. Darumb fleuget sie auch ewiglich und entfleuget doch nicht und mus also ym zorn, sund, tod und helle bleiben verdampt. Und hie sihestu der hellen eyn gros stücke, wie es den sundern gehet nach diesem leben, Nemlich, das sie Gotts zorn fliehen und nymer mehr entfliehen und doch nicht zu yhm schreyen noch ruffen. Widderumb aber spricht Esaia. xxviij. 'Wer auff den eckstein Christum trawet, der wird Jes. 28, 16
nicht fliehen', als solt er sagen: Alle gottlosen fliehen ewiglich fur Gott und seynem zorn und konnen doch nicht entfliehen, fur wilchem engstlichem fliehen die gleubigen sicher sind durch Christum.

Es kan natur nicht anders thun noch sich schicken, denn wie sie fulet. Nu sie aber Gotts zorn und straffe fulet, helt sie nicht anders von Gott denn als von eym zornigen tyrannen, kan sich nicht uber solchen zorn schwingen odder uber solch fulen springen und durch hyn widder Gott zu Gott bringen und ruffen. Drumb da Jona so ferne komen ist, das er rieff, da hatte er gewonnen. Also dencke und thu du auch, schlahe nicht den kopff nydder odder fleuch, sondern stehe stille und far uber dich. So wirstu erfaren, das diser vers war sey: 'Ich rieff ynn meyner angst zum herrn und er antwortet myr'. Zum Herrn, zum Herrn, und sonst nyrgent hyn, eben zu dem der da zurnet und strafft, und zu keynem andern. Das antworten aber ist, das es balde besser wird und wirst balde fulen, das der zorn gelinder und die straffe senffter wird. Ungeantwort lest er nicht, wenn du nur ruffen kanst, Und nicht mehr auch denn ruffen kanst; denn er fragt nach deynem verdienst nicht, weys wol, das du eyn sunder bist und den zorn verdient hast. Er straffte dich sonst nicht. Aber das kan die natur auch nicht lassen, sie wil ymer etwas mit bringen, das gott versune und findet denn nichts. Denn sie gleubt und weys nicht, das alleyne das ruffen gnug sey, gotts zorn zu stillen, wie Jona hie uns leret. Also sind alle menschen gethan: Wenn Gott nicht zurnet noch strafft, sondern gibt gnug und thut uns wol, so sind wyr so frech, küne, stoltz und thürstig, das niemand kan mit uns aus komen. Da hilfft keyn drewen, keyn schrecken, keyn exempel Gotts zorns. Es ist alles eytel spot und verachtung. Aber widderumb, wenn Gott strafft, sind wyr so verzagt und

---

1 straffet *CO* geschweyge *DE* 2 hilffe *K* wil *fehlt D* 3 fleuhet *DE* 4 entfleuhet *DE* entfleucht *L* entpfleugct *O* 5 grosses *DE* stucke *BO* 7 nichts *DE* schreyen *H* noch] und *K* 8 Esai. *CO* Isaia *N* Esaia am 28. *DE* 10 entpfliehen *O* welchen engstlichen *O* 12 kan die natur *DE* fulet] entpfindt *CO* 13 fulet] empfindet *CO* 15 sollich *DE* fulen] entpfinden *CO* 16 da *E* rüfft *DE* 17 hätte *C* gedencke *DE* 18 fleuhe *DE* 19 rüfft *DE* 19/20 antwortet *N* 21 zornet *L* 22 fulen] entpfinden *CO* gelinde *O* gelindert *DE* 23 nür *DE* 25 waißt *C* verdienst *C* verdient *H* 27 versöne *CO* versüne *DEFOIKMN* 29 zörnet *L* 31 durstig *DE* 32 zorn *H* 33 so *fehlt DE*

blöde, das keyn trost, keyn gut, keyn gnade uns mag auffrichten noch stercken. Also wie es Gott mit uns macht, so sind wyr doch keyn nütz. Sihe, wie stoltz die baurn, wie verzagt die herrn waren ynn dieser nehisten grewlichen auffrur. Da halff widder flehen noch schrecken bey den baurn, widder trost noch vermanen bey den herrn. Itzt widderumb ist bey den herrn auch keyne masse yhrs trotzs und ubermuts, hilfft aber mal keyn drewen noch schrecken, bis sie widder Gotts zorn fulen. Art lest von art nicht.[1]

Die ander lere ist, das wyr also schreyen, das wyr auch ym hertzen fulen, es sey eyn solch schreyen, dem Gott antworte, und auch mugen mit Jona rhümen, das uns Gott antworte, wenn wyr ynn der not ruffen. Das ist nu nicht anders denn mit rechtem glauben des hertzen ruffen. Denn der kopff lest sich nicht auffrichten noch die hende sich auffheben, das hertz sey denn zuvor auffgericht. Wilchs sich also auffrichtet, wie ich gesagt habe[2], das es durch des geysts beystand zu dem zornigen Gott leufft und unter dem zorn gnade sucht, Lest Gott straffen und thar sich dennoch zu gleich seyner güte trösten. Da mercke du, wilch eyn scharff gesichte das hertze müsse haben, das mit eytel zorn und straffe von Gott umbgeben ist und doch keyne straffe noch zorn, sondern gnade und güte sihet und fulet. Das ist, es wil sie nicht sehen noch fulen, ob sie es gleich auffs höhest sihet und fulet, Und wil die gnade und güte sehen und fulen, ob sie gleich auffs tieffest verborgen sind. Sihe eyn solch gros ding ists zu Gott zu komen, das man durch seynen zorn, durch straffe und ungnade zu yhm breche als durch eytel dornen, ja durch eytel spiesse und schwerdter. Das heyst eyn ruffen des glaubens, wilchs sich mus fülen ym hertzen, das er Gott treffe, gleich wie Christus fulete, das eine
Marc. 5, 30 krafft war von yhm ausgangen, da er der frawen den blutgang stillet. Denn des geysts wort und werck fület man, das sie treffen und nicht feylen. Wilche aber so hin schreyen und beten ynn den wind, Es treffe odder treffe nicht, das ist nichts und schafft auch nichts. Es ist mehr ein spot und heuchley fur Gott.

Das ander teyl dieses verses ist eben das selbige, das itzt gesagt ist; denn es ist eyn ding, Ruffen zu dem herrn ynn der not und antwortet kriegen, Und schreyen zu gott aus dem bauch der hellen und die stymme erhöret werden. Er zeuchts aber zwey mal an, das es deste gewisser sey und wyr deste bestendiger solchs gleuben, es gehe also zu, wie er sagt, fur gott. Denn die schrifft hat die weyse, eyn ding zwey mal zusagen auffeynander, darumb

---

3 verzagt *M* nechsten *CDEH* 4 tröst *H* 5 vermanen *D* 7 fulen] empfinden *CO* 8 ist *fehlt I* 9 fulen] empfinden *CO* mügen *BCLM* mögen *DE* 10/11 Das *bis* ruffen *fehlt DE* 16 scharpff *CDEO* 18 ists *I* sich *H* nich *H* 19 es *fehlt K* gliech *H* 20 tiffest *MN* 21 straeff *A* 22 brechen *ACDEFGHIKLMNO* dörner *DE* 24 fulen *BL* es *I* trifft *O* 26 geyst *M* fulet *BL* 27 betten *I* 28 heucheley *GNO* heuchlerey *DEHI* 30 verß *CDE* 31 antwort *BHO* antworte *DEMN* 35 schriefft *M* dingk *I*

[1]) *Wander, Bd. 1, Sp. 149, Nr. 1—10, bes. N. 6 u. 7.* [2]) *Vgl. oben S. 222, 30ff.*

das es gewis also sey, wie Joseph Ge. xli. die zwene trewme Pharao auch 1. Mos. 41, 32 auff eyn ding deutet der ursachen halben, das es gewis sey etc. Das er aber sagt 'ynn dem bauch der hellen', meynet er den bauch des fissches und nennet yhn 'der hellen bauch', nicht das der fisch die helle sey; Sondern der bauch ist yhm eben so viel gewest als die helle, Und Jona seyne helle drynnen hat, gleich als er mocht sprechen: 'Aus dem bauch des tods', nicht das der fisch der tod sey, sondern das Jona seynen tod drynnen leyd. Denn er redet hie nicht, was der fisch sey, sondern wie yhm zu synn gewest sey ynn dem fisch, nemlich das yhn gedaucht hat, er fure hynuntern ynn die helle, da er dem fisch ynn den bauch fur, und wol mocht also sagen: Aus dem bauch meyner hellen odder aus dem der meyne helle war.

Was aber die helle sey fur dem jungsten tage, bin ich noch nicht alzu gewis. Denn das eyn sonderlicher ort sein solte, da die verdampten seelen itzt ynnen seyen, wie die maler malen und die bauch diener predigen, hallt ich fur nichts. Denn die teuffel sind ja noch nicht ynn der hellen, sondern, wie Petrus sagt, 'mit stricken zur hellen verbunden'. So heyst sie S. Paulus 2. Petr. 2, 4 'der wellt regenten und gewaltigen, die droben ynn der lufft schweben', Chri- Ephes. 6, 12 stus auch den teuffel 'der welt fursten' nennet. Und ja nicht seyn kundte, Joh. 14, 30 wenn sie ynn der hellen weren, das sie die welt regierten und so viel buberey und jamer trieben; Die peyn wurde yhn wol weren. So redet auch die schrifft von vielen heyligen, das sie hynuntern ynn die helle faren wie hie Jona. Item wie Hiob und wie Jacob Gen. xxxvi. spricht: 'Jch mus betrubt hyn- Hiob 17, 13 1. Mos. 37(so), 35 untern ynn die helle faren zu meynem son'. Derhalben braucht die schrifft des worts 'Scheol' fast dazu, das sie des todes letzte nötten und angst anzeyget der ienigen so da sterben. Denn wie den selbigen zusynn ist, so redet sie. Es ist yhn aber zu synn, als füren sie hynuntern ynn die helle, das ist, ynn Gottes zorn fincken sie, wie wol sie keynen ort wissen, da sie hyn faren. Denn eyn iglicher hat seyne helle mit sich, wo er ist, so lange er die letzte nöten des todes und gotts zorn fulet. Auff die weyse deutet S. Petrus Act. iiij. den .xv. Psalm von Christo: 'Du wirst meine seele nicht ynn der Apg. 2, 27 Ps. 16, 10 helle lassen' etc. und spricht, 'Gott habe die schmertzen des tods auffgelöset', Apg. 2, 24 das S. Petrus durch 'die hellen' des todes schmertzen, so Christus fulet, da er verschied am creutze und da hyn sang und fur ynn gottes gewalt, wil bedeutet haben. Aber am jungsten tage wirds freylich eyn ander ding werden, Da

---

1 Gen. *CO* Genesis *DE* Gene. *HN* auch *fehlt N* 2 eyn *fehlt K* 3 ynn dem] in *D* im *E* helle *I* 6 er noch möcht *DE* möcht *BKMO* 7 leide *O* 9 hinunder *CDEHKO* 10 fuer *H* sage *N* 16 sant *DE* Sanct *O* 17 lüfft *C* 20 getriben *CO* würde *BLMN* 21 hinunder *CDEHO* hellen *DE* 22 und *fehlt H* Gen. *CHINO* 22/23 hynunder *DEHK* 24 Schoel *L* anzaygen *DE* 25 ihenigen *DEL* 26 hin- unter (*Kustos* hynuntern *B*) *BHK* 27 keyne *I* 29 fulet] empfindt *CO* sant *C* sanctus *DE* 30 Actu. *LMN* Acto. *O* 31 sprich *F* 32 Sanct *CO* sanctus *DE* fulet] empfindet *CO* 33 sangk *DE* sang *HK* bedeutten *L*

eyn sonderlicher ort die helle seyn wird odder da die sein werden, die ynn der
hellen odder ewigen zorn gotts so verdampt sind. Aber davon genug. Es
ligt nicht gros dran, ob yemand hallte von der hellen, wie man malet und
sagt. Es wird doch so und noch viel erger itzt sein und denne werden, wenn
yemand sagen, malen odder dencken kan.

2, 4 Du warffest mich ynn die tieffen mitten ym meer, das mich
die flut umbgaben. Alle deyne wellen und wogen giengen
uber mich.

Hie erzelet er nu die stucke, darynnen man sehen kan, wie sein hertz
gestanden ist, ehe denn er zu Gott schrey, und der glaube ym kampff und schyr
unterlag. Da vergisset er der leute, die yhn yns meer worffen und spricht,
Gott habe es gethan. 'Du', sagt er, 'Du warffest mich' etc. Denn so fulet
sichs auch ym gewissen, das alles unglück, so uns uberfellet, sey Gotts zorn
und alle creaturn duncken eynen eytel Gott und gotts zorn seyn, wens auch
3. Mos. 26(16), 36 gleich eyn rauschen blad ist, wie Moses sagt Levit. xvi. 'Es sol sie eyn rauschend
blad schrecken'. Ists nicht eyn gros wunder? Nichts geringers und verachters
ist denn eyn dürr blad, das auff der erden ligt, da alle würmlin drüber
lauffen und sich nicht eyns steublins erweren kan, das auch Hiob, da er sich
Hiob 13, 25 auffs geringst schetzen wolt, nicht geringers kund finden, denn das er sich fur
Gott eym dürren blat vergleicht. Noch wenn das stündlin kompt, sol sich
fur seym rauschen furchten ros, man, spies, harnisch, könig, fursten, gantz
heers krafft und alle macht und solche trotzige, türstige und zornige tyrannen,
die man sonst mit keiner hellen, noch mit keynem gotts zorn, noch gericht kan
schrecken, sondern nür stoltzer und verstockter davon werden. Sind wyr nicht
feine gesellen: fur gotts zorn furchten wyr uns nicht und stehen steyff Und
furchten uns doch und fliehen fur dem zorn eins amechtigen dürren bladts!
Und solchs bladts rausschen sol uns die welt zu enge machen und unser zorniger
Gott werden, die wyr zuvor hymel und erden pochen und trotzen kunden!
Wyr mügen uns fur war wol rhümen unser stercke und macht. Vermag
solchs uber uns eyn dürre blad, was solt nicht das tieffe meer thun, da hie
Jona von sagt? Ja, was wil am jungsten tage das hellissche fewr thun und
die maiestet Gotts selbs mit allen engeln und creaturn?

---

2 gnug *BDEMN* 4 saget *G* Er *D* wann *E* 6 tieffe *B* *zu* *anstatt* mitten *bis* 8 uber mich *I* 7 fluß *H* umgaben *O* wällen *C* wagen *E* 9 nu *fehlt* *I* stücke *BEI* 10 glaub *B* 11 unten lag *E* ehr *L* wurffen *DEK* warffen *I* 12 Du *fehlt* *K* fulet] empfindt *CO* 13 sich *E* 14 creatur *BK* duncket *O* 15 rauschend *CHILO* rauschet *DE* Leviticl. *DEN* 16 nit *CI* Nicht *H* 17 würmlein *CDEO* 18 lassen *H* steubleins *CDEO* 20 dörren *N* stundlin *B* stündlein *CEO* 22 herrskrafft *B* durstige *DK* 24 nur *CIKLNO* 26 flihen *B* eynes *B* amechtiften *FG* unmechtigen *H* blabs *B* blats *CNO* plats *DE* 27 blabs *B* plats *DE* blats *NO* engen *CO* 28 bochen *DE* 29 mogen *O* 30 dürres *K* tiffe *M*

Also spricht er auch nicht: Des meeres wellen und wogen giengen uber mich, sondern: 'deyne wellen und deine wogen'. Darumb das er fulet ym gewissen, wie das meer mit seynen wellen und wogen Gott und seynem zorn dienen, zu straffen die sunde. Und spricht: 'alle wellen und wogen giengen uber mich'. Denn so daucht yhn und fulet sich also, als giengen alle wasser yn hymel und erden uber yhn und were sonst niemand, den gotts zorn drucket denn yhn, sondern alle creaturn mit Gott widder yhn. Also sprechen auch etliche, so ynn grosser angst sind: 'Mich dünckt, hymel und erde liege auff myr'. Das sind nu die rechten stücke und peyn, die nach diesem leben uber die sunder gehen. Also sehet an der zorn gotts und seyn gericht und weret ewiglich. Es ist aber dieser vers gleich dem Psalm .xlij. da auch der Prophet also spricht: 'Alle deyne wellen und wogen giengen uber mich'. Und Jona Ps. 42, 8
hat yhn villeicht aus dem selbigen Psalm genomen.

Denn ich gedacht, ich were von deynen augen verstossen, Ich V. 5
würde deynen heyligen tempel nicht mehr sehen.

Da trifft die straffe das gewissen. Denn er wolte fur dem herrn fliehen, das er nicht gen Nineve gienge, das war seine sunde und ungehorsam. Nu fulet er, wie er recht von des herrn angesicht verstossen mus sein zur straffe, das er nicht gerne hat, der zuvor nicht wolt bleiben fur gotts angesicht durch seyne sunde. Da hat yhm seyn hertz geklopfft und gesagt: Sihe da, ich meyne, du hast recht geflohen und bist ferne gnug vom herrn komen; da beyst die sunde zu gleich und druckt auch die peyn. Es mag aber zweyerley weyse verstanden werden, das er von gottes augen verstossen sey. Auffs erst leyblich, also das seyn hertz beschlossen hat, er müste sterben, und daran verzweyffelt, das er ymer mehr solte widder zu land lebendig komen und widder unter seynem volck fur Gott wandeln ym lande Israel, davon er geflohen war, wie wyr droben[1] gehort haben, das 'von dem angesicht des herrn fliehen' sey gewesen, das er aus dem lande Israel flohe, darynnen Gott wonet und gotts dienst war, wie denn auch offt ym andern buch der könige gesagt wird, das 2. Kön. 17, 18. 20; 24, 20
Gott Israel habe von seynem angesicht weg gethan und drawet Juda auch von seynem angesicht zu thun, das ist aus dem lande, da seyn wort und dienst war. Diesen verstand gibt das nach volgende stück, da er sagt: 'Ich würde deynen heyligen tempel nicht mehr sehen', nemlich der zu Jerusalem war. Damit bezeuget er, das er sey ym tods kampff gestanden und sich gantz ergeben,

---

2 bogen *L* fulet] entpfindet *CO* 4 dinen *M* wogen *A* 6 drucken *E* 7 sondern *bis* widder yhn *fehlt I* 8 dunckt *BCDENO* ligen *N* 11 Psalmenn. *CNO* dem 42. (xlij. *D*) Psalm *DEI* 12 spricht *L* 13 willeicht *H* villicht *I* selbe *I* 15 wurde *BDEGL* 16 fürm herren *I* 17 gehn *K* syne *I* seine sunde ungehorsam *D* seiner sunde ungehorsam *E* 18 fulet] entpfindet *CO* 20 geklopt *H* 22 druck *K* 22/23 verstanden *B* 25 nymer *BEK* 26 wandern *DE* Jsrahel *CMN* 30 drewet *K* Jude *DE* 32 folgende *BKO* 33 Hierusalem *DE*

[1]) *vgl. oben S. 197, 10ff.*

er were des tods. Da ist der glaube ynn grosser not und angst gestanden, da ist nicht viel ruffens zu Gott gewesen, sondern eytel verzweyffeln am leben. Und ist nicht wunder. Wer solt des lebens ynn solchem fall hoffen, so er ym tieffen meer, dazu ym walfisch verschlungen und versuncken war?

Zum andern geystlich, das er gefulet hat, als sey er auch ewiglich von Gott verstossen gewest umb seynes ungehorsams willen wie die verdampten, gleich wie auch David ym Psalter offt solchen spruch furet als Psal .xxxi.
Ps. 31, 23 'Jch sprach ynn meynem zagen: ich byn von deynem angesicht verworffen'.
Und solchs bringt naturlich die sunde ym gewissen mit sich, sonderlich ynn tods nöten. Darumb hats gewislich Jona auch so gefulet und ist also gestanden auch ym kampff mit der verzweyffelung an gottes gnaden und barmhertzickeit, ehe denn er widder zum glauben ist komen und geruffen hat. Da wird yhm seyn eyngefallen allerley exempel gottes zorns, da er die sunder gestrafft hat als Adam und Heva, Cain, die findflut, Sodom und Gomorra. Das ist auch der rechten stuck eyns von der hellisschen pein, die nach diesem leben uber die gottlosen komen wird. Und sihest hie ynn den zweien stucken furgemalet, was die sunder nach diesem leben thun, dencken und machen, das da sey eytel tods angst und not, zittern und verzweyffeln ewiglich. Aber zu solchem gedancken und verzweyffeln ist Jona komen aus dem, das er den zorn und straffe gottes leyblich und eusserlich fulet, wie er yn die tieffe geworffen und mit den fluten umbgeben, mit wellen und wogen uberfallen ward, als er droben[1] hat gesagt und noch weytter erzelet und spricht:

2, 6 **Denn wasser umbgaben mich bis an meyn leben. Die tieffe umbringete mich, Schilff bedeckte meyn heubt.**

Wie solt ich des lebens mich mügen versehen odder trösten, so mich wasser umb und umb als mitten ym meer gefangen hatten Und schilff uber myr stund und mich zu deckt? Das ist so viel gesagt: Am rande und ufer des meers und grosser seen odder teiche pflegt schilff und rhor zu wachsen. Wer nu ym meer ersoffen ist, der ligt unter dem schilff bedeckt, das ist unter dem wasser, da schilff ynnen wechst, Das also alles was ym meer und am meer umb her ist, habe yhn unter sich, auch die erde am ufer, wie folget:

3, 7 **Jch sanck hynuntern zu der berge grunde. Die erde hatte mich verrigelt ewiglich.**

Denn alle meer, see und tieffe wasser stehen ynn gründen zwisschen bergen, auff ebenem lande konnen sie nicht bleyben. So sind nu 'der berge

---

3 leben *O* 4 tiffen *B* verschlunden *CDHO* 7 als am 31. Psalm *DE* 8 meynen *H* 10 so] also *DE* 13 jm eingefallen sein *E* zorn *H* 14 fintflut *B* findfluß *CHO* 16 stücken *BEKLNO* 17 gedencken *DE* 18 tod *H* 19 zweyffeln *E* 20 ausserlich *H* 21 flüßen *C* flussen *H* flüssen *O* vmgeben *O* 24 bedeckete *L* 27 gesaget *C* 28 teiche *I* 29 bedeck *B* bedecket *CO* 32 hinunder *CDEHKMO* hette *CO* hat *H* 35 kön *L*

[1]) *Iona* 2, 4.

gründe' das tieffeste tal und boden ym meer, da die berge unden zu samen rüren. Solchs alles redet Jona als eyner der ym meer erseufft und uber sich gedenckt, odder als einer der eym zu sihet odder nach denckt, der ersäufft. Denn so er uber sich gedenckt, sihet er die wasser wogen uber sich und zu beyden seytten das ufer, schilff und land odder erden. Weyl er denn unter scheust und sinckt, ist yhm als sincke er zwisschen bergen zu grunde auff den boden hynab. Da hat yhn denn 'die erde verriegelt ewiglich', das ist, er denckt nicht anders, denn er müsse da bleyben und konne nymer mehr widder eraus komen. Denn gleych als eyner der ym thurm odder gefengnis bleiben mus, so die thür und fenster verrigelt sind, also mus auch der ym meer bleiben, wo er hynuntern sinckt. So hat yhn die erde, das ist die berge, da das meer zwisschen ist, verriegelt, das ist mit wasser also gefangen und verwaret, das er nicht kan aus komen. Da sihestu abermal, was Jona fur gedancken hat getrieben ym walfisch. Essen und trinckens und alles dings ist wol vergessen. Alleyne ficht er mit tödlichen gedancken. Ja, er verzweyffelt allerdinge am leben und ist gantz des tods. Da ist noch kein ruffen zu Gott.

Aber du hast meyn leben aus dem verderben gefurt, HERR, 2, 7
meyn Gott.

Hie wills nu besser werden und wollen ander gedancken komen. Da richt der glaube das heubt auff und wil gewinnen. Da lassen ab die verzagten gedancken. Eben da ich am tieffesten ym tod war und am wenigsten hoffnunge, dazu unmüglich war, das ich leben solte, da kamestu mit deyner macht und wunderwerck und furetest meyn leben aus dem tod und verderben. Also wenn der strick am hertisten helt, so bricht er[1]. Darumb heyst Gott ein nothelffer, das er denn hilfft, wenn alle ding verzweyffelt und unmüglich sind. Aber wie thut er, wenn er so hilfft? Höre zu!

Da meyne seele bei myr verzagte, gedacht ich an den herrn. 2, 8
Und meyn gebet kam zu dyr ynn deynen heyligen tempel.

Zu erst gibt er gnade und geyst, das hertz auffzurichten, das es an gottes barmhertzickeit gedencke und lasse die gedancken vom zorn faren, wende sich von Gott dem richter zu Gott dem vater. Aber das ist nicht menschen krafft. Denn Jona spricht hie, seine seele habe bey yhm verzagt, zagen sey yhr krafft und werck gewest. Das er aber des herrn gedenckt und beginnet zu gleuben, das ist nicht seyner seelen werck; der geyst und sonst niemand kan an den herrn gedencken. Wenn aber das geschicht, das des herrn gedechtnis

---

1 tiffeste *B* 2 Solches *CO* redt *CO* 4 bogen *L* 6 schleüst *CO* findet *CO* 7 dann *C* gedenckt *DE* 9 thurn *CDEIKO* 10 thüre *C* verriegelt *B* 11 hynunder *DEHK* yhm *L* 14 trincken *DEL* dinges *CO* 16 nach *H* 17 gefurt *N* 24 hertesten *BCDEO* 25 wann *C* 26 also *I* 28 deinem *DE* 33 gedenck *B* 35 Wann *C*

[1]) *Wander 4, Sp 911, N. 39.*

ynns hertz kompt, da geht ein newe liecht auff, da blickt das leben widder her,
da wird das hertz widderumb küne zu ruffen und zu bitten. So ists denn
Jona 2, 3 auch gewislich erhöret. Das ists, da Jona ym ersten vers sagt: 'Ich rieff
zum herrn ynn meyner angst und er antwortet myr'. Hie hat nu der tod,
zorn, sund, helle und alles verderben ein ende und wird alles uberwunden
und verschlungen durch den glauben auff gottes güte gegründet.

Das er aber sagt: 'Meyn gebet kam zu dyr ynn deynen heyligen tempel',
meynet er aber mal den tempel zu Jerusalem, da Gott wonete zu der zeit
leyblich. Denn das volck Israel hatte das gesetze, das sie nyrgent musten
anbeten, on wo gottes stete war, die er bestympt und erwelet hatte, wie er
2. Mos. 20 (so), 24 sagt Exo. xviiij. 'Wo ich meynes namens gedechtnis mache, da hin wil ich
komen und dich segenen'. Also musten auch alle die ym lande odder ausser
dem lande, wenn sie beten wolten, yhr gebet dahin richten und yhr hertz
hefften an die stet, da Gott leyblich wonete durch sein wort; Auff das sie
keynen andern Gott anbetten denn den, der uber den Cherubin sas auf dem
gnaden stuel. Dahin musten alle gebet komen. Gleich wie nu zu unser zeit
ym newen testament alle unser gebet mussen zu Christo komen, wilcher ist
unser gnaden stuel, das wyr auch keynen andern Gott widder wissen noch
anbeten noch anruffen sollen on den, der ynn dem menschen Jhesu Christ
wonet leyblich. Denn es ist auch sonst keiner mehr.

2, 9 Wilche aber sich verlassen auff eytelkeit vergeblich, Die
lassen barmhertzikeit faren.

Im Ebreischen steht: 'Die lassen yhre barmhertzickeit faren'. Aber weil
das ym Deutschen laut, als rede er von der menschen barmhertzickeit, die sie
beweysen sollen, habe ich das wortlin 'yhre' ausgelassen und schlecht 'barmhertzickeit'
gesetzt, das es deste deutlicher were. Denn Jona redet von Gottes
barmhertzickeit und güte, wilche ist unser, das ist uns angebotten, verheyssen
und dar gelegt; gleich als wenn ich von Christo so sagte: Wilche yhren Christum
odder yhren glauben odder yhr Euangelion lassen faren etc. So doch
der keynes unser, sondern alles Gottes allein ist, der es gibt, Und doch 'unser'
heyst, weil es uns ist alles angebotten und furgelegt, das wyrs nemen und
fur unser haben sollen. Denn Jona strafft mit disem vers die unverstendigen
werckheyligen und heuchler, die nicht auff gottes gnade alleine, sondern auff
yhr eigen werck trawen; die selbigen, weil sie nicht wissen, was glaube ist,

---

1 gebet *CLO* leicht *H* blicket *CO* 3 rüfft *DE* rüff *K* 4 zu dem *DE*
6 verschlunden *CH* 7 tempel *I* 8 Hierusalem *DE* 10 state *C* stad *O* hat *C*
11 Exodi *BCDEHLNO* xviij *I* 13 yhr *nach* und *fehlt D* 14 Auff des *C* 15 anbeten *FG*
16 stül *CK* stul *DEO* Dahin da müsten *CO* unserer *CO* 17 müssen *BCDEIMNO*
18 stül *CK* stul *DEO* stull *L* ander *M* 19 Jesu *BCDE* 23 In dem Hebreyschen *DE*
stehet *N* Aber die weyl *D* 24 deudschen *BL* Teütschen *DEIK* lautet *E* laud *H*
25 ich] ist *E* wörtlin *BFGIKL* wörtlein *CDEO* wörtle *N* schlechts *DE* 26 redt *CO*
32 diesem *BMNO*

Sind auch noch nie ynn nöten gewest, das sie gelernt hetten, wo zu der glaube gut ist und wie gar gute werck da nichts helffen: Die selbigen, weil sie so bleyben, achten sie der gnaden geringe und yhr eigen thun halten sie köstlich. Aber Jona spricht hie, Es sey eytelkeit, das ist auff Deudsch: Es ist nichts und taug nichts fur Gott, fur wilchem nichts gilt denn seine güte und barmhertzickeit, mit rechtem glauben gefasset und bekand, on alle werck und verdienst uns geschenckt. Wilche sich nu auff solche eytelkeit verlassen, das ist 'vergeblich', spricht er, das ist umbsonst und verloren. Denn es hilfft sie nichts, das yhr vertrawen odder verlassen ja so wenig taug als yhr thun odder eytelkeit, darauff sie sich verlassen. Hie mit ruret er ynn sonderheit sein volck Israel, das sich auff das gesetze und die werck verlies, das sie das Euangelion odder gotts gnaden nicht alleine faren liessen, sondern auch verfolgeten, so sie doch yhr solt sein fur allen andern, als denen sie verheyssen war.

Jch aber wil danck opffern, meyne gelůbde wil ich bezalen 2, 10 dem HERRN, das myr geholffen ist.

Da rüret er abermal die Jüden mit yhren opffern und wercken, als solt er sagen mit dem .xlix. Psalm: Sie opffern ochsen und böcke, 'als gelüstet Ps. 50, 13 Gott ochsenfleisch und bocks blut', meinen doch, sie habens wol aus gericht. Aber ich halts damit, das fur Gott das danckopffer das rechte opffer sey, das man yhn lobe, preyse und predige umb seyne güte, uns unwirdigen geschehen, wie hie Jona sagt: 'das myr geholffen ist'. Jhene aber wollen viel mehr von Gott gelobt und gepredigt seyn, als die mit yhren wercken Gott grossen dienst und nutz geschafft haben. Solch erkentnis der gnaden gotts, wie wol sie Jona zuvor auch gehabt hat, doch hat er sie nicht so reichlich gehabt, als er nu ynn diesem gesturm gelernet hat. Denn hie greyfft er ja, das Gott keyne person noch verdienst ansihet, der so unwirdigen sundern hilfft. Vorhyn war Jona gar tieff darynnen, das Gott auch die person ansehe und werck, sonderlich des volcks Israel, wie wol er auch noch nicht gar eraus ist.

Das er aber sagt: 'Jch wil meyne gelůbde bezalen', ist nicht zuverstehen, das Jona etwas gelobt hat. Denn man lieset ja nichts davon, so zeygt ers auch nicht an unter andern gedancken, die er ym walfisch gehabt hat, sondern allein sein gebet. Drumb mussen wyr der schrifft gewonen, das wo die lieben heyligen ynn gemeyn von gelůbd und bezalen reden und nicht aus drucken ynn sonderheyt eyn eygens, Das da selbst verstanden werde das gemeyn gelůbde aller, die gotts volck sind. Da geloben wyr aber, das wyr keynen Gott mehr haben wollen denn yhn alleyne; drumb heyst solch 'gelůbd bezalen' nichts anders denn bekennen, loben und predigen und also ehren und dienen dem

1 warzu *DE*　4 teutsch *CDEK*　5 und *fehlt B*　10 rüret *BCDEMNO*　12 liessen *BCDEHIKLO* lassen *N*　13 sie] so *DE*　14 gelůbe *A* gelube *L*　16 Juden *BCDEGKLNO*　21 viel *fehlt O*　23 Solchs *I*　25 sturm *BHL*　26 unwurdigen *H*　29 saget *CO*　30 nicht *B*　32 Drum *H* Darům *O*　müssen *BCDEKLMNO*

Ps. 50, 14 herrn wie der .xlix. Pſalm: 'Opffer Gott das danckopffer und bezale dem höhiſten Ps. 116, 14 deyne gelübde'. Und Pſalm .cxv. 'Ich wil meyne gelübde bezalen dem herrn fur allem ſeynem volck'. Alſo wil Jona auch ſeyn gelübde bezalen, das iſt den herrn preyſen und predigen als ſeynen eynigen Gott, Darumb das yhm geholffen iſt.

2, 11 **Und der HERR ſprach zum fiſch, und der ſelbige ſpeyet Jona aus ans land.**

Das iſt auff rechte ſchrifft weyſe geredt, als das Gott alle ding thut und Joh. 1, 3 macht durchs ſprechen odder wort, wie Johan. 1. 'Alle ding ſind durch das Ps. 33, 9 wort gemacht und on das wort iſt nichts gemacht', Und Pſalm .xxxiij. 'Er ſpricht, ſo geſchichts; Er gebeut, ſo ſtehts da'. Alſo hat der fiſch nicht muſſen Jona verdewen, und die natur des fiſſchs hat da nicht alleyne muſſen ſtille halten von yhrer gewonlichen wirckunge und bewunge, ſondern hat auch müſſen die ſpeyſe widder geben, dazu ans land tragen und unverſeert aus ſpeyen. Das alſo eytel groſſe wunder Gott an dem Jona wirckt. Da iſts alles umbgekert. Was vorhyn zum tode dienet, mus zum leben dienen. Da mus der fiſſch, der vorhyn des tods gezaw war, des lebens gezaw ſeyn, Und mus Jona durch den zum leben komen, durch wilchen er zum tod gefangen und gefurt ward. Das meer mus auch rawm geben und ſeinen gaſt gehen laſſen ans land. Hie halten der berge gründe nicht mehr, der erden riegel ſind weg, der ſchilff deckt nicht mehr etc. Das iſt alles unſer troſt und zuverſicht, auff das wyr lernen Gott trawen, bey dem es gleich iſt tod und leben und ſo leicht, als ſpiele er damit, wenn er eyns gibt und das ander nympt odder eyns umbs ander wechſelt. Aber uns ſind es groſſe unmügliche ding, daran er uns ſeyne Ps. 106 (105), 8 macht und kunſt beweyſet, wie der .ciiij. Pſalm ſagt.

Das dritte Capitel.

3, 1. 2 **Und es geſchach das wort des HERRN zum andern mal zu Jona und ſprach: Mach dich auff und gehe ynn die groſſe ſtad Nineve.**

Dis wird drumb geſchrieben, das wyr mercken, wie nichts furzunemen iſt on gotts wort und befelh. Denn der erſte befelh gotts war zu nichte worden durch Jonas ungehorſam. Darumb wo es Gott nicht von newes hette gepotten, hette Jona nicht gewuſt, ob ers thun ſolte. Ja, es ſolte yhm

---

1 höchſten *DEK* 2 Und der 115. Pſalm *DE* 3 zalen *CO* 5 geholffen *DE* 6 fiſche *CO* ſelbe *B* 9 Johan *CFGHIKLMNO* Johannis *DE* 10 und on *bis* gemacht *fehlt DE* iſts *B* gemachet *K* Pſal. *DE* 11 müſſen *BCDEKLO* 12 müſſen *BCKLO* 13 halten und von *DE* gewünlichen *L* Dewge *H* 14 und *fehlt DE* vnuerſeeret *CO* 15 wircket *CO* würckt *DE* 15/16 umbgekeret *B* 16 Das *H* 17 gezewg *CO* gezew *D* gezeüg *CO* gezew *D* 18 lebem *B* 23 ſpielt *I* 23/24 umb das ander *DE* 26 Das III. *I* 31 der *fehlt D* 33 gebotten *BDE* Jonas *DE*

wol gangen sein, wie es den kindern Israel gieng Nu. xiiij. die auch zum 4. Mos. 14, 40ff. 5. Mos. 1, 41ff.
ersten nicht wolten streytten aus gotts befelh, darnach wolten sie von yhn
selbst und wurden drüber geschlagen. So gar ists nichts und eytel unrecht,
was menschen aus eygener wal und freyem willen on gotts befelh und wort
furnemen. Uber das wird bey diesem andern befelh das hynzugefaßt, das er
predigen solle, was yhm Gott befelht, das also beyde das ampt und des ampts
wort mus ynn gottlichem befelh gefasset gehen. So gehets denn auch recht
und bringet frucht. Sonst wo sie lauffen on Gotts befelh odder predigen
anders denn Gotts wort, die thun eytel schaden, wie solche stücke alle beyde
auch Jeremia leret und spricht: 'Sie lieffen und ich sandte sie nicht. Sie Jerem 23, 21
predigeten und ich befalh yhn nichts'. Die zwey stücke las dyr gesagt sein,
der du predigen solt, und mercke sie wol, sie gelten dyr und dem volck, das
du lerest die seelen. Also hat auch Petrus die zwey stücke gefasset: 'So yemand 1. Petr. 4, 11
redet, das er rede Gotts wort. So yemand ein ampt furet, das ers thu aus
gottes vermügen', auff das er gewis sey, das beyde das wort und ampt gott-
lich und von Gott befolhen sey. Denn es ist beschlossen: 'Er spricht, so ge- Ps. 33, 9
schichts', 'durch seyn wort sollen alle ding geschehen' Joh. i. Darumb 'alle Joh. 1, 3
pflantzen, die nicht der vater pflantzt, werden ausgereutet'. Denn ob sie wol Matth. 15, 13
gepflantzt werden und auffgehen, so komen sie doch nicht zur frucht. Also
menschen thand gehet wol an und thut schaden, aber sie enden das nicht, das
sie wollen, sondern vergehen doch zu letzt mit yhrem thand, wenn sie schadens
gnug gethan haben.[1]

Und Nineve war eyne stad Gottes drey tage reyse gros. 3, 3

Warumb heyst er Nineve 'eyne stad gottes'? War doch daselbst nicht
der gotts dienst, tempel odder propheten. Ich halt, sie heysse darumb also,
das sich yhr Gott so an nympt und nicht verderben wil, sondern sorget fur
sie, schickt yhr eynen Propheten, auff das er yhr schone. Darumb wird frey-
lich die stad den rechten Gott und schepffer hymels und erden gegleubt haben.
So hat er auch gewust, das sie seynen Propheten hören und seyn wort an
nemen und sich bessern wurden. Gleich wie die schrifft auch sagt vom Naeman
zu Syrien, das 'Gott durch yhn dem land Syrien halff', Und den könig zu 2. Kön. 5, 1
Babylonien Nebucad Nezer auch 'seynen knecht' nennet. Damit er anzeygt, Jerem 25, 9
wie er auch sey der heyden Gott und nicht alleine der Juden Gott, sondern
habe unter den heyden auch die seynen.

---

1 Numeri *DE* Nume. *MN* Num. *O* 4 walh *L* freyen *HL* befehl *O* 5 anderen *CIO* befehl *O* 6 beuelh *DE* befilhet *K* befilcht *O* 7 Güttlichem *N* befehl *O* 8 bringt *BL* frücht *L* befehl *O* 9/10 solche beyde stücke auch *DE* 10 Hieremia *DE* 11 befalhs *H* nicht *H* 15 gwis *M* 17 beschehen *DE* Johannis. *DE* Johã. *NO* 18 pflantz *M* wol *fehlt DE* 19 gepflantzet *O* 20 thaud *F* 22 genug *O* 29 Propheten] Prophe- ‖ *A* 30 würden *BLMNO* GlIech *H* 32 Neser *H* 33 ehr *L*

[1] *Zu diesen Darlegungen Luthers vgl. Wilh. Walther, Luthers Beruf (Halle 1890), S. 22ff.*

Das die stad aber drey tage reyse gros sey, verstehen ettliche also, das sie ym ringe so weyt umbfangen sey gewest, das man ynn drey tagen habe mugen umbher gehen. Die lasse ich yhre meynunge haben. Es muste myr aber ein eben stedlin seyn, das zwolff odder funffzehen Deudsche meylen ynn der ring mauren hette. Denn die were wol funff odder sechs meylen lang und breyt. Ich verstehe es also, Das Nineve sey so gros gewest, das man ynn drey tagen sie habe durch gehen mugen ynn allen gassen, doch nicht seer lauffen, sondern wie man auff der gassen gehet mit mussen. Denn hernach spricht er, Jona sey eine tage reyße weyt hynein gangen und habe geprediget. Das, acht ich, sey ein ort und strich, den man ym tage mocht durch spaciern. Dazu hilfft das wort Mahalach, transitus, das heyst ein gang, wie man
2. Mos. 11 [10], 4f. ynn der stad hyn und widder umb gehet, gleich wie Moses spricht Exo. xiiij, Der herr sey ynn der nacht ynn Egypten gangen und alle erste geburt geschlagen. Der selbige gang ist nit ein schnur gleicher durch laufft sondern eyn umbgang hyn und widder gewest. Eyn ander halte was er wil.

3, 4 **Und predigt und sprach: Es sind noch vierzig tage, so wird Nineve umbgekeret.**

Eyne tage reyse weyt geht Jona und predigt. Wie viel tage aber er habe zu bracht, bis er den ort und strich bepredigt habe, ist unbewust. Die predigt ist auch kurtzlich angezeigt, was er gesagt habe, Nemlich: Nineve wird uber viertzig tage umbkeret werden. Er wird on zweyffel nicht alleyne diese wort gered haben, sondern hat sie mussen ausstreichen, warumb solcher zorn gottes uber sie kome und was fur bosheit ynn der stad sey und wie man solte frum seyn und was dazu gehöret. Gleich wie man noch thut, das man eyne predigt kurtz ynn eyner summa fasset und spricht: Er hat von der sunden gepredigt, Er hat von der messen gepredigt.

3, 5 **Da gleubten die leute zu Nineve und liessen predigen, man solte fasten, und zogen secke an beyde gros und klein.**

Ich meyne, das eytel heyligen sind ynn der stad gewesen, das sie Jona billich eyne stad Gotts nennet. Denn zeyge myr eyne stad mehr ynn der weyten welt, die yhr sey zu gleichen, wenns auch gleich die heylige stad Jerusalem were. Denn sihe sie doch an! Jona hat nur eyne tage reyse geprediget, und sie haben yhn nicht alle gehöret und bekeren sich doch alle. Jerusalem haben nie mugen widder Christus noch alle aposteln noch Propheten durch yhr

---

2 dreyen *HI* 3 mügen *BCFGHIKLMNO* mögen *DE* 4 stetlein *CDO* zwölff *CFGIKMNO* zwelff *DEL* Teütsche *CDEK* Teusche *O* 5 sechß *B* 6 [so] als *L* 7 dreyen *H* mügen *BCHIKLMO* mögen *DE* müge *N* 9 eine reyß *FG* 10 und *fehlt N* möcht *BDEKMNO* 11 transititus *CO* trasitus *D* 12 ynn *fehlt D* Exodi *DE* Exod. *N* xiiij.] am xiiij. *MN* 14 lauff *BCDEHI* 16 viertzigt *B* 17 umbkeret *C* 18 gehet *BIKL* 19 ehr *L* gepredigel *FH* geprebigt *G* 20 predig *HM* predige *K* kurtzlich *BDE* 21 umbgekeret *DEFG* Es *FGH* 25 predig *HO* predige *KL* 27 liesse *CO* 30 zeygt *L* 31/32 Hierusalem *DE* 32 tagreyse *I* 33 Hierusalem *DE*

wort und wunder dahyn mügen bringen, ob sie gleich lange damit umbgangen und durch und durch gepredigt haben, das Gott auch hie möcht sagen, wie Christus Matt. viij. vom heubtman sagt: 'Ich habe solchen glauben nicht funden ynn Israel'. Matth. 8, 10 Ja, zu Jona zeyten war Israel und Jerusalem fast böse, da Nineve frum wird. Wie wol, ob Jerusalem des gleichen gethan hette als zun zeyten David, Salomo, Ezechia, Josia, were es doch nicht solch wunder, weyl sie gotts gesetz, so viel Propheten, so viel gottfurchtiger könige, fursten, priester und ander treffliche leute hatten, die teglich trieben und anhielten. Aber zur zeit Jona ist Nineve die beste und gröste stad auff erden und hat keyne gleiche.

Diesen ort des propheten Jona pflegen die sophisten auff die werck zu ziehen und sagen: da, da sihestu, das Gott die werck ansihet und die Niniviten dadurch gnade erwerben, ob sie wol heyden und ungleubig sind; der frey wille kan sich wol zur gnaden mit wercken bereyten etc. Hie antworte ich: Solchem geschwetz ist Jona zuvor komen, da er zu erst, ehe er die werck erzelet, der Niniviten glauben preyset und spricht: 'Die leute zu Nineve gleubten an Gott'. Solchen spruch konnen sie feyn uberhüpffen und uns die werck zeygen. Item Jona nennet Nineve 'eyne stad gotts'. Eyne stad gottes seyn und an Gott gleuben, lest warlich nicht zu, das der freye wille habe diese werck gethan, sondern gotts gnade und der glauben haben solchs gethan. Und umb solcher gnade und glaubens willen haben solche werck Gotte gefallen. Denn sie haben damit eusserlich yhren glauben und die gnade ym hertzen beweyset, was fur frucht Jona durch seyne predigt hat geschafft. Was solt aber nicht Gotte gefallen, wo glaube und gnade zuvor ist ym hertzen, so auch die sunde nicht schaden, so noch ubrig bleiben?

Und mercke, das sie ettliche stuck thun, die yhn Gott nicht befilhet, und sie doch Jona erzelet, als das sie fasten und secke anziehen. Was fraget Gott nach dem fasten und secken? Er wil das hertz haben und das gantze leben verendert. Gott hat sie auch nicht durch Jona gefoddert von yhn, sondern alleyne, das sie von yhrer bosheyt liessen. Nu mag eyner wol ynn secken gehen und fasten und dennoch eyn schalck ynn der haut sein, wie die munche sind ynn yhren kappen. Derhalben er auch hernach nicht das fasten noch die secke preyset, sondern 'das sie sich bekeret hatten' spricht er, 'von yhren bösen wegen'. Sie haben aber solchs gethan aus alter gewonheit, wie sie es von yhren vorvetern gelernt haben, die sich also fur Gott mit secken und fasten

---

3 Matthei *DE* Matthei am viij. *M* sage *C* 4 Hierusalem *DEN* 5 Hierusalem *DEN* gleiche *L* 6 zů *K* 7 gotfürchtiger *CLO* gotsfürchtiger *DE* 8 treffeliche *DE* hätten *C* 10 gliche *H* 11 pflegten *I* 12 zihen *B* 15 erste *G* 20 glaube *BN* 21 willens *ACFGHKO* 23 frůcht *KL* furcht *O* predige *CO* predig *DEHK* Gott *BK* 25 vbrige *CO* vberig *DE* 26 stück *BKL* 27 faste *CO* 29 verendert *CO* gefordert *DEI* 31 münche *L* 32 er *fehlt N* noch] vnd *DE*

gedemütigt haben. Eben das selbige ist auch davon zu sagen, das sich der könig mit seynen fursten ynn die asschen setzt und so nerrisch ding gebeut, das auch die thiere und das viehe nicht essen noch trincken sollen, dazu auch secke anziehen und zu Gott ruffen. Wer hat yhe gehort, das unvernunfftige thiere sollen fasten, secke anziehen und zu Gott ruffen? Fragt Gott auch nach solchem thun der thiere?

Es gilt freylich bey Gott der thiere fasten und secke eben so viel als der menschen fasten und secke, Und widderumb der menschen so viel als der thiere. Aber ein furchtsam hertz und demütig erschrocken gewissen thut auch wol nerrischer ding, damit es beweyse, das es sein ernst sey. Und wo es müglich were, so zwunge es auch steyn und holtz zu trawren und alle creaturn mit yhm zu weynen, und dennoch sich düncken liesse, es were nicht gnug. Denn es ist unsprechlich und unbegreyfflich, was fur eyn ernst ist umb ein recht rewiges hertz. Das meint, es solle aller welt so zu mut sein und thun, wie Röm. 8, 26 es thut. Das wol S. Paulus sagt, 'das suffzen des geysts' sey 'unaussprech-Ps. 22, 2 lich' Ro. viij. Und David Psalm .xxxi. spricht, er habe 'gebrüllet' wie ein lawe fur suffzen seines hertzen, das ist, seine rewe und suffzen ym hertzen war so gros und gewaltig, das eraus brach mit heulen und weinen so grewlich, als höret eyner eynen zornigen lawen brüllen. Wenn nu Gott solchen ernst sihet, so hat er gnug und lest yhm auch solche nerrische dinge alle wol gefallen, die er sonst nicht ansehe, wo solcher ernst nicht ist. Darumb hat Jona furwar der Nineviten rewe und busse meysterlich und gewaltiglich ausgestrichen, als die hefftig, ernst und thettig gewest ist.

Wollen nu die sophisten hie rhümen die werck, das die fur Gott gelten, wollen wyr nicht weren. Aber sie schawen drauff, das sie den ernst auch rhümen, aus wilchem solche werck geschehen. Denn so sie die werck alleyne mit gedancken an sehen und an nemen on solchen ernst, wie die angenomene weyse sind ynn klöstern und kirchen, sonderlich ynn der fasten und marterwochen, so sinds furwar eytel narren werck, als wenn man die thiere hiesse fasten, büssen und beten on busse der menschen; Damit man nichts ausricht, denn das man gottes spottet und grössern zorn anrichtet. Darumb weyt, weyt von solchen wercken odder mit ernst furgenomen. Solchen ernst aber gibt nicht der freye wille oder unser krafft, sondern der glaube aus des heyligen geysts krafft. Denn wyr sehen auch hie, das es die Nineviten bey den tollen wercken nicht lassen bleyben, sondern uber das fasten und schreyen der thiere greyffen sie

---

3 das *fehlt CO* auch die secke *DE* 4 hat das ye *DE* 9 forchtsam *CDEIKLO* 10 damit er *H* 13 unausspprechlich *N* unbegrifflich *I* 15 sant *DE* seufftzen *CDEIKNO* süfftzen *H* 16 Rom. *DEO* Roma. *LMN* David am 31. Psalm *DE* Psal. *CH* 17 lőwe *CDE* lewe *H* lew *K* seufftzen *CDEIKO* süfftzen *HN* seufftzen *CDEINO* süfftzen *HK* 18 er auß *CO* herauß *DEK* bracht *DE* 19 eyner *fehlt CO* lőwen *CDE* lewen *HK* 21 Drumb *B* 24 das sie *H* 28 materwochen *DE* 29 sind *DE* 31 grossen *N* 33 willen *DE* unsere *I* geyst *DE* 34 Niniuiten *H* Neniuiten *N*

die rechten stück an und gebieten, eyn iglicher solle sich bekeren von seynem bösen wege und vom frevel seiner hende. Man wil ja viel die werck rhümen und lassen anstehen, das dabey stehet, nemlich das man solle frum werden, auff das sie alleyne sprew on korn und die hülsen on safft, die schalen on kerne opffern und Gott yhr narr und spot vogel sey. Las sie vor frum werden und die werck thun, die sie rhümen, darnach sol sich der hadder wol selbst legen. Aber nu haddern sie umb gute werck, der sie keyne gedencken zu thun, konnen auch nicht, wollen doch ymer davon plaudern und meyster brynnen seyn.

'Secke an zihen' ist auff Ebreisch gered, das es heyst geringe kleyder anthun und on allen schmuck daher gehen, wie die thun so leyde tragen, und mussen nicht so eben melseck odder sacktuch tragen, wie Jeremia spricht: 'Ich Jes. 50, 3 (Jerem. 4, 28) wil dem hymel sack an zihen', das ist tunckel und mit wolcken finster machen. Und ynn Apoca. vi. spricht er, 'die sonne sey worden wie eyn harYn sack'. Offenb. 6, 12 Also zihen hie die thiere auch secke an, das ist, sie müssen mittrawren und sawr sehen. Gleich wie auff Ebreische weyse 'brod und wasser' heyst essen und trincken Und 'ynn der asschen sitzen' heyst sich ernyder setzen, nicht hoch faren und ynn ehren daher gehen. Nicht das sie so eben hetten müssen eytel brod und wasser brauchen und ynn der asschen fur dem offen odder auff dem herde sitzen; Sondern weyl kein geringer speyse ist denn wasser und brod und keyn geringer kleyd denn sacktuch und keyn geringer stet denn asschen, wird damit allerley geringe speyse, kleyder und stette gewand[1], wie Esaia von Babylon sagt: 'Ernydder, Babylon, ernydder, setze dich ynn die asschen!' Jes. 47, 1

Wer weys? Gott möcht sich keren und rewen etc. 3, 9

Da redet der könig, als zweyfel er und sey nicht gewis, das gott gnedig seyn wolle, wilchs doch der glaube foddert, odder ist nicht glaube. Aber er zweyfelt nicht, sonst hette er so nicht gethan und sich so nicht gestellet. Denn zweyffeln rufft nicht zu Gott und wendet nicht solchen ernst fur. Es geht also zu, das eyn recht rewig hertz fur furcht ym kampff stehet und ficht mit dem verzweyffeln und hat noch nicht gewonnen, darumb redet es, als sey es ungewis. Aber ynn der warheyt so lauts nicht anders, denn als sey es noch nicht hyndurch, sondern sticke ynn der erbeyt und not. Wenn nu keyn glaube da were, so hielte es nicht ynn solcher erbeyt und not. Darumb sind diese wort viel mehr zeichen, das glaube da sey, aber eyn solcher glaube, der yn furcht stehet und ficht und doch gotts gnaden fur augen hat, wie er hie spricht: 'Gott mocht

1 rechte *O* yeglicher *CDEK* yhlicher *N* 3 frumb *I* 4 sprewer *DE* sprew on] sprew und *I* 8 ploderun *H* 9 Hebreisch *DE* 10 on] an *L* 11 müssen *BCDEIKLMNO* Jere. *FG* Hieremia *DKO* 13 ym *L* Apocalip. *MN* Apoco. *O* 14 die *fehlt DE* 15 Hebreische *DE* 16 Und *N* 17 hetten müssen *fehlt DE* 19 spyse *N* speyse *bis* 21 brod und keyn geringer *fehlt O* 21 gemeind *H* gawand *N* Isaia *N* 23 rewen *fehlt I* 25 zweyffelet *DE* 26 nicht] nickt *N* 28 den *L* zweyffeln *DE* 31 stecke *CDEHKO* arbait *CDEHKNO* 32 arbait *CDEHKNO* 33 steht *BFG* steet *CDE* 34 möcht *BDEHIKLMNO*

[1]) *Wenn nicht Druckfehler, so im Sinne von „bezeichnet" gemeint, vgl. unten die Nachträge*

sich keren und rewen' etc. Das ist: es ist ja noch güte dahinden und nicht eytel zorn.

Es ist nicht not, hie die spitzigen frage zu handeln, wie sich Gott kere und rewe und las yhm leyd werden, so er doch unwandelbar ist, damit sich etliche hoch bekümern und machen yhn selbs schweer ding draus. Da last uns viel mehr auff sehen, wilch ein trefflicher glaube ynn den leuten gewest ist, Die nicht alleyne das gleubten das Jona predigt, wie die stad wurde unter gehen, Sondern auch gottes gnaden sich thüren vertrösten, wie wol sie davon keyne verheyssunge von Jona hören sondern alleyne die drewe wort. Das erste stücke ist gros, das so eyne mechtige stad und könig so bald erschrecken und sich so hoch furchten fur Gott und so tieff demütigen von eynes mannes eyniger predigt und nicht dencken, warumb sie fur allen andern stedten ynn der welt so eben müsten sunder und verdampt seyn. Wie steyff stund Sodom und Gomorra widder Loth? Wie feste hielt Pharao widder Mosen und Aaron? Wie verstockt bleyb Jerusalem widder Christum und die Apostel? Wie tobete und wuetete Roma widder die Christen allzumal? Wie trotzig sind noch itzt Fursten und Bischoff widder das Euangelion? Es ist furwar die gantze welt eytel buben, ja teuffel gegen diese leute zu Nineve und sie eytel engel gegen die welt.

Das ander stücke ist noch grösser, das sie ynn solcher furcht und angst nicht verzagen, und haben doch keyne verheyssunge. Lieber, woran halten sie sich, das sie nicht verzweyffeln? so viel Propheten, so viel Apostel, so viel schrifft, so viel bücher, prediger und tröstlicher wort haben wyr und konnen dennoch nicht wol Gott trawen, Das unser reichtum ynn gotts wort wol möcht ein meer heyssen gegen eym tröpfflin, das sie gehabt haben. Denn sie haben ja nichts mehr können haben on das eynige wort, Das Gott hymel und erden geschaffen habe und rechter Gott sey, das ist, das er gütig und gnedig sey. Solch stücklin machen sie yhn so trefflich nütze zu yhrer selickeyt uns beyde Juden und Christen zu allen schanden, die wyr uns so reichlichs uberfluss ynn Gotts wort nicht konnen die helfft so nütze machen. Darumb sie auch Christus Math. xij. den Juden und uns allen auffruckt und spricht:

Matth. 12, 41 'Die leute zu Nineve werden aufftretten am jungsten gericht und dis geschlecht verdamnen. Denn sie büsseten durch die predigte Jona. Und sihe, hie ist mehr denn Jona'; und das nicht unbillich, weyl wyr nicht die helffte des

1 etc. *fehlt MN* 5 schwere *DE* 6 wilch] wie *IK* treffenlicher *DE* 7 würde *BLMN* 8 thüren *CDE* 9 dreitwe *C* 12 predig *HI* gedencken *DE* 13 der *fehlt DE* 15 bleyb *O* Hierusalem *DE* 18 disen leuten *CH* 19 der *H* 21 waran *CH* 22 verzweiffeln *O* 23 schriefft *M* haben wie wir *DE* 24 nicht Gott wol *B* 25 tröpfleyn *C* tröpflein *DE* 28 treffenlich *DE* nützt *B* zu] über *I* 29 beyden *DE* und *fehlt DE* uns *fehlt DE* 30 uberflusses *K* halbtayl *C* 31 Mathei *CDE* Matthei am xij. *MNO* 32 dis *fehlt DE* 33 verdamnen *K* sie] die *FG* predige *DEI* predig *H* prediget *NO* 34 den halbtayl *C*

ernstes furwenden, mit so viel tausent drawen und verheyssungen Gottes vermanet, da die Nineviten aus eynem draw wort erschreckt, on eynichē verheyssunge getröstet, so reichen glauben beweysen. Aber es gehet so zu: Wo wenig gotts wort ist, da ist gros hunger und ernst darnach. Wo es uberflüssig ist, da ist man seyn uberdrüssig und verachtet es.

Da sahe Gott yhre werck an, das sie sich bekereten von yhrem 3, 10
bösen wege etce.

Hie, Hie werden die werck gepreyset. Was wollen wyr da widder sagen? Hie haben die werckheyligen gewonnen. Ja, seyn gewonnen. Sihe auff den text! Er spricht: 'Gott sahe yhre werck an', das ist, sie gefielen yhm wol. Aber was waren es fur werck? Er deutet sie selbst und spricht: 'Sie kereten sich von yhrem bosen wege'. Solche werck thu und lere, so gonnen wyr dyr nicht alleyne den rhum der werck, sondern wollen sie helffen rhümen. Von bösen wegen sich keren ist nicht eyn geringe werck. Es begreyfft nicht ynn sich fasten und secke, sondern gleuben an Gott von hertzen und den nehisten lieben als sich selbs; das ist, es fodbert den gantzen menschen frum und gerecht, beyde ynnerlich und eusserlich, an leybe und seele. Denn Gott fodbert den gantzen menschen und mag der helblinge und heuchler nicht.

Das vierde Capitel.

Das verdros Jona fast seer und ward zornig und bettet zum 4, 1. 2
HERRN etce.

Das ist myr yhe fur war eyn wunderlicher, seltzamer heylige, der da zurnet, das Gott den sundern gnedig ist, und gonnet yhn keyn guts sondern eyttel unglück widder die art der liebe, wilche auch den feynden alles guts wundscht und thut. Und das noch mehr ist, das er solchs thut, nach dem er den grossen ernst göttlichs willens erfaren hatte ym meer und walfissche. Dazu lest er noch nicht abe, da yhn gott drumb straffet, das er unbillich zurne, Und stehet doch daneben auff solchem grossen glauben, das er Gott umb den tod bittet und wil nicht leben, Wilches er nicht kunde bitten, wo er nicht gotte auffs aller hohest vertrawet hette. Was wollen wyr hiezu sagen? Wie kan solcher glaube und solche untugent bey eynander stehen? Hie solte man fragen, da were nütz an. Leucken mügen wyr nicht, das Jona unbillich zurnet und unrecht thut, weyl Gott yhn darumb strafft beyde mit worten, mit that und mit eym zeychen der wilden ruben. So müssen wyr auch bekennen, das

---

1 drowen *C* drewen *DE* trawen *HL* verheissunge *H* 2 da] das *NO* Niniuiten *HN* drawen *B* dräw *C* drew *DE* einige *HN* 5 verdrüssig *K* 6 yrem *N* 12 bösen *BCDEFGKLNO* böse *M* künnen *C* 15 sonder *BH* sunder *DE* nechsten *CDE* 16 fordert *DEI* frumb *I* 17 leyb *BL* fordert *DEI* 19 Das IIII. *I* 20 war *H* 21 etce. *fehlt I* 23 zürnet *BCDEIKMNO* zörnet *L* 24 vngleück *M* 25 wündtscht *L* 26 hatt *B* hätte *C* 27 zürne *BCDEIKMNO* zörne *L* 29/30 er Got nicht auffs *DE* 30 auff das *NO* 32 Laugenen *DE* zürnet *BCDEIKNO* zörnet *L* 33 strafft *NO*

er sey ym glauben und Gott angeneme gewest, weyl Gott so freundlich mit yhm redet und eyn zeychen gibt und sich stellet wie eyn mensch, der mit seynem nehisten freundlich redet und handelt.

Und wenn yhm solchs alles were zu schencken, so ist doch das ja uber die masse, das er gleich seynen ersten ungehorsam und flucht, daruber er so grewlich gestrafft ist, aller erst wil billichen und verteydingen und die schuld Gottes guete zu rechen, da er spricht: 'Ach herr, das ists, das ich sagte, da ich noch ynn meynem lande war, darumb ich auch wolte zuvor komen, auffs meer zu fliehen' etc. Was ist doch das anders gesagt denn so viel: Ich thet recht daran, das ich flohe und nicht hieher wolte, und ist deyner guete schuld, ist schuld da? Was sucht Jona damit? Trotzt er nicht Gotte? Ringet er nicht darnach, das er auffs new ynn tausent meer und walfissche geworffen werde, als der widder gotts guete murret und sich selbst rechtfertiget? Wenn solchs Saul odder etwa eyn ander thet, was solt yhm wol begegenen? Solten werck bey Gott gelten odder entgelten, so müste Jona hie ynn abgrund der hellen faren, als der mit seynem zorn widder glauben und liebe gantz halstarriglich tobet. Denn Gotts guete schuldigt er und vergonnet seynem nehisten gnade und alles gut. Sind das gute werck? ja, ist da nicht alle untugent, was ist denn untugent? Ich wüste schier nicht, was ich hie solt antworten.

Das erste ist aber, das wyr hie mercken, wie gar wunderlich Gott ynn seynen heyligen ist, auff das niemand leicht fertig sey, yemand umb eyniches wercks willen zu richten odder zu verdamnen. Das werck mag böse seyn und ist auch böse, noch sol ich die personen nicht verachten odder verwerffen. Denn so wyr hie Jona an sehen, so ist warlich seyn werck unrecht, als das gott selbst strafft. Noch ist er das liebe kind und redet mit Gott so frey, als furchte er sich nichts fur yhm (wie es auch war ist), und trawet yhm als eynem vater. Das ander, das wyr lernen, wie Gott seyne liebe kinder lest gute, grosse, grobe stücke narren und feylen, wie Christus auch mit den Aposteln thut ym Euangelio zu trost allen gleubigen, so zu weylen sundigen und fallen. Das dritte, das wyr sehen, wie gar freundlich, veterlich und lieblich Gott mit denen handelt und umbgehet, so yhm vertrawen ynn nöten, wie lieb der vater

Ebr. 12, 11 wird nach der ruten und staupe, als die Epistel zu den Ebreern sagt, das 'die zucht die allerlieblichsten frucht bringt denen, die drynnen geubt werden'. Denn hie, sihestu, mus das gar nichts schaden noch zur sunden gerechnet werden, das doch warhafftig sunde und streflich ist, Sondern ist eyne tegliche

3 nechsten *CDE* freundtlich *C* 4 doch] noch *N* 5 erstin *L* er *fehlt G* 6 gestraffet *CNO* will ich billichen *C* vertedingen *G* 7 güte *BCDEHIKLMNO* zurechnen *G* 10 güte *BCDEFGHIKLMNO* 13 güte *BCDEHIKLMNO* rechfertiget *C* 14 etwo *K* begegent *D* 16 glaube *FG* 16/17 halsstarriglich *FGKL* 17 güte *BCDEFGHIKLMNO* 17/18 nechsten nicht gnade *DE* 19 denn *fehlt DE* hie *fehlt DE* 21 leichefertig *H* eyniges *HL* 22 verdammen *O* 24 ansehen *N* das] da *B* 26 fürchtet *I* forchte *L* 30 fründlich *I* 32 staube *C* zun Hebreern *DE* 33 frücht *L* 34 nicht *H* sünde *DE*

kindes sunde, die der vater williglich und gütiglich tregt. Aber mit den gottlosen gehet er nicht so umb, sie konnen sich auch nicht dreyn schicken, sondern werden gantz und gar zu frech und zu wilde, wo sie fulen, das Gott gnedig ist und schonet, gerade als solt er auch yhr gottlos wesen yhm gefallen lassen odder dulden.

Es ist aber nicht wunder, das Jona nicht wil den Heyden gotts gnade gönnen. Denn rechen du selbst: Es war bey den Juden eyn bestendiger glaube, das alleyne Israel Gotts volck were, wie ich droben auch gemeldet habe, und alle heyden unter gotts zorn, wie der vers Psalm .lxxviij. lautet: 'Herr, schütte [Ps. 79, 6] deynen zorn uber die heyden, die dich nicht kennen, und uber die königreiche, die deynen namen nicht anruffen'. Darumb stunden sie drauff, das keyn mensch solt gotts gnaden teylhafftig werden, er müste zuvor Moses gesetze an nemen und Jüde werden. Denn es die Apostel und ersten Christen auch nicht anders verstunden, wie Luca Act. viij. schreybt, das sie umb her giengen und predigeten das Euangelion niemands denn den Juden alleyne und zürneten mit S. Petro, das er den Heyden hatte geprediget Act. x. und .xi. Und ist Jona [Apg. 10 u. 11] nicht von den Juden drumb verfolget odder getödtet, das er zu Nineve prediget den Heyden und Nineve eyne stad Gotts nennet, so sols eyn gros wunder seyn. Denn es war den Juden unleydlich, das eyn volck Gottes solt etwa seyn und nicht Mose gesetz haben und halten, wie hie die Nineviten von Jona gepreyset werden. Was müssen die itzt und allezeyt warten, die da leren, Es seyen etwa Christen und mügen Christen seyn, die doch des Bapsts gesetz und Römischer kirchen weyse und gepot nicht haben noch halten? Alzumal Ketzer, Ketzer und verbrand.

Und möcht wol seyn, das dis sey die rechte ursache, warumb Jona nicht wolte gen Nineve und noch murret, das sie nicht untergehet, und lieber tod were, denn das er das sehen sol, das yemand gotts gnade kriege und Gotts volck werde on gesetze Mosi und der Juden weyse. Was ist das anders denn eyne schande dem volck Israel, als die unnötige und vergebliche gesetze haben, so wol on die selbigen die menschen mügen selig werden? Solten sie hie nicht sagen: Was machen wyr denn mit so grosser mühe und erbeyt, so 'diese letzten nur eyne stunde erbeyten und kriegen gleichen lohn mit uns, die wyr [Matth. 20, 12] des tages hitze und last tragen', wie ym Euangelio steht? Solt das nicht schele augen machen? Solten sie nichts besser seyn? Solten sie nichts mehr

---

6 gnaden *NO* 9 heyligen *FG* Psal. *DE* 11 sie] die *H* 13 Jude *BCDEFGK* Juden *H*) ein Jüde *NO* 14 Lucas *DEIN* Actuum. *H* Actu. (Act. *M*) am viij. *MNO* 15 nyemandes *NO* den *fehlt DE* zurneten *B* zürnetem *H* zörneten *L* 16 hätte *C* Actuum *FG* Actu. *LNO* 18 sols wol eyn *N* 19 unleidig *H* etwo *K* etwas *L* 20 gesetz *H* 21 allzeit *BCDEL* 22 etwo *K* sind *H* 23 gebot *BDE* gepott *IMNO* 26 gehn *K* sie *fehlt DE* 28 gesetz *HL* 29 gesetz *B* 31 arbait *CDEFGHNO* 32 nür *DE* arbaiten *CDEFHNO* 33 des] den *FG* 34 machen? Solten] machen? Sölten sie nichts böser sein? Sölten *DE* bessers *FG* bösser *DE* Solte *B* nicht *DE*

kriegen? Eben so gehets hie auch zu, das die Niniviten gnade erkriegen on gesetz und propheten, Und die Juden mit yhrer grossen erbeyt ym gesetze nichts mehr kriegen denn sie, ja auch zu letzt der gentzlich feylen und mangeln, da sie mit yhrem murren und schelsehen etwas bessers wollen denn das Euangelion haben und den heyden nicht gonnen wolten Christen zu werden. Solchs hat müssen Jona gantz unlustig machen, als der solchs alles eyne ursache ist mit seynem predigen zu Nineve; und er solte der erste seyn, der das Judenthum verachtlich und unnótig machete? wie hette er thüren ym lande bleyben? Er hat nicht on ursache geflohen und sich gewegert solcher prediget. Denn ein Jude sein und doch predigen, das Judenthum unnöttig sey und on das wol gotts gnade zu kriegen sey, das ist eben so viel, als wolt ein Jude seyne eygen Juden zu nichte und unnütze machen und die heyden erheben, gleich wie es
Apg. 13, 45 ff. S. Paulo auch gieng ynn gleichem fall, wie Luca beschreybt ynn Actis.

Das nu Jona gestillet wurde und auch hett, das er seynen zornigen Juden darauff antwortet, spielet Gott mit yhm und gibt yhm ein zeychen,
Apg. 10, 11 ff. gleich wie er Petro thet Act. x. da er auch gleych ynn Jonas meynunge stund, Und gab yhm ein gesichte vom hymel, ein leynen tuch mit allerley thieren und sagt zu yhm, Es were alles reyn, So es doch eytel heyden waren on gesetze Mosi etc. Also gibt Gott hie Jona eyn zeychen und lies eine wilde rube wachsen, das Jona eine lustige lauberhütte dran hatte. Da er nu sich wol frewete solcher hutten, verschaffte der herr einen wurm frue morgens, das sich Jona nicht versach; der stach die wilden rube, das sie verdorret und beraubt den guten Jona seyner lust. Dazu lies er yhm die heyssen sonne auff den kopff stechen, da er keyne hutten mehr hatte, also das er abermal unlustig wird, und schleht eine unlust zur andern und wil nyrgend gehen, was er gerne hette. Darumb bittet er abermal umb den tod, das er der unlust abkeme.
Matth. 20, 15 Da kompt nu Gott und stillet yhn und schleust, das er 'muge thun was er wil', wie der haus vater ym Euangelio sagt, Beweyset auch, das Jona unbillich zürne. Sihe, spricht er, Du zurnest umb einen geringen strauch, das der selbige nicht blieben sondern verdorret ist. Wie viel weniger ist aber ein solcher strauch denn ein mensch, schweyge denn eine solche stad! Soltestu denn nicht auch wundschen und gerne sehen, das die stad bliebe, der du die wilden rübe so gerne sehest bleyben? Was kondte Jona hie widder sagen? Er

---

1 gethis *L* kriegen *DE* 2 arbait *CDEHNO* nicht *H* 3 mehe *B* 4 schelten *L* 6 vnlustigt *M* 8 verachlich *DE* 9 geflogen *M* predigt *B* predige *DE* predig *HK* 10 predigen das das *NO* 10/11 on das Gotts gnade wol zu erkriegen sey *B* 12 es *fehlt FG* 13 sancto *H* 14 würde *HNO* 16 actu. *NO* Actorū am 10. cap. *DE* Jona *B* 17 ein *bis* thieren *fehlt DE* 20 laberhüte *FG* hätte *CDE* 21 hütten *BCLMNO* 22 ruben *FG* 22/23 beraubet *DE* 23 guten *fehlt L* seyner *BCDEFGHIKMNO* Da | zu *M* Da *NO* auff *fehlt C* 24 hütten *BCDEKLM* hütte *NO* 25 ein unlust zu dem andern *DE* 26 hatte *DE* der | des *H* 27 müge *BCFGHIKLMNO* möge *DE* 28 Euangelion *FG* 29 zörne *L* zörnest *L* 31 geschweyge *DE* Söltest *DE* 33 rube *BDEKLM* ruben *NO*

müste verstummen als mit seynem eygen urteyl uberwunden, Dareyn er sein gefuret ward uber der wilden ruben, ehe er sich umbsahe. So gar ists nichts, menschliche witze gegen Gott.

Uber der wilden ruben, die auff Ebreisch 'kik' und hie 'kikajon' das ist ein kiklin odder kleyne kik heyst, haben vorzeyten die lerer sich wol versucht.[1] Die eltisten habens einen kürbis genand. Darnach ist S. Hieronymus komen und verdolmedscht es 'hedera' das ist Ephaw und spricht, es sey nicht ynn latinischem lande sondern ynn Syria. Es sey aber eyn solcher strauch, der seer schwinde wechst und bald so gros wird, das er eine hütten gibt und dicken schatten, hat bletter wie weinreben. Daher es die allen villeicht kürbis haben wollen machen. Wyr achtens dafur, Es sey der strauch, den die natur kündigen auff latinsch 'vitis alba' nennen, wilchs deudsch heyst 'Wilderüben'. Unser pfarher Er Johann Pomer meynet, Es heysse bey seynen Pomern 'Heylige wurtzel' und wachse so gros, das uber ein haus hin gehe, wilchs der nacht schatten ehnlicht. Denn Ephaw, wie es Hieronymus macht, kans nicht wol sein, wie er selbst bekennet, weyl der selbig pusch nicht auff seynem stengel stehet, wie kikajon thut, sondern henget sich an mauren und bewme, das die viel nehr haben troffen, die es kürbis haben gedeutet, wie wol Hieronymus yhr spottet und sie 'kürbisser' nennet.

Nu, es ligt nicht so grosse macht dran, Und sollen uns nicht so fast umb die wort haddern, wenn wyr des dinges gewis sind. Das ist war, das dieser strauch, wie wol er von natur selbst schwinde wechst, so ist er doch hie ynn einer nacht bereyt worden wunderlich umb Jona willen. Und Jona hat lange drunder gesessen, villeicht bis die vierzig tage umbgewesen sind. Denn der text spricht, Er sey zur Stad ausgangen, da er sahe, das sie sich bekereten, und hat sich gesetzt zu sehen, ob die stad wurde untergehen. Denn es verdros yhn schon bereyt, das er sie sahe busse thun, und hatte wol sorge, sie wurde nicht untergehen. Aber nach den vierzig tagen, da er sahe, das die bestympte zeit fur uber war, hebt sich sein zorn, das nichts aus seiner predigt solt werden. Da murret er widder Gott und mus sich meystern lassen und also mit schanden und gedemutiget widder heym zihen, doch mit grosser frucht und nutz seyns verstandes.

2 ist *K* 4 Hebreisch *DE* 5 kiklein *DE* Klyne *NO* 6 öltesten *C* eltesten *DE* Dernach *N* sant *DE* sanct *H* 7 verdolmenscht *N* hedara *B* 7/8 ym latinischen *H* 8 lateinischem *CO*] Latinischem *DE* 12 lateynisch *CDEO* latinisch *HK* welchs auff Latinisch *DE* teutsch *C* Wilderuben *BDELMNO* 13 Herr *DEH* 14 dem *DE* 15 ehnlich *C* 18 neher *CDEHKLO* mehr *I* habe *L* 23 wurden *FO* 24 willeicht *H* 25 zu der *DE* 26 würde *BLNO* 27 würde (im *Kustos* wurde *B*) *BLNO* 28 viertzig *B—O* 29 predig *CDEHI* 30 murrete *C* 31 gedemütiget *BCDEFGIKLMNO*

[1]) *Vgl. Rosenmüller, Scholia in Prophetas minores (1836), p. 398 sq.*

Aus den allen lernen wyr, wie Gott ein helffer ist aller menschen, nicht
1. Tim. 2, 4 alleyne der Juden, wie S. Paulus spricht .1. Timo. ij: 'Gott wil, das alle menschen genesen und zum erkentnis der warheyt komen', Und das wyr heyden, als die zur letzten stunde komen sind und gar nichts geerbeytet, gar unwirdiglich zu Gottes gnaden komen, weyl uns die selbige nicht ist verheyssen gewest wie den Juden. Gott wolte, das wyr danckbar weren und machten uns die selbigen nutze, wie dise leute zu Nineve gethan haben, Auff das wyr nicht auch zu letzt durch undanckbarkeyt erger umbkemen, wie denen zu Nineve hernach geschach. Denn diese geschicht Jona ist drumb geschrieben, das Gott uns zeyge seyne wunder, nemlich das sein wort da am aller ersten frucht schafft, da mans am wenigsten meynet, Widderumb da am wenigsten schafft, da mans am meysten sich versihet. Denn hie gleuben die heyden zu Nineve, die keyn wort zuvor hatten, Und die Juden werden ungleubig, die teglich gottes wort hatten, Auff das wyr an niemand sollen verzweyffeln, auch widderumb auff niemand uns vermessen.

Er spricht hie, das zu Nineve sey mehr denn hundert und zwentzig tausent menschen gewesen. Daraus man kan abnemen fast hynbey, wie gros die stad gewesen ist. Denn weyl er nennet hundert und zwentzig tausent und etliche zal drüber, zeygt er gnug an, das nicht hundert und dreyssig tausent drynnen gewest sind. Denn er hette sonst wol gesagt: mehr denn dreyssig odder vierzig tausent odder zweyhundert tausent. Nu ists noch nicht uber alle masse eine grosse stad, da zweyhundert tausent menschen ynne sind, sonderlich wo sie wol steht und ym schwang gehet, wie hie Nineve als die königliche stad stund, das heubt ym keyserthum zu Assyrien. Es were denn, das man es so deuten wolt, das der menschen, die nicht wusten, was recht odder linck were, solte so viel gewesen seyn, als junge kinder und narren, Der alten leute aber sey viel mehr gewest. Aber solche deutunge halt ich nicht, sondern das sie allzu mal nicht haben gewust, was linck odder recht sey, das ist, wie wyr sagen, sie wusten widder bis noch das ynn göttlichen sachen, als die keyn gesetz Mosi noch Propheten hatten, wilche sie hetten geleret, wie sie solten beyde ynn geystlichen und leyblichen, ynn eusserlichen und ynnerlichen dingen fur Gott sich halten, wie die Juden hatten. Denn so mag man die rechte deuten auffs geystliche ynnwendig und die lincke auffs leybliche eusserlich. Denn man Gott mit leyb und seele dienen mus. Das sey davon gnug. Nu müssen wyr auch die geystlichen deutunge handeln, der sind drey.

---

2 sant *DE* sanct *HMNO* 1. Timothei am 2. *DE* 3 das] als *DE* 4 gearbeittet *CDEHI* 5 nit *C* 7 selbige *FGNO* nütze *BCNO* diese *BMO* 8 umbkumen *DE* umkemen *L* 10 seyn *G* da *C* 11 am aller wenigsten *DE* winigsten *N* 13/14 wort zuvor hatten *DE* 15 verlassen *DE* 16 zwaintzig *CDE* 17 hiebey *K* 18 zwaintzig *DE* 19 drüber *B* zeyget *FGNO* 20 gesaget *C* 22 ynnen *FG* sondern *N* 23 stehet *FGL* schwanck *DE* 24/25 mans *DE* 25 wüsten *CDE* Linck *G* 26 solten *M* 29/30 gesetze *FG* 30 solte *DE* 32 also *DE* 35 deutungen *NO*

Die Erste.

Jona heyst auff Ebreisch eyne taube. Nu ist ym newen testament die taube des heyligen geysts gestalt, Luce. iij. und Johan .ij. und sonderlich der Luc. 3, 22 Joh. 1 [so], 32 offenberlicher heyliger geyst, wilcher gegeben ist, Christum ynn aller welt durchs Euangelion zuverkündigen. Also das Jona mit seynem namen ein furbilde ist des heyligen geysts und seynes ampts, nemlich des Evangelii; Das alle Apostel und prediger sollen auch Jona seyn und die taube, das ist den heyligen geyst haben und nichts von sich selbs on den geyst leren odder thun, wie auch Christus selbst Matthei .x. seinen jungern befilht, das sie solten seyn Matth. 10, 16 'on falsch wie die tauben und fursichtig wie die schlangen', das ist, das sie das wort gotts lauter und rein on allen zusatz einfeltiglich leren, wie es der geyst gibt, Und mit niemand felschlich umbgehen ynn wercken so wol als ynn der lere. Nineve heyst auff Ebreisch die schöne odder hübsche wie eyne hübsche wolgebawete stad schön ist. Das ist die welt, so ynn yhrem reichtum, wollust, weysheyt, stercke, heylickeyt und ehren lebt und schwebt auffs aller schönest und feynest. Aber da ist unter eytel grewel und sunde fur Gott. Das sie nu das wort höret und an nympt, fastet und secke an zeucht und ynn die asschen sich setzt, Deutet, das Gotts wort frucht bringt und keret alles umb und macht, das sie yhre heylickeyt, stercke, reichtum, lust, ehre und gut fur sunde, schwacheit, armut, unlust, schande und schaden helt und alles veracht. Das heyst recht ynn der asschen sitzen, secke an zihen nnd fasten, also das auch die thiere, das ist yhre leychnam müssen fasten und secke an haben, das ist sich kasteyen und züchtigen.

Das auch Jona aus dem Judisschen lande so ynn ein frembd land gesand wird, bedeut, das der geyst und Gotts wort solle von dem Judisschen volck genomen und den Heyden gegeben werden, wie Christus sagt Matt. xxij. 'Ich Matth. 21 [so], 43 sage euch furwar: Das reich Gotts wird von euch genomen werden und den Heyden gegeben werden, die frucht damit schaffen' etc. Das er aber fleucht und ym meer solche fahr leydet, bedeut das creutz und verfolgunge, so dem Euangelio ynn der welt widderferet, das sichs anlest, als fliehe das Christliche predig ampt und wolle untergehen und verloren sein, so gar schwach scheynet es gegen solchem wesen umb des willen, das die personen, die es furen, fluchtige, das ist schwache geringe menschen sind; das meer, das ist die welt ist gros und mechtig mit yhrem wüeten und toben. So ist der wallfisch grawsam und erschrecklich mit seynem rachen und zenen; das ist, der welt furst und gott,

---

2 Hebreisch *DE* 3 geyst *M* Johãnis *DE* 4 offenbarliche *DE* offenbarlicher *H* heylige *DE* 9 Mat. *C* befilcht *C* beuilhet *DEG* befielht *F* 13 Hebreisch *DE* 18 wort *fehlt H* 19 machet *C* sich *H* 20 armut] arbeit *C* schanden *GH* 21 ziehe *DE* 24 Jonas *O* frembdes *DE* 25 wird *fehlt C* 26 Matthei *CDE* 29 gfar *C* gefar *DE* verfolgung *B* 32 tegen *M* flüchtige *BCDEIKLMNO* 34 toben *L*

der teuffel, ist grawsam durch seine fursten und grosse herrn mit würgen und tödten etc. Aber doch wird Jona erhalten mechtiglich durch Gotts kraffte, und kan seine predigt widder durch seine eygen flucht noch durch des meeres toben verhindert werden, Sondern dringt fort und kompt doch gen Nineve. Also ob wol die prediger schwach, die welt gewaltig ist, so ist doch Gotts wort, das heylige Euangelion, mechtiger, dringt durch und ist ungehindert. Und wenn gleich die prediger alle verschlungen werden, gehet es nur deste stercker und kompt doch ynn die welt und leret sie umb, wie wyr sehen, das an den Aposteln ergangen ist, Uns zu trost, das wyr auch nicht erschrecken fur dem meer und walfisch, gewis, das unser wort odder Euangelion mechtiger ist denn das alles.

Die andere.

Ist von geystlicher verfolgung, wie es mit eym sunder zu gehet, wenn er geystlich stirbt und lebendig wird, das ist, wenn er sol gerecht und von sunden los werden. Das gehet also zu. Das erst ist die sunde, darein wyr alle sind gefallen durch Adams ungehorsam und haben die selbige erger und grösser gemacht durch unsern eygen ungehorsam und sind also von Gottis angesicht geflohen, das wyr nicht thun, was Gott wil. Und sonderlich wenn wyr ynn die schone sunde fallen, das ist ynn heuchley und falschen Gotts dienst vom rechten gotts wort. Das ist der ungehorsam und das fliehen Jona von gotts angesicht. Denn weyl wyr ynn sunden sind, sehen wyr Gott nicht und sind
Luc. 15, 11 ff. ferne weg wie der verlorne son ym Euangelio. Das er aber auffs meer fleuhet, und an keynem gewissen ort bedeut, das der sunder, so er von Gott fleuhet, nyrgend gewisses furnympt sondern geht und feret nach dem fleysch und der welt, wo der teuffel yhn hyn furet und treybt, fragt auch nicht darnach, wo er hyn kömet, on allein, das er nicht durffe ym lande und unter gotts gehorsam seyn, sondern seynem gutdunckel folge.

Er kompt aber hynab gen Japho und find ein schiff, das auffs meer feret, gibt fehrgelt und trit drein, legt sich, schlefft und feret so dahyn. Japho heyst hübsch odder feyn, das ist der gottlose hauffe, die do ein gleyssend leben furen ynn gotts ungehorsam. Diese stad ist denn eben recht fur den ungehorsam, gutdunckel und eygen erwelte gerechtickeit. Denn da find er eyn schiff, das ist, als yhn dunckt, eine gute weyse und lere, die yhn solle furen, als da ist das gesetze Gotts auff menschlichen dunckel verstanden. Da find schiff menner, das ist lerer solchs gesetzs und eygener werck, und furen, das

---

3 predig *DEH* predige *I* 4 geyn *K* 6 heylig *B* 7 verschungen *manche Exemplare von A* verschwūden *C* verschlunden *H* verschwungen *K* versungen *L* geets es *C* nür *DE* nun *H* 9 Und *DE* 13 eynem *N* 14 stirbet *C* 17 unhorsam *DE* 18 geflogen *MNO* 19 schöne *BCMNO fehlt DE* heucherley *H* 20 Gott *I* 23 keinen *I* 24 nyrgens *DE* gehet *BNO* geet *CDE* 25 hyn *fehlt MNO* 26 kömet *C* kumet *DE* kumpt *I* 27 gut duncken *DL* 29 fahrgelt *I* also *DE* 30 da *C* 34 Das *NO*

man nicht weys wo hyn, sondern nůr auffs mehr. Denn da ist keyn gewis noch sicher gewissen fur Gott, sondern feret, wie das mehr geht etc. Diesen gibt Jona fehrgelt. Denn solche lerer sind bauchdiener, umb gelt leren und furen sie, man gibts yhn auch gerne und macht sie reich, Gleich wie Gott dem volck Jsrael das land Canaan gab auch umb yhre werck. Aber den Aposteln und Euangelisten gibt man nichts, sondern nympt yhn wol dazu was sie haben. Da trit Jona ynn das schiff und gibt sich ynn die lere, ligt unden ym schiff und schnarckt. Das ist, er ist sicher und meynet, er sey nu wol dran, und feret ynn dem wesen ymer hyn, wie denn thun alle werckheyligen, die ynn yhrem gleyssen so tieff drunden liegen und schlaffen und fulen nicht, was ubels sie thun, wie Salomo sagt Eccle. 'Gehorsam ist besser Pred. 4, 17
denn der gottlosen opffer, die nicht wissen, was ubels sie thun'. Sihe da, das heyst wol hynab gen Japho und hynuntern ynn das schiff gehen, freylich hoch erab von Jerusalem, von gotts gehorsam ynn die tieffe des ungehorsams und eygen dunckels.

Aber da kompt nu Gott und wil den ungehorsamen heyligen auffwecken und seyne heylickeyt offentlich zu sunden machen und lest eyn wetter komen, das ist, seynen zorn und gericht lest er fulen. Da gehet denn unter alle eygene heylickeit. Da verzweyffelt denn beyde lerer und schůler und wollen die werck denn nicht halten noch bestehen. Da wil das schiff zu brechen und unter gehen. Da rufft ein iglicher seynen Gott an, das ist, wil sich tròsten seynes guten lebens. Aber da hòret und hilfft der gòtzen keyner; denn des rechten gotts kennen sie nicht. Da wecken sie Jona auch auff, das ist, da werden sie rechte gesetz lerer, da kompt das gesetz zu seynem rechten ampt und leret nicht mehr werck noch falsche gewissen, sondern zeygt sunde und gotts zorn und erschreckt das gewissen. Das ists, da sie lossen und die sunde suchen und treffen Jona. Denn das gesetz lest nicht abe zu suchen und zu martern das gewissen, bis es den sunder finde und zwinge zu bekennen, wie David spricht Psalm .xxxij. 'Da ichs schweygen wolt, veralteten meyne gebeyne' etc. Ps. 32 (31), 3
Das lossen aber bedeut, das sich die sunde findet ungefehr und das gesetze uns trifft, nicht wenn wyr meynen, sondern wenn wyrs am wenigsten gedencken, so kompt der haus vater und findet uns. Da mus Jona eraus und dem gesetz bekennen und recht geben, wie er ein sunder sey, sonst, spricht er, hòret das meer nicht auff. Und wie wol sie seer treyben und rudern, das sie zu lande mòchten komen, hilffts doch nicht. Das ist, wie wol eyn solch gewissen uberwunden ist, noch wils nicht gerne das urteyl des tods leyden, abs wol

---

1 nur *GKL* 3 fahrgelt *I* und *zweimal F* furen] leren *DE* 6 Euangelisten den gibt *DE* 8 liget *C* schnarcht *DEH* 11 Ecclesi. *H* 12 ubels *fehlt FG* 13 gehn *K* hynunder *DEHIK* 14 Hierusalem *DE* 17 offenblich *L* 18 geen *DE* 20 Da] Die *MNO* zerbrechen *DE* 25 sünde *DE* 29 spricht am 32. Psalm *DE* Psalmo. *I* Psal. 57 *L* 30 gesetz *FG* 35 hilffts *DE* hilffs *H* 36 obs *BDEHKNO*

bekennet, es solle und müsse es leyden und habs wol verdienet; drumb springt
Jona nicht selbst yns meer, sondern wird hynein geworffen.

Zu letzt werffen sie Jona yns meer, weyl es nicht anders seyn wil,
bitten aber Gott, das ers yhn nicht zurechne, und furchten und dienen Gotte,
Röm. 7, 12 das ist wie S. Paulus sagt Ro. vij. 'Das gesetze ist gut, frum und heylig'
und tödtet gleichwol und macht myr Gott zornig. Davon itzt nicht weyter
zu sagen ist. Das sie aber nu Gott furchten und dienen, bedeut, das das
gesetze, wenn es zu seynem rechten ampt kompt, so dienet es Gott, das ist, es
macht furchsame, demütige diener Gottes, wilchs zuvor, da es zu Japho noch
war, ynn misbrauch der werck und des gutdunckels, dienet es dem bauch und
nam sehr gelt und macht schnarckende, sichere, falsche werckheyligen. Hie
kompt nu der walfisch und verschlinget Jona, das ist der tod und die helle.
Denn so gehts nach einnander: Zu erst das gesetz, darnach die sunde, zu letzt
1. Cor. 15, 56 der tod, wie S. Paulus sagt .1. Cor. xv. 'Das gesetz ist der sunden krafft,
Der tod aber der sunden stachel'. Das ist, wo nicht sunde were ym gewissen,
da kündte der tod nichts thun, widder stechen noch hawen, widder wurgen
noch martern, hette widder spitzen noch schneyten, Sondern were stumpff und
nichts. Wenn aber sunde da ist und gefulet wird ym gewissen, so bald hat
der tod spies und schwerd und wil den menschen schlechts erwürgen und erwürget
yhn auch, wo yhm nicht hulffe geschicht. Also auch wo keyn gesetze
nicht were, das ist, wo es nicht eyn recht gesetz und ynn seym rechten ampt
gienge, da were auch keyne sunde, das ist, man fulete die sunde nicht und die
sunde were krafftlos und bisse nicht, wie sie thut, wo die Jona schlaffen ym
schiff und die sichere werckheyligen. Wie es denn auch ynn der natur ist, das
wo kein gesetz ist, keyn sunde seyn kan. Aber wenn das gesetze kompt, so
balde ist die sunde da und fulet sich ym gewissen. Wie grewlich nu der walfisch
mit seym rachen dem Jona gewest ist, so grewlich ist des tods drewen
ynn eym sundigen, erschrockenem gewissen.

Da stirbt nu Jona drey tage und nacht ym walfische. Das ist, der
sunder ligt ynn solchem schrecken und tods nötten und ringt mit dem tod, bis
er gar verzweyffelt. Denn ynwendig drey tagen kan man wol spüren, ob
eyner tod sey. Und wer den dritten tag erreicht ym tod, da ist keine hoffnunge
mehr; wenn er gleich nicht gantzer drey tage lege, das ist, wenn er
uber ein gantze nacht und tag ligt, so ist er dahyn. Denn der selbige mag
wol eyne stunde des vorigen tags und eine stunde des folgenden tages erreichen.

---

4 diene *FG*   5 sant *DE* sanct *H*   Rom. *DE* Roma. *HL* Rho. *M*   gesetz *H*
9 furchtsame *B* forchtsam *C* forchtsame *DEHK*   das] das *H*   11 fahrgelt *I*   schnarchende *DEH*
12 verschlindet *CH*   13 gebets *HN*   14 S. *fehlt DE* sanct *H*   xv *fehlt O*   17 schneyden *BCDEHK*   19 schlecht *NO*   erwurgen *B* erwbrgen *L*   19/20 erwurget *B*
20 hülffe *CHMN* hilffe *DEKL*   geschiecht *NO*   21 recht *fehlt DE*   22 empfindet *C*
25 gesetze *NO*   gesetz *HK*   26 empfindet *C*   28 ynn *fehlt L*   erschrockenen *DEL*
30 erschrecken *DE*

Solche drey tage sind nicht lang ynn diesem geystlichen sterben. Denn es ist bald geschehen, das yhn der tod und angst yns verzweyffeln treybt. Darnach kompt das lebendige Gotts wort, das Euangelion der gnaden, und spricht zum fissche, das ist, es geput dem todte, das er den menschen lebendig lasse. Da gehet der glaube an und wird der mensch beyde von sunden und tod ledig und los und lebt also ynn gnaden und gerechtickeit mit Christo. Da lernt nu Jona das stücklin singen: 'Ich wil mit danck opffern' etc. und schilt die Jona 2, 10 ienigen, so sich auff eytelkeyt verlassen und achten der gnaden nicht. Denn solche leute erfaren, das werck und gesetz leben eytel unnütze ding sey und alleyne gotts gnade helffen mus. Und so werden denn leute draus, die grossen nutz ynn der welt schaffen; denn sie konnen recht leren, radten und regiern, weyl sie es nicht alleyne aus den büchern odder worten sondern aus dem geyst und eygen erfarunge haben. Da schneyt denn und ist krefftig, was sie leren, wie Jona hie mit seyner predigt zu Nineve bedeutet.

Die dritte.

Hat Christus selbst auff sich gedeutet Math. xij. wie wol es nicht eyne Matth 12, 39 f. gantze allegorey odder deutunge ist, sondern eyn beyspiel. Denn Christus nympt Jona alleyne fur sich, wie er ym walfisch ist gewesen, und spricht, er werde eben also auch ynn der erden tod liegen und nennets ein zeichen Jona, das ist ein zeichen, das Jona gleich sey. Denn er macht die drey tage nicht geystlich, wie sichs gepürt ynn geystlichen deutungen; drumb ists eyn gleichnis mehr denn eyne allegoria, und niemand thurste es so deuten, wo es Christus nicht selbst hette gethan. Nu, davon ist hie nicht viel zu reden, weyl es alles selbst am tage und ynn aller welt bekand ist, wie Christus gestorben und aufferstanden ist, Und das solchs das wunder zeychen sey, das den ungleubigen Juden gegeben ist, ja aller welt furgetragen wird durchs Euangelion, auff das sie wissen sollen, wie sie alzumal durch dasselbige wunder zeychen und trefflich göttlich werck erlöset sind und dran sich halten sollen mit rechtem glauben. Es stösset sich aber die gantze welt an dem zeychen, sonderlich die Juden, und ist yhnen eyn ergernis und torheyt. Aber es muß gleichwol seyn, yhn wird doch keyn anders, wie sie gerne wolten. Denn da stehets, wie Christus sagt: 'Dieser bösen art wird keyn ander zeychen widderfaren on das Matth. 12, 39 zeichen Jona des Propheten'. Davon ist auch anders wo weytter gesagt.

Zu letzt ist da die wilde rube mit dem wurme, der sie sticht ynn der morgen rödte. Die geschicht reymet nicht alleyne auff Jonas zorn und ge-

1 geystlichem *G* 3 Gottes *CDE* 7 stücklein *CDE* 8 ihenigen *CDEHL* 11 ratten *DE* 13 erfarungen *NO* 14 predige *C* predig *DEHK* 16 Matthei. *DEH* 17 allegory *H* 21 ist *H* 22 thürfte *BIM* thorfte *C* dörffte *DEK* 25 das (vor solches) *fehlt B* das (vor den) *fehlt ACDEFGHKLMNO* 28 treffenlich *DE* 30 thorheit *B* 33 anderswo *BDEK* 35 reymet sich nicht *DE*

dancken, wie der text lautet, sondern auch auff das Judenthum, wilchs ist eine rechte wilde ruben gewest. Erstlich, grosse bletter hat sie, das ist das beste dran, davon Jona seynen schatten hat und eyne hütten drunder hat widder der sonnen hitze. Aber nichts wird da gemeldet und ist auch nichts da von früchten. Die bletter sind die wort und gotts gesetze, wie S. Paulus Röm. 3, 2 sagt Ro. iij. 'Gottes rede sind yhnen vertrawet gewest'. Unter diesen blettern sitzt Jona, das ist, die Propheten und heyligen veter sind unter dem Judenthum gesessen als unter eyner zeytlichen hütten und eusserlichem gotts dienst bis auff Christum. Denn es war eyne sommerleube odder lauberhütten, die zeytlich war und auffhören solte. Aber früchte trug es nicht. Denn das gesetze on geyst kund von sich selbst niemand helffen, Wie wol viel solcher Matth. 21, 19 heyligen leute ym geyst drunder waren. Darumb auch Christus den feygen bawm mit den blettern on frucht verflucht, das er verdurret, wilchs eben ein ding ist mit dieser wilden rube. Doch frewet sich Jona solcher lauberhütten und wartet auffs verderben der stad Nineve. Denn es gefiel den Juden wol und rhümeten sich auch, das sie alleyne solten gotts wort und gotts dienst haben und hielten die Heyden allzumal verloren, gleich wie Jona hie die Niniviten helt.

Inn dem sie nu sich auffs sicherst darauff verlassen, das sie alleyne gotts volck seyen, und gleich der Jona am frölichsten ist uber solcher wilden ruben, verschafft Gott eyn würmlin, das die wilden ruben sticht. Das ist, Christus kam eben mit seym Euangelio, da die Juden am allermeysten stoltz waren, das sie gotts volck alleyne weren und stach die wilden ruben, das ist predigt dawidder und hub das gesetze auff durch seynen heyligen geyst und macht uns alle frey vom gesetze und seiner krafft. Daher ist verdorret und zu nichte worden das Judenthum bis auff diesen tag ynn aller welt und grunet noch blühet nicht mehr, Sitzt auch keyn heylige noch Prophet mehr unter seynem schatten. Es ist aus mit yhnen. Denn Christus ist eyn wurm, Psalm 22, 7 wie er sagt. Psal. xxii. 'Ich bin eyn wurm und nicht eyn mensch', nemlich darumb, das er so iemerlich gecreutzigt und verachtet ist. Aber doch sticht der arme gecreutzigte wurm einen solchen seynen strauch, das er verdurret und macht mit dem geringen stich, das ist mit dem verachten Euangelio, eyn solch seyn reich und volck zu nichte.

---

2 rübe *C* blötter *C* pletter *DE* 3 darunder *DE* drunner *H* drunter *K* 4 nichtes (nach Aber) *N* 5 blötter *C* pletter *DE* sant *DEI* sanct *H* 6 Rom. *CDE* Roma. *H* Rho. *M* blöttern *C* plettern *DE* 9 Sumerlaube *DEK* leuberhütten *L* 10 drug *H* 11 gesetz *K* 13 blöttern *C* plettern *DE* blittern *M* frucht *N* verdorret *CDEIK* 15 auff *DE* auff das *I* 17 all zumall *DE* 18 hielt *C* 19 auff *H* 20 am aller frölichstem *NO* 21 wurmlin *B* würmlein *C* 24 gesetz *M* 25 machet *C* frey *N* 28 in *DE* 29 sagt am 21. Psalm *DE* Psalm. *CM* Psalmo. *N* xxi *H* 30 verachtet *N* Aber *L* 31 seynem *I* verdorret *CDEKO* 32 mit ein geringen *DE*

Das aber der wurm nicht des abends sondern frue morgens, da die morgen robte anbricht, den schaden thut, bedeut, das solcher fall des Judenthumbs sey geschehen, da die zeyt der gnaden, das newe testament auff gieng durchs Euangelion ynn aller welt. Denn der die wilden rube hatte lassen wunderbarlich wachsen, der selbige lies sie auch durch den wurm stechen und verdurren. Also das Judenthum gieng auch schnell auff durch grosse und manche wunderthat aus gotts gewalt, nicht aus yhrer eygen krafft noch macht, wie das die historien wol weysen zun zeyten Mose und aller könige etc. Eben so ists auch verdurret und untergangen aus gotts willen und befelh, da das stundlin des Euangelii kam. Hie murret nu Jona aus zwo grossen ursachen. Eyne, das die wilden ruben verdorret und nicht mehr unter yhrem schatten sitzen mag. Die andere, das Nineve nicht sol untergehen. Das ist, es war yhe unbillich anzusehen auch fur etlichen grossen heyligen, das die Juden solten so verlassen werden und verdurren und versiegen, Und die Niniviten, die heyden, solten das Euangelion annemen und gotts volck werden. Da sticht die sonne Jona heys auff den kopff und kompt ein durrer ostwind, das er matt wird. Denn auch S. Paulus Ro. x. sich hoch bekümmert, das die Juden Röm. 9 (10), 3
so verderben und 'wolte gerne verbannet seyn von Christo umb yhren willen'. Aber yhm wird geantwortet, Es were billicher zu zurnen, das Nineve solt untergehen, denn das die wilden rube verdurret, und billicher Nineve bliebe denn die wilden rube. Das ist, wie S. Paulus. Ro. xi. sagt: 'Aus der Juden Röm. 11, 11
verderben kompt der heyden heyl', das ist: Besser und billicher ists, das das Judenthum vergienge (wilchs doch on geyst, kein nütze und eytel bletter war on frucht), denn das durch yhr bleyben die gantze welt verdorbe. Das urteyl gefiel Gott und ist auch recht, das wyr Heyden wol mügen dancken seyner gnaden. Denn den Juden, so sie wollten auch gleuben und das Judenthum faren lassen, geschehe damit keyn schaden, und uns doch alle selickeyt dran ligt. Dazu helff uns Gott.

AMEN.

---

1 nichts *FG* frůe des morgens *DF* 3 new *GK* 6 verdorren *CDEKO* verdürret *I* 8 zu *HM* etc. *fehlt I* 9 so *fehlt FG* verdürret *CI* verdorret *DEK* 10 stundlein *C* stündlein *DE* nu *fehlt I* zwo *C* 11 wilde *DE* vñ er nicht *I* 12 ander *BK* 13/14 Juden so sollen verlassen *DE* 14 verdürren *C* verdorren *DEK* verseygen *NO* 17 sant *DE* sanct *H* Rom. *DE* Romanorum *NO* 19 zörnen *L* 20 wilde *FG* verdürret *CI* verdorret *DEK* blibe *CDEK* bleibe *GNO* 21 wilde *FGK* sant *DE* sanct *H* Rom. *DE* Roma. *L* Romanorum *NO* 22 ists] ist *G* 23 blötter *C* pletter *DE* 24 frücht *DE* verdürbe *BIKO* verdurbe *DE* 25 und *fehlt DE* wol *fehlt DE*

Wider den rechten aufrührischen, verrätherischen und mordischen Rathschlag der ganzen Mainzischen Pfafferei Unterricht und Warnung.

1526.

Die endliche Unterdrückung des Bauernaufruhrs hatte die Gegner der evangelischen Sache mit frohester Zuversicht erfüllt. Der entscheidende Sieg vom 24. Februar 1525, durch welchen der Kaiser seinen mächtigsten Feind Franz I. zu seinem Gefangenen machte, der strenge Ton, in welchem er unter dem 24. Mai den Reichstag nach Augsburg ausschrieb, Abstellung all dessen, was eine Zerrüttung des heiligen Glaubens besorgen lasse, fordernd, ließ sie hoffen, daß nun endlich die rechte Zeit zur Wiederherstellung der alten Zustände gekommen sei. Im Juli schlossen die katholischen Fürsten im nördlichen Deutschland das Dessauer Bündniß. Gegen Ende des Jahres beschlossen dieselben auf einer Zusammenkunft in Leipzig, den Kaiser in einer Denkschrift aufzufordern, zur Verhütung neuer Aufstände der „verdammten lutherischen Lehre“ ein Ende zu machen. Auch der Klerus des von der italienischen Grenze bis nördlich von der Aller reichenden Mainzer Sprengels bereitete wichtige Schritte vor. Das Mainzer Domkapitel berief auf „Dienstag nach Martini“ [1] d. h. den 14. November Abgeordnete der zwölf Kapitel seiner Suffraganen nach dem erzbischöflichen Sitze, um — wie es in dem betreffenden Ausschreiben hieß — über Abstellung der Beschwerungen zu berathen, welche der Geistlichkeit „Mainzischer Provinz wider altes Herkommen, Freiheit, Possession und Gebrauch von etlichen weltlichen Obrigkeiten“ zugefügt würden. Während das Ausschreiben (wohl infolge der Besorgniß, daß es bekannt werden könne) so allgemein gehalten war, daß es nicht einmal andeutete, ob die religiöse Frage überhaupt berührt werden solle, redeten die den Versammelten zur Berathung vorgelegten „Bedenken und Artikel des Thumbcapitels zu Mainz“ eine deutliche Sprache. Hier wird zuerst das gemeinsame, geschlossene Vorgehen gegen „die lutherischen Prediger“ für unumgänglich nothwendig erklärt, als zweite Forderung die Wiedergewinnung aller Einkünfte des Klerus, als dritte die Wiederherstellung der geistlichen Jurisdiktion aufgestellt, endlich verlangt, daß die Geistlichkeit ihr Besitz-

[1]) Dieses Datum lernen wir aus der Instruktion, welche das Würzburger Kapitel seinen Abgeordneten auf den Mainzer Tag mitgab. Dieselbe wird im Kreisarchiv zu Würzburg aufbewahrt und ist von dem Herausgeber abgedruckt in Zeitschrift für Kirchengeschichte, Jahrg. 1897, S. 415 ff.

recht nicht erst durch „Brief und Siegel" zu erweisen brauche, und daß die Unterthanen zur Entrichtung des „rechten Zehnten" genöthigt werden.[1]

Auf Grund dieser Vorlage wurde von den Abgeordneten ein „Ratschlag" gefaßt, man wolle dahin wirken, daß keine Lutheraner in geistlichen oder weltlichen Ämtern geduldet, alle lutherischen Prediger ausgerottet und die Freiheiten der Bettelmönche beschränkt würden, und wolle zu dem Zweck durch Abhaltung von Messen und Ähnliches Gott, und durch Gesandtschaften den Papst und den Kaiser um Hülfe anrufen, damit „die Beschwerung und Bedrückung der Klerisey" gänzlich abgestellt werde. Für jede dieser Gesandtschaften wurde eine ausführliche, die einzelnen Beschwerden nennende Instruktion entworfen. Zum Zweck der Ausführung des Beschlossenen wurde den einzelnen Kapiteln die Zahlung eines Beitrages in der Gesammthöhe von 1550 Gulden auferlegt, und wurden die Fürsten namhaft gemacht, denen der Kaiser die Durchführung der Maßregeln übertragen solle.

Schon bald erfuhren die Evangelischen das Vorgefallene. Am 29. Dezember schreibt Philipp von Hessen darüber an den Churfürsten von Sachsen, am 10. Januar 1526 antwortet dieser darauf. Ende Februar kamen diese beiden Fürsten in Gotha zusammen und verabredeten ein festes Bündniß. Nachdem sie mündlich einander gelobt hatten, im Interesse der Erhaltung des göttlichen Wortes mit Gut und Blut einander beizustehen, faßten die beiderseitigen Räthe auf der Grundlage von Artikeln, die ihnen von ihren Herren vorgelegt worden waren, ein Gutachten ab. In diesem heißt es auch: „Des Mentzischen ratschlags halben wirdet bedacht, das kuntschaft und erfarung furgewandt solt werden, ob der berurt ratschlag, zu Meintz gestalt, zugeschrieben oder nit, und ob die schickung und botschaften in Hispanien zu kai. mat. zu reisen abgefertigt sei oder nit; und dieselbigen weren abgefertigt oder nit, wirdet vor gut angesehen (wie unser g. herre der lantgrave bedacht), das der ratschlag furderlich Doctor Lutern zugefertigt und an inen begert wurde, der capittel unchristlich und aigennutzig furnemen herauszustreichen, damit dasselbig menniglichen kunt wurde, also das auch diejenigen, so den pfaffen noch anhingen, befunden, das sich die capittel einer beschwerlichen und unpillichen suchung unterstehen wollen und andere geistlichen, die sich sunst in denselbigen ratschlag lassen mochten, dadurch abgescheut werden".[2] Damit also eine Unterstützung des Unternehmens des Mainzer Klerus durch Andere möglichst verhindert werde, sollte Luther zu einer Veröffentlichung und Ausmalung des unchristlichen und eigennützigen Vorhabens veranlaßt werden. Die Abschrift aber, welche ihm von den in Mainz gefaßten Beschlüssen zugestellt wurde, dürfte nur den eigentlichen „Ratschlag" mit der Instruktion für die Gesandten an den Kaiser, nicht aber auch die Instruktion für die Gesandten an den Papst enthalten haben. Denn diese[3] enthält so giftige Worte über den cancerosus ac pestiferus morbus Lutheranarum haeresum und fordert die exstinctio derselben so energisch, daß Luther deren Veröffentlichung gewiß nicht unterlassen haben würde, wenn er sie gekannt hätte.

Dieser machte sich an die Arbeit, aufs tiefste erregt einerseits durch das Motiv, welches jenen Rathschlag der Geistlichen geboren, „ihren Bauch und ihre

[1]) Abgedruckt aus der im Würzburger Kreisarchiv befindlichen Kopie das. S. 419.
[2]) Das Gutachten der Räthe von einer Kopie im Marburger Staatsarchiv abgedruckt bei Friedensburg, Zur Vorgeschichte des Gotha-Torgauischen Bündnisses der Evangelischen, S. 136 ff.
[3]) Von einer Kopie im Würzburger Kreisarchiv abgedruckt das. S. 132 ff.

unchristliche Pracht zu erhalten", anderseits durch die Folgen, welche eine Ausführung ihrer Pläne haben mußte, daß „die Fürsten in einander gehetzt würden und ganz Deutschland in Blut ersäuft". Aber nicht nur gegen den katholischen Klerus richtete sich sein Zorn, sondern auch gegen Herzog Georg von Sachsen. War doch dieser die Seele des Dessauer Bündnisses gewesen, hatte doch dieser auch den sächsischen Churfürsten zum Beitritt zu demselben zu bewegen gesucht, hatte doch dieser vor kurzem an Luther geschrieben: „Daß Gott Münzer umb seine Bosheit durch uns gestraft, das kann er Luthern auch wohl thün; wir wollen uns auch als ein unwirdig gezeug gern darzu nach seinem Willen gebrauchen lassen".[1] Vix credis, so schrieb Luther, während er an der bei ihm bestellten Schrift arbeitete, an Spalatin[2], quanta moliatur Satan per Ducem Georgium et Episcopos; gustum eius requitiae brevi dabo tibi per libellum iam sub prelo positum. Nisi Dominus prohibuerit, praeludium dices fuisse delendae Germaniae seditionem illam et caedem rusticorum. Proinde serio te oro, ut omnibus viribus mecum ores Patrem misericordiarum, ut istas insidias impediat et furorem frangat. Für wie gefahrdrohend er die Situation zu jener Zeit hielt, ist auch daraus zu erkennen, daß er in diesem Zusammenhang auch von pessima consilia redet, welche seinem Churfürsten a suis quibusdam Proceribus nequissimis ertheilt würden. So führte flammender Zorn und brennendes Verlangen, das drohende Unheil noch abzuwenden, ihm die Feder bei Abfassung dieser Schrift.

Während der Anfang derselben gedruckt wurde und Luther mit der weiteren Ausarbeitung beschäftigt war, theilte ihm sein Churfürst mit, daß er Schurf und Melanchthon beauftragt habe, mit ihm „über das Büchlein, so auf der Geistlichen Ratschlag gestellt", zu verhandeln, und sprach die Hoffnung aus, er werde denselben so antworten, daß weder ihm selbst noch dem Churfürsten Vorwürfe gemacht werden könnten, auch nicht Herzog Georg erzürnt werde. Dieses undatirte Schreiben[3] wird Luther bald nach dem 14. April erhalten haben. Denn am 27. März, als er den eben erwähnten Brief an Spalatin schrieb, wußte er noch nichts davon, daß möglicherweise das Erscheinen seines Buches verhindert werden könne, und die Briefe, welche er bis zum 14. April mit dem Churfürsten und dem Kanzler Brück wechselte[4], schweigen noch von dieser Angelegenheit. Am 23. April aber schreibt er schon einen zweiten Brief an seinen Churfürsten als Antwort auf ein zweites Schreiben desselben in dieser Sache. Jene beiden vom Churfürsten Beauftragten scheinen nur das Verlangen gestellt zu haben, daß Luther in seiner Schrift des Herzogs Georg schone. Denn Luther antwortet in dem undatirten Schreiben[5], er habe ohnehin sich vorgenommen, den Herzog nicht weiter zu erwähnen, als dies in dem schon Gedruckten geschehen sei. Doch weil dies eben schon geschehen war, so fügt er hinzu, er würde auch damit zufrieden sein, wenn der Churfürst ganz von dem Erscheinen der Schrift „abstehen", also dieselbe nicht weiter gedruckt sehen wollte. Mit diesem Vorschlage wird der Churfürst in einem neuen Schreiben sich einverstanden erklärt und den Wunsch, daß gar nichts von der Schrift in die Öffentlichkeit komme, geäußert haben. Denn am 23. April „übersendet" Luther „des

1) Enders 5, 291. 2) De Wette 3, 97 f. Enders 5, 329. 3) Enders 5, 327. 4) De Wette 3, 304. 101. 124. Enders 5, 332. 336. 338. 5) De Wette 3, 99, dazu Enders 5, 33.

Buchlins vom Ratschlag, soviel des gedruckt ist", und fügt hinzu: „Denn auf E. K. F. G. Schreiben ist das ander in der Feder blieben und also verwahret, wie E. K. F. G. begehret haben".[1] Es scheint also der Churfürst gewünscht zu haben, daß alles Gedruckte ihm zugesandt werde, damit er selbst es vernichten lasse. Und Luther erklärt, warum er nur so wenig sende, damit, daß er die weitere Herstellung seines Manuscriptes schon in Folge des vorletzten Churfürstlichen Schreibens unterlassen habe.

Ob der Churfürst rein aus eigener Initiative so vorging oder schon damals Herzog Georg um die in Druck befindliche Schrift Luthers wußte und der Churfürst mittelbar oder unmittelbar hiervon erfuhr, ist nicht mehr festzustellen. Jedenfalls war Georg zu Anfang Juli im Besitz einer Kopie des Gedruckten. Denn am 4. Juli mußte in seinem Namen Andreas Pflugk dem Churfürsten eine Abschrift von Luthers „Schmehbuchlein" vorzeigen und deswegen Vorstellungen machen. Der Churfürst antwortete, er wolle „dem Herzog zu freundlicher Willfahrung" darüber Luthers Bericht einfordern.[2] Nach längerer Zeit von dem Herzog an dieses sein Versprechen gemahnt, entschuldigte er unter dem 15. September seine Versäumniß damit, daß er damals schon zur Abreise auf den Reichstag zu Speier sich gerüstet habe, und versprach, nunmehr an Luther zu schreiben.[3] Nach zwei Monaten nochmals gemahnt, sandte er am 16. November den „Bericht von Doctor Luthern", der „kurcz hievor eingekommen" sei. Dieser[3] trägt in der Weimarer Handschrift, aus der allein wir darum wissen, das ausgestrichene Datum die Magdalenae. Man möchte annehmen, daß er wirklich schon an diesem Tage, d. 22. Juli, geschrieben, nur von dem Churfürsten zunächst bei Seite gelegt sei, da ein irrthümliches Datum nicht nur ausgestrichen, sondern auch durch das richtige ersetzt worden wäre. Aber Luther schreibt darin auch, die Unterdrückung seines Buches sei ihm „selbst nun lieb, weil Gott den blutgierigen Pfaffen ihren Ratschlag vor kaiserlicher Majestät habe lassen zu nicht werden und mehr gethan, denn vielleicht er mit dem Büchlein hätte ausgerichtet". So konnte er doch nicht anders als in Bezug auf den relativ sehr günstigen Abschied des Speierer Reichstages schreiben. So müssen wir jenes Datum unerklärt lassen und des Churfürsten Darstellung der Vorgänge für richtig halten. Den Wunsch seines Landesherrn aber, nichts von dem Buche in die Öffentlichkeit bringen zu lassen, hatte Luther so peinlich genau erfüllt, daß er erklärt, nur durch eine Art von Diebstahl könne der Herzog von demselben Einsicht bekommen haben. Damit nicht auf ihn selbst der Verdacht falle, als habe er sein Versprechen nicht gehalten, verlangt er zu wissen, „wie dasselbe Büchlein erlangt oder abgeschrieben sei". Umgehend, am 19. November, erwiderte der Herzog, da eingestandenermaßen der Churfürst das Buch unterdrückt habe, so müsse es ihm auch zugekommen, also nicht, wie Luther behaupte, geheim gehalten sein; ihm selbst sei es dadurch bekannt geworden, daß ein Churfürstlicher Kammerdiener es dem Herzoglichen Diener in der Silberkammer als eine lesenswerthe Novität zugesandt habe; die Behauptungen jenes Buches über Entstehung und Unterdrückung des Bauernaufstandes seien Unwahrheit.[4] Der Churfürst ersuchte (unter dem 27. November) um eine Angabe

---

[1]) De Wette 3, 105. ErL 53, 376. [2]) Vgl. Zeitschrift für historische Theologie, 1847, S. 686. [3]) Daselbst S. 687 in besserem Texte als bei De Wette 3, 121. [4]) Daselbst S. 688 f.

des Namens des betreffenden Übersenders, da „alle jetzigen Kammerdiener sich aufs höchste entschuldigten, als sollten sie solch Büchlein nicht überschickt haben".[1] Von einer Antwort des Herzogs ist nichts bekannt. Als aber im nächsten Jahre der evangelische Prediger Georg Winkler aus Halle ermordet war, erwähnte Luther in seinem „Trostbrief an die Christen zu Halle" auch den „mordischen ratschlag" der „Capitels tyrannen zu Mentz",[2] und zwar in dem Sinne, daß diesen, welche „durch das frume blut Kaiser Karel die deudsche fursten wolten auffeinander hetzen und Deutschland ym mord und blut erseuffen, auff das sie yhre hurenbelge und bubenbeuche ynn frieden und lust möchten sicher erhalten", auch die Ermordung jenes evangelischen Predigers zugetraut werden könne.

Was ist nun von dieser Schrift Luthers auf uns gekommen?

Handschriften.

In dem Hauptstaatsarchiv zu Dresden befindet sich unter der Signatur „Local. 10300. Doctor Martin Luthers Religion und andere Sachen 1518—1539" eine Sammlung von Briefen usw., in einem Bande mit durchgehender moderner Blattbezifferung. Hierin:

A Bl. 83 — 98 (16 Blätter in Quart) enthalten handschriftlich den Text unserer Schrift, von drei verschiedenen Händen herrührend. Die Blätter sind nicht in richtiger Folge zusammengeheftet, und außerdem ist dadurch, daß die zweite Hand, nachdem sie einen Bogen beschrieben hatte, eine von der ersten Hand freigelassene Seite benutzte, eine Verwirrung in der Reihenfolge der Seiten eingetreten. Nach dem Zusammenhange des Textes müßten sich folgen: Bl. 83^a — 86^a, 91^a — 96^a, 96^b ist leer, 97^a — 98^b, 86^b, 87^a — 90^b, und zwar schrieb die erste Hand Bl. 83^a — 86^a und 91^a — 94^b, die zweite Bl. 95^a — 98^b und 86^b, die dritte Bl. 87^a — 90^b. Dem entspricht in unserer Ausgabe I. S. 260, 1 — S. 269, 18; II. S. 269, 19 — S. 274, 24; III. S. 274, 24 — S. 279, 23. Auf Bl. 83^a steht unten ein A, Bl. 91^a ein E, Bl. 95^a ein C, Bl. 87^a ein D, sämmtlich mit schwärzerer Tinte als die Textschrift. Die letzte Seite dieser Quarthandschrift schließt mit einem Kustos, es war also eine Fortsetzung mindestens beabsichtigt. Korrekturen sind nicht sehr häufig und rühren immer nur von den betreffenden Schreibern selbst her.

B Bl. 99—112 desselben Bandes (1 Bl. in Quart und 13 Bl. in Folio). Auf Bl. 99^a steht von einer andern Kanzleihand des 16. Jahrhunderts als *B* selbst geschrieben:

> Unterricht vnd Warnung D. Luthers an alle fromme Deutzschen, Wider den aufrürischen vnd mördischen Anschlag der gantzen Maintzischen Pfafferei (welcher hirbei zubefinden)[3] die das heilige Euangelium fur eine aufrurische Lehre halten vnd dardurch die Stende Deützsch[4]landes an einander hetzen wollen./. Ist nicht alles beisamen / N°. 147.

---

[1]) Daselbst S. 694 f. [2]) Erl. 22, S. 298. Unsere Ausgabe Bd. 20. [3]) Hier durchstrichen: „welche". [4]) Hier 2 durchstrichene Buchstaben.

Bl. 99ᵇ leer. Darauf folgt ein leeres und daher unbezifferteş Blatt in Folio und sodann Bl. 100—112 der Text unserer Schrift von einer einzigen Kanzleihand und fast ohne jede Korrektur geschrieben. Dieser Text reicht etwas weiter als der in *A* erhaltene, indem er auch das unten S. 280, 18 bis 281, 16 mitgetheilte Stück enthält, bricht aber mitten im Satze auf Bl. 112ᵃ ab. Der Rest der Seite ist leer. Bl. 112ᵇ enthält nur einige Registrirungsnotizen von verschiedenen älteren Händen, nämlich:

Martiniana mā. Dahinter: „Wydder deyn Ratschlag zu Mencz". Darunter: „Underricht vnnd Warnung D. Martin Luthers wieder den Ratschlag der Meintzischen Pfafferey". Unter diesem schließlich: № 147.

Das Papier ist bei *A* und *B* dasselbe, es trägt als Wasserzeichen eine päpstliche Tiara.

Diese beiden Handschriften und einige andere theilweise noch nicht bekannte Aktenstücke verwerthete Seidemann im Jahre 1847 in einem Artikel „Der mainzer Ratschlag von 1525 und Luthers beabsichtigte Gegenschrift v. J. 1526" in der Zeitschrift für die historische Theologie 1847, S. 663—695. Da er nicht angab, wo er diese Handschriften gefunden, bedurfte es erst umfassender Nachforschungen, um den Aufbewahrungsort wieder zu entdecken. Seidemann war der Ansicht, daß die erste und die dritte Hand, welche an *A* geschrieben haben, nicht verschieden, sondern ein und dieselbe seien, nämlich diejenige Luthers, und infolgedessen auch, daß das von der zweiten Hand Geschriebene, „dafern Luther es nicht in die Feder sagte, doch in Luthers Hause und unter Luthers Augen niedergeschrieben worden" sei. Unter diesen Umständen sei hervorgehoben, daß auch nach dem übereinstimmenden Urtheil der Herren Professoren P. Pietsch und Nic. Müller Luther nichts von dieser Handschrift geschrieben hat. Seidemann druckte den Text von *A* mit einigen Varianten aus *B* ab und gab dann das letzte Stück, welches nur *B* bietet. Hiernach hat die Erlanger Ausgabe unsere Schrift gegeben Bd. 65 S. 22—46.

Zu diesen beiden Handschriften tritt ergänzend hinzu:

Wz eine im Königlichen Kreisarchiv zu Würzburg unter der Signatur „Reichswesen fasc. 67 N. 1040. Akten über das im November 1525 abgehaltene Meinzer Provinzialkapitel" aufbewahrte Handschrift. Diese enthält auf Bl. 9ᵇ—16 eine Kopie des in Mainz Beschlossenen, also des von Luther in seine Schrift aufgenommenen, auch in *A* und *B* enthaltenen „Ratschlages" (vgl. unten S. 264, 2 bis 273, 33).

Drucke.

C „Widder den rechten auffrürischen, verretherschen vnd mordischen Radschlag der gantzen Meintzischen pfafferey, Vnterricht vnd warnunge Martini Luther. Wittemberg. M. D. XXVI." Quart.

Aus dem Auktionskatalog der Bibl. Ebner., no. 13220 angeführt bei Weller N. 3899. Der Herausgeber hat nicht allein bei über 300 öffentlichen Bibliotheken angefragt, ob diese Schrift noch vorhanden sei, sondern auch bei einer Anzahl von Privatbibliotheken, welche Bücher aus jener im Jahre 1823 versteigerten Ebnerschen Bibliothek erworben haben sollen, ebenso öffentliche Anfragen in mehreren Zeitschriften erlassen und die Hülfe von bedeutenden Antiquariaten in Anspruch genommen. Da alles erfolglos geblieben, müssen wir auf eine Verwerthung des Druckes verzichten. Vgl. auch die Titelangabe in Spalatins Auszug, unten S. 281, 17 ff.

a Zuerst in der Eislebener Ausgabe der Schriften Luthers Bd. I Bl. 274—276 findet sich ein kurzer Auszug aus dem „einzelen" gedruckten Bogen dieser Schrift Luthers. Derselbe wurde wieder abgedruckt in Altenburg Bd. III S. 520—522, Leipzig Bd. XIX S. 556—558, Walch Bd. XVI Sp. 430—433.

Wie nun haben wir über den Werth der vor allem in Betracht kommenden Handschriften *A* und *B* zu urtheilen? Eine jede der drei Hände, welche *A* lieferten, fing auf einem besonderen Bogen zu schreiben an (vgl. die *ACDE* auf den Anfangsseiten der Schreiber). Da aber weder das von dem ersten, noch das von dem zweiten Schreiber gelieferte Pensum bis zum Ende eines Bogens reicht, so ist anzunehmen, daß die drei Abschreiber gleichzeitig arbeiteten. Man wird das von Luthers Schrift Gedruckte in drei Theile zerlegt und jedem sein Pensum zuertheilt haben. Vermuthlich verfuhr man so, weil man die Vorlage nicht lange behalten zu können meinte, so daß die Vermuthung Luthers, sein Büchlein sei „gestohlen" und dann „abgeschrieben", an Wahrscheinlichkeit gewinnen dürfte. Und zwar scheint der erste Schreiber zunächst allein die Arbeit begonnen, dann aber eingesehen zu haben, daß er nicht ohne Hülfe in der zur Verfügung stehenden Zeit würde fertig werden können. Denn von ihm rühren 14½ Seiten her, von dem zweiten nur 8¾ und von dem dritten nur 8 Seiten. Nachdem der erste die Einleitung Luthers auf 6½ Seiten kopirt hatte, begann er den eigentlichen „Ratschlag" auf einem neuen Bogen; als der zweite Schreiber seinen Bogen voll geschrieben, doch noch nicht ganz sein Pensum absolvirt hatte, benutzte er hierzu die von dem ersten Schreiber freigelassene achte Seite und gebrauchte dazu Dreiviertel derselben.

Vielleicht in Wittenberg wurde diese Abschrift angefertigt und dem Herzog Georg zugesandt; vielleicht auch war das Gedruckte selbst für kurze Zeit nach Dresden geschickt und wurde hier eiligst kopirt. Denn einerseits wird *A* nicht durch Schreiber des Herzogs angefertigt sein, weil die Schriftzüge nicht zu solcher Annahme stimmen; und anderseits mögen doch die Abschreiber irgendwie mit dem Herzoglichen Hofe in naher Beziehung gestanden haben, wenn man Gewicht darauf legen darf, daß das zur Anfertigung von *A* benutzte Papier dasselbe Wasserzeichen trägt wie das von dem Kanzlisten, welcher *B* anfertigte, verwandte.

Als aber Herzog Georg dem Churfürsten Johann Vorstellungen wegen des von Luther verfaßten „Schmähbüchleins" machen wollte, wird er nach *A* die Kopie *B* durch seinen Kanzlisten haben anfertigen lassen. Daß dieselbe ein wenig mehr Text bietet als *A*, verwehrt nicht die Annahme, *B* habe nur *A* als Vorlage gehabt, da wahrscheinlich auch *A*, das jetzt mit einem Kustos schließt, ursprünglich noch etwas weiter geführt war. Denn für die Annahme, daß der Anfertiger von *B* nicht *A*, sondern etwa das von Luthers Schrift Gedruckte oder gar Luthers Manuscript als Vorlage hatte, lassen sich keine Beweise finden. Wohl begegnen wir in *B* manchen Fehlern von *A* nicht; aber diese Verbesserungen sind doch ausnahmslos solche, welche der in Ruhe schreibende Kanzlist aus eigener Überlegung vornehmen konnte, und einige derselben zeigen klar, daß er nicht nach einer besseren Vorlage, sondern nach eigenem Gutdünken die Änderungen vornahm (z. B. 269, 6; 276, 1).

Während diese Darlegungen über die Entstehung von *A* und *B* natürlich reine Vermuthungen sind, ist unzweifelhaft, daß in *A* das ursprüngliche sprachliche

Gewand besser gewahrt ist als in *B*. Da wir nun den einst vorhanden gewesenen Druck nicht verwerthen können, legen wir den Text von *A* zu Grunde, soweit derselbe reicht, und fügen aus *B* die Lesarten[1] und den in *A* fehlenden Schluß des erhaltenen Textes hinzu. Nicht aber dürfen wir — nach dem eben Dargelegten — alle bessernden Varianten aus *B* in den Text von *A* aufnehmen, sondern nur diejenigen, welche bei dem von Luther selbst Herrührenden (also nicht bei dem „Mainzer Ratschlag") etwas unmöglich von Luther Geschriebenes angemessen verbessern. Sodann benutzen wir für den den „Mainzer Ratschlag" wiedergebenden Theil unserer Schrift auch *Wz*, und zwar deshalb, weil dieser Theil ein soviel schlechteres Deutsch bietet als das Übrige, daß er stellenweise geradezu unverständlich ist. Die in Würzburg aufbewahrte Kopie dieses „Ratschlages" lehrt nun durch ihre verständlichere Sprache, daß die Abschrift, welche Luther zugesandt erhalten hatte, sehr mangelhaft ausgefallen war. Die Würzburger Kopie kann also zur Erhellung jener Partie unserer Schrift verwandt werden. Anderseits freilich enthält auch sie soviele ihr eigenthümliche unzweifelhafte Fehler, daß es nur zweckwidrig sein würde, alle Varianten, die sie bietet, mitzutheilen. Wir geben daher diejenigen, welche wahrscheinlich oder auch nur möglicherweise den genuinen Text des „Ratschlages" darstellen. Doch glauben wir nicht das Recht zu besitzen, in den Text unserer Schrift die besseren Lesarten von *Wz* aufzunehmen, da es sich für uns nicht eigentlich um eine Wiedergabe des Mainzer „Ratschlages" handelt, sondern um Wiedergabe dessen, was Luther als solchen hat drucken lassen. Dies aber war eben das, was die ihm zugesandte schlechte Abschrift bot. Denn selbstverständlich hat Luther diese nicht erst kopirt, sondern sie direkt in die Druckerei gegeben. Natürlich bemerkte er, wie schlecht ihr Deutsch sei. Aber sicher wird er sich nicht bewogen gefühlt haben, dasselbe zu verbessern. Und nach den Grundsätzen unserer Ausgabe haben wir den Text so zu liefern, wie ihn wahrscheinlich Luther gedruckt haben wollte.

Endlich theilen wir anhangsweise *a* mit und verweisen dazu auf die entsprechenden Sätze des vorher mitgetheilten Textes, um eine Vergleichung zu erleichtern.

Da die beiden Dresdener Handschriften sich zur Zeit des Druckes in Berlin befanden, hat die Korrektur nach denselben Herr Professor Dr. Pietsch in Berlin gelesen, auch die Mittheilungen über dieselben in vorstehender Einleitung vermehrt.

---

[1]) Die sprachlichen Abweichungen des Textes *B* sind verzeichnet bis auf einige, die ziemlich regelmäßig wiederkehren. Nicht durchweg, aber oft begegnet ai ay, wohl stets steht -kayt. Doch auch umgekehrt zway *A* > zwey 260, 20. Ferner wilch > welch; dieser > diser; ver- (vor-) > vor-; thun > thuen; yn(n) Dt. plur. > jnen, aber auch umgekehrt 261, 31; Crist, -lich > Christ, -lich; deudsch > deutzsch; -ickeit > -igkayt (heyligkayt, wirdigkayt usw.), -lichkayt (geistlichkayt usw.), it(h)lich, etlich > etzlich.

Wider den rechten Auffrurischen verretherschen und Mordischen radtschlag der ganczen Meinczischen pfafferey unterricht und warnunge M L

Meinen lieben hern und freunden, allen frummen deuczschen wundsch ich m Luther viel gnade und fride von Got unserm vatter und hern Jesu christo unserm heylandt.

DEr Satan hat nicht gnug doran, das er biß vorgangen jar ßo grossen Jamer in deuczschen landen zugericht hat durch der bauern auffrhur und noch teglich das heylige gottliche wort (ßo uns gott auß unaußsprechlicher gnade wider hatt lassen scheinen nach dem greulichen elenden finsternuß unter dem leydigen bapstumb) beyde mit dem schwert weltlicher oberkeytt und mit secten mancher wilden schwermer ansicht, lestert und schendet, Sondern hatts ym syn, daß selbige mitt alle seiner krafft anzugreiffen, als der es gerne yn eim augenblick wolte zu bodem stossen. Darzu braucht er seyner diner, nemlich der göczen knechte der ganczen Menzischen rotten und pfafferey, wilche auß seinem anregen haben eyn radtschlag gemacht, Darinnen sye auch die zway buben stucke furgenommen, Erstlich das euangelium zu lestern als ein auffruriſche lere, zum andern die Fursten deuczsches landes yn ein ander zu heczen und gancz deudsch landt ym blutt zuerseuffen, alleine das sie nhur yhren bauch und lesterlich bubisch leben und unchristlichen pracht erhalten. Den dieser verreterſche radtschlag gibt iderman gnugsam zuvorstehen, das yn nichts dorann gelegen ist, ob schon kein furst noch her ynn deudschen landen were und alles ym blutt schwumme, wen sie nhur yr Tyranney, gottloß, schenthlich leben mochten fhuren. Das mercke und greiffe daran, das sie ym ganczen radtschlag nicht mit einem buchstaben gedencken, wie sye yr leben und wesen bessern, als were nichts dan eytell heylickeyt bey yn, oder die last und unlust abzuthun, ßo zu worms wider sie gehandelt wurden, sundern schlechts und unvorschampt nennen sie die Narunge, und ist alles umb den bauch zu thun.

1/3 *vgl. den Titel des Druckes oben S. 257* 1 *über* verretrischen *steht* therschen *A* vorretrischen *B* 2 Menczischen *B* 3 Martini Luthers *B* 4 frommen *B* 5 m.] Martin *B* 15 Sundern *B* 16 aller *B* 17 yn *c aus* aug *A* einem *B* 18 knecht *B* 19 welche *(so stets) B* Rotten *B* 20 Darin *B* stucken (?) *c in* stucke *A* stuck *B* 21 Ewangelium *B* 22 deuczsch *c in* deuczsches *A* eins *A* 23 yhrem *A* iren *B* bůbisch *B* 24 bracht *B* Dann *B* vorreterische *B* 25 jnen *(so stets) B* darann *B* schön *B* 27 möchten *B* 28 greiff doran *B* 30 aber *B* wurms *B* 31 worden *B* sondern *B* Nahrung *B* 32 thuen *(so stets) B*

Wie woll ich aber fhur meine person mochte zu sehen und stille seyn, als dem solcher radtschlag, ob er gleich fhur sich ginge, da gott fhur sey, nichts schaden kan, weyl es onn mein wissen und willen alles geschehe, ja auch wider mich gehett: Derhalben mein gewissen des alles unschuldig fur gott were, was drauß folgette, Zu dem, das er myr nicht meher thun kunde, wen er das hochste an myr beginge, den das er myr das leben neme, wilchs von gotts genaden das geringste leydt ist, das man myr hynfurder thun kan, Ja freylich der grossiste dinst; weyll ich doch ein solch mensch bin, der bißher ymer dem todt zugeurteillt und allein durch gottis gewalt wunderbarlich ym leben erhalten werde, zu trocz allem zorn beyde des teuffels und seiner heyligen. Den hie stehet mein trocz, da der prophet saget psalm. 2. Das 'die heyden umb sunst Pf. 2, 1 ff. toben, konige lehnen sich auff und Fursten radtschlahen vorgeblich mit einander, und das alles wider gott und seinen gesalbten; den der her lacht yr, und der ym himel wonet spottet yr, zu leczt redet er mit yhn ym Zorn und schreckt sie mit seim grim'. Dieße und der gleichen wort seindt mein fels, weyl ich weis, das sie wahrhafftig sindt, Das ich auff einen kleinen hern nicht vill gebe, ja aller teuffel, Bischoffe und Fursten zorn ßo vill achte als eines tauben fusses[1].

Solchs, sage ich, wer myr gnug fhur meine person, und mochte den teuffel mit den seynen lassen wueten, wie er wolte. Es muß doch gestorben seyn; alß den ists umb eynn augen blick zu thun, das die so iczt hern und bischoffe seindt, gerne mochten wollen unser knechte sein, wens yn kondte darzue kommen. Aber die weyll ich ym leben bynn, Hat mich gott vorordnett, ydermans diener zu sein, ßovill myr muglich ist, das ich leren, unterrichten, warnen und vormanen soll, was nuczlich und seligklich ist, das wen ich mich rhumen wolte, mochte ich mich yn gott noch woll der Aposteln und Euangelisten ynn Deudschen lande einen rhumen, wens gleich dem teuffel und allen seinen bischoffen und Tyrannen leide were: denn ich weys, das ich den glawben und die warheitt gelertt habe und noch lere von gotts gnaden; wilchen Namen soll myr der teuffel yn ewigkeit nicht vortilgen noch nemen, des win ich gewiß, Er lestere schreye und schelte mich durch seine meuler und feddern, wie hoch und seher er ymer kan, Es hylfft ynen doch nicht. Aus der ursache und umb ander willen, sonderlich meine lere zuverantwortten, soll und kan ich

1 vor *B* mocht *(ebenso 18) B* still *B* 2 gieng *B* do *B* 5 doraus *B* kunte *B* 6 beging *B* welches *B* 7 gnaden *B* 8 grosste *B* 9 gots *B* 9/10 behalten *c in* erhalten *A* erhalten *B* 11 da] das *B* sust *B* 12 leynen *B* schlagen *B* vorgebenlich *B* 13 gesabten *c in* gesalbten *A* herre *B* 14 redt *B* streckt *B* 15 seinem *B* sint *B* 16 sein *B* herren *B* 17 Bischoff *B* fuess *B* 18 were *B* mein *B* 19 wolt *B* 20 herren *B* 21 sein *B* gerne wollen unser *B* 21/22 darzu *B* 22 verordent *B* 23 diner *B* moglich *B* 25 rhuemen *(ebenso 26) B* mochte *B* 26 Landen *B* 27 bischouen *B* denn *B*] dein *A* 28 gelertt] geleut *A* gelernet *B* 29 nehemen *B* bin *B* 30 lester schrey *B* 31 seer *B* in *B* 32 anderer *B*

[1]) *Bei Wander dürfte nur etwa zu vergleichen sein Bd. IV, Sp. 1042, Nr. 30:* „Es können viel Tauben tanzen, ehe das Haus bebt."

nicht stille sein noch zu sehen, sondern muß dem teuffel den hyndern abermall auff decken[1], das yderman sehe, wie heßlich schwarcz und greulich er da ist, auff das er noch zorniger uber mich werde. Alßo will ich der zu Mencz radtschlag ans liecht tragen und auff decken, wilcher myr wunderlich ist zu komen, und haben den selbigen heymlich und ym rucken dere, die sie damit meinen, gehalten, wie dan verrheter und morder zuthun pflegen, on offentliche warnunge, vormanunge oder klage, wie nicht alleine cristliche, sondern auch heydenische und naturliche rechte leren. Ich dachte ja wol, der froliche Bischoffliche tag wurde etwas zum fewer hawen. Wolan las den brey kochen, gott wyrdts geben, wer yn soll anrichten und wer das maul dran verbrennen muß[2].

Den das sie mein leben ßo schendlich lestern, und ich muß dem unkeusch dem geyczig, dem hoffertig, dem sonst, dem alßo sein, bin ich von herczen fro, und ist eben recht, das ßo grosser hern meuler, die Gotts wort schenden, ym meinem miste meren[3] mussen; den was ist ein solch mensch anders, der ßo gerne ander leutte sunde sucht zu rutteln, und das gar nitt darumb thutt, das er sie straffe und bessere, das ist, sie außfege und reynige oder zu decke, Sundern allein, das sie stincke, und uber dem stancke lachen und gutter dinge sein muge, — den ein unfletiger saw russel, wilcher ßo er unter eim zaun seine gallrede[4] findet, mit allen freuden drinne meret und sich damit frisset? Eben zu solchem dinst brauch ich des teuffels und seiner diner, wen sie am aller zornigsten seindt und mein leben auffs hoheste lestern und ßo susse druber lachen: Ich spreche doch nicht meher den 'friß liebe saw, es ist shur dich gekocht',[5] 'wie der gast ist, ßo ist auch die köste'[6]; wie wol ich auch yn dem yhnen nicht den trocz lassen will, den ich wolte dennoch nicht gerne mein leben wechseln mit dem Allerheyligsten papisten. Es kan myr gottlob niemandt schuldt geben, das ich yemandts weyb oder kindt geschendet habe oder yrhen erhen zu nahe gewesen were mit worten oder wercken; ßo hab ich auch niemandt das seine genommen, onn das ich ein munch war ym yrthumb und mich der almosen mit dem verdampten geistlichen leben und messen nerrte. So hab ich auch niemandt getodtet noch geschlagen noch zu totten geholffen

1 still *B* abermals *B* 2 grewlich *B* 4 licht *B* 5 der *B* 6 wie den *B* 7 vormanunge *fehlt B* allein *B* 7/8 haydnische *B* 8 recht *B* fröliche *B* 9 fewr *B* prey *B* 10 jne *B* mawel *B* daran *B* 12 sust *B* 13 herren *B* ju *B* 15 gern *B* lewt sünd sücht *B* nicht *B* 16 straff *B* 17 Sondern *B* stinck *B* stanck *B* ding *B* 18 moge *B* dan *B* 19 galrede *B* darynne *B* damit *A* 20 diener *B* 21 zornigsten *e aus unleserlich Gewordenem A* sein *B* uffs höchste *B* sueß daruber *B* 22 sprech *B* 23 kost *B* 24 dennocht *e in* dennoch *A* dennocht *B* 25 Allerheilligisten *B* kan *fehlt B* 26 schelt *B* hab *B* yren *B* 27 ehren *B* nahend *B* auch *fehlt B* 28 ohne *B* monch *B* war] wart *B* 29 almusen *B* nerrte *B* 30 niemands getödtet *B*

[1]) *bei Wander nur „den Arsch aufdecken", Bd. V, Sp. 821, Nr. 136.* [2]) *vgl. in den Nachträgen.* [3]) *d. i. rühren. Vgl. Wander, Bd. III, Sp 671 f., Nr. 41, 72.* [4]) *d. i. Gallerte.* [5]) *nicht bei Wander.* [6]) *Wander Bd. I, Sp. 1354, Nr. 160.*

oder geratten; das ist aber meine sunde, das ich fleisch esse auff den Bebstlichen fasttagen und nicht sawer sehe sondern frolich bin, das heissen sie brassen und ym sauß leben.

Es kan aber niemandt ein papiste sein, Er muß zum wenigsten ein Morder, reuber, vorfolger sein. Den er muß ja dorrein vorwilligen, das man dem recht thue, den der Babst und seine rotte vorbrennet, verjagt, das seine nimpt und auff alle weyse vorfolgett, on was sie noch selbst unrecht brauchen aller yhrer stifftunge ym gottlosen wesen. Sol man nu den baum an der frucht kennen, ßo ists, meine ich, gnugsam offinbar, wo die rechte Cristen findt: Wyr todten noch vorjagen noch vorfolgen niemandt, der anders leret dan wyr odder secten anricht, Sondern fechten alleine mit dem Gottes wort wider sie; wo sie den nicht wollen, lassen wir sie faren und sondern uns von yhnen, das sie bleyben yn wilchem glauben sie wollen, Thun yn aber gleich woll das beste das wyr konnen, lassen sie wonen und hantiren und leben unter uns; wen thut des Babst rotten alßo? Ja hie ficht man alleine mit dem schwerdt gleich wie der Turcke, und nicht mit gottes wort, und konnen yhren glauben mit keyner ander weyse vorteydingen den mit todten, Brennen, verjagen, verfolgen, und wollen dennoch cristen heyssen. So den yhres glaubens fruchte findt Morden, Brennen, Verjagen, Verfolgen, und ein iglicher das billichen muß, wer eyn bebstlicher Crist sein wyll, Ists, meine ich, klar gnug, das es des teuffels cristen seindt, und wie ich gesagt habe, das ich nicht wolte beutten mit dem allerheyligsten papisten, wen er gleich wunder zeichen thet. Den sie sindt es, uber die alles unschuldig blutt komen wirdt, wie Christus sagt, das seint habels zeitten vergossen ist.

Nicht sage ich solchs, das ich damit mich rechtfertigen wolte, wen ich auch gleich noch heyliger were, den cristus soll meine gerechtigkeit bleiben. Sondern das ich den papisten allenthhalben den trocz nicht will lassen recht sein, wider shur gott noch shur der werlet, und das gleich wie unsere keczerische lere yn einem stucke wesser ist, den alle yrhe weste lere, Alßo auch unser leben, da es am sundtlichsten stinckt, besser sey den alle yrhe heyligkeit, da sie gleich eytell balsam ist. Aber davon sey diß mal gnug, wir wollen yrhen loblichen radtschlag horen, und erzelen von wort zu wort, wie er myr zu gestellet ist, darnach weitter davon handeln.

1/2 Babstlichen *B* 2 fastentagen c in fasttagen *A* frölich *B* 4 niemands *B* 5 rauber *B* dorein *B* 6 rott vorbrent *B* 7 weys vorfolgt *B* 8 stifftung *B* nu o *A* 9 rechten Christen *B* 10 sein *B* tödten *B* niemands *B* lert *B* 11 wyr] wer *B* aber *B* allein *B* 12 wöllen *B* 14 weste c in beste *darüber* beste *von andrer Hand A* können *B* wanen *B* hantirn *B* vnd leben o *A* 15 Babsts *B* allein *B* 16 Turck *B* gots *B* können *B* 17 andern weyß vortheydigen *B* 18/19 vnd wollen *bis* Verfolgen *fehlt B* 20 (best c in bebst) bebstlicher *A* babstlicher *B* mein *B* 21 sein *B* 22 wolts *A* wolt *B* peuten *B* aller heyligsten *B* wen] wer *A* wo *B* 23 sein *B* 24 Abels haytten *B* 25 sag *B* 26 den *fehlt B* mein *B* 28 welt *B* 29 stuck besser ist dann all jr beste *B* 30 das es *AB* stinck *B* 31 mahel *B* 32 hören *B* gestelt *B* 33 darnoch *B* daruon *B*

Folget der radschlag menczischer pffafferey.

Auff die Artickel, durch ein hochwirdig Capittel zu Meincz den czwelff Meinczischen provincien, Thum Capittel und gemeiner Clerisey der verordenten und geschickten furgehalten[1], Ist durch eine gemeine vorsamlung nachvolgender maß beratschlagt:

Erstlich die weill an die gnade des almechtigen Gottis nichts guts erlangt mag werden, Ist yrer aller guttes beduncken, das durch gewonliche ampter der messen oder sunst, wie das ydes thumb Capittels gelegenheit sein will, der almechtig auffs demutigst angeruffen und gebetten werden soll, gottliche gnade und dieser beschwerde begerte und nuczliche endtschafft zuerwerben und zuerlangen.

Item Volgende, das ein yedes Thum Capittel, aus bemeßlichen tapfern ursachen, deren die geschickten alhie zu meincz genugsam bericht empfangen haben, Bey erczbischoffen oder Bischoven, Churfursten oder Fursten, mit Ernstlichem vleis sich bearbeitten soll, Die jhenigen, ßo sie der luterischen lere und secten anhengig befinden Geistlichs oder weltlichs standes, ynn yrhen höffen oder sunst ynn ampten haben, davon abzuziehen und weysen, sich des zuenthalten; wo sie aber solchs nicht thun, als dan die selbigen beurlauben, hinweg thun und nicht lenger bey yhnen halten: der gleichen bey yren underthanen auch zu geschehen vorshugen.

Item es sol ein iglich Thum Capittel, auch andere Capittell, ob eyniche person unter yhnen were dieser auffrurischen secten anhengig oder verdacht, die selbien davon beysen und abwenden; so sie aber darvon nicht lassen oder sich des verdachts nicht purgiren wurden, Als dan die selben Bey yhnen nicht meher dulden oder leyden.

Item Es ist notturfftig geacht und der sache fast dienlich angesehen, das ein yedes Thum Capittel Bey seinem Erczbischoff oder bischoff mit sondern vleis ansuchung thue, Auch fhur sich selbst, ßo vill es sye beruret, ane eyniche unterlassung verfuge, das die auffrurischen lutherischen prediger allenthalb ynn yren bisttumben, Furstenthumen, Kresem[2], gebietten und Kirchen auß-

2 die *c aus?* *A* Menß *B* 3 Menßischen *B* Meinßer *Wz* Thum *B* 4 der *fehlt Wz* durch *fehlt B* 5 ein *B* 6 Gotes *B* 6/7 erlangt werdenn mag *Wz* 7 gutbedünckeun *Wz* gewonlicher *B* 8 oder wie es sonst in eynes iden Thumbcapitels *Wz* yedes *B* 9 almechtig got auffs *Wz* uffs *B* gebethen *B* 10 beschwerden *B* beschwerüng *Wz* und erlangen *B* 11 Volgend *B* bemeßlichen] beweglichen *Wz* 12 Menß gnugsam *B* 13 bey seynen Erßbischoffen *Wz* bischouen *(beidemal) B* 13/14 mit ernstem *Wz* 14 sie] sich *B* 15 stands *B* ynn] an *Wz* 16 daruon abzuzihen *B* abziehen *Wz* 17 solchs] des *Wz* thon *B* die selben *B* beurleuben *B* 18 bey yhnen *fehlt Wz* 19 zu geschehen] zügeschickt *B* 20 es *fehlt Wz* iglich] ides *Wz* 21 personen *Wz* diese *A* diser *B* dieser *Wz* 22 selben *B* daruon *B* weisen *B Wz* aber] oder *B* 23 Alßdenn *B* 24 oder *B* 25 sach *B* 26 seym Erzbischoue *B* sonderm *B* 27 thun *B* berurt *B* 28 das der aufrurigen lutherischen ler Prediger *Wz* 29 yrem *A* yren *B* bistentumb *c in* bisttumben *A* bistumben *B* Crisen *Wz*

[1]) *vgl. in den Nachträgen.* [2]) *d. i.* Chrisam, *hier in der Bedeutung 'Diöcese', die auch sonst sich findet, vgl. Grimm, Wtb. 2, 619; 5, 2331.*

gereuttet, vertribenn, und yhnen der maß zu predigen nicht meher gestadt werde; wo auch eine weltlich oberkeit die selben prediger yhn yren flecken yhres kresems oder Bistumbs wider Key: ma: mandata, edict und bevelch enthalten und vorschieben, das die selben Oberkeitten bescriben und ermant wurden, solche prediger nicht meher zu dulden oder zu halten Sondern auff Kay ma: bevelch yhne hafft zu nemen und zubewaren.

Item der beschwerung und widerwertigkeit halben, So gemeiner Clerisey und geistlichen stande Meinczischer bistumbs und provincz augenscheinlich von geystlichen und weltlichen oberkeiten begegent, Sie auch meher dan treglich bedrangt ist worden, hat die vorsamlung gemeinigklich zu abwendung der selben mit zeittlichem radt bedacht, das durch ein yedes thum Capittel sein Erczbischoff odder Bischoff angeruffen, ermant und mitt hochstem vleis ersucht wurden, das yr Churfurst und F G, als den es zum furdersten zu thun cziemet und geburet, ynn dem Gnedige hulff, rath und forderung erczeygen und mitteylen wollen; und alß sie achten, were es dermaß shur zunemen:

Erstlich das Erczherzog Ferdinandus als stadthalter des heyligen Romischen reichs Keins wegs umbgangen, sondern mit fhurschrifften gemelter Erczbischoff und Bischove ersucht werden soltt und furschriff und fodderung an Key: ma:, die weyll seine F. G. wey den weltlichen oberkeitten wenig volge odder gehorsam hatt.

Item das dornach czwo Bottschafften auffs fhurderlichst verordent und erwelt wurden, die mit rath und hulff der Erczbischoff und Bischove auß gemeinem der Ordinarien und Capittel mit sampt gemeiner Clerisey menczer stiffts und provincien darlegen, Bewttel und kost geschickt wurden, eyner Bebstlichen heylickeit die beschwerung, ßo gemeine Clerisey Deudscher Nacion und sonderlich meinczer stifft und provincien begegnen und zu stehen, anzutragen und umb genedige vetterliche hulff rath und trost anzusuchen; und dieweill dieser zeitt und leuffte des stuls zu Rom Jurißdiccion, Oberkeitt und Beczwang wey Deuczscher Nacion leyder geringe geacht ist, untertheniglich zu bietten, das sein heyligkeit unserm Aller Genedigsten hern, dem Romischen Keyser schreyben und yhnen als obersten vogt und schirmer der Romischen

1 vortreyben *B* gestatet *B* 2 ein welltliche *B* selbigen *B* yhn] in *B Wz* yhrs *B* Crisams *Wz* 3 mandat *B* beuehel *(ebenso 5) B* 4 vorschicken *B* selbigen *B* beschriben *B* 5 Sonder *B* auff *fehlt B* 6 in *B Wz* hafft] höffe *B* zuuerwaren *Wz* 8 geistlichem standt Menzischer *B* 9 dreglich ist *Wz* 10 bedrankt *c in* bedrangt *A* ist worden] werdenn *Wz* 11 Rathe *B* 12 hohem *Wz* 13 werden *B* Churfurstlich vnd Furstlich gnaden *B* Churfurstliche vnd furstliche gnade *Wz* thon *B* 14 czimet *B*] wol zimbt *Wz* geburt *B* hilff *B* und *(hinter* rathe*) fehlt Wz* fürderung erzeigen *B* 15 furzuwenden *B* 18 Bischoff *B* vmb furschrifft *B* furderung *B* 19 sein Furstlich gnaden *B*] seiner furstlichen gnaden hilff *Wz* bey *B* dem *c in* den *A* obrickeitenn als man fur augen sieht wenig *Wz* 21 darnach *B* zwů *B* verordenet *B* 22 würden *B* hilff *B* Bischoff *B* 23 gemeinen *B* 24 Costens *Wz* 25 gemeyner *Wz* 26 mentzer *B* stifts *Wz* begegn *B* stehn *B* 27 hilf *B* 27/28 vnnd nemlich dieweil *Wz* 28 läufft *B* Oberkeitt] vnd Obrickeit *Wz* 29 bey *B* gering *B* 30 bitten *B* Gnedigsten *B* 31 yne *B* schirmhern *Wz*

Kirchen vetterlich vermanen und vermugen wolle, gemeyner Clerisey und Deudscher Nacion und sonderlich menczischer provincz mit gnediger hulff zu erscheinen und mit ernstlichen mandaten auch sonst zuvorshugen, das die beschwerden, bedrangung und underdruckung, ßo der geistlickeytt Deudscher Nacion durch weltliche und geistliche oberkeit zugefugt und teglich zuzefugen understanden, genczlich ab gewendt, unterlassen und abgeschafft werden.

Das auch ein andere potschafft zu Kay: ma: yn hispanien verordent und geschickt werde mit gnugsamer instruccion, die beschwerung, bedrangung und widerwertigkeytt, ßo gemeyne Clerisey von der oberkeit weltlichs und geistlichs standts begegen und teglich zu gefugt werden, auffs aller unterthenigst und beweglichst anzuziehen und derhalb hulff und rath und gnedige vorsehung auffs aller underthenigst zubietten. Und auff verbesserung und zeittlichen rath achten die verordente des außschus, das die instruccion auff diese form, wie nachvolget, zu stellen sey[1]:

Instruccion, was die geschickten der Thumb capittel und gemeyner Clerisey des Erczstiffts und andere stifftkirchen und Bischoffen der provinczen Mencz Bey Kay: Ma: unserm aller genedigsten hern anbringen, werben und auffs under thenigst bitten sollen.

Erstlich sollen sie Kay ma: unserm aller gnedigsten hern unsere under thenige, schuldige und gancz willige dinste yn aller gehorsam ansagen, mit wundschung, das der Almechtige gott seiner Kay: Ma: glugselige regirung, langwerige gesuntheit, und wider yhre und des heyligen romischen reichs auch Cristlichs nhamens feinde Begerte syge und triumpff mit freuden und frolockung, genedigklich zu verleyhen geruch. Auch mit erbiettung unsers demutigen gebets kegen gott.

Darnach sollen sie Kay maiestat erzelen und auffs aller demutigst anbringen, wyr seczen ynn keinen czweyfell, sein Kay: Ma: habe wissens, was einer, M luther genant, Augustiner ordens, nu meher bey ethlichen Jaren here auffrurisch ynn Cristlicher lere und schrifften wider die heyligen Cristlichen ordenungen und glawben, vormals durch gemeine Concilia verdampt und verworffen, hat auß gehen lassen, dadurch er vill fromer, auch grosses gewalts

1 vaterlich *B* vermanen *vielleicht c aus* vormanen *A* vormanen *B* vormogen *B* wollen *Wz* und *(hinter* Clerisey*) fehlt B Wz* 2 hilff *B* 3 sunst *B* 3/4 die schweren *Wz* 5 zuzufugen *B* 7 andere] andere drefflliche *Wz* Botschafft *B* 8 beschwerung vnd bedrangung *B* 8/9 bedrangnus vnnd vnderdruckung auch widerwertigkeit *Wz* 9 gemeyner *B Wz* Clerisey] Clerisey Teutscher nation *Wz* 10 zugefuget *B* 11 hilff, rath *B Wz* genedige vorsehunge *B* 11/12 underthenigst] demutigst *Wz* 12 zubitten *B* auff besserung *B* rath der geschicktenn achten *Wz* vorordenten *B* verordneten *Wz* 13 hernach volgt *Wz* sey *fehlt B* 14 Wes *Wz* 15 anderer *B* andere kirchen vnd Bistumben *Wz* 16 unser allerm *Wz* 18 vnser *B* 19 dinst *B* allem *B* 20 Almechtig *B* gluck- *B* 21 und *(nach* jre*) fehlt Wz* 22 nahmens *B* begerten sygl *B* gnediglich *B* 23 vnd mit bittung vnsers vermagens vnnd demutigen *Wz* gegen *B* 25 hab *B* hab gut wissens *Wz* 26 Martinus *Wz* gnant *B* meher] nicht *B* 27 aufruriger vncristlicher lern *Wz* heylige Christliche *B* 27 heylig Christlich *Wz* 28 ordenung *Wz* 29 hat *fehlt Wz* dadurch *B*

[1]) *Sinn: Die von dem Ausschuss der Versammlung entworfene Instruction ist durch die Abgesandten (vgl. Wz) berathen und verbessert und lautet nun folgendermassen.*

herzen verfurt und seyner Ketzerischen, auffrurischen lere anhengig gemacht hat; Derhalb dan S K M auff gehaltenen reichs tage zu Wurmbs wider Martin Luther, seine lere und anhenger offentlich mandata und edicta, bey hohen penen, haben auß gehen lassen; Aber die selbigen mandata und Edicta unangesehen, wurde gemeine geistlickeit ynn dem erczstifft mencz und des selben provincien durch die welthliche oberkeitt auß luterischer lere und angebung mit untreglichen beschwerungen böߟlich bedrandt, zuverderben gefurt und genczlich zuverdrugken und zuvertilgen underſtanden. Derhalb wir, die geistlichen, S. Key Ma: als obersten (Negst gott) beschirmer und beschuczer der heyligen Cristlichen Kirchen, gemeiner geistlickeit und ganczer Cristenheit zuersuchen, umb hulff an zuruffen und zu gefugter beschwerung ablhenung auffs unterthenigst und vleissigst zubitten verursacht werden; der underthenigsten zuversicht, S. Key May: aus angeborner Cristlicher tugent, die seine Ma: von den allerdurleuchtigsten großmechtigsten Romischen Keysern auß dem hauß Osterreich und Burgundia, auch Cristlichen Konigen von Hispanien, Jerusalem und sicilien aus vetterlicher und mutterlicher natur eingebildet, werden sulch uncristlich thun nemen, beschwerung und underdruckung genedigklich wewegen und beherzigen, der maß einsehens thun und ernstlich verschaffen, das wir gemeine geistlichen der entledigt und wider willickeytt[1] und Cristliche ordnung hinfurder nicht meher beschwert oder bedrangt werden. Darmit auch Kay Ma: der beschwerung und vergewaltigung, auch widerwertigkeitten, ßo uns gemeinen geistliches standes teglich begegent, klar wissens und vorstentnuß haben mogen, sollen S K M die geschickten solche beschwerung und bedrangnuß von artickel zu artickel, wie hernach volgt, anzeygen:

Zum ersten das durch die welthliche oberkeit, der luterischen lere anhengig, prediger enthhalten werden, die wider alle cristliche ordnung predigen, das pfaffen weyber nemen, monchen und nonnen aus den Clostern lauffen, das man nicht wie bißher nach cristlicher ordnung, sondern Deudsch teuffen und messe halten sol, darinn sie an vorgehende beycht eynen yeden menschen under beyder gestalt des sacraments Communiciren; das man nicht fasten, nicht beichten, nicht betten, auch gethane und geschene gelubde und eyde nicht halten,

---

2 Derhalben *B* sein Kay. Mat. *B* gehalten reichßtag *B* zu] jn der Stat *Wz* 2/3 wider dachten Martin *Wz* 4 außgen lassen habenn *Wz* Edict *B* 5 selbigen *B* 7 untreglichen] merglichen *B* boßlich *B*] hochlich *Wz* bedrangt zuvorderben *B* 8 Derhalben wie die *B* 9 S.] sein *B* nechst gott *B*] vogt *Wz* beschürmer *B* 10 zusuchen *B* 11 hilff *B* der zugefugten *Wz* ablegnung *B* 13 by sein *B* seine Ma: *fehlt (vgl. Z. 15) Wz* allerdurchleuchtigsten *B* 14 Burgundien *B* 15 sicilien] Sycilien seiner keyserlichen May: *Wz* 15/16 väterlicher *B* 16 solch *B* 17 bewegen *B* 18 verschaffen] verfugen *Wz* 19 billicheit *B* hinforder *B* hinfuran *Wz* 20 Damit *B* 21 geistlichs stands *B* begegnet *B* 22 wissen *B* seiner Key. Mät. *B* 23 bedragnuß *A* volget *B* 24 by *B* weltlichen Obrickeiten *Wz* 24/25 anhengig *fehlt Wz* 25 ordenung *B* 26 Monich *B* aud c in aus *A* 27 sundern *B* 27/28 tauffen, meß lesen und halten *Wz* 28 halt *B* darinn] darumb *B* am vorgeende *B* 29 communicirt *Wz* 30 beten, nit beichten *Wz* geschene gelubde *B*

[1]) = billickeit, *vgl. oben* weste *für* beste *usw.*

die mutter gotes und andere heyligen nicht anruffen noch eren, die Kirchen, Klausen und Clöster abbrechen und gancz vortilgen soll, auch andere vyll keczereyen dem volcke ein bilden. Wo solchem ynn die harre stadt gegeben und nicht fhurkummen wurde, hochlich zubesorgen, das darauß auffrhur, emporung, und geistlich standts genczlich zerstorung und vertilgung volgte, Als dan etliche welthliche oberkeit auff solchs Clöster eingerissen, die monich herrauß genommen und getrieben, den sie yr lebenlang Victualia geben, und sonst alle renthe und gefelle yhnen zueygen.

Item das ethliche welltliche oberkeit der geistlichen gutter, zehendt, zinß, gulte und andere gefelle mit welthlichen beschwerungen, unrechtlicher auffsezung und burden beladen und beseczen, welche sie die geistlichen personen zubezalen und zu geben, mit eygnem gewalt czwingen und nottigen.

Item das sie an ethlichen enden die zehenden und andere gutter der geistlichen ynen selbst zueygenen und eynnhemen und den, denen es von rechte geburt, nicht geben oder geben lassen wollen.

Item das etliche weltliche oberkeit, den kleinen zehenden zugeben, yrhen underthanen verbietten; Auch den grossen zehenden[1] und andere gutter mit welthlichen burden vnd auf saczungen ßo hoch beschweren, das es den geistlichen gancz untreglich ist: alles wider gemeine recht, hergebrachten gebrauch und geistliche freyheit.

Item etliche weltliche oberkeit nemen die Zehenden der Newr oder Novalien[2] gewaltigklich zu yhnen und yhnn yren Nucz, halten die selben den pastoren und den es von recht zustehet, eygnes gewalts fhur.

Item etliche welthliche oberkeit nhemen zu yhnen und zu yrhem gewalt Stiffte, Kloster und alle ein kommen und renthe der selbigen, etliche inventiren und beschreiben alle zinß, renthe und gulthe, auch cleinot vom Heylthumb, Kelchen und anders den stifften, Clostern und Kirchen zustendig, welche

1 ander *B* andere gottes helgenn *Wz* 2 gentzlich *Wz* 4 furkommen *B* höchlich *B* darauß *B* auffrhur] auffrur vnd *Wz* 5 geistlich stand (standts *Knelos*) *A* geistliches stands *B* geistlichs stands *Wz* volgt *Wz* zürrstorung *B* 6 obrickeiten *Wz* solches *B* Closter *B* herauß *B* 6/7 gebriebenn vnd genomen *Wz* 7 sunst *B* 7/8 Rentgefelle *B* 9 etzliche *(ebenso i. Folg.) B* oberkaytten *B* Obrickeyten *Wz* 10 vndregliche *Wz* vnrechtlichen auffsatzung *B* 11 wurden *c in* burden *A* 12 aygenem *B* nötigen *B* 13 *vor* an *3 oder 4 durchstrichene Buchstaben A* dy *B* güter *B* 14 selbs *B* vnd denselben den es von recht *B* 15 wöllen *B* 16 obrickeiten *(ebenso i. Folg.) Wz* 17 auch grosse zehende *Wz* andere geistliche guter *Wz* 10 herbracht vnd gebrauch *Wz* 21 die] den *B* Newr] Ninor *kaum* Niuw *B* Neüroder *Wz* 22 yhnn] yn *B*, in *Wz* den selben *Wz* 23 pastorn *B* es sonst von *Wz* eygens *B* 24 oberkaytten *B* yrhem] iren *Wz* 25 alle *fehlt B* 26 vnd zinß renthen *Wz* 26/27 Haylighum *B* 27 andern der *Wz* stifften (vnd) Clostern *A* zustehn *Wz*

[1]) „Der kleine Zehent, den man nennt den todten Zehent, als Heidel, Erbeiß, Heu, Hopfen rc.", „der große, harte Zehent von hernach benanntem Getreide, so man die fünf Brand nennt, nemlich von Korn, Dünkel, Waitzen, Gerste, Habern" *(Ranke, Deutsche Gesch. im Zeitalter der Reformation, 2. Aufl. 2, 199).* [2]) *Novalia, Neubruch, d. i. hier: die ursprünglich, bei Anfertigung der Zehntenbücher, noch nicht urbaren Ländereien.*

sie yres gevallens beschliessen und zum teyll hinweg nemen: alles zuvertilgung geistlichs lebens und verkleinung Gottes dienst.

Item ut supra entseczen und vertreiben die rechten pastores und pfarherrn und seczen eignes gewalts andere dahin lutherischer lere und secten anhengig, da man nit wissen kan, ob sie zu pastorlichen wirden und ampt ye geweyhet oder ordinirt seint, welche ßo[1] nicht anders den auffruren, widerwertigkeitten und emporungen yhre predigen und andere werck seczen, furnhemen und volbringen.

Item es werden die geystliche ordinarien ynnhaltung des heyligen sendts[2], darynnen die laster und uberfarungen, wie von alter herkommen, zu straffen sein, durch etliche weltliche Oberkeit verhindert, welche solchen send ynn yhrenn gebietten zu halten nicht gestaten wollen.

Item etliche weltliche Oberkeit legen auf alle geistliche personen yhrer gepietten personliche und Burgerliche Burden, als mit wachen, thorhutten, frondinsten, und alle andere Beschwerde, die sie auch eygens gewalts dazu bringen und nottigen wider geistliche freyheytt und gewonheytt.

Item ethliche welthliche oberkeitt legen und thun abe alle gottes dienst und ampter, wollen, das ynn einer stadt, auch da groß volck ynne wonet, des tages nicht meher dan ein meße gehalten werden soll, die dennoch mit der zeitt schwerlich erhalten wirdet.

Item es werden durch weltliche oberkeit die geisthliche Jurisdiction unnd beczwang genzlich unther druckt unnd abgethan, yhn dem, das ßie solche Jurisdiction yhn yhren oberkeiten unnd gebitten nicht leiden, dulden odder gestatten wollen, bringen die geisthlichen personenen, ane untherscheid in allen sachen fur yhren weltlichen gerichten odder rethen recht zu suchen, zu geben unnd zu nehmen, da doch den geistlichen langßam und keins forderlichen rechtens verholfen wirdet.

Wie woll auch durch gemeine keißerliche recht wol versehen unnd die ordnung ist, das zum rechten gnugßam preschribirt possessionen, ßo wie recht dar gethan unnd beigebracht wird, fur waren tittell, als weren brieffe unnd

---

1 gefallen *B* weck *Wz* nehemen *B* 2 lebens] wesens *Wz* dinsts *B* 3 Item etliche weltliche Obrickeit entsetzen *Wz* dy *B* 4 vnd *(vor* setzen*) fehlt Wz* eigens *B* dohin ander *Wz* dohin *B* anhenger priesterlicher *Wz* do *B* 5 nicht *B* ampten *Wz* 6 sein *B* ßo] also *B*, zu *Wz* dan auffrur *B* dan zu auffruren *Wz* 6/7 widerwertigkayt vnd empörunge predigen *B* 7 predig *Wz* seczen *fehlt Wz* 8 es *und* die *fehlen Wz* gaistlichen *B* 9 darynne *B* alters *B* 10 weltlicher *B* 11 nit *B* wollen? *A* wöllen *B* 13 gebiethe *B* persönliche *B* Burgerliche] vntregliche *B* thorhueten *B* 14 beschwerden *B* beschwerung *Wz* darzu *B* 15 gewonheytt] alle recht *Wz* 16 oberkaytten *B* dinst *B* 18 den eine *B* 19 zeit (wirtt) schwerlich *A* zeit auch beschwerlich *Wz* *mit* 19 *schliesst die erste Hand, mit* 20 *beginnt die zweite A* 20 obrickeiten *Wz* gaistlichenn *B* 21 abgethaen *B* In denn *B* 22 in jren *B* gebiethen *B* aber *B* 23 dy *B* personen *B* an *B* vor *B* 26 Kaz: recht wol *fehlt BWz* dy *B* 26/27 vnnd verordent ist *Wz* 27 ordenung *B* genugsame preschribirte possession, so sie wie *Wz* prescribirt *B* 28 vor *B*

[1]) *Wz bietet das richtige* zu. [2]) sent *(aus* synodus *entstanden) 'geistliche Versammlung', hier 'geistliches Gericht'.*

sigell daruber angetzeigt, geacht unnd gehalten: So wird doch ßolche prescription durch etliche weltlich oberkeit gancz vor nigtich gehalten unnd geacht, wollen allewege brieff unnd sigell dar gethan unnd fhur gebracht haben unnd auff die prescription, yhnn Krißer recht gegrundet, nicht urteiln.

Item etliche weltlich oberkeit verbitten hinfhur, bey yrem untherthanen nicht gestattet werden, etwas den kirchen der Selbigen paw unnd sonst zu erhaltung guter werck zu setzen odder legen, das auch die kircken gerichte hinfhur nicht gehalten werden.

Die weill nu alles unnd yedes zu unterdruckung unnd vertilgung Christlichs glaubens und gemeines geistlichen stands vorgenomen, unnd die geistlichen perßonen, wo yhnen die zeitliche narunge entzogen, gentzlich untherdrucht wurden, sich auch nicht mher enthalten konten, welche doch key: Ma: unnd andern: ro: keißern, Seiner Ma: vorfarn hochloblicher gedechtnuß, allwege untherthenig gehorßam geleistet, Auch mit reiffen dinsten unnd andern darlegungen vor andern gewerttig gewest, als gemeine Clerisey deutdzer nation zu thun nochmals erbütig unnd willig ist, und dan .key: ma:, wo die geistlickeit Deutzer nation alßo solte vertilget, nicht ein geringer teill der gehorßam enczogen wurd, wir auch, die geistlichen, yhn dießen unßern grossen widderwertigkeiten unnd bedrangnuß niemants anders dan .S. key: ma: als unßern allergnedigsten Herrn, obersten vogt unnd beschirmer der kirchen unnd Christenglaubens, anzuruffen wissen, zu dem wir allen unßern trost, hoffnung unnd wolfart setzen: So sollen die geschickten Key: ma: unßern allergnedigsten hern auffs allerunterthenigst unnd fleissigst bitten, das ßein. key: ma: uns, der gemeinen geistlikeit deutzscher nation, unnd ßonderlich hirynnen, mit gnediger Hulff erschiessen, Solche beschwerung, bedrangnus, vorgewaltiglich unterdruckung gnediglich abschaffen unnd vorkommen wolte, unnd derhalben ernsthlich mandata, befhel unnd gebots brieff wider etliche weltliche oberkeit, die durch die geschickten angeczeigt werden solten, yhn sonderheit unte hohen penen, Nemlich bei ver-

---

1 doch] auch *B* 2 weltliche *B* nichtig *B* 3 brive *B* 4 yhnn] im *B* nichts *Ws* vrteilen *B* 5 weltliche *B* vorbieten *B* verbieten das hinfur *Ws* hin: fhur *A* hinnor *B* jrem *B* jrenn *Ws* 6 selben *B* baw *B* vnnd] oder *Ws* sust *B* 7 vnderhaltung *Ws* oder *B* legen] legten *Ws* dy kirchen gericht *B* 7.8 auch fürther die kirchenn gericht nit mehr *Ws* hinnor *B* 9 nu] solchs alles *Ws* 9/10 Christliches *B* 10 gemeineus *A* geistlichs *Ws* standes *B* furgenomen *B* dy *B* 11 nahrung *B* vnderdruckt *B* 12 meher *B* kunnenn *B* 13 Romischen *B* allewege *B* 13/14 vnderthenigest *B* 14 treffen *B* darlegung *B* 15 fur *B* 16 nochmals] noch *Ws* erbötig *B* deutzscher *B* teutscher *Ws* 17 gehorsamen *B* gehorsamkeit *Ws* 18 wurde *B* dy *B* 19 bedrangniß *B* Key Kay *B* 20 christlichs glaubens *B* 21 gesetzt habenn *Ws* 22 geschigten *B* 22/23 unßern *bis* ma: *fehlt* *B* 23 vor vnnd *am Rande nachgetragen* dienstlichst *Ws* 23/24 vns gemeinen geistlichen *Ws* 24 sunderlich *B* sonderlich Meintzer prouintz hierin *Ws* hirynne *B* hilff *B* 25 beschwernus vnd gewaltige *B* beschwernus vergewaltigung vnnd vnderdruckung *Ws* 26 furkommen *B* wölte *B* wolle *Ws* ernstliche Mandat beuelh *B* 27 brive *B* die durch dy *B* 28 solle *Ws* yn sunderheit *B* in sonderheit vnnd sonst wider alle weltliche obrikeit, teutscher nation in gemein vnd sonderheit vnder hohenn *Ws* unte *A* under *B*

lierung aller yhrer regalien, privilegien, Wirdickeiten, lehen unnd rechten, auch bei acht unnd aber acht, mit Deputirung etlicher executorn auß gehen lassen, darynnen denselben oberkeiten mit hohem ernst bevholen werde, die beschwerungen, bedrangnuß, vorgewaltigung unnd unterdruckung legen den geistlichen unnd den yhren abczuthun unnd bey den yhren alßo zugeschen unverczuglich zuverfhugen; Wes ßie auch den geistlichen perßonen, sthifften, klostern unnd kirchen an zinßen, renthen, ein komen, zehenden unnd geffellen entzogen odder Sonst schaden zu gefugt hetten, yhnen widder zu handen Stellen unnd ßie yhn vorigen stand widder zu setzen und bleiben zu lassen, auch sonst wie key: ma: auß hohem verstand unnd furstlichem gemuthe zum besten fur zu nemen bedunckt, Unnd genediglich vorhelffen unnd versehung thuen, Das wir bei unßern geistlichen freiheiten unnd nharungen bleiben unnd hinfhurt von den weltlichen oberkeiten der massen nicht mher bedrangt odder verwaltigt werden. Solchs umb sein key: ma:[1] Wollen wir gemeinen geistlichen yhn aller untherthenigkeit und gehorßam, nach allem unßerm vermugen, auch mit Demuttigem gebethe kegen Got und seiner: ma: mit seliger regierung und langweriger gesundheit, mit begerter victorien unnd uberwindung yhrer widderwertigen unnd seinden zu bitten unnd sonst auffs aller untherthenigst zuvorbinen, allerzeit geflissen willig unnd unverdrossen sein.

Item es ist durch gemeinne versamlung beradtschlagt unnd vor guth ansehen, das die geschicken botschafften nach benanter Churfursthen unnd fursten zu executorn nennen unnd dißer sachen vor key: ma: zugeben bitten, Nemlich die drei Churfhursten am reyn, Coln, Trier unnd pfalts, auch margraff Joachim von brandenburgk Churfursten, Auch Erczherzog Ferdinandus, herczog wilhelm unnd ludwig zu beyern, Herczog Jorgen zu Sachssen unnd den Hercogen zu Cleve.

Die weill auch Disse auffrurische, ketzerische lere ursprung unnd anfang aller meisth aus der vier bettell orden verschwengllicher freiheit, (Damit sie vom

2 bey der acht *B* lasse *B* 3 darynne *B* denselbigen *B* hohem] grossem *Ws* beuehlen *B* by *B* 3/4 beschwerung *B* 4 vorgeweltigunge *B* unterdruckunge *B* gegen *B* 5 yhrem *(beidemal) A* iren *(beidemal) BWs* zugestehen *B* 7 an] von *Ws* gesellen *B* 8 Sunst *B* gefuget *B* Stellen] zustellen *Ws* 9 yn *B* auch] und *B* sunst *B* 10 furstlichem gemuet *B* vor *B* 11 bedunckt *B* Unnd] uns *Ws* gnediglich *B* behelffen *Ws* 13 dem *A* den *BWs* der maß *B* bedranget *B* odder *B*] *fehlt Ws* verwaldigt *B* furgewaltigt *Ws* 14 werde *B* gewinnen *A* gemeynen *B* 15 durch alle unßer *Ws* vermogen *BWs* mit *fehlt Ws* 16 gebet gegen *B* ma:] Key. ma. *B* 16/17 got seiner keyserlichenn Maiestat gluckselige regirung unnd langlebende gesuntheit *Ws* 17 gesudheit *A* gesuntheit *B* 18 sunst uffs *B* underthenigist *B* 20 es *fehlt Ws* 20/21 angesehen *BWs* 21 nach benanter *fehlt Ws* Churfursten *B* Fürsten *B* 22 nennen] nemen *Ws* vor] von *BWs* 23 Collen *B* margraff *undeutlich A* maggraue *B* 24 Ferdinanden *B* 25 ludwig gebruder von beyern *Ws* Bayrn *B* Georgen *B* 26 Cleue Gülch unnd Bergenn *Ws* 27 diser aufrurischenn ketzerrischen leren *Ws* 28 der] den *B* oberschwenglicher *BWs*

[1]) *zu verbinden mit* zuvordinen *(Zeile 18/19).*

sthuell zu rom begabet, marre mangnum[1] genandt, yhn welchem sie aller ordenlichen Jurisdiction gewalt eximirt unnd entzogen, der halben sie dan gancz niemantzs untherworffen sein, frey leben haben und alles nach yhrem willen und wolgefallen predigen, vornemen unnd handeln wollen) verursacht unnd erwachsen; als dan offenbar unnd unleugbar ist, auch kunfftige zeit, wo es alßo bleiben unnd mit czeitigem rathe nich verkomen wirdet, noch grosser unradth zufurchten sthehet: Sollen die geschickten key ma: auffs alleruntherthenigste ansuchen und bitten, Das sein ma: bepstliche heilickeit auffs hochst vnnd vleissigst ersuchen und ermanen wolt, solch der vier bettel orden previlegia, mangnum marre genandt, zu cassiren unnd revociren und genczlich abzuthuen, gedachte vier orden Diocesarien unnd ordinarien untherworffen zu machen.

Item es sollen auch die geschickten neben der gegeben insthruccion bey key· ma: mit hohem fleiß sich bearbeiten, das eins erwirdigen thum Capittel zu hyldesheim beschwerung durch key ma: genediglich beherczigt unnd yhnen der auß key· ma· mildickeit genedige hulffe erczeigt und mitgeteilt werde; nemlich Das key· ma: hie aussen zwen Commissarien odder vor horer setze unnd deputire, die sachen zwischen dem byschoff unnd dem stifft zu Hildesheim eins und seinen widder parteyen anders teils zuhoren, Auch furderlichs und entlichs rechts zu verhelffen mit Suspenßion Der acht und aber acht, widder den bischoff unnd stiefft zu hildesheim außgangen, alles nach inhalt Der yhnformacion durch eines erwirdigen thum capittels zu hildesheim geschickte vergeben.

Item der prebenden halben, ßo kurczlich yhm thum stifft zu augsßburg der universitet Ingelstadt durch bepsthliche heiligkeit in corporirt ist: Die weil die auffrurische ketzerische lere und secten Das merer teill auß den universiten komen, Darinnen geplanczt und gehandthabt werden, Sollen die geschickten bey key ma: derhalb bericht thun unnd auffs untherthenigst bitten, Das Seine: ma: durch yhre Oratores bey bepstlicher Heilickeit anregung thun und handeln lassen, ßolche incorporacion zu revocirn unnd cassirn und den keißer Tumsthifft

1 stül *B* marre *oder* marre *A* Mare magnum *B* 1/2 ordentlichen *B* 2 vnnd (*vor* gewalt) *Wz* dan *fehlt B* 3 niemandes *B* 4 furnehmen *B* 5 vnlaugbar *B* 6 zeitlichem *Wz* rath nit *B* fürkommen *B* 7 zufurchten *B* by *B* key] bey key *Wz* vffs allervndertheniqst *B* 8 seine *B* höchste *B* 9 ansuchenn *Wz* wolte *B* privilegia *B* 9/10 privilegia vnnd freiheiten Maremagnum *Wz* 10 marre *oder* marre *A* Mare magnum *B* cassirn *B* 11 den Diocesanen vnd ordinariern vnderwurffig *Wz* 12 es *fehlt Wz* 14 durch] der *B* gnediglich *B* 15 der] derhalb *Wz* ma. *fehlt Wz* Mt. vnd milltigkait *B* gnedige hilff erzaigt vnd mitgetaylet *B* 15/16 nemlich *B* 16 zwene *B* setz *B* 17 zwuschen dem bischove *B* vnd stift *Wz* 18 vnd seiner widerpathei *Wz* zuhörn *B* förderlichs *B* 19 rechtens *B* 20 stifft *B* noch *B* 20/21 yhn formacion *A* Information *BWz* 21 durch *fehlt Wz* eins *B* Capittel *B* (hil)hildesheshcim *A* geschickten *B* beschicktenn *Wz* vbergeben *BWz* 22 Kürtzlich *B* 23 Ingolstat *B* bapstliche *B* Die] Diese *Wz* 25 Darin gepflanzt *B* gehandhabet *B* 26 derhalben *B* 27 anregens *Wz* 28 dem *B* keyserlichenn *Wz*

[1]) *Sixtus V. sicherte 1474 den Bettelorden ihre Privilegien in 2 Bullen, welche deren* mare magnum *genannt werden, und ergänzte sie 1479 durch die* Bulla aurea.

zu augsspurg damit nicht ferner zu beschweren, auch ferner handeln inhalt der informacion eines erwirdigen thum capittells zu Ausspurgk.

Item es ist durch gemeine samlung beschlossen, Das zu dießer schickung unnd andern notturfften ein gemeiner anschlag des ertzstiffts mentz unnd provincien gelegt werden ßol.

So auch beide sthifft bamberg und baßel, wie wol ßi zum teill exempt seien und in di provintz meintz nicht gehoren, vormals alwege yhn gemeiner geistlickeit beschwerung der provintz anhengig gewest sein unt contribuirt haben, ist vor gut angesehen, Das man beide obgenante Tumstifft beschreibe und durch botschafft ersuchen lasse, yhr muet von yhnen zuvernhemen, was sie hirczu thun wollenn.

Es ist auch vor nottdurfftig geacht, Das die instrucion An key ma: yhn latteinisch sprach gestellet, und der zwu, Nemlich eine lateinisch und eine Deutzsch, mit Dreier bischoffen insigeln zum wenigsten besigelt werden.

Item gemeine versamlung haben auch yhn ansehung, das etliche Tumkirchen dißer provincz meintz ferne von meintz legen, einmuttiglich beschlossen und verordent, das ein yder geschickter dise handelung und radtschlag Seinem Tumcapittel anbringen, die antwort und was sie bey yren bischoffen und furften erlangen werden mit sampt den gelde, ßo yhnen zugebenn auff gelegt wurde, zwischen hier und des newen jars tage einem erwirdigen Thumcapittel zu meintz an lengern verzug unnd hindernuß uberschicken und lieffern lassen sollen.

Nemlich

Meintz	Dreyhundert gulden
Wurczburg	anderhalbhundert gulden
Costencz	anderhalbhundert gulden
Eystet	hundert Gulden
Wurmbs	hundert Gulden
Speyer	hundert Gulden
Halberstat	hundert gulden
Verden	hundert gulden
Augsspurgk	hundert gulden
Hildeßheim	hundert gulden
Caur	funffczig gulden

Summarum m: cccc. und .5. gulden [1]

1 ⟨ag⟩augspurg *A* damit *B*] *fehlt Wz* nich *B* zu *fehlt Wz* handel Inhalts *B* 2 eins *B* thum *fehlt B* 3 es *fehlt Wz* samblung *B* versamlung *Wz* 4 ander *B* anschlack aller geistlickeit *B* 4/5 Meintz *erst nach* provincien *Wz* 6 sein *B* 7 im *B* die *B* mentz *B* ge(horn) hort *A* gehoren *B* allewege *B* 8 beschwerungenn der Provintz Meintz *Wz* 9 angesehen worden, das man bey obgnante Stifft *B* und *fehlt Wz* 10 ansuchen *B* muet] gemuhet *B* gemudt *Wz* hierin *Wz* 11/12 in lateinische sprache *B* 13 bischouen *B* versigelt *Wz* 15 provincien *B* mentz *(ebenso i. Folg.) B* meintz *(nach* provintz*) fehlt Wz* fern *B* ligen *B Wz* 16 geordent *Wz* 17 die] deren *Wz* 18 dem *B Wz* auffgeleget *B* 19 zwuschen *B* dem Newen Jars tag *Wz* 20 ane *B* hindernis *B* soll *Wz* 23 Wurtzburg ij^c gulden *Wz* ij^c fl *B* 24 hundet *A* ij^c fl *B* 25 Eichstedt *B* 26 u. 29 hunder *A* 27—33 Speyer j^c guldenn Verdenn j^c guldenn Augspurg j^c Paderborn j^c Hildesheim j^c Straßburg j^c Chur ½^c Halberstat j^c *Wz* 32 Chur *B* 33 *Das Zahlzeichen vor* gulden *ist einer heutigen 7 ähnlich. Alte Form der 5 oder umgekehrtes* L? 33 Summa j^m iiij^c. l. fl *B*

[1]) *vgl. die Nachträge.*

Wolan, das ist ja ein kluger radtsclag; wen gleich der bischoff zu Strasburg[1] da geweßen were, wer hette gemeinet, das der teuffell ßo weiße leuthe kunde machen? doch dunck mich, eines ßey vergessen, daran doch mercklich gelegen ist, unnd were ich mit yhm rad geweßen, es hette auch mit drein mussen; aber es schat nichts, ob ich noch hernach anczeige; unnd ist eben das: weil der geistliche standt allenthhalben umb seines schendlichen lebens und serfurischen lere willen So gar veracht ist, Das auch die kinder auff der gassen ein fast nacht spiel drauß machen und iderman nu versteet, das es ein unnutze volck ist, das nur ßeinen bauch weidet unnd niemandt dinet, und das ßi landen und leuthen ein untregliche burde und last sind, alßo das der Spruch psalm cv.
Ps. 107[108], 40 gewaltiglich uber sie geht 'got schuttet verachtung uber di fhursten': were fur gut anzußehen Gewest odder noch fast gut, das man aber czwe botschafft ausrichtet, Eine zu key ma:, die da klage, wie die gemeine pfafferei So iemmerlich yhn aller herczen veracht ist unnd fhur lauter goßen gehalten werde, alßo das auch die fhursten und hern, die auff yhrer seiten Sündt, nichts von yhn hilten, wo ßie nicht eine guthe griben auff yhren kol dovon hetten (umb gots willen ließen Sie wol alles das haben, das die kriegsknechte pflegen zu beten[2]); darumb wolte key ma: gnediglich helffen, das alle Welt nicht weniger von yhn halten musthe den von S. Peter und S paul, unangeßehen Das sie offentliche verczweiffelte buben unnd morder sind und di apostel heilige leite synd geweßenn.

Die ander muste man zu got gen himel schicken unnd yhm lassen sagen, das er sein wort ym obgnanten psalm wider ruffen wolte unnd nicht verachtung Sondern ehre uber sie schutten. zu Solcher botschafft were gut .S. Cristoffel unnd der grosse carolus, Sonderlich So .S. Cristoffel keme mit eim grossem sack voll messen und rosenkrenczen und Carolus mit seinem grossen schwert; villeicht mochte sich gott vor solchen risen fürchten und sein

1 Ratschlag *B* 2 wer *fehlt B* gemeint *B* 3 künte *B* dunckt *B* eins *B* doran *B* 4 gewest *B* hett *B* darein *B* 5 aber (eins) es *A* ichs *B* 6 allenthhalben *A* allenthalben *B* verfürischen *B* 7 leren *B* by *B* 7/8 fastnachtspiel *B* 8 daraus *B* vorstehet *B* 9 nymands *B* 10 sein *B* cv.] v. *B* 11 gehet *B* die *B* fürsten *B* vor *B* 12 aber *B* zwü botschafften *B* 13 do *B* (pssa) pfafferei *A* 14 allen *B* vor *B* gözen *B* werden *B* 15 fürsten sindt *[so, ü sonst = ü]* nichtes *B* yhm *A* jnen *B* 16 hielten *B* kol (von yhm hilten) dovon *A* Dauon *B* 17 alle *B* by kriegsknecht *B* 19 jnen *B* must *B* dan *B* von S. und S. paul *A* von Sant Peter vnd von Sant pauel *B* 20 mörder sein *B* by apostelu *B* leuthe *B* 21 seint *B* 22 yme *B* 24 Sunder ehere *B* Sulcher *B* Sant *B* 25 Carolus *B* Sunderlich *B* Sant *B* 26 mit eim grossem *bricht Bl. 86b die zweite Hand ab, mit ain* grossen sack *beginnt Bl. 87a die dritte Hand A* einem grossen sack fall *B* 27 villeichte *B* sulchen riesen förchten *B* seine *B*

[1]) *Der Bischof Wilhelm von Strassburg war einer der vier Katholischen, welche zu Anfang des Jahres 1526 in Leipzig wegen Unterdrückung der Evangelischen sich berathen hatten. An ihn war die geheime Instruktion gerichtet, welche Karl V. zur Vertilgung der Lutherischen Sekte am 23. März 1526 von Sevilla aus erliess. Vgl. Rommel, Urkundenbuch S. 13ff.* [2]) *was die fluchenden Kriegsleute anderen wünschen.*

wort umbkeren und nicht so gestracks gen lassen vber die armen pfafferey. Dise zwo botschafften weren woll notiger und alle kosten und muhe drauff zuwenden. Den was hulffs, ob die pfafferey gleich alles gut auff erden hette, wen sie von yderman veracht und wie kot auff der gassen gehalten werden? Solt einer doch lieber ein schinder sein den ein grosser reicher pfaff, der ydermans gecze und sprichwort sein muste.

Solchs were mein radt gewesen. Aber sie solten wol gedacht haben, ich spottet ir, und wurdent mich als eynen Luterischen vorbrant und zorniklichen in die helle geworffen haben. Den es firwar nicht gut schercezen ist mit solchen klugen herren. Was sol ich aber thun? Ich wolt die pfaffen nicht ansehen all auff einen hauffen mit allen iren zornigen schuczhern, das ich umb iren willen ein wort schreibe; den ich sie ie so hoch verachte, so hoch sie mir veint sind. Aber weil ich sehe, das der satan durch sie als durch seine larven so schentlich leuget, lestert und zornig ist, auch gerne wolte grossen jamer stufften, will ich widerumb sein spotten und in mit seinen ligen hinden und fornen auff decken, damit ein iglicher sich muge hietten und sehen, was meine ungenedigen hern fur buben in der haut sint.

Erstlich ist mir das nicht zuverschwigen, das sie meine lere keczerisch und auffrierisch nennen. Dan Christus wolte auch nicht schweigen, da die Juden Johan: viij seine lere dem deiffel geben, sonder entschuldigt sie. Also Joh. 8, 49
sage ich hie auch, das meine hern ligen, und ist auch kein redlicher man, der mir solchs noch sagen kan, das ich keczerisch und auffrierisch gepredigt habe. Es kan auch mir niemant bey bringen, des biette ich trocz zu recht. Got gebe es sey Kei: könig. Bapst. fursten oder Bischoff, so ists erlogen, wen sie es sagen. So weis man das nit allein in deutschen landen sonder auch in frembden königreichen, das ich zu Wormbs auff dem reichs tage unverhört, frevelich verdampt, wiewol ich daselbst erschinen Bin und zuverher und recht mich erbotten habe. Aber da gieng pfaffen gewalt und kein recht. Ir habt da, Lieben herren, mit mir ein stücklin gethan, das ist in Adamant geschriben und wirt nimer mer ausgeleschen werden, auch nicht schweigen, bis ir alle staub werdent, den der wint zerstreüet. Keiserlich geleit liest ir mir nicht Bl. 1, 4

1 strack gehen *B* vber *B* arme pfafferey *B* 2 nötiger *B* mühe *B* darauff *B* 3 hülffs *B* hett *B* 5 Dan *B* 6 gecke *B* 7 Sulchs *B* 8 wurden *B* al eynen *A* als eyn *B* zcornig *B* 9 dan *B* vorwar *B* 10 wolte dy *B* 11 vff *B* 12 schriebe *B* 12/13 den *die* sind *fehlt* *B* 13 dieweil *B* durch (vor seine) *fehlt* *B* larue *B* 14 wolte *B* grosser *B* stifften *B* 15 jm *B* seinem *B* vorn *B* 16 itzlicher *B* hutten *B* 16/17 vngnedige *B* 17 vor *B* sein *B* 18 zuuorschweigen *B* 19 auffrurisch *B* wolt *B* do dy *B* 20 Johannis *B* teufel *B* geben *B* sonder *A* Sunder *B* 21 sag *B* 22 solches *B* nachsagen *B* auffrurisch *B* 23 kan *fehlt* *B* nymands *B* 24 sey bapst, konig Fürst oder *B* 25 nicht *B* 26 konigreichen *B* Worbs *A* Worms *B* unuorhort *B* 27 zuuorhör *B* 28 hab *B* do *B* habet *B* 29 hern *B* stucklein *B* geschrieben *B* 30 meher *B* ausgelescht *B* nit *B* 31 staub] zu staub *B* werdet *B* zustrewhet *B* gleit *B*

gancz und sasset da wie die larven und goczen umb den Jungsten menschen keiser karl, der sich nicht auff solch ding verstunt, muste wol tun, was euch gefiel, und habt mich on alles recht, wie ewer gewissen meine zeugen sint, unverheret, unnerkant verdampt. So viel goczen hatten alle sampt nicht so viel sinnes, das sie einen enzelen armen betler, den sie doch in iren henden hatten, hetten dhuren antworten odder horen lassen, schweigen den berichten odder uberwinden konnen; pfu der ewigen schande aller pfaffen und Bapst gelörten.

So weis man das auch woll, das nicht alle stende des reichs in meiner lere verdamnis willigitten, Sondern die besten heupter, sonderlich der weltlichen stende, sich nicht underschriben. Ir larven aber stiest die kopffe mit etlichen hern zusamen gleich wie eine rotte, und tribet den Keiser zu einem solchen freveln urteil, das der löbliche furst Herzog Friderich zu Saxen, Churfürst seliger gedechnis, an einen ort hat gesagt, Er hette sein lebenlang nie nicht kindischer ding gesehen den in solchem handel zu Wormbs, und kunde nun woll mercken, wie man in den Concilien thete, nemlich das die pfaffen regierten. Derhalben, wie wol er schweig, hielt er dennocht von dem an nicht mer von den Concilien. Es waren auch sonst vil grosser hern, den solcher handel leid war, und kunden doch nicht darwider, wie ich selber gehört habe. Also das ich mit freuden sagen thar: Ich bin zu Wormbs nith verdampt durch reichs urteil als ein keczer. Den es war nicht ein gemein eintrechtig urteil, von allen stenden beschlossen und underschriben, wie sichs gepürt, weil die stende nicht drein haben verwilliget, an wilchem am meisten gelegen ist ym ganczen reich, sondern es war eine Fursten und Bischoffs rath da, die Bruchten des keisers zu irem mutwillen. Derhalben gieng auch das selbige gebot nicht starck; den die gewissen waren gefangen, als die do wusten, das es unrecht und ein lautter pfaffen getrib war. Also auch das hernach zu Niernberg, durch ein ander gepot, fast gelindert und gemessigt ward, dan es kunten die gewissen solchs nicht leiden. Das selbig beweiset auch die frucht und erfarunge. Den balt noch disem falschen pfaffen urteil gieng meine lere aller erst recht an und kam weytter und ward heller, den sie ye gewest war, bis auch

---

1 vnd der Junge mensch *B* zu 1/2 *am Rande:* mentitur *B* 2 nit *B* sulch *B* vorstandt *B* 3 habet *B* mein *B* sein *B* 4 vnuorhort vnerkant vordammet *B* 5 enzelen (...) armen *A* enhzeln *B* 6 hetten, hatten thörn *B* aber (2.) *B* 7 konnen *fehlt B* allen *B* gelerthen *B* 8 weis im *Kustos* weist im *Texte A* weys *B* 9 willigten *B* Sonder *B* sunderlich *B* 10 vnder schrieben *B* stiesset dy kopff *B* 11 herren *B* gleich *fehlt B* eine *fehlt B* rothe *B* Kay *B* 12 lobliche *B* Sachssen *B* 13 gedechtnis *B* gesaget *B* 14 dan *B* Worbms *A* Worms *B* konde *B* 15 nu *B* theit *B* dy *B* 16 regirten *B* schweyge *B* 17 meher *B* sunst *B* 18 selbst gehort hab *B* 19 nicht *B* 20 durchs *B* ortel *B* dann *B* were *B* 21 ortel *B* vnderschrieben *B* geburt *B* 22 haben dorein *B* welchen *B* 23 sundern *B* es was ein *B* rat *B* 24 brauchten *B* ging *B* 25 nit *B* dan *B* warn *B* 26 getrieb *B* 27 Nurmberg *B* gebot *B* 28 kunden *B* dy *B* nit *B* selbige beweist *B* dy *B* 29 erfarung *B* dan *B* falschen *fehlt B* ging mein leer *B* aller *fehlt B* 30 dann *B*

closter und messen gesturczt sint und die pfafferey ein solch veracht ding worden ist, wie fur augen; das mans greiffen mag, wie Got meine sachen hat gerecht gemacht, wilche vom deuffel und seinen goczen verdampt ist. Das wil ich auff die ligen gesagt haben, das sie meine lere keczerisch schelten. Den sie mügens nit beweisen, das sie durch menschlicher oberkeit urteil (ich wil des gotlichen urteils schweigen) als durch reichs eintrechtig urteyl verdampt sey. das aber etlich rotten Fursten und rotten bischoffe mich verdampt haben. Da wische ich meine schuch an.

Das sie aber meine lere auffririsch lestern, ist auch ir lautter mutwille, sich zu schmucken und glimpf wider mich zuerhalten, weil sie sonst nicht wissen auffzubringen; dan sie werdens noch konnens nimermer beweissen, darzu so wissens sie selbs wol anders. Und zwar wans mich alleine anginge, wolte ich hiezu auch wol schweigen und mich solcher irer mutwilligen lugen frewen und mir benigen lassen an irhem eygen gewissen, welchs wol anders weist. Den das Euangelion muss den namen in der welt haben, das es auffrierisch heisse und gelestert werde, ob wol yderman weis, das nicht so ist, auff das sie flux und getrost sindigen in den heiligen geist und verstockt werden, damit sie ja nicht biessen migen und genczlich verderbt werden. Also muste Christus selbst auch auffrierisch gescholten und fur Pilato verclagt werden, wie wol Luc. 23, 2. 5. 14 Pilatus wüste und auch in der verhör fand, das nicht war were. Noch halfs nicht, er muste als ein auffrierischer sterben und under die morder gerechet Marc. 15, 28 werden, also das auch ein auffrierischer titel iber in geschriben ward. So Joh. 19, 19 gewis und feste wolten sie es machen bey dem volck, das er auffrierisch were. Aber was hat es die Juden geholfen? Elias der prophet muste auch auff- 1. Kön. 18, 17 rierisch heissen, do er wider den konig Achab pridiget. S. Paulus mit den seinen ward auch auffrierisch gescholten, wie Lucas in Actis schreibt. Weil Apg. 16, 20f. den unser heubt Jhesus Christus mit seinen propheten und aposteln selbst must von auffrur dulden, sollen wir uns nit entseczen, das wir auch auffrierisch gescholten werden, sonder fro sein, das wir gleichs leiden von unserm Satan, das Christus mit seinen Aposteln geliden hat, weil nicht allein unser, sonder auch der feinde selbst gewissen wol weis, das wir unschuldig sein.

Doch umb andern willen, und die dollen göczen bester merh zuverstocken, wil ich solch lesterung verantworten. Den die ottern gezichte, ye mehr sie die Matth. 3, 7 warheit horen, ye blinder sie werden. Und zwar solte das einig stuck auch

---

1 stein *B* by *B* 2 vor *B* mein sache *B* 3 teuffel *B* gotzen *B* 4 dy lugen gesaget *B* dann *B* mogens *B* 5 gotlichen *B* 6 durchs *B* 7 bischoue *B* wüsch *B* mein schue *B* 8 auffrurisch *(ebenso i. Folg.)* *B* 9 sust nichts. *B* 10 denn *B* konnes? *A* konnens *B* nimer meher *B* 11 wissen *B* Wan es *B* allayn angieng *B* 12 hirzu *B* auch *fehlt* *B* 13 benugen *B* irem *B* weys *B* 15 helst *B* 16 sundigen *B* verstock *B* 17 buessen mogen *B* 19 wuste *B* 20 by *B* gerechent *B* 21 vber jne *B* geschrieben *B* 22 fest *dahinter Klecks* *A* fest *B* 23 by *B* 24 da *B* predigt *B* 27 nicht *B* 28 sondern *B* gleich *B* 29 sundern *B* 30 weist *B* 31 anderer *B* tollen *B* gotzen *B* meher *B* 32 solche *B* leserung *A* gebycht *B* mehe *B*

ein verblent und verstockt hertz wol genugsam stillen, das sie bekennen, sehen und greiffen mußen, das hie zu Wittenberg und wo ich predige, kein auffrur ist gewesen und noch von gottes gnaden so stille als an keinem ort in der welt. Wo ich nu auffrur lerte, solte ja am mesten auffrur und unruge sein und daselbst anfahen, da meine lere am aller sterkesten teglich get und ich selbst gegenwertig bin. Aber das hilft nicht, solche offenliche warheit und Beweisung ist zu starck wider ire liegen und macht sie schamrot, darumb mus sie nicht gelten, ir lugen sol und muß recht sein. Nun, nu was sie solch lesterung helfen wird, sol mit der zeit an tag komen, wie den Juden geschriben ist. So hab ich fur drey Jaren das buchlin von werlicher oberkeit[1] geschriben, lange zuvor ehr die auffrur kam, darinnen ich weltliche oberkeit und gehorsam aus der schrifft also gegrindet und bestetiget habe, das mir auch alleine zeugnis starck genug ist wider solche lesterung. Den ich achte, es habe fur mir nie kein lerer so gewaltiklich von der weltlichen oberkeit geschriben, das mir das auch meine feind haben mißen dancken. Und wo nicht etliche oberkeit dadurch weren gesterckt gewesen, da die auffrur wietten, solten sie auch wol verzagt worden sein und den bauren weitter eingeraumet haben: On was noch vil mehr buchlin und schrifft sint auch mit namen wider die auffrur. So ist noch furhanden das Buch an den deutschen Adel, darinnen ich die oberkeit vermane, und das durch gepett zu Got[2], zur reformacion deutsches landes. Mit dem allen ist den lestern das maul genug gestopfft und ich reichlich entschuldiget.

Und wer stund stercker wider die bauren mit schrifften und predigen den ich? Mitten under in bin ich gewesen und durch sie gezogen, mit farhe leibs und lebens[3]. Sie haben sich auch nie hören laßen, das sie es von mir hetten. So fand sich auch zu Franckenhaußen und Mulhüsen, das der Münczer nicht mit mir zu thun hatte. Ja er war heftiger und bitterer auff mich dan auff keinen menschen. Es galt auch meinen kopf am aller meisten, was der deuffel durch in fur nam. Aber ich stackt im ein plock darfur[4] durch Gots genaden,

1 gnugsam *B* 2 Wittemberg *B* 3 gots *B* 4 jo *B* meisten *B* unrwe *B* 5 Doselbst *B* sterckisten *B* gehet *B* 6 selbs *B* nit *B* 7 jr lugen *B* 8 gelden *B* Nun *fehlt B* solche *B* 9/10 geschrieben (*ebenso i. Folg.*) *B* 10 vor dreyen *B* buchlein *B* weltlicher *B* 11 lang *B* ehe *B* 12 gegrundet *B* bestetigt *B* 13 allein *B* genug *o A* gnug *B* Dann *B* acht *B* hab *B* 15 das mir des *B* feinde *B* mussen *B* 16 do durch wern *B* by *B* 17 pawern *B* eingeraumbt *B* One *B* 18 buchlein *B* schrifften *B* 19 vorhanden *B* darinne *B* 20 gebet *B* zu Reformirn deutzsch landes 21 lesterern *B* gnugsam *B* 22 entschuldigt *B* 23 by bauern *B* dan *B* 24 jnen *B* fhare *B* 25 horen *B* 26 Mülhausen *B* nichts *B* 27 zuthon *B* heftiger] geferiger *B* den *B* 28 teuffel *B* 29 jnen *B* jme *B* pflock dafur *B* gnaden *B*

[1]) *Erl. 22, 59ff.* [2]) *Erl. 21, 279f.* [3]) *Vgl. Lingke, M. Luthers merkwürdige Reisegeschichte (1769), S. 157.* [4]) *Bei Wander nur: „Einen Pflock in den Weg werfen, dabei stecken“, Bd. III, Sp. 1330, „Pflock“ Nr. 4, 5.*

auch ehe den weltliche oberkeit darzu kame. Und wens solt riemens gelten: Ich wiste noch nicht, wer die bauren am ersten und merhe geschlagen hette[1]. Nun nemhent die den rum dahin, die das wenigste darzu gethan haben, und die das beste gethan haben, mußen nu den lon haben, das sie auffrierisch lere haben. Aber es ist recht, fart fort, ir seit auff rechter ban: So muss man lauffen, wen man den hals wil brechen.

So ist das auch offenlich war, das der Münczer wie wol er zu Alstet in unsers Fürsten lande anfinge, treib in doch got weg, das er must ablosßen und kam in Herzog Jorgen landt gen mulhausßen und richtet solchen jamer in seinem furstenthum an. Wa waren da zornige fursten und herren, die im wärten? Also das es war ist: die auffrur ist nicht in unserm Furstenthum noch in Heßen auff kumen, sonder auss Franckenlant oder den walt und von Mulhausßen und den strich hirein auff Herzog Jorgen Boden ist sie komen, und hat also auch unsers Fursten landt als die grencze mit beschmeist und angezint. Ja eben da her ist zu uns die auffrur komen, da das Euangelion auffs hohest verworfen ist. Ich muss die warheit sagen: und het Grave Albrecht von Mansfelt, welcher da zu mal der erst auff war in den harnisch, gethan, es hette Herzog Jorge in acht tagen so wenig gewalt gehabt bis an Behemen hinan als der andern hern keiner, die iberweltigt waren; so grewlich schwinde lieff das lebige feure. Aber da gewan es einen stos und widerhalt, da der löbliche grave drein greiff. Nun, mit der zeit sol man dem selbigen auch seinen lon und danck geben, wie der wolff dem kranch gab[2] und wie die welt pflegt zu lonen allen redlichen frumen leutten, die das beste Bei ir thun noch dem sprichwort 'Wer dem dieb vom galgen hilfft, den brecht der dieb gern hinan'[3]. Er muss auch noch auffrierisch werden und auffrierische lere halten, unangesehen das er das erste und beste wider die auffrur gethan hat, und mit ungeleugbaren werk ir lester maul straffen[4].

Aber wen wir die warheit wollen horen, so wolt ich wol sagen, wer dieser auffrur und des Jamer ein ursach ist. Die erste ist, das Got erzürnet

---

1 solte rurmens *B* 2 wüste *B* pawern *B* meher *B* 3 Nu nehmen by den Rome dohin *B* wenigst *B* 6 des hals *B* 7 ouch offenlich *B* Monczer *B* 8 anfieng *B* ablassen *B* 9 Georgen *(ebenso i. Folg.) B* mulhausen *B* 10 Wo warn *B* 11 werten *B* by *B* ést *B* 12 komen sundern *B* oder *B* 13 Mulhausen *B* 14 grenz *B* beschmizt *B* 15 angezunt *B* 16 höchste *B* by *B* het *AB* Graff *B* 17/18 harnisch es hette *A* harnisch gethan. Es hette *B* 18 achtagen *B* gewalts *B* 19 Bohemen *B* herren *B* oberweltig warn *B* 20 leibige fewer *B* 21 das der lobliche graff *B* denselbigen *B* 22 gabe *B* 23 pfleget *B* fromen redlichen *B* 24 nach *B* brücht *B* 27 ungeleubarn *A* ungeleugbarm *[so] B* mawel *B* 28 by *B* 29 Jamers *B* erst *B* erzurnet *B*

[1]) *Ähnlich z. B. Erl. 59, 284. Zu der Behauptung Luthers vgl. Wilh. Walther, Luther im neuesten römischen Gericht (Halle 1884), S. 118ff.* [2]) *Phaedrus, Fabul. Aesop. I, 8, in Luthers Übersetzung Erl. 64, 358.* [3]) *Wander, Bd. I, Sp. 1318, Nr. 46.* [4]) *Sinn: Albrechts unläugbarer Kampf gegen den Bauernaufstand wird der Gegner Lästern, er sei aufrührisch, strafen.*

war iber des[1] pfaffen getriebe zu Wormbs, da sie auch wider natirlich recht mich unverhort verdampten und darunter gots wort lesterten und schendeten, Darnoch die Evangelischen prediger verjageten und verfolgeten. Weil sie den gots wort und rechter prediger nicht wolten leiden, thet Got, wie es billich und recht war, und schickt auffrurische prediger, die under dem schein des Evan- 2 Cor. 11, 13 gelii gleichwie die falschen Aposteln solchen Jamer anrichteten, anzufahen die straffe iber die pfaffen und pfaffen knechte. Wie wol daneben vil unschuldige haben mit miessen entgelten, weil sie nochburen der gotlosen waren und zu solchem pfaffen frevel stil schwigen und der warheit nicht bei stunden. Den der baurn auffrur ist nur ein anfang der straffe und gottes zorn gewest, darzu ein warnung, das sie von irem doben und lestern abstên und gots wort gen lassen sollen; wo nicht, würt er sie das daheimen suchen mit einer scharffen rutten. Nicht rede ich solchs, das sie mir gleuben sollen, sonder nur diesser verstocken und nicht glauben, bis sie es erfarn. Dan Got ist gerecht und kan unrecht nit ungestrafft lassen; und wie er künt durch die Bauren so bliczlingen ein straff erwecken, so kan er noch wol unversehens hinder sie kumen, das sie Hiob 4, 20 zu grunt gen, ehe sie es gewar werden, wie Hiob stet.

Zu dem schlug nu der unrath, das der pfaffen wesen ein Bubisch teufflisch Tyrannisch leben were, aller welt untreglich, Also das auch der weltliche Adel zw Wurms vor dem kayser selbs darumb handelte[2]; da war kayn gedancken, etwas zw bessern oder nachzulassen, Sondern ymmer fort gedruckt, geschindt, geschabt, Das keyner seins weybs, kindt, guts, leibs sicher war; und die weltlichen hern auch nicht vil frommer waren. Weil sie den selbst nicht wolten ablassen von irem schentlichen, grewlichen Tyrannischen wesen und darzw andern nicht gonnen, das sie das Euangelium horeten und wol zw leben lereten, Sondern mit allem unrecht, Frewel und gewaldt beide leibs und seel der underthanen underdruckten: Da druckten und erzwungen sie die auffrur mit Spr. 30, 33 gewalt heraus; Unnd gieng, wie Salomon spricht Prover: xxxj. 'Wer zw hart schneutzt, der zwingt blut hinaus'. Dan da wart der posel unwillig und kunte der Tyrannen mutwillen nicht ertragen.

---

1 vber *B* des *A* der *B* getribe *B* Worms *B* naturlich *B* 2 mich *B*] nicht *A* darunder *B* schenten *B* 3 Darnach *B* Ewangelischer *B* vorjagten *B* vorfolgten *B* 4 rechte *B* wollen *B* 5 schickte *B* 7 straff *B* vber die pfaffen knecht. Wie wol darneben vil vnschuldigen *B* 8 habe daneben mit *A* haben mit *B* mussen *B* nachbawrn *B* warn *B* 9 schweigen *B* 10 straff *B* gots *B* 11 irem toben *B* abstehen *B* 12 gehen sollen lassen *B* wirt *B* 13 Sunder *B* tieffer *B* 14 gleuben *B* 15 nicht *B* konth *B* Baurn *B* blotzling *B* 16 komen *B* 17 gehen *B* Ehr *B* Hiob] hiroben *B* 18 *mit* Zu dem *als Kustos endet die dritte Hand in A. Der weitere oben folgende Text ist aus B entnommen, wo er Bl. 111ᵇ mit* Zw dem schlug *beginnt und Bl. 112ᵃ endet*

[1]) *Nicht* der *B, sondern* das *a (unten 282, 24) wird das Richtige sein.* *P. P.*

[2]) Die Beschwerungen des hailig. Röm. Reychs und besonderlich gantz Teutscher Nation ... zu Worms imm Reychstag des 1521. jars. Rö. Käy. May. von den Churfürsten, Fürsten und Stenden des Reychs ernstlich fürpracht, *abgedruckt bei Walch XV, Sp. 2058 ff.*

Das aber solche stucke sein ursach gewesen des auffrurs, kan nymands leucken. Dann die pawern fureten sie ja in irem zcedel offentlich[1]. So weis auch idermann, das war ist, wie untzelich der pfaffen und ires anhangs Tyranney gewesen ist. Nu schmucken sich dy letzlein fein, Wolten gerne solche stuck vorbergen, gedencken auch noch heutigs tags nicht abzulassen, geben nu dem Euangelio die schult, was sie durch ir untreglich wesen erregt haben. Got mus tragen und unrecht haben, auff das ir buberey recht bleibe. Wol an, er wirts mit der zceit von sich legen und sich so entschuldigen, das wider pfaffen noch pfaffen knecht bleyben werden. Das sol meyne weyssagung sein.

Unnd sie doch irer keine klugheit, sie es hat hinaus gefurt[2]: meine lere haben sie darumb vorbotten, das sie sich furchten fur auffrur und mochten feste sitzen bleyben und den povel im zaum halten: Das war der hubsche Ratschlag. Haben sie es nicht fein troffen? ja eben wie Salomon spricht:
'Was der gotlose furcht, wirt uber inen komen', gleich wie es dy Juden auch Spr. 10, 24
traffen, Die sie dem klugen rath Coyphas volgeten: 'Auff das nicht die Romer Joh. 11, 47 ff.
kemen und nehmen in Land und leuthe', musten sie christum toten. Ebenn so ists

Anhang.

Der angeblich von Spalatin aus Luthers Schrift Wider den Ratschlag usw. angefertigte und zuerst Eisleben I abgedruckte Auszug.

Über diesen berichtet Aurifaber Bl. 274a:

Da ist D. Martinus Luther im fürhaben gewesen, ein ernstes, scharfes Büchlin im Druck lassen auszugehen wider diese Meintzische Bündnis, es war auch albereit ein bogen davon gefertiget. Aber durch des Churfürsten zu Sachsen abschaffen ist das Büchlin hinterhalten und der einzele gedruckte boge aus der Druckerey weggenomen, das es nicht ist offentlich ausgangen. Aber M. Georg Spalatinus hat einen kurtzen extract oder excrept [so] aus demselbigen gedruckten bogen mit eigener hand auffgezeichnet. Welches in seiner Liberey ist befunden und darumb in dieses Werck gedruckt worden, auff das der Christlich Leser von der Meyntzischen Bündnis, deren gar offt in D. Luthers büchern und schrifften gedacht wird, ein kertze [so] anleitung und unterricht haben köndte .....

Titel des Büchlins. Wider den rechten Auffrhürischen, Verretherischen und Mördischen Ratschlag der gantzen Meintzischen Pfafferey, unterricht und warnung Martini Luthers, Anno 1526.

Extract oder Excerpt aus einem Bogen,
den D. Martin Luther wider diese Bündnis hat wollen drucken lassen.

Friss liebe Saw, es ist für dich gekocht. Wie der Gast ist so ist auch die Kost[3].

---

[1]) vgl. Die zwölf Artikel der Bauerschaft, *abgedruckt bei Walch XVI, Sp. 25 ff.*

[2]) *Es dürfte etwa zu lesen sein:* Und sieh doch ihre feine Klugheit, wie sie es hat hinausgefurt.

[3]) *vgl. oben S. 262, 23 f.*

Es kan aber niemand ein Papist sein, er mus zum wenigsten ein Mörder, Rauber, Verfolger sein; denn er mus ja drein verwilligen, das man dem unrecht thu, den der Bapst und seine Rott verbrennet, verjagt, das seine nimet und auf alle weise verfolget [1].

Des Teufels Glieder früchte sind morden, brennen, verjagen, verfolgen die rechten Christen [2].

Christus sol meine Gerechtigkeit bleiben [3].

Bapsts Gelerten [4].

D. M. Rat: 1. Das Key. Maj. gebote, mehr von den Pfaffen zuhalten denn von S. Pet. und S. Paul, 2. zwo ehrlicher botschafft zu Gott zuschicken, den grossen Karl und den grossen Kort, sein wort zu widerruffen, das er ehre und nicht verachtung uber sie schütte [5].

Pfaffen getrieb [6]

Pfaffen urteyl zu Worms [7]

Rattenbischoff [8]

Und wens solt rhümens gelten, ich wüste noch nicht, wer die Bauern am ersten und meisten geschlagen hette.

Nu nemen die den rhum dahin, die das wenigst dazu gethan haben, Und die das beste gethan haben, mussen nu den lohn haben, das sie auffrhürische lere haben. Aber es ist recht, faret fort, Jr seid auff rechter ban. So mus man lauffen, wenn man den hals wil brechen [9].

Wenn wir die warheit wolten hören, so wolt ich sagen, wer dieses auffrhurs und des jamers ursach ist; die erste ist, das Gott erzörnet war uber das Pfaffen getriebe zu Worms, da sie auch wider natürlich recht mich unverhört verdameten und darunter Gottes wort lesterten und schendeten. Darnach die Evangelischen prediger verjagten und verfolgten [10].

Der Baurn auffrhur ist nur ein anfang der straff und Gottes zorns, dazu ein warnung, von jrem toben und lestern abzustehen [11].

Der Pfaffen leben ein Bubisch, Tyrannisch, Teufflisch wesen [12].

Der kluge Caiphas Rat rc. [13]

---

[1]) vgl. oben S. 263, 4ff. [2]) 263, 18ff. [3]) 268, 20. [4]) 270, 7. [5]) 274 (S. Christoffel ist hier durch den grossen Kort ersetzt) [6]) 276, 26. [7]) 276, 29. [8]) 277, 7 vgl. 276, 23. [9]) 279, 1—6. [10]) 279, 28 — 280, 3. [11]) 280, 10/11. [12]) 280, 18/19. [13]) 281, 15.

Antwort auf etliche Fragen, Klostergelübde belangend.

1526.

Graf Wilhelm VI. von Henneberg nahm lange eine eigenthümliche Stellung zur reformatorischen Bewegung ein. Daß die Macht des höheren Klerus durch dieselbe beschränkt wurde, scheint ihm gefallen zu haben; aber von der Richtigkeit der Lehre Luthers war er nicht überzeugt. So nahm er am 26. August 1524 an der Windsheimer Versammlung fränkischer Stände Theil, auf welcher man sich gegen die Übergriffe der katholischen Kirche, insonderheit der Bischöfe von Eichstädt, Würzburg und Bamberg vereinigte und über die Forderungen der Evangelischen für das auf Martini nach Speier ausgeschriebene deutsche Vorkonzil berieth. Hier verpflichtete er sich auch, seinen Kaplänen und Prälaten 23 vom Markgrafen Casimir vorgelegte Artikel, welche gegen die Ansprüche und Gebräuche der katholischen Kirche sich wandten, zur Beantwortung zu übergeben. Doch die Antwort, welche er von seinem Klerus erhielt, scheint ihn wieder von der Grundlosigkeit der gegen die Kirche erhobenen Anklagen überzeugt zu haben. Als aber dann er sich genöthigt gesehen hatte, die Artikel der aufrührischen Bauern anzunehmen (3. Mai 1525) und besonders die Hülfe Chursachsens ihn von den trotzdem in seinem Lande Dörfer und Schlösser verheerenden Schaaren befreit hatte, mochte er dem Drängen seines Bundesgenossen zu reformatorischen Maßregeln sich nicht ganz widersetzen. Unter dem 9. April 1526 berichtet er dem Herzoge Johann Friedrich von Sachsen über eine Disputation, welche er mit Klerikern seines Landes veranstaltet habe, und ersucht ihn, dasjenige, was ihm über die Verbindlichkeit der Gelübde vorgehalten worden sei, durch Luther widerlegen zu lassen. Die Nonnen, deren eine des Grafen Tochter war, hatten sich auf 4. Mose 30 berufen, „Mönche und Geistliche" eine größere Anzahl anderer Bibelstellen ihm vorgelegt. Daß der Graf ihnen im Herzen Recht gab, verräth der ganze Ton seines Briefes an den Herzog:

„Lieber Herr und Oheim! Wir haben eine Disputation mit etlichen Mönchen unserer Klöster, so in unserer Herrschaft sind, gehabt, mit Anzeigung, daß ihr Leben ihnen zur Seele Seligkeit gefährlich sei, mit viel Disputation etlicher Gelehrter, die wir dazu gebraucht haben, welche wir um Kurz willen zu schreiben unterlassen; die haben aber in Summa darauf bestanden: welcher Gott dienen wolle, der könne es nicht füglicher thun, dann so er die Welt mitsamt ihren Lüsten, als durchs Gesicht, Gehör und Greifen, daraus dann böse Gedanken erfolgen, fliehe und sich einig halte mit Gebete und Kasteiung seines Leibes. Und mir darauf etliche Artikel aus der Schrift gezogen, derhalben sie vermeinen, ihre gethane Pflicht schuldig zu halten sind, es würd ihnen dann solches durch gründliche Beweisung der Schrift abgeleinet, daß sie solche Gelübde nit schuldig zu halten sein sollten, dieweil ihr viel und der mehre Theil solche Gelübde mit Wissen und Verhängnuß ihrer Eltern, auch aus freiwilligem Gemüthe gethan und noch gerne darinnen sein und sterben wollten, wie sie dabei bleiben möchten, des Verhoffens auch, man sollte sie wider alle obgemeldte Ursachen nit aus dem Kloster vertreiben, und unangesehen, ob sie gleich die Bauren verjagt und verderbt hätten, sollt man sie billig wieder zu den Stümpfen gelangen lassen. Denn niemands wüßte, in wem der heilige Geist etwas Gutes würken wollte und in welchem Stande, dann solches in allerlei Ständen und Geschlechtern geschehen möchte. Dannenhero ist unser ganz freundlich Bitten, E. L wollen uns so viel zu Gefallen thun und bei D. Martin Luthern handeln, daß er E. L. uf solche zugeschickte Articuln aus Grund der Schrift die widerlegen wolle, und uns dieselbe, damit wir ihnen wieder begegnen können, ufs förderlichste zuschicken. Das sind wir um E. L. freundlich zu verdienen ganz willig, und ist das Capitel, mit A. gezeichnet, von unser Tochter und den Nonnen, das andere, mit B. gezeichnet, von etlich Mönch und Geistlichen fürgelegt. Datum Schleusingen, Montags nach Quasimodogeniti 1526."

In seinem daraufhin an Luther gerichteten Schreiben scheint der Herzog auch die Möglichkeit, daß ein anderer als Luther die gewünschte Antwort ertheile, berührt zu haben. Denn das Begleitschreiben, mit dem Luther unter dem 18. Mai dem Herzoge seine Antwort auf jene Artikel übersendet, lautet:

„Gnad und fried in Christo, Durchleuchtiger, Hochgeborner Fürst, Gnediger Herr, Ich hab selbs müssen auff die Articel antworten, es hats sonst niemand thun wollen, wiewol ich viel zu thun hab, das mein Gott den faulen Schelm im fleisch ube, noch richte ich wenig aus. Derhalben hab ichs gemacht in eil, so gut ichs kan. Ewer F. G. mag sie weiter weisen ins Büchlin von Klostergelübden und der gleichen. Hiemit Gott befohlen; gegeben am Freitage nach Servetij, Anno 1526.

Martinus Luther D."

Noch in demselben Jahre 1526 werden die fraglichen „Artikel" und ihre Widerlegung durch Luther gedruckt worden sein. Aber schwerlich auf Luthers Veranstaltung. Denn weder wissen wir etwas von einem Wittenberger Drucke, noch auch dürfte der Titel dieser Schrift (s. unten) mit seinem Ausdruck „sich aus dem Stande der Pfafferei wirken" von ihm herrühren.

Nach dem Gesagten bedarf es wohl keiner weiteren Hervorhebung, daß diese Schrift Luthers nichts mit jenen früheren 23 Artikeln zu thun hat, wie nach Weinrich auch Enders und nach beiden Höhn angenommen haben. Während jene Artikel sich auch auf die Infallibilität der Kirche, auf Messe und dergl. beziehen, handeln die Luther vorgelegten Artikel nur von der Verbindlichkeit der Gelübde.

Vgl. J. M. Weinrich, Kirchen- und Schul-Staat des Fürstenthums Henneberg (Leipzig 1720). (Schultes,) Diplomatische Geschichte von Henneberg II (1791). Fränkische Reformationsgeschichte von M. I. H. S. (Nürnberg 1731). Höhn, Kurze Geschichte der Kirchenreformation in der gefürsteten Grafschaft Henneberg (Schriften für das deutsche Volk, herausgeg. vom Verein für Reformationsgeschichte, Nr. 22). W. Germann, D. Johann Forster, der Hennebergische Reformator (neue Beiträge zur Geschichte deutschen Altertums, 12. Lieferung). Enders, Luthers Briefwechsel, 5, 193 oben, 333 f., 353. De Wette 3, 112.

Ausgaben.

A „Antwort || Auff ettliche Fragen, || Closter gelübd belangend, || allen den die sich aus dem || Stand der Pfafferey, || Möncherey, odder || Nunnerey wirckẽ, || vast tröstlich. || Mar. Luther. || 1526.⸢“ In Titeleinfassung. 12 Blätter in Oktav. Letzte drei Seiten leer. Bl. B 3ᵃ, Zeile 21: „der bleibt in || ewickeit.“

In der Titeleinfassung das Monogramm GK = Gabriel Kantz. — Vorhanden z. B. in Berlin, Stuttgart, Wolfenbüttel, Zwickau.

B „Antwort. Auff ettliche Fragen, Clostergelübd belangend, allen den dye sich aus dem Stand der Pfafferey, Möncherey oder Nunnerey wircken.“ So notirt Weller, Repert. typogr., unter Nr. 3858 und setzt hinzu: „o. O. u. J. (1526). 8. m. Titelholzsch. Von M. Luther. — Collection no. 4375. Lipperts Cat. 37. S. 44.“ Da eine Anfrage bei mehr als dreihundert öffentlichen Bibliotheken uns diese Ausgabe nicht wieder entdecken ließ, auch die Lippertsche Buchhandlung uns keine weitere Auskunft zu geben vermochte, sind wir außer stande, sie zu verwerthen.

Im ersten Theil der zu Eisleben gedruckten Ausgabe „der Bücher, Schriften und Predigten des Ehrwürdigen Herrn D. Martin Luthers“ findet sich auf Blatt 261ᵇ zunächst das oben abgedruckte Begleitschreiben Luthers „an Hertzog Johans Friederich zu Sachsen“, sodann folgt die Überschrift: „Artickel aus der heiligen schrifft gezogen, für die so Klostergelübde gethan, vnd haben den Pfaffenstand, Möncherey vnd Nonnerey angenomen.“ Daneben, am Rande, heißt es: „Diese Artickel und Antwort D. M. Luthers sind zu Eisleben in Bartel Drachstedts, D. L. gar guten Freundes, Liberey gedruckt gefunden.“ Vergleicht man die dann folgende Schrift mit der Ausgabe *A*, so liegt die Annahme, daß hier ein anderer Druck gemeint sei, nahe. Denn nicht allein werden hier zuerst die von den Hennebergischen Mönchen und Nonnen vorgelegten „Artikel“, darnach erst die „Antwort D. Mart. Luth. auff solche Sprüche“ gegeben, während in Ausgabe *A* die entgegengesetzte Anordnung befolgt ist; sondern es findet sich auch, von kleineren Varianten abgesehen, sowohl ein Minus wie ein Plus gegen Ausgabe *A*. So werden die für die Gültigkeit der Gelübde vorgeführten Beweise einzeln gezählt; über dem ersten, dem aus 4. Mose 30 genommenen, heißt es: „I. Beweis der Gelübden“; anstatt „Artickel etlicher Monchen vnnd gelerten“ lesen wir: „II. Gelübde beweis“; so daß im Ganzen 15 solcher Beweise gezählt werden. Ob aber diese Besonderheiten schon in der von dem Redaktor der Eislebener Ausgabe benutzten Druckschrift sich vorfanden oder ob der vorgefundene, von ihm benutzte Druck eben unsere Ausgabe *A* war, die Verschiedenheiten also von ihm vorgenommene Änderungen sind, ist nicht mehr festzustellen.

In den Gesammtausgaben findet sich unsere Schrift in der Gestalt, wie die Eisleбener Ausgabe (I, 261—264) sie liefert, weiter Altenburg Bd. III S. 475—478; Leipzig XIX S. 546—549; Walch 19 S. 2106—2116; Erlangen Bd. 29 S. 318—327. Luthers Begleitschreiben bieten nach diesen Ausgaben noch de Wette 3, 112; Erlangen 53, 379.

Wir legen den Text von *A* zu Grunde und geben als Varianten die Wortabweichungen der Eisleбener Ausgabe, jedoch ohne die durch die besondere Anordnung hervorgerufene, schon erwähnte Überschrift des Ganzen zu Anfang und der Antwort Luthers in der Mitte und die Zählung der „Beweise der Gelübde" zu notiren.

Antwort Auff ettliche Fragen, Closter gelübd belangend, allen den, die sich aus dem Stand der Pfafferey, Möncherey odder Nunnerey wircken, vast tröstlich.

Wiewol ym Büchlein von Clöstergelübden[1] der gleychen Artickel verstand genugsam gegeben ist, Unnd alles gruntlich unterricht, Wie das Clöster leben verdammlich sey; Weil aber in sonderheyt dise sprüche werden furbracht, ist in Christlicher liebe also darauff zu antworten:

Erstlich ist das wissentlich, das Moses mit seinem gesetz durch Christum ist auff gehaben unnd bindet uns Christen leuth nicht, wie Paulus sagt .Gal. 1. [Gal. 2 [so], 19] 'Ich bin dem gesetze abgestorben und lebe in Christo', Und Ro. 10. [Röm. 10, 4] 'Christus ist das ende des gesetz', Item .ij. Cor. 4. [2. Cor. 3 [so], 7. 6] 'Die clarheit Mosi höret auff', Item: 'Der buchstabe tödtet'. Und Christus selbs Math. 11. [Matth. 11, 13] 'Das gesetz und die propheten gelten bis an Johannes zeit', Und abermals Math. 5. [Matth. 5, 17] 'Ich bin kummen, das gesetze zuerfüllen'. Darumb wer ein gesetze Mosi will halten als notig, Der muß sie alle halten und mus sich beschneiden unnd gantz ein Jude werden, wie Paulus spricht Gal. 6. [Gal. 5 [so], 3] 'Wer sich beschneidt, der ist schuldig, auch das gantz gesetze zuhalten'. Was were sonst fur grund, das etzliche solten binden und etzliche nicht, so sie alle gleich durch den selbigen Mose von einem Gott gegeben sein?

Sie dienen uns aber darzu, das wir zeugnus draus nemen, Unser gesetz, das ist das Euangelion, zu beweisen, wie Paulus spricht .Ro. 3. [Röm. 3, 21] 'Die gerechtickeit, so vor Gott gilt, ist on gesetze offenbart Und bezeugt durch das gesetze und propheten'.

Derhalben ist dis die eynige antwort auff alle sprüche des alten Testaments, so sie fur die gelübde furen, das man sage: Wolt yhr Christen Juden seyn? Beweyset ewr ding aus dem Newen Testament. Das Alte ist aus durch Christum unnd gilt nicht. Gilt's aber, so habt yhr Christum nicht Und müst das gantze gesetze halden. Unnd ob sie hie wurden unterscheyd machen de Judicialibus, Cerimonialibus, Moralibus, das hilfft sie nicht, Wie ich ym büchleyn von den bildstürmern wider D. Carlstadt[2] weyter be-

1—4 *nach dem Titel des Urdrucks* 14 Matth. 11. Cap. spricht: 18 spricht] sagt 18/19 ist auch schüldig das 30 wurden *fehlt*

[1]) De votis monasticis Martino Lutheri iudicium *(1522) Unsere Ausg. 8, 564 ff.*

[2]) Wider die himelischen Propheten von den Bildern und Sakrament *(1525). Erl. 29, 134 ff.*

weyset habe. Auch so ist das gelübd gesetze ym Mose eyn lauter Cerimonien; seyn nun die Cerimonien ab, wie sie selbs bekennen: Warumb wollen sie sie denn widder yhr eygen bekentnus halten? Uber das, da Moses gesetze noch stund unnd galt bey den Juden, war es dennoch der massen gestellet, das nichts gelobt war, das unmüglich und ausser unser macht und habe war. Darumb sagt auch Mose: 'Wer sein seele verbindt oder verlobt' rc. Nun heyst in der schrifft 'Seele' nicht das gewissen oder ynwendige sondern der lebendige leib.
Joh. 10. 11 Wie Christus spricht: 'ein gutter hirt lest sein seele fur seyne schaff'. Denn also gingen die gelübde, das eyner, so ers macht hatte, mocht sein hauss, seinen acker, sein vich, auch sein leib verloben zu dienste an den Tempel oder den priestern, sie zu erhalten; Unnd das alles eine zeyt lang, Und darnach wider ablassen; denn weil die ursache zu geloben zeitlich ware, war das gelübd auch zeytlich und möcht mit andern dingen gelöseth werden, und war kein ewiges noch unmüglich gelübde da. Es war aber eins da, das dem ewigen gelübde gleich ist, das hiess Anathema, verbannet; wer also gelobt war, den muste man tödten on alles wider losen. Davon lese man das letzte cap. ym dritten buch Mosi, da wirt mans finden, wie ich sage.

Wollen nun unser Nonnen und Mönchen Mosen haltenn, so mussen sie also thun:

1. Zum ersten, sie mussen nichts geloben, das sie nicht haben oder nicht yr ist.

2. Zum andern müssen sie es frey lassen, das man es wechssel oder lösen müge.

3. Zum dritten, das es eyn zeytlang were und nicht ewig sey, obs gleich nicht in des gewechsselt wurde.

4. Zum vierden, wöllen sie aber ya ewig gelübd haben, das sie Anathema sein und sich flux erwurgen lassen, das ist Moses; so mussen sie yhn halten odder yr gelübde lassen. Derhalben ist Clöster gelübde stracks widder Mosen; dann sie geloben eyn ewig gelübde und haltens doch nicht nach Moses weyse.

Item eyn unmüglich gelübde. Dann willig arm, gehorsam, keusch zu seyn, ist Gottes allein und nicht unser. Darumb, wer es gelobt, der gelobt eyn frembdes gut, das nicht seyn ist; domit lestert und schendet er Gott, ja raubt und nympt unnd wils Gott geben, wo er kunde.

Hiemit ist nun auch auff die artickel geantwort, so ferne sie das alt Testament füren. Dann auch Samuel, den seyne Mutter Gotte gelobet, bleib doch nicht ewig ynn dem gelübde, sondern, wie Samuels buch leret, wart ein regent und zoch ym lande umb und wartet des folcks unnd bleybe nicht bey dem Tempel, wie er verlobt war, sondern wonete zu Rama, das solch exempel

2/3 wollen sie den die wider 12 war] ward 27 anathema *Am Rande von A* Anathemata sind 29 Roma

auch gewaltig ist widder das ewige Closter gelübde. Aber den spruch Salomon am .20. furen sie mit bösem gewissen eyn, halb aus meyner, halb aufs [Spr. 20, 25] der Lateinischen Bibel, Also: 'Es ist dem menschen eyn strick, die heyligen lestern Unnd darnach die gelübde widderruffen'. Was hilfft solch falscher tuck? Also stets: 'Es ist dem menschen ein strick, Das heilige lestern, Und dornach mit gelübden umbgehen'; das ist so vil gesagt: Es seyn heuchler, die lassen Gotts wort unnd seyn heyligen Gotts dienst zu Jerusalem, wollen darnach mit gelübden solchen ungehorsam unnd lesterung bezalen. Gleich wie die Clöster auch das heylige Euangelion lassen und gehen dafur mit gelübden umb. Wens gleych so stunde, wie sie sagenn, so ists doch nichts anders, denn wie Mose von den gelübden setzet. Also auch Eccle. 5. 'Wenn du gelobst, so verzeuchs nicht zu halten'; denn das kompt alles aus Moses wortten. [Pred. 5, 3]

Darnach haben die Psalmen eyn sonderlich gelübde, das heyst: Gott loben; wie das mit sich bringen die wort, als Psalmus .48. 'Opffer Gott [Ps. 50 (so!), 14] danckopffer Und bezale dem höchsten dein gelübde'. Denn der selbige gantz psalm Verwirfft alle opffer und gelübde Und fodbert das opffer und gelübd des lobes; Wie er schleust unnd spricht: 'Das opffer des lobes ehret mich' [Ps. 50, 23] (das ist meyn rechter Gotts dinst), 'das ist der weg zu schawen Gottes heyl'. Lise den selbigen psalm unnd sihe, wie er eyn rechter Clöster sturmer ist, und sie füren yhn fur sich.

Darnach kommen sie aufs New Testament.

Zum ersten Christus Matth. 19. 'Es seyn etzliche, die sich selbs ver- [Matth. 19, 12] schneyden'. Hie solten sie beweysen, das die Closter leutthe solche verschnitten weren. Es ist nicht genug, das sie es sagen. Warumb zoch dann Christus die Aposteln und vil heyliger Bischoffe und merterer nicht auch in Clöster, und wurden Mönche? odder hatten sie sich selbs nicht verschnitten? Es beweist sich leider wol, und wenn sie bekennen wolten, wurden sie woll sagen, wie die Clöster verschnitten seyn. Wolte Gott, sie thettens, des sich sie hie rümen. Es solte niemant weren. Aber ein ding furgeben, da nichts hinder ist, ist ferlich fur Got. Man weis wol, das die willige keuschheit kostlich ist. Aber es stet dabey: 'wer es hat, der hats'. Ich finde ausser den Clöstern zehen verschnitten und keusche, da ich yn den Clöstern nicht einen finde. Dann haussen ist arbeit, mühe und sorge, eytel anfechtung, das einem der kützel woll vergeht und zu beten teglichen gedrungen wirt. Inn Clöstern sitzen sie müssig und broten sich mit bösen gedancken tag unnd nacht, meynen darnach mit eynem wollen tuch oder hembd sich keusch zu machen. Eyn faul, sicher, gut leben ist ym Closter leben. Und sie rümens ein castey leben; ich habs ya auch

1/2 Sal. pro. 20. cap. 4 hilfft doch solcher 5 dem menschen menschen *A* 10 nicht anders 14 als im 48. Psalm 34 eine *A*

gesehen unnd versucht, so fast als keyn ander. Was sie aber zu schaffen gewinnen, wie hauffen die leuthe haben, so sollen sie es woll anders finden. Gute tage und nicht das heylige leben behelt ym Closter, das man der haut furcht; und wil sich schmücken mit der schrifft.

1.Tim.5,11f. Zum andern Paulus 1. Timoth. 5. Spricht nicht, das die jungen witwen seyn geyl worden wider yre regel odder gelübde, sunder 'wider Christum geyl worden', deutet er selbist und spricht, Es sey 'den glauben gebrochen', den sie erst ynn Christum hatten. Dann umb yrer geylheyt willen, das sie bester füglicher freyen möchten, verleuckten sie Christum, an den sie zuvor geglaubt hatten, und gaben sich wider unter die Heyden und Juden, da sie menner suchten nach yrem furwitz, wie sie Satan reitzt, dem sie folgeten, als er hie sagt. Dann 'Christus' und 'glaub' lest sich hie nicht deuten, das es Clöster regel und gelübde heisse.

Die letzten sprüche, da sie vil einfuren, wie man 'das fleisch mit seinen lusten tödten' solle: Ist wol gethan. Aber das ist unrecht, das sie solche auff die Clöster deuten. Hats doch Sant Paul allen Christen geschriben, doch noch kein Clöster waren; oder seyn die allein, die Clöster leute, Christen? Und wolt Gott, das sie so theten, Wie dise sprüche leren. Aber .S. Paulus
Röm. 8, 13 spricht Roma. 8. 'So yhr des fleyschs gescheffte durch den geist todtet, werdet yr leben'. Er spricht nicht 'durch gelübde oder regel', sundern 'durch den geist'. Der geist muß es thun. Und sie wollens mit gelübden und regeln auss richten. Das schickt sich eben, wie sichs bißher geschickt hat: Das kein greulicher sterckung des fleischs und unkeuscheit unter dem hymel nicht ist denn in den Clöstern. Das macht alles das folle, faule, sicher leben, darynne sie sich waltzen wie die schwein ym kott.

'Tödten das fleisch' muß zu gehen zu erst durch den geyst ym glauben, das man dem fleisch mit seynen lüsten feind sey. Darnach flux darauff mit erbeit, Verfolgung, Mühe, Sorge, Schlaff brechen und unniedtlich essen und trincken; Wie den Eeleuthen geschicht, die fur kinder und gesinde keine ruge haben, wider tag noch nacht, On was die erbeit ist: Da möcht man finden, die da gleubig sein und das fleysch tödten. Aber ym Closter eynig ym winckel sitzen, das ist niemant dienen, noch nutze sein Und sich dem Teuffel zu kützel geben zu aller böser lust, das die gedancken grosser werden, dann aller welt lust ist. Gott dienen ist dem nechsten dienen, wie Christus thet und die Aposteln und sich nicht eynig yn Clöster ewiglich versteckten.

Luc. 10, 28 Summa: 'Fac hec et vives'. Wenn sie es thetten, wie sie sagten! Weyl sie es aber nicht thun, das sie solch rümen auch liessen!

---

11 sie der Satan 14 Denn Letzten spruch 16 solchs 17 sind alleine 28 unniedtlich *A* 31 eynig] einsam 35 eynig] einsam

Die Artickel, darauff obgeschribene Antwort geben ist. Das dreissygist Capittel ym vierden buch Mose.

Und Mose redet mit den ubristen der stemme der kinder Israel unnd sprach: Das ists das der herr gepotten hat: Wenn yemandt dem herrn ein gelübde thut odder ein eyd schweret, das er seine seele verbindet, der sol sein wort nicht schwechen sondern alles thun, wie es zu seynem mund ist außgangen.

Wenn eyn weibs bild dem herrn eyn gelübde thut und sich verbindet, weil sie ynn yres vatters haus und ym magdtum ist, und yr gelubd und verbundnis, das sie thut uber yre seele, kompt fur yren vater, unnd er schweigt dazu, so gilt alle yr gelübd und alle yr verbundnis, des sie sich uber yr seele verbunden hat. Wo aber yr vatter weret des tags, wenn ers höret, so gilt keyn gelübd noch verbundnis, des sie sich uber yhr seel verbunden hat, und der herr wirt yr gnedig seyn, weyl yr vatter yr geweret hat.

Hat sie aber eynen man unnd hat eyn gelübd auff yr, oder entferet yr aus yren lippen ein verbundnis uber yre seele, und der man hörets und schweygt des selbigen tags stille, so gilt yr gelübd und verbindnis, des sie sich uber yre seele verbunden hat. Wo aber yr man weret des tags, wenn ers höret, so ist yhr gelübd loß, das sie auff yhr hat, und das verbundnis, das yhr aus yren lippen entfaren ist uber yhre seele, und der herr wirt yhr gnedig seyn.

Das gelübd einer widwyn unnd verstossene: alles wes sie sich verbindet uber yhre seele, das gilt auff yhr.

Wenn yemands gesinde gelobd oder sich mit eym eyde verbindet uber seyn seele, Und der hauss herr hörets und schweigt dazu und werets nicht, So gilt all dasselb gelübd und alles, wes er sich verbunden hat uber sein seele. Machts aber der haußherr des tags loß, wenn ers höret, so gilts nichts, was aus seynen lippen gangen ist, das es gelobt oder sich verbunden hat uber sein seele. Dann der haußherr hats loss gemacht. Und der herr wirt ym gnedig seyn. Und alle gelübd und eyde, zu verbinden die seele, zu demütigen, mag der haußherr krefftigen oder schwechen also: Wenn er dazu schweigt von eym tage zum andern, so bekrefftiget er alle seyn gelübd und verbundnus, die es auff ym hat, darumb das er geschwigen hat des tags, da ers höret. Wirt ers aber schwechen, nachdem ers gehört hat, so sol er die missetat tragen.

Das seynd die satzung, die der Herr Mose gepoten hat, zwischen man unnd weyb, zwischen Vatter und tochter, weil sie noch ein magd ist in yres Vatters haus.

---

21 das sie *bis* verbundnis *fehlt*

Artickel etzlicher Monchen unnd gelerten.

4. Mose 30, 3 Am .4. buch Mosi, am .30. cap. stehet geschriben: 'Wann yemandt dem herrn eyn gelübdt thut oder eyn eyde schweret, das er seine seele verbindet, der soll seyn wort nicht schwechen'.

5. Mose 23, 21 ff. Im .5. buch Mosi am .23. 'Wenn du dem herrn eyn gelubd thust, so soltu es nicht vertziehen zu halten. Dann dein Got wirts von dir fordern, oder wirt dir eyne sunde seyn. Wenn du das geloben unter wegen lessist, so ist dirs keyne sunde, aber was zu deinen lippen aussgangen ist, soltu halten Und darnach thun, wie du dem herrn deynem Gott frey willig gelobet hast, das du mit deynem munde geredt hast.

Spr. 20, 25 Salomon am buch der sprüche am .20. cap. 'Es ist dem menschen eyn strick, die heyligen lestern Und darnach die gelübd widderruffen'.

Pred. 5, 3 f. Am buch Ecclesiastes der prediger am 5. 'Wenn du Gott eyn gelübd thust, so verzeuchs nicht zuhalten, dann er hat keinen gefallen an eynem nerrischen gelubde. Was du gelobst das halt. Es ist besser, das du gelobst
Ps 50 [49], 14 nichts, denn das du es nicht heldest'. Psal. 48. 'Opffer Gott danck opffer unnd gib dem höchsten dein gelubde'.

Ps. 76, 12 Psalm. 75. 'Gelobet yhr, so halt es dem herrn ewrm Gott'.

Ps. 66, 13 f. Am .65. Psalm: 'Ich will dir betzalen meyn gelubde, die meyne leysen unterscheyden han'.

Matth 19, 12 Christus Mathei .19. 'Es seyn etzliche verschnitten, die sich selbs verschnitten haben umbs hymmelreychs willen'.

1. Tim. 5, 11 f. Paulus .1. zu Timoth. 5. spricht: 'Der jungen witwen aber entschlahe dich. Dann wenn sie geyl worden seyn wider Christum, so wollen sie freyen und haben yr urteyl, das sie den ersten glauben gebrochen haben'.

1. Sam. 1, 11. 28 Item Anna, die Mutter Samuels, am ersten buch der könig am .1. cap. Got dem herrn eyn gelubnis gethan, hat yrn son Gott geopffert und gegeben seyn leben lang in tempel ꝛc.

Dieweyl wir nun vermant werdenn durch schrifft, dem fleisch und der
Sirach 18, 30 begirlickeit wider zu stehen. Eccle. 18. 'Nach deinen begirden soltu nicht gehen unnd solt dich abkeren von deinem willen'.

Röm. 6, 12 f. 19 . Item zun Ro. 6. 'Es soll die sund nicht regiren ynn ewrem sterblichen corper, gehorsam zu leysten seinen begirden. Auch begebet nicht der sunden

---

2—4 *fehlen* 5 23. Capitel 11 (1) im 13 Im Buch Ecclesiastes am 5. Capitel 15 besser du 19/20 Im Psalm 66: Darümb wil ich mit Brandopffer gehen in dein haus und dir bezalen mein gelübde, wie ich meine lippen hab auff gethan und mein Mund geredt hat in meiner not 23 S. Paulus 1. Timoth. 5 26—28 Item 1. Sam. 1 hat Hanna, die Mutter Samuelis, Gott dem Herrn ein gelübd gethan und iren Son 28/30 Tempel. So werden wir auch durch die Schrifft vermanet, dem fleisch und den begirligkeiten 30 18. Cap. Nach

ewr glider zu waffen der ungerechtickeit, sondern begebt euch selbst Gott, als die da aus den todten lebendig sein, und ewr glider Gotte zu waffen der gerechtickeit' ꝛc. 'Sonder gleich yr ewr glider begeben hat zu dinste der Unreynickeit und von einer Ungerechtickeit zu der andern: Also begebet auch nun ewr glider zu dinste der gerechtickeyt, das sie heylig werden' ꝛc.

Zu den Ro. am .8. 'Brůder, schůldner sein wir nicht dem fleisch, das Röm. 8, 12 f.
wir nach dem fleisch leben. Dann wo yr noch dem fleysch lebet, so werdet yhr sterben mussen. Wo yr aber durch den geyst des fleisch geschefft tödtet, so werdet yr leben'.

Zun Colossern am .3. 'Tödt ewr glider, die auff erden sein: hurerey, Col. 3, 5 f.
unreynickeit, lust, böse begirde, unkeuscheit unnd den geytz (welchs ist abgotterey), umb welcher kompt der zorn Gottes uber die kinder des unglaubens' ꝛc.

In der ersten Epistel zu den Tess. am .4. cap. 'Das ist der wille Gottes, 1. Thess. 4, 3–5
ewr heligung, das eyn ytzlicher wisse sein faß zu behalten in heyligung und eren, nicht yn der lustseuche wie die Heiden, die von Gott nichts wissen.

Item .1. Timoth. 6. 'Lernet zu fliehen die begirlickeit, welchs ist eyn 1. Tim. 6, 10
wurtzel alles böses'. Dazu .1. Johannis .2. 'Habt nicht lieb die welt, noch 1. Joh. 2, 15–17
was in der welt ist. So yemant die welt liebt, in dem ist nicht die lieb des Vatters. Dann alles was in der welt ist, Nemlich die lust des fleisch und lust der augen und hochmut der gutter, ist nicht vom Vatter sondern von der welt. Unnd die welt vergeeth mit yrer lust. Wer aber den willen Gottes thut, der bleibt in ewickeit.'

---

3 Sonder] Und 4 auch] euch *A* 6 Lieben Brůder

Der 112. Psalm Davids gepredigt.

1526.

Als am 12. Juni 1526 das Gotha-Torgauer Bündniß zu Magdeburg erneuert wurde, traten demselben auch die Lüneburger Herzöge Ernst und Franz bei, die Söhne der Schwester des Kurfürsten Friedrichs des Weisen.[1] Auf dem Hinwege wie auf dem Rückwege waren sie mit dem damaligen Churfürsten von Sachsen und dessen Söhnen in Wittenberg, und wenigstens mehrere dieser fürstlichen Herren hörten Luther predigen. Diese Predigten behandelten den 112. Psalm. Denn der Index der Poach'schen Sammlung von Predigten Luthers gibt unter d. J. 1526 an: „9. Junii praesentibus patre et filio et fran. Luneb. Ps. 112. 16. Junii in arce praesentibus principibus Ps. 112. Dom. 3 [17. Juni] Col. 1. Ps. 112.“[2] Wenn bei dem letzten Tage zweimal „Ps. 112“ steht, so dürfte dies wohl nur ein Schreibversehen sein. Auch das „Col. 1“ wissen wir uns nicht zu deuten. Es hat nämlich Luther an demselben Tage auch über die evangelische Perikope Lucae 15 gepredigt. Dies lehrt uns ein in Jena aufbewahrter Band von Predigtnachschriften, von Rörer herstammend. Hier finden wir Bl. 105[b] ff. unter dem „9. Iunij praesentibus duobus Saxoniae principibus patre et filio et iuniore Luneburgensi“ eine Predigt über den Anfang von Psalm 112; sodann Bl. 107[b] ff. als „Dominica 3“ gehalten eine Predigt über „Luc. XV. Luth.“; endlich Bl. 110[a] ff. „16. Juni qui erat Sabbatho post Viti“, wozu mit rother Tinte bemerkt ist „praesentibus principibus“, die zweite Predigt über Psalm 112. Wenn Rörer die letzte dieser Predigten nicht aufbewahrt hat, so mag man etwa annehmen, daß der durch die Anwesenheit der fürstlichen Personen verursachte starke Zudrang zur Kirche ihm unmöglich machte, einen Platz zu finden. Meint man doch auch schon bei der ersten dieser Niederschriften zu bemerken, daß das Gedränge in der Kirche ihm das Schreiben sehr erschwerte. Denn der Anfang ist so unordentlich ausgefallen, daß Rörer es für nöthig hielt, einzelnes nachher mit anderer Tinte deutlicher zu gestalten.

Fragt man nach der Zeit, wann diese Predigten unter dem Titel „der 112. Psalm“ zusammengedruckt wurden, so wissen wir nur anzugeben, daß dies vor Ende August geschehen sein muß. Denn am 4. September richtet der in Diensten Julius Pflugs stehende Niclas Feierabend aus Zeitz die Bitte an

---

[1] Vgl. Havemann, Geschichte der Lande Braunschweig und Lüneburg II, S. 103f. Seckendorf, Comm., Lib. II, sect. 9, § XIV. Ad. Wrede, Ernst der Bekenner S. 33.

[2] Buchwald, Andreas Poachs handschriftliche Sammlung, S. XXV.

St. Roth, ihm zuzusenden „Beatus vir, qui timet Dominum, der itzt in kurtzen tagen außgangen ist.“[1]

Es wird aber bezweifelt werden dürfen, daß Luther selbst diese Predigten für den Druck zubereitete. Denn er würde wohl strenger unterschieden haben zwischen dem, was dem mündlichen Kanzelvortrag und dem, was gedruckter Rede erlaubt ist, würde wohl Wiederholungen ähnlicher Gedanken in eins zusammengearbeitet, unordentliche Gedankenfolge geändert, überhaupt dem Ganzen etwas einheitlichere Tendenz zu geben gesucht haben. Wir möchten nämlich für wahrscheinlich halten, daß er die erste dieser Predigten hielt, ohne vorher zu wissen, daß jene fürstlichen Personen seine Zuhörer sein würden. Denn im Anfang stellt er als Zweck des Psalms die „Tröstung der Frommen wider den Geiz, zeitliche Ehre und Wollust auf Erden“ hin, später aber wendet er die Tendenz etwas anders, offenbar in Rücksicht auf die „seltenen Vögel“ unter seinen Zuhörern. Daher kommt nicht schon im Anfang, wohl aber später die Exemplifikation des Gesagten auch auf Fürsten vor, die Bezugnahme auf die damaligen „Ratschläge des Kaisers mit seinen Fürsten“, welche Gott zu schanden machen könne, auf die mangelnde Bereitwilligkeit, für das Evangelium pekuniär zu geben, auf die Verlästerung der Evangelischen als „Ketzer und Aufrührer“ usw. Daher er am Ende „in diesem Psalm“ zu finden meint, „wie wir getröstet und gereizt werden in der Gerechtigkeit zu bleiben und das Unglück der Feinde [das von den Feinden uns widerfahrende Unglück] mit getrostert Geduld zu tragen“.

Der süddeutsche Nachdruck dieser Schrift (s. Ausgabe *C*) hielt es für gerathener, den von dem Kaiser handelnden Stellen durch Ausmerzung der speciellen Beziehung auf diesen ihre Schärfe zu nehmen.

Nachschrift der Predigten.

In der Handschrift Bos. o. 17[d] der Jenaer Universitätsbibliothek finden sich die beiden ersten Predigten über den 112. Psalm in Nachschriften von Rörers Hand, Bl. 105[b] ff. (s. oben).

Ausgaben.

A „Der hundert ‖ vnd zwelffte psalm Da ‖ uids, von reichtumb, ‖ ehr vnd lust, wie die ge- ‖ rechten, der wol ge- ‖ brauchen, vnd die got- ‖ losen misbrauchen, ge- ‖ prebigt durch ‖ Mar. Luth. ‖ Wittemberg 1. 5. 26. ‖“ In Titeleinfassung. Titelrückseite bedruckt. 43 Blätter in Oktav, letzte Seite leer. Am Ende: „Gedrückt zu Wittemberg ‖ durch Hans Weiss ‖ 1526. ‖ ☙ ‖“

Einige Exemplare haben Bl. f 3[a], Zeile 13 den Druckfehler: „AMER“, andere richtig: „AMEN.“ Vorhanden z. B. in der Knaakeschen Slg., Berlin, Breslau St., Erfurt Bibliothek des Martinstiftes, Lübeck, Rostock U.

B „Der Hundert ‖ vñ zwölffte psalm Dauids, ‖ Von reichthumb, eher vnd ‖ lust, Wie die Gerechten, der ‖ woll gebrauchen, Vnd dye ‖ Gotlosen misbrauchen. ‖ Geprebigt durch. ‖ Mar: Luther ‖ Wittemberg. ‖“ In

[1]) Buchwald im Archiv für Geschichte des deutschen Buchhandels XVI (1893) S. 50, Nr. 92. — Köstlin II, S. 160.

Titeleinfassung. Titelrückseite bedruckt. 24 Blätter in Oktav, letztes Blatt leer. Am Ende: „GEDRVCKT || Zů Erffordt durch Wolffgang || Sturmer ym .26. jar. || […] ||"

Vorhanden, soweit wir haben ermitteln können, nur noch auf der ehemaligen Universitäts-Bibliothek in Helmstedt.

C „Der hůdert || vnnd Zwelffite || Psalm Dauids, võ || Reichtumb Eer vñ || lust, wie die gerech || ten, der wol gebrau || chen, vnd die gotlo || sen mißbrauch || en gepredigt || durch || Mar. Luth. || Wittemberg. || 1526. ||" In Titeleinfassung. Titelrückseite bedruckt. 40 Blätter in Oktav. Auf der Vorderseite des vorletzten Blattes ein Holzschnitt, Rückseite und letztes Blatt leer.

Süddeutscher Druck; die Titeleinfassung ist ein Nachschnitt derjenigen, die z. B. Joseph Klug in Wittenberg beim Druck des „Papsttum mit seinen Gliedern" verwandte (s. oben S. 6). Vorhanden z. B. in der Knaakeschen Slg., Berlin, St. Gallen St., Wien.

In den Gesammtausgaben findet sich unsere Schrift Wittenberg Bd. III (1566 P. Seitz, 1581 Ant. Schön) Bl. 260—275; Eisleben Bd. I Bl. 222—233; Altenburg Bd. III S. 320—332; Leipzig Bd. VI S. 459—472; Walch Bd. V Sp. 1594—1641; Erlangen Bd. 40 S. 240—280.

Von unsern Ausgaben ruhen die beiden auswärtigen Nachdrucke *B* und *C* ein jeder für sich auf dem Wittenberger Druck *A*. Diesen geben wir wieder, und verzeichnen die Lesarten von *B* und *C*, soweit sie nicht in Anwendung der Dehnungsbezeichnungen (dieser viel usw. > meist diser vil *BC*; ihn usw. > jn usw. *BC*; ehre > eere *BC*, er (Pron.) > ehr, nur > nuhr *B*) oder in Vereinfachung des dd zu d (widder usw. > wider usw. *BC*) bestehen. Ferner ist gehen, stehen > geen, steen *C*; nicht > nit zuweilen *B*, fast durchweg *C*; vnter > vnder *C* unverzeichnet geblieben. Schließlich sei zusammenfassend bemerkt, daß *C* den alten Diphthongen mit wenigen Ausnahmen (wie eyn, arbeyt) durch ai ay gibt, u, ů von ů, ů sorgfältig und meist auch eů (= altem iu) von eu (als Umlaut des au) scheidet.

Über dem Text der Drucke geben wir die Rörersche Nachschrift der zu Grunde liegenden beiden Predigten, die Herr Pfarrer D. Buchwald für uns zu besorgen die Güte gehabt hat.

Der hundert und zwelffte Psalm Davids, von reichtumb, ehr und lust, wie die gerechten der wol gebrauchen und die gotlosen misbrauchen.

WOl dem der den Herrn fürcht, Der grosse lust hat an seinen gepotten.

2. Des same wird gewaltig seyn auff erden. Das geschlecht der auffrichtigen wird gesegnet werden.

3. Reychtumb und die fülle wird ynn seim hause seyn, Und seine gerechtickeit bleibt ewiglich.

4. Den auffrichtigen gehet das liecht auff ym finsternis, Von dem gnedigen, barmhertzigen und gerechten.

5. Ein fromer man ist barmhertzig, leihet gerne. Er teilet seine wort recht aus.

6. Denn er wird ewiglich bleiben. Sein wird nimmer mehr vergessen.

7. Für bösem gerücht fürcht er sich nicht. Sein hertz ist bereit auff den Herrn zu hoffen.

8. Sein hertz ist getrost und fürcht sich nicht, Bis er seine lust an seinen feynden sihet.

9. Er strewet aus und gibt den armen, seine gerechtickeit bleibt ewiglich. Sein horn wird erhöhet mit ehren.

10. Der gottlose wirds sehen und wird yhn verdriessen, seine zeene wird er zusamen beissen und zurgehen. Denn der gottlosen begirde wird verloren werden.

---

5 Herrenn *C* 7/8 vffrichtigen *C* 9 hause *A* hauß *C* 9/10 gerechtigkait *C* 10 ewigklich *C* 11 geet *C* vff *C* finsternus *C* 15 ewigklich *B* Leyben *C* 16 gerücht *C* 17 Herren *C* 18 getröst *C* 20 strëwet *C* gerechtigkeyt *BC* ewigklich *C* 21 erhöchet *C* 22 würdts *C* 23 würdt *C*

9 Iunii praesentibus duobus Saxoniae principibus patre et filio et iuniore Luneburgensi.

Wol dem qui timet dominum ꝛc. Hic psalmus factus est et ideo canendus, ut erigantur, consolentur fideles, praesertim contra vitium avaritiae, lust und ehr in terris, quia propheta vidit totum mundum et cor humanum tag und nacht darinn stehen, ut multum pecuniae congreget et zu ehren kome et gaudium et lust in terris habeat. Das sein die drey ding in mundo, 'concupiscentia carnis'. Et propheta videt, wie es gerade, qui ista tria gerunt sine timore dei ex sua voluntate.

3. quomodo illis ghet, qui in got accipiunt et nhemen. Et qui vult ratione metiri, putat deo servientes pauperes et fußtuch mundi. Ut dicit: Ein gerechter, quamquam bona habeat, so lebt er doch unter dem Feinde.

zu 8 am *Rande* 1. Johan. 2. zu 10 am *Rande* Ist gedruckt

Dieser Psalm ist gemacht und sol darumb gesungen werden, das die frommen dadurch getröst werden widder den geitz, zeitlich eher und wollust auff erden. Denn der Prophet hat gesehen, wie des menschen hertz trachtet tag und nacht nach gut und ehre, wie es mit gewalt hoch her fare und süche, wie es lust und freud hie habe. Denn die drey ding sind auff erden gemeyn, wie auch S. Johannes spricht ynn seiner
1. Joh. 2, 16 ersten Epistel .2. Ca. 'Alles, das ynn der welt ist, ist lust des fleischs, lust der augen und hochmüt der güter'. Item der Prophet sihet weiter, wie es ein anfang und ein ausgang hat mit denen die also on alle furcht Gottes geitzen, zu sich scharren, hoch her traben wöllen und widder Gott ynn lust des fleisches leben. Desgleichen sihet er auch, wie es denen gehet, so solch ding nicht anrüren mit frevel on den willen Gottes, als reichtumb, ehr und lust, sondern warten und empfahen es von Gott.

Es lest sich aber gleich das widder spil ansehen, denn hie der Psalm sagt, und kan sich die vernunfft nicht darein schicken; sie sihet die frommen an als betler, als die da verhüngern müssen und aller welt fustuch sind, die ynn keiner lust und freuden leben, sondern ynn allem unlust, schand und schmach ligen. Und das rüret der Prophet auch ym Text, da er redet von den feynden, das er feynde werd haben, die es verdrissen wird. Das ist ein schlecht gut, das einer unter den feynden hat; er ist nicht sicher, mus alle stund ynn fahr leibs und des gutts stehen, wilchs die gottlosen nicht durffen,

14 frummen *C* 18 suche *BC* 19 drey *C* 20 Sant *C* 21 Capitel *C* flaisch *C* 22 hochmüt *C* 23 forcht *C* 26 anrüren *B* 28 löst *C* 29 frumen *C* 30 verhungern *C* feyndt *C* 31 unlust] lust *B* 33 verdryeßen *C* 34 under *C* 35 gfar *C* wölliche *C* dürffen *C*

Mundus vero dicit 'Je erger schalck'. Et sancti mussen vil leiden.

Ipse propheta canit cantilenam, quod bonis bene succedat, econtra, cum diversum appareat. Ideo sunt verba spiritus sancti, non rationis, ergo requiram haec verba fide, non sensu et tappen.

Primum videte avaros. Nos diunon viximus, sed si conferimus experientiam videmus plures avaros ꝛc. divites fuerunt avari, avarus, qui congregavit, non usus divitiis. Alii habens verzert. Consule rationem, an merito dicatur thesaurus congregatus divitiae, verius dicerentur hertzeleid. Ubi magni thesauri

besitzen das yhre wol mit friden, als denn ein gemeyn sprichwort ist: yhe erger schalck, yhe besser gluck[1], und die frommen müssen viel leiden.[2] Ps. 34, 20

Nu kömpt der Prophet daher und singt ein ander liedlin und spricht, es soll dem wol gehen der from ist, und lest sich doch anders ansehen ynn der welt. Aber das sind wort des geists, die vernunfft möchte wol sagen: es ist erlogen, man sicht, das die frommen unter drückt werden. Aber die vernunfft kan sich nicht ynn die wort des geists richten, man mus es mit dem glauben fassen und nicht mit den henden darnach tappen; man mus es nicht ansehen, wie es für augen stehet, sondern den anfang zum ende halten, so findet man, das es war ist, wie der Prophet sagt: Das den gerechten nichts gebricht, widder an reichtumb, ehr odder lust, widderumb den gotlosen nicht fort gehet yhr furnemen.

Zum ersten last uns ansehen den geitz. Wenn die reichen lang zu samen scharren, so zergehet doch zu letzt yhr gut. Das haben wir ynn erfarung ynn vielen exempeln auch zu unsern zeiten, das viel grosser, mechtiger und reiche menner zu grosser armut sind komen. Wie ist es mit etlichen Fürsten zu unsern zeiten ergangen, als mit den Fürsten von Baiern, die da gros, mechtig gut gesammelt haben und doch nicht gebraucht, ja da sie das heubt legten, ward ein hader und krieg ob dem gut. Also geht es gewönlich zu, wenn man also aus geitz zu hauff kratzet, schindet und schabet und grosse klompen gold zu hauffe bringet: der es sammelt, hat nichts da von denn mühe und erbeit und ist ein knecht des gelts; wenn er das heubt legt, so wird ein krieg daruber. Das ist denn die frucht, die aus solchem geitz kompt. Da magstu itzund gedencken, ob das ein reichtumb sey, wenn man kisten und kasten, alle fesser, bödem und keller vol hat, ja es ist viel mehr alles hertzeleid und

---

9 spruchwortt *C* 10 glück *C* mussen *B* 11 Nun *C* kůmpt *B* kumpt *C* 12 frum *C* last *C* 14 vnderdruckt *C* 17 fur *B* vor *C* end *C* 19 weder *C* 20 fürnemen *C* 23 mächtiger *C* 24 reicher *C* es *fehlt C* 25 als bis Baiern *fehlt C* Beyern *B* 26 mächtig *C* gesamlet *C* haupt *C* 27 gehet *C* gewonlich *C* 29 klumpen *C* samlet *C* 30 arbait *C* haubt *C* 31 darüber *C* 32 magst du *C* yetzundt *C* kästen *C* 33 fässer *C*

1) *Wander, Bd. 4, Sp. 82, N. 78.* 2) *vielleicht als Sprichwort gemeint, vgl. Wander, Bd. 1, Sp. 1224, N. 24 und S. 1225, N. 60.*

sunt, machen ſtoltz erben, et inde venit discordia. Sic in minoribus fit, quando dives congregat filio multa, quando caput legt.

So ghets zu in der welt et non fehlet. Sed non videmus, nisi quod coram oculis. Non conferimus finem cum principio. Quando quis multos florenos quaerere potest, esse dives, curae sunt secutae, quomodo augeat, curet, ne ꝛc. omnes furentur, et curam habet de divitiis. Simplices divitiae quae ita dolore afficiunt corda.

Postea, quando diu curavit, khomen heredes et richten ungluck an. Hoc non videmus.

Cum ergo propheta videt illum casum, contra avaritiam canit cantilenam, ob ſie[1] einer wolt dran kheren ꝛc.

[1]) = ſich.

unglück. Denn ſie brauchen es nicht recht. Alſo thut auch der Babſt mit ſeinen Cardinalen und hoff geſind, ſamlen groſs gut und gelt. Was kömpt daraus? nichts anders, denn das man darob hader anricht und alles unglück.

Alſo auch: ein burger hat yrgend ein ſon, dem ſamlet er gelt und gut, haus, acker und wiſen für und ſpricht: nu iſt mein ſon verſorget, hat gnug. Nu, der vater ſtirbt dahyn; da fert denn der ſon zu, nympt das gut zu handen und kömpt darumb, das er ſelb nicht weys, wo es hin iſt komen; ſo gehet es denn dahin, wie es her iſt komen. Alſo gehet es ynn der welt, das gut hat kein beſtand, denn die ſchrifft kan nicht liegen. Aber wir ſind ſo blind, künnen es nicht ſehen, wir ſehen nur auff das, ſo für handen iſt, künnen nicht das end mit dem anfang vergleichen. Wir ſehen nur auff die gulden, die ynn der barſchafft ſind, ſehen aber nicht dar neben das unglück. Denn wo wir gleich reichtumb haben, ſo müſſen wir die feynde mit haben und ynn groſſen ſorgen ſtehen, müſſen hie ſorgen, dort ſorgen und ynn alle winckel des
Matth. 6, 19 hauſes ſehen; da müſſen wir ſorgen, das es nicht geſtolen werd, das es die motten nicht freſſen odder das feür kome und verzere es. Das iſt zwar ein ſchlechtes reichtumb, da das hertz alſo ynn ſorgen mus ſtehen und kein rügige ſtund hat, und ob er gleich etwas zu hauff bringt, ſo wird doch zu letſt der erb unglück darob anrichten.

So nu der Prophet alſo ſihet, wie es zugehet ynn der welt, das ſich alle welt alſo mühet nach reichtumb, ſo ſchlecht er uns ein rechte weis für, wie wir recht reich ſollen werden, und ſingt uns ein feyn liedlin, wenn wir es nür hören wolten.

13 Cardinälen *C* gſind *C* kompt *C* 16 hauß vñ äcker *C* fur *B* genug *B* 17 Nū *C* 18 kompt *C* wayßt *C* wo *C* 20 plind *C* 21 künden *C* es *fehlt C* fur handen *B* verhanden *C* künden *C* 22 vff *C* guldin *C* 23 feynd *C* vngluck *B* 24 wa *C* 27 matten *B* verzert *B* 28 muß *BC* rübige *C* 31 nun *C* 32 fur *B* 34 nur *C*

Item, quando cogitatur nach der hochen ehr. Ille studet, ut fiat magnus doctor, intra 10 vix unus assequitur. Si geredts, sthet er in der shar.

Hodie habet benignum principem. Proverbium 'Fürstengnad aprillen wetter'. Quare hoc? Quia ascendere volumus ad honorem, non gfelts deo. Hoc videmus: wher hoch gestigen, auff den ist man darnach mit fussen gedretten.

Si non contigit in uno 3 ꝛc.

zu 1 am *Rande* gloria. 7 uno 3] v^{no} 3.

Zum andern ist ein laster alhie, das man nach ehren strebt. Man findet viel, die darumb studieren, das sie grosse Doctores werden und an der Fürsten höfe komen wollen und gros geacht seyn, wilchs denn unter zehen kaum einem gerett; so ist denn die mühe und arbeit verloren, die er und der schulmeister mit yhm gehabt hat. Und ob es schön etlichen geret, das sie zu grossen herrn werden, so werden doch der mehr teil buben daraus odder komen zu letst ynn ungnaden der herrn und fallen gar ynn die aschen.[1] Warumb das? sie habens nicht recht angefangen. Denn also gehet es denen, die aus eygnem fürnemen ein sach anfahen, fragen den der ob uns ist, nicht ein mal darumb, so doch alle ding sein sind, und were wol billich, das man yhn darumb begrüsset. Aber die gesellen wollen also hinauff klettern und Gott nicht radt drumb fragen, yhm nicht ein guten morgen darumb wündschen.[2] So spricht denn Got: Wiltu mich nicht vor darumb fragen, so kan ich dich wol hinunter stossen.

Also geschicht es offt, das einer zu grossen ehren kömpt, hoch empor feret, das er dar nach hernidder geschlagen wird und so veracht wird, das man kaum die schuch an yhn wischet[3]; und ob er schön ynn solchen ehren bleibt, so wird er so viel feynd und widderparten sehen, das er kein sicher stund haben kan, und wird zu letst zu schanden an seinen kinden odder erben; denn wir werdens nimmer dahin bringen, das wir durch unser eigen fürnemen ynn ehren bestendig bleiben. Gott kan es nicht leiden, er wird darein blasen, so zersteubt es zum fenster, zur thür und zum laden aus, also das niemand weys, wo es hin kömpt. David und die andern Patriarchen und Propheten haben yhr ehere nicht also gesucht.

10 wöllen *C* wölichs *C* 11 kam *C* geradt *C* mühe *C* 12 schon *C* gerebt *B* gerath *C* 14 achsen *B* äschen *C* 16 furnemen *B* 18 grüsset *C* wöllen *BC* 19 drumb *fehlt C* 21 her unter *C* 22 kumpt *C* 24 kaum *C* schon *C* 27 furnemen *B* 29 thüre *C* 30 wayßt *C* wo *C* kompt *C*

[1]) *Wander, Bd. 5, Sp. 830, „Asche" N. 33.* [2]) *Nicht das Geringste thun, um Gottes Hülfe zu gewinnen. Obige Redensart nicht bei Wander, doch vgl. dort Bd. 5, Sp. 1818, N. 1024.* [3]) *Bei Wander, Bd. 4, Sp. 357, N. 177 nur aus der i. J. 1693 gedruckten Postille von Chemnitz belegt.*

3. Sic mit der lust, quando quaeritur non viso deo, geredt es auch also. Quoties fit, quando adolescens ducit pulchram puellam, quando conveniunt, quidam ghen zum Tantz und hawen sich uber die Kopff driber. Quare? quia deus non rogatur, eius haec dona sunt. Hoc civis non posset ferre, ut ebibas illi vinum, vide quid ipse feceris &c.

Multo minus hoc deus feret, cuius omnia sunt. Hoc ius servabit, das man ym nicht sol greiffen in sein gutter. Si vero succedere sinit alicui, insperato venit et ex gaudio fit ein unlust.

Non videndum gaudium praesens, si cum deo non inceptum, oportet pereat. Dat ergo regulam, qua utatur quis his tribus: divitiis, hohe et lust.

zu 1 *am Rande* Lust *über* viso *steht* salutato zu 4 *über* rogatur *steht* invocatur zu 9/10 *am Rande* Regula 10 Diuitiae gloria voluptas

Zum dritten ist die lust da. Es geredt auch nicht, wenn man nach derselbigen wil greiffen und Gott nicht darumb fragen. Begibt sich, das ein junger gesel yhm ein feyn jung megdlin zur ehe nimpt, das er sein lust mit yhr habe, so wird yhm das umbgekert, felt solch unlust zu, das sie kein guten tag bey ein ander haben, sondern alles hertzeleid.

Also auch: es gehen zween gesellen zum tantz, wollen ein guten mut haben; begibt sich, das sie der sach uneins werden und schlahen ein ander uber die köpffe. Das geschicht darumb, das wir Gott nicht vorhin darumb fragen; er wil darumb begrüst seyn, das ist schlechts; künde doch ein bürger nicht leiden, das yhm einer ynn sein haus gieng ungebeten, wenn yhm einer ynn den keller gehen wolt und den aller besten wein anstechen und auff tragen, yhm ynn sein kamer sitzen, trincken, singen und jauchtzen. Er solt yhm wol ein weil zu sehen, aber zu letst yhn bey der gurgel nemen und zum haus hynaus füren und sprechen: du solt mich vorhin darumb gebetten haben, das ich dir ein guten trunck göbe, er solt dir nicht versagt seyn worden. Also kan es Got viel weniger leiden, das man so on sein willen hinein sitze ynn den lust; er wil, das man yhm vorhin ein 'bonum mane' darumb sage; so faren wir her, achten seiner nicht, halten yhn fur ein gemalten odder gestorbnen götzen. Und wenn gleich Got ein weil wird zu sehen, wird er doch zu letst darein schmeissen so hart, das du begeren soltest, du hettests nie angefangen.

So müssen wir nu die drey ding nicht ansehen, wie sie itzund ym schwang gehen, sondern müssen ansehen den anfang und den ausgang, so werden wir erfaren, das es also gehet ynn der gantzen welt, was wir nicht mit Gott anfahen, das das mus zerfallen und wird nicht glücken. Fahen wir aber an reichtumb, ehr und lust mit Gottes furcht, so sol es wol von statten gehen

11 gerädt *C* 13 mägdlin *C* 14 umbgekeret *B* umgekert *C* solliche *C* 15 hertzenlayd *C* 16 wöllen *C* 17 begybet *C* 18 über *C* 20 burger *C* 22 jutzgen *C* 25 gebe *BC* 28 für *C* 32 yetzund *C* 33 schwanck *C* 36 forcht *C*

Videamus: 'Beatus vir'. Das ist die weis darzu. Hie ist in den verß gefaßt, et versus indicat statim honorem, qui sequetur, ubi deum hoch helt. O liber, dicit, noli dicere beatos divites, potentes, qui videntur hoc habere, es ist werlich nicht also, es ist yhn nicht wol nec divites, habent quidem speciem'. Sed videt, quomodo cor eorum adfectum, et finem. Si non maius malum haberent, quam hoc, satis haberent, nempe insaturitatis.

Si avarus et impius princeps habet unam ditionem, haberet libenter duas ꝛc. ex hoc non habet semper quietem. An non magna inquietudo et non utitur consiliis nec potest uti quod habet, cum delitiis.

Alexander regnans XII annos nihil habuit consolationis. Ubi audivit

6 *über* insaturitatis *steht* quod non contentus 7 *über* ditionem *steht* ducatum
10 *am Rande* Alex: Magnus regnans] reg:

und geradten. Wir wöllen nu sehen, wie der Prophet davon redt; der spricht also:

.i. Wol dem der den Herrn fürcht, der grosse lust hat an 1
seinen gepotten.

Das ist ein feiner vers, darynne verfasset wird diese meynung des geists: Wiltu gros seyn, so fahe es mit Gott an! Man mus am ersten die wort verstehen. Also spricht er: 'Wol dem der den Herrn fürcht', als wolt er sprechen: las mir die nicht wol daran seyn, nicht reich noch hoch geacht seyn, die da meynen, sie haben reichtumb, ehr und lust; sie sind es nicht, es hat wol einen schein, sihe aber yhr hertz und das ende an, so wird es sich viel anders finden. Wenn sie kein ander ungluck hetten, wenn das sie sich nicht lassen benügen an dem reichtum, wer es doch unglück und hertzleids gnug

Das sehen wir wol an Fürsten und herrn: einer hat ein gut land, lest sich aber nicht daran benügen, er wolt gerne noch zwey darzu haben; ein ander hat auch ein land, lest sich auch dar an nicht benügen, hasset ein andern, der auch etwas hat, wolt es gerne zu dem seinen haben; da fahen sie denn ein hader an, süchen ursach, wie sie künnen. Daher kömpt es, das die Fürsten der sach nicht eins sind. Juncker geytz thut es, sie künnen sich nicht vertragen, es ist kein benügen da; sie hetten alle gnug, ydlicher an seim lande; aber da kan das hertz nicht ruge haben, sie gedencken und dencken widder, wie sie es zu wege bringen, und künnen es doch nicht, denn es wils yhn Got nicht günnen, weret yhn, werden also nimmer fro noch frölich.

Also thet der gros Alexander: der kam ein mal an ein prediget, da hört er ein Philosophum sagen, wie das viel welt weren; da ersüfftzet er ynn seim

11 geradthen *C* nun *C* 13 .i. *fehlt B* 16 Wilt du *C* 17 furcht *B*
20 ein *C* 21 unglück *C* 22 reichtüb *C* 23 Furften *B* Herren *C* last *C*
25 last *C* 27 suchen *BC* künden *C* kumpt *C* 28 Jüdcherr *C* künden *C*
yeglicher *B* yegklicher *C* 30 rühe *C* 31 wegen *B* künden *C* 33 thät *C* predigt *C*
34 erseüfftzet *C*

plures mundos, turbatus fuit et cogitavit 'ego nondum unum habeo'. Quid talis animus faceret? semper animus aversus ab eo, quod habet et ad hoc versus, quod non habet, ergo nihil habet, talis habet et nihil habet, quod habet, non braucht, et quod non habet, non potest etiam uti, ut canis in aqua frustam.

Ideo non habemus occasionem irascendi avaris, sat plagarum prius habent.

Ibi inquit 'est vera sapientia, quando quis timet deum.' Significat verum dei cultum. 'Initium sapientiae timor domini' in priori ps. Qui timet

zu 1 am *Rande* (vix) XII zu 2 am *Rande* Auari zu 4 am *Rande* Canis aesopicus zu 6 am *Rande* Timere deum

hertzen und sprach: 'Ach Gott, sind noch mehr welt, und ich habe noch kawm eine unter mich bracht, wie wil ich die andern kriegen!' Der geitzige wanst kunde nicht von einer welt sat werden, er hette ein weit hertz, wolt noch mehr welt darein fassen und kunde doch nicht recht brauchen des das er hatte. Wie wir alle thun: wir wenden unser hertz von dem das wir haben, auff ein anders das wir nicht haben; also haben wir auch nicht, das wir besitzen; denn das hertz stehet nicht auff dem das es hat, sondern auff dem das es nicht hat, also hat er und hat nichts; denn das er hat, des kan er nicht brauchen, und das er nicht hat, kan yhm nicht werden.

Also sitzt er zwischen zweyen stülen nidder[1], das er keins krieget; so geschicht yhm wie dem hunde dort ym Esopo, der ein stück fleisch gestolen hatte und lieff durch ein wasser und sach denn schein ym wasser und meynt, er sehe ein recht stück fleisch, schnapt nach dem schein und verleust das stück fleisch, das er ym maul hatte, und den schein darzu. Also geschicht allen denen die sich nicht lassen benügen an yhren güttern, die da wollen weitter greiffen und mehr haben. Das erste haben sie gestolen wie der hund das fleisch, mit geitz zu sich gescharret, geraubet odder mit triegerey zu sich gebracht. Daran haben sie noch nicht genug, wollen weiter schnappen und verlieren beides; das sie haben brauchen sie nicht, wird yhnen nicht zu lieb, und das ander künnen sie nicht erlangen, und es geschicht yhn eben recht. Darumb darff man sie nicht neyden umb yhr gut, denn sie sind hart gnug geplagt, die elenden leute, noch wollen sie es nicht erkennen.

Der Prophet aber spricht eben: 'Wol dem der den Herrn fürcht'. Was ist Gott fürchten? Gott fürchten ist der rechte Gottis dienst, wie er droben
Ps. 111, 10 ym nehisten Psalm spricht: 'Die furcht des Herrn ist der weisheit anfang', und ist eygentlich nichts anders denn Gott für augen haben. Wer das thut

6 kam *C* 9 wanst *C* 10 wolt *fehlt B* er wolte *C* 11 hette *C* 12 thun *C* 18 im *C* stuck *C* hette *C* 20 seh *C* stuck *BC* stuck *C* 21 hette *C* 22 wöllen *BC* 25 wöllen *BC* 26 könnnen *B* künden *C* 28 seind *C* 29 wöllen *C* 30 Herren *C* 31 Gottes *C* 32 nechsten *C* forcht *C* 33 fur *B* vor *C*

[1]) *Wander, Bd. IV, Sp. 936ff., „Stuhl" N. 9, 54, 56, 63, 64, 68ff.*

deum, sat habet spiritualiter et corporaliter, qui deum timet et servat praecepta eius, dat ei suum honorem et exaltat, ergo iterum non sinit, quem exaltat 1. Reg. 2. 'qui me honorant'.

Sic vides etiam per experientiam. Si timemus deum, tribuimus iustitiam suae sapientiae, et sat etiam pro corpore et bonis possumus vere uti, bonis, lust et honore. Deum timere est deum colere. Non dicit de oblatione vitulorum, vestibus, cibis Iudaeorum, sed greifft hin ein, gilt nicht, ut dem aliquot grossos ad altare, oportet sit in corde timor, das ich in fur augen habe.

Timere est ein schewen et in honore habere et ita cogitare, quod omnia mea videat. Si hoc credo, nihil cogito, facio, quod non placeat deo. Si cadit 'her, das ist unrein gethan, remitte'. Talis homo ghet in timore dei

der hat gnug zeitlich und ewig. Denn er helt sein gepot, gibt Gott sein ehere, er erhebt Gott, wie er zu erheben ist. So kans Gott nicht lassen, er müs yhn widder erheben, wie er spricht .1. Regum 2. 'Wer mich eheret den wil 1. Sam. 2, 30
ich auch eheren. Wer aber mich veracht der wird verschmehet seyn'. Das haben wir ynn erfarung, das es also gehet. Wenn wir Gott fürchten und eheren, so ist der weg bereit, das wir reich und selig werden und darzu gnug haben; der kan denn recht brauchen der reichtumb, der ehere und lust. Das künnen der welt kinder nicht, greiffen Gott ynn sein ampt, süchen alleine das yhre drinnen. Aber die Gott fürchten, die nemen sich der güter nicht an on seinen willen. Das ist der unterscheid deren die yhn fürchten und die yhn nicht fürchten.

Der rechte Gottes dienst ist nicht, das du kelber opfffern woltest: er mag yhr nicht; Das du yhm ein groschen odder drey schenckest: er darff yhr nicht, er wil sich nicht mit einer parteckén bezalen lassen, er achtet solcher opffer nicht, er wil das gantze hertz haben. Darumb so ist Gottes furcht nicht anders denn Gottes dienst. Damit greiffen wir Gott yhns hertz, das wir yhn fürchten und ein schew für yhm haben und yhn eheren ynn allen dingen, fürchten uns, das er alles sehe was wir thun, halten nicht anders, denn das er seine augen auff uns habe. Also thue ich nichts, ich gedenck: Ach Herre, das es dir nur nicht missfalle. Ein solch hertz wölt gern nichts thun, das Got missfallen möcht. Und ob schön ein solcher zu zeiten strauchelt, so gehet er zurück und spricht: Ach Herre Gott, ich habe ubel gethan. Ein solch mensch stehet alweg ynn einer furcht und schew für Gott. Also ist sein gantz leben gefasset ynn die fürcht Gottes. Ein solcher mensch darff keiner regel. Denn

14 mus *B* 16 Wer mich aber *C* wirt verschmähet *C* 18 ehren *B* eeren *C* 20 kindern *C* suchen *BC* 23 furchten *B* 25 drey *C* 26 solche *B* sollicher *C* 27 forcht *C* 29 furchten *B* scheuh *C* fur *B* vor *C* 30 furchten *B* thon *C* 33 schon *BC* 34 zu ruck *C* übel *C* sollich *C* 35 forcht *C* fur *B* vor *C* 36 furcht *B* forcht *C*

et solum inspicit eum. Der darff nicht vil Regel, sed die schew et forcht docebit eum. Si hoc fecero, werd ich den geitz wol lassen ansthen. Si etiam magnus thesaurus afferretur mihi, prius cogitarem, an sit contra deum. Alius 'het ichs nur hie her in mein sack', et tales ghen wider zu scheittern. Huiusmodi exempla plura vidimus, quia Deus servat 'si me honores', econtra.

Ps. dicitur his qui trachten nach geitz, er, lust, et greiffens nicht recht an.

'Des samen.' Sine textum stare, ut stat, noli allegorisare, quia cum Iudaeis tum erat regimen, quod omnes cogebantur ehelich werden, non

er wolt, das all sein leben nach dem willen Gottes gericht were; und ob er zu zeiten Gottes vergist aus schwacheit des fleischs und strauchelt ein wenig, so verharret er doch nicht ym schlam, keret sich zu Gott und spricht: O Herr, decke zu, bis genedig, ich solt es wol besser gemacht haben, ich habs aber leyder nicht gethan.

Wenn wir also Gott fürchten und eheren, so lassen wir den geitz wol anstehen und greiffen nichts an, wir haben denn urlaub von Gott, und sprechen: O Herr, gefelt es dir, so geschehe es; gefelt es dir nicht, so bleib es anstehen. Dem felt denn zu viel reychtumb, eher und lust. Aber der gottlose, der Gott nicht fürcht, meinet, Got sehe yhn nicht, er sey ynn das Morenland gezogen, hab ander gescheffte für yhm: Der acht nicht, wa es her kome, er fraget Gott nicht darumb, botte yhm nicht ein guten morgen, nür rips, raps ynn mein sack. Da ist kein bodem. Gott sihet zu, aber zu letst gehet es gewis zuscheittern, es kan kein bestand haben; und ob es yhm gleich bleibet, so gehet es doch uber die kinder, die müssen zu betler werden. Des haben wir viel Exempel gesehen, und bleibet der spruch war

1. Sam 2, 30 .1. Regum .2. 'Wer mich eheret, der wird geehret. Wer mich veracht, der wird geschmecht'. Er müs zu schanden werden, und kan darnach nyemand wehren. Wer also Got eheret und lust hat an seinen gepoten, der hat die früchte davon, Wilche hie ym Text folgen.

V. 2 2 **Des same wird gewaltig seyn auff erden. Das geschlecht der auffrichtigen wird gesegnet werden.**

Dieser Text ist klar, er bedarff keiner glose. Er beschreibt die früchte der gottfürchtigen, was sie gewertig seyn sollen, und spricht: 'Sein sam sol gewaltig seyn auff erden'. Das reich und regiment der Jüden hette zu der selben zeit ein solche gestalt, das sie alle ehelich musten werden, nicht wie unter dem Babst, der den ehelichen stand unter die füsse getretten hat und

---

12 gnedig *BC* 14 ehren *B* eeren *C* 18 furcht *B* 19 vor *C* 21 nur *C* 23 über *C* 25 ehret *B* eeret *C* 26 müß *C* 28 fruchte *BC* Wölliche *C* 29 same *C* 30 gsegnet *C* 31 fruchte *B* 32 gotfurchtigen *B* 33 Juden *C* 34 müsten *BC* 35 fusse *B*

tale, ut sub Papa, sub quo hic status conculcatus et geistlich stand exaltatus, qui semper cecinit hunc psalmum, qui non habuerunt semen nisi spurios, tales spiritus monachi, lernen nichts et khonnen nichts, nihil curant, nisi ut habeant sat per suam vitam, non regnant, non agrum colunt, nihil faciunt, quod homines solent, neque docent, sed otiosus populus, ideo manent tol hempel, ideo nihil norunt de regimine, cura domestica rc. nihil faciunt quam eorum rc. qui vero sol ein ampt haben, der muß vil ding leiden. Rusticum docebunt agri. Ibi piger servus, ibi felts der kue, dem acker, ille docet, quid faciendum. Si est in oppido, habet quod agat, illi dicunt 'sic expertus sum'.

yhm ein besundern stand auffgericht, nemlich den geistlichen stand, darynnen man nicht müs ehelich werden. Sie haben diesen vers gesungen und gelesen und nicht verstanden. Denn er hat sich nicht wöllen auff yhren Stand reimen. Aber der Prophet hat mit diesem vers angesehen das Judisch volck und nicht des Babst geistlichen Stand. Denn das ist ein unnütze volck, sie nemen sich keiner sach an, künnen nichts, yhr synn stehet darauff, das sie hie ein zeit gut tag haben, sie treiben kein handel, erbeiten nichts, pflügen nicht, thun der ding keins, die Gott befolen hat; sie solten wol predigen und leren die andern, die da erbeiten, aber sie thun es nicht. Es ist ein müssig volck, darumb künnen sie nichts, widder regieren noch haushalten, sie thun nichts denn plerren ynn der kirchen, essen, trincken, schlaffen, und sind wie die mast schwein. Darumb bleibens stöck, grobe tolpel und faule schelmen.

Wilcher aber ein ampt hat und füret yrgend ein handel, der mus viel wissen. Als, ist er ein ackerman, so gewint er alle hende vol zuschaffen auff dem feld, ym haus, mit den megden, mit den knechten. Und wenn es yhm glücklich gehet, wird man yhm gram, gewinnet feyndschafft; da spant yhm einer ein magd ab, der ander ein knecht, und ist also nicht anders denn: 'wer hie?', 'wer dort?'[1] Das alles weret yhm wol der faulkeit. Also ist es ynn andern handeln und hantwerckern[2], auch mit regieren und haushalten, sie haben gnug zu schaffen. Da werden denn erfarene leute aus, künnen von den sachen reden und ander leute unterrichten. Das kan der BabstStand nicht, sie liegen ym unflat wie ein schwein auff dem kobe.

---

11 darin *B* 12 muß *B* und gelesen *fehlt C* 14 Jüdisch *BC* 17 arbeyten *C* 18 befolhen *BC* 19 arbaytten *C* 20 künden *C* weder *C* 21 die *fehlt C* 22 grob tölpel *C* faul *C* 23 Wölicher *C* 25 mägden *C* 26 feyndschaffte *C* 28 wėr *C* der] die *B* faulkait *C* 29 händlen *C* 30 gnug *A* erfarne *C* künden *C* 32 im *B*

[1]) *Der Sinn dürfte sein: er lebt beständig auf dem qui-vive(-Fusse).* [2]) *Als Plural von* hantwerk *ist* hantwerker *auch sonst md./nd. nachweisbar.*

Si habent semel verbum dei, vident, was got machen wil. Das lernen die sew auff dem kober nicht. Ideo iste populus sacrosanctus Iudaeorum.

'Semen', das ist auch der gut eine quam dominus dat timentibus se, das sie bestendigklich gut sollen haben, quia non quaerunt honorem sine deo, ideo dat eius benedictionem semini, et semen maius fit patre. Hoc contra impios, qui kratzen et scharren et quando divites heredes non fruuntur, quia non habent deum in honore. Quam pauci sunt, qui ita deo credunt et fidunt et ita honorem quaerunt mit der weiß.

'Das geschlecht', oportet semen sit potens. Causa est, quia 'generatio der auffrichtigen' habet benedictionem, et oportet, puer sat habet, si omnia auferentur bona. Et tales sunt, qui deum timent nec obolum

Die Jůden aber waren der ding aller erfaren. Davon sagt David: Wilche Gott fürchten, dere 'same soll gewaltig werden auff erden', yhre güter sollen ein fortgang gewinnen. Denn sie haben gut und eher nicht gesucht on Gottes willen. Also sind sie gebenedeyet, und den segen empfahen auch die kinder, also das sie viel grösser und gewaltiger werden denn yhre veter. Warumb? Denn sie haben Gott die ehere geben. Widderumb, da ist kein fortgang nicht bey denen, so also widder Got geitzen, kratzen, schinden und schaben, yhr kinder sollens nicht geniessen. Halt es zu sammen, so wird sich der anfang mit dem ausgang nicht reimen; sie plumpen hinein on alle furcht Gottes, darumb gehet es nicht, wie sie es ym synn hatten. Es sind yhr wenig, die es also annemen mit Gottes fürcht, die Gott trawen. Denn die gantze welt ist besessen mit geitz, nur rips, raps auff mein hauffen, lassen yhnen nicht sagen, glaubens nicht, bis es yhnen ynn die hand kömpt und zu betler werden. Es geschiet yhnen recht, sie haben wollen eylen und Gott nicht darumb fragen. Derhalben so halt stil. Wiltu aber yhe also herfaren on Gottes fürcht, wolan, wirstu darob zu einem armen stümpper, so gedenck nur, das dir recht geschihet. Und ob dich schön gedünckt, der Text sey falsch, so wird es doch zu letst also hinaus gehen. Die wort künnen nicht liegen. Folget weiter ym Psalm:

V. 2 Das geschlecht der auffrichtigen wird gesegnet werden.

Warumb wird der same der Gottfürchtigen gewaltig auff erden? Sie haben den segen Gottes, sie sollen gebenedeiet werden, der segen Gottes wird ym hause des gottfürchtigen seyn. Darumb wird der vater gesegnet seyn,

12 Juden *C* 13 Wölche *C* furchten *B* 15 gebenedeyt *C* 16 väter *C* 17 ehre *B* eer *C* 20 furcht *B* forcht *C* 21 häten *C* 23 furcht *B* forcht *C* 24 hande *C* kompt *C* 25 geschyhet *C* wöllen *C* 26 also *fehlt C* 27 forcht *BC* 28 schon *C* gedünck *B* 29 Kinden *C* 32 some *C* Gotfurchtigen *B* 34 gottfurchtigenn *B* gotforchtigen *C*

greiffen sie an, quia sciunt omnem creaturam dei, et si nihil haberent, tamen credunt firmiter se deum habere. 'In tempore famis saturabitur'. Neque 'semen eius quaerens panem'.

Videat, an aliquis velit annhemen domum plenam et cum his cor amarum, quod hoc thesauro non posset uti, et cum hoc curam haberet. An plus quod certus esset deum suum esse, et quod non desereret et tantum haberet, quod sufficeret ad unum diem, et certus esset non esuriturum. Si ratio consuleretur, recte diceret 'velim libentius accipere quotidianum victum sine cura quam plenam domum' rc.

An non miser homo, qui habet multum pecuniae et non potest uti. Christianus hat in den himel gelegt 'her du hast noch mher, quam totus

der son und des sons son. Die kinder müssen gnug haben, ja wenn sie gleich kein heller hetten, auch nicht alle stund gelt und gut ym furradt ist, so mus es doch komen zu seiner zeit. Und solt schön die gantz welt hunger leiden, so müssen sie sat seyn. Denn es stehet an eim andern ort ym .37. Psalm: 'Ynn Ps. 37, 19. 25
der teurung werden sie gnug haben'. Item da selbs spricht David weiter: 'Ich bin jung gewesen und alt worden und habe noch nie gesehen den gerechten verlassen odder seinen samen nach brot gehen'. Es mus nicht dahin komen, das sein same mangel habe.

Nu schliesse und rechens bey dir selber aus, Wilches du unter zweien lieber wöltest haben: Ein haus vol gelts, grosse barschafft und dar zu ein unrügig geitz hertz, das da nicht künde gebrauchen seiner barschafft, sondern strebete ymmer nach mehr gütter, sammelt und scharret zu hauff und künde nicht frölich seyn? Odder wöltestu lieber gar nichts ynn der barschafft haben und darbey ein frölich, gerugig hertz, das sich auff Gott verlest, were gewis, das Gott sein were und würde yhm gnug geben, daran er gantz keinen zweiffel hette? Ja wenn man auch nach der vernunfft solt antworten, so würde die vernunfft sagen: Ich wil lieber nichts haben und doch gewis seyn teglich der narung, wenn das ich soll ein haus vol gulden haben und darbey kein frölich und rügige stunde.

Also sind die geitzigen gesinnet, sie dürffen yhrer güter nicht brauchen; hat einer zehen tausent gülden, so spricht er: die mus ich meinem son behalten, ach wo wil ich nemen, das ich esse. Das ist ein armer mensch, darff es nicht brauchen. Aber ein Christ scharret nicht also zu sich, er hat sein schatz ynn hymel gelegt ynn die schos Gottes und spricht: Lieber Herr, ich weys, das du

12 genug *BC* 13 heller *C* furabt *B* verrabt *C* mus *BC* 14 schon *C* 15 müssen *B* 16 genug *B* 17 und alt worden *fehlt B* 18 mus *BC* 19 same *B* some *C* hab *C* 20 Wölchs *C* 22 unrüig *C* 24 parschafft *C* 25 gerügig *BC* 26 wurde *C* 27 vernufft *C* wurde *BC* 28 vernufft *B* 30 rugige *B* stundt *C* 31 seynd *C* durffen *B* 32 gulden *B* guldin *C*

mundus, tu sey mein weinkeller, kornboden. Sed Christiani sind dun geset; Zizania dick, sed iterum eradicatur. 'Potens', unser her wirt in empor heben.

Lege exempla in vetere testamento: Abraham, Isaac, Iacob, David, Gideon et patriarchae, prophetae, Elias, Elizeus, qui postea rexerunt reges et tamen nihil habebant, et adeo divites, ut omnia. Sic Paulus 2. Cor. 4. 5. 6.

'Divitiae et ful et iustitia', er sol auch reichthumb haben et die ful, quomodo Paulus, Elizeus, Elias, David habebant divitias? et alii plures qui multum paupertatis passi?

Iren satz kasten haben sie zu unserm herrn gesetzt. 'Ubi fures non

noch mehr hast. Du hast viel mehr, denn du yhe vergeben[1] magst, es wird mir ynn dir nicht mangeln, denn wenn es not were, die hymel můsten noch gůlden regnen; sey du mein kasten, keller und sőller, ynn dir hab ich alle schetz, wenn ich dich hab, so hab ich gnug. Das sind rechte Christen. Wa sind sie aber? Sie sind gar důnne geseet. Des unkraůts wechst wol gnug, es wird aber ausgerodbet. Aber das geschlecht der die Gott fůrchten můs empor, wird auff komen, wird gesegnet und mus gnug haben.

Des haben wir viel Exempel, als ym Abraham, Isaac und Jacob, Jn den Patriarchen, ynn Mose; sie sind grosse leůte worden; also auch Gideon und seine gleichen. David war ein schlechter man und ward zu einem kőnig. Die Propheten Helias und Heliseus waren schlechte bůrger, sie worden grosse menner, das sie Kőnig und Fůrsten regiereten, und waren doch arm, giengen yrre ynn der welt und hetten doch gnug. Also war auch Paulus, der hette
2. Cor. 6, 10 kein eygen haus, hette nichts und sprach doch: 'Wir haben alle ding', kůnde
Phil. 4, 12 'arm und reych seyn'. Er gab yederman, mit dem wort speiset er die seel, und wenn es not war, gab er auch das leibliche brod. Also hat Gott alleweg erhőhet die so yhn fůrchten und lust an seinen gepotten haben. Aber deren sind gar wenig. Das ist die erste frůcht, die geben[2] wird denen so Gott fůrchten. Zum andern spricht er:

v. 3 3 Reychtumb und die fůlle wird ynn seim hause seyn.

Hie sprichstu: Wie sind sie reich, so doch Paulus, Helias und Heliseus arm sind gewesen? David ist aus seim reich von seim eignen Son getrieben worden, und ander heiligen haben ynn grosser armut gelebt? Antwort: sie haben yhr schatzkamer, kasten und keller zu Gott gesetzt an ein solch ort, den kein dieb stelen kan; sie wissen, das sie gnug ynn Gott haben, und ob sie es

---

11 manglen *C* musten *B* 12 gulden *BC* soller *B* 13 schätz *C* genug *B* finde *C* 14 geseet *C* Des] Das *B* unkrauts *BC* wächst *C* 15 furchten *B* 16 muss *BC* 18 feind *C* 20 burger *C* wurden *C* 21 regierten *C* 22 het *C* 23 kunde *C* 25 leypliche *C* 26 furchten *B* 27 frucht *BC* furchten *B* 31 eygen *B* 32 gelept *C* 33 schätz kamer *C*

[1]) *d. i. vollständig weggeben, bis aufs letzte austheilen.* [2]) *für gegeben.*

possunt' ꝛc. In tempore mortis khomen die reichtumb et si ad tempus sinit egere, facit, ut pertentet, et postea dat satis.

Helizeus semel 100 homines 7 panibus cibat, minister eius hoc risit, ipse 'Hoc dicit dominus'. Sic viduae debent ꝛc. nihil nisi oleum. Vade, claude domum et mutuo accipe ꝛc. Ipsa vadit et credit et effudit tantum olei, ut omnia vasa ꝛc. Vade, solve debita. An non hic divitiae et ful in domo? si adesset fides, posset adhuc ex uno floreno 1000 facere. Quidam habet 1000 florenos et tantum non efficit, quantum alius 100. Quare hoc? quia deus hic benedicit, alibi non.

Item semel habebant malam herbam, mors in olla, non opus ut iret

gleich nicht haben auff die weis, das der beutel pauset und kisten vol sind, so sind sie doch gewis, Gott werde sie speisen; und ob sie ein weil mangel leiden und sie Gott versucht, so bleibt doch Gott nicht aus, müssen essen haben, und solt der hymel brod regnen.

Heliseus solt ein mal wol hundert Person speisen .4. Regum. 4. Und 2. Kön. 4, 42 ff.
hette nicht mehr denn zwentzig gersten brod. Da murret der knecht und sprach: Was sol ich hündert man an dem geben? Heliseus sprach: gib dem volck, das sie essen, denn so spricht der Herr: man wird essen, und wird uber bleiben. Und er legt es yhn für, das sie assen, und bleib noch mehr ubrig.

Item an dem selbigen ort stehet von einer frawen, die klagt dem Heliseo, 2. Kön. 4, 1 ff.
wie yhr man gestorben were und der schult herr wolt yhr die kinder nemen an der schuld; sprach Heliseus: Was hastu ym haus? Sie antwort: ein öle-krug. Er sprach: gehe hin und bitte drauffen von allen deinen nachparynnen leere gefes und der selben nicht wenig, und gehe hinein und schleus die thür hinder dir zu mit deinen sönen und geus ynn alle gefes, und wenn du sie gefüllet hast, so gib sie hin. Sie thet yhm also und gos ynn die gefes; da sie vol waren, sprach sie zum son: lang mir noch ein gefes her; er sprach zu yhr: es ist kein gefes mehr hie. Da stund das öle. Sie sagt es dem manne Gottes. Er sprach: verkauff das öle, bezal dein schüldner, und von dem andern neere dich mit deinen sönen. Das gieng leichtlich zu; wenn wir nür künden gleuben, so hett es kein mangel. Unser Herre Gott ist ein guter gold-schmidt, er kan aus einem gülden mehr denn hundert tausent schmiden; es liegt nicht an der barschafft, es kan einer mit tausent gülden nicht so weit komen mit ungleubigem hertzen, als einer der Gott trawet, mit eim gülden.

Item ynn dem selbigen buch der Könige stehet auch der gleichen ein schön Exempel. Der Prophet befalhe seinem knaben, das er ein grossen topff 2. Kön. 4, 38 ff.

13 müssen *C* 16 zwaintzig *C* 17 hundert *C* 18 über *C* 19 fur *B* blyb *C* übrig *C* 20 klaget *C* 22/23 öllkrüg *C* 23/24 nachpaurn läre *C* 24 gefäß *C* 25 sünen *C* gefäß *C* 26 gefullet *B* gefäß *C* 28 gefäß *C* 29 schüldern *B* schuldner *C* 30 sünen *C* 31 glauben *C* 32 gulden *C* 33 gulden *C* 34 unglaubigem *C* gulden *C* 35 Künig *C*

in Apotecam. Sic facit dominus cum illis qui eum honorant ꝛc. etsi nihil habent, tamen omnia, das sind die rechten weis zu gewalt, er und reichtum. Sic Christus '1. quaerite regnum' ꝛc. non opus ut quaeratis alia, ego implebo domum. Vos celum, quomodo? time me.

'Iustitia eius', immiscet spiritualem thesaurum. Qui, inquit, deum timet, habet sat, quia iustitia eius est eterna. Duplex iustitia: externa et spiritualis et vera, mundana est hypocrisis, ut quando quis timet Saxenspigel, leges Cesaris, die werd so lang als leben, quia tantum ordinata in hanc vitam. Sed beatus vir habet iustitiam eternam, quia est iustitia coram deo, manet hic beatus et illic.

gemůs solt kochen; er sammelt kraut auff dem felde, das was bitter, und da es kocht war und sie es assen, schryen sie zum Heliseo: O man Gottes, der tod ym topff; denn sie kundens nicht essen. Er sprach: bring melh her; er hatte kein ander Apoteck, damit er es süsse machet; da das melh darein kam, schmackt es wol. Es was ein kleiner zusatz, aber durch den glauben des
Gen. 1, 29 Ps. 37, 19 Propheten halff es fast. Darumb ist der vers war: 'Wenn sie gleich nichts haben, so müssen sie gnug haben'; der Text kan nicht liegen; sie wissens auch wol, es můs durch wunderzeichen zugehen odder durch ander leute yhnen zu-
Matth. 6, 33 getragen werden. Also spricht auch Christus ym Euangelio Math. vi. 'Tracht am ersten nach dem reych Gottes und nach seiner gerechtickeit, so wird euch solchs alles zufallen', als wolt er sagen: yhr dürffet ander ding nicht süchen, man wird euchs zutragen, plump soll es her komen; allein fürchtet mich, habet ein schew für mir.

Wenn nu das nicht hilfft, so hilfft nichts anders. Folget weiter:

V. 3 Und seine gerechtickeit bleibt ewiglich.

Da menget er ein geistlichen schatz unter und spricht, 'seine gerechtickeit sol ewiglich bleiben'. Er scheidet diese gerechtickeit ab von der leiblichen gerechtickeit. Denn es ist zweierley gerechtickeit. Die Erste ist eine weltliche gerechtickeit, die ist nur ein heücheley, gilt alleine für den menschen. Als, so einer helt des Keysers gepot, den Sachsen spiegel und andere rechts bücher, ja auch das gottliche gesetz nach der auswendigen larven, so einer also auswendig für den leuten nicht unrecht thut. Die gerechtickeit weret nicht lenger denn der leib, stirbt mit dem menschen abe. Aber die rechtschaffene gerechtickeit, da von er hie redet, gehet nicht ab, weret ewiglich, denn sie gilt für Gott, der kein ende hat, ist hie selig, dort selig.

---

13 topff] hafen *C* kunbens *C* mel *C* 14 hätte *C* susse *B* mel *C*
18 müß *C* 19 Mathei *C* 20 gerechtigkeit *BC* 21 suchen *BC* 22 furchtet *B*
23 fur *B* vor *C* 24 nun *C* 25 sein gerechtigkait *C* ewigklich *C* 26 gerechtigkeit *BC*
27 ewigklich *BC* gerechtigkeit *BC* 27/28 gerechtigkeit *BC* 28 gerechtigkeit *BC*
29 heüchley *B* allein *BC* fur *B* vor *C* 31 göttliche *BC* gsetz *C* 32 fur *B* vor *C*
gerechtigkeit *BC* 33/34 gerechtigkeit *BC* 34 ewigklich *BC* 35 fur *B* vor *C*

Et Paulus, credo, huc respexit ad Timotheum 'Pietas utilis ad omnia habet promissionem huius vitae et futurae', quando, inquit, deus timetur, ist ein nutzlich ding ad omnes sachen, sat dat gewalt, lust, freud, frid hac et in futura vita, quid amplius deus diceret? Nos tantum videmus, wie es sthet umb den der ein beutel vol fl. hat. Pius semper dives in domino, sive adsit sive non, quia dominus dat ipsi in sinum. Postea docet propheta, wie er mit umb ghe, 'misericors' est.

Item dicit 3. sie haben auch freud et lust, quia quaerunt mit got. Quando quis orat 'mi domine, hoc meum non est, si vis dare, habeo, si non, non habeo'. Si etiam omnia habes ad lust, si non quaeras ab eo, potest

9 *über* hoc *steht* vxor

Da von redet Paulus, und las mich bedüncken, er sehe hie auff diesen vers, da er spricht ynn der .1. Epist. zu Timo. 4. 'Die gottselickeit ist zu allem 1 Tim. 4, 8
ding nütz, Und hat die verheissung dieses und des zukünfftigen lebens', Als wolt er sagen: Die gottselickeit dienet zu allen sachen: Sie gibt eher und gut, da ist reichtumb, sicherheit, freüd und mut gnug, hie und dort. Wir aber sehen nur auff die follen taschen und beütel. Wenn wir aber gleubten, so söhen wir nicht, ob wirs ym kasten odder ynn der faust hetten, ist gnug, das wirs ym hertzen gleuben und ynn Gott haben. Es gilt den frommen gleich, sie habens ym beutel odder nicht; hat ers ym vorradt, so dancket er Gott und sorget, das ers recht anlege und ausgebe; wil yhms aber Gott nicht ynn der barschafft geben, so ist er gleich wol frölich.

Ferner sagt der Psalm:

4 Den auffrichtigen gehet das liecht auff ym finsternis. V. 4

Das ist das dritte stück, nemlich von der lust. 'Das liecht', spricht er, 'gehet auff', nicht den heüchlern sondern 'den auffrichtigen'. Die gerechten haben reichtumb, sie haben eher, zum dritten haben sie auch lust, die Gott vorhin darümb begrüssen. Die Jugend, wenn sie gleich from ist, so wil sie doch lust und mut haben; nu, wil sie es recht haben on schaden, so sol sie Gott vorhin darümb fragen und sprechen: Lieber Herr, gib mir lust und freude, es ist nicht mein, ich wils on dein willen nicht haben; wiltu mirs geben, so wil ichs haben, wiltu nicht, so bleib es anstehen. Wenn wir also Gott vorhin darümb fragen, so müssen wirs haben, er wils uns gerne geben. Wenn nu einer ein gut mal wil essen, lust und freude süchen und Gott nicht

11 redt *B* bebundken *BC* 12 Epistel *C* gotseligkeit *BC* 13 zu kunfftigen *B* 14 gotseligkeit *BC* ehr *B* eer *C* 15 richtumb *B* 16 glaubten *C* 17 sehen *C* genüg *C* 18 wir es *C* glauben *C* habent *C* 19 danckt *C* 23 finsternuß *C* 24 stücke *B* stuck *C* 25 sonder *C* 26 richtumb *B* ehr *B* eer *C* 27 darumb *BC* begrusset *B* 29 darumb *BC* 31 willt du *C* 32 darumb *BC* gern *C* 33 fréüd *C* suchen *BC*

facere, ut tibi non sapiat cibus optimus ꝛc. Si etiam pii sunt in tenebris, tamen habent lucem, die khunst khan er auch. Elizeus propheta erat in hoc periculo, quod deberet occidi, et dabat ei culpam famis. Propheta aderat et dicebat 'cras, morgen sol ein scheffel korn 3 g. tu videbis, sed non edes'. Hic ging das licht in medio tenebrarum auff. Mihi irascitur Cesar, es ist

ein guten morgen darůmb bieten, sol yhm Got wol sein hertz also verwerren, das yhm kein bissen nicht schmeckt; ein ander, der Gott fůr augen hat, ob er gleich nicht ein kôstlich mal hat, sol es yhm doch das schmecken denn dem aller reichesten. Darůmb so last uns nur auff yhn sehen mit furcht und yhn also fůr unsere augen bilden, so wil er uns gnug geben. Wollen aber wir die furcht Gottes ynn windt schlagen, so sol uns nichts zu lieb werden, und hetten wir gleich hundert tausent gůlden wert.

Die gerechten aber sollen lust und freude haben, wie er hie sagt, ob sie schôn mitten ynn der finsternis sind; ym unlust und ym betrůebnis sol yhnen die sonne auff gehen. Denn Gott kan die kunst, das die seinen mitten ym unlust můssen lust haben, ym betrůebnis trost und freude. Also geschach dem
2. Kön. 6, 31 ff. 7, 1 ff. Heliseo. Da es theůr ym lande was, gab der Kônig dem Propheten die schuld. Das wort Gottes must ursach daran seyn. Wie es bey uns auch wol geschhiet: Wenn ein unglůck fůrhanden ist, so mus es das Euangelion thun. Da schwur der Kônig, er wolt dem Propheten lassen den kopff abschlagen; als der Prophet mitten ynn der gefar ware daheym bey den alten, schickt der Kônig sein knecht zum Heliseo fůr yhm hin. Der Prophet lies sich nichts anfechten. Er sprach zu seinen gesellen: Der knecht des môrders kômpt und wil mir den kopff abschlagen. Da kam der Kônig. Und der Prophet sprach: morgen sol ein scheffel drey groschen gelten. Da antwort ein ritter und sprach: Wenn der Herr fenster am hymel machet, wie kůnde das geschehen? Der Prophet sprach: Sihe da, mit deinen augen wirstu es sehen und nicht davon essen. Es geschahe, morgens gab man ein scheffel umb drey groschen, und der ritter sahe es, und er ward vom volck ertretten.

Dieser Prophet war mitten ynn der gefahr, es gieng ein gros wetter uber yhn, der Kônig tôbet und wůtet, war toll und thôricht uber das wort Gottes, wil yhn darumb erschlagen. Da gehet dem Propheten 'die son auff mitten ym finsternis'. Der Kônig kůnde yhm nichts thun, er was sicher ynn der ferlickeit. Also geschicht allen Christen. Also auch ytzt der Keyser mit

6 darumb *C* bitten *B* 7 fur *B* vor *C* 8 kostlich *C* 9 Darumb *C* forcht *C* 10 fur *B* Wöllen *BC* 11 forcht *C* leyb *B* 12 gulden *BC* 14 schon *BC* finsternuß *C* betrúbenis *B* betrúbtnuss *C* 16 müssen *B* betrúbtnus *C* geschahe *C* 17 land *C* Künig *C* 18 schulde *C* 19 geschihet *B* geschicht *C* ungluck *B* verhanden *C* 20 Künig *BC* wölte *C* 22 Künig *C* fur *B* vor *C* 24 kumpt *C* Künig *C* 26 künd *C* 28 gschahe *C* 31 über *C* Künig *C* tobet *C* über *C* 33 finsternuß *C* Künig *C* kunde *C* 34 gferligkait *C* 34 — 315, 12 geschicht auch yetzt, sy sitzen hineyn *C*

ein weter. Si credimus deum regnare, si Cesar optime consulit, habet cor ipsius in manu sua.

Et novit Elizeus non pilum sibi curvari ꝛc. et ultra hoc fecit ei benedictionem, ut divitem faceret frumento. Haec 3 quaerit mundus. Vides, quomodo quaerenda bona. Ad Timo. Paulus exponit hunc locum. Iam dicet, qui dominus dat ei ista bona, quid faciat, est misericors.

16. Iunii quae erat Sab: post viti praesentibus principibus in Arce Luth.

Docuit spiritus sanctus, quomodo divites, potentes luſt et freud haben per pietatem, quae 3 etiam a mundo quaeruntur, sed inverse. Christiani vero inveniunt constanter et abunde.

zu 8 *am Rande:* Iſt gedruckt

ſeinen Fürſten ſitzen hinein ynn ein kamer[1], radſchlagen uber das Euangelion, wie ſie das unter drücken wollen, ſie ſind klug und zornig, laſſen Gott droben ſitzen, gedencken nicht an yhn, fragen yhn nicht ein mal radt darumb; ſo ſihet yhnen denn Gott zu, lachet yhrer und ſpricht: Yhr lieben Fürſten, ſol ich nicht Pſ. 2, 4ff.
auch wiſſen, war mit yhr umbgehet, was yhr anſchlaget? yhr fragt mich nicht radt darumb, wolan, ſehet, das yhrs gut machet! Die guten leute meynen nicht, das Gott yhren anſchlag wiſſe, gedencken, er ſey gen Calakutten odder ynns Morenland gezogen, halt irgend ein Collatien mit den Moren, er neme ſich unſers dings nicht an. Wenn ſie denn alſo lang radtſchlagen, ſo 'nimpt er yhnen das hertz' und 'wird alſo nichts aus yhrem radtſchlag', und Pſ. 76, 13 Jeſ. 8, 10
künnen nichts widder uns thuen. Der Prophet Heliſeus wuſte, das der König kein finger künde regen widder yhn on Gottes willen.

Das iſt der troſt der gerechten, das ſie ynn der armut reych ſind, ynn der ſchand eher haben, und mitten ym unluſt haben ſie luſt und freude. Die drey ding ſucht die welt. Der Prophet aber lernet, wie wir yhr recht ſollen gebrauchen. Das alles mit einander faſſet Sant Paul ynn ein ſpruch, Und das iſt die glos und die gantze Summe dieſes Pſalms, ſo er ſpricht: 'Die gotſelickeit iſt zu allen dingen nütz', wie yhr droben[2] geſaget. 1. Tim. 4, 8

Alſo habt yhr vier vers, ynn wilchen der heilig geiſt uns leret, wie wir ſollen reich, herlich und gewaltig werden und zum dritten gute tage, luſt und freude haben. Die drey ding ſucht auch die welt, aber mit verkerter weis, nicht bey Got, darumb findet ſie ſolchs nicht. Aber die Chriſten ſuchens nicht anders wo denn allein ynn Gott, da findens ſie es auch reichlich und dazu beſtendiglich. So iſt nu das die meynung des vierden vers:

12 über *C* 13 unterdrucken *C* wöllen *BC* ſeynd *C* 15 Fürſten] Herrn *C* 17 güte *C* 18 gern *C* 20 näme *C* 22 künden *C* thon *C* wyſte *C* König *C* 23 kundte *C* 26 dreü *C* 28 gantz *C* Pſalm *C* 29 gottſeligkait *C* nutz *B* yetzt *C* 30 wölchenn *C* 32 ſüchet *C* 35 dartzu *B* beſtendigklich *C*

[1]) *Mai 1526 hatten die Verhandlungen des Reichstages in Speier beginnen sollen.* [2]) *oben S. 313.*

'Exortum est', licht mus er haben etiam in mediis tenebris. Mundus non potest lust habere, quando ubel zughet, ergo manent tenebrae, wens not und allerley betrubnuß. Sic germanice 'Es wil aber ein betrubt wetter her khomen'. Sic licht freud et lust dicuntur. Homo est letior, quando lux quam quando tenebrae. Omnis quantumcunque animosus solus zappelt im das hertz. Econtra non tremit in luce.

'Von dem ge'. Haec lux, gaudium et lust, gwalt, gut und ehr habet inde, quod habet propitium, et da leyts auch. Vult sic dicere: Sein hertz ist wol dran, mit dem der guttig, barmhertzig, gnedig. Increduli etiam praedicant deum esse propitium et legunt, sed non intelligunt, ut pii. Aliud

v. 4 Den auffrichtigen gehet das liecht auff ym finsternis.

Das ist: sie müssen liecht haben, ob sie schön mitten ynn der finsternis sind. Das kan nicht nach der welt verstanden werden. Denn die welt kan das nicht verstehen, kan sich auch nicht darein richten, das lust sol da seyn, wenn es ubel zu gehet; darumb ist nichts denn finsternis bey der welt, yhr gehet solch liecht nicht auff ynn der widerwertickeit.

'Inn der finsternis': Ist ein Ebreische weis zu reden. 'Finsternis' heist betrübnis, ubel, wens nicht wol zu gehet, wie auch ein deudsch sprichwort ist, Wenn ein unglück kömpt, das man spricht: es ist ein gros wetter furhanden[1]; Und wenn das unglück vergangen ist, spricht man: das wetter ist hinüber[2]; also sprechen die Jüden, es sey finster, wenn es nicht recht zu gehet. Und widderumb, wenn es wol zugehet, wenn lust und freud da ist, nennen sie es liecht; denn es gehet auch natürlich also zu, das wir mütiger und gehertzter sind beim tage denn ym finstern und bey der nacht. Es ist kein man so keck, der sich nicht fürcht ynn der finsternis, sonderlich so er allein ist; es ist kein hertz da, er ist verzagt. Aber ym liecht, ynn der sonnen ist er muttig. Also wenn es dunckel ist und trübe wetter, so ist der mensch trauriger, denn so schön wetter ist, odder wenn die sonne scheinet. Das kömpt alles, spricht er,

v. 4 Von dem gnedigen, barmhertzigen und gerechten.

Das liecht, die selust und freüd, reichtumb, gewalt und eher, hat er von dem der yhm gnedig, barmhertzig und gerecht ist; da ligt es an, das er weys, das sein hertz wol dar an ist mit dem der gütig, gnedig und barmhertzig ist; da hat er kein zweiffel, er ist der sach gewis. Die heüchler und die gotlosen nennen Gott auch gnedig, barmhertzig und gerecht, sie verstehen es aber nicht;

---

11 finsternuß *C* 12 schon *B* 12 finsternuß *C* 13 feind *C* 15 ubel *C* zu *fehlt B* finsternuß *C* 16 sollich *C* widerwertigkeit *BC* 17 finsternuß *C* finsternuß *C* 18 betrübnuß *C* ubel *C* deutsch *B* teütsch *C* 19 vnglück *B* vnglück *C* kompt *C* fur-handen *B* verhanden *C* 21 Juden *C* 23 naturlich *B* 25 furcht *B* fürchte *C* finsternuß *C* 28 kompt *C* 31 waiß *C*

[1]) *Wander, Bd. 5, Sp. 216, N. 181 und 183. Vgl. Jerem. 25, 32.* [2]) *nicht bei Wander; vgl. Sprüche 10, 25.*

est praedicare haec 3 et sentire. Quando lingua et cor conveniunt, bonum est. Si non, nihil est. Quando ergo homo sentit sibi deum propitium esse, der hat gnug. Haec lux in tenebris lucet, est dives, potens, etiam si miserrimus, abiectissimus, quia habet illum, qui omnia habet. Deus ita gloriatur per Hieremiam 'Ego impleo celum et terram' i. e. celum et terra ist mein vol. Esa. 66. 'Terra est', so groß ist er, ut sit in celo et in terra i. e. ich bin allenthalben in mundo et durch und durch mach ich sie vol et tamen a mundo non comprehendor.

Qui ergo sic credit, plus habet quam mundus est, quia habet die quel

sie lesens wol, singens und predigens, aber es ist ein grosser unterscheid. Es ist viel ein ander ding, von Got predigen, singen und sagen, das er gnedig, barmhertzig und gerecht sey, denn fülen ym hertzen ein gnedigen, barmhertzigen und gerechten Gott. Die frommen und gerechten habens nicht allein auff der zungen sondern ym hertzen. Es mus die zung und das hertz uber einkomen, so gehet es recht zu. Wenn aber solchs alleine ym mund ligt und das hertz wol hundert tausent meil da von ist, so ist es vergebens. Die Christen fülens und erfarens ym hertzen, das solche ding nicht plump zufallen odder komen von den menschen, sondern fület solchs ym hertzen, ist gewis und zweyffelt nicht.

Wer nu solchs ym hertzen fület, der mus gnug haben, und gehet yhm das liecht auff mitten ynn der finsternis, und wenn die finsternis vergehet, mus er auch reich seyn und und hoch komen, ob er gleich arm ist und nidder gedrückt wird. Denn er hat den der barmhertzig und gnedig ist; so er nu den hat der alle ding hat, der ein quell und ein brun ist aller ding, was kan yhm denn fehlen? Wie Gott selber von sich rhümet Jere. 23. 'Ich erfülle Jer. 23, 24
hymel und erden', das ist: hymel und erden ist mein vol; Jesaie .66. 'Der Jes. 66, 1
hymel ist mein stul, und das erdtreich mein fusschemel', so gros bin ich und hab so lange schenckel, das ich ym hymel sitze und strecke die füsse auff das erdtreich und rage noch weit uber den hymel hinaus. Das ist, ich bin allenthalben, ich mache hymel und erden mein vol und werde nicht begriffen von der gantzen welt, ich rage weit uber die welt hin.

Wenn nu einer den hat der also alle ding erfült, der hat mehr, denn die gantze welt hat. Denn er hat die rechte quelle, nicht ein loffel vol, wie die welt ist gegen dieser quelle; wenn Gott gleich viel gibt, ein reich, Perser land, Babsthumb, Keyserthumb: So ist es nur ein rückbislin, ein bissen brods, ein loffel vol, ein mund vol, ist noch nicht die rechte quell, sondern nur ein

12 fülen] entpfinden *C* 15 sollichs *C* allein *B* 16 entpfindens *C* 17 solliche *C* 18 entpfindet *C* zweyffelt *C* 19 nun *C* entpfindett *C* 20 finsternus *C* finsternus *C* 22 gedruckt *B* getruckt *C* nū *C* 23 prun *C* 24 Hieremie. *C* erfulle *B* 26 erdtrich *C* 28 erdtrich *C* 31 nun *C* erfult *B* 32 löffel *BC* 34 Babsthum *B* ruckbyßlin *C* 35 löffel *C*

selber, de quo veniunt omnia regna, quando ergo cor credit se habere deum propitium ꝛc. haec tria nomina dedit nach den dreyen stucken: gnedig, quia condonat, quae male fecit, misericors: parcit, quod adhuc agit inique, gerecht: es muß als wol thun sein quae facit. Nos in peccatis sumus et nascimur ꝛc. oportet ergo deum propitium habeamus. Misericors, ut parcat et quod facio, non imputet, gerecht: etsi omnia non bona in nobis, tamen pro iusto habet. Quando novi deum non velle imputare peccata, quae facio, et dedisse 1. mihi veniam ꝛc. et 3. velle omnia pro bonis habere. Si quid mali contigit, est [nihil] nisi cauda vel poena.

stück, das er allen gibt, das er ynn die rapůs wirfft.[1] Aber wenn er den hat der mehr hat, denn er vergeben mag (wie ein gemein sprichwort ist): Der hat ein solch hertz, das er weys, das er ein gnedigen Gott hat und alle ding ynn yhm. Was solt einem solchen hertzen ymmer mehr fehlen?

Der Prophet gibt Gotte drey Titel umb der drey stück willen, die er yhm geben hat, wie oben[2] gesagt ist: 'Gnedig, Barmhertzig und gerecht'. Gnedig ist er, denn er vergibt, das wir gesündiget haben; Barmhertzig, das er verschonet des uberigen, das wir noch leben, und legt uns zu, wo es uns noch mangelt. Zum dritten ist er gerecht, das es wol than mus seyn, was wir thun. Das heist gnedig, barmhertzig und gerecht. Unser sach stehet also, das wir ynn sunden empfangen und geporen werden: da her gehort, das er gnedig ist; da spreche ich: far hin, sünd, du solt mir nicht schaden. Und das ich noch leben werde, ist nicht gantz gut, das wird mir der barmhertzige Gott zu gut halten. Er ist auch gerecht, denn alles das ich thu, mus gut und recht seyn, ob es gleich nicht so volkomen ist, wie es wol seyn solte.

Wenn das hertz also auffgericht ist gegen Gott, weys, das es solchs an Gott hat, was kan yhm mangeln? Er weys, das Gott mit yhm zu friden ist, wil nicht gedencken, das hin ist, wil auch verschönen, das hernach kompt. Und was er thut sey gut odder nicht, das mus rechtschaffen seyn und fur yhm gelten; da ist denn unser Titel dahin, Das wir sünder empfangen und geporn werden; so mus ich das liebe kind seyn, mus dem vater ynn die schos, es sol mir nichts mangeln, mus hie und dort gnug haben; und ob schön ein unglück für handen were und er wolt mir die ruten weisen, so sol es doch nur ein fuchs schwantz seyn, er wirds mit ernst nicht meynen. Das alles,

---

10 stuck *BC* rapus *B* rapis *C* 11 sprichtwort *B* sprüchwort *C* 12 follich *C* wayst *C* 13 sollichen *C* 14 dreü *C* stuck *BC* 16 gesundiget *B* gesündigt *C* 17 verschonet *C* wa *C* 18 manglet *C* thon *C* 20 sünden *C* gehört *BC* 21 sund *B* nichts *C* 25 waist *C* 26 manglen *C* waist *C* 27 verschonen *C* kompt *B* kumpt *C* 28 vor *C* 29 sunder *B* empfan *B* 31 manglen *C* schon *C* 32 vnglück *B* fur handen *B* verhanden *C*

[1]) *Wander, Bd. 3, Sp. 1464, „Rapuse" N. 3.* [2]) *vgl. oben S. 316, 29.*

Iam enumerabit fructus pii et beati viri.

'Leyhet gern.' Quis est beatus is vir? Ubi invenitur? In priori versu dictum, nemo probus, nisi credat et fidat deo, alii omnes hypocritae, utut, ergo probus qui timet deum utitur, ille econtrario est misericors, sicut deus suus propitius ꝛc. wo mit est ipse misericors, ut faciat suo proximo, sicut illi deus, Et hoc facit, quando videt illud quod ipsi condonatur, nempe horrendissima peccata. Si deus tantum peccatorum remisit tibi, cur non? Nihil est peccatum quod facit contra te proximus in comparatione illius, quo

wie yhr gehort habt, ist gesagt von dem, das wir wissen, wie wir uns fur Gott halten sollen. Nu feret er auch heraus und leret, wie man sol leben für unserm nehisten, und erzelet die früchte der gerechten, da bey man sie fur den leuten auch kenne, und spricht:

5 Ein fromer man ist barmhertzig, leihet gerne. B. 5

Der gerechte und fromme man ist auch barmhertzig wie sein Gott; er leihet gerne, gibt gerne, hilfft gerne seinem nehisten. Wer ist aber der? wo findet man ein solchen? Yhr habt droben[1] gehort, das fur Gott niemand from ist und gerecht, er sey so heilig als er ymmer wölle, denn allein durch den glauben, das er Got trawe und gleube, das yhm die sünde vergeben sind und ein gnedigen Gott habe, der yhm alles zu gut halte. Die andern alle zumal, die nicht also Gott trawen, sind heuchler und schelcke ynn der haut, ist nichts gutts ynn yhn, ob sie es gleich köstlich für geben und ein guten schein füren und stellen sich als die aller frömmesten leute.

Aber ein gerechter, der Gott fürcht und ein schewen hat fur den augen Gottes, der malet yhm Gott also ab, als der alle seine wort, werck und gedancken sehe. Der ist widderumb auch gütig und barmhertzig seinem nehisten, wie yhm Got ist gnedig und barmhertzig gewesen. Wamit ist er also barmhertzig? Damit das er thuet seim nehisten, wie yhm Gott gethan hat: wie yhm Gott seine sünde geschenckt hat, also schencket er und lest nach alles, was sein nehister widder yhn hat. Das ist mir nu leicht, wenn ich hinein sihe ynn die quellen, ynn die brünnen, daraus mir so viel zugeflossen ist. Wenn ich das weys und füle es ynn meim hertzen, was mir Got geschenckt und zu gut gehalten hat, so bin ich willig, meinem nehisten auch zu gut zu halten und zu schencken, was er widder mich gethan hat, und gedencke nicht, wie gros er widder mich gesündiget, und misse yhm es nicht als von einer taffel[2]; ich schencke yhms frey hin aus dem hertzen und gedenck: Hat dir Gott so viel

9 gehört *BC* 9/10 vor Got sollen halten. *C* 10 solle *B* 11 fur *B* vor *C* nechsten *C* fruchte *B* vor *C* 14 fromme *C* 15 nechsten *C* 16 gehört *BC* vor *C* 17 frum *C* 18 vnd glaube *C* sunde *B* sünd *C* 21 fur *B* 22 furen *B* frümmesten *C* 23 furcht *B* scheülhenn *C* vor *C* 25 nechsten *C* 27 thůt *C* nechsten *C* gethon *C* 28 sunde *B* lest *C* 29 nechster *C* vor *C* 30 brunne *C* 31 fule *B* entpfunde *C* 32 nechsten *C* 33 gethon *C* 34 gesundiget *B*

[1]) *vgl. oben S. 316, 30 ff.* [2]) d. i. *als lösche ich seine Schulden von einer Tafel ab, auf der ich sie angeschrieben.*

tu deum lesisti. Vide deum et hominem, nulla est comparatio. Quando nolo aliquid pro peccato habere, non est spes, quod remittat deus peccata. Sic erga proximum age. Si sunt heretici et nolunt corrigi et agnosci peccatores esse. Propitius, gnedig et barmhertzig pertinet ad peccatores qui agnoscunt sua peccata. Sequitur externa misericordia. Sicut deus mihi geholffen hat ad divitias, ehr, freud, sic proximum iuvo ad ehr, ut ignominia afficitur. Hi sunt viri beati. 'Leyhet gern.'

und grosse sünd geschenckt und zu gut gehalten, was ist, das dein nehister widder dich than hat? es ist dem nirgend gleich. Denn ein sünd widder Gott gethan ist grösser, denn so alle welt widder ein menschen sündiget. Denn die sünd mus man abmessen nicht nach yhr selbs, nicht nach yhrer grösse, sondern nach dem der durch die sund ist verletzt und geschmehet worden. Nu ist Got unmesselich grösser denn alle menschen; wenn nu ich füle, was mir Gott gethan hat, so thue ich solchs gerne widder meinem nehisten; wenn ichs aber nicht füle, so thue ich solchs auch nicht meinem nehisten.

Wenn ich aber meine sünd nicht wil bekennen fur Gott, wil nicht fur sünd haben, das sünd ist, sondern wil es fur gut vertedigen wie der Phariseer
Luc. 18, 11 f. ym Luca, wil nicht, das sie gestrafft sol werden fur sünde, sondern fur ein gut werck geacht und gehalten haben, so ist keine hoffnung da, das mir es Gott vergebe; denn sol er mirs vergeben, so mus ichs fur hin ym hertzen fülen und fur sünd halten und yhm meine not klagen und fur yhn komen als ein krancker. Da ist denn eine zuversicht, das er mirs wölle zu gut halten. Also auch wenn mein nehister sein sünd nicht erkennen wil, sondern sie noch vertedigen und fur gut haben, als itzund unser rotten geister, wollen yhren irthumb nicht bekennen, wollen recht haben; wenn man sie darumb straffen wil, wollen sie es nicht leiden: denen kan man auch nicht verzeihen, man mus sie
Tit. 3, 10 faren lassen, 'wenn sie ein mal odder zwier vermanet sind' und yhres yrthumbs erynnert. Aber die yhr sünd erkennen, denen soll man barmhertzig seyn, ynnwendig ym hertzen mit yhm ein mitleiden haben und auch auswendig, Wie uns auch Gott auswendig zu reichtumb, eher und gut, lust und freude geholffen hat. Also sol ich meinem nehisten helffen mit gütern, yhn aus seinem betrübnis erretten, sein eher beschützen, yhn vertedigen, wa man yhm ubel zuspricht und der gleichen.

---

8 sund *B* nechster *C* 9 thon *C* sund *B* 10 gethon *C* sundiget *B* 11 sund *B* noch yhr selbs *B* 12 sund *B* verschmähet *C* Nü *C* 13 grosser *B* nun *C* fule *B* entpfunde *C* 13/14 gethon *C* 14 thü *C* sollichs *C* meinen nechsten *C* 15 entpfinde *C* thü *C* sollichs *C* nechsten *C* 16 sund *B* vor *C* will ich nicht *B* 17 sund *B* sund *B* für *C* verthädigen *C* pharaseer *C* 18 für *C* sunde *B* für *C* 20 vor *C* 21 fulen *B* entpfinden *C* für *C* sund *B* für *C* 23 nechster *C* sund *B* 24 für *C* ytzundt *C* 25 wöllen *BC* 26 wöllenn *BC* 28 sund *B* 29 ynwendig *C* 30 yhm *C* 31 nehsten *C* 31/32 betrübnus *C* 32 beschutzen *B* verthädigen *C* 32/33 ubel sprücht *C*

Nostra temporalia bona sthen in dreyerley cristlicher brauch. 1. quando sino me decipi, auferri et betrigen lassen, per furem ego deceptus, sed deus non, talis aufert partelen mihi, sed ledit omnipotentem.

2. est, quod debemus, et schenckt, ut Christus: Date illis qui petunt, et dandum meum.

3. quod dat et leyhet, das ers widerwartet, sive veniat sive non, quam vulgares hae virtutes sint, scimus, pauci Christiani sunt ꝛc. Uber die weiß sind keuffen, verkeuffen, wechseln. Das sein weltlich sach et pertinent ad Juristen.

Loquitur de Iudaeis qui fuerunt praesertim avari et maligni prae ceteris. Sicut vulgare: ubi dominus est cum suo euangelio, deteriores sunt homines. Et hoc inde venit: ubi verbum dei, et ipse Satan iratus magis

Die zeitlichen güter stehen ynn dreyerley Christlichem brauch, und uber die drey ist noch ein weltlicher brauch. Der erst Christlich brauch ist, so ich mir las nemen die güter, las mich betriegen, narren und effen; kömpt ein schalck und stilt odder raubet mir das meine odder hintergehet mich mit guten, süessen worten und betreügt mich, da hat er mir ein schlechten schaden than, hat mir nur die rinden vom brod hin weg genomen, hat mir aber noch nicht den genomen, der oben sitzt. Er thut yhm selber mehr schaden denn mir, er nimpt mir die rinden, ein schlecht teller brod, und macht yhm selber ein ungnedigen und zornigen Gott, und ich behalt noch den der ym hymel ist, der alle ding hat, da ich meinen rechten schatz habe, den kein dieb stelen kan.

Der ander brauch ist, schencken und geben dem der darümb bittet. Man sol aber also geben, das man nicht frembde güter hin gebe. Denn man sol nicht stelen und dar nach das selbige ander leuten geben.

Der dritte brauch, so ich das meine hinleihe uud fordere das selbige nicht widder, es köme widder odder nicht. Wie gemeyn aber diese drey stück sind, wird man wol gewar, sie sind der welt unbekant, es wissen wenig menschen davon. Uber die drey brauch ist noch ein weltlicher brauch, als mit verkeuffen und keuffen, eins umb das ander geben, das gehört den Juristen zu. Aber der Prophet redet hie vom leyhen, von dem geringsten brauch der Christen, den man am allerwenigsten spüret unter den Christen.

Das redet aber hie der Prophet von dem Jüdischen volck; denn er sahe, wie es unter yhnen zu gieng, das sie geitzig waren mehr denn andere völcker; wie es denn gemeynlich geschicht, wo das Euangelion gepredigt wird, das man da viel erger ist, denn so das Euangelion daselbs nicht gepredigt were. Das kömpt daher, denn wo Gott mit seim wort ist, da ist der Teüffel zornig,

15 närren *C* kompt *C* 16 hindergeet *C* 17 fuessen *B* thon *C* 23 darumb *BC* 24 frembde *C* 27 käme *C* drei stuck *C* 28 würdt *C* 29 bräuch *C* 30 verkauffen und kauffen *C* 32 den] denn *B* 34 denn] dan *B* andre *C* 35 gemainklich *C* wa *C* gepredigt *BC* 37 kumpt *C* wa *C*

quam ubi non. Ubi sit solus, stelt er sich from, ut putetur spiritus sanctus adesse, sinit multa dare. Si vero tantum duos videt Christianos, non quiescit, sed dobet et excitat ad avaritiam, superbiam alios etiam, quia ibi excitatus, alibi dormit. Sic fuit in illo populo. Ubi aliae gentes habebant unum idolum, illi in omnibus fere pagis, et avariores. Ideo utitur inter tria stucken des geringsten, nempe des leyhens. Nullibi plus habet agere Satan quam in dei populo. Christus 'cum fortis', unde vero ꝛc. quos possidet, furt, fein seyberlich hin, ut vidistis in papatu. Quia nemo erat, qui ipsum

kan es nicht leiden, yhm wird sein reich gemindert. Wo er aber allein ist, da das wort Gottes nicht gehet, da kan er wol from seyn, braucht seiner tücke nicht so sehr, heuchelt und schmückt sich seyn, das man yhn auch wol für den heiligen geist möchte ansehen; er lest die seinen viel guter werck thun, beten, fasten, kirchen bawen, Messen und jartage stifften, stelt sich, als sey er gantz heilig und from. Wenn aber das wort Gottes widder an das liecht kömpt und er also verradten wird und auffgezogen: Da tobet er und wütet, ist toll und thöricht, kan es nicht leiden, wird zornig und weckt auch seine gelider auff; die vorhin from waren, die erregt er mit allerley sünden, mit geitz, neid, has, zorn, ketzereyen und des geschwirms on zal. Ist also auff gewachet, und wo das wort Gottes ym schwanck gehet, da reget er sich am meisten.

Also ist es auch ergangen ynn diesem volck, das das Gottes wort hatte, das gesetz und die Propheten; da war der Teuffel geschefftig, richt gröbere Abegötterey an denn unter den Heiden. Denn wo die Heiden ein Abegot hetten, da hatten die Jüden yhr viel, und war kein dorff nach flecklen, sie hetten ein Abegott darynne, denn sie sorgeten fur den bauch. Darumb nympt der Prophet hie den allergeringsten brauch aus den dreyen und wolt es gern dahin bringen, das sie einander hetten gelihen; denn es was ein gros geitzen und wuchern unter yhnen; wilcher den andern uberschatzen und mit liegen betriegen künde, der hatte gewonnen. Das richtet der Teuffel an, wenn man yhm nach seinem reich stelt mit dem wort Gottes.

Luc. 11, 21 f. Also spricht Christus ym Euangelio Luce. 11. 'Wenn ein starcker (das ist der Teuffel) sein hoff ynne hat und ist verwaret, so stehen alle ding zu frieden; wenn aber das wort Gottes kömpt, das stercker ist denn er, da rhumort er' und gehen alle ding entbor; wenn das wort hin ist, so ist es stille, da kan er seyn seuberlich die seinen füren, wie wir unter des Babsts reich gesehen haben; er hat sie feyn mit fride lassen sitzen, denn es was keiner der

---

9 Wa *C* 10 frum *C* 11 tücke *C* heüchlet *BC* schmuckt *C* wol *fehlt C* 12 last *C* thon *C* 13 pawen *C* jartäge *C* 15 kumpt *C* tobet *BC* 16 thoricht *C* 17 erreget *C* sunden *B* 18 zorr *C* geschwirmes *B* 20 hätte *C* 22 Abgötterey *BC* Abgot *C* 23 hatten] hetē *C* juden *C* noch *C* 24 Abgot *C* für *C* 26 aller geringstenn *B* gern *B* 27 wölcher *C* überschätzen *C* kunde *C* 28 hätte *C* 30 Luce am 11. *C* 32 kompt *C* denn] dan *B* 33 entpor *BC* 34 Babstes *B*

excitaret, sed iam Euangelium venit. Vide, wie er sich stelt. Quando Christus eiicit demonem, vide, quam reist et wutt er. Sic videmus nostro seculo. Satan wert auff allen seyten. Plus avari. Prius data multa millia fl. iam aufferre volunt. Euangelium docet dare ꝛc. wer machts? der leybig teufel, wers nicht das recht wort, er liß uns wol zu friden. Proverbium: Die heiligen mussen vil anfechten haben. Videmus itaque per paucissimos fructum facere et tamen facit fructum.

'Er teilt.' Hebraica rede, cuius nondum potentes sumus. Vastato

yhn auffwecket. Aber da das liecht des Euangelions auff gieng, sehet, wie er sich stelt, wie er lebet; er reget hend und fusse wie ym Euangelio, da Marc. 9, 26 Christus den Teuffel aus wolt treiben aus den besessen menschen, da reiss er, tobet und wutet, scheumet, stalt sich greulich und lies sich nicht gerne austreiben. Wie zu unsern zeiten: so man yhn durch das Euangelion wil austreiben, weret er auff allen seitten, reget sich, erwecket Secten und schwirmergeister, Item macht die leute zornig, geitzig, neidisch, hessig und sorgfeltig fur den bauch. Da man vorhin hat kunnen hundert tausent gulden geben den Munchen und Pfaffen, ja dem Teuffel selber, kan man itzund kawm ein gulden geben; kunde man es yhn itzt nemen, so thete mans. Das Euangelion leret, man sol geben, so leret der Teuffel nur nemen. Wa kompt es her? Luc. 6, 38 Apg. 20, 35 Es ist nicht fleisch und blut allein, es thut es der lebendige Teuffel, den man auffgeweckt hat, sorget, er musse aus seinem neste, er weys wol, was es yhm gilt.

Und das ist nu ein gros zeichen, das die lere gerecht ist; denn were sie nicht gerecht, so lies er uns wol zu friden. Aber es ist ein sprichwort und habens auch die Papisten gefurt: 'Die heiligen mussen viel anfechtung haben'.[1] Vorhin, da die werck ym schwanck giengen, lies er seine heiligen mit friden, lies sie gehen; aber nu, so das wort gehet, so wil es nicht von statten, hat nicht krafft ynn allen, denn er hindert es. Aber er kan es doch nicht hindern, es mus ynn denen fort, die das wort annemen, da bringet es frucht, das fehlet nymmer mehr. Weiter spricht der Prophet:

Er teilet seine wort recht aus. B. b

Es ist ein Ebreische rede; wir sind der Ebreischen sprache noch nicht mechtig, man hat sie sint Christus zeiten her nicht rein gehabt, darumb mus man ymmerdar dran flicken. Da die Juden gen Babilonien gefurt sind, ist

---

10 hende *B* 12 tobet *BC* scheymet *C* 13 vil *C* 16 kunden *C* gulden *C* 17 ytzundt *C* 18 gulden *C* kund *C* yhn *fehlt C* yetz *C* 19 kompt *C* 20 plut *C* 21 auffgewecket *C* nester *C* wayßt *C* wol *BC* 24 wol *BC* 25 gefurt *C* 27 nun *C* 28 hinderen *C* 32 seyndt *C* Ebraischen *C* 33 mächtig *C* seydt *C* darumb *BC* 34 daran *BC* Juden *C* gefurt *C*

[1]) *Ähnlich bei Wander, Bd. 2, Sp. 463ff., N. 26, 42, 48, 57, 62, 63, 65.*

populo per Babylonios et lingua vastata, quando regio kriget alium dominum, aliter docet loqui. Sic factum linguae graecae, latinae, sic fiet germanicae, quando destruemur. Ideo laborandum. 'Tabar' 'res', 'sach', et 'verbum', potest ergo etiam sic lautten 'er schickt sich recht in die sach', 'er gehet recht mit den sachen umb. Complector fere 2. sententiam i. e. er gibt das sein gern hin, utitur suo, quod deus dedit, ad utilitatem proximi, et neminem fraudat, decipit, ut suum wesen rectum sit et neminem offendat, quia audivimus: 'es ist nicht fein geopffert de furto', ut in Esa. 'Ego dominus ich bin feind dem opfer'. Ein altar auffstecken, den andern zudecken, das reimt sich nicht, ut faciunt, qui furantur et praedantur et dant postea. 2. umb gots willen. Hic est ein offentlicher geytziger et postea dat causa dei ein heller.

yhr land zurstört worden; wo nu ein land verwüst und zur störet ist, da zurgehet auch die ordnung eines landes; daraus folget auch, das die sprach untergehet. Also ist geschehen Kriechenland und der Kriechischen sprache, Also der Lateinischen sprache. Also würde es auch gehen der Deudschen sprache, wenn das land solt verwüst werden. Also ist auch die Ebreische sprach abgefallen, darumb mus man gros erbeit haben mit dieser sprache. Nu, das Wort 'DABAR', des der Prophet hie gebraucht, das heist ein wort, ein ding odder eine sache, darümb mag mans auff zween wege verdolmetschen. Zum ersten: er teilet seine wort recht aus. Zum andern: er schickt sich recht ynn die sach, gehet recht mit der sach umb. Ich wolt schier dahin hangen, das 'DABAR' da hiesse eine sache.

Zum ersten spricht der Prophet: er gibt das seine gerne, und das yhm Got geben hat, braucht er mit seinem nehisten. Zum andern handelt er auffgericht und redlich, betreügt niemand, verletzet niemand, thut den sachen recht, beleidiget niemand, sondern ist allen zu gleich gut, er vleist sich, das seine sache rechtschaffen sey. Es ist nicht wol geopffert, das ich meinem nehisten
Jes. 61, 8 wolt stelen und dasselbige Gotte geben. Wie Got selber spricht Jesaie am .61. 'Ich der Herr hab das recht lieb und bin feynd dem opffer, das aus dem raub ist.' Wie auch ein sprichwort ist: 'Man sol nicht ein altar auff decken und den andern zu'[1]; es reimet sich nicht, das man wolt rauben und stelen und dar nach ein groschen odder drey umb Gottes willen geben, wie itzund der brauch ist, mit falschem gewicht und mas heimlich dieberey treiben, geitzen und zu sich scharren, wie auch die hant wercks leute, die yhre wahr nicht theür

12 zerstöret C 13 zergeht B zergeet C 16 wurde B Deutschen B Teütschenn C 17 arbayt C 19 eine] ain C darumb BC 22 ain C 23 gybet C gern C 24 nechstenn C handlet C 25 verletzt B 27 nechsten C 30 sprichwort B 31 rymet B 32 yetzund C

[1]) *Wander, Bd. 1, Sp. 53, „Altar" N. 5: Man muss nicht einen Altar entblössen, um einen andern zu bedecken; N. 7: Von einem Altar nehmen und den andern schmücken, holländisch:* Hij belt het eene altaar, en ontbelt het andere. *Vgl. Bd. 5, Sp. 737, N. 17 u. 18.*

Sic inceperunt hodie rustici. In hoc vitio laborat totus mundus et postea dicit 'fateor me coram deo peccatorem'. Sed deus vetat oblationem de praeda mat. 5. 'Si obtuleris' ꝛc. 'versune' q. d. 'nolo tuam oblationem, si facis alterius damno'. Haec una sententia, quando 'Thabar' significat 'ein sach'. 2. quando 'verbum', manet sententia, quam reddidi: 'Er redet nymand zu nahe noch zu fern, neminem curat, neminem contemnit'. Pulchra virtus. Ibi Satan nos capit, sumus liberi increpare, quando viles sunt et furchten sich fur uns, tum ultra modum. Si vero amicus et potens dominus et furcht,

8 dum

gnug künnen geben. Das haben auch die Bauren gelernet: wenn einer nur zwey eyer hat odder zwey höltzer, macht er sich so beschiffen da mit, das nyemand mit yhm aus kan komen, und darynne ligt die gantze welt. Da sehet yhr, wie man zu sich scharret, das man es nur als auff ein hauffen bringe; darnach wil man sprechen: Ach Gott, ich bin ein grosser sünder, bin geitzig gewesen, ich wil dis thuen, ich wil ihenes thuen; Gibt also darnach irgend ein partecken umb Gotes willen, damit sol es ausgericht seyn. Aber Gott heist es ein raub opffer. Also spricht Christus Math. am fünfften: 'Wenn Matth 5,23f. du ein opffer bringst und wirst alda eindencken, das dein bruder etwas widder dich habe, so las alda für dem altar deine gabe und gehe zuvor hin und versüne dich mit deinem bruder und als denn kom und opffer deine gabe'. Als wolt er sprechen: Ich wil dein opffer nicht, das du mit schaden deines nehisten opfferst; wiltu opffern, so gib, das du mit guten gewissen hast. Aber wo sind sie? Das ist der erste verstand, da DABAR heist 'eine sache'.

Zum andern heist DABAR 'ein wort', wie ichs hie verdeudschet habe: 'Er tellet seine wort recht aus'. Das ist, er redet niemand zu nahe odder zu ferne, er sihet niemand an, er veracht niemand, ist frey ynn der rede, sihet nicht den reichen an, das er yhm zu liebe rede, auch nicht den armen, das er yhn verachte. Es ist ein schöne tugent das. Yhr sehet auch wol, wie sie der Teuffel ansicht und uns gefangen nimpt. Wir sind frey, zu straffen, wenn die person gering ist, und die wir verachten; da ist des affterredens und schmehens so viel, das es kein ende hat, da uberschütten wir yhn mit gantzen fudern scheltwort. Wenn aber die person gros ist, ein herr und gewaltig odder mein freund, mus besorgen ein unglimpff odder schaden, fürcht, er möchte

9 kunden C Pauren C 10 beschäffen C 12 vff eynen C 13 sunder B 14 thun C thon C 15 vßgericht C 16 Mathei. BC funfften B 17 würdst C 18 fur B vor C 19 versune B versöne C kumm C 21 nesten B nechsten C willt du C 22 feyndt C 23 ein C 24 verdeutschet B verteütschet C 25 vß C 26 veracht niemand an, ist B 29 seind BC 31 vberschutten B überschütten C 32 fudern B 33 vnglimpff B furcht B mochte B

er mocht zornen, da schnytz ich die wort dun et plumas lego et veritatem infra scamnum stoß supra ps. 3. 'ante illum', 'timentes autem dominum glorificant' ꝛc. persona, sive sit princeps ꝛc. increpat, wie gering sie wollen, helt er in allen ethen, mit seinem gut hilfft er, mit dem mund neminem contemnit, neminem acht, oportet hic adsit fides, alias statim impedit timor damni, ledendi principem. Habes utrumque sensum.

'In eternum'. Darauff verlest er sich, inspicit hanc vitam, ut rauch, dampff, ut videmus: hodie sani, cras mortui. Et deus statuit nobis vitam, ut nesciamus, an momentum vivamus, et hoc male utimur, quid si certi

zornen, da schnitze ich die wort dünne[1], machs glimpffig, kan wol feder lesen[2] und mit der warheit unter die banck. Aber von dem gerechten manne stehet
Ps. 15, 4 ym .15. Psalm also: 'veracht sind fur yhm die untüchtigen, Aber er ehret die so den Herren fürchten', denn der selbige sihet nicht die person an. Sihet er einen der straffe bedarff, so strafft er yhn, er sey gros odder klein, sihet nicht an, ob es ein Fürst, herr odder knecht sey, er thut die augen zu, sihet widder schwester noch bruder an, widder freüntschafft noch gewalt, sihet allein den an, der ym hymel ist; darümb ligt yhm nichts dar an, ob der Teüffel zorne; zornet er, so wird er wol widder mütts; wil er nicht widder lachen, so zorne er ewig. Er gehet herdurch, er heüchelt nicht, so veracht er niemands. Da gehört ein grösser und starcker glaube zu, das einer also frey sey ynn der rede, das er nicht fürchte, der madensack und der brod korb müsse schaden leiden. Der glaube mus wacker seyn zu solchen auffgerichten worten. Das sind die zween verstand des worts DAVAR, nemlich das der gerechte ynn worten und ynn wercken sich recht schicken kan.

Folget weiter:

V. 6 6 Denn er wird ewiglich bleiben.

Das weys er wol, darümb verlest er sich auch darauff. Er sihet dis leben an wie ein rauchdampff, heut sind wir gesund, morgen sterben wir dahin. Gott hat also geordnet unser leben, das wir nicht ein augenblick sicher sind, und den unsichern augenblick legen wir so schentlich an, was solt geschehen, wenn die bösen buben zwenzig odder dreissig jar sicher weren? da würden sie hinburch gehen und gedencken: Ich kom seiner noch wol[3] from zu werden, ich

---

10 zürnen *C* schnitz *B* worte *B* federn *C* 11 man *C* sirt *C* 12 vor *C* 13 furchten *B* 15 Furst *B* 16 weder *C* brüder *C* weder *C* 18 zürne *C* zürnet *C* wol *BC* 19 zürne *C* geht *B* heüchlet *D* heüchelet *C* 20 gehort *B* gehöret *C* grosser *BC* 22 auffgerichtigen *C* 23 feind *B* 27 waist *C* darumb *BC* 28 feynd *C* 29 augenplick *C* 30 augenplick *C* 31 zwaintzig *C* wurden *BC* 32 bekom *Kiel.*

[1]) *Nicht bei Wander.* [2]) *federn klauben oder lesen = schmeicheln, Wander, Bd. 1, Sp. 953, N. 119; Grimm, Wörterbuch III, 1404.* [3]) *d. i. Ich komme noch wohl dazu, ich erlange es wohl noch; vgl. z. B. Rechtes kommen = Recht erlangen (Grimm V, 1680, h).*

essemus nos victuros 20? Das elend gering momentum legen wir so schendlich an. Sed beatus non facit, quia scit aliam vitam, quae duratura semper, quia habet eum qui est propitius rc. et immortalis, darauff verlest er sich, quod semper manebit propter illum.

'Vergessen.' Quomodo? Si etiam homines obliviscantur eius, tamen dominus non. Videmus Abel, frater wolts vergessen, Abel war tod, sed iam vere vivens, quia post mortem ist er durch die welt lebendig et augustus fit mundus fratri, quia got nimbt sich sein also an, quasi sit Abel et dicit 'Ubi est frater?' ein schendlich frag, quando deus quaerit, so mussen wir sthum werden. Sic ging dem Abel. Cain 'er sol sterben', deus 'er sol leben. Tu ex vita

wil ein jar odder achtzehen ym sausse leben und darnach mich bessern. Aber wir sind unsicher und leben doch so schentlich, als ob wir gewis weren, sparen die frömkeit, bis wir sollen sterben. Das thut der fromme nicht, der legt sein gut nicht ynn diese welt; er sihet das zergendliche leben nicht an, er sihet ynn das ewige, da er ewig wird bleiben; denn da hat er den der nicht sterben kan, der yhm gnedig und barmhertzig ist, der ewig bleibt, auff den verlest er sich. Und ob er gleich stirbt, so gehet er doch durch den tod ynn ein solches leben, da er ewig sol bleiben.

Sein wird nimmer mehr vergessen. B. 4

Wie gehet das zu? Also: Wenn schön die leute des gerechten vergessen, so vergist doch Gott seiner nicht. Sehet HABEL an, der war der erste, der gieng dahin, Kain sein bruder schlug yhn zu tode. Kain wolt sein vergessen, aber Gott vergist sein nicht. HAbel lag da, regt widder hende noch füsse, künde widder reden noch sehen, Kain sahe yhn fur tod an. Ja wol tod, er war erst recht lebendig worden und wird ynn der gantzen welt bekant. Kain künde sich kawm umbsehen, da kam ein stim von hymel herab und sprach: 'Wo ist HAbel?' Da möchte Kain wol gesagt haben: Wa fürt dich der Teüffel 1. Mose 4, 9
daher? Ich meynete, du werest lengst todt. Da wird Habel lebendig und ynn die gantze welt getragen, und widderumb seinem bruder Kain wird die gantze welt zu enge. Denn Gott nimpt sich des HAbels also an, als ob er selbs HAbel sey. Und wie Gott allenthalben ist und alle ding erfüllet: Also mus HAbel auch bekant werden und mus her fur. Darümb sprach er zu Kain: Wo ist HAbel? Das was ein schentliche frage, es solt noch einer (wie der Kain) erzittern, wenn yhn Gott also genah wolt fragen. Solt uns Gott auch also erforschen, wo wolten wir bleiben?

Also gieng es dem HABEL. Kain sprach: er sol sterben, so spricht Gott: Er sol leben, und solt es dem Teüffel leid seyn. Du hast yhn aus eim

12 seynde C schändtlich C 13 fromkeit B frumkait C frumme C 14 zergenglich B 16 ys C 17 verlast C 18 solchs C 20 schon C 23 weder C 24 kunde BC weder C für C 26 kunde BC 27 furt B 32 herfür C Darumb BC 33 Wa C 37 layde C

vili hast in gebracht in das ewig'. Sic Christo gings, Johanni Huß, sie sollen verdampt sein et papa ipse quotannis recitat hereticos.

Sic et nobis fieret, utut haberemus male propitios dominos, quia manet ille, qui est noster deus. Si eius verbum untergħet, et ipse, so wer wir auch unter ghen. Christianitas sepe extincta, ut nihil, favillae, tamen semper mansit Christianitas. Quod non intelligimus hoc 'ineternum', est culpa nostri ventris. Iohannes Huß, wo het ers khunnen hin bringen in seinem leben, ut per omnia loca &c. iam mortuus, est in ore meo, tuo, libro illius.

zergencklichen leben bracht ynn ein ewigs unzergencklichs leben. Also gehet es allen rechtschaffen Christen, die welt wil sie vertilgen, so werden sie erst recht lebendig. Also gieng es auch Christo, der muste sterben.

Item Johannes Hus ward erwürgt durch den Babst und ander fromme menner mehr, die müssen verdampt seyn. Aber Got vergist yhr nicht, sie müssen her fur. Ja der Babst selber mus sie verkündigen ynn der Bul am grünen dornstage.

Also wird es auch gehen: wie ungnedig uns der Keyser und die herren sind, so wird unser nicht vergessen, man wird yhnen ein lieblin singen, das heist: Er wird ewig bleiben, und sein wird nicht vergessen; sie werden die so das wort Gottes predigen, nicht unterdrücken; Gott wird zu yhn sprechen: Ihr werd mir den bleiben lassen, als lang ich und mein wort bleiben; gehe ich und mein wort unter, so gehet er denn auch unter, yhr werdetts aber wol gewar werden. Ich wil euch zu sehen, ob yhr mich vertreiben künnet. Die Christenheit ist offt angetast, haben das wort und die Christen wöllen dempffen, das sie nicht solten reden, aber sie bleiben wol, sie habens nicht dahin künnen bringen; das werden wir ym ersten Patriarchen HAbel gewar, ynn Christo und ynn allen Mertern, sie sind bliben und ist yhr unvergessen. Also der ynn Gott trawet, weys, das er wird ynn Gott leben ewiglich.

Das wirs aber so geringe achten, ist unsers bauchs schuld. Aber der Gott fürcht, der weys, was es ist, das er ynn Gott soll leben. Wo hett es HAbel und Johannes Hus dahin künnen bringen, das sie bey yhrem leben an allen örten solten seyn? Aber nu, so sie gestorben sind, so müssen sie an allen örten seyn, auff allen predigstülen mus man sich mit yhm blewen, er mus ynn meinem munde seyn, ynn deinem munde, ynn allen büchern, ynn allen oren. Das ist ein köstlich ding, das alle creaturen müssen wissen, das

9 zergengliche *B* zergengklichen *C* unzergengklichs *BC* 12 erwürget *C* Bapst *BC* 14 müssen *C* herfür *BC* Bapst *BC* verkundiget *B* 15 dornstag *C* 16 ungnedige uns fursten und die herren *C* 17 liedlein *B* 18 beleyben *C* 19 undertrucken *C* 22 kündet *C* 24 kunnen *B* künden *C* 25 ersten] ersen *A* 26 feyndt *B* 27 wayst *C* ewigklich *C* 28 schulde *C* 29 furcht *B* waißt *C* 30 künden *C* 31 orten *B* 32 seynd *C*

'Vor boser.' 1. ponit fructus, quae facit 2. mit dem wort, das er nutzlich ist mit seym reden et straffen. 2. ponit quae a sinistris, man wil in hin weck thun, sed manebit.

Iam sequitur: Christiano gehort naturlich zu ein boß gericht, als anima corpori. Sicut Christus titulum habuit concitatoris rc. Habebantur ergo pro pessimis, die auffrurischen rot, hereticus Iudaeis, gentibus ein auffrurer. Et in medio latronum moritur ut hereticus et seditiosus. Ihesus ein khonig der Juden, noluit obediens esse Cesari et ultra seduxit populum in doctrina.

6 gentibus] gen'

HAbel und Johannes Hus frömme leute sind gewesen, die sternen müssen sie anbeten. Und die sie erwürget haben, müssen yhnen zu füssen fallen und dennoch des kein danck haben.

7 Für bösem gerücht fürcht er sich nicht. V. 7

Hie sihet der Prophet ynns leben des gerechten. Am ersten setzet er die früchte und die werck, die er thut: ist barmhertzig und leihet gerne; darnach die wort: Denn er ist nütz mit worten, dienet yederman mit reden und straffen. Zum andern setzet er den andern teil seins lebens, das ist nu zu der lincken seiten die widderwertickeit, man wil yhn hin thun, aber er mus ewig bleiben, es mus seiner nicht vergessen werden. Und ob ein böses gerücht uber yhn aufgehet, soll er sich doch nicht darfür fürchten. Er spricht nicht, er sol kein böss geschrey haben, ja er sol ein böss geschrey haben. Die welt soll yhn fur ein bösen buben, für ein ketzer und für ein verfürer schelten und achten. Den Titel sollen alle Christen haben, den Christus am creutz gefurt hat: Er wird zwischen zweien mordern gehenckt, wird für den aller ergesten schalck und buben ausgeruffen, als ein ertzmorder. Sein Titel stund also: 'Ein König der Juden', das ist: er ist ein ungehorsamer des Keysers, wil dem Keyser ynn sein gewalt fallen. Er ist ein auffrürischer, der dem Keyser sein land wil empören, wil das volck an sich hencken. Den Titel must er füren und must auffrürisch heissen. Nu ist kein böser mensch auff erden, denn ein auffrürischer, denn es wird durch auffrür viel blut vergossen. Luc. 23, 38

Also stirbt Christus dahin als ein ketzer und auffrürischer mitten unter zweien mördern. Dem Keyser mus er auffrürisch seyn, den Jüden ein verfürer und ein ketzer. Das ist viel, also dahin zu sterben. Das wer nach zu erleiden, das einer verklaget und gezigen wird als ein ketzer und auffrürischer, da künd sich noch einer verantworten. Aber also zu sterben und den Titel mit

9 fromme *B* framme *C* seyndt *C* 10 fussen *BC* 12 gerücht *C* 13 sehet *B* 15 nutz *C* 17 widerwertigkait *C* thon *C* 18 gerücht *C* 19 darfur *B* daruor *C* furchten *B* 21 für *C* fur *B* verfurer *B* 22 gefürt *C* 23 würdt *C* mördern *C* fur *B* 24 ertzmörder *C* stond *C* 25 Künig *C* Jüden *BC* 27 mus *B* furen *B* 29 auffrurischer *B* würdt *C* auffrür *C* plütt *C* 30 stürbt *C* 31 Juden *C* verfurer *B* 32 noch *C* 33 wurd *C* uffrürischer *C* 34 verantwurtten *C*

Aderat utrumque, in spirituali, ut doctrina, corporaliter, ut seditione. Si hunc titulum non habemus, non pertinemus ad Christum.

Sic beatus vir habet malam famam? Sed er furcht sich nicht da for, sinas scribere Pilatum, nihil obest. Imo Iudaei norant eius innocentiam. Laß die welt ein jar 3 schreien. Wir wissen, das got das gericht lib hat. Sic hodie 'tu es ein abtrunniger ab ecclesia'. 2. Cor. 6. Paulus 'sicut seductores et tamen veraces', quod habemur pro seductoribus, bene, modo non adsit conscientia, sed ut sit innocens conscientia. Iohannes Huß hat 100 jar

8 conscientia] 9

yhm hynnemen, das ist schendlich. Er must es alles beydes haben, das er geistlich und leiplich der aller gröste böswicht gehalten würde, Geistlich ein verfürer und ein ketzer, Leiplich ein auffrürischer, der beide leib und seel verderbt. Den Titel müssen alle Christen und fromme haben, und wenn wir den Titel nicht haben, gehören wir nicht zu Christo. Es stehet nicht wol umb ein prediger, wenn er frid hat und von niemand angefochten wird, es ist ein zeichen, das er nicht die rechte lere hat. Denn dieser lere art ist, das sie mus angefochten werden.

Was haben aber die gerechten für ein vorteil, die also geschmecht und geschendet werden? Sie 'werden sich nicht fürchten für bösem gerücht'. Er lest wol schreyen, waschen und plaudern, lest den Pilatum den Titel schreyben, er weys, das nicht war ist, und das sie yhm unrecht thün. Pilatus schriebe den Titel und wüste, das sie yhm unrecht thaten. Denn also stehet es ym
Matth. 27, 18 Euangelio Math. am .26. 'Pilatus wust, das sie yhm yhn aus neid uberantwort hatten'. Der gerechte achtet es nicht, was die welt saget von yhm, er tröst sich des, das er weys, das es erlogen ist, ist seiner lere und seines glaubens gewis. Es ist nur darümb zuthun, das man die welt las schreyhen ein jar odder viere, lasse sie schelten 'ketzer, auffrürisch, abtrüniger, verfürer' und der gleichen; wenn es nür nicht war ist, wenn nur die gewissen nicht zustimmen. Also
2. Cor. 6, 8 spricht Paulus ynn der andern Epistel zun Corinthern am sechsten Capittel, wir werden gehalten 'wie die verfurer und sind doch warhafftig'. Es stehet wol, wenn man uns solche Titel gibt, das man uns für buben und für verfürer helt; es ist recht, ob man uns schön hinreist, schlecht uns die köpffe abe, allein das das gewissen unschüldig bleibe und nicht darein verwillige, nicht zweiffel an Gott, er sey rein und unschüldig für yhm, so wird yhr geschrey und lestern nicht hafften.

Johannes Hus ist hundert jar und lenger da gelegen, hat das geschrey

10 wurde *C* 11 verfürer *C* Seele *C* 12 fromme *C* 17 fur *B* geschmechet *C* 18 furchten *B* fur *B* 19 wäschen *C* 20 wayßt *C* 21 thäten *C* 22 Mathei. *BC* am sechß vnd zwayntzigisten *C* wüst *C* 22/23 überantwort hätten *C* 23 sich *fehlt B* 24 waißt *C* 25 darumb *BC* 27 nur *C* 29 verfürer *C* fraydt *C* 30 fur *B* fur *B* 31 schon *C* ab *C* 32 vnnschuldig *C* 33 vnschuldig *BC* fur *B* vor *C* 34 lesten *C*

gelegen, quod sit hereticus pessimus, quia griff die 3 cronen an, et nomen non audivi ita maledictum, et tamen semper dictum est male sibi accidisse, est non victum, hoc servavit deus ꝛc. Iam hostes increpantur ut occisores ꝛc. Das heist 'er furcht nicht nach bosen'. Debemus nach gutem geruchte fragen, sed ipsi convertunt, ut mala sit fama nostra.

'Paratum.' Habet enim bonam conscientiam et scit sibi male fieri, quando dicitur male de eo, quia habet 'paratum', non curat bonum mundi, favorem principum. Qui paucissimi sunt. Ut in hac regione inveniremur. In Deum sperare ist ein grosse kunst, ut quando est in medio schand, et

6 bonam conscientiam] b 9

gehabt als der bösest mensch. Warümb? Er griff die drey Kronen an; hette er Gottes verleuckent und ander laster gethan, so wer es nicht so hefftig angezogen worden, als da er diesen dreygekrönten man angriffe; es wer yhm alles leichter vergeben worden; noch dennoch ist sein lied blieben, und man hat auch stetts gemürmelt, wie yhm unrecht sey geschehen, ja sie habens auch auff den hohen schülen müssen bekennen, das er recht habe, und seine feynde müssen sagen, er sey nicht uberwunden worden, sondern man hab mit gewalt mit yhm gefaren. Was hat yhm nu das geschad, das er verbrent ist? Er stehet ytzund mit grossen eheren, Got kömpt ytzund und spricht: Wo ist Johannes Hus? Da mus er herfur, mus heilig seyn, und solt es allen seinen feynden leid seyn, und die yhn erwürgt haben, müssen den namen haben, das sie mörder an yhm sind worden. Also wil nu der Prophet, das die so Gott fürchten, halten sich wol recht mit worten und wercken, aber die welt mus es verkeren und ketzerey daraus machen. Doch 'der gerecht fürcht sich nicht für solchem geschrey'; er weys, das es gut und gerecht ist, aber die bösen würme müssens besudeln und beschmeyssen. Darümb so saget er ferner:

Sein hertz ist bereit auff den Herrn zu hoffen. V. 7

Das ist: Sein hertz ist gerüst widder alles unglück; es falle für widderwertickeit ein, was da wölle, so acht ers nicht, sondern sein hertz ist feyn geschickt auff Got zu hoffen, nicht auff eher und gut, gewalt und gunst der herrn, nicht auff die so yhm mügen leihen und geben. Er wird auch nicht entrücht, so er ynn der schand ist; denn er hofft ynn den, der yhm ein Regel gibt, das er hinan darff gehen. Aber es wollen wenig hinan. Es ist ein feyne kunst auff Got hoffen, wer es künde, so yhn die gantze welt besudelt, und ynn der schand stickt, das ers lasse gehen, es gehe ein, zwey odder hundert

10 Warumb *BC* 11 verleügnet *C* gethon *C* were *C* 12 were *C* 14 stäts *C* gemurmelt *C* 15 Hochenschülen *C* 16 mussen *C* sundern *C* 17 nun *C* verprennt *C* 18 stät *C* yetzund *C* kumpt yetzund *C* 19 herfür *C* 21 feyndt *C* nun *C* 22 furchten *B* 23 furcht *B* fur *B* vor *C* 24 sollichem *C* waysst *C* 25 mussens *B* besudlen *C* beschmeyssn *A* Darumb *BC* 27 fur *B* 27/28 wyderwertigkait *C* 28 wöl *B* 29 geschickt *BC* uff *B* 30 Herren *C* 31 entrückt *B* 32 durff *B* wöllen *C* 33 besudlet *C* 34 stecket *C*

tamen non curat, sed sperat deum se extracturum, si etiam multos annos sit mortuus.

Quia adest spes, nihil nec mors potest eum terrere.

'Lust', wirt da hin khomen, ut dicat 'so het ichs nymmermer gemeynt'. Nos quando habemus hostes, cupimus vindictam, sed quando illi heimstelleten, so er khan so wunderlich rechen, das ichs also nicht het khonnen wunschen.

Verumtamen 'retributionem peccatorum videbis' alibi.

Ich mein ja Abel sey gerochen an Kain. Abel miseram vitam perdidit et perpetuam. Si Cain novisset, optasset ut a fratre occisus fuisset. Cain

7 retributionem peccatorum] ret pec

jar, und gedencke: Gott weys es wol, er wird es wol machen. Also ist er getröst, ist guts muts, er fürcht sich nicht. Warumb? die hoffnung ist ynn yhm, er fürcht widder todt noch schande, er weys, das yhn Gott wird heraus ziehen.

Wie ym Psalm weiter folget:

V. 8 8 **Sein hertz ist getrost und fürcht sich nicht, Bis er seine lust an seinen feynden sihet.**

Wir haben viel zu enge hertzen, wir künnen Gott nicht fassen, künnen nicht begreiffen, wenn er unser feynde wölle straffen. Wir wolten yhm gern ein zil stecken. es ist uns aber viel zu hoch und zu gros, das wir wissen, wie er mit yhnen handeln werde. Darümb sollen wir yhms heym stellen, er weys wol, wie ers sol machen, er wird es auch auff das aller beste machen; wir wissen ja nicht, wie Gott rechen kan; wenn er aber herein bricht und die feynd angreiffen wird, so werden wir sprechen: Also hette ichs nimmer mehr gemeynet. Es ist natürlich, wenn wir feynd haben, so wolten wir gerne an yhenen gerochen werden; wenn wirs aber yhm heymstellen, so wird ers so wünderlich machen mit meinen feynden, wird sie so fein treffen, das ichs nimmer hette also künnen wündschen noch erdencken.

Ps. 91, 8 Also spricht Gott an eim andern ort ym Psalter, Psalmo .91. 'Du wirst der gottlosen vergeltung sehen'. Die schrifft zeigt uns des viel Exempel an. Also ist HAbel gerochen an Kain. Habel ist leiplich gestorben, ist erwürgt von seinem bruder Kain und lebt ynn Gott; er hat ein ungewisses leben verloren und hat ein gewisses widder erlanget ynn Gott. Wenn Habel hette gewust, das er ynn ein solch leben solt geratten seyn durch den todt, so het er begert von hertzen, das yhn sein bruder hette zu todt geschlagen, das er aus diesem elenden leben were komen ynn ein solch schön und köstlich leben.

11 furcht *B* 12 yhm *fehlt B* weder *C* wayßt *C* 14 weiter *fehlt B* 17 fünden *C* 19 große *C* 20 Darüb *BC* jhm es hayme *C* waißt *C* 24 naturlich *B* wollen *B* gern *C* 25 yhnen *BC* jhme *C* 26 wunderlich *BC* 27 fünden *C* 28 am eim *B* 29 zayget *C* 30 Cain *C* leiblich *B* 31 brüder *B* Cain *C* lebet *C* 33 gewüst *C* sollich *C* 34 tode *C*

fit zu schanden coram toto mundo et wirt im zu eng. Si Abel vindicasset se, humana fuisset vindicta. Sed deus aliter: dat ei vitam eternam et illum Cain quotidie occidit ꝛc.

Sic cum Huß. Tanto timore pertulit papa principes, post mortem Huß ist er ie lenger ie erger veracht worden, donec omnino contemptus. Ich mein, es sey gerochen. Iohannes Huß, si videret istam vindictam, geb er hundert helß drumb, et ista vindicta de die in diem maior fiet. Cum ergo hodie contra Euangelium agunt, si videremus, quid sequeretur, sciremus nobis non facere schaden. Si etiam auferrent omnia, auferent partecam, postea sua ignominia

Widderumb ist Kain also hart gestrafft, das er fur der gantzen welt mus zu schanden werden, und wird yhm dazu die weyte welt zu enge.

Also ist es dem Johanni Hus auch ergangen. Der ist der erste gewesen, der den Babst ein Antichrist gescholten hat, darümb müs man yhm die eher lassen. Nu ist er so feyn am Babst gerochen; wenn sein hertz solt wündschen, so hette ers nicht also künnen wündschen. Der Babst ist in solchen eheren gewesen und so hoch gehalten, das wenn er nur mückete, so must sich der Keyser und alle Fürsten fur yhm bücken und yhn fürchten; das kützlet yhn und thet yhm wol. Aber nach des Hussen todt ist das alles wol gerochen worden. Denn das Babstumb hub bald hernacher an zu gehen, und ist ymmer eine spange nach der andern davon gerissen, bis das er sehr veracht ist worden; was ist itzunder geringers und verechtlichers denn das Babstumb und sonderlich bey den Christen? und wird auch yhe lenger yhe erger mit yhm, bis man gar nichts mehr auff yhn wird halten. Also hette Johannes Hus nicht besser künnen gerochen werden am Babst denn also. Und wenn er noch solt leben, so lies er hundert hels drob, das ers dahin hette bringen künnen, das es ein solch end solt nemen mit dem Babst, und es wird noch wol mehr werden.

Also geschicht es mit allen, die Got trawen und harren, das sie stercker gerochen werden, denn sie selber gemeynt hetten, und wird denn die rach so starck, das man darnach nicht mehr weren kan. Wenn nu schön die gottlosen den gerechten ein verdries thun am leib, am gut, an haus und hoff ꝛc., ist es erst ein parteken, kan yhnen nicht viel schaden, und sie, die gottlosen, werden drob zu schanden und stincken für der gantzen welt und müssen doch zu letst auffhören und ewig darümb gerochen werden. Darümb sollen wir für sie bitten vorhin, das sie nicht also ynn die hand Gottes komen; denn wenn sie

---

10 Cayn *C* gestrafft *C* für *C* 12 gwesen *C* 13 Bapst *BC* darumb *BC* müß *C* 14 Nun *C* Bapst *BC* 15 er es *C* künden *C* Bapst *BC* sollichen *C* 16 muckete *C* 17 vor jm bucken *C* kützelt *B* 19 Bapstumb *BC* 20 seher *B* 21 yetzunder *C* verächtlichers *C* Bapstum *B* Bapstumb *C* 24 kunnen *B* künden *C* Bapst *BC* 25 helse *C* darob *C* er es *C* künden *C* 26 sollichs *C* Bapst *BC* 28 gemaynet *C* 29 starcke *C* schon *C* 32 fur *B* vor *C* mussen *B* 33 darumb *BC* Darumb *BC* fur *B*

coram mundo etiam ad finem ꝛc. ergo orandum nobis pro illis, ne cadant in vindictam dei, et Christiani faciunt.

---

1 ad finem] add

Ps. 91, 8 ynn seine rache komen, so höret er nicht auff, und wird der spruch war: 'Du wirst sehen der gottlosen vergeltung'.

Weiter saget der Prophet:

V. 9 9 Er strewet aus und gibt den armen, seine gerechtickeit bleibt ewiglich. Sein horn wird erhöhet mit ehren.

Die gottlosen scharren und reissen zu sich, können nicht vol werden, nemens auch wol von den armen. Widderumb der gerecht leydet nicht alleine schaden von den feinden, sondern ist so milde, das er auch sein gut ausstrewet; denn er selbs hat gnug an Gott, auff den er hoffet. Das ander acht er nicht anders denn wie samen, den er aus strewe und on unterscheid auswerffe; doch also, das ers gebe den armen und nicht den reichen, wie die gottlosen thun, die auch geben und schencken unternander, aber umb vergeltunge willen, das
Luc. 14, 12 sie deste mehr kriegen, wie Christus die Phariseer schilt, das sie nicht die armen zu tische laden ꝛc.

Dis wortlin 'Er strewet aus' hat S. Paulus genaw angesehen zu den
2. Cor. 9, 6 Corinthern, da er sie vermanet mit diesem vers, sie sollen mildiglich geben, also das ein sagen sey, als solt er sagen: zippelt und trippelt nicht mit heller und parteckеn; wolt yhr geben, so gebt redlich, greifft drein, als wolt yhrs ausstrewen. Gleich wie die arme witwe thet mit yhren zweyen hellern, die strewets frey gar aus. Aber die reichen greyfen nicht so drein, sondern zauseten und lauseten sich mit dem das sie ubrig hatten. Es sol heissen: Strawe
2. Cor. 9, 7 f. aus, greiff drein. 'Ein frölichen geber liebt Got.' So wird Gott widderumb ausstrawen, das yhr alle 'fülle hatt zu allerley gutem werck', spricht S. Paulus.

Denn wer solchs thut und des glaubens früchte lest erfur brechen, des gerechtickeit wird ewig seyn. Denn es ist eine gerechtickeit, die Gott gefellt, weil niemand so thut, er sey denn volles glaubens. So las nu seyn, das du arm werdest und das zeitliche gut vergehe. Aber die gerechtickeit, ynn dem zeitlichen gut geübet, bleibt dennoch ewiglich. Nicht also mit den gottlosen, wilche wol für den leuten from sind, Aber yhr gerechtickeit stirbt mit yhn dahin und bleibt für Gott nicht.

---

6 gerechtigkeyt *BC* 7 beleybt *C* ewigklich *C* ehren *B* eeren *C* 8 künden *C* 13 geb *C* 14 under einander *C* 15 bester *C* 17 wörtlein *C* samt *C* 18 mildiglich *C* 20 partecktn *A* gebet *C* greiffet *C* 23 uberig hetten *C* Stråwe *C* 25 außstråwen *C* fulle *B* 26 Sanct *C* 27 sollichs *C* fruchtte laſt herfür *C* 28 gerechtigkait *C* gerechtigkait *C* 29 nun *C* 30 gerechtigkait *C* 31 geyebett *C* ewigklich *C* allß *C* 32 wölliche *C* fur *B* vor *C* frum seyndt *C* gerechtigkayt stürbt *C* 33 fur *B* vor *C*

Darzu 'sein horn wird ynn eheren erhohet'. Das ist, er wird nicht alleine ewiglich gerecht seyn, sondern wird auch ewiglich ynn lob und ehren seyn. Denn ob er wol zeitlich wird verfolgt und verdampt, gelestert und geschendet und unterdruckt: So mus er doch zu letzt erfur und das heubt auffrichten und das horn empor heben, das er ewiglich ein herlich geschrey habe. Des sihe an alle Propheten, Aposteln und heiligen, die zu yhrer zeit sind nichts gewesen und von den grossen hansen veracht. Itzt aber feyren und ehren sie auch alle könige, Und ist yhr horn ynn ewiger ehre, mehr denn kein könig odder herr auff erden. Was 'horn' heist ynn der schrifft, ist sonst gnug gesagt. Es ist eine starcke, herliche macht odder herschafft, Aber nicht leiplich an diesem ort sondern geistlich; denn wie ich gesagt, S. Paulus, Petrus, Titus ꝛc. sind itzt herlicher und ynn grössern ehren und macht denn alle könige auff erden.

Das sind ja zwey grosse stücke, die den gerechten zu lohn werden: Erstlich, das sie gewis sind, wie sie ewiglich für Gott und menschen gerecht bleiben werden, wie hoch sie auch verdampt werden. Zum andern, das sie umb solcher gerechtickeit willen auch ewiglich herlicher seyn werden denn kein könig auff erden. Wilcher könig gebe nicht seiner kronen zehen drümb, das er möcht itzt seyn wie Paulus, Titus, Ananias ꝛc.? Wilche doch ynn yhrem leben schabab[1] und der welt kerich waren, und nicht yhr ehere sondern yhr schande hoch war. Aber widderumb, wie der gottlosen gerechtickeit mit yhn vergehet, also wird auch yhr zeitliche ehre von der gerechtickeit, so itzt ynn der hohe feret, zu bodem fallen und zu asschen werden. Drümb saget der Psalm ferner:

10 Der gottlose wirds sehen, und wird yhn verdriessen, B. 10
seine zeene wird er zusamen beissen und zurgehen. Denn der gottlosen begirde wird verloren werden.

Das ist: Solche gerechtickeit und ehere des gerechten wolt der gottlose gerne dempffen. Aber er vermags nicht, drümb schafft er nichts, denn das ers mus so sehen, und verdreust yhn, beisset die zeene zusamen und mus doch lassen gehen und er selbs untergehen. Denn da stehet das urteil: 'Der gottlosen begirde ist verloren'. Das ist, was sie wollen, das mus nicht seyn. Und ist

1 erhöhet *B* erhöchet *C* 2 ewigklich *C* ewigklich *C* 3 verfolget *B* 4 underdruckt *C* herfür *C* haupt *C* 5 ewigklich *C* 6 Apostlen *C* seind *C* 7 Yetz *C* 8 Künige *C* Künig *C* 9 vf *C* gschrifft *C* sunst *C* 10 leyblich *B* 11 Sant *C* 12 Seyndt yetz *C* herliche *B* 13 Künige *C* 14 seindt *C* stucke *C* 15 seyndt *C* ewigklich *C* fur *B* vor *C* 16 anderen *C* sollicher *C* 17 gerechtigkeyt *BC* ewigklich *C* Künig *C* 18 Wöllicher Künnige *C* darumb *C* 19 yetzt *C* Wölliche *C* 20 yhre *C* 21 gerechtigkeyt *BC* verget *C* 22 gerechtigkeit *B* yetz *C* höhe *C* 23 äschen *C* Darüb sagt *C* 27 Solliche *C* gerechtigkeit *BC* 28 dämpffen *C* vermag es *C* Darumb schaffet *C* er es *C* 29 verdreüsset jhne *C* müsse *C* 31 wöllen *C* müsse *C*

[1]) *d. i. „was jedermann wegwirft", vgl. unsere Ausgabe 8, 198, 22 ff.; Wander, Bd. 4, Sp. 38, „Schabab" N. 1 ff. Grimm, Wtb. 8, 1944 ff.*

nicht der geringsten marter eine, das sie das nicht müssen thun, was sie doch nicht können lassen, Wollens dempffen und müssens lassen bleiben.

Sihe die exempel an, da Paulus und sein gleichen alle heiligen wurden vertilget. Was geschach? Nach yhrem tode saget und sangt man von yhn, preiset yhr gerechtickeit mit grossen ehren bis auff diese stunde. Es verdros die tyrannen wol. Aber was halffs? yhe mehr sie es verdros, yhe mehr es gieng, bis das sie selbs untergiengen; Und dennoch die heiligen ynn hohen eheren blieben. Also gehets auch noch und wird auch gehen mit unsern tyrannen. Sie dempffen ja und drücken hart auff die das Euangelion haben. O weh! drückt hart, lieben herrn, und dempfft getrost. Was yhr wolt, das wird geschehen, ja hindersich, wie der krebs gehet.[1] Ewer furnemen sampt euch sol untergehen, Und die so yhr tödtet, sollen mit eheren erfür. Und soltet yhr bersten, toll und töricht werden, so wird man hernach sie eheren und preisen als die gerechten und heiligen ewiglich und ewer spotten und lachen als der thoren und gottlosen, gleich wie wir sehen, das itzt Johannes Hus sein horn ynn eheren füret, ob wol die Papisten drümb zörnen und die zeene zusamen beissen. Aber man lest sie zörnen und verdriessen, man gibt aber nichts drauff. Sie müssens sehen und mügens nicht weren. Sie müssens hören und könnens nicht leiden. Das ist der anfang der rache Gottes uber die gottlosen, das yhr begirde mus nichts seyn, und das sie sehen müssen alles, was sie verdreust an den gerechten.

Also sehen wir, wie wir ynn diesem Psalm nicht allein fein gelert werden, from zu seyn, sondern auch reichlich getröst und gereitzt werden, ynn der gerechtickeit zu bleiben und das unglück der feinde mit getroster gedult zu tragen, gewis, das wir alzu wol gerochen werden und allzu grosse lust an unsern feinden sehen werden, das sie müssen yhre zeene zusamen beissen und doch nicht mehr thun können. Das wir auch also leben und solchs erfaren: Da helffe uns Gottes gnade zu.

AMEN.

---

1 nicht] acht *B* gerinsten *B* 2 künden *C* Wöllens *C* 3 Sie *B* 4 geschah *C* sang *B* sange *C* 5 gerechtigkait *C* 6 meher *B* 7 hochen *C* 8 bleiben *B* 9 trucken *C* 10 truckt *C* wölt *C* 11 kreps *C* furnems *B* 12 herfür *C* 13 solten *C* perstenn *C* würdt *C* 14 ewigklich *BC* 15 yetz *C* 16 drumb *BC* zürnen *C* 17 last zornen *B* zürnen *C* verdriessen [*so*] *A* verdrissen *B* 19 hrben *A* kündens *C* 23 frumm *C* 23/24 gerechtigkeit *BC* 24 getröster *BC* 25 gewyß. Das *C* 27 meher *B* künden *C* solichs *C* 28 genad *C*

[1]) *Vgl. Wander II, 1599, Nr. 32ff.*

Der Prophet Habakuk ausgelegt.

1526.

Im Februar 1526 hatte Luther seine Erklärung des Propheten Jona vollendet.[1] Zur Fortsetzung dieser erbauenden Thätigkeit wählte er sich den Propheten Habakuk, welchen er vom 18. Juli bis zum 2. August des vorhergehenden Jahres in akademischen Vorlesungen behandelt hatte.[2] Gerade dieses biblische Buch für weitere Kreise zu bearbeiten, bewog ihn, wie er in der Einleitung erklärt, die Überzeugung, daß die Schwierigkeiten, welche dasselbe dem Verständnis bietet, durch die bisherigen Erklärungen noch nicht gelöst seien, obwohl doch gerade dieses Buch zu gründlicher Behandlung hätte reizen sollen, da das letzte Kapitel desselben zu den für das Horengebet vorgeschriebenen Lobgesängen gehörte.

Am 2. Juni bedauert Luther in einem Briefe an Hausmann, noch nicht diese Schrift ihm senden zu können, da sie kaum in acht Tagen fertig gedruckt sein werde, ebenso am 13. Juni, die Vollendung in der nächsten Woche erwartend.[3] Das Buch wird auch wohl noch im Juni ausgegangen sein, da die von Lonicerus gelieferte lateinische Übersetzung im August nicht allein angefertigt sondern auch schon gedruckt war.[4]

Ausgaben.

A „Der Prophet Habacuc || ausgelegt durch Mart. Luth. || “ In einer Tafel, die eingefügt ist in ein die ganze Seite füllendes Titelbild, welches das Zeugnis Habacucs vor König und Volk darstellt. 56 Blätter in Quart, letzte Seite leer. Am Ende (Bl. o 4ᵃ, Zeile 16): „Gedruckt zu Wittemberg. || Michel Lotter. || M. D. XXVI. ||“

Vorhanden z. B. in der Knaakeschen Slg., Berlin, Dresden, Erlangen, Heidelberg, Kopenhagen Gr. Kön. Bibl., Wernigerode, Weimar, Wolfenbüttel, Zwickau.

B „Der Prophet Habacuc || ausgelegt durch Mart. Luth. ||“ Titelbild wie bei *A*. 56 Blätter in Quart, letzte Seite leer. Am Ende (Bl. o 4ᵃ, Zeile 19): „Gedruckt zu Wittemberg, || Michel Lotter. || M. D. XXVI. ||“ — Neuer Satz, doch deckt sich von Bl. a 3ᵇ ab die Einrichtung des Satzes mit der von *A* Seite für Seite, abgesehen von kleinen Abweichungen in der Zeilenbrechung.

Vorhanden z. B. in Erlangen, Königsberg U., München HSt. und U., Wolfenbüttel.

---

[1]) S. oben S. 170. [2]) Bd. XIII, S. XXXIII. [3]) De Wette 3, 114 f., 116. Enders 5, 355, 359. [4]) Vgl. auch Seckendorff II, § XXVIII. Köstlin[5], II, 159.

C „Der Prophet Habacuc ‖ außgelegt durch Mart. Luther. ‖“ Jn Titelbild, demjenigen von *A* genau nachgeschnitten. Titelrückseite bedruckt. 52 Blätter in Quart, letztes Blatt leer. Am Ende: „M. D. XXVI. ‖“

Vorhanden z. B. in der Knaakeschen Slg., Aschaffenburg Kön. Hofbibl., Berlin, Dresden, Freiburg i. Breisgau U., Hamburg, Weimar, Wernigerode.

D „Der Prophet ‖ Habacuc außzgelegt ‖ durch Mart. Luth. ‖“ Jn Titelbild, demjenigen von *A* nachgeschnitten. Titelrückseite bedruckt. 60 Blätter in Oktav, letzte Seite leer. Am Ende: „Gedruckt zu Erffurdt durch ‖ Melchior Sachssen zu ‖ der Archa Noe bei ‖ S. Michel. ‖ M. D. xxvi. iar. ‖“ Darunter Zierleiste.

Vorhanden z. B. in der Knaakeschen Slg., Arnstadt Kirchenbibl., München U.

E „Der Pro ‖ phet Habacuc ‖ außgelegt durch ‖ Marti. Luther. ‖ 1526. ‖“ Jn einem Titelbild, dessen unterer Theil dem Titelbild von *A* nachgeschnitten ist. Titelrückseite bedruckt. 56 Blätter in Oktav, letzte Seite leer. Am Ende: „Gedruckt zu Erffurt durch ‖ Johannem Loersfelt zu ‖ dem halben Radt, yn der Mey- ‖ mer gassen. M. D. XXvj. ‖“

Vorhanden z. B. in der Knaakeschen Slg., Helmstedt, Trier St., Wernigerode.

F „Der Pro ‖ phet Haba- ‖ cuc, ausge- ‖ legt durch ‖ Martin. ‖ Luth. ‖“ Mit Titeleinfassung. Titelrückseite bedruckt. 64 Blätter in Oktav, letztes Blatt leer. Am Ende: „Gedruckt durch ‖ Gabriel Kantz: ‖“

Vorhanden z. B. in der Knaakeschen Slg., Berlin, Helmstedt, Königsberg U., Kopenhagen Gr. Kön. Bibl., Stuttgart. Einige Exemplare haben als Signatur von Bl. B 3 richtig „B iij“, andere irrthümlich „B iiij“.

G „Der Prophet ‖ Habacuc, ausgelegt durch ‖ Martin. Luther. ‖“ Darunter Titelbild, dem von *A* nachgeschnitten. Titelrückseite bedruckt. 64 Blätter in Oktav, letztes Blatt leer. Am Ende: „Gedruckt durch ‖ Gabriel Kantz: ‖“

Der erste Bogen scheint, mit Ausnahme des Titels, derselbe Satz zu sein wie bei *F*. Vorhanden z. B. in St. Gallen Stadtbibl., Hamburg, Helmstedt, Königsberg U., Kopenhagen Gr. Kön. Bibl.

H „Der prophet ‖ Habacuc, außgelegt ‖ durch Martinū ‖ Luther. ‖ 1526“ ‖ Mit Titeleinfassung. 46 Blätter in Quart, letzte Seite leer.

Druck von Jobst Gutknecht in Nürnberg. Vorhanden z. B. in der Knaakeschen Slg., Berlin, St. Gallen Stadtbibl., Heidelberg, München HSt., Wien, Wolfenbüttel.

I „Wie *H*, doch neuer Satz. Z. B. hat *H* auf Bl. Aij^b, Zeile 1: „schütt machen“, *I* dagegen: „schüt m achen“, daselbst Z. 7 liest *H* „vns“, *I* dagegen „vnns“. Bl. Bij^b schließt in *H* „fürhanden“, in *I* „fürhandē“; Bl. C 4^a schließt *H* „vñ“, *I* „vnd“; Bl. Diij^b schließt *H* „mißbrauchen“, *I* „mißbrauchē“; Bl. Eij^b *H* „aber“, *I* „vber“; Bl. F 4^a *H* „vnd“, *I* „vnnd“; Bl. Gij^a *H* „künd“, *I* „kündt“; H 4^a Z. 9 hat *H* „solschen“, *I* „solichen“; Jiij^a, Z. 5 hat *H* „gebewe“, *I* „gebew“; Kii^a, Z. 2 hat *H* „vil“, *I* „zu vil“; Li^b, Z. 1 hat *H* „viel“, *I* „vil“; Miij^a, Z. 1 hat *H* „den“, *I* „dē“. Einige Exemplare scheinen auf Bogen L denselben Satz zu bieten wie *H*.

Druck von Jobst Gutknecht. Vorhanden z. B. in der Knaakeschen Slg., Berlin.

K „Der Prophet ‖ Habacuc, auß- ‖ gelegt durch ‖ Martin. ‖ Luth. ‖ *.* ‖ M. D. XXVI "‖ Mit Titeleinfassung. 88 Blätter in Oktav, letztes Blatt leer. Am Ende: „¶ Ende des Propheten Habacuc. ‖ Getruckt zů Straßburg, Durch Han- ‖ sen Knoblouch, im Jar als man ‖ zalt nach der geburt Christi vn ‖ sers HERREN. Fünff- ‖ zehen hundert vnd ‖ sechs vñ zwen ‖ tzig, im ‖ Augsten. ‖ . "‖ Auf der Rückseite des vorletzten Blattes Knoblouchs Druckerzeichen.

Vorhanden z. B. in der Knaakeschen Slg., Wolfenbüttel.

L „Der Pro- ‖ phet Habacuc ‖ deutsch. ‖ Verdeutscht vnd außgelegt ‖ durch D. Martin Luther, ‖ Ecclesiasten zů Wit- ‖ tenberg. ‖ Gedruckt zů Basel ‖ bey Adam Petri, im ‖ iar. M. D. XXVI. ‖" 76 Blätter in Oktav, (Titel und letztes Blatt ungezählt, dazwischen Bl. I—LXXIIII). Am Ende: „Gedruckt zů Basel bey Adam ‖ Petri, im Augst. M. D. XXVI. ‖" Letztes Bl. auf der Vorderseite leer, enthält auf der Rückseite A. Petri's Druckerzeichen.

Vorhanden z. B. in der Knaakeschen Slg. (Titelblatt fehlt), Helmstedt.

M Palm berichtet (Historie der deutschen Bibel-Übersetzung D. Martini Lutheri von dem Jahre 1517 an bis 1534, herausgeg. von J. M. Goeze, Halle 1772, S. 353) er „habe auch eine Edition in Oktav von 1531, die zu Erfurt aus der Presse gekommen ist, in Händen" gehabt. Diese Ausgabe scheint nicht mehr vorhanden zu sein. Da Melchior Sachsse i. J. 1531 auch Luthers Propheten Jona zum zweiten Male druckte (vgl. oben S. 173, Ausgabe *O*), und da gerade die Erzeugnisse seiner Presse so besonders selten geworden sind, vermuthen wir, daß diese verlorene Ausgabe von ihm herrührt, also mit *D* nahe verwandt ist.

Lateinische Übersetzung.

„HABACVC ‖ PROPHETA CVM ‖ ANNOTATIONI ‖ BVS MARTI. ‖ LVTHE. ‖ *.* ‖ Iohanne Lonicero ‖ Interprete. ‖ 1526. ‖" Mit Titeleinfassung. Titelrückseite bedruckt. 74 Blätter in Oktav. Am Ende: „ARGENTORATI ‖ Iohannes Knoblouch ‖ excudebat. An ‖ no. 1526. ‖ Menſe Auguſto. ‖" Rückseite des letzten Blattes: Knoblouchs Druckerzeichen.

Vorhanden z. B. in der Knaakeschen Slg., Dresden, St. Gallen Stadtbibl., Königsberg U., Kopenhagen Gr. Kön. Bibl., Wolfenbüttel, Zwickau. — Die Titelrückseite enthält das Widmungsschreiben des Übersetzers an Telamonius, Suffragan des Bischofs zu Basel.

Niederländische Übersetzung.

Enthalten in dem oben S. 179 beschriebenen Druck, dessen erste Hälfte eine niederländische Übersetzung von Luthers Propheten Jona bietet.

In neuerer Zeit wiederabgedruckt wurde unsere Schrift unter dem Titel: „Das Hausbuch der Politik, oder der Prophet Habakuk, ausgelegt durch Martin Luther. 1526 . . .“, Leipzig 1850.

In den Gesammtausgaben findet sich unsere Schrift in Lonicers Übersetzung Wittenberg Op. lat. Tom. IV (1552 J. Lufft) Bl. 622—646; hier ist die auf den biblischen Text folgende, der Erklärung vorangestellte Einleitung an den Anfang des Ganzen gerückt; sodann deutsch Wittenberg Bd. V (1556 G. Rhawen Erben, 1573 P. Seitz) Bl. 335—365; Jena Bd. III (1556) Bl. 246—284 (in anderen Ausgaben Bl. 224—259); Altenburg Bd. III S. 418—451; Leipzig Bd. VIII S. 462—497; Walch Bd. VI Sp. 3090—3215; Erl. Bd. 42 S. 1—108.

Von den beiden Wittenberger Drucken muß *A* der ältere sein, da *B* in sprachlicher Beziehung zu bessern sucht. Alle auswärtigen Nachdrucke ruhen auf *A*, und zwar unmittelbar wohl *C*, *D*, *F*, *H*, *K*, *L*, denn keiner unter diesen theilt häufiger Eigenthümlichkeiten eines anderen. *E* druckt seine ersten Bogen von *D* ab, dürfte aber dann auch *A* als Vorlage benutzt haben. *G* ruht auf *F*, *I* auf *H*. Wir legen also *A* zu Grunde, geben die Varianten aus dem zweiten Wittenberger Drucke *B* und aus den Nachdrucken eine Auslese der wichtigeren Lesarten, zu deren Ergänzung und bequemern Übersehbarkeit die nachfolgende Zusammenstellung der bemerkenswerthesten sprachlichen Thatsachen dienen möge.

Der Umlaut des a wird gewöhnlich durch e (selten ó: fóhet *K*, mór, erwólt *C*) bezeichnet, die Schreibung á ist nur in *C* häufig (veráchter, náchst, hátest, gewáchs, ácker, táglich, gefáncknis, tháttе, lánder, gártner, vátter, wáchter u. s. w.), seltener in *KL* (jámerlich, klárlich, vátter, *KL*, erbármlich, hánde, gnádig, ássen *K*, ácker, fárlich *L*), vereinzelt in *HI* (veráchter, ácker). Über den in den Wittenberger Drucken gezogenen Kreis hinaus greifen gelegentlich *CKL*: ásche *CKL*, die wágen (= currus), halstárrig, abwáschen, verpránnde (= crematae) *C*, máchtest (= fecisti) *L*. Dagegen unterbleibt der Umlaut in lassest, last (regelmäßig) *CL* (vereinzelt) *K*, fahet (öfters; daneben facht *C*) *CL*, schatzung *C* (immer) *HIKL*, landfarer *CHI*, hangen *CEHIL*, gesatz, Ebraisch, stralen (gegen strelen *AB*) *C*, lasterlich *G*, heller *L*.

Der Umlaut des au, durch eu (in *CL* auch gelegentlich durch áu) ausgedrückt, erweitert das in *AB* innegehaltene Gebiet nur in wenigen Fällen: ráubisch, pew *C*, báw *L*. Dagegen mangelt er in kauffen, glauben, sauffen, sauffer (gegen teuffen usw. *AB*) *CHIKL*, in haupt, laufft, rauber *CHIL*, in haubter, laugnen, glaubig *HI*, in saule *CL*, in ausserlich, rauberey *C*.

In der kärglichen Bezeichnung des umgelauteten o wird *A* (auch der zweite Wittenberger Druck *B*) verhältnismäßig am wenigsten von *FG* übertroffen, doch gehen im Ganzen alle Drucke gegen *A* zusammen in vólcker, frólich, abgóttерey, gróster, erhóhet, tópffe, bóse, tróstet, alle außer *FG* in tódten, hóhe, gótlich, góцe; die Mehrzahl in hórner *BCHIKL*, móchten *BCDHIKL*, schónst *BCDEHIL*, vóllig *BDEHIK*, kónnen *BCDHIL*; kleinere Gruppen in wólffe, dórren (daneben thórren *C*, derren *L*), hóchst (gegen hohest *A*, wofür höhest *BFG*) *CHIKL*, könde *DFGKL*, vögel *CHIK*, öffentlich *BHI*, öberst *BGHIK*, frönen (*A* schwankend) *DE*, stöltzer *DL*, gehören *HI*, stösse (= trudat) *FG*, överkeit *BG* (selten *HI*). Einzelne Fälle: plötzlich, mördisch *B*, söne (= filii), kömpt (meist) *D*, örten (*A* schwankend), bößheyt, grösser (= magnus), wörden *E*, öberherrn *G*, spötterey, spötsprüche, spötliedlein, tröstwort *L*. Die Umlautbezeichnung schwankt in sämmtlichen Drucken bei stost, stosset neben stösset. In *A* vorhandener Umlaut ist nur selten aufgegeben: Gotter *E*, grosser (= maior) *F*, verstoret *G*, schonen (= pulchro) *I*.

Der Umlaut des u (im Allgemeinen geschrieben als ů, in *CHIKL* überwiegend als ü, in *G* auch als ú z. B. in múge, püsse, hin und wieder auch in den meisten Drucken als y) ist in sämmtlichen Drucken, *B* eingeschlossen, reicher entwickelt als in *A*. So bevorzugen ihn alle in unglůck, gewůrm (*A* in beiden schwankend), unnůtz. Weitaus die meisten führen ihn ein in Tůrcke *BCDFGHIK*, erfůllunge *C–L*, zůrnen *BCFGHIKL*, růsten *BCFGHIKL*, kůnfftig *BCDEHIKL*, fůr *CEHIKL*, stůrtzen *B–K*, hůlffe *C–L*, Jůdisch (*A* schwankend) *CDEFGKL*. Gruppenweise gehen zusammen in: kůndigen *BCDHIKL*, fůrsten *CDEHIKL*, erwůrgen *BCHIKL*, schůtzt *FGHIKL*, stůck *BEHI*, můgen, můglich *BCDEL* (mögen, möglich *HI*), jůngst *BDIKL*, fůrder *HIKL*, wůrden (Konj. Prät.) *BDEK*, fůnff *HIKL*, důrffen *BCDL*, růstig *BCHIL*, frůmest *BCDEKL*, frůmickeit *BD*, wůndschen *BCEL*, fůlle *CDEHIKL*, kůtzeln *BCHIK*, entzůnden *BCEHIL*, hůltzen *BCEKL*, schůtt *BHIK*, kůnde (Prät.) *BCKL*, ůbel *CKL*, sůndigen *CHIKL*, ůber *C* (schwankend) *KL*, unlůstig *BCD*, gewůst *CHIL*, drůcken *BE* (nicht ausnahmslos), schmůcken *BD*, absůndern *CL*, ůbrig *CK*, trůcknen *HI*, frůmmer (neben frumer *K*) *KL*. Allein stehen: darůmb, warůmb, unschůldig (auch vereinzelt in *A*), entschůldigen, bůndel, thůrste *E*, kůrtz (Subst.), lůfft (Dat.) *C*, gůlden *B*, vernůnfft *D*. Die Umlautbezeichnung fehlt in manchen Fällen, wo sie *A* setzt, bei uber *CHI*, ubel *C*, ferner in verschlunge *CHIL*, stuck (*A* schwankend), wurde (Konj. Prät.) *CHI*, verkundigt *EFG*, gluck, ungluck, zukunfftig, sund *E*, nutz, nutzlich *CK*, kuche *CL*, spruche, vernunfftig *C*, mugen *D*, durre *F*, zuchtigen, grundet, spruche *G*, luste, muglich, hurden *K*.

Der Umlaut des uo (durch ů, in *CHIKL* vereinzelt auch durch ü bezeichnet) erstreckt sich beträchtlich weiter als in *A*, von dem sich auch hier, neben *B*, *FG* weniger entfernen, als die übrigen Drucke. Ohne von Schwankungen sich völlig frei zu halten, bildet doch der Umlaut durchaus die Regel bei můssen, můhe, fůsse, verwůsten, fůlen, fůren, auffrůrisch, demůtig(en), růren, bůcher, lůgener, wůten, wůtrich, gerůcht, versůnen, růffen. *HIKL* haben ůben, sůsse (ebenso *E*), *D* je einmal keyserthůme und fůrstenthůme, *E* grůnen (auch *K*), in *CK* begegnet gelegentlich můst (= debes) und můste (= debebat), in *C* erfůren (Ind. Präs.), in *G* fůsstappen. *CHIKL* setzen verrucht f. verrůcht das *A* neben verrucht bietet. Nur *D* hat f. verrucht *A* einmal verrůcht. *EHIL* vermeiden den Umlaut in dem Konjunktiv muste, *FG* in ruchlin, rhůmen, schlůge, gelůbde, klůger, hůten, büberey, wenn hier nicht, wie wahrscheinlich in *G* (siehe oben), ů als Umlautsbezeichnung steht); *G* in betruben, mussen, *C* in gekulet und zuweilen in lugener.

Vokale. 1. a ist durch o vertreten in vereinzeltem bocht (cogitabat) *A* (wofür alle anderen bacht), mehrfachem gethon *C*, einmaligem zůmol *K* und domit *L*. Hingegen tritt a für o ein in nach (s. noch) *GEL*, van *E*. In *C* einmal kleynat.

2. Die neuen Diphthonge sind durchgeführt bis auf wenige Ausnahmen: schryen (Inf.) *HI*, frilich *D*, ryche, wyset, blibt (manet), schwigen (Inf.) *K*; die Endung -lin ist in *HI*, zuweilen in *C* zu -lein geworden, in *L* erscheint sie öfter als -li (můtli, stůckli, liebli); latinisch > lateinisch *HI*, zuweilen *C*, zwyfeltig > zweyfeltig *K*. Das alte u ist erhalten in uff *L* (oft), *K* (zuweilen), *CFG* (selten), sowie in uß und bumeln (neben baumeln und bummeln) *CK* (s. Lesarten). Altes iu ist bewahrt in fücht *L*, vielleicht erklärt sich daher auch verdrust s. verdreust *K*.

3. Die alten Diphthonge werden im Allgemeinen von den neuen nicht unterschieden, auch das in *CHI* die Regel bildende ai für altes ei erleidet Ausnahmen: ein, arbeyt *C*, arbeyten, heylig *HI* (anderseits hayraten!). Das aus iu entstandene eu wird von dem aus au umgelauteten besonders häufig in *C* als eü (zuweilen auch *HIKL*), in *H* gelegentlich auch als eú unterschieden, doch auch vielfach mit jenem zusammengeworfen.

4. Altes ie ist meist bewahrt, doch wechseln fliehen, ziehen in vielen Drucken mit flihen, zihen. Für yrgent *A* usw. haben nur *HI* yergent eingesetzt. — Das Dehnungs-ie ist in *CHIKL* in der Regel, in den andern Drucken vereinzelt aufgegeben, dagegen neu eingeführt in gelegentlichem damiel *C*, schriefft *D*.

5. Das alte uo ist in *CHIKL* noch leidlich konsequent durch ů ausgedrückt, aber Abweichungen wie kůnde und bub sind keineswegs selten. Außerdem hat *C* mehrfach thon und stond, einmal gronen, dagegen wieder zwů für zwo.

6. Vor o hat u den Vorzug in kumen, trucken(en), sunst, Summer *CHI* (sunst auch *L*), Sunne, Nunne, sun, gewunnen, trutz(en) *HI* (sun auch *L*). In *C* wird vorherrschend, in *KL* oft künig für könig gesetzt.

7. Für i steht bisweilen ü: würfft *CHIK*, würckt *HI*, würdt, tüchtet, antlütz, lüppen *C*. Bemerkenswerth ist brinnen *HI* gegen brennen der übrigen.

8. Die Längenbezeichnung der Vokale durch Dehnungs-h ist in *CHIKL* zumeist, die durch Doppelung des e häufig beseitigt, doch finden sich z. B. zwischen e, ee und eh mancherlei Schwankungen, auch Schreibungen wie meher begegnen öfters. Man kann hier nur das Herrschen der Willkür feststellen.

9. Das i in Endsilben, sonst in Wittenberger Drucken häufig, erscheint nur selten: Gottis einmal in *AB*, je einmal in *F* und *G*, dreimal in *E*, sonst wird in *A* und den ihm folgenden Drucken Gots, in *HIKL* Gottes bevorzugt; hertist > hertest *BCHI*, offinbar > offenbar *BCDHIKL*.

10. Das e der Endsilben wird nur in *L* so überaus häufig unterdrückt, daß eine Verzeichnung aller Fälle in den Lesarten unmöglich wurde. Antreten eines e im Auslaut ist dagegen selten: masse (Prät.) *L*, warde *C*.

11. In geen, steen hat *C* fast durchweg, *HI* und *L* häufig das h beseitigt.

Konsonanten. *CHIK* schreiben Teütsch, verteutschen, *C* setzt zweimal trucken für drucken (anderseits aber danken). Mit der Form kegenwertig steht *D* allein. Dagegen ist die in *A* nur vereinzelte Schreibung von p für b im Anlaut häufig in pawr, *HIL*, entplössen, pitter, plüt, plitz, preyten *HI*, geporn *B*, plick, plawen, prennen, poden, (ge)payn, palcken, plase, plüt, paum, prechen, gepürt, pauwen, gepeüw *C*, geperde, gepirge *K*, denen aber gegenüberstehen verborgen *CHIKL*, bochen *HIL*, bracht *CHI*, brechtig *L*, wo *A* die entsprechenden p-Formen hat. Fliehen wird abwechselnd mit fliegen gebraucht (s. Lesarten). — Gelegentliches Anfügen von t am Wort- oder Silbenschluß kommt in den meisten Drucken vor: dennocht, anderst, sprichtwort, waxt. Abgeworfen wird auslautendes t in hilff(t) *B*, wogegen prebig, das neben prebigt in *CHIKL* begegnet, eine andere Bildung ist. — Über die Konsonantendoppelungen, die bald beibehalten, bald vereinfacht, bald gegen *A* neu eingeführt sind, läßt sich Zusammenfassendes nicht sagen. — Die alte Schreibung dz = das begegnet in *KL* ziemlich häufig, zuweilen auch in *DE*.

Die Vorsilbe ge- büßt den Vokal ein in gnug, gnugsam *A*, gschrifft, gsagt, gschehn, gwiß *C*, sie entfällt in prebiget *C*, than *HI*, trost *L*. *G* schreibt mehrfach vngelück. Die Vorsilbe zu- (in *A* wechselnd mit zer-) lautet in *CL* gewöhnlich zer-, in *BCHIL* zur-, in *E* zu-; die Endsilbe -nis erscheint in *C* als -nus (neben -nis), in *HI* als -nüß; -thum in *HIK* (gelegentlich auch in *DFG*) als -thumb.

Flexion: die wonungen > die wonunge *FGHI*, die hellen (Acc.) > die helle *IL*, der hellen (Gen.) > der helle *HI*, die nachbar (Plur.) > die nachbarn *HIL*. — sind > seynd (vorherrschend) *CK* (bisweilen) *L*, kreig > kriegt *HI*, verzöge > verzuge *CHI* verzüge *L*, kond(t)e > künde *C* (daselbst auch künden für können), hatte > hette, hätte *C* (oft). *CHI* bilden zuweilen das Prät. wüste, *C* ein Präteritum blyb.

Wortformen: erbeyt(en) > arbeyt(en) *CHIL* (meist, die andern seltener) teyding > thebing *C* tåding *L*, lager > låger *CKL*, lewe > löwe *CHIL*, furcht > forcht *CHIL*, abent > aubent *C*, nachbar > nachbaur *L*. — frum > fromm *DGL* (neben frum, *K* auch frumb), furchtsam > forchtsam *CHIL*. — lehnen > leynen *HI*, feylen > feelen *CHIL* fålen *KL* faulen *HI*, störtzen > stürtzen *CHIL*, wortzeln > wurtzeln *CEHIL*, verteydingen > verthedingen *C* vertådingen *L*, erretten drewen strewen > erråbten thråwen stråwen *C*, glintzen > glentzen *CHI* (glitzen *L*), zörnen > zürnen *CL*, gonnen > günnen *C* gönnen *FGHI*, furchten > fürchten *CHIK* förchten *L* (geförcht *KL*). In *BCEHIKL* ist wöllen üblich, in *AHI* auch das Prät. wölte. — Neben solch hat *C* zuweilen sollich; für wilcher steht welcher (einmal wilche) in *B* sowie in *HIKL* (daneben in *K* öfters wölcher, selten wilcher), ferner wölcher (wöllicher) in *C* (vgl. dort auch mör, erwölt, mösten, nöst; nur je einmal welcher und wellicher); yglich, ydermann ist in den meisten Drucken durch yeg(k)lich, yedermann ersetzt (s. Lesarten). — *CL* scheiden für und vor in der schon anderwärts (vgl. z. B. Unsere Ausg. 12, 258) beobachteten Weise.

C bevorzugt dann nach Komparativ, sonst denn, wann in zeitlicher, wenn in konditionaler Bedeutung; *CHIKL* schreiben die in den Wittenberger Drucken vermengten wider und weder. – wo > wa *C* (wiederholt), one > an *G* (einmal).

thurm > thurn; fußstappen > fußstapffen *CHIKL*; scharff > scharpff *CHIL*; scheußlich > scheutzlich *CHIK*; rugen > ruhen *C* rüwen *L*; schnarcken > schnarchen *HI*; fodern > forbern *EHIKL*; verschlingen > verschlinden *C*; selbst > selbs *BHIKL* (öfters; auch in *A* bisweilen); deste > dester *CHIL*; sondern > sonder *L* (auch *C* zuweilen); nu > nun *DHIL*; niemandt > niemandts *C*.

portzeln > bürtzeln *HI* pertzeln *DE* bortzeln *L*; sint > seyd *C*, seynd *HI*; itzt > yetz(t) *CDHIKL*; erfur, erauß > herfür, herauß *CHIL*; nicht > nit *CEL* (meist, die andern seltener); ferne > ferre *L*.

festunge > festigunge *C*; trefflich > treffenlich *HI*; bergicht > bürgisch *C*, bergericht *K*.

schrecklich > erschrecklich *C*; bunden, bencken > ge- oder bebunden, gebencken; zaygen > anzaygen; wundern > verwundern *HI* (dagegen ebenda vergleichen > gleichen); – mühen > bemühen *K*.

fulen > entpfinden, bunt > geferbt, nyrgen > nyndert *C*; trunckenbold > trunckenboltz *C*, trunckener boltz *HI*; beugen > biegen, wehnen > mainen, werd > wirdig, strumpff > stumpff *HI*; hügel > bühel *HIL*; lippen > lepffen *HI*, lefftzen *L*; entsitzen > entsetzen *K*; fangen > fahen, kriegen > überkommen, fett > feyßt, bereit > yetzt, was > etwas, helfft > halbteyl (halbthail *C*) *L*. Das md./nd. Hee (Plur.) 368, 26 hat *HI* durch der Herr ersetzt.

banck wird von *L* als Masculinum behandelt.

Der Prophet Habacuc.

Das Erst Capitel.

DJs ist die last, wilche der Prophet Habacuc gesehen hat: 1, 1
HERRE, wie lange sol ich schreyen und du wilt nicht
hören? Wie lange sol ich zu dyr ruffen uber frevel
und du wilt nicht helffen? Warumb lessestu mich
sehen mühe und erbeyt? Warumb zeygstu myr raub
und frevel umb mich? Es geht gewalt uber recht.
Darumb mus das gesetz wancken und kan kein recht
zum ende komen. Denn der gottlose uberforteylet
den gerechten, darumb gehen verkerte urteyl.
Schawet unter den heyden, Sehet und verwundert euch. Denn ich wil 1, 5
etwas thun zu ewern zeyten, wilchs yhr nicht gleuben werdet, wenn man davon sagen wird. Denn sihe, ich wil die Chaldeer erwecken, eyn bitter und schnel volck, wilchs ziehen wird, so weyt das land ist, wonungen eynzunemen, die nicht seyn sind, und wird grausam und schrecklich seyn. Es wird richten und drucken nach seyner art. Seyne rosse sind schneller denn die Parden und behender denn wolffe am abend, und seyne reutter[1] komen von ferne und werden daher fliehen, wie eyn adler eylet zum ass. Sie werden komen nur zu freveln, wie eyn ostwind werden sie daher faren; und wird gefangene zu samen raffen wie sand. Es wird der könige spotten, und der fursten wird es lachen, alle festunge werden yhm eyn schertz seyn. Denn es wird schutt machen und sie doch gewynnen. Als denn wird er eynen newen mut nemen, wird fortfaren und sich versundigen. Denn mus seyn sieg seynes gottes seyn. Aber du HERR, mein Gott, mein heyliger, der du von ewigkeit her bist, las uns nicht sterben, sondern las yhn, O HERR, nur eyne straffe seyn[2], und las yhn, O unser hort, uns nur züchtigen. Deyne augen sind reyn, das du ubels nicht

---

3 welliche *C* 4 schryen *H* 5 rüffen *HKL* über *CKL* 6 Warúmb *E* lassestu *L* 7 arbait *CHL* 8 gehel *EL* geet *C* über *CKL* 10 end *L* überfortaylet *CKL* 12 vnder *CK* 13 eüwern *L* nit *EL* glauben *CHL* 14 pitter *H* 15 sihe *L* wonunge *FGH* 17 drücken *B* roß *L* 18 wölffe *CHKL* ferre *L* 19 fliegen *BCL* nür *H* 20 gefangne *C* 21 wie] wir *E* künige *C* künig *L* fürsten *CDEHKL* 22 schütt *H* 23 neüwen *L* 24 versündigen *CHKL* seins *C* 25 ewickeyt *DFG* ewikeit *E* nit *CL* 26 yhn] yns *AFG* uns *BD* ins *CHL* jn *K* nur *CEFGKL* ain *C* ein *L* 27 nür *BEH* seynd *C* übels *CKL*

[1]) *Vgl. unten S. 369, 18 f.* [2]) *Lonicer:* ad iudicium nobis pone eum, *vgl. unten S. 376, 8.*

sehen magst, und dem jamer kanstu nicht zu sehen. Warumb sihestu denn zu den verechtern und schweygest, das der gottlose verschlinget den der frümer denn er ist? Und lessest die menschen gehen wie fissche ym meer, wie gewürm, das keynen herrn hat. Er zeuchts alles mit dem hamen und fehets mit seym netze und samlets mit seym garn. Des frewet er sich und ist frölich. Darumb opffert er seynem netze und reuchert seynem garn, weyl durch die selbigen seyn teyl so fett und seyne speyse so vollig worden ist. Derhalben wirfft er seyn netze noch ymer aus und wil nicht auffhören leute zu erwürgen.

Das ander Capitel.

2, 1 Hie stehe ich auff meyner hut und trete auff meyne feste und schawe und sehe zu, was myr gesagt werde und was ich antworten solle dem der mich schilt. Der HERR aber antwortet myr und spricht: Schreyb das gesicht und streichs aus auff eyne tafel, das es lesen kunde, wer fur uber leufft. Nemlich also: Das gesicht stehet noch bis zu seyner zeyt und wird endlich frey an tag komen und nicht aussenbleyben. Obs aber verzöge, so harre seyn. Es wird gewislich komen und nicht verziehen. Wer aber da widder strebt, des seele wird nichts gelingen. Denn der gerechte lebt seyns glaubens.

Das dritte Capitel.

2, 5 Aber der weyn betreugt eynen stoltzen man, das er nicht bleyben kan, wilcher seyne seele auffsperret wie die helle und ist gerade wie der tod, der nicht zu settigen ist, Sondern rafft zu sich alle heyden und samlet zu sich alle volcker. Was gilts aber? die selbigen alle werden einen spruch von yhm machen und eyne sage und sprichwort und werden sagen:

2, 6 Weh dem der seyn gut mehret mit frembdem gut. Wie lang wirds weren? und ladet nur viel schlams auff sich. O wie plotzlich werden auffwachen, die dich beyssen, und erwachen, die dich weg stossen, und du must yhn zu teyl werden. Denn du hast viel heyden geraubt, so werden dich widder rauben alle ubrigen von den völckern umb der menschen blut willen und umb

---

2 verächtern *CHI* schweigst *C* gottloß *L* verschlindet *C* verschlinget *[so] K* frümer *K* frommer *L* 3 lassest *L* mör *C* 4 Herren *HI* fahets *CL* 5 garen *C* freüwet *L* Darümb *E* 6 netz *CL* 7 feißt *D* feyßt *L* speyß *L* völlig *BDEHIK* würfft *HI* 8 netz *C* erwürgen *C* 9 II. *K* 10 tret *B* schauwe *KL* 11 sagt *C* 12 antwort *L* 13 ain *C* ein *L* dz *L* lese *L* künde *BKL* für *CEHIKL* über *CKL* lauft *CHI* lauffet *L* 14 gsicht steht *K* 15 außbleyben *L* verzug *C* verzuge *HI* verzüge *L* 17 gerecht *L* 18 drit *C* 20 seyn *L* gerad *L* 21 Sonder *L* 22 völcker *B–L* 23 ain *C* ein *L* sag *C* sprichtwort *HI* 24 Wee *CHI* frembden *C* 25 nür *BHI* uff *L* plötzlich *B* 26 wegk *HI* du *fehlt HI* jnen *HI* 27 geraubet *L* 28 übrigen *CK* plüt *HI*

des frevels willen ym lande und ynn der stad und an allen, die drynnen
wonen, begangen.
Weh dem der do gytzet zum ungluck seines hauses, auff das er seyn 2, 9
nest ynn die hohe lege, das er dem unfal endrynne. Aber deyn radschlag
wird zur schande deynes hauses geraten. Denn du hast zu viel völcker zu-
schlagen und hast mit allem mutwillen gesundigt. Denn auch die steyne ynn
der mauren werden schreyen, und die balcken am gesperr werden yhn antworten.
Weh dem der die stad mit blut bawet und zuricht die stad mit unrecht. 2, 12
Ists nicht also, das vom HERRN zebaoth geschehen wird? Was dyr die volcker
geerbeytet haben, mus mit fewr verbrennen, und daran die leute müde worden
sind, mus verlorn seyn. Denn die erde wird voll werden von erkenbnis der
ehre des HERRN, wie wasser, das das meer bedeckt.
Weh dyr, der du deynem nehisten eynschenckst und misschst deynen grym 2, 15
drunder und truncken machst, das du seyne schame sehest. Man wird dich
auch settigen mit schande fur ehre. So sauffe du nu auch, das du dumelst.
Denn dich wird umbgeben der kilch ynn der rechten des HERRN, und must
schendlich speyen fur deyne herlickeyt. Denn der frevel am Libanon begangen
wird dich uberfallen, und die verstöreten thiere werden dich schrecken umb der
menschen blut willen und umb des frevels willen, ym lande und ynn der
stad und an allen die drynnen wonen, begangen.
Was wird denn helffen das bilde, das seyn meyster gebildet hat, und 2, 18
das falsche gegossen bilde, darauff sich verlest seyn meyster, das er stumme
götzen machte? Weh dem der zum holtz spricht: wach auff! und zum stummen
steyne: stehe auff! Wie solt es leren? Sihe, es ist mit gollt und sylber
uberzogen, und ist keyn odem ynn yhm. Aber der HERR ist ynn seym hey-
ligen tempel. Es sey fur yhm stille alle welt.

Das vierde Capitel.

Dis ist das gebet des Propheten Habacuc fur die unschuldigen. 3, 1
HERR, ich hab deyn gerücht gehöret, das ich mich entsetze. Denn 3, 2
du machst deyn werck lebendig mitten ynn den jaren und lest es kund

---

1 des] das *D* 3 Wee *CHI* da *CHI* unglück *B—L* hauß *L* 4 höhe *BCDEHIKL* dz *K* 5 hauß *L* 5/6 zerschlagen *CL* 6 gesündigt *CHIKL* 7 schreyen *HI* 8 Wee *CHI* We *E* plůt *CHI* 9 dz *C* Herren *HIK* völcker *BCDEFGKL* vöcker *HI* 10 gearbaytet *CHIL* fewer *B* leüt *L* 11 verloren *CHI* erkendtnus *C* erkantnüß *HI* 12 Herren *HI* 13 Wee *CHI* nächsten *C* nechsten *HIL* eynschenckest *CL* einschencks *HI* mischest *HI* 14 machest *C* sein *C* 15 für *CEHIKL* sauff *C* nun *DHIL* dz *K* dumelst *CL* daumelst *E* 16 kelch *CHIL* Herren *HI* můst *C* 17 für *EHIL* herrligkait *CHIL* 18 überfallen *CL* 19 plůt *HI* 21 dz *K* bild *L* 22 bild *L* darauff *K* verlasset *L* dz *E* 23 Wee *CHI* 25 überzogen *CL* athem *HI* othem *L* HERRE *L* 26 vor *CL* für *EHI* 28 gebett *DL* für *EHIL* unschůldigen *E* 29 deine *B* gehört *HI* dz *DE* entsetze *K* 30 last *L*

werden mitten ynn den jaren; wenn trübsal da ist, so denckstu der barmhertzigkeyt.

3, 3 Gott kam von mittage und der heylige vom gebirge Paran. Sela.

Seynes lobs war der hymel vol, und seyner ehre war die erde vol.

3, 4 Seyn glantz war wie liecht, glentzen giengen von seynen henden. Da selbst war heymlich seyne macht.

3, 5 Fur yhm her gieng pestilentz, Und plage gieng aus zu seynen fussen.

3, 6 Er stund und mas das land. Er schawet und zu trennet die heyden, das der welt berge zu schmettert worden, und sich bucken musten die hügel ynn der welt, da er gieng ynn der welt.

3, 7 Ich sahe der Moren hütten ynn mühe und der Madianiter gezelte betrübt.

3, 8 Warestu nicht zornig, HERR, ynn der flut, und deyn grym ynn den wassern und deyn zorn ym meer?

Da du auff deynen rossen rittest und deyne wagen das heyl waren.

3, 9 Du erweckest den bogen, wie du geschworen hattest den stemmen, Sela, und teyltest die strome yns land.

3, 10 Die berge sahen dich und yhn ward bange. Der wasser strom fur dahyn, die tieffe lies sich hören, die höhe hub die hende auff.

3, 11 Sonn und mond stunden ynn yhrer wonung, deyne pfeyle furen mit glentzen dahyn und deyne speyre mit blicken des blitzes.

3, 12 Du zu trattest das land ym zorn und zu drosschest die heyden ym grym.

3, 13 Du zogest aus, deym volck zu helffen, zu helffen deynen gesalbten. Du zuschmeyssest das heubt ym hause der gottlosen und entblössest die grundfest bis an den hals. Sela.

3, 14 Du woltest fluchen dem zepter des heubts sampt seynen flecken, Die wie eyn wetter komen mich zurstrewen, und frewen sich, als fressen sie den elenden verborgen.

3, 15 Deyne pferde gehen ym meer, ynn schlam grosser wasser.

3, 16 Weyl ich solchs höre, ist meyn bauch betrübt, meyne lippen zittern von dem geschrey, eytter gehet ynn meyne gebeyne. Ich byn bey myr betrübt. O das ich rugen möchte zur zeyt des trübsals, da wyr hynauff ziehen zum volck, das uns bestreyttet.

---

1 denckest du *L* gedenckstu *HI* 1.2 barmhertzickeyt *BD* 3 vom *E* 4 seyne *B* eer *C* 7 Vor *CL* Für *EHI* füssen *CEHIL* 8 masse *L* zur- *C* zertrennet *L* 9 dz *K* zur- *C* zerschmettert *L* wurden *HI* bühel *DI* 10 do *HI* 11 die *K* ynn der mühe *E* 12 Warest du *CE* 14 Do *HI* wägen *C* 15 geschworn *C* hätest *C* 17 inen *HI* 19 Sune *HI* mon *C* wonunge *C* deyn *C* pfeyl *L* 20 dein *C* plitzes *HI* 21 zurtratest *C* zertrattest *L* zurdraschest *C* zerdraschest *L* 23 zurschmyssest *C* zuschmeyssest *K* haupt *CHIL* hauß *L* entplössest *HI* 25 woltest *HI* haupts *CHIL* 26 zurströwen *C* zerstrewen *L* 28 Deyn pferd *C* 29 betrübet *C* lippen] lefftzen *HI* lefftzen *L* 30 meyn *E* betrübet *HI* 31 rühen *C* rüwen *L*

Denn der feygenbawm wird nicht grunen, und wird keyn gewechs seyn 3, 17
an den weynstöcken. Die erbeyt am ölebawm feylet, und die ecker bringen
keyne narung. Und schaffe werden aus den hürten gerissen, und werden keyne
rinder ynn den stellen seyn.
Aber ich wil mich frewen des HERRN und frölich seyn ynn Gott 3, 18
meynem heyl.
Denn der HERR HErr ist meyne krafft und wird meyne fusse machen 3, 19
wie hirsfüsse und wird mich ynn der höhe furen, hoch singend auff meym
seyten spiel.

Ende des Propheten Habacuc.

DJesen Propheten Habacuc hab ich fur mich genomen aus zulegen, auff
das er auch ein mal an tag kome und sich sehen lasse, was er ynn sich
hat, und was uns der heylige geyst durch yhn sagt und leret. Denn ichs
da fur halte, das er fint der Apostel zeyt noch nie das liecht gesehen habe.
Das macht zum teyl, das die Ebreische sprache unbekand gewesen ist, on wilche
es nicht muglich ist, die schrifft, sonderlich die Propheten an etlichen orten,
klerlich zuverstehen. Dazu die alten und vorigen lerer[1], so die sprach gehabt,
durch ander zufal verhindert wenig vleys dran gewand haben, so doch wol
billich und recht, auch nütz und not gewest were, das diser Habacuc klerlich
ausgelegt were, weyl das letzte Capitel, sein gebet, so teglich ym brauch ge-
wesen, beyde gesungen und gelesen ist ynn allen kirchen[2], doch fast nach dem
sprichwort 'wie die Nonnen den Psalter lesen'.[3] So ehret yhn. S. Paulus hoch Gal. 3, 11
und furet mehr denn ein mal diesen seinen spruch: 'Der gerechte lebt seyns Röm. 1, 17 Hab. 2, 4
glaubens', und den selben gleich zum grund legt seiner aller schonsten Epistel
zun Römern; Dazu Luca ynn der Aposteln geschicht auch wol zwey mal[4] yhn Hebr. 10, 38?

---

1 feygenpaum *C* grunnen *B* grünen *CHI* grünen *E* gewächß *C* 2 arbait *CHIL* öllbawm *CHI* feelet *CL* faulet *HI* äcker *HIL* 3 keyne] kein *L* hürden *C* hyrten *HI* kayn *C* 5 frewen *L* Herren *HI* HERN *K* 7 HErr *fehlt FGHI* füsse *CDEHIL* 8 hirsfusse *B* Hirssen füsse *HI* füren *CDEHIL* 11 *Vor Z. 11 als Überschrift:* Außlegung des prophetens Habacucs durch Martinum Luther *K* Außlegung M. Luthers, über den Propheten Habacuc *L* 11 für *CHIL* uß *K* 12 dz *K* 13 heilig *L* saget *K* 14 dafür *CL* darfür *HI* halt *C* dz *C* seyd *C* seynd *HI* dz *D* hab *L* 16 nitt *CL* müglich *BCDEL* möglich *HI* gschrifft *C* 17 Darzu *HI* 18 daran *HI* gewendt *C* 19 nutz *CK* nütze *E* 19/20 das diser *bis* were *fehlt E* 20 vßgelegt *C* dz *C* letste *C* letst *L* täglich *C* 22 Nunnen *HI* sant *HI* 23 füret *CEHIL* seinen *fehlt E* gerecht *L* lebet *D* seines *BC* 24 leget *K* schönsten *BCDEHIL* 25 Darzu *HI* Lucas *HI* Apostel *CFG*

[1]) *Hieraus dürfte folgen, dass Luther die neuesten Arbeiten über Habacuc nicht schon kannte wie* Fr. Lamberti Commentarii in Michaeam, Naum et Abacuc, Argentorati 1525 *und* Fabritii Capitonis In Habacuc Prophetam enarrationes, Argentorati 1526. [2]) *Das letzte Kapitel ist unter die kirchlichen Cantica aufgenommen.* [3]) *d. i. ohne ihn zu verstehen. Vgl. Wander Bd. 3, Sp. 1041, N. 35.* [4]) *Sollte Apg. 13, 39 und 16, 31 gemeint sein?*

furbringt; Das es wol scheynet, wie er nicht eyn geringe ansehen bey den Aposteln gehabt hat. Wie wol aber wyr uns nicht mugen uber die alten
1. Cor. 3, 21 veter rhümen (Denn Gott wil solch urteyl der personen alleine haben .1. Cor. iij.): So mussen wyr doch das bekennen, konnens auch nicht leucken, das wyr mehr liechts und klarheyt an vielen orten der schrifft haben von Gotts gnaden, denn sie gehabt haben. Gott gebe, das wyr auch danckbar und deste mehr fruchtbar seyen. Amen.

Aber ehe wyr den text anfahen, mus ich vor den weg bawen und einen gemeinen eingang machen, der nicht alleine diesen sondern fast alle Propheten deste das zuverstehen nötig und nützlich ist. Denn das hat bisher viel yrre gemacht ynn den Propheten, das, wenn sie vom Judischen reich reden, kurtz abbrechen und von Christo mit unter reden; und dunckt yederman, der yhre weyse nicht weys, sie haben eine seltzame weyse zu reden, als die keine ordnunge holten sondern das hundert yns tausent werffen, das man sie nicht fassen noch sich dreyn schicken muge. Nu ists gar unlustig ding, eyn buch lesen, das keine ordnunge helt, da man nicht kan eyns zum andern bringen und an einander hengen, das sichs fein nach einander spünne, wie sichs denn gepürt, wo man recht und wol reden wil. Also hat der heylige geyst mussen die schuld haben, das er nicht wol reden kunde; sondern wie ein trunckenbold odder ein narr redet, so menge ers ynn einander und fure wilde seltzame wort und sprüche. Es ist aber unser schuld, die wyr die sprache nicht verstanden noch der Propheten weyse gewust haben. Denn das kan yhe nicht anders sein: Der heylige geyst ist weyse und macht die Propheten auch weyse. Ein weyser aber mus wol reden konnen, das feylet nymer mehr. Wer aber nicht wol höret odder die sprache nicht gnugsam weys, den mags wol duncken, er rede ubel, weil er kaum der wort die helfft höret odder vernympt. Eben so ists uns bis her gangen ynn der schrifft. Darumb haben wyr auch so getappet und nach geomet und gar offt neben hyn gangen und ein anders troffen, wie man sagt: Wer nicht wol höret, der reymet wol.[1]

1 fürbringt *CHIL* nit *EL* 2 Apostlen *C* mügen *BCDEL* mögen *HI* über *L* 3 Väter *CL* allein *L* 4 müssen *BCDHIL* könnens *BHIL* kündens *C* laugnen *HI* 5 örtern *E* gschrifft *C* schriefft *D* Gottes *HIKL* 6 gehabt *H* geb *HI* dz *C* dester *CHI* 7 sein *HI* 8 er *HIKL* 9 eyngang *E* alleyn *DE* disen *B* 10 dester *CHI* nutzlich *CK* 11 gemacht *K* von *I* Jüdischen *CDE* 12 abprechen *C* 13 wayst *C* weyßt *L* ein *L* keyn *DL* 13/14 ordenung *D* ordnung *HIL* 15 müge *BCDL* möge *HI* Nun *HIL* unlüstig *BCD* 16 dz *D* kain *CHIL* ordnung *HIL* 17 spümme *ABCDEFGKL* spünne *HI und die Gesamtausgaben* 18 gepürt *C* gebürt *HIL* heylig *L* müssen *BCDHIL* 19 künde *BCL* trunckenboltz *C* trunckner boltz *HI* 20 mengt *C* füre *CHIL* 21 spruche *C* sprüch *L* sprach *HIL* sprüche *K* 22 gewüst *HIL* 23 heylig *L* 24 können *BCDHIL* felet *CHIL* 25 sprach *L* nit *KL* 26 übel *CL* die *fehlt HI* das halbthail *C* das halbteyl *L* 27 schriefft *D* wyr haben auch *D* auch *fehlt K* 29 nitt *CL*

[1]) *Was einer nicht genau verstanden hat, denkt er sich nach seinem Gefallen hinzu; Wander Bd. 3, Sp. 1625, N. 1.*

Auffs erst ists gewis, das alle propheten furnemlich yhre weyssagunge richten auff Christum, wie S. Petrus zeygt Act. iiij. das alle propheten ge- Apg. 3 [10]. 24 redt haben von der zeyt des newen testaments. Denn auch das gantze Allte testament nichts anders denn eyne zubereytunge und vorlauff gewest ist zum newen testament; gleich wie eyn zuchtmeyster des herrn son auff zeucht und zubereyt, das er eyn geschickter hausherr und vater werde, wie S. Paulus zun Galatern sagt: 'Das gesetz ist unser zuchtmeyster gewesen auff Christum' etce. Gal. 3, 24 Das nu die Propheten unter dem das volck straffen und viel weyssagen, das alleyne zu yhrer zeyt gegolten und gedienet hat, also auch, das sie konigreiche und hirschafften der heyden haben mit eyngemenget, auch wunderzeychen gethan, ist alles geschehen, das Judisch volck ynn der zucht zu halten und auff Christus zukunfft zu bereyten. Gleych als ein Christen mus viel thun, essen und trincken und ander leyblicher werck pflegen, nicht der meinunge, das der leyb alleine da mit gesucht werde, sondern das der leib erhalten und gezogen werde, damit der geyst müge hie auff erden Gott dienen ym glauben und Euangelio. Denn also müssen auch wyr ynn der Christenheyt und ym newen testament thun, das wyr die leute leren recht leben, und doch beyde unser lere und leben da hyn gericht ist, das wyr des jungsten tags und ewiges lebens warten und mit nichten mit dem allen hie zu bleyben gedencken.

Zum andern, da nu die zeyt herbey kam, das Christus und das newe testament komen solte, wie die Propheten alle hatten gesagt und das volck drauff gerichtet: Da thet Gott, wie seyne gottliche art ist und stellet sich eben, als solt nichts draus werden, und lest sich sehen, als wolt er zum lügener werden ynn allen propheten, und verwüstet land und leute durch die Assyrer und Babylonier. Da müssen denn die propheten her halten und gestrafft werden, als die nicht aus Gott sondern aus dem teuffel gered haben, weyl das werck und erfullunge yhrer wort viel anders und gleych widdersynnisch geht, denn das volck verstanden hatte. Des nym bis exempel: Da das volck ym lande sass und konige und fursten hatte und warteten nu und gafften auff den Messiam und seyn newe konigreich, davon die propheten so prechtig gered und das volck vertröstet hatten: Eben da sie am sichersten sind und meynen, es hat keyn not und Christus werde komen, so kompt der konig zu Assyrien und gewynnet das gantze land und furet alles volck weg ynn Assyrien.

---

1 fürnemlich *CHIL* weyssagung *L* 2 vff *L* Actu. *B* dz *K* 2/3 gered *B* 3 neüwen *L* gantz *C* 4 ein *CDL* zůberaytttung *CD* 5 neüwen *L* Herren *HI* sun *HIL* 6 dz *K* geschickter *H* 7 saget *C* vff *L* 8 nun *HIL* vnder *KL* dz *D* 9 allein *C* künigrych *K* 10 herschafften *CHIKL* eyn gemengt *FO* 11 Jüdisch *DK* 13 leiplicher *D* nit *C* meynung *L* dz *C* leibe *C* allein *L* 14 da mit] damiet *C* 16 neüwen *L* thon *C* 18 dz *C* jüngsten *BDIKL* leben *C* 20 do *HI* nun *CHIL* new *C* neüwe *L* 21 hete *C* 22 Do *HI* göttliche *BCDEHIKL* 23 last *C* wölt *HI* lugener *C* 24 Assyrier *HI* 27 erfüllunge *C—L* 28 gehet *L* dz *CK* hette *C* Do *HI* dz *C* 29 fürsten *CDHIKL* hette *C* 30 vff *CL* neüw *L* brechtig *L* 31 vertröstet *E* hetten *C* 32 hat *C* had *HI* kumbt *C* 33 dz *K* füret *CDHIL* weg! *HI*

Wie feyn ist da Christus und seyn königreych komen! Meinstu nicht, das da viel werden gesagt haben: Nu gleube der teuffel eynem Propheten mehr, es sind allzumal buffen[1] und lügner ynn der haut? 'Denn wyr harreten dar- Jer. 14, 19 auff, es solte gut werden', (wie Jeremias von yhn sagt) 'so wirds erger; wyr meyneten, es solte fride seyn, so ists eytel unglück'; haben sie uns nicht fein betrogen mit yhrem weyssagen von dem Messia?

Doch war noch eyne hoffnung da, das der stam Juda bleyb ym lande und Gott Jerusalem wunderbarlich erhielt durch den könig Jehiskia. Da stund noch die hoffnunge, Christus solt komen ynn solcher zeyt und fride. Aber da verderbts unser herr Gott doch gantz und gar, das er auch Juda und Jerusalem lies verstören viel erger denn Israel. Und da sie auff Christum harren, kompt der könig von Babylonien und machts erger mit Juda, denn der könig zu Assyrien hatte mit Israel gemacht. Lieber, wer solte da furder den propheten gleuben? Was war nu fur hoffnung mehr da, da das land gar verderbt und wüste war, könige, fursten, priester, propheten und alles weg war, alleyne die ackerleute ym lande blieben und frembde heydenische fursten ym lande regierten, wie sie wolten? Heyst das Christum komen und eyn new, gros, mechtig königreich anfahen, das ynn aller welt solt hirschen? Ja wol: Es heyst königreich verderben und verwüsten. Sihe da, solch werck Gotts verstunden sie nicht; denn es ist dem fleysch und vernunfft unmüglich zu verstehen, das da solle leben anfahen, da das leben endet, und da ehre komen, da schande kompt, und da königreich werden, da gefengnis wird. Denn es ist zu gar widder und uber synn, brauch und erfarung aller welt. Aber Gott thut nicht anders und kan nicht anders thun, wie die schrifft von yhm sagt 1 Sam. 2, 6 f. i. Reg. ij. 'Der herr tödtet und macht lebendig. Er stösst ynn die helle und furet gen hymel. Er macht arm und machet reich' etce.

Hie musten nu die Propheten erbeyten. Da war zeyt predigens und tröstens, das die Juden nicht verzagten an der zukunfft Messia und seynes reychs. Hie muste Jeremias, Ezechiel, auch zuvor Jesaia und viel ander mehr

---

1 ist das Christus *L* 2 glaube *CL* 3 buben *CHIKL* lugner *C* lügener *EK* 3 4 drauff *L* 4 Hieremias *CHI* yhm *B* saget *K* 5 solt *L* fryd *L* nit *C* 7 blyb *C* 8 Hierusalem *CHIL* Do *HI* 9 stond *C* hoffnüg *HIL* hoffnunge *K* 10 do *HI* verderbets *B* 11 Hierusalem *CHIL* 12 kumbt *C* kömpt *D* 13 Jsrahel *D* solt *L* fürter *HI* fürder *KL* 14 glaube *CHIKL* nun *CL* für *CHIKL* 15 Künig *C* Fürsten *CDHIKL* 16 wegk *HI* arckerleüte [so!] *HI* ackerleut *L* land *D* heydnische *BC* Fürsten *CDHIKL* 17 land *L* neüw *L* 18 herschen *CHIKL* 19 sollich *C* Gottes *HI* 21 soll *L* 22 kömpt *D* königreiche *K* gefengkniß *CL* gefencknüß *HI* 23 über *KL* 24 nichts *C* nichtts *C* gschrifft *C* 25 Regum *DEH* stoßt *CL* hell *L* 26 füret *CDHIKL* geen *C* macht *L* 27 nun *CHIL* arbayten *CHI* 28 trostens *FG* 29 Hieremias *CHI*

[1]) *anst. Buben, wie öfter bei Luther, vgl. Grimm, Wtb. 2, 491; Dietz 1, 353b.*

sein, solchs verkundigen, das es nicht solte hyndern die zukunfft Christi. Und ob sie es nicht alle gleubten, doch etliche ym glauben erhalten wurden und des zukunfftigen Christus teylhafftig wurden. Der eyner ist auch dieser prophet Habacuc, wilches weyssagung gantz und gar dahyn gehet, das er predigt, wie der könig zu Babylon werde komen und das Judische land verwüsten umb des volcks sunde willen, die Gott also straffen werde. Aber doch werde darumb Christus zukunfft nicht verhyndert noch verzogen werden, sondern es sey Gottes werck, der es also treybe, das der könig zu Babylon solche straffe, wie wol ers nicht weys, volbringe, und darnach auch selbst umbkome, wie man spricht: 'Der vater braucht der rute, das kind zustraffen, und wirfft sie darnach yns fewr.'[1] Denn gleich wie Gott mit eym iglichen menschen ynn sonderheyt wirckt, das er yhn denn am hohesten hebt, wenn er yhn auffs tieffest hynuntern stösset, also thut er auch mit eym gantzen königreiche, ja mit der gantzen welt. Da höret nu glaube und gotts wort zu, das man solchs müge ertragen und erharren. Also ists diesem Judischen volck auch gangen, das yhr königreich untergieng, da Christus furhanden war. Denn alles, was nach der Babylonischen gefengnis ist geschehen mit diesem volck, ist nichts mehr denn ein kurtze und eylende zubereytunge, das Christus keme, da das land eyn wenig widder gebawet und das volck zu samen bracht war, nach dem es zu störet war, alleyne das er nür raum und leute funde zu predigen und seyn reich anzufahen.

Also ist dieser Habacuc ein trost Prophet, der das volck sol stercken und auff halten, das sie nicht verzweyffeln an Christus zukunfft, es stelle sich wie seltzam es wolle. Darumb braucht er auch alle kunst und stücke, die dazu dienen, das der glaube fest bleybe yn yhrem hertzen von dem verheyssene Christo, und predigt also: Es sey wol war, das umb yhrer sunde willen das land vom könige zu Babylon werde mussen verstöret werden; Aber doch solle darumb Christus und sein reich nicht aussen bleyben, sondern es solle auch der verstörer, der könig zu Babylon, nicht viel glücks davon haben und auch unter gehen. Denn es sey Gotts werck und art also, das er helffe, wenn es not

---

1 sollichß *C* verkündigen *BCDHIKL* dz *K* nit *D* solt *L* 2 glaubten *CHIL* 3 zukünfftigen *BCDKL* würde *D* 4 prediget *L* 5 Jüdisch *C* Jüdische *K* Judisch *L* 6 sünde *CHIKL* 7 nit *I* 8 solliche *C* straff *L* 10 ruten *HI* würfft *HIK* 11 einem *B* yeglichen *CHI* yeglichen *L* 12 würckt *HI* höhesten *BFG* höchsten *CHIKL* 13 hynunder *CHL* hynunter *I* hynund'n *K* stosset *CL* 14 gehöret *CHI* Gottes *HIK* möge *K* 15 Jüdischen *K* dz *C* 16 fürhanden *CHIKL* 17 gefängknuß *C* gefendnis *DL* gefencknüß *HI* dann *C* 18 zübereytung *L* käme *C* dz *K* 19 gebauwet *L* zerstöret *CL* 20 nur *CDEKL* leut *L* fünde *C* 23 dz *K* 24 seltzams *FG* wölle *BCEHIKL* auch *fehlt FG* stück *C* darzü *CHI* 25 yrem *C* verhayssnen *C* verhaissenen *HI* verheyssenen *K* 26 sünde *CHIK* sünd *L* 27 müssen *BCDHIKL* soll *L* 28 soll *CL* 29 darnon *HI* 30 Gotes *CHIKL* dz *C* wenn *C*

[1]) *Ähnlich Wander, Bd. 3, Sp. 1780, N. 33 u. Bd. 4, Sp. 1512, N. 181.*

Hab. 3, 2 thu, und kome mitten ynn der rechten zeyt und, wie seyn lied singet: 'Er gedenckt an barmhertzigkeyt, wenn trübsal da ist', Und wie man spricht: 'wenn der strick am hertisten helt, so bricht er'.[1] Gleych wie wyr auch mussen die Christen mit Gotts wort auff halten zum jungsten tage, obs wol scheynet, (Matth. 24, 37 ff. Luc. 17, 26 ff.) das Christus fast verziehe und wolle nicht komen, als er auch selbst sagt, das er komen werde, wenn man am wenigsten denckt, wenn sie bawen, pflantzen, keuffen, verkeuffen, essen, trincken, freyen und heyraten werden etc., auff das doch etliche, so nicht alle konnen, ym glauben erhalten werden. Denn hie ist glaubens und predigens not, wie man wol teglich fur augen sihet.

Aus dem allen sihet man wol, das dieser Habacuc sey gewesen fur der Babylonischen gefengnis, villeicht umb die zeyt Jeremia, und auch leicht zuverstehen ist, was er wil und meynet. Das aber etliche bucher von dem Habacuc melden: Er habe dem Propheten Daniel zu Babylon essen gebracht yns gefengnis aus dem Judischen lande, hat widder grund noch schein; so triffts auch nicht wol zu mit der rechnunge der zeit, Syntemal so viel die weyssagung Habacuc gibt, so ist er elter denn Jeremias, wilcher hat erlebt die verstörunge Jerusalem. Aber Habacuc weyssagt davon. Daniel aber war nach Jeremia und lebt lange, ehe er ynn das gefengnis ward geworffen. Habacuc aber hat eynen rechten namen zu seynem ampt. Denn Habacuc heysst auff deudsch ein hertzer odder der sich mit eym andern hertzet und ynn die arm nympt. Er thut auch also mit seiner weyssagung, das er sein volck hertzet und ynn die arm nympt, das ist, er tröstet sie und helt sie auff, wie man ein arm weynend kind odder mensch hertzet, das es schweygen und zu friden sein solle, weyl es, ob Gott wil, sol besser werden.

1, 1 **Dis ist die last, die der Prophet Habacuc gesehen hat.**

Eben aus dem text ists klar, das Habacuc sey lengst fur der Babylonischen gefengnis gewesen, weil er sagt: Er habe die last gesehen. Denn ynn der Ebreischen sprache heyssen die Propheten Seher odder Schawer, darumb das sie ym
Jes. 1, 1 geyst zuvor sehen und schawen, was zukunfftig komen sol. Darumb auch Jesaia sein buch nennet 'ein gesicht uber Juda und Jerusalem', das er sagt von den

---

1 thut *BL* leib *I* 1/2 gedenckt *K* 2 wenn *C* 3 hertesten *BCHI* müssen *BCDFGHIKL* die] der *I* 4 Gottes *CHIKL* jüngsten *BDIKL* 5 wölle *BCEHIKL* selbs *BGHIL* saget *K* 6 wenn *C* wens *HI* wenigesten *K* 7 kauffen *CHIKL* verkauffen *CHIKL* vff *L* 8 können *BCDHIK* funden *L* 9 täglich *C* vor *CL* für *HIK* 10 vor *CL* für *HIK* 11 gefencknüß *HI* Hieremia *HI* 12 bücher *BCDFGHIKL* 13/14 gefencknis *CL* gefencknüß *HI* 14 Jüdischen *FK* weder *CHIK* 15 rechnüg *L* Seytmale *C* Seintemal *HI* weyssagunge *E* 16 das *C* Hieremias *HI* verstörung *L* 17 Hierusalem *HIL* weyssaget *K* Hieremia *HI* 18 lebet *K* lang *CL* gefäncknus *C* gefencknüß *HI* gefengknis *L* 19 vff *L* deutsch *BL* Teütsch *HIK* 20 einem *HI* 21 tz *D* 22 tz *C* tröst *C* 23 tz *C* soll *L* über 25 Das Erst Capitel *L* 26 ist *CG* lengest *C* vor *CL* für *HIK* 27 gefencknus *C* gefencknüß *HI* hab *CL* 29 zukünfftig *BCDEHIKL* 30 nennt *C* über *CKL* Hierusalem *HIL*

[1] *Wander Bd. 4, Sp. 911, N. 39.*

zukunfftigen dingen, die er gesehen habe. Und Abadia nennet sein buch 'das Ob. 1, 1 gesicht Abadia'. Und Amos schreybt, das Amazia habe yhn heyssen weichen und gesagt: 'Du Schawer odder Seher, troll dich yns land Juda'. Solcher Am. 7, 12 wort mussen wyr gewonen, das auff Ebreisch ein Prophet heysse ein Seher, als der zukunfftig und verporgene ding sihet, wilchs die andern nicht sehen. Also hat auch hie Habacuc gesehen das zukunfftig unglück uber Jerusalem durch den könig zu Babylon und trostet und hertzet das volck zum glauben und verhoffnunge.

Warumb spricht er aber: 'Die last', so es trost sein sol? Denn er trostet ja viel mehr denn er druckt. Es ist der Propheten art, das sie yhre weyssagunge 'Last' heyssen, auff Ebreisch 'Mascha'. Und ist, wie Jeremia anzeygt, da her komen, das die Propheten gemeyniglich haben das volck gestrafft und mit Gotts zorn gedrewet, wie es denn auch von nöten ist, das ein prediger unter dem volck ymer dar straffe, weil der frumen wenig und der bösen viel ist. Da sie nu das thetten, ward ein sprich wort draus, das der pöffel sprach: 'Was hat er geprediget?' So antwort man denn: 'Er hat aber ein mal auff uns gepredigt. Es gehet ymer uber uns und drewet uns', wie man itzt spricht: 'Sie machen uns die hellen heys[1] und den teuffel schwartz'.[2] Von dem selbigen nu, das die Propheten ymer ettwas predigeten, das uber sie komen solte, nenneten sie yhre predigt eine last, das ist etwas, das uber sie fallen wurde und gleich uber yhn hienge und schwebte, das sie bald treffen wurde, wie denn Gotts zorn und straffe alle stunde hengt und schwebt uber den gottlosen, wie wol sie es nicht fulen. Davon magstu lesen Jeremia .xxiij. wie Jer. 23, 33 ff. sie Gotts wort 'Mascha' nenneten, das auch Got verdros und verbot. Weil nu auch Habacuc predigt von der zukünfftigen straffe uber Jerusalem, wie wol er mehr tröstet denn schreckt, so nennet er doch seine predigt eine last aus gemeyner gewonheit aller Propheten und des volcks; denn er ja auch drynnen

1 zukünfftigen *BCDHIKL* hab *L* 2 Amos *E* dz *K* 3 sagt *HI* Sölcher *HI* 4 müssen *BCDFGHIKL* vff *L* 5 zükünfftige *C* zukünfftig *HIKL* verborgene *CGHIKL* 6 zukünfftig *BDHIKL* zukünfftige *C* vngelück *G* über *KL* Hierusalem *CHIL* 7 tröstet *B–L* dz *C* 8 verhoffnung *L* 9 getröst *C* 10 tröstet *B–L* truckt *C* dz *CK* 11 weyssagung *L* vff *KL* Hieremia *CHI* 11/12 anzeygt *B* anzeyget *E* 12 dz *C* gemainklich *C* gemeinicklich *E* gemainigklich *HI* gemeynglich *K* dz *C* 13 Gottes *HIL* gethräwet *C* gebrauwet *L* denn *fehlt C* dz *C* 14 frommen *D* 15 Das *D* nun *CHIL* thätten *C* darauß *L* dz *C* 16 geprediget *B* prediget *C* ein *fehlt C* 17 vf *C* geprediget *B* prediget *L* über *KL* thräwet *C* trauwet *L* 18 yetz *C* yetzt *DHIKL* helle *IL* 19 nun *CHIL* dz *C* über *KL* 20 predig *CHIKL* ettwz *C* über *KL* 21 würde *BDK* über *KL* hieng und schwebt *L* dz *C* würde *BD* 22 Gottes *HIL* stundt *L* henget *L* über *KL* 23 fulen] entpfinden *C* fülen *HIKL* Hieremia *CHI* Jeremia am drei vnnd zwentzigisten *DH* xxiiij *K* 24 gottes *HIL* dz *C* 25 prediget *L* zukunfftigen *G* über *KL* Hierusalem *CHIL* 26 schrecket *HI* predig *CHIK* predige *L* ein *L*

[1] *Wander, Bd. 2, Sp. 746, N. 88.* [2] *Wander, Bd. 4, Sp. 1076, N. 409:* „Der Teuffel ist nicht so schwartz, wie man ihn malt“.

am ersten drewet, auch darumb, das er sie demütige und erschrecke, ob sie sich bessern und bekeren wolten und die zukunfftige straffe abwenden.

1, 2 **HERR, wie lange sol ich schreyen, und du wilt nicht hören? Wie lange sol ich ruffen zu dyr uber unrecht, und du wilt nicht helffen?**

Hie feht er an, die schuld und sunde des volcks zu straffen, umb wilcher willen der zorn Gotts und die last uber sie komen muste. Und fehet hefftig an mit eym geschrey und gebet zu Gott und gleich als zurnet er mit Gott, das er so lange gedult habe uber der sunden und lasse die leute sich so gar sicher verschuldigen. Als solt er sagen: Ich predige viel; das hilfft nichts. Meyn wort ist veracht und niemand bessert sich, sondern werden nur ymer erger. Darumb weis ich nyrgen hin, denn das ichs dyrs klage. Aber du stellest dich auch, als hörtestu mich nicht und sehest sie nicht. Solchs aber thut Habacuc nicht, das er mit Gott rechte odder sich mit yhm schellte, wie die wort lauten und anzuhören sind; Sondern das er damit das volck erschrecke und zur busse treybe und antzeyge, wie gar billich der zorn und die last uber sie komen werde, weyl sie sich an kein predigen, drewen, vermanen, auch an kein gebet, das widder sie geschicht, keren. Hie mit gibt er zuverstehen zum ersten, das er gar hefftig geprediget und viel sich gemühet habe, das volck zu straffen, Aber es habe nicht wollen von stat gehen. Zum andern, das er grosse sorge und angst hat fur das volck umb der zukunfftigen straffe und last willen, und sie gerne wolte erretten und furkomen, Sie aber der beydes nichts achten, gleubens nicht, das last furhanden sey, wollen auch von sunden nicht lassen, wie denn der sunder art ist: Das, weil sie es nicht fulen, so gleuben sie nicht, man drewe und schellte, wie man wil.

1, 3 **Warumb lessestu mich sehen mühe und erbeyt? Warumb zeygestu myr raub und frevel umb mich?**

Da sehen wyr, das er von dem Judischen volck redet und noch nicht von dem könige zu Babylon. Denn er klagt, wie es ynn seym lande so ubel

---

1 thrawet *C* drewoet *L* dz *C* sich *fehlt C* 2 wölten *HI* zukünfftige *BCDHIKL* strafl *L* 3 lang *KL* schryen *HI* schreyhen *K* 4 lang *L* rüffenn *CFHIK* über *KL* 6 facht *C* fehet *KL* sünde *CHIKL* 7 Gottes *HIKL* über *KL* müst *C* müste *F* fahet *C* fecht *HI* 8 zürnet *BCFGHIKL* 9 dz *CK* lang *C* hab *L* über *KL* sünden *CHIKL* leut *L* 10 wolt *G* 11 nür *EHI* 12 nyedert *C* nyrgent *L* ich *CHIL* Aber *G* 13 hörtest du *C* hörestu *I* Sollichs *C* Sölchs *HI* 14 nit *C* 16 büß *L* anzeyge *B* anzeyg *L* über *KL* 17 kümen *C* thrawen *C* drewen *L* 19 gar *fehlt C* vil sich vil *HI* bemühet *K* hab *L* 20 es] er *HI* hab *L* nit *C* wöllen *BCEFGL* 21 sorg *CL* für *CEHIKL* zukünfftigen *BCDGHIKL* straff *EL* 22 erretten *C* fürkomen *CEKL* fürkamen *HI* 23 nicht *CDEHI* glaubenns *CL* glauben *HI* verhanden *C* fürhanden *EHIK* vorhanden *L* wöllen *BCEFGL* sünden *CHIKL* 24 lassens *HI* sünder *CHIKL* es *fehlt C* fülen *EHIKL*] entpfinden *C* 25 glauben *CHIL* thrawe *C* drewe *L* 26 lassest du *CL* lesestu *D* mühe *G* arbait *CHIL* 27 zaigest du *C* 28 Jüdischen *CF* Jüdischen *G* nit *C* 29 land *C* übel *CKL*

stehe und zu gehe, das umb yhn und bey yhm viel bosheit geschicht, und musse dem zusehen und konne es nicht weren. Derhalben er seines predigens müde und verdrossen wird, wie denn ein iglicher frumer prediger thut, der gerne die straffe wolt abwenden und die leute frum machen. Wenn er denn sihet, das so gar nicht fort wil sondern gleich erger wird, rewet yhn schier seines predigens, kans und thars doch nicht lassen umb etlicher auserweleten willen. Und das ist uns zu trost und vermanunge geschehen und geschrieben, das wyr uns nicht wundern noch seltzam lassen duncken, ob sich unser lere wenig bessern odder auch erger werden. Denn gemeyniglich die prediger, sonderlich wenn sie new sind und erst aus der esse komen[1], meynen sie, es solle so bald hende und fusse haben, wenn sie was sagen, und flux alles geschehen und geendert werden. Aber das feylet weyt. Es hat den Propheten und Christo selbs gefeylet. Es geht, wie man spricht: 'Du bist zu jung dazu, das du soltest allte schelcke frum machen'.[2] Eben so gehet es hie diesem guten Habacuc auch und verdreust yhn seer, das seine lere nicht wil eytel werck und that werden.

Die zwey Ebreische wort 'Aven' und 'Amal', die ich verdeudscht habe 'Mühe' und 'erbeyt', werden offt, sonderlich ynn den Propheten, bey einander gebraucht; Und wyr mussen yhr gewonen. Denn sie haben zweyerley brauch. Eyner, das sie bedeuten unlust und beschwerung, wie man auff deudsch spricht von schweren geschefften und verworren bösen sachen: 'Hie ist muhe und erbeyt'. Also redet der .lxxxx. Psalm von allten leuten: 'Wenns hoch mit yhn kompt, Ps. 90, 10
so sind es achtzig jar, was daruber ist, das ist Aven und Amal', muhe und erbeyt. Darumb das das allter ein schweer, unselig wesen und leben ist. Der ander brauch ist, das sie unrecht, untugent und bosheit heyssen. Und so brauchens die Propheten, wenn sie die gottlosen und die bösen straffen und nennen yhr böses wesen mühe und erbeyt, wie der .ix. Psalm spricht vom endechrist: 'Unter seiner zungen ist mühe und erbeyt'. Und das darumb, denn Ps. 10, 7
falsche lerer und böse leute machen mit yhrem bösen wesen und leren den andern viel unglücks, als die sie berauben, schinden, stelen, drucken, verfuren und auch mit unnutzen gesetzen und untreglichen wercken beladen und be-

---

1 bößheyt *E* müsse *C—L* 2 könne *BDFGHIKL* künde *C* es *fehlt HI* nit *C* 3 ydlicher *C* yeglicher *HI* yeglicher *L* fromer *G* 4 straff *L* wölt *HI* leüt *CL* 5 nit *C* rewet *CKL* schyr *E* 6 nit *C* vßerwölten *C* außerwelten *GHIL* 7 troste *G* 8 nit *E* verwundern *HI* dünden *E* bedunckẽ *HI* 9 gemainigklich *CHI* sonderlichẽ *C* 10 soll *L* hend *L* 11 füsse *CDEFHIKL* etwas *L* und nach geschehen *fehlt DEHI* 12 felet *CHI* fälet *L* gefelet *CHI* gefälet *L* 13 gehet *C* geet *G* darzu *HI* schelck *C* frumb *C* 14 verdreüsset *C* 16 verteütscht *HI* hab *L* 17 arbayt *CKL* 18 müssen *BCDEFHIKL* 19 man] wan *C* vff *L* Teütsch *HI* 20 mühe *B—L* arbayt *CKL* 21 kumpt *C* kompt *D* 22 darüber *BCEHIKL* mühe *B—L* 23 arbayt *CHIL* 24 boßheit *E* 26 muhe *G* arbayt *CHIL* 27 Endchrist *C* arbeyt *CL* darumb *E* 28 leüt *L* 29 verfüreun *CDEFHIKL* 30 vnnützen *BCEHIKL* belanden *G*

[1]) *vgl. Wander, Bd. 1, Sp. 886, „Esse“ N. 12.* [2]) *Nur die zweite Hälfte bei Wander, B. 4, Sp. 79, „Schalck“ N. 1.*

schweren. Gleich wie wyr des worts 'Ungluck' auch auff zwo weyse brauchen: Eyn mal, das es schlecht ein unfall und zufelligen schaden heyst, der on sunde geschicht. Zum andern mal, das es auch untugent und buben stuck heysst; als wenn wyr sehen, das ein bube was böses furnympt, sprechen wir: 'der wird ein ungluck anrichten',[1] das ist eyne untugent, da durch andern und zu letzt yhm selber auch ungluck komen wird. Solche unterscheyd aber und brauch mus man nemen aus gelegenheit und ursachen der sprachen und geschichten.

So zeygt nu Habacuc hiemit an, wie es ym lande Juda sey gestanden, da er predigete, nemlich muhe und erbeyt ist drynnen gewesen; das ist: kein liebe, kein freundschafft, kein trew noch glaube ist unter den leuten, sondern ein iglicher sucht das seine und uber vorteylt den andern, betreugt, nympt, raubt und stilet, wo er kan, wie ers denn auch selbst auslegt und deutet, da er spricht: 'Warumb zeygestu myr raub und frevel umb mich?' als solt er sagen: Ich meine solche mühe und erbeyt, da einer dem andern das seine nimpt und yhm gewalt thut. Denn ym Ebreischen lauten die zwey wort 'Raub' und 'frevel' starck. Das erste heysst nicht schlecht rauben, sondern gleich verderben und verwüsten, wie man ein haus odder stad verderbet und verwüstet. Damit wil der Prophet sagen, wie einer den andern verderbt und zu bettler macht, das sie von haus und hoff und allen gütern komen, als weren sie verstöret und verwustet, wie es denn pflegt zu gehen ynn stedten und lendern, da kein recht noch ordnunge geht und die reichen und tyrannen machen, was sie wollen. Darumb heysst auch das ander wort 'frevel', das ist 'gewalt', als die nach keinem recht fragen. Diese beyde wort reden wyr auff deudsch also: Sie treyben eytel gewalt und verderben einander ynn der stad.

Aber hie sihestu dennoch nicht, das Habacuc die Juden schellte umb abgotterey odder ander sunden, so widder Gott geschehen, sondern alleine umb der sunden willen, die widder den nehisten geschehen; das zu der zeyt dennoch mussen frume leute gewesen sein, die den Gotts dienst rein haben erhalten. Aber es hat dem hauffen an glauben und liebe gefeylet und sind mit geytz,

1 wortes *C* Unglück *BDHKL* Unglücks *I* zu *G* 2 schlechts *HI* sünde *CHIKL* 3 stück *E* 4 wann *C* bub *C* etwas *L* fürnimpt *CEHIKL* 5 würdt *C* unglück *BCDFGHIKL* dardurch *E* 6 letst *C* unglück *BCHIKL* ungelück *G* Sölche *BEHI* 9 zeyget *C* land *L* 10 predigte *CL* mühe *B—L* arbayt *CHI* 11 lieb *G* glaub *E* 12 yeglicher *CL* yeglicher *HI* süchet *L* übervorteylt *KL* 13 stillet *B* selbs *KL* 14 zeigest du *C* 15 mein *C* arbait *C* arbeyt *FGHIL* seyn *L* 19 verderbet *I* 21 verstört *C* verwüstet *B—L* ländern *C* 22 ordenung *L* gehet *I* 23 wöllen *BCEHIL* Darümb *E* 24 deutsch *BGKL* teütsch *CHI* 25 verderben *G* 26 sihest du *C* dennocht *CL* dannocht *HI* 26/27 abgötterey *B—L* 27 sünden *CHIKL* allein *EL* 28 sünden *CHIKL* nächsten *C* nechsten *HIL* gschehen *C* dennocht *CL* dannocht *HI* 29 müssen *BCDFGHIKL* frum *B* leut *L* gottes *HIK* 30 gefelet *CHI* gefälet *L*

[1]) vgl. *Grimm, Wörterbuch, 1, 436, letzte Zeilen.*

wucher und unrecht besessen gewest. Nu gefellet Gott kein dienst, er sey wie gros er wolle, wo man dem nehisten leyde thut, wie er spricht Hosee .vi. 'Ich [Hos. 6, 6] wil des opffers nicht, sondern der wolthat', Und Matt. v. 'Las dein opffer fur [Matth. 5, 24] dem altar und gehe zuvor hin und versune dich mit deym bruder'. Weyl sie denn unternander sich verderben und gewalt thun, drawet er yhnen, das sie sollen widderumb verderbt werden und gewalt leyden durch den könig zu Babylon, wie denn Gotts art ist, zu richten und zu straffen, nach dem ein iglicher verdienet.

Es gehet gewalt uber recht. [1, 3]

Da deutet er selbs, was er heysse muhe und erbeyt, frevel und verderben, nemlich das man kein recht schutzt noch handhabt und mit eytel gewalt feret. Damit ruret er die grossen hansen und obersten ym lande und wagets ferlich gnug mit seinem predigen und schellten, das er die gewaltigen so antastet. Er sollte auch wol auffrurisch verdampt worden sein: Als der die oberkeit wolle veracht machen bey den unterthanen. Denn das pflegt man auffrurisch zu heyssen, wenn man die herren mit Gotts wort straffet und lesst sie nicht frey thun, was sie wollen, und lobet und ehret sie nicht auch da zu ynn yhrem bösen furnemen. Nu ists ja niemands schuld, das unrecht zugehet ym lande, denn der oberkeit, weil yhr von Gott das schwerd und straffe des unrechts befolhen ist, und sie doch nicht alleine das unrecht lest uberhand nemen, sondern thuts auch selbs. Denn wo strenge oberkeit ist und das recht handhabt, mus wol bey den unterthanen nach bleyben, was sonst wol geschehe.

Aber Habacuc feret durch und furcht nicht, das er auffrurisch gescholten werde, und strafft die sunde unter den gewaltigen am meysten und gibt yhn schuld alles unglücks, das zukunfftig war uber das gantze land. Denn wie gesagt ist: Er strafft sie nicht umb abgötterey und götzen, ja auch umb gemeine sunde ym volck, als liegen, triegen, ehebruch, braffen etc. sondern umb gewalt und unrecht des gerichts, das alle seine predigt uber die herrn und richter gehet. Wilchs auch darnach die straffe beweyset. Denn der könig zu Babylon furet alles, was gros war ym lande, weg und lies die alleine, armen, geringen, ackerleute und gertner ym lande, iiij. Reg. ult., als solt Gott mit [2. Kön. 25, 11 f.] der that sagen: Die grossen habens alleine verdienet, drumb sollen auch sie

2 wölle *BCHIL* nächsten *C* nechsten *HIL* 3 sonder *C* vor *CL* für *HIK* 4 versüne *CFGHIKL* 5 unter einander *HI* undereinander *K* dräwet *C* drewet *DHI* dreuwet *L* 6 verderbet *FG* Könige *FG* 7 Gottes *HIL* Gotts wort art *G* yeglicher *CHI* yeglicher *L* 8 über *KL* 9 mühe *BCDEFGL* arbayt *CHIL* 10 schützt *FGHIKL* 11 rüret *BCFGHIKL* öbersten *GK* 13 solt *L* auffrürisch *BCFHIKL* vordampt *G* öberkeit *BG* wölle *BCFGHIL* 14 auffrürisch *BCDFGHIKL* 15 Gottes *HIL* lasst *C* 16 wöllen *BCHIL* darzů *CHI* 17 fürnemen *CHIKL* Nun *CL* ist *G* land *L* 18 öberkeyt *G* 19 alleyn *L* über handt *KL* 20 öberkeyt *G* 21 underthanen *HI* sunst *HIL* 22 fert *HI* fürcht *CHI* förcht *L* auffrürisch *BCDFHIKL* 23 sünde *HIK* sünd *L* 24 zukünfftig *BCDEHIKL* über *KL* 25 gesaget *C* abgötterey *B—L* 26 sünd *C* sünde *EHIKL* 27 predig *HIKL* über *K* herren *HI* 28 dise *K* 29 füret *CEFGHL* fürt *I* wegk *HI* alleyn *L* 30 gärtner *CK* 31 allain *HI* darumb *HI* sollen sie auch *HI*

die straffe leyden. Und es gehet auch gemeyniglich mit allen straffung Gotts also, das die oberkeyt am meysten gestrafft und gestortzt wird und das volck ym lande bleybt. Denn das volck mus doch oberkeit haben und unter liegen wie das ros einem herrn. Nu ligt yhm nicht viel dran, wenn seine oberkeit und herrn böse buben sind, das ein ander herr kome und stosse den abe, Gott gebe, er sey frumer odder ja so böse; Das also Gotts straffe auff erden fast
Luc. 1, 52 sey das spiel, davon Maria singet: 'Er setzt die gewaltigen vom thron und erhohet die nydrigen'. Denn von anbegyn der welt bis her sehen wyr, wie er ymer einen könig durch den andern, einen herrn durch den andern abstosset und andere auffsetzt und lesst land und leute bleyben; on wo er land mit den leuten wil verderben, als Sodom und Gomorra und der gleichen.

Also sties er den könig Israel durch den könig zu Assyrien ab, Und widderumb den könig zu Assyrien durch den könig zu Babylon, Den könig zu Babylon durch den könig zu Persen, Den könig zu Persen durch Alexander, den könig ynn kriechen, Das königreich ynn kriechen durch die Römer, Die Römer durch die Gotten und Turcken. Die Turcken werden auch yhren stosser finden, sol die welt lenger stehen. Und so fort, beyde ynn grossen und kleinen hirschafften, beyde ynn keyserthumen und königreichen sihet man nichts mehr denn abfallen und auffsitzen, gerade als sey die gantze welt mit yhrer oberkeit Gotts turnyr und reuterey, da sichs unternander sticht und bricht und gilt nicht mehr denn wer do ligt, der ligt, wer do sitzt, der sitzt. Und das alles umb yhres unrechts und gewalts willen, das yhr schuld ist, wo es ubel und unrecht zu gehet ynn landen. Aber der teuffel, der welt oberst furst, treybt sie also, das sie des schwerds, von Gott befolhen, nicht recht brauchen, gleich wie die welt auch aller ander güter gots missebraucht. Und mus doch schwerd sein, gleich wie essen und trincken. Aber Gott nympts ymer einem nach dem andern aus der faust und gibts eym andern umb seines missebrauchs willen. Also bleybt denn ymer das schwerd und oberkeit ynn der welt; Aber die personen, so ynn der oberkeit sitzen, mussen sich ymer uberportzeln und baumeln, darnach sie verdienen.

Das hat aber die Juden betrogen und verstockt, das sie Habacuc nicht gleubten, das sie nicht abgotterey und gotzen da zumal hatten und sich duncken

---

1 straff *HI* gemainklich *CHI* aller *HI* gottes *HI* 2 öberkeyt *G* gestraffet *C* gestörtzt *BCDE* gestortz *G* gestürtzt *HI* 3 öberkeyt *G* vnterligen *BG* 4 öberkeyt *G* 5 herren *HI* stösse *F* ab *G* 6 frümmer *KL* Gottis *E* gottes *HI* 8 erhöhet *B–L* 9 Herren *HI* anderen *L* abstösset *BHI* 10 leut *L* 16 Türcken *BCDFHIK* Türcken *BCDFGHIK* stosser *E* 17 herschafften *CHIKL* 18 keyserthümen *D* meher *K* 19 gerad *HI* öberkeit *BG* Gottes *HI* 20 reytterey *C* unter einander *HI* 21 da *CHI* da *CHI* 22 gewaltes *L* übel *KL* geht *L* 23 öberst *BK* öberster *HI* fürst *CEHIKL* 25 Gottes *HIL* mißbraucht *CHIL* glich *L* 27 seins *HI* myßbrauchs *CHIL* 28 öberkeit *BG* 29 öberkait *GHI* müssen *BCDFKL* överporzeln *DE* -bürtzeln *HI* überportzeln *K* -bortzeln *L* 31 glaubten *CHIL* abgötterey *BCDEGHIKL* götzen *BCDEGHIL* häten *C* beduncken *HI*

liessen, wie sie frum weren und einen gnedigen Gott hetten, das sie sich solchs
seines zorns gar nicht versahen; wie denn des volcks sonderliche art ist bis
auff den heutigen tag, wie aller heuchler und werckheyligen, das sie ymer
dencken, sie seyen die lieben kinder fur allen andern, und konnen nicht gleuben,
das sie zorn verdienen, wie ynn Michea stehet, das sie sagen: 'Sollt Gott Mich. 2, 7
solchs ym synn haben? sollt seyn geyst so kurtz worden sein?' etc. Denn wo
sie sich fur sunder erkand hetten, so hetten sie Habacuc gehorchet und sich
mit furcht und demut gebessert, das die straffe nicht were uber sie komen, wie
die Niniviten thun. Aber nu sie das nicht thun, ists gewis, das sie Habacuc
fur einen narren und unnutzen prediger, sich aber fur frum, unschuldig und
die rechten kinder gottes gehalten haben. Eben wie wyr sehen, das noch heu-
tiges tages auch unsere geystlichen thun, die ynn den aller grewlichsten sunden
und lesterungen meynen Gott zu dienen und angenem zu sein.

Darumb wil dieser spruch Habacuc 'Gewalt gehet uber recht' wol
bleyben ynn der welt, Und ist auch ein gemein sprich wort[1], damit yederman
klagt und schreyet uber gewalt. Aber es sol uns nicht wundern. Es mus
und sol so gehen und ist die rechte farbe der welt. Denn wo es recht zu
gehet, da ist nicht mehr welt odder welts regiment, sondern Gottes selber.
Und wo nicht gewalt solt uber recht gehen, so konde der teuffel der welt furst
nicht mehr sein, und wurde eytel Gotts regiment sein. Aber doch lesst es Gott
nicht ungestrafft, sondern gleich wie die welt nicht ablest zu sundigen, so höret
auch Gott nicht auff zu straffen und stosset ymer einen nach dem andern abe
und setzt andere auff, wie Daniel .ij. sagt: 'Er versetzt die königreiche und Dan. 2, 21
richtet ander auff', und Salomo yn seynen sprüchen .xxviij. 'Umb der sunde Spr. 28, 2
willen ym lande mus es viel herrn haben. Aber wo die leute vernünfftig
und klug sind, lebt yhr herr deste lenger'.

Darumb mus das gesetze wancken, und kan keyn recht zum 1, 4
ende komen.

Das ist: Es gehet nicht nach dem gesetze Gotts, sondern das gesetze mus
sich beugen und lencken nach yhrem mutwillen. Denn er trifft hie die ienigen,

1 gnädigen *K* solches *C* 2 zorn *B* 3 vff *FG* 4 vor *CL* für *HIK* können *BDGHIKL* künden *C* glauben *CHIL* 5 steht *K* sie] die *C* Sölt *HI* 6 sollichs *C* heben *E* etc. *fehlt HI* 7 für *CHIKL* sünder *CHIKL* 8 forcht *CHIL* gebesset *A* wer *L* über *KL* 9 Niniuiten *CE* 10 für *CHIKL* vnnützen *BCDFGHIKL* für *CHIKL* 11 Gots *G* 11/12 heutigs *CGHIK* 12 greuwlichsten *L* sünden *CEHIKL* 13 und *nach* dienen *fehlt E* 14 geet *L* über *KL* 16 schryet *HI* über *KL* 17 geen *L* 17/18 zügeet *L* 18 ödder *G* selbes *K* 19 über *KL* gehn *FG* geen *L* künde *B* köndt *DFGKL* fürst *CDEHIKL* 20 meher *K* würde *BDE* Gottes *HI* 21 nit *EL* sundern *G* ablaßt *L* sündigen *CHIKL* 22 ab *L* 23 ander *DEHI* wie *fehlt G* 24 andere *B* sünde *CEIKL* sunden *D* 25 es] sie *DEHI* Herren *HIKL* vernunfftig *C* 26 klüg *C* dester *CHIL* 27 gesetz *L* 29 geet *L* Gottes *HIL* gesetz *L* 30 biegen *HI*

[1]) *vgl. Wander Bd. 1, Sp. 1644, N. 28f. u. 41.*

so sich des rechts rhümen und wollen ynn keynen weg gesehen seyn, das sie widder recht thun, sondern fangen etliche buchstaben und zwingen die selbigen, das sie deuten und geben müssen, was sie wollen; gleich wie auch zu unsern zeiten die scharffen Juristen thun mit yhrem strengen recht, wenn sie böse, lose sachen haben, und doch dem recht eyne solche nasen machen, das die sache recht und gut werden mus. Das heyst denn hie Habacuc, das gesetze wancken und das alle gute sachen verhindert und nicht zum ende komen konnen. Denn da wird der rechte verstand des gesetzs ynn den wind geschlagen und veracht, und zihen also davon, habens gewonnen durchs recht auff yhren synn gezogen. Dieser ist nu die welt vol und heissen frume leute, man thar sie auch nicht anders schelten. Aber Gott richtet und strafft sie gleich wol und drewet yhn, das yhn nicht solle geschenckt werden. Summa: Es komen wenig guter sachen unter die Juristen odder rechtsprecher, wie sie selbs fulen und bekennen, Sie tragen auch nicht gelt; und müsten wol betler seyn, die itzt gantz gulden und seyden sind, wo böse sachen thetten[1] yhm recht.

1, 4 **Denn der gottlose uberforteylet den gerechten. Darumb gehen verkerete urteyl.**

Da sihestu, das er die bösen tücke meynet, so ym recht eyner wider den
Mich. 7, 3 andern braucht; Davon auch Michea spricht: 'Was der oberst foddert, das spricht yhm der richter zu. Und die grossen hansen reden alle yhren mutwillen und betrüben also das land'. Denn das er hie sagt: 'Der gottlose
1. Theß. 4, 6 uberforteylet den gerechten', ist, das S. Paulus zun Tessalonicen. sagt 'Circumvenire', wenn eyner den andern uber das seyl wirfft und also mit listen umbgibt, das der gerechte mus unrecht haben. Das sind nu viel erger buben, denn die offentlichen diebe und schelcke. Denn die offentlichen schelcke thun frey widder das gesetze, das yderman greyfft und fulet. Aber diese wollen frum seyn und unrecht fur recht gehalten haben; Und sind also zwyfeltige buben: Eyn mal, das sie unrecht thun, zum andern, das sie dasselbige unrecht mit dem recht schmucken und schutzen, wilchs erger ist denn das erste. Denn weyl hie Habacuc meldet, das das gesetze müsse wancken und falsche urteyl gehen, deutet er klerlich die ienigen, so mit dem recht und urteyl felschlich handeln,

1 wöllen *BCFGHIKL* 2 thum *A* sahen *L* ettlich *L* 3 mussen *G* wöllen *BCHIKL* unseren *L* 4 scharpffenn *CHIL* böß *L* loß *L* 5 ein *HIL* sollichs *C* sach *L* 7 sache *EI* thunen *BFGHIKL* künden *C* 8 recht *C* 9 ziehen *BCHIKL* darvon *HI* gewunnen *HI* 10 die] der *I* leut *L* 11 tröwet *L* 12 soll *L* Somma *C* kome *I* 13 fülen *CEHIL* 14 trügen *K* müsten *G* yetzt *CHIKL* gülden *BE* guldin *C* 15 theten *BD* 16 überforteylet *KL* 18 sihest du *C* tück *L* 19 öberst *GK* fodert *C* fordert *HIL* dz *L* 20 die] diese *HI* all *G* 21 betruben *G* 22 überforteylet *KL* sant *HIL* Thessalonichern *H* Tessalonichern *I* 23 über *KL* würfft *HI* 25 öffentlichen *B* öffentlichen *B* 26 gesetz *L* yederman *CDFGHIKL* empfindt *C* fület *DHIL* wöllen *BCHIKL* 27 für *CHIKL* zweyfeltige *K* 29 schmücken *B* schützen *BCKL* wöllichs *C* Dann die weyl *HI* 31 klärlich *K* felschlich *G*

[1] *d. i. nicht vorkümen, vgl. Zeitschr. f. deutsche Philologie 23, 41; 24, 37. 43. 201.*

yhr unrecht zu schmucken. Also haben wyr nu, wie es ym lande ist gestanden; das es vol böser buben sey gewest, sonderlich unter den grossen hansen, und doch also, das sie nicht haben wollen buben sein, und also die andern mit zweyerley bosheit beschedigt: Eyne, das sie yhn unrecht thun; Die ander, das sie auch ihener recht schenden und unrecht machen und unter dem scheyn frumer leute verzweyffelte buben sind. Das ist denn gar verdrieslich beyde fur Gott und der welt; drumb kan es Gott die lenge nicht leyden sondern strafft, wie folget.

Schawet unter die heyden. Sehet und verwundert euch. 1, 5
Denn ich wil ettwas thun zu ewren zeyten, wilchs yhr nicht gleuben werdet, wenn man davon sagen wird.

Hie fehet er an zu drewen mit der straffe den vorgesagten buben. Und zum ersten nympt er weg yhren trotz und sicherheyt, darauff sie sich verliessen. Denn sie verliessen sich darauff, das sie Gottes volck waren und Gott zu Jerusalem wonete ynn seynem heyligen tempel, wilche stad auch bis auff die zeyt gar manchmal durch grosse wunderzeychen Gotts beschirmet war, nicht alleine widder die umbligende lender, furstenthume und konigreiche, sondern auch widder das keysertthum zu Assyrien selbst, wilchs doch gantz Israel zuvor hatte verstöret und weggefuret, Aber fur Jerusalem zur zeyt des königes Jehiskia mit allen schanden bestund und auff eine nacht verlor hundert und funff und achtzig tausent man und davon fliehen muste. Derhalben war es 2 Kön. 19, 35 f.
den Juden gar eine lecherliche rede und ein lauter narren teydinge, das hie Habacuc und andere mehr Propheten sagten, wie Jerusalem solte verstöret werden. Sie kundtens auch noch nie gleuben bis auff die stunde, da es geschach, so gar feste stund yhr trotz auff dem stucke, das Gott bey yhnen wonete zu Jerusalem. Und ist auch fur war nicht ein geringer trotz gewesen, wilches sich die vernunfft nicht hat mugen verzeyhen. Da sind denn falsche Propheten mit zu geschlagen, wilche der schrifft spruche haben erfurzogen, da Gott Christum zukunfftig verheyfft und wie herlich Davids stuel solte werden und der gleichen. Daruber haben Habacuc und seynes gleichen, die gleich das widder spiel sagen, alle mussen lugener sein. Denn es wolt sich gar nicht reymen miteynander, das ein herlich konigreich solte werden und doch verstöret werden.

---

1 schmücken *BD* land *GL* 3 wöllen *BCHIKL* 6 leut *L* verdrießlich *G* vor *CL* für *HIK* 7 darumb *HI* 8 die] den *HI* 9 ewern *HI* eüweren *L* 10 glauben *CHIL* 11 fahet *C* trewen *KL* straff *L* 12 werge *C* wegk *HI* trutz *HI* 13 und 14 verlassen *HI* 14 Hierusalem *HIL* wölliche *C* 15 Gottes *HI* 16 länder *C* fürstenthume *CKL* furstenthüme *D* Fürstenthumbe *HI* königreiche *BDFGHIK* künigreyche *CL* 17 Keyserthumb *HIK* 18 häte *C* weggefüret *CDHIKL* vor *CL* für *HIK* Hierusalem *HI* des] den *G* Königs *HI* 19 eyn *L* 20 fünff *HIKL* darvon *HI* müste *CK* 21 ein *C* lächerliche *C* theydinge *C* tädinge *L* 22 meher *K* Hierusalem *HI* verstöret *A* 23 noch *fehlt FG* glawben *CEHIL* 24 trutz *HI* stuck *B* 25 Hierusalem *HI* für *CHIKL* trutz *HI* 26 mügen *BCDEKL* mögen *HI* 27 sprüche *BDEHIK* ersür *CK* hersür *HIL* 28 zukünfftig *BCDHIKL* stul *HIL* 29 Darüber *BCKL* seins *L* 30 müssen *BCDFGHIKL* lügener *BDFGHIK* lügner *L* mit *C* 31 königreich *BDEHIK* künigreich *CL* verstört *C*

Also trifft nu Habacuc yhr trotzen und pochen und spricht: 'Schawet unter die heyden, Sehet und verwundert euch', als solt er sagen: yhr schawet auff euch, sehet alleine euch an, haltet viel von euch, seyt gantz sicher und gewis, das Gott alleine mit euch grosse ding thu, des sich alle heyden verwundern sollen, wie er denn bis her gethan hat. Aber nu schawet drauff und sehet zu, was ich durch heyden thun werde. Ich wil es ein mal umbkeren und durch die heyden auch ein solch ding thun, das euch sol auch wunderlich und seltzam sein, also das yhrs nicht gleuben werdet, bis yhrs erfaren und fulen werdet, sondern werdet meyne Propheten Habacuc, Jeremia und yhr gleichen fur narren und lugener halten und nicht dencken, das es mein wort sey, das sie davon zu euch reden, gleich wie der könig Zedechias nicht kund gleuben, was Jeremias davon sagt, und foddert yhn zu sich und fragt, obs
Jer. 37, 17; 38, 14ff. Gotts wort were, Jere. xxxviij. Was kundte Gott auch wunderlichers thun, denn das er durch seine feinde, die heyden, solte seinen stuel, seinen tempel, seine stad, sein volck verstoren, die er hatte bis her widder alle heyden herlich gemacht und erhalten und zugesagt, das er wolte ewiglich yhr Gott und schutz sein?

Aber damit zeygt er an gnugsam, das er gar auff kein ding wil uns trotzen lassen, on alleine auff seine gnade und barmhertzickeit. Denn hie sihestu, das die Juden nicht hilfft, das sie Gotts volck sind, das sie der veter samen sind, das sie Gotts gesetz, tempel, stuel, stad, land und volck ynnen haben, auch nicht, das so viel wunderzeychen bis her an yhn geschehen, auch nicht, das sie Gotts verheyssunge haben. Warumb das? darumb, das solchs alles kan gehabt werden on glaube und geist, wie es denn die Juden des mehrer teyl hatten. Wo es aber on geyst und glaube gehabt wird, da thuts nicht
Luc. 12, 48 mehr, denn macht fur Gott deste grosser schuld. Denn wer viel hat, von dem wird man viel foddern. Uber das so macht es stoltze, trotzige, sichere, vermessene, hoffertige leute, die sichs erheben uber die andern alle, die es nicht haben, und wollen alleine Gotts volck und eygen seyn, alle andere verachten und verdamnen. Das kan denn Gott nicht leyden, das man auff etwas trotzt

---

1 triffet *C* nun hie Habacuc *HI* trutzen *HI* bochen *HIL* 2 schawtt *C* schauwet *L* 3 allain *HIL* 4 allain *HIL* 8 als *B* glauben *CKL* 9 empfinden *C* fülen *DGHIL* Hieremia *HIL* 10 für *CHIKL* lügener *BDFGHIKL* lugner *C* gedencken *HI* 11 nit *C* 12 glauben *CHIKL* Hieremias *HI* fodert *C* fordert *HIKL* 13 Gottes *HIL* Hiere. *HI* künde *C* wunderlichs *E* 14 feynd *L* solt *L* stül *CHIL* 15 sein *L* verstören *B–L* hätte *C* 16 wolt *C* wölte *HI* ewigklich *CHI* 19 trutzen *HI* allein *L* sein gnad *L* barmhertzigkait *CHIKL* sihest du *C* 20 nit *CG* gottes *HIKL* sein *K* by *K* vätter *CL* väter *K* 21 Gottes *HIKL* stül *CHIKL* ynne *K* 23 Gottis *E* Gottes *HIKL* Warumb *E* darumb *E* 24 glaub *L* merers *C* 25 hätten *C* 26 vor *C* für *EHIL* bester *C* grösser *BCDHIL* schulde *K* were *B* 27 fodern *C* fordern *HIL* machts *HI* es *fehlt HI* trötzige *B* trutzige *HI* trotzig *L* 28 sich *HI* über *L* 29 wöllen *BCEFGHIL* allain *HIL* Gottes *HIL* 30 verdammen *HIKL* trutzt *HI* trotz *K*

anders denn auff seine gnade, und lesst es daruber zu scheytern gehen mit allen, die drauff trotzen. Das kan aber fleysch und blut nicht gleuben, ist yhm viel zu wunderlich, sein trotz ist zu sicher, bis sie es erfaren, wie den Juden hie geschicht. Denn sie achteten des glaubens und geists nicht und meineten, solche stücke solten gnug sein, das sie Gottes volck hiessen und beschirmet worden; daruber verderben sie gantz. Dis alles ist uns auch gesagt, die wyr den namen und scheyn der Christen haben, rhümen uns der tauffe odder geystlichen stands und ampts uber die Heyden und Juden, und sind doch on glauben und geyst so wol als sie; das freylich wyr auch zu letzt müssen umbkomen durch die, so wyr itzt verachten und erger halten denn uns; wie den Juden ist geschehen durch die Chaldeer.

Hie wil sichs fragen, wie sichs reyme mit diesem text, da S. Paulus Act. xiij. diesen spruch also eynfuret: 'Sehet zu, das nicht uber euch kome, das Apg. 13, 40f. gesagt ist ynn den Propheten: Schawet, yhr verachter, und verwundert und verderbt euch. Denn sihe, ich thu ein ding zu ewren zeyten, wilchs yhr nit gleuben werdet, wens euch yemand sagen wird'. Wilchs on zweyfel S. Paulus von Christus auffersiehung sagt, wie der text da selbs erzwinget, wilchs die Juden bis auff den heutigen tag nicht gleuben. Habacuc aber redet es von der verstörunge des lands durch den könig zu Babylon zukünfftig umb des volcks sunde willen, wie wyr klerlich sehen ynn seiner rede. Hier auff ist zu antworten, das dieser spruch von S. Paulus als ein gemeine rede gebraucht wird ynn gleichem fal. Denn man mag von eym iglichen Gotts werck, das zukunfftig ist, wol also sagen: Sihe da, Gott wird etwas thun, das niemand gleubt, man singe odder sage es; denn die welt gleubt Gotts wort nicht, bis sie es finde ynn erfarunge. Darumb braucht Habacuc des spruchs recht auff das grosse werck Gotts, da das land solt verstöret werden. Und Paulus auch recht auff das aller grössest werck Gottes, von der aufferstehung Christi, wilchs geschehen war; denn beydes ward nicht gegleubt; gleich wie wyr noch teglich aller sprüche der schrifft brauchen mugen widder den Bapst und gottlosen, wilche die Propheten von verstörung der Juden gesagt haben, als wenn ich sage: Gott hat am Bapstum gethan, das niemand hette gegleubt, wer es auch

1 gnad *L* darüber *BCEHIKL* 2 trutzen *HI* plût *CHI* glauben *CHIKL* 3 trutz *HI* 5 maynten *C* stucke *CG* stük *L* Gotts *BEG* Gottis *F* 6 wörden *E* wurden *HIL* darüber *BCEHIKL* auch *fehlt E* 7 tauff *HI* 8 über *L* 9 letst *CL* 10 yetzt *HIKL* 12 Sant *CH* sant *I* 13 Acto *D* einfüret *CDEFHIKL* über *L* 15 ewern *HI* eüwern *L* nicht *BCDEHI* 15/16 glauben *CL* 16 sant *HI* 17 text selbs da *HI* erzwingt *G* 18 nit *C* glauben *CHIKL* 19 verstörung *L* zukunfftig *E* 20 sünde *CHIKL* sund *E* klärlich *L* Hie *B* uff *K* 21 sant *HI* 22 einem *C* einem *HI* yeglichen *CHIL* Gottes *HI* 23 zukünfftig *BCDHIKL* 24 glaubt *CHIL* sag *L* es *fehlt HI* glaubt *CHIL* Gottes *HIL* 26 Gottes *CHIL* 28 geglaubt *CHIL* täglich *C* 29 alle *B* sprüch *CHI* mügen *BCDFKL* mögen *HI* 30 gesagt *C* 31 Babstumb *HI* hett *L* geglaubt *CHIL*

gesagt hette; Und wird noch an yhm thun, das niemand itzt gleubt, wenn mans gleich sagt, man wirds aber erfaren. Also wil auch hie Habacuc sagen: wolan, Gott wird etwas thun, das yhr nicht gleubt, die weil mans sagt, bis yhrs ynnen werdet. Das aber S. Paulus spricht: 'Sehet yhr verechter', Und Habacuc: 'Sehet unter die heyden' etc., macht, das Paulus einer andern verdolmetzung braucht; da ligt auch nicht an: Die summa des synnes ist doch gleich.

1, 6f. Denn sihe! Ich wil die Chaldeer erwecken, ein bitter und schnell volck, wilchs zihen wird, so weyt das land ist, wonunge einzunemen, die nicht sein sind. Und wird grausam und schrecklich sein.

Das ist die drewe uber die ruchlosen, verstockten sunder. Aber sie habens 1. Mose 19, 14 yhren spot gehabt und gelacht, wie gesagt ist, gleich wie die eydame Lot Gen. xix. auch thetten. Wiewol der Prophet machts hefftig und gros und wolt sie ja gerne erschrecken und zur busse treyben. Denn er spricht, Gott werde nicht schlechte feinde uber sie erwecken, sondern die Chaldeer, das ist den Keyser zu Babylonien; denn dasselbige keyserthum war da zu mal ym schwanck und nam ymer zu; und ist gleich geredt, als wenn man uns itzt mit dem Turcken drewen möchte, wilcher uns zu mechtig und zu bose were, wilchs gar viel schrecklicher lautet, denn so es sonst ein geringer furste thun solte ynn der nehe umb uns. Dazu spricht er, Es sey ein bitter volck, das ist ein bose, hefftig volck, das zorniglich und tyrannisch mit land und leuten fare. Denn es wil gefurcht und unveracht sein, und wo man sich wegert, so verdreusst es und feret mit dem kopff hindurch. Derhalben sich die Juden wol furchten sollen und nicht sich verlassen, als die Chaldeer faul odder hynlessig weren. Uber das sind sie auch schnell, eylen flux: Das aber mal die Juden nicht durffen wehnen, sie seyen zu ferne und werden noch lange nicht komen. Als solt er sagen: Bessert euch, lieben kinder, und verlasst euch nicht auff ewre gedancken, das yhr meynet, die Chaldeer seyen nicht so hefftig odder noch ferne. Sie sind euch Juden sonderlich bitter und gram fur allen andern und konnen balde komen.

---

1 thon *C* nyemandts *C* yetzt *CHIL* glawbt *CHIK* 2 will hie auch *E* 3 glaubt *CHIL* gleubet *K* 4 Sant *H* Sanct *I* Paul. *FG* verächter *C* 6 verdolmetschung *CHIKL* auch *fehlt K* 8 pitter *HI* 9 wölchs *C* ziehen *CHI* 12 drewe *HI* über *L* rauchlosen *BC* sünder *CHIKL* 13 eydam *L* 13/14 Genesis am 19. *HI* 15 gern *L* werd *C* 16 feynd *L* über *L* 17 Babillonien *C* Keyserthumb *HIK* 18 yetzt *CHIL* Türcken *BCDFHI* 19 mächtig *C* böse *BCDFGHIK* böß *L* 20 sunst *L* fürsten *CDHK* Fürst *IL* 21 Dartzů *CHI* pitter *HI* böse *B—K* boßhafftig *L* 22 zorniglich *CHI* gefürcht *CHI* gefürchten *L* 23 unveracht *L* ferrt *HI* 24 fürchten *CHK* förchten *IL* 26 seyndt *C* sein *K* dürffen *BCDL* dörffen *G* 27 wehnen] meinen *HI* sein *K* ferre *L* 28 eußere *L* 29 sein *K* ferre *L* 30 sein *K* feind *L* pitter *HI* für *HIKL* können *BDHIL* künden *C* 31 bald *CL*

Zum dritten zeygt er an yhre menge. Denn sie werden zihen, so weyt das land ist, das ist, das land wird vol Chaldeer sein, das es wymmelt von feinden ym lande. Als solt er sagen: Wenn euch das nicht schreckt, das ein solch mechtig keyserthum widder euch erweckt wird, so solt euch doch das schrecken, das es so bitter und zornig und euch sonderlich gram ist. Wo das auch nicht, so lasst euch das schrecken, das es so schnell, rustig und geschickt ist gegen euch. Wo das auch nicht, so denckt doch, das yhr so viel ist und ewer so wenig, das sie euch wol mit fussen zu tod tretten. Es mussen die Juden gar sicher und unachtsam gewesen sein, das der Prophet so hefftig und mechtig sie schreckt. Denn sie verliessen sich drauff, das sie alleine Gotts volck weren und wurden nicht so untergehen, wie gesagt ist. Darumb feret der Prophet fort und machts noch grösser: 'Es wird wonunge einnemen, (spricht er), die nicht sein sind', Das ist: alle ewr stedte und heuser, die nicht sie sondern yhr fur euch gebawet habet; und wird nicht darnach fragen, wird euch auch nicht helffen, das Jerusalem Gotts stad und wonunge ist, darauff sich das Judissche volck hoch verlies. Aber es ist umbsonst, das Babylonische volck wirds alles einemen, obs wol nicht sein ist. Denn es ist ein grausam schrecklich volck. Und fein setzt Habacuc das wort 'Wonunge, die nicht sein sind', wolt nicht sagen, auch die wonunge Gottes, als Jerusalem und den tempel. Denn es war zu der zeyt gar ferlich, ergerlich und grosse lesterunge, so man sagt, das Jerusalem solt verloren werden, da Gott selber wonete; und kundte solchs der gemeyne man gar nicht hören. Darumb meydet auch Habacuc solche wort und sagt doch gleich wol so viel, das solchs alles drunder begriffen wird.

Denn es wird richten und drucken nach seiner art. 1, 7

Da setzt er ursache, warumb das Babylonische volck so grausam und schrecklich sey; denn es richtet oder urteylt nach keynes landes rechte odder sitten, wird sich auch nicht nach ewrem gesetz halten, sondern wird mit euch umbgehen nach seinem mutwillen und wird des siegs brauchen nach seinem wolgefallen, wird yhm keyn mas noch ziel setzen lassen; sondern wie es euch gram und bitter auff euch ist, so wird es auch seinen bittern grollen nach euch urteylen. Und wie es urteylet, so wirds auch nach drucken und sein urteyl mit euch volbringen. Das heyst er hie 'richten und drucken nach seiner

1 ziehen CHIL 4 mächtig C mechig K keysertumb GHIK 5 pitter HI 6 rüstig BCHIL 7 nit D 8 euwer L füssen CDHIKL müssen BCDHIL 9 das sie der HI 10 sie (vor schreckt)] fert HI allain HIL Gottes HI 11 würden B nit C fert HI 13 ewer B euwer L 14 für CHIKL gebauwet L haben L nit EL 15 Hierusalem HI Gottes HI 16 Jüdissche B 17 einnemen B—L 19 Hierusalem HI 20 färlich L gros K lesterung L 21 Hierusalem HI 22 kundt L gemein L nit D hören HI 23 gleich fehlt E solliches C 26 ursach C Babylonisch L 27 erschrecklich C urteylet L lands L 28 eweren HI euwerem L 30 nach G euch] auch HI 31 pitter HI wirds HI es fehlt HI pittern HI 32 urtayln HI nachtrucken L drücken B 33 haisst hie I drücken B

art', das ist, nach keynem gesetz, sondern wie es gesynnet ist und wie es yhm dunckt. Denn also pflegen zu thun die wuetrich, wenn sie den sieg haben, da ist keyne barmhertzigkeit, keyn recht, kein Gotts furcht, kein billickeit, kein gedult, kein erkentnis eygener sunde und verdieneter straff; Sondern nur wie die wilden wolffe dem bösen, zornigen willen nach das mütlin gekület und sich auffs aller grewlichst gerochen. Des nym zu unser zeyt ein exempel an den bischoven und am adel, wie gar mit allem mutwillen sie sich gerochen haben und noch teglich rechen an den bauren, und mus der unschuldige mit dem schuldigen leyden und lassen yhn nicht benügen, das sie den sieg haben und widder eingesessen sind. Das sie aber sich auch erkenneten, wie sie schuldig sind und mit yhren sunden auch wol verdienet haben, nicht alleine einen zeytlichen schaden von Gott zu leyden als ein kleine straffe, sondern auch den tod und die helle als eine billiche straffe. Da wird nicht aus: Auff den nehisten heller alles widder gefoddert und keyne straffe nach gelassen, als hetten sie nie nichts fur Gott verschuldet. Warumb das? darumb das sie fur Gott auch keyne gnade sollen fur yhre sunde haben, sondern das yhn das hertz verstockt, damit sie yhre sunde nicht sehen, und das maul verstopfft, damit sie nicht beten mügen: vergib uns unsere schuld, wie wyr vergeben etc., und also zu letzt auch on alle barmhertzickeit zu grunde gehen. Darumb ists nicht vergeblich, das der adel gemeyniglich lewen, beren, wolffe und andere wilde thier ym schilde furet: Es bedeut yhre art.

1, 8 **Seine rosse sind schneller denn Parden und behender denn wolffe am abent.**

Parden habe ich nicht gesehen, die landferer aber schreiben, es sey eyn thier, das viel flecken auff dem fell habe, und die Sie sind grewlicher denn die Hee.[1] 'Abends wolffe', wilchs etliche verdolmetzen 'wolffe aus der wüsten',

1 ja *K* 2 gebundt *HI* wyettrich *C* wütrich *HIL* wütterich *K* 3 kain *CHIL* barmhertzikeyt *D* Gottes *HIK* forcht *CHIL* billichkait *C* billigkait *HI* 4 erkantnüß *HI* eygner *GKL* sünde *CHIK* sünd *L* verdienter *EL* straffe *HI* nür *BHI* nu *L* 5 wölffe *CHI* wölff *L* mütlein *HI* mütli *L* gekület *C* 6 auff das *HI* Das *FG* 7 Bischoffen *CDEHIL* gar sie sich mit a. m. gerochen *HI* mutwillen] willen *C* 8 nach *EL* täglich *CL* Pawren *HI* pauren *L* unschuldig *L* 9 sieg *fehlt HI* 10 seynd *C* aber auch sich *C* erkenten *L* 11 sünden *CHIKL* verdient *L* allein *L* ein *L* 12 eine *HI* klein straf *L* 13 hell *L* ein *CL* billich straff *L* nichts *CK* uß *L* der *E* nechsten *CL* nehesten *HI* 14 haller *L* gefodert *C* gefordert *EHIL* kain *CL* straff *L* nie *fehlt CK* 15 vor *CL* für *HIK* vor *CL* für *HI* 16 kein gnad *L* für *CHIKL* sünde *CHIK* sünd *L* verstecket *K* 17 sie *fehlt E* sünde *CHIKL* nit *DE* verstopfft *C* nit *EL* 18 mügen *D* mögen *HIK* unser *L* 18/19 zületst *CL* zů letst *K* 19 barmhertzigkait *CHIKL* grund *HI* 20 gemaynklich *C* gemainigklich *HI* löwen *CHIL* Wölffe *HIKL* 21 schilte *H* füret *CDFGHIKL* ir *C* 22 seynd *CK* 23 wölffe *HIKL* aubent *C* 24 hab *BL* gesehnen *E* Landfarer *CHI* sie *E* 25 seel *HI* sål *L* grewlicher *L* 25/26 dann der Herr *HI* 26 Aubents *C* wölffe *BCHIK* wölff *L* wölliche *C* etliche *I* verdolmetschen *C* verdolmetschen *HIKL* Wölffe *HIK* Wölff *L*

[1] *vgl. Grimm, Wörterbuch 3, 690 f. [Unsere Ausg. 14, 142, 28. P. P.]*

denn es beydes ym Ebreischen mag aus den buchstaben genomen werden. Doch ich halts, das 'abends wolffe' seyen, das die meynunge sey: Der wolff, wilchs von natur eyn reyssend, raubisch, mordisch thier ist, Aber am abend viel reubischer ist, weyl er den tag uber nit gelauffen und also auff den abend hungerig ist, das gleich so viel gesagt sey 'Abends wolffe' als hungerige wolffe, die lange nicht gessen haben, wie auch Zephonia .iij. spricht von den falschen Zeph. 3, 3
lerern: 'yhr hirten sind abends wolffe und lassen nichts uber auff den morgen'. So wil nu Habacuc, das die parden odder wolffe schnelle sind, nicht das sie von art schnelles lauffes seyen fur andern thieren, sondern das sie eylen und yhn jach ist zum raube, wenn sie hungern, und unbarmhertziger reyssen und rauben. Also vergleicht er die Babylonier den parden und hungerigen wolffen, das sie eylen und jagen zu rauben und zuverderben das Judische land, abermal zu schrecken und zur besserunge das volck zu reytzen mit solcher gleichnisse.

Und seine reuter komen von ferne und fliegen daher, wie ein 1, 8
adeler eylet zum ass.

Hie ist ym text[1] ein stucklin aussen gelassen. Denn also sol er stehen: Seine reuter breyten sich aus, und seine reuter komen von ferne etct. Und der Prophet bildet hie das Babylonische heer den Juden fur die augen, als sehe ers daher zihen. Denn so lest sichs ansehen, wenn ein heer von ferne kompt, das der reuter am ersten ein hauffen gesehen wird, Aber yhe lenger sie zihen, yhe mehr yhr wird und erfurkomen, als mehreten sie sich ym zuge. Das wil er damit, wenn er sagt: 'Seine reutter breyten sich aus', das ist, ym zihen wird yhr yhe lenger yhe mehr, wenn man zusihet, wie sie komen. 'Und komen von ferne', das macht auch den hauffen grösser anzusehen, wenn sie von ferne daher zihen und einen dunckt, es wolle kein ende nemen und sey noch ymer mehr dahinden ynn der ferne. Also auch fliehen sie daher wie ein Adeler zum ass. Da ruret es den schnellen zug und lauff, wie es denn auch dunckt den der das heer komen sihet; sonderlich wenn er weys, das es yhm gilt, so dunckt yhn, sie fliehen gleich und komen allzu balde, ehe man

1 dem *K* 2 aubents *C* abens *E* wölffe *BCHIK* wölff *L* maynüg *HI* wöllichß *C* 3 räubisch *C* mördisch *B* aubent *C* 3/4 räubischer *C* 4 über *KL* nicht *BDGHI* aubent *C* 5 Aubentz *C* wölffe *BCHIKL* wölffe *BCHIKL* 6 nit *D* 7 seyndt *C* aubentz *C* wölffe *BCHIKL* über *KL* 8 nun *CHI* wölffe *BCHIKL* schnell *L* seynd *CK* 9 vor *CL* für *HIK* thiern *HI* 10 gach *CHIL* hungert *CL* 11 gleicht *HI* wölffen *CHIKL* 12 Jüdische *CEFGK* 13 zürschrecken *C* zü *C* besserung *L* sollicher *C* gleichnüsse *HI* 14 reytter *C* fliehen *HI* 15 Adler *CHIL* 16 stucklin *G* stücklen *HI* stückll *L* ausgelassen *E* steen *L* 17 Seyn *C* reytter *C* preyten *HI* sein *C* reyter *C* 18 Babylonisch *L* für *CHIKL* 19 zyehn *C* ziehen *HIL* last *C* leßts sich *L* ferre *L* 20 kumbt *CHI* kömpt *D* reytter *C* hauffe *L* würdt *C* 21 zyehen *C* ziehen *EL* herfür *CHIL* erfür *K* zeuge *L* 22 reytter *C* preyten *HI* 23 zyehen *CHIL* 25 zyehen *CHIL* dünckt *E* wölle *BCEHIKL* 26 fliegen *BCL* 27 Adler *CHIL* rüret *BCDEHIKL* 28 den so der *HI* wayst *C* weyßt *L* es *fehlt HI* 29 so *fehlt HI* dünckt *E* fliegen *BCEL*

[1]) *d. i. in dem zu Anfang gegebenen, nun schon abgedruckten Texte (oben S. 345, 18).*

sich konne zur wehre rusten. Also braucht Habacuc hie maler kunst, das er den einzug der feinde fur die augen malet und daneben anzeygt, wie denen zu synn ist, den es gilt, nemlich das sie dunkt, es sey mit yhnen nichts anders, denn das sie sich mussen fressen lassen, wie der Adeler ein ass frisset, das sich sein nicht erweren kan.

Da sehen wyr, wie fein und eben die Propheten reden konnen, und wie sie kurtz und doch reichlich ein ding ausstreichen. Denn das ein ander hette gesagt mit eym wort: also 'die Babylonier werden komen und Jerusalem zurstören', das redet Habacuc mit vielen worten und streicht es alles eygentlich aus und schmucks mit gleichnissen, wie man denn auch thun mus, wenn man dem groben, harten pöfel prediget; dem mus man es fur malen, blawen und kawen und alle weyse versuchen, ob man sie konne erweichen. Es hilfft dennoch, was es kan. Aber eym verstendigen ist balde geprediget. Also helt er auch noch mehr an und spricht weyter:

1, 9 Sie komen nur zu freveln. Wie ein Ostwind faren sie daher.

Droben[1] hab ich gesagt, was frevel heyst; auff die weyse ists auch hie zuverstehen, das der Prophet wil sagen: Die Babylonier komen nicht anders zu thun, denn lauter gewalt zu uben, recht odder gnade acht man da nicht. Es wird schuldig und unschuldig einer mit dem andern leyden müssen, wie es denn allwege zugehet ynn einer gemeynen landstrasse, das man da nicht kan die unschuldigen absondern. Ja, es gehet wol am aller meisten uber die unschuldigen. Und hie lesst sich Habacuc mercken, das der könig zu Babylon kein recht habe zu den Juden noch zu andern landen, die er verderbt, weil er spricht: 'Sie komen nůr zu freveln'. Wer aber frevelt und mit gewalt feret, der thut nicht recht und hats auch nicht recht. Und das ist freylich der titel aller keyserthum auff erden, sonderlich die sich mit krieg auffbrechen[2], wie sie
Ps. 76, 5 denn auch der lxxvi. Psalm 'raubeberge' nennet. Darumb sie auch widderumb müssen zu letzt verstöret werden, wie Babylon und Roma geschehen ist, das S. Augustin wol und fein spricht: 'Was sind grosse Keyserthüme anders

1 sich] sie *C* könne *BDEHIKL* künde *C* können *FG* rüsten *BCFHIKL* braucht hie Habacuc *HI* 2 für *CEHIKL* anzeyget *K* 3 denn *BG* dem *F* denen *L* dünckt *E* 4 müssen *BCDEHIKL* Aderler *B* Adler *CEHIL* 5 nit *DL* erwern *L* 6 können *BDFGHIKL* künden *C* 7 reychlig *K* anderer *L* 8 eins *L* Hierusalem *CHI* 8/9 zerstören *CL* zustöre *E* 10 schmückts *D* schmuckts *KL* gleichnüssen *HI* thon *C* 11 den *C* für *CEHIKL* plawen *C* bleuwen *L* 12 keuwen *L* weyß *C* könne *BDEGHIKL* künde *C* hilff *B* 13 dannocht *HI* denocht *L* bald *EL* geprediget *E* 14 auch *fehlt C* 15 nůr *BEHI* 16 uff *C* 17 zuverstehen *A* züverstoen *L* 18 zů-thon *C* züyeben *C* zu üben *HIKL* da *fehlt D* 19 Er *E* würdt *C* schůldig *E* unschůldig *E* 20 zůgeet *L* landschafft *B* landstraß *L* nit *D* 21 unschůldigen *E* ab-sündern *CL* absundern *HI* geet *L* über *KL* 21/22 unschůldigen *E* 22 last *CL* 23 hab *C* 24 nur *CFKL* fert *CHI* 26 Kaiserthumb *HI* uff *L* sunderlich der die *HI* auffprechen *C* 28 zůletst *CL* 29 sant *HI* Augstin *D* Kayserthume *CK* Kayserthumb *HI*

[1]) *S. 368 f.* [2]) *d. i. sich erheben, entstehen.*

denn grosse reuberey?'[1] Aber Gott braucht dennoch also yhres frevels, das er dadurch straffe wilche er wil.

Der Ostwind ist der wind, so von morgenwerds her kompt, wilchen die latinsche Bibel 'ventum urentem' nennet[2], das ist, der do dorret und trocket und wol schedlicher ist denn der sonnen hitze. Gleich widderumb der wind von abent her feucht und fruchtbar ist. Der wind von mittage bringt wetter. Der wind von mitternacht machts schön und vertreibt die wolcken, ein iglicher nach seiner art. Gleich wie nu der Ostwind verdürret und krafft und safft nympt der erden und was da wechst: Also werden die Babylonier auch komen und alles verderben ynn allen landen. Und wie dem Ostwind niemand kan weren, so kan auch den Babylonier niemand widderstehen. Grausam machts der Prophet und malet lange uber dem Babylonischen heer, die halstarrigen Juden zu erweichen und erschrecken.

Es wird gefangene zu samen raffen wie sand. 1, 9

Das ist: Es wird viel leute ynn landen fangen und wegfuren mit allem das sie haben, on unterscheyd beyde der reichen und gewaltigen, unbarmhertziglich alle auff einen hauffen unternander, wie man hew odder stro zu samen raffet. Es ist der Ebreischen weyse, wenn sie eins dings wollen viel machen, das sie es dem sande vergleichen. Gen. xxij. spricht Gott zu Abraham, das 1. Mose 22, 17 seines samens solle so viel werden als sternen am hymel und sand am meer. Judic. v. waren der Midianer so viel ym lande 'als sand am meer' und so Richt. 7[6], 12 fort an. Also hie auch: 'Es wird gefangene zu samen raffen wie sand,' das ist: aus der massen viel.

Es wird der könige spotten und wird der fursten lachen. 1, 10 Alle festunge werden yhm eyn schertz seyn. Denn es wird schut machen und sie doch gewynnen.

Allen trost und trotz nympt er dahyn, das sich die Juden nicht sollen verlassen yrgent auff eine menschliche hulffe. Denn ob sich gleich könige, fursten und feste stedte widder yhn setzen, als Jerusalem und Tyrus, so ist doch die macht und gewalt der Babylonier zu gros, das nichts helffen wird.

---

1 rauberey *CHI* brauchet *C* dannocht *HI* dennocht *L* 3 kömpt *D* wöllichen *C* 4 latinische *BK* lateinische *HI* vrentum *BC* da *CHI* thörret *C* dörret *HI* derret *L* trucket *C* trücknet *HI* trocknet *L* 5 Sunnen *HI* 6 aubennt *C* fücht *L* mitag *L* bringet *K* 7 macht *HI* yeglicher *CHIL* 8 nun *CHIL* verdorret *B* verdörret *HIK* 11 widersteen *L* 12 lang *L* über *KL* halßstarrigen *CFHIL* 15 leut *L* fahen *CL* wegfürenn *CDFKL* wegl füren *HI* 16/17 unbarmhertziglich *CHIK* vnbarmhertziklich *D* 17 einem *C* vndernandern *C* vnter einander *HI* strow *L* 18 wenns *C* wöllen *BCFGKL* vil wöllen machen *HI* 19 Gene. *D* 21 Midianiter *HIL* 24 fürsten *CDEFHIKL* 25 festungen *E* schüt *BK* 27 trutz *HI* Jüden *E* 28 yergent *HI* ein *L* hülffe *BDEFGK* hylffe *CHIL* 29 Fürsten *CDEGHIKL* Hierusalem *CHI* 30 das] da *G*

[1]) *Migne, S. L. XLI (Augustinus VII) Sp. 115.* [2]) *z. B. Exod. 10, 13; 14, 21.*

Ja es wird so leicht zugehen, das er eynen spot wird draus machen, wenn man sich widder yhn setzen und sich zur were stellen wird. Also hilfft hie keyne menge noch macht der leute, Schütz auch keyne maure noch festunge. Wo er die mauren nicht kan umbstossen, wird er so hohen schut drumb machen, das er uber die mauren hynein schiessen und lauffen wird; Damit rüret der prophet ynn sonderheit die stad Jerusalem, auff wilche sich die Juden auch verliessen, weyl sie so fest und und wol bewart war, das viel davon gesagt und geschrieben ist.

v. 11 **Als denn wird er eynen newen mut nemen, wird fortfaren und sich versundigen. Denn mus seyn sieg seynes gottes sein.**

Hie beschreybt er nu, wie die Babylonier yhres sieges misbrauchen werden zu yhrem ubermut und zur lesterung gottes; Damit sie sich denn versundigen, das sie Gott zu letzt widderumb auch sturtzen und zustören mus. Denn das vermag kein menschlich hertz, das sichs nicht solt erheben und rhümen, wenns yhm wol gehet und gluck hat, wie das alles nicht alleine die heyligen schrifft weyset, sondern auch die Heyden aus erfarung zeugen und bekennen, wie der poet Virgilius spricht: 'Nescia mens hominum servare modum rebus sublata secundis'[1]: Eyn menschlich hertz kan nicht mas halten, wenn glück da ist. Widderumb kans auch eben so wenig halten, wenns ubel zu gehet, das nicht solte verzagen und sincken. Es ist zu weich und zu schwach auff beyden seyten, doch viel schwecher, gluck zu tragen denn ungluck. Wie man spricht: 'Eyn mensch kan alle ding leyden on gute tage.'[2] Und abermal: 'Es müsten gar starcke beyne seyn, die gute tage solten tragen'.[3] Das sihet man auch ynn der erfarung. Wilchem gut, ehre und allerley gluck nach seym synne zu schlecht, Der kan nicht auffhören zu prassen, zu trotzen, zu stoltzen, zu toben, bis unglück kome und were yhm; wie man spricht: Gut macht mut, Mut macht hohmut, Hohmut macht armut, Armut aber weh thut, wehthun sucht widder gut.[4] Das ist der welt lauff ynn yhrem reyff und kreis und der menschen art; da wird nicht anders aus.

Des nym ein exempel aus der nehisten auffrur unter den bawren. Denn das leydige exempel billich ynn ewickeit zu gedencken und nymer mehr zu-

3 kain *CL* leütt *L* kain *HIL* festigunge *C* 4 die] der *HI* hohe *HIK* 5 über *KL* 6 Hierusalem *HI* vff *FG* 9 neüwen *L* 10 versündigen *CHIKL* 11 beschreybet *K* sigs *HIL* 12 übermût *KL* lesterunge *I* gotts *L* 12/13 versündigen *CEHIKL* 13 zûletst *CL* stürtzen *BDEFGHIK* zurstören *HI* zerstören *L* 15 glück *BCDEHIKL* elleyne *E* alleyn *L* heylige *HIK* 16 weysen *B* 18 nit *EG* 19 übel *KL* 20 solt *L* 21 glück *BCFGHIKL* vnglück *BCDEFHIKL* 22 lyden *G* müsten *G* 23 beyn *L* tag *CL* 24 glück *BCDFGHIKL* 25 trutzen *HI* 27 homût *beidemal C* hochmut *HI* wee *beidemal CHI* wehthun] wee thut *I* 30 nächsten *C* nechsten *HIKL* Bawrn *HI* 31 leydig *L* ewigkait *HIKL*

[1]) *Aeneis X, 501f.* [2]) *Wander Bd. 3, Sp. 608, N. 394; vgl. Bd. 1, Sp. 1750, N. 464 u. 468.* [3]) *Wunder Bd. 1, Sp. 300, N. 22.* [4]) *Wander Bd. 2, Sp. 191, N. 147.*

vergessen ist. Da es den bawren geriet, was sie wolten, hilff Gott, wilch eyn trotz, stoltz, rhum, pracht und aller muttwil und ubermut war da. Da war kein hören noch sehen mehr, kein mas noch weyse, sondern mit dem kopff hyndurch. Oben aus und nyrgen an. Widderumb das selbige unglück, wie matt, verzagt und zu nicht macht es die oberherrn, wilche zuvor eytel lewen hertzen hatten; da war keyn mut noch rhum sondern eytel flucht und zagen. Aber nu sichs rad gewendet hat und die oberherrn obliegen und glück haben, die bawrn aber erschlagen sind: Da ist abermal keyn masse noch weyse auff beyden seytten. Die oberherrn wissen nicht, wie sie yhren mutwillen gnugsam külen sollen, Die bawren so verzagt, das sie nicht wissen, was sie thun sollen. Gott gebe, das nicht eyn ergers draus kome, das beyde herrn und unterthanen zu scheytern gehen, gleich wie disen Babyloniern auch zu letzt geschach, wie wyr hernach hören werden.

Denn da der könig mit seym volck sahe, das yhm so schleunet und glücket zu seym königreich, und kein könig, furst, stad noch land yhnen widder stehen kund, da wuchs yhn der mut und 'namen eynen newen mut', wie hie Habacuc sagt; das ist, sie wurden da aller erst trotzig und stoltzer, denn sie zuvor yhe gewest waren, umb des grossen glucks willen, kundten auch keyne masse halten, noch sich selbs erkennen odder Gott die ehre geben, so doch alle seyn glück eine blosse unverdiente gabe Gotts war. Gleich wie auch itzt unsere fursten und bisschove Gott die ehre nicht geben, das sie blieben sind, noch sich erkennen und demütigen konnen, Sondern 'sie faren fort', spricht Habacuc, 'und versundigen sich', das ist, sie gehen hindurch, rhümen und trotzen, schwentzen[1] und gehen daher, als weren sie nu gewiss und uber alle berge gesprungen. Und versundigen sich also mit zwo grewlichen sunden, die sie zu letzt gar scheusslich stürtzen werden. Eine sunde ist der selbige ubermut, den sie an den leuten uben, die sie uberweldigt haben, und treyben yhre tyranney mit yhnen nach allem muttwillen. Die andere ist gotts lesterunge, das sie Gott die ehre nicht geben sondern lassen sich duncken, sie seyen fur Gott so frum und wirdig, verachten und lestern die so sie uberwunden haben, als die von Gott verdampt, verworffen und solchs verdienet haben. Da lauffen sie den recht

1 bawrn *C* Pawren *HI* 2 trutz *HI* übermût *KL* 3 kopff *B* 4 nyrgent *CDHI* selbig *L* 5 öberherre *G* Oberherren *HI* wölliche *C* löwen *CHIL* 6 hätten *C* 7 öberherrn *G* obligen *BDHIL* gluck *E* 8 bawren *BE* Pawre *HI* bawern *L* nach *G* 9 öberherrn *G* nit *EL* genûgsam *C* 10 Pawrn *HI* nit *CL* 11 darauß *C* Herren *HI* 11/12 underthanen *HI* 12 diesen *B* 13 zûletst *L* 15 seinem *HIK* Königreich *HI* fürst *CHIKL* 16 neüwen *KL* 17 trutzig *HI* stöltzer *DE* 18 glücks *B—L* keyn *L* 20 Gottes *HIKL* yetzt *CHIKL* 21 fürsten *C—L* Bischoffe *CDHIL* 22 können *BDHIL* sünden *C* Sonder *K* 23 versündigen *CHIKL* trutzen *HI* 24 über *L* 25 versündigen *CHIKL* zwû *C* zwayen *HI* sünden *CHIKL* zûletst *CKL* 26 scheutzlich *CHIK* Ein *L* sünde *CHIKL* übermût *KL* 27 üben *CHIKL* uberweltiget *HI* überweldigt *K* überweltigt *L* 28 ander *L* gottis *E* gotles *HIL* lestrunge *E* lesterung *L* 29 nit *EL* vor *CL* für *HIK* frümb *K* 30 überwunden *KL*

[1]) *d. i. „stolzieren“, nicht (wie Erl. 42, 35 erklärt wird) „schwätzen“.*

an und versundigen sich auch an Gott, auff das sie also beyde Gott und menschen auff sich laden und beyden untreglich werden und ja balde zu grunde gehen, darnach sie denn auch ringen.

Die erste sunde, der ubermut an den leuten begangen, thut wehe menschlichem hertzen. Aber dem Propheten wie allen heyligen thut viel weher die ander sunde, die lesterunge, so sie an Gott begehen; darumb deutet und streicht er die selbigen weyter aus und antwortet drauff. Die ersten nennet er schlecht mit gemeynem namen und spricht: 'sie versundigen sich mit dem ubermut'. Aber die andere greyfft er mit bittern und scharffen worten an und spricht: 'Denn mus sein sieg seines gottes sein'. Das ist: Er hat nicht gnug an seym ubermut, das er die leute uberwindet und beschweret. Er mus auch seynem abgott zu Babylonien die ehre geben, als habe yhm der selbige solche krafft und sieg gegeben. Ja, ja, das mus der rechte gott zu Jerusalem nicht gethan haben, sondern gleich als viel ein schwecher und geringer gott sampt seynem volck, den Juden, uberwunden sein und seinem Babylonischen gott unterliegen. Der ists, des solcher grosser sieg sein und heyssen mus. Wo ist der Juden Gott nu? Gleich wie auch .iiij. Reg. der ertzschencke des königes
2. Kön. 18, 33 ff. zu Assyrien sprach, Sein herr hette alle götter ynn landen umbher uberwunden, der Juden gott würde yhm auch nicht widerstehen mügen. Das verdreusst nu den Propheten hoch, das die gottlosen yhre krafft und sieg nicht alleine nicht erkennen, von wem sie die haben, sondern sich auch ynn yhrer bosheyt verstocken, lestern Gott gantz frey und sicher, gebens dem teuffel, das sie von Gott haben, und machen yhre bosheyt zur tugent und das volck Gottes zu sundern und buben. Darumb zeucht und blewet sich der Prophet mit dieser sunden bis zu ende dieses Capitels und wird schier zornig und ungeduldig druber, das die Babylonier sollen recht haben und drauff trotzen, Und das volck gotts sol unrecht haben, weil sie unglück leyden und yhene glück haben.

Eben so trotzten die Juden auch uber Christum, da sie oben lagen und
Matth. 27, 40. 43 yhn gecreutzigt hatten, lesterten und sprachen: 'ist er Gotts son, so helff er yhm nu', gerade als were Gott auff yhrer seyten und hetten aller ding recht

---

1 versündigen *CEHIKL* 2 vntrelich *D* grund *BL* 4 erst *L* sünde *CHIKL* übermůt *KL* wee *CHI* 5 weer *H* meer *I* 6 sünde *CEKL* lesterung *HIL* 7 darauff *C* 8 versündigen *CEHIKL* übermůt *KL* 9 andern *HI* bittern *HI* scharpffen *CHIL* 10 nit *EL* 11 übermůt *KL* leütt *L* überwindet *KL* 12 selbig *L* 13 recht *L* Hierusalem *HI* 15 Jůden *EK* überwunden *KL* 16 underligen *BHI* sollicher *C* 17 Regum. *CK* künigs *CL* königs *KHI* küniges *K* 18 gotter *E* abgötter *FG* 18/19 überwunden *KL* 19 Jůden *C* wurde *CHI* mögen *HI* 19/20 verdreusset *L* 21 allein *L* 24 sündern *CHIKL* 25 sünden *CKL* sünde *HI* 25/26 vngedultig *CDFHIKL* 26 drüber *BCDKL* trutzen *HI* 27 gottes *HIL* 28 glück *BCDEFHIKL* gelück *G* 29 trotzen *GK* trutzten *HI* Jůden *E* über *KL* 30 gecreutzig *G* er] der *B* Gotis *G* Gottes *HIL* sun *HIL* helffe *L* 31 nun *EHIL* gerad *HI*

und Christus unrecht. Da muste yhr sieg und krafft auch yhres gottes sein, das ist yhres teuffels und abgotts, wusten und meyneten nicht, das der rechte Gott Christum so verlassen und ynn yhre hende gegeben hette und doch Christum lieb hatte und auff sie zornig were. Wie denn alle gottlosen tyrannen thun und messen Gotts gnaden nach dem leyblichen glück odder unglück, gleich wie itzt unsere Bischove und fursten auch thun; weil Gott yhn den sieg widder die baurn gegeben hat und lesst sie daneben viel unschuldige Christen martern und verfolgen, meynen sie nicht anders, yhr sache sey gut und recht und gefalle Gott wol, sind trotzig und frech, 'meynen Gott einen dienst dran zu thun', Joh. 16, 2
dencken nicht, das yhr gott und sache eytel teuffels wesen ist, weil sie sehen, das sie gluck haben und das Euangelion ungluck, wissen aber nicht, das der selbigen verfolgeten Christen gott und sache recht ist, und gott sie ynn yhre hende gegeben hat, wie er mit Christo selbs und allen heyligen gethan hat; darumb faren sie auch fort und gehen daher, lestern und sprechen: Wo ist nu dein Christus? las yhn dyr helffen. Da mus yhr gewalt und sieg auch yhres gottes sein und sie recht haben. Das ist das rechte Christliche creutz, das man nicht alleyne böses leydet, sondern auch unrecht mus haben und mit den ubelthetern, wie Christus, gerechnet werden. Marc. 15, 28

Aber es wird ein wuste ende mit yhn nemen und wird gar sawrer senff auffgehen, wenn sie nu yhr honnig ausgeseet haben. Denn weil sie Gott nicht furchten ynn seynen gerichten und wercken und sich nicht demutigen, lesst er sie getrost so anlauffen, das sie glücks und siegs die fulle haben, macht sie so zu narren ynn yhrer klugheyt und gutduncken, das sie yhre sunde vollmachen und sich verstocken, bis das stundlin kompt, das ehr mit yhn umbgehe wie mit den Babylonier und mit den Juden und allen der gleichen tyrannen. Denn wo sind sie nu, die zu Christo sprachen: 'Er hofft auff Gott, der löse Matth. 27, 43
yhn nu, hat er lust zu yhm'? Wo ist yhr gott, dem sie den sieg gaben? Christus ist blieben, sie aber sind zustoben und zuflogen wie staub auff dem felde. Des mügen wyr uns itzt auch trosten. Denn das stundlin wird auch komen gar balde, das man von unsern tyrannen, bisschoben und pfaffen wird sagen: Wo sind sie? Wo ist yhr Gott nu? Wo ist yhr köstliche rechte sachen?

---

1 Christ *G* müste *C* 2 abgottes *HI* wüsten *CHI* recht *L* 3 Christus *B* geben *K* 4 häte *C* hette *K* 5 Gottes *HIKL* leyplichen *C* 6 yetzt *CHIKL* unsere Bischove und fursten] etliche *C* Bischoffe *DHIKL* fürsten *DFGHIKL* 7 bawren *CL* Pawrn *HI* laßt *L* darneben *HI* 8 nich *G* 9 trutzig *HI* daran *HI* 10 gedencken *HI* 11 glück *BCDFGHIKL* vnglück *BCDFGHIKL* 12 sach *K* 16 Christlich *L* 17 alleyn *L* 18 vbelthätern *C* übelthetern *KL* 19 wüste *BDGHIK* wüst *CL* sawr *C* 20 auffgehn *G* nun *CL* 21 fürchten *CHIK* förchten *L* sich] sie *C* demütigen *BCDGHIKL* 22 laßt *L* glucks *G* fülle *CDHIKL* 23 sünde *CHIKL* 24 stündlin *BCKL* stündlein *HI* kumpt *C* kömpt *D* 26 nun *CL* 27 nun *CL* 28 zerstoben *CL* zerflogen *CL* 29 mögen *HI* yetzt *CHIL* trösten *B—L* dz *C* stündlin *BCKL* stündlein *HI* 30 kamen *G* bald *CL* tyrannen *fehlt C* Bischoffen *HIKL* 31 seynd *C* nū *CHIL* sache *HIL*

Wo ist yhre Christliche kirche? Wo sind sie die da sagten: las dyr deyn Euangelion und Christum helffen? Aber das sie itzt siegen und toben, trotzen und stoltzieren und geben den sieg yhrem Gott, als sey Gott mit yhn widder uns, das dienet dazu, das sie getrost anlauffen, narren, verstockt und seyn reyff werden zur straffe; und wenn mans yhn schon sagt, sollen sie es nicht gleuben, sondern verlachen, auff das sie sich nicht bekeren und erhalten werden.

1, 12 **Aber du HERR, mein Gott, mein heyliger, du bists von ewickeyt. Las uns nicht sterben, sondern las yhn, O HERR, nur eine straffe sein, und las yhn, O unser hort, uns nur züchtigen.**

Hie schilt er sich mit der sunde der lesterer und strafft sie und tröstet die seinen. Wil also sagen: das die Babilonier obligen und siegen, wyr aber leyden und unterligen, ist nicht die ursache, das der Babylonier Gott eyn rechter Gott sey, dem sie solche gewalt zu schreyben, auch nicht darumb, das sie so frum und gerecht odder wyr sunder und unrecht sind; sondern du bists, Herr, der solchs alles thut und uns verlessest und sie erhebest. Dein wille ist also, das wissen sie nicht und fechten damit widder dich, das du yhn gibst, nemlich gewalt und sieg, und gebens yhrem gott. Es sind aber zwo ursache, warumb du solchs pflegest zu thun. Die erste, das du yhrer bosheit brauchst
Jes. 10, 5 als einer ruten, zu steupen deine lieben, wie Esaia .x. sagt: 'Assur ist meine
Off. 3, 19 rute', Und Apo. iij. 'Wen ich liebe, den züchtige ich'. Die ander, das sie anlauffen und zu narren werden uber solchen deinem rad, den sie nicht kennen und darnach zu grunde gehen, wie droben gesagt ist und hernach ym dritten capitel weyter sagen wird. Denn also spricht man: 'wenn der vater das kind ausgestrafft hat, wirfft er die rute yns fewr'.[1]

So bittet nu der Prophet, das Gott wolle bey der straffe lassen bleiben und das Judisch volck nicht gar lassen zu boden gehen und spricht an stat des volcks und mit dem volck: 'Herr mein Gott, mein heyliger'. Denn kein volck unter der sonnen den rechten Gott hatte odder kennete on das Judische volck alleyne, darumb sie auch alleine sagen konden: 'Mein Gott'. Er nennet yhn aber seinen Heyligen, wie die Propheten pflegen Gott 'den heyligen ynn
Jes. 1, 4 Israel' zu nennen Esaie .i. 'Sie lestern den Heyligen ynn Israel', Psalm
Ps. 89, 19 .lxxxix. 'Der Herr ist unser schild, und der heylige ynn Israel ist unser könig'.

---

1 ir *C* seynd *C* 2 Euangelium *G* vetz *C* yetzt *HIL* trutzen *HI* 4 dartzu *HI* trost *L* 5 jnen *HI* saget *L* 6 glauben *CHIL* 7 bist *L* 8 ewigkayt *CHIKL* jns *HI* núr *H* 9 ein straff *L* núr *BHI* zuchtige *G* 10 sich] sie *K* sünde *CHIKL* 13 vrsach *L* 14 so *fehlt HI* sünder *CHIKL* seynd *C* 15 sollichs *C* verlassest *CL* 17 zwů *C* vrsach *L* 18 sollichs *C* solches *HI* thon *C* brauchest *K* 19 Esaias am zehenden Capitel *K* meyn *C* 20 Apocalypsis am dritte Capitel *K* 21 über *KL* sollichen *C* solchem *HIL* nit *C* 22 grund *L* 24 würfft *CHI* fewer *B* 25 nun *CHIL* wölle *BCFGHIL* lassen *fehlt K* 26 Jüdisch *CFK* Judische *EHI* nit *CL* zůboden *C* 28 Sunnen *HI* hette *C* Jüdische *CK* Judisch *L* 29 allein *L* alleyn *L* könden *B* kunnden *C* 31 Ysrahel *C* nemen *ACFHIK* Ysrahel *C* 32 Ysrahel *C*

[1]) *Wander Bd 4, Sp. 1512, N. 181.*

Also hie auch 'mein Gott, mein Heyliger'. Und das darumb, denn sie durch yhren Gott und sonst nichts heylig waren, wie er spricht ynn Leviti. 'Ich bins, der euch heyliget', gleich wie auch wyr itzt alleyne durch Christum und sonst nichts 'Christen', das ist 'heyligen' werden, nicht durch unser werck odder verdienst etc. Weitter spricht er: 'Herr, bistu nicht von ewickeit her?' als solt er sagen: Ach Herr, es ist ja kein ander Gott denn du, der alte, rechte, ewiger Gott und nicht ein newer, falscher gott, wie der zu Babylonien und andere mehr, die mit der zeit her komen und erfunden sind. Damit tröstet er sich und die seinen, trotzt auch und spottet des Babylonischen Gottes, wilchen die Babylonier so hoch auffwerffen. Denn es macht grossen mut, wenn einer weis und gewis gleubt, das nur eyn Gott sey und der selbige unser Gott, unser heyliger sey und mit uns halte. Was konnen denn thun alle götter auff erden? Weyl du denn alleine Gott und unser heyliger bist, wir aber dein volck, das alles ynn deinen henden stehet, so sey uns gnedig und las uns nicht sterben noch gar verderben durch die Babylonier, sondern nur gestrafft und gezüchtiget werden, das doch samen uberbleybe deynem volck, wie du verheyssen hast. Denn dis gebet gründet sich auff Gottis verheyssung, da er dem volck geredt hat, Er wolle sie nicht gantz verlassen, wie wol er sie nicht alle behelt, Ro. x.

3. Mose 20, 8; 21, 8 15. 23 — Jes. 10, 7 Röm. 9 [10], 27 ff

Im Ebreischen laut dieser text das, denn man zu deudsch geben kan, also: 'Ists nicht also, Herr, das du von alters her mein Gott, mein heyliger bist, das wyr nicht sterben?' Darynn fasset und begreyfft der prophet kurtz alle Gotts verheyssunge und wunder, dem Judischen volck widderfaren, als solt er so sagen: Weystu auch odder gedenckestu nicht, das du uns verheyssen hast, unser Gott zu sein, und hast uns bisher noch nie lassen verderben? so wirstu uns ja auch itzt nicht lassen verderben. Denn du bist unser Gott, ynn dem wyr leben und nicht sterben, wie du uns gered hast. Und das hernach folget, henget ym Ebreischen an diesem stück und mag auch ynn fragens weyse gelesen werden also: 'Ists nicht also, Herr, das du von alters her mein Gott, mein heyliger bist, das wyr nicht sterben, sondern yhn zur straffe brauchen wirst, O Herr, und yhn zur züchtigung setzen, O unser hort?' Er redet fragens weyse mit Gott, ob er auch so thun und nůr straffen werde.

---

2 sunst *CHI* ynn *fehlt HI* Leviti *A* Leuitici *B* Leuit. *D* 3 yetz *C* yetzt *HIKL* allain *HIL* 4 sunnst *CHI* Christen *fehlt E* hailig *C* 5 bist du *K* nit *C* ewigkait *CHIKL* herr *K* 7 ewige *HI* newer *KL* 8 andre *L* 9 trutzt *HI* 10 vffwerffen *C* 11 waist *C* weyßt *L* glabt *C* glaubt *HIL* nůr *BHI* selbig *L* 12 könnent *BDFGHIL* künden *C* thon *C* 13 alleyn *L* 14 hånde *K* gnådig *K* 16 nůr *HI* überbleybe *KL* 17 grundet *G* vff *C* Gottes *BCHIKL* 18 wölle *BCHIKL* nit *C* 19 Rhoma. *C* Romano. *K* 20 teütsch *CHI* 21 nit *CL* 22 nit *C* begreyffet *K* 23 Gottes *BHIL* jüdischen *CK* 24 so *fehlt CHI* Waist *C* gedenckest du *C* nit *C* 26 yetz *C* yetzt *HIKL* nit *C* 27 geredt *D* 28 hanget *CL* stuck *BCL* fragen *HI* 29 nitt *CL* alters *C* 32 auch züthon *C* nur *BCL*

Nicht das er dran zweyffele, sondern das er anzeyge, wie der glaube ynn der anfechtunge stehe, das er so schwach scheynet, als glewbe er nicht und wolle gleich sincken und zweyffeln fur dem grossen unglück, das yhn druckt. Denn wie wol der glaube fest bleybt, so kracht er doch und redet viel anders, wenn er ym kampff stehet, denn er thut, wenn er gewonnen hat. So war es dem volck gar schweer zu gleuben, das sie solten erhalten werden ynn diesem fall der Babylonischen gefengnis odder ymermehr widder komen, und das solchs nür eine straffe solte sein; drumb folget weiter:

1, 13 Deine augen sind reyn, das du ubels nicht sehen magst. Und dem jamer kanstu nicht zu sehen.

Als solt er sagen: Wolan, sey gleich reiner augen, das du ubels nicht magest leyden, wie von dir geprebigt wird, das du gerecht seiest und lessest kein böses ungestrafft. Wie gehet es denn nu zu, das du viel anders thust und leidest solchs ubel und straffest nicht? Im Ebreischen laut es also: 'Mundare oculis' vel 'sis plane mundus oculis'. Et est amara concessio in opere contrario[1]. Wie wir auff deudsch mochten sagen von eynem, der guts geruchts were und doch anders thet: 'Wolan du bist frum. Aber wie thustu denn so? sol das ein frum man thun?' Also hie auch: Wolan Herr, du bist gerecht, so sagt man von dir. Aber wo ist nu deine gerechtickeit? Mit solchen worten zeygt Habacuc an, was dem kempfenden glauben fur gedancken einfallen. Der helt, das Gott gerecht sey. Aber er verzeucht so lange und sihet den bösen zu, das einer möcht schir dencken, Er were nicht gerecht, sondern hette lust an den buben. Gleich wie wir itzt auch möchten dencken, da Gott unser Euangelion lest so iemerlich verfolgen und lestern, das beyde gewalt und secten sich dawidder teglich mehren, Und wyr auch möchten sagen: Du bist zwar reiner augen und sihest nicht gerne gewalt und unrecht. Wenn beweysestu es auch mit der that? Uns dunckt, du wollest uns fur unrecht und iene fur gerechte halten, so wir doch gewis sind, das wir recht und sie unrecht haben.

Solche schwacheit odder anfechtunge des glaubens hat nicht alleine das gemeyne volck gehabt, sondern auch der prophet selbs, wie auch alle andere

1 zweyfle *C* glaub *L* 2 anfechtung *HIL* glaube *CHK* glaub *IL* wölle *BCHIKL* 3 zweiflen *C* verzweyffeln *E* vor *CKL* für *HI* grossem *C* drückt *B* truckt *C* 4 glaub *G* 5 krampff *D* 6 glawben *CHIL* 7 gefengknis *CKL* gefencknüß *HI* kom *E* sollichs *CL* 8 nur *CGK* ein *CL* folgt *FG* 9 seynd *C* übels *CKL* nit *C* 10 kanst du *C* 11 übels *KL* 12 wärt *C* lassest *CL* 13 böß *HI* nun *CHIL* anderst *BE* 14 sollichs *L* vbels *C* übel *KL* 15 confessio *B* 16 teütsch *CHI* möchten *BCDHIKL* 17 gerüchts *BDHIL* thät *C* thůst du *CK* 18 thun *C* 19 Aber *I* wa *C* nun *CHIL* gerechtigkait *CHIKL* 20 sollichenn *C* zeyget *L* für *CHIKL* 21 lang *L* 22 sehet *D* schier *BCDHIL* wer *L* nit *DGL* 23 den *fehlt D* yetz *C* yetzt *HIKL* 24 last *CL* jämerlich *CKL* 25 darwider *HI* täglich *CK* 26 gern *L* beweysest du *C* 27 gedunckt *HI* wöllest *BCHIKL* für *CHIKL* ihene *BCHI* für *CHIKL* 28 seyndt *C* 29 Sölche *HI* schwachhait *C* allain *CL*

[1]) *Das lateinische Citat erläutert Luther lateinisch: Gottes Reinheit zuzugestehen, fällt dem Propheten schwer, weil Gottes Thun zu widersprechen scheint.*

Propheten, als Jeremias .xij. thut auch also und spricht: 'Herre, du bist ja gerecht, so ich wolt mit dir rechten. Aber doch mus ich mit dir reden vom rechte. Wie gehts denn zu, das den gottlosen so wol gehet und alle verechter so glückselig sind? Du hast sie gepflantzt und wortzelen wol, sie faren fort und sind fruchtbar, du bist nahe ynn yhrem munde und ferne von yhren nieren'. Und Psalm .lxxij. 'Meine fusse weren schier geglitten, und mein gang hette schier gestrauchelt, da ich sahe, das den gottlosen so wol gieng' etc. Denn es thut aus der massen wehe, das die unrechten so lange obligen und gleich mit unrecht so gros gluck verdienen sollen, Und die gerechten mit yhrer frumickeit so viel unglücks verdienen. Aber es geschicht alles darumb, das ihene sollen wol anlauffen und unser glaube wol ausgedenet, starck und reich werde ynn Gott, wie denn auch hie Habacuc hernach vom könige zu Babylon saget, wie auch der obgenante .lxxij. Psalm spricht, das Gott die bösen hoch hebe, auff das er sie tieff störtze. Und Jeremia flux folget auff die vorigen wort und spricht: 'Samle sie wie schaffe zur schlachtbang und bereyte sie zum tage des wurgens'.

Jer. 12, 1ff — Ps. 73, 2f. — Ps. 73, 18 — Jer 12, 3

Warumb sihestu denn zu den verechtern und schweigest, das der gottlose verschlinget den der frümer denn er ist? 1, 13

Da beyst sich der kampff glaube mit der gottlosen glücke und erzelet es nacheinander daher. Als solt er sagen: Ich gleubes und bins gewis, das du alleine Gott bist und die gottlosen on deinen willen nichts mügen thun, warumb sihestu denn zu und schweygest? Und gebraucht hefftige wort. Er nennet die gottlosen 'verechter'. Wilchs deutet die ruchlosen, sicher, freye menschen, die von Gotts wort und werck so gar nichts halten, das kein mensch von yrgent einem ding kan so gar nichts halten. Wilche S. Paulus Ephesi. iiij. 'Apilgicotes' nennet, das wir verdeutscht haben 'verrüchte', latine: qui non solum contemnunt, sed etiam negligunt, quasi indignos habeant quos contemnant; Ebraice: 'Boged', gleich wie wir von den Juden und die Juden von uns halten, da einer den andern fur lauter nichts helt. Eben wie auch itzt etliche gottlosen vom Euangelio so gar nichts halten, das yhn ein lauter schertz ist und nichts gewissers haben, denn das nichts sey. Solche leute, die so gar nichts fulen noch sich annemen, die heyssen rechte 'Bogdim' und 'Apil-

Eph. 4, 1

---

1 Hieremias *C* Herr *C* 2 wölt *HIL* 3 geet *G* verächter *CK* unrechter *E* 4 seynd *C* wurtzlen *CEHIL* 5 seyndt *C* ferre *L* 6 füsse *CDHIKL* 7 gestrauchlet *I* do *G* etc. *fehlt G* 8 wer *CHI* lang *L* 9 glück *BCDGHIKL* 10 frümickeit *BD* frumkayt *CHIL* 11 glaub *L* außgedienet *C* 12 werd *FG* könig *E* 14 stürtze *CL* 15 schlachtbangk *CD* schlachtbanck *HIL* 16 würgens *BCHIKL* 17 sihest du *CK* verächtern *CHIKL* 18 verschlyndet *C* frömer *G* 19 glück *L* 20 glewb es *B* glaub es *CHI* gleubs *G* gleub es *KL* 21 allein *FGL* mögen *HI* 22 sihest du *CK* schweygst *C* 23 verächter *CKL* rauchlosen *BC* 24 Gottes *HIL* 25 yergent *HI* kan *fehlt E* Sant *CL* 26 verteütscht *HI* verrüchte *CHIKL* 29 van *E* für *CEHIKL* 30 yetzt *CHIKL* etlich *L* 31 nicht gewissers *E* Sölche *EHI* leüt *L* 32 fülen *DEGHIL*] empfinde *C*

gicotes', 'verrucht', das kein schmecklin noch rüchlin da ist blieben, Und alles dahyn ist ynn yhrem hertzen. So schreiben die Heyden von dem Tyrannen Dionysio, da er den tempel beraubet hatte und gut wetter zu schiffen kreig, das er sich rhümet und sprach: 'Sehet, wie gut wetter gibt Gott den kirchen dieben'.[1] Wo hie nicht Christliche gedult ist, do solt wol fleysch und blut wundschen, das zehen donner eym solchen auff den kopff fiele und neun ellen tieff ynn die erden schlüge. Wir heyssen einen solchen 'verwegen', der es frey wogen',[2] und schier mit dem Ebreischen Boged odder woged uber ein stymmet.

Zum andern, das Gott zu solchen verwegenen, verrüchten so gar nichts thut, das er schlecht schweiget und sie gleich damit stercket, als sey es so gar nichts, wie sie halten; Und ist auch verrücht uber sie, gleich wie sie uber yhn sind, fulet auch nicht und nympt sichs auch nichts an, das da sind zween verwegene gegennander, gott und die gottlosen. O das ist ein verdrieslich schweigen an Gott und ein unleiblich verachtunge an den verwegenen leuten. Also zeiget er hie auch die Babylonier, das sie yhrer sachen so gewis und verwegen sind gewest, das sie alles hetten ehr mocht gleuben, ehe denn sie hetten gegleubt, das gott die Juden fur sein volck und die Babylonier fur seine feinde hielte. Da war nichts gewissers: Denn wyr Babylonier sind gottes kinder, die Juden sind seine feinde; so hoch betrog sie das glück, wie es denn gehet mit allen gottlosen. Nu, das ist noch nicht uber die mas schweer, wenn ein Prophet fur sich selbs soll ynn solchem kampff glauben stehen. Aber wenn er ynn sein ampt tritt und sol ein gantz volck ynn gleichem kampff mit sich trosten und erhalten: Da ist mühe, jamer und not. Da zappelt das volck und sollen kaum zween odder drey ym gantzen hauffen mit yhm gleuben und kempffen. Die andern alle sich ergern an den verwegenen tyrannen und dencken: Ach, es ist nichts mit uns. Gott ist widder uns, sihestu nicht, wie er ihene hebt und tregt, uns aber lest und veracht? Ja predige was du wilt, ich sehe wol, was die
2. Mose 14 meinunge ist. Da gehets denn, wie Mose am roten meer und zu Paran mit
4. Mose 16 Core: Da hilfft kein reden noch radten. Darumb treibt Habacuc dis stück so mit wichtigen und vielen worten, das volck mit sich zu stercken und zu trösten.

---

1 verrücht *D* schmeckleyn *CHI* rüchleyn *CHI* rüchlin *F* 3 hätte *C* krieg *G* kriegt *HI* überkam *L* 4 rhümet *F* 5 Wo nicht hie *FG* plut *HI* wündschen *BCEL* 6 füle *HI* 7 schlüge *F* erwegen *G* wogene *FG* woget *HI* 8 über *KL* 9 sollichen *C* verrüchten *CFHIKL* 10 schlechts *HI* schweygt *C* gleych *C* 11 verrücht *CHIKL* über *KL* über *KL* 12 fület *HIL*] empfindet *C* fulet *bis* da sind *fehlt E* auch *fehlt HI* 13 gegen einander *CHI* 14 unleydliche *HI* 15 zeigt *G* so *fehlt B* 16 erwegen *G* eher *EK* ee *HI* ehe *L* möcht *HIL* glawben *CHIL* 17 glaubt *CKL* geglaubt *HI* für *CEHIKL* für *CHIKL* 18 feynd *L* 19 kinder Und die *HI* feind *G* gluck *E* 20 nit *EL* über *L* 21 für *CEHIKL* sollichem *C* 22 gleichen *FG* tröften *BCDEGHIKL* 23 müe *C* zabbelt *L* 24 kaum *F* glauben *CHIL* 25 verwegnen *C* 26 sihest du *C* nit *EL* 27 laßt *L* 28 meynung *L* 29 treybet *L* die *FG* stuck *BCL* 30 zů *beidemal C*

[1]) *Cicero, De natura deorum III, 34, 83 (Valerius Maximus I, 1 ext.).* [2]) *erg.* hat *und* wogen *als Prtc. prt. von st.* wegen *zu nehmen; also: der es (die Sache) ohne Scheu erwogen hat. P. P.*

Zum dritten, das Gott dem gottlosen so gros gluck gibt, das er die verschlingt, die frůmer sind denn er ist, das ist die Juden sonderlich, daneben auch viel ander lande und leute, die auch frůmer sind gewesen denn die Babylonier. Denn so gehets zu: wo gros reichtum und gewalt ist, da sind auch grosse sunde und unrecht. Gelt macht diebe[1]; Glůck macht schelcke[2], wie gesagt ist[3], das gros gluck ist eym menschen zu schweer zutragen. Nu were es noch etwas leichter, wenn die bősen nicht die frumen, sondern die da erger odder gleich bőse sind, fressen. Nu aber lesst Gott gehen, das sie die frumesten fressen. Abermal were es leichter, wenn die bősen alleine strafften odder ein klein leyd thetten den frumen. Aber das ist zumal erbermlich, das die gottlosen fressen und gar verschlingen die frumen, nichts uberlassen sondern alles verderben, wie der lxxix. Psalm sagt: 'Herr, sie haben Jacob auffgefressen Ps. 79, 1
und seyne stete wůst gemacht' etc. Und zu dem allen noch den rhum und die ehre dazu haben, als sey Gott mit yhnen und hetten gar wol gethan, wie droben Habacuc mit bittern worten sagt: 'Denn mus sein sieg seines gotts sein'[4]. Das alles ist ein recht creutz der kinder gottes; so mus yhr leiden gethan sein, das sie unterliegen und unrecht dazu haben můssen und sehen, das yhre feinde den sieg uber sie furen und sich noch Gotts dazu rhůmen, wie Christus auch spricht Johan. xvi. 'Es kompt die stunde, das wer euch Joh. 16, 2
tődtet, der wird meinen, er thu Gott einen dienst dran'. So gieng es Christo selbs am Creutze. Aber da ligt die hohe und tieffe weisheit Gotts verborgen, da ist er 'wunderlich ynn seinen heiligen', ja auch ynn seinen feinden; das Ps. 4, 4
alles gehet uber alle vernunfft und erfarung menschlichs verstands.

Und lessest die menschen gehen wie fissche ym meer, wie ge- 1, 14
würm, das keinen herren hat.

Das ist noch alles geredt ym kampff glauben von der gottlosen Babylonier glůck uber ander land und leute. Wie gehen die fissche ym meer? Sie haben kein regiment noch ordenung, sich zu weren widder yemand, sondern schweben daher; wer da sehet, der sehet; wer hascht, der hat; da ist niemand, der da weret odder verteydingt; das solche fissche nicht anders sind denn den

---

1 glůck *B—L* gybet *C* 2 verschlindet *C* frumer *HIK* darneben *HI* 3 leůt *L* frumer *HI* seind *L* 4 gehts *K* reichtům *DFGHI* 5 sůnde *CHIL* Glůcke *C* Glůck *F* scheld *L* 6 glůck *B—L* 7 dise bősen *HI* fromen *C* da *fehlt HI* 8 aber *fehlt C* lesst *FG* leßt *K* laßts *L* frůmesten *BCDEKL* 9 alleyn *L* 10 erbårmlich *CK* erbermblich *HI* 11 verschlinden *C* überlassen *KL* sonder *C* 13 stett *L* wůste *BHI* rům *HI* 14 darzů *CHI* 15 pittern *HI* gottes *BCEFGHI* 17 unterligen *B* underligen *L* darzů *CHI* 18 feynd *L* über *KL* fůren *C—L* Gottes *HIL* darzu *CHI* 19 Johannis. *EHI* kömpt *D* stund *L* 20 daran *C* 21 creůtz *HIL* hőhe *K* Gottes *HIL* 22 ynn] an *D* 23 über *KL* 24 lesset *B* lassest *HI* gehn *K* 25 herrn *BDE* 27 über *KL* leut *L* 28 ordnung *CGK* 29 sehet *C zweimal* da] das *E* 30 do *G* verteydinget *C* verteydigt *E* vertådingt *L*

[1] *Wander Bd. 1, Sp. 1485, N. 371.* [2] *Wander Bd. 1, Sp. 1484, N. 361.* [3] *vgl. oben S. 372, 11ff.* [4] *vgl. oben S. 374, 10ff.*

fressern fur die augen gelegt. Menschen fahen und fressen sie, grosse fissche und ottern fressen sie, Adeler, weyhe und ander vogel fressen sie, Biber und ander thier fressen sie. Sie sind nur speyse, beyde der menschen, vogeln, thieren und fisschen. Eben so lessestu alle land und leute den Chaldeern sein, das sie nur fahen, fressen und schlingen. Ists nu nicht verdrieslich, das solch bösen gottlosen leuten sollen alle frume land und leute sein wie küchen fissche, die sie fahen, schlachten und fressen wie sie wollen, gleich wie Paulus auch
Röm. 8, 36 Ps. 44, 23 den spruch aus dem Psalter furet: 'Wir müssen teglich sterben umb deinen willen, wir sind doch wie schlachtschaffe gerechnet'. Das ander: 'wie gewürm, das keinen herrn hat' Ist eben das selbige. Denn er redet nicht (meins achtens) vom gewurm auff dem lande sondern ym meer, als da sind die
Ps 104, 25 (10) kleinen fissche, wie Psal. ciij. 'Da ist gewurm on zal ym meer'. Denn 'Remes' auff Ebreisch heist alles, was da kreucht und schleicht, wilchs ich gewürm heysse, wie wol das wort zu enge ist. Aber ich habe kein anders, wir sprechen: Es krymmelt und wymmelt. Und Habacuc setzt das hinzu, zu deuten, von wilchen fisschen er rede, Nemlich von den kleinen, wilche gar arme würmlin gegen yhre fresser sind. Denn da hat der mensch angel, netze, garn, körbe, reusen und allerley gerüst, das man sie fehet und frisset, on was vogel und grosse fissche mit schnabeln und klawen thun. Diese alle haben keinen herrn, das ist, sie haben kein ordnunge, wissen sich auch an niemand zu halten, sondern faren ynn der yrre, nür zur speyse den andern.

1, 15 Er zeuchts alles mit hamen und fehets mit seym netze und samlets mit seym garn.

Er macht aus den Chaldeern fisscher, gleich wie Moses Gen. x. aus dem
1. Mose 10, 9 Nimrod einen Jeger macht. Und wie ich gesagt habe: Der mensch hat mancherley gezeug die fissche zufahen, also gibt er hie dem könige zu Babylon auch, das er ein gewaltiger, geschickter fisscher sey, der mit mancherley gewalt alles zu sich zihe, fahe und samle. Diese hamen, netze, garn sind nicht anders, denn seine grosse, mechtige heere, damit er alle lande und leute gewonnen und aller welt güter, kleynod, sylber und golt, zinse und rente zu sich gen Babylon gezogen hat, also das er auch die gefesse ym tempel zu Jerusalem

1 für *CHIKL* geleget *C* fisch *L* 2 Adler *CHI* andere *E* vögel *CHIK* 3 andere *E* seynd *C* nür *HI* vögeln *CHIK* 4 leut *L* 5 nür *HI* schlinden *C* solich *C* solchen *HI* 6 leut *L* kuchen *C* köchen *E* 7 wöllen *BCHIL* auch *fehlt HI* 8 vß *K* füret *CDEHIL* fürt *FG* mussen *G* sterben *A* 10 herren *CHIL* 11 gewürm *BCDFGHIKL* land *C* 12 wie am 103. Psalm *HI* gewürm *B–L* 13 Hebreisch *L* wz *EK* 13/14 gewurm *E* 14 hab *KL* 15 grymmelt *L* 16/17 würmleyn *CHI* 17 seind *L* garen *C* 18 fahet *C* wz *K* vögel *CHI* 19 fisch *L* Herren *HIL* 20 ordnüg *L* 21 nur *CGKL* 22 mit dem hamen *HI* fehethz *B* fahets *C* 23 samblets *FG* 25 Jäger *C* gesaget *C* hab *HIK* 26 gezeyg *FG* visch *HI* zufagen *D* könig *E* künig *K* 27 gwalliger *L* geschickter *fehlt HI* manicherlay *C* 28 zyehe *C* ziehe *HI* nit *C* nichts *HI* 29 sein *L* land *L* und leute *fehlt HI* leut *L* 30 klaynat *C* zynß *L* 31 Hierusalem *CHIL*

weg furet. Denn was ists anders, wenn solch ein grosser könig sein here
ausschickt uber ein land und gewynnet es, das er alle barschafft nympt
an gelde und kleynod, dazu die leute weg furet, zu letzt auch zinse und rente
ynn dem selbigen lande behelt, Denn als ein fisscher, der sein netze auswirfft
und zeucht alles zu sich, was er fehet, und behelts, was gut ist?

Des frewet er sich und ist fro. 1, 15

Wie verdreust den Propheten, das die gottlosen Chaldeer solch glück
haben, und das sie frölich drüber sind, da alle land und leute weinen und
betrübt sind. Sie sind guter dinge, meinen, es sey gar wol gethan. Ey wie
kutzelt sie solch sieg und gluck und ist yhn so wol, wissen aber nicht, das sie
Gott damit zur schlachtbang mestet. Das ist aber alles auch umb unser
willen geschrieben, das solch und der gleichen exempel unser trost sein sol,
wenn auch wir sehen, das den gottlosen so wol gehet und sie rhůmen und
frölich sind uber uns ynn unserm elende, und sollen nicht anders dencken: es
ist gemestet vihe.[1] Denn wilch viehe man mestet, die zeucht man nicht zur Jer. 12, 3
lust odder zum brauch sondern ynn die kůchen zur fleischbanck. Wilche man
aber zur lust und brauch zeucht, die helt man mager und schmal. Gott ist
ein grosser koch, hat auch eine grosse kůchen, drumb mestet er grosse thier, das
ist mechtige könige und fursten, und mestet sie wol, das sie mehr denn alle
fulle an gut, ehre, lust und gewalt haben, lest sie frölich sein und tantzen
auch uber die helse und leybe seiner kinder, wie Herodes tochter uber S. Jo- Matth. 14, 6
hannis tantzet, und die welt frölich war, als Christus sagt, da die Apostel Joh. 16, 20
betrübt waren. Also kutzelt den könig zu Babylon und sein volck aus der
massen wol, sonderlich das er die Juden gewan, wilche berhůmet waren, das
sie yhrs Gotts halben unuberwindlich waren. Und gieng auch grewlicher mit
yhn umb denn mit andern.

Derhalben opffert er seinem netze und reuchert seinem garn, 1, 16
weyl durch die selbigen sein teyl so fett und seine speise so vollig
worden ist.

Droben[2] sagt er: 'Als denn mus sein sieg seins gotts sein', das ist, er
gibt die ehre seinem abgott Bel und Nebo (denn so nennet Isaias .xlvi. den Jes. 46, 1

---

1 wegk *HI* fůret *CDFGHIL* ein solcher grosser *HI* herre *B* heer *K* 2 vß-schickt *C* ausschickt *F* über *L* 3 gelte *HI* gelt *L* Cleynat *C* darzu *HI* leut *L* wegk *HI* fůret *CDHIL* zůletst *CKL* zynß *L* 4 den *FG* land *L* außwürfft *CHI* 5 fahet *C* 7 verdrust *K* 8 druber *HI* leut *L* 9 ding *KL* gethon *C* 10 kützelt *BHIK* kützlet *C* selch *G* glück *B—L* nit *D* 11 schlachtbanck *CDGHIL* möstet *C* unsert *HI* 12 solchs *C* 14 über *L* gedencken *CHI* 15 gemöstet *C* viehe (!) *B* möstet *C* 16 kuchen *CL* 17 zůr *C* 18 grösser *E* ein *BCL* kuchen *BCL* küchen *F* darumb *EK* möstet *C* 19 Fürsten *C—L* möstet *C* 20 fülle *CEHIL* last *C* dantzen *C* 21 über *KL* über *KL* samt *HI* 21/22 Johannes *BHI* 22 dantzet *C* war *fehlt C* 23 kützlet *C* kützelt *BG* kützelt es *HI* 25 yres *HI* Gottes *HI* un-überwindtlich *CEKL* gienge *HI* 26 inen *HI* 28 feißt *L* völlig *BCEHI* 29 worden *E* 30 Gottes *HIKL* 31 abgot *C* also *HI* am 46. *HI*

[1]) *Wander Bd. 3, Sp. 495, unter „Mastvieh": „Es ist eitel Mastvieh".* [2]) *vgl. S. 372, 10.*

gott zu Babylon) und nicht dem rechten Gott zu Jerusalem. Hie spricht er, das er seinem netze opffere und seinem garn reuchere, So wir doch itzt gesagt haben, das sein netz und garn sey seins heeres krafft zuverstehen. Wie opffert er denn den selbigen und gibt doch zu gleich die ehre seinem gott? Antwort: Der Prophet ist so uber die Chaldeer entzundet, das er fur grossem eyver, den er zu Gott und seim volck hat, des königs zu Babylon und der seinen spottet sampt yhrem gott und gotts dienst. Als solt er sagen: Wem reuchert und opffert yhr? Ist doch da kein Got. So ist der götze auch nichts,
1. Cor. 10, 19 wie S. Paulus sagt .i. Cor. x. Ich wil auch wol sagen, wem solch opffer und reuchern geschicht, nemlich ewrem netze, ewr eygen macht. Denn wer sich eines dinges rhümet und ist frölich und fro drüber, wie yhr seyt uber solchem glück, dancket aber dem rechten Gotte nicht, wie yhr auch thut: Der macht sich selbs zum abgott, gibt yhm selbs die ehre, frewet sich nicht ynn Gott sondern ynn seiner krafft und werck. Darumb ob yhr wol mit dem munde Gott nennet und mit der hand fur dem götzen opffert und reuchert, so ists doch ym grund ewrs hertzen nichts, sondern yhr haltet von euch selbs viel und gefallet euch selbs wol, das yhr solchs vermügt, und meinet, yhr seyds werd und habets verdienet; drumb ist ewr netze, das ist ewr macht und gewalt, ewr gott, dem opffert und reuchert yhr. Denn auff ewr gewalt verlast yhr euch, trotzt, rhümet, frewet euch der selbigen; wo die nicht were, ewr götze solt euch wenig helffen odder erfrewen. Auff die weise redet auch Esa. iij.
Jes. 2 [10]. 8 'Sie beten an yhrer hende werck und das werck, das yhre finger gemacht
Apg. 7, 41 haben'. Und act. vij. spricht Stephanus: 'Sie freweten sich der werck yhrer hende'. Denn wes man sich frewet, warauff man sich verlest, das ist sein Gott, weil man sich auff niemand denn auff Gott allein verlassen sol, auch sonst keines dings denn Gottes frewen. Die gottlosen aber müssen sich yhrer werck und gewalt trösten, das ist yhr gott, sie konnen nicht anders.

Wil nu der Prophet sagen: wie feinen Gott habt yhr! Ewr netze, Ewr eygen gewalt ist ewr gott, wilche yhr doch nicht habt denn von unserm Gott. Er schilt aber daneben auch die lesterunge, das sie nicht Gott die ehre geben,

---

1 Hierusalem *CEHIL* 2 netz *C* netzt *HIKL* 3 netze *K* seines *HI* zuverstehn *K* 5 über *KL* entzündet *BCEHIL* vor *CL* für *EHIK* 6 eyffer *CL* eyfer *K* königes *B* 7 gottes dienst *HI* Wen *K* 8 götz *I* 9 sant *HIL* Paul. *E* Paul *G* sollich *CL* opffern *E* 10 eüwerm *L* netz *E* ewer *EHIK* eüwer *L* 11 dings *L* drüber *D* druber *HI* über *KL* 12 gluck *E* Gott *KL* 13 yhm gibt selbs *D* freüwet *L* 14 Darümb *E* 15 vor *C* für *EHIL* 16 ewers *EGHI* eüwers *L* 17 sollichs *C* 17/18 seyt sein wirdig *HI* 18 habts *EHIL* habtes *F* habt es *G* Darumb *HI* ewer *BCFGHIK* eüwer *L* ewer *GHIK* eüwer *L* 19 ewer *CHI* eüwer *L* ewer *CHI* eüwer *L* 20 trutzt *HI* thümet *G* freüwet *L* wa *C* nit *E* ewer *BCHI* eüwer *L* 21 sol *FG* frewen *HI* erfreüwen *L* 23 Actuum. *C* freüweten *L* 24 freüwet *L* warauff *K* worauff *L* verlast *C* 25 uff *K* Gotte *HI* 26 sunst *CHIL* keyns *L* dinges *B* Gottis *E* freüwen *L* 27 künnen *BDEHIL* künden *C* nit *D* 28 ewer *CEHI* Eüwer *L* Ewer *CHI* Eüwer *L* 29 ewer *CEFGHIK* eüwer *L* nichts *HI* unserem *K* 30 darneben *HI* lesterüg *HIL* nit *C*

und verklagt sie fur Gott umb solcher grossen undanckbarkeit und verkereten lesterlichen götzen dienst, als solt er sagen: Das ist die frucht, das du sie nicht straffest und lest sie so glück haben, das sie nicht alleine die menschen unterdrucken, sondern auch dich selbs antasten und deine ehre yhrem netze, der gewalt, die sie von dyr haben, geben. 'Das macht, das sein teyl so fett davon worden ist und seine speise so vollig'. Das ist, mit solcher gewalt hat er so gros gut und königreiche uberkomen und ist wol gemest. Aber wol gemest sein macht abgötterey, wie Mose spricht ynn seinem gesang: 'Er ist fett und 5. Mose 32, 15
dick und vollig worden, drumb ist er widderspenstig worden'. Die zween Gotts dienst: Opffern und reuchern, sind ynn der schrifft fast gemein und komen aus dem gesetz Mosi. Ob aber die Babylonier die zween auch gehabt haben, odder ob der Prophet durch diese namen ihener gotts dienst habe wollen deuten, las ich eim iglichen ynn seim gutdunckel bleiben. Es ligt nichts dran.

Der halben wirfft er sein netze noch ymer aus und wil 1, 17
nymer auffhören leute zur wurgen.

Ihe mehr des gelds wird, ihe grösser der geitz wird, das man den mit gut nymer mehr kan settigen sondern nur weyter macht. Also stehen auch alle andere menschliche böse lüste. Ihe grösser ehre einer hat, ihe mehr er haben wil, Ihe mehr lands und gewalt, ihe mehr begirde die selbigen zu mehren. So schreiben die Heyden vom grossen Alexandro, das er nicht gesettiget war an einer gantzen welt. Denn da er höret von eim Philosopho, das viel mehr denn eine welt were, seufftzet er und sprach: 'Und ich habe noch nicht eine gewonnen'[1]. Also schilt hie Habacuc den unsettigen geitz des königes zu Babylon, das er yhm nicht benügen lest, sondern weil sein teil so fett ist, wirfft er sein netze noch ymer aus, mehr land und leute zugewinnen. Und heist es leute 'erwürgen'. Denn land und leute gewinnen gehet nicht anders zu, man wurget leute drüber. Aber da fraget der mördische geitz nicht nach, das er nur reich und fett sey. Und hie sihestu selbst, das durchs netze sein gewalt zuverstehen sey, dadurch er die leute wurget und yhr gut zu sich zeucht.

---

1 vor *CL* für *EHIK* verkerten *E* 2 lasterlichen *G* nit *CL* 3 last *C* glück *E* nitt *C* alleyn *L* 3/4 vndertrucken *CL* 4 dein *K* 5 seyßt *L* 6 völlig *BCEHI* gewal *G* 7 künigreych *L* oberkümen *C* überkome *KL* gemöst (*beidemal*) *C* 8 abtgötterey *C* Mosy *C* Moses *HI* seyßt *L* 9 völlig *BCHIL* darumb *HI* 10 Gottes *HIK* räuchern *C* gschrifft *C* schriefft *D* 11 gesatz *C* 12 Gottes *HI* wöllen *BCGHIL* 13 yeglichen *CHIL* seyn *C* gütduncken *L* bliebe *K* nicht *HI* 14 würfft *CHI* netz *K* vß *C* 15 leut *L* zu würgen *B* zůr würgen *CDKL* zů erwürgen *HI* 16 geldes *FG* würit (*nach* geitz) *C* 17 nür *BHI* 18 ander *I* luste *K* 19 gewalts *HIK* 20 nit *K* 22 ein *L* hab *L* 23 nit *CL* 24 nit *C* last *C* seyßt *L* 25 würfft *HI* leut *L* 26 gaißt *I* leut *L* leüt *L* nit *D* nichts *FG* 27 würge *C* würget *BDFHIKL* leut *L* daruber *HI* 28 nür *HI* seyßt *L* sihest *C* selbs *HIL* durch *C* 29 leut *L* würget *CDGHIKL*

[1]) *Plutarch, De tranquillitate animi, cap. 4, p. 466 D. Vgl. oben S. 303, 33 ff.*

Das ander Capitel.

2, 1 Hie stehe ich auff meiner hut und trete auff die feste Und schawe und sehe zu, was mir gesagt werde und was ich antworten solle dem der mich schilt.

Hie kompt es und gehet recht an, davon ich droben[1] gesagt habe, das der Prophet nicht alleine fur sich selbs ym kampffglauben stehet widder der Babylonier glück, sondern mus auch fechten und kempffen widder den unglauben seines volcks, denen er predigt, und sie trösten und stercken. Darumb ehe denn er widder die Babylonier weyssagt und yhr ungluck verkündigt, mus er zuvor sich mit seim ungleubigen volck zu schelten, auff das er sie doch behalte ynn der predigt, das sie yhm zu horen. Gleich als wenn itzt ein prediger von eym künfftigen odder gegenwertigen ubel predigt, und das volck begunste zu verzweyffeln und lauffen, als were keine hoffnunge mehr da. Der müste warlich keck sein und sein ampt preisen, vermanen, das sie stunden und vollend zu höreten, wie es solte hinaus gehen, und wie Gott solchen frevel widderumb straffen und sie erlösen wurde. Also mus hie Habacuc auch thun umb der willen, so die zukunfft der Babylonischen tyranney, davon er gered hat, erleben und erfaren müsten, das sie nicht verzagten, als were darumb alle hoffnunge aus. Denn dem volck war von Gott verheissen, das Christus solt komen und zu Jerusalem ein herlich königreich anfahen, des waren sie nu beredet und warteten desselbigen. Darumb sie auch meineten, Jerusalem müste bleyben fur aller welt und sie ym lande auch bleiben, also das sie der weyssagung Habacuc von der Babylonier zukunfft nicht gleuben kundten. Da sie aber kamen, und erfuren des Propheten weyssagung mit der that, gleubten sie des allzu seer, also auch das sie an dem zukünfftigen reich Christi nu auch verzagen, weil es nicht kam, da Jerusalem stund und sie ym lande woneten. Da werden diese und der gleichen wort ym gemeinen geschrey gegangen sein: 'Ja, wo sind nu die Propheten, so uns Christum haben verheissen? wie fein haben sie uns genarret! Ja gleube nu wer do wil, das er kome. Wie solt er komen? Jerusalem ligt ynn der asschen, und wir sind weg gefurt ynn

2 vff *C* 3 schauwe *L* wz *(nach* und*) K* 4 schiltet *L* 5 kumpt *CHIK* kömpt *D* hab *L* 6 mit *KL* allein *L* für *CHIKL* stett *L* 8 predigett *B* 9 vnglück *BCDFGHIKL* verkundigt *EF* 10 seinem *HI* vnglåwbigen *C* vnglaubigen *HI* 11 predig *CL* hören *BCDGHIKL* yetz *C* yetzt *HIL* 12 einem *L* kegenwertigen *D* übel *KL* prediget *HI* 13 begunte *BL* begunde *CHI* verzweyflen *C* kein hoffnung *L* 14 müste *CD* stünden *BCHIKL* 15 wollend *G* hörten *HI* gern *L* 16 würde *BG* thon *C* 17 geredet *I* 18 müsten *GHIKL* 19 hoffnung *L* 20 Hierusalem *HI* künigreich *EL* 21 Hierusalem *HI* 22 vor *CL* für *HIK* 23 glawbenn *CHIKL* 24 erfüren *C* glaubten *CHIKL* 25 zukunfftige *E* 26 verzagten *DL* Hierusalem *HI* stünde *L* land *L* 28 uns] vmb *E* 29 glaube *HIL* da *CFGHI* 30 Hierusalem *HI* äschen *CK* wegk *HI* gefürt *CHIKL*

[1]) vgl. *S.* 380, 20ff.

frembde lande. Pfu euch Propheten alle auff einen hauffen, yhr seid doch nichts denn lauter buben, die land und leute verfuren'.

Also thut vernunfft, wenn Gott sein wort auff andere weise erfullet, denn sie yhr hatte furgebildet. Denn sie wil ja ymer Gotte mas, zeit und weise stymmen, wie er sein gelübde halte, odder wil nicht mehr gleuben. So kan Gott nicht anders thun, denn das er sein wort wunderlich und viel anders erfulle, denn wir gedencken. Also gehets denn, das man Gott zu keiner zeit gleuben wil. Drewet er, so hindert uns das gegenwertig glück und das wir das kunfftig ungluck noch nicht fulen, das wir seinem drewen nicht gleuben. Verheist er gnade, so hindert uns das gegenwertig ungluck und das wir die kunfftige gnade noch nicht fulen, das wir seinem verheissen auch nicht gleuben. Da gewinnen denn die Propheten aller erst zu schaffen mit dem zaghafftigem, ungleubigem volck. Denn wie kundte Gott Christus verheissen reich nerrischer und wunderlicher ansahen, denn das er Jerusalem, da es sein solte, verstören lies durch gottlose verechter, und seine feinde und sein eygen volck lies weg furen? Wie kundten sie gleuben, das Jerusalem zu gleich ynn der asschen lege und zu gleich dennoch das herlichst königreich solt werden? Vernunfft müste hie sincken und verzweifeln. Und wer bleiben solte, der müste uber alle synn und vernunfft alleine ynn Gotts wort schweben und hangen, das er ein newe Jerusalem sehe, das doch noch nyrgent zu sehen war, und gantz ein unsichtbar Jerusalem fur gewis haben, als stund es da, da das sichtbar ynn der asschen lag fur seinen augen. Des gleichen findestu ein schon exempel eben von dieser sachen Jere. xxxij., da sich der Prophet hoch verwundert, wie es Jer. 32, 24 f.
Gott so müglich sey, das zu gleich Jerusalem solte wüste sein und doch widder auffgericht werden, das man drynnen keuffe und handele. Lies dasselbige capitel, denn es dienet hie her wie die rechte glose.

Denn also thut hie Habacuc auch, das er die verstörunge verkundigt und doch widderumb verheyst: Es sollen alle propheceyen von Christo erfullet

---

1 land *L* sind *L* 2 leutt *L* verfüren *CDHIKL* 3 weyß *L* erfüllet *CEHIKL* 4 hätte *C* fürgebildet *CHIKL* Gott *L* 5 weyß *L* gelübdt *CL* gelübde *F* glauben *CHIKL* 7 erfülle *CEHIKL* gets *L* 8 glauben *CHIK* wile *C* Drüwet *HI* Drawet *L* gegenwertige *L* das *fehlt E* 9 künfftig *BCDEKL* zu künfftig *HI* unglück *BCDEFHIKL* ungelück *G* fülen *CEKL* füllen *HI* drüwen *HI* dreuwen *L* glauben *CHIL* 10 das] da *E* unglück *B—L* 11 künfftige *BCDEHIKL* gnad *CL* empfinden *C* fülen *EHIKL* nit *DG* glauben *CHIKL* 12 zaghafftigen *CL* 13 unglaubigen *CHI* kündte *B* 14 Hierusalem *HIL* da] das *IL* solt *L* 15 durch die gotlosen *HI* verächter *L* hynweg! *HI* 16 füren *C—L* glauben *CHIKL* Hierusalem *HIL* äschen *CK* 17 dennocht *CL* dannocht *HI* herrlichste *HI* solte *HI* 18 muste *HI* müßt *L* sole *B* muste *EHI* müßt *L* über *KL* 19 und *fehlt HI* alleyn *L* Gottes *HIKL* 20 new *FGL* Hierusalem *HIL* 21 Hierusalem *HIL* für *CHIKL* alss *B* stünd *DHIL* 22 äschen *CK* vor *CL* für *HIK* schön *BCL* 23 Hieremie. *HI* 24 muglich *K* Hierusalem *HIL* solt *L* 25 kauffe *CHIKL* handle *C* Liße *C* das selbig *L* 26 gloß *L* 27 verstörung *L* verkündigt *BDFHIKL* verkündiget *CG* 28 erfüllet *CEHIKL*

werden widder und uber alle synn und vernunfft. Darumb spricht er nu: 'Hie stehe ich auff meiner hut und trette auff die festunge'. Er stellet sich wie ein kriegs man, der auff eine warte tritt, sich zu weren. Wem gilt aber solchs warten und hüten? Widder wen streit er? Widder den unglauben und ungedult des volcks, als solt er sagen: Yhr murret und seyt ungedultig und macht viel andere auch ungleubig, das sie mir und allen propheten nicht gleuben sondern verzweiffeln an dem verheissen Christo. Wolan, ich wil drumb nicht ablassen sondern mich rüsten und widder euch setzen und nu deste mehr predigen, ob sich doch ettliche möchten ym glauben erhalten. Darumb stehe ich als einer, der auff der festen warte und hut stehet und fichtet, so hüte und fechte ich auch starck und feste fur die schwachen ym glauben widder euch ungleubigen und verzagten. Und stehe also, das yhr mich nicht solt umbstossen. Denn ich stehe auff der feste, das ist, ich habe Gotts wort fur mich, darauff ich mich verlasse und gleube, darumb ich auch rede und predige den andern. Solchs ist, als ich gesagt habe, hoch von nöten, wenn das volck zaget, das der Prophet ja feste stehe auff seim wort, feste anhalte, nicht weiche noch wancke widder umb des unglucks willen, noch umb des unglaubens, murrens, lesterns willen ym volck. Denn wo der wancket und weicht, der das wort und trost furen und halten sol, so gehets gar dahin, so ligt das panier und ist der wechter tod. Wo er aber steht, so bleiben doch ettliche an yhm hangen und sehen auff yhn.

'Ich schawe', spricht er, 'was mir gesagt werde, und was ich antworten solle dem der mich schillt'; das ist: Ich warte der püffe von den ungleubigen und lesterern, wie ich solle den selbigen antworten, die da verkeren und abschrecken die schwachen und schelten mich und alle Propheten, als seyen wir lugener, weil Gotts wort und werck anders gehet, denn sie gedachten. Denn wo ich nicht yhn antwortet und widder sie predigte, sondern schwige stille und lydde yhr schelten, solten sie mir wol das volck gantz und gar von Gotts wort wenden, das keiner mehr auff Christus kunfftig reich harrete, sondern alle dran verzweiffelten. Darumb wil ich meins ampts steiff warten und hüten, wen ich behüten kan. Und hie sihestu, das den Propheten alles zuthun gewest ist, das sie das volck ym glauben hielten auff den kunfftigen Christum

1 über *KL* synn und *fehlt HI* 2 hüte *C* gut *I* die die *E* 3 ein *L* Wehm *D* 4 hüten *F* 5 volck *B* 6 unglaubig *CHI* unglaubig *K* sie *fehlt HI* alle *E* 7 glauben *CKL* verhaissenen *HI* 8 nür *HI* dester *CHI* 10 stehe *B* 11 für *CHIKL* 11/12 unglaubigen *CHI* 13 hab *L* Gottes *HIKL* für *CHIKL* 14 glaube *CHIK* glaub *L* 15 Sölchs *HI* hab *HI* 16 veste auff stee *HI* anhalten *G* anhalt *L* nit *E* 17 wancken *E* weder *KL* unglücks *BCEHIKL* 19 füren *CEHIKL* gehts *DL* panir *B* 20 wächter *C* stehet *KL* 22 gesaget *C* werd *D* 23 soll *L* unglaubigen *CHIL* 24 soll *L* dar *E* 25 schelten] schlechten *E* 26 lügener *BDHIL* lügner *E* Gottes *HIKL* 27 nit *E* predigete *C* prediget *E* still *L* 28 lytte *CL* wol *fehlt E* vom *CHI* Gottes *HIKL* 29 künfftig *CDFGHIKL* 31 wenn *FG* die *C* sihest du *C* 32 künfftigen *BCDHIKL*

und haben sie also mit dem wort an Christum gehenget, das sie an yhn gleubten, so wol als wir itzt an yhm hengen und gleuben. Derhalben auch der Prophet das schelten und lestern nicht leiden wil, so wir doch gerne sollen schmach und lesterunge leiden umb Gotts willen. Denn wo es uns angehet, sollen wir es leiden. Aber wo es die lere antrifft, die sol man verantworten und entschuldigen, wie Christus thet Johann. viij. und fur dem priester Hannas. Joh. 8, 14 ff.; 18, 19 f.
Denn wer die lere und das wort ym lestern lesst stecken, so er kan weren, der hilfft dazu, das die schwachen gestörtzt werden zum unglauben. Darumb mus es ymer auff der hut gestanden sein, geleret, vermanet, gestrafft, gepredigt und getrieben umb der ausserweleten willen zu erhalten; wilche aber nicht gleuben, das man die faren lasse nach zwo odder drey vermanungen, wie S. Paulus leret Tit. iij. Tit. 3, 10

Das stücke 'was mir gesagt werde' möchte villeicht also zuverstehen sein: Ich wil schawen, was Gott mir sagen werde, weil es ym Ebreischen lautet: 'Was man ynn mir sagen wird', das also dis teil von gotts wort und das ander hernach von der lesterer wort zuverstehen were. Aber mich dunckt, es sey beides von den lesterern zuverstehen, wilche ynn Habacuc reden und schelten, das ist, reden widder yhn und ynn sein wort und lugenstraffens, wie auch Zacharie .iij. stehet: 'Der herr schelte ynn dich, Satan', das ist, der herr wölte Sach. 3, 2
dir ein reden, dyr ynn dein furnemen greiffen und dir weren. Denn weil Habacuc auff der hut und feste stehet, hat er schon bereit Gotts wort, darauff er stehet. Und weil er sich umbsihet und schawet, was man yhm ein rede, ists gut zu mercken, das solch schawen und zusehen auff menschen gericht ist, die widder yhn reden, und darumb stehet und schawet, das er die schwachen tröste und erhalte widder die einreder und schelter. So folget auch hernach das wort Gotts, das er beide den schwachen und scheltern sol furhalten, und spricht:

Der HERR aber antwortet mir und sprach: Schreibe das 2, 2
gesicht und streichs aus auff eine tafel, das es lesen künde, wer fur uber leufft.

Er furet des Herrn namen ein, seine schelter zu schrecken und die schwachen deste bas zu stercken, als das nicht er selbs sondern Gott solchs sage und befelh zu thun. Hie ist zu mercken: weil es ynn göttlichen sachen

2 glaubten *CHIKL* yetz *HI* jetzt *KL* hangen *CHIL* glauben *CHIKL* 3 gern *C* 4 lesterung *L* Gottes *BGHIKL* 5 verantworten *E* 6 entschüldigen *E* vor *CL* für *HIK* 8 darzů *CEHI* gestürtzt *HIL* 9 gelert *CE* 10 ausserwöleten *C* auserwelten *DHIKL* 11 glauben *CHIKL* zwů *C* Sanct *D* sant *HI* 12 zu Tito 3 *HI* 13 stucke *C* stück *E* wz *D* möcht *G* 14 Ebraischen *C* 15 Gottes *HIK* 17 wölliche *C* ym *B* und] von *B* 18 ynn *fehlt K* lügenstraffens *BDEL* 19 steht *F* wolte *D* wölle *HI* wölt *L* 20 fürnemen *CDHIKL* 21 bereit] yetzt *L* Gottes *HI* 22 schawwet *L* 24 warumb *I* 26 Gottes *HIKL* beyden *HI* und den scheltern *HI* fürhalten *CHIKL* 28 antwort *L* 29 ein *CL* kunde *G* 30 für *HIKL* über *KL* laufft *CL* 31 füret *CEFHIKL* 32 bester *CHI* nit *C* 33 beuelhe *HI*

allzeit so hoch und wunderlich zu gehet, das ein mensch mus alle synn und
vernunfft faren lassen und allein am blossen wort Gotts hangen, — sonst
Cor. 2, 4ff. ists eytel narrnwerg und thorheit, was Gott furnympt .1. Cor. ij. —, so
pflegt Gott neben dem wort auch ein eusserlich geberde odder zeichen zu thun,
gleich als man ein sigel an einen brieff henget, den glauben zu stercken. Also
muste Jeremias eine hultzene keten am halse tragen neben dem wort, da er
verkundigte das gefengnis aller lande, so der könig zu Babylon uben wurde.
Jer. 28, 10ff. Jes. 20, 2 Jere. xxviij. Und Isaia muste nacket gehen, da er verkundigt, wie Egypten
Jer. 32, 6 land solte beraubt werden. Item Jeremias .xxxij muste einen acker von seim
freunde keuffen neben dem wort, da er verkundigt, das Jerusalem solte widder
gebawet werden. Und so fort an an viel mehr orten, das auch ym newen
testament neben dem Euangelio die tauffe und sacrament als euserliche zeichen
eingesetzt sind. Also thut hie Habacuc auch aus göttlichem befelh: neben dem
wort, da er verkundigt die zukunfft des verheissen Christi und seines reichs
und das Jerusalem widder solle gebawet werden, thut er das eusserlich zeichen
odder geberde hinzu, Das er eine tafel nympt und schreibt drauff mit deutlichen,
groben buchstaben eben die selbigen wort, wie die weissagungen von
Christo sollen gewis sein und komen, ungehindert durch den könig zu Babylon,
ob er gleich Jerusalem zu asschen mache und das volck weg fure aus dem
lande. Diese tafel hat müssen hengen an einem offentlichen ort als am tempel
odder auff dem marckt, das sie yederman hat konnen sehen und lesen. Und
hat also damit den scheltern das maul gestopfft und die schwachen ym glauben
behalten, so viel es muglich ist gewesen.

Das ists nu, das er sagt: 'Schreib das gesicht und streichs aus auff eine
tafel'. Was fur ein gesicht? Nicht die Habacuc gesehen hat, sondern aller
Propheten, die von Christo geweissagt haben. Denn ynn der Ebreischen sprache
heissen die weissagung 'gesichte' und die Propheten 'Seher' odder 'Schawer',
1. Sam. 9 [9]. wie das .1. Reg. v. klerlich der text weiset. Also spricht auch Gabriel Daniel .ix.
Dan. 9, 24 'das erfullet werde das gesicht und weissagung', als solt er sagen: aller
Propheten gesicht und weissagunge gehen auff Christum; Drumb wenn der

---

1 zügeht *KL* 1/2 alle . . . muß faren *HI* Gottes *HIKL* sunst *L* 3 ists ein eytel *HI* narrnwerck *BCGK* narren werck *HIL* fürnympt *CDHIK* 4 geberd *I* geperde *K* 5 einem *FG* hencket *CK* hanget *E* hengt *L* 6 Hieremias *HI* ein *KL* hültzene *BCEKL* halße *C* halß *HIL* 7 verkündigte *CDHIKL* by *E* gefengknus *C* gefenckniß *HI* yeben *C* üben *HIKL* würde *DK* 8 Hiere. *CHI* gehn *K* verkündigt *BCDHIKL* 9 solt *CL* Hieremias *CHI* 10 kauffen *CHIKL* verkündigt *BCDHKL* verkündigt *I* Hierusalem *CHIL* solt *L* 11 fort an] fort *FG* neüwen *L* 12 Tauff *C* aufferlichen *C* 13 bevelhe *HI* 14 verkündigt *BCDHIKL* verhayssenen *HI* 15 Hierusalem *CHIL* soll *L* ausserlich *C* eusserliche *E* 16 ein *L* 17 selbiger *G* weyssagunge *C* 18 Babylon *D* 19 Hierusalem *CHIL* äschen *C* wegk *HI* füre *CDHIKL* 20 müssen *G* hangen *CHIL* öffentlichen *HI* 21 künden *C* können *DHIL* 23 müglich *BCDHIKL* 24 ist *HI* nun *CHI* ein *HIL* 25 für *CHIKL* 26 Ebreische *D* 28 wyset *K* Danielis. *K* 29 erfület *HIKL* 30 darumb *HI*

kompt, so wird das gesicht erfullet. Daraus merckt man wol, das ym gemeinen volck alle weissagung von Christo mit eim gemeinen namen haben 'Gesicht' geheissen. So ists nu so viel gesagt, das Habacuc hie redet: Nym eine tafel und schreibe drauff das gesicht, das ist, schreibe eine schrifft drauff von der weissagung, die auff Christo geht, was von der selbigen zuhalten sey, weil die Juden so zagen und meinen, es sey gantz aus. Denn Habacuc hat nicht das gesicht, das ist alle weissagunge aller Propheten, die von Christo geredt haben, mügen drauff schreiben, es muste sonst gar eine grosse tafel gewesen sein, sonderlich weil ers so grob sol schreiben, das einer ym lauff lesen konde. Sondern das heisst er 'das gesicht schreiben,' das etwas geschrieben wird, was davon zu halten sey, nemlich die wort, die da folgen werden. Und das ers ausstreichen odder auslegen solle, ist nichts anders, denn das ers deutlich, klar und grob schreiben solle, und so grob und klar, das man nicht dafur müsse stehen und gucken und die buchstaben zelen und zu samen lesen, wie geschicht ynn kleiner odder kurtz vertüttelter[1] schrifft, sondern das gantze grosse buchstaben seien, das mans gewis als ynn einem blick sehen und lesen konne und gleich ym lauff alles fasse, doch nicht seer lauffe, sondern das er die buchstaben ym lauff dennoch kennen müge. Denn es möcht einer so seer lauffen, er kundts nicht lesen, wenns gleich buchstaben weren wie die pfeyler ynn den kirchen.

Es ist dem Propheten alles zuthun darumb, das es gewis gesehen und gelesen müge werden. Das wil er mit dem wort 'Und streichs aus', das ist, machs klar, grob, deudlich und kendlich gnug. Damit er wil anzeigen, das gleich wie diese tafel klerlich, gewis und deudlich gelesen und gesehen wird, als die auch einem der fur uber rausscht kendlich ist, also solle das auch gewis sein, das Christus komen werde, wie der Propheten gesicht und wort von yhm halten und sagen, auff das sie ja nicht zu fast erschrecken fur der verstörung Jerusalem und yhrem gefengnis, das sie vom könige zu Babylonien leiden.

Nemlich also: Das gesicht wird komen zu seiner zeit und 2, 3.
wird endlich frey handeln und wird nicht aussen bleiben. Obs aber verzöge, so harre sein. Es wird gewislich komen und nicht

1 kumbt *C* kömpt *D* erfüllet *CDHIKL* merckt *C* 2 weissagunge *C* 3 nun *CL* 4 ein *CKL* schreyb *(beidemal) L* ein *CL* gschrifft *C* schriefft *D* darauff *L* 5 vff *C* Christū *HI* gehet *K* geet *L* 8 mögen *HI* müste *BCFGHIKL* sunst *L* ein *KL* 8/9 gewest *K* 10 kündte *C* kunde *HI* könne *L* haisset *C* 11 würd *K* 12 soll *G* er *E* 13/14 dafür *CHI* daruor *L* 14 müste *B* steen *L* gücken *B* 15 vertütleter *C* gschrifft *C* schriefft *D* 16 sein *HI* man es *L* sehe *HI* künde *C* könne *HIKL* 17 nit *C* 18 dannocht *HI* dennocht *L* möge *HI* 19 kündts *BCL* könds *HI* nit *D* pfeylen *I* den] der *BFGI* 21 zuthon *C* 22 müge *FG* möge *HI* 23 deütlich *CDGHIKL* kentlich *CDGHIKL* genug *G* will er *C* 24 deütlich *CDGHIKL* würdt *C* 25 vor *C* für *HIKL* über *KL* kentlich *GHIKL* soll auch das *L* 27 vor *CL* für *HIK* 28 Hierusale *CHIL* gefengknus *C* -nüß *HI* -nis *K* 30 handle *C* nit *CE* 31 aber] auch *B* verzuge *CHI* verzüge *L* nit *C*

[1]) *d. i. abgekürzter.*

lange machen. Wer aber dawidder strebt: Des seele wird nichts gelingen. Denn der gerechte lebt seines glaubens.

Dis ist der text, der auff der tafel grob und klar geschrieben gewest ist. Denn das ists, das er von dem gesicht schreiben solt. Und wir sehen, das seine trost wort und verheissung sind fur die schwachen von der zukunfftigen erfullung aller Prophecehen ynn Christo. Damit ist nu auffgehalten der glaub an Christum, der da komen solt, und ist verwaret, das man Gott nicht lügen straffe ynn seinen Propheten, als sey seine verheissung falsch. Denn ob wol Jerusalem verstöret und das volck weg gefuret ward, so bleib doch das Jüdische königreich ym wort Gotts verfasset und waren propheten da, die das volck auffhielten und vermaneten, eine bestympte zeit solche straffe zu leiden; wilchs itzt den Juden nicht geschehen ist ynn der letzten verstörunge Jerusalem, durch die Römer geschehen, da sie auch weg getrieben sind. Aber da ist kein prophet der sie tröste und auffhalte, bis auff eine bestympte zeit solche straffe zu leiden. Es ist auch yhr königreich nicht yns wort gefasset, sondern allerdinge verlassen beide von prophecehen und königlichen personen, wilchs ynn der Babylonischen verstorung nicht geschach.

So sagt er nu: Die weissagunge odder gesichte vom zukunfftigen Christo und seim reich sind nicht aus, ob wir gleich itzt zerstöret werden eine zeitlang. Sondern steht und hellt noch feste, wie die propheten davon geredt haben. Sie hat aber yhre bestympte zeit, die niemand weis und Gott befolhen ist. Und wenn sie nu kompt zu yhrer zeit, wird sie frey handeln und nicht feilen odder liegen. Denn ym Ebreischen lauts also: 'sie wird frey handeln und nicht liegen', wilchs ich habe verdeudscht: 'Sie wird nicht aussen bleiben'. Denn das wil er auch, da er sagt, Sie solle nicht liegen odder feilen. Und das 'frey handeln' meinet er nicht anders, denn wie der eilfft Psalm desselbigen
Ps. 12, 6 worts auch braucht und spricht: 'Ich wil ein heil auffrichten, das soll frei drynnen handeln', wilchs alles so viel ist gesagt: Die weissagunge von Christo, wenn sie nu erfullet werden, so wird frei gehen und eraus brechen, das itzt verborgen ligt, das man ynn aller welt davon predigen und sagen wird, also

---

1 lang *L* darwider *HI* 2 gelinden *B* 4 ist *C* 5 seine *HI* tröstwort *L* für *CEHIKL* zukünfftigen *BCDHIKL* 6 erfüllung *CDEHIKL* nun *CHIL* 7 do *E* lugen *C* 9 Hierusalem *CHIL* wegk *HI* gefüret *CEFGHIKL* bleyb *C* Judische *EHI* 10 Gottes *CHIL* 11 auffhielten] hielte *E* solliche *C* straff *L* wölichs *C* 12 yetz *C* yetzt *HIL* nit *C* letsten *CKL* Hierusalem *CHIL* 13 wegk *HI* 14 eyn *CHIL* solliche *C* straff *L* 15 nit *E* sonder *K* allerding *L* 16 küngklichen *C* Königreichen *HI* wölichs *C* 17 verstörung *B—L* nit *CG* 18 weyssagung *L* gesicht *L* zukünfftigen *BCDHIKL* 19 seyndt *CL* nit *D* yetz *C* yetzt *HIL* zerstöret *B* ein *L* 20 stehet *L* darvon *HI* 21 waist *C* 22 nun *CHIL* kumpt *CFGHI* würt *C* handle *C* feilen *CHI* fälen *KL* 23 handlen *C* nit *D* 24 wölichs *C* hab *DEL* verteütscht *CHI* 25 sagte *K* soll *L* feilen *CHI* fälen *KL* 26 handlen *C* nit *D* 28 handlen *C* weissagung *BKL* 29 nun *CL* erfüllet *CEHIKL* herauß *CHIL* yetz *C* yetzt *HIL*

das auch niemand hindern kan, wenn sich gleich die pforten der hellen da widder setzten. Denn das ist die art dieses Ebreischen worts 'Frey handeln', das es heist: frei offinbar eraus faren mit reden und getrost und kecklich von eim dinge sagen, niemands angesehen, wie Lucas schreibt von Paulo, Apollo und andern, das sie 'freidiglich handelten und frei eraus redten Apg. 28, 31; 18, 26; 4, 13 von Christo'.

Darnach vermanet Habacuc die schwachen, so diese verheissunge schwerlich gleuben. 'Ja', möchten sie sagen, 'Ich höre wol, es sol komen zu seiner zeit. Wenn wird aber die zeit komen? Es wird zu mal lang, man zeucht uns ymer auff und sagt uns, wie Jsaia spricht .xxviij.: 'Harre doch, Harre aber Jes. 28, 13 mal, Hie ein wenig und denn aber ein wenig.' Hie heist man, da heist man aber mal. Wenn wirds denn ein mal? Jch sehe wol, wenn wir viel hören und harren, so gehen wir zu letzt unter und werden verstöret'. Auff solche und der gleichen wort, der alle Propheten viel mussen hören von den ungleubigen odder schwachgleubigen, antwortet nu Habacuc und spricht: 'Wolan, obs ein wenig verzöge, so harre sein. Es wird gewislich komen und sich nicht seumen odder lang machen'. Weiter uber solche verheissunge und vermanunge drewet er auch, auff das er alle wege suche, sie ym glauben auffzurichten und zu erhalten. Denn man nicht mehr weise finden kan, den glauben zu stercken, denn die drey stucke auff dieser tafel geschrieben, als: verheissen, vermanen und drewen. Wenn das nicht helffen wil, so kan nichts helffen. Das drewen aber ist das letzte nach guter ordnung und das verheissen das erste. Denn wenn man guts verheist und darnach flehet und vermanet, mus man darnach lassen gehen, wer nicht bleiben wil, und das drewen zur letze geben, wie man spricht zu den ungehorsamen: Wolan, far hin, du wirsts wol finden. Und das ist eine rechte gottliche natürliche art zu leren. Denn diese drey stuck helt auch Christus und die Apostel wie auch Moses und alle Propheten.

Die drew wort aber sind diese: 'Wer aber da widder strebt, des seele wird nichts gelingen'. Das Ebreische wort 'Uphla', wilchs sie auff latinisch 'contentio' et 'pertinatia' nennen, heissen wir 'das widder streben', wie die halstarrigen sich widder Gotts wort setzen und lassen yhn schlechts nicht sagen.

1/2 darwider *HI* 2 setzte *B* setzen *DGI* wort *I* handlen *C* 3 offenbar *BCDFGHIKL* herauß *CHIL* 4 ding *EL* nimands *I* 5 fraydlich *C* handlete *C* handeleen *I* herauß *CHIL* 7 vermant *C* schwache *I* verhaissung *HI* 8 glauben *HIL* mochten *E* 9 zůmol *K* 10 vff *C* Jsa. 28. spricht *G* am xxviij. *D* 11 und bis wenig *fehlt HI* 12 würdts *C* 13 solliche *C* 14 müssen *BCDEHIKL* dem *C* vnglåwbigen *C* -glaubigen *HI* 15 schwachglåubigen *C* -glaubigen *HI* antwort *C* nun *CHIL* 16 vertzuge *CHIL* saumen *HI* 17 über *KL* solliche *C* verheyssung *L* vermanüg *L* thråuwet *C* dröwet *HI* dreuwet *L* 18 weg *FG* 19 nit *E* dreü *C* stücke *BEHI* stuck *L* 20 vff *C* thråwen (*ebenso* 21. 24) *C* dröwen (*ebenso* 21. 24) *HI* 21 dreuwen *L* letste *CKL* letze *I* 25 wirdst *C* ein *L* göttliche *B—L* 26 dreü *C* stück *BEH* stücke *I* 28 thråw *C* drey *HI* dreuw *L* seyndt *C* darwider *HI* seel *L* 29 nicht *HI* vff *K* lateinisch *CHI* latinisch *L* 30/31 halstårrigenn *C* halsstarrigen *GHIK* 31 gottes *HIL* jnen *HI*

Röm. 2, 8 Wilche S. Paulus Ro. ij. 'zenckissche' nennet, da er spricht: 'Die da zenckisch
sind und gehorchen der warheit nicht, gehorchen aber dem unrecht' etc. Mit
wilchen worten er uns eben die anzeigt, die Habacuc hie mit dem wort 'Uphla'
meinet; ymer finden sie etwas, das sie widder Gotts wort reden, damit sie
ja nicht gleuben mussen. Ein verdrieslich volck, das widder nach verheissen,
nach vermanen, nach drewen fragt. Nu, was sie auch dran gewinnen, schweigt
Habacuc nicht und spricht: 'Des seele wird nichts gelingen'. So drewet Jsaia
Jes. 7, 9 yhn auch: 'Gleubt yhr nicht, so kund yhr nicht bleiben'. Und Mose an viel
orten spricht, das sie kein gluck sollen haben, wo sie Gott nicht gehorsam sein
wurden, als denn auch geschach und ymer geschicht. Und Christus selbs spricht:
Marc. 16, 16 'Wer nicht gleubt, der ist verdampt'. Denn wie kans dem wol gehen, der
widder Gott ficht und helt Gott nicht fur trew und warhafftig? Er verdampt Gott, so verdampt yhn Gott widder. Und obs yhm eine kurtze zeit wol gienge, so ists nur sein grosser schade und erger verdamnis.

Zu letzt beschleust Habacuc diese schrifft auff der tafel mit eym meister spruch: 'Denn der gerechte lebt seins glaubens'. Das ist: sol yemand gerecht sein und leben, so mus er gleuben Gotts verheissunge. Da wird nicht anders aus. Widderumb der gottlose stirbt seines unglaubens. Also auch hie: wolt yhr bleiben und erhalten werden, so müst yhr gleuben dieser schrifft auff der tafel, das Christus komen werde mit seinem reich, und euch nicht yrren lassen, das euch eusserlich das ding viel anders ansihet, weil yhr verstöret werdet. Denn das ist die art gottlichs worts, das es höher und widdersynnisch ding fur helt, denn alle synn und vernunfft begreiffen und alle erfarunge fulen. Jhr sehet und fulet verstörunge ewrs reichs, drumb must yhr durch den glauben uber das fulen faren und gewis sein auch mitten ynn der verstörunge, das ewr reich komen und herlich auffgerichtet werde. Hie sehen wir, wie die Propheten den glauben auff Christum geprebigt und getrieben haben so wol als wir ym newen testament. Und das Habacuc so küne ist und thar alle andere werck verdamnen und alleine dem glauben das leben zu schreiben. Denn er saget dürre eraus: Es sol dem ungleubigen nichts gelingen. Las yhn nu beten und sich zu tod wircken odder erbeiten, so sind seine werck schon

---

1 sant *HIK* 2 unrechten *I* 4 Gottes *HIL* 5 glauben *CHIL* müssen *BCDEHIKL* weder *CKL* 7 gelinden *B* Jsaias *G* 8 Glaubet *CL* Glaubt *HI* künd *HIL* Moses *HI* 9 glück *B—L* 10 würden *DE* gschicht *C* 11 glaubt *CHIL* 12 für *CEHIKL* 12/13 verdammet *L* 13 ein *L* 14 gieng *L* verdamnüß *HI* 15 diese] die *HI* uff *K* 16 gerecht *L* 17 glauben *CHIL* Gottes *HIKL* 18 wölt *HIL* 19 glauben *CHIL* 21 verstoeret *G* 22 göttlichs *C—L* es] er *I* 23 fürhelt *CHIKL* all *L* erfarung *C* fülen *CDHIKL* 24 fület *CDGHIKL* verstörung *L* ewers *DGHI* euwers *L* darumb *CHI* müst *BCDHIL* müßt *K* 25 über *KL* fülen *CDHIKL* 26 ewer *GHI* euwer *L* 28 wirs *K* neüwen *L* 29 alleyn *L* 30 sagt *HI* durre *FG* herauß *HIL* unglaubigen *CHIL* unglaübigen *K* 31 arbeytten *CHIL* schön *B*

verurteilet, das sie nichts gelten noch tůgen, sollen yhn auch nichts helffen. Und der gleubige sol on werck seines glaubens leben.

S. Paulus furet diesen spruch zun Romern .ij. und recht wol. Denn Röm. 1(16),17 es ist ein gemeiner spruch von allen Gotts worten, das man den selbigen mus gleuben, es werde am anfang, mittel odder ende der welt gered, wie die Epistel zun Ebreern .xi. viel exempel des glaubens von anfang der welt her zelet und Ebr. 11, 4ff. doch auff alle zu gleich auch diesen spruch furet. Habacuc zeucht yhn an, zu gleuben der schrifft auff der tafel. Paulus zeucht yhn an, zu gleuben dem Gal. 2, 16; 3, 11 Euangelio. Mose Gen. xv. mit andern worten sagt eben dasselbige, da er spricht: 'Abraham gleubte Gott, und das ward yhm zur gerechtickeit gerechnet'. 1. Mose 15, 6 Was ist das anders gesagt denn: Abraham lebete seines glaubens als ein gerechter? Das sage ich umb der Judischen einrede willen, der sich etliche vleissigen, wollen klug sein und urteilen Paulum, als habe er Habacuc unrecht und bey den haren mit gewalt eingefurt, weil Habacuc von seiner tafel und nicht vom Euangelio redet, wie wol dise tafel auch vom Euangelio redet, aber zukunfftigem, Paulus aber nicht von der tafel sondern vom gegenwertigen Euangelio redet. Es ist aber dennoch einerley Euangelion, das da zukunfftig war und nu komen ist, gleich wie einerley Christus, gestern, heute und ewig- Hebr. 13, 8 lich (Ebre. xiij.), on das er auff ander weise verkundigt wird fur und nach seiner zukunfft, da ligt aber nichts an: Es ist gleichwol einerley glaube und geist, der an yhn gleubt.

Aber das ist noch klüger ding, da sie geyffern, S. Paulus habe Habacuc nicht recht verdolmedscht. Denn sie geben fur, Habacuc rede nicht vom glauben, sondern von warheit, weil er spricht: 'Der gerecht lebt seiner Emuna'. Emuna aber heisse warheit. Nu sey warheit und glaube nicht ein ding. Hie antworte ich: Es ist war, auff Ebreisch lauten die zwei wort 'Emeth' und 'Emuna' seer gleich, komen auch beide von einem stam her, der heist 'Amen'. Darumb weil 'Emeth' warheit heist, sol 'Emuna' auch warheit heissen, wie es die Kriechische und latinsche Bibel aus dem Ebreischen verdolmetscht. Aber es ist nicht recht, Paulus hats anders und recht verdolmetscht: Emuna, glaube. Denn las gleich sein, das Emuna ym Ebreischen auch warheit heisse (wilchs

---

1 verurteilyt *E* tugen *C* 2 glaubige *CHI* gleubigen *FG* glåubige *K* glaubig *L* seins *E* 3 Sant *CHI* fůret *CDHIKL* Rômern *BCDGHIKL* 4 Gottes *HIL* 5 glauben *CHIL* werd *CGL* end *GL* 6 Hebreern *HI* am .11. *HI* 7 fůret *CHIK* fůrt *L* 8 glauben *CL* glawben *CHIKL* 9 Moses *HI* anderen *L* dasselbig *L* 10 glaubte *CHIKL* gerechtigkayt *CFGHIKL* 11 gesagt *C* 12 sag *L* Jůdischen *K* 13 wôllen *CEHIKL* urtaylen *HI* hab *EL* 14 eyngefůrt *CHIKL* 15 mit *D* diese *B*] die *I* 16 zukůnfftigem *BCDHIKL* mit *D* 17 dennocht *CL* dannocht *HI* zukůnfftig *CDHIKL* 18 heůt *L* 18/19 ewigklich *CHI* 19 Hebre. *HI* Ebreo. *K* verkůndigt *BCDHIKL* vor *CL* fůr *EHI* 20 glaub *EL* 21 glaubt *CHIKL* 22 klůger *F* Sant *CHI* hab *L* 23 fůr *CDEHIKL* 25 heyst *E* glaub *E* 25/26 antwort *CHI* 26 vff *E* 28 heist] ist *E* 29 Kriechysche *CHI* 30 sant Paulus *HI* glaub *L*

sie nicht werden beweisen), so zwingt der schrifft gemeiner brauch allenthalben, das Emeth heist also warheit, wie ein frum man warhafftig und trew ist und helt, was er gered. Aber Emuna heist die warheit, die einer ynn seim hertzen hat und hanget damit an des andern warheit und trew. Daher 'Emunim' heissen, die da trawen und gleuben odder sich verlassen und hangen
Ps. 31, 24 an eins andern warheit, Psal. xxxi. 'Der herr behůt die Emunim', das ist, die yhm trawen und gleuben. Nu las ich geschehen, wer so zenckisch wil sein, das er den synn ym hertzen, der eim andern als trewen und warhafftigen anhanget und auff yhn sich verlest, nenne warheit odder wie er wil, Paulus und wir wissen solchen mut nicht anders zu nennen denn glauben. Und die solchen mut haben, sind gleubige. Denn da durch werden sie auch warhafftig, das ist rechtschaffene, trew, frume leute. Also heist Gott etwa ynn der schrifft
Ps. 31, 6; 5. Mose 32, 4 'Deus Emeth' als Psal. xxx. Etwa 'deus Emuna' als Deutero. xxxij. Denn es ist beides sein, beide seine warheit und unser glaube; davon aber gnug.

Das dritte Capitel.

2, 5 Aber der wein betreugt einen stoltzen man, das er nicht bleiben kan. Wilcher seine seele auff sperret wie die helle, Und ist gerade wie der tod, der nicht zu settigen ist, Sondern rafft zu sich alle Heiden und samlet zu sich alle vǒlcker.

Im ersten Capitel hat der Prophet dem volck Israel gedrewet und die verstǒrunge verkundigt und seer geklagt uber den verstǒrer, den kǒnig zu Babylonien. Im andern hat er sie widder getrǒstet durch wort und eusserlich zeichen mit der zukunfft Christi und seins reichs. Inn diesem dritten Capitel drewet er nu dem konige zu Babylon und seim reich mit vielen worten und sprůchen. Und das auch alles darumb, das die Juden sollen nicht verzagen, als wůrde yhr gefengnis ewiglich bleiben, sondern getrǒstet werden, das yhr feind sol widder verstoret und sie erloset und viel herlicher werden, wie er sie denn auch ym vierden Capitel trǒsten wird mit anzeigen der vorigen Gotts wunderthat. Denn wie gesagt ist: Es ist des und aller ander Propheten furnemeste meinunge, das volck zu trǒsten und zu erhalten ym glauben und hoffnunge auff den zukunfftigen Christum, das sie nicht an yhm verzagen sollen,

---

1 zwinnget *C* schriefft *D* gebrauch *HI* 3 die *fehlt HI* 5 glaubenn *CEHIL* 7 glauben *CHIKL* ich] ichs *HI, fehlt E* 9 verlasset *L* 10 sollichen *C* 11 glaubige *CHIL* glǎubige *K* 12 trewe *E* lesst *L* ettwan *L* 14 glaub *EL* 15 dritt *C* 17 Wǎllicher *C* vff *K* 18 gerad *L* Sonder *C* 20 volcke *FG* gedrewet *HI* getrewet *K* gedrauwet *L* 21 verstǒrung *E* verkůndigt *BDEHIKL* verkůndiget *C* ůber *KL* 23 seines *DFG* 24 drǎwet *HI* drauwet *KL* kǒnige *BDEFHIK* kůnige *CL* 25 sprachen *G* darůmb *E* 26 wurde *CHIKL* gefengknůs *C* gefencknůß *HI* ewigklich *CHI* 27 verstǒret *B—L* erlǒset *BCEFGHIKL* 28 anzeigung *G* vbrigen *E* Gottes *GHI* 29 andern *G* 29/30 fůrnemest *CEK* fůrnemste *HIL* 30 meinung *L* 30/31 hoffnūg *EL* 32 zukůnfftigen *BCDHIKL*

weil es so ubel mit yhn steht und geht und aller dinge scheinet, als sey es verloren und werde nichts draus. Gleich wie die Apostel uns Christen auch trösten, das wir unter dem creutz dennoch hoffen ynn festem glauben eines ewigen lebens und reichs ym hymel.

Droben[1] vergleicht er den könig zu Babylon eim fischer, der alles zu sich raffet, frisset und verschlinget. Hie vergleicht er yhn eim seuffer, der sich vol seufft, das er speyen mus. Und wil also sagen: Gleich wie der wein zum ersten so glat und susse eingeht, sonderlich wenn der trunckenbold trotzig ist und seins sauffens als ein bierhelt odder weinritter[2] wil gerhümet sein: So lest sich der wein getrost sauffen, und der seuffer wil den preis erjagen mit sauffen. Aber zu letzt wird der gesoffen wein herr ym kopff und wirfft den sauffritter unter die banck, das er ein sawkoch[3] wird: Speyet und unflatet daher, das haus und hoff stincket. Da ligt denn der stoltze man und seiner helt als ein stum, unvernunfftig thier, wie eine saw ligen solt, das nichts mehr menschlichs an yhm ist denn das eusserliche ansehen. Und das ist denn schendlich zu sehen und zu hören, so viel mehr, so viel redlicher der man sein solte. Also hat yhn der wein betrogen. Das ist, wie es ym Ebreischen laut: Er hat yhn also zu schanden gemacht, das er veracht ist und niemand nichts von yhm helt, also das sich auch ein kind nicht fur yhm furcht. Ja auch die sew nicht, die doch seine gorgelsuppen[4] umb yhn her fressen. Denn was solt ein voller mensch thun? Er kan widder reden noch schaffen, als der aller vernunfft, syn, sprachen, witz und krefft beraubt ist; da ligt er als ein klotz; wenn er gleich zuvor der grausam Hector odder Achilles were, so ist er doch als denn auch der kinder spot und gesang, die mit finger auff yhn weisen, lachen und effen yhn mit spot worten, wie sie wollen. Also haben auch die Latinschen weisen geschrieben, das ein truncken mensch widder lebendig noch tod sey.

Also auch der könig zu Babylon ist ein grosser, stoltzer seuffer, nicht der da wein sauffe, sondern wie Habacuc selbs sich auslegt, das er seinen rachen weit auff sperret wie die helle und ist nicht zu settigen gleich wie der

1 übel *KL* stehet *K* steet *L* gehet *FGK* geet *L* ding *L* 2 v'lorn *EL* Aposteln *HI* 3 dennocht *CL* dannocht *HI* 6 sich] im *L* rafft *E* frist *E* verschlindet *CL* seuffer *CHIKL* 7 saufft *CHIKL* bis *DE* 8 süsse *EHIKL* eingehet *L* trunckenboltz *HI* trutzig *HI* 10 laßt *L* getröst *CK* sauffer *CHIK* 11 würfft *HI* 12 die] den *L* 13 stoltz *CL* stoltzer *E* 14 unvernünfftig *BDHIKL* ein *CGKL* sauw *L* solte *HI* 15 ausserliche *C* eusserlich *FL* 16 meher *K* 18 nieman *L* 19 nit *DL* vor *CL* für *EHIK* fürcht *CHIK* förcht *L* 20 saw *HI* seuw *L* sein *L* 21 thon *C* weder *CHIKL* 22 vernünfft *D* 23 wer *L* 24 auch *fehlt E* 25 äffen *K* wöllen *CEHIKL* 26 Latinischen *BC* Lateinischen *HI* weder *CHIKL* 28 grosser *I* sauffer *CHIKL* nitt *C* 29 sich selbs *HI* 30 uff *C* hell *C* nit *CD*

[1]) *vgl. S. 382, 22 ff.* [2]) *vgl. Grimm, Wörterbuch 1, 1824, unter „Bierheld".* [3]) *Grimm, Wörterbuch 8, 1900, unter „Saukoch".* [4]) *d. i. das von ihm Ausgespieene, vgl. Wander Bd. 2, Sp. 171, unter „gorgelsuppe".*

tod, rafft, seufft und verschlinget alle land und leute. Nu wol an, der wein geht susse ein. Denn es thut sanfft und wol, so grosse land und leute unter sich werffen und so mechtig werden, das ist so vol und truncken werden. Aber zu letzt gehet es schendlich zu, wenn er sie mus alle widder speyen und los geben, das er gar zu nicht wird und kein königreich, land, leute noch stad behelt, wie denn dem könige zu Babylon geschach, da er durch die Persen verstöret ward: Da giengs, das hie Habacuc schreibt, das er widder speyen muste mit allen schanden alles was er gesoffen hatte. Denn alle land und leute muste er verlieren und er auch zu nichte werden. Das heist denn: 'Der wein betreugt odder macht zu schanden den stoltzen man, das er nicht bleiben kan'. Denn das wort 'betreugt' ist eben das, davon wir droben[1] gesagt haben cap. i. 'Boged' odder 'Woged': Wenn einer so gar zu nicht odder veracht wird, das man gleich gewis ist, er sey und gelte nichts. Item da er spricht: 'Das er nicht bleiben kan', heist, das er kein haus behelt noch wonunge, als der aus seim königreiche vertrieben wird.

Wir Deudschen haben ein sprichwort, wilchs diesem spruch Habacuc fast gleich ist, wenn wir sagen: 'Ein truncken haus speyet den wyrt aus'.[2] Wenn wir, wie Habacuc thut, solchs auch nu zögen und deuteten auff einen tyrannen, der die leute so schindet und schabet, wie itzt etliche bisschove und fursten thun, so möchten wir auch sagen: Awe. Er seufft zu seer und macht sich zu vol. Das truncken haus wird den wyrt aus speyen. Das ist: er raubt und druckt so hart, das er veracht wird und zu letzt auch mus zu grund gehen. Ja, nicht alleine veracht wird er, sondern feindselig, dem niemand hold und yderman feind wird. Solch reich aber, das mit furcht und gewalt durch feindselige tyrannen erhalten wird und nicht auch mit liebe und gonst der unterthanen, das kan nicht bestehen, wie das zeugen alle geschichte und beweisen teglich alle erfarunge. Und bestehet Habacuc mit seim spruch, das der wein die stoltzen tyrannen veracht und zuschanden macht, wenn sie zu seer und so gar voll sich sauffen mit der land und leute gut. Denn seine nachbarn konnen seine macht nicht leiden, weil sie furchten, sie möcht zu gros auch uber sie

---

1 sanfft *CHIKL* und *fehlt D* verschlyndet *C* Nun *C* 3 geet *L* speysse *C* süsse *HIK* süß *L* leut *L* 4 zůletst *CL* geet *L* 5 leut *L* 6 künig *L* 6/7 verstört *G* 7 schreybet *HI* widder *fehlt HI* 8 helte *C* 9 leut *L* nicht *L* 15 künigreych *L* 16 Teütschen *CHI* wölliche *C* 17 speyhet *I* 18 söllichs *C* solches *HI* nun *CHI* zaygen *C* zugen *HI* zügen *L* 19 leut *L* yetz *C* yetzt *HIKL* etlich *C* bisschowe und fursten *fehlt C* bischoffe *DHIKL* fürsten *DFHIKL* 20 thon *C* O wee *C* seufft *CHIKL* so seer *C* 21 raubet *L* 22 truckt *C* zůletst *CL* gehn *K* geen *L* 23 allein *L* 23/24 ydermã *CHIKL* 24 Sölch *HI* forcht *CHIL* 25 mit *C* gunst *HIL* 26 mit *CL* bestehn *K* bestern *L* geschlechte *HI* 27 täglich *CKL* bestehet *K* bestevt *L* seinem *HI* 29 leut *L* sein *B* nachbern *C* nachbaurn *L* können *BDKL* tünde *C* 30 mit *CE* fürchte *CHIK* förchten *L* über *KL*

[1]) *vgl. S. 379, 28 ff.* [2]) *Wander Bd. 2, N. 402 u. 137.*

werden. Drumb stecken sie die koppfe zu samen und setzen sich widder yhn. Denn ist seine macht aus, weil er sein eygen volck, land und leute widder sich hat, das sie yhm feind sind, wundschen sich andere herren; da verlassen sich denn auff seine feinde, also ist er auswendig und ynnwendig unwerd und mus denn ausspeyen, was er gesoffen hat. Eben so giengs dem könige zu Babylon, das sich beyde die Meder und Perser widder yhn legten als seine nachbarn und verstörten yhn, wilchs gerne sahen viel seiner land und leute.

Sihe aber zu, wie gar mit scharffen, bittern worten der Prophet des königes Tyranney schilt. Zu erst: Er nennet yhn einen stoltzen man. Denn so sind auch die tyrannen, faren mit gewalt so stoltz, das der gemein man mus yhn feind werden, weil sie nicht alleine schinden und drucken, sondern dazu noch stoltz und hohmütiglich faren mit den leuten und treibens nach allem mutwillen. Zum andern vergleicht er yhn der hellen rachen, wilcher so weyt ist, das er alle welt verschlünge und thet sich doch nicht zu. Also auch der tod, ob er wol alle welt erwurget, wird er doch nicht sat. Mit den worten ist ja mechtiglich geredt von dem unsettigen geitz der tyrannen. Und zeigt damit der Prophet auch das an, was ein menschlich hertz gesynnet ist, wenn es nach gut und ehre steht: Nemlich das yhe mehr es hat, yhe mehr es haben wil; wenn es die gantze welt hette, so wolte es gerne zwo haben. Hette es zwo, so wolte es gerne zehen haben. Summa: wenn der tod und helle sat werden, so wird ein geitzig hertz auch gnug haben und nicht ehe. Drumb ist nicht furzunemen, wie man den geitz, tod, helle settige und so viel gebe, das sie sprechen: Gnug! sondern den geitz mus man tödten gleich so wol als den tod und die helle. Wie aber den tod und helle niemand denn alleine Christus todtet, also kan auch den geitz niemand todten denn Christus, gleich wie alle ander sunden, on das der leibliche tod den geitzigen weg nympt, das er nymer kan den geitz uben, wie man spricht: Du wirst ein mal voll werden, wenn man mit schauffeln dir nach schleht.[1] Aber der geitz geht gleich wol

---

1 Drümb *E* köpffe *BDEHIK* köpff *CL* 2 fein *L* leutt *L* 3 feynd *C* wünschen *BCL* sich] sie *A* sie *B—L u. die Gesamtausg.* annder *C* andre *HI* 6 als] alle *C* sein *B* 7 nachbauren *L* verstörten *L* gern *L* 8 scharpffen *CHIL* pittern *HI* bitteren *L* 9 koniges *E* Königs *HI* künigs *L* ein *L* 11 allein *EL* trucken *C* 12 darzu *HI* hochmütiglich *BFL* hochmüttiglich *CGHI* hohmutiglich *B* 13 helle *HI* 14 verschlunge *CHIL* thät *C* nit *C* 15 erwürget *BCDEHIKL* würdt *C* nit *C* 16 mechtiglich *HI* 18 stehet *B* me (2.) *C* 19 gantzen *EHIL* wolt *BC* wölte *HI* gern *KL* zwü *C* 20 zwü *C* wölte *HI* gern *KL* der *fehlt HI* 21 hell *L* genug *G* 22 Darumb *B* nit *C* fürtzůnemen *CEHIKL* todt, vnd helle *HI* hell *L* 23 geb *K* 24 als] es *FG* allein *L* 25 tödtet *BCEGHKL* tödte *I* tödten *BCDEGHIKL* 26 andere *BE* sünden *CHIKL* leypliche *CE* wegk *HI* 27 nymer den geitz kan vben *E* yeben *C* üben *HIL* 28 schauffeln *C* schlecht *BHIKL* gehet *L*

1) *Wander Bd. 1, Sp. 1455, unter „Geiz" N. 61:* Geiz ist nicht zu ersättigen denn mit einem Karrn voll Erden; *Sp. 1462, unter „Geiziger" N. 57:* Der Geizige nicht voll werden kann.

mit yhm und bleibt bei yhm wie andere sunde. Sonst kan der geitzige auff erden nichts guts thun, wie die heiden sagen, on das er sterbe[1].

2, 6 **Was gilts aber? Diese alle werden einen spruch von yhm machen Und eine sage und sprichwort und werden sagen:**

Der Prophet feret fort ynn der gleichnis eins vollen, truncken mans, wie der selbige zu schanden wird, und wie gesagt, das man mit fingern auff yhn zeiget, lachet und spottet sein, als der zuvor so starck war, das yhn yederman furcht, Nu er aber so vol ist, das er da ligt wie eine saw; oder so er geht, torkelt und baumelt er so nerrisch, das man sein lachen mus. Er wil viel thun und kan auff den beinen nicht stehen. Eben so gehets der tyrannen pracht auch zu letzt, das sie nicht allein macht und gut verlieren und wie die trunckenbold nyrgen stehen noch bleiben konnen, sondern das man auch yhr dazu spottet und lachet mit spitzen und bundten[2], hönischen worten: 'Wo bistu nu, Juncker? Wo ist dein zorn?' Kurtz, man weiset yhn die feigen[3], und so hoch als er gefurcht war, so tieff wird er nu veracht, wie wir sehen ynn der welt lauff, wie es denn itzt auch gehet dem Bapst mit seinem gesinde; da singet, tichtet, lachet, spottet, hönet yederman, der zuvor nicht gicken noch mucken thurste. Eben ein solch spotterey und lecherey verkundigt hie Habacuc auch uber den könig zu Babylon ynn allen landen, da er itzt grausam ist, zukunfftig. Aber wer es yhm gesagt hette, so hette er gedacht: Es ist unmuglich und sind narren teydinge. Doch wirds den Juden zu trost verkundigt, wie wol es auch wenig gleubten.

Es macht auch Gott zu mal wunderlich. Er spricht, man werde der tyrannen lachen, und sie sitzen doch so feste und sind zumal tieff gewortzelt,
Jer. 12, 2 Ps. 2, 4 wie Jeremia spricht. Gleich wie Psal. ij. spricht er auch, das 'Gott lache

1 sünde *CDEHIKL* Sunst *CHI* 3 thon *C* 4 sprichtwort *D* sprichwort werden sie sagen *E* 5 fert *HI* gleichnüß *HI* eines *L* trunckenen *HI* 8 forcht *CHIL* fürcht *K* Nun *C* ein *BKL*] eine eine *F* 9 geet *L* torcklet *C* bumlet *C* bumelt *L* närrisch *C* 10 thon *C* paynen *C* steen *L* geets *L* 11 bracht *CHI* zületst *CKL* nit *G* die *fehlt HI* 12 trunckenboltz *HI* nyndert *C* nyrgent *HI* steen *L* können *BHIL* künden *C* 13 darzu *HI* lachet vn̄ spottet *E* spitzigen *CHI* bundten] gefeerbten *C* Wa *C* bist du *C*] bist *L* 14 nun *C* Junckherr *C* Wa *C* yhm *B* im *HI* 15 geforcht *C* gefürcht *HIK* gefürchtet *L* nun *CHI* 16 yetz *CL* yetzt *DHI* geht *G* geet *L* seim *L* 17 finget, spottet, lachet, tichtet, hönet *E* tüchtet *C* hönnet *C* yderman *D* nit *CDL* 18 thorste *CHIL* thürste *E* eine *HI* solche *HI* spötterey *L* verkündigt *BCHIL* verkundiget *G* 19 über *KL* yetz *CL* yetzt *HI* 20 zukünfftig *BCHIL* 20/21 unmüglich *BCEFGHIL* 21 thädinge *CL* verkündigt *BCFGHIL* 22 glaubten *CHIL* 23 machte *B* machts *HIK* 24 fest *L* tieffe *HI* gewurtzlet *CEHIKL* 25 Hieremia *CHI*

[1]) *Publ. Syrus:* Avarus nisi cum moritur, nil recte facit. *Vgl. Wander Bd. 1, Sp. 1457, N. 20.* [2]) bunt *ist hier etwas ungewöhnlich (Dietz gibt nur diese Stelle; Grimm Wtb. 2, 528 keinen Beleg aus dem 16. Jh.) wohl in dem Sinne gebraucht, der sonst durch* geblümt, verblümt *ausgedrückt wird.* bunten *ist als Gegensatz zu* spitzen *zu nehmen: mit offenkundig und versteckt höhnischen Worten. P. P.* [3]) *d. i. man verhöhnt ihn mit obscön geballter Faust, Wander Bd. 1, Sp. 962, N. 19. Dietz unter „Feige".*

und spotte der heiden, fursten und könige', so 'sich widder seinen Christum setzen'. Heist das yhr gelacht und gespottet, wenn sie mechtig obligen, das sie Christum creutzigen, alle seine junger verfolgen und todten, Sie aber bleiben gleich wol ym lande und ynn yhrer gewalt? Ja, darumb höret glaube dazu. Es sind glaubens predigt, die nicht darlegen, das sie sagen, sondern zukunfftig verheissen widder das, so fur augen gehet und steht. Christus Euangelion ist nie an keinen ort stercker gangen, denn da mans am wenigsten wolt leiden. Denn da das stündlin kam, giengen die tyrannen unter, und das wort bleib auff dem plan. Sihe des zum exempel an Jerusalem und Roma. Und itzt auch, da die fursten und bisschove am hefftigisten dem Euangelio weren, da mus es hyn komen und am meisten gehen. So wird man denn spotten und sagen: Wo sind sie nu, die das nicht wolten leiden? Im grabe liegen sie, die würm fressen sie. Das wort Gotts stehet und gehet gleich wol yn yhrer hirschafft. Also muste Hannas und Caiphas Christum zu Jerusalem lassen bleiben mit dem wort und den spot dazu haben. Wo aber Christus wort ist und bleibt, da heist Christus sieg und reich bleiben. Er behelt ja das feld mit seiner lere, und müssen andere lere schweigen wie die meüse, wie wir sehen ynn erfarunge.

Weh dem der sein gut mehret mit frembden gut. Wie lange 2. 6
sols denn weren? Und ladet nur viel schlammes auff sich.

Hie zelet er an einer riege her etliche spotwort, so widder den Babylonischen tyrannen ynn landen gehen wurden. Und der sind wol viere; das funfft thut Habacuc fur sich hin zu. Und das er solchs gespeyes so viel macht und sein gespöt an dem mechtigen könige hat, müssen wir ymer dahyn verstehen, da sein hertz hin stehet, nemlich die Jüden zu tröſten, das sie nicht verzagten an der zukunfft Christi. Denn wie gesagt ist, das ist die furnemest ursach und meinung des Propheten, das er die schwachen tröſten und auff halten wil ynn der verstörung Jerusalem etce.

Das erste spot liedlin, das man von diesem ammechtigen, truncken tyrannen sagen und singen wird ynn allen landen, ist von seinem geitz, damit er gros gut hat aus allen landen geschunden. Denn das ist der welt lauff

1 Fürsten *C—L* 2 gelachet *L* mächtig *K* 3 iunger *BDEL* tödten *BCDEHIKL* 4 jtz *K* darümb *E* darzu *HIL* 5 seind *L* predig *CL* zukünfftig *BCDHIL* 6 vor *CL* für *EHIK* stehet *K* stect *L* 7 kainem *HIK* kein *L* 8 stündlein *HI* stündli *L* blyb *CK* 9 Hierusalem *CHI* yetz *C* yetzt *HIKL* 10 Fürsten *CDEFHIKL* byschoffe *CDHIK* bischoff *L* hefftigesten *CEL* hefftigsten *K* 11 kümen *C* geen *L* würt *C* 12 Wa *C* seind *L* sie] die *HI* nun *CL* grab *L* 13 Gottes *CHI* steet *L* 14 herrschafft *CHIKL* Hierusalem *CHI* 15 darzu *HI* Wa *C* 16 blibt *K* 17 schwigen *K* die] der *L* 19 Wee *CHI* frembdem *HI* lang *EL* 20 nür *HI* 21 ettlich *L* 22 würden *BDE* der] er *K* 23 fünfft *CHIKL* für *CEHIKL* gespayß *C* gespeys *K* 24 konige *C* künig *KL* 25 versteen *L* Juden *BCEHIKL* 26 fürnemest *CEHIKL* 28 Hierusalem *HI* 29 liedlein *CHI* liedli *L* ommächtigen *C* 31 geschlunden *HI*

und ordnunge, das sie zu erst sucht gelt und gut. Darnach bawet man. Darnach sucht man lust und freude, zu letzt gewalt und ehre. Diese vier stück werden wir hie auch nach einander ynn den spotsprüchen sehen an dem truncken tyrannen. Sein gut, spricht er, hab er gros gemacht, nicht durch Gotts segen und gabe, wie die könige Israel und Juda ynn eigenem lande, sondern er hats mit gewalt andern genomen, das ist, das er alle land hat bezwungen und zinse und allerley schetzung auff sie gelegt, bis ers alles zu sich gerissen hat was ym lande war. Und das selbige nicht aus Gotts befelh, sondern aus geitz und hohmut (wie wol durch Gotts verhengnis), wie die tyrannen pflegen und alle königreiche thun, die durch streit und gewalt auff
Ps. 76, 5 komen on Gottes befelh. Daher solche reiche auch 'Raubeberge' heissen, Psal. lxxv.

'Wie lange sols weren?' Das ist, er thut nicht anders, als solts ewig weren. Solchen spot hett man nicht mussen singen, da der könig ym reich sas. Er hets nicht gelitten; denn die tyrannen wollen recht haben und sol nicht frembd gut sein, was sie der massen gewinnen. Aber nu er dahin ist, singet mans frei und spottet seinen geitz mit aller sicherheit yhm zu grossen schanden, das er billich umbkomen sey als ein offentlicher landreuber und so lange fremd gut besessen habe, das er nu mus mit schanden widder geben. Und er nennet solch gut viel und dicken schlam. Nicht des guts halben alleine, sondern das er da durch aller leute und lande hass, neid und feindschafft auff sich ladet, darunter er mus ersticken und erdruckt werden und kans nicht von sich wenden noch werffen. Denn ym schlam kan niemand widder hinder noch fur sich und mus herhalten. Also wer das gemein gebet und gonst verleuret[1], der ist on allen trost schlechts verloren.

2, 7 O wie plotzlich werden auffwachen, die dich beissen, und erwachen, die dich weg stossen, und du must yhn zu teil werden.

Das redet Habacuc als zukunfftig und sollen doch spotwort sein der ienigen, so Babylonien verstoret sehen werden, wilche mussen also sagen: Sihe, wie bald sind sie komen, die dich gebissen haben. Aber weil es noch nicht geschehen war, trostet er damit die Juden und drewet dem könige. Er beschreibt aber, wie es zu gehet, wenn ein tyrann sicher sitzt und plötzlich ynn

1 bauwet *L* 2 freüd *L* zů letst *KL* 3 stuck *CK* spotspruchen *FK* spötsprüchen *L* den *DHI* 5 Gottes *HIL* 6 lande *CG* 7 und hat zinse *K* schatzung *C* 8 herissen *D* selbig *L* Gottes *CHIL* befelch *CL* beuelhe *HI* 9 vß *K* hochmůt *CHI* Gottes *HIL* verhengknüß *HI* 10 künigreych *L* thon *C* vff *K* 11 befelch *C* beuelhe *HI* solliche *C* 12 nit *K* als *fehlt FG* 13 Sölchen *EHI* nit *EL* müssen *BCDHIKL* 14 wöllen *BCHI* 16 singt *K* seinem *BE* seynes *C* 17 öffentlicher *HI* landtrauber *CHIL* 18 lang *L* frembde *HI* 19 sollich *C* sölch *E* allein *KL* 20 leütt *L* land *K* 22 weder *CHIL* hynderſich *HI* 23 für *CHIKL* und] er *HI* dz *FG* gunst *HIL* 25 plötzlich *BDEGHI* (*Custos:* beissen] bessern *B* 26 wegk *HI* stossen *D* inen *HI* 27 zukünfftig *BCDEHIL* 28 verstöret *B—L* müssen *BCDFHIKL* 30 nit *EKL* tröstet *B—K* Jůden *E* dröwet *HI* drewt *K* künig *K* 31 zugeht *K*

[1]) *Wander Bd. 1, Sp. 1382, N. 82.*

unglück kompt, und nympt eine gleichnis fur eins schlaffenden odder schnarckenden menschen. Der ligt sicher da ym schlaff und reget sich nicht. Kompt aber, das yhn hart beysset odder sticht, als ein hornis odder wurm, so wisscht er aus dem schlaff, erschrickt und feret auff, als sey das land vol feinde. Also ists dem könige zu Babylon auch gangen. Da er sicher war, sas und tranck, hatte einen guten mut, wie Daniel schreibt, kamen die Perser und Meder plötzlich, gewonnen Babylon und tödten den könig ynn einer nacht, Danielis .v. Da reget sich der könig und ward wacker. Und wie hie der text Dan. 5, 30 sagt, ward er 'weg gestossen', aus dem sicher lager gejagt und kund doch nicht entflihen sondern muste yhn zu teil werden, das sich die Perser und Meden ynn sein gut, land und leute teileten. Das thut nu seer wehe, das einer gerne wolte fliehen und kan nicht fliehen sondern mus den feinden zu teil werden. Damit wird bezalet, was er andern gethan hat, wie folget.

Denn du hast viel Heiden geraubt, so werden dich widder- 2, 8 rauben alle ubrige von den völcker umb menschen blut willen und umb des frevels willen ym lande und ynn der stad und an allen, die drynnen wonen, begangen.

Er schlecht das fur das geringst an, das der tyran hat andere heiden beraubt und mit gewalt unterdruckt. Aber zu trost den Juden zeucht er das sonderlich an, das er das land Juda und die stad Jerusalem mit yhrem volck verderbet hat, sein gut zu mehren. Denn da er sagt 'umb menschen blut willen', deutet er die andere Heiden alle, so nicht Jüden sondern wie andere menschen gewest sind, uber wilche zu gewinnen er viel bluts hat müssen vergiessen on ursach, alleine das er reich und ein grosser herr würde. Damit er yhn schilt einen grewlichen mörder umb seines schendlichen geitzs willen, wie noch heutiges tages weltliche bisschove und fursten nichts achten, wie viel menschen blut es koste, das sie nur reich und grosse herrn werden, wie der welt lauff und des teuffels regiment gehet.

Aber den frevel am lande Juda und an der stad Jerusalem acht er noch grösser umb des willen, das da Gott wonet, wilcher sein Gotts dienst, sein volck, sein tempel, sein wort da hatte. Derhalben sich daselbst der könig am

---

1 kömpt *D* ein *KL* gleichnüß *HI* für *CHIKL* 1/2 schnarchenden *HI* 2 lyget *C* Kömpt *D* 3 hart *fehlt HI* 4 schlaffe *C* erschricket *L* feynd *K* 5 ist es *HI* künig *K* saß er vand *HI* 6 hätte *C* hatt *L* gutte *HI* Persen *B* 9 saget *C* wegl *HI* sichern *HI* läger *CKL* 10 entfliehen *BHIK* müste *C* müst *L* Meder *BHIK* 11 hut *D* leütt *L* nur *K* wee *CKI* weh *L* gern *GL* 12 wölte *HI* 13 wz *FG* er den andern *K* 14 geraubet *CK* 15 übrige *KL* völckern *GHIK* umb der menschen *GHI* plüt *HI* 16 an *fehlt G* 18 für *CKL* hab *E* andre *L* 19 vnterdrückt *B* Jüde *E* 20 dz er *CG* Hierusalem *HI* 21 verderbt *L* do *G* saget *K* 21/22 umb der menschen *HI* 22 plüt *CHI* andern *BHI* Juden *BCHIKL* 23 über *KL* plüts *CHI* 24 allayn *CKL* wurde *CHI* wurd *K* 25 feynd *E* geytz *EK* 26 heutigs *K* tage *E* tags *K* Bischoffe *DHIKL* fürsten *CDEHIKL* 27 plut *HI* kost *C* dz *CK* nür *BCHI* Herren *H* 29 land *K* Hierusalem *HI* 30 Gottes *HIK* 31 hätte *C*

höchsten versundigt hat mit frevel, das ist mit gewalt und unrecht an göttlichen und heiligen dingen. Darumb nennet er auch das land, die stad und burger nicht mit eigenen namen, sondern redet davon mit gemeinen namen, als were kein land noch stad noch leute mehr, die der könig verderbet hette. Denn was er andern gottlosen landen und steten und leuten gethan, ist geringe gegen diesem lande. Es schreiben auch die historien, das gemeiniglich aller frevel, an heiligen dingen begangen, sey flux und bald gerochen. Daher das sprichwort kompt: 'Es ist mit heiligen nicht gut schertzen. Sie zeichen gerne'.[1] Item 'du gleubest den heiligen nicht, sie zeichen denn'.[2] Also sagt man von C. Pompeio, dem aller glückseligsten fursten zu Rom, das er nie kein glück mehr hatte, da er den tempel zu Jerusalem verunehrete.[3] Und es war auch Babylon gewest, was werden solt, da der könig hatte Jerusalem verstöret. Bald darnach nam es ab, das er selbs ein unvernünfftig thier ward und keiner mehr so mechtig, und sein königreich nach seim son gar Dan. 5 dahin fiel ym dritten gelied, wie Daniel schreibt .v.

Denn so steiff helt Gott uber seinem namen, das er yhn auch nicht lestern lest ynn den abgottern. Sintemal alle abgötter Gotts namen furen und lassen sich Gott heissen, noch sind die offt gestrafft, die der abgötter gespottet odder dran gefrevelt haben, wie die heidenischen bucher zeugen. Daher auch solche furcht komen ist unter die leute, das sie die abgötter auch gefurcht haben. Nicht das darumb abegötterey recht sey odder unstrefflich, sondern das ein hertz, das so rauch und frech ist, den abegott zu spotten, spottet auch gleich so seere den rechten Gott, weil Gotts name da ist. Denn es thuts nicht aus dem glauben, wie die Christen thun, sondern aus frevel und vermessenheit. So lest denn Gott den teuffel sie straffen und plagen. Gleich wie zu unsern zeiten offt S. Antonius, S. Valten und der gleichen die frevelen haben geplagt, das ist, der teuffel aus Gotts verhengnis hatts gethan, darumb das solche lesterer und freveler eben so wol solchs thetten an den rechten heiligen und an Gott selber, als sie thun an den heiligen, die sie fur heilig

---

1 versündigt *CHIKL* 3 nit *EL* 4 leüt *L* verderbt *C* hett *L* 6 gemainiklich *C* gemeyniglich *D* gemainiklich *HI* gemeynglich *K* 7 balde *BD* 8 kömpt *D* mit den heyligè *HI* nit *EL* gut] gů *K* zaychent *C* zaychenen *HI* 9 gern *CL* glaubest *CK* glaubst *HIL* nit *E* zaychenen *HI* saget *C* 10 fürsten *CDEHIKL* 11 gelück *D* meher *C* hätte *C* Hierusalem *CHI* 12 hätte *C* Herusalem *D* Hierusalem *HI* 13 es] er *K* 14 mer *C* mächtig *C* sun *HIL* 15 gelyde *C* glid *IL* 16 tieff *D* über *KL* seynen *E* 17 laßt *L* abgöttern *B—L* Seytmal *C* Seintemal *HI* Gottes *HIKL* füren *CEFGHIKL* 18 gestraffet *L* 18/19 gespott *B* spottet *E* 19 heydnische *D* bücher *B—L* zeygen *E* 20 forcht *CHIKL* leüt *L* gefürcht *CHI* gesorcht *KL* 21 abgötterey *BHIKL* abtgötterey *C* 22 abgott *BHIKL* Abtgott *C* 23 Gottes *CHIL* 25 laßt *L* 26 sant *HIL* sant *L* Valentin *HI* frevelen *HI* 27 geplat *HI* Gottes *BHIKL* verhengknüß *HI* 29 für *CHIKL*

[1]) *Wander Bd. 2, Sp. 467, N. 93. zeichnen = Wunder thun.* [2]) *Wander Bd. 2 Sp. 466, N. 81f.* [3]) Antonini arch. Florentini prima pars historialis IV, 4, 21 (Norimbergae 1484: fol. LIII[a], col. 2).

halten. Also hab ich gesagt, das dis sprichwort daher kome: die heiligen zeichen gerne. Denn was man heilig achtet, obs schon nicht heilig ist an yhm selber, so ists doch dem heilig, der es dafur helt. Denn er nympt Gotts namen, der allein heilig ist, und missebraucht sein und lestert denn und frevelt dran. Davon gnug. V. 9

Weh dem der do geitzet zum ungluck seines hauses, auff das er sein nest ynn die höhe lege, das er dem unfal entrynne.

Das ander spott liedlin, das man singen wird, ist von seinem festem gebew. Denn so gehts, wenn man gros gelt und gut, land und leute gewonnen hat, so denckt man, wie es bewaret und behalten werde. Hie hat der geitz aller erst zu schaffen, ja so viel odder mehr, denn wie ers gewynnet. Da treibt er denn, das man feste, starcke gemach, schlos und stedte bawe, auff das man sicher sey fur den feinden. Denn weil sie das gut nicht aus glauben von Gott haben sondern mit geitz zu sich bracht, so konnen sie es auch Gotte nicht vertrawen noch befelhen, sondern suchen selbs mit grosser witze, rad und kunst, wie sie es bewaren und verteidingen. Also schreibt man wunder uber Jud. 1, 2 ff. wunder von königen, wie sie feste stedte gebawet haben, als Judith .i. Arbaces, könig ynn Media, bawet Egbathanis, das die mauren dreissig ellen dicke und siebentzig ellen hoch und die thürme hondert ellen hoch waren; da haben ja leute zugehort, und ist ja, mein ich, erbeit geschehen. Noch sagt man von dieser Babylon viel grösser ding, wilch ein trefflich, ungleublich ding es sey gewest, das Aristoteles[1] sagt, es were nicht eine stad sondern ein gantz land ynn die rinckmauren gefasset. Denn die rinckmauren hatte umbher .lx. tausent schritte, wie Plynius[2] schreibt, wilchs macht bey funfftzehen deudsche meyle; funffzehen meyle aber ynn der ringmauren geben wol eine stad, die funff meyle lang und breit ist. So waren die mauren funffzig schuch dicke und zweyhundert schuch hoch, einen schuch zu rechen fast so lang als ein ellbogen, das ist drey grosser finger lang. Und waren sechshundert radheuser drynnen, Und des dings viel mehr. Derhalben Babylon fur der sieben wunder eins

2 zaychenen *HI* gern *CL* nit *EL* 3 ist es *HI* dafür *CEHIKL* Gottes *CHIL* 4 allaine *I* mißbraucht *KL* den *HI* 5 daran *HI* genüg *K* 6 Wee *CHI* da *CHI* vnglück *BCEFHIKL* seins *L* hausses *HI* 7 nöst *C* höche *C* 8 liedlein *HI* würdt *C* festen *EK* 9 gepeüw *C* gehets *EL* lleüt *CL* 10 es] er *E* 11 er *B* 12 stedt *D*] feste *E* pauwe *C* 13 vor *CL* für *HIK* aus dem glaubenn *E* 14 können *BHIKL* (künden *C* es *E* Gott *CHIL* 15 nit *CL* vertrauwen *L* 16 verthädingen *C* verteydigen *E* verteidingt *FG* vertädingt *L* über *KL* 17 gepawet *C* gebawen *HI* 17 Judith am 1. *HI* 18 pawet *C* dz *D*] *fehlt HI* 19 thürne *CKL* thürn *HI* hundert *BCDFGHIKL* 20 leüt *L* zügehört *CHIL* arbayt *CHIL* 21 treffenlich *HI* vnglaüblich *C* vnglaublich *HI* vnglaubig *L* 22 Aristotiles *E* nit *CEL* ein *L* 23 rinckmauer *FG* ringmauren *L* gefaßt *C* heite *C* 24 fünfftzehen *CHIKL* funtzehen *D* teütsche *CK* Teütscher *HI* 25 fünfftzehen *CHIKL* meilen *C* rinckmauren *BCEHI* ein *HIL* fünff *CHIKL* 26 preyt *HI* fünfftzig *CHIKL* dick *L* 27 hoh *C* rechnen *E* rechenen *HI* elnbogen *C* 28 ratheüßer *C* 29 dinges *E* für *CHIKL*

[1]) *Aristoteles, Politik, III, c. 1, 12.* [2]) Plinius, Naturalis historia VI, 121 (26).

gezelet ward, so ynn der welt waren. Es ist freilich wunder, das menschen haben solchen baw vermocht.

Auff solche stad trotzte nu der könig und die Babylonier und waren stoltz, als gewis, das es solte unmüglich sein, sie zu gewynnen odder das königreich zu verstören. Gleich wie auch Jesaia .xlvij. erzelet, wie sich Baby-
Jes. 47, 8 lon rhümet und spricht: 'Ich byns alleine und ist sonst keine mehr. Nymermehr werde ich widwe werden odder on kinder sein' etc. Und ist auch nicht wunder, das ein menschlich hertz sich verlasse auff solche mechtige gewalt und gut, so sichs wol auff geringer gut verlesst und trotzt. Den Juden aber ists schwer gewest zu gleuben, das sie solten widder von Babylon komen, nach dem sie so von grosser macht gefangen, verderbet und verstöret waren. Darumb schreien auch die propheten Jesaia, Jeremia und hie Habacuc mit aller macht widder diese stad, auff das sie das volck mit trost erhalten ym glauben auff den künfftigen Christum. Denn wer kund es itzt gleuben, wenn solche predigt gienge, das ein solch mechtig königreich solte so leichtlich zustöret und die gefangen los werden? Es ist gar hoch und weit uber alle vernunfft und synne.

Aber wenn Gott sonst nicht wunder thette, hette er doch hie an dieser stad und an dem königreiche gnugsam beweiset, wie gar doch keine macht noch gewalt helffe, wenn er die hand abe thut, und kein baw noch feste bestehet,
Ps. 127, 1 wo er auffhöret zu schützen, wie der cxxvi. Psalm spricht: 'Wo der herr die stad nicht bewaret, da hutet der hüter umbsonst'. Damit hat er ja wol erzeigt, wie er sey zu furchten auch allen grossen herrn auff erden, und das sie nicht sollen stoltz sein auff yhr gut und macht. Denn so Babylon nicht hat mügen bleiben: Wo wil der Türcke, Wo wil unser Keiser, könige und fursten bleiben, wilche kaumet burger sein möchten zu Babylon? Widderumb sind damit auch getröstet alle die, so von tyrannen verfolget, gefangen und geplagt werden. Denn so er die Juden aus Babylon hat können erlösen, da so stoltze, mechtige und böse tyrannen waren, wie solt er nicht auch von vielen geringern erlösen? Das ists nu, das Habacuc die Juden tröstet mit zukunfftiger erlösunge und spottet des tyrannen zu Babylon und singet daher: Gleich wie das grosse gut zu Babylon, aus allen heiden geschunden, zutrennet und zu

---

1 freylich ein wunder *HI* 2 paw *C* vermöcht *CHIKL* 3 trutzte *HI* nun *CHIL* 4 solt *L* vnmüglich *H* 6 allain *CL* sunst *CHI* 7 wytwe *CHI* nit *CL* 9 verlaßt *CL* trutzt *HI* 10 glauben *CHIKL* 11 so *fehlt CE* verderbt *B* 12 Hieremia *CHI* Jaremia *D* 13 diese] die *DI* vff *C* 14 kunfftigen *FG* künd *BL* yetz *C* yetzt *HIKL* glauben *CHIL* sollich *C* 15 predig *CHIL* sollich *C* so *fehlt C* zustöreet *D* zerstöret *HIL* 16 über *KL* 18 sunst *CDHI* thätte *C* thett *L* 19 künigreych *L* genügsam *K* 20 ab *HI* paw *C* 21 wa *C* vfhöret *C* auff hört *HI* Wa *C* 22 hütet *BDGHIK* hüttet *C* sunst *CHI* 23 förchten *CHIKL* herren *HI* 25 müge *F* mögen *HIK* Wa *beidemal C* künig *E* fürsten *CHIKL* 26 kaum *C* seynd *CL* 27 geplaget *B* 28 künden *C* 29 mechtig *L* 29/30 geringen *E* 30 ist *C* nun *CL* dz *K* zukünfftiger *BCHIKL* 32 zu *fehlt E* zertrennet *HI*

nicht ist worden, also sey auch das gros, feste, köstliche gebewe zu störet und zu rissen, da das stündlin ist komen.

So klingt nu das spotliedlin also: 'Weh dem der da geitzt zu unglück seines hauses', das ist: Ach wie sawr wirds ausgehen, wie wird man dein spotten, das du so grewlich hast gegeitzt, dein haus zu bawen und die stad Babylon feste und starck zu machen. Was hilffts? Es ist nichts, denn das du damit dir selbs und deinem hause deste mehr unglücks zu richtest. Denn bawestu viel, so wird viel zu brochen. Wendestu viel drauff, so verleurestu viel und wird dein schande und schade deste grösser, weil du mit solchem schönen gebew verstöret wirst und must so vergeblich gebawet haben, das alle welt dein spottet und saget: Wo ist nu der treffliche baw? Wo ist nu die feste stad, die fur der gantzen welt sicher wolt sein? Wie nutz ist solch kost und arbeit gewesen, wie fein hat sie sich erhalten! Alle welt hat sie gepocht und getrotzt, Und ist so schendlich gewonnen und zu störet. Weniger unglück und schande were es, wo sie doch nicht so feste hetten gebawet und nicht so gegeitzt, geschunden und geschabet, sich feste zu machen. Ists nicht so auch gangen itzt ynn der nehisten auffrur? Da waren schlosser und heuser, die zuvor wolten dem türcken entsitzen. Aber da die bawren nur anklopfften, giengen sie dahyn. Warumb? Waren sie nicht feste gnug? freylich. Aber es feilet an dem rechten bawherrn und schutzherrn. Der war nicht daheim, darumb halff kein baw noch hut. Noch wil mans nicht erkennen, so stock blind und hart ist das menschlich hertz.

Mit dem aber das er sagt 'Der do geitzt', zeigt er an, wie der könig zu Babylon sein gebew nicht gethan habe mit rechtem gut, sondern hats landen und leuten abegegeitzt, das ist, er hat yhm nicht lassen benügen an dem billichen und zymlichen einkomen von land und leuten, sondern hat auff sie gelegt steurgelt, baw gelt, hie geschetzt und da geschetzt mit mancherley auffsetzen; wie es denn pflegt zu gehen, wenn herrn grosse baw fur nemen, so gehets uber den gemeinen man, das dieser spruch wol möcht uber alle solche gebew

---

1 fest *F* gepeůwe *C* zerstöret *CHIL* 2 zerryssen *CHIL* stündlein *HI* 3 klinget *F* nun *CHIL* spot liedlein *HI* spötliedlin *L* Wee *CHI* 4 haußes *HI* 5 zůpawen *C* 7 domit *L* hauß *L* dester *CHI* 8 pawest du *C* zerbrochen *CHIL* verleürst du *C* verleůrstu *HI* 9 dester *CHIL* grosser *FG* 10 schonen *I* gepew *C* wirdst *C* gepawet *C* 11 sagt *B* nun *CHI* treffenliche *HI* trefflich *L* paw *C* Wa *C* nun *CHI* 12 vor *CHIL* für *K* nütz *L* 13/14 gebocht *HI* 14 getrutzt *HI* getrotzet *L* zerstöret *CHIL* 15 wa *C* nit *CL* gepawet *C* 16 nit *CL* so *fehlt I* geschaben *HI* nit *CL* 17 yetz *C* yetzt *HIKL* nechsten *CHIL* schlösser *BCDEHIKL* heusser *BF* 18 den *K* entsetzen *K* Pauren *CHI* nur *CFKL* 19 nit *CL* genůg *K* freilich *D* 20 feelett *CHIL* Pawherrn *C* bawherren *H* schutzherren *HI* nitt *C* 21 paw *C* wills mans *C* man *HI* nit *C* 22 hertt *C* 23 da *CHI* zeyget *L* 24 gepew *C* gethon *C* 25 abgegeitzt *B* nit *C* 27 pawgelt *C* bauwgelt *L* manicherlay *C* 28 herren *HI* pew *C* båw *L* fürnemen *CHIKL* 29 über *beidemal KL* gepew *C*

gemalet und geschrieben stehen: Weh dem der da geizt zum unglück seines hauses. Denn es nympt nicht gut ende, was mit unrechtem gut gebawet wird, sonderlich wenn man sich noch dazu drauff wil verlassen und Gott nicht fur augen hat als den rechten schutzherrn. Also, da er spricht: 'Auff das er sein nest ynn die höhe lege, das er dem unfal entrynne', zeigt er an, das dieser baw sey geschehen zur festung widder die feinde. Denn er wol gefulet hat ynn seim gewissen, das er nicht viel guts gebets ym gemeinen volck gehabt umb seiner tyranney, geiz und auffsatzs willen, so hat er sich müssen fürchten und niemand getrawen können, sondern allenthalben unfal besorget. Dem selbigen vor zu komen und weren, fehet er an und rüfft holtz und stein an, bawet und festet sich mit den selbigen, die sollen yhn behüten. Aber es ist ein elende hut und schutz, wo stein und holtz sollen hueten, da Gott und menschen verlassen und hassen, wie die tyrannen selbs viel haben bekand.

Er nennet das königreich 'ein nest' und seine festung 'die höhe' und seine sicherheit 'entrynnen dem unfal'. Denn also redet die Ebreische sprache, das sie wonunge odder heuser heist nester, wilche die vogel, sonderlich was grosse vogel sind, als habicht, reyger, adeler pflegen hoch zu machen, das sie sicher seien, yhre jungen zu hecken, neeren und behalten. Also thun die Obad. 4 reichen und grosse herrn auch, wie auch Obadia vom Esau sagt: 'Wenn du dein nest auch unter die sterne machtest, wil ich dich doch herunter stossen, spricht der herr'. Denn wenn man gleich lange bawet und schafft, so ists doch nicht mehr denn ein nest, was wir auff erden haben, wenns gleich der welt gut were, darynnen wir jungen hecken, neren und warten. Daneben kompt etwa ein thier odder unfal und verderbt nest und jungen miteinander, odder wird abgenomen mit jungen und mit all. So gehts mit dem zeitlichem leben und wesen. Es ist zeitlich und mus dahin, wie es komen ist.

2, 10 Aber dein rad wird zur schande deines hauses geraten.

Das ist: Es ist umb sonst solch bawen und rüsten, wie gesagt ist, das schade und schande nür deste grösser sein werden. Darumb das es ein menschen rad und furnemen ist on Gott und seinen rad. 'Dein rad' spricht er, als solt er sagen: O du greiffests fast weislich an und schlegests gut fur mit deim bawen und festigen. Aber es sind eygen anschlege, wie man spricht:

---

1 Wee *CHI* seins *L* 2 gepawet *C* 3 würdt *C* dazu *fehlt HI* 4 vor *CL* für *HIK* schutzherren *HI* 5 höche *C* zeyget *K* 6 paw *C* 6/7 gefület *CHIKL* 9 furchten *B* förchten *L* künden *C* besorgt *E* 10 fahet *CL* fähet *K* 12 elend *L* wa *C* hüten *BDFGHIKL* hüttenn *C* 13 tyranney *E* bekännt *C* 14 höche *C* 16 heüßser *C* nester *fehlt D* wölliche *C* vögel *CEHIKL* 17 vögel *CHIKL* adler *CHI* 18 thon *C* thůnt *HI* 19 grossen *B* herren *HI* 20 stern *L* mächtest *L* herunder *HIKL* 21 bauwet *L* schaffet *B* 22 nit *E* 23 gütte *C* darinn *HI* Darneben *E* 24 kumpt *C* kömpt *D* 25 abgewunnen *HI* geths *B* gehets *FKL* 25/26 zeitlichen *BFHIKL* 28 solich *C* solchs *HI* 29 schand *L* nur *EK* bester *HI* best *L* 30 fürnemen *CHIKL* seinem *K* Dein rad *fehlt D* 31 schlegest *BFG* schlagests *L* für *CKL* 32 anschleg *HI*

'Es ist ein eichen anschlag', da man sagen wil: Es ist ein eigen anschlag[1], gleich wie man spricht: 'Eichen loub stinckt', Da man sagen wil: Eigen lob stinckt.[2] Darumb das alle eygene radschlege gewislich feylen. Eigen radschlag aber heist, den Gott nicht gibt und eigen vernunfft furnimpt und erdenckt. Davon die gantze schrifft sagt, das sie umbsonst sind, als .i. Cor. iij. 'Gott 1. Kor. 3, 20
kennet der menschen anschlege, das sie eitel sind', Und abermal .i. Cor. i. 1. Kor. 1, 19
'Ich wil die weisheit der klugen verwerffen'. Und der gantze Ecclesiastes solch eichene anschlege verwirfft. Denn der mensch ist eitel, das ist 'nichts', drumb Pred. 1, 2 ff.
sind seine anschlege auch nichts. Aber 'des herrn radschlege bestehen'. Also Ps. 33, 11
bestund dieser anschlag der Babylonier mit allen schanden. Denn sie dachten, es were ein ewigs königreich. Aber ehe sie es bedachten, lags ynn der asschen. Die Römer meineten auch, yhr reich solt ewig stehen, und hatten des viel anzeigunge und radschlege. Aber es ist alles dahin. Und noch heutigs tags sehe ich kein feiner fastnacht spiel, denn der Bapst, keiser, fursten mit yhrem Gott, dem teuffel treiben, wie sie widder das Euangelion radschlahen zu vertilgen. Wie viel mal haben sie gefeylet? und feilen noch ymer, das mans greiffen mag, wie es geht nach dem .ij. Psal. 'Die könige lehnen sich auff und fursten Ps. 2, 4 f.
radschlahen widder Christum. Aber der herr ym hymel spottet yhr' etc. Aber sie hören darumb nicht auff, ob sie wol offt zu lügen und schanden werden, auff das sie gar zu grunde gehen mit sunden und schanden, wie auch der selbige psalm sagt: 'Sein zorn wird bald anbrennen'. Ps. 2, 10

Denn du hast zu viel völcker zuschlagen Und hast mit allem 2, 10
mutwillen gesundigt.

Darumb, spricht er, wird dein starck gebew doch nichts helffen. Denn du hasts zu viel gemacht. Gott und menschen sind dir feind, weil du so tyrannisch bist gewest und hast die leute mit gewalt also geschunden und yhr gut zu dich gerissen. Und Habacuc rüret yhm mit diesen worten das gewissen, das er yhn erschrecke mit Gottes zorn. Denn das er sagt: 'Du hast zu viel völcker zuschlagen', zeigt er die grösse der sunden, das ers zu viel gemacht habe. Und das 'zuschlagen' heist hie solchs zuschlagen, das er sie an

---

2 laub *BCHI* stinckel *L* 3 eygen *E* rathschleg *HI* radtschleg *L* gwyßlich *C* feelen *CHIL* fälen *K* 4 denn *FG* fürnimpt *CHIKL* 5 gantz *HIL* 7 gantz *L* solche *HI* 8 eychen *C* anschleg *C* verwürfft *HI* darūb *CHI* 9 Herren *HI* 10 bestunde *CHI* 11 ewiges *C* äschen *CL* 12 mainten *HI* hätten *C* 12/13 anzeygung *L* 13 radtschleg *C* tages *BL* 14 feiner *H* faßnacht *C* keiser *fehlt C* Kayser vnd Fürsten *HI* fürsten *CDKL* 14/15 mit *bis* teuffel *fehlt C* 15 radschlagen *B* rathschlagen *HI* 16 gefeelet *CHIL* gefälet *K* feelen *CL* fälen *K* 17 gehet *L* leynen *HI* fürsten *CDHIKL* 18 radschlahen *(Kustos)* radschlagen *(Text) B* rathschlagen *HI* 20 grund *L* sünden *CHIKL* 21 selbig *L* zoren *C* anbrinnen *HI* 22 zerschlagen *CL* 23 gesündigt *CHIKL* 24 gepeüw *C* gebeuw *L* 26 leütt *L* 27 rüret *F* disem wort *K* 29 zerschlagen *CL* sünden *CKL* 30 zerschlagenn *CL* sollichs *CL* zerschlagen *CL*

[1]) *vgl. Wander Bd. 1, Sp. 97, N. 16.* [2]) *vgl. Wander Bd. 1, Sp. 772, u. „Eigenlob" N. 1.*

gütern geplagt hat und yhre narung yhn kurtz und geringe gemacht, auff das er nur reich were und feste wonunge hette; gleich wie den leuten geschicht, die mit fronen und diensten so zu plagt werden, das sie es nicht mugen zukomen[1]; den wird auch yhre narunge verkurtzt, und ist eben so viel, als wurden sie sonst von reubern also beschediget und zu schlagen. Und das er sagt: 'Und hast mit allem mutwillen gesundigt', laut auff Ebreisch also: 'Und das hast mit deiner seele gesundigt', welchs heist also mit mutwillen sundigen, das einer gleich sein böses mütlin kület an den leuten, und thut yhm so wol und sanfft, solchen ubermut zu uben, als were seiner seele, das ist seines lebens selickeit
Hesek. 25, 15 brynnen. Auff wilche weise redet auch Esechiel .xxv. 'Die Philister haben sich gerochen mit der seele', das ist von hertzen und yhren mutwillen zu külen.
2. Mose 15, 9 Also auch Exo. xv. 'Meine seele sol vol werden', das ist, ich wil mein mütlin külen an yhn. Also hat der könig auch gethan; wo man sich seines geitzens und schatzens hat gewegert und gesperret, ist er also mit yhn umbgangen, das er sein mütlin auch gekület und allen seinen mutwillen an yhn geubt hat, gleich wie wir itzt sehen auch unsere Bisschove und Tyrannen mit den armen leuten faren.

2, 11 **Denn auch die steine ynn der mauren werden schreyen. Und die balcken am gesperr werden yhn antworten.**

Wie gehet das zu? Ist das die feste stad und das hohe nest, da die steine und balcken widder und uber yhren herren schreyen und krachen? Wil das haus selbst dem wirt widder sein, was sollen denn die feinde thun? Man möchte die wort also vernemen, das die steine und balcken weren des königes eigen volck und unterthanen, die yhm solten beystehen und helffen; Aber er habe es so mit yhn gehalten, das sie selbs widder yhn sind, ynn seiner not yhn verlassen, schreyen uber yhn und fallen den feinden zu und helffen den selbigen; gleich wie ein haus, das do kracht und knackt, schreckt und jagt den einwoner aus, das er sich mehr fur dem hause brynnen furcht, denn haussen, und eben da er schutz und sicherheit solt suchen und haben, dafur mus er am meisten fliehen. Darumb ists nicht ein guter fluch, wenn man spricht: Das

1 jnen *HI* gering *L* vff dz *K* 2 nür *BHI* 3 frönen *DE* nit *CL* mögen *HI* 4 denen *HI* ir *C* verkürtzt *BCHIKL* würden *B* 5 sunst *CHI* raubern *CHI* räubern *L* zu schlahen *B* zerschlagen *CL* 6 gesündigt *CHIKL* 7 gesündigt *CEHIKL* sündigen *CEHIKL* 8 mütlein *HI* 9 übermüt *KL* yeben *C* üben *HIKL* seins *CE* leben *C* seligkait *CHIKL* 10 redt *L* Ezechiel *CEHI* am .xxv. *D* 12 Exodi. *HI* mütlein *HI* 13 jnen *HI* gethon *C* wa *C* 14 schätzens *C* jnen *HI* 15 mütlein *HI* kyelet *C* jnen *HI* geübt *BDEFGKL* geyebt *C* 16 yetz *C* yetzt *HIL* vnser *E* unsern *F* Bischoffe *CDHIK* bischoff *L* 18 steyn *L* schryen *HI* 19 palcken *C* jnen *HI* antwürtten *C* 20 geht *G* hoche *C* nöst *C* 21 steyn *L* über *KL* schryen *HI* 22 wirt] wir *E* thon *C* 23 möcht *HI* steyn *L* 24 vnderthanen *HIL* beysteen *L* 25 hab *L* jnen *HI* 26 schryen *HI* über *KL* 27 da *CHI* 28 vor *CL* für *HIK* häuse *D* hauß *L* fürcht *CEHI* förcht *L* hraussen *C* heraussen *HI* 29 schutzt *C* sicherheit *B* dauor *C* dafür *HIKL* 30 ist *HI*

[1]) *d. i. damit nicht zurecht kommen können.*

dich ein alte wand erschlahe[1]. Aber ich halte, der Prophet greiffe dem könige und den seinen yns gewissen, und sey das die meinunge, das sein bestes und festes gebew solle nicht allein verloren und umb sonst sein, sondern solle auch schedlich und widder yhn selbst sein. Denn da seine feinde wider yhn stritten, gab yhm Gott so blöden, verzagten mut, das yhm nicht alleine sein gebew, sondern auch die weite welt zu enge ward, Und wo ein balcke odder seule am hause knackt, das er docht, es fielen eitel feinde da herein.

Denn so meisterlich kan Gott streitten, das er zuvor hertz und mut weg nympt, wie er von yhm sagen lesst Psal. lxxv. 'Er ist schrecklich unter den Ps. 76, 13
königen auff erden und nympt den fursten den mut'. Wenn aber hertz und mut weg ist, so ist die manheit weg, und der man wird feyg und verzagt. Der thut denn kein gut und ist nichts nutz, denn das er sich schlahen lasse wie ein klotz. Wenn der selbige gleich alle mauren und wallen fur sich hette mit allerley wehere, so hilffts nicht. Wenn er höret einen balcken krachen, so erschrickt er und meinet, es schneye mit büchssteinen zu yhm hynein. Also wil hie Habacuc auch sagen, Das der könig solle so feyge werden ynn seiner verstörunge, das sein eigen gebew, darauff er sich lies, sol yhn schrecken und plagen, wenn nur ein stein an der mauren schreyet, das ist kracht, und die balcken antworten, das ist, das steine und balcken eins umbs ander odder miteinander knacken. Dis alles leret die erfarunge, Wenn ein furchtsamer, verzagter mensch alleine etwa ynn eim hause ist, wie er erschrickt, wenn ein holtz ynn der wand kracht, Und zu weilen dunckt, er höre odder sehe, das er doch nicht sihet noch höret.

Ist nu das nicht ein wunderbarlich gericht Gottes, das sichs so gar sol umbkeren mit solchem grossen könige? Der alle welt hatte bezwungen und yderman erschrecklich war, das der sol so verzagt werden, wenn sein stündlin kompt, das er nicht alleine unsicher ist ym lande, sondern auch sein eigen gebewe sol yhn erschrecken mit eim krachen ym gesperre. Das heist freilich einen mit der durren blasen und mit dreyen erbeissen jagen[2]. Wo ist nu

---

1 all *L* der Prophet der *HI* 2 meynung *L* beste *E* 3 feste *E* gepeüw *C* nit *CDL* allayne *C* sunst *CHIK* sol *L* 4 selbs *KL* feynd *L* 5 plöden *C* nit *CEHIL* allein *L* gepew *C* 6 wa *C* saule *C* 7 hausze *C* hauß *L* dacht *BCK* gedacht *HI* 8 wegk *HI* 9 last *C* lesset *K* 10 Fürsten *CDHIKL* 11 wegk *beidemal HI* wan *E* 12 nütz *BEHIKL* 13 selbig *L* für *CHIKL* 14 were *CHI* wehre *EL* mitt *C* hört *HI* 15 schneyne *EF* büchsenstein *K* 16 Künige *C* sol *L* 17 verstörung *I* gepeüw *C* lies] verlies *BHI* 18 nür *BHI* schreyet *HIK* 19 antwurtē *C* 20 forchtsamer *CHIL* 21 alleyn *L* einem *HI* hausze *C* hauß *L* 23 sicht *L* 24 nun *C* nit *EL* sich *B* 25 sollichem *C* hette *C* 26 yederman *CEFGHIL* stündlein *HI* 27 kumpt *CHI* kömpt *D* nit *EL* alleyn *L* 28 gepewe *C* gebew *L* 29 dürren *BCKL* plasen *C* erbessen *B* erbissen *C* Wa *C* nun *CHIL*

[1]) *nicht bei Wander.* [2]) *mit einer trocken gewordenen Blase erschrecken, welche nur mit wenigen Erbsen gefüllt ist, nach dem Sprichwort: „Eine Blase mit drei Erbsen macht mehr Geräusch als eine volle", Wander Bd. 1, Sp. 392, unter Blase N. 5.*

das hohe, feste nest? Was hilfft nu das grosse gelt, so von allen landen geschunden ward, ein festes schlos zu bawen? Ich meyne, der geitz sey gerochen, das solch festunge sich umbkeren und thun allein mit krachen wol so viel als die feinde mit waffen. So sols gehen dem der do geitzt und bawet mit Gotts verachtung, das solcher baw nicht zu glück noch heil gerate, sondern, wie er hie sagt, zum unglück und unfal sein selbs, dazu mit grossen schanden.
Luc. 12, 21 Das heist, starck sein wollen 'und nicht ynn Gott'. Also solten thun fursten und herrn, wenn sie feste wolten bauen, das sie rechten guten grund legten, das ist, das sie Gott zuvor bitten solten umb hertz und mut, der zur zeit der not das gebew kund erhalten. So stünde ein schlos feste auff rechtem grunde. Nu aber fur den mut nicht gesorget wird sondern allein holtz und stein auffgericht, mus es zu letzt, wenn das ständlin kompt, gehen, wie hie der text spricht, das sie ein sparrknacken und stein krachen erschreckt. Ich mein, solchs haben wir auch erfaren ynn diesem jar an den festen schlössern, so die bawren verstöreten ym auffrur.

2, 12 **Weh dem der die stad mit blut bawet Und die stad zuricht mit unrecht.**

Das dritte spotliedlin ist vom schönen gebew, damit die gantze stad gezieret und geschmückt war zur lust. Denn da er gelts und guts die menge hatte, bawet er zu erst sein haus, das ist sein schlos, feste und köstlich, wie wir gehort haben. Darnach zieret er auch die stad mit mancherley schönem gebew. Davon auch viel geschrieben ist: Wie der könig habe zu Babylon gebawet, und unter andern rhümet man fur ein grosses wunder, das er das grosse wasser Euphrath habe durch die stad geleytet, wie wol die Kriechen solchs zu schreiben der königyn Semiramis. Aber sie haben das wenig grunds.
Dan. 4, 27 Denn Daniel schreibt ja, wie der könig sich rhümete, das er die stad Babylon hatte zugericht. Item die grosse lust garten, so er der königyn lies bawen oben ynn der höhe auff gewelben uber den dechern, Davon Josephus schreibt[1]; wie denn die könige pflegen viel unnütze gebewde zu bawen, wenn sie zu viel gelds haben, als die ynn Egypten mit yhren grossen, spitzen turmen und

---

1 hoche *C* höhe *HI* nöst *C* nun *CHIL* allen *zweimal E* 2 warde *HI* pawen *C* bauwen *K* 3 sollich *C* thon *C* alleyne *E* 4 da *CHIK* pawet *C* 5 Gottes *HIL* paw *C* nit *C* 6 unglück *F* darzu *HI* 7 wöllen *BCHIL* nichts *E* thon *C* Füsten *C* fürsten *EHIKL* 8 herren *BCGHI* wölten *HI* pawen *C* 10 gepew *C* gebewe *I* künd *BC* grundt *L* 11 Nun *CHIL* für *CHIKL* nit *C* würd *E* 12 zületst *CKL* ständlein *HI* kumpt *CHI* kömpt *D* gegen *F* 13 sperrknacken *C* erschreckel *L* meine *B* sollichs *C* 14 Pawren *HI* 16 Wee *CHI* Wehe *L* plüt *CHI* pawet *C* bauwet *K* 18 liedlein *HI* schöne *L* gepew *C* 19 geschmückt *B* 20 hette *C* pawet *C* 21 gehört *CDHIL* manicherlay *C* schönen *CE* 22 gepew *C* Könige *HI* 22/23 gepawet *C* 23 für *CHIKL* groß *L* 24 hab *L* 25 zuschriben *B* künigen *C* Semeramis *HI* des *HIKL* 26 rhümett *D* 27 hette *C* gerthen *HI* Künigin *HI* pauwen *C* 28 höche *C* über *KL* dächern *C* 29 denne *G* pflagen *I* unnütz *C* unnützes *D* gebewe *BHI* gepewde *C* gebew *L* pawen *C* wenn] wie *C* 30 geldes *B* jrem *HI* spitzigen *C* türmen *BDE* thürnen *CHIKL* turnen *FG*

[1]) *Wohl alle Angaben in 22—28 nach Iosephus,* Contra Apionem I, *139—143 (19. 20).*

grebern etc. Solch schöne, herlich, köstlich gebew, spricht Habacuc, wird
alles zu spot und schanden werden. Warumb? Darumb das er solchs alles
thut mit der armen schweis und blut, mit unrechtem gut, durch auff setz und
wurgen gewonnen. Denn wie wir gehort haben, solch grosse land und leute
hat er mit viel blut vergiessen und unrecht, on alle not, müssen gewinnen.
Darumb heists hie Habacuc: die stad durch odder mit blut bawen. Denn
das gelt durch blut vergiessen erworben ist, und hat daran den leuten unrecht
gethan. Und redet fast eben der gleichen wort Micha der Prophet widder der
Juden könige, da er spricht cap. iij. 'Ihr bawet Zion mit blut und Jeru- Micha 3, 10
salem mit unrecht', das solchs scheinet eine gemeine rede gewest sein unter den
Propheten widder die tyrannen.

Ists nicht also, das vom HERRN Zebaoth geschehen wird: 2, 13
Was dir die völcker geerbeit haben, wird feures die menge machen.
Und daran die leute sind müde worden, wird lere stete gnug geben.

Denn wo so grosse, unmenschliche gebew geschehen, da müssen viel leute zugehören, die da erbeiten; wilche erbeit ist zweierley: Eine der ienigen, die dazu müssen geben schetzung, damit man bawe, Die ander der ienigen, die dran müssen frönen und mit eigenem leibe erbeiten. Beiderley ist den leuten schwere und werden müde drüber, also brauchen die tyrannen der leute erbeit zu yhrer lust. Aber wolan, bawe nůr frisch und machs fein, zwinge die leute und mache sie müde. Es sol sich finden, das wir von dir werden singen und sagen: Sihe, das hübsche, köstliche gebew ist alleine dazu bereit, das das feur deste mehr zu verzeren hette, und daran die leute haben müssen müde werden, ist nůr darumb auffgericht, das die lere, wüste hoffestat deste grösser werde. Denn also lauts ym Ebreischen: Que populi laboraverunt, in abundantia ignis erunt. Et in quo lassati sunt, in abundantia inanitatis erit. Denn so redet man auch, wenn man spöttisch von eim grossen werck redet, das es umbsonst sey furgenomen und nicht dahin gerate, da man hin gedenckt; als das Bapstum hat nyrgent zu so viel guts gesamlet, denn das man yhm deste mehr nemen konne, Und allein darumb so hoch gestigen, das es deste

---

1 Sollich C Sölch HI schone L köstlich *fehlt* C köstliche L gepew C 3 plůt CHI uffsatz C 4 würgen BCDEHIKL gehört B—L solich L leut L 5 plůt CHI 6 haist C heyßt K plut CHI bauwen C 7 plůt CHI 8 than HI Und er redet C Michea HI 9 plůt CHI 9/10 Hierusalem CHIL 12 nit I herren HI 13 ge-arbait CHIL fewrers C feürs L 14 leut L seynd C läre CL stett L 15 wa C so *fehlt* HI gepew C müssen F leut L 16 arbayten CHIKL arbayt CHIKL 17 darzu HI schatzung C pawe C bauwe L 18 daran HI fronen L eygnem E arbeyten HIKL 19 schweer L leut L arbeit CHIL 20 pawe C nur CL 21 leut L 22 kostliche E gepew C alleyn L darzu HI dz (1.) C 23 fewr CDE bester CHI desto E leut L mynde C 24 nur CL nür K darümb E läre CL wyeste C hoffstat CHIL bester CHI grosser FG 25 laboraverunt ABF leboraverunt G 27 redt L 28 umbsunst CHIL fürgenomen CEKL für genumen HI nit C da] das G 29 Bapstumb DEHIKL nyedert so C güts C 30 bester CHI könne BDEHIKL Unde C bester CHI

tieffer falle. Also möcht man auch spotten, wenn ein herr viel bollwercks und zeune umb sein schlos machte und doch verloren erbeit were: Es ist gut, las yhn bawen. Es wird gut fewrwerg[1] draus; das ist so viel gesagt: Es ist ein narr, yhe mehr er bawet, yhe mehr er zu verbrennen macht andern.

Also spottet er hie des grossen königs gebew auch, als solt er sagen: O du bawest köstlich ding. Aber wilch ein schön feur sols werden, da itzt so viel leute an erbeiten. Und wie viel feiner, ledigen hofestete sollen da stehen, daran itzt so viel leute sich müde erbeiten. Und sol sich dein anschlag gar umbkeren und nicht geraten wie du wilt. Du wilts zur zierde und schmuck der stad haben, so sols zum unschmuck und zur ungestalt geraten, das man wüste, verbrante stete finde, da du itzt lustgarten hin bawest. Aber solchs sol nicht von den unterthanen geschehen, das nicht auffrur sey; Sondern vom herrn Zebaoth, der wird wol leute dazu finden, nemlich die Perser und Meder. Und ist fur war ein eben, recht, fein urteil. Er hat viel leute zuschlagen und yhr narunge geringert und geschwecht, auff das sein gebew gros, vol und starck were, so sol er widder so geringert und geschwecht werden, das sein gebew ynn der asschen auff wüsten brandsteten lige. Und weil ers mit blute und unrecht gebawet hat, wil ers nit mit wasser abwasschen sondern mit fewr rein aus brennen, das blut und unrecht nicht mehr da gemerckt werde. Aber wie schwerlich ist das alles zu gleuben gewest, da es gsagt und noch nicht gesehen ward, das ein solch mechtig ding solte so mit feur verwüstet werden; darumb hat hie der geist müssen sein, der es redet und auch gleuben leret bey den Juden. Denn die Babylonier hettens yhren spott gehabt, wenn sie es hetten gehört. Und sonderlich weil solche straffe vom herrn Zebaoth, das ist von der Juden Gott, solt komen, wilchen sie verachten, als dem sie sein volck verstöreten; gleich wie es den Juden und Römern ein spot war, das Christus, der gecreutzigt Gott, sie solte verstören, wilchem sie teglich seine heiligen tödten; Und itzt noch unsern junckern ein spot ist, das der Gott yhn solt etwas thun, des wort man itzt predigt, weil sie es teglich verfolgen.

1 fall *C* 2 verlorne *C* verlorn *E* arbait *CHIKL* 3 pawen *C* feürwerck *CEFGHIL* Es] er *HIL* 4 pawet *C* verprennen *C* 5 königes *B* gepew *C* 6 pawest *C* wölllich *C* fewer *C* sol es *HI* yetz *CHI* yetzt *KL* 7 leut *L* arbaytten *CHIKL* lediger *B* hoffstette *HIL* 8 yetz *C* yetzt *HIKL* daran so viel leute itzt sich *E* myede *C* arbaytten *CHIKL* 10 unschmuckt *F* 11 wyeste *C* verprännde *C* stett *L* find *B* yetz *C* yetzt *HIKL* pauwest *C* 12 nit *D* underthanen *HIL* nitt *C* auffruhr *B* 13 herren *FGHI* leut *L* darzu *HI* Persen *B* 14 fürwar *CHIKL* leut *L* zerschlagen *C* geschlagen *L* 15 narung *DL* geschmecht *B* gepeüw *C* 16/17 gepeüw *C* 17 äschen *C* wyesten *C* brandstete *C* plüte *CHI* blüt *L* 18 gepawet *C* es *HI* nicht *DHIL* abwäschen *C* fewer *B* 19 prennen *C* und das *L* plüt *CHI* 20 glauben *CHIKL* das *D* 21 solt *L* fewer *B* verwustet *E* 22 glauben *BCEHIKL* 24 Und ist sonderlich *B* solliche *C* straff *L* herren *B* 25 wölllichen *C* 27 solt *L* wölchen *C* täglich *CK* 28 yetz *C* yetzt *HIKL* Junckherrn *C* thon *C* 29 yetz *C* yetzt *HIKL* täglich *CK*

[1]) *d. i. Brennmaterial, Grimm, Wtb. 3, 1608.*

Denn die erde wird vol werden von erkentnis der ehre des 2, 14 HERRN, wie das wasser das meer bedeckt.

Diesen spruch haben die Propheten aus Mose genomen, wilcher spricht Ex. ix. vom könige Pharao also: 'Darumb hab ich dich erweckt, das ich meine 2. Mose 9, 16 macht an dir beweise, auff das mein name verkündigt werde ynn allen landen', das ist, du verachst mich als einen untüchtigen Gott eines elenden volcks, der nicht hochberümbt sey, wolan, ich wil dich auch ein stücklin sehen lassen, das man nicht sol mich so veracht und geringe halten, sondern alle land sollen singen und sagen von meiner macht. Item Numeri .xiiij. 'So war ich lebe, 4. Mose 14, 21 alle land sollen meiner ehre vol werden'. Das ist: yhr versucht mich und unehret mich. Ich wil mich aber an euch beweisen und so angreiffen, das die welt sol meiner ehre vol werden; das ist: man sol von mir singen, sagen, loben, ehren und mich furchten an allen orten, wenn sie hören werden, was ich euch gethan habe, den yhr so versucht. Also redet Jesaia auch von dem reich Christi cap. xi. 'Es ist die erde vol von erkentnis des Herrn, wie das Jes. 11, 9 meer vol wassers', das ist: alle welt höret das Euangelion von Christo reichlich und lernen Gott darynn erkennen. Solcher weise zu reden mus man gewonen. Denn sie heissen das 'Ehren vol', wenn man allenthalben von Gott singt, predigt und sagt, gleich als wenn man vom grossen Alexander odder Julio Caesare sagte: Alle welt rhümet die helden und yhr lob schallet an allen örten von yhren grossen thatten.

Also drawet hie Habacuc dem könige zu Babylon auch und wil sagen also: Du verachst den Herrn Zebaoth, unsern Gott, als sey er kaum eine matte fliege gegen deinem Gott Bel, weil du so grosse ding thust und meinest, dein Gott gebe dirs, und unser Gott müsse ynn uns solchs leyden. Aber du solt sehen ynn kurtz, das unser verachter Gott sol auch ein mal ehre ein legen an dir und an deinem Gott und so mit dir umbgehen, das alle welt davon singen und sagen sol, dich und deinen Gott spotten, unsern Gott aber preisen und loben an allen enden, als der solchs an dir gethan habe. Wilchs denn alles auch also geschehen ist. Denn da Cores, der könig zu Persen, hatte Babylon zestört, bekand er offentlich und lies auch mit schrifften ynn allen landen ausruffen, das der Gott von hymel, der zu Jerusalem wonete, hette yhm solchen sieg, gewalt und königreiche gegeben. Darumb er auch zu danck-

---

1 erden *HI* wird] will *B* erkantnüß *HI* ehere *C* 2 HERREN *KL* 4 Exo. *DE* Exodi. *HI* 6 vnndüchtigen *C* 7 hochberhümbt *C* stücklein *HI* 9 xliij. *B* 12 singen vnd *C* 13 fürchten *CHIK* förchten *L* 14 gethon *C* 15 erkantnüß *HI* Herren *B* 17 darinnen *C* Sollicher *C* Sölcher *HI* 20 Cesare *EHI* yhre *G* 21 ortern *B* orten *CHI* 22 thräwet *C* drowet *HI* drewet *L* künig *L* 22/23 will also sagen *K* 23 verachtest *B* herren *HI* kam *C* ein *L* 24 fliege *C* 25 dein] dem *B* sollichs *C* 26 kürtz *C* 29 sollichs *C* gethon *C* hab *HI* Wöllichs *C* 30 hette *C* 31 zustöret *B* zerstört *CFGL* zerstöret *HI* zestöret *K* offennlich *C* öffentlich *HI* gschrifften *C* 32 außrieffen *C* auß rüffen *HIK* dz *L* Hierusalem *CHIL* 33 sollichen sig vnd *C* Königreich *HI*

sagung widderumb den tempel zu Jerusalem hies bawen von eigener kost und Esra 1, 2ff. gelt, wie Esra schreibt. Das heist nu: gleich wie das meer vol wassers ist, also sol die welt vol rhůmens werden von dem Herrn Zebaoth, das ist ein solch rhůmen, das nicht eim bach vol wassers gleich sey, wilchen man austrocken odder abstechen kan, sondern dem meer vol wassers gleich, wilchs niemand austrocken noch abgraben kan. Also sol diese ehre und rhum von Gott so mechtig gehen ynn allen landen, das yhn niemand schweigen noch hindern kan. Solchs alles, wie gesagt, wird verkundigt, das Judische volck zu trösten und ym glauben zu erhalten.

2, 15 Wehe dir der du deinem nehisten einschenckst und misschest deinen grym drunder und truncken machst, das man yhre schame sihet.

Das ist das vierde spotliedlin von seim stoltz und frevel. 'Gut macht mut'[1], spricht man. Wenn die tyrannen so fest sitzen, gut und ehre gnug, feste und lustige heuser haben, lassen sie yhn dennoch daran nicht benůgen sondern werden stoltz und frevel, zu uben allerley gewalt und mutwillen, wollen nicht leiden noch hören. Und wo yhr synn nicht fur sich geht, da ist eitel wueten Dan. 3, 1ff. und wůrgen. Man lese ym Daniel .cap. iij., wie dieser könig eine guldene Dan. 2, 3ff. seule auffrichtet und die leute zwang, die selbige an zubeten. Item cap. ij., wie er seinen trawm wolte geraten und ausgelegt haben von den weisen und gelerten zu Babylon. So wird man finden, was er fur ein kreutlin gewesen ist. Gar ein feiner, weiblicher tyrann, der seinen willen hat wollen fur einen könig gehalten haben. Dazu hochverstendig und klug, der sich mit worten nicht wolt abweisen lassen noch bey der nasen furen, sondern kurtz hindurch wolte mit den gelerten, da sie yhm den trawm nicht sagen kundten und doch die auslegunge furgaben zu treffen. Er dacht wol, es můste bůberey sein.

Hie můssen wir der Ebreischen weise zu reden abermal gewonen, wilche fast reich ist, mit verdreeten worten und gleichnis zu reden. Also haben wir droben[2] gehört ym ersten capitel, wie der könig zu Babylon ein seuffer ge-

1 Hierusalem *CHIL* pawen *C* 2 schreybet *HI* nun *CHIL* 3 růmens *C* von dem] vom *L* Herren *HIK* 4 nit *C* einem *HI* ein *L* 4/5 außtrucken *C* außtruckenen *HI* 5 abschrecken *B* wasser *B* 6 außtruckenn *CHI* ehere *D* von *B* 7 mächtig *K* 8 Sollichs *C* Sölchs *HI* verkündigt *BCDEGHIKL* dz *C* Jüdische *CGK* volcke *D* 10 Wee *CHI* nechsten *CHIL* einschenckest *DE* 11 magst *C* scham *CF* 13 liedlein *HI* seinem *HI* 14 gnug *A* 15 lüstige *BL* heüßer *C* häußer *K* dannocht *HI* dennocht *L* nit *C* 16 yeben *C* üben *HIKL* wöllen *BCEHIKL* 17 wa *C* für *CEHIKL* ficht *D* gehet *KL* wůeten *C* wüten *DEHIKL* 18 yun *B* eyn *DL* gülbene *BE* guldine *C* 19 saule *C* leut *L* 20 wolt *EL* 21 für *CEHIKL* kreütlein *HI* 22 wöllen *BCEHIKL* für *CEHIKL* 23 darzu *HI* 24 nitt *CE* wolte *G* füren *CDEHIKL* 25 wolt *L* gelarten *D* nit *DE* 26 außlegung *EL* fürgaben *CEHIKL* dachte *HI* büberey *F* 27 wölliche *C* 28 verthrämeten *C* gleichnüß *HI* 29 sauffer *CHIK*

[1]) *Wander Bd. 2, Sp. 191, N. 147.* [2]) *vgl. S. 397, 6 ff.*

scholten wird, der alle land aussauffe. Daselbst heist sauffen so viel als andern das yhre nemen, rauben und zu sich reissen, wie Christus auch von den Phariseern sagt Matth. xxiij., das sie 'der widwen heuser fressen', Und Matth. 23, 14 ym Hiob auch der gleichen brauch ist ynn worten. Aber hie an diesem und der gleichen ort heisst trincken odder sauffen so viel als unglück leyden, Und einschencken odder zu trincken geben so viel als straffen, peynigen, marteren und allerley plage an thun. Da her kompt das gemeine wort ym Psalter: Ps. 116, 13 'Der kilch des Herrn'. Item, 'yhrer kilch ist vol schwefel'. Also stehet auch Off. 14, 10 Apoca. xviij. von der roten huren geschrieben: 'Schenckt yhr vol ein, wie sie Off. 18, 6 euch eingeschenckt hat. Und messet yhr mit dem mass, da sie euch mit gemessen hat'. Also heist denn der kilch des Herrn die straffe, die er eim iglichen einschenckt und zuteilet. Davon liese Jeremie .xxv., Da er heist alle könige Jer. 25, 15 f. und leute trincken aus dem kilch des Herrn, das sie truncken werden, speyen und fallen etce.

Und das wirs gantz und klerlich fassen: Wenn einer leiblich vom wein truncken ist, der ist ein gut furbilde zweyerley ander truncke nheit. Eine ist, wenn yemand fur grosser lust truncken wird; Die ander, wenn yemand fur grossem schmertzen truncken ist. Wie sich nu stellet ein leiblich truncken mensch, so stellen sich die andern beyde auch. Ein leiblich truncken mensch daumelt, felt nydder, speyet, redet toll, nerrisch ding und ist unverschampt etc., wie wir teglich sehen. Also auch wenn einem zu wol ist, hat guts und ehre, lust und gewalt gnug, der ist ein rechter truncken man, der weis nicht, was er fur mutwillen thun sol. Er daumelt, fellet, speyet, wescht, handelt unverschampt, das ist, ob er gleich schendlich, lesterliche ding thut, die yhm ubel an stehen und schande ist, da fragt er nicht nach, da ist keine furcht, schew noch masse. Er ist hinden und fornen auffgedeckt, das ist, man sihet allenthalben seine untugent und schande, noch gehet er hindurch und acht sein nicht, wie wir auch itzt sehen an unsern Tyrannen. So war der könig zu Babylon auch truncken von eitel kützel und wollust, wie droben [1] gesagt ist. Hie ists grosse klugheit, wer eim solchen truncken man weichen kan, wie man spricht: Eim

1 Daselbs *L* so] als *HI* 2 das yhre] die ere *HI* 3 Phariseer *C* saget *C* Mathei. *C* wytwen *CHI* heuffer *F* häußer *K* 5/6 unglück *bis* als *fehlt E* 6 zu *fehlt HI* martern *HI* 7 kömpt *D* kumbt *HI* dz *K* 8 kelch *BCHIKL* Herren *CHI* jr *HI* kelch *BCHIL* schwefels *HI* steht *L* 9 Apocalip. *CHI* am 18. *HI* 11 kelch *BCHIKL* Herren *HI* einem *HI* yeglichen *CK* yeglichen *HIL* 12 zů taillt *C* liß *CHIL* Hieremie. *HI* 13 leut *L* kelch *BCHIL* herren *HI* 15 leyplich *C* 16 fürbilde *CEHIKL* 17 vor *CL* für *EHIK* grossem *K* ymand *F* vor *CL* für *EHIK* 18 leyplich *CD* 19 leiplich *D* dummelt *C* 20 närrisch *C* 21 täglich *C* güts *C* 22 trunckner *HIK* waist *C* für *CEHIKL* 23 dumelt *C* 24 schendliche *HIL* übel *KL* 25 schand *L* nit *DK* kain *HIL* forcht *CHIL* schewch *HI* 28 yetzt *CHIKL* 29 kützel *HI* 30 klügkait *C* einem *HI* Einem *HI*

[1] vgl. S. 397, 28 ff.

truncken man sol auch ein fudder haw aus dem wege gehen[1]. Denn mit narren ist nicht zu handeln[2].

Widderumb, wer fur schmertzen truncken ist, der stellet sich auch wie ein truncken mensch, daumelt und wird yrre, klagt, schreyet und berdet so ubel, das auch nichts denn schande an yhm zu sehen ist. Etliche lestern beide Gott und menschen, faren eraus mit ungedult, decken auch alles auff, was sie sind, was sie wissen, und ist eitel nerrisch, unvernunfftig wesen da wie eins truncken menschen. Auff die weise redet hie Habacuc vom könige zu Babylon, das er viel habe truncken gemacht, da er selbst voll und truncken war fur wollust; das ist: Er war ein mutwilliger tyrann und betrübte viel leute, und sonderlich das Jüdische volck on alle barmhertzickeit drucket, wie Isaia .xlvij. sagt zu
Jes. 47, 6 Babylon: 'da ich zornig war uber mein volck, macht ich mein erbe unfletig und gab sie ynn deine hende. Aber du hattest keine barmhertzickeit mit yhn'.
Sach. 1, 15 Item Sacharia .i. 'Ich bin zornig uber die grossen volcker, denn ich zörnete ein wenig. Aber sie helffen zu unglück', das ist: Ich wolt nur straffen, so wollen sie mein volck gar verderben und machen mirs zu viel.

Aber es gehet Gotts gericht also, das wer auff die erste weise truncken ist, der mus auch auff die ander weise truncken werden; wie dieser Prophet sagt, das der könig sey truncken worden von aller leute güter und habe viel mit betrübnis truncken gemacht, darumb werde man sein widderumb spotten und ynn allen landen singen und sagen, wie er auch truncken sey worden.
Jes. 14, 10 Gleich wie auch Jesaia .xiiij. von yhm sagt: 'Und du bist auch erschlagen gleich wie wir' (sprechen die heiden), das ist: du hast uns zuschlagen, Ich meine, du seyest widder troffen und auch zuschlagen. Ja wer nur solchs erharren künde! Es ist zu mal hoch und ungleublich, wenn die tyrannen ym nest sitzen.

Das ists nu, das Habacuc hie sagt: Du hast deinem nehisten wol eingeschenckt und truncken gemacht. Und auff das niemand zweiffele, Er rede von der andern, das ist von der schmertzen trunckenheit, deutet er sich selbs und spricht: 'Und misschest deinen grym drunder'; das ist ja klerlich gnug gered, das er die leute habe mit dem kilch seines zorns getrenckt, das ist mit

---

1 hew *CDHIL* weg *KL* gehn *K* 2 mit *C* 3 vor *CL* für *HIK* 4 übel *KL* 6 vnnd den menschen *D* und die menschen *L* herauß *HIL* decken] gedencken *HI* 7 närrisch *C* unvernünfftig *BDHI* eines *K* 9 viel *fehlt HI* hab *L* selbs *HIL* vor *CEL* für *HIK* 10 betrübt *L* leut *L* 11 Jüdische *EFG* volcke *HI* an *G* barmhertzigkait *HIKL* drücket *BE* Isaias *B* 12 über *KL* 13 hättest *C* kein *L* barmmhertzigkayt *CHIKL* inen *HI* 14 Zacharia *HI* am 1. *C* über *KL* völcker *CDEFHIKL* zürnete *CL* 15 wolte *K* nür *HI* 16 wöllen *CDEHIL* 17 Gottes *DEHIKL* 19 leüt *IL* hab *CL* 20 betrübtnüß *HI* 22 Isaia. *HI* 23 zurschlagen *CL* zerschlagen *C* zurschlagt *L* nür *BHI* solliches *C* 25 könde *HI* kunde *K* vnglaublich *CHI* nöst *C* 26 nächsten *C* nechsten *HIL* 27 zweyffel *C* 30 geredet *HI* leut *L* habe] *fehlt HI* hab *KL* kelch *BCHIL* seins *E* getrencket *K*

[1]) *Wander Bd. 4, Sp. 1348, N. 28.* [2]) *Wander Bd. 3, S. 907, N. 670ff.*

mutwilliger tyranney hochbetrübt, Und habe sie zu schanden gemacht, das
man yhre schame hat gesehen, das ist, er hat sie aller ehren beraubt, das sie
sind arm, gefangen, geplagte leute worden, von denen man nichts herlichs
hat wissen zu sagen. Der Prophet sihet hiemit auff die historia Gen., da 1. Mose 9, 21
Noe truncken war und blos lag, das man seine scham sahe, wilchs bedeut
nicht anders denn das schmehlich leiden und unglück. Denn obligen, gut und
ehre gewinnen ist herlich ding fur der welt. Aber unterligen dem feinde,
arm und zu schanden werden ist ein schendlich ding. Darumb heist das 'Die
schame sehen', wenn man uberwunden wird, verderbt und verarmet, und wie
dieser könig die Jüden und viel lande hatte zu schanden gemacht und er den
sieg und ehre behielt als ein helt.

Du wirst auch vol werden mit schanden fur ehre. 2, 16

Das ist, man wird dich widder trencken und truncken machen, das man
deine schame auch sehe. Denn du must auch uberwunden werden, das deine
gewalt zu nicht und zu schanden werde; als denn wirstu mit schanden vol
und satt werden 'fur ehre', das ist: an stat der grossen ehre und herlickeit,
die du itzt hast, wirstu eitel schande haben und keine ehre. Und das alles
wird man mit freuden von dir singen, dich dazu noch spotten und dein lachen.
Denn yederman gonnet dirs wol und hasts auch wol verdienet.

'So sauffe du nu auch, das du daumelst'. So thun die truncken, das 2, 16
sie daumeln und nyrgent stehen konnen. Also, die vol schmertzen und leides
sind, wissen nicht wo sie bleiben sollen, und ist yhn die weite welt zu enge,
wissen widder rad noch hülffe. Solchs wündscht und verkündigt er diesem
könige auch, das die Perser und Meder sollen komen und yhm auch ein-
schencken hertzeleid und alles unglück, das er mus sauffen und daumeln, bis
er nyrgent stehen noch bleiben konne. Auff die weise redet Psalm .lx. 'Du Ps. 60, 5
lessest dein volck ein hartes sehen und trenckest uns mit daumel wein', das
ist, mit wein, der uns daumeln macht, das wir nicht wissen, wo wir bleiben
sollen. Und Isaia .li. 'Sihe, ich habe von deiner hand genomen den daumel Jes. 51, 22
kilch und den kilch meines zorns'. Item daselbst: 'Mach dich auff, Jerusa- Jes. 51, 17
lem, die du getruncken hast vom Herrn den kilch seines zorns; bis auff den

---

1 hab *KL* 2 beraubet *C* 4 vff *K* Genesis *HI* 5 warde *HI* wölliches *C*
6 nichts *HIKL* schmechlich *HIL* vnglück *E* 7 eer *C* ist ein herlich *HI* vor *CL*
für *EHIK* feynd *CD* 9 schlame *I* überwūden *KL* verderbet *B* 10 Juden *CEHIKL*
hätte *C* er den] erben *FG* 12 für *CEHIKL* eer *C* 13 des *FG* 14 überwunden *KL*
15 wirst du *C* 16 für *CEHIKL* herrligkait *CHIL* 17 yetzt *CHIKL* wirst du *C*
wirst *I* schand *L* kayn *CL* 18 darzů *CHI* 19 günnet *C* gönnet *DFGHI* 20 sauff *L*
dumelst *L* 21 dumeln *L* nyrgen *D* künden *C* können *FHIL* schmertzes *L*
leyds *L* 22 engen *I* 23 weder *CDHIL* hilffe *C* hilff *L* Sollichs *C* Sölchs *HI*
wunscht *HI* verkundigt *EK* 24 yhn *FG* 25 hertzleid *GK* vnglück *F* műß *HI*
dumeln *C* 26 künde *C* könne *DFGHI* der .60. Psalm. *HI* 27 harts *C* dumel *C*
28 dumeln *C* mach *K* 29 hab *CHIKL* dumel *C* 30 kelch *(beidemal)* *BCHIL* da-
selbs *DL* vff *K* 30/31 Hierusalem *HIL* 31 herren *HI* kelch *BCHIL*

boden hastu den daumel kilch ausgetruncken und bis auff die hefen'. Aus diesen und der gleichen sprüchen kan man wol mercken, was die Propheten mit solchen worten meinen, wenn sie von kilch, trincken, daumeln sagen, und wie yhre weise gewest ist, also zu reden.

2, 16 'Denn dich wird umbgeben der kilch ynn der rechten des Herrn', das ist, du kanst dem kilch und unfal nicht weren noch entlauffen. Denn der Herr ist dein schencke worden, der wird dir yhn zu trincken geben und du must yhn sauffen, da hilfft nichts fur. Wer kan Gott widderstehen? Wenns menschen wille und rad were, dich also zu trencken, möchtestu hülff und rad finden. Aber nu der Herr selber solchs dir zu schickt, müstu her halten. Denn rings umb her wird dich der kilch umbgeben, das du dich sein nyrgend weren kanst. Das ist nu alles leichte zuverstehen aus dem vorgesagten.

2, 16 'Und must schendlich speyen fur deine herlickeit'. Gleich wie du mit gewalt viel land und leute ausgesoffen hast und bist truncken und wuetend worden, also mustu es schendlich widder ausspeyen und widder geben. Auff die weise redet auch das buch Hiob, das die gottlosen widder müssen speyen, was sie geraubt haben und gar susse schmackte, da sie es truncken und namen. Denn das ist war: Wein trincken ist susse und thut wol. Aber widder speyen ist bitter und thut wehe. Also sind raub und alle sund susse ynn der that, aber gar bitter ynn der straffe. So wil nu Habacuc sagen, Das der könig nicht allein widder speyen mus, was er geraubt hat, sondern müsse auch schande dazu haben, das ein schendlich speyen werde, darynn alle welt sein spotten und lachen wird, das ers so gar mus widder verlieren. Und das 'fur seine herlickeit', das ist, so gros deine herlickeit itzt ist, weil du seuffest und raubest, so gros wird deine schande sein, wenn du es widder speyest und verleurest.

2, 17 Denn der frevel am Libanon begangen wird dich uberfallen. Und die verstöreten thiere werden dich schrecken.

Das ist, wie droben gesagt ist[1]: er wird kein hertz noch mut haben sondern verzagt sein und fulen, das es nicht menschen zorn sondern des Herrn kilch sey. Denn sein gewissen wird yhm selbst widder stehen und straffen umb des frevels willen am Libanon begangen. Da wird der berg Libanon gen

1 hast du *C* den *fehlt C* dunckel *C* leich *BCHIL* hiefen *K* 3 vom *K* leich *BCHI* dummeln *C* daumel *K* 5 leich *BCHIL* des] der *K* Herren *CHI* 6 leich *BCHIL* 8 für *CHIKL* 9 trincken *D* möchtest du *C* hilff *HIK* 10 sollichs *C* mustu *BEHIKL* müst du *C* 11 leich *BCHIL* das du] dastu *B* 12 leuchte *C* leicht *HIK* 13 für *CHIL* deine] sehn *C* herrligkait *CHIL* 14 wüttent *C* wütend *DFGHIL* 16 dise *HI* 17 süsse *BCDHIKL* 18 süsse *(Custos A) BCDEHIKL* thůt *C* 19 pitter *HI* wee *CHI* seynd *C* sünd *CHIL* sünde *H* süsse *BCHIL fehlt D* süß *K* 20 pitter *HI* 21 müß *HI* mu *K* müß *L* 22 darzů *CHI* werd *K* 23 für *CHIKL* sein *C* 23/24 herrligkait *CHIL* 24 herrligkaytt *CHIL* yetzt *CHIKL* sauffest *CHIL* 25 beyn *C* schand *K* 26 überfallen *KL* 29 fülen *CDHIKL* nit *C* 29/30 sondern die wird yhm *fehlt B* 29 Herren *CHI* leich *CHIL* selbs *I* selb *L*

[1]) *vgl. S. 411, 8 ff.*

Babylon komen, wenn er noch so fern davon were. Ja, er wird ynn seine kamer und ynn sein hertz komen und sein gewissen drucken und feyg machen, sampt allen thieren, die er daselbst verstöret hat. Wie geht das zu? Also gehets zu: Das gewissen fulet solchs und dunckt, es sey Libanon mit allen seinen thieren da und wollen yhn fressen, die er zuvor beleidigt hat. Denn die sunde, wenn der rewel kompt, bringt sie mit sich und stellet, ja druckt yns hertz mit gewalt alle die, so beleidigt sind. Etlich deuten hie Libanon den tempel zu Jerusalem etc. Aber ich halt, Er nenne das gantze land also vom gebirge Libanon, gleich wie der .xliij. Psalm nennet es vom gebirge Hermonim und vom wasser Jordan, da er spricht: 'Ich dencke dein ym lande Ps. 42, 7
des Jordans und des gebirges Hermonim'. Denn Libanon auch dasselbige gebirge Hermon ist. Das dis sey der synn: du hast ym Libanischen lande, das ist ym Judischen lande, grossen frevel geubt und die thiere drynnen verstöret, das ist die leute und einwoner. Drumb wird dich und dein gewissen solcher frevel drücken und schrecken und must widder des gleichen und viel mehr leyden.

Umb der menschen blut willen. Und umb des frevels willen 2, 17
ym lande und ynn der stad und an allen, die drynnen wonen, begangen.

Der text ist droben[1] schon ausgelegt. Denn der Prophet zeucht ynn sonderheit die sunde und den frevel an, den er nicht alleine am Libanon und gantzem lande, sondern am meisten ym lande Juda und an der stad Jerusalem begangen hat.

Was wird denn helffen das bilde, das sein meister gebildet 2, 18
hat? und das falsche, gegossen bilde, darauff sich sein meister verlesst, das er stumme götzen anbet?

Das funfft spotliedlin ist von seinem gottsdienst. Da spottet der Prophet des koniges seer hefftig und mit stachlichen worten. Denn das sind eitel stichlinge und gantz böse stichwort, da er spricht, Der könig habe bilde zu Gott gemacht, und er sey der meister solchs bildes und gotts, Und bete doch sein eigen werck an; wie künd einer ein grösser narr sein. Pfu des Gotts und des gotts diensts, da der Gott ein bilde ist, und der gottsdiener ein meister ist des Gotts, den er anbetet. Item da er sagt, Es sey ein falsch

1 ferne *L* 2 trücken *K* drucken *L* 3 daselbs *L* gehet das *KL* 4 gehts *G* fület *CHIL* 5 wöllen *CEHIL* belaidiget *C* 6 sünde *CHIK* sünd *L* kömpt *D* kumbt *HI* 7 beleidiget *K* 8 Hierusalem *HIL* gantz *K* 11 des *(nach und) fehlt HI* das selbig *L* 13 geübt *C—L* 14 leut *L* Drümb *E* Darumb *HI* 15 drucken *CHIK* trucken *L* viel *fehlt HI* 17 plut *HI* 20 schön *I* 21 sünde *CHIK* sünd *L* allain *C* 22 land *L* Hierusalem *HIL* 25 falsch *C* 26 anbettet *L* 27 fünfft *CEHIKL* spottliedlein *CHI* Gottes dienst *HI* 28 künigs *CK* Königs *HI* 29 stichling *L* hab *HIL* 30 solches *G* gottes *CHIK* 31 köndt *HI* kund *K* Pfü *E* Gottes *HIK* 32 gottes *HI* Gottes diener *HI* 33 Gottes *HI* anbete *HI*

[1]) *vgl. S. 403, 16 ff.*

bilde das ist ein betrug und lügen, damit die leute verfurt werden, meinen, sie dienen Gott, Und verlassen sich auff solche lügen und betrug als auff die rechte warheit. Item das er stumme götzen anbetet, die nicht reden konnen, schweige denn etwas thun odder machen. Drumb trotzt er nu und spricht: Ach wie fein wird dich denn dein Gott lassen, wenn des Herrn kilch umb dich kompt. Was solt er dir helffen? Ists doch ein götze und bilde. Aber doch las yhn helffen, ruffe yhn an, las sehen, wie wil er sich stellen, dir zu helffen. Unser Gott, ob er uns eine zeitlang strafft, wird uns doch widder erlösen; dein gott aber hilfft dir nymer mehr. Ich halt, Habacuc meine mit diesem text unter andern bilden und götzen den furnemesten götzen zu Babylon, der Bel heist. Denn Jesaia zeucht die zween am hochsten an: Bel
Jes. 46, 1 und Nebo. Dem selbigen Bel hat er das grosse gulden bilde auffgericht, da
Dan. 3, 1 Daniel von schreibt Cap. iij., das es sechtzig ellen hoch und sechtzig ellen breit
war. Trefflich viel und unnütze gold haben die leute gehabt; das macht: Es war das Keiserthum so gros und reich und hatte aller lande güter zu sich gerissen.

2, 19 **Wehe dem der zum holtz spricht: wache auff, Und zum stummen stein: Stehe auff.**

Das ist der spot, den man denn singen und sagen wird ynn der zeyt der verstörung: Hui, ruffe nu dein holtz und stein an, die du fur götter hast gemacht und gehalten, wie ubel und schendlich lassen sie dich. Da sihestu ja, das es holtz und stein sind gewesen. Denn wenn du sie schon anrüffest und sprichst: Hilff mein Gott, wache auff mein Bel! Stehe auff mein Nebo, errette mich! so höret er nicht. Denn er ist holtz und stein mit gold uberzogen.

2, 19 **Solte er leren?**

Das ist, wie solte er mügen guten rad geben? Ists doch ein stummer stein. Eim rechten Gott gebürt ja, sein volck mit seim wort zu leren und zu radten.

2, 19 **Sihe, Er ist mit gold und silber uberzogen und ist kein geist ynn yhm.**

Ein armer, elender Gott, der sich ynn gold fassen und fangen lest und hat keinen oddem noch leben ynn yhm. Solch spötterey und speyerey treybt

---

1 leut *L* verfürt *CEFGHIKL* 2 betrüg *B* 3 künden *C* kŏnnen *D–L* 4 Darumb *HI* trutzt *HI* 5 denn *fehlt E* herren *HI* kelch *BCHIL* 6 kompt *D* kumbt *HI* götz *C* 7 rüffe *CFGHIKL* 8 yhn *KL* 9 hilfft *A* mein *B* 10 fürnemesten *CKL* fürnemsten *HI* 11 höchsten *BCDFGHIKL* 12 Nebod *E* gülde *K* auffricht *C* 13 schreibet *C* es] er *HI* pracht *HI* 14 Treffenlich *HI* leut *L* 15 Keyserthumb *DHI* hette *C* gütter *D* 17 Wee *CHI* 20 rüffe *CFGHIKL* für *CEKL* 21 übel *KL* schäntlich *K* sihest du *C* 22 schön *BE* anruffest *E* 23 uff *K* 24 hört *L* nichts *C* überzogen *KL* 25 Sölte *HI* Solt *L* 26 solt *L* mügen *HI* gütten *C* 27 Einem *HI* gepürt *E* 29 überzogen *KL* 32 athem *HI* othem *L* Sölch *HI* speierey *E*

der Prophet dem Judischen volck zu trost, das sie gewis sein sollen yhrer erlösunge, wie gesagt ist, auff das sie ja nicht ynn unglauben fielen und sich an gotts werck und worten ergerten. Dazu sie gar grosse ursachen und bewegunge hatten: Weil das Babylon so mechtig war und so feste sas, und sie so gar verlassen und verstöret wurden.

Aber der HERR ist ynn seim heiligen tempel. Es sey alle 3, 20
welt fur seim angesicht stille.

Er ist nicht ynn sylber odder gold geschmidet odder gefasset sondern ist ynn seinem tempel, das ist ynn seinem pallast und königlichem saal, wilchs ist der hymel und wo er wonet durch sein wort; Und dennoch so mechtig und herlich, das sich fur yhm furchten mus alle welt und stille sein, das ers mit yhn mache nach seinem willen, das ist, er ist almechtig und regirt so weit als die welt ist; das mag wol ein rechter Gott sein. Denn wenn gleich heiden und ketzer mit gewalt und lere widder yhn toben und wueten, das lest er eine weile geschehen. Aber bald kan er sie lassen ein stücklin sehen, das sie alzumal vergehen und zu nichte werden und müssen also stille fur yhm sein, wenn er kompt. Denn dis wörtlin 'fur yhm' odder 'fur seim angesicht' lautet ym Ebreischen also viel, als: wenn er kompt odder das angesicht zu uns keret als der do kompt, wie Malach. iij. von Johanne stehet geschrieben: 'Sihe, ich Mal. 3, 1
sende meinen engel fur deinem angesicht', das ist, fur deiner zukunfft odder wenn du komest; das Habacuc also wil sagen: Wenn aber unser Gott kompt und heimsucht, so wirds ynn aller welt stille; denn da verkreucht sich yderman, da höret auff stoltzirn, rhümen und aller ubermut; denn er strafft die gottlosen und hilfft den frumen, damit macht ers schlecht und still, wo er hin kompt; das kan kein ander Gott thun.

Das sey gnug von des Habacuc weissagunge. Da sehen wir, wie viel wort es gestehet[1], das man den glauben ynn den leuten erhalte, sonderlich wenn sie schwach sind und die anfechtung starck und mechtig, wie diese gewest ist ym Judischen volck. Wie hat er gestrafft, geflehet, gefochten, geweissagt, vermanet und getröst, Widderumb das Babylon zu scholten, zu spottet und gedrewet mit gotts gericht und zorn! Noch hats geholffen bey wenigen. 'Denn glaube ist nicht yedermans ding.' Nu thut er hinzu ein gebet, auff 2. Thess. 3, 2

1 Jüdischen *FGK* 3 gottes *CHIKL* Darzů *CHI* 3/4 bewegung *G* 4 hätten *C* 6 seinem *HI* 7 vor *CL* für *HIK* still *HI* 9 künigklichem *C* Königklichem *HI* 10 dennocht *CL* dannocht *HI* 11 daz *C* vor *CL* für *HIK* fürchten *CDHIK* förchten *L* 12 allmächtig *C* 13 ist *fehlt B* 14 wütten *CL* wüten *DFGHIK* wueteten *E* 15 ein weyl *L* stucklein *C* stücklein *HI* 16 nicht *EGK* vor *CL* für *HIK* 17 kömpt *D* wörtleyn *CHI* vor *CL* für *HIK* vor *CL* für *HIK* seinem *L* 18 kömpt *D* kumbt *HI* 19 kömpt *D* kumbt *HI* Malachie. *C* 20 vor *CL* für *HIK* vor *CL* für *HIK* 21 kömest *D* kumest *HI* kömpt *D* kumbt *HI* 22 aller] der *HI* yederman *CEHIL* 23 übermût *KL* 25 kömpt *D* kumbt *HI* 26 genůg *K* weyssagung *L* 28 mächtiig *C* 29 Jüdischen *FGK* 31 gebräwet *C* gebrõwet *HI* gebreuwet *L* Gottes *HIK*

[1]) *d. i. gilt, kostet.*

sang lieds weise gemacht, noch mehr zu trösten und zu stercken die schwachgleubigen, und lieset und tregt zu samen viel der alten wunderwerck Gottes, die er vorzeiten dem volck beweiset und sie so offt wunderbarlich erlöset hat, das sie an die selbigen sollen gedencken und nicht zweyveln, das yhr Gott, der sie vorhin so offt und so mechtiglich erlöset hat, werde sie auch itzt widder erlösen von Babylon. Denn es sterckt fast wol das hertz und den glauben, wenn man der vorigen wunderwerck gedenckt, wie der Prophet offt ym psalter be-
Ps. 119, 52 kennet und spricht: 'Herr, ich gedacht an deine gerichte und ward getröstet'.
Ps. 145, 5 Item: 'Ich dencke deiner wunder von alters her und rede von deinem thun'.
Jud. 8, 21 f. So tröstet auch die frume Judith yhre burger, Und Mathathia seine sone,
1. Makk. 4, 9 die Maccabeer, und sprach: 'Gedenckt daran, wie unser veter sind erlöset' etc.
Das selbige lied wollen wir nu sehen, wilchs titel heist also:

Das vierde Capitel.

3, 1 Dis ist das gebet des Propheten Habacuc fur die unschüldigen.
Ps. 7, 1 David ym siebenden psalm furet auch solchen titel, da er seine unschuld
Gotte furtregt. Es laut aber ym Ebreischen so viel als ignorantia et ignorantie, unwissenheit, das ist, wenn man künd zu latinsch reden, Inconscientia, wenn einem von eim dinge nichts bewust ist odder hat des kein gewissen, wie
2. Sam. 16, 7 ff. David thut ynn genantem psalm: da yhm Simei schuld gab, Er hette Saul
das königreich mit gewalt abgedrungen, zeigt er an, das ynn seim gewissen nicht sey, und nennets ignorantia, wilchs wir müssen deudschen 'unschuld', weil wir kein besser wort haben, aber es ist zu starck; denn das laut gar fein demütiger und Christlicher, das man sich fur Gott nicht rhüme der unschuld sondern des gewissens. Denn es mag yemand wol ym gewissen nichts böses fulen, das er dennoch darumb nicht unschuldig ist, wie Paulus spricht
1. Kor. 4, 4 .i. Cor. ij. 'Ich bin mir nichts bewust. Aber darynn bin ich nicht gerecht,
der Herr aber wird mich richten'. Wie Abimelech auch on gewissen war, da
1. Mose 20, 3 ff. er Sara nam, und war yhm dennoch das werck fur Gott unrecht, Gen. xx.
Also wil hie Habacuc auch bitten fur die frumen, die sampt den gottlosen gen Babylon gefurt worden, als on zweyvel viel frumer leute darunder waren,

---

1 gsanglieds *L* gemachet *L* schwachglaubigen *CHI* 3 itzt *HI* 4 die] den *L* selben *FG* söllen *E* zweyffeln *C–L* 5 so *fehlt G* möchtiglich *C* mechtigklich *EHI* yetzt *CHIL* 7/8 bekent *L* 8 warde *H* warte *I* 9 gedencke *BEHI* 10 bürger *B* söne *D* süne *HIKL* 11 vätter *CKL* 12 wöllen *CHIKL* wöllichs *C* also, wie volget *HI* 13 vierdt *C* 14 für *CHIKL* unschuldigen *CGHI* 15 füret *CFGKL* fürt *HI* sollichen *C* sein *HIL* 16 Gott *L* fürtregt *CDHIKL* Ebraischen *C* 17 könd *HI* künde *L* lateynisch *C* latein *HI* Latinisch *K* 18 vom *A* ding *FGL* bewüst *CHI* bewist *L* 19 im genanten *K* 20 Königkreich *HI* 21 wölliches *C* teütschen *CHIK* 22 es *fehlt E* 23 für *HIK* vor *L* nit *D* 24 nicht *K* 25 entpfinden *C* fülen *DEHIKL* dennocht *CL* dannocht *HI* S. Paulus *HI* 26 bewüst *CHIL* 28 dennocht *CL* dannocht *HI* vor *CL* für *HIK* Genesis *HI* 29 für *CHIKL* 30 gefürt *CEFGHIKL* wurden *HIL* zweiffel *DFGHIKL* leüt *L* darunter *G*

wie Daniel mit seinen gesellen. Die selbigen waren unschuldig, das ist, sie hatten kein gewissen und waren keins bösen stücks yhn bewust, Aber musten gleichwol mit. Denn 'Gott richtet' sie, wie S. Paulus spricht. Denn Gott auch selbst bekennet Jere. xxv., das sie solchen kilch zu trincken nicht verdienet Jer. 25, 29 hetten. Nenne es nu Unschuld odder unwissenheit odder frey gewissen odder wie yederman wil, wenn der synn da ist, mag man mit dem wort gedult haben. Ich acht, wir deudschen reden also am besten: Ein gebet fur die unschuldigen.

¶ Der erst vers.

HERR, ich hab dein gerücht gehort und furchte mich. 3, 2

Er hebt das gebet an mit lob und danck, wie denn ein gut gebet thun sol; denn er zelet daher viel grosser wunder, die Gott den vetern beweiset hat, und spricht: Ich habe viel von dir hören sagen. Denn unser veter habens uns gesagt und ynn schrifften hinder sich gelassen, wie der .xliij. Psalm auch Ps. 44, 2 thut und spricht: 'Gott, wir habens mit unsern oren gehort, unser veter habens uns gesagt' etc. Solch dein gerücht und predigen von dir macht, das ich mich furchte, das ist: ich halte viel von dir, schewe und furchte dich und verachte dich nicht, wie die gottlosen thun, die nichts von dir hören noch wissen odder mit unglauben hören und lassens faren.

Denn du machst dein werck lebendig mitten ynn den jaren, 3, 2 Und lest es kund werden mitten ynn den jaren; wenn trübsal da ist, so denckestu der barmhertzickeit.

Das ist das gerücht, das do macht, das man dich furchte und viel von dir halte. Denn man sagt von dir, die historien zeigens auch, das du ein solcher wünderlicher Gott bist, der mitten ynn der not helffe; du lessest fincken und hebest auff. Du lessest zubrechen, wenn du bawen wilt, und tödtest, 1. Sam. 2, 6 ff. wenn du das leben gibst. Thust nicht wie die welt, die flux ym anfang dem unfal weret odder bleibt gar drynnen sticken. Du aber lesst uns mitten hinein faren und zeuchst uns dennoch eraus. Christus königreich wiltu uns geben und lesst uns gen Babylon mitten ynn das dienstloch treiben, noch lessestu uns nicht drynnen. So thustu ynn allen deinen wercken. Es ist deine

---

1 unschüldig *E* 2 hätten *C* stücks *D* bewüst *HIL* müsten *K* 3 Sanct *D* sant *L* 4 selbs *HI* Jeremie. *D* Hiere. *HI* sollichen *C* keich *BCHIKL* 6 yderman *BK* 7 teutschen *CHIK* für *CHIKL* 10 gerucht *K* gehört *BCDHIKL* und ich furchte *G* fürchte *CHI* förchte *L* 12 vättern *CKL* 13 hab *CL* vätter *CKL* 14 gesaget *C* hinter *G* 15 gehöret *CL* gehört *FGHIK* vätter *CKL* 16 gesaget *C* Sollich *C* Sölch *HI* geruchț *BK* 17 fürchte *CHI* förchte *L* halt *C* scheuhe *HI* fürchte *CHIK* förchte *L* 21 last *L* 22 gedenckstu *HI* barmhertzigkait *CDHIK* 23 geruchț *K* da *CHIK* fürchte *CHIK* förchte *L* 24 saget *L* 25 wunderlicher *CHIKL* lassest *L* 26 lassest *L* zerbrechst *L* 28 stecken *BCHIKL* last *L* 29 dennocht *CL* dannocht *HI* 29 herauß *CHIL* wilt du *C* 30 last *L* 31 lassestu *CL* thüst du *C* dein *CFG*

weise, so singt, horet und saget man von dir, das du furwar ein Gott bist, der zu furchten und zu ehren ist mit hohem lobe ynn solchen wercken.

Der text ist hie finster, das ist seer Ebreisch, darumb haben viel drynnen gestrauchelt. 'Das werck lebendig machen' ist nicht anders denn helffen yna der not; denn wer ynn nötten stickt, der ist schier gleich wie ym tod. Und wenn yhm geholffen wird, so ist yhm, als sey er lebendig und new geborn worden. 'Mitten ynn den jaren' ist eben so viel als zu rechter zeit, das Gott nicht bald kompt, wenn die not ansehet, als sey ein igliche zeit anzufahen. Die hulffe bleibt auch nicht ewiglich aussen, als alle zeit aus sey zu helffen, sondern mitten ynn der zeit, das ist: Er weis das mittel wol zu treffen, das er nicht zu bald noch zu lange hilfft. Denn wo er zu bald hulffe, lerneten wir nicht an uns verzweifeln und blieben vermessen. Hulffe er zu langsam, so lerneten wir nicht gleuben und wurden an yhm verzweiffeln. Aber nu er gleichs mittel trifft, behelt er uns auch ym mittel. Und auff Ebreisch heist es nicht also: 'mitten ynn den jaren', als sey etwas der anfang und etwas das ende, sondern: Intra vel inter annos ibest suo tempore, das ist, unter den jaren odder unter der zeit trifft er die stunde, wenn er helffen sol; gleich wie ich sage: Die sonne ist unter den sternen nicht gleich ym mittel der sterne, sondern unter ander sterne auch gemenget, also ist das helffestündlin auch mitten ynn den jaren, das ist unter den jaren odder unter der zeit, das er nicht alle jar lest ans ende komen und ewiglich verlasse, bis das keine jare mehr sind. Er spricht aber 'unter den jaren', nicht 'unter den tagen'; das macht, er redet aus dem hertzen der jenigen, so ynn der not sind. Den selbigen ist ein tag ein jar lang, ja alle zeit ist yhn lang. Auch darumb, denn das jar ist das lengste mas der zeit, weil ynn eim jar alle mal die welt widder new und alt wird durch den sommer und winter, und ymer widder an ein ander jar. Das man durch die jare die lenge der zeit verstehen sol also: Herr du hilffest unter den jaren, das ist: ynn der lenge, wenns uns seer lange zeit dunckt, so kompstu unter der selbigen lenge. Und das er von vielen jaren redet, thut er darumb, denn er von vielen wundern und wercken Gottes redet, der ein iglichs zu seiner zeit und ynn seinem jar geschehen ist, das der jare so viel sind als der werck. Und er sich ymer also helt ynn seinem werck, das er komet unter jares not, das ist ynn der lenge der not.

---

1 höret *BCFGHIKL* hört *D* sagt *BD* fürwar *CHIKL* 2 fürchten *CHIK* förchte *L* lob *B* 3 Ebraisch *C* 5 steckt *CKL* 6 neüw *L* geporen *B* geboren *C* 8 nit *EK* annfahet *CHIL* yegkliche *CHIL* 9 hülffe *BCDFGK* hilffe *HI* bleybet *C* ewigklich *HI* 10 waißt *CL* 11 nit *CL* lang *HI* hilf *C* hülffe *KL* 12 Hülffe *BKL* Hülff *D* 13 lerneten *E* glauben *CHIL* würden *BD* 14 gleich das mittel *B* 16 end *L* 17 der *fehlt E* 18 Sunne *HI* 19 andere *L* helffe stündtlein *CHI* helffenstündlin *E* halb stündlin *L* 21 laßt *L* ewigklich *HI* iar *L* 23 redt *C* seyndt *C* 24 jnen *HI* 25 Jare (2.) *HI* 26 wedder *K* neüw *KL* Summer *CHI* 28 Herre *B* 29 kumpst du *C* kömpstu *D* kumbstu *HI* 31 yegklichs *CHIL*

Lebendig machen und kund werden ist fast ein ding; on das lebendig machen ist das wunder und die hülffe thun, kund werden ist, das mans auch fulet und freude davon hat. Und 'wenn trübsal da ist', das laut also ym Ebreischen: 'In turbatione', das ist, auch mitten ynn der not, wenn der strick am hertisten helt[1], das das zittern und zagen am grosten ist, 'als denn', spricht er, 'denckstu an barmhertzickeit', das du helffest. Wer nu wil selig werden, der mus dich so lernen kennen. Den gleubigen ists tröstlich, aber den gottlosen untreglich.

¶ Der ander vers.

Got kam vom mittage, 3, 3
Und der heilige vom gebirge Paran. Sela.

Hie fehet er an, die alten wunderwerck nach einander her zu malen, wie auff eine taffel odder tuch, von stück zu stück. Das erst ist: Da er das volck aus Egypten durch die wüsten furet yns land Canaan. Paran ist das gebirge, das vom mittage werds stösst ans land Canaan. Da nu Gott mit dem volck Israel daherein brach, kam er gleich vom mittage zu den Cananitern und schlug sie. Nu war das wol so gros wunder, das Israel solte aus Egypten durch so viel völcker und wüsten zihen und so viel völcker austreiben, als das sie aus Babylon erlöset wurden. Dennoch geschachs, da das stündlin kam. Das Gott ynn der schrifft der Heilige heisse, solt man schier gewonet sein. Denn wo er ist, da heiliget er durch seinen geist. Was auch Sela heisse, ist anderswo gnugsam gesagt, sonderlich ynn dem .lxvij. Psalm[2].

¶ Der dritte vers.

Seines lobes war der hymel vol, 3, 3
Und seiner ehre war die erde vol.

Das ist, mit solchem werck macht er, das man von yhm sagte an allen orten ynn landen unter dem hymel. Und ist hie aber mal eine Ebreische finsternis, die laut also: Sein lob bedeckt den hymel. Nicht oben auff sondern unden. Denn der Psalter heist das auch den hymel bedeckt, wenn wolcken dran sind. Wil nu Habacuc: Es erschol gotts lob so dicke unter dem hymel an allen orten, wenn es wolcken odder nebel gewesen weren, sie hetten den

2 hylffe *C* thon *C* 3 pfindet *C* fület *HIK* empfindet *L* freud *L* 4 Hebreische *L* 5 hertiesten *CHIL* grösten *B—L* 6 denckst du *C* denckestu *E* gedenckstu *HI* barmhertzigkait *HIKL* nun *CHIL* 7 glaubigen *CHI* tröstlick *I* 8 unträglich *C* 10 von *CEHIL* 11 gebürge *C* gepirge *K* 12 fahet *C* 12/13 zümalen zelen wie *C* 13 ein *L* stuck *beidemal CL* Da] Das *KL* das] da *K* 14 füret *CDFGHIKL* 15 gepirge *B* gebürge *C* gebirg *L* von *CHI* mittag *L* stost *CL* nun *CHIL* 16 Ysrahel *C* von *HI* 17 Nun *CHI* so ein groß *HI* 18 ziehen *CHIKL* 19 Dannocht *HI* Dennocht *L* stündlein *HI* stündli *C* 20 gschrifft *C* 21 wa *C* 22 anderswo *B* annders wa *C* sunderlick *I* ynn dem] im *HI* 23 dritt *HI* 24 lobs *L* 25 ehere *C* 26 sollichem *C* sagt *D* 27 ein *L* 29 unten *HI* 30 seind *L* Weyl *C* nun *CHIL* erschal *L* dick *L*

[1]) *vgl. Wander Bd. 4, Sp. 94, N. 38.* [2]) *vgl. Unsere Ausgabe 8, 35, 20 ff.*

hymel zu gedeckt; wilchs heissen wir den hymel vol sein underwerds. Und
2 Mose 9, 16 ist eben das Mose zu Pharao sagt Exo. ix. 'Ich habe dich erweckt, das ich meine macht an dir beweise, auff das mein name verkündigt werde ynn allen landen'. So hat auch die Ebreische weise, vom hymel also zu reden, das sie viel hymel macht. Denn eim iglichen land, so weit es sein teil hymels sihet, heisst es desselbigen landes hymel. Da her wir ym Vater unser sagen: der du bist ynn den hymeln, das ist ynn allen hymeln, so weit die welt ist. Also war Gotts lob ynn den hymeln, die uber den selbigen lendern waren. Und ynn wilchem hymel sein lob war, ynn des selbigen lande war auch seine ehre.

¶ Der vierde vers.

3, 4 Sein glantz war wie liecht, glentzen giengen von seinen henden. Da selbst war heymlich seine macht.

Daher kams, das seins lobs hymel und erden vol war. Denn seine macht, das ist sein reich, war wol heimlich ynn dem volck Israel. Denn niemand sahe yhn. Aber do er so wunderte, waren solche werck wie liecht, die seine gegenwertickeit anzeigten, und giengen von yhm aus wie glentze von der sonnen ynn der wolcken und wie strelen von seinen henden, das ist von seiner stercke, die er beweisete. Denn ob wol die sonne verborgen ist unter den wolcken, dennoch merckt man an dem liecht, wo sie ist. Also giengen diese glentze nicht vom angesicht des Herrn — Er war da verborgen — sondern von seinen henden, das ist, an den wercken kand man, das er da war. Davon ward denn gesagt, das hymel und erden vol ward seines lobs. Solche
2. Mose 34(30). 29 ff. glentze nennet die Ebreische zungen 'horner'. Exo. xxxiiij. hatte Mose horner, das ist glentze ynn seim andlitz.

¶ Der funfft vers.

3, 5 Fur yhm her gieng pestilentz.
Und plage gieng aus zu seinen fussen.

Das ist der glentzen einer von seinen henden, da er Egypten land schlug,
2. Mose 12. 27 ff. das ynn einer nacht alle erste geburt tod waren. Das war Passa domini, sein gang; solche fusstappen macht er da; wo er hin trat, da 'fur pestilentz aus zu seinen fussen'.

---

1 wölichs *C* underwerts *B* vnterwerds *HI* 2 hab *L* 4 Hebreische *L* 5 iglichen *B* yeglichenn *CHIL* 6 dasselbigen *FG* lands *L* 7/8 so *bis* hymeln *fehlt E* 8 Gottes *HI* über *KL* ländern *C* lender *D* 9 wölichem *C* 10 seyn *CL* 11 vierd *L* 14 seines *CHI* sein *GHIL* 15 Ysrahel *C* 17 gegenwertigkait *CHIK* 18 Sunnen *HI* der] die *HI* stralen *C* strålen *K* strele *L* 19 Sunne *HI* 20 dannocht *HI* dennocht *L* wa *C* 21 Herren *BHIL* 22 kannt *CHI* 23 vol war *HI* seyns *L* Solliche *C* Sölche *HI* 24 Hebreische *L* hörner *BCHIKL* Exodi. *C* hörner *BCEHIKL* 25 antlütz *C* 26 fünffte *CHIK* fünfft *L* 27 Vor *CL* Für *HIK* 28 füssen *CDFGHIKL* 29 schluge *HI* 31 füßstapffen *CHIKL* füsstappen *G* wa *C* für *HI* 32 vß *L* zu *fehlt E* füssenn *CDFGHIKL*

¶ Der .vj. vers.

Er stund und mas das land. Er schawet und zu trennet die 3, 6 heiden, das der welt berge zu schmettert worden und sich bucken musten die hügel ynn der welt, da er gieng ynn der welt.

Ein ander glantz: da er am roten meer ynn der welt gieng, da stund er zwisschen Israel und den Egyptern und mas das land also abe, das die Egypter nicht weiter kundten, denn er yhn abgemessen hatte. Dazu auff den 2. Mose 14, 20 morgen schawet er sie an und zutrennet sie also, das yhr ordnung nicht allein zutrennet ward, sondern das auch die grossen fursten, die wie berge sind ynn der welt, mit einem anblick ym meer ersoffen und zuschmettert worden, und musten also sich bucken und gedemütigt fur yhm werden die stoltzen hügel, die grossen hansen, die welt hügel, da er so einen wüsten spaciergang unter yhn thet auff erden.

¶ Der .vij. vers.

Ich sahe der Moren hütten ynn mühe 3, 7
Und der Midianiter gezelte betrübt.

Das war ein stück seines lobs unter dem hymel, das sich fur solchen glentzen so grosse lender umbher furchten und entsetzen. Etlich wollen hie nicht 'der Moren hütten' haben, sondern weil Chusan hie stehet, sol es der könig zu Mesopotamien sein, Chusan Riseathaim, Jud. ij.; die las ich faren. Richt. 3[,10], 8 Es reymet sich ynn die ordnung nicht, so weis man wol, das ym Ebreischen Chus und Chusan mag ein ding sein. Ist umb ein N zuthun. So singet auch Mose ynn seim lobsang Exo. xv., das sich alle umb ligende lender gefurcht 2. Mose 15, 14 f. haben, da sie solch werck höreten; das ist, das er sagt: Ich sahe, (das ist, einer hette da gesehen) wie die Moren am roten meer, der Egypter nachbar, sich furchten, ynn mühe, schmertzen und angst waren. Desselbigen gleichen yhr ander nachbarn auff der ander seiten des meers, die Midianiter auch, alle erschrocken sie fur dem Gott Israel, der also mit Pharao umbgieng.

---

1 sechst *BCL* sechste *HI* 2 schauwet *L* zerthrennet *C* zurtrennet *L* 3 zerschmettert *L* wurden *HIL* 4 bühel *HIL* 6 Ysrahel *C* ab *L* 7 nit *CD* hette *C* Darzu *HI* 8 schauwet *L* zurtrennet *BL* zerthrennet *C* alleine *K* 9 zurtrennet *BL* zerthrennet *C* Fürstenn *CDHIKL* seynd *C* 10 anplick *C* anblinck *HI* zerschmettert *CL* wurden *HIL* 11 vor *CL* für *HIK* bühel *HIL* 12 bühel *HIL* wyesten *C* 13 thât *C* 14 stbend *B* sybendt *C* sybend *L* 15 mûh *L* 16 getzelt *C* 17 stuck *CL* vor *CL* für *HIK* sollichen *C* sölchem *E* 18 grossen *C* fürchten *CEHIK* förchten *L* wöllen *CL* wöllen *HI* 19 nit *CL* steet *L* 20 Mesopotanien *B* Judith *C* 21 rimet *L* wayst *C* Hebreischen *L* 22 züthon *C* 23 lobgesang *HIL* Exodi am xv. capitel *K* gefürcht *CHI* geförcht *L* 24 sollich *C* dz ist, dz *D* 25 het *C* gsehen *C* nachbarn *HIL* 26 fürchten *C* forchten *HIL* mûh *L* 27 nachbauren *L* andern *CL* 28 erschracken *CHIL* vor *CL* für *HIK* Ysrahel *CD*

¶ Der acht und neunde vers.

3, 8 Warestu nicht zornig, HERR, ynn der flut und dein grym
ynn den wassern und dein zorn ym meer, Da du auff deinen
rossen rittest und deine wagen das heyl waren.

Dieser vers mag auff ja weise und auff nein weise verstanden werden.
Aber mir gefelt die nein weise am besten, nach der Ebreischen zungen zu reden,
das die meinunge sey diese: Der Prophet, nach dem er etliche wunder erzelet
hat, macht er eine frolockung zu Gott und lieberedet mit yhm und spricht:
Ich meine ja, das heisse barmhertzig und nicht zornig gewest, da du ynn der
flut des meers und seines wassers auff deinen rossen rittest und auff deinen
wagen furest, das ist auff den rossen und wagen Israel. Denn du warest
da und furtest sie hindurch, das eitel heil und sieg da war. Da kund man
ja keinen grym noch zorn spůren, den du hettest gehabt. Wem aber die ja
weise gefelt, wie sie da stehet verdolmetscht, der mus den zorn und grym auff
die Egypter deuten, die er schlug, auff das er sein volck errettet. Es sol aber
niemand zweifeln, das die kinder Israel haben ros und wagen gehabt; denn
2. Mose 13 [so], 18 sie zogen geharnscht aus, spricht Mose Exo. xv., wie ein heer, das ynn krieg sol.

¶ Der zehende vers.

3, 9 Du erweckest deinen bogen, wie du geschworen hattest den
stemmen. Sela.

Ps. 78, 9 Durch den bogen meinet er den gantzen streitgezeug, wie Psal. lxxvij. die
1. Mose 49, 24 kinder Ephraim, die den bogen solten furen. Nu hatte Gott Gen. xlix. durch
den ertzvater Jacob geredt, das der boge Ephraim sollte feste sein etc. Das
heist hie Habacuc den stemmen Israel geschworn. Und dieser vers zeigt aber
der glentzen einen an, da Got sich bey lies mercken. Und mag sein die schlacht,
2. Mose 17, 13 die Josua thet an den Amalekiten Exo. xvij. odder an dem könige Harad Nume.
4. Mose 21, 1 ff.
4. Mose 31, 3 ff. xxi. odder an den Midianiten und Moabiten Nu. xxxi. odder an dem könige
4. Mose 21, 21 ff. Sihon und Og odder an allen sampt. Denn er wil sagen, wie Gott yhren
bogen erweckt und gesterckt habe, das sie ym streit glückselig sind gewest.

---

1 und neunde *fehlt CFGHIKL* 2 Warest du *C* 4 wägen *CHIK* hy *E* 6 Ebraischen *C* Hebreischen *L* 7 meynung *KL* 8 ein *HIL* liebredet *KL* 9 mein *L* 10 meeres *L* 11 wägen *K* fůrest *CHI* wägen *C* 12 fůrtest *HI* 13 zoren *C* 13/14 die weise ia gefelt *B* 14 steht *E* stet *L* zoren *C* 16 nieman *L* Israhel *CD* 17 zugen *CHI* geharnischt *HIK* geharnst *L* Exodi am .15. *HI* 18 zehent *CL* 19 erweckest *HIL* geschworn *L* hättest *C* 21 wie am 77. Psalm *HI* Psalmo. *K* 22 füren *CDEHIKL* hette *C* hat *L* 24 geschworen *BCHI* zeyg *HI* 26 Amalekitern *L* Exodi am 17. *HI* Exodi am sybenzehenden *K* künig *L* 26/27 Numeri am eyn und zwentzigsten *K* 27 Midianitern *L* Moabitern *L* Numeri am eyn und dreyssigsten *K* an] auch *HI* künig *L* 28 Syon *C* yhren *fehlt HI* 29 hab *L* glückselick *E*

Und teyletest die strome ynn land. 3, 9

Das ist auch ein glantz, da er wasser aus den felsen gab, das sie ynn der wüsten flossen zu teylet, das beyde leute und vihe trincken kunden. 4. Mose 20, 11

¶ Der eylffte vers.

Die berge sahen dich und yhn ward bange. Der wasser 3. 10
strom fur dahin. Die tieffe lies sich hören. Die höhe hub die
hende auff.

Da fasset er auff einen hauffen die werg glentze, da die kinder Israel durch den Jordan giengen. Denn da ward den bergen bange, das ist den grossen herrn ym land Canaan odder dem lande, das gantz bergicht ist, mit den leuten drynnen, wie Moses auch spricht Exo. xv. 'Da erschracken die fursten 2. Mose 15, 15 Edom, den mechtigen ynn Moab ward bange, und erstarreten alle einwoner Canaan'. Zu der Zeit fur auch der Jordan dahin und ward trocken, Josua Jos. 3, 16 .iij. Item die tieffe lies sich hören und die höhe hub die hende auff, das ist: Es reget und weget sich alles, was tieff und hoch war, fur angst. Es kunden widder die tieffen wasser noch die hohen berge yemand helffen. Es muste alles weichen und raum geben.

¶ Der zwelffte vers.

Sonn und mon stunden ynn yhrer wonunge. 3. 11

Das ist: sie stunden still widder yhr natur und gewonheit und dieneten Josua ym streit, Josua .x. Jos. 10, 13

Deine pfeile furen mit glintzen dahin und deine spere mit 3. 11
blicken des blitzes.

Das ist die geschicht, da Gott mit eim grossen wetter und hagel bey Asera die heiden erschlug. Josua x. Denn die schrifft nennet die hagel und Jos. 10, 11 blitzen Gottes pfeil und spere, wie Psal. xvij. 'Er schos seine pfeile und er- Ps. 18, 15 schreckt sie am berge Sinai'. Auch mocht man wol pfeil und spere hie nennen, wie es laut, und verstehen den streit, den Josua furet gegen die stedte Maceda, Libna, Lachis, Eglon, Hebron, Dabir, Josua .x. Denn die wurden so leicht Jos. 10, 24 ff. eine nach der andern gewonnen, das man muste wol sagen, der Israelischen

---

1 teyltest *L* 2 gabe *C* 3 zerteylet *L* leut *L* viech *L* künden *D* 4 aufft *CL* 8 ein *L* werck *BCEHIKL* Israhel *C* 9 warde *C* 10 herren *BCHI* gätze *FG* bürgisch *C* bergericht *K* 11 Exodi. am .15. *HI* fürsten *CDEHIKL* 12 mächtigen *C* 13 für *HI* trucken *CHI* 13/14 Josua am dritten *K* 14 hend *L* 15 vor *CL* für *HIK* 16 weder *CHIKL* tieffe *L* berg *L* 17 müst *L* 18 zwölfft *C* zwölffte *EK* zwelfft *L* 19 Sunn *HI* mond stund *B* 21 Josua am x. Cap. *L* 22 glentzen *CHI* glitzen *L* sperd *E* 25 Josua am zehenden *K* gschrifft *C* 26 pfeille *G* sper *L* sperr *E* schloß *I* pfeyl *L* 26/27 erschrecket *C* 27 möcht *BEHIL* pfeyle *E* sperre *B* 28 versteen *L* füret *CEFGHIL* 29 Josua am zehenden *K* worde *E* 30 müste *B*

pfeile und spiese weren Gottes, und er schösse und steche so mechtig damit. Er spricht aber: 'sie blicken und glentzen'. Denn so thun die waffen ym streit, das sie blicken und glentzen, wilchs sie ynn der scheiden nicht thun; und diese auslegunge gefelt mir am besten.

Der .xiij. vers.

3, 12 Du zutrattest das land ym zorn
Und zu drosschest die heiden ym grym.

Das geschach, da Josua die ubrigen könige schlug bey dem wasser Merom,
Jos. 11, 7 Josua .xi.

Der .xiiij. vers.

3, 13 Du zogest aus, dem volck zu helffen,
zu helffen deinen gesalbeten.

Das geschach zur zeit Samuel, Saul, David; wenn sie ynn streit zogen, da halff yhn Gott allewege, wie das erst und ander buch der könige zeigen.

3, 13 Du zuschmissest das heubt ym hause der gottlosen und entblössest die grundfest bis an den hals. Sela.

Diese heubter und grundfeste sind die könige ynn den umbligenden lendern als Edom, Ammon, Syria, Philistim, wilche David uberwand und warff sie unter sich. Denn das heist 'das heubt zu schmissen', das ist das königreich eingenomen, das sie kein heubt noch eigen könige mehr hatten, sondern David unterthan waren. Eben dasselbige ists, das er die grundfest, das ist die selbigen könige und fursten, blos macht, das ist abthet bis an den hals, das der strump und der leib bleib gleichwol und ward David unterthenig. Denn ein könig ist das heubt und grund ynn eim reich. Das volck und land sind die strümpff und leib. So ferne her hat er mit danckſagunge gemalet und erzelet die glentzen göttlicher hende, davon seins lobs hymel und erden vol ward, das volck zu trösten. Nu fehet er an zu bitten widder den könig zu Babylon.

---

1 pfeyle spiesse vñ *E* werden *I* schosse *C* schüsse *L* mächtig *C* 4 außlegung *L* 6 zurtrattest *CL* zůtrattest *HI* 7 zurdraschest *C* zůdroschest *HI* zerdraschest *L* ym] mit *HI* 8 übrige *K* übrigen *L* künig (' künig *E* 9 Josua am eylfften *K* x *B* 11 zögest *E* zugest *HI* beim *K* zůhelffen *HI* 12 zůhelffen *HI* gesalbten *HI* 13 zugen *HI* 14 jnen *HI* allwegen *HI* allwege *KL* künig *L* anzaygen *HI* 15 zerschmissest *C* zurschmissest *L* haupt *CHIL* heupt *D* hauße *E* 15/16 entplössest *HI* 16 grundfeste *B* 17 heupter *CL* haubter *HI* seind *C* konige *D* 17/18 ländern *C* 18 wölliche *C* überwand *KL* 19 dz heyst dz *D* haupt *CHIKL* zurschmissen *C* zů schmeissen *K* zerschmyssen *L* dz ist dz *D* 20 haupt *CHIKL* eygenen *L* künig *CL* künigreych *K* hatte *B* wären *C* 22 künigen *HI* künig *L* fürsten *CEKL* strumpf *CHKL* stumpff *I* 23 underthenig *HI* underthänig *L* 24 haupt *CHIKL* heupt *D* strumpff *CD* stümpff *I* 25 ferr *L* dancksagung *L* erzelt *C* 26 glentze *E* hend *L* seines *C* lobes *K* erd *L* 27 Nun *CHI* fahet *C* bittern *FG*

Der .xv. vers.

Du woltest fluchen seinem zepter mit dem heubt seiner 3, 14
flecken, die wie ein wetter komen, mich zustrawen. Und frewen sich, als fressen sie den elenden verborgen.

Das ist: dem königreich zu Babylon woltestu nicht günstig sondern ungnedig sein sampt dem heubt seiner flecken, das ist der stad Babylon, die das heubt ist unter allen seinen stedten. Und zwar ander könige und heiden haben uns auch wol geplagt, doch ym lande gelassen. Aber die Babylonier komen wie ein wetter und zurstrewen uns aus dem lande. Und haben daran nicht gnug, sondern spotten unser und sind frölich uber unserm unglück, als fressen sie den elenden heimlich, das ist, als sey kein richter da und solle ungerochen bleiben. Denn das heist er 'heymlich fressen', wenn sie meinen, Gott sehe es nicht odder achte es nicht fur unrecht, das kein geschrey noch recht drüber gehen werde.

Der .xvj. vers.

Deine pferde gehen ym meer, 3, 15
ym schlam grosser wasser.

Das ist: unser reissig zeug und heer, das zuvor eytel heyl und sieg hatte, zoch allenthalben einher mit gewalt, als flöge es ynn der lufft, da du uns halffest; nu aber du uns verlessest, gehets ym schlam und tieffen wasser, das ist ynn jamer und not, und kan nichts mehr.

Der .xvij. vers. 3, 16

Weil ich solchs höre, ist mein bauch betrübt,
meine lippen zittern von dem geschrey.

Das ist: Ich esse und trincke itzt nicht, das mein bauch frölich werde, sondern faste und trage leyde; so singe ich auch nicht, wie sichs gibt zur frölichen zeit, da man isset, trincket und singet, sondern meine lippen zittern fur lachen und singen, das ich solchen jamer höre.

Eyter gehet ynn meine gebeine. 3, 16

Das ist: mein marck und gebeine verschmachten. Denn dis sind alles Ebreische weise zu reden, Das ein frölich hertz macht die beine fett, Ein betrübt odder neidisch hertz macht die beine eytern. Und ist so viel gesagt:

---

2 wöllest *L* scepter *L* haupt *CHIL* 3 züstrāwen *C* zurstrewen *HI* zerstrewen *L* frāwen *C* frewen *L* 4 den] die *K* unverborgen *E* 5 woltest du *CE* wölltestu *L* gunstig *I* 5/6 ungenedig *I* 6 haupt *CHIL* 7 haupt *CHIL* 8 landt *CL* 9 zerstrāwen *C* zerstrewt *L* land *L* 10 über *KL* 13 für *CHIKL* 14 druber *HI* geen *L* werd *L* 19 häte *C* fluge *CHI* flüge *L* der] dem *L* lüfft *C* 20 unn *CHI* verlassest *CL* 22 sybentzehent *C* 23 sollichs *CK* lüppen *C* lepffen *HI* lefftzen *KL* 25 yetz *C* yetzt *HIKL* 26 trag *L* layd *HI* 26/27 fröllichen *B–L* 27 lüppen *C* lepffen *HI* leffitzen *L* für *CHIKL* 28 sollichen *C* 29 gebayne *C* 30 gebayne *C* gebeyn *L* seynd *C* 31 bayne *C* feißt *L* 32 bayne *C*

Frölicher mut ist halber leib, Betrübter mut macht auch die beine schwach; wie das alles die erfarunge gibt, wie folget:

3, 16 Denn ich bin betrübt bey mir.

Das ist, wie ich sagt: mein betrübnis macht mir solches ym bauch, lippen und beinen.

3, 16 O das ich möchte rugen zur zeit des trübsals,
Da wir hinauff zihen zum volck, das uns bestreitet.

Das ist: Ich wolt, ich were tod und rugete ym grabe, denn das ich hören sol das elende, das wir aus dem lande müssen ynn unser feinde land, die uns mit streit weg furen. Denn es wird ubel stehen ym lande, wie folget:

¶ Der .xviij. vers.

3, 17 Denn der feigenbawm wird nicht grunen, Und wird kein gewechs sein an dem weinstock. Die erbeit am ölebawm feylet, Und die ecker bringen keine narunge, Und schafe werden aus den hürden gerissen, Und werden keine rinder ynn den stellen sein.

Das ist: weil das volck weg gefurt ist, so ist das land wüste und ist kein rechter ackerbaw noch viehzucht, und stehet alles erbermlich. Wie Esaia
Jes. 5, 5ff. .v. auch sagt, das land solte wol feyl werden, weil so wenig leute solten drynnen
3. Mose 26, 34 bleiben; wie auch Mose schreibt ym dritten buche, das das land solle seine sabbath haben, wenn sie draus vertrieben sein wurden.

¶ Der .xix. vers.

3, 18 Aber ich wil mich frewen des HERRN
Und frölich sein ynn Gott, meinem heil.

Das ist: ynn aller solcher not und angst ist das mein trost, das Gott uns noch widder helffen wird. Denn die gesicht der Propheten sind noch nicht aus. Christus wird noch komen, da wollen wir denn widderumb frölich sein.

¶ Der .xx. vers.

3, 19 Denn der HERR ist meine krafft und wird meine fusse machen wie hirsfusse und wird mich ynn der höhe furen: Hoch singend auff meinem seyten spiel.

1 payne *C* bein *L* 2 erfarung *EL* volget *I* 4 betrübtniß *CHIL* betrübnüs *K* sollichs *C* 5 lüppen *C* lepffen *HI* leffzen *L* paynen *C* 6 möcht *C* rüwen *CL* 7 Da] Das *B* ziehen *BCHIKL* 8 wölt *HI* rüwete *CL* 9 feynd *C* 10 wegk *HI* füren *CDFGHIKL* übel *KL* 11 De *B* achtzehendt *C* 12 grunen *A* gronen *C* grünen *K* 13 gewächß *C* arbayt *CHIL* ölpaum *C* ölbaum *HI* faulet *HI* fälet *KL* 14 äcker *CHIL* narüg *HI* schaff *L* 15 hyrten *HI* hurden *K* ställen *C* 16 volck] werck *I* wegk *HI* gefürtt *CFGHIL* wyeste *C* 17 ackerpaw *C* viechzucht *E* vihezucht *HI* erbärmlich *C* erbermblich *HI* 17/18 Esaia am .5. *HI* Esaias am fünfften Capitel *K* 18 wolfeyl *HI* leut *L* 19 büch *L* dan das *B* soll *L* seyn *C* 20 worden *BI* sind worden *L* 21 neünzehendt *C* 22 frewen *K* Herren *HIL* 24 sollicher *C* 25 feyndt *C* 26 würdt *C* wöllen *BCHIKL* 27 zwaynzigst *C* 28 mein *BL* füsse *CDFGHIK* füß *L* 29 hyrßfüsse *CDHIK* hirßfüß *L* höche *C* fürenn *CDHIKL*

Der vers ist aus dem Psalter genomen. Denn so spricht David auch Psal. xvij. 'Der Herr macht meine fusse wie hirsfusse und furet mich ynn der Ps. 18, 34
höhe'. Das ist alles so viel gesagt: Der Herr ist noch mein Gott und alle meine krafft; des werden wir uns so frewen, das wir lecken und springen werden wie die hirssen; so leicht sollen unser fusse werden, und werden nicht mehr ym schlam waten und kriechen sondern gantz fur freuden ynn der höhe her schweben und fliegen und nichts thun denn frölich singen, spielen und allerley freudenwerck treiben. Das sol geschehen, wenn das Babylonische zepter verflucht und verstöret, wir aber erlöset sind, und Christus mit seim reich komen wird. Amen.

Das ist Habacucs gebet und gesang, zu trost den Jüden gemacht, aber mit seer verbrochenen worten, die uns deudschen ungewonlich sind. Aber wir müssen uns der Ebreischen getickt gewenen. Denn solten sie unser lieder hören, es solte sie wol so seltzam klingen duncken, als uns yhre lieder duncken. Ich hoffe aber, des Propheten meinunge sey getroffen. Des sey Gott gelobt und gedanckt ewiglich.

AMEN.

1/2 auch im sybenzehenden Psalmen *K* 2 Herr *A* machet *L* füsse *CDHIK* füß *L* hirßfüsse *CDHIKL* füret *CFHIKL* 3 höche *C* 5 sö *B* füsse *CDHIK* füß *L* 6 watten *C* vor *CL* für *HIK* höche *C* göhe *D* 7 thon *C* 8 scepter *L* 9 seinem *HI* 11 ists *B* Juden *BCHIL* 12 verbrochnen *C* Teütschen *CHI* seyndt *C* 13 gedicht *CHIK* gewönen *C* 15 meynung *L* 16 ewigklich *CHIK* 17 AMEN.] Amen. Ende des Propheten Habacuc. *K*

Ein Ratschlag,
wie in der christlichen Gemeine eine beständige Ordnung solle vorgenommen werden.
Oder:
Bedenken, wie jetziger Zeit Aufruhr zu stillen wäre.
1526.

Im Jahre 1526 wurde (in wenigstens zwei Ausgaben) eine Schrift Luthers unter dem Titel gedruckt: „Ein Ratschlag, wie in der christlichen Gemeine ein rechter Anfang und beharrliche Endschaft einer beständigen Ordnung solle fürgenommen und aufgerichtet werden". Denselben Inhalt, doch theilweise in anderer Fassung, bietet eine Schrift Luthers, welche zuerst in dem dritten deutschen Bande der Jenaer Ausgabe seiner Werke (1556, Christian Rödinger) gedruckt ist unter dem Titel: „Bedencken Doctor: Martini Lutheri, Wie itziger zeit Auffrhur zu stillen were. M.D.XXV". Zu Anfang dieser Schrift ist am Rande bemerkt: „Diese Schrifft ist in des Herrn Spalatini Bibliotheca funden, vnd, wie sein Handschrifft aus weiset, von im verdeudscht, Aber, wie fichs lefft ansehen, nicht aller ding gantz, sonderlich am Ende". In dem Register desselben Bandes aber ist neben dieser Schrift am Rande notirt: „Gehört ins 26. jar".

Prüfen wir den gemeinsamen Inhalt, so ergiebt sich, daß es sich wesentlich um eine Reformation des geistlichen Standes und vor allem um Abschaffung des mit der Messe getriebenen Mißbrauchs handelt. Motivirt ist diese Forderung durch die Behauptung, daß ohne dies nicht „der gemeine Mann gestillt" und eine Wiederkehr solcher Aufstände, wie der Bauernaufruhr gewesen, verhütet werden könne. Der zweite der angegebenen Titel ist also insofern ungenau, als nicht eigentlich das die Tendenz ist, neue Unruhen zu verhindern. Denn in diesem Falle würden noch viele andere Übelstände als gefahrdrohender Zündstoff namhaft gemacht sein. Vielmehr wird dieses „Bedenken" Luthers zu einer Zeit verfaßt sein, wo man allgemeiner nach Maßregeln zur Verhütung neuer Aufstände fragte. An diese Gedanken anknüpfend brachte Luther seine Forderungen kirchlicher Reformen vor. Wenn darnach dieser „Ratschlag" nicht ein Vorgehen seines Churfürsten in seinem Lande zu bewirken suchen kann, so lehrt der Inhalt weiter, daß es sich um eine Vorstellung bei dem „Reiche" handelt (vgl. unten besonders S. 445, 20). Ist nun dieses Bedenken erst in demselben Jahre 1526, in welchem es gedruckt wurde, auch abgefaßt worden, so wird doch nicht an die Zeit nach dem Reichstage von Speier zu denken sein. Denn nur auf das Wormser Edikt, nicht aber auf den Speierer Reichstagsabschied wird Bezug genommen, und es wird noch ein solches Vorgehen des Reiches für möglich gehalten, wie dieser Reichstag es als unmöglich erwies. So könnte eben für die Verhandlungen auf diesem Reichstage der sächsische Kurfürst eine Meinungsäußerung Luthers über das von den evangelisch gesinnten Ständen zu Fordernde veranlaßt haben. Hatte doch die kaiserliche Instruktion für diesen Reichstag auf die Nothwendigkeit größere Empörungen zu verhüten hingewiesen; brachte doch gleichsam darauf antwortend „der große Ausschuß" am 18. August die alten gravamina der deutschen Nation unter der Form vor, wie „der Unterthanen Empörung zuvorzukommen" sei[1]. Beachtet man ferner, daß Luther in seinem Bedenken vor allem gegen den mit der Messe getriebenen „Jahrmarkt" eifert, von dem „unehrlichen Leben des geistlichen Standes" redet, „gute, fromme Prediger" verlangt und an die Pflicht der Bischöfe zu „visitiren" erinnert, so möchte man eine Wirkung seines Rathschlages in demjenigen Gutachten zu erkennen meinen, welches der „Ausschuß der Acht", in welchem auch Hessen vertreten war, auf dem Reichstage ausarbeitete, da in demselben auch gesagt wurde, alles Geld für Empfang eines Sakramentes und aller Kauf und Verkauf der Messe müsse wegfallen, „wegen der Priester wäre es besser, daß sie in ehelichem Stande wären, denn daß etwan viele der Geistlichen mit Ärgerniß sitzen"; bei der Weihe der Priester sollte auf Alter, Erfahrung und Sitte gesehen werden; in allen Pfarreien müsse wenigstens einmal im Jahre visitirt werden[2].

Doch aber sind diese Beobachtungen nicht so entscheidend, daß man nicht noch eine andere Entstehung dieses Bedenkens Luthers für möglich halten sollte. Vielleicht beruht die Einstellung desselben in der Jenaer Ausgabe unter die Schriften von 1525 nicht gerade auf einem Versehen. Es ist auch denkbar, daß der Rathschlag schon 1525 verfaßt, nur erst 1526 auf dem Speierer Reichstage verwandt, aus diesem Grunde erst 1526 gedruckt worden ist. Der Eingang desselben scheint doch besser zu einer Zeit zu stimmen, da erst vor kurzem der Bauernaufstand mit Gewalt niedergeschlagen war, und es ist doch fraglich, ob Luther, nachdem er durch den Mainzer Rathschlag (s. oben S. 252 ff.) in solchen Zorn versetzt worden war, nachdem man das Gotha-Torgauer und das Magdeburger Bündniß zum Schutze gegen Angriffe der Gegner geschlossen, selbst Wittenberg zu befestigen für nöthig erachtet hatte, noch in einem relativ so ruhigen, friedlichen Tone zu schreiben vermochte. So kann sein Rathschlag vielmehr im Blick auf den für den ersten Oktober 1525 anberaumten, auf den 11. November verschobenen Reichstag zu Augsburg geschrieben sein. Von „Donnerstag nach Michaelis" 1525 an verhandelten Kursachsen und Hessen miteinander über ein gemeinsames Vorgehen der „wohlgesinnten Stände" auf diesem Reichstage, damit „alle böse ärgerliche Unordnung und verführerische beschwerliche Mißbräuche abgeschafft" und alle frommen Christen in ein beständiges christliches Wesen zu allem Guten angerichtet"[3] werden könnten. Auch bei den weiteren Verhandlungen mit den evangelisch gesinnten Ständen wird hervorgehoben, daß „den Dingen ein gleichförmig Wesen gemacht" werden müsse, damit „des gemeinsamen Manns Empörung und Blutvergiessen

[1]) Ranke 6[4], 41 ff. [2]) Zeitschrift für Kirchengeschichte Bd. IX (1888), S. 140 ff., besonders S. 143, 147 f., 157. [3]) Rommel, Philipp der Großmüthige Bd. 3, S. 11 f.

zuvorgekommen"[1] werde. Sollte Luther in dieser Zeit für Spalatin seinen Rathschlag aufgesetzt haben, so würde ein Erfolg desselben in jenem Entwurfe zu sehen sein, welcher, gegen Ende des Jahres 1525 gemacht, ursprünglich für den Reichstag zu Augsburg bestimmt war, aber im Weimarer Archiv unter den Akten von 1526 sich befindet: „Ratschlag was man mit geistlichen Gütern zu gemeinem und des Reichs Nutz furnemen und handeln soll".[2] Hier werden auch die Desiderata Luthers hinsichtlich der Schulen und der geistlichen Güter verwerthet. Die Differenz aber, daß dieser Entwurf vor allem eine Veränderung mit den geistlichen Gütern vorzunehmen für unerläßlich erklärt, Luther dagegen diese Frage nur am Schluß seines Rathschlages in Erwägung zieht, dürfte durch die Form, mit welcher er diesen Gegenstand einführt, erklärlich werden. Denn wenn er schreibt: „Was aber aus Stiften usw. zu machen sei, weiß ich nicht zu raten", so muß ihm eine derartige Frage vorgelegt worden sein. Und wenn er zu Anfang auseinandersetzt, es sei „erstlich an dem geistlichen Stande zu reformiren anzufangen, sonst werde der Stift nicht aus den Herzen des gemeinen Mannes kommen", und wenn er später schreibt, „wenn wir dieses Hauptstück recht geordnet hätten, so wär dem andern allen leichtlich zu raten", so dürfte die an ihn gerichtete Anfrage etwa dahin gelautet haben, ob nicht durch Einziehung und bessere Verwendung der geistlichen Güter eine Wiederkehr von Aufständen zu verhüten sei. Demgegenüber zeigt er, daß es vor allem auf etwas anderes ankomme, und bekennt, daß er wegen der geistlichen Güter nicht bestimmt zu rathen wisse, doch die Frage nach ausreichender Dotation von Universitäten und Schulen für „der höchsten eine" ansehe.

Darnach möchte am wahrscheinlichsten sein, daß dieser „Rathschlag" von Luther im letzten Viertel des Jahres 1525 verfaßt, aber im nächsten Jahre bei der Vorbereitung auf den Speierer Reichstag nochmals hervorgeholt und nunmehr auch gedruckt worden ist. Wir geben ihn unter den Schriften von 1526, weil das Jahr der Anfertigung unsicher bleibt, das Jahr des Drucks dagegen sicher 1526 ist; und fügen ihn an dieser Stelle unseres Bandes ein, weil der sächsische Kurfürst zum Speierer Reichstage, für welchen wahrscheinlich dieses Gutachten bestimmt war, im Juli 1526 abreiste.

Wie aber können die zwei verschiedenen deutschen Gestalten, in welchen derselbe uns überliefert ist, entstanden sein? Nach der Jenaer Ausgabe soll die von dieser gegebene Gestalt eine von Spalatin angefertigte Übersetzung sein. Dann wäre das Bedenken von Luther in lateinischer Sprache abgefaßt, und ein Dritter hätte, um dasselbe drucken zu lassen, es für sich neu ins Deutsche übertragen. Wie aber soll man dann die vielfache wörtliche Übereinstimmung zwischen den beiden Recensionen erklären? Sie ist doch zu groß, als daß man sie für zufällig halten könnte, zumal da auch so signifikante Ausdrücke an den gleichen Stellen sich finden, wie „witzigen", „Unrath", „der Stift", „Kretzmerei", „überhupfen", „Fuchsschwanz" usw. Hat aber der Urheber des einen Textes den anderen vor sich gehabt, so scheint eine Vergleichung der beiden Recensionen dafür zu sprechen, daß der Spalatinsche Text eine Überarbeitung des anderen ist. Freilich würde dann Spalatin nicht den Text erst „übersetzt" haben. Doch als Beweis für diese Annahme führt die Jenaer Ausgabe auch nichts weiteres an, als daß diese deutsche

[1]) Ch. G. Neudecker, Merkwürdige Aktenstücke, Bd. 1, S. 15. [2]) Ch. G. Buder, Nützliche Sammlung verschiedener meistens ungedruckter Schriften (1735), S. 31—37.

Recension in seiner „Handschrift“ vorgelegen habe. So bleibt denkbar, daß er nicht eine Übersetzung lieferte, sondern ein in deutscher Sprache von Luther verfaßtes Bedenken, welches ihm vorlag, für diplomatische Zwecke ein wenig umarbeitete. Ist doch auch nirgends zu spüren, daß ein lateinischer Text übersetzt wurde. Demnach darf man für nicht unmöglich halten, daß der im Jahre 1526 gedruckte deutsche Text von Luther selbst herrührt. Als vielleicht gegen diese Annahme sprechend könnte man wohl nur die Form des Citates 1. Samuelis 2, 30 hervorheben, insofern Luther, soweit wir wissen, niemals sonst geschrieben hat: „Den ehre ich wieder“, sondern stets „den will“ (oder nur „will“) „ich auch“ (oder „wieder“) „ehren“; und auffallenderweise hat Spalatins Text hier: „Den will ich auch ehren“.

Ausgaben.

1. Ein Ratschlag usw.

A „Eyn rat- ‖ schlag wie in ‖ der Christlichen gemey- ‖ ne, ain rechter anfang vnd ‖ beharrliche endtschafft, ey- ‖ ner bestendigen ordnung ‖ solle furgenomen vnnd ‖ auffgericht wer ‖ den. ‖ D. Mar. Lu. ‖“ Mit Titeleinfassung. 4 Blätter in Quart. Letzte Seite leer.

Vorhanden z. B. in der Knaakeschen Sammlung, Aschaffenburg, Berlin, Dresden, Heidelberg, München HSt., Weimar, Wien.

B „Ein radtschlag wie in der Christlich ‖ en gemaine, ain rechter anfang ‖ vnd beharrliche entschafft, ‖ ainer bestendigen or- ‖ dnung solle für- ‖ genommen ‖ vnd auff ‖ gericht ‖ wer ‖ den. ‖ D. Mar. Lu. ‖ M.D. XXVI. ‖“ Darunter, zwischen die Jahreszahl hinaufragend, Vignette: Ein Engel mit zwei Wappen in den Händen, das eine die sächsischen Kurschwerter, das andere den Rautenkranz darstellend. Titelrückseite bedruckt. 4 Blätter in Quart. Letzte Seite leer.

Wohl Druck von Jörg Gastel in Zwickau. Vorhanden z. B. in der Knaakeschen Sammlung, Berlin, Heidelberg, London, München HSt.

Wiederabgedruckt ist diese Schrift in:

„De Mysterijs Saluti- ‖ FERAE PASSIONIS Et ‖ MORTIS IESV MESSIAE: ‖ EXPOSITIONIS HISTORICAE LI ‖ bri tres, Theodori Bibliandri, ministri ‖ Ecclesiae Tigurinae. ‖ Quibus adiuncta est epilogi uice, oratio D. Mar- ‖ tini Lutheri, theologi eximij, de reformanda Ec ‖ clesia, totaq; repub. Christiana, initio facto ‖ à reformanda missa Romana. ‖ BASILEAE PER Io- ‖ annem Oporinum. ‖“ In Quart.

Das Druckjahr läßt sich daraus vermuthen, daß das Werk öfter zusammengebunden ist mit der anderen Schrift Theodor Bibliander's De summa trinitate et fide catholica, welche bei demselben Verleger i. J. 1555 gedruckt worden ist. Vorhanden z. B. in Helmstedt, London, München HSt. Der „Rathschlag“ steht auf Bg. p.

Weiter ist diese Schrift Luthers abgedruckt in Iohan. Wolfii I. C. Lectionum memorabilium et reconditarum Tom. II (Lauingae 1600), S. 287 f.; sodann in der zweiten Auflage der Erlanger Ausgabe, B. 26 S. 1—8, unter dem Text die Abweichungen der anderen Recension („Bedenken“).

2. Bedenken usw.

Abgedruckt in den Gesammtausgaben: Jena Bd. III (Rödinger 1556) Bl. 182ᵇ—183ᵇ (1565, 1611: Bl. 193—195); Wittenberg Bd. IX (Hans Lufft

1557, 1558, 1569, 1590) Bl. 222—224; Altenburg Bd. III S. 337—339; Leipzig Bd. XIX S. 551—553; Walch Bd. XXI Anhang Sp. 152—158. Ferner bei De Wette-Seidemann Bd. 6, S. 72—76.

Von den beiden Drucken des Jahres 1526 giebt sich *B* durch seine Inkorrektheiten als Nachdruck von *A* zu erkennen. Wir geben also *A* wieder und unter diesem Text zuerst die in *A* sich findenden Randbemerkungen, dann die Varianten von *B*, endlich die Wort-Abweichungen des in der Jenaer Ausgabe vorliegenden Textes, des „Bedenkens“. In den aus *B* mitgetheilten Lesarten wurde nur von den bloß orthographischen Abweichungen abgesehen: i für j, Ausfall des Dehnungs-h, Vereinfachung oder Doppelung von Konsonanten. Sonst wäre noch vorauszuschicken, daß *B* u und ů, ü und ů, eu und eü zu sondern bestrebt ist (vergl. aber bisthum, eüsserlich) und das alte ei durchweg als ai schreibt.

Eyn Ratschlag Doctor Martini Luther, Wie man eyn bestendige ordnung inn der Christenliche gemeine anfahen und volenden soll. 1526.

DJeweil uns dise nechste auffrhůr also gewitziget hat, das man gnugsam findet, was fur unrat dar auß kompt, so man nit darein sihet, das des gemeynen mans gemůt, so vil můglich, gestillet und eintrechtig sei, So ist von nöten, das man nit allein mit gewallt dar zů thu, wie es schon itzt gehet, sonder auch mit vernunfft; dann eytel gewalt on vernunfft kan nit bestehen und behelt die unterthanen in ewigem haß wider die öberkayt, wie alle historien unns anzeygen.

Nun kan man nit leucken, das in dem pöffell von vil jaren her unlust erwachsen unnd böser wan gefasset von dem unerlichen leben des geystlichen stands; und do man den nit wolt bessern sonder mit trötz wider alle billichkeyt

4/5 am *Rande* Eytel gewalt on vernunfft bestehet nit. 12/14 am *Rande* Ursach (Ursachen *B*) des hass des poffels wider die geistlichen.

2/3 Christenlichen gemayn *B* 3 Anno .M.D.XXVI. 4 nächste auffrür *B* 5 findt *B* für *B* 7 ainträchtig *B* 8 barzů *B* thů *B* jetz *B* 9 get *B* 10 besteen *B* underthonen *B* 11 Oberkayt *B* 12 leügnen *B* 14 trotz *B* billichayt *B*

1/3 Bedencken Doctor Martini Lutheri, Wie itziger zeit Auffrhur zu stillen were. M.D.XXV. 4/5 WEil uns die nechst vergangen Auffrhur gewitziget hat, und wir mit grossem schaden erfaren 5 entstehe 5/6 man mit vleis nicht 6/7 der gemeine Man gestillet und Eintrechtigkeit erhalten werde, so viel es müglich, Ist von 8 schon *fehlt* 9/10 on vernunfft *fehlt* 11 Historien zeigen 12 in dem] im 13 gefasset ist von unerblichen

verteydingen, ist auß dem wan eyn solcher jamer entstanden, wie leyder vorhanden ist; darúmb erstlich an dem stand zu reformiren anzufahen ist, oder der steffl wirdt auß den hertzen nit kommen.

Hie ist an dem Heúbtstúck am ersten anzufahen, nemlich an der Messe, das die mit einer Christlichen gemeynen eintrechtlichen weyse furgenommen werde, darúber Gott unnd menschen gefallen und genúge haben mógen; die weyß aber múß auß dem Góttlichen wort genommen werden, on welchs keyne ordnung eynig und bestendig ist, Seindemal nichts so gewaltig allen menschen den mund stopfft und das hertz stillet als das gótlich wort; Menschen wort richten gewyßlich secten und ungleiche weyß an, wie man vor augen sihet in aller welt.

So ist offenbar und konnen die geystlichen selbst nit leucken, wie in aller wellt so erschrecklicher grewel und greúlicher myßbrauch mit dem hochwirdigen Sacrament unsers Herren Jesu Christi leibs und bluts im schwangk gehet, Nemlich der grosse grausame myßbrauch, welchen auch die vernunfft on schrifft erkennet und verdamet, das ein lauter jarmarck und hantirung auß dem heylsamen Sacrament gemacht, do man verkaufft hat Christum, heyligen geyst, gnad, leben, hymmel, vergebung der sunden und erlosung von der hellen und fegfewer, ja auch wen einem ein Saw kranck ist, aber einen groschen verloren hat, oder sonst ein kleyn ungluck widerferet, das ist alles durch die Messe mit gelt gesucht abzuwenden; also das die Messe eyn kauffmanschafft wider allerley ungluck auff erden, mit einem groschen oder halben einem itzlichen er sey fromm oder bóse zu erlangen, frey, offen und bereyt gewesen ist ungeacht glaubens, lieb und aller gots ehre und seelen heyl; den ob villeicht

4/5 *am Rande* Das heubtstuck (hauptstuck *B*) alles zwitrachts (zwitrachtes *B*) ist die Messe (Meß *B*). 7/9 *am Rande* Göttlichs (Göttliches *B*) wort stillet alleyn alle hertzen. 9/12 *am Rande* Menschen wort richten (richtent *B*) nichts dan secten an. 16/18 *am Rande* Die Bebstlich (bäpstlich *B*) Messe ist eyn lauter Jarmarck (Jarmarckt *B*). 20/22 *am Rande* Der pfenning vermag itzo (jetzo *B*) alle ding.

1 vertädingen *B* 2 darumb *B* zů reformieren anzefahen *B* 4 hauptstuck *B* anzefahen *B* 5 ainträchtlichen *B* fürgenommen *B* 6 mügen *B* 7 můß *B* 7/8 welliches kain ordnung *B* 8 Seytenmal *B* 10 richtend *B* 12 künnen *B* selber *B* leugnen *B* 13 greüwel *B* 14/15 schwanck geet *B* 15 wellichenn *B* 16 geschrifft *B* jarmarckt *B* hantierung *B* 17 da *B* 18 genad *B* erlösung *B* 19 fegfeür *B* aber] oder *B* 20 sunst *B* vnglück widerfert *B* 21 Meß *B* abgewenden *B* Meß *B* 22 vnglück *B* jetlichen *B* 23 böß, zeerlangen *B* 24 Gottes eere *B*

1 aus dem wan eyn] daraus 2 vorhanden ist] für augen 3 dem 4 Hie aber ist auffs erst am Heubtstück anzufahen 5 das da mit eine Christliche, gemeine, eintrechtige 7 die] Diese aus göttlichem 8 gewaltiglich 9 als Gottes wort 10 für augen 12 können 13 so ein schrecklicher 14 Sacrament des leibs vnd bluts unsers HErrn Jhesu Christi, im 15 der grobe, greiffliche Misbrauch 16 erkennet] verstehet nemlich, Das 17 verkaufft hat *fehlt hier* 18 und *fehlt* 19 Fegfewer verkaufft hat Saw] Kue ist worden, oder ein 20/21 widerfaren ist, Alles durch die Messe mit gelt abzuwenden gesucht ist. DAs also die 21/22 Kauffshandel worden ist, wider 22 oder halben] mehr oder weniger 23 zu erlangen *vor* er sey ist *fehlt* 24 Glaube, Liebe, alle

unter hundert tausent einer oder etlicher mehr möchten erfunden werden, die umb gots willen messe hielten, so sind doch die andern und darzu der gantze gemeine stand in dem mißbrauch, das, wo nit gellt do were, keyner der Messe achtet oder yemantz do mit zu helffen gerichtet ist; dan darzu sind Clöster und kyrchen gestifftet, in welche man sich nit anders begibt, den das man durch die greuliche und lesterliche kretzmerey[1] Gotlichs diensts unnd der Messen den bauch erneren und gute tag habe; das ist ja nit anders und kan niemantz leucken.

Zu dem sihet und greyfft man, das dise kretzmerey und gelterwerben an Christi blut nit angelegt wurdt an fromme arme leut sonder das mererteyl an die geystlichen, die in fleischlicher unreinigkeit, wie es Paulus nennet, ligen, (Röm. 1, 24 usw.) auch in offenlicher hürerey, ehebruch und allen schanden, vil auch truncken-bolder und vol freveler untugent, darzu unter dem schein und schutz geystlichs stands unstrefflich in solchem allem leben; geen also freche und unreyn vorzweyffel zum altar, das ist in ire kauff buden, handeln und martern, verkauffen und vertauschen den lieben Christum. Wen sonst keyn grewel auff erden wer, wer diser alleyn gnug, das gots zorn uns mitfüre[2] wie mit Sodom und Gomorrhen; und zwar Gott hat sich in diser auffrür wol lassen mercken, so wir wolten die augen auffthun, das sich der jamer hat an den geystlichen und umb der geystlichen willen angehaben, als die solchen grewel treyben, und ist darnach an die öberkeyt kommen, als die solchen grewel schutzen und leyden,

---

5/7 *am Rande* Die bauchfüll macht Münch (münich *B*) und pfaffen. 9/10 *am Rande* Das lesterlich leben der geystlichen. 14/16 *am Rande* Altar ist kauffbüden (kauffboden *B*) worden. 19/21 *am Rande* Ursach (Vrsache *B*) der vergangen bewerrisch auffrür (bewrischen auffrür *B*).

1 vnder *B* etlich *B* 2 Gottes *B* Meß *B* seind *B* und *fehlt B* 2/3 gantz gemayn *B* 3 wa *B* da *B* der *fehlt B* Meß *B* 4 damit *B* zu *fehlt B* seind *B* 6 kremerey *B* 7 laus *B* 8 leügnen *B* 9 sicht *B* dz *B* kremerey *B* 10 wirt *B* merteil *B* 11 vnrainikeit *B* nent *B* 12 hürey *B* eebruch *B* 12/13 truncken-bolder *B* 13 fräfler *B* dazü vnd' *B* schütz *B* 15 dz *B* kauffboden *B* handlen *B* 16 sunst *B* 17 mit sehr *B* 19 dz *B* 21 schützen *B*

1 hundert] vielen etlicher mehr] etlich wenig funden 2 halten und *fehlt* 3 in dem mißbrauch] der meinung der] die 4 gerichtet ist] gedechte 4/5 sind auch Stifft, Kirchen, vnd Klöster fundirt vnd gebawet 5 nit anders] auch anderer Ursach halben nicht 6 die] diese und *fehlt vor* lesterliche 7 neere 7/8 ja gewis vnd die lauter warheit, also, das es niemand leugnen kan 9/10 gelt erwerbung, durch Christus blut 11 die *fehlt* die] so Befleckung vnd unreinigkeit 12 auch] viel allen] allerley 12/13 auch vnter jnen sind Trunckenbold vnd Freueler, aller vntugend vol, Gehen da zu vnterm schein 14/15 vngestrafft, in solchem gottlosen schendtlichen Leben, frech als verzweivelte Böswichter zum Altar 15 Kram-buden 16 Wen] daß, wo 17 wer, wer] were, mit *fehlt* 19 sich der] dieser hat angefangen erstlich an 20 angehaben *fehlt* 21 ist *fehlt* Oberkeit auch kommen schutzen und leyden] dulden vnd handhaben

[1]) *d. i. Krämerei, Schacher, vgl. Grimm Wb.* 5, 2175/6. [2]) *d. i.* '*mit uns verführe*' [mitfahren *(Grimm, Wb.* 6, 2343) *wird mit dem Dat. verbunden; wenn Luther dann fortfährt*, wie mit Sodom . . . *so schwebt ihm* fahren mit einem *vor, das dieselbe Bedeutung hat. P. P.]*

und zu letzt, wie eyn gemeine straff pflegt, an dem poffel außgangen, der solchem grewel auch gefolget und gedient hat; und ist noch keyn ende, dar zu auch zu besorgen, das es eyn Fuchs schwantz sey gewesen, und wo man noch nit darzu thun wurd, solchen offenlichen bekandten grewel abzuthun, sonder frech und alls gleych Gott zu trotz den hanthaben und dulden, es werd die eyseren rüthen hernach volgen.

Der halben zu rathen ist, das man alle Messe mit eym entlichen gemeynen urtheyl alle abthue, und nit fürneme sie zu behalten und mit flickerey eyner gleyssenden Reformation zu bessern; dan wo die Messe sollte also wie itzt bleyben, ist unmüglich zu vorhutten, das sie nit zu eyner Kretzmerey geraten solte, seintemal dar zu nit andere verordent werden den die der messen pflegen, als dan sein und sein müssen eytel müssiggenger, die dem wort unnd nechsten zu dienen nit ampt haben, dar zu doch Christus dises Sacrament eygenlich eyngesetzt hat, wo aber mussiggang ist, do volgen alle laster nach; das der sachen hie nit kan geratten werden, man leg dan den Meßpfaffen des worts Ampt auff; welche das nit vermügen, das die auch nit Messe halten sollen, sonst wirdt und ist des unnützen volcks zu vil; und weil sie fast eytel bauchdiener und müssiggenger sind, die niemantz dienen sonder lassen inen dienen, höret das ergernuß und der verdrieß beder gottes und der menschen nit auff; wen wir dises heubtstuck recht geordnet hetten, so wer dem anderen allem, als das dar an hanget, leichtlich zu ratten. Will man aber hiezu nichts thun, so wolt ich ungern zu den andern ordnungen ratten[1]; dan hie ist vorgeblich

4/6 *am Rande* Die volgende eysere rüten (Eysene rütten *B*) ist nach zuforchten (zü fürchten *B*). 7/8 *am Rande* Alle Messe (Meß *B*) abzuthun. 14/15 *am Rande* Müssiggang (Müssigäg *B*) volgen alle laster. 17/19 *am Rande* Wer nit predigen kan, sol nit meß halten.

1 zü letst *B* pöfel *B* 2 geuolgt *B* end *B* 3 dz *B* gwesen *B* 4 dazü *B* abzethün *B* 5 werde *B* 6 eysern rütten *B* 7 dz *B* meß *B* 8 abthü *B* 9 wa *B* Meß solt *B* jetzt *B* 10 uerhüten dz *B* krammerey *B* 11 solt / seitemal dazü *B* andre verordnet *B* 12 müssigenge *B* 13/14 aigenlich eingsetzt *B* 14 wa *B* müssigang *B* da *B* dz *B* 16 dz *B* dz *B* Meß *B* 17 sunst *B* 18 müssigenger *B* sein *B* 19 hört *B* 20 hauptstück *B* 21 dz *B* hangt *B* nichs *B*

1 eyn gemeine] es in gemeiner 2 ist des jamers noch 3 es nur ein und *fehlt* 5 vnd gleich als den selben schützen vnd verteidingen 7 Messen 7/8 durch ein gemein endlich Bedencken vnd Rahtschlag abthue, nicht 8 und] oder 9 wenn die Messen solten 10 ists 10/11 zu *bis* solte] solcher Kretzmerei vnd schrecklichem Grewel vnd Misbrauch zu wehren 11 nit andere] keine andere Personen den *fehlt* 11/12 pflegen *bis* eytel] pflegen vnd warten, denn eitel ungelerte 13 zu *bis* haben] damit nicht dienen 14 nach *fehlt* 15–17 des *bis* unnützen] jre Handtierung, die sie bisher getrieben, nidder, Vnd befelh jnen, das Wort rein zu leren, vnd die Sacrament, nach Christus befelh, zu reichen, Die aber solchs nicht thun wollen noch können, den sol man ernstlich gebieten, das sie sich des Meßhaltens allerding enssern vnd enthalten, Sonst ist vnd wird des unnützen 17 eytel] alle 18 niemand 19 beide 20 wir] man denn hette 20/21 alle dem andern, das dran 21/22 So lang man aber hiezu nicht thut, wolt 22 den *fehlt* hie] es

[1] *Darnach scheinen beabsichtigte Anordnungen dem Urtheil Luthers unterbreitet worden zu sein.*

und eytel vorlorne můhe, die doch zurbrochen wirdt durch die Meßhantirung. Man můß die quell des grewels stopffen, sonst werden die flůß und beche nit außtrucken.

Uber das alles ist die Messe in noch eynem hőhern grewel unnd mißbrauch; den wen sie gleych on den eusserlich groben mißbrauch unnd keyn Kretzmerey wer, sonder gar umb Gotts willen gehalten wurd, weyl sie aber doch als eyn opffer und gut werck gehallten wirdt, unnd nit eyn gedechtnuß
Luc. 22, 19 unsers Herrn Jesu Christi, wie er sie eyngesetzt hat, wurdt auch darauff gebawet der Christen gewyssen, als ob sie dar durch selig sollen werden, das sie Christum opffern in der Messe, wirdt dar durch der glaub vortylget unnd
Hebr. 9, 12 das eynig opffer, das sich Christus eynmal fur unns selbst geopffert hat, vergessen und veracht, das man doch in der Messe mit hőhem fleyß gedencken soll; den glauben aber vertylgen und eyn eygennutzig werck unnd opffer auß eynem Gőttlichen gemeynen schatz der Seelen machen, ist eyn solche verherung unnd grewel, das sie keynes menschen hertz begreyffen mag; darůmb von nőtten ist, in dise sache mit ernst und eyle zu sehen, ehe Gott uns uber eylet mit seinem zorn.

Das man wolt sagen, es sey auff dem Reychstag zů Wormbs durch K. Mandat beschlossen, man soll bleyben bey altem Christlichen brauch und gewonheyt,

g Ist offenbar, das in dem selbigen Mandat gar nichts von der Messen mißbrauch befolhen wirdt, so man doch, wie gesagt, den selbigen woll weyße, unnd sich gleych wol stellet, alls sehe man den nicht, und uberhůpffen den,

2 *am Rande* ☞ *A* (☛ *B*) 6—8 *am Rande* Die Messe (Meß *B*) ist eyn gedechtnus christi und kein opffer. 13/15 *am Rande* Den glauben verachten ist eyn unermeßlicher grewel (greüwel *B*).

1 verloren mů *B* zerbrochen *B* meßhantierūg *B* 2 werdend *B* 4 Über dz ist die Meß *B* 5 eüsserlichen *B* 6 kremerey were *B* 7 gedächtnus *B* 8 Herren *B* wirt *B* 9 dadurch *B* dz *B* 10 Meß *B* dadurch *B* 11 dz *B* für *B* selbs *B* 12 dz *B* Meß *B* hohem *B* 13 vertilken *B* aigennützig *B* 14 gmainen *B* verhörūg *B* 15 dz *B* kains *B* darumb *B* nöten *B* 16 sach *B* ee *B* über *fehlt B* 21 Cristenlichem *B* 21/22 gwonhait *B* 23 dz *B* selben *B* 24 wirdet *B* selben *B* weyßt *B* 25 stelt *B* überhupffen *B*

1 můhe vnd erbeit, die doch vmbgestossen vnd zurissen wird, durch Hantierung der Messe 2/3 Flůßlin vnd Bechlin nicht vertrocken 4 ist *bis* grewel] hafftet an der Messe noch ein schrecklicher Grewel 5 den] diesen 6/7 weyl sie aber doch] Doch weil sie 7/11 gehallten *bis* opffer, das] für lebendige vnd todten, nicht zum gedechtnis vnsers HErrn Jhesu Christi, wie ers eingesetzt hat, gehalten, wird darauff gebawet der Christen gewissen, als solten sie durch solch werk, das sie Christum in der Messe opffern, selig werden, dadurch denn der Glaube vertilget, vnd des einigen Opffers, da 12 das] des 13 solt 14 eynem] solchem 14/15 ist so ein schrecklich Grewel vnd verkerung 15 kan. Darumb ist hoch von nöten, in 16 eyle] on verzug ehe vns Gott mit seinem Zorn vnd straffe vbereilet 18 wolt] aber wil 19 auffm 20 solle 24 wusste 25 den] jn und] ja vberhüpfft, den *fehlt*

als gieng er uns nit an, do mit Gott gleych wol auffs höchst veracht unnd sein ehre vorgessen ist; darümb auch auß haltung solchs Keyserlichen Mandats solcher jamer kommen ist, das gleych wie sie gots vergessen, seine Ehre verachtet unnd in erzurnet, Widerümb bede geystliche unnd welltliche öberkeyt in solche voractung unnd haß kommen unnd noch tegliche darinne sind unnd itzo noch lenger ye tieffere darein kommen, das nymmer mehr kein guts darauß werden kan, wie dan die auffrür angefangen und angezeygt hat; und ist also der spruch Gots erfullet. 1. Regum .2. 'Wer mich ehret, den ehre ich wider, 1. Sam 2, 30
wer mich aber verachtet, der soll wider veracht werden'. Der halben das Wormisch Mandat vil zu wenig ist, eyn gutte ordnung zu erhalten, weil es solche offentliche untügent und grewel verachtet und gehen lest unnd thut nichts zur furderung Göttlicher ehre und ablegung der lesterung und schanden seines namens.

Und wann die Messe recht geordnet wer, So ist darnach von nötten, das man güte fromme prediger hab; hie wirdt es an personen ligen, welche man in der schulen und Universiteten auffzihen müß. Darümb auch der schulen und Universiteten Reformation von nötten ist, das man do keyn kost noch mühe spare; das darff auch besonder guts bedenckens; dan wo die schül nit wol stehen, do man die personen zeügen und zihen sol, wirt keinem gots dinst gerathen sein; aber der wirdt sich vileicht das reych nit an nemen sonder eyner itzlichen herrschafft lassen in irem land zuversorgen; es ist aber nott und der höchsten Artickel einer.

2/3 *am Rande* Auß dem Wormischen (wurmischen *B*) Mandat ist die auffrür (auffrür *B*) entstanden. 4/5 *am Rande* Warümb (Warūb *B*) alle öberkeyt (oberkait *B*) ytzo (jetz *B*) also veracht sind (seind *B*). 8 *am Rande* 1. Regum 2. 9 *am Rande* ☞ *A* (☞ *B*) 9/12 *am Rande* Das Wormisch mandat ist zu gering ein güte (gütte *B*) ordnung zuerhalten. 16/17 *am Rande* Wie groß die reformation der Schülen (Schülenn *B*) von nötten sey.

1 damit *B* 2 eere *B* darūb *B* 3 dz *B* sein eer *B* 4 erzürnt *B* Widerumb [*so!*] *B* Oberkait *B* 5 verachtūg *B* täglich *B* 6 seind *B* jetz *B* tieffer *B* dz *B* 7 auffrür *B* 8 erfüllt *B* eeret *B* eere *B* 10 zerhalten *B* 11 offenliche vntugend *B* geen laßt *B* 12 fürderung *B* eere *B* 14 Meß *B* 15 dz *B* 16 auffziehen *B* 17 Universitet *B* dz *B* da *B* 18 mü *B* dz *B* bedencken *B* wa *B* 19 steen *B* da *B* ziehen *B* 19/20 gotz dienst *B* 20 dz *B* 21 jetlichen *B* ihrem *B*

2 seiner 2/3 Daher auch, das solch Mandat angenommen, vnd man jm nachkomen, solcher jamer erfolget ist 4 haben *nach* erzürnet 5 kommen] geraten 5/6 vnnd itzo noch] auch je 6 kommen] fincken 7 werden] kommen 8 den will ich auch ehren 11 solchen öffentlichen Grewel vnd Abgötterey, als gering ding veracht 11/12 vnd nichts thut zu 12/13 Lesterung, schmach vnd schande seines heiligen Namens. 14 Wenn nu die So ist darnach] ists darnach hoch 15 man gottfürchtige, trewe, gelerte Prediger wirds ligen] mangeln 16 der *fehlt* auffzihen] suchen vnd nemen 16/17 Darumb *bis* ist] dazu denn einer guten, starcken Reformation von nöte will sein 18 auch eins besondern 19 keinem] dem rechten 20 gerathen] nicht zu rahten der] des 21 lassen] heimstellen zuversorgen] solchs zu ordnen 22 einer] einer, der im gantzen Reich vnuerhindert gehalten soll werden.

Was aber auß Stifften, Clöstern und Bistümben zumachen sey, weyß ich nit zu raten; solten sie so bleyben, so dienen sie Got nit und warten des worts nit. Solten aber die Bischoffe Visitiren, wie ir Ampt ist, so mügen sie des stands nit gewarten. Das ist aber zu bedencken, das, weil sie den namen und stand der Bischoffe, abt, dechant füren und doch nit außrichten sonder weltliche Herrn sind, das sie auch zu grosser schmach unnd unehren gotts in dem stand sind und Tausentmal besser wer, das sie sich in weltlichen stand wandeln liessen und das solche gütter vom reych zu lehen genommen und den gegeben wurden, die des wirdig erfunden, wie es sonst geschicht, wen eyn Herrschafft löse stirbt[1]; dan es doch nicht anders ist, den das durch das Euangelion die bischoffe alle lose sterben und den Stifftern oder dem reyche heym fallen; den die namen Bischoffe, Abt, Probst, Dechant, Scolasticus, Cantor, Canonicus, Vicarius, Diacon weysen wol auß, was fur ampt solche leut haben sollen, in weltlichen höfen und stenden sind solche namen und empter nit.

Psalm. 33.

Ps. 33, 11 ——————

Der Ratt des Herrn bleybt ewiglich.

1/2 *am Rande* Was auß Stifften und clöstern zů machen sey. 9—12 *am Rande* Welchs sie wol schmecken, darumb sie es also Tyrannisch verfolgen (veruolgend *B*).

1 bißthumen *B* 3 visitieren *B* 4 gwarten *B* dz *B* 5 äpt *B* 6 Herren seind *B* dz *B* vnere gotes *B* 7 seind *B* were *B* dz *B* 8 wandlen *B* 9 geben *B* sunst *B* 13 weysend *B* für *B* 14 ständen *B* seind *B* 15 ämpter *B* 17 Herren *B* ewigklich *B*

1 und *fehlt* 2 sollen so *fehlt* und *fehlt* warten auch des 3 Sollen visitirn, predigen etc. wie ist] fodderet mügen] Wanen 4 des] jres itzigen gewarten] warten das (*nach* bedencken) *fehlt* 5 Ebte, Pröbst, Dechand etc. 7 sich durch gemeine Reichsordnung in 8 wandeln liessen] begeben das *fehlt* gütter] Stift vnd Kloster güter 9 vnd gegeben würden, denen, so das wirdig weren es *fehlt* 10 durchs 11 bischoffe] Bisthumb 12 Ebte, Pröbst 13 für ein Ampt 14 weltlichen *bis* stenden] Königen vnd Fürsten höfen vnd weltlichen Stenden 16/17 *fehlt*

[1]) *d. i. 'durch den Tod frei, erledigt wird'.* los sterben *ist ein niedd. Ausdruck der Rechtssprache (vgl. Lübben-Walther u.* los*). Zur Bedeutung* los = *'erledigt' vgl.* wo aber eine Stätt los wurde *de Wette 4, 668. P. P.*

Erste Vorrede zum Schwäbischen Syngramm.

1526.

Den Brief über das heilige Abendmahl, welchen Zwingli am 16. November 1524 an Alber in Reutlingen gerichtet und zuerst nur handschriftlich verbreitet hatte, ließ er im März 1525 durch den Druck ausgehen. In demselben Monat erschien sein Commentarius de vera et falsa religione. Aus diesem wurde der das Heilige Abendmahl behandelnde Theil „durch dry getrüw brüder ylends in tütsch gebracht" und erschien separat noch in demselben Jahre wenigstens dreimal. Das ganze Werk wurde durch Leo Jud ins Deutsche übersetzt und im Jahre 1526 gedruckt. Vom 17. August 1525 ist Zwinglis Subsidium sive coronis de eucharistia datirt, welches durch seinen Freund Georg Binder verdeutscht, noch in demselben Jahre und wieder in dem folgenden gedruckt wurde. Ende August 1525 erschien die erste Schrift aus dem gegnerischen Lager:

„✠ CON- ‖ TRA NOVVM ERROREM, ‖ de Sacramento corporis & sangui ‖ nis domini nostri Iesu Christi, ‖ Epistola Ioannis Bu- ‖ genhagij Pome- ‖ rani. ‖ ❧ ‖ M. D. XXV. ‖" Mit Titeleinfassung. 4 Blätter in Oktav, letzte Seite leer.

In deutscher Übersetzung erschien sie unter dem Titel:

„Eyn Sendbrieff ‖ widder den new- ‖ en yrrthumb bey dem Sa ‖ crament des leybs vnd ‖ bluts vnsers HE- ‖ RRN Jhesu Christi. ‖ Joan. Bugenha ‖ gen Pomer. ‖ Wittemberg. ‖ .1525. ‖" Mit Titeleinfassung. 8 Blätter in Quart, letztes Blatt leer. Am Ende: „Gedruckt zu Wittemberg durch ‖ Joseph Klug. ‖"

Beide Ausgaben z. B. in Berlin vorhanden.

Dagegen schrieb Zwingli Anfang Oktober: Ad Ioannis Bugenhagii Pomerani epistolam responsio, welche Schrift im folgenden Jahre auch deutsch ausging[1].

Unterdeß erhielt Oekolampad am 16. September 1525[2] die ersten fertigen Exemplare seines umfangreichen Buches:

„IOANNIS OE- ‖ COLAMPADII DE GENVINA ‖ Verborum Domini, Hoc est corpus meum, ‖ iuxta uetustissimos authores, expo- ‖ sitione liber. ‖" 88 Blätter in Oktav; Bl. L3 und 4, 7 und 8 leer. Wohl Straßburger Druck. Abgedruckt bei Pfaff, acta S. 41 ff.

---

[1]) Zwinglii Opera III, 145—356. 589—614 und VII, 404 (daß Bugenhagens Schrift schon im August ausgegangen sein muß). Zwinglis Schrift gegen Bugenhagen in anderer deutscher Übersetzung bei Walch, Bd. XX, Sp. 648—666. [2]) Zw. VII, 409.

Schon im Oktober erschien eine deutsche Übersetzung dieses Werkes:

„Vom Sacra || ment der Danksagung. || [V]On dem wa- || ren nateurlichen ver- || stand der worten Christi: || DAS IST MEIN LEIB, nach der || gar alten Lerern erklärung, jm La- || tein bschriben durch IOANN. Eco | lampadium, verteütscht durch || LVDVIGEN Hätzer. || O Gott erlöß die gefangnen. || M. D. XXVI. |" 144 Blätter in Oktav, letztes Blatt leer.

Beide Ausgaben vorhanden z. B. in Berlin.

Diese Übersetzung war von Hetzer in Oekolampads Wohnung und mit dessen Hülfe angefertigt. Da aber auch Freunde der Schweizerischen Auffassung es für ein Unrecht erklärten, wenn man die Abendmahlsfrage dem Volke vorlege, bat Oekolampad seinen Freund Zwingli, nicht zu verrathen, wie die Übersetzung zu stande gekommen sei[1], und in der von Hetzer unterschriebenen Vorrede heißt es, er erwarte, daß man über ihn schreien und sagen würde, es wäre genug gewesen „in latein und Ecolampadius habe mich es nit ghaissen, unnd ich habe jm kain dienst daran gethon". Wenn es aber Unrecht sei, daß er es deutsch ausgehen lasse, so möge man es ihm allein zuschreiben „unnd nit dem Ecolampadio: dann er hat michs nit ghaissen. Ich verhoff, er werde es nit auff mich zürnen. . . . Es ist auch mein ernstlich und brüderlich bytt an jn, er wölle es in senfftmût und in gûtem aufnemen".

Oekolampad fügte dieser Schrift eine Widmung bei: „Dilectis in Christo fratribus, per Sueviam Christum annunciantibus", in welcher er weitläufig zu der alle Uneinigkeit vermeidenden christlichen Liebe ermahnte und der Schwäbischen Prediger Urtheil über seine Schrift herausforderte: „Vestrum esto iudicium. Iudicabitis autem, ut soletis, non secundum faciem". Einige nämlich — fügt er hinzu — hielten es für rathsamer, nicht darüber, was das Abendmahl sei, sondern darüber, was es nütze, zu verhandeln. Doch habe er die erstere Frage besprochen, quandoquidem insaniebant Papistae atque alii ad inculcandum absurda (L 6[a]). Die der Lutherschen Auffassung sich zuneigenden Schwäbischen Prediger nahmen es Oekolampad sehr übel, daß er ohne vorherige persönliche Verhandlung mit ihnen eine solche, die von ihnen geglaubte und verkündigte Lehre bestreitende Schrift ihnen zugeschrieben und ihr Urtheil herausgefordert habe, wodurch der Streit in ihre Gemeinden hineingetragen werde, auch keinem unter ihnen ein Exemplar seiner Schrift zugesandt habe, so daß sie erst durch Dritte von dem Thatbestand erfuhren[2]. Doch, obwohl ihnen nun eigentlich keine andere Möglichkeit blieb, als ihren Dissensus in einer öffentlichen Gegenschrift auszusprechen, ließen sie sich durch seine Warnungen vor Lieblosigkeit und Streiterregung dazu verleiten, nicht sein Verfahren nachzuahmen, sondern nur schriftlich ihm zu antworten. Sie kamen in Hall, wo Brenz wirkte, — doch ohne alle Anregung von seiner Seite — vermuthlich Ende September[3] — zusammen und besprachen die Darlegungen Oekolampads. Dann

---

[1]) Zwinglii Opera VII, 419f. 422. [2]) Diese und die folgenden Angaben nach Brentii Opera VIII, 1008. [3]) In dem vom 3. Oktober 1525 datirten Briefe des Brenz an Bucer („EPISTOLA || IOANNIS BRENTII || de uerbis Domini, || Hoc est Corpus meum, || opinionem quorundam de Eu- || charistia refellens"; 8 Blätter in Oktav) heißt es (A iij): Fuimus iis diebus aliquot fratres Halae congregati . . ., respondimus . ."

baten sie Brenz, die von ihnen erhobenen Einwendungen niederzuschreiben. Ihrem Drängen gab er endlich nach. Am 21. Oktober versammelten sie sich nochmals in Hall; denn von diesem Tage ist ihre Antwort datirt. Vierzehn unter ihnen nannten darin ihren Namen[1], die übrigen schlossen sich ihnen unter der Formel an „et alii Halae Suevorum congregati Ecclesiastae“.

Bei der ersten Nachricht, daß sie über sein Buch „munter schrieen“, hatte Oekolampad sie insignes Sophistae, imo non Sophistae, sed arrogantissimi Thrasones genannt[2]. Dann aber konnte er ihrem friedfertigen Verfahren die Anerkennung nicht verweigern: „Civiliter prius miserunt librum, quo nostra reiiciant, ne inauditum condemnarent“, und antwortete ihnen (vor dem 24. November) — wie er es nennt — parce, amice et intrepide, etiam secus quam merentur[3]. Zwingli, dem er ihr Schreiben sandte, meinte, sie hätten eine ganz andere Antwort verdient, denn „dispeream si unquam quicquam mihi visum est fastuosius aut stultius“; Oekolampad solle dafür sorgen, daß, falls ihr Schreiben gedruckt würde, seine Antwort gleichzeitig erscheine[4]. Und freilich wurde jenes in den ersten Tagen des Jahres 1526 zu Augsburg durch den Druck veröffentlicht[5], doch ohne daß Brenz und Genossen auch nur darum gewußt hatten[6]. Dieses kann auch schon der die Verfasser preisende Titel des Druckes lehren:

„SYN ‖ GRAMMA CLARISSIMO | rum qui Halæ Sueuorum conuene- ‖ runt uirorum, super uerbis Cœ- | næ Dominicæ, & pium & | eruditum, ad Iohannem ‖ Oecolampadion, | Basiliensem | Ecclesia ‖ sten. | M. D. XXVI. ‖“ Mit Titeleinfassung. 36 Blätter in Oktav.

Druck von Simprecht Ruff in Augsburg. Vorhanden z. B. in Stuttgart.

Daß Oekolampads Antwort nicht sogleich gedruckt vorlag, sondern der Verfasser erst am 7. März ein Druckfehlerverzeichnis dazu lieferte, rührte daher, daß er gleichzeitig mit der Widerlegung des Billikanus, dessen vom 18. Dezember 1525 datirte Schrift er am 12. Januar 1526 erhalten hatte, beschäftigt war, daß dann der Rath zu Basel den Druck nicht gestatten wollte, und endlich Oekolampad auf Zwinglis Vorschlag diese Schriften zu einem Bande vereinigen ließ[7]:

„APOLOGE | TICA IOANN. OECOLAMPADII | DE DIGNITATE EVCHARISTIAE ‖ Sermones duo. ‖ AD THEOBALDVM BILLICANVM ‖ quinam in uerbis Cænæ alienum ‖ sensum inferant. | AD ECCLESIASTAS SVEVOS ‖ Antisyngramma. ‖ M. D. XXVI. ‖“ 154 Blätter in Oktav.

Vorhanden z. B. in München HSt.

Wegen der vielen Druckfehler entschuldigt sich „Christo Froschouer“ „Tiguri“ „ob instantem mercatum Franckfordiensem“. Das Antisyngramma (Bl. G 7—T 7) gibt auch den vollständigen Text des Syngramma, in 93 Absätze zerlegt, wieder. Auf den Vorwurf, daß er ohne vorherige Anfrage seine frühere Schrift den Schwaben

[1]) Über die Unterzeichner vgl. Strobel, Miscell. 3, 153 ff. und Bossert, Blätter f. württ. K.-G. 1892, Sp. 19 ff. [2]) Zw. VII, 418. [3]) Das. 439. Über die Aufnahme seiner Antwort durch die Schwaben vgl. Theologische Jahrbücher XIV, 184. [4]) Zw. VII, 444. Ein weiteres Urtheil Zwinglis über das Syngramm, worin er auch den tiefsten Grund seines Zorns merken läßt Zw. III, 669. vgl. II, 1, 464. 492 ff. III, 471 ff. [5]) Zw. VII, 461 f. [6]) „Nobis et insciis et cum rescivimus reprehendentibus“ berichtet Brenz (Opera VIII, 1003). [7]) Zw. VII, 461. 464. 471. 472 f. 476. 480.

zugeeignet, erwidert Oekolampad, er habe einem der im Syngramm nicht genannten Brüder mitgetheilt, daß er eine Schrift über das Abendmahl den Schwäbischen Predigern widmen wolle, wenn dieses nach seiner Meinung nicht übel aufgenommen werden würde; derselbe habe geantwortet, jenen würde gewiß nichts mißfallen, was auch er unter ihrem Namen ausgehen ließe (H 1[b]f.). Die gegen Billikan gerichtete Schrift wurde, wie es scheint, noch ehe sie lateinisch gedruckt ausging, von Hetzer ins Deutsche übersetzt[1]:

> „Vom nachtmal ‖ Beweysüg außz ‖ Euangelischen schrifften, wer ‖ die seyen, so des Herren Nacht- ‖ mals wort vnrecht verstanden ‖ vnd außlegen, durch Joan. ‖ Ecolampadium, Christ- ‖ licher gemayn zů nutz ‖ verdeütscht, durch Ludwig Hätzer. ‖ O Gott erlöß die ge- ‖ fangnen. ‖" Mit Titeleinfassung. 48 Blätter in Quart.
>
> Vorhanden z. B. in München HSt.

Wenn nicht auch das Antisyngramma verdeutscht wurde, so mag dies darin seinen Grund haben, daß dem Verfasser die Mittheilung zugegangen war, Luther habe etwas in deutscher Sprache gegen die Schweizer geschrieben[2]. War aber dieses der Fall, so konnte Oekolampad sich ohne Verhüllung in einer deutschen Schrift gegen das „Saxonicum idolum", den „γραφοτύραννον" wenden und dessen beliebtes „habemus verbum" als bloßes „ἔνδυμα τῶν προβατοσχήμων λύκων"[3] aufweisen. Und jene Mittheilung war nicht irrig gewesen. Wohl in der ersten Hälfte des Februar war das Syngramma nach Wittenberg gekommen. Schon am 18. Februar wurde es daselbst nachgedruckt:

> „SYN ‖ GRAMMA CLARISSI- ‖ morum qui Halæ Sueuorum conue- ‖ nerunt uirorum, ſuper uerbis Cœ- ‖ næ Dominicæ, & pium & ‖ eruditum, ad Iohan- ‖ nem Oecolam- ‖ padiũ, ‖ Baſilienſem Eccleſiaſten. ‖ VVITTEMBERGAE. ‖ M.D.XXVI. ‖" Mit Titeleinfassung. 36 Blätter in Oktav.[4]
>
> Druck von Joseph Klug in Wittenberg. Am Schluß irrthümlich „12. [anstatt: 21.] die Octobris". Vorhanden z. B. in Dresden, Helmstedt.

Luther pries diese Schrift sehr hoch: „In Oecolampadium et Zwinglium", so schrieb er an Agrikola, „egregie scriptum est a Sueviae doctissimis viris, copiose et erudite." „Videbis gaudens, si nondum vidisti." „Mirum quam placeat libellus". Hatte er schon im Januar erklärt, er würde gegen die Schweizer schreiben, wenn er nur Zeit dazu hätte[5], so dachte er nun daran, die Arbeit sich dadurch zu verkürzen, daß er das Syngramm ins Deutsche übersetzte.

---

[1]) Ioa. Oecol. et Huld. Zuinglii epist. lib. IV, Basil. 1536, fol. 210. [2]) Das. 212 und Zw. VII, 490. [3]) Zw. VII, 409 und 490. [4]) Spätere Ausgaben: „SYNGRAM ‖ MA CLARISSIMO- ‖ RVM QVI HALÆ SVEVORVM ‖ conuenerunt uirorum . . . NORIMBERGÆ ‖ Ex officina Gabriel. Hayn. ‖ M.D.LVI. ‖" 8° (enthält noch mehrere andere Abendmahlsschriften). — „Clariſsimorum ‖ VIRORVM, QVI AN- ‖ NO 1526. [!] HALÆ SVEVORVM ‖ conuenerunt SYNGRAMMA . . . ‖ FRANCOFORTI AD MOENVM ‖ excudebat Petrus Brubachius. ‖ Anno 1561. ‖" 8°. — Die von Feuerlein, Bibl. symbol. S. 244 erwähnte Ausgabe von 1591 haben wir nicht einsehen können. — Vgl. Pfaff, Acta et scripta publ. eccl. Virtemb. p. 153 sqq. [5]) De Wette 3, 87. 93. 95. 98. Enders 5, 310. 321. (Der von demselben Tage datirte Brief Melanchthons an Oekolampad [Corp. Ref. I, 786] muß seinem Inhalt nach in einem früheren Jahre geschrieben sein, gegen Enders.) 323. 329.

Als ihm dann damit sein Freund Agrikola zuvorkam, lieferte er zu dessen Übersetzung ein vor „den neuen Träumen von dem Sakrament" warnendes Vorwort.

Wie aber schon der Titel dieser unserer Schrift (vgl. unten S. 455) zeigt, erschien noch früher (in Süddeutschland) eine andere Übersetzung des Syngramms:

„MDXXVI ‖ Clare vnd Christliche ant ‖ wortung etlicher hochgeleertē die‖nern deß Euangeliums ‖ vnd pre ‖ dicanten so zů Hall in Schwa- ‖ ben versamlet geweßt, auff ‖ doctor Johañ Oeco- ‖ lampadi biechlin ‖ So er hat ‖ lassen außgon ‖ über die wort deß nachtmals ‖ deß herren ‖ verteütscht ‖ Durch. S. K. christlicher ainiglayt zů gůt. ‖" Mit Titeleinfassung. 38 Blätter in Quart, letztes Blatt leer.

Am Schluß irrthümlich: „den 21. tag ‖ Octobris. Anno M.D.XXVj. ‖" Vorhanden z. B. in Stuttgart.

Auch diese Übersetzung ist nicht von den Urhebern des Syngramms ausgegangen[1], wie denn auch die Buchstaben, mit welchen der Übersetzer seinen Namen andeutet, zu keinem derselben stimmen. Daß dieselbe schon vor derjenigen Agrikolas erschien, geht auch aus einem Briefe Oekolampads vom 9. April 1526 hervor, in dem es heißt: „Ferunt ii, qui a Wittemberga huc veniunt, Suevorum Syngramma in vernaculo sermone denuo illic excudi, una cum expositione Lutheri in 6. Cap. Ioh."[2] Hiernach dürfte er damals schon von einer ersten deutschen Übersetzung gewußt haben. Daß Luthers Vorwort nicht eine Auseinandersetzung über Joh. 6. bietet, und daß diese Schrift nicht in Wittenberg gedruckt wurde, wird nicht verwehren, in jenen Worten die erste Spur von diesem Buche zu finden. Und zwar werden wir die Anfertigung der Vorrede in die letzten Tage des März oder die ersten des April ansetzen dürfen, da Luther in einem Briefe vom 27. März[3] über die sechs verschiedenen Erklärungsversuche des Abendmahls durch die Schwärmer sich genau so ausdrückt, wie in unserer Vorrede, und anzunehmen ist, daß er diese weitläufige Auseinandersetzung nicht nochmals brieflich gegeben hätte, wenn er sie schon für den Druck niedergeschrieben hatte. Am 11. Juni scheint der Druck vollendet und der Inhalt des Vorworts in Straßburg genau bekannt gewesen zu sein. Doch wollte der Drucker das Buch nicht vor der Messe ausgeben. Daher konnte Bucer erst am 8. Juli ein Exemplar an Oekolampad senden und ihm seine und Capitos Vorschläge hinsichtlich der wirkungsvollsten Erwiderung machen: „ut sanabilem ibi Lutherum fingat et tractet ut fratrem, quem erroris velit admonere, idque graviter ... crebro monens, ne velit dominari Clerum ... et agnoscat se in hac causa non bono spiritu duci ..."[4]

Alsbald machte sich Oekolampad an die Abfassung einer Gegenschrift:

„Billiche ant ‖ wurt Joan. Ecolam- ‖ padij, auff D. Martin Lu- ‖ thers bericht, des Sacraments ‖ halb, sampt einem kurtzen begriff ‖ auff etlicher Prediger in Schwa ‖ ben schrifft, die wort des ‖ Herren nachtmals ‖ antreffend. ‖ Ich bit vmb verhör. ‖ M.D.XXVI. ‖" Mit Titeleinfassung. 44 Blätter in Quart. Am Ende: „Getruckt zů Basel, bey ‖ Thoman Wolff. ‖ M.D.XXVI. ‖"

Vorhanden z. B. in Berlin.

---

[1]) Brentii Opera VIII, 1008. [2]) Zw. VII, 490. [3]) De Wette 3, 98. Enders 5, 330. [4]) Zw. VII, 517. 519. 522 f.

In demselben Jahre erschien in Deutschland ein Nachdruck:

„Billiche antwortt, ‖ Johan Ecolampa- ‖ dij auff D: Martin Luth ‖ ers bericht des sacramẽtts ‖ halb, sampt einem kurtzen ‖ begryff auff etlicher Predi ‖ ger in Schwaben gschrifft ‖ die wort des Herren ‖ nachtmals an ‖ treffendt. ‖ Ich bitt vmb verhör. ‖ M. D. XXVI. ‖" Mit Titeleinfassung. 36 Blätter in Quart[1].

Vorhanden z. B. in München HSt.

Der erste Theil ist eine Antwort auf Luthers Vorwort; am 18. Juli hatte der Verfasser denselben ausgearbeitet[2]. Der zweite Theil ist ein kurzer Auszug aus der im Antisyngramma gegebenen Widerlegung der Schwaben. Im September las Luther diese Schrift. „Provocatus sum ab Oecolampadio" schrieb er am 13. September an Nik. Hausmann[3]. Er erkannte, daß er selbst in den Streit eintreten müsse. Denn Oekolampad hatte u. a. gesagt: „Warumb hast du das feüwr laßsen uber hand nemen? und du sihest mit lachendem munde zů . . . Wann der recht war gaist Gottes dich yetz zůr zeyt nit het verlassenn, und wyssest du etwas uns zů güttem dienent, du wurdest es nit verhalten. Wolan, ich wünsch dir noch von hertzen, das dir wider keret werd der Fürstlich, geschlacht und freüwdreich gaist Christi." Das Resultat dieser Provokation war — nach einigen Vorspielen — die im Jahre 1527 erschienene Schrift Luthers: „Daß diese Worte Christi 'Das ist mein Leib' noch feststehen wider die Schwarmgeister."

Auch Zwingli ging auf Luthers Vorwort zu dem Syngramma näher ein, indem er diese Schrift in seiner amica exegesis kritisirte und erklärte: Tuo nomine ideo nobis dolet huius libri commendatio, quod dolet quidquam existimationi tuae decedere. At fieri nequit, ut non aliquid patiatur, quum librum undique iacentem ac ieiunum sic efferas, quasi Caesaris victoriam canas aut Hectoris cum Achille monomachiam[4].

Es ist aber noch die Frage zu beantworten, ob es auffallend ist, daß Luther dem Syngramm eine so warme Empfehlung mitgab, oder ob die Lehre vom Heiligen Abendmahl, welche dasselbe vorträgt, mit seiner eigenen Lehre übereinstimmt. Wenn man auch nicht mehr, wie es früher vorgekommen, die Anschauung der Schwaben als im Grunde mit derjenigen der Schweizer verträglich oder gar identisch ansieht, so meint man doch auch heute noch eine Differenz zwischen ihnen und Luther statuiren zu müssen. Köstlin hat dieselbe folgendermaßen formulirt, nachdem er die früheren Mißdeutungen zurückgewiesen: „Immer aber bleibt es dabei, daß sie ein Genießen des gegenwärtigen Leibes durch den Mund des Kommunikanten und vollends einen Genuß desselben auch durch den Mund ungläubiger Abendmahlsgäste nicht kennen (was später geradezu zu einem Schibboleth der reinen lutherischen Lehre gemacht worden ist). Hier nun hat Luther, der so strengen Blick auf jede neue Regung des „sakramentierrerischen" Irrthums richtete, sicherlich die Abweichung von dem, was ihm die volle Wahrheit war, nicht übersehen. Er muß also, indem er nichtsdestoweniger dem Syngramma solchen Beifall gab, dennoch in dieser Wahrheit zwischen dem, was die Hauptsache ausmache, und dem,

[1]) Abgedruckt bei Walch Bd. XX Sp. 727—793. [2]) Zw. VII, 527. [3]) Enders 5, 383. [4]) Zw. III, 471 ff.

was man daneben noch hingehen lassen könne, unterschieden haben". Zunächst nun scheint uns die Annahme, daß Luther in dem Syngramm etwas gefunden, was man noch hingehen lassen könne, allzu schwierig zu sein. Denn gerade in den Briefen an seine vertrautesten Freunde hat er dasselbe ohne jede Einschränkung so hoch gelobt, daß er selbst seine „Verwunderung" über die Freude, die er daran fand, aussprach. Sodann lagen ihm gleichzeitig drei gegen die Schweizerische Abendmahlslehre gerichtete Streitschriften vor, diejenige des Willib. Pirkheimer, die des Theob. Billikanus und das Syngramm. Auch die zweiterwähnte Schrift wurde in Wittenberg nachgedruckt. Aber unter diesen wählte er das Syngramm aus, als er ein „Bekenntniß seines Glaubens" ausgehen lassen wollte. Endlich ließ er einige Zeit später von demselben Buche noch eine zweite Übersetzung anfertigen. Diese nun verhält sich so frei gegen das lateinische Original, daß sie als eine Umarbeitung zu bezeichnen ist; die Lehre vom Heiligen Abendmahl aber ist auch hier ungeändert geblieben (vgl. unten S. 524 ff., besonders S. 527, Z. 14 ff. v. u.). So würde doch nur die Möglichkeit bleiben, daß Luther das Syngramm nicht genau genug studirt habe, um die Abweichung von dem, was ihm volle Wahrheit war, zu bemerken. Aber ist eine solche wirklich vorhanden? Die Quelle dieser Annahme ist die Art und Weise, wie Brenz die Möglichkeit, daß das Brod den Leib Christi in sich haben könne, vorstellig zu machen sucht. Er verweist auf die Wirkungskraft eines göttlichen Ausspruches. Nicht allein haurimus ex ipsissimo Christi verbo et sacro eius ore, quod panem coenae corpus Christi pro nobis traditum pronuntiamus (A 4), sondern auch dieses Wort Christi ist die causa efficiens, daß das Brod den Leib Christi in sich hat. Als Analogie verwendet dann Brenz die eherne Schlange in der Wüste, da Oekolampad (A 7ᵇ) ein Wort Augustins über dieselbe zum Beweise dafür, daß im Abendmahl nichts Wunderbares sei, benutzt hatte. Woher hatte die Schlange heilende Kraft? An quia serpens? an quia aeneus? non, sed quia hoc verbum habet: 'Qui percussus adspexerit eum, vivet'; wie Psalm 106 erkläre: 'Misit verbum eius et sanavit eos'. Non ait 'misit serpentem', sed 'verbum'. Cur non ita coenae verbum corpus ad panem ferret, quando ut serpentis verbum in se vim sanandi possederit, ita et coenae verbum secum possideat corpus Christi? (A 5ᵇ, 6ᵃ.) Oder cum Christus ad paralyticum sive ad peccatricem mulierem dixit: 'Remittuntur tibi peccata', nonne in hoc brevi verbo remissio omnium peccatorum includitur et inclusum ad paralyticum et peccatricem adfertur? Praeterea cum iussit Apostolos pacem optare domui in quam intrarent, dicentes: 'Pax huic domui', pacem inclusit et quodammodo pacem verbo captivam dedit (pinguiter enim loquimur ut intelligamur), quam verbo inclusam ad domus inhabitatores apostoli obtulerunt? quis sanus haec negaret. Ebenso werde durch das Wort Christi 'Ich bin die Auferstehung und das Leben' dem Hörer das wirkliche Leben dargeboten, durch das Wort 'Ich bin dein Gott' Gott selbst gegeben. Simili ratione, cum Christus dixit: 'Corpus meum pro vobis traditur et sanguis meus pro vobis effunditur', nonne in hoc verbum corpus et sanguinem conclusit (absit verbo invidia) usque adeo, ut quicunque hoc verbum adripiat et credat fideque teneat, arripit, accipit, habet et tenet verum corpus et verum sanguinem Christi, eum scilicet qui nobis effusus est, non spiritualem, sed carnalem? Siquidem sanguis spiritualis non est pro nobis effusus, sed carnalis. Iam cum solum verbum tantae est energiae, ut ad nos adferat corpus Christi corporale, illud scilicet quod pro nobis traditum est, et sanguinem corporalem, qui pro nobis effusus est, cur non eandem energiam retineret, cum ad panem et calicem adcedit? An hoc verbum 'corpus pro te traditur' continet corpus, et auditori id ipsum adportat. Cum vero adcedat ad panem: 'Hoc est corpus meum, quod pro vobis traditur', non eadem retineret quae ante? Panis ne aliquid verbo adimet? Absit, sed verbum ad panem fert id quod in se continet. Continet autem corpus Christi verum corporale, proinde fert et corpus ad panem. Habeo igitur quale miraculum confiteamur esse in pane et calice coenae domini. Totum miraculum verbi miraculum est, quo distribuitur corpus et sanguis per panem et vinum, non qua panis et vinum, sed qua hoc verbum habent: 'Hoc est corpus, hic est sanguis'.

Damit schließt diese ganze Darlegung. Wie die letzten Sätze zeigen, sollte damit die Frage Oekolampads (A 6ᵃ sqq.) beantwortet werden, welches Wunder man denn im Heiligen Abendmahl statuire, ob dasselbe nicht absurdum sei. Die Antwort ist, es sei nichts anderes als die „in ähnlicher Weise" auch in anderen Fällen sich zeigende Wundermacht des von Gott Gesprochenen. Daraus aber folgt auch, daß es nicht statthaft ist, die von Brenz zur Illustration verwandten Analogien über das tertium comparationis hinaus zu premiren; weder so, daß man auch die Art, noch so, daß man auch die Bedingungen des Empfangens als in den verschiedenen Fällen gleichgedacht annimmt. Mit jenen Analogien ist nichts darüber ausgesagt, ob der Leib Christi durch den Mund und auch von Unwürdigen empfangen wird oder nicht. Hierüber geben die angeführten Sätze höchstens eine Andeutung dadurch, daß bei Erwähnung des in der Predigt angebotenen, durch den Glauben geschehenden Empfanges des für uns gegebenen Leibes Christi als Bedingung des realen Empfanges die gläubige Annahme postulirt wird, bei der Anwendung aber auf das Heilige Abendmahl diese Bedingung nicht wiederholt ist. Vielleicht würde ein vorsichtigerer, für weitere Kreise schreibender Schriftsteller sich ausdrücklich gegen eine zu weit gehende Verwerthung jener Analogien verwahrt haben. Aber andere Stellen unserer Schrift scheinen uns doch zu zeigen, daß auch Brenz einen Empfang des Leibes Christi durch den Mund (in demselben Sinne wie Luther) und auch bei Unwürdigen annahm. Freilich hatte Oekolampad die erstere Frage nur beiläufig, als er über das „terere dentibus" spotten wollte, und die zweite Frage gar nicht berührt. Daher finden sich auch im Syngramm, welches als nur für Oekolampad geschrieben genaueste Bekanntschaft selbst mit den Worten seiner Schrift voraussetzt, keine ausführlichen Erörterungen über dieselben. Aber doch möchten wir folgende Stellen für hinreichend klar halten:

Corpus Christi, quod per verbum pani allatum est, nihil prodest solum, sine fide manducatum et, ut Paulus ait, indigne, tunc enim magis oberit (D 8ᵃ). Quis inique ferat a nobis si dixerimus corpus Christi tractari a manibus et dentibus atteri? Non quod haec corpori Christi, sed quod pani, qui est corpus Christi, conveniant? Nam quando panis sit per verbum corpus Christi, cur non pani, qua corpus Christi est, convenirent quae corpori? Hinc est, quod panis . . . vivificus est, quia caro Christi, quae iam per verbum pani adcessit, vivifica est, vitam praestans mundo, manente interim pane in sua, qua ante fuit, substantia (D 6ᵃ). Quid igitur absurdum erit, si fateamur corpus Christi incomestibile carnaliter nos edere, dum panem coenae edimus? (D 8ᵃ) Edere corpus domini parum profuerit, imo potius obfuerit, nisi fide edas, quemadmodum audire Euangelium quid proderit nisi et spiritu audieris? An autem euangelium externum non ideo euangelium erit, quia spiritu audiendum sit? Ita quis colligere auderet, panem coenae non esse propterea corpus, quod corpus Christi fide edendum sit? .. Panis coenae, qua panis est, ita nec contaminat, nec sanctificat, qua vero per verbum est corpus Christi, ita et contaminat indigne edentem et sanctificat digne et fideliter manducantem ... corpus inquinat impie manducantem (E 1ᵇsq.).

Die Frage, ob auch die Ungläubigen den Leib Christi empfingen, wurde aber schon bald aufgeworfen, so daß nun Brenz Gelegenheit hatte, dieselbe präciser zu behandeln. Da nämlich die Straßburger Prediger in einem Schreiben vom 1. Dezember 1525 den Herren von Gemmingen das Syngramm so deuteten, als wäre kein wesentlicher Unterschied zwischen demselben und Oekolampads Auffassung, so versammelten sich die Schwäbischen Prediger nochmals, wohl eben bei jenen Herren, und protestirten gegen solche Mißdeutung ihrer Anschauungen, nunmehr aufs schärffte hervorhebend: „Ir predigt also, were disse wort gleub: 'Diß brot ist mein leyp', so sey es auch also. Ir bekenndt ye, das diß wort war sey: 'Das brot ist mein leip'. Dan so es nit war were, so wurd der gleub falsch sein. So nu das wort war ist, so muß ye das brot der leyb cristi seyn, Man glaubs oder nit ... Ist diß wort war 'das brot ist mein leyp' mit glauben, so ist es auch war on glauben.[1]" Oder, wie Brenz am 13. April 1527 an die Reutlinger schrieb: Aliud est accipere, aliud utiliter accipere. Incredulus accipit panem et vinum coenae Dominicae, qui sunt corpus et sanguis Christi. Sed quia non credit, accipit ea non utiliter, sed sibi in iudicium ... Quemadmodum sol semper lucidus est, etiamsi coecutiens a sole subinde magis excoecetur. Daher solle man die „Zeichen" nicht fulcimen nennen, sondern instrumentum aut medium, quibus cibus ille spiritualis, de quo Ioh. 6 scribitur, distribuitur[2]. — Demnach können wir eine sachliche Differenz zwischen dem Syngramm und Luthers Lehre nicht finden. Nur darüber könnten wir uns wundern, daß Schwächen in der Beweisführung ihn nicht hinderten, solche Freude an dem Buche zu haben. Doch lag es ja in seinem Charakter, dann, wenn er sachlich nur zustimmen konnte, nicht erst zu fragen, ob er selbst es vielleicht noch besser gemacht haben würde.

Vgl. die Schriften über das Abendmahl und den Abendmahlsstreit, z. B. Ebrard, Das Dogma vom heiligen Abendmahl II, 162—192; Kahnis, Die Lehre vom Abendmahl, 333—348; Dieckhoff, Die evangelische Abendmahlslehre im Reformationszeitalter I, 514—654; ferner: Baur, Zwinglis Theologie, II, 268 ff., bes. 328 ff.; Hartmann und Jäger, Joh. Brenz I, 140 ff.; Herzog, Joh. Oekolampad II, 93—113 usw.; Köstlin, M. Luther II², 86 f.; Ders., Luthers Theologie II, 140 ff.; Kolde II, 273 ff.; Ders. in Zeitschr. f. K. G. XI, 472 ff.; Keim in Theol. Jahrb. XIII, 574 ff. usw.

Ausgabe.

„Gegrundter vnd || gewisser beschlus, etlicher Prediger zu Schwa || ben vber die wort des Abentmals Christi || Jesu (Das ist mein Leib) an Johan || nem Ecolampadion geschriben, || von newem durch Johannem || Agricolam

[1]) Zw. VII, 462. Pressel, Anecdota Brentiana S. 8—24, bes. S. 23. [2]) Füsing, Ref. der Stadt Reutlingen S. 119 ff.

verdeuitzht *[so]*. | Aigentlicher bericht D. Martin Luthers, den yr- || thumb des Sacraments betreffend. || Hagenaw, durch Johan Secerium. | Anno xxvi. ||" Titelrückseite bedruckt, 40 Blätter in Quart, letzte Seite leer. Auf der Rückseite des Titels die Widmung Agricolas „Dem Erbarn Johan Durh, der Graffschafft Mansfeld gemeinem Cantzler".

Nach der Wittenberger Ausgabe des lateinischen Syngramma gearbeitet, daher schließend (Bl. K 4ᵃ, Z. 25): ... am zwelfften (so) tag || des Weinmonds, Anno M.D.XXV. ||" Luthers Vorrede steht Bl. Aii — A4. Vorhanden z. B. in der Knaakeschen Slg., Augsburg, Eisenach, Hamburg, München HSt., Stuttgart, Wolfenbüttel.

In den Gesammtausgaben findet sich Luthers Vorrede Wittenberg Bd. II (1551 G. Rhawen Erben) Bl. 117 ff., (1569 P. Seitz, 1588 Sim. Grönenberg) Bl. 100 — 102, (in anderen Auflagen) Bl. 168 ff.; Jena Bd. III (Chr. Rödinger 1556) Bl. 340ᵃ — 342ᵃ (Th. Rebart 1565 Bl. 284 — 287); Altenburg Bd. III S. 473 — 475; Leipzig Bd. XIX S. 386 — 388; Walch Bd. XX Sp. 721 — 727; Erlangen Bd. 65 S. 179 — 185. Auch ist dieselbe abgedruckt auf Bl. K 4ᵇ — L 4ᵃ der Schrift:

„Etliche fürneme Schrif- || ten, Doct. Martin Luth. || Darin die reine Christliche lehr vnd be- || kandtnuß vom H. Abendtmal vnsers || Herrn Jesu Christi begriffen ist. || [Weitere 10 Zeilen] || Wider die alten vnd newen Schwarm- || geyster, den einfeltigen zu vnterricht vnd war- || nung, auffs new zusammen getruckt. || Nürnberg, M.D.LXI. ||" Am Ende: „Gedrückt zu Nürnberg, durch Jo- || hann vom Berg, vnd Ulrich | Newber. M.D.LXI. ||" In Quart.

Vorhanden z. B. in Hamburg Stadtbibl.

In lateinischer Übersetzung findet sich Luthers Vorwort in der oben S. 450, Anm. 4, notirten Ausgabe des Syngramma vom Jahre 1561.

Martinus Luther

Allen Lieben Freunden ynn Christo.

GNad und Fride ynn Christo, unserm Herrn und Heilande. Es ist ein latinisch Buchlin, Syngramma genennet, durch die Prediger ynn Schwaben ausgangen wider die newen rotten, so von dem Sacrament newe trewme auffbringen und die welt verwirren, welchs mir so wolgefiel, das ich dasselbige willens war zuverdeutschen, die weyl ich sunst vor vilem schreiben und sachen nicht hab konnen ein sonderlichs yn der eil schreiben. Nu sich aber das auch verzog, ists ynn des von meynem guten freunde Magister Johanne Agricola, Pedagog zu Eisleben, verdeutscht, das ich der muhe nu bin uberhaben. Ich versahe mich auch zu der zeit, da ich wider die Himlischen Propheten schreyb und des Carlstads 'Tuto' angreyff[1], das noch dahinden solten sein, die mit dem 'Est' und 'Significat' sich solten herfur thon und sonderlich so gelerte menner; weil es doch so ein kindischer, untuchtiger grund ist, der kein exempel ynn der schrifft hat; und wenn er schon ein exempel hette, dennoch damit nicht beweiset mocht werden, das auch ynn den worten 'Das ist mein Leib' sollte unnd muste so genomen werden; das werden sie nymer mehr beweisen, das weis ich furwar. Denn es gar viel ein anders ist, wenn ich sage: 'das mag so heissen' und wenn ich sage: 'das muß so heissen und kan nicht anders'. Auff das erste kan sich das gewissen nicht verlassen, auff das ander aber kan sichs verlassen. Ich meynet auch, meyne auch noch, das ich diese sache ynn meym Buchlin wider den Carlstat[1] also habe gegrundet, das sie niemant solle umbstossen, sihe auch noch nicht, das meine grunde, daselbst gelegt, recht sind angegriffen oder bewegt. Aber mein schreiben ist bey den hohen Geister veracht, das sie die nicht ansehen, meynen, wenn sie nur dawider winden, so sey es alles schlecht und musse anders davon schreiben. Wolan, synt das ich noch nicht die zeit habe, wider disen geist ynn sonderheit zuschreiben, will ich mit diser vorrhede meinen glawben bezeugen und wer sich will warnen lassen, trewlich raten, das sie sich fursehen vor diesen falschen Propheten, welche unsern got heissen einen 'Gebacknen got', ein 'Brodtern got'; uns heissen sie 'gots fleyschfresser', 'gots blutseuffer'[2], und weis nicht, wie vil mehr grewlicher lesterwort, und sind doch

[1]) Erl. 29, 134 ff., bes. 223 ff. [2]) Crediane tu impanatum Deum? Esne tu σαρκόφαγος? Sic de vestris multi fratres ex Argentina ad nos referunt, Ep. Io. Brentii de uerbis Dom., A 7a. Barbaries plus quam Scythica vel Diomedea est, in panis involucro ceu in enigmate ipsam hospitis carnem quaerere, Oecol., De genuina *etc.* A vb. Impanatum

ynn des gedultige, senffte leute, die gros verfolgunge leyden unnd Christum recht erkennen[1]. Der teuffel aber wolte[2] der gedult und senffte, die den glawben sturtzt. Aber ich hoffe, solche grewliche lesterung solls bald ein ende mit yhn machen. Wie wol wir solch jemerlich wesen und secten wol verdient haben durch unser undanckbarkeit und verfolgung des Euangelii unnd noch ergers verdienen, das auch komen wirt leyder.

Auffs erst ist dise Secten so fruchtbar, das sie ynnwendig eym jar funff oder sechs kopffe hat gewonnen. Der erste war D. Carlstad mit seym 'Tuto'.

---

corpus Christi, *Ders. das.* C 6^b *und* G 8^b; *σαρκοφαγία* K 5^a; mirabiles sunt illae animae vestrae carnivorae, K 6^b. Obtinere volumus, quod corporalem et sensibilem Christi carnem edi tradere non modo impium sit, sed etiam stultum et immane, nisi apud *ἀνθρωποφάγους* fortasse degas, Zwingli, Commentarius, Op. 3, 250 *f.* Urbano Rhegio 672, *Z.* 9 *ff.* *Auf obige Beschwerde Luthers antwortet Oekolampad* (Billiche Antwortt ... B ^{b} f.): Wir müssen dir falsch Propheten und gots lesterer sein und bringest ettlich ursach: Nemlich das wir ewern Gott den brötenen unnd gebachnen got nennen unnd euch gotsfleischfresser und gotsblutsauffer ... So wir rätwerun mißverstandt anzeygen, so volgen selbs solch ungebürliche ungeschickte, die denn solche wort mit inen bringenn; sonst ist uns nit wol mit spotten. Darumb aber fellt nit die schmahe auff unsern waren und hohen Got, .. aber auf die, so göttlich ere in die lügen durch iren fleyschlichen verstandt verkeren thun. Wolan, lieber Martine, ist es die warhayt die du darvon redest, solt du dich nit irren lassen die wort, sonder die für deyn grosse ere halten. Willt aber du dich der namen beschemen, so machest du dein lere argwönig; ist dann dein lere argkwönig, wie würdestu dann den namen entrinnen? .. Ist der leyb Christi wesenlich brot und die gothrit ist nit gesündert von dem leib, wil uns erlich sein, das wir bekennen ein brötenen got .. So im aber nit also ist, so gat die lesterung nit auß unserem sonder deinem mund.

[1]) „APOLOGIA ‖ MARTINI BVCERI QVA ‖ fidei suæ atque doctrinæ, circa Christi Cœ- ‖ nam, quã, tum ipse, tũ alij Ecclesiastæ Ar ‖ gentoracenses profitentur, rationẽ sim ‖ pliciter reddit, atq; citra dentem de- ‖ pellit, quæ in ipsum Epistola quæ ‖ dã Io. Brentij Ecclesiastæ Ha ‖ lensis, inscio, ut creditur, authore ædita, crimi- ‖ na intendit. ‖ ANNO. M·D·XXVI· ‖" 30 Blätter in Oktav. Am Schluß: „Argen. VIII Martij, M·D XXVI·" *Hier heisst es Bl.* A 6^b *von Oekolampad und Zwingli:* „Purissime et fortissime Christum docent, tantam perferentes cottidie persequutionum molem, ut vix alios in tota Germania existimem ferre parem, etiam reliqua exemplari Paulino, proxime respondent, fide, longanimitate, charitate placiditate, promptitudine docendi, tolerantia etiam malorum et qui veritati obsistant. *Vgl. das. Bl.* A 7 *und* A 8^a. *Oekolampad in* Apologetica, *Bl.* N ^{a}: Beatos nos, qui quum fidem ac veritatem, pacem ac charitatem praedicamus, mala omnia ab hominibus audimus. *Ähnlich öfter, z. B.* De genuina *etc. Bl.* A 2^a *und* B v^a. *Gegen obige Ausführungen Bucers vgl. auch des Justus Jonas Brief an denselben vom 24. Juni 1526, bei Kawerau, J. Jonas, I, 99 ff. Oekolampad erwidert* (Billiche antwortt B ij ^{a}): [Daß etliche Brüder gesagt,] „das wir nit so böß leüt seynd, als man uns machet ..., das hat dein hochtrabenden geyst also gespert, das er gumpet unnd schlecht ... Aber der Christenlich leser wirt wol mögen abnemen, das wort seind eins erzürnten menschen, welcher nit anders kan, so er im selbs entlauffen ist, vermaint er, das keyn grösser sünd und unbillichs auff erdtreych sey, dann das man in angerürt hab; da ist dann ein jämerlich wesen und bricht himel und erden zusammen, das man im sagt, er möge auch als ein mensch irren, und die so auff in sich verlassen mögen auch verfälen. Ey so stürtzt man den gantzen glauben umb." [2]) *d. i.* wollte.

Der ander Huldrich Zwingel mit seym 'Significat'. Der dritte ist Johan Ecolampadius mit seiner 'Figura Corporis'. Der vierde keret die ordnunge des texts umb[1]. Der funfft ist auff der ban, der versetzt die wort[2]. Der sechst steckt noch ynn der geburt und wurffelt die wort[3]. Der sibend wirt villeicht auch etwa komen und die karten mengen[4]. Ein yglicher will hie meister werden. Da sihe, ob uns nicht der geist Gots gnugsam warnet vor disen Secten, die ynn yhrem anfang so sich teylet? Wo sollt dis bilde anderswo hin gehoren denn unter die thiere in Apocalypsi, da auch etliche thiere sind, Off. 13, 1
die einen leib und vil kopffe haben; gleich wie dise Secten ynn der summa einerlei halten und gleich ein leib sind, Aber ynn ursachen unnd grunden anzuzeigen hat ein yegliche rotten yhren kopff und yhre weise, doch alle uffgericht zu lestern die einige einsame christliche warheit. Wer sich nu nicht stosset noch warnen lesst an dem grewlichen bilde und Gots vermanunge, der ist wol werd, das er glewben muste, das ym Sacrament nicht allein eytel brot unnd wein were, sondern das es eytel Pfifferlinge oder Morchen weren.

Zum andern pflegt der rechte geist nicht alleine zumeiden widerspenstige grunde unnd ymer einerley grund auch ynn allen seinen predigen fur zulegen ynn aller welt; denn er ist nit ein got der zwispeltikeit, sondern der einfeltikeit. Ja, er legt auch bestendig grunde, also das yhe lenger man dawider ficht, yhe fester sie werden und zunemen. Aber ynn diesem thiere geht es anders zu. Der erst kopff, Carlstats 'Tuto', ligt schon und hat nicht einen buff mugen halten, das sie selbs mussen bekennen, er hab gefelet, unnd sey der geist da nicht

---

[1]) *In Luthers Brief vom 27. März 1526 heisst es dafür:* quarta C . . . qui offensus scilicet sic verba disposuit: „Quod pro vobis traditur est corpus meum" *(Enders 5, 330). Diese Formel ist vorgetragen in:* „[A]Ntwurt dem Hochge ‖ lerten Doctor Joan. Bugenhag ‖ vß Pomern, Hirt zů Wittenberg, vff die Missiue, ‖ so er an den Hochgelerten Doctor Hesso ‖ Leerer zů Preßlaw geschickt, ‖ das Sacrament ‖ betreffen ‖ dc. ‖ Durch Cůnrad Ryssen zů Ofen ‖ gemachet. ‖" *[Darunter ein vierzeiliger Vers.] 10 Blätter in Quart; letzte Seite leer. Wohl Druck von Chr. Froschouer in Zürich. Vorhanden z. B. in München HSt., Weimar. — Darin heisst es (Bl. A 1b):* „Das wörtlin 'Das' kan unnd mag nach aller sprachen art uff das nachvolgend 'Der für üch darggeben wirt' verstanden werden. Dann Christus hat das brot genommen, danckgesagt, gebrochen, den jüngeren ggeben und gesprochen: 'Nemmend und essend; der für üch darggeben wirdt, das ist min lyb; das thůnd in miner gedachtnuß.' *Für die Annahme, dass Martin Cellarius der Verfasser dieser Schrift sei (vgl. besonders Enders 6, 330 [nach Keim]), fehlen noch durchschlagende Gründe. Vgl. auch Enders 3, 320 f. 5, 191 f. Zw. III, 614. VII, 563. VIII, 83. Jedenfalls wird dieselbe Erklärung der Einsetzungsworte vorgetragen von Johannes Landsperger in seiner Schrift von 1527* „Eyn brüderliche Supplication vnd vermanung, an Rector vnd alle glider" usw. *(s. unten S. 476). Hier heisst es Bl. A 8a:* „'Das ist mein leib' ist als vil: das, das da geben wirt für euch, ist mein leib". *Der Annahme, dass eben Landsperger sich unter dem Pseudonym „Kunrad Ryss" verborgen hat, dürfte nichts im Wege stehen, vielmehr manches günstig sein.*
[2]) *Die Ansicht des Valentin Krautwald und des Caspar Schwenkfeld, welche Luther in jenem Brief vom 27. März 1526 so wiedergiebt:* „Corpus meum, quod pro vobis traditur, est hoc, scilicet spiritualis cibus". [3]) *Die Ansicht eines Kölners, von der Luther durch Melanchthon wusste (vgl. Enders 5, 330. De Wette 3, 98.)* [4]) *vgl. Enders 5, 60 ff.*

daheymen gewest[1]; unnd hilfft hie kein verschonen, das heilige leute zuweilen strauchlen ym glawben unnd leben, wie es denn war ist. Aber grunde der lere zulegen, sonderlich so sie new soll uffgehn, hat er seine lerer nie lassen feelen; er lesst die grunde woll schwach sein, aber doch nicht fallen noch unterligen, sondern, wie gesagt, zunemen und obligen, nicht wie des Carlstads 'Tuto' gefallen ist unnd ligt. Desselbigen gleichen geet es des Zwingels 'Significat'; das hat auch den kopf nider gehengt und stirbt frei dahin. Denn man kan kein 'Significat' inn der schrifft uffs 'Est' bringen; und wen mans schon etwa auffbrecht (wie sie nicht konnen), so mugen sie es doch nymer auffs 'Est' ym abentmal bringen, und hat also der geist alda auch gefeelet unnd ligt. Das sind zwo grosse vermanunge und warnunge Gots allen, die yhn furchten und recht glewben wollen. Man kan ja den teuffel nyrgent so wol bey kennen als bey der lugen und zwispeltikeit ym glawben, und den geist Gotts nyrgent so wol kennen als bey der warheit. Aber es hilfft nit, die welt muß und will verfuret sein, gleich wie zu Arrius zeyten auch der gleichen lugen wurden funden zur warnunge, aber doch nichts halff.

Zum dritten ist diser geist zu mal ein fluchtiger odder schwebender geist, der auff keinem stuck bleibt, wie ich sie beyde ynn schrifften und worten versucht habe. Wenn man von yhn foddert, das sie disen spruch 'Das ist mein Leib' oder der gleichen sollen beweisen, das er auff yhre meynung und anders, denn die durren naturlichen wort lauten, zuverstehen sey, so sahen sie ein ander liedlin an, nach dem sie wort und gedancken voll sind. Sagen da her aus cap. vi. Johannis, wie zweyerley essen sey, geistlich und leiplich, alls wuste das zuvor niemant, oder loben sich ein mal, wie sie frum sind unnd viel leyden[2], oder trotzen, wo zu es nutze sey, das Christus leib und blut da sein musse[3], oder reyssen sunst etwas herein, das sie ja auff den worten nicht bleiben mussen, sie wurden sunst gefangen; fullen also bletter und oren mit vergeblichen worten, das eyner greiffen mus, wie sich der Sathan furcht und ynn alle gestalt verwandelt, das er nicht erhaschst[4] werde ynn seiner lugen. Sage ich denn, solch umbschweyffen und aufflucht thut nit zur sache; sie sollen mir auff den worten bleiben und daselbst an dem ort uß dem text beweisen yre meynung: Ja wol, da hab ich den ahl beym schwantz, da furen sie mich wider yns cap. vi. Joannis oder sunst auff einen affen schwantz, das man ynn des durch vil geschwetz von der sachen kompt und doch nichts ausricht. Das ist ein rechte Satans kunst, so zu schweben, wie die nacht brende faren des abents auff dem felde.

Darumb sage ich mein urteil; wie wol sie es hoch verdreußt, so weis ich dennoch, das war ist, denn ich kenne ynn disem fall den glawben und den teuffel wol. Es sind zween grunde yhres yrthumbs: Einer, das bey der vernunfft

---

1) *Zw. III, 591 f. 330.* 2) *Vgl.* I. Oecolampadii De genuina etc. *Bl.* A ij *und* B v *und* L 5ᵇ. 3) *Vgl. daselbst, Bl.* D 5 *und* K 5ᵇ. 4) *Wohl Druckfehler f.* erhascht.

fast ungeschickt ding ist, Der ander, das unnotig sey, Christus leib und blut ym brot und wein zusein; das ist Absurditas et nulla necessitas. Diese zwey stuck haben sie gefasst und sinds also aus anfechtunge des Sathans durchgangen, wie ole durchs gebeine gehet, Psal. 108., das sie der nicht mugen los werden. Ps. 109, 18 Darnach, nun sie solch gemalte brillen vor den augen haben, komen sie zur schrifft getrollet, suchen, wie sie yren synn hynein tragen und die schrifft auff yhre meynung ziehen. Da hebt sichs denn, da mussen die wort nicht zuverstеen sein, wie sie von art lauten; man mus sie denen und biegen, da ein Tuto, da ein Significat, da ein Figura, da die wort umbkeren, da den text versetzen, da den text mengen wie ein karten. Sihe, da komen die secten her; bliben sie aber auff den worten, wie sie da stehen, oder beweiseten aus dem text unnd folge oder sunst mit gutem grunde, das die wort anders, denn sie lauten, zuverstehen weren, so wurden sie keine rotten anrichten.

Wollen sie nun yhre meynunge bestettigen, so mussen sie warlich das schwert anders ynn die hand nemen; die fur gelegten schrifften, es sey gleich Subsidium[1] oder Antisyngramma[2], werdens nit thon; verfuren mogen sie vil, aber grundtlich nichts ausrichten. Will hiemit auch all frome Christen ermanet haben, das sie sich fursehen vor diesen Secten und bleiben bey den reynen lautern worten Christi; wir haben ja das vorteil, das wir die wort wie sie nicht dorffen denen noch biegen. Bit auch, das ir dises buchlein fleyssig wolt lesen; so mir Got zeyt gibt, will ich ynn sonderheit davon schreiben, dancke ynn des meinem Got, das er den Teuffel nit stercker lugen, denn dise synd, lasst uffbringen. Gotts genad sey mit uns allen.

---

1) *Zwinglis* Subsidium sive Coronis de Eucharistia, *Werke III, 326 ff.* 2) *Vgl. Oekolampads oben (S. 449) beschriebene Schrift* „Apologetica".

Schreiben an Johann Herwagen.

1526.

Durch seine Vorrede zur deutschen Übersetzung des Syngramma Suevicum meinte Luther klar und eindringlich genug seine Stellung zur schweizerischen Abendmahlslehre kundgethan zu haben. Die Schweizer aber waren dadurch in eine höchst unangenehme Lage gebracht. Luther hatte öffentlich vor ihrer Lehre gewarnt, die Widerlegung derselben durch die Schwaben jedoch, auf welche er sich dabei berufen hatte, meinten sie schon zurückgeschlagen zu haben. So mußten sie eine Fortsetzung des Kampfes durch Luther selbst wünschen. Und bald kam ein Vierfaches zusammen, um ihn wenigstens zu abermaliger Darlegung seines Standpunktes zu bewegen.

Bugenhagens lateinischer Kommentar über den Psalter war durch lobende Vorworte Luthers und Melanchthons derartig empfohlen, daß sein Inhalt als eine Darstellung der Wittenberger Theologie aufgefaßt werden mußte. Dieses Buch hatte Bucer in Straßburg ins Deutsche übersetzt. So erschien es 1526 unter dem Titel:

„PSalter wol ver‖ teutscht auß der heyli‖gen sprach. ‖ Verklerung des Psalters, ‖ fast klar vnd nutzlich, Durch Johann Bu‖genhag auß Pomern, Von dem Latein ‖ inn Teutsch, an vil orten durch ‖ jn selbs gebessert. ‖" .... [9 Zeilen] .... „Gedruckt zů Basel, ‖ durch Adam Petri, im iar. ‖ M. D. XXVI. ‖" Mit Titeleinfassung. 24 ungezählte und 210 gezählte Blätter in Folio. Am Ende: „Gedruckt zů Basel durch ‖ Adam Petri, im Jenner, des iars ‖ M. D. XXVI. ‖"

Bucers Vorrede ist datirt vom 3. Oktober 1525. Vorhanden z. B. in Berlin, München HSt., Stuttgart. — Gleichzeitig erschien bei demselben Drucker eine zweite Ausgabe in Oktavformat, 63 Bogen umfassend, unter gleichem Titel.

Obwohl Bucer seit Ende des Jahres 1524 „mit Händen und Füßen zu Zwinglis Abendmahlslehre übergegangen war"[1], und dieser ihn von jener zur Verbreitung der Wittenberger Lehre dienenden Arbeit abzubringen suchte[2], hatte er parandi victus causa sie vollendet; taedia multa devoravit[3]. Doch hatte er in seine Übersetzung die schweizerische Abendmahlslehre anstatt der von Bugenhagen vertretenen eingetragen; quaedam meliora reddidit nannte es Capito[4], psalterium eius veritate conspurcavi nannte es Bucer selbst[5]. Capito hatte dringend vor solch

---

[1]) Zw. VII, 375. [2]) Zw. VIII, 35. [3]) Zw. VII, 453. [4]) Zw. VII, 454. [5]) Zw. VII, 521.

einem Verfahren gewarnt und Bucer gerathen, seine von Bugenhagens Lehre abweichende Ansicht separat vorzutragen[1]. So wartete man in Straßburg mit Spannung darauf, „wie Wittenberg seine Arbeit aufnehmen werde". Der „autor huius peccati" war aber nicht eigentlich Bucer, sondern Pellicanus in Basel. Dieser hatte den Argumenten des Niederländers Hoen in jenem Briefe[2] sofort gleich Zwingli begeistert zugestimmt. Da nun Bucers Verdeutschung dieses Psalmenkommentars in Basel gedruckt wurde und Pellikan dazu die „Indices" anfertigte, wie er selbst mittheilt[3], so fand dieser Gelegenheit, jene Darlegung der schweizerischen Abendmahlslehre einzufügen. Daher konnte Bucer am 9. Juli 1526 an Zwingli schreiben: Tu dic Pellicano, vocatum in periculum ipsum, me proditurum huius mei peccati autorem[4]. Es war jene Einfügung, wie die erwähnte Warnung Capitos beweist, nicht so geschehen, daß Bucer sie nicht hätte verhindern können. Doch hatte dieser sich für geschützt erklärt durch die von Bugenhagen ihm gegenüber gebrauchte Höflichkeitsfloskel — so beurtheilte Capito diese Wendung[5] —, er möge an dem Werke ändern, was ihm beliebe. Thatsächlich hatte diese Erlaubnis sich nur auf die durch Ersetzung des lateinischen Psalmentextes durch Luthers deutsche Übersetzung nothwendig werdenden Änderungen bezogen. Daher erregte dieses Verfahren in Wittenberg, wo man erst im Juni auf dasselbe aufmerksam wurde, einen Sturm der Entrüstung, zumal da der Freund Pellikans, Leo Jud, in einer (sogleich zu erwähnenden) Schrift auf eine in Bugenhagens Psalter zu Psalm 111, 5 eingetragene Stelle hinwies als auf einen Beweis dafür, daß auch Bugenhagen „klar und lauter geschrieben, der Leichnam und Blut Christi möge nicht denn geistlich und im Glauben genossen werden"[6]. Bucer meinte (am 9. Juli) zu wissen, Bugenhagen habe gegen ihn schreiben wollen, aber der „Herkules selbst" habe beschlossen, cum omnibus monstris simul congredi[7]. Jedenfalls glaubte Bugenhagen sich von dem nunmehr auf ihn fallenden Verdacht einer „Übereinstimmung mit den Sakramentierern" selbst reinigen zu müssen. Diese seine Rechtfertigungsschrift muß zwischen dem 20. Juli und dem 25. August ausgegangen sein, da er sie seinen während dieser Zeit auf dem Reichstage zu Speier weilenden Freunden Spalatin und Agrikola dorthin sendet, damit seine Schrift „in dieser fatalen Sache" dort für ihn rede, wenn man „ihrem Zeugniß allein nicht Glauben schenken" würde[8]. Diese Schrift führt den Titel:

„ORATIO ‖ IOANNIS BVGENHAGII ‖ Pomerani, q̃ ipsius non sit opinio illa de eucha- ‖ ristia, quæ in psalte- ‖ rio, sub nomine ‖ eius Germa- ‖ nice ‖ translato legitur. ‖ VVittembergæ. M. D. XXVI. ‖" Mit Titeleinfassung. 8 Blätter in Oktav, letzte Seite leer, vorletzte Seite Vignette. Am Ende: „Impressum VVittembergæ per Iosephum Clug An- ‖ no domini M. D. XXVI. ‖"

Vorhanden z. B. in Berlin.

Zu diesem Luther erregenden Vorkommnis gesellte sich ein zweites.

Der Freund Pellikans, Oekolampads und Zwinglis, Leo Jud in Zürich, hatte im April 1526 ein Buch ausgehen lassen unter dem Titel:

---

[1]) Zw. VII, 543. [2]) Vgl. Enders 3, 412 ff. [3]) Vgl. B. Riggenbach, Das Chronikon des Konrad Pellikan (1877), S. 187 u. 78. [4]) Zw. VII, 521. [5]) Zw. VII, 543. [6]) S. in Leo Jud's Schrift Bl. 7[a]. [7]) Zw. VII, 521. [8]) Kawerau, Joh. Agricola S. 80 ff.

„DEs Hochgelertē || Erasmi von Roterdam, vñ || Doctor Luthers maynung || vom Nachtmal vnsers Herren Jesu || Christi, neuwlich außgangen || auff den XVIII. tag || Aprellens. ||" 16 Blätter in Oktav, letzte Seite leer. Am Ende: „Geben auf den XVIII. tag Apprel. im M. D. vñ XXVI. jar. ||"

Vorhanden z. B. in Zürich St.

Seinen Namen verbarg er unter der Unterschrift: „Ludouicus Leopoldi, Pfarrer zů Leberaw, dein lieber brůder." Er wendet sich an „Caspar Nagolt, Burger zů Nörlingen", welchen in dem Abendmahlsstreit „fürnemlich bekümmere, daß die zwen hochberůmbten mann in aller welt, Erasmus von Roterdam und Martinus Lutherus yetzund mit andern in diser sach nit ains seyen, so doch dise zween als vil als anheber der rechten leer seyen gwesen", und schreibt: „Es möchte villeycht seyn, dem Erasmo und Luther wurden vil ding zuglegt von etlichen mißgönnern, deren sy aber vnschuldig weren. Auch glaub ich, das in Luthers namen etwan bůchlin außgeen, die aber nit sein seyen". So folgert er denn aus einigen Aussprüchen Luthers: „Deßhalb ist gwüß, daß der Luther nit glaubt[1], das flaisch im brot vnd blůt im wein seye, wie man jmm joch sölchs zůlegt." Z. B. sagt er, um das Papstthum nieder zu werfen habe Luther „in seinem Buche De abrogatione Missae bewärt, das die Meß ain valsch und kain opffer sein mag. So můß er auch der mainung sein, das nit da seye flaysch und blut". Denn sonst würde er Messe und Papstthum nicht bestreiten sondern befestigen. Oder: „Luther nennet diß Nachtmal an vilen orten ain Sacrament. Ist es nun ain Sacrament, so ist es ye nit flaisch und blůt: dann Sacrament ist ain zaychen aines hailigen dings." Also könne es nicht das heilige Ding selbst, Fleisch und Blut, sein. Wenn man aber einwende, daß doch Erasmus und Luther „hin und har an mengem ort irer schrifft sprechen, es sey da leychnam und blůt Christi und man esse es im nachtmal", so erwidere er, „so ferr sy dise wort rechter maynung und nach art des glaubens und götlicher schrifft versten und außlegen lassen, so ist es war und nit wider das vorig", da wir durch den Glauben Christi Fleisch und Blut äßen. Nachdem er dann auf jene von Pellikan in Bugenhagens Psalter eingefügte Stelle als auf einen Beweis von Bugenhagens Übereinstimmung mit den Schweizern hingewiesen, schließt er: „Deßhalb ich ye main, die Wittenberger seyen all sölicher mainung. Und ob gleich villicht in etlichen bůchlinen von Luther anders geschriben were, das disem widersagte, wil ich das selb auß Christenlicher liebe auch im besten versten geschehen sein: dann wer ist, der nit auch zů zeiten irre und dann widerlere? Ob aber, es seye Erasmus und Luther, ye der mainung weren, das im brot wesenlich und leyplich flaisch und blůt Christi seye und leiblich geessen werde, so sag ich unverholen, des, wie hoch sy seind, ir mainung und leer dem wort Gottes, der hailgen schrifft beyder testamenten, dem gaist gottes, dem glauben, der nataur und allem Christenlichen verstand wider ist".

Der Zweck dieser Schrift kann kein anderer als eine Herausforderung sein, da man damals in Zürich genau wußte, wie Luther über die Schweizerische Abendmahlslehre dachte: „Rutlingenses a favore nostro dehortatus est epistola; polli-

---

[1]) Nicht also darum handelt es sich, ob Luther „vor Ausbruch des Sakramentsstreits" anders gelehrt habe, als er jetzt lehre. Gegen Enders u. a.

cetur adversus nos ingentia"; „per epistolas inter Suevos strenue pugnam sustinet"; „totus furit Lutherus"[1]. Daher heißt es auch in jener Schrift: „So ferr nun Luther oder Erasmus diser mainung seind in iren worten, so bitt ich sy umb gottes willen, das sy es dapffer harauß sagen, so kumpt die welt zů rüwen."

Luther[2] aber erkannte in der Einfalt seines Gemüths die Tendenz dieses Vorgehens nicht, verstand vielmehr die Schweizer dahin, als wären sie wirklich noch nicht völlig sich klar über seine Anschauung vom Heiligen Abendmahl. Während also sie im Vertrauen auf die Unumstößlichkeit der von ihnen für ihre Lehre vorgetragenen Gründe eine Streitschrift mit ausführlicher Bekämpfung der von ihnen vorgebrachten Beweise von Luther erhofften, damit sie dann dieselbe widerlegen und die Vielen, welche noch ihm anhingen, auf ihre Seite ziehen könnten, meinte er genug zu thun, wenn er nur auf seine früheren Abendmahlsschriften, vor allem auf die gegen Karlstadt gerichtete Streitschrift von neuem hinwies. Da er erst in diesem vom 13. September datirten Briefe an den Straßburger Buchdrucker Herwagen auf jene Schrift Leo Jud's Bezug nimmt, so wird sie erst um diese Zeit in seine Hände gekommen sein. Hat doch auch Justus Jonas erst vom 28. Oktober seinen Brief an Rühel datirt, mit welchem er diesem seine lateinische Übersetzung der Schrift Luthers „Vom Anbeten des Sakraments" widmete, welche Arbeit ebenfalls durch jenes Verfahren der Schweizer veranlaßt war (vgl. Kawerau, J. Jonas 1, 102 f.).

Diese aber hatten ihrer Ungeduld nicht länger Herr bleiben können. Oekolampad hatte in seiner im Juli geschriebenen „Billichen antwortt"[3] es für ein Zeichen, daß Luther von dem „rechten, wahren Geist Gottes verlassen" sei, erklärt, wenn derselbe nicht eine Schrift gegen die Schweizer habe ausgehen lassen. Nun erst erkannte Luther, was man von ihm wolle. Ehe er aber die Zeit fand, seinen nunmehrigen Entschluß, eine regelrechte Streitschrift abzufassen, auszuführen, erregte ihn ein viertes Vorgehen der Gegner. Der Buchhändler Herwagen in Straßburg ließ durch Bucer Luthers „Außlegung der Episteln und Evangelien", damit sie auch in Italien und Frankreich verbreitet werden könne, ins Lateinische übersetzen. Obwohl Bucer noch vor Beginn oder während dieser Arbeit zu einem Anhänger Zwinglis geworden war, fielen doch die drei ersten Bände so aus, daß Luther damit nur zufrieden sein konnte. Anders der vierte Band, welcher im August 1526 ausgegeben sein wird:

„QVAR- ‖ TVS TOMVS ENARRA- ‖ tionum in Epiſtolas & Euangelia, ‖ ut uulgo uocant, lectiones illas, ‖ quæ in Miſſa feſtis diebus ‖ ex hiſtorijs Euangelicis ‖ et ſcriptis Apoſtoli ‖ cis ſolēt recitari, ‖ Authore Mar ‖ tino Lu- ‖ thero. ‖" 24 ungezählte und 263 gezählte Blätter in Oktav. Auf dem letzten, nicht gezählten Blatt: „ARGENTORATI APVD ‖ IOHANNEM HERVA- ‖ GIVM. MENSE IV- ‖ LIO. ANNO ‖ M. D. XXVI. ‖"

Vorhanden z. B. in Hamburg.

---

[1]) Zw. VII, 476. 478. 481. [2]) Über die Zurückweisung dieser Schrift Leo Jud's durch Erasmus und die Rechtfertigung jenes vgl. Heß, Erasmus v. Roterdam II, S. 271 u. 285 und die Literatur bei Enders 5, 390. Daß er seinen Namen verschwiegen habe, erklärte Leo Jud, sei „uß bemůt und gůter meynung" geschehen. [3]) Vgl. oben S. 451.

Hier hatte der Übersetzer, vielleicht weil ihn Zwingli ermahnt hatte, ganz von dieser beabsichtigten Verbreitung der Predigten Luthers abzustehen[1], sich Zusätze erlaubt, welche direkt gegen den Autor des von ihm übersetzten Werkes gerichtet waren. Obwohl er schon am 9. Juli von der Entrüstung der Wittenberger über sein Verfahren mit Bugenhagens Psalter wußte[2], hatte er doch diesen Band, dessen (zuletzt gedruckte) Widmung vom 27. Juli datirt ist, ausgehen lassen. Da er hier nicht mit demselben Vorwande sich decken konnte wie bei dem Psalter Bugenhagens, so hatte er hier auch nicht seine Vorlage einfach geändert, sondern dem von Luther Gesagten ein Dreifaches gegenübergestellt, zuerst eine auch die Sakramentslehre unter Hervorhebung von Luthers Schärfe und von Zwinglis und Oekolampads Eifer für die Ehre Christi im schweizerischen Sinne behandelnde Vorrede, sodann einige Luther korrigirende Anmerkungen, endlich zur Erklärung der Stelle 1. Korinth. 9, 24 ff. einen Luthers Auffassung, besonders seine Auslegung der Worte „Der Fels war Christus", widerlegenden Brief an den Leser. In diesem sprach er auch das, was er nach vertraulichen Briefen für die Triebfeder Luthers bei dessen Kampf gegen die Schweizer hielt, derselbe wolle Ecclesiae iudicium sibi et suis arrogare solis, dominos se fidei facere[3], mit den freilich anders lautenden Worten aus: Neque indigne feret Lutherus haec mea adnotasse confido, cum Paulus omnibus facultatem prophetandi faciat, 1. Cor. 14. Si qui sint, quibus videar Thersites monere Nestora, vel sus Minervam, ut sunt qui Lutheri authoritatem multo velint haberi maiorem quam vel ipse cupiat, vel etiam Christianismo, in quo unum magistrum Christum esse oportet, prosit, ii meminerint Deum non esse προσωπολήπτην, et prophetias non contemnendas, sed probandas. Spiritus in Paulo loquitur: 'Potestis singillatim omnes prophetare'. Quis huic contradicat? Nemo cordatus denique Luthero tribuet, quod nec ipse agnosceret, ipsum ubique ad scopum germani sensus in omnibus Scripturae locis advertisse, neque uspiam halucinatum (C 4a).

Das erste Ergebnis dieser vierfachen Reizung Luthers durch die Freunde Zwinglis war sein Schreiben vom 13. September an Johann Herwagen, den Verleger der von Bucer angefertigten Übersetzung, in welchem er fordert, eine neue Auflage dieser seiner Predigten dürfe nicht ohne den Abdruck eben dieses gegen die vorgenommenen Zusätze protestirenden Briefes ausgehen, um dieser Bestimmung desselben willen sich der lateinischen Sprache bedienend.

Warum aber dieser Brief doch schon früher, und zwar durch Secerius in Hagenau, gedruckt wurde, ist nicht vollständig klar zu stellen. Wir besitzen darüber nähere Angaben nur von Oekolampad und Bucer, welche naturgemäß die Vorgänge nicht vollständig kannten. Ersterer schreibt am 1. Dezember 1526 an Zwingli: Misit [Lutherus] eam epistolam Secerio, typographo Hagenoiensi, ut si illam Hervagius nolit imprimere, ipse imprimat. Visum autem Bucero, ut Hervagius excudat, sed antidoto Buceri adiecto, nempe apologia, qua et Pomerani criminationi respondebit[4]. In der zu diesem Zweck von Bucer verfaßten, am 25. März des folgenden Jahres fertiggestellten Schrift schreibt dieser: [Lutherus] petiit, ut Hervagius, si quartum Tomum denuo esset excusurus, eam [epistolam] vice antidoti adderet. Ille licet quartum Tomum non esset excusurus, tamen me authore erat hanc epistolam excusurus. Idem Secerio Typographo Hagenoensi,

[1]) Zw. VIII, 35. [2]) Zw. VII, 521. [3]) Zw. VII, 523. [4]) Zw. VII, 566 f.

qui scripserat se illam alioqui impressurum, e vestigio responderat; sed coeperat tum Secerius, non expectato hoc responso, eam excudere ... Idque respondit [Hervagius] se facturum Secerio, simulatque ille [Lutherus] eam misisset et an excudere vellet rogasset. Sed licet Hervagio autographum suum Lutherus misisset, quod adhuc habemus, Secerius nescio a quo commendatum exemplar, non expectato responso, quod intra triduum datum fuit, excudere coepit, pro Hervagio nomine „N" posito; postea respondit ita se facere fuisse coactum. Quis iam huic dedit exemplar, quod Lutherus obsignatum suaque manu scriptum misit Hervagio? quis coegit excudere seorsim, quod antidoti vice Lutherus petiit adiungi quarto tomo?[1] Da hiernach im März 1527 der zunächst interessirte Bucer noch nicht weiß, wer jenen Brief an Secerius gesandt hat, so dürfte die viel frühere Angabe Oekolampads, es sei durch Luther geschehen, nur auf unsicherem Gerüchte beruhen. Wenngleich nichts dagegen spricht, die Angabe für möglicherweise richtig zu halten, so ist doch auch die andere Möglichkeit im Auge zu behalten, daß ein Freund Luthers in Wittenberg vor Abgang des Briefes nach Straßburg von demselben eine Kopie genommen und diese an Secerius gesandt hat, damit der Abdruck auch dann, wenn Herwagen ihn verweigere, geschehen könne. Jedenfalls scheint das Schreiben in Straßburg mehr als drei Tage später angelangt zu sein, als in Hagenau. Denn als Secerius bei Herwagen anfragt, ob dieser dasselbe abdrucken wolle, antwortet dieser, er sei dazu bereit, wenn er den Brief mit einer desfallsigen Bitte Luthers erhalten haben werde. Nach Bucers Angabe hat dieser selbst ihn zu solcher Zusage bewogen. Ob aber schon jetzt oder erst nach Einsicht in das Schreiben beschlossen wurde, es nicht ohne eine Kritik durch Bucer ausgehen zu lassen, ist nicht klar zu erkennen. Ganz unmöglich aber dürfte die Annahme Bucers sein, daß Secerius schon, ehe er die Antwort des Herwagen erhielt, mit dem Abdruck begonnen habe. Denn derselbe druckte den Brief Luthers erst nach dem ins Lateinische übersetzten „Sermon vom Sakrament", und das Ganze erschien erst im Jahre 1527 (vgl. unten Ausgabe *A*). Vielmehr dürfte Luther oder einer seiner Freunde erfahren haben, daß Bucer die Herausgabe des Briefes Luthers durch Herwagen zu einer Widerlegung desselben benutzen wollte, um die mit demselben beabsichtigte Wirkung in ihr Gegentheil zu verkehren. Denn schon am 25. Oktober 1526 schrieb Gerbel aus Straßburg an Martin Schalling: Hervagio longam sane epistolam scripsit et acerbam ... Omnes clamant virulentum, acerbum, crudelem esse Lutherum, qui tanta severitudine incessit Bucerum, hominem suavem, doctum, moderatum. Atqui nemo adiicit, quantum flagitium sit, vivi hominis scripta impietate contaminari; ut furtum est invito hero auferre quicquam, sic furto proximum, addere homini, quod honeste servare aut retinere non posset ... Epistolae Lutheri, ut audio, responsurus est Bucerus: quo eventu, haud dubie videbimus[2]. Bei dem regen brieflichen Verkehr, in welchem Gerbel mit Wittenberg stand, wird man auch hier davon erfahren haben, in welcher Weise Herwagen dem Wunsche Luthers nachzukommen beabsichtigte. Und daher wird man von Wittenberg aus Secerius zum Druck des Lutherschen Briefes bewogen, auch ihm vielleicht den derweil in Wittenberg gedruckten „Sermon vom Sakrament"

[1]) Praefatio M. Buceri in quartum tomum (s. unten S. 470 Ausgabe *B*) Bl. A 2 u. E 2. [2]) Thesaur. Baum. II, 295 ff.

zugesandt haben, damit er beides zusammen herausgebe und so dem Bucerschen „Antidot", das Herwagen dem Briefe mitgeben wollte, ein Luthersches Antiantidot nicht fehle. So dürfte der Druck des Secerius erst zu Ende 1526 in Angriff genommen sein, da ja zunächst erst die Übersetzung des „Sermons" angefertigt werden mußte. Wenn dann Bucer erst im März seine Erwiderung ausarbeitet, so ist zu vermuthen, daß man in Straßburg bis zum Erscheinen des Druckes durch Secerius angenommen hat, Herwagen könne den Druck des Briefes eben dadurch vermeiden, daß er jenen quartus tomus nicht nochmals drucken lasse. Erst jetzt, da der Brief bekannt geworden war, blieb Bucer nichts anderes übrig, als durch eine eigene Schrift sich gegen Luthers Beschuldigungen zu vertheidigen. Er that dies in der Schrift: Praefatio M. Buceri in quartum tomum Postillae Lutheranae (s. unten Ausgabe *B*). Darin ließ er nach kurzem, über die Sachlage orientirendem Vorwort zuerst alles das abdrucken, was er der Lutherschen Kirchenpostille in seiner lateinischen Übersetzung hinzugefügt hatte, sodann den Brief Luthers, darnach beantwortete er diesen, endlich wandte er sich gegen das, was Bugenhagen ihm vorgeworfen hatte [1]. Er machte aber aus der Selbstvertheidigung gegen Luther und Bugenhagen einen Angriff gegen diese, so daß er im Blick auf jenen schrieb: Deprecentur qui Christum amant Dei in virum illum, alioqui magnum, iram, qui eiusmodi scandala nascenti religioni obiicere non veretur und seine gegen Bugenhagen erhobene Anklage mit den Worten schloß: Dominus tibi condonet, nescivisti enim quid faceres [2].

Als er ein Exemplar dieser seiner Apologie an Zwingli sandte, konnte er zugleich schon diesem danken pro diligenti tuo contra iratum nimis Lutherum patrocinio [3]. Am 1. Dezember nämlich hatte Oekolampad eine Abschrift des Lutherschen Briefes an Zwingli gesandt und geschrieben: Tuum erit, epistolam bene expendere et furibundas voces, quas contemtissime in nos, tamquam adversarios Christi et regni eius, iacit, non dissimulare, sed christiana militate amoliri. Maxime autem illum perpetuum tenorem „aperta verba" dextre tractabis [4]. Diesem Wunsche entsprach Zwingli in dem ersten, im Januar 1527 geschriebenen Theil seiner amica exegesis. Er erklärte: Hic non est animus neque Bucerum excusandi (non enim vidi quid ille tuis addiderit), neque maledicta tua diluendi: quae iam omnibus nota sunt quam vere in nos iactentur. Sed hoc agere volumus, ostendere tibi ut per totam epistolam affectuum vi feraris. Doch nimmt er nicht allein Bucers, sondern auch Leo Jud's Verfahren in Schutz. Diese hätten den Wittenbergern durch Eintragung der richtigen Abendmahlslehre in deren Schriften nur den Übergang zu derselben erleichtern, einen beschämenden Widerruf der falschen Wittenberger Lehre ersparen, dissimulandi opportunam occasionem geben wollen [5].

Auf Bucers zwiefaches „Bubenstuck" kam Luther nochmals zurück in seiner Ende März 1527 vollendeten größeren Schrift „Daß diese Worte noch feststehen" [6]. Hierauf erwiderte Zwingli in seiner Schrift: „Daß diese Wort Jesu Christi ...

---

[1]) Die beiden letzten Theile dieser Schrift finden sich ins Deutsche übertragen bei Walch XVII, Sp. 1967—2007. [2]) Praefatio M. Buceri Bl. A 2b u. F 7b. [3]) Zw. VIII, 35 f. [4]) Zw. VII, 567. [5]) Zw. III, 464 ff. [6]) Erl. 30, 147 ff.

ewiglich den alten einigen Sinn haben werdend", der Antichrist lehre Böses für Gutes geben; so danke Luther dem Bucer für die fleißige Arbeit, die dieser mit seinen Büchern gehabt, unfreundlich. „Und hat aber er weder dir noch Pomerano nüzib unfründlichs noch uneerbers gethon"[1]. Bucer beschwerte sich über Luthers Betragen gegen ihn wieder in seinem Kommentar über die synoptischen Evangelien, dessen Vorwort vom März 1527 datirt ist, indem er zu Matthäi 26, 26 von Luthers epistola ne quid aliud dicam vehementer acerba et admodum calumniatrix redete und ihm vorwarf, er sei bei der Abfassung raptus impotentia animi gewesen.

Natürlich wurde nun die lateinische Übersetzung der Lutherschen Postille da, wo man um ihren eigenthümlichen Inhalt wußte, nicht mehr gekauft. In dieser Noth wagte es Herwagen, durch Gerbel an Luther das Anerbieten gelangen zu lassen, er wolle aus dem Buche „alles, was nicht von Luther herrühre, hinauswerfen, damit Luther das Werk durch eine Vorrede mit der Autorität seines Namens unterstütze". Gerbel fügte hinzu: Vellem gratificari posse amico, si citra molestiam otii tui fieri posset. Dieser Brief wird am 2. April geschrieben sein[2]. Dieses Datum läßt es unentschieden, ob Herwagen diesen Vorschlag machte, bevor oder nachdem oder während er Bucers Widerlegung des Lutherschen Briefes druckte. Doch dürfte Gerbels freundliche Befürwortung seines Wunsches bestimmt dafür sprechen, daß damals noch nicht Bucers Schrift erschienen war. Luther ging auf diesen Vorschlag ein. So druckte Herwagen zu Straßburg im Jahre 1528 eine neue lateinische Ausgabe der Kirchenpostille absque ullis additamentis alienae sapientiae, wie Luther zu ihrer Empfehlung in dem dazu von ihm gelieferten Vorworte sagt.

Drucke.

A „MARTI ‖ NI LVTHERI ‖ SERMO ELE ‖ gantiſsimus, ſuper Sacra ‖ mento Corporis & Sang ‖ uinis Chriſti, in quo re ‖ ſpondetur obiter & eiuſ ‖ dem Sacramenti ca- ‖ lumniatoribus. ‖ Et alia quædam, quorum Indi ‖ cem in pagella ſequēti reperies. ‖ Haganoæ per Ioh. Sece. ‖ Anno M·D·XXVII· ‖" Mit Titeleinfassung. Titelrückseite bedruckt. 76 Blätter in Oktav. Auf der Rückseite des vorletzten Blattes des Joh. Secerius Buchdruckerzeichen; letztes Blatt leer.

Luthers Brief steht auf Bl. g iij^a—g 5^b unter der Überschrift: „MARTINVS ‖ LVTHERVS, IOHAN ‖ NI. N. TYPOGRAPHO ‖" Auf der Rückseite des Titelblattes ist angegeben, welche weiteren Schriften noch in diesem Buche folgen, nämlich: „Quatenus Moses à Chriſtianis accipi debet, Sermo Mart. Lutheri, cum pro concione legeret Exodum, dictus in Cap. XIX. & XX. Epiſtola eiuſdem aduerſus Bucerum, Sacramentarium errorem nouum refellens. Oratio Iohan. Bugenhagij Pomerani, q̄ ipſius nō ſit opinio illa de Euchariſtia, quæ in Pſalterio, ſub nomine eius germanice translato, legitur. Querela Fidei, Autore Vincentio Obſopœo."

Vorhanden z. B. in Berlin, Hamburg, London, München HSt., Wernigerode, Wien, Wolfenbüttel.

---

[1]) Zw. II, 2, S. 92. [2]) Kolde, Analecta Lutherana, S. 87. Enders 6, 37 ff. Zum Datum vgl. bei Enders die erste Anmerkung.

B „PRAEFATIO ‖ M· BVCERI IN QVARTVM TO-‖mum Postillæ Lutheranæ, continens sum-‖mam doctrinæ Christi. ‖ EIVSDEM, ‖ Epistola, explicans locum 1. Corinth. 10. An nescitis q ‖ qui in stadio currunt, usq: sed illorum non approba‖uerit Deus, cum Annotationibus in quædam pauculis Lu‖theri. ‖ Epistola M. Lutheri ad Iohannem Heruagium supe-‖riora criminans. ‖ Responsio ad hanc M. Buceri, Item ad Pomeranũ satisfa‖ctio, de uersione Psalterij. ‖ Probate omnia, quod bonum est, tenete, ‖ 1. Thessalon. 5. ‖ ANNO M.D.XXVII. ‖“ 48 Blätter in Oktav, letztes Blatt leer.

Luthers Brief steht Bl. C 6ª bis C 8ᵇ. Bucers Antwort an Luther ist vom 19. März datirt, diejenige an Bugenhagen vom 25. März 1527.

Druck von Herwagen in Straßburg. Vorhanden z. B. in der Knaakeschen Sammlung, Straßburg U.

Wiederabgedruckt wurde der Brief Luthers bei Aurifaber, epistol. Lutheri II, 348ᵇ ff.; darnach bei De Wette 3, 201—204, bei beiden unrichtig in das Jahr 1527 gesetzt, doch vgl. De Wette 6, 510, erste Zeile. Richtig zum Jahre 1526 in deutscher Übersetzung bei Walch Bd. XVII, Sp. 1962—1967; nach Ausgabe *B* und mit Stellen aus Bucers Erwiderung bei Enders Bd. 6, S. 384—392.

Wir legen *A* zu Grunde und geben die Varianten aus *B*, jedoch ohne Berücksichtigung der Zerlegung des Briefes in Einleitung und dreizehn Absätze, welche Bucer vornahm, um darnach die Einzelbehauptungen gesondert zu widerlegen; doch setzen wir den in *A* verschwiegenen Namen des Adressaten aus *B* in unsern Text ein, da natürlich Luther denselben geschrieben hat.

MARTINVS LVTHERVS
Iohanni Hervagio Typographo Argentinensi
Gratiam et Pacem.

QUod Postillam meam (ut vocant) in Tomos quatuor divisam, interprete Bucero, latinam factam edis, Mi Hervagi, non displicet, quando vobis spes est, nonnihil fructus eo libro alienae linguae hominibus proventurum in Christo, quod ardentibus votis opto; placuitque et adhuc placet interpres Mart. Bucerus, qui pro facili et parata sua facundia satis dextre foeliciterque prae aliis mea reddit latine, quanquam alicubi vocabula et figuras meas non tenuerit, sed hoc in paucissimis iisque parvi momenti locis, ut cum caetera constent, in his mihi quoque veniam dem, parum forte dilucide locuto. Caeterum opus ipsum digne absolvit, sensu et verbis meis redditis, idque hoc testimonio meo confirmo. Sed proh dolor, in mediis his laudibus et laboribus (permissu Dei) lapsus est in monstrum illud blasphemum Sacramentarii spiritus, et donum illud facundiae et intelligentiae contaminatur, immo perditur pestilenti illo veneno. Prioribus enim Tomis et pie et pure absolutis, in quarto Tomo temperare sibi non potuit anhelus ille et sui sensus propagandi incredibili furore cupidus spiritus, quin praefatione dira et sacrilega, tum annotationibus virulentis meum opus crucifigeret: Ita ut non sint contenti miseri homines suum virus propriis et iam infinitis libris sparsisse, nisi et alienos libros eo veneno illito perdant. Idem fecit et antea Iohanni Pomerano in suo Psalterio insigni perfidia, quem non ignorabat per Dis dia pasôn[1] ab illa impia Secta dissentire. Sic nuper et mihi quidam insanus Leopoldus fecit, edito libello contendens, Erasmum, Lutherum, Melanchthonem, Pomeranum et totam Vitembergam cum illis sentire. Quid fiet nobis mortuis, cum talia contingant viventibus? Quis iam non suspectos habeat omnium patrum libros? Scilicet haeretici illi esse non possunt sine nobis? Nec moventur quicquam (ut de me dicam), quod ante tres annos libro vernaculo ad Valdenses de Adoratione Sacramenti inter alios sermones de Eucharistia editos, abunde testatus sim, non modo quod

2 Hervagio Typographo Argentinensi] N. Typographo *A* 6 Hervagi]. N. *A* 9 Martin. 23 ut *fehlt* sunt 25 et *fehlt* Iohan. 27 quidam *hinter* insanus 33 aedito quid

[1]) *d. i. sehr weit; Erasmus, Adagiorum Ch. I. Cent. II, Prov. LXIII:* Hoc adagio (*διὰ πασῶν*) discrimen ingens ac longissimum intervallum significabant.

sentiam, sed et ipsos Significatistas confutaverim, antequam ullus cogitaret eos futuros esse, idque argumentis adhuc invictis. Deinde acerrimo libello (ipsis etiam testibus) adversus Carlstadium anno proximo toti orbi notum feci sensum et dogma meum; necdum video ullum prodire, qui eum librum confutare possit, cum alioqui tam sint verbosi, ut libros pluere possint. Adhuc clamant: 'Cur Lutherus tacet? Cur suam sententiam non prodit?' Finge, queso, me mille libros scribere, quid promovero inter istos surdos et furiosos, qui nihil audiunt nec vident? Syngramma Suevorum est in publico, quod a me laudari illis dolet, siquidem et in ipso quod laudo meam sententiam confiteor. Nec hoc audiunt. Cupiebat Oecolampadius ipsum confutare, sed non est alia cogitatione hoc agressus opus quam: 'satis est contra scribere, argumenta diluere non opus est. Vulgus denique nobis credet, contentum, quod audierit librum esse contra illud editum'. Nisi forte hoc est argumenta dilnere, quod Bucerus hac praefatione dicit: Miracula Christi fuerunt talia, ut cum diceret 'Hoc est illud', mox sensibile quoque fuerit. Ideo et Christi Corpus oportere esse visibile in Sacramento, aut non est in Sacramento. Videlicet istis ludibriis firmandae sunt conscientiae nostrae in rebus Dei, super verba clarissima Scripturae: HOC EST CORPVS MEVM? In triviis ridentur pueri, qui sic dialecticantur: Aliquod animal currit, ergo omne animal currit. Et tamen hic gloriosissimus spiritus triumphat secure, dum sic disputat: Aliqua miracula Christi sunt visibilia, ergo necesse est omnia esse visibilia. Ita Christum sedere ad dextram patris, regnare, vivere, agere, est falsum, quia est miraculum invisibile. His spiritibus credat doceri veritatem, siquem perire delectat, cum non nisi manifestis mendaciis ortum dogma susceperint, mendaciis asserant, tum perfidia alienos libros corrumpendi propagent. Deinde dum optime tuentur similitudinibus, coniecturis, absurditatibus et argumentis a particulari ad universale utuntur vitiosissimi disputatores. Nullus vero angustias conscientiarum nostrarum clamantes dignatur audire, ubi dicimus: Clara apertaque verba sunt Christi: 'Comedite, HOC EST CORPVS MEVM'; hic conscientiae, inquam, nostrae captae sunt. Monstrari cupimus locum, qui cogat nostrum sensum in his verbis esse falsum. At hic nemo hiscit in tot libris eorum. Obiiciunt nobis: Carnem nihil prodesse. At hoc sciebamus. Quaerimus aliud, nempe de isto loco: 'HOC EST CORPVS MEVM'. Obiiciunt, absurdum esse. At hoc quoque sciebamus. Sed aliud quaerimus; obiiciunt: Miracula visibilia. Et hoc sciebamus. Quaerimus aliud. Semper aliud occinunt, quam quod quaerimus. Quaerimus: quae? ipsi reddunt' Ble'[1]. Nihilominus iactant, nos

3 Carolstadium toto *A* 8 Sueviorum 12 non est opus 22 dexteram 29 verba *hinter* sunt

[1]) „Joannis Reuchlin Phor | censis Sergius uel Capitis ca | put cum commentario | Georgij Symler. ||" (Phorce 1507), fol. XXXV: Onomatopeia, cum dictionem fingimus figuramusque ad imitandam vocis confusae significationem.

non prodire, neque eos confutari. Fateor, si multos libros scribere est dogma tueri, nimirum illi triumphant etiam super totam Scripturam. Si autem dogma tueri est argumentis solidis pugnare et conscientias securas reddere, verum est, illos necdum unam caepisse chartulam scribere. Hanc epistolam, mi Hervagi, ideo ad te scribo, ut si editurus es denuo Tomum illum quartum, omnibus modis eam praefigas vel subnectas, ut sit Lectori in meo libro antidotum adversus Buceri praefationem. Ea vero caussa permitto, ut edas Buceri versam postillam, quod (ut dixi) facilis styli et dextre vertendi dono per bonitatem Dei pollet (utinam gratus agnosceret), Deinde, quod ea ipsa praefatione mihi testimonium perhibet, esse me vehementem adversarium suae sectae (atque utinam per negocia liceret esse vehementiorem), quanquam velit rem videri leviculam istam dissentiunculam, denique citra fidei iacturam. Sic enim sentit ille spiritus: Fidem non perdi, si Christus mendax in verbis suis blasphemetur. Quo argumento satis declarat, qua aestimatione dignetur Christum cum toto suo regno. Nam cum utrinque Christum sic et sic dicere contendamus, sintque ea contraria, necesse est, aut nos aut illos Christo falsum et mendacium impingere. Sed Christum mendacem facere, si hoc non est Christum negare et fidem eius blasphemare, quid est tum Christum, quaeso, blasphemare? Tam acute scilicet videt iste spiritus, ut rem tanti momenti pro re levicula et innoxia habeat[1]. Atque hoc est quod semper dixi, Sacramentarios illos Haereticos habere Christum pro ludo, et serio nunquam esse ab eis cognitum aut doctum, quantumlibet magnifice iactant, Euangelium et gloriam Dei sese quaerere. Pius non sic quaerit gloriam Dei, ut blasphemari Christum ignoret, aut putet esse rem leviculam. Verum satis admoniti sumus. Qui perit, pereat. Mundus iam dudum contemptu Verbi Dei meruit hanc iram Dei, Sectas vastatrices inducentis, sicut Paulus praedixit: 'Mittet illis Deus operationem erroris, ut credant iniquitati, qui 2. Theß 2,11f.
non receperunt dilectionem veritatis'. Hoc verbum coepit impleri et implebitur, ut probentur electi et damnentur reprobi. Gratia Dei tecum.

Idib. Sept.

---

2 illi *fehlt* 4 Hervagi]. N. *A* 12 rem *fehlt* 22 iactent 23 Euāgelion 24 Christum blasphemari 26 Dei *fehlt* 30 Sept.] Septemb. M.D.XXVI.

[1]) *Bucer hatte in seiner Vorrede zum „Quartus Tomus" den Sakramentsstreit bezeichnet als* in nonnullis, non summis illis, sed externis et per se ad salutem nihil facientibus rebus aliquid dissensionis, *und erklärt:* Si qui de Eucharistia nobis repugnant, dummodo illi Christum unicum nobiscum servatorem ... agnoscant, scripturam in omnibus veram confiteantur, denique Eucharistiae usum, ut Christus instituit, pie et religiose observent, eos nequaquam a nostra amicitia alienamus.

Sermon
von dem Sakrament des Leibes und Blutes Christi, wider die Schwarmgeister.
1526.

Wie uns nicht allein die Indices der von Luther gehaltenen Predigten, sondern auch zwei noch erhaltene Nachschriften von solchen Predigten lehren, hat Luther zur Vorbereitung auf die österliche Kommunion im Jahre 1526 drei Predigten gehalten, die erste in vigilia coenae Domini (28. März), die zweite ipsa die coenae Domini (29. März), die dritte a prandio desselben Tages. Die beiden ersten behandelten das heilige Abendmahl, zugleich über die schweizerische Anschauung von demselben orientirend, die dritte dagegen (nach einer „die Frucht des Sakraments" besprechenden Einleitung) die Beichte. Diese drei Predigten sind später als eine Schrift unter obigem Titel zusammengedruckt ausgegangen.

Wann war dies? Am 24. September 1526 schrieb Oecolampad an Zwingli, er möge seine Kraft für Wichtigeres, als es die Widerlegung der Streitschrift des Predigers Strauß sein würde, aufsparen; exspectabis enim quid Lutherus prolaturus sit. Auch Capito in Straßburg kannte am 26. September unsern „Sermon" noch nicht, da er an Zwingli schrieb: „Von Luther sehen wir nichts. Nachdem er mit Verdrehungen und Schmähungen nichts ausgerichtet, scheint er sich in Schweigen hüllen zu wollen", offenbar auf Luthers Vorwort zum schwäbischen Syngramm zurückblickend. Auch noch am 6. Oktober erwähnt Oecolampad nichts von einer neuen Schrift Luthers. Am 13. Oktober aber hat er von Zwingli erhalten Lutheri puerilem libellum. Er ist dadurch so erregt, daß er sofort bei den Freunden in Straßburg angefragt hat, was dagegen gethan werden solle; nach seiner Meinung müsse jetzt Zwingli den Luther angreifen. Mit diesem puerilem libellum kann er nicht den Brief Luthers an die Reutlinger gemeint haben. Denn diesen hatte er schon am 23. Juni von Zwingli erhalten; und nicht auf ihn, wohl aber auf den Sermon paßt die Charakterisirung, welche er einige Tage später von demselben giebt: Nihil habet aliud quam quod perpetuo sonat: Hoc est corpus meum. Am 17. Oktober schon berichtet Capito an Zwingli, sie läsen in ihrem Convent die Predigten Luthers zur Befestigung der noch Unsicheren, welche er durch seine nichtigen Gründe völlig von sich abschrecke.[1] So dürfte der Sermon nicht

---

[1]) Zw. VII, 543. 547. 518 f. (hier wird für libellus auch epistola (Lutheri) gesetzt, es ist also der Brief an die Reutlinger, nicht der „Sermon" gemeint). 555. 552.

lange vor dem 13. Oktober ausgegangen sein. Bedenkt man weiter, daß diese Predigten erst, nachdem sie vor mehr als einem halben Jahre gehalten waren, zum Druck befördert wurden, so muß hierzu ein besonderer Anlaß bewogen haben. Es können dies nur dieselben Vorkommnisse sein, welche Luther am 13. September seinen Brief an Herwagen schreiben ließen (s. oben S. 462 ff.), insonderheit die Schrift Leo Jud's, welche mit ihrem Versuch, Luther als mit den Schweizern übereinstimmend darzustellen, auch treue Anhänger zu einer Mißdeutung des Schweigens Luthers verleiten konnte, wenigstens diejenigen, welche ein so umfangreiches und gelehrtes Buch, wie das Syngramm es war, nicht lasen. Ihnen sollten diese Predigten bezeugen, daß er auch seine Gemeinde vor den „Schwarmgeistern" ernst zu warnen für Pflicht halte. So wird diese Schrift zu Ende September oder Anfang Oktober ausgegangen sein.

Doch durch wen? War Luther selbst bei der Herausgabe betheiligt? Es ist richtig hervorgehoben[1], daß er weder seine zum Eintreten in den Streit drängenden Freunde auf diesen Sermon als auf die Erfüllung ihrer Wünsche hingewiesen, noch auch denselben je erwähnt habe, nicht einmal dann, wenn er seine gegen die Schwärmer gerichteten Schriften aufzählt. Aber da die Annahme, daß er von der Existenz dieser Schrift gar nichts erfahren habe, unmöglich ist, so dürfte aus dem Erwähnten nur folgen, daß er dieselbe nicht als eine gegen die Schweizer gerichtete Streitschrift angesehen hat. War sie doch auch nichts weiter als eine populäre, einzig für den Bildungs- und Glaubensstandpunkt seiner Wittenberger Zuhörer berechnete Belehrung zur Befestigung der Laien. Wer sie als eine polemische Abhandlung auffaßte, konnte sie gar wohl 'puerilem libellum' nennen. Dagegen leitet schon die weitere Beobachtung, daß man von Luther ein die Herausgabe dieser Predigten motivirendes Vorwort erwarten würde, auf die Vermuthung hin, daß doch wohl ein anderer als er der eigentliche Herausgeber gewesen ist. Auch dürfte Luther schwerlich den vorliegenden Titel gewählt, weder „wider die Schwarmgeister" hinzugefügt haben, da er sie nicht als eine gegen diese gerichtete Streitschrift ansah, noch auch mit einer nur die beiden ersten Predigten unter sich befassenden Bezeichnung sich begnügt haben, wenn er nicht vorgezogen hätte, die dritte Predigt ganz fortzulassen. Endlich dürfte auch der Inhalt dieser Schrift die Annahme verwehren, daß sie so, wie sie vorliegt, von Luther selbst verfaßt worden ist. Dafür ist sie zu wenig klar und geschlossen fortschreitend ausgefallen. Vergleicht man den gedruckten Text mit den uns erhaltenen Nachschriften der Predigten, so paßt gerade solches, was für den Druck hinzugefügt zu sein scheint, nicht immer genau in den Zusammenhang. Zieht man freilich nur die eine, die in Hamburg aufbewahrte, Handschrift zu Rathe, so möchte man wohl einmal annehmen, daß eine in dem Druck sich findende Abweichung nur von Luther selbst herrühren könne. Wenn z. B. die oratorische Licenz: „Nimm und trinck, das ist Wittenbergisch Bier" getilgt ist, so möchte man dies einem Schüler Luthers nicht zutrauen, vielmehr von einem solchen annehmen, daß er gerade an dieser Singularität besondere Freude gehabt habe. Doch dieses Fehlen erklärt sich, wie die Jenaer Handschrift beweist, ebenso gut daraus, daß die bei der Herausgabe benutzte Niederschrift jene Wendung nicht aufbewahrt hatte. Ob aber nicht doch Luther um den Druck gewußt, ja denselben

[1]) Durch Kolde in Zeitschr. f. K.-G. XI, 472 ff.

gewünscht hat, muß fraglich bleiben. Jedenfalls wissen wir nichts davon, daß er sich irgendwie darüber beschwert hätte, als die Gegner diese Schrift als von ihm herausgegeben behandelten und angriffen.

Der erste, welcher gegen dieselbe vorging, war Johannes Landsperger. Dieser hatte schon im Jahre 1524 die katholische Abendmahlslehre angegriffen in der Schrift:

„Ain nützlicher berücht võ nyes- ‖ sung Des hochwirdigẽ Sacramẽts ‖ oder Testaments Christi in baiderlay- ‖ zaichen des brots vnd weins, Vnnd ‖ wa baide parthey (wider ainander ‖ er streytend) filen bißher verborg- ‖ en gelegen. Gemacht durch Joan ‖ nem Landsperger. Ain ar- ‖ mer diener Christi. ‖ 1524 ‖" Mit Titeleinfassung. 16 Blatt in Quart, letzte Seite leer.

Vorhanden z. B. in Augsburg, München HSt.

Auch hier schon hatte er seine Hinneigung zu Zwinglischer Anschauung verrathen, z. B. durch den Satz, „kein zerstörliches Ding [Brod und Wein] möge einem unzerstörlichen vereint werden, noch minder in es verwandelt werden".[1] Jetzt erließ er unter dem „xx. tag Octobris Anno M. D. xxvj" einen „Sendtbrieff": „Den Ersamen und weisen, auch gottseligen Burgermeyster und radt der Fürstlichen statt Wittemberg, sampt den ausserlesnen und erwelten Doctoribus und Meystern, dem Rector und allen glidern der schůl zů Wittemberg, seinen in Christo geliebten brůdern und günstigen Herrn zů handen." Darin klagt er Luther an, nicht allein seines „Schmähens und Schändens" wegen, sondern vor allem deshalb, weil er „eyn büchlein vonn dem Sacrament hat auß lassen gehen, welches seiner sermon vormals auff unsers Herrn fronleichnams tag im xxiiij. jar gethan, also gar inn ettlichen puncten widerwertig ist, das entweders das jetzig oder aber das vorig falsch oder nit warhafftig ist". Er legte ein Schriftstück bei, welches 16 Behauptungen aus Luthers „Sermon vom Sakrament" bekämpft und dann 16 Aussagen aus dem „sermon auff das fest corporis Christi" als jenen widersprechend belobt. Nachdem er vergebens „vil mehr dann fünff Monat auff antwurt gewartet", ließ er alles drucken, eine „Vorred zu allen Christlichen lesern" voranstellend und zwei auf das Abendmahl sich beziehende Darlegungen, sowie ein „Summarium" hinzufügend, mit dem Schluß: „Auß dem fallenn alle argument des M. Luthers unnd seiner anheng zů grund oder zů boden". Der Titel dieser Schrift lautet:

„Eyn brůderliche Sup- ‖ plication vnd vermanung, an Re- ‖ ctor vnd alle glider der hohenschůl Wittemberg ‖ gestellt, ettlicher Artickel halb, so Doctor ‖ Martinus Luther inn zweyen predi- ‖ gen also widerwertig gesetzt hat, ‖ Deßhalb an sie fleissig begert, ‖ solch artickel gleich zů ma- ‖ chẽ, zů trost võ versicher ‖ ung der armen ‖ Christen. ‖ ¶ Item, Auff eyns gelerten predi- ‖ canten argument, ableynunge. ‖ Hans Landtsperger. ‖ Sie haben den weg deß fridens nit erkennt, ‖ haben sich geförcht do keyn forcht war. ‖ Psalmo xiij. ‖ Das wirt mir der garauß ‖ vom Sacrament. ‖ MDXXVII. ‖" 48 Blätter in Oktav, letzte Seite leer.

Vorhanden z. B. in München HSt.

Daß die Wittenberger irgendwie auf diesen Angriff reagirt hätten, ist nicht bekannt geworden, auch wohl sicher nicht anzunehmen. Ernster war Zwinglis Ant-

[1]) Vergl. oben S. 459, Anm. 1, eine andere vielleicht von Landsperger herrührende Schrift.

wort auf den Sermon Luthers. Auch wenn die Schweizer gewußt hätten, daß nicht Luther selbst diese Predigten herausgegeben hat, konnten sie doch nicht dieselben schweigend hinnehmen, da sie zu scharf darin angegriffen waren. Daß ihre Antwort nicht sofort erfolgte, wird auch darin seinen Grund gehabt haben, daß sie noch Weiteres von Luthers Feder erwarten zu können meinten.[1] Als aber dieser immer noch nichts von sich hören ließ, kam man überein, Zwingli selbst müsse gegen Luther schreiben.[2] Am 29. November 1526 theilte Zwingli den dazu drängenden Straßburger Freunden mit, er habe die expostulatio latina ad Lutherum noch nicht angefangen, werde sie aber mit Gottes Hülfe zur Frankfurter Messe liefern.[3] Als ihn unter dem 15. Januar 1527 Fontejus zur Widerlegung des „Sermons“ aufforderte, antwortete er demselben unter dem 25. Januar, er werde nächstens deutsch antworten, sei jetzt mit einer lateinischen Gegenschrift beschäftigt.[4] Dieses ist die vom 28. Februar datirte Schrift:

„AMICA EXE- | GESIS, ID EST, EXPOSITIO EVCHARI- || stiæ negocij, ad Martinum Luthe- || rum. Huldrycho Zuing- || lio autore. || | Matthæi. 11. || Venite ad me omnes qui laboratis & one- || rati estis, & ego requiem uo- || bis præstabo. ||“ 90 Blätter in Oktav. Auf der letzten Seite Froschouers Druckerzeichen.

Vorhanden z. B. in München HSt.

In dieser Schrift antwortet ein besonderer Theil ad ea quae Lutherus in sermone contra fanaticos aut praestigatores, quos et ipse Suermeros vocat, scripsit, und am Schluß werden mit Rücksicht auf den dritten Theil des Lutherschen „Sermons“ noch einige Bemerkungen de confessione hinzugefügt.[5] Vom 28. März ist dann die Widmung der deutschen Schrift datirt, welche sich mit dem Sermon allein beschäftigt, wie schon der Titel lehrt:

„Früntlich ver || glimpfung vnd abley || nung über die predig des treffenlichẽ || Martini Luthers wider die Schwermer, zů || Wittemberg gethon vnnd beschriben, zů || schirm des wäsenlichen lychnams || vñ blůts Christi im Sacramẽt. || Zů gůter bewarung von || Huldrychẽ Zuingli || ylends vñ kurtz || begriffen. || Christus Matthæi 11. || Kummend zů mir alle die arbeitend vnd beladen || sind, vnd ich wil ůch růw geben. ||“ Titelrückseite bedruckt. 16 Blätter in Oktav. Am Ende: „Geben | Zürich vff den XXX. | tag Mertzens. | ANNO M.D.XXVII. || Getruckt zů Zürich im wyngarten by Christoffel || Froschouer Anno. ex. ||“[6]

Vorhanden z. B. in München HSt.

In der Zuschrift an Wilhelm von Zell erklärt Zwingli, er habe „empfunden, daß viele durch den [Sermon] von seiner [Luthers] Meinung gefallen sind, allein darum daß sie sagen, es sei der Luther ihm selbst nicht mehr gleich“. Aber um „etlicher Schwachen“ willen sei eine Widerlegung doch nöthig. Am 1. April sandte

---

1) Zw. VII, 555. 2) Zw. VII, 557. 563 f. 3) Zw. VII, 566. 4) Zw. VIII, 22.
5) Zw. III, 515 ff. 562. 6) Zw. II, 2, S. 1—15.

er an Luther ein Exemplar seiner amica exegesis mit einem Briefe[1], von dem der Empfänger urtheilte, er sei voll superbiae, calumniae, pertinaciae, odii ac paene malitiae totius, sub optimis tamen verbis. Da er im Ganzen drei Schriften sandte[2], so dürfte die zweite wohl sicher die eben vollendete „Freundliche Verglimpfung" sein, die dritte etwa die im Januar 1527 gedruckte Streitschrift Zwinglis gegen Jakob Strauß:

„[A]Ntwurt Hul ‖ drychen Zwing- ‖ lins über Doctor Strussen Büch- ‖ lin, wider jnn geschrieben, das ‖ Nachtmal Christi ‖ betreffen- ‖ de. ‖ ‖ Christus Matth. XI. ‖ Kumend zů mir alle die arbeytend vnnd bela- ‖ den sind, vnd ich wil üch růw geben. ‖" 48 Blätter in Oktav. Letztes Blatt leer. Am Ende: „Getruckt zů Zürich by Christoffel Froschouer ‖ im Wyngarten, Im Jar als man zelt ‖ M.D. vnd XXVII. ‖"

Vorhanden z. B in München HSt., Zürich St.

Nachschriften der Predigten.

R bezeichnet die oben (S. 126 f.) erwähnte Jenaer Handschrift Bos. o. 17 d. Hier finden sich unsere drei Predigten von Rörers Hand geschrieben auf Bl. 38ᵇ—45ᵇ.

S bezeichnet die Hamburger Handschrift Cod. 74 Supell. Epist. Uffenb. (vgl. S. 126 f.). Hier stehen unsere drei Predigten auf Bl. 302ᵇ—308ᵇ. Und zwar sind die beiden über das Abendmahl handelnden wie eine einzige gegeben.

Ausgaben.

A „Sermon ‖ Von dem Sa ‖ crament des leibs ‖ vnd bluts Chri- ‖ sti, widder die ‖ Schwarm ‖ geister. ‖ Martinus Luther. ‖ Wittemberg. ‖ 1526. ‖" Mit Titeleinfassung. 32 Blätter in Oktav, letztes Blatt leer. Am Ende (Bl. D. 7ᵇ, Z. 17): „Gedruckt durch Hans ‖ Lufft. ‖"

Vorhanden z. B. in Berlin, Kopenhagen Gr. Königl. Bibl., München HSt., Rostock U., Stuttgart, Wernigerode.

B „Sermon ‖ von dem Sa ‖ crament des leibs ‖ vnd bluts Chri- ‖ sti, widder die ‖ Schwarm ‖ geister. ‖ Martinus Luter. ‖ Wittemberg. ‖ 1526. ‖" Titeleinfassung wie *A*, im Innern durchweg neuer Satz. Am Ende (Bl. D 7ᵇ, Z. 16): „Gedruckt durch Hans. ‖ Lufft. ‖"

Vorhanden z. B. in der Knaakeschen Slg., Berlin, Helmstedt, Kopenhagen Gr. Königl. Bibl., London, München HSt., Rostock U., Wernigerode, Wolfenbüttel.

---

[1]) Zw. VIII, 39 ff. Enders 6, 33 ff. [2]) De Wette 3, 171 (Enders 6,45). Dazu noch De Wette 3, 172. 182 (Enders 6, 46. 57). Melanchthon schrieb am 4. Mai: Cinglius etiam minaces literas Luthero scripsit. Christus huic magno malo medeatur. Nam nullum praeterea humanum remedium reliquum est. Corp. Ref. I, 865. Über den Unterschied der Schreibweise Zwinglis von derjenigen Luthers in diesem Streit vgl. besonders Köstlin[2] II, 96—99.

C „Sermon ‖ Von dem Sacra- ‖ ment des leybs vnnd ‖ blůts Christi, wi- ‖ der die schwerm- ‖ geyster. ‖ Martinus Luther. ‖ 1526 ‖" Mit Titeleinfassung. Titelrückseite bedruckt. 24 Blätter in Oktav, letzte Seite leer.

Vermuthlich Druck von Jobst Gutknecht in Nürnberg. Vorhanden z. B. in der Knaakeschen Slg., Dresden, Wien.

D „Sermon ‖ Von dem Sacra ‖ ment des leibs vñ bluts ‖ Christi, wider die ‖ Schwarm ‖ geyster. ‖ Martinus Luther. ‖ Wittemberg. ‖ 1526. ‖" Mit Titeleinfassung. 25 Blätter in Oktav, letzte Seite leer.

Druck von Knobloudh in Straßburg. Vorhanden z. B. in Berlin, Stuttgart.

E „Sermon ‖ Von dem Sacra ‖ ment des leibs vnd bluts ‖ Christi, wider die ‖ Schwarm ‖ geister. ‖ Martinus Luther. ‖ Wittemberg. ‖ 1527. ‖" Mit Titeleinfassung. Titelrückseite bedruckt. 24 Blätter in Oktav; letzte Seite leer.

Druck von Knobloudh in Straßburg. Vorhanden wohl nur in Zürich St.

Lateinische Übersetzung.

A In der oben S. 469 mit *A* bezeichneten Schrift: Martini Lutheri sermo elegantissimus. Auf Bl. a 5ᵃ bis d 8ᵇ die lateinische Übersetzung unseres Sermons.

Bl. a ijᵃ bis a iiijᵇ: Praefatio. Vincentius Obsopoeus[1] Lectoribus S. Habetis hic, optimi Lectores, Martini Lutheri sermonem pium, argutum et doctum, super Sacramento Corporis et Sanguinis Christi, in quo adversariorum argumenta firmissima, partim acute refellit, partim verum Sacramenti usum et fructus perspicue docet et fideliter. Hunc ergo vobis iterum atque iterum legendum et relegendum commendo, ut qui nondum quicquam certum habent, semel certi facti et persuasi, porro a curiosis disceptationibus abstineant. Videtis universum mundum plenum esse rixosis disputatoribus: atqui regnum Dei non in sermone, sed in virtute est. Videtis praeterea quantum turbarum et monstrorum exuscitent et pariant quotidie curiosi illi Sacramentarii". Es folgt eine scharfe Polemik gegen diese.

Niederdeutsche Übersetzung.

[roth] „Van dem Hochwer- ‖ digen Sacrament des Liues ‖ vnd Blodes Jhesu Christi, [schwarz] Eine schöne Predige des Erwerdigen vnd Seligen ‖ D. Mart. Lutheri. Darinne der Schwer- ‖ mer ere Erdome gründlick vorlegt werden, ‖ Thouören jn der Sassißker Sprake ‖ nicht vthgegahn .·. ‖ [roth] Seer nödich vnd nütte ‖ mit flyte tho lesende jn dessen verlyken tyden, ‖ vmme der Wedderdöper vnd Sacra- ‖ menterer willen. [schwarz] Dat sick ein ‖ yeder frahm Christen vor ‖ eren Erredomen möge weten ‖ tho hödende .·. ‖ [roth:] M. D. LVII. ‖" 20 Blätter in Quart, letztes Blatt leer. Am Ende: „Gedrücket tho ‖ Hamborch by Jo- ‖ han Wickradt ‖ dem Jün- ‖ gern. ‖ M. D. LVII. ‖"

Enthält nur die beiden ersten Theile, nicht aber denjenigen über die Beichte. Vorhanden z. B. in Berlin, Hamburg, Helmstedt, Wolfenbüttel.

---

[1]) Vgl. oben S. 174, Anm. 3.

Die beiden ersten Teile des Sermons sind auch abgedruckt in

a der oben S. 456 beschriebenen Schrift „Etliche fürneme Schriften“ auf Bl. Aij^a—Eij^a.

b [schwarz] „CORPVS || [roth] Librorum D. Martini Lu- || theri, Sanctæ memoriæ, et aliorum præcipuorum in Ec- || clesia Vuitebergensi, de uerbis Domini [roth] HOC || EST CORPVS MEVM etc || [schwarz] Das ist, || [roth] Die Bücher D. Martini || [schwarz] Luthers, Gottseliger gedechtnis, Vnd an- || derer fürnemen Lehrer zu Wittemberg, vom rechten || vnd waren Verstand der wort des HERRN, [roth] DAS IST MEIN LEIB etc. || [schwarz] In ein Theil zusamen ge- || truckt. || [roth] Zu dieser zeit, Da die newen Himlischen [schwarz] Propheten, die Caluinisten“ usw. „Gedruckt zu Vrsel, durch Nicolaum || Henricum, Anno 1563. ||“

Der Sermon vom Sakrament steht S. 246—264. Vorhanden z. B. in Hamburg St.

c [roth] „DEs Ehrwirdigen || vnd Geistreichen Mans Gottes, Docto- || [schwarz] ris Martini Lutheri Schrifften, wider die Sa- || cramentirer vnd falsche Lerer vom heiligen Abend- || mal vnsers HErrn Jesu Christi. || [roth] Zu welchen sich die Pomerischen Kirchen vnd Lan- || [schwarz] den je vnd alle wege bekant vnd noch bekennen, vnd hin- || furo bestendiglich dabey zubeharren, durch Gottes || gnade vnd hülff bedacht sein. || [roth] Der Inhalt ist zu end des Fürstlichen || [schwarz] Mandats angedruckt. || [Holzschnitt] || [roth] Gedruckt zu Alten Stettin 1573. ||“ 4 ungezählte und 428 gezählte Blätter in Quart, darnach auf dem letzten, ungezählten, Blatt: „Gedruckt zu Alten || Stettin, durch Andre- || as Kelner. || [Derselbe Holzschnitt wie auf dem Titel.] || ANNO M.D.LXXIII. ||“

Der Sermon steht Blatt 1—17. Vorhanden z. B. in Rostock U.

d [roth] „Die fürnemsten vnd || [schwarz] besten Schrifften des Hocherleuchten || vnd Geistreichen Mannes Gottes, Herrn, || Doctoris Martini Lutheri, Von den beiden Sa- || cramenten des Newen Testaments, Nem- || lich von der heiligen Tauff, vnd || dem Abendmal des || HERRN. || [Weitere 8 Zeilen.] [roth] Durch die Theologen der Vniuersitet || Witteberg, vnd daselbst || Gedruckt durch Hans Lufft. || Anno 1575. ||“ 424 Blätter in Quart.

Der Sermon steht Bl. 67—82. Vorhanden z. B. in Hamburg St.

e [Zierleiste] D [roth] ie fürnemsten vnd || besten Schrifften des Hocherleuchten vnd || [schwarz] Geistreichen Mannes Gottes, Herrn Doctoris || Martini Lutheri, Von den beiden Sacramenten, des Newen || Testaments, Nemlich von der heiligen Tauff, vnd || dem Abendmal des HERRN. || [roth] Itzt aus Christlichen vnd Groswichti- || gen vrsachen von newes in Druck verordnet, vñ den || [schwarz] Sacramentsfeinden vnd Schwermern, der Carlstadischen, || Zwinglischen vnd Caluinischen Secte, alten vnd newen, entge- || gen gesatzt, zu schutz vnd erklerung der Warheit, vnd zu || dempffung der meuchlinge schleichenden || gifft vnd Schwermerey. ||

[roth] Durch die Theologen der Vniuersitet || [schwarz] Witteberg, vnd daselbst || 15 [Holzschnitt] 89. || [roth] Gedruckt durch Matthes Welack. ||" 3 ungezählte und 424 gezählte Blätter in Quart. Letzte Seite leer.

Der Sermon steht Bl. 67—82. Vorhanden z. B. in Berlin.

In den Gesammtausgaben findet sich der Sermon Wittenberg Bd. II (1548 N. Schirlentz u. a. Bl. 112—119[1], (1569 P. Seitz 1588 Simon Grönenberg Bl. 94—100, in der Auflage von 1551 Bl. 110—117); Eisleben Bd. I Bl. 234—242; Altenburg Bd. III S. 340—350; Leipzig Bd. XIX S. 374—385; Walch Bd. XX Sp. 915—950; Erlangen Bd. 29 S. 328—359. — Die lateinische Übersetzung findet sich Viteberg. (1557 und 1558) Tom. VII fol. 334—344.

Der gedruckte Text schließt theilweise sehr genau an die Rörersche Niederschrift (R) der Predigten an. Auch eine bedeutendere Abweichung ist nur eine scheinbare: Die von Luther auf der Kanzel als Einleitung zu der zweiten Predigt gegebene Rekapitulation der ersten (vgl. unten S. 499 ff.) ist im deutschen Druck in die erste Predigt hineinverwoben. Anderseits ist einzelnes in R sich Findendes im Druck fortgelassen oder anders ausgedrückt (z. B. 498, 7; 508, 10; 511, 8; 517, 2. 8; 501, 17 f.) und ein besonders charakteristischer Satz des Druckes (498, 24 f.) findet sich nicht in R, wohl aber in der kurzen, rein lateinischen Bearbeitung, welche in der Hamburger Handschrift (S.) vorliegt. Auch ist anderes im Druck weder aus R noch aus S genommen und doch auch schwerlich von dem Bearbeiter frei hinzugefügt (z. B. 482, 25). Wenn wir demnach auch nicht völlige Sicherheit über die Quellen des Druckes erhalten, so geben wir doch R (nach uns gütigst mitgetheilter Lesung des Herrn Pfarrers D. Buchwald) als vermuthliche Grundlage an erster Stelle, darunter den Text der Drucke (bez. mit Dr.) und unter diesem S. Bei jener Einleitung zur zweiten Predigt aber verweisen wir am äußeren Rande auf diejenigen Stellen des Drucks, an welchen diese Einleitung durch Einfügung Verwendung gefunden hat.

Von den Drucken ist *A* als Urdruck angenommen, weil dabei die sachlich wichtigen Verschiedenheiten im Text der beiden Wittenberger Drucke *A* und *B* am einfachsten zu erklären sind (vgl. 484, 6. 19). *C* ruht auf *A*, *D* dagegen auf *B*, *E* auf *D*, wie ja diese beiden Ausgaben aus derselben Druckerei hervorgegangen sind.

Die Lesarten des zweiten Luffschen Druckes *B* sowie die der Nachdrucke verzeichnen wir vollständig, nur bleiben aus letzteren die in ihnen allen immer wiederkehrenden diser, vil, bliben usw. für dieser usw. *AB*; ym, jm usw., mer usw. für yhm usw., mehr usw. *AB*, sowie oder, sodern usw. für odder, soddern usw. unberücksichtigt. *DE* unterscheidet u und ů, ü und ů, wenn auch nicht ganz konsequent, *C* dagegen hat einerseits nur u, anderseits ů (neben vereinzelten ü). Ebenso hier meist eů (eu) neben einzelnen eü, ohne daß eine Regel des Gebrauches sichtbar würde. — sind > seind *DE* durchweg.

[1]) Hier sind manche Änderungen im kalvinistischen Sinne an dem ursprünglichen Texte vorgenommen, vgl. Zeitschr. f. Protest. u. Kirche Bd. 19, S. 46.

Sermon von dem Sacrament des leibs und bluts Christi, widder die Schwarmgeister.

R] In vigilia coenae domini Luth.

Incipit tempus, quo praeparamus nos ad confessionem et sacramentum, quamquam gratia Christi scimus, quod per totum annum sit tempus horum duorum, modo adsit lib et lebt. Tamen propter hos qui hoc tempore cupiunt, loquimur illis zu dinst. Loquar iam de sacramento, wie es an im selber ist, quia in isto sacramento duo notanda praedicanda. 1. quid credendum, quod vocant obiectum fidei, 2. fides ipsa vel usus, quomodo utendum, quod creditur, ut creditur in pane et vino vera caro et sanguis, hoc externe coram oculis proponitur et non est in corde ipso. 2. quod non est externe, est in corde, fides vel usus, wie sich das hertz halten soll gegen dem eusserlichen sacrament.

Dr] IN diesem Sacrament[1] sind zwei ding zu wissen und zu predigen. Zum ersten, was man gleuben sol, das man auff Latinisch nennet 'Obiectum fidei'; das ist das werck odder ding, das man gleubt odder daran man hangen soll. Zum andern der glawbe selbs odder der brauch, wie man des, so man gleubt, recht brauchen sol. Das erste ist ausser dem hertzen, wird uns eusserlich fur augen gehalten, nemlich das Sacrament an yhm selbs, davon wir gleuben, das ym brod und wein warhafftig Christus leib und blut ist. Das ander ist ynwendig ym hertzen, kan nicht heraus komen; Und stehet darin, wie sich das hertz gegen dem eusserlichen Sacrament halten sol. Nu habe ich bisher von dem ersten stuck nicht viel

1—3 *dem Titel von A entnommen.* 16 zwy *D* glauben *CDE* 16/17 Lateinisch *C* 17 dz ist *D* 18 glauben *C* glaubt *DE* anderen *C* 20 glaubt *CDE* 21 für *CDE* 22 glauben *CDE* 23 alt *DE* 24 kumen *C* steet *C* 25 Nun *CDE* stück *C* nich *E*

[1]) *Diese Einleitung ist der zweiten Predigt entnommen, unten 499, 6 ff.*

S] Instat tempus quo se apparerunt *[so]* ad eucharistiam. Etsi sciamus dei gratia per totum annum nobis licere, tamen propter illos qui suscepturi sunt (nec enim denegandum christiano petenti) praedicabo. Duo autem sunt praedicanda de hoc sacramento. Primum quid credendum in eo sit, quod nominant obiectum fidei. Secundo quomodo utendum eo quod creditur. Hoc scilicet quod est in altare, nimirum corpus et sanguis Christi in specie panis et vini, non est in corde sed foris. Alterum, usus huius fidei, est in corde.

R] Hoc relinquemus iam et tantum dicemus de sacramento externo, praesertim cum iam sit discordia inter praedicatores, etiam, ut videntur, optimos, quia in regionibus exteris multa magnitudo credit, quod non adsit vera caro et sanguis Iesu Christi.

Wens nu die mainung hat, quod aliquis est captus in hoc errore, huic consulamus, das er da von kom. Si in errore est et diffidit, expectet, donec deus eum firmet in fide.

Nos habemus pro nobis den durren hellen text Christi 'Accepit' ꝛc. Similiter.

Haec sunt verba, insuper quibus wir buchen, quae sunt ita simpliciter dicta, ut etiam adversarii fateantur, es koſt muhe, ut alio trahantur. Sic faciunt illi. Sie laſſen die wort ſtehen, quae clara sunt. Scio, quid sit accipere ꝛc.

Dr] geprediget, ſondern alleine das andere, wilchs auch das beſte iſt, gehandelt. Weil aber iʒt das ſelbige von vilen angefochten wird und ſich die prediger, die auch fur die beſten gehalten ſind, daruber ſpalten und rotten, das bereit ynn auswendigen lendern ein groſſe mennige darauff fellet und helt, das Chriſtus leib und blut nicht ym brod und wein ſey, wil es die zeit fodbern, davon auch etwas zu ſagen.

Zum anfang aber ſage ich, wenn es die meinung hat, das yemand ynn ſolchem yrthum gefangen iſt, dem wolt ich trewlich raten, das er vom Sacrament bliebe ſo lange, bis er eraus keme und ym glauben ſtarck werde. Denn wir haben fur uns den durren hellen text und wort Chriſti: 'Nemet, Eſſet, Matth. 26, 26 ff. Luc. 22, 19 f.
das iſt mein leib, der fur euch gegeben wird. Trincket alle daraus, das iſt mein blut, das fur euch vergoſſen wird. Das thut zu meinem gedechtnis'. Das ſind die wort, darauff wir pochen; die ſind ſo einfeltig und klar geredt, das auch ſie, die widderſacher, müſſen bekennen, es koſte mühe, das man ſie anders wohyn ziehe, und laſſen doch ſolche helle wort ſtehen und gehen yhren gedancken nach, machen yhn ſelbs finſternis ynn das helle liecht.

14 ſundern *C* ſonder *DE* ander *E* welchs *CDE* 16 für *C* darüber *E* 17 menninge *B* 18 fodern *E* 22 bleibe *D* heraus *CE* würde *E* 23 für, dürren *CE* 24 für *CE* Trincken *DE* 25 für *CE* 26 bochen *C* 27 widderſächer *DE* 29 ſebs *A* finſterniſs *D*

S] Iam dicemus de hoc quod est in altari propter illos qui varie iam tentantur de sacramento altaris, cum iam videamus plerosque eo decidisse, ut nichil in altari preter panem et vinum esse dicant.

Hortamur eos et alios qui dubitant ne accedant.

Nos simplicibus christi verbis stantes dicimus: 'Accepit iesus panem' ꝛc.

Haec sunt verba quibus innitimur, sunt enim simplicissime dicta.

Dr] Aber wer recht wil faren und nicht anlauffen, der hůte sich fur den spitzigen gedancken[1], die der Teuffel ynn der welt erreget ynn dem stuck, das er ja wolle das eye aussauffen und uns die schalen lassen[2], das ist, den leib und blut Christi aus dem brod und wein nemen, das es nicht mehr denn ein schlecht brod bleibe, wie der becker beckt. Und spotten uns darnach, wie sie gelustet, das wir fleischfresser und blutseuffer sind und einen gebackenen Gott anbeten[3]. Wie auch vorzeiten der abtrunnige, verzweiffelte bube Averrois, der auch ein Christen gewesen war, der glewbigen spottet und lestert, Es were kein erger volck auff erden denn die Christen, darumb das sie yhren eigen Got fressen, wilchs kein ander volck yhe gethan hette. War das nicht ein kostlich spitzig wort? Eben solchs treibet der Teuffel widder uns ytzt allenthalben ynn der welt.

Nu ist Gott ein solcher man, der da lust hat zuthuen, was fur der welt
1. Cor. 1, 23 nerrisch und untuchtig ist, wie Paulus sagt .1. Cor. 1. 'Wir predigen den gecreutzigten Christum, den Juden ein ergernis, den Heiden eine torheit'.
1. Cor. 1, 21 Item: 'Die weil die welt durch yhre weisheit Gott ynn seiner weisheit nicht erkante, gefiel es Got wol, durch torichte predigt selig zu machen alle, die an yhn glewben'. Wolan, wers nu nicht glewbt, der glewbe darnach, es sey lauter brod odder ein schusselbrod[4]. Wer des glaubens gefeilet hat, der mag darnach glewben was er wil, gilt eben gleich. Als wer ersauffen sol, der ersauffe ynn einem bach odder mitten ym strom, so ist er eben so wol ersoffen. Also sage ich von diesen geistern, wenn sie das wort fallen lassen, so lasse sie ymmer glewben und sich spalten wie lange sie wollen; wie bereit geschehen ist, das sechs odder sieben secten auffgestanden sind uber dem Sacrament, doch alle ynn dem wahn, das nicht Christus fleisch und blut da sey.

Das machet zum ersten, sage ich, das sie nicht sind ynn den worten blieben; darnach, das sie mit yhren gedancken nach faren und gesehen haben: solt Christus ym brod vnd wein sein und so weit ausgebreitet werden ynn der welt und ein iglicher solt den Christum essen, das were ein ungeschickt ding. Solchs haben sie zum ersten gefasset; davon haben sie denn ein gemalet glas fur den augen; da mussen denn die wort auch heissen was sie gedencken.

1 fůr *CDE* 3 wölle *E* 5 der beck *C* 6 gelůstet *C* fleisch fressen *BDE* blůtsauffer *DE* gebacknen *C* 7 vor zeiten *E* abtrůnnige *DE* 8 glaubigen *CDE* 9 be *B* 10 welchs *CDE* ey *D* köstlich *C* 11 treibt *E* yetzt *DE* 13 Nun *CE* zůthuen *C* zůthun *DE* fůr *CDE* werlt *B* 14 untüchtig *CDE* 15 ergernüs *C* ein torheit *DE* 17 torrichte *C* torechte *E* predig *DE* 18 glauben *CDE* nun *CE* nit *DE* glaubt, glaube *CDE* 19 schusselkorb *A* schusselbrod *B* schůsselkorb *C* *Eisl. Erl.* schůsselbrot *DE* gefelet *CD* gefålet *E* 20 glaubt *CDE* 21 strum *BDE* 23 glauben *CDE* lang *CDE* wöllen *CDE* 24 über *DE* 25 won *C* nit *E* sy *B* 31 fůr *CDE* můssen *CDE*

[1]) *Dem Abschnitt* Dr *484, 1—486, 28 entspricht in* R *499, 10—500, 1.* [2]) *vgl. Wander IV, 78 „Schale" Nr. 22.* [3]) *vgl. oben S. 457, Anm. 2.* [4]) schussel *Diminut. von schuss, ein schuss brot: soviel auf einmal in den Backofen geschossen wird.* R *übersetzt:* credat, vel merum esse panem, vel siliquas, vel patinarum repositorium.

R] Item sequitur 'hoc est corpus'. Haec intelligunt pueri, quod loquatur de eo quod porrigit. Ut si vitrum cerevisiae acciperem. Ideo heremus in verbis et postea claudimus omnes sensus et dicimus 'speculare utut velis, non erramus. Non enim persuadebis 'Edere' significare aliud ꝛc.'

Dr] Also thun alle rottengeister, scheppffen vorhin einen dunckel. Wenn yhn der selbig gefellet, unterstehen sie sich die schrifft auch darauff zu zwingen. Wer aber den rechten glauben scheppfft aus den worten, der gleubt also: Gott gebe, Christus krieche yns brod odder kilch odder worein er wil, wenn ich die wort habe, wil ich nicht weiter sehen noch gedencken. Was er sagt, das wil ich halten. So wickelt er sich yns wort, lesset sich nicht davon weisen, wird auch dadurch erhalten.

Denn wir sind yhe nicht so narren, das wir die wort nicht verstehen. Wenn solche wort nicht klar sind, weis ich nicht, wie man deutsch reden sol. Solt ich nicht vernemen, was das were, wenn mir ymand ein semel furlegt und sagte: Nym, isse, das ist ein weis brod? Item: Nym hin und trincke, das ist ein glas mit wein? Also wenn Christus sagt: 'Nemet, Esset, das ist mein leib', verstehet auch ein kind wol, das er redet von dem, so er darreicht. Es ist ein naturliche rede, wenn man auff etwas weiset, das man weis, was einer sagt. Sol ich nu mir solchs wort noch dunckel machen und was spitziges druber erdencken, mache ich mich selbs yrre. Es sind yhe alzumal klare und deutliche wort, brod nemen, dancken, brechen, geben, heissen essen, trincken, Das ist mein leib, Das ist mein blut. Daruber brechen sie sich mit grosser mühe, komen mit yhrem dunckel zuvor, darnach mussen die wort deuten, was ein iglicher erdacht hat. Darumb bleiben wir stracks bei den worten und thun darnach augen und sinne zu, weil yderman weis, was da heisset 'Das ist mein leib', und sonderlich das er hinzu setzet 'der fur euch gegeben wird'. Wir wissen ja, was Christus leib ist, nemlich von Maria geporen, der gelidden hat, gestorben und aufferstanden ist.

6 schöpffen *CE* 6 vnderstehen *C* vntersteen *DE* 7 schöpfft *CE* glaubt *CDE* 8 kelch *CDE* warein *CDE* 10 lasset *DE* 11 dardurch *DE* 12 nich *B* versteen *DE* 13 nit *C* teutsch *CDE* 14 yemandt *CDE* fürlegt *CDE* 15 weyßbrot *DE* 18 natürliche *CDE* wann *E* 19 nun *DE* 20 dräber *CD* darüber *E* irr *C* 21 nemen *B* heissen, essen *B* heyssen, essen *DE* 22 Darüber *CDE* prechen *E* 23 kumen *C* müssen *CDE* 24 yeglicher *C* 25 yederman *CDE* daß *E* 26 sunderlich *C* für *CDE* 27/28 gelitten *DE*

S] Dicunt autem sectarii, difficile intelligi posse verba haec ut ipsi accipiunt, cum tam clara sint verba, ut et pueri audientes intelligant. Sic nos loqui solemus: 'Accipe vitrum, bibe, das ist wittenbergisch bier'.

Quid ipsi faciunt? Omittunt verbum et dicunt: 'Non quadrat hoc', (Sed quid aliud est hoc quam excogitatiuncula rationis humanae?) 'ideo non est necessarium'.

R] Ipsi vero haec verba sinunt et soliti sunt his. 1. dicunt 'es schicht sich nicht'. 2. 'non est necessarium'. Haec duo ferme duo sunt fundamenta.

Ego statim etiam dicere possum 'Es reymt sich nicht, quod deus descendit in uterum, quod is, qui cibat omnem mundum, ipse cibatur a virgine, Et Christus gloriae rex crucifigitur, schickt sich nicht, ergo nihil convenit'. Istud est i. e. furtum cui ipsi incutiuntur, dicunt 'es reymet sich nit, quod deus ita multa miracula faciat in hac re, quae nulla facit alibi.

Quia creditis corpus unum an hundert mal tausent enden et quod magna ossa illa sunt condita et quod non videatur hoc miraculum, omnia sunt et

Dr] Nu haben sie furnemlich zwei ding, die sie auffbringen widder uns. Zum ersten sagen sie, Es schicke sich nicht, das Christus leib und blut sol ym brod und wein sein. Zum andern, Es sey nicht von noten. Das sind fast yhre beste grunde, darauff sie bawen; die wollen wir sehen.

Auffs erste mochte ich gerade so wol sagen: Es reimet sich nicht, das Gott herab solt von himel steigen und sich geben ynn mutter leib, das der da alle welt speiset, erhelt und beschleust, lesset sich speisen und beschliessen von der Jungfrawen. Item das Christus, ein konig der ehren, dem alle Engel mussen zu fussen fallen und alle creaturen fur yhm zittern, sich so herunter wirffet unter alle menschen und soll sich lassen ans creutz henden fur einen allerschendlichsten ubelthetter, darzu von den ergisten, verzweiffelsten menschen. So wolte ich auch daraus schliessen, Gott were nicht mensch worden, odder der gecreutzigte Christus were nicht Gott. So sagen sie, es schicke sich nicht, das Gott ynn dem Sacrament so viel wunderwerck sol thun, als die er sonst nirgent thut. Denn das wir glewben, das der einige leib Christi an hundert tausent enden sey, so viel brod gebrochen wird, und das die grossen beine da sollen verborgen sein, das sie niemand sihet noch fület, Das halten sie fur ungeschickt ding, machen grosse wunder darvon, sehen aber nicht, das es eitel

---

10 Nun *CDE* fürnemlich *CDE* 11 mit *C* 12 nöten *CDE* 13 beste *C* gründe *DE* wöllen *CDE* 14 möchte *CDE* 15 muter *DE* leibe *E* 16 do *C* 17 von *E* junckfrawen *C* könig *CDE* eern *C* 18 müssen *CDE* füssen *E* für *CDE* herunder *DE* 19 für *CDE* 20 übelthätter *DE* ergesten *D* ergsten *E* 24 nirgen *DE* glauben *CDE* 26 für *CDE* 27 seen *C* nit *E*

S] Audi! Hoc quoque non quadrat, filium dei descendere in alvum virginis, crucifigi pro nobis, cum deus omnia uno verbo efficere potuisset, quod per filium fecit. 'Ergo non necessarium' diceres? Quid autem ad te, si ei ita placuit?

Dicunt ipsi: 'Vos novi heretici creditis, in qualibet particula esse corpus Christi integrum. Quomodo hoc est possibile?' (Nichil aliud haec sunt quam somnia et cogitationes humanae).

R] interim non vident esse vanas cogitationes. Si vis ita metiri, so muß man khein creatur lassen leben.

Si velim praedicare de creaturis, ita miracula videres in eis ut hoc sacramento. Accipiamus: anima quae unica creatura est, est simul in minimo pediculo. Si tantum acu tango, corpus totum tango, et totum corpus et anima zappelt. Iam dico recte, quod anima simul est in omnibus membris, in oculis momento, Num Christus hoc non posset, ut ubique esset locorum in sacramento?

Item mea anima loquitur, loquendo audit, videt, interim khan dauen cibum, in sanguinem, in ossa, fimum, haec non sunt miracula, quia nos assueti, Illud non. Nondum viderunt diligenter ullam creaturam.

Dr] unnutze gedancken sind. Denn wenn mans also wil messen, so muste man kein creatur bleiben lassen.

Denn wenn ich solt und kunde die Creaturen ausmessen und mit worten ausstreichen, soltestu eben so grosse, ja noch grossere wunder darinne sehen als ynn diesem Sacrament. Nym fur dich die seele, wilchs ein einige creatur ist und ist doch ynn gantzen leib zu gleich, auch ynn der kleinisten zehe, das wenn ich das kleiniste gelid am leibe mit einer nadel steche, so treffe ich die gantze seele, das der gantze mensch zappelt. Kan nu eine seele zugleich ynn allen geliedern sein, wilchs ich nicht weis wie es zugehet, Solt denn Christus das nicht vermugen, das er zu gleich an allen orten ym Sacrament were?

Item meine seele kan zugleich dencken, reden, ym reden sehen, horen, fulen etc. und ynn des auch die speise dawen ynn blut, fleisch, bein, harm und mist. Das helt niemand fur wunder, weil wirs teglich sehen und gewonet sind. Es feilet den leuten nichts, denn das sie nie keine creatur recht angesehen haben, wie wir weiter horen werden.

13 vnnütze *DE* müste *CDE* 14 künde *DE* 15 grössere *CDE* darinnen *DE* 16 für *CDE* welchs *CDE* 17 kleinesten *C* kleinsten *DE* sehen *DE* 18 kleineste *B* kleinste *DE* glib *E* 19 nun *CDE* 20 gliedern *C* welchs *CDE* zugeet *DE* 21 vermögen *DE* 22 mein *DE* seel *C* reen *C* hören *BCDE* 23 fülen *BCDE* dauwen *E* 24 für *CDE* täglich *DE* unde *B* 25 feind *DE* feilet *E* kein *DE* 26 hören *BCDE*

S] Si iuxta hoc cogitandum est, minima creatura tantum miraculi faciet, quantum hoc est in altari. Ecce anima hominis in qualibet corporis parte tota est. Nam si acu tango vel pollicem, totum corpus sentit. Si hoc potest anima hominis, cur deo esset impossibile?

Et animula illa simul potest audire, videre, digerere escam, aliam in sputum, aliam in stercus aut urinam aut carnem aut ossa. Hii homines nunquam dei creaturam recte inspexerunt.

R] Vide granum, calamus fit maior, excelsior, unicuique grano dat suam formam ꝛc. In uno grano multa miracula sunt, das ghets sie gar kheines an. Dic, wie geht das zu? Ego tantum habeo duos oculos et tamen omnia capita fass ich in meinen augen. Si tantum unum haberem, einfasset, so wers zu gross.

Verbum meum vide. Ibi aliquot 100 et omnes audiunt et quaelibet auris audit integram et perfectam. Hoc potest vox mea efficere, ut impleat omnes aures. Hoc vident et non habent pro miraculo, aliud non.

Dr] Sihe an ein korn auff dem felde und sage mir, wie gehet das zu, das der halm aus der erden wechst aus einem einigen korn und so viel körnlin auff der ehrn tregt und einem iglichen seine gestalt gibt. Es sind ynn einem körnlin viel, viel wunderwerck, der sie keines warnemen noch achten. Item wie gehet das zu: Ich habe nur zwei augen und fasse doch alle heubte ynn meine augen auff ein mal, ja ich kans gleich so wol mit einem auge thun als mit beiden. Also kan ein auge auff tausent körnlin zielen, und widderumb auff ein körnlin konnen tausent zielen.

Weiter nym ein exempel[1] eben von dem wort, das ich rede; das ist ein arme elende stim und so zu rechnen die geringste creatur, nichts mehr denn ein wind; so bald der mund auffhoret, so ist es aus und nichts mehr, das kein schwecher, vergenglicher ding sein kan. Noch ist es so mechtig, das ich mit der stim ein gantz land regiren kunde. Wo kompt nu das her, das ich mit worten so viel hertzen fange? Ich habe eine kleine stim, so sind da etlich hundert odder tausent oren, noch fasset ein iglich or die gantze und volkomene stim. Die teile ich nicht also aus, das yhe ein or ein stuck davon hat, sondern ein iglichs hat sie gar. Solchs sehen sie und haltens fur kein wunder; ja, wenn wirs nihe gesehen hetten, were es das groste wunderwerck. Kan nu das meine stim zuwegen bringen, das sie alle oren fullet und ein iglicher so viel darvon nimpt als der ander und das wort sich so weit austeilet: Solt

---

9 gert *CDE* 10 körlein *C* 12 körnlein *C* viel, viel] vil *E* 13 gert *DE* nür *C* haupte *E* 14 einem auge *BCDE* 15 körnlein *C* 16 körnlein *C* körlin *C* können *CDE* tausent *B* 19 höret *CDE* 20 by *C* 21 künde *CE* kumpt *C* nun *DE* 22 do *C* 23 trusent *B* yeglich *C* volkumene *C* volkomne *E* 24/25 sunder *C* 25 yeglichs *C* für *CDE* 26 nie *CD* gröste *CDE* nun *CDE* 27 by *E* füllet *CDE* yeglicher *C* 28 by *E*

[1]) Dr *488, 17—491, 16 ist wesentlich aus der Zusammenfassung des Inhalts der ersten Predigt (vgl. 501, 16) geschöpft, mit der Luther die zweite eröffnete. Es entspricht* R *500, 3—501, 16.*

S] Respice terram quomodo augeat longitudinem, magnitudinem spirae. Sunt ne haec mira? Quomodo hoc fit dic. Tu duos habes oculos et ego. Et in hos duos oculos recipimus omnia hominum praesentium capita. Sic omnes aures praesentes audiunt vocem meam et integram. Hocne mirum?

R] Wie vil ein leichter ding ist es umb einen clarificirten leib quam hoc est. Si novum esset, tum maximum esset miraculum. Ideo feylet illis hominibus, quod nunquam vel unicum opus aspexerunt dei vel gremulum vel folium.

Dr] es Christus nicht viel mehr können thun mit seinem leib? Wie viel ein erleuchter ding ists umb einen verklerten leib denn umb die leibliche stim! Dergleichen findestu viel mehr wunder ynn den Creaturn, das wer ein creatur recht ansihet, der wird sich disen artickel nichts lassen yrren.

Item ich predige das Euangelion von Christo und mit der leiblichen stim bringe ich dir Christum yns hertz, das du yhn ynn dich bildest. Wenn du nu recht glewbist, das dein hertz das wort fasset und die stim drinne hafftet, so sage mir, was hastu ym hertzen? Da mustu sagen, du habest den warhafftigen Christum, nicht das er also darin sitze, als einer auff einem stul sitzet, sondern wie er ist zur rechten des vaters. Wie das zugehet, kanstu nicht wissen, dein hertz fület yhn aber wol, das er gewislich da ist, durch die erfarung des glaubens. Kan ich nun abermal mit einem wort solchs ausrichten, das der einige Christus durch die stim ynn so viel hertzen kompt und ein iglicher, der die prediget horet und annimpt, fasset yhn gantz ym hertzen; Denn er lesset sich nicht stucklich zu teilen und wird doch gentzlich ausgebreitet ynn alle glewbigen, Also das ein hertz nicht weniger, und tausent hertzen nicht mehr kriegen denn den einigen Christum, Das mussen wir yhe bekennen und ist ein teglich wunder, ja so gros als hie ym Sacrament; warumb solts sichs denn nicht reimen, das er sich auch ym brod austeile?

Wenn ich nu Christum yns hertz bringe, was geschicht denn? Gehets also zu, wie sie gedencken, das er auff einer leitern herab feret und hinauff klettert? Noch sitzt Christus zur rechten des vaters und auch ynn deinem hertzen, der einige Christus, der da hymel und erden erfullet. Ich predige, das er sitzet zur rechten Gottes und hirschet uber alle creatur, sund, todt, leben, welt, Teuffel und Engel; wenn du das glewbest, so hastu yhn bereit ym hertzen. Also ist dein hertz ym hymel, nicht ynn einem schein odder trawm

5/6 erlauchter *DE* 7 creaturen *DE* 8 diesen *B* 11 nun *DE* glaubest *CDE* drinnen *D* darinnen *E* 12 sagen mir *B* 13 by *DE* 14 sunder *C* vatters *CE* zugeet *DE* 16 nu *BCD* 17 kumpt *C* 18 yeglicher *C* predige *DE* höret *BCDE* 19 lasset *DE* stücklich *DE* zerteylen *E* 20 glaubigen *CDE* 21 musse *B* müssen *CDE* 22 täglich *E* solt *E* 23 nit *C* 24 nun *CDE* Gehts *E* 26 vatters *DE* 27 erfüllet *CDE* 28 herrschet *CDE* über *DE* sünd *CDE* 29 glaubest *CDE* yhn] ja *C*

S] Quum per hanc vocem, quae est verbum dei, christus venit in cor tuum, modo credas, illicque habitat tam integer, quam sedet in dextera patris; multo facilius hoc de corpore christi glorificato, quam de hac re; faciliusque christus est in lapide, pane vel ligno quam corde hominis.

Dr] sondern warhafftig. Denn wo er ist, da bistu auch; so wonet und sitzet er ynn deinem hertzen, noch fellet er nicht von der rechten Gottes. Solchs erfaren die Christen und fülens offentlich. Aber yhene sehen der dinge keines, wie gros es ist, das Christus also ym hertzen wonet und sich teilet ynn eines iglichen hertz gantz und gar und wird durchs wort ausgebreitet. Darumb wer solchs glewben kan, dem ist das auch nicht schwer zu glewben, das sein leib und blut ym Sacrament sey. Denn wenn du das wunderzeichen so wilt mit vernunfft und gedancken messen, so wirdestu zuletzt dahin komen, das du auch müssest sagen, Christus wone nicht ym hertzen der glewbigen.

Nu sihe, wie gesagt, vermag solchs alles die schwache leibliche stim, das sie zum ersten den gantzen Christum ynn die oren bringet, darnach yns hertz aller, die zuhoren und glewben; Solt das so wunderlich sein, das er sich yns brod und wein bringet? Ist nicht das hertz viel subtiler denn das brod? Das du nu solchs ausmessen wilt, wie es zugehe, wirstu wol lassen. Eben so wenig als du sagen kanst, wie es zugehe, das Christus ynn so viel tausent hertzen ist und so drinnen wonet, wie er gestorben ist und aufferstanden, und doch kein mensch weis, wie er sich drein bringet; So ist es hie auch unbegreiflich wie es zugehe. Das weis ich aber, das das wort da ist 'Nemet, esset, das ist mein leib, fur euch gegeben, das thut zu meinem gedechtnis'. Wenn wir die sprechen uber das brod, so ist er warhafftig da, und ist doch ein schlecht wort und stym, die man horet. Wie er nu yns hertz kompt und nicht ein loch hynein bricht, sondern allein durchs wort und hören gefasset, so kompt er auch yns brot, das er kein loch darff hynein machen.

Nym ein ander Exempel! wie ward seine muter Maria schwanger? wie wol es ja so gros wunder ist, das ein weyb von einem man schwanger wird, Doch hat yhm Gott furbehalten, das er von der Junckfrawen wolt geporn werden. Wie kumpt nu die Muter dazu? Sie weis von keinem man und ist yhr gantzer leib beschlossen, noch entpfengt sie ein recht natürlich kind mit fleisch und blut ym leib. Ist da nicht mehr wunder denn ym brod und Luc. 1, 31 wein? Wo kompt es denn her? Gabriel der Engel bringt das wort 'Sihe du wirst schwanger werden ym leibe und einen son geperen' etc. Mit diesen worten kompt Christus nicht allein yn yhr hertz, sondern auch yn yhren leib, als sie es horet, fasset und glewbet. Da kan yhe niemand anders sagen, denn das die krafft durchs wort kompt. Wie man nu das nicht leugnen kan, das sie so durchs wort schwanger wird, und niemand weis, wie es zu gehet,

---

1 sunder *C* sonder *E* 3 offenlich *CDE* ding *E* 4 eins *E* 5 glauben *CDE* 6 nit *C* glauben *CDE* 8 kumen *C* 9 glaubigen *CDE* 10 Nun *CE* 12 zuhören *BCDE* glaubt *CDE* 14 nun *CDE* 18 zugee *C* 19 für *CDE* gedechtnis *E* 20 über *D* 21 höret *BCDE* nun *CDE* kumpt *C* 22 sunder *C* sonder *E* kumpt *C* 23 hy *C* hynein *E* machen *BCDE* 24 mutter *CE* 26 fürbehalten *CDE* Jungfrawen *D* 27 kumpt *DE* nun *DE* mutter darzu *C* 28 empfengt *DE* 29 nit *C* 30 kumpt *BC* 32 kumpt *C* sunder *C* sonder *E* 33 höret *BCDE* glaubet *CDE* 34 kumpt *C* nun *E* nit *C* 35 hy *C* geet *DE*

R] Item credimus, quod Iesus Christus homo sit perfectus super omnes creaturas et impleat omnia, quomodo hoc? non solum secundum divinitatem, sed humanitatem est dominus omnium, habet omnia in manu et ubique praesens. Sol ich den geistern nachfolgen, qui dicunt 'Es schickt sich nit', so muß ich Christum verleugnen. Stephanus vidit Christum stantem. Circum me est, in me, ubique est, ergo nec creaturas nec Christum intelligunt. Ipsi cogitant 'Sedet ad dexteram'. Ita loquuntur et cogitant. Sed quid est Christum ascendere et sedere? Non est ut tu ascendis per scalam in domum, sed est quod sit super omnes creaturas, unter allen creaturen et ausser allen creaturen. Quia corporaliter abductus est, factum est zu einem warzeichen. Est ergo ut Paulus omnia impleri ab eo, ergo omnia habet vor den augen et plus quam ego te.

Dr] so ist es hie auch. Denn so bald Christus spricht 'Das ist mein leib', so ist sein leib da durchs wort und krafft des heyligen geists. Wenn das wort nicht da ist, so ist es schlecht brod; aber so die wort da zu komen, bringen sie das mit, davon sie lauten.

Item wir gleuben, das Jhesus Christus nach der menscheit sey gesetzt Eph. 1, 22 uber alle creaturen und alle ding erfulle, wie Paulus sagt Ephe. 4. Ist nicht Eph. 4, 10 allein nach der Gottheit sondern auch nach der menscheit ein Herr aller ding, hat alles ynn der hand und ist uberal gegenwertig. Sol ich nu den geistern folgen, die da sagen, es schick sich nicht, so mus ich Christum verleugnen. Wir lesen von Stephano Acto. vij., das er sprach: 'Ich sehe die hymel offen Apg. 7, 55 und Jhesum stehend zur rechten des vaters'. Wie sihet er Christum? Darff die augen nicht hohe empor werffen. Er ist umb uns und ynn uns an allen orten. Davon verstehen yhene nichts, sprechen auch, Er sitze zur rechten Gottes; was es aber ist, Christum gen hymel faren und sitzen, wissen sie nicht. Es gehet nicht also zu, wie du auf steigest auff einer leitern yns haus, sondern das ists, das er uber alle creaturen und yn allen und ausser allen creaturn ist. Das er aber leiblich hinauff genomen ist, ist geschehen des zum warzeichen.

14 geists *BDE* 15 kummen *C* 17 glauben *CDE* gesetzt *DE* 18 über *DE* erfülle *CDE* 19 sunder *C* sonder *E* 20 überal *DE* nun *CDE* 22 Act. *B* sihe *E* 23 steen *E* vatters *DE* 25 versteen *DE* 27 geet *E* sunder *C* 28 über *DE* creaturn (!) *E* 29 genumen *C*

S] Hoc ipsis deest, quia nesciunt, quid sit miraculum. Credere iesum christum positum supra omnes creaturas easque omnia replere, cogita quam possibile hoc sit. Si illos audiam, christum negem necesse est. Christus supra me, sub me, in me est, et sedet quoque ad dexteram patris. Sic ipsi nec creatorem nec creaturas intelligunt. Quid aliud est sedere in dextera patris quam esse supra omnes creaturas et in omnibus et sub omnibus creaturis? Sic interpretatur paulus ex ps. 8: 'omnia subiecisti' rc.

R] Imaginatur Christus descendere per scalam, quando nos edimus Christi corpus. Hae cogitationes veniunt ex ratione et carne.

Nostra verba quae dicimus, turffen in nicht hie her bringen, quia iam adest ubique, sed verba sunt data nobis zur sicherung, ut sciamus eum certe invenire, qui ubique est.

Quamquam possem in fune, lapide invenire, sed non vult, ut illic quaeramus. Nostris quidem hat er ein weiß gestelt, ubi sit quaerendus et inveniendus. Das wissen die leut nicht, qui dicunt absurda esse haec, non intelligentes, quid Christi regnum sit, sedere ad dexteram.

Si Christus meum non adesset in carcere, morte, quid facerem? adest certe ipse, quamquam non corporaliter.

Dr] Darumb hat er nu alle ding fur augen, mehr denn ich dich habe, ist uns neher denn keine creatur der andern. So speculirn sie also, das er hynauff und herab musse faren von hymel durch die lufft und lasse sich herab ziehen yns brod, wenn wir sein leib essen. Solch gedancken komen nirgent von her denn von der nerrische vernunfft und fleisch. Unsere wort, so wir sprechen, durffen yhn nicht herunter ziehen sondern sind uns geben zur sicherung, das wir wissen yhn gewis zu finden.

Denn wie wol er uberal ist ynn allen creaturen und ich mochte yhn ym stein, ym fewr, ym wasser odder auch ym strick finden, wie er denn gewislich da ist, will er doch nicht, das ich yhn da suche on das wort und mich yns fewr odder wasser werffe odder an strick henge. Uberal ist er, er will aber nicht, das du uberal nach yhm tappest, sondern wo das wort ist, da tappe nach, so ergreiffestu yhn recht. Sonst versuchstu Gott und richtest abgotterey an. Darumb hat er uns ein gewisse weise gestellet, wie und wo man yhn suchen und finden sol, nemlich das wort. Solchs wissen und sehen die leute gar nicht, so da sagen, es reyme sich nicht, das Christus solt ym brod und wein sein, weil sie auch nicht verstehen, was Christus reich sey und zur rechten Gottes sitzen. Wenn Christus nicht bey mir were ym kerker, marter und tod, wo wolt ich bleiben? Er ist gegenwertig da mit dem wort,

13 nun *CDE* für *CDE* 14 müsse *CDE* 15 in *C* tuhen *C* 16 nerrischen *DE* 17 dürffen *C* dörffen *DE* sunder *C* 19 überal *DE* möchte *CDE* 21 mit *E* 22 henck *E* 23 überal *DE* sunder *C* sonder *E* 25 abgötterey *CDE* 28 verstern *E* 29 kercker *B*

S] Ipsi putant, quoties consecratur panis, Christum per scalam descendere de coelo cum magna cohorte angelorum. Ipse autem datus est nobis in panem propter verbum.

Etsi sciam ipsum esse in cuspide, fune et fonte, sed ibi eum non quaeram. Quaerendus autem est ubi vult inveniri et quo nos ducit.

Alioqui ubique est christus. Nam si in carcere sum, circum me sunt mors, diabolus, quibus facile me dederem, nisi quoque christus adesset.

R] Si hoc credimus, tum[1] iam facile erit credere Christum esse in sacramento. Dei saccus est terra et celum, sicut korn saccum implet. In grano agri, grano kirſen baum seritur et tam multos flores, ramos ꝛc. maius miraculum quam illud. Si vox mea potest se dare in tam multas aures et unus kirßkern in tam multos, multo plus potest esse esse Christus in tam multis frustulis. Si quis vult dicere 'es reymet ſich nit, ideo verba non sunt vera', Ita

[1]) *dum.*

Dr] wie wol nicht alſo wie hie ym Sacrament, da er ſein leib und blut mit dem wort anbindet ym brod und wein auch leiblich zu entpfahen. Wenn wir ſolchs glewben, iſt das auch leicht zu faſſen und glewben. Hymel und erde iſt ſein ſack; wie das korn den ſack fullet, alſo fullet er alle ding. Und wie ein korn ſolchen halm, ehrn und viel körlin tregt; Item, wie ein einiger Kyrßkern ynn die erden geworffen ein ſolchen bawm eraus bringt, ſo viel blumen, bletter, ſchalen, baſt, kyrſen tregt; Item, meine ſtym ſich ynn ſo viel oren gibt; viel mer kan Chriſtus ynn ſo viel ſtucklin ſich gantz und ungeteilt austeilen.

Weil nu yhene das nicht ſehen, lauffen ſie an mit yhrem menſchen dunckel, was es verſchlage, das Gott ſolch gauckelwerck damit mache. Nu laſſe ſie nur getroſt narren, bleib aber dar bey, das Chriſtus ſo wie geſagt durchs wort ſolchs alles thut, wie der wunder unzelich ſind, die er teglich dar durch thut. Solt er denn durch die ſelbige krafft hie nicht auch ſolches wiſſen zu thun? Er hat ſich yns wort gefaſſet, und durchs wort faſſet er ſich auch yns brod. Kan er yns hertz und geiſt reiſſen und ynn der ſeele wonen, ſo kan yhm viel geringer weiſe das leiblich ding offen ſtehen, ſintemal das hertz viel ſubtiler iſt. Aber er behelt alſo die kleinen wunder, das er uns dadurch der groſſern erynnere. Denn es viel groſſer iſt, das er durch den glawben yns hertz kumpt, denn das er ym brod iſt. Ja, er braucht eben des brods odder Sacramentes umb des glawbens willen. Wenn wir das anſehen, wurden wir nicht ſo gros von wundern ſagen. Wenn man aber yhm mit der vernunfft wil nachdencken und ömen[1], ſo muſten wir auch vom glawben

7 mit *C* 8 empfahen *DE* 9 glauben *(beidemal) CDE* erden *CE* 10 füllet *CDE* 11 ehern *DE* körnlein *C* körnlin *D* 12 herauß *CDE* bringet *BDE* 14 ſtücklin *BDE* ſtückleynn *C* 16 nun *CD* 17 Nun *CDE* 18 nür *C* getröſt *DE* da bey *DE* by *C* 19 täglich *E* 23 ſtern *E* ſyntmal *D* ſyntemal *E* 24 by *D* 25 dardurch *E* gröſſern *CDE* gröſſer *CDE* 26 kumpt *DE* by *DE* 27 Sacramentis *DE* 28 würden *CDE* mit *C* 29 müſten *CDE*

[1]) *Das nach in nachdenken ist auch zu ömen zu ziehen; nachömen = heutigem nachahmen scheint hier noch etwas von der urspr. Bedeutung 'nachmessen' bewahrt zu haben.* P. P.

S] Deus omnia implet sicut saccum, ut in Esa. 'coelum esse saccum suum' dicit.

Hoc fateri coguntur, christum esse in omnium fidelium cordibus, et non credent esse in pane.

R] dicendum 'verbum dei est verum, ergo dein dencken muß nicht recht sein'. Ipsi contrarium statuunt verbum esse falsum et opiniones suas veras.

2. fundamentum: 'Non est necessarium'. Custos virgam her det, spiritus sanctus hats nicht recht getroffen. Tamen si credo in Iesum Christum, quod pro me ꝛc. quo opus, ut credam den gebacken got, er wirts sie ein mal gebacken. Quis haec dicit, deus an homo? Homo. Quare? quia Satan eos obsedit, nihil didicerunt quam verba haec loqui, praedicare 'Christus est mortuus'. In corde nunquam senserunt.

Dr] sagen, das kein mensch kunde gleuben. Denn er ubertrifft zu weit alle vernunfft. Derhalben Summa summarum, das yhene viel sagen, es reime sich nicht, darumb sey es nicht also, wollen wir eben umbwenden und das widerspiel sagen: Gottes wort ist war, darumb mus dein dunckel falsch sein. Solt sichs darumb nicht reimen, das dich dunckt es reime sich nicht, und meinest das wort musse nicht recht sein und dein dunckel sol gelten?

Der ander grund den sie furen ist, Es sei nicht von noten. Da mus sich Christus lassen zur schul furen und meistern. Der heilig geist hat es nicht recht troffen. Denn so sagen sie: wenn ich gleube an Jhesum Christum, der fur mich gestorben ist, was ist not, das ich gleube an den gebackenen Gott? Wolan, er wird sie auch ein mal backen, das yhn die rinde wird verbrennen. Wer sagt nu das? Gott odder ein mensch? Ein mensch sagt es. Warumb? Darumb das sie der Satan besessen hat, haben nicht mehr gelernt denn die wort reden und predigen: 'Christus ist fur uns gestorben' etc., ym hertzen aber fulen sie nichts davon. Wiltu nu Gott meistern, was not und nicht not sey und nach deinem dunckel schliessen lassen? Viel billicher lernn

9 kunde glauben *CDE* übertrifft *DE* 11 wöllen *CDE* 12 dünckel *B* 13 nit *C* 14 müsse *CDE* dünckel *B* 15 füren *CDE* nit *E* nöten *BCDE* 16 füren *CDE* heilige *B* 17 glaube *CDE* 18 für *CDE* glaube *CDE* 20 nun *DE* 22 für *CDE* 23 fülen *BCDE* nun *DE* 24 dünckel *B* lern *B*

S] Non sequitur: 'Si sic infertur hoc, non sonat, non quadrat, ergo verba falsa sunt'. Sed sic: 'Verbum dei verum est, ergo quicquid tu excogitas, falsum est'.

Iterum dicunt: 'Non necessarium', (Christus hic ducitur ad scholas et spiritus s. virgis ceditur,) dicentes nos edere pistum iesum.

Deus eciam, nisi caveris, te pinset, ut dimidius comburaris. Sic et nebulo ille averroes apostata dixit, stultius se hominum genus non vidisse, quam christianos, qui et illum quem adorant devorant.

Tu verte et dic: Si deus necessarium habere vult, maneat, non liberum faciam.

R] Nos invertemus 'deus hoc dicit, ergo tua opinio, bunckel, est falsa, quando deus pro necessario habet, tu non debes dicere contrarium, tu mentiris, deus verax'.

Tu dic ad hoc, quod fides sola iustificat, dic, quod Christus etiam non sit necessarius. Nos dicemus ad deum 'Tu habebas Satan, mortem ꝛc. in tua potestate, quid profuit demittere filium tuum e celis, potuisses uno verbo ꝛc. quia tu omnipotens, so hets nur ein wort gekost' ꝛc. item concludemus 'Christus est natus ex virgine, was ist von noten? potuisset de viro nasci, ergo non necessarium, ut de virgine nasceretur'. Dicemus 'non est necessarium, quod Christus sit deus, potuisset eque mori, si tantum homo'. Ita excecat Satan, ut 1. non videant aliquod dei opus, 2. non videant verbum.

Dr] wirs umb und sagen: Gott wil es so haben, darumb ist dein bunckel falsch. Was Gott fur notig ansihet, wer bistu das du tharst dargegen reden? Du bist ein lugner, so ist er warhafftig.

So sage mir auch, weil der glawbe alleine rechtfertigt, das Christus nicht not sey, So wollen wir zu Got sagen: Du hattest sund, tod, teuffel und alles yn deiner gewalt; was war es nutz odder not, das du dein son herab sendest, liessest yhn so greulich handlen und sterben? hettestu doch yhn wol kunden lassen droben bleiben; hette dich nicht mehr denn ein wort gekostet, so were sund und tod vertilget mit dem teuffel. Denn du bist yhe almechtig. Item, also wollen wir schliessen, das Christus nicht geboren sey von der Jungkfrawen, und sagen: Was war es von noten? kund yhn nicht Gott eben so wol von einem man lassen geboren werden? und gleich wol so schaffen, das er on sund entpfangen und unschuldig bliben were? Ja, weiter wollen wir sagen, es sey nicht not, das Christus Gott sey. Denn er hette eben so wol durch Gottes krafft kunden vom tod widder auffersteheen und uns erlosen, wenn er ein lauter mensch were gewesen. Also verblendet der Teuffel die leute, das sie kein Gottes werck recht ansehen kunden; Zum andern, das sie auch das wort nicht ansehen, wollen darnach mit yhrem kopff alles er-

12 bündel *B* 13 für *CDE* nötig *BCDE* 14 lügner *C* 15 allein *DE* rechtfertigt *B* 16 nit *C* wöllen *CDE* hatest *B* sünd *CDE* 17 diner *B* nütz *BDE* sun *CD* 19 künden *CDE* 20 sünd *CDE* 21 wöllen *CDE* 22 nöten *CDE* künd *C* 24 sünd *CDE* empfangen *DE* 25 wöllen *CDE* 26 künden *CDE* aufferston *E* 27 erlösen *CDE* 28 künden *CD* 29 dz wort *C* wöllen *CDE*

S] Sic eciam dicerem, christum non esse necessarium, si sic dicerem: 'Deus, cur filium tuum in carnem misisti, cum verbo omnia, mortem, peccata, inferos abigere potuisses?' Nonne inferretur optime nullo contradicente: 'ergo christus non est necessarius?' Bona res esset, si nos miseri homines deo statutum tempus et locum, ubi necessarius esset, statueremus.

His duobus fundamentis firmiter stant, sed utroque errant. In altero nesciunt miracula dei, in altero verbum dei. Opera dei non similia sunt

R] Soltu außforschen ein kornlein, du solt dich verwundern, das du druber sturbst. Dei opera non sunt similia nostris operibus.

Dicendum 'quid mihi, obs von noten sey oder nicht'. Cum ipse dicit, necessarium est, taceat omnis creatura. Cum hic conclusit deus dicens 'Edite, hoc est', si calamum porrexisset, deberem credere. Ibi claudendi omnes sensus et dicendum 'domine, tu melius nosti quam ego'. Aqua est baptismus, quid opus? Spiritus dicit. Audi hic adesse dei voluntatem et verbum.

Si ipsi scirent, quid verbum dei, non ita desiperent.

Hae duae sunt causae, quae sunt optimae, necessitatem latius streichen sie auß.

Dr] forschen. Soltistu ein kornlin auff dem feld ausforschen, du soltist dich verwundern, das du sturbest. Gottes werck sind nicht unsern wercken gleich. Derhalben sage du also: Was ligt mir dran, ob es von noten sey odder nicht. Gott weis es wol, wie oder warumb es so sein sol und musse. Wenn er sagt, das es not ist, so schweigen alle creatura. Weil nu hie Christus mit klaren worten sagt: 'Nemet, Esset, das ist mein leib' etc. gehoret mir den worten zugleuben, so fest als ich allen worten Christi gleuben mus. Wenn er gleich nur ein strohalm reichet und solche wort spreche, solt ichs gleuben. Darumb mus man mund, augen und alle synne zuthun und sagen: 'Herr, du weist es besser denn ich'. Also ist es auch mit der Tauffe. Das wasser ist die Tauffe, und ynn der tauffe ist der heilige Geist. Da mochtestu auch sagen: 'was ists von noten, das man mit wasser teuffet?' Der geist sagt aber so; horestu? hie ist Gottes wille und wort; da bleibe bey und las deinen bundel faren.

Sihe, das sind die zwo ursachen, darumb sie sagen, es sey nicht zugleuben, das Christus leib und blut ym Sacrament sey. Wilche auch die besten sind; und sonderlich das andere streichen sie weit aus. Das sind nu

11 Soltestu *CDE* körnlein *C* solltest *C* sollest *DE* 12 stürbest *DE* 13 sag *E* nöten *BCDE* 14 so es *E* müsse *CDE* 15 creaturen *CDE* nun *CDE* 16 gehöret *BCDE* 17 glauben *(ebenso i. Folg.) CDE* 21 heylig *C* möchtestu *BCDE* 22 nöten *BCDE* täuffet *E* 23 hörestu *BCDE* 24 bündel *CDE* 26 Welche *CDE* 27 sonderlich *C* nun *DE*

S] cogitationi humanae, scorto illi, sed omnino stulticia, 1. Cor. j. 'placuit deo per stulticiam' rc.

Sic faceres: Quod deo placet, hoc tu ne verbo quidem attingeres sed taceres.

Habemus et baptismum. Dicit ratio: 'Credere possum eciam si nunquam baptiser'. Verum est. Cum autem deo placeat, humiliare et da ei gloriam.

R] Haec duo fundamenta movent etiam magna corda, et olim commoti animi magnorum hominum, quod ibi sit corpus et parvus panis contineat magnum corpus.

Sed unus kirß potest eos mores leren. In pane et vino dat suum corpus et sanguinem, in baptismo spiritum. Ego cogitavi sepe, was ist von noten, sed iterum, cur dat frumentum, cum posset cibare absque eo.

Cur non facit hominem ut Adam, ipse facit uno momento et sinit patrem educare aliquot annos. Ipse dicit 'quid ad te? Ego olim feci Adam, non amplius. Volui filium meum nasci a virgine, quid ad te?' Illi ergo volunt suis legibus deum astringere. Et tantum ac si quis diceret 'quare dedisti mihi non tam magnum corpus ut illi?' Nota, ut in verbo perseveres ut puer in cunis.

Dr] solche grunde, die dennoch frome hertzen mochten bewegen und auch verzeiten bewegt haben. Auch ich selbs mich wol drumb bekummert habe, was es von noten sey und wie da ynn so einem kleinen stuck brods so ein grosser leib sey, da zu ungeteilet und gantz ynn einem yglichem stuck. Aber wenn sie ein körnlin oder kyrskern recht ansehen, der kan sie wol mores leren. Denn warumb speiset uns Gott durchs brod odder unter dem brod, so ers doch eben so wol thun kunde durch das blose wort on brod? Warumb machet er nicht die menschen, wie er Adam und Heva machet, auff einen augenblick; gehet so langsam da mit umb, das man und weib zu samen mussen und das kind so lang auffziehen mit muhe und arbeit? Er sagt aber so: 'was gehet dichs Joh. 21, 22
an? Ich habe von ersten Adam und Heva so gemacht, ytzt wil ichs nymmer so machen. Ich hab ein mal einen son von der Jundfrawen lassen geboren werden; das will ich auch nicht mehr thun'. Also wollen die leute Gott mit yhren gesetzen binden, wilchs gerade so viel ist, als ob ich spreche: 'Warumb hastu diesem ein grossen leib geben und mir einen klein? Warumb machestu diesem schwartze har, dem andern gelbe, diesem brawne, yhenen grawe augen?'

---

13 gründe *CDE* dennocht *DE* framme *C* möchten *CDE* vor zeyten *DE* 14 darumb *BDE* bekümmert *DE* hab *DE* 15 nöten *BDE* nötten *C* 16 yeglichem *C* yeglichen *D* ygliche̅n *E* stück *C* 17 körnlein *C* ansel, hder *B* 19 künde *CE* an *B* 20 augenblick *D* geet *DE* 21 müssen *CDE* 22 mühe *CDE* geet *E* 23 yetz *DE* 24 Sün *D* jungfrawen *E* 25 nit *C* wöllen *CDE* 26 welchs *CDE* gerad *DE* 27 einen grossen *E* kleinen *DE* 28 anderen *D* jhenem *D*

S] Haec duo fundamenta multos movent et bonos viros, ut ita cogitent: Cur deus tantum opere insumit ad procreandum et nutriendum filios, cum perfectos homines ex luto facere possit sicut adam.

Respondet ipse: 'Quid ad te? Sic michi placet. Feci unum hominem ex luto, evam ex costa; semel feci, deinceps non faciam.'

R] Si deseris verbum unum momentum, excidisti. Et hoc agit Satan, ut extrahat metientes sua ratione.

Adhuc proba corda sunt, qui tentantur his duobus fundamentis. Si hos conservare possum, satis. Alii sunt Schwermer, et verba Christi torquent, qui sunt ertzschwermer et non habent ein grund. Die zwei stuck haben ein ansehen vor der vernunfft. Sed torsiones illae sunt stultissimae illorum Schwermer es seyn gar zu grob schwengk, recensent 'hoc est' 'significat' corpus, sanguinem. Adfer scripturam. Drumb fechten mich die schwermer nicht an, auch nicht werd, das man da von red. Credere debemus verbis, ut sonant, quod in pane sit corpus, in vino sanguis, non quod etiam alibi sit Christi

Dr] Darumb sey das die Summa, sihe nur, das du auff Gottes wort acht habest und darynn bleibest wie ein kind yn der wiegen; lessestu das ein augenblick faren, so bistu davon gefallen. Und da mit gehet der Teuffel alleine umb, das er die leute heraus reisse und bringe sie dahin, das sie Gottes willen und werck mit der vernunfft messen.

Das, sage ich, sind nu noch vernunfftige hertzen, wilche die berurten zwey stuck bekummern; solchen ist noch zuraten. Die andern aber sind eitel schwermer, so da weiter faren und die wort Christi zuzwacken und denen; ja es sind rechte ertzschwermer, haben nicht einen grund fur sich. Jhene haben doch fur der vernunfft ein ansehen. Aber wie diese die wort zureissen und zwingen, kan vernunfft noch wol sehen, das sie narren sind. Es sind nur drey wort 'Das ist mein leib'. Da gibt einer[1] dem wortlin 'Das' eine nasen und reissets von dem brod, Das man so solle deuten: 'Nemet, esset! — Das ist mein leib', gerade als wenn ich spreche: 'Nym und ysse; hie sitzt hans mit der roten Jopen'. Der ander[2] nimpt das wortlin 'Ist'; das sol yhm so viel heissen als das wort 'Bedeut'. Der drit[3] sagt, 'Das ist mein leib' heisse so viel als 'Das ist ein figur meines leibs'; setzen solch eigene trewme on allen grund der schrifft. Diese schwermer fechten mich nicht an, sind auch nicht werd, das man sich mit yhn schlage. Es sind grobe Grammatische schwermer; die andern sind doch subtile Philosophische schwermer. Drumb lasse sie faren

13 gert *DE* allein *E* 16 nun *E* vernünfftige *D* welche *CDE* berürten *CDE* 17 stück *C* bekümmern *DE* 19 für *CDE* Jenen *C* 20 für *CDE* 22 wortlein *C* wörtlin *DE* ein *D* 23 soll *E* 24 gerad *E* 25 juppen *DE* wortlein *C* wörtlin *DE* 26 heisse *B* 27 meins *E* solche *E* 28 grun *D* 30 Darumb *BCDE*

[1]) Karlstadt. [2]) Zwingli. [3]) Oekolampad.

S] Iam in divinis rebus quisquis es, respice saltem verbum et non errabis. Relicto verbo ratio magistra hominem captivum habet.

Sunt et alii archiheretici, qui volunt inspicere literam et proferunt verba christi, quasi quis diceret: Accipite, comedite. Hie sitzt hans in der roten joppen, et ecce panis, habeo pecuniam in pera mea.

Hi sunt heretici grammatici, illi philosophici.

R] sanguis, est sua carne et sanguine in corde, sed er wil dich gewiß fassen, wo du in fassen solt. Ibi adest verbum, wenn du das brot ist rc. etiam corpus. Panem et vinum wolt ich nicht ansehen, nisi adesset verbum. Cras dicemus, quomodo praeparare nos debemus et suscipiamus, ut sit salutiferum.

Luth in coena domini.

Dicemus de usu sacramenti. Sic dixi heri: In isto sacramento duo (= Dr 483, 15
praedicanda 1. obiectum fidei, das werck oder ding, das man glauben sol und dran hangen, ut panis et vinum, was man davon halten sol. 2. fides quae est in corde, non extra, ut panis et vinum. Dixi credendum simplicibus verbis Christi ut stant 'Accipite rc. hic est sanguis' rc. et ut caveamus vor (484, 1
den spitzen gedancken, die der satan regt in his rebus, auferre volunt carnem et sanguinem Christi, ut tantum sit panis, et spotten unser, quod simus carnivorae, quod habeamus ein gebacken got. Averroes dicebat nunquam se stultiores (7 (5 484, 31)
vidisse homines quam Christianos, quia edunt eum, quem adorant. Huiusmodi verba Satan iam treibt. Sed deus dat doctrinas, quae sunt mundo stultae (484, 13
1. Cor. 1. Nobis credendum. Sic placuit deo, ut per suam praedicationem et sapientiam zu schanden machen. Qui non credit, der glaub, es sey schussel. (18
Tantum est, quando cadunt illi sapientes de simplici intelligentia, sinas cadere et credere, ut volunt, ut iam Sacramentariorum sectae sunt rc. Hoc (26
decepit eos, qui non manserunt in verbis i. e. ey sol der leib in das brot komen rc. et quisque debet integrum sanguinem habere. Ubi hoc haben gefast, habens eingestalt mit der schrifft et volunt confirmare errorem suum. Christus dicat. Es halt mir gleich, quando dicit aliquid dominus, claudam (485, 6
omnes sensus, si non intelligo, non habebo eum pro stulto, sed potius habebo me pro stulto, qui non intelligam. Quis non intelligit verba? quis nescit, (13
quid accipere sit? et statim sequitur 'Hoc est corpus meum'. Quando dico 'accipe, ede, est simila', haec naturalia verba sunt, quae si loquor, deut ich drauff et zeig, quid sit. Cum ergo Christus dicit in porrigendo 'hoc est corpus' rc. nemo potest negare verba, sie sein zu dur. Sacramentariorum (22
sectae volunt omnes frangere haec verba, utut laborent, verba stant, in quibus manemus. Scimus, quod corpus sit, quod sumpsit e virgine et quod (27

Dr] und uns bey den worten bleiben, wie sie lauten, Das ym brod der leib Christi und ym wein warhafftig sein blut sey. Nicht das er sonst nicht auch anders wo mit seinem leib und blut sey. Denn er ist gantz mit fleisch und blut ynn der gleubigen hertzen. Sondern das er uns will gewis machen, wo und wie du yhn fassen solt. Da ist das wort, das sagt, wenn du das brod yssest, so yssestu seinen leib, fur dich gegeben. Wenn das nicht da were, wolt ich das brod auch nicht ansehen. Das sei genug vom ersten teyl.

Das ander teyl.

---

33 dz *E*   sunst *C*   35 glaubigen *C*   Sunder *C* Souder *E*   dz *E*   37 für *CDE*

R] ascendit. Non dicit 'est meus lapis, mensa', sed 'corpus'. Quod dicunt, non convenit. Dixi multo maiora miracula inveniri quam hoc. Si tantum 488, 17] unam creaturam dei respicerent, non mirarentur super X verbis. Exemplum in verbis meis habes. Loquor verbo meo. Vox est fragilis creatura, quia nōn stat, quando os cessit, nihil dicit vox. Ista voce fragili possum commovere multa millia hominum. Ego habeo unam vocem. Vox aliquot 1000 aurium est et tamen omnes audiunt et capiunt totam vocem. Hoc est maximum miraculum, et tamen non habetur pro miraculo. Nemo potest dicere 'minus habeo de voce quam tu'. Si hoc fieri potest, ut omnes hauriant unam 489, 9] vocem et totam, et tamen vox manet, cur hoc non? Item praedico Christi iustitiam ꝛc. per hanc vocem adfero Christum in cor tuum, vox schalt ins or et adfect Christum in cor, quia tu cogitas. Si ergo heret vox in cordibus, quid habes? fateri cogeris Christum habere, qui sedet ad dexteram, non ut somniamus, sed sentimus etiam. Et experientia testatur te certo habere Christum. Si verbo possum efficere, ut unica persona Christi est in tot corda et quod omnis, qui audit, ut fateri cogeris, habeat totum, Ego Christum non distribuo, ut tibi membrum, dem ꝛc. Sed ita divido, ut tu totum habeas, alius totum et eum qui sedet ad dexteram, id quod fateri coguntur omnes 34] Christiani. Si Christus est in corde, sinas etiam Christum descendere per scalam, et tamen cor est boben, ubi pater sedet et Christus tecum. Ego praedico Christum sedere ꝛc. hoc capit cor tuum et quando credit, cor tuum est in celo, quia ubi Christus est, ibi cor tuum, et econtra. Et non ste somnium, sed vere Christus in te habitat, cogitat et omnia facit, et tamen supra manet et gleich in deinem hertzen. Hoc experimentur Christiani, sed hoc illi non respiciunt. Ibi unica persona Christi, et divinitas et humanitas venit herab et est in corde omnium credentium. Si hoc credere potes, non est difficile, quod credas eum in pane, difficile est Christum 490, 10] ubique esse. Si, inquam, vox humana potest, quod adferat in aures et post per vocem in corda credentium, cur non postet per verbum suum ferre corpus in panem. Cor multo subtilius est quam panis. Quomodo sit in pane, si cogitare volo, non possum. Dic mihi, quare in tam multis millibus cordibus sit credentium? et illi sentiunt eum in suis cordibus Christum mortuum. Das ich aber sag, wie es zughe, non possum dicere. Sino hoc, in pane est suum corpus, wie aber, non possum. Sed quando verba dicuntur et fit in memoriam, tum adest corpus ꝛc. habes exemplum de voce, quae ab omnibus auditur et si alteram aurem zustopft, tamen audires, et si 100 aures haberes, non posses plus audire quam duabus. Postea venit fides istorum verborum in cor. Si dimidium cor haberes, etiam. Si 100, non plus capere posses. Si in cor adferri potest, etiam in panem. Quomodo venit in cor? per auditum i. e. verbum dei. Si hic dicimus: non opus, ut scala descendat et foveam faciat in pane. Sed est in corde, quomodo? 34] nescio. Maria, dic mihi quomodo facta est praegnans? et magnum mira-

R] culum, quomodo mulier praegnans fit. Ipsa dicit 'Virum non cognovi', corpus eius est clausum. Ibi puer naturalis fit in corpore et praegnans fit, ut non solum sit ein schein, sed gerit puerum naturalem. Si velimus mirari, quomodo veniat Christus in panem, virginem miremur, quomodo in ventre. Augustinus: venit adferens verbum. Hoc verbo audito statim venit Christus, et fit praegnans. Hic non aliter possum dicere quam gravidam factam per verbum. Sicut hic non potes negare per verbum tantum concepisse, sic hic, [491, 13
quando dicitur 'Hoc est', adest ex vi verborum. Si verbum adest, so ist bald da, wie die wort lautten. Das wollen unser Junckhern nicht ansehen, volunt apprehendere suis sensibus. Vos haerete in verbo, per quod richt er als an, per unum praedicatorem richt er an, ut multa millia credant, nempe verbum. Si cor tuum est parvum et potest habitare in anima tua, multo plus panis est ei parvus, minus potest anima comprehendere corpus et animam quam panis &c. Si illi cogitarent, qualis res esset umb ein gleubig hertz, non ita diffiderent. Num non maxima res credere Christum adesse, qui sedet ad dexteram? Hactenus pro repetitione.

2. stuck quando thesaurum servavimus, das sie uns nicht den kern entziehen et lassen uns die hulsen, praedicandum est de fide, quomodo accipi debeant panis et vinum Christi. Satan non potest quiescere, quicquid facit dominus, si non potest aufferre, certe contemnit. Per papam alteram speciem abstulit. Spiritus novi, libenter schalen liessen sie uns gern ablato ovo. Sci-

Dr] Weil wir nu den schatz erhalten haben, das wir uns nicht lassen die kern aus der schalen nemen und die sprew fur das korn behalten[1], ist nu zu predigen vom andern stuck, wie man des Sacraments brauchen und geniessen sol. Denn es nicht genug daran ist, das wir wissen, was das Sacrament ist, nemlich das Christus leib und blut warhafftig da ist, sondern ist auch not zu wissen, warumb er da ist und warumb oder wozu es uns gegeben wird zu entpfahen.

Da haben sie aber das hertzleid anzurichten. Der Teuffel kans nicht lassen, er mus besudbeln, was Gott machet und redet; kan ers nicht gar hinweg reissen, so macht er yhe eine hole nus draus[2]. Der Bapst hat uns eine gestalt genomen. Diese aber lassen uns beide gestalt, machen aber ein

23 nun *CDE* 24 für *CDE* 25 nun *DE* Sacramentes *BDE* 26 geniessen *B* 27 sunder *C* sonder *E* 29 empfahen *DE* 31 nit *C* 33 ein *DE* genummen *C*

[1]) vgl. *Wander, Bd. IV, Sp. 78 „Schale" Nr. 2 und Bd. II, Sp. 1542 „Korn" Nr. 53.*
[2]) vgl. *Wander, Bd. III, Sp. 1076 „Nuss" Nr. 112.*

S] Cum thesaurum sic observemus, dicendum est de vera fide, quae in corde est, scilicet quomodo utendum sit sacramento.

Hic iterum irruunt sectarii. Vide quid sathan foecerit.

Papistae cum sciant esse verum corpus christi, eripiunt nobis alteram

R] mus, quod uns geyleuet haben, quomodo iremus. Venerunt ad sacramentum, ad hoc confessi sumus, oravimus, ieiunavimus. Ita ut uteremur sacramento pro opere, et papistae praedicarunt credendum esse, ut credatur adesse sanguinem ꝛc. et gratia fuit magna, quod hoc mansit et baptismus, usus ablatus ꝛc. Ita usi sacramento, quod capiatur sanguis et corpus, et qui hoc facit opus, est Christianus, interim nesciens, ad quid acciperemus sacramentum. Nunquam cogitavi hanc haeresim futuram. Ideo tantum cum Papa egi. Nos dicimus 'corpus et sanguis, das ist das Sacrament'. Non utendum ut opus, non dicendum 'hoc feci', ut si oravi ꝛc. so werß ein werck. Sed non

Dr] loch ynn die nus[1], das wir den leib und blut Christi sollen verlieren. Dazu lassen sie auff beiden seiten den rechten brauch anstehen.

So sagen wir nu: Verzeiten haben wir uns gemartert und geengstet, wie wir wirdig zu diesem Sacrament giengen. Das wirdig hinzugehen heissen wir nu den brauch des Sacramentes. Da hat man geleret sich pleWen mit vielen schweren wercken, fasten, beichten, und sich so darzu bereitet, das mans brauchte alleine fur ein werck. So ferne habens die Papisten getrieben, und ist dennoch bestendiglich blieben und noch eine gnade, das Euangelion, schrifft, Tauff, Sacrament und das ding blieben ist, wie es an yhm selbs ist. Aber den brauch haben sie uns zurissen und hinweg genomen. Den mussen wir wider auff bringen und erhalten, wie wir auch bisher gethan haben. Denn als ich wider den misbrauch geprediget habe, habe ich mich der ketzerey nicht versehen, die itzt uberhand nimpt, und nur mit yhenen geschlagen uber dem rechten brauch.

Das habe ich nu geleret, man solle des sacraments nicht brauchen als ein werck; wie sie gemeinet haben, wer wol gebeicht hette und keine todsund auff yhm wuste und so zum Sacrament gienge, der thet ein kostlich heilig werck, damit er den himel verdienete. Wer sein recht brauchen wil, mus nicht so entpfahen, das er sage 'das habe ich gethan', gleich als hettestu

10 but *A* sollen *C* 11 beyde *E* ansteen *E* 12 nun *DE* Ver zeyten *E* 13 geen *DE* 14 nun *CDE* Sacraments *DE* bleWen *O* 15 dazů *DE* 16 allein *DE* für *CDE* 17 dennocht *E* ein *E* 19 zerrissen *E* genumen *C* müssen *CDE* 22 yetzt *DE* überhand *DE* nůr *C* über *DE* 24 nun *DE* Sacramentes *BD* 25 todsünd *CD* todtsünde *E* 26 wüste *DE* köstlich *C* 27 verdienet *DE* 28 empfahen *DE* hab *DE*

[1]) vgl. *Wander Bd. III, Sp. 1074, Nr. 78. Sp. 1077, Nr. 129.*

S] speciem. Nova secta ambas permittit, sed externum vasculum consumpto thesauro.

Nos hactenus varie conati sumus ad vere suscipiendum corpus christi et sic eo usi sumus quasi bonum opus esset uti sacramento.

Sic autem non utamur, sed ut credamus ipsum esse vere in pane et

R] solum debes credere carnem et sanguinem adesse, sed tibi data. Vide verba: Christus accepit panem, 'quod vobis'. 'Nemet hin und esset' i. e. stuck des glaubens, schenckt im. Quid? corpus et sanguinem, id quod etiam papa credit, sed non credit nobis donata i. e. iubet accipere, edere, ad quid? quia pro te datum, et effusus in remissionem peccatorum. Clara verba sunt. Da haben sie auch zu schicken, ut haec nobis auferant. Non satis est, quod negant corpus in pane esse et sanguinem in vino ꝛc. sed dicunt esse signum, per quod agnoscatur Christianitas. Et omnino volunt facere hulssen daraus. Conveniunt, inquiunt, Christiani edentes ein bissen brot et trincken, ut Christum cogitent ꝛc. et panis est signum ut ein farb principis ꝛc.

Dr] gefastet oder gewachet; sondern du solt glewben, nicht allein das Christus mit leib und blut da sey, sondern auch das er dir da geschenckt sey, Und ymer auff die wort fussen: 'Nemet hin! Esset, das ist mein leib, der fur euch gegeben wird. Trincket, das ist mein blut, das fur euch vergossen wird. Das thut zu meinem gedechtnis'. Jn diesen worten wird uns geschenckt sein leib und blut. Das also zwey stuck zuglewben sind, das es warhafftig da sey, wilchs die Papisten auch glewben, und das es uns geschencket sey, wilchs sie nicht glewben, und wir sein so brauchen sollen als ein geschencke.

Da horestu, das es klar und deutsch geredt ist: er heisset dich sein leib und blut nemen. Wozu odder warumb? Das der leib fur dich gegeben und das blut fur dich vergossen wird. Da haben sie jammer anzurichten, unsere newe prediger, das sie uns das auch nemen, gehen so grewlich damit umb, das ich halte, das der Teuffel sein hohistes versuche und der jungste tag nicht ferne sey; Das ich auch lieber wolte tod sein denn bey ynen hören Christum so schmehen und lestern. Sie sagen, es sol nur ein zeichen sein, dar bey man die Christen erkennen und richten solle, das wir ja nichts davon haben sollen denn die hulsen. Da komen sie zusamen, essen und trincken darumb das sie seinen tod bedencken. Jnn dem bedencken sol die krafft gar stehen, das brod und wein nicht mehr sey denn ein malzeichen und farbe, dar bey man erkenne,

11 sunder *C* glaubē *CE* 12 sunder *C* hy *D* 13 für *CDE* 14 Drincket *C* für *CDE* 16 stück *BCD* glauben *CDE* 17 welchs *CDE* glauben *CDE* geschenckt *CE* welchs *CDE* 18 glauben *CDE* söllen *C* 19 hörestu *BCDE* teutsch *DE* 20 u. 21 für *CDE* 22 hy (1.) *E* geen *E* 23 höchstes *CDE* iungeste *B* iungst *C* jüngste *DE* mit *E* 25 nür *C* 27 hülsen *CDE* tuncken *C* 28 steen *E* 29 da bey *DE* erkenn *C*

S] vino et hoc propter nos. His speciebus donat tibi corpus suum et sanguinem ad utendum.

Hoc non volunt papistae.

Ad hoc cum apertissima sint verba, insurgunt sectarii et dicunt saltem esse signum, dicentes: Christiani veniunt ad sacramentum i. e. conveniunt ut

R] Quare hoc faciunt? quod verba Christi contemnunt, quae clara sunt 'Hoc est corpus meum'. Haec verba nihil eis valent. Interim dicentes Christi mortem praedicandam. Quis hoc ignorat? quis plus quam nos? et si priores non fuissemus, quid vos diceretis de memoria mortis Christi? Et scimus quod mors Christi i. e. praedicare, quid mors Christi fecerit. Item quod est haec differentia: quando praedico Christi iustitiam, est manifesta praedicatio. Ibi nemini aliquid do, sed qui capit, capiat. Quando vero do corpus, do tibi privato corpus eius et sanguinem, per quae habes remissionem peccatorum. Quando praedico mortem Christi in memoriam, idem est, quod est in commemoratione Christi. Quod alicui specialiter attribuo, in praedicatione publica non fit, sed in sacramento, utrumque tibi zueig, das ist ein

Dr] das wir Christen sind. Warumb thun sie das? Darumb das sie die wort ynn wind schlagen 'Esset, das ist mein leib, der fur euch gegeben wird'. Die wörtter gelten yhn nicht, rumpeln oben uber hin. Es sol nichts mehr gelten denn den tod verkundigen und predigen. Ja freilich sol man seinen tod verkundigen; wir habens auch gepredigt herrlicher denn sie ymer. Und hetten sie es nicht von uns, sie wurden wol nichts davon wissen. Die Papisten haben yhe nichts davon geredt; drumb durffen sie uns solchs nicht leren und gros davon rhumen, als hetten sie etwas newes erdacht.

Darumb predigen wir auch den tod Christi nach den worten: 'Das thut zu meinem gedechtnis'. Es ist aber ein unterscheid da. Wenn ich seinen tod predige, das ist eine offentliche predigt ynn der gemeine, darynn ich niemand sonderlich gebe; were es fasset, der fassets. Aber wenn ich das Sacrament reiche, so eigene ich solchs dem sonderlich zu, der es nimpt, schencke yhm Christus leib und blut, das er habe vergebung der sunden, durch seinen tod erworben und ynn der gemeine gepredigt. Das ist etwas mehr denn die gemeine predigt. Denn wiewol ynn der predigt eben das ist, das da ist ym Sacrament und widderumb, ist doch daruber das vorteil, das es hie auff

12 sünd *E* 13 für *CDE* 14 nit *C* rumplen *E* über *DE* 15 verkündigen *CDE* 16 verkündigen *CDE* 17 nit *CE* würden *CDE* nicht *BDE* 18 darumb *BDE* dürffen *C* dörffen *DE* nit *DE* 19 rümen *CDE* 21 underscheid *C* 22 ein *E* offenliche *DE* predig *DE* 23 sunderlich *C* wer *DE* ys *E* 24 sunderlich *C* 25 sünden *CDE* 27 predig *D* gepredigt *E* predig *DE* 28 darüber *DE*

S] edant fructum panis et bibant vinum in memoriam passionis et mortis christi. Vide, quantus error!

Nec papistae recte docuerunt formam meditandae passionis christi. Hic verus est modus in sacramento.

Si praedico de suggestu mortem christi, fit in communa.

Cum autem tibi porrigo corpus christi, privatim do et sic singuli meditamini passionem christi.

R] anders denn das gedechtnis, wie wol das gedechtnis auch drynn ist, quia cogitamus corpus esse pro nobis datum ꝛc. nisi quod in tuam praedicationem solum wird gedeutet.

Quisque accipiat panem et de hoc praedicet. Die verkundigung ghet uber all, sed non ꝛc. 'Ego', inquit, 'do vobis corpus' ꝛc. qui estis Christiani, et non solum in utilitatem vestram solum, sed ut annuncietis, ut alii veniant ad fidem.

Quod vero in angulum se abdunt, nihil est ꝛc. Sed bey der meß sol alzeyt ein bredig sein. 'Gedechtnis.' i. e. semper praedicate de Christo. Sic Paulus exponit mortem domini. Est praedicare. Ergo nihil aliud est

Dr] gewisse person deutet. Dort deutet und malet man keine person abe, aber hie wird es dir und mir ynn sonderheit geben, das die predigt uns zu eigen kompt. Denn wenn ich sage 'Das ist der leib, der fur euch gegeben wird, Das ist das blut, das fur euch vergossen wird zur vergebung der sunde', da gedencke ich sein, verkundige und sage von seinem tod, on das es nicht offentlich geschicht ynn gemeine, sondern allein auff dich gezogen wird.

So hat es Christus geordnet, das wenn wir zuhauffe komen, sol ein yglicher von dem brod und kilch nemen und darnach von yhm predigen. Warumb? Denn das sol man niemand geben, denn die Christen sind, die zuvor gehort haben Christum predigen. Aber die predigt odder verkundigung gilt ynn gemein fur yderman, auch fur die noch nicht Christen sind. Die Christen sollens alleine geniessen, aber doch darneben dencken, das yhr mehr werden.

Darumb sol mans offentlich ausschreien und solch offentlich gedechtnis halten, das die auch herzu komen, die es noch nicht wissen. Das sie aber solch gedechtnis allein ym winckel machen, ist nichts werd. Es soll offentlich fur der gemeine zugehen und bey der messe allezeit geprebigt werden. Darumb ist das wort 'Das thut zu meinem gedechtnis' so viel gesagt: 'So offt yhrs thut, so predigt von mir'; wie es Paulus deutet .1. Corin. 11. als ers heisset 1. Kor. 11, 26
'den tod Christi verkundigen'. Braucht eben das wort 'verkundigen' darzu, das er anzeige, das nicht ym winckel allein unter den Christen, die es zuvor wissen

11 ab *DE* 12 sunderheyt *C* predig *DE* 13 kumpt *C* für *CDE* 14 by *C* für *CDE* sünde *CDE* 15 verkündige *CDE* offenlich *DE* 16 sunder *C* 17 zuhauff *BDE* kumen *C* 18 yeglicher *D* kelch *CDE* 20 gehört *BCDE* predig *DE* verkündigung *C* verkündig̃ *DE* 21 für *CDE* yederman *CDE* für *CDE* nit *DE* 22 allein *DE* 23 offenlich *(beidemal) DE* 25 kumen *C* 26 offenlich *DE* 27 für *CDE* gemeyn *DE* zügeen *DE* 29 Corinth. *CDE* 30 todt *B* verkündigen *(beidemal) CDE*

S] Do vobis, inquit, corpus meum, non propter vos saltem, sed ut alios quoque praedicatione et communicatione alliciatis.

Ideo non recte meditantur passionem christi, qui flent in angulo aut post fornacem.

R] quam manifestam praedicationem facere de ea. Si aliter non fit, tamen quando aliqui isto pane geniessen.

Ita ede, quod scias ista tibi dari non ad hoc, ut dives fias, ut monachi, sed pro te, ut remissionem peccatorum accipias. Scis vero, quid remissio peccatorum sit: quando remittit deus, peccata omnia remittit, dum liber sim a morte, Satana, inferno, et sic sum filius Dei etc. et hoc statim est in verbis istis satis. Sic debemus etiam armati esse, quod credamus verum corpus esse in pane, sicut dixit in cena etc.

Haec quisque Christianus debet scire von Buchstab zu buchstab. Sic verba calicis. Ibi dedit mihi dominus meus corpus, et ut edam et bibam, et sol mein leib und Blut sein, das mir mein sund vergeben werden i. e. de-

Dr] und nicht verkundigens sondern nur ermanens durffen, geschehen sol, sondern offentlich ynn hauffen fur die, so es nicht wissen. Also das beide, 'gedechtnis' und 'verkundigung' nichts anders heisse denn die offentliche predigt von yhm thun, wie man denn yn allen predigen thut.

Solchs, sage ich, sol man alleweg thun, wenn wir das Sacrament entpfahen. Die aber zum Sacrament gehen, sollen gleuben und sicher sein, nicht allein das sie Christus warhafftig leib und blut darynn nemen, sondern auch, das es yhn da geschenckt werde und yhr eigen sey. Wozu? Nicht umb gelts odder verdiensts willen als ein werck, wie die Monche und Pfaffen Messe halten, sondern fur uns zu vergebung der sunde. Nu wissen wir wol, was vergebung der sunde heisset. Wenn er vergibt, so vergibt er alles gantz und gar, lesset nichts unvergeben. Wenn ich nu der sunde los und frey bin, so bin ich auch des tods, teuffels und helle los und bin ein son Gottes, ein herr hymels und der erden.

Also sol ein yglicher wissen zu antworten, sonderlich wenn er angefochten wird und die verfolgung her gehet, das er kunde sagen: 'So verstehe ich die wort, Das da sein leib und blut mir geschenckt wird zu vergebung der sunde'. Darumb mus ein yglicher Christ wissen diese wort von buchstaben zu buchstaben: 'Da hat mir mein Herr seinen leib und sein blut ym brod und wein geben, das ich essen und trincken sol. Und sol mein sein, dazu ich sicher sey, das mir meine sunde vergeben sind und das ich des tods und der helle los

12 verkündigens *CDE* sunder *C* dürffen *C* dörffen *DE* sunder *C* 13 offentlich *CE* im *E* für *CDE* 14 verkündigūg *CDE* offentliche *E* predig *DE* 16 Solches *BDE* alweg *C* 17 empfahen *DE* geen *CDE* glauben *CDE* 18 sunder *C* 20 Münche *CDE* 21 für *CDE* sünde *CDE* Nun *CDE* 22 sünde *CDE* 23 nun *DE* sünde *CDE* 24 todts *B* sun *CDE* 26 yeglicher *C* sunderlich *C* 27 geet *E* künde *CDE* 28 sünde *CDE* 29 yeglicher *C* 32 sünde *C* sünd *DE* todes *C*

S] Non bonum opus est accedere sacramentum hoc, sed ut cor confortetur et constantia, si forte obstricta sit malis cogitationibus.

R] dit mihi in isto corpore et sanguine, ut sim eius filius ꝛc. Quando quaeris? quid quaeris? nempe hoc, quod verba habent 'sum peccator, in peccatis ſteck, mors habet imperium et Satan'. Ideo venio ad sacramentum propter peccata, mortem, Satan, sentio infirmitatem fidei, avaritiam, impatientiam, sum invidus, his libenter carere vellem. Huc venio, ubi praedicatur, quod corpus detur mihi, ut peccatum remittatur. Quando sic datur, constitutum hoc meum, ut praedicem, ut alii etium hirtzu komen.

Hic verus est usus sacramenti. Ibi non tale opus, quod dixerim 'Ego iam habeo corpus Christi, ergo salvus'. Es iſt nicht umb das werck zu thun, sed ut cor firmetur, sicut verba sonant. Si habes corpus pro te traditum, Paulus frangitur, quod mortuum pro peccatorum remissione, quod idem est, quod traditur Christus.

Si hunc thesaurum habes corde acceptum, potes fidere et dicere: 'Do-

Dr] ſein ſol und ewig leben haben, Gottes kind und ein erbe des hymels ſein. Darumb gehe ich zum Sacrament ſolchs zu ſuchen. Ich bin ein armer ſunder, habe den tod fur mir, da mus ich hindurch, der Teuffel ficht mich an, und ſticke ynn allerley not und ferlickeit. Weil ich nu ynn ſunden bin, des Teuffels und tods gefangen; Ich fule das ich ſchwach bin ym glawben, kalt ynn der liebe, wunderlich, ungedultig, neidiſch, die ſunde klebt hinden und forn an mir; Darumb kome ich daher, da ich Chriſtus wort finde und höre, das mir vergebung der ſunde ſol geſchenckt ſein.' Wenn wir nu alſo das geſchenck hin haben, ſollen wir denn ſolchs verkündigen, auff das wir ander leute auch dazu bringen. Sihe, ſo ſolt man die kinder und einfeltigen unterweiſen vom Sacrament, das ſie wuſten, was ſie da ſuchen ſolten.

Das heiſſen wir nu den rechten brauch, nicht alſo das es nur gethan ſey und der kyrchen gehorſam volbracht; denn ſo mocht eine ſaw auch wol hin zugehen. Es iſt nicht umbs wercks willen zuthun, ſondern das dein hertz geſterckt werde, wie die wort lauten: 'Der fur euch gegeben, Das fur euch vergoſſen wird'. Und wenn gleich die wort nicht da ſtunden, wie es Paulus auſſenleſt, ſo haſtu dennoch den leib, der fur deine ſund geſtorben, und das blut, ſo da fur vergoſſen iſt. Wenn dir aber Chriſtus geſchenckt wird, ſo iſt dir auch vergebung der ſund geſchenckt und alles was durch den ſchatz erworben iſt. Wenn du den mit dem hertzen gefaſſet haſt, wie er denn ſonſt nirgent mit zufaſſen iſt, und glewbeſt, So muſtu ſagen: 'kein werck,

---

15 gee *D* ſünder *CDE* 16 für *CDE* 17 ſtecke *CDE* aller *BDE* allerlay *C* ferlichkeyt *C* ferligkeit *E* nun *DE* ſünden *CDE* 18 füle *BCDE* 19 wünderlich *C* ſünde *CDE* 20 kume *C* 21 ſünde *CDE* geſchencket *BDE* nun *DE* 24 dz *E* wüſten *CD* ſollen *C* 25 nun *CDE* es *fehlt C* nür *C* 26 geporſam *D* möcht *CDE* 27 gern *CDE* nit *C* ſunder *C* ſonder *DE* 28 für *beidemal CDE* 29 ſtünden *CDE* 30 dennocht *DE* für *CDE* ſunde *B* ſünde *CDE* 31 dafür *CDE* dir] wir *C* 32 ſünd *CDE* 34 ſunſt *C* niergent *E* glaubeſt *CDE*

R] mine, non mea opera, merita redimunt a peccatis, sed alium habeo thesaurum, quod redimit, edi et bibi corpus ꝛc. qui datus est mihi in remissionem peccatorum'. Ideo praedico, ut eas ad sacramentum, ut illic holeſt confirmationem cordis, et cum non sit alia remissio, quam hoc corpus, ideo voluit usque manere usque ad extremum diem in pane dir zu gut. Si tantum esset signum, per quod Christus cogitatur, tum nihil usus esset in corde. Da ſollens zu ſamen khomen, inquiunt, et recordari passionis Christi. Cavete, ne error iste eintreyß.

Et Satan khumbt ein, ubi Christus per verbum suum purificavit. Videndum ergo, ut credamus Christi verbis, ut dicas: Scio Christum accepisse panem in manus, et iussit accipere et esse corpus et ideo quod factum ad remissionem peccatorum, et illud praedicare debeo et meminisse ipsius.

Vides quid sit memoria Christi et usus sacramenti. Qui ergo vult sacramentum habere, debet dicere: den feyl hab ich. His peccatis impetit

Dr] kein thun hilfft mir von ſunden, ſondern ich habe ein andern ſchatz, meines Herrn leib und blut, mir gegeben zu vergebung der ſund. Das iſt der einige ſchatz und vergebung, und kein ander ynn hymel noch auff erden'.

Matth. 28, 20 Darumb hat er ſich uns gar gegeben und will bey uns ſein und bleiben bis an jungſten tag, nicht allein darumb das er da ſey, wie yhn die Papiſten haben und umbtragen on frucht, odder wie die andern ſagen 'ut ſignum', das iſt als nur ein loſung, das uns kein beſſerung noch frucht brechte. Solt Chriſtus ſo gros Ding umbſonſt einſetzen, on nutz und frommen? Sondern das ſol die frucht ſein, das du deinen glawben ſterckeſt und das gewiſſen ſicher macheſt, auff das du darnach auch kundeſt predigen. So ſagen ſie, es ſey allein ein unnutz bedencken, das widder dir noch andern mag nutz ſein. Darumb ſihe dich fur! Gott behute uns noch wie bisher; der Teuffel hat nirgent zuſchaffen, denn das er dahin kome und beſchmeiſſe, da das Euangelion angangen iſt. Derhalben muſſen wir uns wol grunden auff die wort und darauff beharren; ſo konnen wir den ketzern wol antworten. Denn ſie ſind klar und deutſch genug und ſtehet die ſumma darynn: Zum erſten, das wir da vergebung der ſunde holen als ein geſchenck, Zum andern, das ſelbige hernach predigen und verkunden.

So haſtu die unterſcheid, was das gedechtnis iſt und wie man ſein brauchen und genieſſen ſol, nemlich nicht anders denn das wir unſere gebrechen und feil beſſern. Mit andern leuten haben wir gemeine gebrechen; fur ſich

15 ſünden *CDE* ſunder *C* 16 ſünd *CDE* 17 im *DE* 19 iungeſten *B* jüngſten *CDE* 21 nür *C* löſung *C* 22 umb ſunſt *C* frumen *C* Sunder *C* Sonder *E* 24 by *C* kündeſt *CDE* 25 unnütz *CDE* weder *DE* andern nutz mag ſeyn *E* mag *fehlt C* 26 für *CDE* behütte *C* behüte *DE* 27 kume *C* 28 müſſen *CDE* gründen *CDE* 29 können *CDE* 30 teutſch *DE* ſteet *DE* 31 ſünde *CDE* 32 verkünden *CDE* 35 für *CDE*

R] me Satan, dum hoc sacramentum cibat esurientem animam, quae libenter velit liberari a peccatis'.

Papa 'ne accedas, nisi sis penitus liber a peccatis'.

Per hoc haben sie uns blod gemacht. Cor nostrum semper manet impurum, ergo nunquam debeo accedere. Ita debes purus esse, quod peccata tua tibi dolent et mit ernst, et wolst gern loß seyn, das da khein spigelfechten sey, sed ein rechter ernst. Quod velis penitus esse absque peccatis, oporteret esses purus peccatis nec opus accedere ad hunc cibum, quia per hunc panem habes remissionem peccatorum.

Vesperi post 3. Idem.

Hodie audistis de hochwirdigem Sacrament, quid credendum et quomodo utendum pro confirmatione fidei contra omne peccatum, necessitatem Satanae, mundi et carnis. Restat praedicationis pars de fructu sacramenti, qui est dilectio, quod stuck die alterveter am allermeisten haben getriben et

Dr] hat ein yglicher sonderliche, umb der willen kompt man hie stercke zu suchen. Derhalben heisset dis Sacrament eine speise der hungerigen und durfftigen seelen, die yhren jammer fulen und wolten yhn gerne helffen lassen von tod und allem ungluck. Da haben die Papisten geleret: 'hute dich, gehe nicht zu, du seyst denn rein und habest kein boses gewissen'; Das ja Christus ein reine stet habe. Damit haben sie die armen seelen so blöde und erschrocken gemacht, das sie fur dem Sacrament geflohen sind, und doch aus zwang haben mussen nemen mit solchem zittern, daß einer so lieb[1] hette ynn ein fewr offen mögen gehen. So sollen wir rein sein, das uns unser sunde leid seien und yhr gerne los weren und uns verdriesse, das wir so arme leute sind, so ferne das es nur ernst sey on spigelfechten. Das wir aber solten gar der sunde on sein, da wird es niemand hin bringen. Wenn es auch were, durffestu dahin nicht gehen. Es ist eben umb der schwachen willen eingesetzt. Das ist vom brauch des Sacraments geredt, das gewissen zu stercken widder alle not und anfechtung.

Nu ist noch uberig das stuck von der frucht des Sacraments, davon ich sonst viel gesagt habe, wilchs nicht anders ist denn die liebe. Wilchs auch die alten veter hoch und am allermeisten getrieben haben und das Sacrament

15 yeglicher *D* sunderliche *C* kumpt *C* 16 dürfftigen *CDE* 17 fülen *CDE* 18 vnglück *CDE* hütte *C* hüte *DE* ger *DE* 19 seyest *E* böses *CDE* 20 statt *DE* 21 für *CDE* müssen *CDE* 22 lieb] gern *DE* 23 geen *E* sünde *CDE* gern *DE* 25 nür *C* sünde *CDE* 26 dürffestu *C* dörfftestu *DE* nit *D* 27 geen *DE* 28 dz *DE* 29 Nun *E* überig *DE* dz *C* stück *E* 30 sunst *C* welchs *CD* Welchs *CDE* 31 vetter *D* väter *E*

[1]) *d. i. ebenso gern.*

S] Superest fructus sacramenti qui nichil aliud est quam charitas. Hoc maxime in manibus habuerunt patres, unde et communio dicitur.

R] ideo communionem vocarunt et haec proponitur nobis duplici doctrina in hoc sacramento. 1. pro exemplo. 2. pane et vino, ita ut Christianus possit fassen in hoc sacramento, fassen all Cristlich ler et quid facere debeat. Ita necesse est Christiano scire Christum dedisse pro se sanguinem, ut redimatur a morte ꝛc.

Das ist das heubtstuck Christianae doctrinae, semel expedivit in cruce et sinit quotidie inculcare, et gleich wider schencken in pane et vino.

2. stuck ist die lib, et dat nobis exemplum. Sicut ipse se dedit corpore et sanguine, ut nos redimeret, Ita sollen wir uns auch da hin geben, ut alios iuvemus. Si ita vivit, non opus multa studeat. Haec omnia habes in sacramento, sicut in tabula depicta.

Dr] darumb genennet Communio, das ist ein gemeinschafft. Das wird uns nu auch hierhn furgehalten mit zweierley weise odder lere. Zum ersten mit einem exempel, Darnach mit einem gleichnis oder zeichen des brods und weins; Das ein yglicher Christ, wie grob er sey, ynn dem Sacrament alhie fassen kunde die gantze Christliche lere, was er glewben sol und was er durch den glawben thun sol. Denn das ist einem yglichen not zu wissen, das Christus sein leib, fleisch und blut hingeben hat ans creutz da zu, das es uns sol ein schatz sein und helffen zu vergebung der sunde, das ist, das wir selig seien, erloset von tod und helle.

Das ist das erste heubtstuck Christlicher lere, wilchs uns ynn den worten fur getragen wird und zum warzeichen und sicherung sein leib und blut uns da zu gegeben leiblich zu entpfahen. Er hat es zwar ein mal gethan, ausgericht und erworben am creutz, lessets aber teglich auffs new uns furtragen, austeilen und einschencken mit predigen, befilht, das wir sein ymmer gedencken und nicht vergessen. Das ander stuck ist die liebe, erstlich damit angezeigt, das er uns ein exempel lesset: wie er sich fur uns hin gibt mit leib und blut, zuerlosen aus aller not, so sollen wir auch uns hingeben, womit wir konnen und mugen, fur unsern nehisten. Wer das weis und also lebt, der ist heilig, darff nicht viel mehr lernen, wird auch nichts mehr ynn der gantzen Biblia finden. Denn die zwey stuck die sind hie auff einem hauffen wie auff einer taffeln gemalet, das uns stets fur augen und ynn teglichem brauch ist.

12 Communio *DE* nun *CDE* 13 fürgehalten *CDE* 15 yeglicher *D* 16 künde *CDE* gantz *C* glawben *B* glauben *CDE* 19 sünde *CDE* 20 erlöset *CD* 21 haubtstuck *CDE* welchs *CDE* 22 für *CDE* 23 empfahen *DE* 24 fürtragen *CDE* 25 befilt *BD* 26 stück *C* 27 hy *CE* für *CDE* 28 zuerlösung *C* zuerlösen *DE* söllen *C* 29 mügen *C* mögen *DE* für *CDE* negeste *C* nechsten *DE* 30 nit *DE* 31 stück *D* 32 für *CDE* täglichem *E*

S] Hinc tota[1] christianam vitam haurire possumus eciam fructum fidei, quod semel oblatus in cruce semper se nobis dat per ministros, ne fides evacuetur.

Secundo exemplum charitatis, ut sicut se pro nobis in mortem usque dedit ita et nos pro fratribus stemus.

[1]) *wohl anstatt* totam.

R] Item non solum exemplum, ut sequamur, sed etiam adest figura, quia Christus voluit dare corpus et sanguinem sub his rebus, quae ex multis fiunt unum, non voluit dare ex lapide, sed pane. Ex multis granis gebacken et gemalen. Sic, inquit Paulus, sumus multi, sed tamen unum corpus. Sicut in pane quodlibet granum perdit suam formam, sed omnes similes sunt, et tamen manet, Sic in Christianitate non debet esse discrimen, sed fit una remissio peccatorum, deus. Ita debent esse similiter affecti. Sic etiam facit Christianus suo bono, quasi non sit suum. Sic cum vino, quod est vil drauben zu samen getruckt und ist ein safft drauß worden. Ibi ein ieglichs ber perdit suam formam et fit communis potus.

Dr] Zum andern ist uber das exempel auch die figur odder das furbild da, wilchs die lerer vleissig angezeigt haben, das er sein leib und blut hat wollen geben unter die gestalt der ding, die solch wesen haben, das sie aus vielen dingen zu hauff geschmeltzt werden. Als ein brod wird aus vielen körnlin zusamen gebracht, daraus man ein teig und klump machet, und heisset ein brod nichts anders denn viel körnlin ynn einander gebacken. 'Also sind auch wir 1 Cor. 10, 17
viel' (sagt Paulus .1. Cor. 10.) 'doch alle ein brod und ein leib'. Also das wie ein yglich korn seine gestalt verleuret und wird gemeine einer gestalt mit den andern, das du keins fur dem andern sehen noch scheiden kanst, sind alle gleich und doch alle sonderlich drinnen; Also sol auch die Christenheit einerley sein on secten, das alles einig sei, wie der glawbe, Euangelion, Tauffe, Eph. 4, 5f.
einerley hertz, synn und wille. So thut ein Christ und weis nicht anders, denn das das gut, das sein ist, seinem nehisten geben ist; macht kein unterscheid, hilfft yderman mit leib und leben, gut und ehre, wie er kan. Solch bild ist auch furgemalet ym wein; da sind viel beer zu samen gedruckt, daraus ein safft wird und yglichs seine gestalt verleuret. Es sind wol alle beer ym wein, ist aber kein unterscheid, das man eine fur die andern kund kennen, ist allzumal zu hauff geflossen und ein safft und tranck worden.

11 über *DE* dz *D* fürbild *CDE* 12 welchs *CDE* wöllen *CDE* 13 gstalt *C* 14 körnlein *C* 16 körnlein *C* gebachen *DE* 17 Corin. *B* Cori. *D* 18 yeglich *D* 19 dz *D* für *CDE* 20 sunderlich *C* 20/21 einerley *C* 21 glaub *DE* 23 negsten *C* nechsten *DE* 23/24 underscheid *C* 24 yederman *CDE* 25 fürgemalet *CDE* 26 yegliches *D* 27 für *CDE* künd *CE*

S] Non solum exemplum nobis est, sed et figura. Bene dixerunt antiqui, propterea dedisse corpus suum sub his speciebus, quae varia constant materia, non ligno vel lapide, ut sicut panis constat ex multis granis, ita nos multa membra unum corpus efficimur *(sic!)* cum christo.

Ut paulus dicit: 'Sicut unus est deus, unus spiritus, una salus, sic et unanimes simus conversatione'.

Similiter vinum ex multis colligitur uvis et fit unus potus.

R] Sic Christus in hoc sacramento depinxit totam doctrinam Christiani status. Novi spiritus semper aliquid novi praedicare volunt. Da hetten wir ein tafel fur uns, daran wir all unser leben lang zu studiren hetten, semper manet caro et sanguis, ut non perfecti simus in fide, charitate, patientia. Quid est, si vis sapere ultra omnes, si hoc non novisti.

Paulus 'si scirem omnia mysteria et non haberem charitatem'. Si vero sum Christianus verus et ostendo fidem meam, charitatem meam, omnia habeo.

Dr] Also hat Christus lieblich abgemalet und gleich geschnitzet das gantz Christlich wesen, das man nicht mehr bucher darff, on das es wol weiter ausgestrichen ist, das mans yhe wol verneme und fasse. Da haben wir eine lection, daran wir unser leben lang genug zu studiren haben, darffest dich nicht bekummern umb etwas, das andere nicht wissen, wie unser newe secten ymmer etwas newes erdencken. Da hastu es alles; lerne, so lang du wilt, so bleibt doch ymmer fleisch und blut, das du nicht volkomen ym glawben, liebe und gedult bist. Also das dis Sacrament wol ein Zuchmeister ist, darnach wir uns richten und lernen, so lang wir leben. Was ists denn, das du sonderlich ding wilt fur andern wissen, so du das nicht weist, daran es allezumal ligt? Und wer das weis, alles weis, was er wissen sol, on wilchs
1. Cor. 13, 2 alles andere, wie viel man wissen kan, nichts ist .1. Corin. 13. 'Wenn ich weissagen kunde und wuste alle geheimnis und alle erkentnis etc. und hette der liebe nicht, so were ich nichts'.

So furet der Teuffel die leute bey der nasen, das sie das heubtstuck nicht ansehen, wollen oben hinaus und etwas sonderlichs herfur bringen, verlieren damit den hochesten und einigen schatz. Sihe, das ist auffs einfeltigst davon geredt, das die einfeltigen wol vernemen konnen, wie sie es brauchen sollen, und auch die frucht, dabey man sehe, ob mans recht gebraucht habe. Da gehe ein yglicher nach, so wird er sehen, woran es yhm feilet, und lasse andere fabeln und schwatzen was sie wollen.

8 leiblich *E* 9 nit *CDE* bücher *CDE* 10 ein *E* 12 bekümmern *DE* 13 news *C* 14 doch] noch *BDE* volkumen *C* 15 Zuchtmeister *CDE* 16 leren *BDE* 17 sunderlich *C* · für *CDE* 17/18 allzůmal *E* 18 welchs *C* welches *DE* 19 ander *E* 20 künde *CE* wüste *CE* 22 füret *CDE* haubtstuck *CD* heubtstuck *E* 23 wöllen *CE* sunderlichs *C* herfür *CDE* 24 höchsten *CDE* 25 dz *E* könnt *CDE* 26 darbey *DE* gebrauchet *E* hab *DE* 27 fälet *DE* 28 wöllen *CDE*

S] Sectarii surgunt et semper volunt quid novi afferre, cum plus satis studii haberent in biblia. Quid nunc si alte speculeris et doctissimus fias, si hoc non habes, quod te salvet.

Quid si tam doctus sim 'ut omnia misteria scripturae noscerem' 1. Cor. 13., 'charitatem autem' etc.

Sic semper volunt altum sapere.

Intret iam quisque cor suum et videat quomodo utatur sacamento.

R] De confessione.

Novistis martyrium de Confessione et non fuit difficilius praeceptum, quamdiu fuit mundus.

Triplex confessio. 1. quae fit coram deo. Puto, das wort daher khombt vom Begicht, ein bekentniß. 1. necessarium, ut agnoscas te pro peccatore. Omnes peccatores Ro. 3. Io. 3. qui est natus ex muliere, det deo honorem, ut agnoscat se pro peccatore. Ps. 'mater me concepit' ꝛc. q. d. oportet me esse peccatorem, es ist mir angeboren, statim ubi incepit mater me gestare, statim fui in peccatis, quia caro et sanguis, ex quo fecit me deus, erat peccatum.

Dr] Das Dritte teil
von der Beicht

Uber das ist auch von der beicht zupredigen, die einfeltigen widder zu unterrichten, weil man weis, wie wir uns bisher mit dem beichten haben martern und schenden lassen mit solcher muhe, das kein schwerer gepot gewesen ist, weil die welt gestanden ist. Zum ersten halte ich, das wort Beichten kome von dem wortlin 'Jahen', darvon gemacht wird 'Beyychtet', 'bejehet', das ist 'bekennet'. Daher wir es ynn eine syllaben bracht haben und heissens beichte, das ist ein bekentnis. Als man auch etliche heiligen genennet hat zu latin Confessores, auff deutsch Beichtiger, als Beyychter, das ist bekenner.

Es sind aber, wie ich vor mehr gesagt habe, dreyerley beicht. Eine fur Gott. Denn zum ersten ist fur allen dingen not, das ich mich fur Gott ein sunder erkenne, wie das Euangelion schleust Roma. 3. und Johan. 3. 'Es sey Röm. 3, 23 Joh. 3, 3
denn, das yemand von newen geboren werde, kan er das reich Gottes nicht sehen'. Wer nu bekennet, das er vom weib geboren sey, mus Gott die ehre thun und sagen: Ich bin nichts denn ein sunder, wie David singet ym Psalm .51. 'Sihe, ich bin yn sunden zugerichtet odder worden und ynn sunden Ps. 51, 7
hat mich meine mutter entpfangen'. Als solt er sagen: Ich mus wol ein sunder sein, es ist mir angeboren, so bald ich ynn mutter leibe gemacht ward, war ich ein sunder. Denn fleisch und blut, davon ich gemacht bin, war

---

10 teyl *C* 12 einfeltigen *B* 13 underrichten *C* 14 mühe *CDE* gebot *C* 16 kume *C* wörtlein *C* wörtlin *DE* Beichtet *CDE* 18 bekantnis *DE* 19 latein *C* teutsch *DE* 20 hab *DE* für *CDE* 21 für *(beidemal) CDE* 22 sünder *(ebenso i. Folg.) CDE* Joan. *B* 24 nun *CDE* 27 muter *BDE* empfangenn *DE* 28 muter *BDE*

S] De confessione.

Quomodo huc usque confessione onerati fuerimus scimus.

Triplex autem est confessio. Prima coram deo et haec est ut quis se peccatorem agnoscat et deo gloriam sinat, sicut david: 'in iniquitatibus' ꝛc. ps. 50, q. d. 'velim nolim peccator sum, factus sum ex malo cemento', (con-

R] Der dhon war nicht gut, wo haud und har nicht ꝛc. ergo unser dhon, ex quo formati, ist ein sundlich fleisch und blut et quod fit ex eo, est peccatis plenum. Qui hoc non fatentur, blasphemant deum, lugenstrafft gott, et se volunt iustificare. Ille oportet sit damnatus. David. Da behut euch gott fur, ut tu iustificeris ps. 50.

Novit deum, totum mundum sich druber habbern. Ego autem non, illi volunt aliquid boni apud se habere ꝛc.

Haec confessio est tota vita Christiana, quae non cessat, donec simus beschurt[1], ut dicamus 'quamdiu sum in hac carne, sum coram te peccator' Hoc dicunt etiam die buben. Qui non Christianus est, non potest ex corde.

6 harbern

[1]) *Vielleicht nur Schreibfehler f.* beschart; bescharren = *'begraben' ist bei Luther häufig. Aber es gibt auch ein* beschürn = *'verscharren' (Lexer). P. P.*

Dr] sunde. Wie man spricht: 'wo haut und har bose ist, da wird kein guter pelz aus'[1]. So ist der thon, davon wir gemacht werden[2], nicht gut. Was mutter und vater dazu thut und bringt, ist schon sunde.

Wer nu das nicht bekennen noch ein sunder sein wil sondern noch ein freyen willen haben, das noch etwas guts an yhm sein sol, der lestert und lugenstrafft Gott und mus ewig verdampt sein wie billich. Denn er wil recht haben und Gottes urteil nicht leiden. Darumb spricht abermal der Ps. 51, 6 Prophet: 'An dir alleine habe ich gesundigt und ubel fur dir gethan. Darumb wirstu recht bleiben yn deinen worten und rein erfunden, wenn du gerichtet wirdest'. Als wolt er abermal sagen: Ich wil nicht mit dir habbern sondern dein wort lassen recht sein und mich unrecht bekennen, das du warhafftig bist. Aber die dich straffen, wollen ein vernunfftig liecht haben und etwas, da durch sie gnad uberkomen; fur den wirstu wol rein bleiben.

Nu, diese beicht mussen wir ymmerdar thun, so lang wir leben, das wir ymmer sagen: 'Herr, fur dir bin ich ein bube yn der haut'. Es ist aber ein unterscheid; denn es kan solchs auch wol ein bube und unchrist sagen, leuget aber gewislich. Es redet es niemand von hertzen denn ein rechter

13 hor *E* böse *BCD* böß *E* beltz *E* 14 muter *BDE* 15 vatter *CDE* 16 nun *CDE* sunder *C* 18 lügenstrafft *C* muſt *C* 20 hab *E* gesündigt *C* gesündiget *DE* übel *DE* für *CDE* 22 würdest *E* 23 sunder *C* sonder *E* 24 wöllen *CDE* vernünfftig *D* 25 dardurch *E* uberkumen *C* überkommen *DE* für *CDE* 26 Nun *E* müssen *CDE* 27 für *CDE*

[1]) *Wander Bd. II, Sp. 441, N. 99 f.* [2]) *Wander Bd. IV, Sp. 1155, „Thon" N. 9:* „Er ist aus demselben Thon gemacht".

S] fessio germanice dicitur beicht et hinc dici puto. Nam aliqui vocant beychten quod nos bekennen,) 'tuam lubens fero sententiam, sit quaecunque'.

Hanc confessionem non novit nisi christianus. Impius etsi ore fatetur mentitur tamen corde.

R] facere hanc confessionem. Qui ergo non est Christianus, potest quidem fateri ore, sed corde non. Quia hoc nemo fatetur nisi sanctus 'dixi: confitebor'. Pro hoc orabit ꝛc.

Hoc dicit: omnes sancti habent hanc virtutem, ut agnoscant peccata et orent deum pro illo. Mira res pro Christiano, est probus, habet spiritum sanctum et tamen fatetur se peccatorem, et bene, fuit ubique peccatum, et adhuc habens carnem habet peccatum propter carnem suam. Ideo omnes sancti clamant uber das fleisch und haben damit zu thun, et Satan non abest, ut peccatum faciat peius, ideo habet semper, quod clamet.

Si increpas impium peccatorem, indignatur, sanctus non, sed dicit 'mir geschicht recht'.

Hypocrita se ipsum increpat quidem, sed quando alius, non potest pati, er wil sein ding geert haben, ut hodie videmus. Praedicavimus monachatum

Dr] Christen, wie der .31. Psalm sagt: 'Jch sprach: ich wil dem HERRN meine Ps. 32, 5
ubertrettung bekennen widder mich; da vergabestu mir die missethat meiner sunde. Dafur werden alle heiligen bitten fur dir zur rechten zeit'. Alle heiligen, so viel yhr ist, haben die tugent an yhn, das sie Gott yhre sunde bekennen und darfur bitten. Darumb thut niemand solch bekentnis, denn die Christen und heilig sind. Nu ists ein wunderlich ding, das, der fur Gott frum ist und den heiligen geist hat, sagen sol, er sey ein sunder. Es ist aber recht, er bekent, was er gewesen ist und das er auch noch ist. Er hat den heiligen geist, ist aber dennoch noch ein sunder umb des fleischs willen. Darumb schreien alle heiligen uber das fleisch. Auch ist der Teuffel nicht weit davon, der schuret zu, das er das fleisch yn sunde bringe. Darumb ist es ein hoch und gros bekentnis.

Die andern sagen auch, sie seien sunder. Aber wenn es ander leute von yhn sagen, wollen sie es nicht hören. Die heiligen aber, wenn mans yhn sagt odder wenn sie Gott straffet umb der sunde willen, sagen sie: 'Ja, es ist recht'. Jhene heuchler konnen sich wol selbs tucken, hören aber auff, wenn sie wollen; aber von andern leuten wollen sie ungestrafft und geehret sein; wie itzet Pfaffen und Monche thun, sagen auch, sie seien sunder, wollen

15 übertrettung *DE* 16 Dafür *CDE* für *CDE* die *B* dier *E* 18 darfür *CDE* 19 Nun *CDE* für *CDE* 20 frum *DE* 22 dennocht *DE* fleisch *BDE* 23 über *DE* nit *C* 24 schüret *CDE* bring *E* 25 bekantnis *E* 26 leut *E* 27 wöllen *CDE* nit *C* 29 künnen *CDE* 30 wöllen *(baidemal) CDE* 31 yetzund *DE* Münche *CDE* wöllen *CDE*

S] Mirum est cum christiano. Sanctus est et tamen peccator propter adam, quem adhuc secum portat.

Ideo semper orant sancti pro ipso ad dominum, ne respiciat peccatum, ps. 32: 'pro hac orabit' etc.

Hipocrita bene seipsum potest increpare, sed hoc facit, quamdiu voluerit; venit alius increpaturus, egrefert.

R] nihil esse. Hoc non patiuntur. Interim falso corde dicunt se peccatores. Reus est totus mundus hanc confessionem facere, sed nemo facit nisi Christiani.

2. quae fit proximo, non deo, de qua Christus Matth. 5. 'quando obtuleris' ꝛc. Iacobus 'confitemini' ꝛc. i. e. invicem halt euch alſo, ut humiliemini inter vos.

Das beleidigen iſt varium. Est commune et ſonderlich. In communi sumus omnes, in illud coniicit nos omnes pater noster, quod non iuvem fratrem. Iuvare possem multos bonis, consolatione, praedicatione. Nemo est, qui in hac ſchuld non sit, sed debitum hoc ne cogitamus quidem. Cui plus dedit deus, ab eo plus requiretur ꝛc. Wie haſtu das angelegt, was haſt du erworben?

Dr] aber nicht hören, das wirs ſagen. Darumb fragt Gott nichts nach ſolcher beichte. Dieſe beicht iſt nu gepoten und nötig und die gantze welt ſchuldig zu thun; es thut ſie aber niemand denn die Chriſten.

Die ander beicht iſt, die man nicht Gott ſondern dem nehiſten thut,
Matth. 5, 23 ff.; 6, 12. Davon Chriſtus Matt. 5. und 6. redet. Da ſchreibt auch Jacobus von ynn
Jac. 5, 16 der Epiſtel: 'Einer bekenne dem andern ſeine ſunde'. Das iſt: halt euch alſo, das ſich ein yglicher fur dem andern demutige und bekenne ſeine ſchuld, wo er yemand beleidigt hat. Das beledigen aber iſt mancherley, Gemeine und Sonderlich. Jnn der gemein (habe ich ſorge) ſind wir allezumal, da wirfft uns das Vater unſer ein. Das iſt die, das wir dem nehiſten nicht helffen, als wir ſchuldig ſind zuhelffen mit worten, predigen, raten, troſten, mit gelt, gut, ehre, leib und leben. Die iſt ſo hoch geſpant, das keiner ſo heilig iſt, er bleibt yn der ſchuld. Darumb muſſen wir alle unternander ſagen: 'Jch bin dir ſchuldig, du biſt mir ſchuldig'. Sonderlich aber wem Gott viel gegeben hat, der iſt auch viel ſchuldig. Jch bin auch mehr ſchuldig denn ſonſt villeicht zwentzig odder wol hundert. Er wirds auch von mir foddern, da wird nicht anders aus, wird es auff den letzten heller rechnen, wie ichs

13 nit *C* 14 beichte *DE* nun *CDE* gebotten *C* gantz *C* 16 ſunder *C* negſten *C* nechſten *DE* 19 für *CDE* demütige *CDE* 20 beleydigen *CDE* 21 ſůnderlich *C* 22 negſten *C* nechſten *DE* 23 tröſten *CDE* 25 můſſen *CDE* untereinander *CDE* 26 Sunderlich *C* 28 ſunſt *C* zweyntzig *C* 29 nit *C* nichts *DF*

S] Altera confessio est, quae fit proximo, quam docet christus Mat. 18: 'Si frater tuus habet' etc.

Haec varie fieri potest.

Primum cum proximum non iuvo pecunia, doctrina vel quacunque re.

Si plura michi data sunt, plura dem necesse est. Michi quoque multum intelligentiae deus dedit. Nisi docuero, consolavero, ve michi, rationem dem necesse est.

R] So auch mit dem gut. Hoc debitum est commune. Mir ist man widerumb schuldig, quando necessitatem patior, ignominiam, captus. Ego possem multis prodesse, sed ich sehe nicht darnach.

Wenn wir darauff sehen, was wir einander schuldig seyn, dum videremus nostram infirmitatem. Si vero venio ad deum sic 'Ego blasphemor ab omnibus, ego libenter omnibus condono', das macht ein strich hindurch, alias non consisteremus, quia, si remittimus debitoribus, ipse remittit nostra. Si unus debet 100, ego 10 000, ergo etiam debeo me coram hominibus halten für einen sunder, quia ein itzlicher hat ein spruch zu mir und ich wider zu im. Dicendum 'deberem plus exhibuisse charitatis tibi, sed non feci, ergo condona mihi' et econtra. Hanc confessionem etiam nemo facit nisi Christianus. Sed impii non habent pro peccato hoc, imo ex iure Canonico

Dr] angelegt und damit geworben habe. Diese schuld gehet nu ynn gemein hindurch, das sie niemand sonderlich trifft. Ich byn yderman schuldig, so ist mir yderman wider schuldig trost und beistand, wo ich not leide und hulffe bedarff. Wir sind aber nicht vleissig genug, das wir die leute suchen, die unser beduerffen, und dienst anbieten, wird uns auch zuviel.

Wenn wir nu das regisster ansehen, wie viel wir schuldig sind, mussen wir zappeln und zagen und finden keinen rad, denn das wir sagen: 'man ist mir widder schuldig, habe mit andern auch zurechnen, das wil ich yhn allzumal schencken. Darumb bitt ich, HERR, du wollest mir auch vergeben'. Damit mache ich einen strich dar durch und lessche es aus. Hetten wir den rad nicht, so stunden wir ubel. Darumb bleibt es bey dem Vater unser, ist auch not, das wir unserm schuldigern vergeben, solle uns unser schuld vergeben werden; Wie Christus ym Euangelio Matthei .18. leret. Das ist die eine beicht, das man offentlich mus beichten fur den leuten und die schuld bekennen; fur Gott bin ich nicht frum, fur der welt auch nach der gemeinen schuld, da hat yglicher zu dem andern zuspruch, thut keiner genug. Darumb mus einer den andern bitten, das er yhm vergebe.

13 nun *CDE* 14 sunderlich *C* yederman *CDE* 15 yederman *CDE* hülffe *CDE* 16 nit *E* genůg *C* 17 bedürffen *C* bedörffen *DE* 18 nun *CDE* müssen *CDE* 20 bey *DE* 21 wöllest *CDE* 23 stünden *CDE* übel *DE* bleib *BDE* Vatter *DE* 24 unsern *DE* sölle *C* 25 Matth. *B* Mat. *DE* 26 offenlich *DE* für *CDE* 27 für *CDE* nit fromm *DE* für *CDE* 28 hat ein yeglicher (yglicher *E*) *DE* 29 vergebe *A*

S] Si regestrum charitatis quisque inspiceret, quantum alius alii debeat, sat habemus ut confiteamur. Debet michi quis 100 talenta, ego debeo ei 1000, ut docet parabola de debito.

Summa: peccatores omnes sumus coram deo iuxta primam confessionem et coram mundo iuxta alteram, et hanc solus christianus novit.

R] probant 'Eins yglichens gut mag' ꝛc. utuntur ad voluptatem omnia. Prover. 'Impii habent victum ad peccatum, iustus ist milb'. Impius utitur sanitate, honore, scientia ꝛc. ut habeat honorem, commodum, lust inde.

Ibi merum peccatum, et tamen non agnoscit, sed putat, es gebur im also und hab es recht. Ipse deus vero creavit, ut sis eius debitor, et debitor habeat registter 'hoc mihi fecit, hoc non'.

Christianis vero dolet, quod non faciunt, et quotidie nituntur, ut faciant, et quod non faciunt, dicunt 'o domine, remitte mihi, ut remitto debitori' ꝛc.

Ultra commune hoc debitum est speciale, de quo Christus 'Si quid habet frater', quando specialem personam lesi, ignominia eum affeci ꝛc. ibi

Dr] Diese beicht thut nu auch kein ander man denn ein Christen; denn das leiden die unchristen nicht, das sie solchs fur sunde rechnen, furen das geistliche recht, das da sagt: 'Iderman gepurt das seine'; Meinen, das sie die guter, so sie haben, umb yhren willen haben. Darumb brauchen sie auch allerley Spr. 10, 16 guter nur zu yhrer ehre und lust. Wie Salomon sagt Proverbi.: 'Der gott-21, 26 lose hat narung allein zur sunden', 'Der gerecht aber ist mild'. Der Gottlose braucht seines guts, klugheit, kunst, ehre, das er wil lust und nutz davon haben; das ist alles sunde und so sunde, das er noch meinet, es sey keine sunde sondern recht. Gott hat uns drumb geschaffen, das wir sollen des nehisten scheffner sein; wir bleiben aber alle wol daran schuldig. Aber das haben wir zuvor, das wirs erkennen und ist uns leid, streben darnach, das wir alle tag mehr und mehr thun, furchten uns fur Gott, thun so viel, als wir konnen und der Adam lesset. Was wir daruber nicht thun, macht Gott ein strich dardurch, wie gesagt, trawens nicht zuzalen, es ist zuviel, drumb sagen wir: 'vergibe mir, ich wil widder vergeben'.

Uber diese gemeine schuld ist nu auch eine sonderliche, da Christus von Matth. 5, 23ff. redet Matthei. 5. Wenn ein sonderliche person beleidigt, belogen, bescheidigt, gescholten odder am gerucht geschendet wird, das sol man auch beichten und

11 nun *CDE* 12 nit *C* für *CDE* sünde *C* sünd *DE* füre *CDE* 13 Jederman *DE* gepürt *CE* güter *CDE* 15 güter *CDE* ehr *C* Salomon *B* Proverb. *BCDE* 16 sünden *CDE* 17 by *DE* 18 sünde *(beidemal) CDE* kein *DE* 19 sünde *CDE* sonder *E* darumb *BDE* 20 negsten *C* nechsten *DE* schaffner *CDE* 22 fürchten *C* förchten *DE* für *CDE* 23 können *CDE* lasset *DE* darüber *CDE* nit *C* 24 gesaht *E* trawens *D* trawens *E* darumb *BDE* 26 nun *CDE* sunderliche *C* 27 sunderliche *C* beschedigt *DE* 28 gerücht *C* by *DE*

S] Hipocrita putat vulgus colligere pecuniam, ut ipsi detur, confidentes iuri, ubi dicit: 'unicuique tribuendum suum ius'[1]. Cui hic dimittit debitum?

Christus autem dicit: 'vade, reconciliare' ꝛc.

[1]) Cicero, De officiis I, 5; § 3 Instit. Iustin. I, 1; Pandecten I, 1, lex 10, dig. 1, 1.

R] confitendum, sol ims sagen 'liber freund, ich hab dar an unrecht than'. Hoc male habet veterem Adam, ut dicat se esse iniustum. In cenobiis hoc fiebat, ut iuniores abbeten, die sie erzurnet hetten. Hanc confessionem etiam soli Christiani faciunt, per quam confessionem veniunt ad maiorem honorem coram deo. Der schuld kan sie ein Christen wol bewaren, ut non detrahat, ut non faciat damnum. Sed commune debitum khan nymand weren.

De his 2 confessionibus hic non loquimur, quia pertinent ad Christianismum per totum annum. Hic loquimur de occulta, quam puto hinc oriri, quod persuasi Christiani his duobus confessionibus, ut se faterentur peccatores coram omni populo, deinde, ubi paucitas Christianorum facta, occulte, et post etiam recensio operum, sed innumerabilia manent peccata, sive contra deum, sive proximum.

Dr] sagen, man habe unrecht gethan und dem nehisten abe bitten. O das thut auch wehe, den Adam so brechen und sich herunter lassen gegen einem armen menschen, den man veracht, und dem selbigen recht und die hohiste ehre geben und yhm selbs die groste schande. Das war verzeiten yn klostern auch gewonheit, das man die Monche dazu zwang; es war aber bubereÿ. Ein Gottloser demutigt sich nicht so tieff, das er sich selbs schendet, sihet nicht, das yhm ein grosse ehr fur Gott were und fur fromen leuten. Fur dieser schuld konnen sich die Christen ja etlicher mas bewaren, beide fur sich und andere, das man sie zudecke und straffe, wo es einer hört und sihet von andern. Die gemeine aber kann niemand weren. Von den zwo beichten reden wir aber hie nicht, denn diese gehen das gantze jar ymmerdar und nicht allein, wenn du zum Sacrament wilt gehen. Hie redet man aber von der heimlichen Beycht, wilche ich halt, das sie komen ist aus der offentlichen Beycht; das so zugangen ist, das die Christen die vorigen zwo beicht yn gemein gethan haben. Also das ein yglicher offentlich bekand, ehe er zum Sacrament gangen ist, fur Gott und menschen. Da der Christen wenig worden, hat es ein yglicher einem sonderlich gesagt. Darnach hat mans da hin bracht, das man die sunde hat ordnen und zelen wollen. Sie wollen aber wol ungezalt bleiben; du wirst nymermehr rechen, wie viel du thun soltest, das du nachlessest.

13 negsten *C* nechsten *DE* ab *CDE* 14 wee *CDE* 15 höheste *C* höchste *DE* 16 gröste *CDE* verzeiten *DE* Clöstern *CDE* 17 münche *CDE* büberei *CDE* 18 demütigt *CDE* nit *C* 19 im *DE* für *CDE* frumen *C* Für *CDE* 20 können *CDE* für *CDE* 21 wern *DE* 22 gemein *C* 23 nit *DE* geen *DE* im *DE* nit *C* 24 geen *DE* 25 welche *CDE* kumen *C* offenlichen *E* 27 im *E* yeglicher *DE* öffentlich *C* offenlich *DE* 28 für *CDE* yeglicher *CD* 29 sunderlich *C* 30 sünde *CDE* wöllen *(beidemal) CDE*

S] Mos bonus erat olim in monasteriis, ut fratres iuniores irent ad omnes alios et deproecarentur si quid deliquissent; sed ad illos saltem ibant, quos numquam leserant.

R] Si priores duae manifestae adsunt, non est reus, ut istam occultam faciat homo, quia si ex corde feceris, peccatum remissum, et erga proximum. Tamen non contemnenda propter illos, qui libenter ea utuntur, quia in ea multus usus.

1. adest absolutio et verbum dei, per quod liberat te homo, qui audit, et tantum valet, ac si deus ipse diceret. Si scirem deum mihi dicentem absolutionem, velim certe currere ad arcem et ultimam partem civitatis. Hanc absolutionem posuit in os sacerdotis. Ideo non contemnenda confessio.

2. dienet sie dazu, vulgus et homines satis crassi nihil discentes, et domini halten nicht an, ut aliquid discant. Ergo utilis, ut audiretur, an crassi illi homines erudirentur, qui alias nunquam possunt interrogari.

Dr] Von dieser sagen wir nu so. Wenn yhene zwu offentlich geschehen, ist man nicht schuldig diese zuthun. Gott weis doch deine sunde wol. Wenn du sie nur fur yhm und darnach fur dem nehisten bekennest, sind die sunde vergeben. Aber doch ist sie mit nichte zuverwerffen umb der willen, die yhr gerne brauchen wollen. Ursach ist: Denn ynn der heimlichen beicht ist viel nutz und kostlichs dings. Zum ersten die Absolutio, das dich dein nehister frey spricht an Gottes stat, das gleich also viel ist, als Gott selbs spreche; das uns solt ja trostlich sein. Wenn ich wuste, das Gott an einem ort were und wolt mich selbs frey sprechen, wolt ichs nicht einmal noch an einem ort, sondern so offt ich ymmer kunde, daselb holen. Solchs hat er nu ynn menschen mund gelegt, darumb es gar trostlich ist, sonderlich den beschwereten gewissen, solchs da zu holen.

Zum andern dienet sie fur die einfeltigen kinder. Denn weil der gemein pobel ein unvleissig ding ist, horet ymmerdar predigt und lernet nichts, helt auch ynn heusern niemand an, das mans treibet. Drumb wenn sie gleich nirgent zu gut were, so ist sie yhe dazu gut, das man die leute unterweiset und höret, wie sie glewben, beten lernen etc.; sonst gehets dahin wie das

12 nun *CDE* zwo *DE* öffentlich *C* offenlich *E* 13 nit *CDE* sünd *CE* 14 nür *C* für *CDE* negest *C* nechsten *DE* 16 wöllen *CDE* 17 köstlichs *C* dz *C* negster *C* nechster *DE* 19 tröstlich *C* wüste *C* 20 nit *C* 21 sunder *C* künde *CDE* daselbst *D* daselbs *E* nun *CDE* 22 tröstlich *C* sunderlich *C* beschwerten *E* 24 für *CDE* 25 vofel *C* predig *DE* 26 Darumb *BDE* 27 dz *D* 28 glauben *CDE* etc. *B* sunst *C* geets *DE*

S] Cum adsit eiusmodi confessio (quae tertia in ordine est), non opus est ut clanculum fiat.

Sed ea tamen non abiicienda propter illos, qui ea uti volunt, et est salutaris, quia adest a peccatis, quae fit a sacerdote loco dei, et ad hoc ut familiae domus examinentur et discant orare et quid sacramentum. Ideo non abiicienda est.

32 absolutio *fehlt*

R] 3. est solatium, quando quis habet malam conscientiam et velit liberam habere, dicens 'hoc fehlet, da consilium, quomodo veniam ad pacem'. Ibi verbum dei, quo nos consolatur et mihi fidem confirmat. Ergo non contemnenda confessio.

Ergo nec illam confessionem nemo facit nisi sit Christianus.

Das ist aber der feil dran, das man die sund hat wellen zelen, quod non potest fieri et man khans nicht gewarten, si vis duo stuck her zelen, potes vel plura potes. Sed sic melius 'mi domine, confiteor me peccatorem coram deo et hominibus et praesertim in hoc vel isto'. Si non vis dicere 'omitte',

vieh. Drumb habe ich gesagt, man sol das Sacrament niemand geben, er wisse denn bescheid zugeben, was er hole und warumb er hin gehe. Solchs kan nu am fuglichsten ynn der beicht geschehen.

Zum dritten ist aber ein trost darynn, wer ein bose gewissen hat odder sonst ein anliegen odder not, wolt gerne rad haben, das er da umb rad bitt. Darumb konnen wir die beicht nicht verachten. Denn es ist da Gottes wort, das uns trostet und sterckt ym glawben, Dazu unterrichtet und leret, was uns feilet, dazu auch rad gibt ynn noten. Drumb thut diese beicht auch niemand recht denn frome Christen. Denn es mussen solche leute sein, die so fulen, das sie gerne wolten rad und trost holen. Das ist aber der feil daran, das man nicht hat acht auff die Absolution gehabt sondern auff unser werck, wie wol und rein man beichtet; Dazu die sund hat wollen zelen, wilchs man nicht thun kan, wird auch zuviel, und gros arbeit wird zu hören. Darumb were das die beste weise, das man kurtz davon komme: 'Lieber bruder, ich kom und wil meine sunde klagen, das ich ein sunder bin fur Gott und menschen; sonderlich ligt mir an das und das stuck' etc. (wiltu es sagen odder nicht, stehet bey dir). Darnach beschlossen: 'Darumb bitte ich, gebet mir guten trost und sterckt meine seele' etc. So wurde es keine muhe

10 Darumb *BDE* hab *D* 12 nun *CDE* füglichsten *CDE* 13 böse *BCD* boß *E* 14 sunst *C* gern *DE* 15 können *CDE* 16 tröstet *CDE* yn *E* 17 fület *DE* nöten *CDE* Darumb *BDE* 18 frume *C* müssen *CDE* leut *E* 19 fülen *BCDE* fül *DE* 20 nit *CE* sunder *C* 21 wöllen *CDE* 22 welchs *CDE* nit *C* 23 dz die *C* dz man *E* kurtze *C* 24 kum *C* 25 für *CDE* sunderlich *C* stück *BC* 26 nit *E* steet *DE* bit *C* 27 seel *C* würde *CDE* mühe *BCDE*

S] Ad hoc tertio ut si quem premit conscientia, adeat hominem bonum ad quoerendum solatium.

Hic autem est error, quod velimus numerare peccata, cum non possint[1].

Sic autem diceres: 'Frater, ad te venio, peccatorem me agnosco coram deo et hominibus. Rogo, solare me' aut 'fer consolationem loco dei'.

[1]) possint *irrthümlich anstatt* possimus *oder es fehlt* numerari.

R] tandem dic 'date mihi solatium', ergo tum opus quod tantum Christianus facit.

Ex hoc vides diabolicum esse praeceptum papae, qui dat Satanae omnem qui non facit, quomodo hoc potest praecipi, quod est donum dei?

Quot enim sunt, si ita urgentur, qui libenter faciant? quid ergo factum? quam quod verbum dei ist verspot, quia sacerdos spricht sententiam an gots stat et mentitur, dicit 'tibi peccata remissa', quod non est, quia invitus fecit. Deus autem non vult, ut frustra dicatur eius verbum. Ita papa per confessionem nihil aliud fecit nisi blasphemiam dei, quod ursit omnes nolentes. Servivimus papae hac confessione, non nostris animabus. Per hanc potestas et obedientia eius maior facta est.

1 dum

Dr] und arbeit haben. On das es ein kostlich werck ist, wilchs niemand thut denn ein frummer Christ.

Aus dem allen sihestu, das des Babsts gepot des Teuffels ist, das er yderman bringet bey gehorsam und todsund und, die es nicht thun, dem Teuffel gibt. So doch solches ynn unser macht nicht stehet widder zu nemen noch zu geben, sondern eine gabe ist vom hymel herab. Weil es nu Gott nicht gepotten hat, sol es kein mensch gepieten. Wenn ich gleich alle dahin treibe, wie viel sind yhr die gerne beichten, das sie hin gedrungen werden on alle not? unter zwentzig tausent nicht einer. Mit den andern macht man nicht mehr, denn das man Gottes spottet und greulich lestert. Denn da spricht der Priester ein urteil an Gottes stat, das feilet und wird nicht war. Denn er beicht nicht gerne und höret die Absolutio nicht gern, glewbet auch nicht daran. Die schuld ist nicht am Priester sondern an dem, so da beychtet, der da treuget und die Absolutio nicht von hertzen begert. Nu hat Gott keine
2. Mose 20, 7 lust dazu, das man sein wort vergeblich fure. Hastu nicht lust dazu, so las es anstehen, auch alle drey Beichte. Es gehort nur frummen leuten zu; sonst ists besser, man lasse es anstehen; es ist doch nicht rechtschaffen sondern verdamlich. So haben wir bisher nur dem Babst zu dienst gebeicht, nicht unsern seelen. Und heisset recht des Babsts odder kirchen gehorsam. Er hat nutz und ehre davon gehabt, die andern aber verdamnis yhrer seelen.

12 köstlich *C* welchs *CDE* 13 frommer *DE* 14 sihestu *B* 15 yederman *CDE* 16 solchs *C* steet *C* weder *E* zunemen *C* 17 sunder *C* ein *E* nun *CDE* 19 getrungen *C* 20 under *C* nit *DE* nit *E* 22 fälet *DE* 23 gern *DE* nit *E* glaubet *CDE* nit *E* 24 sunder *C* sonder *DE* 25 Nun *CDE* hat *B* kein *E* 26 vergebliche *E* füre *CDE* nit *DE* 27 ansteen *DE* gehört *BCDE* nür *C* frommen *DE* sunst *C* 28 ansteen *DE* sunder *C* sonder *E* 29 nür *C* Bapst *B* 30 unser seele *C* 31 anderen *D* verdamnus *C*

S] Quod hactenus fuerint qui lubentes hoc foecerunt inter papistas, maxime tamen propter mandatum factum est. Sic deus blasphemiam apparavit per hanc confessionem, ut quis peteret absolutionem, sed non ex corde.

Papam hoc iuvit, ut potestas sua et obedientia augeretur.

R] Sic habetis instructionem in his 2, ut omnia fiant sponte, ut proponas peccatum tuum et quaeras consilium et auxilium in 2. sacramento et confessione, necesse, quod etiam ludus sit pro pueris, das man dazu hielt, doch nicht mit gewalt.

Iam legam, quid Christus gesserit post cenam egerit Christus[1]. Da bey wil ich bleiben lassen. Incepit c. 13. Ioh. Er saß Jesu in den armen, Joh. 13, 23. 25
bosen, an der seyten, hat in in den armen gehabt (nota: in den armen Jesu). Postea exponit se Iohannes: super pectus Iesu. Es wher seyn, ut totus ille contextus orationis Christi praedicaretur, ut videretur, wie fruntlich der her Christus ein abschid hat genomen von suis discipulis und getrabert sicut Gallina cum pullis et pater cum filiis.

zu 7 gremium schoß, wenn sind auff den knien legt, Sinus ein bosen r

[1]) *Es wird vor* post cenam *ein* quid *zu ergänzen sein.*

Dr] Also hastu ein kurtz und klar unterricht von den zweien, Sacrament und Beycht, das es alles willig und aus lust geschehe, also das du von dir selbs her kommest und deine sunde furtragest, holest trost und sterck, so ist es nutzlich und seliglich. Und were not, das man die kinder und einfeltige volck so dazu hielt und das lerete und unterrichte, doch nicht mit zwang sondern mit guten worten. Denn es sonderlich, wie gesagt ist, auch dazu dienet und darumb ym schwang gehen sol. AMEN.

13 vnderricht *C* 14 kumest *C* sünde *CD* sünd *E* fürtragest *CDE* 15 nützlich *BC* einfeltige *AB* einfeltige *CD* einfeltig *E* 16 dazů *E* vnderrichte *C* mit *CD* 17 sunder *C* sonder *E* sunderlich *C* dazů *E* 18 gern *DE*

Zweite Vorrede zum Schwäbischen Syngramm.

1526.

Während die erste derjenigen deutschen Übersetzungen des Schwäbischen Syngramms, zu welchen Luther ein empfehlendes Vorwort lieferte (s. oben S. 447ff.), nicht gerade durch diesen veranlaßt war, hat er die zweite selbst „fördern helfen". Es trieb ihn dazu dieselbe Stimmung, in welcher er seinen Brief an die Buchdrucker Secerius und Herwagen geschrieben hatte. Vor allem hatte ihn erregt, daß „der Teufel ihn" als Bundesgenossen „herein haben und sich mit seinem (Luthers) Sack schmücken" wollte, d. h. daß die „Sakramentschwärmer" sich für ihre Anschauung vom Heiligen Abendmahl auf Äußerungen von ihm selbst beriefen (vgl. oben S. 464). Da er noch nicht dazu kommen konnte, in einer besonderen Schrift ihnen entgegenzutreten, so wollte er durch eine neue Ausgabe jener Schwäbischen Streitschrift bezeugen, wie er über diese „Rotten" denke, und andere „rüsten im Gewissen" gegen dieselben.

Warum aber ließ er nicht des Agrikola Übersetzung wieder abdrucken, sondern eine neue anfertigen? Die Antwort auf diese Frage ergiebt sich aus einer Vergleichung dieser beiden Übersetzungen untereinander. Jene war eine genaue Wiedergabe des im lateinischen Original Gesagten; diese aber bietet zwar (fast) keine neuen Gedanken, folgt vielmehr der lateinischen Vorlage Abschnitt für Abschnitt, verhält sich aber gegen diese durchgehends, vor allem in der zweiten Hälfte, so ungemein frei, daß sie nicht mehr eine Übersetzung heißen kann. Fast alle Änderungen aber, welche vorgenommen werden, lassen sich nur aus der Tendenz erklären, dieser Schrift das aus ihrer Entstehung herrührende Gepräge zu nehmen und den Charakter einer für weiteste Kreise passenden, populären Streitschrift zu verleihen. Deshalb werden allerlei Kürzungen vorgenommen. Nebensächliche, mehr nur für Gelehrte passende Bemerkungen werden fortgelassen; so die Worte „ut est in revocatione Berengarii" (im Syngramma: D 6ᵃ, in dieser Übersetzung: E 1ᵇ). Oder wenn das Syngramm die von Oecolampad verwandte Übersetzung einer Bibelstelle aus Tertullian für unrichtig erklärt und die richtige Übersetzung angiebt und begründet, so wird dies letztere ausgelassen und nur gesagt: „Wol Tertullianus do selben ym töllmetzschen geschtraucht hatt" (B 1ᵇ, B iijᵇ). Oder wenn zu einer Behauptung mehrere Beispiele oder Belegstellen gegeben sind, so wird durch Beschränkung dieser ermüdende Weitschweifigkeit verhütet (z. B. C 5ᵃ, D 1ᵇ; C 5ᵇ, D ijᵃ; C 6, Dij; D 3ᵃ, D 7ᵃ). Anderseits werden Gedanken umgestellt und einzelne Worte oder ganze Sätze hinzugefügt. Häufig geschieht dies nur um größerer Klarheit willen; aber sehr oft auch waltet die Tendenz, einen schärferen oder höhnenden Ton anzuschlagen und den Gegensatz gegen die Lehre der Schweizer schroffer hervortreten zu lassen. Aus diesem Grunde werden auch die freundlichen Anreden an Oekolampad ausgemerzt. So heißt es für „amicissime Oecolampadi" und „Oecolampadi o noster" einfach: „Oecolampadi" (B 2^{a}, B iiij^{b}; C 3^{a}, C 8^{a}) und „clarissime vir" wird fortgelassen (A 6^{a}, A. 7^{b}). Oder das Syngramm schreibt: „Itaque si qua consolatio in Christo, si qua solatium dilectionis, si qua communio spiritus, rogamus ne nascenti Euangelio hac occasione offendiculum praebeas." Dafür lesen wir hier: „Was dich aber belangen ist, bitt wir und ermanen dich durch die gnad Christi, du wolst nicht mehr deinem ungewissen und tunckeln duncken denn den hellen worten der schrifft und Christi anhangen, dem wachsenden Euangelio nicht widderstand thun und verletzen" (E 4^{b}, E 9^{b}). Oder wenn die Schwaben von Oekolampad „alios" unterschieden hatten, welche fragten: „credis et tu quoque in deum impanatum?", so heißt es hier: „wie yhr itzt fraget: gleubestu auch yn den eingebrötten Got?" (D 6^{a}, E 1^{b}). Ferner wird „fatemur panem esse corpus Christi" mehr als einmal wiedergegeben durch „das es warhafftig der leyb Christi sey (z. B. D 7^{a}, E ij^{b}); „an propterea non adferret [verbum] nobis corpus aut in se non contineret" durch: „solden uns darumb die wort nicht den leyb ynn das brot brengen" (A 8^{b}, B iij^{a}); womit freilich nicht über das im Syngramm Vertretene hinausgegangen ist, da in diesem an anderen Stellen auch sich findet „verum Christi corpus" und „corpus per verbum in pane". (E 4^{a} u. E 3^{a}). Zur weiteren Illustration des Gesagten geben wir noch einige Beispiele.

B 3^{a}: quando tanta animi libidine adlubescat tropus in „Est" et „Corpus".	B v^{b}: die weyl sie so gern figurn aus den wortern nöttigen und aus wülen, wie die sau yhm Acker.
B 5^{a}: tecum conferas, quid sequamur, cum a vestra sententia discedamus.	B 8^{b}: bewig, mit was behelff und wem wir folgen, do mit wir uns deiner Zophisterey bey dem Sakrament entschlan.
B 8^{a}: quis unquam tales interpretes audivit?	C iij^{b}: Hilff, wer kan sich gnug solcher schrifftzerrer verwundern; kein schuster zert das leder so ser.
C 2^{a}: dum tropum adseris.	C 6^{b}: mit deinem tropen und trappen.
C 4^{a}: Colligere audetis, corpus Christi non esse praesens.	C 8^{b}: fart yr zu und vernüfftelt hübschlich und Scotistisch, sagend, umb dieser wort willen sey Christus nicht furhanden, sondern an eyner leytern sam auff den boden gen Hymel gestigen.
D 1^{a}: Porro, quod panis sit corpus Christi, non sollicite formidandum est, ne qua fiat ut idem accidat corpori, quod pani; panis enim pistus est, albus est, rotundus vel quadratus, traiicitur in ventrem, digeritur et in secessum	D iiij^{b}: Ist ein unnötige fleyschliche und grobe vernüfftlung, das man drümb brauff felt: „So mus Christus ym offen gebacken werden, den leib nerren, rund odder viereckicht geschnitten werden". Die wort vergleichen der Jüden wort, da sie

exit. An propterea corpus Christi pistum erit, album, rotundum vel quadratum, in ventrem traiectibile, digestibile et id genus? absit. Ut enim verbum domini manet in aeternum, nec loco nec tempore nec accidentibus circumscriptum, nec unquam digeri aut perdi potest, ita est et manet corpus verbo commendatum. Iam panem asseveramus corpus esse, non qua panis est, alioqui enim corpori acciderent, quae et pani, sed qua verbum habet. Proinde panis coenae qua corpus est per verbum, nihil habet eiusmodi adcidentium carnalium, neque enim tunc vel rotundus est vel quadratus vel albus vel niger, haec autem habet et retinet qua panis est.

sprachen: „Wer kan sein fleysch essen", und liessen von yhm ab derhalb. Yhr seyt fast klug bey euch selb. Wir wissens wol, das er sich nicht lest einbröten nach einbacken noch mit den zenen zubeyssen; darumb solt er sich ynn dem brod nicht zu essen können geben? Hör man das argument: Christus ist ym hymel, lest sich nicht greyffen nach mit den zenen zureyssen, darumb kan er sich nicht ynn dem brod zuessen geben! Das ist ewer argument, gleich sam müst sich Christus zu essen geben, wie es euch gefil und ewre kluge vernufft begreiffen künde. Nein, Nein. Er zeygt uns ynn dem seine göttliche macht, wo er kan, und gehet nicht unsere wege und nach unsern gedancken, als der Prophet sagt Esa., sondern sie ist von unsern wegen und gedancken wie der hymel von der erden ꝛc. Also will er sich ym brod zu essen geben der menschlichen vernunfft unbegreyfflich, durch sein wort, und ist ynn dem weyssen, kleinen, runden brod an alle eusserliche begreyffliche grös, zufal und schwer der rechte Christus.

E 2ᵃ: Quod ad tuas auxiliares copias etiamnunc protrahis quod est Matth. 24. scriptum „Ecce hic Christus ecce illic" nihil iuvabit, confunderis pro communi externorum auxiliorum iudicio ab hoc exercitu, longe enim aliam hastam fert quam tuae pugnae accommodam.

E vᵇf.: Das argument, das du widder uns fürest aus Sant Matthes am 24. „Schauet, hie ist Christus, dort ist Christus" ist nichts; du wirst von den rotten deiner argument und behelff beschissen werden, wie die abgesunderten eintzelen Boemischen heymlichen grubenheymer (die man gemeyne grubenheymer heyst, seyn rechtschaffen beym Sacrament); dieselben haben sich auch mit dem argument wol hundert jar odder lenger beholffen, seyn (als wir hören) dünne, bis das sie widder ein rotmeyster erlebt haben, der von yhn yhre meynung entweder gelernt odder zubeschützen angenomen hat.

E 2ᵃ: Sed Christus, ais, abiit et sedet ad dextram patris et misit spiritum sanctum in corda discipulorum.

E viᵃ: Nu kömpt das plümpische argument, da yhr sprecht, Christus sey gen hymel gefaren, sitze zu der rechten

Nam, inquit, nisi abiero, paracletus non veniet. Heus tu, ita ne abiit, ut suarum rerum nihil nobis post se reliquerit? Abiit ergo et .. spiritus sanctus.

hand Gottes seins vaters, kans nicht gewarten, das er ynn das brod schliesse, Ist ferne herab. Wo mus er denn sitzen boben, wenn man einmal etwas fur yhm zuschicken hette? Ym auffgang? Wer ist denn sein statthalter ym Nidergang? auff der erden hat er ein, den Bapst. Hat er sich denn also verstigen, so hat er den heyligen geyst . . . mit genomen.

E 2ᵇ: Gratias agimus tibi domine Ihesu Christe, quod te non sic abstuleris, ut nihil tuarum rerum nobis reliqueris. Sedes tu quidem ad dexteram patris, sed interim tamen nobis dona tua non denegas, non ut invidulus quispiam occultas.

E viᵇ: Aber Christo sey lob und danck, das wir wissen, was gen hymel steigen und zu der rechten hand Gottes sitzen heyst, Und das er also gen hymel gestigen und uberal ist, das er auch herniden bey uns ist (wie er gesagt hat) bis zum ende der welt. Schickt uns den heyligen geyst, vergebung der sunde und alle noturfft der seelen seligkeit, ist und kompt selber zu uns und yn das brod (wie er gesagt hat) und bleybt dennoch zu der rechten hand Gottes seins vaters (das ist an allen enden ynn hymel und auff erden) sitzen und wonen, ist müglich und begreyfflich.

E 3ᵃ: Unum corpus Christi, per verbum in pane multis manducantibus distribuitur, manens interim cum Christo a dextris patris sedente, manente etiam corporis unitate.

E 7ᵃ: Solte er darumb viel Christus seyn, das man yhn ynn so unzeligen sichtigen teylen austeylt, so müsten auch so viel Christi seyn als viel stellen der welt, die weyl er uberal (als ein Gott) ist kegen wart und volkommen.

Die beiden letzten Beispiele haben wir deshalb ausgewählt, weil dieselben zeigen, daß hinsichtlich eines Punktes eine wirkliche Differenz zwischen dem Syngramm und dieser Übersetzung besteht, daß die Lehre von der Ubiquität hier eingetragen ist. Dies ist aber auch der einzige Fall, den wir beobachtet haben.

Durch wen aber diese neue Übersetzung angefertigt wurde, ist nicht bekannt. Manche Eigenthümlichkeiten derselben legen uns nahe, auf Bugenhagen zu rathen. Auffallend aber und uns unerklärlich ist, daß bei Anfertigung dieser neuen Übersetzung nicht die alte Agricola's wieder eingesehen wurde. Wäre dieses geschehen, so wäre die Arbeit besser ausgefallen. Es wären nicht derartige direkte Versehen vorgekommen, wie das lauabatur als ein Druckfehler für laudabatur angesehen und mit „gelobt würde“ übersetzt ist, während Agricola richtig „gewaschen“ geschrieben hatte. Es wäre dann auch das Deutsch nicht so höchst mangelhaft ausgefallen. Dieses nämlich ist so traurig, daß Luther keinesfalls etwas mit der Übersetzung selbst zu schaffen gehabt, dieselbe wohl nicht einmal flüchtig eingesehen haben kann, da er sie sonst schwerlich mit seinem Vorworte hätte ausgehen lassen. Vielleicht hat dieser Übelstand dazu beigetragen, daß — wie es scheint — dieses Buch nicht besonders große Verbreitung gefunden hat. Denn auch die Schweizer nahmen keine Rücksicht auf dasselbe. Möglich freilich ist auch, daß das Buch erst nach längerer Zeit ausging, und daß deshalb das Interesse an demselben durch das Erscheinen von Luthers großer Streitschrift „Daß diese Worte ... noch feststehen" stark abgeschwächt wurde.

Darnach kann man schwerlich mehr behaupten, als daß Luther diese zweite Vorrede zum deutschen Syngramm nach Mitte September 1526 niederschrieb. Das Unterfangen der Schweizer, seine Abendmahlslehre als der ihrigen nicht widersprechend darzustellen, bewog ihn, jemanden mit einer popularisirenden und verschärfenden Übersetzung des Syngramms zu beauftragen und diese als seine wirkliche Anschauung zu veröffentlichen. Da er aber in dieser Vorrede dieses Motiv nur kurz erwähnt, während er dasselbe in dem Schreiben an Herwagen weiter und in großer Erregung ausgeführt hat, so wird auch jene Vorrede später als dieses Schreiben, also nach dem 13. September abgefaßt sein.

Ausgaben.

„Genotigter vnd || frembt eingetragener schrifft || auch misslichens dewtens der | wort des abentmals Christi. | Syngramma (das ist) Vor- | sammelte schriffte vnd ein- | hellige vorlegung der achtbarn || menner predigere ynn Schwa- | ben so sich daruber zu Schwe- || bischem Hall besprochen, | zu dem vormerten | Oecolampadio. | prediger zu „ Basel. | Wittemberg. 1526. ||" Mit Titeleinfassung. 42 Blätter in Oktav, letztes Blatt leer. Am Ende: „Gedrückt zu Wittemberg durch Joseh Klug | Ym Jar. M.D.XXVi. ||"

Luthers Vorrede steht Bl. Aij^a–Aiij^a. Vorhanden z. B. in Berlin, Hamburg, Wolfenbüttel.

In den Gesammtausgaben findet sich diese Vorrede Luthers Hallischer Band S. 174 f.; Leipzig Bd. XIX S. 385 f.; Walch Bd. XX Sp. 667 f; Erlangen Bd. 65 S. 185 f.

Dem Christlichen leser Wünsch ich, Martinus Luther, gnad und fride yn Christo.

WJe wol dem teuffel niemandt wern kan dan gott alleine, das er nicht ymer unglück und schaden anricht, weyl er, ein vorzweyffelter böser geyst, nymmer rugt, sunder, wie Sant Peter spricht, 'als ein grimmiger lawe umb uns (1. Petri 5, 8) her schleycht und sucht wen er vorschlingen möge': So sein wir doch schuldig, so vil wir mögen, gots mit wircker zu sein und durchs wort yhm widderzustehen. Er hatt durch die newen vorfürer und Sacramentschender verwar vill vorschlunden und hört noch nicht auff zuvorschlinden, wolt mich auch gern hinen haben, sehet an und will sich mit unserm armen sacke schmücken.[1] Und zwar das büchlein, so ich widder Doctor Karlstadt hab geschriben, solt mir yn genugsam zeugnus geben, was ich glewbe; wilchs er auch bis her hatt lassen ungebissen und ungefressen, und stehen meine gründe do selbst nach fest und unbewegt. Aber sie sein uns mit eim stücke weyt uberlegen, das ist, das sie müssig sein und vol wort sticken, die welt mit büchern uber eylen und uber schütten. Nu wolan, ich haltt, das sprichwort sol sie auch treffen 'Eyle brach den hals', 'Cito fit, Cito perit'.[2] Doch krichen wir elende würmer auch herfür wider die grossen schweyer und bekennen unsern glawben widder yhren yrthum. Es helff was und wo gott wöll. Dem nach hab ich, das feine büchlein Singramma, von meinen lieben herrn und freunden ynn schwaben gemacht, unter vill auszubreiten, nu zum andern mal helffen yns deudtsch fodern, und ist mir yhelenger yhe lieber, weyl ich sehe, wie sie sich dran vorbrechen und

---

[1]) *Bei Wander zu vergleichen nur etwa „sich mit fremden Kleidern decken", Bd. 2, Sp. 1381, N. 237 und Sp. 1383, N. 278. [sack ist in der Bedeutung 'Kleidungsstück, Mantel von grobem Stoff (Sacktuch)' zu nehmen. In dieser schon mhd. belegt ist es von Luther besonders in der Bibelübersetzung zur Bezeichnung des jüdischen Trauer- und Busskleides verwendet worden. P. P.]* [2]) *Wander Bd. 1, Sp. 776, N. 18 und 26.*

stossen und nichts ausrichten, dan das sie yhren geyst vorraten und an tag bringen. Es ist für yhn blieben und wil für yhn bleyben; dan es ist die warheyt und macht die lügen zuschanden; derhalben befihle ichs eim yeden Christen, das er sich do mit rüste ym gewissen und fur dem teuffel wisse zuhütten, bis das gott der warheyt den sig gebe. Es mus und wil gestritten sein; wer do ligt, der ligt; das wort helff yhm widder auff und beware die, so nach stehn; kan ichs, so wil ich auch darzuthun, so vil mir gott vorleyhet. Gots gnade sey mit uns allen und rodde diese rotten bald aus! AMEN.

Das Taufbüchlein aufs Neue zugerichtet.

1526.

„Die schwachen Gewissen zu schonen", hatte Luther im Jahre 1523 bei der ersten Ausgabe seines deutschen Taufbüchleins[1] fast vollständig die in Wittenberg herkömmliche katholische Taufliturgie beibehalten, obwohl er daneben erklärte, daß dieselbe „nicht genugsam der Taufe Herrlichkeit" hervortreten lasse[2]. Man hatte dies Verfahren auch ihm selbst gegenüber getadelt. So schrieb ihm Franz Kolb aus Wertheim unter dem 27. August 1524: Tu tua translatione in teutonicam modi baptizandi non nihil condictorum tribuisti adversariis, eam namque traditionem, quae humana est, et Dei verbo additum, vetitum lege hunc per se fert errorem. Sunt etenim quidam, qui non credunt . . . pueros ab obstetrice baptizatos, ab humanis decessos, bene baptizatos . . . Impossibile est, ut conveniant in unum, nisi repositis omnibus traditionibus humanis et nudo Christi verbo invitantur[3]. Ebenso hatten die Straßburger Prediger unter dem 23. November 1524 in Bezug auf sein Taufbüchlein ihm erklärt, Viele hielten solche Rücksichtnahme auf die Schwachen für Schwachheit, insofern sie ein Beweis davon sei, daß man dem Worte Gottes nicht alles überwindende Kraft zutraue: Dum aliorum causamur infirmitatem, multi nostram nobis opprobant, qui dubitamus, Dominum voci suae vocem virtutis daturum[4]. Konnten solche Urtheile als auf einer irrigen Anschauung beruhend ihn wohl gar dazu bestimmen, noch nicht gründlicher mit der herkömmlichen Taufliturgie aufzuräumen[5], so verschloß er sich doch nicht den Vorstellungen Anderer wie seines Freundes Hausmann in Zwickau. Dieser, welcher auch zu Neugestaltung des Gottesdienstes gedrängt hatte[6], schrieb am 23. August 1525 an Stephan Roth: Optarem etiam a Luthero si otiosus esset, purgari libellum de formula baptizandi; tempus expostulat; sic fieret concordia[7]. Zumal da die in der „Deutschen Messe"[8] gelieferte Vereinfachung des Gottesdienstes kein Ärgerniß erregt hatte, hielt Luther es nun für die richtige Zeit, um auch die Taufhandlung von unnöthigem Beiwerk zu befreien[9].

Zu dem Zweck scheint er ein Exemplar der im Jahre 1525 zu Wittenberg gedruckten Ausgabe seines Taufbüchleins zur Hand genommen und in diesem die

---

1) Unsere Ausgabe Bd. 12, 38 ff. 2) Das. S. 48, 17 ff. 3) Enders 4, 378 f. 4) Enders 5, 64. 5) Vgl. sein Verfahren hinsichtlich der Änderung der Gottesdienstordnung, oben S. 45 ff. 6) Vgl. Bd. 18, S. 197 f. und oben S. 47 f. 51. 7) Archiv für Geschichte des deutschen Buchhandels XVI (1893), S. 41 (N. 60). 8) Oben S. 44 ff. 9) Eine Beurtheilung der vorgenommenen Änderungen gibt Höfling, Das Sakrament der Taufe (1848), 2, 175 ff. Vgl. Jacoby, Die Liturgik der Reformatoren I (1871), S. 314 ff. Köstlin² II, 22.

ihm nöthig erscheinenden Änderungen vorgenommen zu haben. Denn nicht allein enthält diese Ausgabe sein Begleitwort nicht mehr nach dem eigentlichen Taufformular, sondern als Einleitung vor diesem — eine Neuerung, die freilich auch schon einige ältere Ausgaben aufweisen —, sondern auch die sprachliche Gestalt der neuen Bearbeitung dürfte auf jene Ausgabe als ihre Vorlage hindeuten[1], wie auch die Initialen und die größere der verwandten Typenarten in beiden Ausgaben dieselben sind.

Wann er diese neue Bearbeitung des früheren Werkes vornahm, ist nicht mehr genau festzustellen. Einerseits gibt es keine Ausgabe, welche ein früheres Jahr zeigte als das Jahr 1526, vielmehr erschienen im Jahre 1525 zu Wittenberg noch zwei Auflagen der älteren Recension. Anderseits ist eine niederdeutsche Übersetzung schon am 6. November 1526 in Rostock gedruckt worden. Wenn aus dem Jahre 1526 nur eine einzige hochdeutsche Ausgabe sich erhalten hat, so möchte man vermuthen, daß das Büchlein nicht schon zu Anfang des Jahres ausgegangen ist.

Die Hoffnung, welche Hausmann auf ein von Luthers Hand gereinigtes Taufformular setzte, „sic fieret concordia“, ist wenigstens hinsichtlich weiter Gebiete nicht unerfüllt geblieben. Denn das Taufbüchlein in dieser neuen Gestalt wurde schon bald dem Katechismus Luthers beigegeben und so aufs weiteste verbreitet; viele Kirchenordnungen verweisen hinsichtlich des Taufformulars einfach auf jenes Taufbüchlein und andere selbständig auftretende Formulare folgen doch dem Typus desselben[2]. In das Concordienbuch dagegen wurde das Taufbüchlein nicht aufgenommen, weil man in Süddeutschland Anstoß an dem von Luther beibehaltenen Exorcismus fürchtete.

Ausgaben.

A [roth] „Das tauff- ‖ buchlin ver- ‖ deudscht, auffs new ‖ zu gericht, durch ‖ [schwarz] Mar. Luth. ‖ [roth] Wittemberg ‖ [schwarz] 1526. ‖“ Mit Titeleinfassung. 12 Blätter in Oktav, die letzten 3 Seiten leer.

Druck von Nickel Schirlentz in Wittenberg. Vorhanden z. B. in Kopenhagen Große Königl. Bibl., Zwickau. In dem Exemplar in München HSt., welchem das Titelblatt fehlt, lautet der Kustos von B 1^{a} „Daranch“ anstatt „Darnach“.

Es ist zu vermuthen, daß dieser Ausgabe *A* noch eine andere vorangegangen ist. Denn 1) lautet in *A* der Kustos auf Blatt A iiij^{a} „hast“, obwohl die folgende Seite mit dem Worte „Das“, erst die entsprechende Seite des nächsten Blattes (A v) mit „hast“ beginnt: Der Setzer überschlug ein Blatt, als er den Anfang der neuen Seite feststellen wollte, hatte also eine gedruckte Vorlage; und dieses wird nicht eine Ausgabe des zuerst im Jahre 1523 gedruckten „Taufbüchleins“ gewesen sein, da wenigstens keine unter den uns bekannten gerade dieses Versehen möglich macht. Und 2) lesen mehrere Ausgaben (538, 18) „es ein ernst lassen sein“, wie auch alle Ausgaben der ersten Bearbeitung, während *A* liest „es ernst lassen sein“. Da nun das Fehlen des „ein“ den Sinn der Worte nicht schädigt, ist die Einfügung desselben in mehrern Ausgaben nur aus der Annahme zu erklären, daß sie einer verloren gegangenen ersten Ausgabe folgen, welche das „ein“ aus einer Ausgabe vor 1526 beibehalten hatte.

---

[1]) Vgl. Unsere Ausgabe Bd. 12, S. 42 die Ausgabe *O* und die dort S. 42 ff. notirten Varianten derselben. [2]) Vgl. Höfling, a. a. O. S. 64 ff. Richter, Evangelische Kirchenordnungen, z. B. I, 143^{b}, 200^{a}, 288^{a}, 309^{b}, 340^{b}, 355^{b}; II, 5^{b}, 22^{a}, 74^{a}, 79^{a}, 125^{b}, 236^{a}, 286^{b}.

B „Das Tauffbüchlein verdeutscht, auffs new zugericht, durch Mar. Lu. Wittemberg.“ Am Ende: „Gedruckt zu Erffurd durch Johan Loersfelt.“ 8°.

Diese Ausgabe können wir nur nach Weller (N. 3533) aufführen, da wir sie auf mehr als 320 Bibliotheken vergebens gesucht haben. Weller entnimmt den Titel der „Collection. Offenbach. 1840. no. 1088“. Die Zeit des Erscheinens (Weller: „c. 1525“!) ergibt sich daraus, daß Loersfeldt, der etwa im Mai 1527 von Erfurt nach Marburg übersiedelte, diese Ausgabe noch in Erfurt druckte. Ihr Inhalt aber wird sich aus den beiden folgenden Ausgaben schließen lassen, welche von Loersfeldt in Marburg gedruckt wurden.

C „Das | Tauffbůch | lin verdeudtscht, | auffs new zu ge- | richt durch | Marti. Luther. | Wittemberg. ||“ Mit Titeleinfassung. Titelrückseite bedruckt. 8 Blätter in Oktav. Letzte Seite leer. Am Ende: „Gedruckt ynn der ne- || wen löblichen Uni- || uersitet Marpurg | ym M. D. xxvij. || iar. am. xij. tag || Junij. ||“

Druck von Joh. Loersfeldt in Marburg. Als separate Ausgabe (vgl. *D*) vorhanden, wie es scheint, nur noch in Berlin. Vgl. v. Dommer, Die ältesten Drucke aus Marburg in Hessen 1527—1566 (1892) S. 2, Nr. 2.

D „Christli- || che ordenung || wie es zu Marpurg yn || Hessen, mit Teuffen, || Sacramēt reichen, || vñ mit Betē nach || der predigt ge- || halten wird. || 1527. ||“ Mit Titeleinfassung. Unter diesem neuen Titel vereinigte Loersfeldt die Ausgabe des Taufbüchleins *C* (mit ihrem Druckvermerk am Ende) mit einer anderen von ihm gedruckten (auch in dieser Vereinigung selbständig signirten) Schrift: „Was dem ge || meynen volck nach der || predig für zu lesen“ usw. Vgl. oben S. 63, Ausgabe *h*

In dieser Verbindung (vgl. *C*) vorhanden, wie es scheint, nur noch in Wernigerode. Vgl. v. Dommer, a. a. O., S. 2 ff., N. 3.

E [roth] „Das tauffbůch- || lin verdeudscht, || [schwarz] auffs new zugericht || durch || Mart. Luth. || [roth] *Wittem berg.* || [schwarz] 15 28 ||“ Mit Titeleinfassung, aus welcher der Crucifixus in das Titelschild hineinragt und die beiden untersten Zeilen des Titels je in zwei Hälften zertheilt. 12 Blätter in Oktav. Letzte drei Seiten leer.

Druck von Nickel Schirlentz in Wittenberg. Vorhanden, wie es scheint, nur noch in München HSt.

F „☙ Das || Tauffbůch- || lin vffs new || zugericht || durch || Mar. Luth ||“ Mit Titeleinfassung. Titelrückseite bedruckt. 16 Blätter in Oktav. Letzte Seite leer. Am Ende: „☙ Gedruckt zu || Marpurg, ym iar Tau- || sent, Funffhundert, || vnd acht vñ zwen- || tzig, am. xxiij. || tage Sep- || bris [so!]. ||“

Druck von Franciscus Rhode in Marburg. Vorhanden, wie es scheint, nur noch in Stuttgart. Vgl. v. Dommer, a. a. O., S. 11, N. 14.

G [roth] „Das tauff- || [schwarz] buchlin verdeud || [roth] scht, auffs new / [schwarz] zu gericht, || [roth] durch || [schwarz] Marti. Luther. || [roth] Wittemberg. || [schwarz] M.D.XXIX. ||“ Mit Titeleinfassung. 12 Blätter in Quart. Letztes Blatt leer. Am Ende: [roth] „Gedruckt [schwarz] zu Zwickaw || durch [roth] Gabriel || [schwarz] Kantz. ||“

Vorhanden z. B. in der Knaakeschen Slg., Helmstedt.

H [roth] „Das Tauffbüchlin ‖ [schwarz] verdeudsch, Vnd auffs ‖ [roth] new zugericht, durch ‖ [schwarz] D. Mart. Luth. ‖ [roth] Wittemberg. ‖" Darunter Holzschnitt, die Taufe eines Kindes darstellend, an den vier Seiten durch die Umschrift eingefaßt: „Gehet hin jnn alle Welt, | Leret alle Heiden, Vnd Teuffet sie, ‖ Im namen des Vaters, vnd ‖ des Sons, Vnd des Heiligen Geists. ‖" Titelrückseite bedruckt. 12 Blätter in Quart. Letzte Seite leer. Am Ende: „Gedruckt yn̄ der Chur- | furstlichen Stadt Zwickaw, ‖ durch Wolffgang Meyerpeck .·. ‖"

Vorhanden z. B. in der Knaakeschen Slg., Berlin, St. Florian.

In dieser Ausgabe findet sich am Schluß hinzugefügt „Eine vermanung bey der Tauffe an die Paten", wie sie in mittelalterlichen Taufliturgien häufig war, deren Text aber dem Herausgeber sonst nicht begegnet ist. Sie zerfällt in drei Absätze: „LIeben Freunde Christi, man bringet daher ein armes Kindlein, vnd wie die heilige Göttliche schrifft saget, So ist es in sünden entpfangen vnd geboren ... Zum Andern vermane ich euch auch, das ihr neben dieser Kinder Tauffe ein itzliches seiner Tauffe sich wolle erinnern vnd bedencken ... Zum Dritten vnd zum beschlus vermane ich euch leben [so] Gefattern, das ihr euch dieses lieben Kindes fur andern leutten wollet annemen vnd sonderlich so ihm seine Eltern abstörben ... vnd darneben leren die heiligen Zehen gebot Gottes, Die Artickel vnsers Christlichen Glaubens, Das heilige Vater vnser, Die einsetzung der heiligen Tauffe vnd des heligen [so] Hochwirdigen Sacraments des waren Leibs vnd Bluts Jhesu Christi ...."

I [roth] „Das Tauffbuchlin ‖ verdeudscht, auffs ‖ new zugericht, ‖ [schwarz] durch Martin. ‖ Luther. ‖ [roth] M. D. XXXiij. ‖ ‖". 8 Blätter in Quart. Letztes Blatt leer. Am Ende: [roth] „Gedruckt zu Erffurdt durch ‖ [schwarz] Melcher Sachssen ynn ‖ [roth] der Archen Noe. ‖ ‖"

Vorhanden wohl nur in Altenburg Gymnasialbibliothek, mit der handschriftlichen Notiz: „Constat 4 ₰".

K Nach Walch Bd. X, Vorrede Sp. 128 hat eine Ausgabe existirt, „die man zu Wittenberg 1535. in 8. gedruckt". Wir haben dieselbe nicht wieder auffinden können.

L „Das Tauffbüchlein ver ‖ deudscht, auffs new ‖ zugericht durch ‖ Mart. Luth. ‖ Dresz [Holzschnitt] den. ‖ 1539. ‖" Der ganze Titel, den Holzschnitt ausgenommen, roth. 12 Blätter in Oktav.

Der Holzschnitt auf dem Titel stellt Christus am Kreuze dar. Vorhanden wie es scheint, nur noch in Berlin.

Niederdeutsche Übersetzungen.

a „¶ [roth] Dat dope ‖ boeklyn vordu- ‖ descket vpt nye ‖ togerichtet dorch ‖ [schwarz] Mart. Luth. ‖ Christus Marci x. ‖ ¶ Latet de kinderken tho ‖ my kamen, vnde weret en ‖ nicht. Wente solcker ys dat ‖ hemmelryke rc. ‖ M. D. XXv.j. ‖" Titel in Zierleisten. Titelrückseite bedruckt. 8 Blätter in Oktav. Am Ende: „¶ [roth] Gedrucket dorch Dietz des ‖ soften dages Nouembris ‖ [schwarz] 1526. ‖"

Druck von Ludwig Dietz in Rostock. Vorhanden wohl nur in Helmstedt.

b [roth] „Dat Döpe ‖ bökeschen ‖ vordůdeschet, vp ‖ dat nye togericht, durch ‖ [schwarz] Mar. Lu. ‖ [roth] Wittemberch ‖" Mit Titeleinfassung. Titelseite bedruckt. 8 Blätter in Oktav. Letzte Seite leer. Am Ende: [roth] „Gedruckt [schwarz] to [roth] Erfford [schwarz] dörch [roth] Johan Loersfelt [schwarz] tom[roth]haluen Rade [schwarz] yn der [roth] Meymer [schwarz] gassen" ‖

Da Loersfeld vor Anfang Mai 1527 von Erfurt nach Marburg übersiedelte (vgl. von Dommer, Die ältesten Drucke aus Marburg in Hessen, S. (2) f.), muß dieser Erfurter Druck von ihm zu Ende 1526 oder zu Anfang 1527 veranstaltet sein. — Vorhanden wohl nur in Wittenberg Lutherhalle.

c [roth] „Dat Döpbökeschen vor ‖ dudeschet vp ‖ dat nye tho- ‖ gericht. ‖ [schwarz] Marti. Luther. ‖ [roth] Wittemberch. ‖ [schwarz] M D XXVIII. ‖" Darunter Vignette mit dem Druckerzeichen des Hans Barth. 12 Blätter in Oktav. Letztes Blatt leer. Am Ende: „Gedrůcket Dorch ‖ Hans Barth. ‖ M D XXVIII. ‖"

Vorhanden wohl nur in Helmstedt; in diesem Exemplar fehlt Bl. A 7.

d [roth] „Dat dopbökes- ‖ chen vordůdeschet vp ‖ dat nye thogericht. ‖ [schwarz] Marti. Luther. ‖ [roth] Wittemberch. ‖ [schwarz] M. D. XXiX. ‖ [Zierleiste] ‖" Titelrückseite bedruckt. 14 Blätter in Oktav. Letzte Seite leer. Auf der vorletzten Seite nur: [schwarz] „Gedrucket tho [roth] Erf- ‖ ford [schwarz] dorch [roth] Con- ‖ rad [schwarz] Treffer. ‖"

Vorhanden wohl nur noch in Berlin.

e [roth] „Dat Döpbö ‖ keschen vor- ‖ [schwarz] dudeschet, vnde vp- ‖ [roth] pet nye gecorrige- ‖ [schwarz] ret dorch ‖ [roth] D. Mart. Luther. ‖ [schwarz] M. D. XLII. ‖" Mit Titeleinfassung. 12 Blätter in Quart. Letztes Blatt leer.

Vorhanden z. B. in Berlin, Wernigerode.

Auch später ist das Taufbüchlein noch öfter separat gedruckt worden, theils mit, theils ohne Erklärungen. Wir erwähnen zwei solcher Ausgaben:

[roth] „Das Tauffbůchlin ‖ verdeudscht. ‖ [schwarz] Auffs new zugericht, ‖ durch ‖ [roth] D. Mart. Luth. ‖ [Zierleiste] ‖ [roth] Witteberg. ‖ [schwarz] Gedruckt durch Georgen Rhawen ‖ Erben. ‖ M. D. LXI. ‖" 18 Blätter in Quart. Letzte Seite leer. Am Ende: „Getruckt zu Witteberg ‖ durch Georgen Rhaw- ‖ en Erben. ‖ ANNO M. D. LXI. ‖"

Vorhanden z. B. in der Knaakeschen Slg., Berlin.

„Tauffbůchlein, ‖ [roth] Des Herrn D. ‖ Martini Lutheri. ‖ [schwarz] Zusampt ‖ [roth] Einer kurtzen, Christlichen vnd einfel- ‖ [schwarz] tigen Erklerung desselben. ‖ Gestelt ‖ [roth] Durch die Prediger der Löblichen ‖ [schwarz] Stadt Braunschweig. ‖ [Holzschnitt] ‖ [roth] Zu Magdeburg, bey Johan Francken. ‖ [schwarz] M D. XCI. ‖" 40 Blätter in Quart. Letzte Seite leer. Am Ende: „Gedruckt zu Magdeburg, bey ‖ Wilhelm Roß. ‖ *ANNO. M. D. XCI.* ‖"

Vorhanden z. B. in der Knaakeschen Slg.

In den Gesammtausgaben findet sich unsere Schrift Jena (als i. J. 1524 gedruckt) Bd. II (1555 Christ. Rödinger) Bl. 241 f. (1568 Th. Rebart Bl. 252 f.; 1585 Th. Rebart Erben und 1613 T. Steinmann Bl. 230 f.); Altenburg Bd. II S. 327 f.; Leipzig Bd. XXII S. 231 f.; Walch Bd. X Sp. 2633—2637; Erlangen Bd. 22 S. 291—294.

Eine Bestimmung über das Abhängigkeitsverhältnis, in dem die verschiedenen Drucke unserer Schrift zu einander stehen, ist kaum möglich, da der Urdruck nicht mehr vorhanden sein dürfte und ohne Zweifel eine Anzahl von Ausgaben, welche die Mittelglieder zwischen noch vorhandenen Drucken gebildet haben werden, verloren gegangen sind. Auch sind die Abweichungen selbst in der sprachlichen Form meist gering. Wir verzeichnen diese unter dem Texte. Aus ihnen dürfte sich wenigstens ergeben, daß einerseits *EL* und anderseits *GHI* nahe verwandt sind.

Wir legen den Text von *A* zu Grunde. Um aber eine Vergleichung dieser Neubearbeitung mit der früheren Gestalt zu erleichtern, setzen wir die Zeilen ebenso ab, wie es in Unserer Ausgabe Bd. 12 bei Wiedergabe der ersten Bearbeitung geschehen ist, und fügen am äußeren Rande die Seiten- und Zeilenzählung aus Bd. 12 bei. Wo etwas in der ersten Bearbeitung Vorhandenes in der zweiten fehlt, ist dies angemerkt. Die Lesarten sind gleichfalls auf die Seiten und Zeilen des 12. Bandes bezogen.

Das tauffbuchlin verdeudscht, auffs new zu gericht.

Martinus Luther allen Christlichen lesern gnad und frid ynn Christo unserm Herrn. [19, 46, 21

WEil ich teglich sehe und höre, wie gar mit unvleys und wenigem
ernst, wil nicht sagen, mit leichtfertickeit, man das hohe heilige [25
tröstliche sacrament der tauffe handelt uber den kindeln, wilcher
ursach ich achte der auch eine sey, das die, so da bey stehen,
nichts davon verstehen, was da gered und gehandelt wird,
dunckt michs nicht alleine nütz, sondern auch not seyn, das mans ynn deudscher
sprache thue. Und habe darumb sollichs ver- [30
deudscht, anzufahen auff deudsch zu teuffen, da mit die paten und beystehende
deste mehr zum glauben und ernstlicher andacht gereytzt werden und die [47, 1
priester, so do teuffen, deste mehr vleyss umb der zuhörer willen haben müssen.

Ich bit aber aus Christlicher trew alle die yhenigen, so da teuffen,
kinder heben und da bey stehen, wolten zu hertzen nehmen das trefliche werck
und den grossen ernst, der hierynnen ist. Denn du hie hörest ynn den worten [5
dieser gepet, wie kleglich und ernstlich die Christlich kirche das kindlin her
tregt und mit so bestendigen ungezweyffelten worten für Gott bekennet, es
sey vom teuffel besessen und ein kind der sünden und ungnaden, und so
vleyslich bittet umb hülff und gnade durch die tauff, das es ein kind Gottes
werden müge. [10

Darumb wolltestu bedencken, wie gar es nicht ein schertz ist, widder den
teuffel handelen und den selben nicht alleine vom kindlin jagen, sondern auch
dem kindlin solchen mechtigen feind sein lebenlang auff den hals laden,
das es wol not ist, dem armen kindlin aus gantzem hertzen und starckem
glauben beystehen, auffs andechtigest bitten, das yhm Gott nach laut dieser [15
gepet nicht allein von des teuffels gewalt helffe, sondern auch stercke, das
es müge widder yhn ritterlich ym leben und sterben bestehen. Und ich besorge,
das darumb die leute nach der tauff so ubel auch geraten, das man so

---

1, 2 *dem Titel von A entnommen*

46, 22 fried *EGHL* 24 DJeweyl *F* 25 leichtfertigkeit *IL* 26 Kindlen *GHI* welcher *HL* 29 dünckt *EL* nutz *H* 30 darümb *EL* solchs *I* 31 tauffen *I*

47, 4 nemen *I* 6 gebet *CD* Christliche *L* kindlein *(ebenso i. Folg.) L* 7 so- || bestendigen *A* fur *GHI* 8 sunden *I* 9 bitten *CDF* hulff *EL* hülffe *I* tauffe *GHI* 10 müge *I* 11 wider *CDL* 12 handeln *GHI* allein *GHL* vom] von *H* sonder *L* 13 solchem *CD* 15 noch *GH* 16 gebet *CD* 17 müge *I* wider *L* 18 darümb *EGHL* noch *GH*

kalt und lessig mit yhn umbgangen und so gar on ernst fur sie gebeten hat ynn der tauffe.

So gedencke nu, das ynn dem teuffen dise euserliche stücke das geringste sind, als da ist unter augen blasen, creutze an streichen, saltz ynn den mund geben, speychel und kot ynn die oren und nasen thun, mit öle auff der brust und schuldern salben und mit Cresem die scheytel bestreychen, westerhembd anzihen und brennend kertzen ynn die hend geben, und was das mehr ist, das von menschen die tauff zu zieren, hynzu gethan ist; denn auch wol on solchs alles die tauffe geschehen mag, und nicht die rechte griffe sind, die der teuffel schewet odder fleucht. Er veracht wol grösser ding. Es mus ein ernst hie seyn.

Sondern da sihe auff, das du ym rechten glauben da stehest, Gottes wort hörest vnd ernstlich mit betest. Denn wo der priester spricht: 'Last uns beten', da vermanet er dich yhe, das du mit yhm beten sollt. Auch sollen seins gebets wort mit yhm zu Gott ym hertzen sprechen alle paten und die umb her stehen. Darumb sol der priester diese gebet sein deutlich und langsam sprechen, das es die paten hören und vernemen kunden, und die paten auch einmütiglich ym hertzen mit dem priester beten, des kindlins not auffs aller ernstlichst für Gott tragen, sich mit gantzem vermügen fur das kind wider den teuffel setzen und sich stellen, das sie es ernst lassen sein, das dem teuffel kein schimpff ist.

Der halben es auch wol billich und recht ist, das man nicht truncken und rohe pfaffen teuffen lasse, auch nicht lose leute zu gefattern neme, sondern feyne, sittige, ernste, frume priester und gefattern, zu den man sich versehe, das sie die sach mit ernst und rechtem glauben handeln, da mit man nicht dem teuffel das hohe sacrament zum spot setze und Got verunehre, der darynnen so uberschwenglichen und grundlosen reychtumb seiner gnaden uber uns schüttet, das ers selbs ein newe gepurt heyst, damit wir aller tyranney des teuffels ledig, von sünden, tod und helle los, kinder des lebens und erben aller güter Gottes und Gottes selbs kinder und Christus brüder werden. Ach lieben Christen, last uns nicht so unvleyssig solch unaufsprechliche gabe achten und handeln! Ist doch die tauffe unser einiger trost und eingang zu allen göttlichen gütern und aller heiligen gemeinschafft. Das helff uns Gott, AMEN.

[48, 17–25]

47, 19 ÿn *L*   für *CDEL*   21 diese *EGHIL*   stücke *I*   25 anziehen *CDGHI*   26 Tauffe *GHI*   30 siehe *EL*   31 mit *fehlt F*   33 seines *EL*   34 gepet *EGHIL*   35 künden *CDGHI*   36 Prist | er *GH*

48, 1 vemügen *A* vermögen *CD* vermügen *I*   für] fur *I*   fur] für *CDEL*   2 es ein ernst *CDEFL*   5 nehme *EL*   6 frome *GHI*   versihe *CD*   10 new *CD*   11 sunden *EI*   12 güter *I*   brüder *I*   13 solche *I*.

Das tauffbuchlin auffs new zu gericht. [12, 42, 1
Mar. Lu.

Der tauffer spreche:

FAr aus, du unreiner geist, und gib raum dem heiligen geist.

Darnach mach er yhm ein creütz an [5
die stirn und brust und spreche:

Nym das zeichen des heiligen creutzs, beide an der stirn und an der brust.

Last uns betten. [43, 1

O Almechtiger Ewiger Gott, vater unsers herrn Jhesu Christi. [2

[43, 3—13]

Ich ruffe dich an uber diesen N., deinen diener, der deiner tauffe [14
gabe bittet und dein ewige gnade durch die geistliche wider gepurt begerd. [15
Nym yhn auff, HERRE, und wie du gesagt hast 'Bittet, so werdet yhr nehmen,
Sucht, so werdet yhr finden, Klopffet an, so wird euch auffgethan', So reiche
nu das gut dem der da bittet, und offen die thur dem der da anklopffet: das
er den ewigen segen dieses hymelischen bades erlange und das verheissen reych
deiner gabe entpfahe, durch Christum, unsern herrn. Amen. [20

[43, 21—24]

Last uns beten. [25

Almechtiger Ewiger Gott, der du hast durch die sindflut nach deinem
gestrengen gericht die ungleubige welt verdampt und den gleubigen Noe selb
acht nach deiner grossen barmhertzigkeit erhalten, Und den verstockten
Pharao mit allen seinen ym roten meer erseufft, und dein volck Israel
trocken durch hyn gefurt, da mit dis bad deiner heiligen tauffe zukunfftig [30
bezeichnet, und durch die tauffe deines lieben kindes, unsers herren Jhesu
Christi den Jordan und alle wasser zur seligen sindflut und reichlicher
abwasschung der sunden geheiliget und eingesetzt: Wyr bitten durch die selbe
deine grundlose barmhertzickeit, du woltest disen N. gnediglich ansehen und
mit rechtem glawben ym geyst beseligen, das durch dise heylsame sindflut [44, 1
an yhm ersauffe und untergehe alles, was yhm von Adam angeporn ist,
und er selb dazu gethan hat; Und er aus der ungleubigen zal gesundert, yn

42, 1 tauffbüchlin *CDEL* 2 Mar. Luth. *CD* Mart: Luth. *GHI* Mart. Lut. *L* 3 teuffer *EL* 5 creutze *GHI* 7 creutzes *I* ehn *L*

43, 2 vaters *CD* herren *EL* 14 ruffe *GHI* ehn *L* disen *CD* 15 widder *GH* geburt *GHI* 16 Nym] nym *F* nemen *CD* 18 nhu *L* öffen *L* thür *EL* thuer *I* der do *EL* 19 ehr *L* dises *CD* verheyssen *L* 20 empfahe *GHI* herren *GHIL* 30 domitt *L* zukünfftig *EL* 31 dy *CD* liben *L* kinds *CD* 32 sindflut *L* 33 abwasschunge *GHI* eingesetzet *GHI* selbige *GHI* 34 barmhertzigkeit *GHI* wöllest *DF* diesen *EGHIL*

44, 1 diese *EGHIL* sindtflut *L* 2 angeborn *CD* 3 gesondert *GHI*

13, 44, 4| der heiligen Arca der Christenheit trocken und sicher behalten, alzeit brunstig 5| ym geist, frolich ynn hoffnung, deinem namen diene, auff das er mit allen gleubigen deyner verheissung ewigs lebens zu erlangen wirdig werde, durch Jhesum Christum unsern Herrn. Amen.

[44, 8—24]

25| Jch beschwere dich, du unreyner geyst, bei dem namen des vaters † und des sons † und des heyligen geists †, das du aus farest und weichest von disem diener Jhesu Christi .N. Amen.

[44, 27—45, 1]

45, 2| Last uns hören das heilig Euangelion S. Marcus.

Zu der zeit brachten sie kindlin zu Jhesu, das er sie solt anrüren. Aber die iunger bedraweten die so sie brachten. Da das Jhesus sahe, verdros 5| yhn und sprach zu yhn: Last die kindlin zu mir komen und weret yhn nicht, Denn solcher ist das himelreich. Warlich ich sage euch, wer nicht das reich Gottis nympt wie ein kindlin, der wird nicht hinein komen. Und er hertzet sie und leget die hende auff sie und segnet sie.

Denn lege der priester seine hende auffs kinds heubt und bete das Vater 10| unser sampt den paten nyder geknyhet.

VAter unser, der du bist ym himel, Geheiliget werde dein name, Zu kome dein reich, Dein wille geschehe, als ym himel und auff der erden. Unser teglich brod gib uns heute, Und verlas uns unsere schulde, als wir verlassen unsern schüldigern, Und nicht einfure uns ynn versuchunge, Sonder erlöse uns von dem ubel. Amen.

16| Darnach leyte man das kindlin zu der Tauffe und der priester spreche:

Der herr behüte deinen eingang und ausgang von nu an bis zu ewigen zeiten.

20| Darnach las der priester das kind durch seine paten dem teuffel absagen und spreche:

N. Entsagestu dem teuffel? Antwort: Ja. Und alle seinen wercken? Antwort: Ja. Und alle seinem wesen? Antwort: Ja. Darnach frage er: Gleubestu an Gott den almechtigen vater, schepffer himels und erden? Ant-

---

44, 4 Archa *GHI* brünstig *EL* 5 geiste *GHI* frölich *EIL* yn d' hoffnung *F* hoffnunge *GH* nhamen *L* 6 ewiges *L* 7 Jhesum *A* 25/26 *fehlen die drei Kreuze CDF* 26 Geistes *I* dieſem *I*

45, 2 heilige *I* Sanct *CDFI* 3 Zu] Jn *L* kindelin *E* kindelein *L* 4 iünger *EL* do *L* 5 yn *(das erste) L* 6 wehr *L* 7 Gottes *GHIL* kindelein *L* hertzete *GHI* 8 legete *GHI* by *CD* 9 auff des kinds *GHI* 10 nidder *G* nieder *H* gekniehet *G* geknichet *H* 11 werd *L* 14 schuldigern *CDGH* einfüre *EL* einfůre *I* versuchung *L* Sondern *GHI* 16 Dornach *(ebenso i. Folg.) L* 17 prister *L* 18 behute *CD* behuete *GH* 20 last *L* 21 sprechen *I* 24 schöpffer *GHIL* und der erden *F*

wort: Ja. Gleubestu an Ihesum Christ seinen einigen sohn, unsern herrn, [12, 45, 25
gepotn und gelitten? Antwort: Ja. Gleubestu an den heiligen geist, ein heilige Christliche kirche, gemeine der heiligen, vergebung der sunde, auffersteһung des fleischs, und nach dem tod ein ewiges leben? Antwort: Ja.

[45, 29—30]

Wiltu getaufft sein? Antwort: Ja. [31

Da neme er das kind und tauche es
ynn die tauffe und spreche:

Und ich teuffe dich ym namen des vaters und des sons und des heiligen geistes. [35

Denn sollen die paten des kindlin halten [46, 1
ynn der tauffe, und der priester
spreche, weil er das
westerhembd an zeucht:

[46, 5]

Der Almechtige Gott und vater unsers herrn Ihesu Christi, der dich [6
anderweyt geporn hat durchs wasser und den heiligen geist, und hat dir alle deine sunde vergeben, der stercke dich mit seiner gnade zum ewigen leben. Amen. Frid mit dir. Antwort: Amen. [9

[46, 10—20]

45, 25 Gen *CDGHI* 26 den] dem *CD* 27 sünde *L* 28 fleisches *GH* tode *GH* ewigs *EL* 32 nehme *L*
46, 8 sünde *HL* 9 Fride *EGHIL*

Vier tröstliche Psalmen an die Königin zu Ungarn.

1526.

Die Regensburger Einigung vom 6. Juli 1524 war nicht ohne Folgen gewesen. „In Bavaria multum regnat crux et persecutio verbi etiam non palam seminati, ita saeviunt illi porci, sed sanguis fusus suffocabit eos" schrieb Luther am 30. Oktober jenes Jahres. Ebenso bewegten ihn die Verfolgungen der Evangelischen in Österreich und in Ungarn[1]. Die feindliche Haltung des ungarischen Königs Ludwig, welcher ein Edikt über das andere gegen die Anhänger der neuen Lehre erließ[2], trat Luther dadurch noch besonders nahe, daß derselbe auch den Churfürsten Friedrich von Sachsen zu bewegen suchte, Luthers Thätigkeit „nicht mehr zu dulden und ihn in Strafe zu nehmen"[3]. Je weniger aber etwas von Erfüllung seiner ursprünglichen Zuversicht „sanguis fusus suffocabit eos" zu sehen war, desto mehr mußte Luthers dermalige Stimmung derjenigen ähnlich werden, welche ihn zunächst nach dem zu Worms von den Gegnern erzielten Triumph beherrscht hatte. Wie er damals sich Trost und Muth vor allem aus dem 37. Psalm geschöpft und durch Auslegung desselben auch seine Anhänger aufzurichten gesucht hatte[4], so erinnerte er sich auch jetzt öfter desselben. Dem Grafen Albr. von Mansfeld, welcher vor der Feindschaft gegen das Evangelium weichen zu müssen meinte, rieth er (Anfang 1525) diesen Psalm „zu Trost und Stärke zu lesen"[5]. Im Juli und Oktober desselben Jahres predigte er über denselben[6]. Welche Freude mußte es für ihn sein zu hören, daß die Gemahlin jenes Königs von Ungarn, Maria, die Schwester Ferdinands von Österreich, nicht allein evangelisch gesinnt sei, sondern auch bei ihrem Gemahl für die Evangelischen Fürsprache einlege. Wir dürfen wohl vermuthen, daß ihm diese erfreulichen Nachrichten durch Christian von Dänemark und dessen Gemahlin zukamen, welch letztere die Schwester der Maria war, und daß „die frommen Leute", welche Luther um eine Zuschrift an die Königin baten, eben jenes dänische Königspaar waren. Wissen wir doch auch,

---

1) Enders, Luthers Briefwechsel 5, 43. Die dazu gegebene Anmerkung kann irreleiten. Vgl. Wetzer und Welte, Kirchenlexikon² 2, 121. Enders S. 46 und 54. Erl.² 26, 403. 2) Isthuanffy, De rebus Hungar. lib. 7, p. 101. Archiv für Geschichte des deutschen Buchhandels V (1880), S. 61. 3) Tentzels Historischer Bericht S. 525—531. Die Antwort auf Ludwigs Ansinnen in Altenburg II, 342. 4) Unsere Ausgabe 8, 206 ff. 5) De Wette 3, 78. 6) Buchwald, Poachs Sammlung, S. XXIII.

daß Christian am 8. April 1526 den Reformator in Wittenberg predigen hörte[1]. Um so lieber willfahrte dieser jener Bitte, als er sich nicht die Gefahren verhehlen konnte, denen die am ungarischen Hofe mit ihrem Glauben isolirt stehende Königin ausgesetzt sein mußte. So griff er wieder zu jener Erklärung des 37. Psalms, um dieselbe, ein wenig nach den neuen Zeitverhältnissen geändert, neu herauszugeben, und fügte die Auslegung dreier anderer Psalmen hinzu. Der 62. Psalm sollte vor allem die Königin gegen die bösen Rathgeber und Schmeichler ihres Gemahls stärken. Der 94. und der 109. sollten besonders zeigen, daß heiliger Zorn und Gebet wider die Feinde der Wahrheit nicht der christlichen Liebe widerstreite. In dem Sinne also nannte er diese Psalmen „tröstlich", daß sie den Christen über die bittere und scheinbar siegreiche Feindschaft gegen das Evangelium und seine Anhänger trösten könnten.

Während er mit der Ausarbeitung dieses Buches beschäftigt war, erhielt er die Kunde — am 19. September schreibt er davon[2] —, daß König Ludwig Krone und Leben verloren habe. Auf diese Schlacht bei Mohacz vom 29. August, zu welcher der unglückliche König vergebens auf Hülfe aus Deutschland gehofft hatte, beziehen sich vielleicht die zwei Bemerkungen in dem letzten der vier Psalmen, wo die großen Erfolge der Türken (zu V. 12) und die Gleichgültigkeit der deutschen Fürsten gegen die Türkengefahr (zu V. 16) erwähnt werden. Der Widmung des Buches gab Luther nun einen anderen Inhalt, als er ursprünglich beabsichtigt hatte. Anstatt die Königin zu ermahnen, „frisch und fröhlich" in der Begünstigung des Evangeliums fortzufahren, suchte er dieselbe nun über den Tod ihres Gemahls zu trösten, die so nahe liegende Hinweisung auf das von diesem gegen die Evangelischen begangene schwere Unrecht und auf die Gefahr, welche dem Glauben der Königin gedroht hatte, mit Zartgefühl vermeidend.

Vollendet hat Luther diese Schrift am 1. November 1526. Denn die — zuletzt geschriebene — Widmung ist datirt vom ersten des Wintermonats, worunter Luther den November versteht, wie z. B. seine Erklärung zu Sacharja 1, 7 (s. Schriften vom Jahre 1527[3]) zeigt. Aber viel früher, nach der oben ausgesprochenen Vermuthung vielleicht schon im März, scheint er sie begonnen zu haben. Was sollte er auch anders als diese Schrift gemeint haben, wenn er am 20. April an Rühel schrieb: „Die Psalmen sind noch nicht fertig" und hiervon seine Arbeit „am Psalter" unterschied?[4] Über die Vollendung des Druckes wissen wir nur anzugeben, daß Georg Buchholzer am 8. Dezember Stephan Rodt ersucht, ihm die „trostlich-psalmen an die konigin von hungern" zu schicken[5], und daß Emser in der vom 7. Januar 1527 datirten Widmung seiner Schrift „Ein sendbrieve Martin Luthers an den Konig zu Engelland Heinrichen, bis nhamens den achten" jene Schrift Luthers als „itzt kurtz vergangen" erschienen bezeichnet.

Begreiflicherweise erregte es bei den römischen Gegnern nicht geringes Aufsehen, daß Luther die Königin Maria, des Kaisers Schwester, für eine Freundin und Begünstigerin der neuen Lehre öffentlich ausgab. Daher stellte Emser diese ihr gewidmete Schrift auf eine Linie mit den an Herzog Georg und an Heinrich VIII. gerichteten Briefen Luthers, mit denen er nach dem verunglückten Bauernaufstande

---

[1]) Buchwald, Poachs Sammlung, S. XXV. [2]) Enders 5, 393. [3]) Erl. 42, 141. [4]) De Wette 3, 104. [5]) Archiv für Geschichte des deutschen Buchhandels XVI (1893), S. 53, N. 99.

„Königen und Fursten heuchele“ und meinte: „Wölches Luther aleyn geschrieben hat, seyn alte gyfft damit zuvernawen und seyn ketzerey bey dem baldglewbenden weiblichen geschlecht zu erweytern. Wie nhu gemelte Königin Luthers geschenck entpfangen hab oder wie sie mit yhm dran sey, ist mir verborgen“. Er ertheilte auch den Rath: „Wer gemelt buchlin one schaden lesen wöll, der ker aleyn die wort umb, und was Luther auff den Babest unnd die Christlichen Hyrten unnd lerer krümpt und böget, das verstehe er von den gotlosen ketzern und falschen winkelpredigern, vor denen uns auch die Apostel getrewlich verwarnet haben; so macht er ein seyn Christlich büchlin dar aus.“

Wenn Luther in seinem Widmungsschreiben seine Freude darüber aussprach, daß nun, da das Evangelium in Ungarn nur Verfolgung habe erleiden müssen, doch die Lästerung abgeschnitten sei, jene Eroberung des Landes durch die Türken sei eine Strafe Gottes für die Annahme der Ketzerei, so irrte er sich. Herzog Georg von Sachsen erklärte in der Instruktion, welche er im Dezember 1526 seinen Gesandten für den der schleunigen Türkenhülfe wegen nach Eßlingen ausgeschriebenen Konvent mitgab, die lutherische Ketzerei sei Schuld an der Ungeneigtheit, gegen die Türken zu kämpfen[1]; ein Gedanke, welchen Cochläus in seinem Commentarius dahin wandte, man habe wegen der durch die religiösen Wirren herbeigeführten Unsicherheit im Reich nicht gewagt, dem König Ludwig Hülfe zu bringen. Im Gegensatz dazu sprach der aus Österreich vertriebene Cordatus das, was Luther aus Schonung gegen den unglücklichen Gemahl der Königin Maria nicht gesagt hatte, offen aus, daß nämlich die Verfolgung des Evangeliums solches Gericht verdient habe, in der Schrift:

„Vrsach warumb ‖ Vngern verstöret ist, Vnd ‖ ytzt Osterreich bekrieget wird. Mit an ‖ zeigung, Wie man widder den Tür- ‖ cken kriegen, Vnd das feld be- ‖ halten soll, an das kriegsvolck vn- ‖ sers Genedigsten Herren, Herr ‖ Jo. Churfürsten zu Sach ‖ ssen ꝛc. widder die ‖ Türcken. mit ‖ sampt ei- ‖ nem ge- ‖ pet. ‖ Durch Conradum Cor- ‖ datum Prediger zu Zwickaw. ‖ Psalm . ij . . . . M. D. XXIX.“ 8 Blätter in Oktav.[2]

Vgl. Köstlin II, 113. Über Ungarn und die Königin Maria das. Seite 230 und dazu die Literatur auf Seite 657. Seckendorf Lib. II, Sect. 9, § XXII. Geschichte der evangelischen Kirche in Ungarn, mit einer Einleitung von Merle d'Aubigné (Berlin 1854), S. 35 ff. Wrampelmeyer, Tagebuch von Cordatus, N. 408. Rambach in dem „historischen Vorbericht“ zu seiner Ausgabe dieser Schrift Luthers (s. unten). Zeitschrift für das Alterthum Bd. 35 (1891), S. 435 ff. Heyse's Bücherschatz, N. 1041. August Theiner, Vet. Mon. Hist. Hungar. s. illustr. (Romae 1860) II, p. 631 sqq. Horawitz, Erasmiana III, Wiener Sitzungsber. d. philos.-histor. Kl., Bd. CII, S. 784. 794.

Im Jahre 1535 ist der letzte Theil dieser Schrift, die Erklärung des 109. Psalms, in Wittenberg nochmals gedruckt worden, unter dem Titel: „Der 109. Psalm: Deus laudem. Wider den Verräter Juda und wider alle, die Judas Art an sich haben, als da sind alle Verfolger und Rotten wider Christus Wort“.

---

[1]) Seckendorf, Lib. II, Sect. 9, § XV, add. IV. Schon Seckendorf aber verweist auch darauf, daß Karl V. vielmehr den König von Frankreich für die Niederlage in Ungarn verantwortlich gemacht habe. [2]) Über die Ursache der Niederlage bei Mohacz erschienen seinerzeit noch andere Schriften, z. B. „Ein Sendbrieff, . . . warumb der Türck obgelegen hab. Antwurt durch das rechtschaffen wort Gottes“ usw. Dresden 1526.

Was mag hiezu veranlaßt haben? Herzog Georg von Sachsen hatte Evangelische um ihres Glaubens willen aus Mittweida vertrieben. Am 27. Juni 1535 schreibt Luther darüber an Anton Lauterbach, welcher ihn zu einem Trostbrief an die Verfolgten aufgefordert zu haben scheint. Er antwortet, „der unschuldigen Leute Elend und Jammer" sei ihm freilich leid genug, auch fürchte er sich nicht vor des Herzogs Zorn; doch aber möge er nicht etwas „den guten Leuten zu Trost schreiben", weil der Trostbrief, den er vor zwei Jahren an die „aus Leipzig unschuldig Verjagten" gerichtet, diesen „mehr Schaden gethan denn gefrommt" habe. In diesem Briefe erwähnt er auch, was „der Pfaff zu Halle" neuerdings gethan habe. Albrecht von Mainz hatte seinen Rentmeister Hans Schanz „plötzlich henken" lassen und zwar nach der öffentlichen Meinung ungerechterweise. Infolge dessen schrieb Luther unter dem 31. Juli an diese „kardinalische Heiligkeit", ihn auch den „kardinalischen Henker" nennend und ihm nochmals den Tod des im Jahre 1527 ermordeten Halleschen Predigers Georg Winkler vorhaltend. Er schließt diesen Brief: „Ich muß mich trösten, daß ihr zornigen Heiligen nicht alle henken werdet, die euch feind sind, . . . sondern werdet unserm Herrn Gott an seiner Kirchen den Ring an der Thür lassen und etliche leben lassen, bis der rechte Henker auch einst über euch kome". Zu diesen Vorkommnissen paßt die Wiederherausgabe jener Erklärung des 107. Psalms durchaus: Damit wurde den „zornigen Tyrannen" gedroht und den evangelischen Verfolgten Trost eingesprochen, ohne daß doch Luther sich direkt an diese zu wenden oder von ihnen persönlich zu reden brauchte. Wenn er auf dem Titel neben den „Verfolgern" auch die „Rotten wider Christi Wort" nennt, so dürfte er dabei die Wiedertäufer in Münster im Auge gehabt haben, gegen welche er in demselben Jahre eine Vorrede zu des Urb. Rhegius „Widerlegung des Münsterischen Bekenntnisses" und eine zweite zu der „neuen Zeitung aus Münster" geschrieben hatte. Auch hierin vergleicht er diese „Rottengeister" mit Judas. Wie sie ihn mit dem Papste zusammenstellten, ihn für einen „ärgeren falschen Propheten als den Papst" erklärend, so faßt er in dem Titel unserer Schrift die papistischen und die schwärmerischen Gegner des reinen Evangeliums zusammen.[1]

Ausgaben.

1. Vier tröstliche Psalmen.

A „Vier tro ‖ stliche Psalmen ‖ An die Königyn zu Hun= ‖ gern aus gelegt durch ‖ Martinum Luther ‖ Wittemberg. ‖ 15.26. ‖" Mit Titeleinfassung. 56 Blätter in Oktav, letzte Seite leer. Am Ende: „Gedrückt zu Wittemberg durch ‖ Hans Barth. 1. 5. 26. ‖ ✱ ‖".

Bei dem letzten der vier Psalmen sind die letzten acht Verse (von dem 24. an) falsch gezählt. In einigen Exemplaren ist dies bei dem 24. und 25. Verse, d. h. auf Bl. G 6ª berichtigt, so in dem der Knaakeschen Slg. und dem in Wolfenbüttel; in anderen ist auch hier noch irrthümlich gedruckt „23" und „24", so in den beiden Exemplaren der Königl. Bibliothek zu Berlin und den beiden der Hof- und Staatsbibliothek in München. Außerdem findet sich diese Ausgabe noch z. B. in Helmstedt, Kopenhagen Gr. Königl. Bibliothek, Rostock, Wien.

B „Vier trostliche ‖ Psalmen, An die Kö ‖ nigyn zu Hungern, ‖ ausgelegt dur- ‖ ch Martinum ‖ Luther. ‖ Wittemberg. ‖ 1. 5. 27. ‖" Mit Titel-

[1]) Vgl. Erl. 63, 331 ff. De Wette 4, 609 f. 614 ff.

einfassung. 56 Blätter in Oktav, letzte drei Seiten leer. Am Ende: „Gedrückt zu Wittemberg ‖ durch Joseph Klug. ‖ 1. 5. 27. ‖"

Vorhanden z. B. in Berlin, Breslau St., Dresden, Königsberg U, Kopenhagen Gr. Königl. Bibliothek.

C „Vier tröst- ‖ liche Psalmen, An ‖ die Königyn zu Hun- ‖ gern außgelegt ‖ durch ‖ Martinum Luther. ‖ Wittemberg. ‖ M. D. XXVII. ‖" Mit Titeleinfassung. 44 Blätter in Quart, letztes Blatt leer. Am Ende: „Gedruckt zu Wittemberg. ‖ Michel Lotther. ‖"

Vorhanden z. B. in Berlin, Kopenhagen Gr. Königl. Bibliothek, Wernigerode, Wolfenbüttel.

D „Vier tröstli- ‖ che Psalmen, ‖ An die Königynn ‖ zu Hungern, außgelegt ‖ durch Martinum ‖ Luther. ‖ M. D. xxvij. ‖" Mit Titeleinfassung. Titelrückseite bedruckt. 44 Blätter in Oktav, letzte 3 Seiten leer. Am Ende: „Gedrückt durch Hans Herrgot. ‖ 1 5 2 7 ‖"

Vorhanden z. B. in Heidelberg, Wernigerode, Wien, Wittenberg, Zwickau.

E „Vier tröstli- ‖ che Psalmen An die Künigyn zů ‖ Hungern, auß ‖ gelegt durch ‖ Martinum ‖ Luther. ‖ Wittemberg. ‖ 1527. ‖" Mit Titeleinfassung. Titelrückseite bedruckt. 72 Blätter in Oktav, letzte Seite leer. Schluß Bl. J 8ᵃ, Zeile 19: „melden ꝛc. ‖ ʒ ʒ ʒ ‖ ʒ ʒ ‖ ʒ ‖"

Augsburger Druck. Vorhanden z. B. in London, Marburg, München HSt.

F „Vier Trostliche ‖ Psalmen, An die Köni- ‖ gin zu Hungern, auß- ‖ gelegt durch D. ‖ Martinum ‖ Luther. ‖ ❦ ‖ Wittemberg. ‖ 1. 5. 27. ‖" Mit Titeleinfassung. 38 Blätter in Quart, letzte Seite leer. Schluß Bl. K 4, Zeile 24: „melden. ꝛc."

Vorhanden z. B. in Aschaffenburg Königl. Hofbibliothek, Berlin, London, Weimar, Wien, Wolfenbüttel.

2. Der 109. Psalm. (Sonderdrucke.)

a „Der CIX Psalm ‖ Deus laudem. ‖ Wider den Verrheter ‖ Juda. ‖ Vnd wider alle, ‖ die Judas art ‖ an sich haben, als da sind, alle ‖ Verfolger vnd Rotten, wi- ‖ der Christus wort. ‖ Ausgelegt durch ‖ D. Mart. Luth. ‖ Wittemberg. 1535. ‖" Mit Titeleinfassung. 22 Blätter in Quart, letzte Seite leer. Am Ende: „Gedruckt zu Wittemberg ‖ durch Georgen Rhaw.

Vorhanden z. B. in der Knaakeschen Slg., Berlin, Dresden, Wolfenbüttel, Zwickau.

b Titel mit Einfassung wie bei *a*. 24 Blätter in Quart, letztes Blatt leer. Am Ende: „Gedruckt zu Wittemberg ‖ durch Georgen ‖ Rhaw.

Vorhanden z. B. in der Knaakeschen Slg., Berlin, Erlangen, Wolfenbüttel.

In den Gesammtausgaben findet sich diese Schrift in Wittenberg Bd. III (1566 P. Seitz, 1581 A. Schön) Bl. 45—63; Jena Bd. III (1565 Th. Rebart) Bl. 288—314 (in anderen Auflagen soll sie Bl. 303—331 stehen); Altenburg Bd. III S. 487—515; Leipzig Bd. V S. 609—640; Walch Bd. V Sp. 1—103;

Erlangen Bd. 38 S. 369—453. Vgl. Enders 5, 402f. Separat gedruckt erschien diese Schrift mit einem nicht werthlosen „historischen Vorbericht" von J. J. Rambach in: „Lutheri säftige Erklärung einiger Trostpsalmen an die Königin Maria von Ungarn nebst einer Vorrede D. Joh. Jac. Rambach", Jena 1730 in Oktav. Die Zuschrift an die Königin Maria allein ist abgedruckt bei De Wette 3, 132—134.

A ist Urdruck, weil die einzige noch im Jahre 1526 gedruckte Ausgabe. *B* wie *C* drucken von *A* ab, ohne einander zu kennen, und suchen in sprachlicher Beziehung zu bessern. Auch *D* und *E* ruhen wahrscheinlich auf *A*. *F* dagegen ruht auf *B*. Wir geben also zu *A* die Varianten aus den Wittenberger Nachdrucken *B* und *C* und diejenigen aus den auswärtigen Nachdrucken *DEF* in gewohnter Weise.

Die sachlichen Änderungen, welche in *ab* (1535) an dem Texte vom Jahre 1526 vorgenommen wurden, sind zu gering, als daß wir dieselben nicht in Form von Varianten mittheilen dürften. Sie bestehen vor allem darin, daß der biblische Text des Psalms nach dem „deutschen Psalter" von 1531, resp. der vollständigen Bibel von 1534 gegeben wurde. Freilich wurde daneben innerhalb der Erklärungen der alte Text der einzelnen Psalmverse beibehalten, so daß nun das Erläuterte häufig anders lautet als das als zu erläuternder Vers davor Gesetzte. Sodann sind die Verweisungen auf solches, was in oder zu den drei ersten Psalmen gesagt war, getilgt, wenngleich aus Versehen nicht jedesmal. Endlich ist die Neuerung vorgenommen, daß der biblische Text nicht nur versweise vor den Erklärungen gegeben wird, sondern auch zu Anfang der Schrift im Zusammenhange. Da aber dieser Text beidemal gleichlautend ist, halten wir es für genügend, nur die versweise Mittheilung zu berücksichtigen, geben aber zu größerer Klarheit die Reihenfolge in dem Neudruck von 1535 hier an. Auf Blatt A ij ist gedruckt:

Der Hundert vnd
Neunde Psalm.
Ein Psalm Dauids, vor zu singen.
Gott mein rhum, Schweige nicht.

Denn sie haben ir Gottloses und falsches maul [Es folgt die Übersetzung des ganzen Psalms bis:] Das er im helffe von denen, die sein leben verurteilen.

Ende des Psalms, Folget die Auslegung.

[Blatt B:] DJesen Psalm hat Dauid im geist gemacht von Christo, welcher redet usw.

a ist von einem (korrigirten) Exemplar der Ausgabe *C* abgedruckt. *b* ist wohl Abdruck von *a*, da es schon ein wenig mehr von *C* abweicht. Auch aus *ab* geben wir die sprachlichen Abweichungen und berücksichtigen sie in der folgenden Übersicht über die wichtigeren sprachlichen Eigenthümlichkeiten der einzelnen Drucke.

Der Umlaut des a wird in der Regel durch e bezeichnet; in *E*, seltener in *D* auch durch á (schwárlich, táglich, hundertfáltig, náhist, láſt, thát, tháter, verachtlich, jámerlich, verráter, márlein, máchtig, mánlich, schmáhlich *E*; táglich, Bápste, ándern, nárren *D*), daneben in *E* gelegentlich auch durch ó: nóren, wóren, schwóren, erwólet, fórt, verhórtet, geschópff. Das Umlautgebiet des Urdruckes wird weniger erweitert (lesterwort *BDF*, herpffe *F*), als eingeschränkt: straffer (gegen streffer, vindicator *A*) *BDEF*, haltest *DE*, manlich *D*, lassest, last, fahet, faret, fallet, Ebraisch *E*.

Der Umlaut des au (= eu, selten ew, in *E* einmal båwme) erfährt Zuwachs nur in *F*, welches durchweg gleuben (fides) und einmal trewen (confidere) schreibt; dagegen mangelt er (entgegen *A*) in glauben (credere), glaubig *DEF* (*F* auch gleuben, gleubig), ferner in bawme (arbores), haubt *DEF*, rauffen, verkauffen *DE*, Tauffer *DF*, schaumen *E*.

Der Umlaut des o (bez. durch ö) wird abweichend von *A* eingeführt in böse, möchte (Konj. Prt.) *B—b*; eröffnen, frölich, Römer, tröften, tödten, hören, grösser, grössest, höfe, erhöhet *BCEFab*; Frösch *BCFab* (Fresch *E*), störtzen *BDEFab*; mörder *BCDF*, mörden, göttlich *BDEF*; stöst *BCF*, sölcher (meist) *B* (bisweilen) *DF*, tröstlich *BC*, plötzlich *CD*, vögel *DF*, töllen, gehörsam, ausgeröttet *C*; tödts (mortis), bischöff, götlose, sölt *D*; dört *E*, höch (altus), völck *F*. Mehrfach ist der Umlaut unterblieben, wo *A* ihn setzt: bosheit, vorig *B—b*; boshafftig, sorgen *B—F*; offentlich *EF*, anstosse (subst.) *F*, verstoret *a*. Zwischen kompt und kömpt, schon und schön, konnen und können schwanken alle Drucke (s. Lesarten).

Der Umlaut des u wird im allgemeinen durch ů ausgedrückt, in *DE* auch durch ü, in *Fab* auch durch ů (glůck, gůrtel, sůnde usw.). Über die in *A* eingehaltene Grenze der Umlautsbezeichnung hinaus gehen můgen, (vn)glůck, zůchtigen, růstunge, Můnch, kůnde, schůtten, důrffen, brůmmer Tůrcke *B—F*; důrre *C—b*, erwůrgen *BCDF*, důrfftig, schůtzen *BCDE*; zůrnen *BDEF*, gewůnnest, erlůste *BCF*; fůrchte (timeat) *BEF*, můcken (Verbum), warnůng, vertůnckelt *B*; lůst, fünff *D*; übel *DE*, über, übrig *E*; thůrst *F*, fůrcht (timet) *BDE*, schwůmme *BDF*. Hinter dieser Grenze bleiben zurück: gesund *BCDFab*, eingewurtzelt *B—F*, sunde *CFab*, gurtel *CFab*, hulffe *CDE*, Juden, entschuldigung, danckel *DEF*; funde (inveniret) *CEa*, fullen, sundigen, gottfurchtig *C*; gulden *CF*, burger, ausgeschupft *EF*; schutten *F*. — Vielfach schwankt in *A* die Umlautsbezeichnung, so hat *A* z. B. anfangs (bis etwa S. 560 unserer Ausgabe) fur und dar- war- widderumb, während später ausschließlich fůr und -ůmb steht. *B* hat fůr -ůmb, *C* fur -umb durchgeführt und auch *F* hat meist fur -umb. *DE* haben fůr (wo nicht vor eingetreten ist), aber -umb, *ab* stets fur, meist -ůmb. Für die übrigen Fälle des Schwankens sei auf die Lesarten verwiesen.

Der Umlaut des uo, gewöhnlich durch ů, in *DE* bisweilen auch durch ü (*E* schreibt auch geyebt, fieren), in *Fab* nicht selten auch durch ů bezeichnet, erscheint in reichlicherer Anwendung als in *A*: gerůcht, můssen *B—b*; berůmbt *BCDFab*, blůet, hochmůtig, gůtig, můssig *B—F*; sůssen *BEF*, růfft *CDE*, sůbbelen *BF*, frůe *DE*, fůrstenthůmb *C*. Er fehlt in mutig *BDEF*, wucherer *EFab*, guete *CF*, lugen (mendacia) *E*, fussen *C*. *A* verhält sich schwankend in fluche (malediciiones), muste (Konj.), furen, fulen, (ent)stunde, grunen, wueten neben flůche usw. (vgl. die Lesarten).

1. a wird durch o vertreten in gelegentlichen on (ab) *BF*, gethon (fast durchweg) *E* (selten) *F*, somen *E*.

2. Die neuen Diphthonge sind fast ausnahmslos durchgeführt. Vereinzeltes schrien (clamare) und blieben in *A* haben die andern Drucke in schreyen, bleiben verwandelt, anderseits haben *DEF* einmal blibe (maneat); latinisch lautet nur in *EF* lateinisch, die Verkleinerungssilbe -lin wechselt in allen Drucken mit -lein (s. Lesarten).

3. Die alten und neuen Diphthonge werden im allgemeinen nicht unterschieden, nur in *DE* ist für altes ei die Schreibung ai oder ay üblich, einzeln findet sie sich auch in *F* z. B. allain, Kayser. In *E* begegnet einmal ouch. Das aus iu hervorgegangene eu wird in *ABD* und *F* zuweilen als eü bezeichnet, doch auch mit eu vermengt (leüchtet, leüte neben teuffel, freund), *E* schreibt mehrfach eü (vereinzelt eü) dafür, doch gleichfalls ohne Konsequenz (freünd, creütz neben Teutsch), *F* schreibt neben breülgam oder leüte gelegentlich auch freüde.

4. Altes ie ist wieder hergestellt in vergiessen *BDEF*, fliehen, ziehen *EF*, wo *A* vergissen usw. schreibt, desgleichen in gienge *CDE* (ginge *A*), dagegen hat *A* es bewahrt in hielten, wo *a* hilten, sowie in verdrieslich, wo *C* verdrislich hat. *D* schreibt in der Regel niergent, *DEF* yeg(k)lich. *BDEF* yederman, gegen nyrgend, iglich, yderman *A*, während yemand *A* in *ab* als jmand erscheint. Das Dehnungs-ie in dieser, glied, schmieren, liegen, siehet usw. ist nirgends ohne starke Schwankungen durchgeführt oder vermieden, *C* läßt es in schierm, *b* in vergiessten eindringen.

5. Altes uo wirkt in *DEF* noch in der Schreibung ů vielfach nach, die aber in *F* bisweilen auch für den Umlaut des u gebraucht wird (s. oben). *E* schreibt zweimal zwů für zwo.

6. Für o tritt u ein in sun *DE*, kummen *DF* (auch *A*), Sunne, Nunne, genum̃en, sunder (neben sonder), besunder, sunderhayt, sunderlich *D*; antwurtet, gewunnen, sun, trutz(en) *E*. Anderseits erscheint gunst und furt *A* als gonst *F*, fort, *BF*. In *F* wird zweimal künig, in *EF* einmal künigin geschrieben.

7. Die Längenbezeichnung der Vokale durch Dehnungs-h oder Doppelschreibung (bei e) ist vielfach aufgegeben, öfters auch gegen *A* neu eingeführt und folgt keiner festen Regel. Bei jhm, jhn, jhnen, jhr, haben *DEF* meist, *ab* immer das h fallen lassen, während anderseits *F* mit Vorliebe ehr (Pron.) und ihn (Präp.) schreibt. Zuweilen tauscht das h die Stelle: gemalh *A*, gemahl *BF*, gemahel *DE*, wo es also in seiner geschichtlichen Berechtigung theilweise nicht mehr verstanden wurde.

8. Das i in Endsilben erscheint nicht eben häufig: zweimal in Gottis *A*, je einmal in offinbar *A* und in obirkeyt *AB*, ferner in ubir, empfindist, legist *A*, wo die übrigen Drucke e schreiben; in Superlativen ist es zuweilen gegen *A* eingeführt: gnedigist *DF*, nehist, grössist, höhist *BF*, nähist (neben nehest) *E*. In königyn hat *C* die Endung einmal zu -en abgeschwächt.

9. Das e der Endsilben wird besonders in *DEF* im Auslaut gern abgeworfen, dagegen innerhalb der Flexionsendungen von allen Drucken gegen *A* nicht selten geschützt: Gottes, mondes, herren, schreibet, gecreutziget usw. gegen Gots usw. (s. Lesarten).

10. In geen und steen hat *EF*, in wee hat *F* das h in der Regel aufgegeben; *F* schreibt einmal gesen (visus).

Konsonanten. *DE* schreiben durchweg teútsch, verteútschen, *E* hat einmal trucken f. drucken und trewen f. drewen, *F* türfftig f. dürfftig und tunckt f. dunckt. vnder lautet in *BCD* vnter, hynder in *B* hynter. Dagegen wird wieder verterben *A* zu verderben *DEF*, tichtet zu dichtet *DE*, tunckel, thürstig zu dunckel, dürstig *D*, thand zu dant *E*, thar zu dar *F*. Die in *A* zuweilen begegnende Schreibung von p für b im Anlaut (gepot, gepotten, pusch, prachte) erscheint ebenso vereinzelt in *BCE*, häufiger in *D* (verpeut, gepet, preyt, gepeyn) und *F* (poßheyt, plut, gepot, pleyben, pan, pley), während *E* das p in hept, gehapt, lieplich, leiplich bevorzugt, anderseits aber bochen f. pochen setzt. *E* schreibt auch kuck f. guck, bache f. backe, *DEF* vergengklich, wegk, *F* einmal ynbendig f. ynnwendig. Anfügung eines t ist in *CDE* häufiger: dannocht, dennocht, nocht, anderst. vater > vatter (stets) *F*, (zuweilen) *E*; *E* bevorzugt auch betten und gebett vor beten, gebet. Rein orthographisch ist letzt > letst *E* und das > dz *DE(F)*; was > wz *DE*.

Vor- und Ableitungssilben. *D* schreibt einmal geleych und zweimal beleyb, während *C* in der Regel gnug, gneigt und *F* einmal gwalt hat. Für zu-, das in *A* mit zur- wechselt, schreibt *E* immer, *D* zuweilen zer-; abe- erscheint in *DE* als ab-. In allen Drucken wechselt -t(h)um mit -t(h)umb; -nis lautet in *DE* -nüß oder -nuß.

Flexion. Abwerfungen des flexivischen s und n (z. B. des gemahel *F*, vbeltheter als Dat. Plur. *C*) sind aus den Lesarten zu ersehen. Bemerkenswerth sind Sonnen, namen *A* gegen Sonne *BF*, name *ab*, die Schwankung zwischen der same und der samen in allen Drucken, ferner der Plural Aposteln, mit dem *b* allein steht. Für hatte schreiben *DE* gern hette, für sind hat *E* in der Regel seind. An einer Stelle hat *E* das alte Präteritum was.

Wortformen: nur > nür *C*, arbeyt > erbeyt *BF*, hirschafft > herrschafft, hülffe > hilffe *EF*, Senger > Singer *DE*, lawe > löwe *D*, lewe *F*, laye *E*; breútgam > breutegam *D*, breutigam *E*; — frömkeit > frümkait, Behemen > Böhemen, trewme > tröme, hofediener > hofdiener, kreye > kräe, vermügen > vermögen *E*. — frum > from *DE* (bisweilen auch in *A* und den übrigen), weiniger > weniger *B—b* (in *E* auch weiniger), irste > erste *BCDF*, gottfürchtig > gottförchtig *E*; — leichtlich > leüchtlich, beide > bede, vollend > volland *F*. — zörnen > zürnen *BDEF* (auch *A*), wollen > wöllen *BDEF* (*F* auch wellen), woltestu > wöltestu *D*, wolstu *F*; befelche > befilche, störtzen > stürtzen *BEF*; römpffen > rümpffen *Dab*, erbeyten > arbeyten, sticken > stecken *DE*, kumpt > kömpt *B* (auch *A*), kompt *EF* (auch *A*); konnen > künnen *BD*, künden *EF*; worden (Part.) > wurden *D*, warden *E*; — lehnen > laynen, jauchtzen > juchtzen, portzeln > purtzeln, erwurgen > erworgen, verteydingen > verthedingen, selen > sälen *E*; — blieben (Part.) > bleyben, heúcheln > heycheln, außgerot > außgereut *F*, furchten > forchten *D*; — worffen > wurffen *D*, warffen *E*; störbe > stürbe *F*, storbe *E*. — wilch, selten welch *A* > wilch *BF*, welch *CDEab*; wider > weder *DEab*, entweder > eintweder, denn > dann *DEF*, wo > wa (stets) *E* (über da > do; do > da s. Lesa.); fůr > vor *DE* (oft s. Lesa.), furhanden > verhanden *C* (bisweilen), brauß > darauß *E*.

růge > růw *E*, harffe > harpffe *DEF*, sensse > seges (mhd. segense) *E*, leibelich > leiberlich *b*. — knirsen > knirschen *BDEF*, außsteudern > außsteuben *Cab*; verdamnen > verdammen *EF*; zipple > zipffle *C*; schlahen > schlagen, hengen > hencken *E*. — scharff > scharpff, ferne > ferre *E*; deste > dester *DE*, dazu > darzu *BDEF*, dadurch > dardurch *DF*; erab, erunter, erauß > herab usw., erfůr > herfůr, herfor *DE*; hieaus > hieraus (hyraus *BF*) *BCDEF*, nu > nun *DE*, nicht > nit (stets) *E*, (oft) *DF*; sondern > sonder (sunder *D*) *DE* (auch *A*), itzt > yetzt *DEF*, selbst > selbs *BEFb*.

zwyfechtig > zweyfeltig *D*, fodbern > fürdern *DE*, fordern *F* (auch *E*); sint > seind *D*, seyt *E*; schlipffern > schlieffern, hernacher > hernach *E*.

öberkeit > öbrigkeit *EF*, pilger > pilgerim *C*, juncker > junckherre *EF* (dagegen Pfarher > Pfarrer *DE*); gegenander > gegen einander *DE*, förder > fort, hynfurt > hynfůr *E*.

schrecklich > erschrecklich *E*, ansehen > angesehen *BE*; gangen, füllen, brauchen > ergangen, erfüllen, gebrauchen *BF*; vertilgen > austilgen *ab*, verhindern > hindern *C*, dencken > gedencken *CD*, rechtschaffen > rechtgeschaffen, bergen > verbergen *D*; lassen > verlassen, dempffen > verdempffen *F*.

Wortersatz: arbeit > güter *ab*, lippen > lefftzen *E*, mutwillen > willen *F*. — schlecht > recht *BF*, vleissig > seer *ab*. — walden > wandeln *BF*, verkůndigen > weissagen, thun > beweisen *ab*, thurst (Part.) > důrffen *DE*, erretten > ernören, beugen > biegen *E*, bestetigen > befestigen *F*. — wenn > weil (= so lange als) *D*, nirgend > niendert *E*, hin und her > hin und wider *F*.

Der durhleuchtigisten hochgebornen frawen, frawen Mariae, geborne konigyn zu Hispanien rc., konigyn zu Hungern und Behemen rc., meiner gnedigsten frawen.

GNad und trost von Gott unserm vater und Herrn Jhesu Christo. Gnedigste fraw konigyn, ich hatte mir furgenomen durch frumer leute angeben, E. K. M. diese vier Psalmen zu zuschreiben zur vermanung, das E. K. M. solte frisch und frolich anhalten, das heylige Gotts wort ynn Hungernland zufoddern, weyl mir die gute mehr zukamen, das E. K. M. dem Euangelio geneigt were und doch durch die gotlosen Bisschove (wilche ynn Hungern mechtig und fast das meiste drynnen haben sollen) seer verhindert und abgewendet wurde, also das sie auch etlich unschuldig blut haben vergissen lassen[1] und grewlich widder die warheit Gottis getobet. Aber nu sich ynn des leider die sache durch Gottes gewalt und versehung also gekeret hat, das der Turcke diesen jamer und elend hat angericht und das edle junge blut König Ludwig, E. K. M. liebes gemalh, nyddergeschlagen, hat sich mein furnemen auch mussen umbkeren. Hetten nu die Bisschove das Euangelion lassen gehen, so muste itzt alle welt vol geschreyes seyn, das solcher fal uber Hungern land komen were der Lutherischen ketzerey halben. Wilch eyn lestern solt da worden seyn? Wem sie nu wollen die schuld geben, mugen sie zusehen. Gott hats, als ich sehe, verweret, das solch lestern keine ursache entstunde.

Röm. 15, 4 Wie dem allen, weil S. Paulus schreibt zun Romern, das die heilige schrifft sey eine trostliche schrifft und lere uns gedult, So hab ich dennoch

1 durchleuchtigisten *BC* 2 Maria *BF* Marie *DE* künigin *EF* 3 königyn *BD* königen *C* künigin *F* Böhemen *E* 4 gnedigisten *F* 5 Herren *E* 6 Gnedigiste *DF* heilte *E* 7 fürgenomen *BE* fürgenumen *D* fromer *BF* 8 veramung *D* 9 fröhlich *BCDEF* 10 Gottes *BDF* Hungerland *BCDF* züfürdern *DE* 11 were *BF* 12 gneigt *C* 13 Bischoffe *BDF* mächtig *E* 14 gehindert *C* 15 würde *BF* unschüldig *B* 15/16 vergiessen *BDEF* 16 Gottes *BCDEF* 18 Türcke *BDEF* 19 gemahl *BF* gemahel *DE* 19/20 fürnemen *BE* 20 müssen *BCDEF* nun *DE* Bischoffe *DF* 21 gern *E* müste *BDEF* yetzt *DE* sölcher *B* über *E* 22 kummen *D* Welch *CDE* lesteren *E* 23 wöllen *BDEF* mügen *BCDEF* 24 hatt es *E* syhe *E* solchem *BF* kain *E* entstünde *BEF* 25 weil *fehlt BF* Sant *BF* schreibet *BF* Römern *BCDEF* 26 ain *EF* tröstliche *BC* dannocht *D* dennocht *E*

[1]) *Damit werden der zu Ofen verbrannte „Buchführer" aus Budapest, den Luther Georg, Cordatus aber Johannes [Crusa?] nennt, und ein zu Prag verbrannter Mönch gemeint sein. Vgl. Erl.² 26, 403 und Enders 5, 54.*

fort gefaren und die selbigen Psalmen lassen ausgehen, E. K. M. zu trosten (So viel Gott uns trostet und gibt) ynn diesem grossen, plotzlichen ungluck und elende, damit der almechtige gott E. K. M. zu dieser zeit heymsucht, nicht aus zorn odder ungnaden, als wir billich sollen hoffen, sonder zu zuchtigen und zu versuchen, auff das E. K. M. lerne trawen allein auff den rechten vater, der ym hymel ist, und sich trosten des rechten breutgames Jhesu Christi, der auch unser bruder, ja unser fleisch und blut ist, und sich ergetzen mit den rechten freunden und trewen gesellen, den lieben engeln, die umb uns sind und unser pflegen. Denn wie wol es E. K. M. ein bitterer, schwerer tod ist und billich sein sol, so frue eine widwe und des lieben gemalhs beraubt zu werden, so wird doch widderumb die schrifft, sonderlich die Psalmen, E. K. M. da gegen viel guts trosts geben und den sussen, lieblichen vater und son gar reichlich zeigen, darynn das gewisse und ewiges leben verborgen ligt. Und furwar, welchem es da mag hinkomen, das er des vaters liebe gegen uns yn der schrifft kan sehen und fulen, der kan auch leichtlich ertragen alle das ungluck, das auff erden sein mag. Widderumb: Wer die selbige nicht fulet, der kan auch nicht recht frolich sein, wenn er gleich ynn aller welt wolust und freuden schwumme. Es kan ja keinem menschen solch gros unfal widderfaren, als Gott dem vater selbs widderfaren ist, das man sein liebstes kind fur alle seine wunder und wolthat zu letzt verspeyt, verflucht und des aller schendlichsten tods am creutz todtet; wie wol eim iglichen sein ungluck das grossest dunckt und mehr zu hertzen denn Christus creutz, wenn er gleich zehen creutze hette erlitten. Das macht, wir sind nicht so starck von gedult, als gott ist, drumb thun uns geringer creutze mehr wehe denn Christus creutze. Aber der vater der barmhertzickeit und Gott alles trostes wolte E. K. M. trosten ynn seinem son Jhesu Christo durch seinen heyligen geist, da sie dieses elendes bald vergesse odder doch menlichen tragen kunde, Amen. Zu Wittemberg am irsten des Winter monds 1526.

E. K. M.

Williger diener
Martinus Luther.

---

1 trösten *(ebenso i. Folg.) BCDEF* 2 plötzlichen *CD* unglück *BCDEF* 3 almechtig *F* 4 sondern *BC* sunder *D* züchtigen *BCDEF* 5 alleine *C* 6 brewtegames *D* Breutigams *E* 8 seind *E* 9 Dass *D* bitter *F* 10 frűe *DE* gemahls *B* gemahels *DE* gemahel *F* 12 trostes *D* süssen *BEF* suessen *D* sun *DE* 14 fürwar *BDE* wilchem *BF* 15 fülen *BDEF* leüchtlich *F* alles *F* 16 unglück *BDEF* Widderümb *B* nit *F* fület *BDEF* 17 nit *F* frölich *BCDEF* thu *F* wollust *BDF* 19 schwümme *BF* 21 tödts *D* tödtet *BCDEF* yeglichen *DEF* unglück *BCDEF* 22 grössest *BDEF* dünckt *B* 23 creütz *F* 24 darümb *B* darumb *EF* thuen *BF* dass *DF* 26 das *BF* 27 menlichen *D* künde *BCDEF* 27/28 Zu *bis* 1526 *fehlt E* Wittenberg *D* 28 ersten *BCDF* mondes *BF* 31 Martnus *B*

Der sieben und dreyssigst psalm, zu trosten die jenigen, so ungedultig sind, das die gotlosen ubels thun und doch so lange ungestrafft ynn grossem gluck bleyben.

Ps. 37, 1 ERzürne dich nicht uber dem bösen, Sey nicht neidisch uber den ubelthettern.

Wie gleych zu greyfft und trifft der Prophet des hertzen gedancken ynn diser anfechtung und hebt auff alle ursach der selben und spricht zum ersten: O mensch, du bist zornig, hast auch ursach, als dich dunckt; denn es sind böse menschen und thun unrecht und viel ubels, und gehet yhn dennoch wol, das die natur achtet redlich ursach des zorns hie sein. Aber nicht also, liebes kind, las gnade und nicht natur hie regiern, brich den zorn und stille dich ein kleyne zeyt, las sie ubel thun, las yhn wol gehen; höre mich, es sol dir nicht schaden. So spricht denn der mensch: ya, wenn wirds denn auff hören? wer mag die lenge halten? Antworttet er:

Ps. 37, 2 2 Denn wie das gras werden sie bald abgehawen werden, und wie das grüne kraut werden sie verwelcken.

Ein fein gleichnis ist das, schrecklich den gleyssnern und tröstlich den leydenden. Wie fein hebt er uns aus unserm gesicht und setzt uns fur Gottes gesicht. Fur unserm gesicht grünet, bluet und mehret sich der gleysner hauff und bedeckt alle welt gantz, das sie allein etwas scheinen, wie das grüne gras die erden deckt und schmuckt.

Aber fur Gottes gesicht, was sind sie? Hew, das man schier machen soll, und yhe höher das gras wechst, yhe neher yhm die senssen und hew gablen sind. Also yhe höher, weiter die bössen grunen und oben schweben, yhe neher yhr unterligen ist. Warumb woltestu denn zornen, so yhr bosheit und gluck so ein kurtz wesen ist. So sprichstu denn: was sol ich dieweyl thun? woran sol ich mich halten, bis das solchs geschehe? Höre zu grosse verheissunge:

Ps. 37, 3 3 Hoffe auff den HERRN und thu guts, bleybe ym lande und neere dich ym glawben.

---

1 XXXVII. *E* ungedültig *BC* 2 übels *E* thuen *(ebenso i. Folg.) BF* 3 glück *BCDE* 4 den *BCF* 5 ubeltheter *C* übelthäter *G* 7 dieser *BC* 8 dünckt *B* 9 übels *E* 10 achtet *zweimal F* hie] da *BF* 11 regieren *BF* zoren *E* 12 übel *E* inen *D* solle *D* 14 Antwurtet *E* 17 feyne *D* erschrecklich *E* 19 Vor *E* grunet *CE* blüet *BCDEF* 21 schmückt *B* schmücket *F* 22 vor *E* Gots *F* 23 ym *C* seges *E* 24 gabeln *D* grünen *BDF* 25 wölltestu *D* wolstu *F* zürnen *BDEF* 26 glück *BDE* unglück *F* 27 waran *BEF* solches *E* 29 HERRN *BCF* Herren *E* und *fehlt BF* 30 nëre *E*

Da nympt er alle ungedultige gedancken gantz dahin und setzt das hertz zu ruge, als solt er sagen: liebes kind, las dein ungedult und fluche oder wundsche yhm nichts böses. Es sind menschliche und böse gedancken. Setze dein hoffnung auff Gott, warte, was er draus machen wil, gehe du fur dich; las umb niemants willen, gutes zu thun, wie du angefangen hast, wo und welchen du magest, und gib nicht böses umb böses sondern guts umb böses.

So du aber auch dechtest, du woltest flihen und an ein ander ort zihen, das du yhr los wurdest und von yhn kemest: Auch nicht also; bleib ym lande, wone wo du bist, wechsel odder wandel umb yhrent willen nicht deine wonung odder land. Sondern neere dich ym glawben, treyb deine arbeit und handel wie vorhin; hindern odder beschedigen sie dich und geben dir ursach zu flihen, so las faren, bleib ym glauben und zweiffel nicht, Gott wird dich nicht lassen. Thu nur das deine, erbeite und neere dich und las yhn walden.

Solt nicht auff hören, dich zu neeren; ob sie dich an einem stuck hindern, got, so du hoffest, gibt dirs am andern ort, wie er Abraham, Isaac und Jacob thet, die auch also versucht worden.

4 Hab deine lust am HERRN, der wird dir geben, was dein Ps. 37, 4
hertze wundscht.

Das ist: las dichs nicht verdriessen, das Gott sie so lest wolfaren; las dir solchen seinen willen wol gefallen, so vergeht dir die unlust uber der gottlosen gluck; ja erluste dich drinnen als ynn dem aller besten und Gottlichen willen; sihe, so hastu diese tröstliche zusagung: Er wird dir geben alles, was dein hertz begeret; was wiltu mher haben? Sihe nur zu, das du an stat des verdrieses, so du von yhnen erschepffest, ubest diese lust und volgefallen ynn Gottlichem willen, so werden sie dir nicht allein kein schaden thun, sondern dein hertz wird auch vol frids seyn und frolich warten diser zusagung Gottis.

5 Befelh dem Herren deine wege und hoffe auff yhn, er Ps. 37, 5
wirds wol machen.

Nicht das du mussig soltest gehen, sondern deine wege, werck, wort und wandel, den befelh Gott; kere dich an sie nicht. Denn es mus nicht got also befolhen werden, das wir nichts thun; Sondern was wir thun, obs von den gleisnern versprochen, versmecht, gelestert odder verhindert wird, sol man drumb

1 ungedültige *B* 2 rüwe *E* flüche *DE* 3 wündsche *BEF* 4 darauß *E* 5 lasse *D* niemands *BDF* nymandts *E* guts *BF* 6 wilchen *BF* magst *D* nit *F* 7 fliehen *EF* andern *B* ziehen *EF* 8 würdest *B* ihm *F* nit *F* bleyb *D* 9 deyn *D* 10 dein *E* erbeyt *B* 11 ursache *D* fliehen *E* 13 arbeyte *D* wandeln *BF* walten *DE* 14 stück *BD* 15 an eim andern *E* 16 wurden *D* warden *E* 17 läst *D* HERRN *BCF* Herren *E* 18 hertz *C* wündscht *BDE* 20 sölchen *B* vergehet *BDF* 21 glück *BCDEF* erlüste *BCF* Götlichen *BDEF* 23 hertze *B* mehr *BC* an die statt *E* 24 verdriesses *BEF* verdriessens *D* übest *D* yebest *E* wolgefallen *BCD* 25 Götlichem *BDEF* keinen *F* 26 frides *BF* frölich *BCDEF* dieser *BC* Gottes *BCDEF* 27 Befilh *B* Befilch *EF* 28 mol *B* 29 müssig *BCDEF* 30 befilh *BD* befilch *F* 32 versproschen *A* verschmecht *BCDEF*

nicht weych werden noch ablassen, Sondern ymmer fort faren und sie lassen yhren mutwillen haben, Gott die sache befelhen, der wirds wol machen auff beyden seitten, was recht ist.

Ps. 37, 6 6 Und wird deine gerechtickeit erfur bringen wie das liecht Und deyn recht wie den mittag.

Dis ist die grosseste sorge der weichlingen, das sie verdrossen werden uber die gottlosen, das yhre bosheit so scheinet und wol gehalten wird. Denn sie sorgen, yhr sache werde verdruckt und verfinstert, weyl sie sehen der widder part wüten so hoch faren und oben schweben. Darumb trost er und spricht: Las sein, liebes kind, das sie dich, dein sache mit wolcken und platz regen verdrucken und ym ansehen fur der welt gar zu nichte machen und ynn finsternis begraben, yhr sach empor schwebe und leuchte wie die Sonne: Befilhestu Got deinen handel, hoffest und wartest auff yhn, so sey gewis, dein recht und gerechtickeit wird nicht ym finstern bleiben. Sie mus erfur und yderman so offentlich bekand werden als der helle mittag, das alle die zu schanden werden, die dich verdruckt und vertunckelt haben. Es ist nur umbs warten zu thun, das du Got ynn solchem furnehmen durch dein zurnen, unmut, verdriessen nicht hinderst. Drumb vermanet er aber eyn mal:

Ps. 37, 7 7 Halt dem HERRN still und las yhn mit dir machen. Erzürne dich nicht uber dem man, dem es wol gehet und thut nach seynem mutwillen.

Als solt er sagen: Es wil dich verdriessen, das du ynn rechter sachen ungluck empfindist, und ihenen ynn bosheit wol gehet und wil nicht, wie du gerne woltest, von staten gehen, und sihest doch, das dem unrechten nach allem seynem mutwillen gehet, das ein sprichwort hieaus geflossen ist: yhe grosser schalck, yhe besser gluck[1]. Aber sey weise, liebes kind, las dich das nicht bewegen, halt auff Gott; deines hertzen begird wird auch kommen gar reichlich. Es ist aber noch nicht zeyt. Es mus des schalcks gluck vergehen und seine zeyt haben, bis fur uber kumpt; ynn des mustu Gott befelhen, ynn yhm dich erlusten, seinen willen dir gefallen lassen, auff das du seinen willen ynn dir und ynn deinem feinde nicht hinderst, wie die thun, die nicht auffhoren zu

4 erfür *B* herfür *DE* lieht *B* 5 rechte *C* 6 Das *F* grössiste *BF* grössestu *CDE* sorg *F* 8 werden *F* verdrückt *BF* 10 deine *BF* 11 verdrücken *B* vor *DE* ym *C* 12 Sunne *D* 13 Befihlestu *BD* 14 erfür *BF* herfür *DE* 15 yederman *BDEF* 16 verdrückt *BF* verdunckelt *D* ist] wird *BF* 17 sölchem *BF* fürnehmen *B* furnemen *CF* fürnemen *DE* zürnen *BDEF* 18 Darūb *E* 19 HERRN *BC* Herren *EF* 20 über *DE* den *BF* 23 unglück *BCDEF* empfindest *BCDEF* 24 allen *F* 25 mitwillen *B*] willen *F* hyraus *BF* hieraus *CDE* grösser *BCDEF* 26 glück *BDEF* 28 glück *BCDEF* sein *D* 29 über *DE* kömpt *B* kompt *EF* mustu es Got *BF* 30 erlüsten *BCF* 31 auffhören *BCDEF*

[1]) *Wander Bd. IV, Sp. 82, N. 78.*

wueten, sie haben denn yhr ding entwedder mit dem kopff hyn durch odder zu drummern bracht.

Er braucht hie ein fein Ebreisch wort: Sile et formare ei, Schweig und mach dich schiekerlich[1]; gleych wie eine frucht ynn mutter leyb sich Gott machen lest, also bistu ynn diesem fal auch ynn Gott empfangen, und er wil dich machen zu rechter gestalt, so du stil heltest.

8 **Stehe ab vom zorn und las den grim. Erzürne dich nicht,** Ps. 37, 8
das du auch ubel thůst

Sihe, wie vleissig warnet er, das wir ya nicht böses mit bösem vergelten noch den bösen folgen umb ihres glucks willen, wie die natur pflegt zu treiben. Und was hilfft solcher zorn? Es macht die sache nicht besser, ya furet sie nur tieffer ynn den schlam. Und obs schon auffs aller beste geriete, das du oben legist und gewunnest, was hastu gewunnen? Gott hastu verhindert, damit sein gnade und gunst verloren, und den bösen ubelthettern bistu gleich worden und wirst gleych mit yhnen verterben, wie folget:

9 **Denn die bösen werden aus gerottet. Die aber des HERRN** Ps. 37, 9
harren, werden das land erben.

Es hilfft dich nicht, das du nicht angefangen hast odder gereytzet seyest. Denn es ist ein schlecht frey urteil: wer ubel thut, gereitzt odder ungereitzet, der wird aus gerot werden. Das sihet man auch fur augen ynn aller welt ynn allen geschichten.

Aber wer auff Gott wartet, der bleibt, das neben yhm untergehet der ubelthetter; wer nur so lange harren kund! Die bösen menschen sind so gar reiff, das sie niemmant vertreibet; so mugen sie sich selbs nicht enthalten, sie richten ein mutwillig ungluck an uber yhren hals, das sie zusehens vertilget. Denn das reiff gras mus hew werden, und solts an yhm selbs auff dem stam verdorren. Es ist ein böse mensch niemant so untreglich und verderblich als yhm selbs; das sehen wir an den mordern, dieben, tyrannen und der gleichen exempel.

10 **Es ist noch umb ein kleyns, so ist der gottlose nymmer;** Ps. 37, 10
So wirstu auff seine stet achten, und er wird nicht da sein.

Das verkleret, was droben[2] gesagt ist, das sie sind wie das gras, das schnel abgehawen wird, da mit unser ungedult gestillet werde, wilche sich furcht,

---

1 wüeten *BDF* wüten *E* eintweder *DEF* 2 drümmern *BCDEF* 3 Hebraisch *E* 4 schickerlich *CDEF* 5 bist *C* 6 haltest *DE* 8 übel *DE* thust *BCDF* 9 ya fehlt *F* 10 glücks *BCDE* nater *D* 11 sölcher *B* sach *EF* 12 füret *BDEF* schön *BF* 13 legest *BCDEF* gewünnest *BCF* 14 gonst *F* übelthettern *E* 16 verderben *DEF* 19 übel *E* 20 wird frey außgerrut *F* werden *A* vor *E* 22 untergeht *D* 23 übelthetter *E* nur *A* nür *C* künd *BCEF* künde *D* 24 mügen *BCDEF* 25 unglück *BCDEF* 26 Dann *E* an] von *F* 27 böser *CDF* böß *E* 28 mördern *BCDF* 29 exempeln *D* 33 fürcht *BDE*

[1]) *d. i. etwa: sei fügsam, vgl. Grimm, Wörterbuch 8, 2637 unter* schickerlich. [2]) *vgl. oben S. 554, 15 ff.*

die gotlosen bleiben zu lange. Mochtest aber sagen: Ja, ich sehe wol, das die unrechten gemeinicklich lang bleiben, auch mit ehren zum grabe komen.

Antwort: das geschicht gewisslich darumb, das der ander teil sich nicht nach dissem Psalm gehalten hat, Sondern die sache mit zorn, wueten, grimmen, klagen und schrien verhindert und verderbet hat. Darumb, weil niemant da ist gewesen, der sein sach Gott befolhen hette und seines willens gewartet, so ist das urteil des nehisten vorigen vers uber beide teil gangen und sind vertilget alle sampt, die do ubel than haben. Were aber ein teil zu Gott bekeret, so were doch das ander teil gewisslich und eilend allein unter gangen, wie dieser vers sagt.

Drumb sehen wir itzt disses Psalmen exempel ynn der welt nicht. Denn eyn iglicher lest Gott faren durch ungedult und understehet sich, mit rechten odder fechten zu schutzen; damit wird Gott an solchem werck verhindert, das dieser Psalm von yhm preysset.

Ps. 37, 11 11 Aber die elenden werden das land erben und lusthaben ynn grossem fride.

Dis bestettiget auch, das droben[1] ist gesagt, wie die gerechten bleyben nach dem verterben der ubelthetter. Nicht das sie ewig auff erden bleyben, sondern das yhr sache zum ende und friden mit ehren kumpt auch auff erden; Wilchen fride sie mit leyden und gedult und ynnerlichem fride verdienet haben.

Ps. 37, 12 12 Der gotlose drewet dem gerechten und beysset seyne zeene zu samen ubir yhn.

Das ist aber zu trost den weychlingen gesagt, die der gottlosen toben nicht wollen leyden und verdreust, das sie Gott nicht bald strafft und so wol dazu gehen lest. Ich nenne 'impium' 'eyn gotlosen'; denn es heysset egentlich den, der auff Gott nicht trawet noch glewbt, der aus yhm selbs und seynen freyen willen noch ynn der natur lebt; als denn sonderlich sind die gleysner, die gelerten und scheynende heyligen, als zu unsern zeyten sind Bapst, bischoff, pfaffen, munich, doctores und des gleychen volcks, wilch von natur mussen wueten widder das heylig Euangelium, als wir sehen, das sie auch weydlich thun. Aber was hilfft sie yhr wueten und toben? Hör was da folget:

---

1 pleyben *F* Möchtestu *BF* Möchtest *DE* sihe *E* 2 gemeyniglich *BF* gemeinklich *E* 4 diessem *BC* wüeten *BDF* wüten *E* 5 schreyen *BCDEF* 6 seine *BF* 7 nehesten *C* bede *F* 8 da *BE* übel *E* thon *E* 11 sehen *fehlt F* dieses *BC* ynn *A* 12 unterstehet *BCD* 13 schützen *BCDE* sölchem *BF* 14 preyset *CDE* 16 friede *B* 17 bestetigt *C* das] was *E* 18 verderben *EF* übelthäter *E* 19 sach *E* frieden *B* kömpt *B* kompt *EF* 20 friede *beidemal BF* 22 aber *BCDF* über *E* 24 wöllen *BDEF* 25 darzu *BEF* eygentlich *BCDF* aygentlich *E* 26 glaubt *DEF* seinem *BF* 27 freyen] frieden *F* 28 Bäpst *D* bischöff *D* 29 Münche *BF* Münch *DE* wilche *B* müssen *BDEF* 30 wüeten *BDF* wüten *E* Euangelion *BD* Ewangelion *F* 31 wüeten *BDF* wüten *CE* und *fehlt F* Höre *BF*

[1]) vgl. *S.* 557, 22 *ff.*

13 Aber der HERR lachet seyn. Denn er sihet, das seyn Ps. 37, 13
tag kompt.

Wie mocht uns eyn stercker trost geben werden, das die wuetende feinde der gerechten alle yhre macht und bosheit fur wenden, meynen mit gantzen ernst den gerechten (das ist den gleubigen und Gott) mit zeenen zu treffen, und Gott sie so gar veracht, das er yhr lacht? Darumb das er ansihet, wie kurtz sie wueten werden und yhr tag nicht ferne ist. Nicht das gott wie ein mensch lache, sondern das es lecherlich ist anzusehen ynn der warheyt, das die tollen menschen so fast wueten und gros ding furnemen, des sie nicht ein harbreyt mugen ausrichten. Gleych als ein lecherlicher narr were, der ein langen spies und kurtzen degen nehme und wolt die Sonnen von hymel erab stechen und jauchzet ein mal drauff, als hett er ein redlichen stich than.

14 Die gottlosen zihen das schwerd aus und spannen yhren Ps. 37, 14
bogen, das sie fellen den elenden und armen und schlachten die,
so auffrichtig gehen ym wege.

Schwerd und bogen heissen hie die vergifftigen bösen zungen, da mit sie lestern, schmehen, verkeren, verklagen und schenden die sache des gerechten, auff das die frumen ynn has, verfolgung und zum todt mochten da durch komen und vertilget werden.

Also spricht Psalm. 34. 'Der menschen kind zungen sind waffen und Ps. 57, 5 (56 11 B.)
pfeyle, und yhr zungen ist ein scharffs schwerd'; damit hawen sie nach dem gerechten, ob sie yhn fellen mochten und schlachten, das ist, nicht alleine todten sondern nach yhrem muttwillen ynn yhm mülen und sudbelen.

Er nennet auch die gerechten 'den geringen und armen', Darumb das sie fur dem grossen hochmuttigen schwulst und blasen der gottlosen veracht und geringe sind. Aber was richten sie aus? Höre:

15 Aber yhr schwerd wird ynn yhr hertz gehen und yhr Ps. 37, 15
bogen wird zubrechen.

Das ist: yhr böse wort mussen sie widder fressen und ewiglich dran erwurgen, das yhr gewissen, ym sterben damit durch stochen, ewiglich wird gepeiniget. Dazu der bogen wird zubrechen, das alles vergeben ist und sie nichts ausrichten mit alle yhrem wueten, denn das sie yhn selbs solch ungluck zu richten ewiglich, das arm elend volck. Darumb sol sich yhres hassens

---

1 HERRE *BF* HERR *CE* 2 kömet *BF* kumpt *D* 3 möcht *BCDEF* uns *fehlt BF* wüetende (*ebenso i. Folg.*) *BDF* wueten *C* wütende (*ebenso i. Folg.*) *E* 4 gantzem *BDF* 5 glaubigen *DEF* zerreyssen *E* 7 by *E* 9 töllen *C* fürnemen *BDE* 10 mügen *BCDEF* lecherlich *C* 11 neme *BEF* Sonne *BF* vom *D* 12 iauchezt *BF* juchzet *E* hette *E* redlich *F* thon *E* 13 ziehē *E* 18 frumen *BF* tod *BC* möchten *BDEF* 20 spricht der 34. Psalm *BF* 21 scharpffs *E* 22 möchten *BDEF* alleyn *DEF* tödten *BDEF* 23 mutwillen *B* südbelen *BF* sudeln *D* sudelen *E* 25 vor *E* hochmütigen *BCDEF* 26 gering *D* 29 müssen *BCDEF* 30 erwürgen *BCDF* erworgen *E* 31 Dazu *BEF* werd *F* zerbrochen *E* zubrochen *F* 32 yhm *BF* sölch *B* 32/33 unglück *BCDE* 33 arme *C*

und schendens niemant entsetzen. Es mus also sein, das sie yhn selbs das bad ynn der helle wol beretten, wiewol die natur solch schwer lasterwort ungern leidet. Doch der geist, nach diesem Psalm gericht, lachet yhr mit Gott und siehet auff yhr ende.

Ps. 37, 16 16 **Es ist besser das wenige des gerechten denn das gros gut vieler gottlosen.**

Das ist auch verdrieslich der natur, das die gottlosen reich sind und yhr viel und mechtig, aber der gerecht ist arm und alleine, hat auch wenig, und sie nemen yhm dazu das seine, yhndern yhn auch an narunge. Darümb tröst der heilige geist sein liebes kind und spricht: Las dichs nicht verdriessen, das du wenig, sie viel haben, las sie hie reich und sat seyn. Es ist dir besser, das du ein wenig habest mit Gottes gunst, denn ob du grosse hauffen güter nicht allein eines sondern vieler und aller gottlosen hettest mit Gottes ungunst, wie sie haben. Auch höre, was für ein urteil gehet uber dein armut und yhren reichtumb:

Ps. 37, 17 17 **Denn der arm der gottlosen wird zubrechen. Aber der HERR enthelt die gerechten.**

Der arm odder hand sind der anhang der gottlosen, das yhr viel zu sammen halten, und da durch sind sie gros, mechtig und starck, gleich wie yzt des Bapst arm sind die Könige, Fürsten, Bischoff, Gelerte, Pfaffen und Munche, auff wilchs er sich verlesset und Gott nicht achtet.

Also hat ein yglicher gottlose den hauffen, die geweltigen, auff seiner seiten. Denn reichtum und gewalt hat noch nie odder gar wenig auff des gerechten seitten gestanden. Aber was hilffts? Trawe nur Got, es mus alles zubrochen werden, darffst dich darob nicht entsetzen noch dich verdriessen lassen. Gott enthelt dich, du wirst nicht versincken, sein arm und seine hand ist uber dir und hat dich fest gefasset.

Ps. 37, 18 18 **Der HERR kennet die tage der frommen, und yhr erbe wird ewiglich blieben.**

Gott erkennet yhre tage, yhr gelegenheit, das ist: dieweil sie yhm frey
gleuben und nicht wissen wollen, wenn und wie yhn zu helffen sey, So
nympt sich yhr Gott an; und obs für den gottlosen scheinet, als hab yhr
Gott vergessen, so ists doch nicht also. Gott weys wol, wenn yhr zeit ist,
Ps. 9, 10 yhn zu helffen, wie auch Psalm. 9. 'Gott ist ein helffer zur rechter zeit', und
Ps. 31, 16 Psal. 31. 'Meine zeit stehet ynn deinen henden'. Als solt er sagen: Sie
sind arm und wenig, ihene sind reich und mechtig. Aber las gehen, sie werden

2 wol *fehlt* F sölch B lesterwort BDF 3 vngeren EF 4 sihet BEF 7 verdrißlich C 8 allein BDF 9 darzu BEF an der narunge D 10 dich F 12 gonst F 13 Gottes B vngonst F 14 fur E 20 Bapsts BEF Bischoffe BF Bischöff D Gelerten BF 21 Münche BCEF Münch D 22 yeglicher F gewältigen E 25 zerbrochen E 29 bleiben B—F 31 glauben DE 32 vor DE 33 weyst E 35 Mein E 36 reich und *fehlt* F

dennoch genug haben und keine not leiden. Gott weys wol, wenn es zeit ist, yhn zu helffen und radten, wilchem sie auch trawen on eygen hülffe und radsuchen.

Dazu wird yhr erbe seyn ewig, nicht allein ynn ihener welt sondern auch ynn dieser welt. Denn sie werden und müssen ymmer genug haben, ob sie wol nicht uberflüssig vorrad haben wie die gottlosen. Gott ist yhr vorrad und korn boden, weinkeller und alle yhr gut. Darümb auch folget:

19 Sie werden nicht zu schanden ynn der bösen zeit, und ynn Ps. 37, 19
der theurung werden sie genug haben.

Wenn krieg odder theure zeit kömpt, so werden die alle zu schanden, die yhren trost haben auff yhre kornböden und weinkeller odder gut gestellet; denn es ist bald verschlungen und umbbracht. So stehen sie denn ubel und mit schanden, die zuvor so mütig und stoltz gewesen sind. Aber die gerechten, weil Gott yhr trost und vorrad ist, mügen nicht mangel haben. Es müsten ehe alle Engel von hymel komen und sie speisen; denn der vorrad lesset sie nicht manglen, dem sie trawen, widder zeitlich noch ewiglich. Wie aber die gottlosen? Höre zu.

20 Denn die gottlosen werden umb komen und die feinde Ps. 37, 20
des HERRN, wenn sie gleich sind wie eine köstliche awe, werden sie doch alle werden, wie der rauch alle wird.

Das ist yhe nahe geredt und verechtlich geurteylt die grossen, mechtigen, reichen jundern. Er spricht: Ob sie gleich weren die aller reichest, köstlichste awe, da ubrig genug ynnen wüchse, wie sie denn auch sind. — Denn sie haben genug, sie sind die 'gülbene, reiche awe' ynn der welt. — Dennoch mussen sie untergehen, ja vergehen und alle werden wie der rauch. Wo sind sie, die zuvor gewesen und gros gut gehabt? Es ist yhr keiner ynn gedechnis. Aber die gerechten sind ynn guter gedechtnis und ynn allen ehren.

Darümb, liebes kind, las sie reych seyn, wie sie wollen, sihe auffs end, so wirstu finden, wie alles yhr ding ein rauch ist, darümb das sie Gottes feinde sind und yhm die seinen hassen und verfolgen. Da zu las dich das auch trösten, das er sie nennet Gottes feinde, so doch bisher sie nur deine feinde genennet sind, Auff das du wissest, wie sich Gott dein also annympt, das deine feinde seine feinde sind.

21 Der gottlose borget und zalet nicht, der gerechte aber ist Ps. 37, 21
barmhertzig und mild.

Das ist aber ein tröstlicher unterscheyd der güter, das der gottlosen

---

1 gnug *C* seyn *DE* wayst *E* wenn] weil *D* 3 hilffe *E* 4 Darzů *E* 7 auch *E* 10 kompt *CEF* 13 mutig *BDEF* 14 müsten *B* 15 lasset *E* 16 mangeln *BCDF* weder *DE* 19 Herren *E* ein *F* 21 gered *C* verächtlich *E* unrechtlich *F* geurteylet *F* 23 übrig *E* gnug *C* 24 gnug *C* gulbene *C* müssen *BCDEF* 26 gehapt *E* gedechtnis *BCDF* gedechtnuß *E* 26/27 Aber *bis* gedechtnis *fehlt F* 28 wöllen *BEF* 29 findest *F* 30 Darzů *DE* 32 sein *E* 34 nich *A*

güter nicht allein vergenglich sind und ein ende haben, sondern auch böse güter sind und verdamlich, darümb das sie nur auff hauffen gesamlet und nicht den durfftigen mit geteylt werden, wilchs widder die natur der güter ist.

Aber der gerechten gut hat nicht allein kein ende, darümb das er Gott trawet und sein gut von yhm wartet, sondern ist auch ein recht nützlich gut, das andern wird mitgeteylet und nicht auff ein hauffen gesamlet. Also hat er genug on allen zeitlichen vorrad und gibt auch andern genug. Das heyst ein recht gut. Hastu nicht viel, so ists doch Göttlich und nützlich. Die gottlosen haben viel, aber unchristlich und unnützlich.

Das er aber sagt 'Der gottlose borget', ist nicht zuverstehen, das die reichen von den menschen gut entlehnen, sondern es ist gesagt ynn einer gleichnis und sprichwort. Gleich als der da viel borget und nicht zalet, strebt darnach, das er nicht lang wil ym gut sitzen: Also alle reichen und gottlosen empfahen viel von Gott, samlen und borgen von yhm und zalen yhn doch nicht, das sie den dürfftigen austeyleten, dazu es yhn geben wird. Derhalben wird yhr gut ein böses end nemen und wie der rauch vergehen. Das dis die meinung sey, beweiset, das er sie gegenander helt, den gottlosen und gerechten; der einer gibt, der ander nicht, und empfangen doch beyde von Gott.

Darümb ist des gottlosen empfahen vergleicht dem borgen und nicht bezalen. Aber des gerechten gut ist nicht borgen noch schuld, sondern frey von Gott empfangen und nützlich gebraucht yhm und seinem nehisten.

Ps. 37, 22 22 **Denn seine gesegneten erben das land, aber seine verfluchten werden ausgerottet.**

Sihe da, Er nennet die gottlosen reichen Gottes vermaledeyeten und die gleubigen Gottes gebenedeyeten, auff das dich ja nichts verdriesse noch deinem glauben hyndere yhr gros gut und dein armut. Was wiltu mehr? Ist das nicht trosts genug zur gedult? Hastu nicht uberflüssig, wie sie haben, so wirstu dennoch genug haben und das land besitzen.

Nicht das du ein herr der welt seyest, sondern du wirst gutes genug haben auff erden und ym lande wonen mit gutem fride. Denn Got gebenedeyet dich zeitlich und ewiglich, darümb das du yhm trawest, ob du wol von den gottlosen vermaledeyet und beschedigt wirst. Widderümb die gottlosen reichen, ob sie ytzt ein zeit lang uberflüssig haben, so werden sie doch verterben und

1 vergenglich *DE* 3 dürfftigen *BCDEF* 4 gütter *E* 6 gütt *E* 7 mitgetaylt *E* 8 gnug *beidemal C* 11 götlose *D* 12 es *fehlt F* 13 nit *D* 14 lange *C* wil lang *D* 15 samlem *A* 16 dürfftigen *F* darzu *DE* jnen *D* 18 gegennander *BF* gegen einander *DE* 19 empfahen *E* 21 nicht *fehlt D* 23 nehesten *CD* nähisten *E* 26 da *fehlt BF* vermaledeyten *D* 27 glaubigen *DE* gebenedeyten *D* deinen *DF* 28 glauben *F* das] da *F* 29 gnug *CD* 30 gnug *C* 31 güts *D* gnug *C* 34 beschediget *DF* 35 so *fehlt F* verderben *DEF*

nicht ym land und gut bleiben sitzen. Sie werden gewislich aus geschüpft[1], und ein ander dreyn gesetzt, Darümb das sie Gott vermaledeyet und yhn entzeucht seine gnade zeitlich und ewiglich. Denn sie gleuben nicht an yhn, ob sie wol von menschen gebenedeyet und begabt werden. Darümb, wo die gerechten sind, da haben sie genug auff erden und bleiben ym gut sitzen. Widderümb die gottlosen werden ausgewürtzelt, wo sie sitzen ynn gütern. Das beweisen alle Fürstenthumb, Reych und grosse güter, die wir sehen, wie sie hyn und her faren von einem geschlecht zum andern.

Sihe, so hastu das urteyl uber die zeitlichen güter, das kürtzlich beschlossen ist, der gerechte mus genug haben und der ungerechte verderben, darümb das der gerechte Gott trawet und der güter wol braucht. Der gottlose trawet nicht und braucht yhr nicht wol.

Also lesen wir, das Abraham und Lot reich waren und gerne herbergeten 1. Mose 13 ff.
die pilger, Darümb, ob sie wol kein eygen land und vorradt hatten, dennoch blieben sie ym lande sitzen und hatten genug.

23 Von Gott werden des mans genge gefoddert, und hat Ps. 37, 23
lust an seinem wege.

Sihe da aber mal trost. Nicht allein wirstu zeitlich guts genug haben, sondern alles was du thuest, dein gantzes leben und wandel, auch gegen die gottlosen, wird schleunig seyn und fortgehen, Darümb das du Gott trawest und yhm dich und deine sache ergibst, ynn gantz deinem leben yhm gelassen stehest. Damit machstu, das er gefallen, lust und gleich ein begird hat, deinen weg und wandel zu foddern.

Aber da gegen fichtet nu, das solcher Gotgefelliger weg nicht gefoddert, ja verhindert und verworffen wird von den gottlosen; das verdreust denn die natur. Darümb mus man sich hie trösten, das Gott gefellet und von yhm gefoddert wird unser wesen, nicht ansehen die hyndernis und verwerffung der gottlosen.

24 Fellet er, so wird er nicht weg geworffen. Denn der Ps. 37, 24
HERR erhelt yhn bey seiner hand.

Das 'fallen' möcht verstanden werden, das der gerechte zu weylen sündigt, aber stehet widder auff, wie Salomon sagt. Aber das lassen wir ytzt faren Spr. 24, 16
und bleiben auff der ban, das fallen hie heisse so viel, als ob er ein mal unterlige und die gottlosen obliegen, als David, da er von Saul und Ab-

1 außgeschupfft *EF* 2 vermaladeyet *F* 3 glauben *E* nit *D* 4 begabt] gelobt *B* gelobet *F* 5 do *F* gnug *C* 6 Widderumb *CDE* Widerum *F* außgewurtzelt *CDE* 7 Fürstenthůmb *C* 10 gerecht *D* gnug *C* verderbens *BF* 11 gerecht *D* 13 leesen *E* 14 pilgerim *C* vorrad *C* hetten *DE* 15 hetten *DE* gnug *C* 16 gefodert *E* gefordert *F* 18 gnug *C* 19 thůst *DE* 21 sach *D* 22 magstu *E* dein *F* 23 fodern *D* fürdern *E* fordern *F* 24 gefodert *D* gefürdert *E* gefordert *F* 27 gefodert *D* gefordert *EF* angesehen *DE* 29 Fallet *E* 31 sundigt *C* 32 aber] und *BF* 33 pan *F* 34 obligen *BCDF* oblegen *E* do *D*

[1]) *d. i. hinausgestoßen.*

salom gejagt ward, und Christus, da er gecreuzigt ward. Den solchs sallen weret nicht lang; Gott lest yhn nicht ligen und weg geworffen seyn sondern ergreifft seine hand, richt yhn widder auff, das er mus bestehen.

Damit tröstet der geist und antworttet den heymlichen gedancken, die yemand möchte haben, und bey yhm selbs sagen: Ja, ich habe dennoch etwan gesehen, das der gerechte hat müssen unterligen, und ist seine sache gar ynn die aschen gefallen für den gottlosen. Ja, spricht er, liebes kind, las das auch sein. Er falle, aber er wird dennoch nicht so ligen bleiben und verworffen sein. Er mus widder auff, ob schön alle welt dran verzweiffelt habe; denn Got erwischet yhn bey der hand und hebt yhn widder auff.

Ps. 37, 25 25 Ich bin jung gewesen und alt worden und hab noch nie gesehen den gerechten verlassen odder seinen samen nach brod gehen.

Sihe, da setzt er zu mehrer sicherung sein eygen erfarung, und ist auch war, die teglich erfarung gibts, und müssen bekennen alle menschen, das es also sey. Wird aber yemand verlassen, das er brod suchen mus, so ists gewis, das es yhm am glauben gebrochen hat, darümb er auch recht und billich verlassen ist.

Aber dis brod suchen odder nach brod gehen mus man verstehen also, das er nicht hunger leide odder hungers sterbe, ob er wol arm ist und wenig zuvor hat. Er wird gewislich erneeret, ob er nicht ubrigs hat bis auff den andern tag. Gibt yhm einer nicht, so gibt yhm der ander. Es mus seine narung gewislich komen, wie wol die sündigen, die yhm nicht geben und helffen.

Luc. 16 [19], 19 ff. Denn der arme Lasarus Luce. 17., ob yhm der reiche man nichts gab, ist er dennoch erneeret worden, obs wol mit armut zu gieng. Armut nympt Gott nicht von seinen heiligen, aber er lest sie nicht untergehen noch verterben.

Ps. 37, 26 26 Teglich ist er barmhertzig und leihet, und sein same wird gesegenet sein.

Das ist von dem habenden gerechten gesagt; ob er also sey, das er kinder habe, so derselb schön austeilet, gibt und leihet teglich, dennoch wird er und sein kind genug haben. Denn die benedeyung ist, das sie werden genug haben hie und dort, gar keinen mangel leiden an leibs narung und der seelen heyl, obs wol zu weilen nicht uberig ist.

Also haben wir, wie Gott die gleubigen handelt ynn zeitlicher narung und yhren sachen, das wir ja sicher seyn ynn beyden stücken, Er werd uns

1 do *D* gecreuzigt *C* 3 läßt *E* 5 etwann *D* 7 war *E* 9 schon *DEF* daran *E* 10 erwischt *F* hebt *E* 13 gesen *F* somen *E* 15 täglich *DE* 17 gleuben *F* 21 nichts *C* uberigs *D* übrigs *E* 22 Gibt *bis* so *fehlt BF* 23 sundigen *C* 25 16. *C* 27 laßt *E* verderben *DEF* 28 same *E* 29 gesegnet *D* 31 schon *DEF* außteylt *D* teglich *fehlt F* 31/32 und sein kind *fehlt D* 32 seine *F* gnug *(beidemal) C* 33 dort *E* keinem *B* 34 überig *E* 35 glaubigen *DE* 36 stucken *EF* wird *Kustos in A; C*

nicht verlassen, und werden dazu genug haben an der narung. Und also gehet es auch gewislich, so wir gleuben und uns der gottlosen glück nicht verdriessen noch bewegen lassen. Darümb widderholet und schleust er aber mal und spricht:

27 **Las vom bösen und thue gutts und bleibe ymmer dar.** Ps. 37, 27

Als solt er sagen: las Gott sorgen, thue nur du was gut ist, und las dich nichts bewegen, böses zu thuen. Bleib nur, wie du bist, ymmer dar und las gehen, was da gehet, wie auch S. Peter sagt: 'Werfft auff yhn alle ewer 1. Petri 5, 7 sorge, denn er tregt sorge uber uns'; Und Psal. 54. 'Wirff all dein anligen Ps. 55, 23 auff Gott, und er wird dich wol beschicken odder besorgen und nicht lassen ewiglich bewegen.

28 **Denn der Herr hat das recht lieb und verlest seine heiligen** Ps. 37, 28 **nicht, ewiglich werden sie bewaret; aber der gotlosen samen wird ausgerottet.**

Darffst nicht sorgen, das dein recht untergehe; es ist nicht müglich. Denn Gott hat recht lieb, darümb mus es erhalten und die gerechten nicht verlassen werden. Wenn er ein abgott were, der unrecht lieb hette odder dem rechten feind were wie die gottlosen menschen, so hettestu ursache zu sorgen und dich zu fürchten.

Aber nu du weyst, das er das recht lieb hat, Was sorgestu? Was fürchtestu? Was zweyffelstu? Ewiglich, nicht allein zeitlich, werden seine heiligen erhalten und die gottlosen mit kind und allem dem yhren ausgerottet. Die heiligen alhie heyssen nicht die ym hymel sind, von wilchen die schrifft selten redet, Sondern gemeyniglich von denen, die auff erden leben, die da gleuben ynn Gott und durch den selben glauben Gottes gnad und geist haben, davon sie heilig genennet werden, als wir alle sind, so wir gleuben warhafftig.

29 **Die gerechten erben das land und bleiben ewiglich drynnen.** Ps. 37, 29

Das ist, wie droben[1] gesagt ist: Sie haben genug auff erden, durffens nirgend denn bey Gott gewarten, wo sie wonen ynn der welt. Denn Gott lest sie nicht. Lest er sie aber, so sind sie gewislich unrecht und gottlos, on glauben und trawe ynn Gott. Und also ist das beschlossen, das wir nur gut thuen und bleiben auff der ban und ym lande, lassen yhn sorgen und machen. Nu folgt, was die sache sey des gerechten, darob solchs wesen sich erhebt zwischen yhnen und den gottlosen.

---

1 darzů *DE* gnug *C* 2 glauben *DE* 5 thů *E* gutes *BF* 6 sorgen *BCDE* sagen *F* thů *D* du] das *F* 9 sorge *BCDEF* sorge *BCD* sorg *EF* 55. *C* 10 besorgen *BCDEF* 13 somen *E* 15 Darffest *F* sorgen *BCDEF* 17 abe gott *BF* 18 sorgen *BCDEF* 19 furchten *C* 20 rechte *D* sorgestu *BCDEF* 21 furchtestu *C* 23 jrem *D* 25 glauben *DE* denselben gleuben *F* 26 sind *B* glauben *DE* 28 ist *fehlt F* gnug *C* dürffens *BCDEF* 29 niendert *E* 31 gleuben *F* trawen *BCF* 32 thue *D* thůen *E* sorgen *BCDEF* 33 solchs *B* 34 erhept *E*

[1]) *vgl. oben S. 564, 11 ff.*

Ps. 37, 30 30 **Der mund des gerechten gehet mit weisheit umb, und seine zunge redet vom gericht.**

Darüber hebt sich der habder. Die gottlosen wollen die Göttliche weisheit und recht nicht hören, verfolgen, verdamnen und lestern es für narrheit und unrecht, und gehet den selben schelcken eine weile wol drob. Das verdreust denn und bewegt natürlich den gerechten, und werden da durch gereyhet zum bösen und widdergelten odder ungedult.

Darümb leret sie dieser Psalm still halten und ymmer fort faren, ymmer leren, tichten und reden solche weisheit und recht, Gotte die sache befelhen, ihene lassen beissen, wüeten, zeene knirsen, lestern, schlahen, schwerd blösen, bogen spannen, sich heuffen und stercken ꝛc., wie gesagt ist. Denn Got wirds wol machen, so wir sein nur gewarten und ymmer auff der ban bleiben und umb yhrent willen nicht auffhören odder nachlassen guts zuthuen. Es mus doch zu letzt das urteyl dieses verses bleiben und kund werden wie der helle mittag, das der gerechte hab recht und weislich geredt, die gotlosen sind narren und unrecht gewesen.

Ps. 37, 31 31 **Das gesetz seines Gottes ist ynn seinem hertzen. Seine trit gleitten nicht.**

Darümb redet er recht und tichtet weisheit, das Gottes gesetz nicht ynn dem buch, nicht ynn den ohren, nicht auff der zungen, sondern ynn seinem hertzen ist. Gottes gesetz mag niemand recht verstehen, es sey yhm denn ym hertzen, das ers lieb habe und lebe darnach, wilchs thut der glaub ynn Gott. Darümb, ob die gottlosen wol viel wort machen von Gott und seinem gesetze, rhümen sich der schrifft lerer und erfarne, so reden sie doch nymmer recht noch weislich; denn sie habens nicht ym hertzen, darümb verstehen sie sein nicht. Es betreugt sie der scheyn, das sie die wort und schrifft füren und drob wüeten und verfolgen die gerechten.

Item des gerechten trit schlipffern nicht sondern gehen gewis frey einher ynn gutem gewissen, darümb das er der sach gewis ist und mag nicht verfüret werden durch menschen gesetz und nebenleren. Aber die gottlosen fallen und schlipffern allzeit hyn und her, haben keinen gewissen trit; Darümb das sie Gottes gesetz ausser dem glauben nicht recht verstehen. Und also faren sie hyn und her, wie sie yhr dünckel füret odder menschen gesetz leret, ytzt dis, ytzt ihenes werck, ytzt leret man sie sonst, ytzt so, und schlipffern hyn, wo man sie hyn füret mit der nasen, ein blinder den andern. Darümb, wie sie nicht recht verstehen, so wandeln sie auch nicht recht. Noch wüeten sie umb

---

2 zungen *E* 3 Darumb *F* hebt *E* der] dir *F* hader *DEF* 4 verdammen *C* verdamen *F* 5 ain weyl *E* ein weile *F* 6 dardurch *D* 9 richten *E* Got *D* sach *D* 10 wueten *C* wüten *DE* zeen *E* knirschen *BDEF* 13 yhren *C* zuthun *BEF* 14 letst *E* 15 hat *D* gerrd *C* 19 richtet *F* 19/20 ym bauch *F* 22 gleub *F* 24 erfarnen *BF* 26 furen *C* wüten *CDE* 29 verfuret *C* 31 schliefferu *E* her] wider *F* 32 gleuben *F* 33 bunckel *DEF* furet *C* 35 furet *C* 36 wüten *CDE*

solch yhr schlipfferig lere und leben widder die gewisse lere und leben der gerechten, wollen yhe yhr ding allein bestetigen.

32 Der gottlose sihet auff den gerechten und gedencket yhn Ps. 37, 32
zu tödten.

Es verdreust yhn und kans nicht leiden, das man seine lere und leben strafft als ein unrecht, unweislich wesen; darümb dencket er nicht mehr, denn wie er seine sache befestige. Nu kan er für dem gerechten nicht, wilcher lest sein unrecht nicht ungestrafft. Darümb treibt yhn sein falsches wesen dahyn, das er des gerechten los wird, yhn umbbringe, damit sein wesen recht und ungestrafft bleibe. Wie der Bapst und die seinen allzeit und noch thuen, die wir wol sehen, das sie Gottes gesetz auch schier nicht ynn den büchern haben, schweig denn ym hertzen. Noch wollen sie die seyn, die da weisheit richten und recht leren, wüeten und rasen drüber wie die tollen hunde, on auff hören.

33 Aber der HERR lest yhn nicht ynn seinen henden und Ps. 37, 33
verdampt yhn nicht, wenn er verurteylet wird.

Gott lest den Gerechten wol ynn yhr hand komen, er verlesset yhn aber nicht drynnen. Sie mügen yhn nicht dempffen, wenn sie yhn gleich tödten; dazu hilfft yhr urteyl nicht, ob sie gleich rhümen, sie thun es an Gottes stat und ynn Gottes namen; denn Gott richtet das gegen urteyl. Das sehen wir auch zu unsern zeiten. Der Bapst mit den seinen haben Johannem Huss verdampt; noch hilfft sie kein verdammen, kein schreyen, kein plerren, kein wüeten, kein toben, kein bulle, kein bley, kein sigel, kein bann; er ist erfor blieben allzeit, Da kein Bischoff, kein Universitet, kein König, kein Fürst etwas widder vermocht, wilchs noch nie von keinem Ketzer gehort ist. Der einige todte man, der unschüldige Abel, macht den lebendigen Kain, den Bapst mit allem seinem anhang, zu Ketzern, abtrynnigen, mördern, Gottes lestern, solten sie sich drob zu reissen und bersten.

34 Harre auff den HERRN und beware seinen weg, so wird Ps. 37, 34
er dich erhöhen, das du das land erbest; wenn die gottlosen aus
gerottet werden, wirstu sehen.

Aber mal vermanet er, auff Gott zu trawen und guttes thuen, darümb das die ungebrochene blöde natur sich schwerlich ergibt und auff Got erweget, das sie gewarte, das sie nyrgend sihet noch empfindet; und sich des eusere, das sie sichtiglich empfindet.

Nu ist auch genugsam gesagt, wie die besitzung des landes zuverstehen sey, nemlich, Das ein gerechter bleibt und genug hat auch auff erden, dazu

---

2 wöllen *BDEF* befestigen *F* 6 denckt *F* 7 vor *E* laßt *E* 10 thün *E* 13 wüten *CDE* 14 laßt *E* 15 verurteylt *D* 16 laßt *E* land *C* verlasset *E* 18 darzü *DE* dazu *F* thuen *B* 20 seinen *B* 22 wüten *CDE* pley *F* herfor *DE* erfür *F* 24 gehört *CDE* 25 unschüdige *B* vnschuldige *DE* vnschuldig *F* 27 darob *E* zerreyssen *E* 28 Herrey *E* 31 thun *CDE* 32 schwärlich *E* 33 niergent *D* niendert *E* 35 gnugsam *CD* genug *F* 36 nemblich *F* beleybt *D* darzü *DE*

wo er zu wenig hat zeitlich, hat er deste mehr geistlich, wie Christus leret (Matth. 19, 29) und spricht: 'Wer einerley verlesset, der sol es hundertfeltig widder haben auff dieser welt und dazu das ewige leben'. Wie wol ich nicht widderfechte, das sölchs 'erben besitzen' mocht verstanden werden nicht von einem iglichen gerechten ynn sonderheit, sondern von dem hauffen und der gemeyne, ob wol villeicht etliche zeitlich vertilget werden, dennoch zu letzt yhr same und lere oben bleibt; wie die Christen ynn der welt blieben sind und nie vergangen, ob yhr wol viel von den Heyden zeitlich gemartert und vertilget werden, wie (Ps. 112, 1f.) Psalm .111. auch sagt: 'Selig ist der man, der Gott fürcht und an seinen gepotten lust hat. Sein same wird regieren auff erden, und das geschlecht der gerechten wird vermehret werden' ꝛc.

Doch, wie gesagt, uber das alles hat ein yglicher auch für sich selbs genug, und Got gibt yhm auch was er darff und bittet; und wo ers nicht gibt, da ist gewislich der gerecht so willig, das ers nicht haben wil von Gott und weeret Got, das ers yhm nicht gebe; so gar eins ist er mit Gott, das er hat und nicht hat, wie er nur wil für Gott, wie (Ps. 145, 19) Psalm .144. sagt: 'Gott thut den willen der die yhn fürchten und erhöret yhr bitten und hilfft yhnen'.

Das er hie sagt: 'Du wirsts sehen, wenn die gottlosen aus gerottet werden', ist nicht von einem schlechten sehen gesagt, sondern nach dem brauch der schrifft heysset es sehen nach seinem willen odder das er lengest gerne gesehen hette, wie wir auff deudsch sagen: 'das wolt ich gerne sehen'. Auff die (Ps. 54, 9) weise sagt Psalm .53. 'Du hast mich aus allem ubel erlöst, und meine augen haben gesehen meine feinde', das ist: Ich hab meinen willen an yhn gesehen, das ich erlöst und sie vertilget sind. (Ps. 112, 8) Item Psal. 111. 'Der gerechte wird nicht bewegt werden, bis das er sehe seine feinde'. (Ps. 91, 8) Item Psalm .90. 'Du wirst mit deinen augen sehen, und die straffe der gottlosen wirstu schawen.'

(Ps. 35, 21) Widderümb von den feinden sagt Psalm. 34. 'Sie haben yhren mund weit auff gethan und gesagt: Ey ja, Ey ja, unser augen haben gesehen', das ist: er ligt darnider, es ist geschehen, das wir lengest gerne gesehen hetten. (Micha 4, 11) So auch Micheas: 'Aspiciat in Zion oculus noster: O, das unser auge sehen möchte ynn Zion', das ist: O das Zion uber ginge, das wir gerne sehen. Also hie auch: du wirst sehen, was du gerne gesehen hettest, wenn die gottlosen aus gerottet werden. Diese weise zu reden ist fast gemeyn ynn der schrifft.

(Ps. 37, 35) **35 Ich sahe einen gottlosen mechtig und eingewürtzelt wie einen grünenden lorber bawm.**

---

1 wa *E* bester *DE* 2 verlasset *E* hundertfältig *E* 3 darzů *DE* ewig *F* leben *B* 4 solchs *CDEF* möcht *BCDEF* 6 letst *E* some *E* 7 bleyben *F* 9 furcht *C* fürchtet *D* 10 gebotten *DE* some *E* 13 gnug *C* 14 ists *D* 15 weret *C* wöret *E* 16 vor *E* 145. *C* 19 wirst *D* 21 gern *F* 22 Teůtsch *DE* 23 54. *C* 25 112. *C* 26 91. *C* 27 starffe *A* 28 35. *C* 29 weit fehlt *F* auffgethon *EF* 30 lengst *F* 32 möchten *C* gienge *CDE* 34 ausgerottet *C* 35 sihe *E* eingewurtzelt *BCDEF* 36 ein *C* grünender *ADE* grünenden *B* grünenden *F*

Hie setzt er die ander erfarung zu einem exempel und zeichen vom gottlosen. Droben[1] hat er eine erfarung gesagt von dem gerechten, das er noch nie keinen hab sehen verlassen. Hie sagt er eine erfarung vom widderteyl, von dem gotlosen, wie der vergangen sey, und spricht: Er war reich, mechtig, gros, das sich yderman fur yhm furchte, und was er sagt, thet, lies, das war gesagt, gethan, gelassen. Denn ein solchen bedeut das Ebreisch wörtlein 'Ariz', das ich hab verdeudscht 'mechtig'. Das bedeut auch, das er dazu thut. Er brüstet sich und war fürbrechtich[2], thet sich erfür, war etwas sonderlich für allen, macht sich breyt und hoch. Gleich wie ein Lorberbawm für andern bewmen allzeit grunet und etwas sonderlich pranget für allen, sonderlich fur den zambewmen odder garten bewmen; Ist auch nicht ein schlechter pusch odder nidriger bawm; des man auch warten und pflegen mus, wilchs man den wilden bewmen und Cedern nicht thuet: Also mus man auff diesen gottlosen junckern auch sehen und sprechen: 'Gnediger herr', 'lieber juncker'.

36 Da man für ubergieng, sihe, da war er dahyn. Ich fraget Ps. 37, 36
nach yhm, da ward er nyrgend funden.

Solch exempel hat David an dem Saul, Achitophel, Absalom und der gleichen wol gesehen, wilche mechtig waren ynn yhrem gottlosen wesen, Und ehe man sich umbsahe, waren sie dahyn, das man fragen und sagen möcht: Wo sind sie hyn? Ists nicht war? Zu unsern zeiten ist der Bapst Julius auch ein man gewesen. Wilch ein 'Ariz' und grewlicher herr war das? Ist er aber nicht verschwunden, ehe man sich versach? Wo ist er nu? Wo ist sein trotzen und prachten? Also sollen wir nur still halten. Sie werden alle also verschwinden, die yhtzt wüeten und wollen den hymel zurstören und felss umb stossen. Last uns nur schweigen ein wenig und für uber gehen, wir werden uns schier umbsehen und yhrer keinen sehen, so wir nur Gott trawen.

37 Beware die frömkeit und schaw, was auffrichtig ist. Denn Ps. 37, 37
zu letzt wird der selbe fride haben.

Das ist so viel gesagt als Paulus Tit. 2. Sey nur rechtschaffen ym Tit. 2, 7
einfeltigen glauben zu Gott und wandel auffrichtig und redlich, darauff sihe allein und richte dich darein; las gottlosen gottlosen seyn. Sihe, so wirstu zu letzt fride haben und wird dir wol gehen. Die Ebreische sprache hat die

1 exempl *E* 4 vom dem *A* mächtig *E* 5 vor *E* fürchte *BEF* forchte *D* 6 gethon *EF* Ebraisch *B* wörtlin *C* 7 verteütscht *DE* mächtig *E* darzů *DEF* 8 furbrechtig *C* erfur *C* war] was *E* sonderlich *fehlt F* vor *E* 9 preyt *D* höch *F* vor *E* 10 bawmen *DEF* grünet *B* vor (*beidemal*) *E* 11 zamen bawmen *D* zambäwmen *E* bawmen *DF* bäwmen *E* nit *D* rechter *BF* busch *BF* 12 und] oder *F* welchs *CDE* 13 bäwmen *E* bawmen *F* thut *BEF* 14 junckherren *E* 15 fürüber *D* 16 nyerged *D* nienderd *E* 17 Sölch *D* Absolon *D* 18 mächtig *E* 23 trutzen *E* brachten *D* 24 wüten *CDE* wöllen *BF* zerstören *DE* 27 17. *BF* frümkeit *E* 28 letst *E* frid *D* 29 recht geschaffen *D* 30 drauff *B* 32 letst *E* friede *B* gehn *D* Ebraische *E*

[1]) *vgl. oben S. 564, 11 ff.* [2]) *d. i. durch Pracht, d. h. Lärmen sich hervorthuend (vgl. Z. 23).*

art, das wo wir auff Deudsch sagen 'Es gehet yhm wol', 'er gehabt sich wol', 'es stehet wol umb yhn' und auff Latinisch 'Valere', 'Bene habere' rc., das heyst sie 'fride haben'.

1. Mose 37, 14 Also Gene. 37. sprach Jacob zu seinem son Joseph: 'Gehe hyn ynn Sichem zu deinen brüdern und sihe, ob yhn fride und dem viehe fride sey, und sage mir widder', das ist: obs yhn auch wolgehe. Daher kömpt der grus ym Euangelio auff Ebreische weise 'Pax vobis', 'Fride sey euch', wilchs wir auff Deudsch sagen: Gott gebe euch einen guten tag, guten morgen, guten abent. Item ym abscheiden sagen wir: Gehabt euch wol, habt gute nacht, lassts euch wol gehen; das heyst: Pax vobis. Also wenn der gottlos dahyn ist, so gehet es dem gerechten und gleubigen wol, und ist hernacher eitel fride.

Ps. 37, 38 **38 Die ubertreter aber werden vertilget mit einander, und die gottlosen werden zu letzt ausgerottet.**

Das ist das widder spiel: die gerechten bleiben, und gehet yhn wol, die abtrünnigen gehen unter und gehet yhn ubel hernach und zu letzt.

Es möchten diese zween vers auch wol verstanden werden von beider teylen nachgelassnen leeren erben und gütern, Das die meynung sey: die gerechten, was sie hynder sich lassen, das bestehet, und gehet yhn wol, wie droben ym .26. vers gesagt ist, das des gerechten kinder auch genug werden haben. Aber alles was die gottlosen hynder sich lassen, verschwind und kömpt

Ps. 109, 13 zusehens unter, wie Psalmo .108. sagt: 'Sein gedechtnis sol ynn einem gliede des geschlechts vertilget werden'. Das sihet man auch teglich ynn der erfarung.

Ps. 37, 39 **39 Das heyl aber der gerechten ist von dem HERRN. Der ist yhre stercke ynn der zeit der not.**

Ursach der vorigen zween vers ist: Denn das heyl der gottlosen ist von yhn selbs, und yhr sterck ist yhr eygen macht. Sie sind gros, viel, reich und mechtig, dürffen Gottes sterck und heyl nicht. Aber die gerechten, die yhr gesicht müssen abekeren von allem das man sihet und fület, und allein Gott trawen, die haben kein heyl noch sterck denn von Gott; Wilcher lesset sie auch nicht und thut, wie sie yhm gleuben und trawen, als dieser folgend letzte vers beschleust und sagt:

Ps. 37, 40 **40 Und der HERR wird yhn beystehen und wird sie erretten und wird sie von den gottlosen erretten und yhn helffen. Denn sie trawen auff yhn.**

Sihe, sihe, wilch ein reiche zusagung, grosser trost und uberflüssige er-

---

1 Teütsch *DE* gehapt *E* 2 Lateinisch *EF* Valete, Bene habele *D* 3 sie *fehlt F* friede *B* 5 jm *E* friede *BF* friede *BF*] *fehlt D* sag *F* 6 ob *F* kompt *CE* kumbt *F* 7 Ebraische *E* Friede *BF* 8 Teütsch *DE* 9 Gehapt *E* hapt *E* last euchs *F* 11 gerechteten *B* glaubigen *DE* hernach *E* 13 letst *E* 15 abtrinnigen *E* yhn] yhe *BF* ubel *E* letst *E* 17 teyl *F* leren *B* 18 hynter *B* 19 genug *C* 20 hynter *B* kompt *CEF* 21 109. *C* sagt *fehlt E* glid *D* glide *E* 22 täglich *E* 23 Herren *E* 24 jr *D* 26 ihm *F* 27 mächtig *E* 28 abkeren *DE* fulet *C* 29 lasset *E* 30 glauben *DE* trewen *F* 32 39. *F* erretten] erndren *E* 35 Siht *B*

manung ist das, so wir nur trawen und gleuben. Zum ersten: Gott hilfft yhn, nemlich mitten ynn dem ubel, lesset sie nicht allein drynnen sticken, ist bey yhn, sterckt sie und enthelt sie. Uber das: nicht allein hilfft er yhn sondern errettet sie auch, das sie eraus komen. Denn dis Ebreisch wörtlin heyst eygentlich: dem unglück entlauffen und davon komen. Und das die gottlosen verdriessen möchte, so drückt er sie mit namen aus und spricht: Er wird sie erretten von den gotlosen, obs yhn wol leyd sey, und sol yhr wüeten sie nichts helffen, wie wol sie meynen, der gerechte sol yhn nicht entlauffen, er müsse vertilget werden.

Zum dritten: Nicht allein errettet er sie, sondern hilfft yhn auch förder ymmer dar, das sie hyn furt ynn keym unglück bleiben, es kome, wenn es wil. Und das alles darümb, das sie yhm vertrawet haben. Also spricht er auch Psalm .90. 'Darümb das er mir vertrawet, so wil ich yhn erretten und beschirmen, denn er erkennet meinen namen. Er hat mich angeruffen, darümb Ps. 91, 14–16
wil ich yhn erhören. Ich wil bey yhm seyn ynn seinem ubel und wil yhn eraus reissen und wil yhn zu ehren setzen und yhn füllen mit lenge der tage und yhm offenbarn mein heyl'.

O der schendlichen untrew, mistrew und verdampten unglaubens, das wir solchen reichen, mechtigen, tröstlichen zusagungen Gottes nicht gleuben und zappeln so gar leichtlich ynn geringen anstössen, so wir nur böse wort von den gottlosen hören. Hilff Gott, das wir ein mal rechten glauben uberkomen, den wir sehen ynn aller schrifft gefoddert werden. Amen.

Der zwey und sechtzigst Psalm.

Der Titel:

Ein Psalm Davids für Jeduthun hoch zu singen.

DAs ist: Dieser Psalm ist gemacht von David und also geordenet, das er von dem Senger Jeduthun und von seinen gesellen gesungen würde ynn der höhe, das ist mit heller stymme; wie wir denn lesen ym ersten buch der Chronica, das David etliche senger verordente hoch zu singen mit hellen cymbalen 1. Chron. 25, 1 ff.
odder schellen, etliche aber nydrig zu singen mit harffen für der gülden laden; Und hat also auff yglichen Chor sonderliche Psalm gemacht und machen lassen.

---

1 glauben *DE* 2 nemblich *F* übel *E* lasset *E* stecken *DE* 4 Ebraisch *E* wörtlein *BF* 5 aygenlich *E* 6 druckt *E* 7 layd *D* wüten *CE* 10 dritten] andern *D* förder] fort *E* 11 des *BF* hyn fort *BF* hin für *E* keynem *D* unglück *BCDEF* 13 Ps. *F* 91. *C* 15 übel *E* 16 erfüllen *BF* fullen *C* 18 unglenbens *F* 19 sölchen *BF* mächtigen *E* glauben *DE* 20 anstossen *F* 21 gleuben *F* 22 gefodert *D* gefordert *E* 23 LXIII. *E* 25 Jeduthum *C* 27 Singer *DE* wurde *E* 28 leesen *E* 29 singer *DE* heller *E* cinbalen *F* 30 harpffen *E* herpffen *F* vor *DE* gulden *F* 31 gemachet *E*

Ps. 62, 2 1 MEine Seele schweyget Gott. Denn von yhm kompt mein heyl.

DAvid war ein wolgeübter und erfarner man, als der ym hofe des Königes Saul erzogen und versucht, manche böse tücke gesehen hatte, wie die hofe junckern dem Könige heuchelten umb gelt und ehre willen und alle yhren trost auffs königs gnade stelleten und yhm zu liebe thetten alles was er wolt, es were widder Gott odder menschen. Derhalben er auch gar viel böser tücke von yhn erleiden muste, da sie sahen, das yhm der König selbs
Apg. 12, 3 feind war und tödten wolt. Gleich wie Herodes den Jüden zugefallen Petron fieng und die Christen verfollegete. Wie wir auch noch ytzt ynn herrn höfen sehen und alle zeit gewesen ist, das die hofeschrantzen und fynantzer, wenn sie nur sehen, was den Fürsten und herrn gefellt, und hoffnung da ist ettwas zu erschnappen, thuen und reden sie getrost. was sie dünkt es gefalle, Gott gebe, es gehe drüber der arm odder gerechte unter odder bleibe oben, das sie nur reich und hoch werden. Ja, es geschicht solchs nicht allein ynn herrn höfen sondern ynn allen stenden der welt. Denn es ist der welt laufft und weise, die bleibt also, das man heuchelt umb genies willen und auff menschen gunst und hülffe sich verlest und darüber Gott veracht und dem nehisten schadet, daneben dennoch from seyn wollen, thüren auch Gottes wort und alle gerechtickeit trefflich rhümen, als weren sie die aller besten.

Widder solche gottlose buben hat David diesen Psalmen gemacht zur heylsamen lere und warnung, darynne er uns leret, nicht auff die menschen sich zuverlassen, wenns gleich herrn und Könige weren, sondern alleine auff Gott. Und warnet uns, denn es nympt kein gut ende. Wie er auch am .146. Psalm
Ps. 146, 3f. spricht: 'Lasst euch nicht auff Fürsten, auff menschen kinder. Er kan doch nicht helffen; denn sein geist mus ausfaren und widder zu seiner erden komen; als denn sind verloren alle deine anschlege'. Als solt er sagen: Wenn gleich menschen gunst allenthalben ym leben bestendig were (wilchs doch auch nicht ist, denn 'heute freund, morgen feind'[1], und wie man ynn sonderheit von Fürsten sagt, 'Fürsten gnad Aprill wetter'[2]). so ist doch yhr leben keine stunde gewis. Warumb verlessestu dich denn auff sie und verachst umb yhren willen Gott, der ewig bleibt, und thust so böse tücke widder yhn und deinen nehisten?

1 1 *fehlt BF* kömpt *B* 3 wolgeyebter *E* wolgrübter *F* 4 tüce *D* hat *E* 5 junckherrn *E* heychelten *F* allen *E* 6 lieb *C* 7 wer *D* 9 Juden *D* 10 verfolgete *BCDE* 12 was] das *F* fursten *C* herren *BEF* 13 thün *E* dunckt *DE* tunckt *F* 15 Herren *E* 16 ist] in *F* lauff *BEF* 17 umb des genies *BF* gonst *F* 18 hilffe *DEF* darüber *B* nehesten *C* nähisten *E* 19 wöllen *BEF* 21 Psalm *F* 22 warnüng *B* 25 er (kan *als Kustos*) ‖ Er kan *A* 28 gonst *F* 29 heüt *E* von den Fürsten *E* Fursten *C* 30 Fursten *C* 31 verliessestu *D* verachtest *E* 32 nehesten *CD* nähisten *E*

[1]) *Wander Bd. I, Sp. 1188, N. 361.* [2]) *Wander Bd. I, Sp. 1291 unter „Fürstengunst", vgl. Sp. 115 unter „Aprilwetter".*

Also setzt er sich hie selbs zum exempel, als der zur zeit Saul viel gesehen hat, die sich auff Saul verliessen und umb seinen willen thetten, was Gott und menschen verdros, Aber da Saul tod war, mit allen schanden bestunden, wie der son Doeg, wilcher nach dem tod Saul kam und wolte David heucheln, er hette Saul erwürget, 2. Reg. 2. 2. Sam. 1, 10

Darümb spricht er hie: Mir nicht, das ich meinen trost auff Fürsten odder menschen setze, wie die gottlosen hofeschrantzen thuen. Ich wil auch gerne dem Könige gehorsam seyn, yhm dienen, sein bestes suchen und foddern, wil helffen und radten, mit leib und gut yhm beystehen. Aber das ich mich auff yhn solt verlassen, das er mich reich, herlich odder selig machte, das wil ich lassen. Denn morgen solt sichs wetter wol umbkeren, das er mich verfolgete (wie denn auch geschach, das David zu erst der liebste diener Sauls war, darnach der aller feindseligste und muste auch erfaren, das Fürsten hulde Aprilwetter were, sonderlich wenn es nicht gottfürchtige sondern gottlose Fürsten sind). Wenn ich als denn hette umb meines herrn odder eines menschen willen widder Gott und menschen gethan, wo wolt ich bleiben, so Gott und mensch erzürnet uber mich weren? Es füre mir lieber weg Fürsten und menschen gunst und bleibe mir Gotts hulde. Bleibt mir Gotts hulde, so wird sich menschen hulde wol finden. Find sie sich nicht, so fare sie zum teuffel; Gots hulde ist mir genug. Verliere ich aber Gotts hulde, so bleibt mir zu letzt menschen hulde auch nicht; so fare denn ich zum teuffel sampt meinen Fürsten, beyde mit Gotts und menschen unhulde. Da hab ichs denn fein troffen und wol gemacht.

Das er sagt 'Meine seele schweiget Gott', ist Ebreisch geredt. Du lautts also: 'Meiner seelen schweigen ist gegen odder zu Gott'. Das ist: Ich schweige und drücke mich unter den gottlosen, die sich auff menschen und herrn verlassen, pochen und trotzen. Aber ich befelh mich Gott, poche und trotze auff den selbigen gar heymlich und stille, das sie es nicht wissen und halten mich für einen narren, das ich nicht auch eraus fare und getrost mit heuchele und gelt suche. O wilch ein seltzam gesinde ists umb einen solchen hofediener. Noch hat Saul, der böse König, einen solchen gehabt. Und ist David als eine rose unter den dornen unter solchen gottlosen hofebuben gewest, wie on zweifel auch noch wol seyn kan ein from mensch zu hofe. Aber er mus freylich unter den dornen auch seyn und der stacheln alle zeit gewarten.

'Denn von yhm kömpt mein heyl', spricht er; das ist: lieber, es wird

---

4 heuchlen *BF* 6 mein *F* Fursten *C* 8 gehörsam *C* fürdern *DE* 10 solte *D* seelig *B* 12 by zu erst Dauid *D* 14 gottfurchtige *C* Got förchtige *E* 16 gethon *E* 17 menschen *C* fure *C* 18 gonst *F* blibe *DEF* Gotts (*das zweite*)] Gottes *BDF* 20 Gottes *BDF* gnug *C* Gottes *BDF* 21 far ich denn *E* 22 Gottes *BF* hulde *F* 24 Mein *E* schweige *C* Ebraisch *E* gered *C* 26 trucke *E* drucke *F* herren *EF* 27 bochet und trutzet *E* befelhe *D* befilch *E* boche und trutze *E* 29 heuchel *C* 30 sölchen *BF* hofdiener *E* 31 sölchen *BF* gehapt *E* 32 ein *F* 33 frum *CE* 34 stachlen *BF* 35 kompt *EF*

mir niemand helffen denn Gott; der ist gewis. 'Von yhm', 'Von yhm' heysts, 'Von yhm kömpt mir mein heyl', das ist alle mein glück, reichtumb, wolfart und was ich haben sol und bedarff. Die gottlosen sprechen aber also: 'Mein heiligster vater Bapst', 'Mein aller gnedigster herr Keiser', 'Mein gnedigster herr König zu Franckreich', 'Mein gnedigster herr von Mentz', 'Mein gnedigster herr zu Sachsen rc. wird mir helffen'. Ja, fehlets anders nicht, das sie morgen sterben odder dürffen selber hülffe und rad eben so wol odder mehr denn du.

Ps. 62, 3 2 Denn er ist mein hort, mein heyl, mein schutz. Darümb werde ich wol bleiben.

Ja freylich, weil du das gleubest, bistu wol sicher, wenns auch eitel Turkische, Tatterische Keiser und eitel zornige Könige und Fürsten regnete und schneyete neun jar lang aneinander mit alle yhrer macht, dazu alle Teuffel mit yhnen.

'Hort' hab ich verdeudscht, da auff Ebreisch stehet 'Zur', wilchs heyst einen Fels. Denn Hort heyssen wir, darauff wir uns verlassen und uns sein trösten[1]. So wil er nu sagen: Ich weys, das mir mein heyl von yhm kömpt. Warümb? Darümb: Ich habe keinen menschen, wie gros, mechtig, reich er ymmer sey, mir zum trotz, hort, trost und heyl gesetzt noch mein hertz odder hoffnung auff yhn gestellet, sondern Gott hab ich dazu erwelet, von dem alleine mir alles glück und heyl komen sol und wird. So heyst er nu Gott 'seinen fels' odder 'hort', darümb das er seines hertzen gewisse und sicher zuversicht auff yhn setzt; 'Sein heyl', darümb das er gleubt und nicht zweyfelt, Gott werde yhm helffen mit glück und heyl, ob gleich Saul und alle menschen yhn verliesen und nichts geben, widder dorff noch stad; 'Seinen schutz', darümb das er hoffet und gewis ist, Gott werde yhn verteydingen widder alles ubel, wenn gleich Saul und alle seine hofeschrantzen sein verderben und seinen tod suchen.

Wilch eine feine seele ist doch das, die ein solch liedlin kan Gotte singen. Aber auch wie seltzam ist sie, so man doch sonst alle hofe und stedte und land vol findet, die den grossen Hanssen auch solche liedlin zu weilen umb zehen gulden odder noch geringer parteken singen konnen.

Ps. 62, 4 3 Wie lange stellet yhr dem man nach, das yhr alle yhn erwürget als eine hangende wand und zu stossen zaune?

---

2 kompt *EF* 4 Kayser *F* 6 fälets *E* 7 morgens *E* hülffe *EF* 11 glaubest *DE* 12 Türkische *CDEF* 13 darzů *DE* 15 verteütscht *DE* Ebraisch *E* steht *D* 18 kompt *CF* 19 trutz *E* 20 darzů *DEF* erwölet *E* 21 allain *EF* 23 glaubt *DE* 25 verliessen *DEF* weder *DE* 26 vertheidingen *E* 27 übel *E* 29 solchs *F* liedlein *DF* Gotte *E* 30 sonst *fehlt F* höfe *BCDEF* 31 sölche *B* liedlein *DF* 32 gülden *B* parteken *BC* künnen *BD* Wanen *E* finden *F* 33 ehr *F* 34 erwürget *F*

[1]) *Die ursprüngliche Bedeutung war also Luther schon unbekannt.*

Den vers wolt ich meisterlich aus streichen, wenn ich mich auch müste zum exempel setzen. Aber es heyst: 'Meine seele schweige Gott'. David hats erfaren, das der herrn heuchler so sind geschickt: weil des Königes gnade leuchtet, da war nichts herlichers denn David, yderman wolte da freund sein und den David lieben, und yhr hertz dachte doch: Das dich der teuffel weg füre diese stunde, das ich an deine stat kome und des Königes lieblin auch werde. Aber da der König yhm feind ward, da brachs eraus, was sie zuvor gedachten. Da wolte ein yglicher dem könige hofiern und das beste an Davids verderben thuen; da war keiner faul. Alle, Alle wolten sie yhn mit der und dieser hand erwürgen; da giengs ym hofe: 'Ach, das den buben die pestilentz, Veyts tantz und alle flüche bestehen', sonderlich wennes der König odder seine orenmelcker[1] höreten. Das ists, das er hie sagt: 'Wie lange stellet yhr einem nach' und wollet alle dazu thuen, das er sterbe? Als solt er sagen: Wie gar hanget yhr an eim menschen und verachtet Gott, das yhr umb seinen willen auch zu morden bereyt seyt und tag und nacht darnach trachtet? Aber yhr habts ytzt gut zu thuen, weil ich nu bin als eine geneygte wand und zustossen zaun. Denn einer wand und zaun, die bereyt zur erden hangen, ist bald geholffen, das sie vollend gar nydder fallen. Also auch, wenn ein Fürst, Herr, Grosser hans einen man drückt, so hanget die wand und der zaun. So komen denn die süchenpfenninge[2] und lassen sich düncken, das stündlin sey komen, yhr mütlin zu külen und ritter zu werden, und tretten yhn vollend zu füssen, dem sie billicher solten auffhelffen und den zaun stützen und die wand untersetzen. Das heyst denn: dem todten lawen den bard reuffen[3], wilchen sie lebendig nicht hetten thurst anrüren. Also, die David halffen unterdrucken, da Saul yhm feind ward, musten wol das hütlin für yhm ab nemen, da er bey gnaden war. Aber die welt thut nicht anders, da mag man sich nach richten. Christus muste selbst einen haben (das war Judas der verrheter), der yhn hülffe untertreten, da er schön bereyt von den Jüden gesucht ward zum tode, wie er sagt Psalmo 40. 'Der mein brod isst, Ps. 41, 10 hilfft mich mit füssen tretten'. Es gehet so und mus so gehen, beyde ynn geistlichem und weltlichem regiment, das die künen helde den todten lewen

2 Mein *E* 4 nichs *E* das *F* yederman *B* 5 wegk *DF* 6 fure *C* dein *E* lieblein *DF* 7 do *D* feynde *E* do *D* 8 Do *D* hofieren *E* 9 thün *E* 12 ist *E* 13 wellet *F* darzů *DE* solte *D* 14 einem *D* 15 mörden *BDEF* 16 habts *E* thůn *DE* ein *F* 17 zerstossen *E* 18 hanget *E* 19 Furst *C* druckt *E* drucket *F* 20 suchenpfenninge *CEF* suchenpfennige *D* duncken *E* dencken *F* 21 stündlein *DF* mütlein *D* 22 vollend *F* fussen *C* 23 löwen *D* lawen *E* lewen *F* 24 rauffen *DE* dürffen *DE* thürst *F* 25 unterdrücken *BC* underdrucken *F* do *D* hütlein *D* 26 vor *E* do *D* 27 selbs *F* 28 verräter *E* hulffe *DE* hilffe *F* do *D* schon *DEF* 29 Juden *EF* 41 *C* isset *BF* 31 löwen *D* lawen *E*

[1]) *d. h. Schmeichler, s. Wander Bd. III, Sp. 1137.* [2]) d. i. *Pfennigzähler, Geizhälse, Wucherer, vgl. Grimm, Wörterbuch 7, 1672.* [3]) Barbam vellere mortuo leoni *Martialis, Epigramm. X, 90; Wander Bd. III, Sp. 241, N. 64.*

reuffen, die eins lebendigen hunds sich nicht erweren künnen. So viel vermag der trost auff menschen.

Ps. 62, 5 4 Aber sie dencken seine höhe zuverstossen, lügen gefallen yhn. Mit dem munde segnen sie, Aber ynnwendig fluchen sie. Sela.

Es ist yhn nur darümb zuthuen, das sie yhn erunter stossen und sie an seine stat komen. Denn so gehets ynn der welt: Kömpt yemand ein wenig auff, so hat man keine ruge, bis er kome auffs unterst. Solch ein böser geist ist der welt Furst, der Teuffel, das er auch niemand kan leiden, das er leiblich ettwas grosses sey, schweige denn das er geystliche güter solte leiden künnen.

Ps. 62, 5 Lügen gefallen yhn.

Das ist, sie gehen mit eitel falscheit umb, das sie solchs zu wegen bringen; gute wort geben sie, und ist nichts dahynden; das ist yhr lust und gefallen. Und dürffen auch wol mit dem, den sie wollen verterben, auffs aller freundlichst reden und berden und dencken doch: 'das dich alle plage bestehe!' hören auch nicht auff, bis sie yhn helffen verderben. Das heyst, sie loben mit dem munde, ynnwendig aber fluchen sie; das ist, ym hertzen wündschen sie yhm alles hertzenleid und sprechen doch: 'Mein freundliche dienste zuvor; was ich thuen kan, findet yhr mich allzeit willig'. Da verlas dich auff und backe nicht; sihe, was du essen wirst[1]. O solche tücke sind aller erst köstlich, wenn sie gehen ynn geistlichen sachen des Euangelii, da die falschen brüder und Rottengeister wollen Christliche brüder seyn und sind verzweifelte schwermer und buben, dencken doch nichtes anders, denn das sie oben schweben und die ehre haben, haben doch gleichwol das maul vol segens und wie sie Gotts ehre und die warheit suchen.

Ps. 62, 6 5 Aber meine seele schweige Gott. Denn meine hoffnung ist zu yhm.

Weyl Sauls hofegesinde, alle welt, auch die falschen geister allzumal so falsch sind: Was sol doch ein from hertz hie thuen? Nichts anders denn: schweige und sey stille, lasse sie liegen, triegen, böses dencken und thuen Und befelhe seine sache und sich selbs Gott und hoffe auff yhn. Lasse sie mit solchen lügen und falschen bösen tücken den menschen und Fürsten dienen und auff sie hoffen. Es wird sich wol finden, welche hoffnung die beste sey.

---

1 rauffen *DE* erwören *E* künden *EF* 3 dencken *B* sein *E* 4 segen *BF* ynbendig *F* 5 zuthun *CDE* 6 sein *E* kompt *EF* 7 ruw *E* Sölch *D* 8 Fürst *BDEF* 9 leyplich *E* 10 kunnt *E* künden *F* 11 Lugen *E* 13 sölchs *B* 14 wollen *F* verderben *DE* 17 wünschen *DE* 18 hertzenlayd *DE* freundlich *C* 19 thun *BDEF* 20 bache *E* sölche *BF* 22 wöllen *BDEF* 23 nichts *D* 24 Gottes *BDF* 26 mein *beidemal E* 28 hofgesinde *BEF* 29 thůn *DE* 30 schweygen *E* thůn *DE* 31 befelh *C* sein *E* 32 lugen *E* 33 wilche *B*

[1]) *d. h. wer im Vertrauen auf höfliche Redensarten selbst zu handeln unterlässt, wird zu Schanden werden; vgl. Grimm, Wtb. 1, 1066 unter „backen 8".*

6 Gott ist mein hort, mein heyl und mein schutz. Ich wil wol bleiben. Ps. 62, 7

Diesen vers widderholet er noch ein mal, zu trotz den falschen leuten und zu trösten sein und unser aller hertz. Denn er damit beschleusst sein exempel und lere, darynn er uns geleret hat, was die welt ist und wie sie thut, das wir kecklich sie sollen verachten. Was nu gesagt ist ym andern vers, das magstu hie auch sagen, denn es ist ein vers.

7 Bey Gott ist mein heyl, mein ehre, der fels meiner stercke; meine zuversicht ist auff Gott. Ps. 62, 8

Hie fehet er an zu warnen und vermanen. Denn er helt gegennander Gott und menschen, als solt er sagen: Wolan, yhr habt mein exempel gehort, wie es gehet ynn der welt und sonderlich zu hofe, da der welt heubt und bestes ist. So halt sie nu gegenander, Gott und menschen, so werdet yhrs finden gewislich, wie ichs funden habe, Nemlich, das bey Gott ist mein heyl, mein ehre rc. Das ist, Gott wil und kan helffen. Er gibt gesundheit, glück und heyl, darauff man sich verlassen mag. Er ist auch meine ehre, das ist: Er gibt auch gut, gewalt und wirde genug, wilchs ehrlich ding ist und gehalten wird. Denn ehre ynn der schrifft heyst nicht alleine das gut gerüchte sondern die güter, davon das gerüchte erschallet, als Matt. 6. 'Ich sage euch, das Salomon ynn alle seiner ehre nicht ist bekleydet gewest als der eines'. Und Psalm .77. 'Sie wandelten yhre ehre ynn ein kalbs bilde', Das ist yhren Gott und Gotts dienst. Die gottlosen aber suchen solchs alles bey Fürsten und menschen. Matth. 6, 29 Ps. 106, 20 (Ps. 78, 40)

'Der fels meiner sterde.' Er ist der grund und trotz, darauff meine macht und regiment stehet. 'Sterde' heyst hie, wie auch fast an allen enden, die macht odder gewalt zu regirn, als da ist an Fürstenthum, Königreich. Auff das ers ja alles fasse ynn diesem vers: 'Mein heyl': Das ist alle mein glück und wolfart, 'Mein Ehre', das ist alle mein gut und vermügen, 'Mein sterde': Das ist alle meine macht und öberkeit. Summa Summarum: Ist etwas, das ich haben kan auff erden, Es sey gesundheit, krafft, gut, ehre, gerücht, macht, öberkeit und alles miteinander, das wil ich widder Keiser, Könige, Fürsten, noch einigem menschen befelhen noch vertrawen noch von yhm gewarten. Bey Gott sol es stehen und fallen, bleiben und faren. Wens der helt, so ists gehalten, obs gleich alle welt wolt fellen; wens der fellet, so felts, obs gleich alle welt wolt halten. Also auch 'mein zuversicht ist auff got', das ist, nicht allein alles guts will ich von yhm gewarten, sondern aller

---

3 trutz *E* 5 wie] was *F* 6 yn *F* 7 mustu *C* 9 meyn *D* 10 fahet *E* gegenander *BCF* gegen einander *DE* 11 hapt *E* gehört *CDE* 12 haubt *D* haupt *E* 13 gegen einander *DE* jr *D* 14 nemblich *F* 16 Es *BF* mein *DE* 17 gnug *C* 18 allein *E* gute *C* 19 güte *C* 20 aller *D* 21 78. *C* 22 Gottes *BDF* 22/23 bey den Fürsten *E* 24 trutz *E* 26 regiern *B* regieren *DE* an] ein *F* Fürstenthumb *DE* 27 alle] all *BF* 28 all *BF* vermögen *C* 31 weder *DE* 32 König *BF*

widderwertickeit wil ich trotz bieten unter seinem schirm, denn ich mich versehe, er wird mich nicht lassen. Menschen verlassen ymer dar und ist keine zuversicht da gewis.

Ps. 62, 9 8 Hoffet auff yhn alle zeit, yhr völcker. Schuttet ewer hertz für yhm aus. Gott ist unser zuversicht. Sela.

Weil Gott nu ein solcher ist gegen mir, O so folget mir trewlich nach. Er wird uns allen so seyn. Ich habs erfaren, darümb kan ichs euch tröstlich radten. Last zürnen Saul, Bapst, Keiser, König, Fürsten und yderman, fürcht euch nicht, hoffet auff Gott, er fehlet nicht. Widderümb: Last Saul, Bapst, keiser, könige, Fürsten und yderman lachen, trosten, verheyssen, hoffet nicht auff sie, verlast euch nicht drauff. Sie sind ungewis beyde an leib und mut. Leyb fellt, mut andert sich bald, Gott bleibt feste, Auff das yhr also zu beyden zeiten, es sey glück odder unglück da, auff Gott euch verlasset. Fehlet euch aber ettwas, wolan, da ist gut rad zu: 'Schuttet ewer hertz für yhm aus', klagets nur frey, berget yhm nichts; es sey, was es wolle, so werffts mit hauffen eraus für yhm, als wenn yhr ewer hertz eim guten freunde gantz und gar eroffnet. Er horts gerne, wil auch gerne helffen und radten. Schewet euch nicht vor yhm und dencket nicht, es sey zu gros odder zu viel. Ge trost eraus; und soltens eytel secke vol mangels sein, Alles eraus. Er ist grösser und vermag und wil auch mehr thuen, denn unser gebrechen sind. Stückelts yhm nur nicht. Er ist nicht ein mensch, dem man kündte zu viel betteins und bittens für tragen. Yhe mehr du bittest, yhe lieber er dich höret; schütte nur reyn und alles eraus, tröpffle und zipple nicht. Denn er wird auch nicht tröpfflen noch zippeln sondern mit sindflut dich uberschütten. 'Er ist unser zuversicht', unser zuflucht und sonst niemand. Denn alle ander sind zugeringe, das sie unser hertzen kündten lassen ausschütten für sich. Solt ich einen tropffen meins hertzen eraus lassen für dem Keiser, so müste er selbs ein bettler werden, denn er künd mirs nicht settigen; was solt ich mich denn zu yhm versehen odder zu yhm zuflucht haben, wenn ich mein hertz gar aus schütten solte und solt das alle zeit thuen. Ey, es ist zu mal nichts mit menschen, wie folget:

Ps. 62, 10 9 Aber die menschen sind eytel, die leute sind falsch. Auff der wagen weren sie leichter denn eytel.

Was Gott ist, hastu gehort. Nu höre dagegen, was menschen sind. Es ist nichts mit yhnen, spricht er, verlestu dich auff sie, so wisse, das du

---

1 trutz *E* bitten *B* biten *F* schierm *C* versyhe *E* 2 werd *E* verlassen *F* kain *E* 4 Schüttet *BCDE* ewr *B* 5 vor *DE* 7 ich *F* 8 yederman *BDEF* 8/10 fürcht bis yderman *fehlt E* 10 yederman *BDEF* trösten *BCDEF* 11 an] on *F* 12 ändert *D* endert *E* 13 Fület *E* 14 Schüttet *BCDEF* vor *E* 15 verberget *D* 16 vor *E* 17 eröffnet *BCDEF* hörts *BCDEF* Schewhet *E* 19 für *B* fur *F* 20 thün *DE* unsere *D* geblechen *F* Stückels *C* 22 bitten *F* 23 zipffle *C* 24 sündflüt *E* 26 Sölt *D* tropffens *C* 27 meines *F* vor *E* 29 ausschutten *F* 30 thün *DE* 33 gehört *DE*

dich auff lauter nichts verlessest. Es wird dir gewislich fehlen. Ja, spricht er, Wenn man solt auff eine wage legen ynn eine schüssel die menschen, ynn die ander eytel odder nichts, so würden die menschen leichter seyn denn nichts. Solche Ebreische rede machen wir deudschen also: Menschen sind weniger denn nichts. Was sie 'eytel' heyssen, das heissen wir 'nichts'. Wie Salomon sagt Eccle. 1. 'Es ist alles eytel und ein lautter eytel', das ist: Es ist mit menschen Pred. 1, 2 thand nichts und lauter nichts.

Hie fragestu: Wie ist der mensch nichts, so er doch Gotts geschepff und Creatur ist? Antwort: David redet nicht von der creatur an yhr selbs sondern vom brauch der creatur. Das ist: Der mensch ist wol ein gut ding, Man braucht sein aber nicht recht. Ein Fürst, König, Keiser ist auch ein gut ding, man braucht yhr aber nicht recht. Wie so? Ey, man wil auff sie trawen und bawen. Ynn solchem brauch sind sie nichts. Warümb? Sie sind ungewis beyde yhrs lebens und hertzens. Sand und wasser ist auch gut ding. Aber das ich drauff wolt ein haus setzen, da weren sie nichts und weniger denn nichts. Das ich aber wasser trincke und mich wassche, da ists nicht nichts, sondern ein köstlich, nützlich ding. Denn es ist dazu geschaffen und das ist sein brauch. Also auch Fürst, König, Keiser ist geschaffen, das sie fride halten ym lande ꝛc. Da sind sie Gotts creatur und ein gut ding. Aber das ich auff sie trawen wil, das ist nichts. Er spricht nicht: 'Nolite obedire Principibus,' Sed: 'Nolite confidere in Principibus'. Confidere gehort Gott Ps. 146, 3 alleine. Jch sol nicht dreck für golt verkeuffen. Dreck hat seinen brauch. Aber das er solt golt gleich sein, das ist nichts. Denn du sihest, das dieser Psalm redet von eytel gleuben, trawen, zuversicht, verlassen; Wilche titel alle sind den menschen und Fürsten zu hoch; Wie wol die welt nicht anders thut, denn auff menschen trawen und Gott nichts vertrawen. Das ist: sie ist nichts und trawet auff nichts.

Wie sind aber die menschen leichter odder weniger denn nichts? Was kan weniger sein denn nichts? Antwort: Was nichts ist, das betreugt niemand. Aber wer auff das trawet, das nichts ist, der hat zweyerley schaden: Einen, das er nichts findet, Den andern, das er verleuret, was er drauff wendet. Denn wer schlecht nichts hat, der hat ein einfeltigs nicht und wendet nichts drauff. Wer aber auff menschen trawet, uber das, das er nichtes findet, verleuret er auch das, das er drauff gewand hat und wird also seine hoffnung und kost auch zu nicht uber dem nicht, darauff er hoffet. Darümb ists recht geredt, das ein mensch ist weniger denn nichts. Denn die welt lesst yhr

---

1 verlassest *E* fehlen *BDF* fält *E* 3 warden *DE* 4 Sölche *BDF* Ebraische *E* teütschen *DE* 7 baut *E* 8 Gottes *BDF* geschepfft *C* geschöpff *E* 13 sölchem *BF* 14 yres *D* 15 wolte *C* wölte *D* 17 darzů *DE* 19 Gottes *BDF* 21 Noli *C* considere *AF* gehört *BCDEF* 22 allain *E* verkauffen *DE* 23 diser *CDE* 24 glauben *DE* all *E* 25 nichts *F* 30 nichs *E* 32 wer] der *E* 33 nichts *E* 34 gewendt *E* 35 den *F* 36 gered *C* last *E*

trawen auff die menschen nicht. So feylets auch nicht, das sie umbsonst trawet auff nichts. O ein herlicher preis unser alle, die wir menschen heyssen, das wir weniger sind denn nichts. So fein kan einer dem andern helffen.

Ps. 62, 11 10 Verlasst euch nicht auff unrecht und gewalt Und seyt nicht eytel; fellet euch reichthum zu, so henget das hertze nicht dran.

Hie beschleusst er den Psalm mit drewen und schreckt die gottlosen mit Gotts gewalt, urteyl und straffe Und wil also sagen: Es kützelt euch und thut euch so wol, das yhr zu hofe seyt und an Saul einen gnedigen herrn habt; da seyt yhr sicher, last euch dűncken, yhr sitzt feste, fragt nicht darnach, ja lachet sein dazu, das yhr mir unrecht thut, schabernackt und beschedigt mich und meins gleichen. Wir műssens von euch leiden. Man thar euch nicht straffen. Denn ewer herr hellt uber euch, da verlast yhr euch auff. Aber ich radte euch, das yhr nicht so thut. Seyt nicht zu sicher und gewis. Seyt nicht eitel, Das ist: bawet nicht so auff Fűrsten und menschen, wilche nichts sind; denn damit werdet yhr eytel nichts, Das ist: yhr gehet mit nichts umb und richtet nichts aus, wird euch auch alles fehlen.

Ja, ich wil weiter sagen: Wenn euch auch mit recht und von Gott reichthum zufiele, so verlasst euch doch auch nicht drauff und macht den Mammon nicht zum Gotte. Denn gut wird nicht darűmb gegeben, das man drauff bawen und trotzen sol, wilchs ist auch nichts und eytel, sondern das man sein brauchen und geniessen sol und andern mitteylen ꝛc. Aber menschen lassens nicht, die bawen und trotzen beyde auff Fűrsten und gut, das ist allenthalben auff nichts und handeln auff nichts. Denn gut macht mut[1]. Es ist aber nicht gut und erhellt nicht den mut. 'Das hertz dran hengen' ist so viel als sichs annemen. Nicht dran hengen ist sichs nicht annemen und also haben, als hette mans nicht. Denn so lauts ym Ebreischen: 'Ponere super cor' odder 'Ponere in corde', Sichs annemen und lassen zu hertzen gehen. Ynn den henden sol das gut seyn, nicht ym hertzen. Wie Paulus sagt zu den

1. Cor. 7, 31 Corinthern, das wir der welt sollen brauchen, als braucht man yhr nicht ꝛc.

Ps. 62, 12 11 Denn Gott hat ein mal geredt, das hab ich wol zweymal gehort, das bey Gott macht ist.

Das sagen wir auff Deudsch also: Eins weys ich wol, des bin ich gewis, denn Gott hatts selbs gered, der nicht liegen kan, das Gott ein herr

---

1 fehlets *D* fälets *E* 2 trawen *C* aller *D* 5 euch auch nicht *BF* 6 reichtumb *BEF* hencket *E* hertz *D* 7 trewen *E* 8 Gottes *D* 9 herren *E* 10 hapt *E* lasset *D* duncken *EF* 11 sein] sein *F* darzů *DE* 12 műssen *BF* dar *F* 17 richten *E* fälen *E* 19 reychtumb *EF* 21 trutzen *E* 22 gebrauchen *BF* ꝛc *fehlt BF* 23 lassen *F* trutzen *E* 25 erhelt *BCDEF* hencken *E* 26 hencken *E* 27 Ebraischen *E* 30 der] de *F* brauchte *D* 31 gered *C* 32 gehört *CDE* 33 teůtsch *DE*

[1]) *Wander Bd. II, Sp. 191, N. 144ff. und vgl. oben S. 372, 26.*

ist, wilchs ich mehr denn ein mal gehort habe. Das ist: Seyd nicht so eitel und gotlos. Wo aber nicht, sondern wolt auff menschen ja trotzen, Wolan, so sage ich euch, das bey Gott macht ist, das er der rechte Keiser, König, Fürst und Herr ist, auch uber euch und ewer herrn, gleich wie uber alle, das last euch gesagt seyn. Denn Gott hatts selbs gesagt dazu, und ich habs auch offt gehort und erfaren, wie ers beweiset hat und die gewaltigen vom stuel gestossen. Sehet zu, das euch auch nicht so gehe mit ewrem herrn. Last Saul Saul sein, Last Keiser keiser sein, Last Fürsten fürsten sein, Last menschen menschen sein, fürchtet Gott; denn es ist ein einiges wörtlin, das Gott mechtig sey, Aber es hat ein gros und manch geschrey, man hatts offt erfaren, das so sey. Er wird warlich ewer auch nicht schonen noch feylen, ob yhr wol ytzt yhn veracht und eytel seyd und umb menschen willen uns beleydigt und unrecht thut.

12 Und bey dir, HERR, ist güete, das du bezalest eim yglichen, Ps. 62, 13
wie ers verdienet.

Gleich wie er macht hat, alle gottlosen gewaltiglich zu straffen und künnen yhm nicht entwerden, Denn er ist alleine Herr und alle hirschafft ist sein und von yhm: Also widderümb ist er auch gütig und barmhertzig, das er den elenden hilfft und nicht leiden kan, das sie solten gar untergehen und den heuchlern und Sauliten endlich unterliegen und verlassen sein; Sondern wie geschrieben stehet Luc. 1. 'Gleich wie er die gewaltigen vom stuel stost, Luc. 1, 52
also erhebt er auch die nydrigen', ihene durch seine macht, diese durch seine güete, wie folget: 'Das du vergeltest eim yglichen, wie ers verdienet'. Den gottlosen vergilt er mit gewalt, gleich wie sie gewalt haben geübt. Den elenden vergilt er mit güete und gnaden, gleich wie sie gütig und gedültig on gewalt sind gewesen. Aber die welt fragt nichts darnach, feret ymmer fort mit yhrem eytel und frevel. So lessts Gott auch geschehen und feret auch ymmer fort mit seiner macht und güete, auff das des einigen worts unter allen andern Gotts worten nur viel exempel werden und mancherley historien des einigen texts geschehen, wie er die grossen Hansen störtzt und bricht als ein mechtiger herr und den elenden, verlassenen hilfft als ein gnediger, gutiger vater. So thet er mit Saul und David. Also thut er ytzt mit dem Babst und dem Evangelio, mit den Bischoven und den Christen. Und wirds noch ymmer mehr thun, bis sie zu grunde gehen und erfaren, das

---

1 gehört *CDE* 2 trutzen *E* 3 Künig *F* 5 darzů *DE* 6 gehört *DE* stül *DE* 7 ewerm *D* herren *E* 8 Fursten Fursten *C* 9 furchtet *C* einigs *E* wörtlein *D* 11 fehlen *D* fälen *E* 14 guete *CF* 15 verdienete *BF* 17 künden *EF* herrschafft *EF* 20 unterligen *C* 21 stül *DE* stößt *BCF* 22 erhebt *E* sein *E* durch *B* sein *E* 23 guete *C* güte *D* gütte *E* 24 geuebt *E* 25 guete *C* güte *DE* gedultig *DEF* 26 nichs *E* faret *E* 27 lasts *E* lests auch Got *D* ferret *E* 28 guete *C* güte *D* 29 Gottes *D* 30 Hanssen *CE* stürtzt *E* 32 genediger *F* gütiger *BCDEF* 33 Bischoffen *DEF* 34 thuen *BF* grund *D*

war sey, das David hie sagt, Es sey ein einiges wort Gotts, das er mechtig und gütig sey, Aber es werde zu mal viel mal davon gehort und offt erfaren. Wer oren hat zu hören, der höre.

Der vier und neuntzigst Psalm.

Ps. 94, 1 1 HERR Gott der rache, Brich erfür, Gott der rache.

DIeser Psalm, wie man wol greyffen kan, ist ein gemeyn gebet aller fromen Gotts kinder und geistlichen volcks widder alle yhre verfolger, Also das er mag gebett werden von anbegyn der welt bis ans ende von allen fromen, Gottseligen leuten, sie seyen Jüden odder Christen odder Patriarchen; denn sie müssen alle diese zwo gemeyne verfolgung leiden, die ynn diesem Psalm verklagt werden. Als da sind zum ersten die Tyrannen, die den leyb verfolgen umbs worts willen mit gewalt. Zum andern die falschen lerer, ketzer und rotten, die die seelen verfolgen mit lügen und heuchley. Darümb mügen wir auch diesen Psalm wol beten zu unsern zeiten widder den Bapst, Bisschofe, Fürsten und herrn, die uns leiblich mit gewalt verfolgen umbs Euangelions willen, Und widder die rottengeister, die uns mit falscher, verkereter auslegung der schrifft geistlich verfolgen, gleich wie die fromen, rechten Jüden den selbigen gebettet haben widder die Heyden, so umb sie her wüeteten und on unterlas verfolgeten, und widder die falschen Propheten, so unter yhn waren und mit verkeretem verstand der schrifft das volck verfüreten. So spricht er nu:

Ah Herr, der du ein Gott der rache bist, Das ist: der du alleine der recher und streffer bist aller bosheit, beyde leiblicher und geistlicher bosheit. Und er setzt zweymal 'Gott der rache', wie die pflegen zu thuen, die hefftig und mit grossem ernst reden; die selbigen sagen ein ding viel mal, auff das sie Gott bewegen, Doch auch daneben anzuzeygen, das er zweyerley verfolger verklagt und umb zwo rache odder straffe bittet, beyde uber Tyrannen und Ketzer. Es ist aber eine Ebreische rede, das er spricht 'Gott der rache', das ist, wilcher allein sol und kan rechen. Solcher weise braucht San. Paulus
Röm. 15, 13 Röm. 15, 5 auch offt, als Roma. 15. 'Der Gott der hoffnung', Item: 'Gott der gedult
2. [so] Cor. 1, 3 und des trosts. Und .1. Cor. 1. 'Gelobt sey Gott, der Vater aller barm-

---

1 saget *E* Gottes *BDF* 2 gehört *DE* 4 XCIIII. *E* 5 1 *fehlt F* erfur *C* 6 gebett *E* 7 frumer *D* Gottes *BDF* 8 gebet *BCD* 9 Juden *EF* Patriachen *D* 10 zwu *E* 15 leiplich *BEF* 16 vs *F* 16/17 verkerter *D* 18 Juden *EF* gebetten *F* wueteten *C* 19 vnderlas *F* 20 verkertem *DE* 22 Ach *BE* allain *E* 23 straffer *BDEF* bosheit *BCDEF* leiplicher *BEF* bosheit *BCDEF* 24 zu thun *C* gethün *E* 27 zwu *E* 28 ein *BF* Ebraische *E* 29 Sölcher *BDF* S. *BDEF* Sanct *C*

hertzickeit und Gott des trosts', Das ist: Gott, der die hoffnung, gedult, trost gibt. Also auch hie 'Gott der rache', das ist, der die rache thut, denn von seinen wercken gibt yhm die schrifft namen. Weil aber niemand solche werck thuen kan, denn Gott alleine, füret billich auch niemand die namen solcher werck denn er alleine. Niemand kan trösten, hoffend machen, gedültig machen und so fort an denn Gott alleine. Also kan auch niemand die sünde straffen und das böse rechen denn er alleine. Denn wie solten menschen alle bösheit rechen künnen, so sie nicht mügen allerley bösheit kennen, Ja, das mehr teyl für tugent halten, das doch böse und der rache werd ist; wie die gleysner yhre lere und werck für gut achten und ungerochen und ungestraffet wollen haben, so es doch eitel zweyfeltige bösheit ist. Darümb wil der name wol alleine Gott eigen bleiben: 'Gott der rache', wie 'Gott der gedult' und 'Gott der hoffnunge'.

'Brich erfür', spricht er. Denn das wort 'Hophia' heyst ja, sich erfür thun, eraus brechen wie ein glantz und sich sehen lassen und an tag komen, das es yderman sehe. Wie Mose spricht Deutero .33. 'Der Herr ist von Sinai 5. Mose 33, 2
komen, Von Seir ist er auffgangen und von Paran ist er erfür brochen'. Also wil er hie auch sagen: Tyrannen und falsche Propheten haben uberhandgenomen. Die haben sich eraus gethan und lassen sich sehen und gehen ym schwanck. Du aber schweigest stille, verbirgest dich, als werestu begraben und konnest nicht mehr; denn du werest und straffest nicht solche bösheit; darümb bitten wir: Brich doch auch ein mal erfür, kuck eraus und las dein anblitz blicken widder sie. Und das billich. Denn du bist ein Gott der rache, dir gebürt yhe zu rechen und zu straffen. Rechen dich doch selber. Ist denn Rache dein werck und ist ytzt so hoch von nöten, warümb verbirgestu denn dich ym finstern und lessest dich so gar nicht sehen?

Hie wil sichs fragen, wie fromme geistliche leute mügen umb rache bitten, weyl Christus spricht Matt. 6. 'Bittet für ewer verfolger, thut wol Matth. 5 (43). 44
denen die euch hassen, liebt ewer feinde'. Summa: es ist widder die liebe zum nehisten, das man rache und straffe wundsche, so man sol viel mehr guts thun und wündschen, Roma 12. Antwort: Glaube und Liebe sind zweyerley. Glaube Röm. 12, 17 ff.
leydet nichts, Liebe leydet alles; Glaube flucht, Liebe segenet. Glaube sucht rache und straffe, Liebe sucht schonen und vergeben. Darümb wenns den

---

4 thün *DE* allain *E* furet *C* fieret *E* 5 allain *E* gedultig *DEF* 6 allain *E* sunde *C* 7 bö- || rechen *B* allain *E* bosheit *BCDEF* 8 sünde *EF* bosheit *BCDE* poßheyt *F* 9 fur *CF* 10 fur *CF* wöllen *BDEF* 11 bosheit *BCDEF* 12 wie Gott der *fehlt F* 15 thuen *B* 16 yederman *BE* Moses *BF* Deute. *EF* Sinai *E* 17 erfur *C* 19 genumen *D* gethon *EF* 20 schweigst *F* 21 künnest *BF* kündest *D* könnest *E* wörest *E* sölche *B* bosheit *BCDEF* 22 erfur *C* guck *E* antlitz *DEF* 24 Reche *D* 25 ytzt *fehlt F* verbirgestu du denn *A* verbirgest du denn *BCDEF* 26 lassest *E* 28 fur *C* 29 liebet *B* 30 nehesten *CD* nähisten *E* straff *E* wündsche *BCDEF* thuen *B* 31 wunschen *D* 32 Glaube sucht *F*

glauben und Gottes wort antrifft, da gilts nicht mehr lieben odder gedültig sein sondern eitel zürnen, eyfern und schelten. Es haben auch alle Propheten so gethan, das sie yns glaubens sachen keine gedult noch gnade beweiset haben. Doch weil der folgend Psalm wol erger ist und nicht alleine rache bittet sondern auch flucht, wollen wirs daselbst hyn sparen und als denn weyter antwort geben.

Ps. 94, 2 **2 Erhebe dich, du richter auff erden. Vergelte den hoffertigen.**

Gleich wie Gott alleine recher ist, so ist er auch alleine richter auff erden. Denn alles was die öberkeit richtet und rechet, das geschicht aus seinem befelh und ordnung, als thet ers selber. Was sie aber nicht richten noch rechen kan, das thut er. Auff das es alles war sey, das er alleine der recher und richter Ps. 7, 9 sey auff erden, wie auch Psalm .7. spricht: 'Der HERR ist richter uber das volck'. Weil er denn nu recher und richter ist, bitten die fromen menschen, das er sich erhebe, Das ist, das er sich hoch setze zu stuel als ein richter und beweise sein werck, lasse sich nicht so unter drücken, als sey er nichts. Er machts alles zweyfechtig ynn diesem gebet. Gott rufft er an als einen recher und richter, als were es nicht genug am recher. Denn es ist yhm ernst und bittet widder zweyerley feinde, wie gesagt ist. Und gantz sein bittet er rache uber die Tyrannen und gericht uber die falschen lerer. Denn die Tyrannen haben keinen schein, faren mit gewalt; drümb sind sie der rache werd und schön verdampt. Aber die Rotten schmücken sich und haben einen schein; darümb müssen sie durch gericht und urteyl verdampt werden.

'Die hoffertigen' meynet er hie nicht alleine die ym hertzen hochmütig sind, Sondern die mit verfolgen und verfüren (denn er beyde Tyrannen und Ketzer damit meynet) uberhand genomen haben und obligen, als hetten sie schön gewunnen und die fromen gedempfft; wilchs auch die art ist des worts Hoffart odder hochfart, das es heysst: die hoch faren und oben schweben, und das Ebreisch 2. Mose 15, 1. 21 wort 'Geym' auch so laut. Wie auch von Gott selbs Mose Exodi .15. singet: 'Der Herr feret hoch her' etce., das der synn sey: Ists nicht zeit zu richten und rechten? hastu doch geschwiegen, bis beyde Tyrannen und Ketzer obligen, hochherfaren, prangen, als die gewunnen haben und uns gantz und gar gedempfft, das sie alles alleine und wir nichts sind. Und wenn ich die zwey wort Tyrannen und Ketzer nenne, wil ich all wege dabey verstanden haben die zweyerley verfolger aller fromen Gotts kinder, auff das mir nicht not sey alle-

---

1 gleuben *F* gedultig *DEF* 2 auch] noch *B* 3 gethon *EF* gleubens *F* 4 folget *F* allain *E* 9 allain *(beidemal) E* 10 befelch *E* 11 thät *E* 12 alleyne *D* 13 8. *C* 15 stül *E* 16 druckt *EF* 17 zwyfechtig *C* zweyfeltig *D* rüfft *CDE* 18 gnug *C* 21 schon *DE* 22 schmucken *E* 24 allain *E* 26 schon *DEF* 28 Ebraisch *E* 29 singen *D* 31 rechen *BF* obliegen *BF* 31/32 hoch herfahren und prangen *F* 32 verdempfft *F* 33 allain *E* 34 Ketzer *B* 35 fromer *E* Gottes *BDF* 35/584 1 alwege *BD*

wege die Heyden und falschen Propheten ym alten Testament, die Tyrannen und Ketzer ym newen Testament und die Fürsten und Schwermer zu unsern zeiten zu nennen. Denn ich wil damit deuten allerley verfolger des worts, so zu allen zeiten sind gewest, noch sind und sein werden, wilche sind zweyerley, wie gesagt ist.

3 HERR, wie lange sollen die gottlosen, wie lange sollen Ps. 94, 3 die gottlosen sich frewen?

Das ist: Du lesst sie so ferne komen und uber hand nemen, das sie sicher sind und sich schön bereyt rhümen, frewen, singen und jauchtzen als gewis, das mit uns verloren sey. Und solchen triumph lessestu so lange weren und sihest zu. Möcht doch wol ein fromer mensch dencken, Es were nichts mit dir und mit deinem wort. Aber Gott thut nicht anders, er lest sie so faren, auff das wir bitten sollen. Und hie sihestu aber mal, das er zwey mal gottlosen nennet, die zweyerley verfolger zu verklagen etc.

4 Sie reden frey eraus halstarriglich. Alle ubelthetter reden. Ps. 94, 4

Diesen vers kan man nicht so Deudsch geben, wie er stehet ym Ebreischen. Darümb müssen mir yhm helffen. Er wil also sagen: Beyde Tyrannen und Ketzer sind so gar mechtig worden, das die Tyrannen von yhrem dinge also frey waschen und plaudern, als sey yhr ding alleine alles und unser ding gar nichts. Desselbigen gleichen die Ketzer haben sich auch auffs wasschen gegeben, das man nichts höret denn yhre trewme. Unser lere und glauben kan kaum dafür mucken. Denn so gehets: wo rotten und Ketzerey auff komen, die reissen ein und nemen zu, das man sonst nichts achtet noch hören wil, wie Paulus spricht: 'Gott schickt unter sie krefftigen yrthumb'. Und aber mal: 'Sie 2 Thess. 2, 11 / 2. Tim. 3, 8 stehen der warheit seer widder'. Item: 'Die gottlosen nemen zu ym bösen, 2 Tim. 3, 13 verfüren und lassen sich verfüren' etc. Darümb lautts ym Ebreischen also: 'Sie scheumen mit reden altes. Und alle ubelthetter machen sich wassch hafftig'. Gleich wie ein siedend topff mit blasen scheumet und ubergehet: Also scheümen sie und gehen auch uber mit vielem gewesche, des yhr hertz vol ist; denn es seudt und kocht für grosser hitz und lust auff yhre trewme, und künnen widder schweigen noch andern zuhören. Er nennet yhr ding, davon sie reden, Alt, das ist steiff, fest und starck, das nicht new ist. Denn was new ist, ist noch nicht so gar angenomen uud helt noch nicht feste, das kan man beugen, lencken odder endern. Aber was alt ist, das ist angenomen und helt hart und feste, des ist man gewonet uud bleibt gerne dabey. 'Alte hunde sind

2 Testamert *A* unser *C* 3 beytten *E* 8 last *E* 9 schon *DE* juchtzen *E* 10 sölchen *BF* lassestu *E* 11 sihest *BDEF* 12 laßt *E* 13 sihestu *DEF* 15 übelthetter *DE* 16 Teutsch *DE* Ebraischen *E* 17 wir *BD* 18 ding *D* 19 allain *EF* 21 glauben *F* 22 dafur *C* dauor *E* mücken *BF* 24 yrthum *C* 26 verfuren (*beidemal*) *C* Ebraischen *E* 27 schaumen *E* übelthäter *E* 28 schaumet *E* 28/29 schaumen *E* 29 das *BF* 30 vor *DE* tröme *E* künden *EF* 31 weder *DE* 32 was] das *BF* 33 nocht *C* biegen *E* 34 enden *F*

nicht gut bendig zu machen'. So 'kan niemand alte schelcke from machen.'[1]
Also die Ketzer sind steyff und starrig auff yhrer lere, davon sie viel plaudern.
Also singet auch Hanna .1. Reg .2. 'Last aus ewrem munde bleiben das alte'.
1. Sam. 2, 3 Und Psalm .31. 'Verstummen müssen die lippen, so widder den gerechten reden
Ps. 31, 19 altes, Das ist steyff und halstarriglich'. Und Psalm .75. 'Hebt ewer horn nicht
Ps. 75, 6 empor, redet nicht altes'.

5 HERR, sie haben dein volck zuschlagen Und dein erbe
Ps. 94, 5 gedemütiget.

Das thuen die Tyrannen, so mit gewalt Gotts wort verfolgen, tödten und plagen die leüte drumb. Ja die Ketzer helffen und raten auch dazu. Das klaget er Gott und bit umb rache. So thetten die Heyden den Jüden, die Römer den Christen und ytzt uns die Bisschove und Fürsten. Wie es aber ist ihenen gangen, so wirds diesen auch gehen. Denn solch gebet kan Gott nicht verachten, da er vermanet wird, das sein volck und sein erbe verderbet wird.

6 Wydwen und frembdling erwürgen sie Und tödten die
Ps. 94, 6 waysen.

So grausam sind die Tyrannen und Ketzer und so sicher, das sie nicht alleine das volck Gots verfolgen, sondern auch den elendesten ym volck nicht schonen, als wydwen und waysen, wilchen man doch billich solt für andern barmhertzig sein. Es ist ein unbarmhertzig ding umb die verfolger des worts Gottes, denn der teuffel reyttet sie gar, mehr denn alle andere. Denn der Teuffel ist Gotts wort feind uber alle ander ding.

7 Und sagen: Der HERR siehets nicht, Und der Gott Jacob
Ps. 94, 7 mercks nicht.

Nicht, das sie gar nichts von Gott halten. Denn uber Gott hebt sich kein hadder. Sie bekennen alle Gott. Ja, die verfolger meynen, Gott sey mit yhn, und das sie Gott dienst dran thun, wenn sie die fromen verfolgen; sondern uber dem wort und werck Gotts hebt sichs, da wollen die verfolger nicht, das es Gotts wort sey, sondern verdammens und halten die fromen für buben und verfürer. Darümb sagen sie: Last uns die verfürer würgen, denn yhr Gott ist nichts, sie liegen was sie sagen, yhr Gott sihet widder hört Und wird noch kan solchs an uns rechen, ob er gleich wolt. So gar gewis, steyff und sicher faren sie daher ynn yhrem synn und unglauben.

---

3 schelck *D* 5 lefftzen *E* 6 halß starriglich *D* Hebt *E* 8 zerschlagen *E* 10 thun *DE* 11 darumb *F* radten *BE* dazů *E* 12 klagt *C* bittet *BF* thäten *E* Juden *DEF* 13 Bischöffe *D* Bischoffe *E* 14 ergangen *BF* gebet *D* gebett *E* 15 ehre *B* erben *E* ver *F* 19 graussam *D* 20 alleyn *DEF* Gottes *DF* 21 witwen *DE* vor *E* 22 wort *D* 23 Gottes *BF* 27 über *DE* hept *E* 28 hader *DEF* 29 thuen *BF* 30 Gottes *BDF* hept *E* 31 Gottes *BF* 32 verfurer (*beidemal*) *C* Darumb *CDEF* 33 weder *DE* 35 unglauben] glauben *B* gleuben *F*

[1]) *Wander Bd. II, Sp. 818f., N. 8ff.; Bd. IV, Sp. 79 unter „Schalk", N. 1.*

8. Merckt doch, yhr narren unter dem volck. Und yhr thoren, Ps. 94, 7
wenn wolt yhr klug werden?

Es verdreusst den Propheten und billich alle Christen, das man den nicht wil für Gott halten, des wort sie rhümen; drümb schilt er sich mit yhn umb Gotts willen, seine ehre zuverteydingen, Heyst sie 'narren' und 'thoren ym volck', da sie doch eytel weisheit fürgeben und für treffliche lerer gehalten werden. Aber er spricht: sie sind narren und nerren das volck mit sich.

9 Der das ore gepflantzt hat, solt der nicht hören? der das Ps. 94, 9
auge gemacht hat, solt der nicht sehen?

Das ist: Unser Got, des wort wir haben, des werck wir predigen, ist der rechte Gott, schepffer aller dinge. Und yhr lestert yhn und sprecht, Er sehe und mercke nichts. Ewer Gott ist viel mehr eitel und nichts, wie ewer gedancken sind, als hernach folget. So er denn der rechte Gott ist, wie solt er andern das hören und sehen geben, was yhn gut und nütze ist, und solt selber nicht sehen noch hören, was yhn angehet, was widder yhn odder für yhn gethan wird. So müste er etwas geben, das er selbs nicht hette. Nu er aber oren und augen gibt, müst yhr fürwar blinde, tolle narren seyn, die yhn nicht kennen, das yhr sagt, er sehe und höre nicht.

10 Der die Heyden züchtiget, solt der nicht straffen? der die Ps. 94, 10
menschen leret, was sie wissen.

Das die Heyden und alle welt straffen das böse und züchtigen die bösen kinder und buben, das haben sie von unserm Gott; der gibts yhn, das sie es wissen und thuen. Solt er denn selber nicht straffen und auch züchtigen künnen, die widder yhn böses thuen? Künd yhr straffen was böse für euch ist, solt er denn nicht straffen was böse für yhm ist, so yhrs doch von yhm habt? Kund yhr sehen und hören was böse odder gut bey euch ist, ob yhr wol narren seyt für yhm, solt er denn nicht sehen und hören was böse odder gut für yhm ist, so er euch gibt beyde sehen und hören, gleich wie Christus spricht: 'Künd yhr guts Matth. 7, 11
geben ewrn kindern, wie wol yhr arg seyd, solt denn nicht ewr vater vom hymel guts geben denen, die yhn bitten? Denn Gott gibt euch solchs und alles ander zu wissen, was yhr wisset. Aber solch schelten hilfft nicht. Sie bleiben auff yhrem alten und halstarrigen kopffe ynn yhrer eytelkeit. Darümb folget:

11 Der HERR weys die gedancken der menschen, das sie Ps. 94, 11
nichts sind.

Als solt er sagen: Es ist umbsonst, sie bekeren sich nicht, faren fort und meynen, yhr ding, beyde das sie widder uns und für sich für haben,

3 verdreusst *A* 5 Gottes *BF* sein *E* zuverteydigen *BF* zu verthedingen *E* 6 furgeben *CF* 7 und närren *D* 10 prediget *F* 12 mercke *B* Ewr *D* 14 nütz *B* nutz *F* 15 hören, und was *BF* 16 gethon *E* 17 furwar *CF* 23 thun *DE* können *E* künden *F* 24 thun *DE* vor *E* 25 vor *E* Kündt *BDEF* 26/27 narren vor jm seyd *D* 26 vor *E* 27 böße *D* vor *DE* 28 Kündt *BDE* 29 ewern *BF* ewer *B* von *F* 30 den, die *BF* 32 halßstarrigen *D* kopff *E* Drüb *E* 33 waysst *E* 35 sie] die *F* 36 für sich vor *E*

solle so hynaus gehen. Aber das ist das beste und unser trost, das sie feylen werden. Denn Gott lachet und spottet yhr mit yhren klugen gedancken und trefflichen anschlegen; denn er weys, das sie eytel sind. Das ist, sie sind nichts und wird auch nichts draus, wer es nur erharren künde. Denn es ist umb eine kleine zeit zuthun, so wird yhr ding für yderman zu nicht werden, wie
Ps. 33, 10 f. es an yhm selber nichts ist. Wie auch der .33. Psalm spricht: 'Der HERR macht der Heyden rad zunicht und lesst feylen der völcker gedancken. Aber des HERRN rad bestehet ewiglich, seines hertzen gedancken ymer da'. Und der
Ps. 2, 1 2. 4 ander Psalm zeuget auch, das 'Heyden umbsonst toben und Könige vergeblich sich aufflehnen und die Fürsten unnütz radschlahen widder den HERRN und seinen Christ. Denn er lacht und spottet yhr doch', als die es nicht mügen
Ps. 21, 12 hynaus füren. Und Psalm .21. 'Sie wolten dir ubels thuen und erdachten anschlege, die sie nicht kundten ausfüren'. Sanc. Paulus .1. Cor. 3. fürt diesen
1. Cor. 3, 20 spruch also: 'Der HERR weys die gedancken der weisen, das sie eytel sind'. Denn die klugen unter den leuten gehen am meisten mit anschlegen umb und wollen viel aus richten, yderman radten und die welt zurichten. Aber es feylet alles.

Ps. 94, 12 12 **Wol dem, HERR, den du züchtigest Und lerest durch dein gesetze.**

Dancken sol man Gott (spricht er) und ist eine grosse gnade, wer solchs weys, das der gottlosen anschlege und thun eytel ist und nicht bestehet, wie wol sie der sachen gewis sind und liegen oben so gewaltig, das sie davon rhümen, singen, sagen, wasschen und plaudern. Aber der fromen sache mus nichts sein, ja man tödtet sie und verfolget sie, wie droben gesagt ist. Hie kan nu vernunfft und natur nichts und weys nicht, das solchs wesen nichts sey; denn sie richtet, wie sie fület, und denckt nicht weiter. Sie kan das nicht sehen, das zukünfftig und noch nicht da ist. Sie hanget am gegenwertigen; darümb spricht er, Gott müsse hie zuchtmeister sein und solchs leren. Und wol denen, die ers leret. Wo leret ers aber? Richtet er eim ygliche ein besonders an? Mit nichten, sondern durch sein gesetze leret ers, das ist, ynn der heiligen schrifft leret ers uns. Da finden wir die sprüche und exempel, die uns solchs sagen, wie der gottlosen anschlege und thun keinen bestand hat und alle wege gefeylet haben. Denn sihe, wie es Pharao, Sihon, Og und allen Königen der Heyden gieng und durch die gantze Bibel, so findestu, das yhn allezeit yhr gedancken gefeylet haben. Eben so spricht auch der .73. Psalm

---

1 solle] alle *E* sålen *E* 3 waißt *E* 5 eyn *D* zuthuen *BF* vor *DE* yederman *BDEF* 6 der 8. Psalm *BF* 7 laßt sålen *E* 8 HERR *C* Herren *E* dar *CF* 10 auflaynt *E* radschlagë *E* 12 übels *E* thun *DE* 13 aschlege *F* außfuren *C* Sanct *BC* S. *D* Sant. *E* furt *C* 14 waißt *E* 16 wöllen *BDF* yedermann *BDEF* 17 sålet *E* 21 waist *E* 25 waißt *E* 27 hangen *BF* 28 sölchs *B* 30 gesetz *F* 32 sölchs *F* 33 gefålet *E* 34 Künigen *F* gantzen *E* 35 allzeyt *D* gefålet *E*

von der gottlosen glück: 'Ich dacht yhm nach, das ichs verneme. Aber es war Ps. 73, 16 f.
mühe für mir' (Das ist, nach der vernunfft kund ichs nicht vernemen), 'bis ich hynein gieng ynn das heiligthum Gotts und merckt auff yhr ende'. Das ist: ynn der heiligen schrifft fand ichs, da lernt ich sehen, nicht auff das gegenwertige, sondern auff yhr ende und wie es hernach hynaus gehen würde mit yhn. Da sahe ich, das nichts mit yhn were, wie gros es auch scheinete.

Damit ist geantwort auff der schwachen frage, wenn sie sagen: du sprichst, es sey nichts mit der gottlosen thun und anschlegen. Ich sehe aber wol, das sie grosse ding thun. Antwort: Sie müssen ja etwas anfahen. Aber da sihe auff, wie sie es enden, denn yhr anschlege gehen nicht auffs anfahen sondern auffs ausfüren. Der grosse Alexander fieng viel und grosse ding an, das achtet er selbst nichts. Aber sein anschlag und ende war viel grösser, nemlich die gantze welt zu gewynnen. Ich meyne aber, es feylete yhm. Die Römer hattens auch ym synn, ein ewigs reich zu machen, wie Virgilius spricht: 'Imperium sine fine'[1]. Ich meyne, es feylete auch. Der Türcke hat ytzt auch viel gethan Und hatts noch viel grösser ym synn. Aber der selbige synn mus yhm auch feylen. Wie hatts diese zeit her so grewlich gefeylet dem Bapst, grossen Königen und Fürsten und feylet noch teglich. Noch fürchten sie Gott nicht und lassen von yhren gottlosen anschlegen nicht abe, Gleuben und bitten Gott nicht umb gnade, Befelhen auch yhm die sache nicht, darümb sihet man eytel feylen und fallen bey yhn.

Doch wir reden hie eygentlich von dem fürnemen der gotlosen, das sie haben widder Gotts wort und die fromen. Denn wenn ein gottloser widder den andern ficht, da gehe es wie Gott wil, da gehört dieser trost nicht hyn. Denn die schrifft nicht die gottlosen tröstet, gibt yhn auch keine verheyssung, wie wol auch daselbst allzeit die sichere, vermessene anschlege feylen. Also ist das der schrifft trost, das sie uns leret, Nicht zu sehen, wie es die gottlosen anfahen, sondern warten und zusehen, wie sie es hynaus füren, das sie ym synn haben. Sie habens aber ym synn, Gotts volck und wort schlecht zuvertilgen; das gehet denn den krebs gang[2], das sie selbst drüber zu scheytern gehen und Gott mit den seinen bleibet, ob wol zum anfang etliche getödt und verfolget werden. Also zeuget auch S. Paulus von der schrifft Ro. 15.
'Was geschrieben ist, das ist uns zur lere geschrieben, das wir durch gedult Röm. 15, 4
und trost der schrifft gedult haben', wie der folgend vers auch sagt:

---

1 das ich *F* 2 vor *E* vernunfft *BCDEF* künd *E* 3 gienge *D* Gottes *BDF* ihre *F* 5 wurde *DE* 6 jnen *D* 7 geantwortet *BF* 8 sihe *E* 9 thuen *BF* 11 ausfuren *C* 12 selbs *BEF* anschlage *D* 13 gantzen *E* maine *DE* fälete *E* 14 hettens *E* ewiges *C* 15 mayne *D* main *E* fälete *E* 16 gethon *E* 17 fälen *E* gefälet *E* 18 täglich *E* 20 Glauben *DE* 22 aigenlich *E* 23 Gottes *BD* 24 gehet *F* 28 furen *C* 29 Gottes *BDF* volck *F* wort und volck *E* schlechts *D* 30 selbs *EF* 31 getödtet *BF* getödt *C* 32 Sant *E* 34 gedult] hoffnung *C*

[1]) *Aeneis 1, 279.* [2]) *Wander Bd. II, Sp. 1600 f., unter „Krebsgang".*

Ps. 94, 13 13 Das er stille sey zur bösen zeit, Bis dem gottlosen die grube bereytet werde.

'Stille', Das ist gedültig und nicht tobe noch zürne widder die verfolger, wilche yhm böse zeit machen. 'Böse zeit' heyst er die zeit, da die Tyrannen und Ketzer toben, das ist yhr ding ansahen. Denn die Tyrannen verfolgen leyb und gut. Die Ketzer verfolgen seel und geist. Wie kan denn da gute zeit sein, da leyb und seele teglich ynn ferlicheit stehen? Also redet auch [Eph. 5, 16] S. Paulus: 'Denn die zeit ist böse'. Und stymmet zu mal fein mit diesem Psalm, auch ym nehisten vers, der uns leret, durch die heilige schrifft uns trösten und gedültig sein ynn allerley verfolgung. Das ist aber kurtzümb die art des Euangelii odder Gotts worts: Wens angehet, so fehet an böse zeit. Ursache: Der Teuffel kans nicht leiden, darümb feret er zu und erregt Tyrannen und Ketzer, das nymer weniger friede, nymer böser leute sind und mehr ergernis, denn zur zeit der gnaden und friedes, Das ist, wenn man von Gotts gnaden und friden predigt, wilchs durchs Euangelion geschicht. Da wundert man sich denn, das die leute so böse sind, mehr denn zuvor. Aber es mus so sein. Denn hie hörestu, das er klagt uber böse zeit und leret still und gedültig sein, wilchs man zur guten zeit nicht bedarff.

Solch stille und gedultig sein sol nicht ewig sein. Denn es ist schön das ende da, denn die gottlosen werdens nicht ausfüren, wie gesagt ist. Yhr grube und verderben ist fürhanden. Und wie S. Petrus diesem vers zustymmet [2. Petri 2, 1] und spricht: 'Sie füren uber sich selbst ein schnel verdamnis'. Denn ym Ebreischen mag dieser Text auch also lauten: bis dem gotlosen das verderben gegraben werde. 'Verderben' und 'gruben' fast auff eins stymmet. Nu, solchs alles mus Gott leren zur bösen zeit, das man gleube, der gottlose solle untergehen. Vernunfft dünckt nicht anders, denn die fromen sollen verderben und die gottlosen ewiglich bleiben, so gar wüst lesst sichs an.

Ps. 94, 14 14 Denn der HERR wird sein volck nicht verstossen Noch sein erbe verlassen.

Hie hörestu, das dieser Psalm eygentlich redet von anschlegen der gotlosen widder Gotts volck. Denn Gott kan die seinen nicht lassen, das ist gewis, wie er hie sagt. Darümb ist's unmüglich, das die gottlosen yhr fürnemen solten hynaus füren. Es mus yhn feylen, es sey denn Gott nicht Gott; alleine das umb eine kleine böse zeit zu thun ist, darynn man stille und gedultig sey, das die gottlosen yhr ding anfahen und darnach zu schanden werden. Wie

---

1 für *C* 7 täglich *E* ferlickeit *Custos in A; BC* ferligkeyt *D* fürligkayt *E* 8 fant *D* 9 nehesten *CD* nähisten *E* 10 gedultig *DEF* 11 Gottes *DF* fahet *E* 12 fört *E* 15 Gottes *BDF* frieden *BF* 18 gedultig *DEF* 19 Sölch *D* gedültig *BC* schon *DEF* 20 ausfuren *C* 21 furhanden *C* verhanden *E* 22 furen *C* selbs *BEF* 23 Ebraischt *E* 24 werde das verderben *BF* grube *BF* stymme *BF* 25 glaube *D* 26 dunckt *EF* 31 Gottes *BDF* 32 furnemen *CF* 33 furen *C* allain *EF* 34 thuen *BF* gedültig *BC*

auch der .91. Psalm sagt: 'Du wirst mit deinen augen sehen und schawen, wie Ps. 91, 8 den gottlosen vergolten wird'. Sihestu es hie nicht und ynn des getödtet wirst, so wirstu widder lebendig werden und ynn ihenem leben sehen. Die lebendigen werdens aber auch ynn diesem leben sehen. Nu, dieser vers ist ein mechtiger trost und trotz für die fromen und ein schrecklich urteyl widder die Tyrannen und Ketzer, wer es gleubt. Denn es wird gewislich so gehen, und wenn tausent und aber tausent Bepste, Keiser, Fürsten, gelerten, Ketzer auffeinander sessen, gleich auch wie der folgend vers sagt:

15 **Denn das gericht wird widder zurecht komen. Und dem** Ps. 94, 15 **werden folgen alle auffrichtigen von hertzen.**

So viel ich Ebreisch kan, dünckt michs also lauten ym Ebreischen: 'Denn gerechtickeit wird noch das recht widderbringen', das ist, wie wol zur bösen zeit gewalt für recht gehet und heucheley für warheit: Aber zu letzt wird doch unrecht und schein nicht bestehen, sondern gerechtickeit wird komen und offenbar werden und das unrecht zu schanden machen und das recht preisen. Und wie wol dem selbigen nicht alle welt zufallen wird: So werdens doch thun die fromen und was redlich und auffrichtig ist, auff das also das recht doch bleibe und unrecht untergehe. Sihe Johannes Hus exempel an, der ist zur bösen zeit mit gewalt und unrecht verdampt. Ytzt ist gerechtickeit offenbar worden und preiset sein recht, da widder nichts hat mügen helffen; alles was bis her das gantze Babstum mit so viel bannen, predigen, brennen, toben hat versucht, yhr anschlege sind doch zu nicht worden. Also geings den Jüden mit Christo, den Römern mit den Christen ꝛc.

16 **Wer stehet bey mir gegen den boshafftigen? Wer trit zu** Ps. 94, 16 **mir gegen den ubelthettern?**

Hie hebt er an, Gott zu dancken für solchen trost und verstand, wil also sagen: Ynn dem toben der gottlosen war sonst niemand, der mir bey stunde, ich war einig und verlassen, yderman meynet, es were mit mir aus, die gottlosen hetten gewonnen. Wie auch ein ander Psalm spricht: 'HERR, Ps. 25, 16 erbarme dich mein, denn ich bin einig', das ist, niemand tröstet mich, yderman verzagt an mir, on Gott alleine, der mein meister und lerer ist, wie folget:

17 **Wo der HERR nicht mein helffer were, so müste meine** Ps. 94, 17 **seele ynn der stille bleiben.**

Es were mit mir verloren, die gottlosen füreten yhr fürnemen fein und vol hynaus widder mich, wenns bey mir stünde und an den leuten lege. Denn sie legen mir alle ab[1], so zappelt mein hertz selber. Aber Gott ist, der

---

5 trutz *E* fur *CF* 6 glaubt *DE* 7 Bäbste *D* 11 bunckt *EF* mich *F* 13 gwalt *F* gern *E* 14 kumen *F* 17 thuen *BF* 18 doch *fehlt BF* 21 Babstum *BE* 22 giengs *BCDE* Juden *E* 24 boshafftigen *BCDEF* 25 übelthettern *DE* 26 hept *E* 28 stünde *CDE* yederman *BDEF* wer *F* 29 gewunnen *E* 30 yederman *BDEF* 31 verzag *D* allain *E* leier *A* leiter *CD* 32 mein *E* 35 vol] wol *F* stunde *F*

[1]) d. i. *sie thun mir alle Abbruch, vgl. Grimm, Wörterbuch 1, 71.*

mir gedult gibt, mich anders leret und die gottlosen stortzet uber und widder alle vernunfft. Er lests aber so grewlich angehen durch die gottlosen, auff das er mich lere, das ich verloren were on seine hülffe, und ich erkenne, das meine krafft nichts sey. Also ist dieser vers mit den zween folgenden nichts denn eine dancksagung für die gnade, das uns Gott tröstet zur bösen zeit, wenn die Tyrannen und Ketzer toben, wie wir gehort haben.

'Ynn der stille bleiben', wilchs 'Duma' heyst auff Ebreisch, ist ein ander stille denn droben gesagt ist; Nemlich, wenn ein ding gar nichts mehr ist, das man nicht mehr sihet noch höret noch fület, wie die todten sind, die gar aus den augen und synnen komen sind. Darümb es bey den Ebreischen für die helle, das ist für den ort, da die todten sind (es sey was es wolle) genomen wird. So wil er hie sagen: Mein seele, das ist mein leben, were gar zu nicht worden, wie ein tod und vergraben mensch. Denn so war yhm zu synn zur bösen zeit.

Ps. 94, 18 18 **Da ich dacht, mein fus ist gefallen: So labet mich, HERR, deine güete.**

Das ist auch ein stück des dancks, darynne er zeyget, was er für gedancken hatte zur bösen zeit. So 'dacht ich', spricht er, 'mein fus fellet'. Das ist, ich fieng an zu verzweyffeln und meynet nicht anders, ich müste untergehen und die gottlosen ewiglich bestehen. Denn ein ygliche rechte anfechtung sol also gethan sein, das sie den menschen yns verzweyfeln bringe und scheine nicht anders, denn das die widdersacher gewonnen und er verloren habe. So kömpt denn die 'güete Gotts' und 'labet' yhn, das ist, er tröstet yhn durch die heilige schrifft, wie droben gesagt ist, das die gottlosen nicht sollen hynaus füren und die seinen nicht verlassen werden.

Ps. 94, 19 19 **Da ich viel bekümmerns hatte ynnwendig, ergetzeten deine tröstunge meine seele.**

Der vers ist fast einer meynung mit dem vörigen. Denn der vorige meldet die gedancken der verzweyfflung, so er hatte zur bösen zeit, und wie er da labsal hat von Gotts gnaden ynn der schrifft empfangen. Dieser vers aber redet von den mancherley gedancken, die einer hat ynn solcher verzweyfflung, wie er wolle odder möchte davon komen. Da denckt er hie her und daher und sucht alle winckel und löcher, findet aber keine. So spricht er nu: da ich ynn solcher marter war und mich mit meinen gedancken schlug, suchte hie und da trost und fand doch nichts: Da kamest du mit deinem trost und ergetzest mich und hieltest dich freundlich zu meiner seele mit sprüchen und exempeln der

---

1 stürtzet *BEF* störtzet *D* 3 sein *E* hulffe *C* hilffe *D* 4 zweyen *D* 6 gehört *DE* 7 Dumia *F* 11 wölle *BDEF* 11 wer *F* 15 gedacht *C* 16 dein *EF* guete *C* 17 stuck *F* 18 fallet *E* 19 maynet *D* 21 gethon *E* 22 gewunnen *E* verlorn *D* 23 kompt *EF* güte *CDE* Gottes *BD* tröst *C* 26 bekümmernis *BF* bekümmernus *D* hette *E* 27 meyn *DE* 28 vorigen *BCDEF* 29 hette *E* 30 Gottes *BDF* 31 verzweyflung *A* 32 wol *F* gedenckt *D* 33 Do *D* 35 do *D*

heiligen schrifft, das ich wol mag sagen: Selig ist der den du züchtigest und lerest durch dein gesetze.

20 Hat auch der unselige stuel mit dir gemeynschafft? Ps. 94, 20
Wilcher arbeit ertichtet mit geboten.

Psu mal an, was machen doch unser lerer und prediger, das sie solchs nicht auch leren, wie man die seelen sol mit der schrifft trösten; wie gar gleichen odder reymen sie sich nicht zu dir, und yhr stuel hat keine gemeynschafft mit dir. Du lerest gar viel anders denn sie. Auff dem stuel sitzen sie. Sie sind lerer, die schlüssel zum erkentnis haben sie. Aber was leren sie? Jamer und hertzleid leren sie. Denn das wörtlin 'Hawoth' heyst unglück und hertzenleyd, wie wir auff Deudsch von einem buben sagen: du wirst ein unglück anrichten[1]. Das ist: Du wirst ein untugent begehen, da dir hertzenleid und alles ubel begegen wird; Das also unglück hie alles beydes begreiffe, beyde die missethat und die straffe. So nennet er hie 'den stuel Hawoth' die leidigen prediger, die den leuten alles hertzenleid anlegen, damit das sie unrecht leren und leben, da durch sie denn ynn Gotts straffe falen. Binden, knüpffen und yrr machen die gewissen kunnen sie wol, Aber trösten und laben kunnen sie nicht.

Also auch 'erbeit tichten sie mit gepoten', das ist, sie tichten viel gesetz, gebieten dis und das und machen den leuten viel erbeit, wie Christus spricht Matt. 23. 'Sie binden untregliche bürden und legen sie den leuten auff den Matth. 23, 4 hals'. Und das alles, das man Gott solle damit bewegen, solche plagen und verfolgung abzuwenden; Und wollen schlecht mit wercken dem ubel weren, da sie doch sollten gedult leren und auff Gotts gnaden und barmhertzickeit trawen. Gleich wie zu unsern zeiten, wenn ein unfal fürhanden ist, so predigt man, das man Procession gehen, fasten, dis und das thun solle. Summa: erbeyt macht man, nicht allein den leuten mit schrecklichen geboten, sondern auch den glocken und kertzen und weyrauch und des gleichen. Aber ynn des leret niemand gedult noch Gotts güete. So haben der Jüden lerer auch gethan, wie er hie klagt. Denn das wort 'Hol', das hie stehet, heyst eygentlich die gepot, so man teglich ordenet und setzet, wilche man Ceremonias odder eusserliche geberde nennet; Und spricht, das der leydige stuel ertichte und erfinde sie, das ist: Gott hatts yhn nicht befolhen, sondern sie spinnen es aus yhrem eygen kopffe.

---

1 du] zů *E* 3 stůl *E* 4 erbeit *BF* erdichtet *E* gepoten *BF* gebotten *E* 7 stůl *DE* kain *E* 8 stutel *B* stůl *DE* 10 hertzleid *A* hertzenlaydt *D* wörtlein *DF* 11 hertzenlaydt *D* Teůtsch *DE* 12 hertzenlaydt *D* 13 übel *E* 14 stůl *DE* laydigen *D* 15 hertzenlaydt *D* 16 Gottes *BF* knüpffen *B* 17 kůnnen *(baidemal) BCDF* künde *(baidemal) E* 18 arbeyt *DE* gebotten *DE* geboten *F* dichten *E* 19 gebitten *B* arbeyt *DE* 21 plage *F* 22 schlechts *D* übel *E* wören *E* 23 Gottes *BDF* 24 vor handen *E* 25 thuen *BF* arbeit *DE* 26 gebotten *D* 28 Gottes *BDF* güte *CDE* Juden *E* lere *F* gethon *EF* 29 gebot *DF* 30 täglich *E* 31 stůl *DE* erdichte *E* erfindt *D*

[1]) *vgl. oben S. 358 Anm.*

Ps. 94, 21 21 Sie rüsten sich widder die seelen des gerechten Und verdammen unschuldig blut.

Das kunnen sie auch wol, das da sie trost und Gotts gnade leren solten, da stehen sie so feste und halten so steyff uber yhren ertichten gepoten, das wo man es nicht halten wil odder da widder redt, wie denn die gerechten thun, da ist keine gnade noch gedult. 'Sie rüsten sich widder sie', alle waffen, gewalt und krafft erregen sie widder sie, und mus dis der aller gröste streyt, die aller gröste rustunge sein, das nicht genug ist am schwerd, Sondern wasser, feur, erden, lufft und alles mus widder solche gerechte fechten. Und verdamnen also unschuldig blut, da sie doch meynen, sie thun Gott einen dienst dran. So gar nichts reymet sich yhr stuel mit Gotts gesetze und lere. Das sind die Ketzer und falsche lerer, davon wir droben gesagt haben. Aber wie die Tyrannen yhren lohen empfahen, also werden diese yhrem urteyl auch nicht entfliehen, wie folgen wird.

Ps. 94, 22 22 Aber der HERR ist mein schutz, Mein Gott ist ein hort meiner zuversicht.

Sie leren, toben, würgen, wie sie wollen: Ich bin doch wol sicher für yhn und gewaltiglich verteydingt. Denn Gott ist mein schutz. Unser lere mus bleiben, yhr tichten mus untergehen, denn Gott ist unser schutz. So werden wir auch für yhn wol bleiben, es sey hie odder dort. Denn unser Gott ist unser hort, darauff wir trotzen und sicher sind. Nicht aber alleine das, sondern er wird sie auch dazu, als ein Gott der rache, vertilgen, wie folget:

Ps. 94, 23 23 Und er wird yhn yhr unrecht vergelten und wird sie ynn yhrer bösheit verstören. Der HERR unser Gott wird sie verstören.

Da stehet das endlich gewis urteyl, das Gott yhre bösheit wird nicht ungerochen lassen sondern sie alle verstören ynn yhrer bösheit, das yhre bösheit mus auffhören. Und das wird thun 'unser Gott', Das ist, des wort wir füren, wilchen sie für keinen Got achten und meynen, Gott sey auff yhrer seiten, wie wir droben gehort haben. Wer nu solchs gleubt und von Gott gelert ist, der kan gedultig sein, die gottlosen toben lassen und auffs ende schawen und der zeit erharren.

Ende.

---

2 unschuldig *DEF* 3 kunnen *BCD* künden *E* künnen *F* Gottes *BDF* 4 fest *E* erdichten *E* gebotten *DE* 6 thuen *BF* 8 rüstunge *BCDEF* gnug *C* 9 fewer *B* fewr *C* 9/10 verdammen *BCEF* 10 unschuldig *DEF* maynen *D* thuen *F* daran *F* 11 stül *DE* mit] und *E* Gottes *BDEF* 13 lohn *BDEF* 17 vor *E* 18 verthedingt *E* ler *C* 19 richten *BF* dichten *E* vergeen *E* 20 vor *E* 21 trutzen *E* allein *E* 22 darzů *DE* 24 boßheit *BCDEF* 26 boßheit *BCDEF* 27 boßheit *BCDEF* 27/28 boßheit *BCDEF* 28 thuen *BF* 29 furen *C* welchen *CDE* 30 gehört *DE* solches *E* glaubt *DE* 31 gedültig *BC* 33 Ende *fehlt BCEF*

Der Hundert und neunde Psalm.

Der Titel.

Ein Psalm Davids hoch zu singen.

Was das hoch singen sey, ist droben[1] gesagt. Den Psalm aber hat David ym geist gemacht von Christo, wilcher redet den gantzen Psalmen ynn seiner eygen person widder Juda, den verrether und widder das gantze Jüdenthum und verkündigt, wie es den selbigen gehen werde. Also füret auch S. Petrus diesen Psalm acto .1. von Juda, da sie an seine stat Mathias welen. Apg. 1, 20. 16 Nicht, das er alleine von Juda rede, sondern wie Sant. Petrus daselbst spricht, Juda sey das heubt odder fürnemest gewest, das Christus gefangen und gemartert ward. Auch Christus selbst für Pilato bekennet, das Juda die grösseste sünde gethan habe, das er yhn uberantwort habe. Darümb gehet der Psalm fürnemlich widder Juda, Aber doch auch widder alle, die mit Juda sind und ynn seinem wercke bleiben und folgen, wie hie ym Psalm Christus selbst deutet und spricht: 'So müsse es gehen allen, die mir widder sind'. Ps. 109, 20 Das also dieser Psalm von Juda anhebe und gehe uber alle, die Judas art an sich haben, als da sind alle verfolger und Rotten widder Christus wort. Denn die selbigen lestern allzumal die warheit und verfolgen die rechten Christen. Widder die selbigen ist dis ein schrecklicher Psalm. Denn er flucht und verkündigt so viel ubels den feinden Christi, das etliche diesen Psalm haben yns gerucht bracht, das die Münch und Nonnen yhn sollen beten widder yhre feinde; Und wo er widder yemand gebettet würde, so müste der selbige sterben. Das sind aber lügenteydinge und mehrlin.

Warümb flucht denn Christus so ubel, der doch verbeut und leret Math. 6., man solle nicht fluchen? Matth. 5 (bis). 44 Und er auch selbst am Creutze nicht fluchet, wie S. Peter spricht, Sondern bittet für seine flücher und lesterer, wie ich 1. Petri 2, 23 Luc. 23, 34 droben[2] auch von der rache fragte? Ist kürtzlich die antwort: Liebe flucht nicht, rechet sich auch nicht. Aber der glaube flucht und rechet. Das zuverstehen, mustu von einander scheyden Gott und menschen, Personen und sachen. Was Gott und die sache angehet, da ist keine gedult noch segen sondern eytel

1 CLX. *E* 2 Der *fehlt E* 3 hoch] vor *ab* 4 Was *bis* gesagt *fehlt ab* Den] DIesen *ab* aber *fehlt ab* 6 eygen *fehlt E* verrheter *Bab* verräter *E* 7 Juden-thumb *E* verkündigt] weissagt *ab* dem *b* füret *a* 8 Matthias *ab* wölen *E* 9 allain *EF* S. *BEF* Sanct *Cab* 10 haubt *D* haupt *E* furnemest *Cab* 10/11 gemartet *D* 11 selbs *BEF* vor *DE* 12 sunde *Cab* gethon *EF* 13 furnemlich *CFab* 15 selbs *E* 18 rechte *E* 20 so *fehlt E* übels *E* 21 gerücht *BCDEFab* Nunne *D* betten *E* 22 jmand *ab* gebetet *B* wurde *E* 23 lugentheydinge *E* märlin *E* 24 übel *E* verpeut *D* 25 Matth. am 6. *b* selbs *Eb* 26 Sanct *b* flucher *CDFab* 26/27 wie *bis* fragte *fehlt ab* 28 glaube *F* fluchet *b* 29 muste *Ca* mensch *F*

[1]) *vgl. oben S. 571, 25ff.* [2]) *vgl. oben S. 588, 29ff.*

eyfer, zorn, rache und fluchen. Als das die gottlosen das Euangelion verfolgen, das trifft Gott und seine sache an. Da ist nicht zusegenen noch glück dazu zu wündschen, sonst müste niemand auch widder ketzerey predigen noch schreiben, syntemal solchs nicht mag zu gehen on fluchen. Denn wer da widder sie predigt, der wündscht ja, das sie untergehe, und thut das ergest und beste dazu, das sie untergehe. Das heysse ich nu glaubens fluche. Denn ehe der glaube liesse Gotts wort untergehen und Ketzerey stehen, er wündscht ehe, das alle creaturn vergiengen. Denn durch Ketzerey verleuret man Gott selber. Also ist das fluchen Christi ynn diesem Psalm nicht umb seiner person willen sondern umb seines ampts und worts willen, das der Jüden yrthum wil sich bestetigen und das Euangelion untertretten. Da wündscht er, das sie untergehen sollen und kein glück mit yhrem Jüdenthum haben, gleich wie Mose
4. Mose 16, 15 Numeri. 16. bettet, Das Gott Corah gebet nicht solt hören noch yhr opffer an nemen. Darümb mus es geflucht, ubels gewündscht und rache gebeten sein widder des Euangelion verfolgung und yrthum und widder die, so solch unglück treiben und anrichten.

Aber die person sol sich nicht rechen sondern alles leiden, dazu auch dem feinde guts thun nach der lere Christi und der liebe art. Denn hie regirt die liebe und nicht glaube und gehet mich und nicht den glauben an. Als ym gleichen: Ein Christ mag richter sein und den mörder verurteylen und tödten, doch nicht umb seinen willen noch das seine brynne zusuchen, sondern umb der andern willen und von ampts wegen. Solchs ist denn gleich so viel, als hetts Gott selbs gethan. Denn seine ordnung thuts. Summa: Fluchen umb Gotts wort willen ist billich, Aber umb deinen willen odder dich selbs zu rechen odder das deine zu suchen, ist unrecht. Und ynn solchem fluch ists fein, das man Gotts namen nenne und durch Gott fluche, gleich wie man
2. Kön. 2, 24 auch bey seinem namen schweret und segenet. Also stehet geschrieben .4. Reg., das Elisa fluchet den kindern Bethel ym namen des HERRN, das sie die
Sach. 3 (so). 2 bern zurissen. Und Sacharie 5. flucht der Engel also: 'Der HERR straffe
Apg. 23, 3 dich, Satan'. Und Paulus Acto. 23. 'Der Herr schlahe dich, du getünchte wand' ꝛc. Spricht er nu also:

Ps. 109, 1 1 Gott meines lobes, Schweyge nicht.

Allermeist klagt er ynn diesem Psalm uber die meuler der gottlosen,

---

1 eiuer *ab* das] da *Cab* 2 sein *E* 3 dazů *E* 6 böste *F* gleubens *F* 7 Gottes *BFab* 10 Juden *DEF* yrthumb *BDEFab* 11 bestettigen *D* bestätigen *E* wündschet *b* 12 Judenthumb *DE* Jüdenthumb *ab* 13 Numeri am 16. *b* gepet *DE* 14 vbels *D* übels *E* uebls *b* gepeten *D* 15 das *B* yrthumb *BEFab* 17 dazů *E* 19 gleuben *F* 21 töden *a* brynnen *BF* 23 gethon *E* sein *E* ordenung *BF* 24 Gottes *BFab* worts *b* 24 25 willen ist, oder dich selb *F* 25 zuuchen *F* 26 ists *E* Gottes *BDFab* 27 schwöret *E* Reg. ij. *D* Reg. 4. *ab* 29 beren *BF* zerrissen *E* Zacharie *ab* fluchet *b* 32 1 *fehlt BF bei diesem Verse und bei allen folgenden fehlt die Zahlangabe in ab* meines lobes] mein rhum *ab* 33 Allermeyst *F*

wilche allezeit die lere Gotts angreyffen und verdamnen, damit sie ursache gewynnen, auch zu tödten die selbigen lerer, als thetten sie recht. Und ist der hadder gantz und gar umb der lere willen. Darümb ich auch gesagt habe, das ynn diesem Psalm der glaube und die sache fluche und nicht die liebe odder person. Das wil auch, das er sagt: 'Gott meines lobes', Als solt er sagen: Du sihest, das sie allzumal mich umb deins worts willen schenden, lestern und verdamnen. Ich aber habe niemand der mich lobe, denn du mit den deinen. Darümb schweige nicht, das ist: lobe, preise, verklere, verteydinge mich und beweise, das ich recht lere. Gleich wie Christus spricht zum vater:
'Verklere mich, auff das dich dein son verklere'. Gib geist, thu wunder und Joh. 17, 1
zeychen, damit meine lere bestettigt werde. So verklere ich denn und predige dich, das du rechter Gott und mein vater seyest, so gleubt man denn mir und werden beyde verkleret.

'Gott meins lobes.' Wie wol es ym Latinischen und Deudschen laut, als das ich Gott lobe, so ist's doch ym Ebreischen so viel gesagt als: Gott lobet mich, odder: ich habe niemand, der mich lobet, denn Gott, gleich wie
das (Psalm .88.) 'Gott meins heils' nicht heist, das ich Gott helffe, sondern Ps. 88, 2
das er mir helffe. Und 'Gott meiner gerechtickeit' Psalm .4. heist nicht, das Ps. 4, 2
ich Gott gerecht mache odder zum recht helffe, sondern er hilft mir, das ich recht bin und recht behalte. Also hie auch: 'Gott meines lobs', das ist: Gott helt uber meinem lobe. Er verkleret und ehret mich, weil ich umb seinen willen mus vertunckelt, gelestert und geschendet werden.

2 Denn die falschen meuler der gottlosen haben sich widder Ps. 109, 2
mich auffgethan Und reden widder mich mit lügen zungen.

Das ist, wie gesagt ist: Sie beliegen und lestern mich schendlich und felschlich, das meine lere, dein wort, mus yrthum, Ketzrisch, auffrürisch und verdampt sein. Darümb schweige du nicht und lobe mich widder yhr schelten und schenden. So mus gehen allen Euangelii predigern.

3 Sie bereden mich mit hessigen worten allenthalben Und Ps. 109, 3
streitten widder mich on ursache.

Das ist: yhr gifft reyst weyt ein und frist umb sich wie der krebs, als
Paulus spricht, das sie viel verfüren und machen mich mit solchen hessigen 2. Tim. 3, 13
worten feindselig und unwerd für yderman, fechten also widder mich on alle ursache; denn ich lere die warheit, derhalben sie mir billicher solten zufallen und beystehen, so fechten sie widder mich.

---

1 allzeit *ab* Gottes *Bab* verdammen *BCEF* vrsach *E* 2 thätten *E* 3 hader *DEFab* 4 gleube *F* 6 deines *Fb* 8 verthedige *E* 11 bestetigt *ab* 12 seyst *BF* glaubt *DE* 14 Lateinischen *E* Teutschen *DE* 17 das] der *E* Psalmo. 89. *ab* 89. *C* 18 5. *Cab* 20 meins *b* 21 weil ich] wilcher *BF* 22 vertündelt *B* 23 Denn sie haben ir Gottloses vnd falsches maul widder *ab* 24 auffgethon *E* lugen *E*] falscher *ab* 26 mein *EF* irthūb *DE* Ketzerisch *BDFab* auffrürisch *a* 29 Vnd sie reden gifftig widder mich allenthalben *ab* 30 vrsach *ab* 31 kreps *E* 32 verfuren *Ca* sölchen *BF* solchem *b* heissigen *Ca* 33 vor *E* yederman *BDE*

Pſ. 109, 4 4 **Da für das ich ſie liebe, ſind ſie mir widder. Ich aber bete.**

'On urſache', ſage ich. Denn ich beweiſe yhn viel liebe, damit das ich die warheit yhn ſage. Aber für die liebe mus ich has und heſſige wort und nachreden empfahen. Was ſol ich aber thun ynn ſolchem fall? Ich bete.
Phil. 4, 6 Eph. 6, 18 So leret auch S. Paulus die Epheſer: 'Ynn allen dingen laſt ewer gebet mit bitten und danckſagung kund werden für Gott'. Als ſollt er ſagen: Was ſol man doch thun? Sie künnen wolthat nicht leiden. Wolan, ſo mus mans Gott befelhen und ſich zum gebet halten. Ach, wie ein from kindlin iſt die welt: Ubels wil ſie nicht haben, guts kan ſie nicht leiden. Rat, was wil ſie denn haben? Helliſch feur und den Teuffel dazu, da ringet ſie nach, das wird yhr auch begegenen.

Pſ. 109, 5 5 **Sie thun mir böſes umb guts Und has umb liebe.**

Lieber ſihe, wie nahe redet er unſerm Herr Gott und wie gewaltig er betet. Sie haben doch keine urſache, ſpricht er, das ſie widder mich ſtreiten; lere ich doch die warheit, das weyſtu. So haben ſie viel weiniger urſache, das ſie mir böſes thun, denn ich thu yhn eytel guts, ſo haſſen ſie mich. Das alſo beyde meine rechte lere und gute werck und wunder von yhn gehaſſet und verfolget werden. Was ſol ich nu mehr thun? Was wil doch hie ubrig ſein, denn das ſie werd ſind, beyde mein wort und werck zuverlieren? Das iſt, das ſie verflucht werden, denn ſie wollen ſchlechts keinen ſegen noch guts. Nu mags nicht anders ſein; denn wer guts nicht wil, der mus boſes haben. Wer nicht wil geſegenet ſein, der mus verflucht ſein, wie nu weiter auch folget.

Pſ. 109, 6 6 **Setze gottloſen uber yhn, Und der Satan ſtehe zu ſeiner rechten.**

Schrecklicher, grewlicher flůch und unglück hab ich ynn aller ſchrifft nicht geleſen, denn dieſe zween vers geben, wilche alleine billich ſolten erſchrecken und alle welt zu enge machen allen, die Gotts wort verfolgen und anfechten. Denn hie ſpricht er: 'Setze gottloſen uber ſie'. Dis 'ſetzen' heiſt Ebreiſch 'Pikad'. Das iſt beſtellen und ordenen zum ampt, wie man Biſſchove, Pfarrer, Prediger odder auch weltliche herrn und amptleute eynſetzt. Alſo iſt hie die meynunge, weil ſie mich und meine lere ſchlecht nicht leiden mügen und wollens aller dinge ſo haben, ſo las gehen. Las uber ſie falſche lerer, Rottengeiſter und eytel gottloſe prediger unter ſie komen, die ſie eytel lügen, gottloſe lere und yrthum leren und von einen yrthum ynn den andern verfüren. So wollens ſie es haben.

---

1 Darfür *E* Dafur *ab* ſie widder mich *ab* 3 jnen *D* heſſig *BF* 4 thuen *BF* bette *E* 5 ſant *D* Sanct *ab* 6 wer *E* 7 thuen *BF* künden *E* kunnen *ab* 8 befehlen *b* wie] wol *E* 9 kindlein *D* 10 haben *BCEFab* ſewer *BEFab* fewr *C* darzů *DE* 11 begegen *D* 12 thuen *BF*] beweiſen *ab* 13 nahet *F* 14 Sie] Sihe *B* 15 weniger *BCDFab* 16 jnen *D* 18 vberig *D* übrig *E* 21 anderſt *E* wer] der *F* böſes *B—b* 22 geſegnet *DE* 23 über *D* Sathan *BE* ſtehe] müſſe ſtehen *a* muſſe ſtehen *b* 24 Schrecklicher und grewlicher *Cab* flůch *a* vnglück *a* 25 allein *E* 26 Gottes *Dab* 28 Biſchoffe *DE* 31 ding *E* 32 lugt *E* 33 einem *CDab* 34 wollen *Cab* wöllen *D*

Dazu: 'Satan stehe zur yhrer rechten', das ist, der Teuffel durch seine Apostel reite sie also, das, ob sie gerne eraus wolten und meynens fast gut und sich stellen, als wolten sie zur rechten und gerne recht und warheit wissen: So sey der Teuffel da und verstelle sich als ein Engel des liechts und hyn- 2. Kor. 11, 14 dere sie, halte sie mit solchem scheyn und schönen gedancken und worten auff und verstocke und verblende sie, das sie nicht mügen eraus komen, ob man yhn gleich die warheit so helle und durre für legt, das sie es greiffen möchten. Solche straffe sehen wir heutes tages ynn den Jüden, das sie nicht weichen von yhrem synn, ob sie wol wissen, das sie uberwunden sind mit der schrifft. Wer machts? Nicht vernunfft noch menschliche blindheit, denn die were zu lencken; sondern, wie hie stehet, Satan stehet zu yhrer rechten. Also haben alle Ketzer gethan, so thuen yht unser Rottengeister uber dem Sacrament, so thut auchs Bapstum.

Er redet aber als von einem und nicht von vielen, so er doch bisher uber viele geklagt hat. Denn es gehet fürnemlich uber den verrheter Juda, wilcher, wie gesagt ist, den hauffen füret widder Christum als der heubtman. Aber allen die seiner art sind widderferet des gleichen; da er Christum nicht mocht hören, muste er die gottlosen hohe priester hören. Und ob er wol rewe hatte hernach, stellet sich, als wolt er recht faren, kam er doch nicht widder sondern verzweifelte; denn Satan stund steyff zu seiner rechten und behielt yhn.

Von solcher straffe redet Paulus auch zu den Thessalonichern, das Gott 2. Thess. 2, 11 kreffitige yrthum sende zu denen, die nicht haben die warheit angenomen und müssen der lügen gleuben. Und Christus Johan. 5. 'Ich bin komen ynn Joh. 5, 43 meines vaters namen und yhr nemet mich nicht auff; ein ander wird ynn seinem namen komen, den selbigen werdet yhr auffnemen'. Eben so gehets yht auch bey uns ynn Deudschen landen und wird noch mehr werden.

7 Wenn er gericht wird, müsse er verdampt ausgehen. Und Ps. 109, 7 sein gebet müsse sünde sein.

O fürchte und demütige sich alle welt fur Gottes wort, wie grewlich laut doch das! Alle sein leben, spricht er, das er füret auffs allerheiligeste und nicht anders meynet, denn er füre es nach Gotts wort auffs aller beste, das musse verdampt und für Gott ein unchristlich, teufflisch leben sein. Was hilfft sie nu so gros, strenge, hartts leben, so viel fasten, zucht und der gleichen seiner werck? Dazu spricht er: 'wenn er bettet zu Gott' (Wilchs sie

1 Darzů DE] Vnd der ab Sathan E 2 maynens D 7 jnen D dürre C—b für CDab mochten BF 8 Sölche D Juden EF 12 gethon E thun CDEab unsere b 13 auch das Eb Babstumb D 15 vil E verrether C verrätter E 16 furet Ca haubtman DF hauptman E 17 widerfaret E do D 18 möcht ab müste ab wolt B 19 hette E 21 redet sant Paulus D 23 lugen E glauben DE Johānis DE 25 werd F 26 Teütschen DE 27 musse ab 28 sunde CFab 29 furchte C vor E Gotts C 30 allerheiligste BF 31 nit anderst E maynet D fure C Gottes Dab 32 müsse B—b vor E unchristlich B Teüffelisch DF 33 hartes D 34 Darzů DE betet Dab

doch faſt ſtarck treiben) 'ſol' nicht alleine ungehort ſondern auch 'ſůnde ſein', Matth. 23, 14 das ſie durch yhr gebet noch mehr verdampt werden, wie Chriſtus Math. 23. den heuchlern auch drawet, die lange beten.

Das wort: 'Wenn er gericht wird' Iſt von dem gericht geſagt, wilchs durch die lere und predigt geſchicht, ſo man der ſelbigen mit dem werck folget. Denn ym vorigen vers redet er vom predigampt. Drůmb iſt dis gericht nicht anders denn das recht odder lere, darynn das böſe geurteylt und geſtrafft und rechts leben gepredigt wird. Alſo redet der .122. Pſalm von dem predig ampt Pſ. 122, 5 Jeſ. 9, 6 zu Jeruſalem: 'Da ſelbſt ſitzen die ſtůele zum gericht'. Und Iſa. 9., auch Jer. 23 [10], 5 Jere. 21. ſagen, das Chriſtus ſolle mit gericht und gerechtickeit regieren. Summa: Das gericht odder recht iſt die lere, darnach ſich die gewiſſen ſollen richten und leben, das man das böſe meyde und guts thue. So ſind nu dieſe gotloſen ſo geplagt, das ſie gericht und recht holen. Das iſt, ſie laſſen yhn predigen und radten und böſes ſtraffen und meynen, es ſey ſo recht, faren eraus, thun alſo und bringens yns werck; wiſſen aber nicht, das ſolchs alles verdampt iſt, wilchs ſie gar fůr köſtlich ding halten und den hymel damit meynen zuverdienen. Denn die gottloſen haben yhr weſen warlich auch yns regiment gefaſſet, ſtraffen böſes, loben gutes und gehet feyn ym gericht und recht daher; gleich wie bey den Jůden yhr Thalmud, bey uns Chriſten das geiſtlich recht, bey den Turcken der Alkoran, Und iſt doch alles verdampt Teuffliſch ding.

Pſ. 109, 8 8 Seiner Tage můſſen wenig werden, Und ſein ampt můſſe ein ander empfahen.

Apg. 1, 20 Diſen vers fůret S. Peter Acto. 1., da er ſpricht: 'Sein Epiſcopat můſſe ein ander nemen', und deutets dahyn, das S. Matthias an Judas ſtat iſt komen; und iſt recht, on das uns das Kriechiſch wort 'Epiſcopat' und nu Deudſch 'Biſtum' ſeltzam lautet, die wir ſolche Biſſchove und Biſthůme ſehen, der widder Judas noch S. Peter keines geſehen hat. Denn Epiſcopus odder Biſſchoff heyſt eygentlich nicht anders denn ein amptman und Biſtumb ein Pſ. 109, 6 ampt. Und iſt hie des worts gleichen, das droben geſagt iſt: 'Setze gottloſen uber ſie'. Kurtz, es heyſt ampt und amptleute. Denn ſie ſollen Chriſtus amptleute ſein und ſeinen befelh ausrichten. Das iſt, ſie ſollen predigen und helffen predigen. Wie das ytzt die Biſſchove thun, ſihet man wol. Darůmb haben ſie auch das ampt verloren und ſind andere an yhre ſtat komen, wie Matthias an Judas ſtat. Denn ſie ſind Judas worden.

---

1 ungehört *DE* ſondere *BF* ſunde *Cab* 2 Matthei am 23. *E* 3 trowet *E* drawet *b* lang *ab* 5 predig *D* 6 Drumb *CF* Darumb *E* Darůmb *ab* 6/7 nitt anderſt *E* 8 123. *Cab* 9 ſtůle *CDab* auch *fehlt BF* 10 regiren *b* 12 thů *D* 14 maynen *D* 19 Juden *BEF* ir *DEab* Talmud *Cab* 20 Türcken *CDEab* 21 teůffeliſch *D* 22 Seine *BF* 24 Dieſen *BCab* furet *C* ſant *D* Sanct *ab* 25 ſant *D* Sanct *ab* 27 Teůtſch *DE* ſolch *E* Biſchoffe *D* Biſtůmbe *D* Biſtumbe *E* 28 weder *DEab* ſant *D* Sanct *ab* 29 Biſtum *b* 32 ampleute *B* amptleůt *E* ampteůte *F* befelch *E* befehl *ab* 33 Biſchoffe *D* Biſchofe *E* 34 jr *E*

Wil er nu sagen: Judas und sein volck, die Jüden, sollen billich das Apostel ampt haben und das Euangelion füren. Aber sie wollen nicht. Drümb komen Matthias an Judas stat und die Heyden an der Jüden stat und predigen das Euangelion, das ihene predigen solten und yhn verheyssen war. Also weil die Bisschove nicht predigen und dem Bapst folgen, yhrem Judas, so sollen ander komen, die nicht Bisschove sind und yhr ampt füren und predigen.

Das ist, das er sagt: 'Seiner tage müssen wenig werden'. Das ist, er sol nicht lange bestehen. Dis ist auch leiblich an Juda und den Jüden war worden; denn Juda hieng sich bald; so würden die Jüden auch bald hernach von den Römern verstöret. Und folget nu weyter, wie es den Jüden, Judas volck, solle gehen; denn wie gesagt, er redet sonderlich von den Jüden, wie wol es auch alle gottlose lerer trifft auff seine weise.

9 Seine kinder müssen waysen werden Und sein weib eine Ps. 109, 9
widwe.

Das ist, des volcks der Jüden kinder und weiber solls so gehen. Wie denn geschach, da yhre menner erschlagen würden durch die Römer ynn der verstörung Jerusalem.

10 Unstete müssen seine kinder sein und betteln und suchen, Ps. 109, 10
weil yhre behausunge verstöret ist.

Alle plage, die geistlich und leiblich sind, erzelet er uber die Jüden. Denn das volck sehen wir für augen, wie sie sint der zeit yhrer verstörung unstete sind, hie und da ausgetrieben werden und nirgent gewis sitzen und müssen allenthalben betteln, nicht umbs brod sondern umb wonung ynn landen. Denn sie müssen an allen enden wonung suchen, sint yhre wonung ym Jüdischen land verstöret ist, und haben nirgent kein eigen land, stad, dorff noch regiment. Und solt doch dieser vers die Jüden bewegen, weil sie sehen, das yhnen allein und sonst keinem volck unter der sonnen so gehet. Denn kein volck ist, es hat ja eigene Dörffer, Stedte und Land, on die Jüden alleine; die sind allent halben und haben nirgent nichts eigens, Land, Stad odder Dörffer, sind allzumal ungewisse geste und betteler.

11 Es musse der wücherer aussaugen alles was er hat, und Ps. 109, 11
frembde müssen seine erbeyt rauben.

---

1 Juden *EF* 2 wöllen *DEab* 3 Darumb *E* komet *b* Jude *EF* 5 Bischoffe *D* 6 Bischoffe *D* füren *C* 8 tag *E* 9 solle *F* Das *BF* leiplich *BEF* Jüda *F* Juden *DEF* 10 so wurden *B—b* Juden *EF* 11 Römern *A* Jude *EF* 12 Juden *DEF* 13 lere *BF* 14 eyn *D* 15 witwe *E* widwin *ab* 16 Juden *E* sol es *ab* 17 da *D* männer *E* wurden *C—b* 19/20 Seine kinder müssen jnn der jrre gehen vnd betteln vnd suchen, als die verderben sind *ab* 20 jr *E* 21 leiplich *E* Juden *EF* 22 vor *E* seyd *DE* 23 niergent *D* 24 müssent *E* umb brod, sondern umbs *BF* 25 seind *D* seyt *E* 26 verstöret *a* haben *B* niergent *D* 27 Juden *E* weil] wenn *E* 29 Juden *E* 30 allein *E* niergent *D* Stedte *Fab* 31 bettler *F* 32 muss *B* müsse *CDFb* wucherer *EFab* aussagen *B* 33 arbeit *E*] gütter *ab*

Es sollt wol widdersynnisch zugehen, denn dieser vers sagt; weil die Jůden berumbte wůcherer, yderman aussaugen, wo sie sind. Aber der Psalm wil so viel sagen, das sie kein glůck sondern eytel unglůck sollen haben an leib, seel, kinder, gut und ehre. Denn ob sie gleich fast wuchern, so kömpt ein grösser wůcherer denn sie und nymmets yhn doch; wie das ander teyl sagt, das 'frembde yhre erbeyt rauben'. Denn es gehet den Jůden also, das wenn sie lange samlen, so kömpt ein unfal, das man sie verjagt, beraubt, strafft und nympt yhn, was sie haben, wie sie wol wissen und teglich klagen.

Ps. 109, 12 12 Und můsse niemand sein, der yhm wolthat beweise, Und niemand erbarme sich seiner waysen.

Herr Gott, das ist allzu war! Man helt die Jůden fůr hunde, und wer yhn leyds thun odder sie schabernacken kan, der lest sich dűncken, er habe wol gethan. Denn weil sie und yhre kinder nicht wollen Christum annemen, ist keine barmhertzickeit da uber die verstockten leute, noch leiden sie es; so feste 'stehet Satan zu yhrer rechten' und hoffen umbsonst eins bessern.

Ps. 109, 13 13 Seine nachkomen můssen ausgerottet werden, yhr name můsse ynn einem gelied untergehen.

Hie kompt er widder auff viele und spricht 'yhr name', nicht 'sein name'. Das wir sehen, wie er von eim gantzen volck redet. Das ist alles erfůllet sint der verstörunge Jerusalem. Denn sint der zeit ist kein Jůdischer mensch komen, der etwas were geacht ynn der Christenheit und fůr Gott. Sondern mit den Aposteln, wilche die letzten waren, die ein namen behalten haben, ist yhr gedechtnis und namen gar aus, so sie doch vorhyn so viel veter und Propheten gehabt haben, der name bis auff heutigen tag nicht schweiget sondern yhr lere und leben ynn aller welt preiset. Der haben sie aber sint der zeit keinen gehabt. Und ist also bey eines menschen gedechtnis alle yhr name und ehre aus.

Denn das sie solten alle auch leiblich ausgerottet sein und unter sich selbs keines mehr gedechtnis sein, das were widder die obgesagten vers, das yhr nachkomen sollen betteln und elend leiden. Sol das sein, so můssen sie ja nach komen haben. Aber bey Gott und Gotts volck gelten sie nicht mehr, wie doch yhre vorveter und Propheten gelten. Sie warten wol auff einen Propheten, der gelten solle. Aber da wird nicht aus. Dieser vers sagt, es sey aus mit yhn gewest sint der Apostel zeit.

---

1 sol *BF* 2 Juden *E* berůmbte *BCDFab* wůcherer *D* wůcherer *Ea* 4 kindern *D* kompt *EF* 5 wůcherer *DEa* 6 erbeyt *DE* Juden *EF* 7 kompt *EF* 8 jnen *D* teglich *E* 9 Und niemand musse im guts thun, Und *ab* műssen *F* 11 allzumal *F* Juden *E* 12 jnen *D* leydes *F* schabernackeln *D* dunden *EF* 13 gethon *E* 14 barmhertzickeit *B* barmhertzigkeit *DEab* verstockten *B* 15 Sathan *E* zu] an *E* 17 musse *b* im andern gelied vertilget werden *ab* glid *D* gelyd *E* 18 kömpt *Bb* 19 erfullet *BC* 20 seind *(beidemal) D* seyt *(beidemal) E* 21 vor *E* 22 letsten *E* 23 name *ab* väter *DE* 24 gehapt *E* auff den heutingen *F* yhre *BF* 25 halben *CFab* seind *D* seytt *E* 27 leyplich *E* 30 Gottes *BDab* volck *F* 31 vorvåter *DE* wol *fehlt F* 32 sol *F* nichts *F* 33 jnen *D* seind *D* seyt *E* Apostoln *b*

14 **Seiner veter missethat müsse gedacht werden für dem** Ps. 109, 14
HERRN, Und seiner mutter sünde müsse nicht vertilget werden.
'Seiner', das ist dieses volcks der Jüden. Und ist die meynung, Es
müsse geschehen, das man ynn aller welt sage, wie S. Stephanus Act. 7. zu Apg. 7, 51
den Jüden sagt: 'Yhr habt allzeit dem heiligen geist widderstanden, wie ewer
veter, also auch yhr'. Denn so sagt man billich; gleich wie der Jüden veter
und mütter, Das ist yhre vorfaren, allzeit den Propheten ungehorsam waren,
also sind ytzt yhre kinder auch. Denn sie gleuben eben den selbigen Propheten
nicht, wilchen yhre veter auch nicht gleubten; ist einerley unglaube. Hetten
yhre veter gegleubet, so hetten sie die Propheten nicht erwürget; gleubten die
Jüden ytzt den selbigen Propheten, so würden sie Christum annemen. Aber
sie bleiben ynn yhrer veter sünde, so vergisset sie Gott auch nicht und straffet,
so lange sie sündigen.

Ich möcht gerne wissen, was doch die Jüden zu diesem Psalm sagen
kündten. Sie müssen yhe bekennen, das die schrifft von yhn rede, wie S. Paulus
Roma. 3. sagt; dazu zwingen alle vers, das sie von eim Jüdischen man rede, Röm. 3, 10ff.
der solchs unter den Jüden leidet und flucht; er sey David odder wen sie
wollen. So stymmet die erfarung mit dem text, das uber kein volck solche
fluche gehen unter der sonnen denn uber sie, wol funffzehen hundert jarlang.
Davids feinden ists ja nicht so gangen. Aber Jhesu Christi feinden, den
Jüden, gehts gleich wie hie stehet; da kan man nicht für uber. Aber, wie
gesagt ist: Vernunfft were wol uberwunden, 'Satan stehet zur rechten' und
lest sie es nicht verstehen.

15 **Sie müssen sein für dem HERRN allwege, Und yhr ge-** Ps. 109, 15
dechtnis müsse ausgerottet werden auff erden.
Das ist, die selbigen sünde yhrer vorfaren, davon gesagt ist, sey ymer
für dem HERRN, denn sie lassen auch nicht davon. So kan Gott yhr gebet
nicht erhören noch yhre werck annemen; darümb bleiben auch sie ymer für
dem HERRN, das ist, sie erregen ymerdar auffs newe yhrer veter sünde durch
yhr verstockt hertz, weil sie ymer anhalten und bleiben also ymer verdampte
Jüden, wie er sie droben gemalet hat. Dazu yhr gedechtnis wird ausgerottet

---

1 musse *b* vor *DE* 2 müter *E* sunde musse *ab* nicht *fehlt F* austilget *ab* 3 Juden *E* 4 Sanct *ab* Steffanus *D* Actorū. *D* 5 Juden *E* hapt *E* ewere *b* 6 Juden *E* 6/7 väter vnd müter *D* vatter unnd mütter *E* vater und muter *F* 8 glauben *E* 9 vätter *E* glaubten *DE* vnglauben *F* 10 väter *(ebenso im Folg.) DE* geglaubt *D* geglaubet *E* erwürget *a* glaubten *DE* 11 Juden *EF* wurden *E* 12 sunde *Cab* sie] jr *a* 13 sundigen *Cab* 14 möchte *D* Juden *EF* 15 künden *F* von jnen *D* 16 dazů *DE* 17 Juden *EF* flůchet *D* 18 So] Sy *E* sölche *B* 19 flůche *B–b* funffzehen *A* fünffzehen *DE* 21 Juden *EF* gehets *BCDab* 22 der Satan *ab* 24/25 Der HERR musse sie nimer aus den augen lassen Und jre gedechtnis musse *ab* 24 vor *DE* allweg *E* 25 musse *ab* 26 sunde *ab* 27 vor *E* 28 darum *F* darümb *a* bleyben sie auch *D* 29 dz *D* sie *fehlt E* sunde *Cab* 30 verdampt *E* 31 Juden *EF* Dazů *E*

auch auff erden. Nicht das man solte nichts von yhn wissen, sondern das man sie nicht mehr füret ynn predigen und exempeln, wie yhre veter und
Ps. 16, 4 Propheten, gleich wie der .15. Psalm sagt: 'Ich wil yhr nicht mehr gedencken ynn meinem munde'. Denn 'gedechtnis' ynn der schrifft heist nicht, das man eines gedencke, sonst were Judas, Pilatus, Herodes ymer ym gedechtnis, sondern das man yhn rhumet und lobet und ein gut geschrey von yhm hat, wilchs alles Juda und den Jüden nicht geschicht, sondern man schilt sie ymer von der zeit an, da sie zurstöret sind durch die Römer.

Solchs ist alles von den Jüden ynn sonderheit gesagt, wilche sich an Christo selbs versündigt und kinder und nachkomen haben. Aber die Ketzer, Rotten und Bapstum, die nicht kinder haben, haben auch yhre plage, das sie zuletzt unter gehen und yhr gedechtnis ausgerottet wird, das sie nymer gelten, wie itzt dem Bapstum geschicht, davon sonst genug gesagt ist.

Ps. 109, 16 16 **Darümb, das er nicht dran gedacht, das er wolthat beweisete, sondern verfolgete den elenden und armen und den mit betrubten hertzen, das er yhn tödtet.**

Ps. 62, 4 Droben ym andern Psalm[1] ist auch gesagt von denen, die eine hangende wand und zustossen zaun vollend nydder tretten; wilchs er hie mit klaren worten deutet und spricht, Es sey ein solch bos buben stück, das sie sich an einen elenden, armen und sonst genug bekümmerten menschen machen, dem sie billich auffhelffen und trösten solten und, wie er hie sagt, wolthat beweisen, so thun sie yhm das aller ergest und helffen yhm nur zum todte, wollen dennoch Gott einen dienst daran gethan haben. Gleich als zu unsern zeiten auch unsere zornige Fürsten und Bisschove und gelerte heuchler lassen den Türcken und yhrs gleichen wol mit friden, wie grosse Ketzer und verfürer sie auch ymer sind bey yhn geachtet; die 'wand' stehet zu feste und der 'zaun' weeret sich. Aber wo etwa ein armer bürger odder elender Pfarrher und prediger ist, der kaum das brod hat und alle not leidet! An den selbigen machen sich die grossen, zornigen Fürsten und Bischove; der mus leiden, da haben sie eine hangende wand und gebeugeten zaun funden, da werden sie ritter hie auff erden und verdienen dazu den hymel. Hie hat der Lawe eine maus gefangen und lest sich duncken, er habe den lindwurm uberwunden[2].

---

1 man nichts solte von in *ab* jnen *D* 2 füret *Ca* ihr *F* 3 16. *Cab* mehre *B* 5 gedechtnis *b* 6 rhümet *BCDEFb* rhümet *a* 7 Juden *EF* 8 zerstöret *DE* zustöret *b* 9 Sölchs *D* Juden *EFa* wellche *E* 10 versundigt *Cab* 11 Babstumb (*ebenso i. Folg.*) *D* 13 gnug *Cab* 14 Darumb *CDE* 14/15 Darumb das er so gar keine barmhertzigkeit hatte, Sondern verfolgt *ab* 14 dz *D* 15/16 vnd den betrübten, das er in *ab* 16 betrübten *B—F* 18 zerstossen *E* 19 worten *A* bös *B—b* stuck *EF* 20 gnug *Cab* bekümmerten *F* 22 ihnen *B* tode *BDE* wollen *b* 23 dran *Cab* gethon *E* 24 Bischoffe *D* 25 Türcken *a* verfurer *C* 27 wehret *D* wöret *E* weret *ab* Burger *EF* Pfarrer *DE* 29 grossen *fehlt D* Bischoffe *D* 30 gebeugten *ab* 31 darzů *DE* lewe *DE* 32 duncken *DEF* uberberwunden *A*

[1]) *vgl. oben S. 575, 16ff.* [2]) *nicht bei Wander.*

Solches Adels und Junckern ist Deudsch land yzt vol, die ynn den bierheusern Pestilentzen und veytstantzen[1] und nur das messer stortzen konnen widder arme, elende, wehrlose leute; als denn sind sie vom Adel! Pfu, wilch heylose leute, ja sew und wilde thiere sind doch wir Deudschen, das so gar kein adeliche gedancken odder mut ynn uns ist auch nach der welt.

Nu, Gott, spricht er hie, wird yhr widderümb nicht vergessen. Denn er hat yhre bosheit auffgezeychnet, und ob sie für der welt für frome, redliche leute werden geachtet, So helt er sie doch für mörder und bösewichter. Denn hie sihestu, wes er sie zeyhet und was er yhn für namen und sache zuschreibt. Erstlich, das sie nicht gedencken ein mal wolzuthun dem armen und elenden. Das ist, sie sind unbarmhertzig auch gegen die elenden. Darümb sie auch on alle barmhertzickeit müssen verderben, wenn sie auch ynn not und elende komen, auff das yhn gemessen werde, wie sie gemessen haben. Zum andern, das sie nicht alleine unbarmhertzig sind sondern verfolgen noch dazu die selbigen elenden zum todt. Das ist doch uber die masse gesündigt, wenn man auch die elenden verfolget und würget, wilchen doch die wilden thiere und unvernünfftige creaturn gerne helffen. Ja, wer gleubt aber, das sie für solche bey Gott gehalten werden, Und das solche grewliche urteyle uber yhrem kopffe schweben und alle stunde drewen? Da gehören geistliche augen zu, bis die erfarung kome, wie den Jüden geschehen ist.

17 Und er liebete den fluch, der wird yhm auch komen, Und Ps. 109, 17
wolte des segens nicht, so wird er auch ferne genug von yhm komen.

Das ist, er wolt schlechts verflucht und vermaledeyet sein und verflucht sich selbs; so grosse lust hatte er zu seiner verfluchung. Nicht das sie offentlichen fluch lieben, sondern der heilige geist zeygt mit den worten yhre grewliche, iemerliche blindheit und verstockunge an, das sie das für segen halten, wilchs der ergeste fluch ist, und widderümb das für fluch, wilchs der edleste segen ist. Als da die Jüden für Pilato uber Christum rieffen: 'Sein blut Matth. 27, 25
kome uber uns und unser kinder'. Ich meyne ja, das sey ein fluch, der sie

1 Sölchs *D* Junckherrn *EF* Teütschlandt *DE* 2 nür *BC* stortzen *BDEFab* künnen *BD* künnen *E* kunnen *F* 3 wörlose *E* 4 Teütschen *DE* 6 mit *E* 7 boßheit *BDEFab* vor *E* 8 bößwichter *E* 9 zeyhet *D* jnen *D* 10 zuthuen *B* 11 die] den *E* 12 barmhertzickeit *A* 13 jnen *D* 14 darzů *DE* 15 tode *BF* gesundigt *Cab* 17 vnuernünfftigen *F* gern *B* glaubt *DE* 18 vrteyl *D* 19 trewen *E* 20 Juden *EF* 21/22 Und er wolte den fluch haben, der wird jm auch komen, Er wolt *ab* 21 liebte *F* denn *C* 22/23 ferne von jm bleiben *ab* 24 schlecht *BF* 25 hette *E* 25/26 öffentlichen *D* offenlichen *E* 26 fluchen *BF* 27 jämerliche *E* verstockung *F* 28 ergste *F* edelste *BCab* edlliste *F* 29 da *D* Juden *EF* vor *E* rüfften *D* 30 unsere *E* mayne *D* des *B*

[1]) *d. i. welche fluchen: „Pestilentz!" „Veitstanz!" vgl. Wander Bd. III, Sp. 1215, „Pestilenz" N. 5 der Fluch:* „Daß dich die Pestilentz ankome!" *Bd. IV, Sp. 1522, „Veitstanz" N. 1 der Fluch:* „Daß dich S. veits tantz ankomme!"

noch hart gnug drückt. Dennoch hielten sie es für den besten segen. Denn sie dachten: O das wir diesen ubelthetter umbbringen, ist wolgethan für Gott, wollens wagen, was man uns drümb drawet, wissen wol, das ein segen dafür uber uns komen wird; darümb las frisch her gehen sein blut uber uns. Also wolten sie auch des segens nicht, da sie yhn verleuckten zum Könige zu haben
Joh. 19, 15 und sprachen: 'Wir haben keinen König on den Keiser'; als solten sie sagen: Der Teuffel habe diesen König, es were eytel fluchen und unglück rc.

Also thut ytzt das Bapstum mit den seinen auch. Sie sind dem Euangelio feind worden und habens verdampt; was man yhn drewet, das halten sie für segen. Ja, sagen sie, der Teuffel begere deins Euangelions und Gott behüte mich für deinem gebet. Ich wil aber wagen und warten deines drawens rc. Wenn nu solche leute schön kein ander unglück hetten, meynstu nicht, es sey unglücks genug, ein solch verstockt, verblend, verhertet hertz haben, das widder sihet noch höret und yhm schlechts nicht sagen lest, feret dahyn und meynet, es gehe ym segen und nicht ym fluch, und scheucht den segen als einen fluch? O Herr Gott, las uns andere sünde thun denn solche, so wir ja sündigen sollen.

Ps. 109, 18 18 Und zoch an den fluch wie sein hembde, und ist ynn sein ynnwendigs gangen wie wasser Und wie öle ynn seine gebeyne.

Hie zeigt er an, wie tieff solche verstockung ynn yhren hertzen stickt und wie fest sie sitzt, das sie schlechts nicht sind zubekeren. Da ist verloren alle predigt, vermanen, drewen, singen und sagen. Und er malet solchs mit dreyerley gleichnis ab. Zum ersten mit dem hembd odder kleyd. Gleich wie ein mensch on hembd odder on das nehest kleid am leibe nicht sein kan, denn man nicht nackt gehen sol, das also sein kleyd teglich an seim halse sein mus: Also hanget den Jüden auch an die verstockung, das sie den fluch lieben. Da ist kein rad, sie künnen on solche verstockung nicht sein. Ist auch yhr tegliche ubung, gleich wie ein teglich kleyd am leibe hanget. Uber das meynen sie dennoch, es stehe yhn wol an und sey recht und thun wol dran, gleich wie einem sein kleyd wol anstehet und thut recht, das ers trage, und thete unrecht, wo er on kleyd nacket gienge. Also die Jüden meynen auch, sie thetten schendlich ding, wenn sie die verstockung ablegten.

---

1 druckt *E* 2 übelthätter *E* wolgethon *E* vor *E* 3 drüber *BF* drewet *Dab* trowet *E* darfür *E* 5 do *D* 7 haben *F* unglück *E* 8 Babstumb *D* Batstumb *[so] E* 9 trowet *E* 11 vor *E* aber] lieber *BF* 11/12 drewens *BDab* trawens *E* drewen *F* 12 schon *DEFab* 13 gnug *Cab* verhörtet *E* 14 weder *DE* fört *E* 15/16 und scheucht die fluch? *fehlt F* 16 sunde *Cab* thuen *B* 17 sundigen *Cab* 18 hembd *Eab* 19 innwendiges *ab* sein *Cab* 20 yhrem *C* irem *Dab* steckt *DE* sticke *F* 22 predig *D* trowen *E* 24 nehist *BF* 25 nacket *BDEFab* täglich *E* seynem *DF* hals *F* 26 Juden *DE* 27 künden *EF* kunnen *ab* tägliche *E* 28 übung *DE* täglich *E* an dem *E* 29 thuen *BF* 30 thue *F* 31 Juden *EF*

Zum andern: Wenn ein mensch wasser odder sonst etwas trinckt, (denn durch wasser die Ebreische sprache allerley tranck und durch brod allerley essen verstehet) und ist nu so fern hynein komen, das verdawet und zum fleisch und blut worden ist: Wer wil das widder eraus bringen? Da hilfft kein bad, schweis noch ertzney, es ist zur natur worden und, wie er hie sagt, 'ynn sein ynnwendiges komen'; es mus drynnen bleiben und mit yhm und er mit yhm zur helle yns ewige fewr faren. Also gehets auch den Jüden; yhre verstockung ist so ferne ynn sie komen, das gleich yhr natur worden ist und künnen nu nymer mehr anders thun. Noch meynen sie, es sey gut ding, ja es sey eytel labsal und edler tranck, der sie erquicke, durst lessche und sie wol neere. Denn sie trincken und trencken sich teglich damit und erhalten sich damit, gleich wie ein mensch teglich mit trincken sich labet, kület, quickt und erhelt. Denn sie leren und hören solche flüche mit lust und grosser begirde, gleich wie ein dürstiger mit grosser begirde trincket. Das heyst, meyn ich, 'den fluch lieben'.

Zum dritten redet er hie von öle. Das ist von gutem öle odder balsam, da man sich mit salbet, wie denn des bawm öles art ist, das es dem leibe seer nützlich ist, macht gerade, starcke, gesunde, schöne und geschickte gelieder. Der halben die Kempffer yhre leibe mit öle pflegen zu salben. Wenn nu sich ein mensch mit öle odder salben schmird und so ferne bringt, das durch beyn und marck gehet, wie denn die guten salben thun nach yhrer art: Wer wil das eraus widder bringen? kan mans doch schwerlich aus kleydern bringen. Da hilfft auch kein waschen noch wisschen, fegen noch keren[1]; man müste beyn und marck sampt der salben zu schmeltzen und keme dennach nicht eraus. Also ist der fluch und verstockung der Jüden so gar durch hertz, mut und synn gangen, durch marck und beyn getrieben, das da keine hülffe nach rad ist, Sondern ynn der hellen zurschmeltzt müssen werden und doch nicht davon gefegt odder reyn werden. Dennoch meynen sie ynn des, Es sey eine köstliche salbe und solche lere sey yhn so gesünd, als das öle dem leibe, und achten, sie werden damit starck, fein, schön, angeneme und gleissend für Gott, wie das öle den leib macht für den leuten, Schmieren sich ymer damit, yhe lenger, yhe mehr.

Das sehen wir auch an den Jüden teglicher erfarung wol, wie steyff und verstockt sie sind von kind zu kinds kindern. So gifftig und heslich

2 Ebreisch *F* sprach *DE* allerley essen *C* 3 ferr *E* verdawet *E* zu *ab* 6 ynnwendigs *F* 7 ewig *DF* fewer *BEFab* Juden *DEF* yhrer *F* 9 künden *EF* können *ab* thuen *BF* 11 täglich *E* 13 flüch *E* flüche *a* begird *E* 16 von] vol *BF* 17 baumöls *b* 18 schone *b* 19 mit öle *fehlt F* 20 mensche *E* ferre *E* 21 thuen *BF* 22 wil das wider heraus *D* 24 selben *BF* dennoch *BCDab* 25 Juden *DEF* 26 hilffe *DEF* noch *BD* ist *fehlt BF* 27 helle *F* zerschmeltzt *E* 28 ein *F* 29 so *fehlt E* gesund *BCDFab* 30 gleissen *Cab* vor *DE* 31 vor *DE* Schmiren *Bb* 32 Juden *DEF* Jüden *a* täglicher *E* erfarunge *C*

[1]) *„waschen und wischen" auch sonst, Wander Bd. V, Sp. 288, „wischen" N. 2; ebenso „fegen und kehren", das. Bd. I, Sp. 956, „fegen" N. 6.*

künnen sie von Christo reden, das uber alle masse ist. Denn sie haltens für eytel flüch und gyfft, was wir von Christo gleuben und leren; Meynen schlecht nicht anders, denn Christus sey ein böser bube gewest, der umb seiner bosheit willen sey gecreützigt mit andern buben. Drümb wenn sie yhn nennen, so nennen sie yhn schmehlich 'Thola', Das ist: den erhengeten. Denn weil sie das gleuben, das Jhesus ein bube sey gewest, so kans nicht anders sein, sie müssen uns Christen für die aller törichsten, unfletigsten leute halten, so unter der sonnen sind. Weil die vernunfft hie mus sagen, das, wenn heute ein mörder geköpfft würde und morgens kemen etliche leute und betten yhn an und hielten yhn für einen rechten Gott, das were doch viel nerrisscher, denn so yemand einen kloz odder stein anbetet, und kündte nicht nerrischer sein. Zum dem schlegt nu, das wir Christen auch böse sind und böse exempel geben. Also werden sie allenthalben verstockt und geergert, das solcher fluch mus wol durch beyn und marck gehen und sie so tiefft vergifften, das sie nicht mügen eraus komen und den gecreuzigten Jhesu für einen Herrn und Gott haben. Und bleibt also bey yhn ein lecherlich ding, das wir Christen einen bübischen und verdampten Jüden anbeten, als wenn wir Kain odder Absalom für Götter anbetten. Da sticken sie, das öle ist ynn yhre gebeine gangen, das wasser verdewen sie on auffhören. O ein schrecklich urteyl und exempel Göttlichs zorns.

Ps. 109, 19 19 So werde er yhm wie ein kleyd, das er anhabe, und wie ein gürtel, da er sich allewege mit gürtet.

Das ist: Es geschehe yhm, wie er wil, und der fluch, den er ja haben wil, müsse yhm anhangen, Müsse das Euangelion für gifft und fluch und Christum für einen buben halten. Er sey und bleibe also verstockt, das Gott die hand abe thu und gebe seinen geist und wort nicht unter sie, das sie bekeret
Jes. 5, 6 werden, wie er auch Jsa. 5. drewet: 'Ich wil meinen wolcken gebieten, das sie nicht uber sie regenen sollen'. Nicht das gar kein Jüde nymer mehr zum glauben komen müge. Denn es müssen noch etliche brocken uber bleiben und etliche einzele bekeret werden. Sondern das Jüdenthum, wilchs wir das Jüdische volck heyssen, wird nicht bekeret. Es wird auch das Euangelion nicht unter sie gepredigt, auff das dadurch der heilige geist raum bey yhn fünde, sondern wo sie beysamen sind und yhre schulen sind, da bleiben sie bey yhrem

---

1 kunden *EF* kunnen *ab* 2 glauben *DE* 3 anderst *E* boßheit *B—b* 4 gecreutziget *BF* Darumb *b* 5 schmählich *E* schme- | lich *b* erhengten *BF* 6 glauben *DE* Jhesus sey ein bube gewest *BF* nit *DE* anderst *E* 7 törichsten *F* thörigsten *ab* 8 wenn nu heute *F* 9 würde *a* beten *E* 10 hilten *a* närrischer *E* 11 jmand *ab* 12 Zu *BDEFab* 14 sie *fehlt D* tieff *B—b* vergiefften *b* 15 Jhesum *ab* fur *CFab* Herren *D* 17 Juden *DEF* anbetten *DE* Absolom *BF* fur *CFab* 18 anbeten *B* stecken *DE* by *F* gepeyne *D* gebein *F* 22 gürtel *Fab* da] das *E* allwegen *F* allwege *ab* gürte *a* gurte *b* 27 trewet *E* gepieten *D* 28 Jude *EF* 29 glauben *F* etlich *E* 30 Judenthum *DFa* Judenthüb *E* 32 sunde *CEa* finde *F* 33 yhren *B*

fluch und gifft, das sie Christum verfluchen und yhren gifft für heyl und fluch für segen halten müssen. Aber nichts deste weiniger springen zu zeiten etliche von dem hauffen entzelen abe, auff das Gott dennoch des Samens Abrahe Gott bleibe und sie 'nicht gar verstosse', wie Sant Paulus spricht Rom. 11. Röm. 11, 2

Und hie sihestu, das er von dem teglichen kleyde und gürtel redet, nicht vom kleyde, das ym kasten ligt, odder vom gürtel, der ynn der laden ligt, sondern den er teglich tregt und anhat, zu bedeüten den verstockten synn, davon sie nymer mehr lassen, und den verherten fluch, da mit sie teglich umbgehen und nicht ablassen und meynen, es stehe yhn wol an.

20 So geschehe denen vom HERRN, die mir widder sind Und reden böses widder meine seele. Ps. 109, 20

Das gebet ynn diesem Psalmen ist erhöret und wird so gehen allen feinden Christi, fürnemlich aber den Jüden, wilche er sonderlich meynet und das werck ynn der offentlichen erfarung beweiset. Denn es ist alles zuthun umb das wort odder reden, das sie widder Christum leren, fluchen, verdammen und lestern yhn, wolten yhn gerne unter haben. Das heyst: sie reden böses widder meine seele, Das ist widder mein leben; wolten gerne, das ich störbe und verdörbe; so hart sind sie mir widder. Aber der 'Gott seines lobes' schweiget nicht, preiset und erhohet yhn, yhemehr sie yhn verfluchen und verdamnen.

Und hie mügen wir uns auch alle wol fürchten, sonderlich alle Ketzer und falsche lerer. Denn es gilt yhn auch, was hie Christus bittet. Wo der unfal kömpt, das man ynn einem stück Christus meynung feylet und eine eygen meynung leret, Da gehets alles dahyn und ist der gantze Christus verloren, wie er selbst sagt Matth. 5. 'Wer der geringsten gepot eines aufflöset Matth. 5, 18f.
und leret die leute also, der sol auch der geringste ym hymel sein; denn nicht ein jota odder tütel sol vergehen x.' Darnach fellet man drauff, und gehet solcher synn 'wie wasser ynn das ynnwendigste und wie öle durch gebeyn' und marck und wird das tegliche kleyd draus. Da hebt sichs denn, das ein teyl das ander verflucht, und eins yglichen teyls lere ist dem andern teyl eytel gyfft und flüch und sein eygen lere eytel segen und heyl, wie wir das sehen ytzt auch an unsern Rotten und Papisten. Hie ists denn verloren, der hauffe bekeret sich nicht. Eyntzele und wenig, wilche Gott erwelet, die komen widder

---

2 bester *E* weniger *B—b* 3 entzele *E* Gott] doch *b* somens *E* 4 Sanct *BCa* S. *DFb* Paul *b* 5 tägliche *E* gürtel *a* 7 täglich *E* verstöcken *B* versteckten *Fab* 8 täglich *E* 9 stehen *D* 11 mein *E* 12 gepet *D* Psalm *D* 13 furnemlich *Cab* furnemblich *F* uber *F* Juden *DEF* 14 offenlichen *E* 17 mein *E* sterbe *E* stürbe *F* 18 und verdörbe *fehlt F* verderbe *E* 19 schweigt *b* erhöhet *BCEFab* je *a* ihe *b* 20 verdammen *CEab* 21 furchten *Cab* 22 hie *fehlt D* 23 kompt *EF* stuck *EF* Chirstus *A* 25 selbs *E* Matthei am 5. *b* gebot *EF* 26 leret *A* 27 tittel *E* fellet *E* darauff *b* 29 tägliche *E* heyt *E* 31 fluch *CFab* 32 und *fehlt Cab* 33 bekeren *B* wenige *CDEab* erwölet *E*

zu recht. Die andern bleiben ynn yhrem fluch und gifft wie die Jüden und haltens für köstlich ding. Das ists denn, das er hie sagt, wie alle feinde Christi lieben fluch und hassen den segen, da bey sie auch bleiben. Darümb
Tit. 3, 10 spricht auch Sant Paulus Tit. 3., das man den Rottisschen menschen solle meiden nach zwo vermanunge, denn er ist verkeret. Ich habe auch nie gelesen, das die lerer, so Ketzerey anheben, bekeret sind. Sie bleiben ynn yhrem dünckel verstockt, das öle ist durch marck und beyn gangen, und yhr wasser ist fleisch und blut, gantz yhr natur worden; sie lassen yhn nicht sagen noch weeren. Das ist die sünde ynn den heiligen geist, die keine vergebung hat. Denn sie hat auch keine busse noch rewe sondern verteydigung und entschüldigung, als sey sie heilig, köstlich ding, und das recht Euangelion, so widder sie leret, eytel Teuffels ding.

Ps. 109, 21 21 Aber du, HERR HErr, thu an mir umb deines namens willen. Denn deine güete ist lieblich; errette mich.

Hie kert er sich widder zu Gott und bit auch für seine sache, das sie gefoddert werde und oblige; denn es mus beydes sein, das die gottlosen endlich unterligen und die gerechten gewynnen. Er spricht aber, seine sache sey nicht sein sondern Gottes selber. Denn das macht ein thürstig und freydig hertz für Gott, zu bitten für sich widder die gottlosen, wenn man gewis ist, das wir umb Gotts wort und werck willen handeln und leiden, nicht uns selbs suchen. Drümb spricht er: 'Thu an mir umb deines namens willen'. Das ist: du sihest ja, das die sache dich angehet. Deinen namen, dein wort, deine ehre preise ich; so lestern sie das alles. Lessestu mich, so verlessestu auch deinen namen; aber das ist unmüglich. Was sol er aber an yhm thun? Die liebliche güete, die freundliche wolthat, das er yhn errette, wie folget: 'Und errette mich'; denn die errettunge ist lieblich und süsse denen, so ynn not und angst sticken, wie er spricht:

Ps. 109, 22 22 Denn ich bin elend und arm. Mein hertz engstet sich ynn mir.

Das verstehet man wol aus dem leiden Christi, da er nicht alleine eusserlich 'elend und arm' war am leibe, von yderman verlassen und verfolget,

---

1 Juden *DEF* 4 Sant *Cab* S. *DE* 7 dunckel *DE* 8 plut *F* iren *ab* 9 weren *BCab* wören *E* sunde *Cab* heiligen *BCDEab* kein *F* 10 pusse *F* verthedigung *E* entschaldigung *DEF* 13 19 *F* thu an] sey du mit *ab* 14 dein *E* güte *C* gut *E* güete ist lieblich] gnade ist mein trost *ab* lieplich *E* 15 kerel *CDFab* sein *E* 16 gefordert *DF* gefürdert *E* 17 gewünnen *E* sein *E* 18 dürstig *D* thurstig *F* hertze *D* 19 vor *E* 20 Gottes *BDFab* 21 Darumb *EF* er: Sey du mit mir *ab* 22 dich] mich *D* dein *E* 23 lessest du *B* Lassestu *E* verlessest *D* verlassestu *E* 24 an yhm *fehlt F* thuen *B* 25 lieplicher *E* güte *B—Fab* wolthat *F* 26 errettung *Cab* lieplich *E* suffe *C* susse *D* 27 stecken *DE* 28/29 arm und elend. Mein hertz ist erschlagen inn mir *ab* 30 verstet *D* allain *EF* 31 yederman *BDEF*

sondern auch ynnwendig betrübt und geengstet und alle lesterung und schmehwort hören müste, wilche fast wehe thun auch allen fromen Christlichen hertzen, den die warheit Gotts lieb ist.

23 Ich gehe dahyn, wie eine schatte dahyn fleucht, und [Ps. 109, 23] werde ausgesteubert wie hewschrecken.

'Faren wie eine schatten' ist so viel als unstete sein, hyn und her faren; wie der wind die wolcken treibt, das die schatte keinen gewissen, sichern, eygen ort hat. Wie Hiob 7. stehet von aller menschen leben geschrieben: [Hiob 14, 1f. (7, 6f.)] 'Der mensch lebt eine kleine zeit und fleucht wie eine schatte und bleibt nicht'. 'Fliehen' heyst hie nicht, wie die vogel fliehen, sondern wie David für seinem son [2. Sam. 15, 14] Absalom floch und Jacob für seinem schweher Laban: Auff Ebreisch 'Barah'. [1. Mose 31, 21] Das so viel sey gesagt: Der mensche mus weichen und davon, er wird getrieben und kan nicht bleiben. Also spricht hie Christus auch, das sein leben ynn der welt also sey gethan, das sie yhn nicht leiden kan, jagt und treibt yhn von einem ort zum andern, bis sie yhn gar verjage, wie der wind die wolcken treibt. Also gehet es dem Euangelio auch: Nyrgend ists leidelich, die welt webd und bleset so lange, bis sie es verjagt mit seinen lerern.

'Ausgesteubert werden wie hewschrecken' ist eben dasselbige. Es ist bey uns aber finster und denckel gered, die wir des thieres Arbe nicht kennen noch seine art. Wir heyssens hewschrecken. Es sind aber nicht hewschrecken, sondern den hewschrecken odder heymen gleich. Es ist ein gemeyn thier ynn Morgenlendern; und die Parther und Moren essens, dazu auch unsere hewschrecken und Heymen, wie die Walen frosch und schnecken essen. Sant Johannes der Teuffer hat auch die selbigen Arbe gessen, wie die Euangelisten [Matth. 3, 4 Mark. 1, 6] schreiben. Es sind aber solche thierlin, die keine augen haben, scharren aber seer mit den flügeln. Drümb halten sie sich zu samen und fliegen mit grossen hauffen on König, wie Salomo sagt ynn seinen sprüchen .xxx., und wo sie [Spr. 30, 27] nydder fallen, da fressen sie auff alles was grünet; Das ynn den selbigen lendern ein landrecht ist, des jars drey mal sie zuvertilgen mit mans krafft: Ein mal, wenn sie eyer legen, Zum andern, wenn sie ausgeheckt haben, Zum dritten, wenn sie erwachsen sind. Und ist eine sonderliche landplage von Gott, wenn sie komen wie eine tewre zeit, Pestilentz odder Krieg, wie Egypten land auch damit geplagt ward Exodi .viij. [2. Mose 10(10), 12ff.]

1/2 schmechwort *DF* schmähwort *E* 2 muste *CFab* thuen *BF* 3 Gottes *BDF*] *fehlt Cab* 4 23 *B* hyn *BF* gehe] fare *ab* eyn *DEFab* dahyn fleucht] der vertrieben wird *ab* 5 ausgesteubet *Cab* wie die hewschrecken *ab* 6 ain *E* vnstäte *E* 7 keine *F* 8 har *A* 9 ain *E* Fliehen *D* 10 vögel *DF* vor *E* 11 vor *E* Barach *BF* 14 gethon *E* 16 Nyergend *D* leider- || lich *b* 17 bebb *b* bläset *E* lang *Fb* lerern *BCDFab* leeren *E* 18 Ausgesteubet *ab* 20 sein *F* 21 geleych *D* 22 darzü *DE* 23 Walhen *EF* frösch *BCFab* Fresch *E* Sanct *Cab* 24 Tauffer *DF* 25 thierlein *DEF* 26 grossem *F* 27 Sprüchen am xxx. *D* wa *E* 28 grunet *Cab* 31 ein *F* 32 thewre *D*

Zweyerley weise werden sie gedempfft: Ein mal mit waffen und mans krafft, wie yzt gesagt ist, Zum andern, Das ein wind kompt von Gotts ordnung, der sie nympt und wirfft ynns nehiste meer odder see, wie ynn Jes. 33, 4 Egypten geschach. Also schreibt Jsaia vom Könige zu Assyrien, das sie sollen gescheucht und verjagt werden, wie die Arbe, wenn man unter sie rumpelt[1]. Nah. 3, 15ff Desselbigen gleichen Nahum cap. 3. spricht auch, das die Fürsten zu Ninive sollen zujagt und zu scheucht werden wie die Arbe. Das man wol sihet, wie die Propheten dieser gleichnis gebraucht haben, wenn sie wollen reden von eim verjagten und vertrieben Könige odder person, gleich als wir ynn unsern landen mochten sagen von den bolen odder kreyen, wenn man sie aus yhren nesten mit yhren jungen verstöret und verjagt &c. Also wil nu hie Christus sagen, Er sey vertrieben, zu strewet und zu scheucht, zu steubet wie die Arbe. Wilchs auch geschach, da er gefangen und seine Jünger yhn verliessen und zustrewet worden. Wie es denn noch teglich gehet und allzeit gangen ist, das wenn sich eine verfolgunge widder die Christen und Gotts wort erhebt, ein gescheuch, gejegde und zurtrennen hebt; Das wol dieser vers mag Christus und seiner Christen titel heyssen. Und dis Ebreische wörtlin 'Naar' heyst aussteuben odder ausschütteln, wie man einen mantel ausschüttelt odder aussteubet. Und wir reden auff Deudsch also: wir haben sie ausgesteubert. Daher man die jaghunde Steuber nennet, die die hasen und wild auff scheuchen und steubern, das die hasen auffaren und dahyn wisschen hie und daher wie staub. Das heyst zustoben und zuflogen, wie der wind den staub zustrewet, Und die hunde, die winde heyssen, auch dem wild und hasen thun. Wenn nu hie Christus so spreche: Jch werde ausgesteubert wie das wild von steubern und winden wird aus gesteubert, so were es fast leicht und liecht gewest uns Deudschen.

Ps. 109, 24 24 **Meine knye sind schwach von fasten, Und mein fleisch ist mager, das kein fet hat.**

Das ist: Sie sind vol und sat, Jch aber mus hunger und not leiden; 1. Cor. 4, 11 wie auch S. Paulus sagt zu den Corinthern: 'wir leiden hunger und durst'. Das Christus und seinen Jungern offt an speise gemangelt habe, ist kein zweysel, denn er war ja arm, und die reichen gaben yhm nichts. So wil er

---

2 kömpt von Gottes *BDFab* 3 wirfft sie ynns *Cab* neheste *Dab* Mör *E* 6 gleiche *b* cap. *fehlt E* Ninene *BF* 7 zerjagt vñ zerschewcht *E* Arabe *F* 9 einem *BD* vertribenen *D* 10 möchten *BCEFab* odder] vnd *DF* kräen *E* 11 verjaget *E* 12 zerstrewet vnd zerschewcht *E* zerstäubet *E* zu steubert *BF* 13 do *E* sein *F* Junger *EF* 14 zerstrewet *E* wurden *D* warden *E* würden *b* täglich *E* allzeit] noch *BF* 15 verfolgung *Fab* Gottes *BDFab* erhept *E* 16 geschewcht gejägde vñ zertrennē hept *E* 17 Ebreisch *BF* wörtlein *DF* Narr *ab* heysset *D* 19 Teütsch *DE* 20 schewhen *EF* 22 zerstoben vñ zerflogē *E* zerstrewet *E* 23 wynden *F* hie *fehlt D* 24 würde *E* 24/25 wie das *bis* gesteubert *fehlt F* 25 Teütschen *DE* 26 23 *einige Exemplare von A und BCDEF* 27 mager vnd hat kein fett *ab* 29 sant *D* Sa. *F* Sanct. *a*] *fehlt b* 30 jüngern *D* on *D* 31 zweiuel *ab*

[1]) *Obwohl Jes. 33, 4 nicht* Arbe, *sondern* Chasil *steht, kann doch keine andere Stelle gemeint sein, vgl. Erl. Op. lat. exeg. 22, 324. 326.*

nu sagen: Was machen sie doch, das sie mich verfolgen, der ich so arm bin, hab ich doch widder gelt noch gut? Ja, solt ich von yhn erneeret werden, ich müste wol hungers sterben. Nu thun sie nicht alleine das, das sie mich nicht neeren, sondern verfolgen mich auch dazu. Denn so sols auch gehen ynn der welt, das die rechten prediger nicht das brod zu essen haben, allen mangel, jamer und not leiden. Die verfürer aber sollen genug haben, ja gros Fürstenthum besitzen, auff das dieser vers war bleibe, Christus müsse hunger und not leyden.[1] Denn dieser vers wil nichts, denn das man Christum und die seinen nicht neeret ynn der welt sondern auch verfolget, wie er denn sagen wird am jüngsten tage: 'Ich war hungerig, und yhr speyset mich nicht'. Matth. 25, 42

25 Und ich war yhr spot. Wenn sie mich ansahen, schüttelten Ps. 109, 25
sie yhren kopff.

Der vörige vers sagt, wie die welt Christum nicht neeret. Dieser sagt, wie sie yhn auch nicht ehret sondern spottet und veracht. Summa: gut, ehre und leben kan die welt Christo nicht günnen, sondern armut, not und elende mus er tragen; schande, hon und spot mus er haben; schmertz und tod mus er leyden sampt allen den seinen. Also wil er nu hie sagen: Was ich redet odder thet, das must verspottet sein. Da römpfften sie die nasen, 'schüttelten Ps. 22, 8
den kopff und worffen das maul auff'; sie hieltens für narheit und nichts. Was solt ich doch mehr thun? Alles guts thet ich yhn. So thun sie mir alles leyd, wie er droben[2] sagt: Sie thun mir böses umb guts, alles böses und ubels leid ich von yhn, noch wollen sie mein nicht. Wolan, so mügen sie faren. Sie haben keine endschüldigunge. Ich hab mehr denn genug bey yhn gethan.

26 Stehe mir bey, HERR mein Gott. Hilff mir nach dei- Ps. 109, 26
ner güete.

Da beschleüst er den Psalm, das Gott wolte mit yhm sein und der Jüden und aller seiner feinde bösheit, dazu seine gerechtickeit offenbar machen, damit sie zu schanden werden und er bey ehren bleibe, und das alles 'umb seiner güete willen'. Denn bisher hat er angezeygt, was für fluchs und ubels yhm widderfare durch yhr verstocktes und verblendtes hertz. Nu bittet er, das solchs durch Götlich urteyl auch für aller welt offenbar werde, auff das auch

1 sahen *B* Was machen *bis* der ich *fehlt ab* bin] bin ich *b* 2 weder *DEb* solte *D* inen *D* 3 thuen *BF* allain *E* 4 darzů *D* so] sol *b* auh *A* 6 verfurer *Ca* gnug *Cab* 7 Fürstenthumb *DKab* des *F* 8 Denn *fehlt F* 11 24 *einige Exemplare von A und BCDEF* Und ich mus jr spott sein *ab* ansahen] sehen *ab* schüttelten] schütteten *a* schutteln *b* 13 vorige *BCDFab* 18 rümpfften *Dab* rempfften *F* 19 wurffen *D* warffen *E* 20 thuen *(ebenso i. Folg.) BF* inen *ab* 21 sagt] gesagt *ab* und] vnnd *F* übels *E* 22 inen *ab* 23 entschüldigung *B* entschuldigunge *DEF* gnug *Cab* gethon *E* 24 HERR *A* 25 güte *BC* güte *F*] gnade *ab* 27 Juden *EF* bosheit *B—b* Darzů *E* gerechtigkeit *D—b* 29 güte *BCEFab* übels *E* 30 yhn *F* widerfaren *F* verblendes *ab* 31 Göttlich *B—b* vor *E*

[1]) *Bei Wander nur etwa:* „Christus hat kein Glück auf Erden", *Bd. I, Sp. 537, N. 23, vgl. N. 33, 39 usw.;* „Hunger und Not" *Wander, Bd. V, Sp. 1457,* „Hunger" *N. 218.*
[2]) *vgl. oben S. 598, 12ff.*

der schein und das gleyssen, das sie noch haben, abgenomen werde und für aller welt zu schanden werde und also beyde ynn sünden und schanden müssen sticken bleiben; wie wir denn sehen, das den elenden Jüden ytzt gehet.

Ps. 109, 27 26 **Das man erfare, das dis deine hand ist, Das du, HERR, solchs thust.**

Ob sie es nicht mercken wollen, das solchs alles, was du an mir und an yhn thust, dein werck sey, das doch für aller welt offinbar werde und yderman müsse sagen: Wolan, Das ist Gotts werck, das die Jüden also gar untergehen und unterligen, Christus aber also oben schwebd und zu nympt. Menschen krefft hettens nicht vermocht.

Ps. 109, 28 27 **Fluchen sie, so segene du; lehnen sie sich auff, so müssen sie zu schanden werden. Aber dein knecht müsse sich frewen.**

Las nichts gelten noch helffen, das sie mir und den meinen fluchen. Sondern yhe mehr sie fluchen, yhe mehr du segene. Und lehnen sie sich etwa widder mich auff, das las nur bald zu schanden werden. Ich meyne, dieser vers solte den Jüden schier bekand sein. Hilff Gott, wie offt und ynn viel landen haben sie ein spiel widder Christum angericht, darüber sie verbrand, erwürgt und verjagt sind. Es fehlet nicht, wenn sie sich aufflehnen, so komen sie ynn alle schande, werden jemerlich verbrand odder verjagt. Aber Christus und die seinen bleiben frölich ynn Gott, als die dadurch bestettigt werden ynn yhrem glauben.

Ps. 109, 29 28 **Meine widdersacher müssen mit schmach angezogen werden Und mit yhrer schande bekleydet werden wie mit eim rock.**

Da kömpt widder die gleichnis, droben[1] vom kleyd gesagt, das ein teglich anhangen sey des fluchs. Aber hie redet er von der offenlichen schande für der welt, die sie von solchem fluch haben. Als solt er sagen: gleich wie sie den fluch ym geist anziehen als ein teglich kleyd, also las sie auch ein öffentlich schand kleyd eusserlich tragen, damit sie für aller welt für meine feinde erkand und veracht werden; Das sunde und schande zwey tegliche kleyder seyen: sünde für Gott und schande für der welt. Und sonderlich nennet er hie den Rock Mail, wilchs auff Ebreisch heyst den langen rock, der auff die füsse gehet. Als solt er sagen, das sie eytel schande müssen haben von der scheyteln bis auff die versen.

---

1 vor *DE* 2 sunden *Cab* 3 flecken *DE* Juden *EF* 4 Das sie junen werden, das dis sey deine hand *ab* 7 yhm *BF* jnen *D* vor *E* offenbar *B—Fab* 8 yederman *BDEF* Gottes *BDEFab* Juden *EFa* 9 schwebt *DE* 10 vermöcht *DE* vermacht *F* 11 du, Setzen sie sich wider mich, so *ab* laynen *E* mussen *a* 12 musse *ab* 14 laynen *E* 15 bald vnd zů *D* 16 Juden *CEFa* 17 haben] halten *D* 18 auff laynen *E* 19 jämerlich *E* 20 dardurch *F* bestettiget *F* 21 gleuben *F* 22 mussen *ab* 23 schand *ab* einem *ab* 24 kompt *EF* täglich *E* 25 offentlichen *BF* öffentlichen *CDab* vor *E* 27 täglich *E* 27/28 offenlich *E* offentlich *F* 28 vor aller *E* 29 sünde *BDE* tägliche *E* 30 sunde *Cab* vor *(beidemal) E* 31 fusse *Ca*

[1]) *vgl. oben S. 609, 5ff.*

29 Ich wil dem HERRN vleissig dancken mit meinem munde Ps. 109, 30
Und yhn rhůmen unter vielen.

Das ist: an solchem urteyl und werck wirstu das erlangen, das man dich von hertzen lieben und loben wird, als der du ein solcher Gott bist, der sich der elenden so veterlich annympt und lessest sie nicht unterligen, noch die gottlosen yhren trotz hynaus füren. Solchs sprechen wir auff Deudsch also: Ah Herr Gott, wer solt dich doch nicht rhůmen und preisen für aller welt und an allen enden, das du so gnediglich den armen hilffest und die Stoltzen, verechter und Tyrannen so gar mechtiglich störtzest und straffest, wie folget:

30 Denn er stehet dem armen zur rechten, das er seiner seele Ps. 109, 31
helffe von denen, die seine seele richten.

Das ist Gotts ewigs und teglichs lob, das er sich der armen und nydrigen annympt und nicht die grossen Hansen und stoltzen Tyrannen feyret, wie sie doch meynen. Sondern er hilfft Ach ja, er hilfft freylich, nicht alleine aus zufelligen nöten sondern auch von denen, die sein leben richten, verdamnen und urteylen zum tod als einen ketzer und verfürer. Denn dis wörtlin 'Richten' deutet hie die ihenigen, so ym ampt sitzen und richten, als weltliche öbirckeit. Denn da helt mans nur frey für, das weltliche öberkeit nymer mehr wird gar und gantz Christen werden, sondern allezeit das mehrer, gröste, höheste teyl wird Christum, sein wort und die seinen verfolgen; wie auch der ander Psalm sagt: 'Warůmb toben die Heyden und die Könige auff erden Ps. 2, 1 f.
lehnen sich auff und die Fürsten radschlagen miteinander widder den HERRN und seinen gesalbeten'. Hie hörestu, das der Könige und Fürsten tugent sey widder Gott und Christum fechten; das thun sie auch. Aber es gehet yhn auch widderůmb darnach, das sie portzeln und gestortzst werden von yhren stůlen einer nach dem andern dahyn, wie der selbige Psalm und andere mehr Ps. 2, 5. 9. 12
auch melden rc.

---

1 Herren *E* vleissig] seer *ab* 2 rhůmen *F* rhumen *ab* 5 väterlich *DE* lesset *D* lassest *E* 6 trutz *E* furen *C* Solchs *D* Teůtsch *DE* 7 Ach *DEF* thůmen *A* wer *E* 8 hilffst *D* 9 verächter *E* stürtzest *E* und *fehlt Cab* folgt *b* 10/11 er jm helffe von denen, die sein leben verurteilen *ab* 11 seyn *DE* 12 Gottes *BDFab* täglichs *E* 13 annimbt *D* die] den *F* feyret *E* 14 allain *EF* 15 verdammen *Cab* 16 verfurer *C* wörtlein *D* 18 öberkeit (1.) *CDab* öbrigkait *(baidemal) E* öbrikeit *(baidemal) F* 19 allzeyt *Db* 20 höhiste *BF* vefolgen *F* 22 lehnen *BF* laynen *E* 23 gesalbten *BFab* König *F* 25 purtzeln *E* gestürtzt *BEF* gestörtzt *D* gestortzt *b* 26 stůelen *BF* 27 rc. *fehlt ab*

Ob Kriegsleute auch in seligem Stande sein können.

1526.

So lange noch nicht die mittelalterliche Entgegensetzung des Geistlichen und des Weltlichen überwunden war, drohte auch die Frage, ob der Soldatenstand mit dem Christenstande vereinbar sei, immer wieder die Gewissen zu bedrücken. Sie mußte aber in allen noch nicht verrohten Gemüthern gerade durch einen solchen Krieg neu geweckt werden, wie der Bauernkrieg es war, welcher nicht gegen auswärtige Feinde, nicht gegen geworbene Söldner, sondern gegen Angehörige des eigenen Volkes und mehr oder weniger wehrlose Bürger geführt wurde und dazu solch namenloses Elend hinter sich ließ. Als daher nach Beendigung desselben der neue Kurfürst seinen Einzug in Wittenberg gehalten hatte, kam hier das Gespräch auch auf die Frage nach der Berechtigung des Krieges und der Erlaubtheit des Soldatenstandes. Einer der kurfürstlichen Feldobersten war der Ritter Assa von Kram, welcher schon „im Zuge wider die Bauern sich nicht wenig mit Fürbitte bei den Fürsten bemüht, daß sie ja nicht zu grimmig wider die armen verführten Leute mit Strafen verfahren sollten". Dieser, auch sonst als Freund Lutherscher Schriften bekannt[1], bat bei jener Gelegenheit den Reformator, eine Schrift über jene Frage ausgehen zu lassen. Erst spät kam Luther dazu, diese Bitte zu erfüllen. Vielleicht erinnerte ihn der Ritter an sein Versprechen, als sie „Gevattern wurden", wie Luther (vgl. unten S. 662, 17ff.) sagt. Wir wissen nicht, wann dies der Fall war. Vielleicht war es Ende Januar 1526, als Luther in Torgau, wo der kursächsische Hof war, bei der Taufe eines Sohnes des Gabriel Zwilling zu Gevatter stand[2]. Da Luther die Ausarbeitung seiner Schrift so lange hinausschob, lag es nahe, den fraglichen Gegenstand in etwas weiterer Fassung zu behandeln, also auch zu untersuchen, in welchen Fällen ein Krieg berechtigt sei. So konnte er auch die Frage beantworten, welche seit dem Torgauer Bündnis vom 4. Mai 1525 vielfach die Gemüther der Evangelischen beschäftigte, ob auch eine Auflehnung gegen ungerechte Maßnahmen der Obrigkeit erlaubt sei. Schon im Jahre 1525 hatte er dem Grafen Albrecht von Mansfeld seine Ansicht darüber, „ob man sich verbinden möge hinter oder wider die Obrigkeit", dahin ausgesprochen, daß „wider die Obrigkeit keine Ver-

---

[1]) Kawerau, Jonas I, 97, Nr. 96. [2]) Lingke, Vom Geschäft und Andenken Luthers in Torgau (1764) S. 7.

bindung gelte"[1]. So auch erklärt er in dieser Schrift, noch keinen Fall zu kennen, in dem man berechtigt sei, gegen die Obrigkeit zu streiten.

Am 14. Oktober 1526 war das Buch im Druck[2]. Aber auch dieser muß sich länger hingezogen haben. Georg Buchholzer bestellte sich das Buch am 7. November und abermals am 8. Dezember, falls es ausgegangen sein sollte[3], und am letzten Tage des Jahres war noch kein Exemplar nach Zwickau gekommen[4]. Doch wird damals der Druck schon vollendet gewesen sein, da Luther am folgenden Tage ein Exemplar an Stiefel sendet[5].

Die Aufnahme, welche dieses Buch fand, war eine verschiedene. Cyr. Spangenberg erzählt[6]: „Als man dieses Büchlein das erste Mal zu Wittenberg einzeln gedruckt, ist bestellt worden, daß man in etlichen Exemplaren Dr. Luthers und auch der Stadt Wittenberg Namen samt der Vorrede und etlichen wenigen Worten ausgelassen, darnach derselben Exemplare eines Herrn Jörgen [Herzog Georg] von Sachsen beigebracht, als von andern fernen Orten herkommen. Als er nun das Büchlein gelesen, hat es ihm trefflich wohl gefallen, und es hoch gerühmt, sonderlich gegen Lucas Maler den Älteren, welcher damals zu Dresden gearbeitet, zu dem er gesagt: Siehe, Lucas, du rühmst immer deinen Mönch zu Wittenberg, den Luther, wie er allein so gelehrt sei und allein gut deutsch reden und gute Bücher schreiben könne. Aber du irrst hierin sowohl als auch in andern Stücken mehr. Siehe, da hab' ich auch ein Büchlein, das ist ja so gut und besser, denn es der Luder nimmermehr machen könnte. Hat es damit aus dem Busen gezogen und dem Maler zugeworfen, welcher es besehen und gesagt: Gnädiger Fürst und Herr, dieses Büchlein hat Luther gemacht, allein daß sein Name nicht darauf steht. Ich habe hier auch eines bei mir, welches er mir selbst gegeben, darauf sein Name gedruckt. Da solches der Herzog besichtigt und anders nicht befunden, denn daß es Luthers Arbeit gewesen, ist er ganz zornig darüber in ihm selbst worden und letzlich herausgefahren, geflucht und gesagt: Ist's doch Schade, daß ein solcher heilloser Mönch so ein gutes Buch hat machen sollen". Unsere Bemühungen freilich, ein derartig zubereitetes Exemplar wieder aufzufinden, sind leider vergebens gewesen. — Luther erfuhr durch Verschiedene von entgegengesetzter Beurtheilung seiner Schrift. An Joh. Brismann schrieb er am 6. Mai 1527: Indignari Proceres libello meo de militibus, recte accipio. Nam et hic nobiscum etiam egregios ex nobis offendit. Verum carnem habemus, sensum nostrum tangi male nos habet[7]. Es wird vor allem die so starke und alle politischen Erwägungen ausschließende Reducirung des erlaubten „Kriegens" durch Luther Widerspruch bei den muthvoller Kriegsthaten frohen Adligen gefunden haben. Auch Assa von Kram wird wenigstens in einer Beziehung nicht das Erwartete in dieser Schrift gelesen haben. Denn obwohl derselbe unter Friedrich von Dänemark gegen den verjagten Christian gedient hatte, erklärte Luther hier diesen Krieg für einen nicht gerechtfertigten. Und selbst Seckendorf[8] meint: Regulam recte a Luthero positam esse, dubitari non debet;

---

1) De Wette 3, 73. Dazu Enders 5, 114. De Wette 6, 79. 2) De Wette 3, 130. Enders 5, 398 f. 3) Archiv f. Gesch. d. d. Buchhandels XVI (1893) S. 52 f. 4) Weller, Altes u. Neues II, 201. 5) De Wette 3, 149. Enders 6, 5. 6) Adels Spiegel 1, 8. Bd., 3. Kap. 7) De Wette 3, 176. Enders 6, 50. 8) II, § 30, p. 82. Vgl. dazu auch Walch X, Vorr. S. 44, Anm. b. Doch soll mit dem oben Angeführten nicht ein Urtheil des Herausgebers über Luthers Darlegungen angedeutet werden.

sed an omnes casus et speciatim res Daniae satis illi innotuerint et expensae fuerint, non liquet.

Vgl. Köstlin ⁵ II, 9f. Kolde II, 235f. Über Assa v. Kram vgl. Spangenberg, Adels Spiegel (Schmalkalden 1591) II, 6. B., 30. Kap. Enders 5, 415.

Ausgaben.

A „Ob kriegsleutte auch ‖ ynn seligem stan- ‖ de seyn kün- ‖ den. ‖ Mar. Luther. ‖ Gedruckt zu Wittemberg. ‖ M. D. XXVI. ‖“ Darunter zwei Medaillons, das Lamm mit der Kreuzesfahne und Luthers Wappen. Titelrückseite bedruckt. 26 Blätter in Quart. Letztes Blatt leer. Am Ende: „Gedruckt zu Wittemberg ‖ durch Hans Bart. 1. 5. 27. ‖“

B „Ob kriegs [so] leutte auch ‖ ynn seligem stan ‖ de seyn kün ‖ den ‖ Mar. Luther. ‖ Gedruckt zu Wittemberg. ‖ M. D. XXvij. ‖“ Darunter dieselben Medaillons wie in *A* und auch im übrigen wie jenes.

Einzelne Ex., z. B. das eine Berliner (4702ᵃ) und das Dessauer, haben im Titel Z. 2 auch f. auch.

A und *B* unterscheiden sich nur im Bogen A, der einschließlich des Titels verschiedener Satz ist. Die übrigen Bogen sind in beiden Ausgaben Abzüge von demselben Satze, doch sind hie und da kleine Unterschiede zwischen den einzelnen Abzügen vorhanden, indem besonders Fehler, die man während der Herstellung bemerkte, berichtigt wurden. So haben manche Abzüge des Bg. B am Anfang von Z. 8 auf B ijᵃ: dern, andere richtig sondern, so ist in Bg. C das zweite Bl. in manchen falsch mit C iij signirt, in andern richtig mit C ij. Es sind dann offenbar die Abzüge mit den Fehlern ebenso wie die mit den Verbesserungen ohne Unterschied zur Herstellung von Ex. von *A* und *B* verwendet worden, so daß diese beiden Ausgaben in Bg. B bis G gar nicht auseinander zu halten sind. Vgl. weiter in den Nachträgen.

C „Ob kriegsleu ‖ te auch ynn se ‖ ligem stande seyn ‖ kunden. ‖ Mar. Luther. ‖ Wittemberg. ‖ 1527 ‖“ Mit Titeleinfassung. Titelrückseite bedruckt. 24 Blätter in Quart. Letztes Blatt leer. Schluß Bl. Fiijᵇ, Zeile 20: „haben. Hiemit ‖ Gott be- ‖ folhen. ‖ ❧ ‖“

Druck von Michel Blum in Leipzig. Vorhanden z. B. in der Knaakeschen Slg., Heidelberg, Königsberg U., Weimar.

D „Ob kriegsleüt ‖ auch in seligē ‖ stande sein kündē. ‖ Mar. Luther. ‖ zů Wittemberg. ‖ M. D. XXVII. ‖“ In Titeleinfassung. Titelrückseite bedruckt. 22 Blätter in Quart. Letztes Blatt leer. Schluß Bl. Fiijᵇ, Zeile 27: „habē. Hie ‖ mit got ‖ befol ‖ hē. ‖ ✠ ‖“

Druck von Simprecht Sorg in Nikolsburg. Vorhanden z. B. in der Knaakeschen Slg., Basel U., Berlin, Dresden, St. Gallen St., London, Wien. Einige Exemplare (z. B. das Berliner) lesen Bl. D2ᵃ, letzte Zeile: „en műst, vnd ewr) Dij“, andere (z. B. Knaakesche Slg., München HSt.): „Dij (en műst, vnd ewr“.

E „Ob Kriegsleüt ‖ auch in seligem ‖ stande seyn ‖ künden. ‖ Mar. Luther. ‖ Zů Straßburg. ‖ M· D· XXVII· ‖ ❧ ‖“ In Titeleinfassung. Titelrückseite bedruckt. 36 Blätter in Oktav. Letzte Seite leer. Schluß Bl. e 4ᵇ, Zeile 24: „bester daß . . . Gott be- ‖ folhen. ‖“

Druck von Johann Knobloch in Straßburg. Vorhanden z. B. in Straßburg U.

F „Ob Kriegß ‖ leutte auch ynn seli- ‖ gem stande sein ‖ künden. ‖ Martinus Luther. ‖ M. D. XXvj. ‖" Mit Titeleinfassung. Titelrückseite bedruckt. 20 Blätter in Quart. Letzte Seite leer. Schluß Bl. E 4ᵃ, Zeile 13: „gefurdert haben. Hie mit Gott befolhen. ‖"

Druck von Jobst Gutknecht in Nürnberg. Zur Titelbordüre vgl. v. Dommer, Lutherdrucke S. 263 oben, wonach Lindau, Lucas Kranach (1883) S. 229, Anm. 2 zu berichtigen ist. Vorhanden z. B. in der Knaakeschen Slg., Berlin, Dresden, Eisenach C. A.-B., Heidelberg, Helmstedt, Kopenhagen Gr. K. B., München HSt., Weimar, Wien, Wolfenbüttel.

G „Ob Kriegs ‖ leutte auch in seligem ‖ stande seyn kün ‖ den. ‖ Mar. luther ‖ M. D. xxvij. ‖" Mit Titeleinfassung. Titelrückseite bedruckt. 20 Blätter in Quart. Schluß Bl. E 4ᵇ, Zeile 36: „Hiemit Gott befolhen. ‖ 1527 ‖"

Druck von Georg Wachter in Nürnberg. Vorhanden z. B. in Berlin, Erlangen, München HSt.

In den Gesammtausgaben findet sich diese Schrift Wittenberg Bd. VI (1559 P. Seitz, 1589 Welack) Bl. 584—597; Jena Bd. III (1565 Th. Rebart) Bl. 315—330; Altenburg Bd. III S. 663—679; Leipzig Bd. XXII S. 316—331; Walch Bd. X, Sp. 570—623 (bei dem vierten Gebot); Erlangen Bd. 22, S. 244—290.

Außerdem ist diese Schrift abgedruckt mit Vorwort von Harleß in der Sammlung der Lutherstiftung von Leipzig (1848) und mit Vorwort von E. Eck in „Luthers Werke für das christliche Haus", herausgegeben v. Buchwald usw., 7. Bd. (Braunschweig 1892) S. 383—432. Die Zuschrift allein ist abgedruckt bei De Wette 3, 141 f. Erl. 53, 391 f.

Die Ausgabe *A* ist der älteste Druck, da unter den Wittenberger Drucken nur sie auf dem Titel noch die Jahreszahl 1526 trägt. Zu der zweiten Ausgabe, *B*, ließ Bart nur den ersten Bogen neu setzen. Sowohl *C* wie *D* ist Nachdruck von *A*. *E* ruht auf *D*. *F* und *G* drucken wieder von *A* ab, wobei *F* unter allen Nachdrucken sich am freiesten bewegt. Wir legen also *A* zu Grunde und geben aus dem zweiten Wittenberger Druck *B* und den Nachdrucken *C—G* die Lesarten in gewohnter Weise und im Folgenden eine Übersicht und Zusammenfassung der sprachlichen Abweichungen.

Der Umlaut des a wird in der Regel durch e bezeichnet, in *CDEG* mehrfach auch durch aͤ (straͤflich *C*, vaͤtter *DEG*, haͤtten *DE*, klaͤrlich *EG*, beschaͤdigen, haͤldt, vnzaͤlich *E*), in *DE* bisweilen auch durch oͤ (woͤlen, noͤren, woͤren *DE*, hoͤldt, gefoͤlt *D*). Abweichend vom Urdruck sind nur wenige Fälle: klaͤrlich *EG* gegen klarlich *A* (neben klerlich), spen *DE* gegen span *A*; anderseits laßt, verlast *DE*, fahet, erkantnis *DEG*, manlich *G*, welche in *A* den Umlaut zeigen.

Der Umlaut des au, durch eu ausgedrückt (in *AB* einmal reuͤber), ist, abweichend vom Urdruck, unterblieben in: verkauffen, glauben, erlauben, hawen *DEFG* (in *G* auch haͤwet), rauber *DEG*, Tauffer *FG*, haubter *F*.

Der Umlaut des o erscheint in reichlicherer Anwendung als in *A*: hoͤhe, froͤsche, koͤpffe, bloͤde, groͤssest groͤste *CDEFG*, toͤdten *BCDEG*, moͤchte, empoͤren *DEFG*, Koͤnig *BCFG*, ermoͤrden *DEG*, getroͤst *DE*, können *CF*, hönig *F*, Sölch *G*. In manchen Fällen, wo *A* Schwankungen aufweist, überwiegen bei den übrigen Drucken die umgelauteten Formen: öberkeit, öberherr, öberperson, gehören, götlich, löblich, zustören (s. Lesarten). Der Umlaut mangelt in bosheyt *CDEF*, Bischoffe *CDEFG*, soberer *D*, worden *C*, sowie in schon *CDEFG*, und kompt *DE*, bei denen aber in *A* kein fester Gebrauch herrscht.

Der Umlaut des u (im Allgemeinen durch ů, in *E* überwiegend, in *G* öfters durch ü; in *D* meist durch ü (theilweis eine ungewöhnliche Type, etwa ij), selten durch i, z. B. in wirgen, bezeichnet) tritt im Gegensatz zu *A* ein in: kündten (possent), sprüche, knüttel, über, verknüpfft, gebür, gebürt, thüren (audent) *DEFG*, übel, gerüst (paratus), vernünfftig *DEG*, bewyst, gewißt, wünschen, dürffte, drümmer *DE*, gesündert *D*, Jünckerlin *E*, zücken *F*, kützel *EG*. In den Formen, bei denen *A* Schwankungen zeigt (sunde, schutzen, darumb, Furst neben sůnde u. s. w.), werden von den übrigen Drucken, mit Ausnahme von *C*, diese Schwankungen zu Gunsten des Umlautes beseitigt. Dagegen enthält sich *C* des Umlautes auffallend: fur (zuweilen auch in *A*), (vn)gluck, rusten, kunde, auszuge (Subst. Plur.), (ver)mugen, vnmuglich, nutz, iunger, durre, tucke, furst, naturlich (einmal auch in *A*), durffest, Turcke, Turckisch, kundig, gulden, Luneburg, seltener theilt es diese Abneigung gegen den Umlaut mit anderen Drucken: stuck, schuldig *CDEFG*, wurden (Ind.) *CDEG*, wurden (Konj.) *CDG*, entschuldigung *CDEG*, burger *CDE*, sturbe, hulffe, nutzlich *CD*, wurgen *CE*, gunstig *CF*. Alle Drucke schwanken zwischen Juden und Jůden; das vereinzelte Chůrfůrstlich *AB* erscheint in *DEFG* als Churfůrstlich, in *C* als Churfurstlich.

Der Umlaut des uo, durch ů, in *E* selten auch durch ü (auffrürisch) bezeichnet, reicht weiter als in *A*: můssen (*A* schwankend), můsten, gemůst, schlůge, můhe, (be)hůt, bůßen, gemůt *DEFG*, üben, kůe, erhůbe *DEG*, stůnde *FG*. Einbußen erleidet er fast ausschließlich in *C*: mussen, buchlin, furen, rhumen, (toll)kun, benugen (auch in *A*), auffrurisch (auch in *A*), wutig, wutricher, buberey, schuler, huten, geruret, mussig. Aber hier auch wueterey, gueter (bona), guete (gratia). Sonst fehlt der Umlaut gegenüber *A* nur in mutig, demutig *CDEG*.

Vokale: 1. Für a tritt o ein in on *DEG*, gethon *DE*, stochen (Prät.) *A*.

2. Die neuen Diphthonge sind fast ausnahmslos durchgeführt, doch ist Latinisch *A* nur in *DEF* durch Lateinisch ersetzt, -lin durch -lein nur in *EFG* (nicht ganz konsequent), Paradeis steht nur in *F*. Das alte i ist in *E* noch mehrfach erhalten geblieben: stryt, wyl, syne, bliben, glych; dazu gesellt sich villicht *D*. In *E* begegnet auch wiederholt vff und vß, sowie ein vereinzeltes fründ.

3. Die alten und die neuen Diphthonge werden in der Regel durch die Schreibung nicht unterschieden, denn auch die in *D* vorherrschende, in *EFG* nicht ungebräuchliche Schreibung ai für das alte ei erleidet zahlreiche Ausnahmen: heist, ein, kein, vnderscheid, meinung u. s. w. Das aus iu entstandene eu wird von dem aus au umgelauteten in *EFG* (selten in den übrigen) durch die Schreibung eü oder eů geschieden, aber keineswegs streng.

4. Altes ie ist meist erhalten, doch haben für zihen, regiren in *A* ziehen nur *DEFG*, regieren nur *D* eingesetzt. — Das Dehnungs-ie wird besonders in *DEFG* gern beseitigt (vil, gelihen, geschriben, siben, fride u. s. w.), bisweilen aber auch gegen *A* eingeführt (ziemen *C*, geriecht *E*, verliehen *F*).

5. Das alte uo, welches in *AB* nur an vereinzelten Schreibungen wie thůn, fůs noch wiederzuerkennen ist, wird in *DEFG* im Gegensatz zu dem einfachen u als ů geschrieben, doch kommen Vermischungen beider zuweilen vor: můst, sůnde u. a. In *D* begegnet einmal zwů für zwo.

6. In *FC* herrschen kumen, gewunnen, die in *AB* nur ganz vereinzelt auftreten, entschieden vor, außerdem sunst, sunder, sunderlich, genumen. Dagegen erscheint frum *AB* in *CDE* als from (*E* auch fromb). König lautet in *DE* regelmäßig, in *G* häufig künig. Neben mugen, muglich findet sich in *C* auch mögen und möglich.

7. Für i wird in *E* gern ü geschrieben: wür(d)t, würstu, würcken, verlühen, verwückelt, haußwürt. sprüchwort *G* gehört wohl nicht hierher.

8. Die Längenbezeichnung der Vokale durch h (yhm, yhr, mehr, wehren) ist in *CDEFG* sehr oft unterblieben, selten gegen *A* neu eingeführt, bisweilen, namentlich in *DE*, ist sie durch Doppelschreibung ersetzt, z. B. eere, eelich, meer. Auffallend ist, daß *D* bei dem Pronomen die Schreibung jn, dagegen bei der Präposition gelegentlich die Schreibung ihn anwendet, dazu stellt sich die Präposition ahn und das Pronomen ehr.

9. Das i der Endsilben in *AB* wird von den übrigen Drucken gern beseitigt: offinbar > offenbar *CDEFG*, nehist > nehest (auch nechst *DE*) *DEG*, negst *F*; andechtist *ABCG*, andechtigst *DE* > andechtest *F*.

10. Das e der Endsilben wird in allen Drucken vielfach getilgt: got, hab, ordnung, meynung für gote usw. (s. Lesarten), Kriegßleütte für kriegesleute; dagegen wird es in andern Fällen auch wiederhergestellt: Gotes, Herren, gelobet für Gots usw. (s. Lesarten). Anfügen eines e am Wortschluß findet sich nur in *DE*: leybe, gewalte, zwange, warde.

11. Für gehen, stehen setzen *DE* in der Regel geen, steen.

Konsonanten: *DEFG* schreiben stets Teutsch, *F* auch teutlich, *G* macht aus brümmern einmal trymern, *F* setzt einmal tringen f. bringen; *DEF* schreiben fast durchweg vnder f. vnter. — In *F* findet sich wiederholt bösel f. pösel, bochen f. pochen, einmal erberben f. erwerben. Anlautendes p für b ist in *DE* und *G* häufig: verpoten, verprant, gepott, auffgepot, nachpar; desgleichen in *G*: preyt, pawr, augenplick, gepunden, gepet, gepeut; aus *C* ist prassen, prangen, aus *F* Praunschweig, bemerkenswerth. — Die Endung -ickeit erscheint in *CDEFG* gewöhnlich als -igkeyt (gerechtigkeyt), billicheit in *F* als billigkeyt. — Der einfache s-Laut vor Konsonanten hat der Entwickelung zu sch widerstanden in Braunsweig *A*, besweren, swerd *B*. — Anfügung von t im Auslaut zeigen dennocht *DE*, bannocht, *G*, Abfall eines solchen marck(t) *E*. — In *CDEFG* herrscht die Neigung, Doppelkonsonanten zu vereinfachen, also für odder, widder, helffe, bettet usw. oder, wider usw. zu setzen, was aber nicht ausschließt, daß andernorts, besonders in *C*, Doppelkonsonanten eintreten, wo *A* einfache hat: vnnd, mitt, ynn usw. Die alte

Schreibung dz ist in *DEFG* ziemlich häufig, in *G* kommt auch wz mehrfach vor.

Vor- und Ableitungssilben: Die Vorsilbe ge- verliert ihren Vokal in gwesst, gstellet, gschrey *DE*; glieder *FG*; ghorsam, gmacht, gschickt gwiß *D*; gnant *F*, während sie den Vokal gegen *A* behält in genug *CF* geleich *DE*, geleit *CDEF*, genad *EF*, genädig *E*, sie entfällt völlig in (ge)geben *BDE*. Vereinzelt steht beliben *G* für (ge)blieben *AB*. — Die Bildungssilbe nis wird in *EG* -nüß, in *G* auch -nuß geschrieben; zu(r) lautet in *DE* zer-.

Flexion: den fride > den fryden *E*, den diener (Dat. Plur.) > den dienern *DE*, den eissenfresser (Dat. Plur.) > den eisenfressern *DEF*, elle (Plur.) > ellen, nachbar (Plur.) > nachbarn *F*, empten > ämptern *EG*, die jüngern > die iunger *C*, der weltlicher öberkeit *A* > der weltlichen oberkeit *DEFG*, begertet > begertent *DE*, wüste > wuste *CG* wiste *D*, verbrand > verprant *DE*, verlören > verlüren *FG* verlyerenn *DE*.

Wortformen: Assyrer > Assyrier *E*, nachbar > nachbaur *DE* trefflich > treffelich *EG*, glaubwerdig > glaubwirdig *DEFG*, manch > manich *EG*, wilch > welch (*D* auch wölch) *CDEFG*, solch > sollich *DE*, da > do (temporal) *G*, denn > dann *G*, wider (nec) > weder *CDEFG* (meist), für > vor *DEG* (im Sinne von ante), verzeiten > vorzeiten *DEFG*, fürhanden > verhanden *DE* vorhanden *G*. — erbeyten > arbaiten *DEFG*, feylen > felen *CDEF*, wollen > wöllen *DEFG* (in *G*, selten in *E* auch wölle), missebrauchen > missbrauchen *DEFG*, furchten > fürchten, forchten, förchten *DEFG*, geforcht > gefürcht *DEFG*, stiken > stecken *DEFG*, sind > seynd *E* (bisweilen *D*).

kriegestand > kriegßstand *E*, kriegeampt > kriegßampt *G* (kriegampt *DEF*), ruge > ruhe *DE* rue *F*, wahe > wage *CDEFG*, scharfrichter > scharpffrichter *DE*. — gel(h) > gelb *F*, inne > innen *G*, allewege > all(e)wegen *DE* (allweg *F*), selbst > selbs *CDEF* (*A* schwankend, *G* auch selber), sondern > sonder *DEG* (*FG* meist sunder), nu > nun *FG*, deste > dester *DEF*, dafür, dazu, damit, davon > darfür *G*, darzü *DEG*, darmit *DE*, daruon *G*; erauß > herauß *DEG*, nicht > nit *DEF* (meist). — verdammen > verdamnen *DE*, fodern; födderer > fordern *EFG*; forderer *E* fürderer *FG* (foderer *D*); leucken > leugnen *DE*.

gerne > geren *D*, ju > jnen *G* (zuweilen), itzt > yetz(t) *DEG*, sint(emal) > sentimal *DE*, oberkeit > obrikeit *D*, wütricher > wütrich *F*, Denen > Denmarcker *F*, wüttig > wüttend *DE*, werd > wirdig *G*, bliken > blecken *F*, so > also *F* (auch *DE*).

hören > gehören *DEF* brauchen, dencken > gebrauchen, gedencken *G* schwengen > geschweygen *FG*.

Wortersatz: kloz > stock *F*, einrenmen > nachlassen *F*, geucht [illegible] *DE* [illegible] *F*

Ob kriegsleutte auch ynn seligem stande seyn künden.

Dem Gestrengen und Ernvhesten Assa von Kram, Ritter rc., meynem günstigen Herrn und freunde, Martinus Luther.

Gnad und friede ynn Christo! Gestrenger, Ernvhester lieber Herr und freund! Als yhr im nehisten Chürfürstlichem einzug zu Wittemberg[1] mit uns von dem stande der kriegesleute redet, unter wilcher rede mancherley stücke, so das gewissen betreffend, würden fürgebracht, Darauff yhr und andere mehr von mir eine schrifftliche offentliche unterricht begertet, weil viel mehr sind, die sich des standes und wesens beschweren, Etliche in zweiffel stehen, Etliche aber sich so gar und gantz erwegen, das sie nichts mehr nach Gotte fragen und beide seele und gewissen yn den wind schlahen. Wie ich denn wol selbs solcher gesellen gehört habe sagen, wenn sie solten dar an gedencken, müsten sie nymer mehr ynn krieg komen; gerade als were kriegen solch ein trefflich ding, das an Gott und seele nicht zu dencken sey, wenn krieg für handen ist, so doch denn als ynn todes nöten und fahr am meisten an Got und für die seelen zu dencken ist. Auff das nu, so viel an uns ist, den schwachen, blöden und zweiffelden gewissen geraten werde und die rauchlosen besser unterricht uberkomen, habe ich ewr bitte bewilliget und dis Büchlin zugesagt. Denn wer mit gutem, wol berichtem gewissen streyt, der kan auch wol streiten. Sintemal es nicht feylen kan, wo gut gewissen ist, da ist auch grosser mut und kecks hertz[2]. Wo aber das hertz keck und der mut getrost ist, da ist die faust auch deste mechtiger und beide ros und man frisscher und gelingen alle ding besser und schicken sich auch alle felle und sachen deste feiner zum siege,

---

1 *dem Titel von A entnommen* 3 gunstigen *CF* Herren *D* 5 GGnad *F* fride *DE* frid *G* 6 fründ *E* nehesten *DE* negsten *F* 6/7 Churfurstlichen *C* Churfürstlichen *DEFG* 7 eynzuge *C* 8 Kriegßleütte *DE* kriegeßleuts *F* Kriegßleuts *G* 9 stucke *CDEF* betreffen *F* wurden *CDEG* 10 furgebracht *C* 11 ain *DE* begertet *DE* begert *F* 12 vil *D* 12/13 beswerern *B* 13 stehn *E* 14 Got *DEFG* 15 schlagen *B* 16 hab *G* musten *C* 17 kummen *FG* gerad *G* solch *fehlt F* 18 fur- *C* vor- *DE* vorhanden *G* 19 todtes *BDEG* 20 nun *F* 21 zweiffelten *DE* 22 überkommen *EG* oberkumen *F* ewer *EF* Buchlin *C* Büchlein *EF* Büchlen *F* 23 streyt *E* 24 Seytmal *DE* 25 getröst *DE* 26 dester *DEF* 27 fell *F* dester *DEF* sig *G*

[1]) *vgl. oben die Einleitung, S. 616.* [2]) *Wander, Bd. I, Sp. 1673, Nr. 191.*

wilchen denn auch Gott gibt. Widderumb wo das gewissen blöde und unsicher ist, da kan auch das hertz nicht recht keck sein. Denn es ist unmüglich, das böse gewissen nicht solten feyg und zag machen, wie Moses zu seinen
5. Mose 28, 20. 25 Jüden sagt: 'Wenn du ungehorsam bist, so wird dir Got ein verzagtes hertz geben, das wo du eines weges widder deine feinde zeugest, soltu durch sieben wege zurstrewet werden und kein glück haben'. So gehts denn, das beide ros und man faul und ungeschickt ist und kein anschlag für sich gehet und mus zu letzt unterligen. Was aber rohe, ruchlose gewissen sind ym hauffen, wilche tollküne und wage helsse heissen, mit den gehts alles plumps weise[1] zu, sie gewinnen odder verlieren. Denn wie es denen gehet, die gute odder böse gewissen haben, so gehts solchem rohen viehe mit, weil sie ym hauffen sind. Umb yhren willen wird kein sieg gegeben. Denn sie sind die schalen und nicht der rechte kern des kriegshauffen. Dem nach schicke ich euch nu diese meine unterricht, so viel mir Gott verlihen hat, damit yhr und andere, so gerne wolten wol kriegfüren, auff das sie auch Gots hulde und das ewige leben nicht verlören, sich wissen zu rüsten und unterweisen. Gotts gnade sey mit euch, AMEN.

Auffs erst ist der unterscheid für zu nemen, das ein ander ding ist Ampt und person odder werck und thetter. Denn es kan wol ein ampt odder werck gut und recht sein an yhm selber, das doch böse und unrecht ist, wenn die person odder thetter nicht gut odder recht ist odder treibts nicht recht. Ein richterampt ist ein köstlich, göttlich ampt, es sey der mundrichter odder faustrichter, wilchen man den scharffrichter heist. Aber wenns einer für nympt, dem es nicht befolhen ist oder der, so des befelh hat, nach gelt und gunst aus richtet, So ists bereit nicht mehr recht noch gut. Der ehliche stand ist auch köstlich und göttlich, noch ist mancher schalck und bube drynnen. Also ists auch mit dem kriegestand, ampt oder werck, das an yhm selbs recht und götlich ist. Aber darauff ist zusehen, das die person auch sey, die dazu gehöre und rechtschaffen sey, wie wir hören werden.

Auffs ander bedinge ich hie, das ich auff dis mal nicht rede von der gerechtickeit, die für Gott frume person macht. Denn dasselbige thut alleine der glaube an Jhesum Christ, on alle unser werck und verdienst aus lauter Gotts gnaden geschenckt und gegeben, wie ich das sonst so offt und manchmal

2 unmüglich *C* 4 Juden *CDEG* würdt *E* 5 zeuhest *DEF* zeuchst *G* solt du *DE* 6 weg *DE* gluck *C* 7 ist] sein *F* 9 tollkune *C* tollkün *DE* 11 yhm *B* 12 würdt *E* geben *BDE* 13 nun *F* 14 verlühen *E* 15 füren *C* Gotes *CE* huld *DE* 16 verlyeren *DE* verlüren *FG* rusten *C* Gottes *DE* genade *DE* 23 scharpffrichter *DE* 25 Eeliche *DEG* Eheliche *F* 26 manicher *E* bübe *D* büb *G* 27 kriegeßstand *F* 28 auch sey *fehlt F* darzü *DE* und] auch *F* 30 ich hie *A* 31 gerechtichtigkeyt *E* vor *DG* frome *C* alleyn *CG* 32 glaub *C* 33 Gotes *CDE* das] doch *E* sunst *FG*

[1]) *d. i. zufällig, blindlings.*

geschrieben und gelernt habe. Sondern ich rede hie von der eusserlichen gerechtickeit, die ynn den ampten und wercken stehet und gehet; das ist, auff das ichs ja deutlich sage: Ich handele hierynne, ob der Christliche glaube, durch wilchen wir für Gott frum gerechent werden, auch neben sich leiden künne, das ich ein kriegesman sey, krieg füre, würge und steche, raube und brenne, wie man dem feinde ynn kriegs leufften nach krieges recht thut; ob solch werck auch sunde odder unrecht sey, davon gewissen zu machen sey für Gott, odder ob ein Christen musse der werck keines thun, sondern alleine wolthün, lieben, niemand würgen odder beschedigen. Das heisse ich ein ampt odder werck, wilchs obs schön göttlich und recht were, dennoch böse und unrecht werden kan, so die person unrecht und böse ist.

Auffs dritte: Von dem kriegesampt und werck, wie das an yhm selbs recht und göttlich sei, gedencke ich hie auch nicht ynn die lenge zuschreiben, weil ich davon ym büchlin von weltlicher oberkeit[1] reichlich habe geschrieben. Denn ich mich schier rhümen möchte, das sint der Apostel zeit das weltliche schwerd und oberkeit nie so klerlich beschrieben und herrlich gepreiset ist, wie auch meine feinde müssen bekennen, als durch mich; dafür ich doch den ehrlichen danck habe zu lohn verdienet, das meine lere auffrürisch und als die so widder die oberkeit strebe gescholten und verdampt wird, des Gott gelobt sey. Denn weil das schwerd ist von Gott eingesetzt die bösen zu straffen, die frumen zu schutzen und fride hand zu haben, Ro. 13., 1. Pet. 3. So ists auch Röm. 13, 1ff. 1. Petri 2, 13ff.
gewaltiglich gnug beweiset, das kriegen und würgen von Gott eingesetzt ist und was krieges laufft und recht mit bringet. Was ist krieg anders denn unrecht und böses straffen? Warumb kriegt man, denn das man fride und gehorsam haben wil?

Obs nu wol nicht scheinet, das würgen und rauben ein werck der liebe ist, derhalben ein einfeltiger denckt, Es sey nicht ein Christlich werck, zyme auch eym Christen nicht zu thun: So ists doch ynn der warheit auch ein werck der liebe. Denn gleich wie ein guter artzt, wenn die seuche so böse und gros ist, das er mus hand, füs, ohr odder augen lassen abhawen odder verderben, auff das er den leib errette, so man an sihet das gelied, das er abhewet,

---

1 Sunder *F* 3 handle *DE* hierinnen *G* 4 vor *DEG* gerechnet *E* leyde *F* 5 kriegsman *DEG* kriege *F* fure *C* wurge *CE* 6 kriegsleuffen *E* nach *C* 7 sünde *DEFG* vor *DE* 8 müsse *DEFG* keins *DE* sunder *F* allain *DE* wolthun *B–G* 9 wurgen *C* beschädigen *E* ein] in *B* wölliches *D* 10 ob es *DE* schon *C–G* dennocht *DE* dannocht *G* 12 kriegs ampt *FG* 14 buchlin *C* büchlein *F* öberkeit *BCG* hab *F* 15 schir *CG* rhumen *C* seyd *DE* 16 öberkeit *BCG* klärlich *E* 17 feynd *C* mussen *C* durch *A* 17/18 eherlichen *F* 18 lere *E* auffrurisch *C* 19 öberkeit *BG* streben *DE* würdt *E* gelobet *C* 21 schützen *DEFG* fryden *E* Romanos am 13. *D* Roma. am dreyzehenden *E* j. Petri am dritten *E* 22 genug *CE* wurgen *C* 23 kriegßlauff *DE* 24 krieget *E* friede *B* frid *G* 26 nun *DEF* wurgen *C* 27 denncket *DE* zieme *C* 29 artzet *E* 30 fus *CF* 31 abhawet *D–G*

[1]) *Erl. 22, 59ff., besonders S. 100ff.*

scheinet es, er sey ein grewlicher, unbarmhertziger mensch. So man aber den leib ansihet, den er wil damit erretten, so findet sichs ynn der warheit, das er ein trefflicher, trewer mensch ist und ein gut, Christlich (so viel es an yhm selber ist) werck thut. Also auch wenn ich dem krige ampt zu sehe, wie es die bösen strafft, die unrechten würget und solchen jamer anrichtet, scheinet es gar ein unchristlich werck sein und aller dinge widder die Christliche liebe. Sihe ich aber an, wie es die frumen schützt, weib und kind, haus und hoff, gut und ehre und friede damit erhelt und bewaret, so find sichs, wie köstlich und Göttlich das werck ist, und mercke, das es auch ein bein odder hand abhewet, auff das der gantze leib nicht vergehe. Denn wo das schwerd nicht werete und fride hielte, so müste es alles durch unfride verderben, was ynn der welt ist. Derhalben ist ein solcher krieg nicht anders denn ein kleiner, kurtzer unfriede, der eym ewigen unmeslichem unfriede weret, Ein klein unglück, das eym grossen unglück weret.

Das man nu viel schreibt und sagt, wilche eine grosse plage krieg sey, das ist alles war. Aber man solt auch daneben ansehen, wie viel mal grösser die plage ist, der man mit kriegen weret. Ja, wenn die leute frum weren und gerne fride hielten, so were kriegen die grösseste plage auff erden. Wo rechenstu aber hin, das die welt böse ist, die leute nicht wollen friede halten, rauben, stelen, todten, weib und kind schenden, ehre und gut nemen? Solchem gemeinen aller welt unfriede, dafur kein mensch bleiben künde, mus der kleine unfride, der do krieg odder schwerd heist, steuren. Darumb ehret auch Gott das schwerd also hoch, das ers seine eigen ordnunge heist, und wil nicht, das man sagen odder wehnen solle, menschen habens erfunden odder eingesetzt. Denn die hand, die solch schwerd füret und würget, ist auch als denn nicht mehr menschen hand sondern Gottes hand, und nicht der mensch sondern Got henget, redert, entheubt, würget und krieget. Es sind alles seine werck und seine gerichte.

Summa: Man mus ym kriegeampt nicht ansehen, wie es würget, brennet, schlegt und fehet &c. Denn das thun die engen, einfeltigen kinder augen, die dem artzt nicht weiter zusehen, denn wie er die hand abhewet odder das bein abseget, sehen aber oder mercken nicht, das umb den gantzen leib zurretten zu

---

1 scheynt *C* greülicher *D* 2 leybe *DE* sich es *DE* 3 treüwer *D* jme *D* 3/4 Christlich werck (so vil es an jm selber ist) thut *F* kriege *B* 5 straffet *DE* wurget *C* sollichen *DE* 7 schutzt *C* schützet *E* 8 fride *G* sich es *DE* 9/10 abhawet *D–G* 10 leybe *DE* 11 swerd *B* frid *G* muste *C* 13 unfride *C–G* unfride *D–G* 13/14 unglück *C* 14 unglück *C* 15 nun *FG* saget *E* wilche] wie *F* eyn *EG* palge *AG* palg *D* plag *EF* kriegen *F* 17 plag *DE* leut *DEF* 18 friede *B* frid *DEG* grössest plag *DEG* rechestu *E* 19 hyn *B* böß *G* leut *D* wöllen *D–G* fride *CDEG* 20 tödten *B–G* Eer *E* 21 da für *BDEFG* mench *B* kunde *C* künd *F* unfriede *B* 22 krig *F* Darumb *B* 24 sol *DE* 25 furet *C* wurget *C* 26 sonder *E* sunder *F* menschen *F* sonder *DG* sunder *F* 27 wurget *C* 28 kriegampt *DEF* kriegßampt *G* wurget *C* wirget *D* 29 sehet *DE* 30 artzt *D* dann *G* abhawet *DEG* abhaut *F* 31 sehen oder mercken aber nit *F* das solchs umb *F*

thun ist. Also mus man auch dem kriegs odder schwerds ampt zusehen mit menlichen augen, warumb es so würget und grewlich thut; so wird sichs selbs beweisen, das ein ampt ist an yhm selbs Götlich und der welt so nöttig und nützlich als essen und trincken odder sonst kein ander werck. Das aber etliche solchs ampts missebrauchen, würgen und schlahen on not, aus lauter mutwillen, das ist nicht des ampts sondern der person schuld. Denn wo ist yhe ein ampt, werck odder yrgent ein ding so gut, des die mutwilligen, bösen leute nicht missebrauchen? Solche sind gleich wie die tollen ertzte, die eine gesunde hand wolten dem menschen abhawen on not, aus lauter mutwille; ja, sie hören yun den gemeinen unfride, dem man mit rechtem krieg und schwerd weren und zum fride zwingen mus; wie es denn auch allewege geschihet und geschehen ist, das die geschlagen werden, die krieg on not anfahen. Denn sie konnen zu letzt doch Gottes gericht, das ist seym schwerd, nicht entgegen. Er findet und trifft sie zu letzt, wie den Baurn itzt ym auffrur auch geschehen ist.

Solchs zu bestettigen haben wir den grösten prediger und lerer nehest Christo, nemlich Johannen den Teuffer; wilcher Luce .3., da die krieges knechte zu yhm kamen und fragten, was sie thun solten, verdampt er yhr ampt nicht, hies sie auch des nicht abstehen, sondern bestettigts viel mehr und sprach: 'Last euch benügen an ewrem solde und thut niemand gewalt noch unrecht'. Luc. 3, 14
Damit hat er das kriegeampt an yhm selbst gepreiset, aber gleich wol den misbrauch geweret und verbotten. Denn misbrauch gehet das ampt nicht an. Also auch Christus, da er fur Pilato stund, bekand er, kriegen were nicht unrecht, da er sprach: 'Were ich von dieser welt Konige, so würden meine Joh. 18, 36
diener streitten darüber, das ich nicht den Juden uberantwortet würde'. Hie her gehoren auch alle alte kriegs historien ym alten Testament, als Abraham, Mose, Josua, die richter, Samuel, David und alle konige ym volck Israel. Solte aber kriegen odder kriegsampt an yhm selbs unrecht odder Gotte misfellig sein, so musten wir Abraham, Mose, Josua, David und alle andere heilige veter, konige und Fursten verdamnen, wilche darynnen auch Gotte gedienet haben und desselbigen wercks hoch berümbt sind ynn der schrifft, wie

---

2 menlichē G also F wurget C 3 ein] sein DE, es ein F 4 nutzlich CD sunst D—G kein] eyn F 5 etlich DE missbrauchen D—G wurgen C 6 sonder EG sunder F 8 leut DE missbrauchen DEG ein DEG 9 mutwillen B 10 gehören DEF unfriede B unfrid D—G rechten E 11 frid G allewegē D allwegē E allweg G geschicht EG 13 können CF künnen DEG doch zu letzt F Gotts B entgehen DEG entgen F 14 Bawren C Bauren DE yetzt DEG 15 Sölchs G 16 Tauffer FG da G kriegs CDE 17 frageten B 18 sunder FG 19 benugen C ohn D ewerem DE 20 Darumb DE kriegampt DE kriegs ampt G selbs CF 21 verpotten DE Dann G 22 für BFG vor DE bekāte DE 23 da G Könige BCFG künige DE wurden CDG 24 darüber D—G Jüden BEF über DE wurde CDG 25 gehören B—G 26 Könige BCFG künige DE volck C Israhel C 27 Gott DE 28 müsten BDEFG 29 vätter DEG Könige BCFG künige DE Fürsten BDEFG verdammen DE Gott DE 30 berumbt C

das alles wol bewust ist allen, die auch wenig ynn der heiligen schrifft gelesen haben. Derhalben es hie nicht not ist weiter zubeweisen.

Und ob villeicht yemand hie wolte sagen, Es were ein ander ding mit den heiligen vetern gewest. als wilche Gott hette von andern Heiden gesundert durch seine wale und wort und hette sie heissen streitten; Darümb were yhr exempel nicht gnug fur eynen Christen ym newen Testament; Weil sie Gottes befelh fur sich hatten und aus gottlichem gehorsam stritten, Aber wir keinen befelh haben zu streitten, sondern viel mehr zu leiden und alles lassen faren: Darauff ist klarlich gnug geantwortet durch S. Peter und Paulus, wilche beide gebieten auch ym newen Testament, menschlicher ordnung und gebotten der welltlichen oberkeit gehorsam zu sein; Und wie wir gehort haben droben, das S. Johannes der teuffer die kriegsleute als ein Christlicher lerer Christlich leret und dennoch sie lies kriegs leute bleiben, alleine das sie des nicht solten misbrauchen, niemand unrecht odder gewalt thuen sondern sich an yhrem solde benugen lassen. Darümb ist auch ym newen Testament das schwerd mit Gotts wort und befelh bestetiget. Und die sein recht brauchen und ynn gehorsam streitten, dienen auch Gott darynn und sind seinem wort gehorsam.

Und denck du selber: Wenn man das stücke einreumet, das kriegen an yhm selbs unrecht were, so würden wir darnach auch mussen alle ander stücke einreumen und unrecht lassen sein. Denn so das schwerd ein unrecht ding were ym streiten, so würde es auch unrecht sein, wenn es die ubelthetter strafft odder fride helt. Und kurtz umb alle seine werck würden unrecht sein müssen. Denn was ist recht kriegen anders denn die ubelthetter straffen und fride halten? Wenn man einen dieb, mörder odder ehebrecher strafft, das ist ein straffe uber einen eintzelen ubeltheter. Wenn man aber recht kriegt, so strafft man einen gantzen grossen hauffen ubelthetter auff ein mal, die so grossen schaden thun, so gros der hauffe ist. Ist nu ein werck des schwerds gut und recht, so sind sie alle recht und gut. Es ist doch ein schwerd und

Röm 13, 14 nicht ein fuchsschwantz und heyst Gottes zorn Ro. 13.

Auff das aber, da sie einfüren, Die Christen haben keinen befelh zu streiten und exempel sehen nicht gnug, weil sie eine lere haben von Christo,

---

1 bewyst *DE* allen den die *F* 3 wolt *F* wölte *G* wer *DE* 4 vätern *DEG* als *fehlt F* hett *DE* gesündert *D* 5 wal *DE* hett *DE* Darumb *C–G* 6 genug *C* für *BDEFG* newe *E* 7 für *BDEFG* hätten *DE* Göttlichem *B–G* 8 sunder *FG* vil *C* 9 klerlich *CF* klärlich *G* genug *CG* sant *D* 10 auch *fehlt B* newe *E* 11 öberkeit *BG* gehört *D–G* 12 sant *EG* Tauffer *FG* 13 dennocht *DE* dannocht *G* allein *G* 14 gewalte *D* thün *D–G* sonder *E* sunder *FG* 15 benügen *BDEFG* Darumb *C–G* newe *E* 16 Gottes *BDEG* gebrauchen *G* 18 gedenck *G* stuck *C* stucke *DE* einreumet] nachliesse *F* 19 wurden *CG* müssen *D–G* stucke *CD* 20 einreumen] nachlassen *F* 21 wurde *CG* übeltheter *(ebenso i. Folg.) E* 22 straffet *DE* syne *E* wercke *F* wurden *CG* 23 mussen *C* kreigen *AB* 25 eintzelen *DEG* 27 thün *E* nun *FG* 29 Romanos am xiij. *E* 30 eynfuren *C* befelch *D* 31 genug *C* ain *DEF*

das sie dem ubel nicht sollen widder stehen sondern alles leyden, hab ich gnugsam ym büchlin von der weltlicher öberkeit[1] geantwortet. Denn freylich die Christen nicht streyten noch weltliche öberkeit unter sich haben. Yhr regiment ist ein geistlich regiment und sind nach dem geiste niemand denn Christo unterworffen. Aber dennoch sind sie mit leyb und gut der weltlichen öberkeit unterworffen und schuldig gehorsam zu sein. Wenn sie nu von weltlicher öberkeit zum streyt gefoddert werden, sollen sie und mussen streyten aus gehorsam, nicht als Christen sondern als glieder und unterthenige gehorsam leute nach dem leybe und zeitlichem gut. Darümb wenn sie streyten, so thun sie es nicht für sich noch umb yhren willen sondern zu dienst und gehorsam der öberkeit, unter wilchen sie sind, wie S. Paulus zu Tito schreibt: 'Sie sollen der öberkeit gehorsam sein'. Davon magstu weiter lesen ym Tit. 3, 1
büchlin von weltlicher öberkeit.

Denn das ist Summa Summarum davon: Das ampt des schwerds ist an yhm selber recht und eine Göttliche nützliche ordnunge, wilche wil er unveracht sondern gefurcht, geehret und gehorcht haben, odder sol ungerochen nicht bleiben, wie S. Paulus Ro. am xiij. sagt. Denn er hat zweyerley Röm. 13, 1
regiment unter den menschen auff gericht. Eins geistlich, durchs wort und on schwerd, da durch die menschen sollen frum und gerecht werden, also das sie mit der selbigen gerechtickeit das ewige leben erlangen. Und solche gerechtickeit handhabet er durchs wort, wilchs er den predigern befolhen hat. Das ander ist ein weltlich regiment durchs schwerd, auff das die ienigen, so durchs wort nicht wollen frum und gerecht werden zum ewigen leben, dennoch durch solch weltlich regiment gedrungen werden, frum und gerecht zu sein für der welt. Und solche gerechtickeit handhabet er durchs schwerd. Und wie wol er der selbigen gerechtickeit nicht wil lonen mit dem ewigen leben, So wil er sie dennoch haben, auff das friede unter den menschen erhalten werde, und belohnet sie mit zeitlichem gute. Denn darümb gibt er der öberkeit so viel guts, ehre und gewalt, das sie es mit recht für andern besitzen, das sie yhm dienen, solche weltliche gerechtickeit zu handhaben. Also ist Gott selber aller beyder gerechtickeit, beyde geistlicher und leiblicher, stiffter, herr, meister, födderer und

---

1 sunder *FG* 2 buchlin *C* büchlein *FG* weltlichen *D—G* Oberkait *F* geantwort *DEF* Dann *G* 3 oberkeit *D* 5 bennocht *DE* bannocht *G* 6 oberkeit *D* obekeit *E* ghorsā *D* nun *FG* 7 oberkeit *DE* gefordert *EFG* müssen *DG* 8 sonder *DE* sunder *FG* glieder *FG* 9 leyb *F* Darumb *C—G* 10 sunder *FG* 11 oberkeit *DE* Sant *FG* 12 oberkait *D* 13 buchlin *C* büchlein *FG* oberkeit *D* 15 ein *FG* nützliche *CD* ordnung *D—G* 15/16 welche er wil unveracht *F* 16 sunder *FG* gefürcht *D—G* gehorchet *D* 17 Sant *DE* am *fehlt CDEG* 19 from *DE* 23 wöllen *D—G* from *DE* bennocht *F* bannocht *G* 24 from *DE* wor *DEF* 27 bennocht *DE* bannocht *G* werden *ABC* 28 darumb *C—G* oberkait *DE* 30 solch *DE* gerechtickiet *AB* 31 foderer *D* fodderer *E* fürderer *FG*

[1]) *Erl. 22, 59 ff., besonders S. 65 ff.*

belohner. Und ist keine menschliche ordnung odder gewalt drynnen, sondern eytel Göttlich ding.

Weil es nu des ampts und standes halben an yhm selber keinen zweiffel hat, das alles recht und Göttlich ding ist, wollen wir nu von den personen und brauch desselbigen standes handelen. Denn da ligts am meisten an, das man wisse, wer und wie man dises ampts brauchen solle. Und hie hebt sichs auch, das wenn man gewisse regel und recht stellen wil, so viel felle und auszüge sich begeben, das gar schwerlich ist odder auch unmüglich, alles so genaw und eben zu fassen; wie es denn gehet auch ynn allen rechten, das man sie so gewis und eben nymer mehr kan stellen, es komen felle, die einen auszug gewinnen. Und wo man nicht den auszug liesse gehen, sondern folgete stracks dem rechten nach, so were es das aller grossest unrecht. Wie der Heyde Terentius sagt: 'Das strengest recht ist das aller grossest unrecht'[1]. Und Salomo ynn seym Prediger leret auch, man solle nicht allzu recht sein sondern zu weilen nicht wollen weise sein.

Als das ich des ein exempel gebe: Ynn der Baurn auffrur nehist vergangen hat man wol etliche funden, die ungerne mit gezogen sind, sonderlich was wolhabende leute gewest sind. Denn es galt die auffrur den reichen eben so wol als den oberherrn. Und der billicheit nach zuvermuten ist, das keinem reichen die auffrur sey lieb gewest. Wolan, da haben etliche mit gemust on yhren willen und danck. Etliche auch haben sich ynn solchen zwang gegeben der meynunge, das sie dem tollen hauffen kundten weren und mit gutem rad hindern etwa yhrem bösen fürnemen, das sie doch nicht so viel ubels thetten, der öberkeit zu gut und yhn selbs auch zu nutze. Ettliche auch sind mit gezogen aus vergunst yhrer oberherrn, wilche sie zuvor drümb gefragt haben. Und was der gleichen felle mehr sich möchten begeben haben. Denn niemand kan sie alle erdencken nach yns recht fassen.

Nu wolan, hie stehet das recht und spricht: Alle auffrurische sind des tods schüldig. Und diese dreyerley sind ynn frischer that unter dem auffrürischen hauffen funden. Was sol man yhn thun? Sol hie kein auszog gelten und das strenge, steyffe recht gehen, wie es laut von der that eusserlich, so müssen sie auch sterben wie die andern, die sampt der that ein schüldiges

1 menschlich *DE* darinnen *DE* sonder *E* sunder *FG* 3 nun *DFG* 4 hy es alles *F* wöllen *D—G* nun *FG* 5 stands *DE* handlen *DE* 6 gebrauchen *G* sol *D* 7 gwisse *D* vil *CDE* 8 außzuge *C* vnmüglich *A* vnmuglich *C* 10 kumen *FG* 11 sonder *E* sunder *FG* 12 folget *D* grössest *C—F* gröst *G* 13 grössest *C—G* 15 sondern] || dern *in manchen Exemplaren von AB (vgl. oben S. 618)* dern *DF* dernn *G* wöllen *D—G* 16 des *fehlt E* Bauren *DE* nechst *DE* negst *F* nehest *G* 17 sunderlich *FG* 18 gwest *D* 19 öberherrn *CDE* 20 etlich *D* gemüst *D—G* 21 zwange *DE* maynunge *G* kundten *DEF* künden *G* 24 oberkait *DE* nutz *C* nütze *E* 25 drumb *CDE* 28 Nun *FG* auffrürische *D—G* 29 schuldig *C—G* 29/30 auffrurischen *C* 30 außzug *D—G* 32 mussen *C* anderen *E* schuldiges *C—G*

[1]) *Cicero, De officiis I, 10, 33. Terentius, Heaut. IV, 5, 48.*

hertz und willen drynnen gehabt, so doch diese ein unschuldigs hertz und guten willen gegen die öberkeit gehabt. Wie denn ettlich unser Junckerlin gethan haben, sonderlich den reichen, da sie haben etwas vermeynet zu erschinden, Wenn sie nur haben kund zu yhn sagen: Du bist mit gewest unterm hauffen, du must fort. Und haben also gros unrecht vielen leuten gethan und unschuldig blut vergossen, widwen und waysen gemacht, dazu yhn das gut genomen, und heissen dennoch die vom Adel. Ja freylich vom Adel. Aber es ist der dreck auch vom Adel und mag sich wol rhümen, er kome aus des Adelers leybe, ob er wol stinckt und kein nütze ist. Also mügen diese auch wol vom Adel sein. Wir Deudschen sind Deudschen und bleiben Deudschen, Das ist sew und unvernunfftige bestien.

So sage ich nu: Ynn solchen fellen, als der dreyerley obgenanten leuten exempel gibt, sol das recht weichen und an seine stat die Billicheit regiern. Denn das recht spricht durre eraus: Auffrur ist des tods schuldig als Crimen lese majestatis, Als eine sünde widder die öberkeit. Aber die Billicheit spricht also: Ja, liebes recht, es ist wie du sagest. Aber es kan geschehen, das zween ein gleich werck thun, aber doch mit ungleichem hertzen und meynunge. Als Judas küsset den HERRN Christum ym garten, wilchs eusserlich ein gut Matth. 26, 49 werck ist. Aber sein hertz war böse und verrhiet seinen herrn mit dem guten werck, wilchs doch Christus und seine jüngern sonst aus gutem hertzen mit einander ubeten. Widderümb, Petrus satzt sich mit Annas diener zum feur Luc. 22, 55 und wermet sich mit den gottlosen, das war nicht gut rc. Wenn nu hie strenge recht gehen solt, so must Judas ein frum man und Petrus ein schalck sein. Aber das hertz Juda war böse, das hertz Petri war gut. Darümb mus die billicheit hie das recht meistern.

Also wilche unter den auffrürischen gewest sind guter meynunge, die selbigen spricht die billickeit nicht alleine los sondern achtet sie wol zweyfeltiger gnaden werd. Denn sie sind eben wie der frume Husai von Arach, wilcher sich unter den auffrurischen Absalom gab und stellet sich seer gehorsam, auch aus Davids befelh, alles der meynunge, das er David hülffe und dem

---

1 vnschuldiges *DE* 2 Oberkait *F* Jünckerlin *E* Junckerlein *F* 3 sunderlich *FG* vermaynet *G* 4 künd *DE* könne *F* jnen *G* gwest *E* 6 witwen *C–G* gmacht *D* darzů *G* jnen *G* 7 genumen *FG* dennocht *DE* dannocht *G* 7/10 Ja *bis* vom Adel sein *fehlt DE* 7 freylich die vom Adel *G* 8 rhumen *C* kum *F* kume *G* 9 Adels *G* auß *C* mögen *C* Teutschen *(zweimal) D–G* teutschen *D–G* 11 vnvernünfftige *DEG* 12 sag *DE* nun *EFG* sollichenn *DE* obgnanten *F* 13 sein *DE* seyner *G* billigkeyt *F* regiren *FG* 14 dürre *D–G* heraus *CDEG* todts *DE* 15 sunde *C* sünd *DE* oberkeyt *EF* Billigkeyt *F* 18 küsset *C* 19 herrn *D* 20 junger *C* jungern *DE* sunst *FG* 21 übeten *DEG* Widderumb *C–G* satzte *C* dienern *DE* 22 rc. *fehlt DE* nun *G* 23 streng *DE* gen *E* müst *DEG* 24 Darumb *C–G* billigkeit *F* 26 auffrurischen *C* vffrürischen *E* meynung *E* 27 Billicheyt *CDEG* billigkeit *(ebenso i. Folg.) F* allain *DEF* sundern *G* 28 genaden *E* 29 auffrürischen *D–G* Absalon *DE* Abfalon *G* 30 vß *E* meynung *E* hulffe *CG*

Absalom werete, wie das alles sein geschrieben ist ym andern buch Samuel 2. Sam. 15, 32ff.; 16, 16ff. am xv. und xvj. Eusserlich an zusehen war Husai auch auffrurisch mit Absalom widder David. Aber er verdienet gros lob und ehre ewiglich für Gott und aller welt. Wenn nu David den selbigen Husai hette lassen als einen auffrurischen richten, das were eben so ein lobliche that gewest, als die ytzt unser Fürsten und Junckerlin an der gleichen unschüldigen, ja wolverdienten leuten thun.

Solche tugent odder weisheit, die also kan und sol das strenge recht lencken und messen, nach dem sich die selle begeben, und einerley guts odder böses werck nach unterscheid der meynunge und der hertzen richtet, Die heyst auff Kriechisch 'Epiikia', auf Latinisch 'Equitas'. Ich nenne sie 'Billicheit'. Denn weil das recht mus und sol einfeltiglich mit dürren, kurtzen worten gestellet werden, kan es gar nicht alle zufelle und hindernis mit einfassen. Derhalben die richter und herrn müssen hie klug und frum sein und die Billicheit aus der vernunfft messen und also denn das recht lassen gehen odder anstehen. Als ein hauswird setzt seinem gesinde ein recht, was sie diesen odder den tag thun sollen. Da stehet das recht: Wer das nicht thut odder helt, sol seine straffe leyden. Nu mag der eins kranck odder sonst on seine schuld verhindert werden. Da höret das recht auff, und were gar ein wütiger hausherr, der seinen knecht umb solchs nachlassen willen wolte straffen. Also müssen und sollen alle rechte, wilche auff die that gestellet sein, der Billicheit als der meysterynn unterworffen sein umb der manchfeltigen, unzelichen, ungewissen zufelle willen, die sich begeben konnen und niemand sie kan zuvor abmalen odder fassen.

Dem nach sagen wir nu auch vom kriegs recht odder vom brauch des kriegs wercks der personen halben: Erstlich, das krieg mag geschehen von dreyerley personen, als das ein gleicher widder seinen gleichen streit, das ist, da der beyder personen keiner der ander geschworen odder unterthan ist, ob gleich die eine person nicht so gros, herlich, mechtig sey als die andere; Item: Wenn die oberperson widder yhr unterperson kriegt; Item, wenn die unter person widder yhr uber person streyt. Nu, das dritte nemen wir zu erst für uns. Hie stehet das recht und spricht: Das niemand solle widder seinen

---

1 Absolon *G* 2 am *fehlt DE* auffrürisch *DFG* uffrürisch *E* Asalom *A—D* Absolon *G* 3 verdient *DE* eer *DE* 4 nun *FG* hett *CDE* 4/5 auffrürischen *D—G* 5 löbliche *CFG* gwest *D* yetzt *DEG* 6 Fursten *C* Junckerlin *E* ·lein *F* unschuldigen *C—G* 8 Sölche *G* 11 Lateinisch *DEF* 12 durren *C* 13 gstellet *E* hyndernüß *EG* 14 mussen *C* fromm *DE* 16 haußwürt *E* 17 steht *E* hölt *D* häldt *E* 18 Nun *G* sunst *D—G* sein *DE*] *fehlt C* 19 wutiger *C* 20 willens *F* wölte *EG* wolt *F* 21 mussen *C* seynd *E* 22 manigfeltigen *E* manichfeltigen *G* 23 können *CF* küllen *DEG* 25 nun *D—G* von kriegsrecht *E* von dem brauch *DE* 26 krieg *D* werck *G* 28 andre *D* andrê *E* andern *FG* 29 ein *G* 30 überperson *CG* 31 über- *CEG* überperson *D* Nun *D—G* drit *DE* 32 steht *E* soll *DE*

oberherrn fechten noch streyten; denn der öberkeit ist man gehorsam, ehre und furcht schüldig, Ro. xiij. Denn wer uber sich hewet, dem fallen die span ynn Röm. 13, 1 ff.
die augen [1]. Und wie Salomo spricht: 'Wer steine ynn die hohe wirfft, dem Spr. 26, 27
fallen sie auff den kopff'. Das ist kurtz umb das recht an yhm selbst, wilchs Gott selbs eingesetzt und von menschen angenomen ist. Denn es reymet sich nicht: Gehorsam zu sein und doch widder streiten, Unterthenig zu sein und den herrn nicht wollen leyden.

Nu wir aber ytzt gesagt haben, das die Billicheit solle des rechts meisterynn sein und wo es die zufelle foddern, das recht lencken, heyssen und lassen da widder thun: Darümb fragt sichs hie, obs auch billich konne sein, das ist, ob auch ein fal etwa sich müge zutragen, das man widder dis recht müge der öberkeit ungehorsam sein und widder sie streyten, sie absetzen odder binden. Denn es ist eine untugent ynn uns menschen, die heyst fraus, Das ist list odder tücke; wenn die selbige höret, das Billicheit uber recht gehet, wie gesagt ist, So ist sie dem rechten gantz feind und sucht und grobelt tag und nacht, wie sie unter dem namen und schein der billicheit zu marckt kome und sich verkeuffe, da mit das recht zu nichte werde und sie die liebe trawte sey, die es gut gemacht habe. Daher ein sprich wort gehet: 'Inventa lege Inventa est fraus legis'. Wenn ein recht an gehet, so bald find sich jungfraw fraus auch [2]

Die Heyden, weil sie von Gott nichts gewust, auch nicht erkand haben, das weltliche regiment Gotts ordnung sey (denn sie habens für ein menschlich glück und that gehalten), die haben hie frisch dreyn gegriffen und nicht alleine billich sondern auch löblich gehalten, unnütze, böse öberkeit absetzen, würgen und verjagen. Daher die Kriechen auch kleynod und geschencke durch offentlich gesetze zusprachen den Tyrannicidis, das ist denen, wilche einen Tyrannen erstechen odder umbbrechten. Dem haben die Römer ynn yhrem Keyserthum mechtiglich gefolget und schier das mehrer teyl yhrer Keyser selbs ermördet, Das ynn dem selbigen loblichen Keyserthum schier kein Keyser ist yhe mals von den feinden erschlagen. Sie aber selbs haben yhr wenig lassen auff dem bette und des natürlichen tods sterben. Das volck Israel und Juda haben des gleichen auch ettliche yhrer Könige also erwürget und umbbracht.

---

1 öberherrn *CG* oberherren *D* oberkeit *(ebenso i. Folg.) DE* 2 forcht *D–G* schuldig *C–G* über *DE* hawet *FG* spen *DE* 3 Salomon *DE* stein *DEG* höhe *C–G* 4 selbs *DE* 5 selbst *DE* angenummen *FG* 7 herren *DG* wöllen *D–G* 8 Nun *FG* yetz *D* jetzt *EG* soll *DE* 9 fordern *G* 10 fraget *C* könne *CF* künde *DE* künne *G* 11 möge *C* mög *DE* mög *G* 12 oberkait *DEF* 13 ein *E* 14 tucke *C* billichkait *DE* über *DE* geht *E* 15 grübelt *F* gröbelt *G* 16 billigkeyt *F* marck *E* kume *FG* 17 verkauffe *D–G* nicht *E* 18 sprüchwort *G* 19 balde *DE* jungkfraw *C–G* 20 gewißt *DE* 21 weltlich *DE* weltlichs *F* Gottes *CG* 22 glück *C* nit *C* allein *DE* 23 loblich *DE* vnnutze *G* wurgen *C* 24 klainet *DE* 25 gesetz *DE* 27 gefolgt *DE* ermördert *E* 28 löblichen *CFG* 30 bett *D* beth *E* naturlichen *C* todes *C* Jsrahel *C* 31 geleichen *DE* ettliche *AB* etlich *DE* künige *DE* erwurget *C*

[1]) *Wander, Bd. II, Sp. 388, „hauen" Nr. 11.* [2]) *Wander, Bd. III, Sp. 1532, Nr. 287.*

Aber uns ist nicht gnug an solchen exempeln. Denn wir fragen hie nicht darnach, was die Heyden odder Jüden gethan haben, sondern was recht und billich ist zuthun, nicht allein für Gott ym geist, sondern auch ynn Götlicher eusserlicher ordnunge des weltlichen regiments. Denn wenn gleich noch heute odder morgen ein volck sich auff machet und setzet seinen herrn ab odder erwürget yhn, Wolan, das were geschehen, die herrn müssens gewarten, obs Gott so verhienge. Aber daraus folget noch nicht, das drümb recht und billich gethan sey. Mir ist noch kein solcher fal fürkomen, da es billich were, kan auch ytzt dis mal keinen erdencken. Die baurn ynn der auffrur gaben für, die herrn wolten das Euangelion nicht lassen predigen und schunden die arme leute, drümb must man sie stortzen. Aber ich hab solchs verantwortet[1], das, ob gleich die herrn unrecht daran thetten, were drumb nicht billich noch recht, auch unrecht zuthun, das ist ungehorsam sein und zustoren Gotts ordnung, die nicht unser ist, sondern man solle das unrecht leiden. Und wo ein Fürst odder herr das Euangelion nicht wil leyden, Da gehe man ynn

Matth. 10,23 ein ander Fürstenthum, da es gepredigt wird, wie Christus spricht: 'Verfolgen sie euch ynn einer stad, so fliehet ynn die andere'.

Das ist wol billich, wo etwa ein Fürst, König odder herr wansynnig würde, das man den selbigen absetzt und verwaret; denn er ist nu fort mehr nicht für einen menschen zu halten, weil die vernunfft da hyn ist. Ja, sprichstu, Ein wütiger Tyran ist freylich auch wol wansynnig odder noch wol erger zu achten denn ein unsynniger. Denn er thut viel mehr schaden ꝛc. Hie wil sichs klemmen mit der antwort. Denn es hat solche rede einen mechtigen schein und wil eine Billicheit eraus zwingen. Aber doch sage ich meine meynunge drauff, das nicht gleich ist mit eim wansynnigen und Tyrannen. Denn der wansynnige kan nichts vernunfftiges thun noch leyden. Es ist auch keine hoffnung da, weil der vernunfft liecht weg ist. Aber ein Tyran thut dennoch viel dazu, so weis er, wo er unrecht thut, und ist gewissen und erkentnis noch bey yhm und hoffnung auch, das er sich müge bessern, yhm sagen lassen und leren und folgen. Wilcher keines bey dem wansynnigen ist, wilcher ist wie ein klotz odder stein. Uber das ist noch dahinden eine böse folge odder exempel, das wo es gebillicht wird, Tyrannen zurmorden odder

---

2 Juden *C—G* 3 wer *DE* 4 ordnung *E* 5 heut *DE* vfmachet *E* herren *DE* 6 erwurget *C* wer *DE* herren *DG* mussens *C* 7 so] also *DEF* folgt *F* das es darumb *F* darumb *DEG* 8 billich *AB* furkomen *C* fürkumen *FG* 9 wer *DE* yetz *DE* yetzt *FG* Bauren *F* auffrür *D* 10 schunden *E* 11 leut *DE* darumb *C* müst *E* stürtzen *EG* 13 zu- *CG* zerstören *DE* 14 Gottes *EG* 15 Furst *C* 16 Furstenthumb *C* gepredigt *DE* würdt *E* 17 die] eyn *G* ander *DE* 18 Furst *C* 19 wurde *CDG* er] der *C—G* nun *E* 21 wuttiger *C* wütender *DE* 23 ein *G* 24 ein *G* heraus *DEG* sag *DEF* 25 mein meinung *DEF* das es nicht *F* 26 vernünfftigs *D* vernünfftiges *EG* 27 kein *D—G* 28 dannoch *G* darzů *DE* 29 erkantniß *D* erkantnüs *E* erkantnuß *G* möge *C* müg *DEG* 31 eyn böse *DE* 32 würdt *E* zurmörden *DE* zumorden *F* zumörden *G*

[1]) *Erl.*[1] 24, 300ff.; [2], 270ff.

verjagen, reyst es balde ein und wird ein gemeiner mutwille draus, das man Tyrannen schilt, die nicht Tyrannen sind, und sie auch ermordet, wie es dem pöfel ynn synn kömpt; als uns das die Römischen historien wol zeigen, da sie manchen feinen Keyser tödten alleine darümb, das er yhn nicht gefiel odder nicht yhren willen thet und lies sie herrn sein und hielte sich yhren knecht und maul affen; Wie dem Galba, Pertinax, Gordian, Alexander und mehren geschach. Man darff dem Pöfel nicht viel pfeiffen. Er tollet sonst gerne[1]; und ist billicher dem selbigen zehen elle abbrechen, denn eine handbreit, ja eins finger breyts einreumen ynn solchem fal, Und besser, das die Tyrannen hundert mal yhn unrecht thun, denn das sie den Tyrannen ein mal unrecht thun. Denn so ja unrecht sol gelidden sein, so ists zu erwelen, von der öberkeit zuleiden, denn das die öberkeit von den unterthanen leyden; denn der Pöfel hat und weis keine masse und stickt ynn eym iglichen mehr denn funff Tyrannen. Nu ists besser von einem Tyrannen, das ist von der öberkeit, unrecht leyden, denn von unzelichen Tyrannen, das ist vom Pöfel, unrecht leyden.

Man sagt, die Schweytzer haben vorzeiten auch yhre öberherrn erschlagen und sich selbs frey gemacht ꝛc. Und die Denen newlich haben yhren König verjagt; zeigen beyde ursache an die untregliche Tyranney, so die unterthanen haben mussen leyden ꝛc. Ich hab aber droben gesagt, das ich hie nicht handele, was Heyden thun odder gethan haben, odder was den selbigen exempeln und geschichten gleich ist, sondern was man thun solle und müge mit gutem gewissen, auff das man sicher und gewis sey, das solch thun an yhm selbs für Gott nicht unrecht sey. Denn ich zu guter massen wol weis, auch nicht wenig historien gelesen habe, wie offtmals die unterthanen yhre öberkeit erwürget odder verjagt haben, als die Jüden, Kriechen und Römer. Und Gott hats also lassen gehen und sie drüber wachsen und zu nemen. Aber zu letzt hat sichs dennoch ymer funden ym auskerich. Denn die Jüden würden zu letzt durch die Assyrier, die Kriechen durch König Philipps, die Römer durch die Gotten und Longebarden unterdruckt und zurstöret. Die Schweytzer habens warlich auch bis her mit viel bluts theur bezalet, bezalen auch noch ymer; wie es hynaus gehen wird, kan man leichtlich abnemen. Die Denen sind auch

1 bald *CDE* würdt *E* mutwille *A* 2 ermördet *DEG* 3 böfel *F* kompt *DE* kumpt *FG* uns] vnnd *C* 4 allein *DE* drumb *F* 5 hielte für sich *F* 7 sunst *D–G* gern *DE* 8 ellen *F* ein *DE* 9 fingers *DEG* breit *DE* preyt *G* einreumen] nachlassen *F* solichs *DE* 11 gelitten *DEG* 12 zule den *AB* 13 böfel *F* kain *DEF* stickt *D–G* yeglichen *DEG* fünff *D–G* 14 Nun *FG* 15 böfel *F* 17 jr *G* oberherren *D* oberherrn *E* 18 Denmarcker *F* Denen haben newlich *G* 19 vrsach *DE* vrsachen *F* 20 müssen *D–G* gesaget *C* 21 handle *DE* 22 geleich *DE* soll *DE* muge *C* 23 solchs *C* 24 vor *DE* 25 hab *DE* off mals *AB* 25/26 erwurget *C* 26 Juden *CDEG* 27 gehn *E* druber *C* darüber *DE* 28 dannocht *G* Juden *C–G* wurden *CDEG* 30 zerstört *DE* 31 bezalt *DE* 32 Denmarcker *F*

[1]) *Wander, Bd. III, Sp. 1363, Nr. 25.*

noch nicht hyndurch. Ich sehe aber kein bestendiger regiment, denn da die öberkeit ynn ehren gehalten wird, als der Persen, Tattern und der selbigen völcker mehr, wilche nicht alleine sind für den Römern und aller gewalt blieben, sondern haben wol die Römer und viel mehr land verstöret.

Röm. 12, 19 Mein grund und ursach dis allen ist, das Gott spricht: 'Die Rache
Matth. 7, 1 ist mein, Ich wil vergelten'. Item: 'Richtet nicht'. Dazu ym alten Testament so hart und offt verboten wird, der öberkeit auch nicht zu fluchen noch
2. Mose 22 [so], 28 Apg. 23, 5 ubel zu reden, Exo. 23. 'Du solt dem Fürsten deines volcks nicht fluchen'.
1. Tim. 2, 1 ff. Und Paulus .1. Timot. 2. leret die Christen für die öberkeit bitten ꝛc. Salomo
Spr. 24, 21 Pred. 10, 20 auch ynn seinen spruchen und Prediger allenthalben leret, dem Könige gehorchen und unterthenig zu sein. Nu kan das niemand leucken, wenn die unterthanen sich widder die öberkeit setzen, das sie sich selbs rechen, sich selbs zu richter machen. Wilchs nicht alleine widder Gotts ordnung und gebot, der das gericht und rache wil selbs haben, sondern auch widder alle natürliche recht und billicheit ist; wie man spricht: 'Niemand sol sein selbs richter sein'[1] Und aber mal: 'Wer widder schlecht, der ist unrecht'[2].

Hie wiltu vielleicht sagen: 'Ja, wie ists doch alles zu leyden von den Tyrannen? du gibst yhn zu viel, und wird yhre bösheit durch solche lere nur sterder und grösser. Sol man denn leyden, das also ydermans weib und kind, leib und gut ynn der fahr und schande stehe? Wer wil etwas redlichs anfahen, wo man so leben sol?' Antwort ich: Lere ich doch nicht dich, der du thun wilt, was dich dunckt und dir gefellt; farhyn deinem synn nach und erwürge deine herren alle. Sihe zu, wie dirs gelinget. Ich lere die alleine, so gerne wolten recht thun. Solchen sage ich, Das der öberkeit nicht ist zu weren mit frevel und auffrur, wie die Römer, Kriechen, Schweytzer und Denen gethan haben; Sondern haben wol andere weise. Erstlich die: Wenn sie sehen, das die öberkeit yhr selbs selen selickeit so geringe acht, das sie wüetet und unrecht thut, was ligt dir denn dran, das sie dir dein gut, leib, weib und kind verderbet? Kan sie doch deiner seelen nicht schaden und thut yhr selbs mehr schaden denn dir, weil sie yhr selbs seelen verdampt, da denn nach folgen mus auch leibs und guts verderben. Meynstu, es sey nicht schon hoch gnug gerochen?

---

3 allein *DE* 4 beliben *G* sunder *FG* 5 alles *EF* allein *G* Rach *DE* 6 Dartzů *G* 7 verpoten *DE* alt *CDE* übel *DE* 8 Exodi am xxiij. *G* Fürsten *C* 10 sprüchen *D—G* Predigen *DE* 10/11 zugehorchen *F* 11 Nun *D—G* leugnen *DE* leucken *F* 13 allein *E* Gottes *DEG* 14 all *DE* naturliche *C* 18 boßheyt *CDEG* solliche *DE* 19 yedermans *DEG* 21 so] also *F* 22 gefält *D* 22/23 erwurge *C* 23 allein *F* 24 gern *DE* wöllten *G* Sölchen *G* 25 auffrür *DE* 26 Dennmarcker *F* 27 seeln *F* seligkeyt *C—G* wutet *C* wüttet *D* 28 daran *DE* 29 dieser *AB* selber *G* 30 seeln *F* 31 genůg *E*

[1] *Wander, Bd. III, Sp. 1028, Nr. 55.* [2] *Wander, Bd. V, Sp. 226, „widerschlagen“ Nr. 2.*

Zum andern: Wie wolteſtu thun, wenn die ſelbige deine öberkeit krieg hette, da nicht alleine dein gut, weib und kind, ſondern du ſelbs auch muſteſt zu ſcheitern gehen, gefangen, verbrand, erwürget werden umb deines herren willen? Wolteſtu drümb deinen herrn erwürgen? Wie viel ſeiner leute hat wol Keyſer Maximilian verloren ynn kriegen ſein leben lang; Darümb man yhm doch nichts gethan hat. Und wo er ſie hette Tyranniſch umbbracht, were freylich nie grewlichers gehort. Wolan, noch iſt er ja urſache, das ſie umbkomen ſind. Denn umb ſeinen willen ſind ſie erſchlagen. Was iſt nu ein Tyrann und wütricher anders denn wie ein ferlicher krieg, da es manchem feynen, redlichen, unſchüldigen man gilt. Ja, ein böſer Tyrann iſt leydlicher denn ein böſer krieg; wilchs du muſt billichen, wenn du deine eigen vernunfft und erfarung frageſt. Wol gleube ich, das du gerne fride und gute tage hetteſt. Wie aber, wenn ſie dir Gott durch krieg odder Tyrannen weret? Nu wele und rechene du, ob du lieber krieg odder Tyrannen haben wolteſt. Denn du haſts beydes wol verdienet und biſt es für Gott ſchüldig. Aber wir ſind ſolche geſellen, das wir wollen buben ſein und ynn ſunden bleiben. Die ſtraffe aber für die ſünde wollen wir meyden, dazu auch widder ſtreben und unſer ſünde verteydingen. Das wird uns gelingen, wie dem hunde, der ynn die ſtachel beyſſet[1].

Zum dritten, iſt die öberkeit böſe, Wolan, ſo iſt Gott da, der hat feur, waſſer, eiſſen, ſtein und unzeliche weiſe zu tödten. Wie bald hat er einen Tyrannen erwürgt? Er thets auch wol. Aber unſer ſünde leydens nicht. Denn er ſpricht ym Hiob alſo: 'Er leſt einen buben regirn umb des volcks Hiob 34, 30 ſünde willen'[2]. Gar fein konnen wir ſehen, das ein bube regirt. Aber das wil niemand ſehen, das er nicht umb ſeiner büberey willen ſondern umb des volcks ſünde willen regirt. Das volck ſihet ſeine eigene ſünde nicht an und meynet, der Tyrann regire umb ſeiner büberey willen. So verblend, verkeret und toll iſt die welt; drümb gehets auch alſo, wie es den bauren iſt gangen ym auffrur, wilche der öberkeit ſünde ſtraffen wolten, gerade als weren ſie ſelbs gantz rein und unſtrefflich. Drümb muſt yhn Gott den balcken zeigen ynn yhrem auge, das ſie eins andern ſplitter vergeſſen. Matth. 7, 3

---

1 wölleſtu *G* dein *E* 2 allein *DE* müſteſt *DEG* 3 verprant *DE* erwurget *C* 4 Wölleſtu *G* erwurgen *C* 7 gehört *D—G* 8 umbkumen *FG* nun *FG* 9 wutricher *C* wütrich *F* ferrlicher *D* manchen *CDEG* 10 unſchuldigen *C—G* 11 eygene *G* 13 glaub *DE* glaube *FG* 14 Nun *FG* wöle *DE* rechne *DEG* kriege *DE* 15 wölteſt *G* vor *DE* ſchuldig *C—G* 16 ſölliche *DE* wöllen *(ebenso i. Folg.) D—G* ſünden *D—G* 17 blibe *E* ſunde *C* darzů *DEG* 18 ſunde *C* verthedingen *E* 19 die] den *F* 20 Oberkait *F* 22 erwurgt *C* ſunde *C* 24 ſunde *C* können *CF* künden *DE* künnen *G* 25 bubereÿ *C* 26 ſunde *(beidemal) C* 27 bubereÿ *C* 28 darüb *DE* Bawren *G* 29 ſunde *C* 30 unſträflich *E* Darumb *DE*

[1]) *Bei Wander nur:* Wenn ein Hund den Igel beiſſt, wird ihm das Maul blutig, *Bd. V, Sp. 1455, Nr. 1846 (II, 865, Nr. 1081).* [2]) *vgl. Vulgata.*

Zum vierden Stehen die Tyrannen ynn der fahr, das durch Gotts verhengen die unterthanen sich auff machen, wie gesagt ist, und erwürgen odder verjagen sie. Denn wir leren hie die, so recht thun wollen, wilcher fast wenig sind. Daneben bleibt gleichwol der grosse hauffe, heyden, gottlosen und unchristen, Wilche, so es Gott verhenget, sich widder die öberkeit mit unrecht setzen und unglück anrichten, wie die Jüden und Kriechen und Römer offt gethan haben. Der halben du nicht klagen darffest, das durch unser lere die Tyrannen und öberkeit sicherheit gewynnen böses zuthun. Nein, sie sind freylich nicht sicher. Wir leren wol also, das sie sicher sein sollen, Gott gebe, sie thun böses odder guts. Aber wir konnen yhn solche sicherheit nicht geben noch leisten. Denn wir konnen den hauffen nicht zwingen unser lere zufolgen, wo Gott nicht gnade gibt. Wir leren was wir wollen, so thut die welt gleichwol auch was sie wil. Gott mus helffen, und wir mussen leren die, so gerne wol und recht thetten, ob die selbigen kundten den hauffen helffen auffhalten. Unser lere halben sitzen die oberherrn eben so sicher, als sie on unser lere sitzen. Denn leider gehets also, das deine klage nicht von nöten ist, weil der meiste hauffe uns nicht gehorchet und alleine bey Gott und ynn Gotts hand stehet öberkeit zuerhalten, wie er sie alleine auch geordent hat. Das haben wir wol auch erfaren ynn der bauren auffrur. Drumb las dich nicht yrren, das die öberkeit böse ist. Es ligt yhr die straffe und unglück neher, denn du begeren mochtest; wie der Tyran Dionisius bekandte, das sein leben stunde als eines, dem ein blosschwerd uber dem kopffe an eym seyden faden hienge und unter yhm ein grosse glut feurs brennete.[1]

Zum fünfften hat Gott noch eine ander weise die öberkeit zu straffen, das du dich nicht dürffest selbst rechen. Er kan frembde öberkeit erwecken, als die Gotten widder die Römer, die Assyrer widder Israel rc. Das also allenthalben rache, straffe und fahr gnug ist uber die Tyrannen und öberkeit, Und Gott sie nicht lesset mit freuden und fride böse sein. Er ist kurtz hynder yhn, Ja umb sie her und hat sie zwisschen den sporn und ym zawme.
Matth. 7, 12 Und hie zu stymmet auch das naturliche recht, Das Christus Matth. 7. leret: 'Was yhr wollet, das euch die leute thun, das thut yhr yhn'. Es wolte yhe freylich kein haus vater ynn seym hause von den seinen verjagt, erwürget odder verderbet sein umb seiner missethat willen. Sonderlich so sie es thetten

1 gottes *DEG* 2 gesaget *DE* erwurgen *C* würgen *G* 4 bleybet *DE* hauffe *AB* 5 oberkait *(ebenso i. Folg.) DE* 6 vngluck *C* Juden *C—G* 9 geb *DE* 10 bös *DE* künden *DE* konnen *F* künnen *G* 11 konnen *CF* künden *DE* künnt *G* 12 gnad *DE* 13 müssen *D—G* 14 gern *DE* kündten *DEF* 15 öberherrn *CF* 16 dein klag *DE* 17 hauff *DEG* allain *DE* Gottes *G* 18 allain *DE* 19 pawren *G* Darumb *E* 20 vngluck *C* 21 möchtest *EFG* Tyranne *F* bekant *DE* stünd *DE* stünde *FG* 22 ains *DE* blos schwerd *CDEG* über *EG* kopff *D—G* eynem *G* 23 brente *G* 24 ain *DEG* andere *G* 25 durffest *C* selbs *F* 26 Assyrier *E* 27 über *EG* 28 fride *C* bös *G* 30 natürliche *D—G* 31 wöllet *D—G* leut *F* yhr yhm *A* yhr yhn *B—G* 32 erwurget *C* 33 Sunderlich *F*

[1]) *Cicero Tusculanae V, 21.*

aus eygenem frevel und gewalt, sich selbs zu rechen und selbs richter zu sein on vergehende klage für ander hoher öberkeit. Eben so unrecht solts auch sein eym iglichen unterthanen, widder seinen Tyrannen zu handelen.

Darauff mus ich ein exempel odder zwey sagen, die wol zu mercken sind und yhn nützlich zu folgen. Man lieset von einer widwe, die stund und bettet für yhren Tyrannen auffs aller andechtist, das yhn Gott wolte ja lange lassen leben ꝛc. Der Tyrann hörets und verwundert sich, weil er wol wuste, das er yhr viel leydes gethan hatte und solch gebet seltzam war; denn das gemein gebet für die Tyrannen pflegt nicht so zulauten. Er fragt sie, warümb sie so für yhn betet. Antwortet sie: Ich hatte zehen kue, da dein gros vater lebet, der nam er mir zwo. Da bettet ich widder yhn, das er stürbe und dein vater herr würde. Da das geschach, nam mir dein vater drey kue. Aber mal betet ich, das du herr würdest und er stürbe. Nu hastu mir vier kue genomen; drümb bitte ich nu für dich. Denn ich sorge, wer nach dir kompt nympt mir die letzte kue auch mit allem das ich habe. Also haben die glerten auch eine gleichnis von eym bettler, der vol wunden war und sassen viel fliegen drynnen, die yhn sogen und stochen. Da kam ein barmhertziger mensch, wolt yhm helffen und geucht die fliegen alle von yhm. Er schrey aber und sprach: Ach, was machstu da? Diese fliegen waren schier vol und satt, das sie mir nicht mehr so angst thetten. Nu komen die hungerigen fliegen an yhre stat und werden mich viel ubeler plagen.

Verstehestu diese fabeln? Oberkeit endern und Oberkeit bessern sind zwey ding, so weit von einander als hymel und erden. Endern mag leichtlich geschehen. Bessern ist mislich und ferlich. Warümb? Es steht nicht ynn unserm willen odder vermügen sondern alleine ynn Gotts willen und hand. Der tolle Pöfel aber fragt nicht viel, wie es besser werde, sondern das nur anders werde. Wenns denn erger wird, so wil er aber ein anders haben. So kriegt er denn humeln für fliegen und zu letzt hornissen für humeln. Und wie die frossche verzeiten auch nicht mochten den klotz zum herrn leyden, kriegen sie den storck dafür, der sie auff den kopff hacket und fras sie.[1] Es ist ein verzweifelt, verflucht ding umb einen tollen pöfel, wilchen niemand so

1 eignem *DE* 2 vorgeende *DE* klag *DE* vor *F* höher *DEF* 3 yeglichenn *DE* yeglichen *FG* handeln *DEG* 5 und nützlich denselben nach zufolgen *F* nutzlich *C* witwe *C—G* 6 betet *C* andechtigst *DE* andechtest *F* 7 lang *DE* 8 wüste *DE* hät *DE* 8 u. 9 gepet *G* 10 häte *DE* kue *EG* do *E* 11 zwû *D* 12 sturbe *CD* wurde *C* 13 kue *DEG* wurdest *C* sturbe *CD* hast du *E* 14 kye *DEG* genumen *FG* nun *F* 15 kumpt *C* kumpt *EFG* kye *D* kue *EG* 16 gelerten *C—G* ain *D* gleichnuß *DG* gleichnüs *E* eynem *G* der do voll *E* 17 stachen *DEF* 18 geucht] trybe *DE* tacht *F* 19 machst du *E* 20 Nun *FG* kumt *FG* 21 übler *DE* ubeler *G* 23 Endern *E* 24 ferrlich *D* stehet *G* 25 vermugen *C* sunder *F* allain *DE* Gottes *CG* 26 böfel *F* fraget *DEG* sunder das es nür *F* 28 krynget *DE* hornussen *DE* hornessen *F* 29 fröſſche *C—G* vorzeiten *D—G* klotz] stock *F* 30 kriegen] kriegtn *DE* uberkamen *F* hackt *DE* 31 böfel *F*

[1]) *über die Quellen dieser drei „Exempel" s. in den Nachträgen.*

wol regirn kan als die Tyrannen; die selbigen sind der knuttel, dem hunde an den hals gebunden. Solten sie besserer weise zu regirn sein, Gott würde auch ander ordnung uber sie gesetzt haben denn das schwerd und Tyrannen. Das schwerd zeigt wol an, was es für kinder unter sich habe, nemlich eytel verzweifelte buben, wo sie es thun thursten.

Darümb radte ich, das ein iglicher, der mit gutem gewissen hier ynn wil faren und recht thun, der sey zu friden mit der weltlichen öberkeit und vergreiffe sich nicht dran, angesehen das weltliche öberkeit der seelen nicht kan schaden thun, wie die geistlichen und falschen lerer thun. Und folge hierynn dem frumen David, wilcher so grosse gewalt leyd von dem Könige Saul, alse du ymer leyden kanst, noch wolt er nicht die hand an seinen König legen, wie er wol offt hette konnen thun, sondern befalhs Gott, lies gehen, so lange es Gott so haben wolte, und leyd bis ans ende hinaus. Wenn nu ein krieg odder streyt sich erhube widder deinen uberherrn, da las kriegen und streyten wer do wil. Denn, wie gesagt ist: Wenn Gott nicht helt, so konnen wir den hauffen nicht halten; aber der du wol wilt thun und dein gewissen sicher halten, las harnisch und wehre liegen und streite nicht widder deinen herrn odder Tyrannen. Leyde lieber alles was dir geschehen kan. Der hauffe aber, der es thut, wird seinen richter wol finden.

Ja, sprichstu, Wie aber, wenn ein König odder herr sich mit eyden seinen unterthanen verpflicht, nach für gestelleten artikel zu regirn, und helt sie nicht und damit schuldig sein wil, auch das regiment zu lassen ꝛc.; wie man sagt, das der König zu Franckreich nach[1] der Perlamenten seines reichs regieren müsse, Und der König zu Denemarck auch schweren musse auff sonderliche artikel ꝛc. Hie antworte ich: Es ist fein und billich, das die öberkeit nach gesetzen regire und die selbigen handhabe und nicht nach eygenem mutwillen. Aber thu das noch hynzu, das ein König nicht alleine sein landrecht odder artikel gelobt zu halten, sondern Gott selber gebeut yhm auch, er solle frum sein, und er gelobets auch zu thun. Wolan, wenn nu solcher König der keins helt, widder Gotts recht noch sein landrecht? Soltestu yhn drümb angreiffen, solchs richten und rechen? Wer hat dirs befolhen? Es muste ja hie zwisschen euch ein ander öberkeit komen, der euch beyde verhörete und den

---

1 regieren *DE* knüttel *D—G* 2 gepunden *G* regieren *DE* wurde *C* wirdt *G* 3 über *EG* 4 schwerts *DE* hab *DE* 5 verzweiffelt *DEF* thürsten *G* 6 yg-licher *DEG* 8 daran *DE* 10 König *(ebenso i. Folg.) G* 11 als *D—G* 12 können *C—G* 13 so *fehlt F* wolt *C* nun *F* 14 erhübe *DEG* über- *CEG* vberherren *D* oberherrn *F* 15 da *CF* können *D—G* 17 wöre *DE* herren *D* 18 alles *fehlt E* geschehen *F* hauffen *C* 20 sprichst du *DE* 21 gstelleten *D* 23 den *F* seins *DE* 24 regiern *DE* musse *C* Denmarck *DE* Denemarck *F* müsse *D—G* 24/25 sunderliche *FG* 25 ꝛc. *fehlt DE* 27 allein *G* 28 sonder *CG* sunder *F* gepeut *G* sol *G* 29 nun *F* 30 weder *C—G* gottes *DE* darumb *C* 31 must *C* müst *DE* müste *G* 32 komen *FG*

[1]) *wohl zu ergänzen:* artikeln. *Die Gesammtausgaben haben* den Perlamenten.

schüldigen verurteilt. Sonst wirstu dem urteil Gotts nicht entlauffen, da er spricht: 'Die Rache ist mein', Item: 'Richtet nicht', Matth. 7.

5. Mose. 32, 35 Röm. 12, 19 Matth. 7, 1

Und weil es hie eben trifft das exempel mit dem Könige von Denemarck, den die von Lubeck und Seestedte sampt den Denen vertrieben haben, wil ich auch mein antwort dazu sagen umb der willen, die vielleicht ein falsch gewissen hierynn haben, ob etliche sich mochten das besynnen und erkennen. Wolan, es sey aller dinge also: Der König ist ungerecht für Gott und der welt, und das recht stehet gantz und gar auff der Denen und Lübeker seiten; das ist ein stück für sich. Uber dis ist nu das ander stücke, das die Denen und Lübeker sind zugefaren als richter und uber herrn des Königes und haben solch unrecht gestrafft und gerochen, Damit sich des gerichts und der rache unterwunden. Hie gehet nu frage und gewissen an. Wenn die sache für Gott kümpt, so wird er nicht fragen, ob der König ungerecht odder sie gerecht sind. Denn solchs ist offinbar worden. Sondern so wird er fragen: Yhr herrn zu Denemarck und zu Lübeck! Wer hat solche rache und straffe euch befolhen zu thun? Hab ichs euch befolhen odder der Keyser odder oberherr? So legt brieffe und siegel auff und beweiset es! Konnen sie das thun, so stehen sie wol. Wo nicht, so wird Gott also urteilen: Yhr auffrurischen Gotts diebe, die yhr mir ynn mein ampt greifft und aus frevel euch der Göttlichen rachen unterwunden habt, seyt schuldig Lese majestatis divine, das ist, yhr habt euch an Göttlicher majestet versündigt und verwirckt. Denn es sind zwey ding, unrecht sein und unrecht straffen, Jus et executio Juris, justitia et administratio justitie. Recht und unrecht haben ist yderman gemein. Aber Recht und unrecht geben und austeylen, das ist des, der uber recht und unrecht herr ist, wilcher ist Gott alleine, der es der öberkeit an seine stat befelhet. Drümb sol sichs niemand unterwinden, er sey denn gewis, das ers von Gott odder von seiner dienerynn, der öberkeit, befelh habe.

Wenns so solt gehen, das ein iglicher, der do recht hette, mocht den ungerechten selbs straffen, was wolt daraus ynn der welt werden? Da würde es gehen, das der knecht den herrn, die magt die frawen, kinder die eltern,

---

1 schuldigen *CDEG* Sunst *FG* würstu *E* Gottes *E* 2 Matthei am sybenden *E* 3 Konigs *C* Künig *DE* Dennmarck *DE* Denenmarck *F* 4 Lübeck *EG* Seestedt *G* Denemarckern *F* 5 darzů *DE* 6 möchten *D—G* 7 ding *EG* unrecht *C* vor *DE* und der welt *fehlt DE* 8 steht *E* Denemarcker *F* Lubecker *C* 9 stuck *CDEG* sich] sie *F* stucke *C* stuck *DE* Denemarcker *F* 10 Lubecker *CE* öberherrn *CEFG* Künigs *DE* 12 geht *E* nun *F* frag *D* sach *F* 13 kumpt *DFG* kompt *E* würd *E* 14 sollichs *DE* offenbar *CEFG* offenbar *D* also *F* würdt *E* 15 Dennmarck *DE* Denenmarck *F* Lubeck *C* rach *G* straff *G* 16 öberherr *CEFG* 17 brieff *EFG* beweist *DE* Kunnen *CF* Künde *DE* Künnt *G* 18 würdt *E* auffrürischen *D—G* 19 Gottes *E* 20 rach *G* schuldig Criminis lese *F* 21 maiestat *C* versundigt *C* verstrickt *C* verwickelt *DG* verwürckt *EF* 23 yederman *C—G* 24 über *EG* 25 allein *E* 26 seiner *EF* befylhet *DE* befilht *F* befilhet *G* 27 Oberkait *F* 28 also *F* yeglicher *DEG* möcht *EFG* 29 wurde *C* 30 herren *CD*

schüler den meister schluge. Das solt ein löbliche ordnunge werden. Was durfft man denn richter und weltlicher öberkeit von Gott eingesetzt? Last sie es selbs, die Denen und Lübeker, bedencken, ob sie es billich achten, das yhr gesinde, bürger, unterthanen sich widder sie setzen sollen, so offt yhn unrecht geschicht. Warumb thun sie denn eim andern nicht, das sie wollen yhn gethan haben, und uberheben des einen andern nicht, des sie selbs wollen uberhaben sein, Matth. 7, 12 wie Christus und das natürliche gesetze leren? Zwar die Lübeker und ander stedte mochten sich hiemit behelffen, das sie nicht des Königes unterthanen, sondern als feind mit feind und gleich mit gleichem gefaren hetten. Aber die armen Denen als unterthanen haben widder yhre öberkeit on Gotts befelh gehandelt. Und die Lübeker haben dazu geradten und geholffen, sich mit der selbigen frembden sünden beladen und ynn den auffrurischen ungehorsame beyde Göttlicher und Königlicher majestet vermisscht und verwickelt und verknupfft. Ich wil des schweygen, das sie des Keysers gebot auch verachten.

Solchs rede ich hie ynn diesem fal zum exempel, weil wir handeln und leren, das die unter person nicht solle sich widder die oberperson setzen. Denn es ist ein merglich geschicht mit dem vertriebenen Könige. Und dienet eben wol hie her, alle andere zu warnen, das sie sich hüten für dem exempel, und denen, die es gethan haben, yhr gewissen gerüret werde, damit sich ettliche bessern und die untugent lassen, ehe denn Gott kompt und rechent sich widder an seinen reübern und feinden. Nicht das sie sich alle werden dran keren. Denn, wie gesagt ist, der grosse hauffe keret sich an Gotts wort nicht. Es ist ein verlorner hauffe, der nur zum zorn und straffe Gottes zubereitet wird. Sondern ich las mir benügen, das ettliche zu hertzen nemen und mit der Denen und Lübeker that sich nicht vermengen, und ob sie vermenget gewesen weren, sich eraus wickeln und frembder sunden nicht teilhafftig erfunden werden. Denn wir alle sampt eigener sünde für uns selber mehr denn gnug haben.

Hie werde ich aber müssen herhalten und hören meine richter, die da schreyen: Ey das heyst, meyn ich ja, getrost den Fürsten und herrn geheuchelt; kreuchstu nu zu creutz und suchst gnade; fürchstu dich ꝛc.? Wolan, diese humeln

---

1 schuler *C* schlage *C* schläge *DE* schläge *FG* löblich *F* löbliche *G* ordnung *CDEG* dürffet *DE* dürfft *FG* 3 Denmarcker *F* Lubecker *C* 4 burger *CDE* gschicht *D* 5 wöllen *G* gethon *DE* 6 überheben *DEG* selb *E* überhaben *DEG* 7 naturlich *C* gesetz *EG* Lubecker *C* 8 stett *DE* möchte *EFG* Künigs *DEG* 10 Denmarcker *F* gottes *EG* 11 gehandlet *E* Lubecker *CD* 12 funden *C* auffrürischen *DFG* uffrürischen *E* 13 Künig-licher *G* maiestat *F* und *fehlt F* verwückelt *E* verknüpfft *D—G* 14 geschweygen *FG* gepott *DE* auch *fehlt G* 15 Sölchs *G* red *DE* 16 soll *DEF* ober person *CF* 17 merck-lich *C—G* vertribnen *DE* Künig *DE* König *F* 18 all ander *F* huten *C* 19 gethon *D* geruret *C* etlich *DE* 20 kömpt *C* kumpt *FG* 21 ahn *D* raubern *DEG* 22 Gotes *CDEG* 23 hauff *DE* straff *E* würdt *E* 24 benugen *C* etliche solchs zu *F* 25 Denn-marcker *F* Lubecker *CD* 26 herauß *DEG* sünden *EFG* 27 all *DE* eigner *DE* sunde *C* sünd *DE* genug *E* 28 mussen *C* 29 getröst *DE* Fursten *C* herrn *DF* geheuchlet *C* 30 nun *EFG* zum *D—G* gnad *D* genad *E* furchstu *C* förchstu *F*

las ich schnurren und für uber faren. Wer es kan, der machs besser. Ich habe mir ytzt nicht fürgenomen, den Fürsten und oberherrn zu predigen. Ich acht auch wol, solch mein heuchlen solle mir wol schlechte gnade erwerben und sie dieses heuchelns nicht seer fro sein werden, weil ich yhren stand ynn solche fahr setze, wie gehort ist. So hab ichs sonst gnug gesagt, und ist leyder allzuwar, das der mehrer teyl Fürsten und herrn gottlosen Tyrannen und Gotts feinde sind, das Euangelion verfolgen, dazu mein ungnedige herrn und Junckern sind, darnach ich auch nicht viel frage. Sondern das lere ich, das yderman sich selbs wisse zu halten ynn diesem stücke und werck gegen die oberperson und thu, was yhm Gott befelhet, und las die oberherrn für sich selbs sehen und stehen. Gott wird der Tyrannen und oberpersonen nicht vergessen. Er ist yhn auch gewachsen gnug, wie er von anfang der welt her gethan hat.

Zu dem wil ich dis mein schreiben nicht allein von den baurn verstanden haben, gerade alse weren die alleine die unterperson, und der Adel nicht. Nicht also. Sondern was ich von der unter person sage, das sol treffen beyde Baur, Bürger, Eddel, Herrn, Graven und Fürsten. Denn diese alle haben auch oberherrn und sind unterperson eines andern. Und wie man eym auffrurischen baurn den kopff abschlegt, so sol man eym auffrürisschen Edelman, Graven, Fürsten auch den kopff abschlahen, Eym wie dem andern, so geschicht niemand unrecht. Keiser Maximilian, halt ich, hette wol konnen eym ein liedlin singen von ungehorsamen, auffrürischen Fürsten und Adel, die gar gerne sich gerottet und die köpffe zusamen gestossen hetten. Und der Adel, wie offt haben sie wol geklagt, geflucht, gewundscht und gesucht den Fürsten zu trotzen und sich zu rotten? Was hat alleine der Frenckisch Adel für ein geschrey, wie sie nicht viel widder auff Keyser noch yhre Bisschöve geben? Solche Junckerlin mus man nicht rottisch noch auffrürisch heissen, ob sie es gleich weren. Der baur sols leyden, der mus herhalten. Aber mich triege denn mein synn, So ists freylich so, das Gott durch die auffrürische baurn hat die

---

1 über *DE* 2 ytz *DE* yetzt *G* furgenomen *C* fürgenumen *FG* Furstem *C* öberherren *CF* oberherren *G* 3 achte *DE* sol *D* söll *E* wol *fehlt F* schlecht *DE* gnad *DE* 4 heuchlens *C–F* 5 setz *DE* gehört *D–G* sunst *DFG* genüg *E* 6 Fursten *C* Herren *G* gotlose *CEG* gottes *EG* 7 darzů *DEG* meyn *C–G* ungenädige *E* 9 yederman *C–G* stucke *CDE* die] der *F* 9/10 öber person *C* 10 befilhet *F* oberherrn *AB* öberherren *C* oberherren *D* 11 stehn *E* würdt *E* öberpersonen *C* 12 genůg *DE* 13 baurē *E* 14 gerad als *DE* gerate alß *F* allso *G* allain *DE* underpersonen *DE* 15 sag *DE* 16 Burger *CDE* Herren *G* Fursten *C* 17 öberherrn *C* eins *F* 17/18 auffrürische *D–G* 18 bawren *DE* kopfft *AB* abschlecht *DE* auffrurischen *C* 19 Fursten *C* anderen *D* 20 Maximilianus *E* können *CF* künnen *DEG* 21 liedlein *FG* auffrurischen Fursten *C* 22 köpffe *C–F* köpff *G* 23 offte *C* gewünschtt *D* gewünschet *E* den] die *F* Fursten *C* 24 allain *D* Frenckische *DE* 25 weder *EFG* Bisschöve *CDFG* Sölche *G* 26 jünckerlin *E* Jünckerlein *F* rottische *DE* auffrurisch *C* 28 freylich *AB* allso *F* auffrurische *C* auffrürischen *F* bauren *DE*

auffrurisschen herrn und Adel gestrafft, einen buben durch den andern, weil sie Maximilian must leyden und nicht straffen kunde, wie wol er hat mussen der auff halt sein bey seym leben. Und ich durfft drauff etwas wetten, wo der baurn auffrur nicht were drein komen, es hette sich ein auffrur unter dem Adel widder die Fürsten und villeicht widder den Keyser auch erhaben; so gar stund Deudsch land ynn einer wage. Aber nu die baurn drein gefallen sind, müssen sie alleine schwartz sein, gehen Adel und Fürsten fein davon, wisschen das maul, sind schon und haben nie nichts böses gethan. Doch damit bleibt Got ungeteusscht, und er hat sie damit gewarnet, das sie an dem exempel lernen sollen, auch yhrer öberkeit gehorsam zu sein. Das sey mein heucheln an die Fürsten und herrn.

Hie sprichstu: Solt man denn solchs leyden von eym öberherrn, das er ein solcher böswicht were, land und leute verderben lassen?' und das ich auff adelsch davon rede: Teuffel, Veitstantz, Pestilentz, S. Anton, S. Kijryn! Ich bin vom Adel, wer wills lassen geschehen, das ein Tyrann mein weib, kind, leib und gut so schendlich verterbe ꝛc.?' Antwort ich: Höre doch! Ich lere dich nichts, fare ymer fort, bist klug sat, meinent halben hatts keinen mangel. Es kost mich nicht mehr muhe, denn das ich dir zusehe, wie du ein solch hoch liedlin hinaus singest. Den andern, die gerne yhr gewissen wolten bewaren, sagen wir also: Gott hat uns ynn die welt geworffen unter des Teuffels hirschafft, Also das wir hie kein Paradis haben, sondern alles unglücks sollen gewarten alle stunde an leib, weib, kind, gut und ehren; Und wo ynn einer stunde nicht zehen unglück komen, Ja, das du eine stunde leben kanst, sagen sollest: Ach, wie grosse güete erzeigt mir mein Gott, das mir nicht alles unglück ist diese stunde komen! Wie gehet das zu? Ich solte ja unter des Teuffels hirschafft nicht so eine selige stunde haben ꝛc. So leren wir die unsern. Du aber magst dir ein anders machen; baw dir ein Paradis, da der Teuffel nicht hyn müge komen, auff das du von keinem Tyrannen dürffest solche wüeterey gewarten. Wir wollen zu sehen. Ach, uns ist nur zu wol, der kutzel sticht uns, Gotts güete kennen wir nicht, gleubens auch nicht, das uns Gott so behut und der teuffel so böse sey. Eytel böse buben wollen wir sein und doch eytel guts von Gott haben.

---

1 auffrürischen *DEG* herren *DG* gestraffet *D* buben *fehlt DE* annderern *D* 2 müssen *D—G* 3 dürft *DE* dörfft *G* verwetten *F* 4 Bauren *F* kumen *FG* het *DE* 5 Fursten *C* villicht *D* 6 teutsch *D—G* wag *DE* nun *FG* baurë *DE* 7 mussen *C* alleyn *E* Fursten *C* darvon *G* 8 schön *G* 10 heuchlen *CE* 11 Fursten *C* herren *DE* 12 oberherrn *DG* oberherherrn *E* öberherren *F* 13 lande *DE* auffs *E* 14 adelisch *EF* S. *(vor* Kijryn*) fehlt G* Kijrin *C* Kyren *DE* Kyrin *FG* 16 verderbe *D—G* ler *DE* 17 sat] gnug *F* meinent *DEG* 18 nitt *C* mühe *D—G* 19 leidlin *AB* liedleyn *F* wölten *G* 21 herschafft *D—G* Paradeis *F* vnglucks *C* 23 vnglück *C* kumen *FG* 24 guete *C* güte *F* 24/25 vnglück *C* 25 stundt kumen *FG* 26 herrschafft *D—G* ein *G* 27 Paradeis *F* 28 möge *C* mög *F* kumen *FG* durffest *C* solch *DE* wueterey *C* wütterey *FG* 29 wöllen *(ebenso i. Folg.) D—G* kützel *EG* 30 Gottes *E* guete *C* güte *D—G* glaubens *D—G* also *F* 30/31 behüt *D—G*

Das sey von dem ersten stück gesagt, das widder die oberperson kein fechten noch streit recht sein konne. Und wie wol es offt geschehen ist und teglich ynn fahr stehet zugeschehen, gleich wie alle ander untugent und unrecht auch geschicht, wo Gott verhenget und nicht weret, so gehets doch zu letzt nicht wol aus und bleibt nicht ungerochen, ob sie gleich eine zeitlang glück haben. So wollen wir nu das ander stück furnemen, ob gleich widder gleichen fechten und streiten müge. Wilchs ich wil also vernomen haben: Nicht, das es billich sey krieg anzufahen nach eins iglichen tollen herren kopff. Denn das wil ich für allen dingen zuvor gesagt haben: Wer krieg anfehet, der ist unrecht. Und ist billich, das der geschlagen odder ydoch zu letzt gestrafft werde, der am ersten das messer zuckt; wie es denn auch gemeiniglich geschehen ist und ergangen ynn allen historien, das die verloren haben, die den krieg angefangen haben, und gar selten die geschlagen sind, die sich haben müssen weren. Denn weltliche öberkeit ist nicht eingesetzt von Gott, das sie solle friede brechen und kriege anfahen, sondern dazu, das sie den fride handhabe und den kriegern were, wie Paulus Ro. 13. sagt, des schwerds ampt sey Schutzen und Straffen, Röm. 13, 4
Schutzen die fromen ym friede und Straffen die bösen mit kriege. Und Gott, der unrecht nicht leydet, schickts auch also, das die krieger müssen bekriegt werden, und wie das sprichwort lautet: 'Es ist nie keiner so böse gewest, er fand noch einen bösern'[1]. So lest auch Gott von yhm singen Psalm. 67. Dissipa gentes que bella volunt: Der HERR zerstrewet die völcker, so lust zu Ps. 68, 31
kriegen haben.

Da hütt dich für, der leuget nicht. Und las dir das gesagt sein, das du weit, weit von einander scheidest Wollen und Müssen, Lust und Not, Lust zu kriegen und Wollen streiten; las dich ja nicht anfechten, du seyest gleich der Türkissche Keyser. Harre, bis not und müssen kömpt on lust und willen, Du wirst dennoch zuschaffen gnug haben und kriegens gnug kriegen; auff das du mügest sagen und dein hertz sich konne rhümen: Wolan, wie gerne wolt ich doch fride haben, wenn meine nachbar wolten, so kanstu mit gutem gewissen dich wehren. Denn da stehet Gotts wort: 'Er zerstrewet, die lust zu kriegen haben'. Sihe an die rechten krieger, die bey dem schimpff gewest sind;

1 stuck *CDE* öberperson *C* 3 könne *CF* künd *DE* künne *G* 4 gehts *F* zületzt *E* 5 bleybet *DE* ain *DE* gluck *C* 6 ynn *FG* stucke *C* stuck *D* furnemen *C* 7 möge *C* Welliches *DE* vernumen *FG* 8 eynes *G* yeglichen *DEG* herrn *FG* 9 anfahet *DEG* ungerecht *G* 10 yedoch *CDEG* 11 gemeinglich *DE* 12 verlorn *F* 13 mussen *C* 15 krieg *DE* darzů *DEG* friede *C* 16 schützen *DE* 17 Schützen *DE* frumen *F* 18 mussen *C* 19 sprůchwort *G* böß *DE* 20 laßt *DE* 21 zerstreuwet *D* 23 hutt *C* 24 Mussen *C* 25 wöllen *D–G* 26 Turckische *C* Türckisch *DE* mussen *C* kompt *D* kumpt *EFG* 27 dannocht *G* 28 mugest *C* könne *CF* künde *DE* künne *G* rhumen *C* gern *DEG* wölt *G* 29 nachbaurn *DE* nachbarn *FG* wölten *G* 30 Gottes *G* zerstreuwet *D*

[1]) *Wander, Bd. I, Sp. 434, Nr. 36.*

die zucken nicht balde, trotzen nicht, haben nicht lust zu schlahen. Aber wenn man sie zwingt, das sie müssen, so hutt dich für yhn, so schimpffen sie nicht. Yhr messer stickt fest; aber müssen sie es zucken, so kumpts nicht on blut widder ynn die scheiden. Widderümb die tollen narren, die mit gedancken zu erst kriegen und fahens trefflich an, die welt fressen mit worten und sind die ersten mit messer zucken, Aber sie sind auch die ersten, die da fliehen und das messer einstecken. Die Römer, das mechtige Keiserthum, hat fast am aller meisten damit gewonnen, das sie haben müssen kriegen. Das ist, yderman wolt sich an sie hengen und ritter an yhn werden, das sie sich müsten wehren. So schlugen sie auch als denn gar weydlich umb sich. Hannibal, der Fürst aus Affrica, thet yhn doch seer wehe, das er sie gar schier hette zu nicht gemacht. Aber was sol ich sagen? Er hatte angefangen, er muste auch auffhören. Der mut (von Gott) bleib bey den Römern, ob sie wol verloren. Wo aber mut bleibt, da folget auch die that gewislich. Denn es ist Gott, der es thut und wil fride haben und ist feind denen, so krieg anfahen und fride brechen.

Ich mus hie Hertzog Fridrichs zu sachsen, Churfursten, gedencken zum exempel; denn es schade ist, das solchs klugen Fürsten spruche sollen mit seynem leibe sterben. Da er manchen bösen tuck beyde von seinen nachbarn und sonst allenthalben leyden must und solche ursache zu kriegen hatte, das ein ander toller Fürst, der lust zu kriegen hat, zehen mal hette angefangen, lies er dennoch sein messer stecken, gab ymer gute wort und stellet sich, als furcht er sich fast seer und flohe fast, und lies die andern scharren und pochen. Bleib gleich wol für yhn sitzen. Da er drümb angeredt ward, warümb er sich so liesse pochen, Antwortet er: Ich wil nicht anheben; mus ich aber kriegen, so soltu sehen, das auff hören sol bey mir stehen. Also bleib er ungebissen, wie wol viel hunde die zehen blicken liessen. Er sahe, das narren waren und kunds yhn zu gut halten. Hette der König von Franckreich nicht angehaben, widder den Keyser Carol zu streiten, er were nicht so schendlich geschlagen und gefangen. Und ytzt noch, weil die Venediger und Walen sich widder den Keyser setzen (wie wol er mein feind ist, so ist doch das unrecht mir nicht lieb) und anfahen, so gebe Gott, das sie zu letzt auch müssen am

---

1 trotzen nit *C* schlagen *DE* 2 zwinget *E* mussen *G* hutt *C* hüt *DG* vor *DE* 3 steckt *D—G* mussen *C* zücken *F* kömpts *C* kompts *E* 6 zücken *F* 8 gewunne *FG* mussen *C* yederman *C—G* 9 hencken *E* musten *C* wören *DE* 10 Furst *C* 11 inen *G* 12 hatt *C* hätte *DE* müste *G* 14 bleibet *DE* folgt *C* auch *fehlt C* 17 Churfürsten *D—G* 18 Fursten *C* sprüche *D—G* 19 Do *G* nachparn *DE* 20 sunst *FG* muste *G* hete *DE* 21 Furst *C* 22 dennocht *DE* dannocht *G* stellt *D* 23 forcht *DE* förcht *FG* bochen *F* 24 vor *DE* Do *G* drumb *CDEG* 25 also *F* bochen *F* Antwort *C* 26 solt du *DE* blib *DE* 27 zeen *DEG* blecken *F* 28 Künig *DE* Könige *G* 29 Karel *G* also *F* 30 yetzt *DEG* 31 feinde *DE* 32 letst *E* mussen *C*

ersten auff hören und den spruch lassen war bleiben: 'Gott zerstrewet, die [Ps. 68, 31] lust zu krieg haben'.

Solchs alles bestettigt Gott mit trefflichen exempeln ynn der schrifft. Denn darümb lies er den Königreichen der Amorriter und Cananiter durch sein volck zum ersten fride anbieten und wolt nicht, das sein volck anfienge zu streiten, auff das solche seine leere bestettigt würde. Widderümb, da die selbigen Königreiche anfiengen und zwungen Gotts volck, sich zu wehren, müsten sie alle zu drummern gehen. O, Wehren ist eine redliche ursache zu streyten. Darümb auch alle rechte billichen, das not wehre solle ungestrafft sein. Und wer aus Not wehre yemand erschlecht, der ist unschuldig für yderman. Widderumb, da die kinder Israel die Cananiter wolten schlahen on not, würden sie geschlagen. Nu. 14. Und da Joseph und Asarias wolten [4. Mose 14, 45] streiten und ehre einlegen, wörden sie geschlagen, Macha. 5. Und Amazia, [1. Makk. 5, 55 ff.] der König Juda, wolt auch aus lust kriegen widder den König Israel. Aber wie es yhm gieng, da lies von cap. 14. ym vierden buch der König. Item [2. Kön. 14, 8 ff.] der König Ahab fieng an widder die Syrer zu Ramoth, verlor aber und bleib drüber, 3. Reg. 22. Und die von Ephraim wolten Jephtha fressen und ver- [1. Kön. 22, 2 ff. Richt. 12, 1 ff.] loren .42000. man. Und so fort an findestu, das fast alle die verloren haben, die angefangen haben. Muste doch der heilige König Josia erschlagen werden, [2. Kön. 23, 29] weil er anfieng widder den König zu Egypten zu streiten, und muste den spruch lassen war bleiben: 'Der HERR zerstrewet, die lust zu krieg haben'. Daher haben meine landleute, die Hartzlinge, ein sprichwort: 'Ich habe yhe werle gehort: Wer schlecht, wird widder geschlagen'[1]. Warümb doch das? Darümb, das Gott die welt gewaltiglich regirt und lest unrecht nicht ungestraffet. Wer unrecht thut, bust er nicht und thut seym nehisten dafür nicht gnug, der hat seine straffe von Gott, so gewis er lebt. Ich meyne, der Müntzer mit seinen baurn solts auch bekennen müssen.

So sey ynn disem stücke das erste, Das kriegen nicht recht ist, ob schon gleichem widder gleichen gilt, es sey denn, das es solchen titel und gewissen habe, das da konne sagen: Mein nachbar zwingt und dringt mich zu kriegen, ich wolts lieber geraten, auff das der krieg nicht alleine krieg, sondern auch

3 Sölchs G bestettiget G treffelichen EG 5 anfieng DE 6 solliche DE bestettiget DE wurde CG do G 7 Gottes G 8 müsten C—G drümmern DE trymern G Wören DE ein DEG ursach DEG 9 sol E 10 vor G 11 yederman CDEG schlagen F 12 wurden CEFG 13 worden C wurden D—G Amazia D 15 von iiij. Reg. xiiij. cap. G büch D 17 druber C 17/18 verloren G 18 findest du E 19 Müste G heylig G 20 musten C 21 lust haben zu kriegen G 23 gehört D—G 24/25 ungestraffet F 25 büst D—G nechsten DE negsten F 26 sein DE lebet DE 27 Muntzer C Bawren DEG mussen C 28 stucke C stuck D stück E ob es schon F 30 hab F könne CG künde DE kön E sage D nachpar DE zwinget G tringt F 31 allein DEF

[1]) *Wander, Bd. IV, Sp. 215, Nr. 60.*

pflichtiger schutz und not wehre müge heyssen. Denn man mus den krieg scheiden, als das etlicher aus lust und willen wird angefangen, ehe denn ein ander angreifft, etlicher aber wird aus not und zwang auff gedrungen, nach dem er ist von eym andern angriffen. Der erst mag wol ein kriegs lust, der ander ein notkrieg heyssen. Der erst ist des teuffels, dem gebe Gott kein glück. Der ander ist ein menschlich unfal, dem helffe Gott. Darümb last euch sagen, yhr lieben herrn: Hut euch für krieg, es sey denn das yhr wehren und schutzen müst und ewr auffgelegts ampt euch zwingt zu kriegen. Als denn so lasts gehen und hawet drein, seyt denn menner und beweiset ewern harnisch. Da gilts denn nicht mit gedancken kriegen. Es wird die sache selbst ernst gnug mit sich bringen, das den zornigen, trotzigen, stoltzen eissenfresser die zeen so stumpff sollen werden, das sie nicht wol frische butter beissen konnen.

Ursache ist die: Ein iglicher herr und Fürst ist schüldig, die seinen zu schützen und yhn friede zu schaffen. Das ist sein ampt, dazu hat er das schwerd,
Röm. 13, 4 Ro. 13. Das sol auch sein gewissen sein, darauff er sich verlasse, auff das er wisse, solch werck sey für Gott recht und von yhm befolhen. Denn ich lere ytzt nicht, was Christen sollen thun. Denn uns Christen gehet ewer regiment nicht an. Wir dienen aber euch und sagen, was euch für Got ynn ewrem regiment zu thun ist. Ein Christ ist eine person für sich selbst, er gleubt für sich selbst und sonst für niemand. Aber ein Herr und Fürst ist nicht eine person für sich selbst, sondern für andere, das er yhn diene, Das ist, sie schütze und verteydinge. Wie wol es gut were, das er auch dazu ein Christ were und gleubte an Gott, so were er wol gluckselig. Aber es ist nicht Fürstlich, Christen sein, darumb müssen wenig Fürsten Christen sein, wie man sagt: 'Fürst wildbret ym hymel'[1]. Wenn sie nu gleich nicht Christen sind, sollen sie dennoch recht und wol thun nach eusserlicher ordnug Gotts, das wil er von yhn haben.

Wo aber ein Herr odder Fürst solch seines ampt und befelhs nicht war nympt und lest sich duncken, er sey nicht umb seiner unterthanen willen, sondern umb seiner schonen, gelhen har willen Fürst, als hette yhn Gott darümb zum Fürsten gemacht, das er sich seiner gewalt, guts und ehren frewen solle,

---

1 wöre *DE* muge *C* krig *C* 5 geb *DE* gluck *C* 6 helff *DE* 7 Hüt *D—G* vor *G* wören *E* schützen *DE* 8 must *C* 9 ewer *DE* ewren *G* 10 selbs *F* 11 eisenfressern *DEF* 12 können *CF* künnen *DEG* 13 Vrsach *DE* yeglicher *DEG* Furst *C* schuldig *C—G* 14 schutzen *C* 16 vor *DEG* 17 yetz *DE* yetzt *G* ewr *DE* 18 vor *G* euwrem *DE* 19 ein *DEF* selbs *F* glaubt *D—G* 20 selbs *F* sunst *DEFG* Furst *C* 21 ein *DEF* selbs *F* 22 schutze *C* verthedinge *DE* wer *E* darzů *DE* 23 glaubt *DE* glaubte *FG* wer *DE* glückselig *D—G* Aber *fehlt E* Furstlich *C* 24 mussen *C* Fursten *C* 25 Furst *C* Fürsten *F* nun *F* 26 dennocht *E* ordnung *C—G* Gottes *DE* 28 Furst *C* ampts *F* 29 last *DE* nitt *CE* 30 schönen *DEF* schöner *G* gele *DE* gelben *F* Furst *C* 31 zu *C* Fursten *C* frewe *E*

[1]) *Wander, Bd. I, Sp. 1268, N. 11v, vgl. Sp. 1266, N. 83.*

lust und trotz drynnen haben und sich drauff verlassen; der gehort unter die heyden, ja er ist ein narr. Denn der selbige solt wol umb einer tauben nus willen[1] krieg anfahen und nichts ansehen, denn wie er seinen mutwillen büsset. Dem selbigen weret nu Gott damit, das andere auch feuste haben und jensyt des berges auch leute sind[2], und behelt also ein schwerd das ander ynn der scheiden. Aber ein vernunfftiger Fürst sihet nicht sich selbs an. Er hat gnug, wenn seine unterthan gehorsam sind; ob seine feinde odder nachbar scharren und pochen, viel böser wort faren lassen, so denckt er: 'Narren wasschen allzeit mehr, denn weisen'[3]. 'Es gehen viel wort ynn einen sack'[4]. Und 'mit schweigen wird viel verantwortet'[5]. Darümb fragt er nicht gros darnach, bis er sihet, das man seine unterthan angreifft, odder findet das messer gezuckt mit der that; so wehret er denn so viel er kan, sol und mus. Sonst, wer eine solche memme ist, das er alle wort wil auffahen und sucht ursache, Der wil den wind gewislich mit dem mantel fahen[6]. Aber was er für ruge odder nutz davon wird haben, das las yhn selbs zu letzt beichten, so wirstu es wol erfaren.

Das sey das erste ynn diesem stück. Das ander ist ja so not zu mercken. Wenn du nu gleich gewis und sicher bist, das du nicht anfehest, sondern wirst gezwungen zu kriegen, so mustu dennoch Gott furchten und für augen haben und nicht so eraus faren: Ja, ich werde gezwungen, ich habe gute ursach zu kriegen; wilt dich drauff verlassen und tol küne hyn ein plumpen; das gilt auch nicht. War ists, rechte gute ursache hastu zu kriegen und dich zu wehren. Aber du hast drumb noch nicht siegel und brive von Gott, das du gewynnen werdest. Ja, eben solcher trotz solt wol machen, das du mustest verlieren, ob du gleich billiche ursache hettest zu kriegen; Darümb das Gott keinen stoltz noch trotz leiden kan, on wilcher sich für yhm demütigt und furcht. Das gefelt yhm wol, das man sich fur menschen und teuffel nicht fürchte, keck und trotzig, mütig und steyff widder sie sey, wenn sie anfahen und unrecht haben. Aber das damit solte gewunnen sein, als weren

---

1 darauff *DEG* gehört *D—G* 2 selbig *DE* 4 busset *C* nun *F* damit *DE* 5 jenseyt *F* behölt *DE* 6 vernünfftiger *DE* Furst *C* 7 underthanen *E* sein *DE* feind *DEG* nachbaurt *DE* nachbarn *F* 8 bochen *F* boser *C* 9 waschen] schwetzen *DE* gen *D* gehn *G* 11 biß das er *G* 12 Sunst *D—G* 13 ein *DEF* 14 rühe *DE* rue *F* 15 darvon *G* 17 stuck *CD* 18 nun *FG* anfahest *DEG* 19 dennocht *E* dannocht *G* fürchten *DEG* förchten *F* 20 herauß *DEG* hab *DE* 21 güt *DE* ursache *G* kune *C* 22 recht *DE* ursach *DE* 23 darumb *G* noch] doch *G* briffe *C* briefe *D—G* 25 müstest *D—G* 26 Gotte *DE* keine *F* vor *DE* demuttiget *C* 27 förcht *DEF* fürcht *G* wol *AB* für Kustos in *A*; *C—G* 28 furchte *C* förchte *EF* muttig *C* mütig *DEG* 29 solt *DE*

[1]) *Wander, Bd. III, Sp. 1077, N. 137.* [2]) *Wander, Bd. I, Sp. 312, N. 8.* [3]) *Wander, Bd. III, Sp. 915, N. 879.* [4]) *Wander, Bd. V, Sp. 406, N. 223 f.* [5]) *Wander, Bd. IV, Sp. 436, N. 38. 42.* [6]) *Wander, Bd. V, Sp. 261, N. 347 f.*

wirs, die wirs thetten odder vermöchten, da wird nicht aus. Sondern er wil gefurchtet sein und ein solch liedlin von hertzen hören singen: 'Lieber herr mein Gott, du sihest, das ich mus kriegen, wolts ja gerne lassen. Aber auff die rechte ursache bawe ich nicht, sondern auff deine gnade und barmhertzickeit; denn ich weys, wo ich mich auff die rechte ursache verliesse und trotzt, soltestu mich wol lassen billich fallen als den, der billich fiele, weil ich mich auff mein recht und nicht auff deine blosse gnade und güete verlasse'.

Hie höre doch, was ynn diesem fal die heyden als Kriechen und Römer sagen, wilche von Gott und Gotts furcht nichts gewust haben. Denn sie hielten dafür, sie werens, die da kriegten und siegten. Aber durch manchfeltige erfarunge, da offt gros, gerust volck von wenigen und ungerustem geschlagen ward, müsten sie lernen und bekennen auch frey, das nichts ferlichers sey ynn kriegen, denn sicher und trotzig sein, und schliessen also, Man solle nymmer mehr den feind verachten, er sey wie klein er ymer sey. Item, man solle kein vorteyl begeben, es sey wie klein es sey. Item, man solle kein hut, wache odder acht nachlassen, sie sey wie klein sie sey; gerade als solt man alle stücke mit der golt wage aus messen. Narren, trotzige, unachtsame leute dienen zum kriege nichts, denn das sie schaden thun. Das wort 'Non putassem', 'Ich hetts nicht gemeynet', halten sie für das schendlichst wort, so ein kriegs man reden kund. Denn es anzeigt einen sichern, trotzigen, lessigen man, der ynn einem augenblick, mit einem schrit, mit einem wort mehr kan verderben, denn seiner zehen mügen widder bringen, und wil dar nach sagen: Ich hetts warlich nicht gemeynet.[1] Der Fürst Hannibal, wie grewlich schlug er die Römer, so lange sie trotzig und sicher widder yhn waren. Und der historien sind unzelich viel, auch teglich für augen.

Nu die heyden haben solchs erfaren und geleret, wüsten aber keine ursach noch grund anzuzeigen, on das sie es dem glück schult gaben, dafür sie sich gleich wol müsten fürchten. Aber der grund und ursache ist, wie ich gesagt habe,

---

1 würt *E* 2 gefürchtet *DEG* gefbrchtet *F* liedlein *FG* Herre *C* 3 wölts *G* gere *D* gern *EFG* 4 recht *F* vrsach *EF* baw *F* nitt *CF* vff *E* dein *DEF* gnad *F* barmhertzigkeyt *C—G* 5 dann *G* vrsach *F* verliess *F* solstu *F* 6 fiel *F* 7 dein *DEF* bloss *F* genade *E* gnad *F* guete *C* gütte *D—G* verlass *F* 9 gottes *EG* forchte *DE* forcht *FG* gewisst *DE* hieltens *G* 10 kriegeten *E* sigeten *DE* manigfeltige *EG* 10/11 erfarung *G* 11 gerüst *D* gerüst *EG* vngerüsten *DE* vngerüstem *G* 12 warde *DE* musten *CFG* 13 sol *DE* 14 sol *DE* 15 sol *DE* 16 gerad *DE* 17 stucke *C* stuck *DE* golde *DE* wahe *AB* wag *DEF* trotzig *F* vnachtsam *DE* leut *DE* 18 krieg *E* 19 schändtlichst *E* 20 künd *F* sicher *D* sicheret *E* trotzigern *C* 21 augenblick *G* 22 mugen *C* 23 Furst *C* 24 lang *DE* 24/25 vnzälich *E* 25 vor *D* 26 Nun *FG* gelert *DE* wusten *CG* wisten *D* kein *DEF* 27 one *G* glück *C* glych *E* 28 musten *C—F* forchten *C* förchten *F* vrsach *CDE* hab *DE*

[1]) *Cicero de officiis I, 23, 81. Valerius Maximus VII, 2, 2:* Scipio Africanus turpe esse aiebat in re militari dicere: Non putaram. ... Inemendabilis enim est error, qui violentia Martis committitur.

das Gott ynn allen und durch alle solche historien wil bezeugt haben, das er wil gefürcht sein auch ynn solchen sachen, kan und wil keinen trotz, veracht noch vermessenheit noch sicherheit leyden; bis wir lernen, alles was wir haben wollen und sollen, aus seinen henden zu nemen durch lauter gnade und barmhertzickeit. Darumb ists ein wunderlich ding: ein kriegs man, der rechte ursach hat, der sol zu gleich mütig und verzagt sein. Wie wil er streiten, wenn er verzagt ist? Streit er aber unverzagt, so ists aber grosse fahr. So sol er aber thun: für Gott sol er verzagt, furchtsam und demütig sein und dem selbigen die sache befelhen, das ers nicht nach unserm recht sondern nach seiner güete und gnaden schicke, auff das man Gott zuvor gewinne mit eym demütigen, fürchtsamen hertzen. Widder die menschen sol man kecke, frey und trotzig sein, als die doch unrecht haben, und also mit trotzigem, getrostem gemut sie schlahen. Denn warumb solten wir das nicht unserm Gotte thun, das die Römer, die aller grosten kriegsleute auff erden, haben yhrem abgott, dem glück gethan, für welchem sie sich furchten; Und wo sie es nicht thetten, gar ferlich stritten odder gar ubel geschlagen würden?

So sey das beschlossen von diesem stücke: kriegen widder gleichen sol genöttigt ding sein und mit Gotts furcht geschehen. Nötigen aber ist, wenn der feind oder nachbar angreifft und anfahet, und wil nicht helffen, das man sich zu recht, zuverhor, zum vertrag erbeut, allerley böser wort und tücke vertregt und zu gut helt, sondern wil schlechts mit dem kopffe hyndurch. Denn ich mich ymer bedinge, das ich denen predige, die gerne recht für Gott thun wolten. Wo aber die sind, die nicht recht bieten noch an nemen wollen, die gehen mich nichts an. Gotts furcht ist, das man sich auff rechte ursache nicht verlasse, sondern sey sorgfeltig, vleyssig und fürsichtig auch ym aller geringsten stücklin, wenns gleich eine pfeiffe were. Mit dem allen ist nu Gott seine hand nicht gebunden, das er müge heyssen kriegen widder die, so keine ursache uns gegeben haben, wie er die kinder Israel hies widder die Cananiter kriegen. Da ist denn not gnug zu kriegen, nemlich Gotts gebott. Wie wol auch solcher
krieg nicht sol on furcht und sorge geschehen, wie Gott zeigt Josua .7., da die Jos. 7 (10) ff.

---

2 gefurcht *C* gefőrcht *F* syn *E* verachtn *D* 3 haben] lernen *DE* 4 gnad *DE* barmhertzigkeyt *C*–*G* 5 ist *F* vrsache *DEF* 6 glych *E* muttig *C* mütig *DEG* 7 Also *F* thuen *C* vor *DE* 8 forchtsam *D*–*G* demutig *C* sach *D*–*G* 9 vnserem *D* guete *C* güte *D*–*G* gnaden *E* 10 demuttigen *C* furchtsamen *C* forchtsamen *D*–*G* 11 keck *CD* syn *E* 12 getrősten *DE* gműt *D* gemüt *EFG* 13 darumb *D* Gott *DE* 14 grősten *CDEG* grőste *F* gluck *C* vor *DE* 15 fűrchten *DE* főrchten *F* forchten *G* 16 übel *DE* wurden *CDEG* 17 stucke *CDE* geleichen *DE* sol *fehlt G* 17/18 genőttiget *DE* 18 Gottes *EG* forcht *D*–*G* 19 nachbaur *DE* angryffet *E* 20 zuverhőre *DE* zuuerhőr *FG* tucke *C* 21 schlecht *G* 22 geren *D* gern *EF* vor *DE* wőllen *G* 23 aber sie sind *C* 24 Gottes *EG* furcht *C* forcht *DEF* vrsach *DE* 25 furfichtig *C* in *E* stucklin *C* stücklein *FG* 26 geleich *DE* ein *DEF* nun *D*–*G* 27 muge *C* kein *F* 29 genűg *E* Gottes *E* 30 forcht *C*–*G* sorge *CDFG* sorg *E*

kinder Israel sicher widder die Aiten zogen und würden wol geschlagen. Der gleichen not ist, wenn die unterthanen aus befelh der öberkeit streiten; denn Gott befelht der öberkeit gehorsam zu sein, und sein gebot ist eine not; doch das auch mit furcht und demut zugehe. Davon wollen wir her nach weiter sagen.

Das dritte stück, ob die ober person widder die unterperson müge mit recht kriegen. Zwar droben haben wir gehort, wie die unterthan sollen gehorsam sein und auch unrecht leyden von yhren Tyrannen; Das also, wo es recht zu gehet, die öberkeit mit den unterthanen nichts zu schicken hat, denn des rechts, gerichts und urteil pflegen. Wo sie sich aber emporen und aufflenen, wie die baurn neheſt thetten, Da ist es recht und billich, widder sie zu kriegen. Also auch sol ein Fürst widder seinen Adel, Keyser widder seine Fürsten thun, wenn sie auffrürisch sind und fahen krieg an. Doch das auch mit furcht Gotts zugehe und man sich nicht zu trotzig auff recht lasse, auff das nicht Got verhenge, das auch durch unrecht die öberherrn von yhren unterthanen gestrafft werden, wie offt geschehen ist, als wir droben wol gehort haben. Denn recht sein und recht thun folgen und gehen nicht alle wege miteinander, ja nymer mehr, Gott gebe es denn. Drümb, obs wol recht ist, das die unterthanen stille sitzen und alles leyden und nicht sich emporen, So stehts doch nicht ynn menschen hand, das sie auch also thun. Denn Got hat die unter person gantz und gar gesetzt eintzelen zu sein für sich alleine und yhr das schwerd genomen und yns gefengnis gelegt. Rottet sie darüber und henget andere an sich und bricht los und nympt das schwerd, So ist sie für Gott des gerichts und tods schüldig.

Widderümb, die oberperson ist gesetzt, das sie sol eine gemeine person sein und nicht alleine für sich selbs, sol anhang haben der unterthanen und das schwerd füren. Denn wenn sich ein Fürst zum Keyser keret als zu seinem öberherrn, so ist er nicht mehr Fürst sondern eine eintzele person ym gehorsam des Keysers, wie alle andere, ein iglicher für sich. Wenn er sich aber zu seinen unterthanen keret als zu seinen unterthanen, so ist er so viel personen, so viel heubter er unter sich und an sich hangen hat. Also auch der Keyser, wenn er sich gegen Gott keret, so ist er nicht Keyser sondern eine eintzele

---

1 gegen zogen *C* warden *C—G* 3 befilcht *DEF* gepot *DE* ein *D—G* 4 das doch auch *C* das es auch *F* forcht *D—G* 6 drit *DE* stuck *DE* die *fehlt DE* öber *CE* muge *C* 7 gehört *D—G* vnd'thanen *DE* 9 zügeet *D* zügeht *E* 10 vorteil *F* empören *D—G* 11 bauren *E* nechst *DEG* 12 Furst *C* 13 Fursten *C* auff-rurisch *C* vffrürisch *E* 14 forcht *D—G* Gottes *DEG* 15 ober herren *D* oberherren *EG* 16/17 gehört *D—G* 17 geen *D* gehn *E* alwegt *DE* 18 geb *DE* 19 empören *D—G* 20 stehets *G* 21 allein *DE* 22 genumen *FG* gefencknüß *G* geleget *DE* sich *G* daruber *C* 23 vor *DE* 24 gerichts *E* todes *C* schuldig *C—G* 25 öberperson *CE* ein *DEF* gemein *F* 26 allein *DE* sol *fehlt F* 27 furen *C* Furst *C* kert *G* 28 oberherren *D* oberherrn *FG* Furst *C* ein *D—G* gehorsam *AB* 29 yeglicher *C—G* er aber sich zů *G* 30 kert *G* 31 haubter *F* gehangen *F* 32 ein *DEF*

person, wie alle andere für Gott; keret er aber sich zu seinen unterthanen, so ist er so viel mal Keiser, so viel er unter yhm hat. Also ist auch von allen andern öberkeiten zu reden, das wenn sie sich zu yhrem öberherrn keren, so haben sie keine öberkeit und sind aller öberkeit ausgezogen. Wenn sie sich herunter keren, so werden sie mit aller öberkeit gezieret. Das also zu letzt alle öberkeit hynauff zu Gott kome, des sie alleine ist. Denn er ist der Keyser, Fürst, Grave, Eddel, Richter und alles und teilet sie aus, wie er wil, gegen die unterthanen nnd hebt sie widderrümb auff gegen sich selbs. Nu sol keine einzele personen sich widder die gemeine setzen noch die gemeine an sich hengen; denn sie hewet damit ynn die höhe, so werden yhr die span gewislich ynn die augen fallen[1]. Und hieraus sihestu, wie die widder Gotts ordnung streben, die der öberkeit widder streben, als S. paulus leret Ro. 13. Und so redet Röm. 13, 2
er auch 1. Cor. 15., das Gott wird alle öberkeit auff heben, wenn er nu 1. Cor. 15, 24
wird selbs rigirn und alles zu sich keren.

Das sey von den drey stücken gesagt. Nu komen die fragen herbey. Denn die weil kein König odder Fürst kan alleine kriegen (Er mus leute und volck dazu haben, die yhm dienen, so wenig als er kan gericht und recht handhaben, Er mus Rethe, Richter, Rechtkündige, stockmeister, Hencker und was zum gericht gehört, haben): Fragt man, obs recht sey, das einer sold neme odder, wie sie es nennen, dienstgelt odder mangelt und lasse sich damit bestellen, das er sich verbindet dem Fürsten zu dienen, wenns die zeit fodbert, wie der brauch ytzt gehet und stehet. Hierauff zu antworten scheiden wir die selbigen kriegs diener. Erstlich sind es unterthanen, wilche on das yhrem öberherrn verpflicht sind, mit leib und gut bey zustehen und yhrem auffgebot zu folgen, sonderlich der Adel und die lehengüter haben von der öberkeit. Denn die güter, so graven, Herrn und die Edlen haben, sind verzeiten durch die Römer und Römische Keyser also ausgeteilet und gelieent, das die ienigen, so sie ynnen haben, solten ynn stettiger rustung und bereitschafft sitzen, einer mit so viel pferde und man, der ander so viel, nach dem die güter vermochten. Und waren solche güter yhr sold, damit sie bestellet waren. Darümb heyssens auch lehen guter und sind auch noch solche beschwerunge drauff. Solche güter lest der Keyser erben. Das ist auch alles billich und

3 ober herren *D* oberherrn *EG* 6 kume *FG* allein *DE* 7 Furst *C* vñ *E* 8 die] den *F* sich] jme *F* Nun *G* kein *F* 9 gemein *(beidemal) E* gmein (2.) *D* 10 hawet *DEF* häwet *G* spän *DE* spen *F* 11 Gottes *G* 12 Sant *DE* 13 nun *D–G* 14 würt *E* regirn *C–G* 15 den *fehlt DE* stucken *CDE* Nun *F* kumen *FG* 16 Furst *C* allain *DE* 17 darzů *DEG* 18 Rechtkundige *C* 21 Fursten *C* fordert *G* 22 yetz *DE* yetzt *G* geet *D* 24 oberherrn *DG* lieb *AB* zůsteen *D* zů stehn *E* auffgepot *DE* 25 sunderlich *FG* lehenguter *C* 26 guter *C* vorzeiten *D–G* 27 außgeteilt *DE* gelihen *F* gelihent *G* 28 rüstung *DEF* 29 pferd *F* gueter *C* 29/30 vermöchten *EF* 30 guter *C* 31 gueter *C* gütter *D–G* 32 Sölche *G* gueter *C* laßt *DE*

[1]) *Wander, Bd. II, Sp. 388, „hauen" N. 11.*

sein ym Römischen reich. Aber der Türck, als man sagt, lest keine erben und leydet kein erblich Fürstenthum, Graveschafft odder Rittergut odder Lehengut, Setzt und gibt wie, wenn und wem ers wil. Darumb hat er so uberalle mas viel golds und guts und ist kurtz umb Herr ym lande odder viel mehr ein Tyrann.

Darumb dürffen die vom Adel nicht dencken, das sie yhr gut umbsonst haben, als hetten sie es funden odder auffm spiel gewonnen. Die beschwerung drauff und die lehen pflicht zeygen wol an, wo her und warumb sie es haben, nemlich vom Keyser odder vom Fürsten geliehen, nicht das sie drauff brassen und brangen sondern rustig bereit sein sollen zum streit, das land zu schutzen und fride zu handhaben. Wenn sie nu sich rhümen, wie sie müssen roshalten und Fürsten und Herrn dienen, wenn andere ruge und fride haben, Sage ich: Ey lieber, da last euch für dancken, yhr habt ewern sold und lehengut und seyt da mit zu solchem ampt gestifft und nemets wol bezalt. Haben aber andere nicht auch erbeit gnug umb yhr gutlin, odder seyt yhrs allein, die yhr arbeit habt, so doch ewr ampt selten kompt ynn brauch, ander aber müssen teglich sich uben? Wiltu aber nicht odder dunckt dich zu schweer und ungleich, so las dein gut faren; man findt wol, die es gerne annemen und thun dafür, was es foddert.

Darumb haben die Weisen aller menschen werck gefast und geteilt ynn zwey stück: Agriculturam und Militiam, das ist ynn ackerwerg und kriegswerck, wie sichs denn selbs natürlich also teylet. Ackerwerck sol neeren, Kriegswerck sol wehren, und die ym wehere ampt sind, sollen yhr zinse und narung von den, die ym neere ampt sind, nemen, das sie wehren konnen. Widderumb, die ym neere ampt sind, sollen yhren schutz haben von denen, die ym wehere ampt sind, auff das sie neeren konnen. Und der Keyser odder Fürst ym lande sol auff beyde ampt sehen und drob halten, das die ym wehre amt rustig und reysig seyen und die ym neer ampt redlich handeln, die narunge zu bessern; Unnütze leute aber, die widder zu wehren noch zu neeren dienen sondern nur zeeren, faulentzen und müssig gehen konnen, nicht leyden sondern aus dem lande jagen odder zum werck halten, gleich wie die Bynen thun und stechen die humeln weg, wilche nicht erbeyten und den andern Bynen yhr

---

1 Turck *C* last *DE* 2 Furstenthumb *CG* Graffschafft *G* 3 uber *E* all *DE* 6 durffen *C* umbsunst *DFG* 7 auff dem *DE* 8 darauff *DE* 9 Fursten *C* geliehen *E* darauff *DE* praffen *C* 10 prangen *C* rüstig *DEFG* schützen *DE* schützen *FG* 11 sie sich nun rhümen *G* nun *DF* rhumen *C* mussen *C* 12 Fursten *C* andre *D* rühe *DE* rue *F* 13 ewern *DE* 14 damit *DE* 15 andre *D* erbeit *DEG* gütlin *DEG* gütlein *F* 16 ewer *G* kömpt *C* kumpt *FG* mussen *C* 17 üben *D—G* dunckt *D* dunckts *E* dich solchs zu *F* 18 gerne *D* 19 fordert *EG* 21 stuck *CDE* ackerwerck *CEFG* 22 naturlich *C* 23 wehere] were *C—F* wehre *G* solchen *D* 24 können *CF* kunden *DE* künnen *G* 25 nere *CEF* nehre *DG* 26 können *CF* kunnen *DEG* Furst *C* 27 rüstig *D—G* 28 seyn *C* nere *EG* narunge *AB* 29 Unnutze *C* weder *EG* 30 mussig *C* konnen *CF* kunden *DE* kunnen *G* 32 arbeiten *D—G*

honnig auffressen. Daher nennet Salomo ynn seym Prediger die Könige Bauleute, die das land bawen; denn es sol yhr ampt sein. Aber Gott behüte uns Deudschen, das wir ja nicht so bald klug werden und solchs treiben, auff das wir noch eine weile gute zeerlinge bleiben und lassen neerlinge und wehrlinge sein, wer lust dazu hat odder lans nicht umbgehen. Pred. 5, 8

Das diese ersten nu mit recht yhren sold und lehen gut haben und auch recht thun, das sie yhrem herren helffen kriegen und darynn dienen, wie sie schüldig sind, hat S. Johannes der teuffer bestettigt Luce 2.; da yhn die kriegs leute fragten, was sie denn thun solten, Antwortet er: 'Last euch benügen an ewrem solde'. Denn wo yhr sold unrecht odder yhr ampt widder Gott were, hette ers nicht müssen so lassen bleiben, erleuben und bestettigen, sondern sie straffen und davon halten als ein Göttlicher, Christlicher lerer. Und damit ist denen geantwortet, die aus blodem gewissen (wie wol ynn solchem volcke yhr seltzam) fürgeben, Es sey ferlich, umb zeitlichs guts willen solch ampt an nemen, wilchs nicht anders ist denn blut vergiessen, morden und seym nehisten alles leyd anlegen, wie kriegs laufft gibt. Denn die selbigen sollen yhr gewissen also berichten, das solch ampt sie nicht thun aus fürwitz, lust odder widder willen, sondern es ist Gotts ampt und sinds yhrem Fürsten und Gott schüldig zuthun. Darümb weil es ein recht ampt ist, von Gott geordent, so geburt yhm sein sold und lohn da für, wie Christus spricht Math. 10. 'Ein erbeiter ist seines lohns werd'. Luc. 3, 14 Matth. 10, 10 Luc. 10, 7

Wol ist das war, wenn einer mit solchem hertzen und meynunge ym kriege dienet, das er nichts anders sucht noch denckt denn gut zu erwerben, Und ist zeitlich gut sein einige ursache, Also das er nicht gerne sihet, das fride ist und yhm leid ist, das nicht krieg ist: Der trit freylich aus der ban und ist des teuffels, wenn er gleich aus gehorsam und durch auffbot seines herrn krieget; denn er macht aus eym guten werck yhm selbs ein böses mit dem zusatz, das er nicht viel achtet, wie er aus gehorsam und pflicht diene, sondern alleine das seine sucht. Darümb hat er kein gut gewissen, das da konne also sagen: Wolan, meinet halben wolt ich wol daheymen bleiben. Aber weil mein herr mich foddert und mein begerd, so kome ich ynn Gotts

1 hönig *F* audfressen *C* 2 bauwen *E* behute *C* behüt *DE* 3 Teutschen *D—G* balde *DE* 4 ein *DEF* 4/5 weherlinge *G* 5 darzů *DEG* 6 nun *D—G* 7 herrn *DE* 8 schuldig *C—G* het *F* tauffer *FG* da *G* 9 kriegs *AB* kriegßleüt *DE* fragten *DE* Antwort *CDE* 10 benugen *C* sold *DE* 11 wer *DE* het *DE* mussen *C* also *F* erlaubt *DEG* 12 Christenlicher *F* 13 blödem *CDEG* blöden *F* 14 volck *DE* yetz *DE* yetzt *G* ümb *F* 15 welches *DE* mörden *DEG* 16 nechsten *DE* nehesten *FG* lauff *DE* 18 Gottes *G* 19 Fursten *C* schuldig *C—G* 20 gebürt *D—G* darfür *G* 21 arbeiter *DEG* wirdig *G* 23 erberben *F* 24 gut *fehlt F* einig *F* ursach *DE* gern *DEF* 25 frid *F* 26 auffpot *E* seins *F* 27 herren *DE* kriegt *DEF* 28 ghorsam *D* 29 allein *DE* 30 kunne *CF* künde *DE* künne *G* wölt *G* daheym *C* 31 weyl mich meyn herr fodert *F* fordert *EG* kume *G* Gottes *EG*

namen und weis, das ich gotte darynn diene, und wil meinen sold verdienen odder nemen, was mir dafür gegeben wird. Denn es sol ja ein kriegs man mit sich und bey sich haben solch gewissen und trost, das ers schuldig sey und müsses thun, damit er gewis sey, das er Gott drynnen diene und konne sagen: Hie schlecht, sticht, würget nicht ich, sondern Gott und mein Fürst, wilcher diener ytzt mein hand und leib ist. Denn solchs deutet auch die Losung und geschrey ym streyt: Hie Keyser, Hie Franckreich, Hie Lüneburg, Hie Braunsweig.
Richt. 7, 20 Also schreyen auch die Jüden widder die Medianiter, Judicum 7. 'Hie Gotts und Gedeonis schwerd!'

Verderbt doch ein solcher geitz hals auch wol alle ander gute werck. Aber wer umb zeitlichs guts willen predigt, der ist auch verloren, Und Christus
Matth. 10, 10; 1 Cor. 9, 14 spricht doch, Es solle ein prediger vom Euangelio geneert werden. Umb zeitlich gut etwas thun ist nicht böse. Denn zinse, sold und lohn ist auch zeitlich gut, sonst müste niemand erbeiten noch etwas thun, sich zu erneeren, weil es alles geschicht umb zeitlich gut. Aber geitzen umb zeitlich gut und einen Mammon draus machen, das ist allwege ynn allen stenden, ynn allen empten und wercken unrecht. Las geitzen und andere böse meynung, so ist kriegen nicht sunde, und nym dafür deinen sold und was dir gegeben wird. Darümb hab ich droben gesagt, das werck an yhm selbs ist recht und Göttlich. Aber wenn die person unrecht ist odder nicht recht sein braucht, so wirds auch unrecht.

Ein ander frage: Wie, wenn mein herr unrecht hette zu kriegen? Antwort: Wenn du weist gewis, das er unrecht hat, so soltu Got mehr furchten
Apg. 5 [4], 29 und gehorchen denn menschen, Acto. 4., und solt nicht kriegen noch dienen; denn du kanst da kein gut gewissen für Gott haben. Ja, sprichstu, mein herr zwingt mich, nympt mir mein lehen, gibt mir mein gelt, lohn und sold nicht; dazu würde ich veracht und geschendet als ein verzagter, ja als ein trewloser für der welt, der seinen herrn ynn nöten verlest &c. Antwort: Das mustu wagen und umb Gotts willen lassen faren, was da feret. Er kan
Matth. 19, 29 dirs wol hundert feltig widder geben, wie er ym Euangelio verheist: 'Wer umb meinen willen verlest haus, hoff, weib, gut, der sols hundert feltig widder kriegen' &c. Mus man doch solche fahr ynn allen andern wercken auch gewarten, da die öberkeit zwingt unrecht zu thun. Aber weil Gott

---

1 Gott F darinne DE 3 er CG 4 musses C müß es EG darinnen G künne CF künde DE künne G 5 wurget C Furst C 6 yetzt DEG 7 geschrey DE Luneburg C Hie (vor Braunsweig) fehlt F Brawnschweyg CG Braunschweig F 8 schreyen EF Juden CDEG Judicum am 7. DE Gedeonisch F 10 andere G 11 ümb F 12 geneert DE generet F 13 thůn G böß DE 14 sunst F sunst G muste C arbaiten DEG ernären D 15 geschicht D ümb F 16 allweg DEF ämpten D ämptern EG 18 sünde D—G 22 het DE 23 solt du DE fürchten DEG förchten F 25 gewissen D vor G sprichst du E 27 darzů DE wurde C werd G geschendt DE 28 vor DEG der welt AB herren DE 29 Gottes E 31 verlaßt DE 32 ander D

auch vater und mutter wil verlassen haben umb seinen willen, so mus man freylich auch herrn verlassen umb seinen willen ꝛc. Wenn du aber nicht weist odder kanst nicht erfaren, ob dein herr ungerecht sey, Soltu den gewissen gehorsam umb ungewisses rechts willen nicht schwechen sondern nach der liebe art dich des besten zu deym herrn versehen. Denn 'liebe gleubt alles' 1. Cor. 13, 7. 5 und 'denckt nicht arges', 1. Cor. 13. So bistu sicher und ferest aber wol für Gott. Schendet man dich drümb odder schild dich trewlos, so ists besser, das dich Got preiset trew und redlich, denn das dich die welt trew und redlich preiset. Was hülff dichs, wenn dich die welt für Salomo odder Moses hielte, und du werest für Gott so böse gerechent als Saul odder Ahab?

Die dritte frage: Ob ein kriegs man müge sich mehr denn einem herrn zu dienst verpflichten und von eym iglichen sold odder dienstgelt nemen. Antwort: ich hab droben gesagt: Geitz ist unrecht, Gott gebe, er gehe ym guten odder bösen ampt. Denn acker werck freylich der besten ampt eins ist, Noch ist ein geitziger ackerman unrecht und verdampt für Gott. Also auch hie; sold nemen ist billich und recht, da für dienen ist auch recht. Aber geitz ist nicht recht, wenn auch der sold des jars kaum ein gülden were. Widderumb: Sold nemen und verdienen ist recht an yhm selbst, es sey von einem, zweyen, dreyen herrn odder wie viel der sind, So ferne dem erbherrn und lands Fürsten sein gebur nicht entzogen und mit seinem willen und gunst andern gedienet wird. Denn gleich wie ein guter handwercks man mag seine kunst verkeuffen, wer sie haben wil, und damit dienen, so fern es nicht widder seine öberkeit und gemeine ist: Also, weil ein kriegs man von got die geschickligkeit hat zu kriegen, mag er damit dienen, als mit seiner kunst und handwerg dienen, wer sein begerd, und dafür seinen lohn als für seine arbeit nemen. Denn das ist auch ein beruff, der aus dem gesetz der liebe her quillet: Wenn yemand mein bedarff und begerd, das ich yhm zu willen bin und neme dafür mein gebur odder was mir gegeben wird. Denn so spricht S. Paulus 1. Cor. 9. 'Niemand reiset auff seinen eigen sold' und 1. Cor. 9, 7 billicht damit solch recht. Weil denn ein Fürst eins andern unterthan bedarff und begerd zum streyt, mag er dem selbigen mit seines Fürsten willen und wissen wol dienen und dafür sold nemen.

Wie aber, wenn der Fürsten odder Herrn einer widder den andern kriegt und ich beyden verpflicht were, wolte aber lieber dem dienen, der unrecht hette,

---

2 freylich *AB* ümb *F* 3 Solt du *DE* vngewissen *ABCFG* 4 sunder *F* 5 glaubt *D–G* 7 vor *G* 9 hulff *CD* hülffs dichs *G* Salomon *DE* 10 hielt *DE* werst *DE* vor *DEG* böß *DE* Haab *C* 11 muge *C* 12 herren *DE* eynem *G* yeglichen *DEG* 13 gsagt *D* geb *DE* gee *D* 14 ackerwerck *F* 15 vor *G* 17 gulden *C* 18 selbs *F* es *fehlt DE* 19 einen *F* 19/20 erbherren *G* 20 Fursten *C* gebür *D–G* 22 verkauffen *D–G* 23 sein *F* oberkeyt *E* gmaine *D* 24 geschickligkeyt *CD* geschicklichkeit *E* geschicklichheit *F* 25 handwerck *C–G* 26 sein *DE* erbeyt *C* gsetz *D* 28 gebür *D–G* 30 Furst *C* 31 Fursten *C* 33 Fursten *C* Fürst oder Herr *F* Herren *DE* 34 wolts *D* wolt *E* wölte *G* vnrechte *DE*

die weil er mir mehr gnade odder guts erzeigt hat, denn dem der recht hat, weil ich des weiniger geniesse? Hie ist die stracke, kurtze antwort: Recht (das ist Gotts wolgefallen) sol gehen uber gut, leib, ehre und freund, gnad und genies. Und ist hie keine person anzusehen sondern alleine Gott. Und ist auch hie das umb Gotts willen aber mal zu leiden, das einer undanckbar gehalten wird odder veracht; denn es ist hie redlich entschůldigung, nemlich Gott und das recht, wilche nicht leiden wollen, dem liebsten zu dienen und den unwerdesten zu lassen. Wie wol solchs der alte adam nicht gerne höret, noch sols so sein, wo es anders wil recht sein. Denn widder Gott ist nicht zu streiten. Wer aber widder recht streyt, der streyt widder Gott, der alles recht gibt, ordenet nnd handhabt.

Die vierde frage: Was sol man aber von dem sagen, der nicht alleine umb guts willen sondern auch umb zeitlicher ehre willen kriegt, das er so ein weydlicher man sey und angesehen werde ꝛc.? Antwort: Ehergeitz und geltgeitz ist beydes Geitz, einer so wol unrecht als der ander. Und wer ynn solchem laster kriegt, der kriegt yhm die helle. Denn wir sollen Gott die ehre alleine lassen und geben und uns an dem solde und futter benůgen lassen. Darůmb ist das ein Heydnissche und nicht eine Christliche weise, das kriegs volck fůr der schlacht zuermanen auff die weise: 'Lieben gesellen, Lieben knechte, seyt frisch und getrost, wir wollen, ob Gott wil, heute ehre einlegen und reich werden!' Sondern also und auff die weise solt man sie vermanen: 'Lieben gesellen, wir sind alhie versamlet ym dienst, pflicht und gehorsam unsers Fůrsten, wie wir nach Gotts willen und ordnung schuldig sind, unserm herrn bey zustehen mit leib und gut, wie wol wir fůr Got eben so wol arme sůnder sind alse unser feinde. Aber doch, weil wir wissen odder doch nicht anders wissen, denn das unser Fůrst ynn diesem stůck recht hat, und damit sicher und gewis sind, das wir Gotte selbs ynn solchem dienst und gehorsam dienen: So sey ein iglicher frisch und unverzagt und lasse sich nicht anders duncken, denn seine faust sey Gotts faust, sein spies sey Gotts spies, und schrey mit hertzen und munde: 'Hie Gott und Keyser'! Gibt uns Gott den sieg, so sol ehre und lob sein seyn, nicht unser, der es durch uns arme sůnder thut. Die ausbeute aber und sold wollen wir nemen als uns unwirdigen von seiner Göttlichen gůte und gnaden geschenckt und gegeben, und yhm da fůr von hertzen dancken. Nu walts Gott und hinan mit freuden!'

---

2 weniger *CG* strack *DE* 3 gottes *DEG* über *E* 4 kain *DEF* allain *DE* 5 gottes *DEG* 6 entschůldigung *CDEG* 8 solches *DE* alt *DE* gern *DE* 9 also *F* 10 streyttet *(beidemal) DE* 11 ordnet *CDE* 12 allain *DE* 14 Ergeytz *DE* 16 krieget *(beidemal) DE* 17 allain *DE* benugen *C* 18 eine *(vor* Heydnissche*) G* 19 volcke *G* vor *F* die] dise *E* knecht *DEF* 20 getröst *DEF* eer *DE* 21 die] dise *E* 22 Fursten *C* Gottes *G* ordnung *AB* herren *F* 24 vor *DE* arm *DE* 25 sunder *C* als *DE* feind *DE* 26 Furst *C* stuck *CDE* 27 Got *C* sollichem *D* 28 yeglicher *DEG* 29 sein *DE* Gottes *(beidemal) G* 31 seyne *C* 32 sunder *C* 33 gute *C* genaden *E* 34 Nun *FG*

Denn an zweifel, wo man die ehre Gotts sucht und lest sie yhm bleiben, wie es doch billich und recht ist, auch sein sol: So wird die ehre selbs mehr komen, denn yemand suchen kunde, weil Gott verheyssen hat .1. Regum 2. 'Wer mich ehret, den wil ich widder ehren. Wer mich aber unehret, der sol 1. Sam. 2,30 widder geunehret werden'; Das ers freylich nicht lassen kan, solchen seinem zusagen nach: Ehr mus die ehren, wilche yhn ehren. Und ist der grössesten sünde eine, wenn man eigen ehre sucht, wilchs nicht anders ist denn Crimen lese maiestatis divine: Ein raub Göttlicher maiestet. Drümb las andere rhümen und ehre suchen! Sey du gehorsam und stille, dein ehre wird sich wol finden. Es ist manch streyt verloren, der sonst gewonnen were, wenn die eytel ehre gethan hette. Denn solch ehrgeytzige krieger gleuben nicht, das Gott mit ym kriege ist und sieg gibt. Darümb fürchten sie auch Gott nicht, sind nicht freydig sondern frech und tol, werden auch zu letzt geschlagen.

Aber das sind mir die aller besten gesellen, die sich für der schlacht ermanen und ermanen lassen durch die lobliche andacht yhrer bulschafft und lassen yhn sagen: 'Hui, nu dencke ein iglicher an seinen liebsten bulen'. Ich sage, das wenn ich nicht hette gehört von zween glaubwerdigen mennern, ynn solchem spiel erfaren, das solchs geschehe, so hette ich nymer mehr gleubt, das menschen hertz solt yn solchem ernsten handel, da des todtes fahr für augen ist, so vergessen und leichfertig mügen sein. Und zwar thuts keiner, wenn er mit dem todt alleine ficht. Aber hie ym hauffen reitzt einer den andern, das keiner nicht acht, was yhm gilt, weil es vielen mit gilt. Erschrecklich aber ists eym Christlichen hertzen zu dencken und zu hören, das ynn der stunde, da man Gotts gericht und todes fahr für augen hat, aller erst mit fleischlicher liebe sich kutzelt und tröstet. Denn wilche also erstochen werden odder sterben, die schicken freylich yhre seelen auch gar frisch ynn die hellen on alles seumen. Ja, sagen sie, wenn ich an die helle solte gedencken, müste ich nymer mehr ynn krieg zihen. Das ist noch schrecklicher, das man mutwilliglich Gott und sein gericht aus dem synn schlegt und wil nichts davon wissen, dencken noch hören. Derhalben ist ein gros teyl des kriegvolcks des teuffels eigen und gar etliche so voller teuffel, das sie yhre freydickeit nicht wissen das zubeweisen, denn das sie verechtlich von Gott und seinem gericht

---

1 on *DEG*   Gottes *EG*   2 würd *E*   3 kumen *FG*   künde *FG*   wyl *E*   6 der] die *F*   größten *G*   7 sunde *C*   welches *DE*   8 mayestetk *DE*   Darumb *DE*   9 rhumen *C*   würt *E*   10 manich *DEG*   streyt *D*   verlorn *E*   sunst *FG*   gewunnen *G*   11 glawbenn *D—G*   12 ym] jne *F*   furchten *C* förchten *F*   13 letst *E*   15 löbliche *CFG*   16 nun *FG*   denck *E*   yeglicher *DEG*   17 het *G*   zweyen *EG*   glaubwirdigen *D—G*   18 erfarn *G*   geschehen *F*   glaubt *D—G*   19 todes *CEG*   todts *D*   20 leichtfertig *D—G*   mugen *C*   21 allain *DEF*   fichtet *E*   22 achtet *E*   24 man] mit *D*   Gottes *EG*   25 fleischlicher] menschlicher *E*   lieb *F*   kützelt *EF*   26 freylich *fehlt G*   seeln *F*   27 muste *C*   28 ziehen *D—G*   29 schlecht *EFG*   30 kriegsvolcks *CDE*   31 freydigkeyt *CEFG*   32 verächtlich *EG*

reden konnen, als seyen sie damit die rechten eisenfresser, das sie schendlich schweren, martern, fluchen und Got ym hymel trotzen thuren. Es ist ein verlorner hauffe und die sprew, gleich wie ynn allen andern stenden auch viel sprew und wenig korns ist.

Daraus folgt, das die Landsknechte, so ynn landen yrre lauffen und krieg suchen, so sie doch wol erbeiten und handwerck treiben mochten, bis sie gefoddert wurden, und für faulheit odder aus rohem, wilden gemüte die zeit also verlieren, nicht wol dran mugen sein mit Got; denn sie konnen keine sache noch gut gewissen yhres lauffens für Got anzeigen, sondern haben nur eine tolkune lust odder fürwitz zum krieg, odder ein frey, wild leben zu füren nach solcher gesellen art. Müssen auch eins teils zu letzt buben und reuber draus werden. Wenn sie aber sich zur erbeit odder handwercken begeben und verdieneten yhr brod, wie Got allen menschen gebotten und auffgelegt hat, bis das der landfürst auffgeböte für sich selbs odder eym andern zu zuzihen erleubete und begerde: So möchten sie mit gutem gewissen sich erheben, als die denn wusten, das sie yhrem öberherrn zugefallen drynnen dieneten, wilchs sein gewissen sie sonst nicht konnen haben. Denn das sol ja aller welt ein trost und freude, ja auch eine mechtige ursache sein, die öberkeit zu lieben und zu ehren, das uns Gott der almechtige die grosse gnade thut und die öberkeit uns als ein eusserlich mal und zeichen seins willens dahyn stellet, da wir gewis sind, das wir seinem Göttlichen willen gefallen und recht thun, so offt und wenn wir der öberkeit willen und gefallen thun. Denn er hat sein wort
Matth. 22, 21 und seinen willen an sie gehefft und gebunden, da er spricht: 'Gebt dem Keyser,
Röm. 13, 1 was des Keysers ist'. Und Roma. 13. 'Ein iglicher sey der öberkeit unterthan'.

Zu letzt haben auch die Kriegsleute viel aberglaubens ym streyt, da sich einer Sanct Georgen, der ander Sanct Christofel befelht, Einer diesem, der ander dem heiligen. Etliche konnen eisen und buchsen stein beschweren. Etliche konnen ros und reuter segenen. Etliche tragen Sanct Johans Euangelion[1] odder sonst etwas bey sich, darauff sie sich lassen. Diese alle sampt sind ynn fehrlichem stande. Denn sie gleuben nicht an Gott, sondern versündigen sich

1 können *CFG* künden *DE* schändtlich *E* 2 thörn *C* thüren *D—G* 3 hauf *DE* 5 folget *E* Landsknecht *DE* 6 arbeyten *EFG* möchten *EFG* 7 gfodert *D* gefordert *G* würden *F* faulkait *DE* gemute *C* gmüte *D* gemüt *E* 8 mügt *D—G* können *CFG* künnen *DE* 8/9 kain sach *DE* 9 vor *DE* 10 ein *DEF* tollküne *DFG* tollkünen *E* kriege *F* furen *C* 11 Mussen *C* rauber *G* 12 arbait *D—G* 13 verdienten *DEG* gepotn *DE* 14 landfurst *C* landsfürst *E* auffgebüte *DE* auffgeböt *F* zuzuziehen *C—G* 15 erlaubte *DEG* erlaubt *F* begerte *CDEG* begert *F* mochten *C* 16 wüsten *DEG* oberherren *DG* 17 sunst *DFG* können *CFG* künnen *D* kunnen *E* 18 ein *DE* 19 genade *E* 23 sprichr *AB* 24 yeglicher *DEG* 25 Kriegßleut *DE* 26 Sant *(beidemal) DE* Sant *(2.) G* befilhet *DE* befilht *FG* 27 heilgen *D* können *CFG* künnen *DE* büchsenstein *DEG* 28 können *CFG* künnen *DE* segnen *DE* Sant *DG* S. *E* 29 sunst *DFG* 30 glauben *DEF* versundigen *C*

[1]) d. i. *den zum Messcanon gehörenden Abschnitt Johann. 1, 1—14.*

viel mehr mit unglauben und misglauben an Gott, und wo sie so stürben, musten sie auch verloren sein. Sondern so sollen sie thun: wenn die schlacht daher geht und die vermanung, so ich droben erzelet habe, geschehen ist, sol man sich einfeltiglich ynn Gotts gnade befelhen und sich nu ynn diesem stücke als ein Christen stellen. Denn ynn der vorigen vermanunge ist allein die form gestellet, wie man das eusserlich kriegs werck mit gutem gewissen thun solle. Aber weil kein gut werck nicht selig macht, sol nu ein iglicher bey sich nach solcher vermanunge also ym hertzen odder mit dem munde sagen:

'Hymlischer Vater, hie bin ich nach deinem Göttlichen willen ynn diesem eusserlichen werck und dienst meines oberherrn, wie ich schüldig bin dir zuvor und dem selben oberherrn umb deinen willen. Und dancke deiner gnaden und barmhertzickeit, das du mich ynn solch werck gestellt hast, da ich gewis bin, das es nicht sünde ist sondern recht, und deinem willen ein gefelliger gehorsam ist. Weil ich aber weis und durch dein gnadreichs wort gelernt habe, das keins unser guten werck uns helffen mag und niemand als ein krieger sondern allein als ein Christen mus selig werden: So wil ich mich gar nicht auff solch meinen gehorsam und werck verlassen sondern das selbige deinem willen frey zu dienst thun. Und gleube von hertzen, das mich allein das unschuldige blut deins lieben sons, meins Herrn Jhesu Christi, erlöse und selig mache, wilchs er für mich deinem gnedigen willen gehorsamlich vergossen hat. Da bleib ich auff, da lebe und sterbe ich auff, da streyt und thu ich alles auff. Erhalte, lieber Herr Gott Vater, und stercke mir solchen glauben durch deinen geist, Amen'. Wiltu darauff den glauben und ein Vater unser sprechen, magstu thun und lassen damit genug sein. Und befelh damit leib und seele ynn seine hende. Und zeuch denn von ledder und schlahe drein ynn Gotts namen.

Wenn solcher kriegs leute ynn einem heer viel weren, Lieber, wer meynstu, würde yhn etwas thun? Sie fressen wol die welt on allen schwerd schlag. Ja, wenn neun odder zehen solcher ynn eym hauffen were odder noch drey odder viere, die solchs mit rechtem hertzen kondten sagen, die solten mir lieber sein denn alle büchsen, spiesse, ros und harnisch. Und wolte den Turcken mit aller seiner macht lassen komen. Denn Christlicher glaube ist

---

1 also *F* sturben *CG* 2 musten *C* müsten *D—G* also *F* 3 gehet *DEG* had *DE* 4 einfältiglich *E* Gottes *EG* genade *E* nun *EFG* 5 stucke *CDE* 7 machet *G* nun *G* yeglicher *CDEG* 8 vermanung *F* mund *F* 9 Hymlischer *C—G* 10 dienste *G* öberherrn *C* oberherren *G* schuldig *C—G* 11 selbigen *G* öberherrn *C* oberherren *DEG* 12 barmhertzigkeyt *CEFG* gestellet *CFG* da] das *DE* 13 sunde *C* 14/15 gelernet *DE* 17 selbig *DE* 18 glaub *DE* glaube *F* 19 blütte *DE* deines *DE* suns *DEG* Herren *DE* 20 willen noch gehorsamlich *F* 21 stirbe *F* 22 drauff *C* 24 magst du *E* gnûg *G* befilch *DEF* darmit *DE* 25 seel *D* zeuche *DE* darein *E* 26 Gottes *DEG* 27 kriegßleut *DE* hörr *DE* 28 wurde *CDG* frässen *E* alle *E* 29 weren *D—G* 30 vier *F* köndten *CFG* kundten *DE* 31 buchsen *C* wölte *G* 32 Türcken *D—G* kumen *FG* Christenlicher *DE*

kein ſchimpff noch geringe ding, ſondern wie Chriſtus ym Euangelio ſagt:
Marci 9, 23 'Er vermag alles'. Aber lieber, wo ſind ſie, die ſo gleuben und ſolchs thun mügen? Doch obs der hauffe nicht thut, 'Müſſen wir dennoch ſolchs leren und wiſſen umb der willen (wie wenig der ſelbigen auch ſind), die es thun
Jeſ. 55, 11 werden. Denn 'Gotts wort gehet nicht umbſonſt aus', ſpricht Jeſaia 55. Es bringt ja etliche zu Gott. Die andern, ſo dieſe heylſame lere zu yhrer ſelickeit verachten, haben yhren richter, dem ſie antworten müſſen. Wir ſind entſchuldigt und haben das unſer gethan.

Hie wil ichs ytzt laſſen bleiben. Denn ich auch vom Turkiſſchen kriege wolt etwas geſagt haben, weil er uns ſo nahe komen war, Und mir etliche meine wort fürworffen, das ich widder den Turken zu kriegen hette widder raten. Denn ich lengſt wol gewuſt habe, Ich müſte auch noch Turkiſch werden, und mich nichts hilfft, das ich ſo deutlich davon geſchrieben habe, Dazu ym büchlin von weltlicher öberkeit gelert, wie gleich widder gleichen wol müge kriegen. Aber weil der Turck widder heym iſt und unſer Deudſchen nu nicht mehr dar nach fragen, iſts noch nicht zeit davon zuſchreiben[1]. Solche unterricht, mein Lieber Er Aſſa, ſolt ich lengeſt haben gefertigt. Es hat ſich aber ſo lange verzogen bisher, das wir ynn des gefattern worden ſind von Gotts gnaden. Wilchen verzug yhr wollet mir zu gut halten; denn ich ſelbs nicht wol weis, wie ſichs ſo lange hat verzogen. Doch hoffe ich, ſolle es nicht ein unfruchtbar verzug geweſen ſein und die ſache deſte bas gefoddert haben. Hie mit Gott befolhen.

---

1 gering *F* 2 alſo *F* glaubẽ *D—G* 3 mugen *C* hauff *F* Muſſen *C* dennocht *E* dannocht *G* 5 Gottes *G* umbſunſt *D—G* am lv. *E* 7 ſeligkeyt *C—G* muſſen *C* 9 yetz *DE* yetzt *G* das *G* Turckiſchen *C* Türckiſche *D—G* krieg *F* 10 kumen *FG* 11 fürwurffen *DE* fürwarffen *G* türken *DEF* 12 das *G* gewiſt *DE* muſte *C* Türkiſch *D—G* 13 teutlich *F* 14 Dazů *DEG* buchlin *C* büchlein *FG* geleich *D* 15 muge *C* müg *D* mög *E* Türck *D—G* Deutſchen *DE* Teutſchen *FG* 16 nun *D—G* Sölche *G* 18 lang *DE* 19 Gottes *DEG* ir mir wöllet zů *G* wöllent *E* wöllet *F* 20 lang *DE* hoff *DE* ſol *DE* 21 unfruchtbar *AB* ſach *DE* deſter *D—G* geforedert *EG* gefurdert *F*

[1]) *Nach der siegreichen Schlacht bei Mohacs vom 24. Juli 1526 war Soliman mit seinem Heere nicht weiter nach Westen vorgedrungen, sondern umgekehrt. — Die Anklage, Luther habe wider die Türken zu kriegen widerrathen, gründete sich auf das, was er am Schluss seiner im Jahre 1524 erschienenen Schrift:* Zwey Keyſerliche uneynige und widderwertige gepott den Luther betreffend *ausgesprochen hatte (Erl. 24[1], 236; [2], 246 f.). — Seinen Plan, „auch vom türkischen Kriege etwas zu sagen", führte Luther aus mit seiner im März 1529 erschienenen Schrift:* Vom kriege widder die Turcken *(Erl. 3,1 31 ff. vgl. bes. S. 33).*

Nachträge und Berichtigungen.

S. 5, 23 lies kürtzlichst für kürzlich.

Zu S. 60/61 Ex. des Druckes C auch in Wittenberg, der Drucke FGH auch in Heidelberg und London. P. P.

S. 69, 3 v. u. lies: deudsch > deutsch GK, teutsch H. P. P.

S. 100 Anm. 1. Noch näher als da oder des für der zu setzen liegt die Vermuthung, dass der für dort stehe. P. P.

S. 115, 29 lies relinquam für relinquatur und contemnentur für contemnatur.

Zu S. 117 Ex. des Druckes auch in Heidelberg. P. P.

Zu S. 127/128 Ex. des Druckes A auch in London, des Druckes A oder B in Breslau U., der Drucke Ba auch in Wittenberg. P. P.

S. 142, 19 haben alle Einzeldrucke übereinstimmend musset dazu auch balde an gen galgen, die Gesammtausgaben ebenso einhellig an den Galgen; nur in manchen Auflagen von Jena III z. B. v. 1565 u. 1573 steht: an Galgen, wo der Artikel wohl nur scheinbar fehlt, vielmehr in an enthalten ist. — an gen = angehen zu nehmen, ist eigentlich die einzige Möglichkeit einer Erklärung, entgegen steht ihr, dass man dann geh(e)n zu erwarten hätte. Eine Verbindung der Präp. an und ge(ge)n ist nicht wahrscheinlich, so werden die Gesammtausgaben mit an (den) galgen wohl Recht behalten müssen. P. P.

Zu S. 172 Ex. von D oder E auch in Heidelberg. P. P.

S. 178 In der Beschreibung von a ist statt letzte drei Seiten leer zu setzen: dritt- und vorletzte Seite leer, auf der letzten das Buchdruckerzeichen.

Zu S. 175 Ex. des Druckes C auch in Breslau U. P. P.

Zu S. 192, 23 die letzte ist das Abschiedsgeschenk, der Johannessegen der Abschiedstrunk. Über letzteren vgl. besonders Grimm, deutsche Mythologie ^{3}, S. 54/55. Grimm, Wb. 4, 2, 2333/4. P. P.

Zu S. 237 Anm. Die Annahme, gewand sei im Sinne von bezeichnet gemeint, stützt sich darauf, dass wenden häufig übertragen bedeutet (z. B. Lübecker Todtentanz von 1489 Z. 1580: de dehelen biblien ... in dat Latin [heft] gewent); vgl. Wackernagel, Wtbch. zum Altdeutschen Lesebuch: wenden ze = auslegen als; Lübben-Walther, Wtbch.: wenden in, to = verdrehen zu. Der Übergang von solchen Redensarten zu der etwas mit etwas wenden für wiedergeben, ausdrücken, bezeichnen dürfte nicht schwierig sein. [Vermuthlich ist gewand ein Druckfehler, den bereits H richtig durch gemeind beseitigte. Da Luther etwas meinen mit etwas kennt (Grimm, Wtbch. 6, 1936), so liegt diese Vermuthung näher als das genannt der Erl. Ausg. Von den Gesammtausgaben hat Jen. gewand beibehalten. P. P.]

Zu S. 252 Anm. 1. Durch den Herrn königl. Kreisarchivar Göbl in Würzburg bin ich darauf aufmerksam gemacht, dass in einer Handschrift des dortigen historischen Vereins, Fol. 274, sich noch befindet die Instruktion für Herrn Micheln von Gunsheim von Capitel wegen Verordenten gein Meintz. Der Inhalt derselben alteriert jedoch weder das oben S. 252, noch das in Zeitschrift für Kirchengeschichte a. a. O. Ausgeführte.

Zu S. 256—282. Um dem Leser eine Nachprüfung des über das Verhältnis von B zu A Gesagten zu erleichtern, sind noch während der Korrektur von Bogen 17 und 18 die Varianten aus B bedeutend vermehrt worden. Infolgedessen mussten diese Bogen theilweise umgebrochen werden und einige Anmerkungen ausfallen. Dieser Umstand hat zum Theil die folgenden Berichtigungen und Nachträge nothwendig gemacht.

S. 256, 25 u. 26 ist zu lesen: Dem entspricht in Unserer Ausgabe I, S. 260, 1—269, 19; II. S. 269, 20 — 274, 26; III. S. 274, 26 — 280, 18.

Zu S. 262, 10: „Den Brei kochen" bei Wander Bd. I, Sp. 456, Nr. 13, 47 usw.; „es ist anders gekocht und anders angericht", Bd. II, Sp. 1449, „kochen" Nr. 1; „sich an dem Brei verbrennen" das. Nr. 63 usw.; „sich das Maul verbrennen" Bd. III, Sp. 503, Nr. 15 und 331 usw.

Zu S. 263, 22: beuiten = tauschen.

Zu S. 264, 3 ff. Ursprünglicher Sinn (nach Ws): Den Verordneten und Gesandten der Domcapitel und der gemeinen Klerisei der zwölf Mainzer Provinzen vorgehalten. Will man dem von AB gebotenen Wortlaut einen Sinn beilegen, so muss man schon den provincien; Thüm Capittel; gemeiner Clerisey und der verordenten als gleichgeordnete Dative annehmen und der verordenten = eorum nuntiis setzen.

S. 265, 18 Das richtige umb furschrifft bietet B.

S. 266, 8 Das richtige gemeyner bieten B Ws [Die Verbindung von begegnen mit dem Acc. ist ganz modern. P. P.]

S. 270, 28 unte nicht aus dem Text entfernt, weil diese Form belegbar ist vgl. Lexer 2, 1776. Wahrscheinlich aber doch nur Versehen. P. P.

S. 271, 21 Es ist offenbar benante zu lesen.

S. 272, 21 vergeben = 'übergeben' ist nicht unmöglich (vgl. bes. Lübben-Walther unter vorgeven), aber wahrscheinlicher liegt in A nur Schreibfehler für vbergeben B Ws vor. P. P.

Zu S. 273, 28 ff. Wie Ws zeigt, hat der betreffende Schreiber von A oder schon der Anfertiger der an Luther gesandten Copie des „Rathschlages" Paderborn und Strassburg mit je 100 fl. ausgelassen, weshalb auch die Summe der von ihm notierten Posten nicht seine 1550, sondern nur 1350 fl. ergeben würde, wie der Schreiber von B richtig bemerkt und dafür einsetzt. Wenn Ws Würzburg mit 200 fl. (anstatt mit 150 fl.) ansetzt, so dürfte dies wohl den besonderen Grund haben, dass Würzburg einen Vorrang vor allen andern Mainzer Provinzen beanspruchte, daher auch sich selbst nachträglich höher einschätzte, als die Versammlung in Mainz gethan (vgl. Zeitschrift für Kirchengesch. XVIII (1897) S. 413). Ist die in Zeile 33 als 5 wiedergegebene Zahl wirklich so gemeint, so würde der Schreiber eine Null übersehen haben. Denn auch die in Ws für Chur angesetzte Summe bedeutet ein halb hundert.

Zu S. 276, 23 Dass hier eine rath für rot(te) dem Original angehört und dass diese Form mit a dort wohl noch weiter vorkam, scheint der 'Spalatinsche' Rattenbischoff zu zeigen (282, 15), der 277, 7 entspricht. ein rat, was B daraus gemacht hat, lässt sich ja auch halten, ist aber zu zahm, als dass man hierin das Ursprüngliche sehen dürfte. Ob dieses rath für rotte nur als Schreib- bez. Druckfehler anzusehen, steht dahin; eine Nebenform rate für rote = 'Schar' gibt Lübben-Walther. P. P.

Zu S. 279, 16 fg. und het Grave Albrecht ..., es hette A; und het G. A. .. gethan, es h. B. Offenbar liegt hier einer der Fälle des konditionalen Gebrauchs von Konjunktivformen des Verbums tun mit negativem Sinn vor, über die neuerdings in der Zeitschr. für deutsche Philologie gehandelt worden ist. Man hat zwei Möglichkeiten bei unserer Stelle. Entweder ist het für thet verschrieben oder A hat das seiner Vorlage angehörige gethan ausgelassen. In beiden Fällen hätte B, wenn A seine alleinige Vorlage war, selbständig richtig mit Auslassung der Negation ergänzt. Denn die umschriebenen Formen finden sich ebenso angewendet z. B. bei Luther an der ganz ähnlichen Stelle (1530. Erl. [2]24, 362 fg.), die Kawerau, Zeitschr. für deutsche Philologie 24, 202 angeführt hat: Und hetten wir gethan, ich sorge warlich, eur Gelehrten weren der Sachen zu schwach gewesen. Da, soviel ich sehe, thet(e) mit dem an dieser wie an unserer Stelle geforderten Begriff der abgeschlossenen Vergangenheit nicht vorkommt, so hat Luther wahrscheinlich auch an unserer Stelle het ... gethan geschrieben und es durfte so in den Text gesetzt werden. P. P.

S. 281 Anm. 3 lies 262, 22/23 statt 262, 23 f.

Zu S. 260 ff. Da bei der letzten Korrektur der Schrift Wider den Rathschlag der Mainzischen Pfafferei usw. die Handschriften AB nicht mehr in Berlin waren, hat Herr Professor Dr. Hermann Dunger in Dresden die Güte gehabt, einige Stellen, über die Zweifel aufgestiegen waren, nochmals zu vergleichen. Das Ergebnis war in den meisten Fällen eine Bestätigung des früher Gelesenen. Nur Folgendes ist in den Lesarten zu berichtigen bez. nachzutragen:

260, 22 eint AB — 261, 2 dem] denn B — 263, 2 fußtagen B — 263, 30 lies ſtinckt] ſtuck B statt ſtinck B — 265, 19 die Korrektur von dem in den A ist nicht sicher, den steht bestimmt nicht da, sondern etwa den, (= denen?) — 269, 23 perſonenen steht wirklich in A, es ist wohl die Form perſonnen gemeint, die Grimm, Wtb. 7, 1561 mehrfach belegt — 269, 26 lies Kay: recht B wol fehlt B Ws — 270, 25 lies bedrangnuß vnd gewaltige B — 271, 23 lies marggraue B — 273, 23 u. 24 lies i ÷ ſt B — 273, 33 hinter der Bem. über die 5 ist A zuzufügen und die folgende 33 zu streichen — 276, 6 lies thörn statt thörn.

Ausserdem wurde festgestellt, dass 275, 12/13 die in B fehlenden Worte in A grade eine Zeile füllen. Diese Thatsache ist eine Stütze für die Annahme, dass B auf A beruht. P. P.

Zu S. 264—273 sind als Lesarten aus Ws zu berichtigen resp. nachzutragen:

264, 14 lies bey ſeinem Ertzbiſchoff Ws — zu 265, 6 yhne] jnn Ws — zu 265, 13 wurde Ws — zu 265, 28 Oberkeit] vnd Obrickeiten Ws — zu 266, 12 verorbenten Ws — zu 266, 23 vnnd .... — zu 267, 11 den zugefugten Ws — zu 269, 5 gehört das zu Zeile 4 gesetzte prieſterlicher Ws erst hinter nicht B — zu 269, 6 dan zu auffrurn Ws — zu 269, 14 darzu B] fehlt Ws — zu 270, 6 werd Ws — zu 270, 17 vertilget werden Ws — zu 270, 25 beſchwernuß, bedrangnuß, ... — zu 271, 14 gemeine Ws — zu 271, 25 Ludwig ... Beyern Ws — zu 272, 17 vnnd ſtift Ws — zu 272, 18 vnnd .... — 20/21 Information Ws — zu 272, 21 vbergebenn Ws — zu 272, 24 die] dieſe Ws (zu tilgen Die] Dieſe Ws) — zu 273, 4/5 .... prouintzien Ws — zu 273, 15 meintz (nach prouintz) fehlt Ws .... ligenn Ws

Zu S. 294, 6 v. u. bemerkt nachträglich Dr. Buchwald, der die Hdschr. verglichen hat, dass nicht unordentliche Aufzeichnung des Anfanges, sondern Verbleichen der Tinte der Grund dafür gewesen sein wird, die Schriftzüge mit anderer Tinte deutlicher zu gestalten. Auch meint Dr. Buchwald, dass dies nicht von Rörer selbst geschehen ist.

Zu S. 296, 16: Die Wittenberger Gesammtausgabe bietet den 112. Psalm in einer vielfach geänderten Gestalt, und zwar so, dass der in den Einzeldrucken vorliegende Text theils ein wenig erweitert, theils ausgefeilt ist, nicht aber so, dass eine neue Recension gegeben würde. Da nun dieser Band erst nach Luthers Tode erschienen ist, wird dieser keinen Antheil an den Änderungen gehabt haben. Vielleicht hat eben aus diesem Grunde die Eislebener Ausgabe, welche ja eigentlich nur solches geben wollte, das in der Wittenberger und der Jenaer Ausgabe nicht sich fand, diese Schrift in ihrer originalen Gestalt aufgenommen.

Zu S. 304, 9 ist dieselbe Anm. zu ergänzen, die zu S. 285, 23 gegeben ist.

S. 310, 9 steht ſatz laſten natürlich für ſchatz laſten. Nicht geändert, da ſ für ſch zuweilen geschrieben wird. P. P.

S. 316, 30 lies dieſe luſt statt die ſelnſt.

S. 317, 21 ist das eine der beiden und vor hoch zu tilgen.

S. 317, 34 Zu rückbiſlin (ruckbyßlin C) vgl. Erl. 35, 228: Es ſol nur ein rückbißlin oder Morgenbrot ſein, das man ſtehe und eſſe, da man nicht viel Gerichte gibt und ſlugs ſich auſ den weg macht. Das Wort fehlt in den Wörterbüchern, auch bei Grimm. Die Bedeutung erhellt aus den beiden Stellen, nicht ebenso die Etymologie. P. P.

S. 338 sind bei Ausgabe I die Anführungsstriche zu Anfang zu tilgen.

S. 368, 13 ist Gedankenstrich für Punkt zu setzen.

Zu S. 391, 15 vertütteln (fehlt bei Lexer, Sanders usw.) bedeutet offenbar 'mit tütteln, d. i. Abkürzungszeichen versehen'. Es scheint nur in der Fügung vertüttelt schrift vorzukommen, die Diefenbach, Glossarium 81^{b} mehrfach als Übersetzung von breviatura und synonyma mit kurz schrift nachweist. Somit ist an unserer Stelle kurtz wohl als endungsloses Adj. zu nehmen, nicht als Adv. P. P.

S. 406, 16 ist Punkt hinter vertreibingen zu setzen.

S. 482 ist die Anmerkung 1, welche ich als Ergänzung der von Professor Walther auf S. 499/500 gegebenen Verweisungen hinzufügte, insofern zu berichtigen, als nicht die ganze Einleitung aus der Zusammenfassung des Inhalts der ersten Predigt stammt, die Luther am Anfang der zweiten gab (499, 6 fg.), sondern streng genommen wohl nur die Worte das werck bis hangen soll Z. 17/18. P. P.

Zu S. 546 Ein Ex. von C auch in Breslau U. P. P.

S. 618 Zur Ergänzung der bibliographischen Bemerkungen über A und B sei hier noch folgendes bemerkt:

Von den uns bekannt gewordenen Exemplaren der beiden Ausgaben haben:

das falsche Giij und das richtige sondern die Ex. von A der Knaakeschen Slg., Berlin 1701; Wolfenbüttel (146. 10. Th. 4° u. Hardt 1136. 4°). Ferner das Ex. von B Berlin 4702a;

das richtige Gij und das falsche bern das Ex. von B der Knaakeschen Slg.;

das falsche Giij und das falsche bern die Ex. von B Berlin 4702, London, Wolfenbüttel (151. 11. Th. 4°; Hardt 1137; 121 Qu. 4°);

das richtige Gij und das richtige sondern die Ex. von A in Wernigerode, Wolfenbüttel (135 Th. 4°).

Gar nicht oder nur theilweise festgestellt wurde das Verhalten der Ex. von A in Hamburg (Giij), Heidelberg, Helmstedt (bern), München HSt. (Giij) und der Ex. von B in Aschaffenburg, Breslau St., Dresden, Erfurt Martinsstift, Hamburg.

Schliesslich sei als eine derartige Stelle noch erwähnt Bl. $Giij^{a}$, Z. 15 v. u., wo manche Abzüge falsch yhm, andere richtig yhn haben. Festgestellt wurde nur, dass das Knaakesche Ex. und das Berliner (4701) von A yhm, das Knaakesche Ex. und die beiden Berliner (4702 u. 4702a) von B yhn haben. Nach diesem Befund habe ich an der betr. Stelle (638, 31) yhm A yhn B angegeben. Es ist dies ein Nothbehelf, dessen nur bedingungsweise Richtigkeit aus dem Gesagten erhellt. P. P.

Zu S. 639, 5 ff. Die von dem Herausgeber eingesehenen Quellen, aus denen Luther diese Erzählung bekannt geworden sein kann (Valerius Maximus, Vincentius Bellov. spec. hist., Scala celi, Dialogus creaturarum, Pithoeanus, Gesta Romanorum), ebenso Agricola's Sprichwörter (Nr. 128), geben dieselbe in einer kürzeren Fassung, ohne Erwähnung der Kühe. Sollte diese vielleicht Luther zu der alten Geschichte hinzugefügt haben, um sie anschaulicher zu gestalten?

Zu S. 639, 16 ff. nach Aristoteles, Rhetor. 2, 20 oder Iosephus, Antiq. iud. 18, 174 f. (VI, 5); vgl. H. Oesterley, Gesta Romanorum S. 721, Nr. 51.

Zu S. 639, 29 f. nach Phaedrus, Fabul. Aesop. I, 2.

Zu S. 660, 13 f. vermag der Herausgeber leider nur auf die ähnlichen lateinischen und deutschen Aussprüche bei Wander zu verweisen, Bd. I, Sp. 986 ff. unter „Feind" Nr. 3. 73. 75. 94. 113. 114. 115. 121. 125. 132. 137. 139. 147. 184. Bd. IV, Sp. 1703 ff. unter „Vortheil" Nr. 4—6. 29. 37. 43.

Luthers Entwurf

zu dem

musikalischen Theile der Deutschen Messe.

Wahrscheinlich 1525 niedergeschrieben